Geldanlage und Steuer 2019

Philipp Karl Maximilian Lindmayer
Hans-Ulrich Dietz

Geldanlage und Steuer 2019

Ihr zuverlässiger Begleiter zur Absicherung und Renditeoptimierung

Springer Gabler

Philipp Karl Maximilian Lindmayer
Karlsruhe, Deutschland

Hans-Ulrich Dietz
Glattbach, Deutschland

ISBN 978-3-658-23937-4 ISBN 978-3-658-23938-1 (eBook)
DOI 10.1007/978-3-658-18796-5

Die Deutsche Nationalbibliothek verzeichnet diese Publikation in der Deutschen Nationalbibliografie; detaillierte bibliografische Daten sind im Internet über http://dnb.d-nb.de abrufbar.

Springer Gabler

Umschlagfoto: iStock.com/Henrik Jonsson

Gedruckt auf säurefreiem und chlorfrei gebleichtem Papier

Springer Gabler ist Teil von Springer Nature
Die eingetragene Gesellschaft ist Springer Fachmedien Wiesbaden GmbH
Die Anschrift der Gesellschaft ist: Abraham-Lincoln-Straße 46, 65189 Wiesbaden Germany

Ihre Autoren:

Philipp Karl Maximilian Lindmayer
Diplom-Kaufmann und langjähriger Mitautor,
Fachtrainer im Finanzbereich

Hans-Ulrich Dietz
Finanzwirt, Betriebswirt (VWA), Abteilungsdirektor
der Commerzbank AG,
Lehrbeauftragter und Fachschriftsteller

Vorwort

Liebe Leserin, lieber Leser,

eine steuerlich optimierte Geldanlage sollte für jeden ein Thema sein.

Dabei bedeutet Geldanlage nicht nur die Anlage heute frei zur Verfügung stehenden Geldes. Auch die betriebliche Altersversorgung und die private Vorsorge sind wegen des sinkenden Rentenniveaus zunehmend wichtig. Zudem sollte die staatliche Förderung genutzt werden.

Vor zehn Jahren haben Reporter sinnbildlich eine Linie vor der US-Investmentbank Lehman Brothers gezogen, die nicht mehr mit staatlichem Geld der USA gerettet werden sollte. Die seitdem ausgerufene Niedrigzinspolitik durch die Senkung der Leitzinsen und die durchgeführten Aufkaufprogramme von Anleihen prägen bis heute Anlageentscheidungen rund um den Globus.

Die Niedrigzinspolitik schlägt sich auch in einer Umlaufrendite fest verzinslicher Wertpapiere inländischer Emittenten im April 2018 von nur 0,5 Prozent nieder, vor zehn Jahren lag diese noch bei 4,2 Prozent. Hierzu finden Sie einen Beitrag zur Ausrichtung Ihres Portfolios in der Niedrigzinsphase.

Auch wenn das Anleihekaufprogramm verlangsamt fortgeführt und beendet werden soll, hat die EZB mittlerweile Anleihen im Wert von ungefähr 2,5 Billionen Euro gekauft. Dies führt zu niedrigeren Renditen insbesondere bei Staatsanleihen und lässt in der Folge Finanzmittel in andere Märkte, besonders Aktien und Immobilien, fließen.

Die hohe Risikoaversion privater Haushalte kann dabei zu einem Vermögensverlust unter Berücksichtigung der Inflation führen. Die ansteigende Inflation lag in Deutschland im Mai 2018 bei 2,2 Prozent. Die privaten Haushalte in Deutschland verfügten Ende 2017 über ein Bruttogeldvermögen von rund 5,9 Billionen Euro, davon allein 2,3 Billionen Euro als Bargeld und Einlagen, auf die voraussichtlich noch längere Zeit allenfalls geringe Zinsen erzielt werden. Im August 2018 berichtete die Bundesbank in ihrem Monatsbericht, dass im ersten Quartal 2018 die privaten Haushalte in Deutschland auf der Grundlage eines Durchschnittportfolios eine reale Gesamtrendite in Höhe von – 0,8 Prozent und damit Vermögensverluste ihres Geldvermögens erlitten hätten.

Investitionen in Sachwerte wie Aktien bieten insbesondere auf lange Sicht in der Niedrigzinsphase ein geeignetes Chance-Risiko-Potenzial. Da bei der Geldanlage die Diversifikation wichtig ist, stehen Fonds, bei denen in den letzten Jahren in rechtlicher sowie in steuerlicher Hinsicht viel geändert wurde, und ETFs, die sich wachsender Beliebtheit der Anleger erfreuen, im Fokus.

Die Geldanlage in Aktien und Anleihen sowie Kunstgegenstände sind Teil des Kapitels zur langfristigen Geldanlage. Unser Themenschwerpunkt zu Immobilien umfasst auch den Gastbeitrag „Renditesicherung durch Nachfolgeplanung bei Immobilien". In unserem Schwerpunktthema „Sustainable Finance – Nachhaltige Geldanlage zur Investition und Mitgestaltung" finden Sie eine Einführung zur Geldanlage nach ökologischen und sozialen Kriterien.

Im nationalen und internationalen Steuerrecht ist eine Planungssicherheit für die Anleger nach wie vor ausgeschlossen. So werden Überlegungen zu einem durchschau- und vorhersehbaren Steuerrecht in vielen Staaten kurzfristigen politischen Zielen geopfert. Ein Übriges leistet die Steuerrechtsprechung. Es ist zu hoffen, dass die angedachten Neuerungen im Stiftungsrecht zügig im Gesetzgebungsverfahren umgesetzt werden. Zudem kommt die Anpassung des nationalen Steuerrechts an die fortschreitende Digitalisierung weiterer Lebensbereiche zu langsam voran.

Unseren Kompass richten wir nach dem Fünfgestirn der Geldanlage Sicherheit, Rendite, Liquidierbarkeit, Steuern und Nachhaltigkeit aus. Praktische Checklisten und anschauliche Übersichten vervollständigen das Buch. So finden Sie ein Stichwortverzeichnis und eine Übersicht der wichtigsten steuerlichen Fachbegriffe. Auf Grundlage der Lektüre von Geldanlage und Steuer 2019 können Sie fundierte Entscheidungen Ihrer Geldanlage unter steuerlichen Gesichtspunkten nach aktuellen theoretischen und rechtlichen Rahmenbedingungen treffen.

Zahlreiche Steuerrechtsänderungen sind in den einzelnen Kapiteln eingearbeitet. Alle fachlichen Darstellungen erfolgen nach bestem Wissen und Gewissen, sie stellen jedoch keine konkrete Anlageempfehlung dar. Eine Haftung übernehmen wir nicht.

Ein besonderes Dankeschön richten wir an unseren Lektor Guido Notthoff für die wertvolle und konstruktive Mitarbeit und an unsere kritischen Leserinnen und Leser im beruflichen und freundschaftlichen Umfeld. Zudem bedanken wir uns bei Sonja Luise Maier für ihre tatkräftige Unterstützung bei den Korrekturen und bei Julian Louis Frederik Lindmayer, der sich für das Kapitel zu Immobilien verantwortlich zeichnet. Allen unseren Leserinnen und Lesern wünschen wir viele neue fundierte Erkenntnisse und Freude bei der Lektüre sowie eine sich anschließende sichere und gewinnbringende Geldanlage im Jahr 2019!

Karlsruhe / Glattbach,
im September 2018

Philipp K. M. Lindmayer
Hans-Ulrich Dietz

Redaktionsschluss: 14.09.2018

Schnellübersicht

Inhalt

Abkürzungsverzeichnis

A	Abschnitt
Abk.	Abkürzung
ABL.	Amtsblatt
Abs.	Absatz
a. F.	alte Fassung
AfA	Absetzung für Abnutzung
AG	Aktiengesellschaft
AGB	Allgemeine Geschäftsbedingungen
AIF(s)	Alternative Investmentfonds in Abgrenzung zu OGAW
AIFM	Richtlinie der EU für die Verwalter Alternativer Investmentfonds
AIFMD	Alternative Investment Fund Managers Directive
AIG	Auslandsinvestitionsgesetz
AktG	Aktiengesetz
AltEinkG	Alterseinkünftegesetz
AltvVerbG	Altersvorsorge-Verbesserungsgesetz
AltZertG	Altersvorsorgeverträge-Zertifizierungsgesetz
AnlEntG	Anlegerentschädigungsgesetz
AO	Abgabenordnung
Art.	Artikel
AS	Altersvorsorge-Sondervermögen
AStG	Außensteuergesetz
AUS	Ausländische Kapitalerträge; Anlage zur Einkommensteuererklärung („Anlage AUS“)
AVmG	Altersvermögensgesetz
Az.	Aktenzeichen
BAFA	Bundesamt für Wirtschaft und Ausfuhrkontrolle
BaFin	Bundesanstalt für Finanzdienstleistungsaufsicht
BauSparkG	Bausparkassengesetz
bAV	betriebliche Altersversorgung
BayOLG	Bayerisches Oberlandesgericht
BdB	Bundesverband deutscher Banken
Bearb.	Bearbeiter
BetrAVG	Gesetz zur Verbesserung der betrieblichen Altersversorgung („Betriebsrentengesetz“)
BewDV	Bewertungs-Durchführungsverordnung
BewG	Bewertungsgesetz
BFH	Bundesfinanzhof
BGB	Bürgerliches Gesetzbuch
BGBl.	Bundesgesetzblatt
BGH	Bundesgerichtshof
BMAS	Bundesministerium für Arbeit und Soziales
BMF	Bundesministerium für Finanzen
BLS	Bank Lending Survey
BörsG	Börsengesetz
BR	Bundesrat
bsi	Bundesverband Sachwerte und Investmentvermögen e.V.
BStBl	Bundessteuerblatt

BVerfG	Bundesverfassungsgericht
BvL	Aktenzeichen des Bundesverfassungsgerichts für Normenkontrollverfahren, die auf Vorlage eines Gerichts erfolgen (konkretes Normenkontrollverfahren, Art. 100 Abs. 1 Grundgesetz)
BvR	Aktenzeichen des Bundesverfassungsgerichts für Verfassungsbeschwerden von natürlichen Personen und Gemeinden sowie Gemeindeverbänden (individuelle und Kommunalverfassungsbeschwerde, Art. 93 Abs. 1 Nr. 4a und Nr. 4b Grundgesetz)
BZSt	Bundeszentralamt für Steuern
ca.	circa
CCP	Central Counterparty (zentraler Kontrahent)
CHF	Schweizer Franken, Abkürzung nach dem ISO-Währungscode
DAI	Deutsches Aktieninstitut
DAX	Deutscher Aktienindex
DBA	Abkommen zur Vermeidung der Doppelbesteuerung (Doppelbesteuerungsabkommen)
DGSV	Deutscher Sparkassen- und Giroverband e. V.
DIW	Deutsches Institut für Wirtschaftsforschung Berlin
D. J.	Dow Jones (US-amerikanischer Leitaktienindex)
DM	Deutsche Mark
DSGV	Deutscher Sparkassen- und Giroverband
DStR	Deutsches Steuerrecht (Zeitschrift)
EAEG	Einlagensicherungs- und Anlegerentschädigungsgesetz
EBA	European Banking Authority (Europäische Bankenaufsichtsbehörde)
ebd.	ebenda, bei Zitaten
EG	Europäische Gemeinschaft
EGBGB	Einführungsgesetz zum BGB
EigRentG	Eigenheimrentengesetz
EinSiG	Einlagensicherungsgesetz
ELStAM	elektronisches Lohnsteuerabzugsmerkmal
ELSTER	Elektronische Steuererklärung
EnEG	Energieeinsparungsgesetz
EnEV	Energieeinsparverordnung
ErbSt	Erbschaftsteuer
ErbStG	Erbschaft- und Schenkungsteuergesetz
ErbStVA	Allgemeine Verwaltungsanweisung für die Erbschaftsteuer
ESIS	Europäisches Standardisiertes Merkblatt
ErbStR	Erbschaftsteuer-Richtlinien
ESM	Europäischer Stabilitätsmechanismus
ESMA	European Securities and Market Authority (Europäische Wertpapier- und Marktaufsichtsbehörde)
ESt	Einkommensteuer
EStDV	Einkommensteuer-Durchführungsverordnung
EStG	Einkommensteuergesetz
EStR	Einkommensteuer-Richtlinien
ETFs	Exchange Traded Funds (OGAW-konforme indexabbildende Investmentfonds)

EU	Europäische Union
EuGH	Europäischer Gerichtshof
EUR	Euro (Abkürzung nach dem ISO-Währungscode)
EUREX	European Exchange (deutsch-schweizerische Finanzterminkontraktbörse)
Euribor	European Interbank Offered Rate (europäischer Geldmarkt-Referenzzins)
EWR	Europäischer Wirtschaftsraum
EWS	Europäisches Währungssystem
EWWU	Europäische Wirtschafts- und Währungsunion
EZB	Europäische Zentralbank
f.	(und) folgender (Paragraf)
FATCA	Foreign Account Tax Compliance Act (der US-Steuerbehörde)
FAZ	Frankfurter Allgemeine Zeitung
Fed	Federal Reserve System (Zentralbank der USA)
ff.	(und) fortfolgende (Paragrafen)
FIU	Financial Intelligence Unit
FördG	Gesetz über Sonderabschreibungen und Abzugsbeträge im Fördergebiet (Fördergebietsgesetz)
FRN	Floating Rate Notes (variabel verzinsliche Anleihen)
FTT	Finanztransaktionssteuer
FWB	Frankfurter Wertpapierbörse
G	Gesetz
GDV	Gesamtverband der deutschen Versicherungswirtschaft
GewO	Gewerbeordnung
GG	Geldwäschegesetz
GKG	Gerichtskostengesetz
GmbH	Gesellschaft mit beschränkter Haftung
GrESt	Grunderwerbsteuer
GrEStG	Grunderwerbsteuergesetz
GrSt	Grundsteuer
GrStG	Grundsteuergesetz
GwG	Geldwäschegesetz
H	Hinweis (im Handbuch; Beispiel: Erbschaftsteuer Handbuch)
HGB	Handelsgesetzbuch
Hj.	Halbjahr
Hrsg.	Herausgeber
HVPI	Harmonisierter Verbraucherpreisindex (auf EU-Ebene)
i. d. F.	in der Fassung
IdW	Institut der Wirtschaftsprüfer
IFRS	International Financial Reporting Standards
i. H. v.	in Höhe von
IntErbRVGEG	Gesetz zum Internationalen Erbrecht und zur Änderung von Vorschriften zum Erbschein sowie zur Änderung sonstiger Vorschriften
InvStG	Investmentsteuergesetz
InvStRefG	Investmentsteuerreformgesetz

InvZulG	Investmentsteuerreformgesetz
ISIN	International Security Identification Number (Internationale Wertpapierkennnummer)
ISO	International Standards Organization („Internationale Organisation für Normung“)
i. S. v.	im Sinne von
i. V. m.	in Verbindung mit
IWF	Internationaler Währungsfonds
JStG	Jahressteuergesetz
KAGB	Kapitalanlagegesetzbuch
KAP	Einkünfte aus Kapitalvermögen und Anrechnung von Steuern; Anlage zur Einkommensteuererklärung („Anlage KAP“)
KESt	Kapitalertragsteuer
KfW	Kreditanstalt für Wiederaufbau
KG	Kommanditgesellschaft
KGV	Kurs-Gewinn-Verhältnis
KID	Key Investor Document (durch die OGAW-Richtlinie für Publikumsfonds seit Mitte 2011 vorgeschrieben)
KiSt	Kirchensteuer
KISTAM	Kirchensteuerabzugsmerkmal
KlAnSG	Kleinanlegerschutzgesetz
KLV	Kapitallebensversicherung
KonTraG	Gesetz zur Kontrolle und Transparenz im Unternehmensbereich
KSt	Körperschaftsteuer
KStG	Körperschaftsteuergesetz
KVG	Kapitalverwaltungsgesellschaft
Libor	London Interbank Offered Rate (Geldmarktreferenzzinssätze der Banken am Finanzmarkt London)
LIFFE	London International Financial Futures Exchange
Lj.	Lebensjahr
LRG-Satz	Zinssatz der EZB für längerfristige Refinanzierungsgeschäfte
LStDV	Lohnsteuer-Durchführungs-Verordnung
LStR	Lohnsteuer-Richtlinien
LV	Lebensversicherung
LVRG	Lebensversicherungsreformgesetz
MiFID	Markets in Financial Instruments Directive (EU-Finanzmarktrichtlinie)
Mrd.	Milliarden
MwSt	Mehrwertsteuer
n. F.	neue Fassung
n. J.	nächsten Jahres
NJW	Neue Juristische Wochenschrift
Nr.	Nummer
NV	Nichtveranlagung (zur Einkommensteuer)
NV-Bescheinigung	Nichtveranlagungs-Bescheinigung
OECD	Organisation for Economic Co-operation and Development / Organisation für wirtschaftliche Zusammenarbeit und Entwicklung

OECD-MA	OECD-Musterabkommen
OFD	Oberfinanzdirektion
OGAW(s)	Organismen für gemeinsame Anlagen in Wertpapieren gemäß EU-Richtlinien 1985, 2009 und 2014 in Abgrenzung zu Alternativen Investment Fonds (AIF)
oHG	offene Handelsgesellschaft
OIFs	offene Immobilienfonds
OLG	Oberlandesgericht
OWIG	Ordnungswidrigkeitsgesetz
p. a.	per annum (pro Jahr)
PAngV	Preisangabenverordnung
PER	Price-Earnings-Ratio (Kurs-Gewinn-Verhältnis)
PfandBG	Pfandbriefgesetz
PRIIPs	Packaged Retail and Insurance-based Investment Products
R	Richtlinie
RdNr.	Randnummer
REIT	Real Estate Investment Trust
REIT-AG	Aktiengesellschaft mit der Beschränkung des Unternehmensgegenstandes auf immobiliennahe Tätigkeiten
REITG	Gesetz zur Schaffung deutscher Immobilien-Aktiengesellschaften mit börsenorientierten Anteilen
REITGesetz	Siehe REITG
REX	Deutscher Rentenindex
RFH	Reichsfinanzhof
Rz.	Randziffer (der Einkommensteuer-Richtlinien und der Lohnsteuer-Richtlinien)
S	Bundes- und Landessteuern (betreffend) – bei BMF-Schreiben
S.	Seite
SGB	Sozialgesetzbuch
SO	Sonstige Einkünfte (Anlage zur Einkommensteuererklärung)
SolZ	Solidaritätszuschlag
SolzG	Solidaritätszuschlaggesetz
SRM	Single Resolution Mechanism
SSM	Single Supervisory Mechanism
StAuskV	Steuerauskunftsverordnung
StEK	Steuererlasskartei
StGB	Strafgesetzbuch
StMBG	Missbrauchsbekämpfungs- und Steuerbereinigungsgesetz
STOXX	Stock Exchange Index
StPO	Strafprozessordnung
StrEG	Gesetz über die Entschädigung für Strafverfolgungsmaßnahmen
SvEV	Sozialversicherungsentgelt-Verordnung
TER	Total Expense Ratio; Gesamtkostenquote (bei Investmentfonds)
TEUR	Euro (in Tausend)
Tz.	Textziffer (in BMF-Schreiben)
UBBG	Gesetz über Unternehmens-Beteiligungsgesellschaften

USt	Umsatzsteuer
UStG	Umsatzsteuergesetz
UStDV	Umsatzsteuer-Durchführungsverordnung
V	Versicherung
VAZ	Veranlagungszeitraum
VermAnlG	Vermögensanlagengesetz
VermBG	Vermögensbildungsgesetz
VersStG	Versicherungsteuergesetz
VIB	Vermögensanlagen-Informationsblatt
VL	vermögenswirksame Leistung
VÖB	Bundesverband öffentlicher Banken Deutschlands, e. V.
VStG	Vermögensteuergesetz
VVG-InfoV	Verordnung über Informationspflichten bei Versicherungsverträgen
WiKG	Gesetz zur Bekämpfung der Wirtschaftskriminalität
WKN	(deutsche) Wertpapierkennnummer
WM	Wertpapier-Mitteilungen (Zeitschrift)
WoPG	Wohnungsbau-Prämiengesetz
WpDVerOV	Wertpapierdienstleistungs-Verhaltens- und Organisationsverordnung
WpHG	Wertpapierhandelsgesetz
WpPG	Wertpapierprospektgesetz
WWU	(Europäische) Wirtschafts- und Währungsunion
XETRA	Exchange Electronic Trading, (elektronische) Börsenhandelsplattform der Deutsche Börse AG, Frankfurt
ZfA	Zentrale Stelle für Antragsprüfung von „Riester"-Produkten
ZPO	Zivilprozessordnung
zvE	zu versteuerndes Einkommen

1 Langfristige Vermögensplanung zur Absicherung Ihrer Ziele

„Wir können den Wind nicht ändern,
aber die Segel anders setzen."

Aristoteles (384 bis 332 vor Christus),
Philosoph und Naturforscher

In „Geldanlage und Steuer 2019" werden die wichtigsten Anlagemöglichkeiten mit ihren Chancen und Risiken, ihrer Rentabilität sowie ihren steuerlichen Gestaltungsmöglichkeiten dargestellt und Zusammenhänge aufgezeigt. Hierbei bietet die wachsende Angebotsvielfalt unzählige Möglichkeiten der Geldanlage. Dabei sind auch die Risiken wie Zinsänderungsrisiken, Wechselkursrisiken oder Aktienkursrisiken zu berücksichtigen, denn sie können besonders in Niedrigzinsphasen wie seit dem Jahr 2010 die ohnehin geringen Erträge aufzehren oder gar zu negativen Ergebnissen führen.

Um Ihre persönlich richtigen Entscheidungen treffen zu können und Kurs zu halten, bieten wir Ihnen einen Kompass, um sicher navigieren können. Hierfür ist zum einen ein grundlegendes Verständnis der Geldanlage wichtig, das in diesem Buch vermittelt wird. Zum anderen sollten auch die aktuellen wirtschaftlichen und politischen Geschehnisse sowie die rechtlichen Rahmenbedingungen verfolgt werden.

Der erste Schritt zu Ihrer soliden Geldanlage, die auch die Steuer berücksichtigt, ist es, mit Ihrer langfristigen Planung der Anlageentscheidungen am besten sofort zu beginnen. In Abschnitt 1.1 geht es folgerichtig um die langfristige Vermögensplanung unter Berücksichtigung des „magischen Vierecks" der Geldanlage. Dabei sollte bereits im ersten Schritt zu Ihrer soliden Geldanlage auch die Steuer berücksichtigt werden.

In Abschnitt 1.2 knüpft die Umsetzung der Anlageentscheidung an die Vermögensplanung an. Wegen der zunehmenden Bedeutung der privaten Altersvorsorge für eine langfristige Vermögensplanung und deren Umsetzung wird die private Altersvorsorge in Abschnitt 1.3 beschrieben. Anlageberatung sowie Beratungshaftung und deren Bedeutung für Anleger werden in Abschnitt 1.4 beschrieben. Die Familienstiftung als ein Instrument der Vermögensnachfolge in Abschnitt 1.5 und eine Empfehlung zur Neuausrichtung Ihres Portfolios in der Niedrigzinsphase, Abschnitt 1.6, runden das erste Kapitel ab.

1.1 Warum langfristige Planung vor der Anlageentscheidung wichtig ist

In diesem Abschnitt wird zunächst in 1.1.1 das „magische Viereck" der Geldanlage vorgestellt. Um die Bedeutung und den Zusammenhang der Anlagedauer, des Zinses und des Zinseszinseffekts, der Einzahlungs- und Auszahlungszeitpunkte und der Besteuerung hervorzuheben, wird in Abschnitt 1.1.2 ein Zahlenbeispiel gegeben.

Daraufhin werden in Abschnitt 1.1.3 die persönlichen und anlagebezogenen Kriterien bei der Auswahl der Geldanlage, in 1.1.4 die Leitlinien einer ausgewogenen Kapitalanlage, in 1.1.5 die Anlagepyramide und in 1.1.6 die Vermögensstruktur vorgestellt.

1.1.1 Die Geldanlage unter Berücksichtigung des „magischen Vierecks"

Als Formen der Geldanlage können Geldwertanlagen und Sachwertanlagen unterschieden werden.

Geldwertanlagen dienen grundsätzlich dem Liquiditätserhalt. Sie geben dem Anleger Anspruch auf Zahlung eines bestimmten Betrags zu einem meist im Voraus festgelegten Termin. Beeinflusst werden Geldwertanlagen durch Kaufkraftveränderungen. In den meisten Jahren bewirkt die Inflation eine negative Kaufkraftveränderung. Die in „normalen Zinsphasen" durch den Zinsertrag der Geldwertanlage zumindest ausgeglichen werden sollte. Auf der anderen Seite bieten Geldwertanlagen feste, wenn auch in der Niedrigzinsphase geringe, zumeist kalkulierbare Erträge und sind meist liquider als Sachwertanlagen.

Die wichtigsten **Geldwertanlagen** sind

- Sparguthaben,
- Tagesgeldguthaben,
- Festgelder,
- Geldmarktfonds und
- Anleihen.

Entscheidend ist letztlich nicht der Zinsertrag, sondern die Sicherheit der Geldwertanlage, das heißt letztendlich die Beurteilung der Bonität des Schuldners, dem Sie als Anleger ihr Geld anvertrauen.

Die zwei Formen der Geldanlage

Geldwertanlagen	Sachwertanlagen
• eher **kurz- bis mittelfristige** Anlagen auf Konten, in Geldmarktfonds und in liquiden Anleihen • das **Risiko-/Chancenprofil** ist eng mit der Bonität des Schuldners verbunden • die **Renditerisiken und -chancen** sind gering • die **Liquidität** ist hoch	• eher für **länger- bis langfristige** Anlagen in Sach- und Substanzwerte geeignet wie Aktien, Immobilien oder Rohstoffe • das **Risiko-/Chancenprofil** ist von der heutigen Beurteilung des Sachwerts und damit dessen erwarteter Wertentwicklung abhängig • die **Renditerisiken und -chancen** sind hoch • die **Liquidität** ist eingeschränkt

Bei **Sachwertanlagen** stehen im Vergleich zu Geldwertanlagen eher länger- bis langfristige Anlagen im Fokus, bei denen der Sachwert und damit die Substanzwerterhaltung von zentraler Bedeutung sind. Die Rendite liegt normalerweise im Voraus nicht fest. So werden Ertragsaussichten von Anbietern häufig aus Vergangenheitsdaten für die Zukunft weitergeführt. Doch die vergangene Entwicklung allein bietet keinen ausreichenden Indikator für die zukünftige Entwicklung, besonders bei Immobilien oder Investmentfonds.

Andererseits bieten Sachwertanlagen Wachstumschancen oder einen Wertzuwachs, wie zum Beispiel Aktien. Doch bergen größere Chancen auch größere Risiken. Der Wert von Sachwertanlagen unterliegt dem Gesetz von Angebot und Nachfrage. Auch wirtschaftliche, politische und andere Unsicherheiten können Kursverluste oder Wertminderungen verursachen.

Zu den **Sachwertanlagen** gehören unter anderem

- Aktien und Aktienfonds
- Grundstücke, Gebäude und Immobilienfondsanteile
- Rohstoffe und Edelmetalle sowie
- gewerbliche Beteiligungen.

Dabei gilt der Grundsatz: Je längerfristig eine Anlage geplant ist und je größer das Gesamtvermögen, desto höher sollte der Anteil der Sachwerte im Gesamtportfolio sein.

Für Geldwertanlagen und Sachwertanlagen gelten die Ziele: Sicherheit, Rentabilität, Liquidierbarkeit und Steueroptimierung. Sie lassen sich als „magisches Viereck" zusammenfassen. Alle Ziele stehen in enger Beziehung zueinander. Dabei sollte der Anleger die für ihn individuell bevorzugte Rangfolge der Ziele Sicherheit, Rentabilität, Liquidierbarkeit und Steueroptimierung sorgfältig abwägen.

Das klassische „magische Viereck" der Kapitalanlage

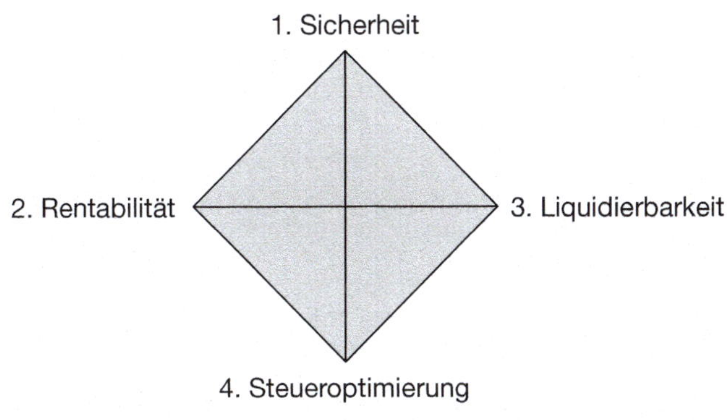

- **Das erste Kriterium: die Sicherheit**

„Es gibt keine Sicherheit,
nur verschiedene Grade der Unsicherheit."

Anton Pawlowitsch Tschechow (1860–1904),
russischer Schriftsteller

Als Beurteilungskriterium für die Sicherheit der Anlage gilt, ob und wie die Erhaltung des Anlagebetrags und seine Rückzahlung gewährleistet sind. Die Sicherheit der Anlage wird durch die mit der Anlage verbundenen **Risiken** eingeschränkt. Dazu zählen besonders Nachteile, Verluste oder Schäden, die mit der Anlage verbunden sind, beispielsweise:

- Liquiditätsrisiko
- Bonitätsrisiko des Schuldners
- Ausfallrisiko des Schuldners
- Tilgungs- und Rückzahlungsrisiko
- Zinsänderungs- und Ertragsrisiko
- Kursrisiko
- Länderrisiko
- Währungsrisiko
- Geldwert- und Kaufkraftrisiko
- Steueränderungsrisiko
- Substanzrisiko und
- allgemeine Marktrisiken

Deshalb ist die Einschätzung der Risiken ein elementarer Baustein für die Sicherheit. Im Ergebnis sollte also grundsätzlich die Sicherheit der Anlage im Vordergrund stehen. Das anzulegende Kapital sollte nur Institutionen und Personen anvertraut werden, deren längerfristige Bonität und Seriosität als erstklassig gelten.

Bei einer Anlagedauer von mehr als zehn Jahren sollten im Hinblick auf Sicherheit und Rentabilität Sachwertanlagen wie Aktien, Immobilien oder Beteiligungen mit einem höheren Anteil am Gesamtportfolio gewichtet werden.

- **Das zweite Kriterium ist die Rentabilität**

Die Rentabilität ist das Beurteilungskriterium für den finanziellen Erfolg einer Kapitalanlage. Der Erfolg ergibt sich aus dem Verhältnis des erzielten Gewinns zum eingesetzten Kapital unter Berücksichtigung der Kosten und der Besteuerung der jeweiligen Anlageergebnisse. Die Rentabilität drückt dies prozentual aus. Erträge können sein:

- laufende festgelegte Zahlungen bei Zinsen aus Termingeldanlagen,
- laufende variable Erträge wie Dividenden aus Aktien,
- Veräußerungsgewinne und
- staatliche Zuwendungen wie Zulagen oder Steuergutschriften.

Die Erträge einschließlich realisierter Kursgewinne sind mit Ausnahme der staatlichen Zuwendungen grundsätzlich steuerpflichtig.

Die Rentabilität einer Aktienanlage ergibt sich beispielsweise aus der Summe der Dividendenzahlungen und der realisierten Kursgewinne im Verhältnis zum eingesetzten Kapital, abzüglich der Kosten für den An- und Verkauf in Höhe von etwa 2,5 bis 3 Prozent sowie der Depot- und Verwaltungskosten. Außerdem ist die Abgeltungsteuer auf Dividenden und Kursgewinne zu berücksichtigen.

Für die Ermittlung der Rentabilität von festverzinslichen Wertpapieren wird die Effektivverzinsung herangezogen. Sie wird bestimmt vom Erwerbskurs, den Erwerbskosten, dem Zinsertrag, den Zinszahlungsterminen, dem Auf- oder Abschlag vom Nennwert beim Kauf, der Laufzeit und der Art der Tilgung.

Für den Anleger ist besonders die Rendite nach Kosten und Steuern relevant. Bezüglich der Kosten ist ein Vergleich oft schwierig oder aufwändig. Rentabilität als Verhältniszahl ist auch im Vergleich der Rentabilität verschiedener Geldanlagemöglichkeiten ein wichtiges Entscheidungskriterium. In den letzten Jahren gab es hier vielfältige gesetzgeberische Maßnahmen.

Durch die Produkt- und Informationsblätter („Beipackzettel") werden[1]

- Informationen verständlicher dargestellt,
- Informationen offengelegt und
- ein Vergleich verschiedener Finanzprodukte erleichtert.

Zu diesen Produkt- und Informationsblättern gehören:

- das **Vermögensanlagen-Informationsblatt** nach dem Vermögensanlagengesetz bei Geldanlage in Namensschuldverschreibungen, stillen Beteiligungen, Genussrechten und Treuhandanteilen,
- die **wesentlichen Anlegerinformationen** (Key Investor Information Document (KIID)) nach dem Kapitalanlagegesetzbuch (KAGB) bei Geldanlagen in OGAW und offene Publikums-AIF,
- das **Basisinformationsblatt** (Key Information Document (KID)) für verpackte Anlageprodukte für Kleinanleger und Versicherungsanlageprodukte (PRIIP).

Allerdings erhöht sich dadurch auch der Aufwand im Vorfeld der Anlageentscheidung. Weitere Informationen siehe Abschnitt 4.6 Anleger- und Verbraucherschutz.

Um bei langfristigen Vermögensanlagen eine angemessene inflationsgeschützte Rendite in Form der Realwerterhaltung zu erzielen, ist eine Streuung der Anlagen im Portfolio unter Berücksichtigung der Anlagen in Sachwerte wie Aktien oder Immobilien als Direktanlage zu empfehlen. Zudem kann durch den Kauf entsprechender Investmentanteile oder über inflationsgeschützte Bundesanleihen, sogenannte „Linker", die an den Preisindex gebunden sind (englisch: „linked", siehe Abschnitt 3.4) oder andere inflationsgeschützte Anleihen von privatrechtlichen Emittenten wie Kreditinstituten, eine inflationsschützende Anlage getätigt werden.

Vorsicht bei hohen Renditeversprechen

Bietet Ihnen ein Anbieter eine Rendite an, die höher als die übliche Marktrendite für eine vergleichbare Anlage ist, sollten Sie misstrauisch sein. Denn eine höhere Rendite als die üblicherweise am Markt zu erzielende Rendite ist auch mit einem höheren Risiko verbunden. Wie sollte der Anbieter den zusätzlichen Ertrag im Vergleich zur üblichen Marktrendite, verbunden mit dem entsprechenden Risiko, erwirtschaften? Deshalb ist ein zusätzlicher in Aussicht gestellter Ertrag häufig mit einem Risiko verbunden, das bei einer nur kurzen Überprüfung und einer zu schnellen Entscheidung nicht offensichtlich wird.

- **Das dritte Kriterium im „magischen Viereck" ist die Liquidierbarkeit**

Unter Liquidierbarkeit versteht man die Umwandlungsmöglichkeit oder Umwandlung der jeweiligen Anlage in Bargeld oder sogenanntes Sichtguthaben, also Geld auf Girokonten. Doch auch Aktien haben wegen ihrer börsentäglichen Handelbarkeit an öffentlichen Börsen eine hohe Liquidierbarkeit, beispielsweise im Gegensatz zu geschlossenen Fonds.

Wenn im Voraus der Zeitpunkt feststeht, an dem ein bereits angelegter Betrag liquide zur Verfügung stehen muss, sollte die Anlagedauer darauf abgestellt werden. Unvorhergesehene Ereignisse erfordern unter Umständen eine unverzügliche Umwandlung in Bargeld. In dieser Situation ist allerdings eine Renditeeinbuße möglich. Deshalb sollte ein Teil des Gesamtvermögens in Form von Tagesgeld, Sicht- oder Termineinlagen sowie in Geldmarkt-

1 Die Informationen für die Anleger umfassen die wichtigsten Merkmale der jeweiligen Produkte, besonders deren Risiken und Kosten. Siehe Kapitel 4.

fonds liquide gehalten werden. Siehe dazu auch die folgende Übersicht „Anlageformen, nach Liquiditätsstufen gestaffelt".

Liquidität bezeichnet auch die Verfügbarkeit von Zahlungsmitteln. Liquiditätsprobleme können sich ergeben, wenn der Anleger Zahlungsströme wie erwartete Zinsen oder Veräußerungserlöse fest eingeplant hat und solche Zahlungen verzögert werden, in geringerem Umfang erfolgen, oder beispielsweise im Insolvenzfall des Schuldners ganz ausfallen.

Anlageformen, nach Liquiditätsstufen gestaffelt (Auswahl)

Liquiditätsstufe	Anlageform
1 (hohe Liquidität)	• Bargeld • Einlagen auf einem Giro- oder Kontokorrentkonto • Einlagen auf einem Tagesgeldkonto • Termineinlagen (Festgeldanlagen) • EURIBOR-Anleihen (kurzfristige zinsvariable Anleihen) • Spareinlagen mit Kündigungsrecht von drei Monaten • Bundesanleihen • Geldmarktfonds
2	• Investmentfonds (ohne offene Immobilienfonds) • Aktien • Optionen • Spareinlagen mit einer vereinbarten Kündigungsfrist von sechs bis 24 Monate
3	• Edelmetalle • Sparbriefe • Spareinlagen mit vereinbarter Kündigungsfrist von 24 bis meist 48 Monate
4	• offene Immobilienfonds • Kapitallebensversicherungen • unverbriefte Beteiligungen (an Unternehmen), beispielsweise Genussrechte • Immobilien
5 (niedrige Liquidität)	• Alternative Investments/geschlossene Fonds • steuerbegünstigte längerfristige Anlagen • Kunstgegenstände, Antiquitäten und sonstige langfristige Wertanlagen

- **Das vierte Kriterium: Steueroptimierung**

„Die Unkenntnis der Steuergesetze befreit nicht von der Pflicht, Steuern zu zahlen. Die Kenntnis aber häufig."

Amschel Meyer Rothschild (1744–1812), Bankier

Steuern und steuerliche Aspekte spielen bei der Kapitalanlage und deren Berücksichtigung für die Werterhaltung des Vermögens eine wichtige Rolle. Dabei knüpft die Besteuerung an verschiedene Formen der Geldanlage. Es besteht für natürliche Personen nach § 1 Abs. 1 Satz 1 Einkommensteuergesetz eine Steuerpflicht „von der Wiege bis zur Bahre".

Die Geldanlage kann auf verschiedene Arten zu einer Besteuerung führen:

- zur Besteuerung der Übertragung von Vermögensteilen einschließlich der Schenkung unter Lebenden und des Erwerbs von Todes wegen (Erbschaftsteuer und Schenkungsteuer),
- zur Besteuerung des Eigentums von Grundstücken (Grundsteuer) und des Erwerbs an Grundstücken (Grunderwerbsteuer),
- sowie zur Besteuerung der Einkünfte aus Kapitalvermögen (Beispiel: Einkommensteuer) führen.

Hierdurch wird die enge Verbindung von Geldanlage und Steuern deutlich:

Besteuerungsanlässe und Rechtsgrundlagen im Zusammenhang mit Privatvermögen

Anlass der Besteuerung		
Anschaffung (Erwerb)	Eigentum (Besitz)	Erträge, besonders: • Einkünfte aus Kapitalvermögen (Kapitalerträge wie Zwischengewinne, Gewinnanteile Dividenden, Zinsen, Entgelte oder Vorteile) • Veräußerungsgewinne • Einkünfte aus Vermietung und Verpachtung • sonstige Einkünfte
Steuerart und gesetzliche Grundlage		
• Grunderwerbsteuer (Grunderwerbsteuergesetz) • Erbschaftsteuer und Schenkungsteuer (Erbschaftsteuer- und Schenkungsteuergesetz) • Umsatzsteuer (Umsatzsteuergesetz)	• Grundsteuer (Grundsteuergesetz) • Vermögensteuer (Vermögensteuergesetz); seit 1997 nicht mehr erhoben	• Einkommensteuer (Einkommensteuergesetz) • Solidaritätszuschlag zur Einkommensteuer als Ergänzungsabgabe (Solidaritätszuschlaggesetz) • soweit zutreffend: Kirchensteuer (richtet sich nach Landesrecht)
Zusätzlich von Bedeutung: Entscheidungen der Finanzgerichte und des Bundesfinanzhofs, die Verfügungen und Erlasse des Bundesfinanzministeriums, der Finanzminister der Länder und der Oberfinanzdirektionen		

Anzustreben ist deshalb – unter Berücksichtigung der Anlageziele Rendite, Sicherheit und Liquidierbarkeit – eine möglichst hohe steuerliche Entlastung oder gar Freistellung von Steuern. Das kann beispielsweise durch systematisches Nutzen der Freibeträge und Freigrenzen erfolgen. Zudem bietet eine entsprechende Aufteilung des Vermögens auf nahestehende Personen wie Kinder oder Partner die Möglichkeit, sowohl bei der Einkommensteuer als auch bei der Erbschaftsteuer und Schenkungsteuer Steuern zu sparen.

Langfristig betrachtet sind die Realwerterhaltung der Geldanlage unter Berücksichtigung der Geldwertveränderung (Inflation) und der Nettoertrag nach Steuern und Kosten, ebenfalls unter Berücksichtigung der Inflation, von Bedeutung.

Eine Anlageentscheidung sollte man sinnvollerweise unter Berücksichtigung der persönlichen und anlagebezogenen Kriterien treffen. Welcher der vier Faktoren Sicherheit, Rentabilität, Liquidierbarkeit und Steueroptimierung im Einzelfall der wichtigste ist, sollten Sie, lieber Leser, sorgfältig abwägen. Wie die Bankenkrise 2007/2008, besonders mit der Pleite der US-Investmentbank Lehman Brothers gezeigt hat, kann ein einzelnes Kriterium, in diesem Fall die Sicherheit, alle anderen drei unbedeutend werden lassen.

Doch die Ziele lassen sich nicht gleichmäßig oder gleichzeitig erreichen. Zwischen den Zielen besteht vielmehr eine Wechselbeziehung, wodurch Zielkonflikte entstehen können. Gegenüber den Zielen Rentabilität und Liquidierbarkeit wirkt das Kriterium Sicherheit als Regulativ und beeinflusst grundsätzlich auch die Konditionen: Je weiter sich der Zins einer konkreten Anlage von der am Markt erzielbaren Durchschnittsrendite, gemessen zum Beispiel an der Umlaufrendite festverzinslicher Wertpapiere,[1] nach oben entfernt, desto höher ist grundsätzlich das Risiko.

Oberstes Ziel ist dabei zunächst der Kapitalerhalt. Danach folgt das Ziel, bei angemessenem Risiko eine angemessene Nettorendite zu erzielen und die jeweiligen Marktchancen zu nutzen. Dabei ist ein kontinuierliches, mittel- bis langfristiges Kapitalwachstum anzustreben.

Steht ein höherer Anlagebetrag zur Verfügung, empfiehlt es sich, verschiedene Anlageformen zu kombinieren. Je größer das Vermögen ist und je unterschiedlicher die Anlageziele sind, umso breiter soll das Vermögen gestreut sein, ohne dass dabei die Übersicht verloren geht. Die Streuung kann beispielsweise nach Anlagegegenstand, Fristigkeit, Risikopotenzial, Region, Branche und Währung erfolgen. Neben der Streuung nach Branchen ist besonders die geografische Aufteilung zunehmend wichtig. Dabei sollten sowohl die Sicherheit (beispielsweise des Emittenten oder Finanzpartners) als auch politische Risiken, Rechtsrisiken sowie das Länder- und Währungsrisiko beachtet werden. In den letzten Jahren sind noch weitere Aspekte hinzugekommen. So werden zunehmend auch Investments angeboten, die ethische und ökologische Ziele berücksichtigen. Dadurch erweitert sich das Anlageuniversum erheblich. Weiteres dazu finden Sie in unserem Schwerpunktthema **„Nachhaltige Geldanlage als Möglichkeit zur Investition und Mitgestaltung"** in Abschnitt 3.10.

1.1.2 Zinsen und Rendite

Die Sicherheit der Zinszahlung und die erzielbare Rendite sind wesentliche Entscheidungsgründe für eine Geldanlage und zwei Ziele im „magischen Viereck". Dabei versteht man ganz allgemein unter „Zins" den Preis für die Überlassung von Kapital. Im Finanzbereich ist Zins der Preis, den der Gläubiger vom Schuldner für die Überlassung seines Geldes an den Schuldner erhält. Der Zins wird ausgedrückt in Prozent, also in einem Hundertstel bezogen auf die Geldsumme. Bei Verbraucherkrediten unterscheidet man den Nominalzins und den effektiven Jahreszins.

[1] Inhaberschuldverschreibungen mit einer längsten Laufzeit gemäß Emissionsbedingungen von über vier Jahren, soweit ihre mittlere Restlaufzeit mehr als drei Jahre beträgt. Vgl. Deutsche Bundesbank (2018): Monatsbericht Mai 2018, Jahrgang 70 (Ausgabe 5), S. 53*.

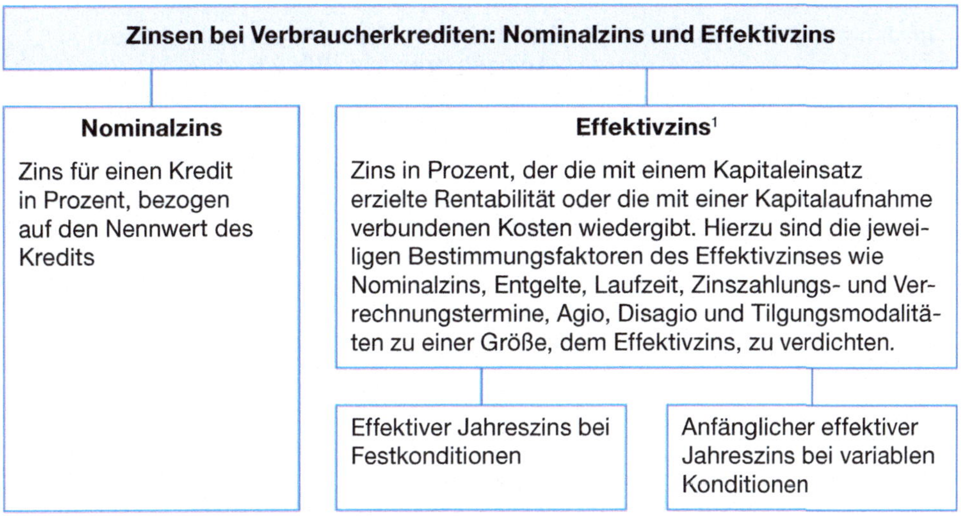

Ökonomisch ermittelte Renditen im Vergleich zu festgelegten Angaben wie dem Effektivzins berücksichtigen zusätzlich weitere Faktoren wie die Geldwertveränderung (Realrendite) oder die Steuer (Vor- oder Nachsteuerrendite).

Zinsen berechnen mit der Zinseszinsstaffel

Zur Verdeutlichung der Bedeutung von Zinsen und Zahlungen sowie deren Verschieben in der Zeit werden im Folgenden dargestellt:

- 1.1.2.1: Kapitalaufbau mit einer Einmalanlage
- 1.1.2.2: Kapitalaufbau mit regelmäßiger monatlicher Anlage
- 1.1.2.3: Monatliche Kapitalnutzung ohne Kapitalverzehr
- 1.1.2.4: Monatliche Nutzung mit Kapitalverzehr

Bei allen unter 1.1.2.1 bis 1.1.2.4 dargestellten gerundeten Berechnungsbeispielen sind weder steuerliche Auswirkungen noch Wertveränderungen durch die Inflation berücksichtigt. Hierauf wird in 1.1.2.5 gesondert eingegangen. Insgesamt sollen somit die Bedeutung von Zahlungszeitpunkten, die Wirkung von Zinsen und die Aussagekraft von nominellen Zinsen dargestellt werden.

1.1.2.1 Kapitalaufbau mit einer Einmalanlage

Die folgenden unter 1.1.2.1 und 1.1.2.2 berechneten Beispiele zeigen Ihnen, wie sich die Endwerte eines vorhandenen oder eines monatlich regelmäßig aufgebauten Kapitals darstellen.

1 Saffenreuther, J. (2018): Effektivzins. In: Springer Gabler Verlag (Hrsg.), Gabler Wirtschaftslexikon. Verfügbar unter https://wirtschaftslexikon.gabler.de/definition/effektivzins-35396/version-258878. Abgerufen am 09.08.2018.

Im Jahr ...	Endbetrag in Euro bei einem Zinssatz von ... und einem Anlagebetrag von 10000 €				
	1 %	2 %	3 %	4 %	5 %
1	10100,00	10200,00	10300,00	10400,00	10500,00
2	10201,00	10404,00	10609,00	10816,00	11025,00
3	10303,01	10612,08	10927,27	11248,64	11576,25
4	10406,04	10824,32	11255,09	11698,59	12155,06
5	10510,10	11040,81	11592,74	12166,53	12762,82
6	10615,20	11261,62	11940,52	12653,19	13400,96
7	10721,35	11486,86	12298,74	13159,32	14071,00
8	10828,57	11716,59	12667,70	13685,69	14774,55
9	10936,85	11950,93	13047,73	14233,12	15513,28
10	11046,22	12189,94	**13439,16**	14802,44	16288,95
15	11609,69	13458,68	15579,67	18009,44	20789,28
20	12201,90	14859,47	18061,11	21911,23	26532,98
25	12824,32	16406,06	20937,78	26658,36	33863,55

Beispiel Einmalanlage

Bei einer Anlage von 10000 Euro, einer Anlagedauer von zehn Jahren und einer angenommenen linearen Wertsteigerung von drei Prozent pro Jahr beträgt das Guthaben 13439,16 €.

1.1.2.2 Kapitalaufbau mit regelmäßiger monatlicher Anlage

Ausführliches Beispiel

Es erfolgen monatliche Einzahlungen am ersten eines jeden Monats in Höhe von 500 Euro. Diese Einzahlungen werden monatlich verzinst.

1. Schritt: Die Berechnung des angesparten Kapitals K_1 nach einem Jahr

Somit haben Sie als Anleger am Ende eines Jahres zum einen die monatlich einbezahlten Beträge in Hohe von:

12 x 500 € = **6000 €**

Zudem werden die monatlichen Einzahlungen verzinst:

Herleitung

Anlagebetrag: R
Verzinsung: i

Die jährliche Summe der monatlichen Verzinsung beträgt:

(R x i x 12/12) + (R x i x 11/12) + (R x i x 10/12)
+ … + (R x i x 1/12)

= R x i x 1/12 x (1 + 2 + 3 + … + 12)

Nach der Gaußschen[1] Summenformel kann für (1 + 2 + 3 + … + 12) eingesetzt werden: (12 x 13)/2.

= R x i x 1/12 x (12 x 13)/2

= R x i x (12 x 13) / (12 x 2)

= **R x i x 13/2**

Beispiel zur Herleitung

Anlagebetrag: R = 500 €

Verzinsung: i = 0,03

Die jährliche Summe der monatlichen Verzinsung beträgt somit im Beispiel:

R x i x 13/2

= 500 € x 0,03 x 13/2

= **97,50 €**

Sie können daher *am Ende des ersten Jahres* über ein angespartes Kapital K_1 in Höhe von 6 097,50 € verfügen:

6 000,00 €	monatlich einbezahlte Beträge im Gesamtjahr
+ 97,50 €	jährliche Summe der monatlichen Verzinsung
= 6 097,50 €	$K_{jährlich}$

Auch in den nächsten Jahren wird sich jährlich für sich betrachtet ein Kapital $K_{jährlich}$ von 6 097,50 € ergeben. Aber zudem wird auch dieser jährliche Kapitalbetrag $K_{jährlich}$ verzinst werden. Daher folgt:

2. Schritt: Die Berechnung des angesparten Kapitals K_n nach n Jahren

$\mathbf{K_n = K_{jährlich} \times ((1+i)^n - 1) / i}$

$K_{10} = 6\,097{,}50\ € \times ((1 + 0{,}03)^{10} - 1)/0{,}03$

$K_{10} = 6\,097{,}50\ € \times ((1{,}03^{10}) - 1)/0{,}03$

$\mathbf{K_{10} = 69\,901\ €}$

1 Carl Friedrich Gauß, deutscher Mathematiker, Astronom und Physiker (1777–1855).

1.1.2.3 Monatliche Kapitalnutzung bei Einmalanlage ohne Kapitalverzehr

Die Beispiele unter 1.1.2.3 und 1.1.2.4 zeigen, wie sich ein vorhandenes Kapital bei monatlichen Entnahmen aufbraucht, also monatlich entnommen werden kann, ohne dass das Kapital angegriffen wird (1.1.2.3) oder bis auf null entwickelt (1.1.2.4).

Monatliche Kapitalnutzung ohne Kapitalverzehr bei einer Einmalanlage und einer angenommenen Verzinsung in Höhe von ... Prozent

Zinssatz / Einmalanlage in Euro	**Zinssatz (jährlich)**[1]				
	1%	2%	3%	4%	5%
	Zinssatz (monatlich)				
	0,083%	0,165%	0,247%	0,327%	0,407%
10000	8,30	16,52	24,66	32,74	40,74
20000	16,59	33,03	49,33	65,47	81,48
30000	24,89	49,55	73,99	98,21	122,22
40000	33,18	66,06	98,65	130,95	162,96
50000	41,48	82,58	**123,31**	163,69	203,71
75000	62,22	123,87	184,97	245,53	305,56
100000	82,95	165,16	246,63	327,37	407,41
150000	124,43	247,74	369,94	491,06	611,12
200000	165,91	330,32	493,25	654,75	814,82
250000	207,38	412,90	616,57	818,43	1018,53

Beispiel

Kapitalnutzung ohne Kapitalverzehr

Aus einem vorhandenen Kapital von 50000 Euro können bei einer angenommenen linearen Wertsteigerung von drei Prozent pro Jahr 123,31 Euro monatlich entnommen werden, ohne das ursprünglich vorhandene Kapital anzugreifen.

1 Hier wird zur Umrechnung die mathematisch korrekte Formel eingesetzt:
$\sqrt[12]{(1 + \text{jährlicher Zinssatz})} - 1$
Teilweise rechnen Finanzmarktteilnehmer auch mit der vereinfachten Umrechnung $\frac{\text{jährlicher Zinssatz}}{12}$

1.1.2.4 Monatliche Kapitalnutzung bei Einmalanlage mit Kapitalverzehr

Monatliche Kapitalnutzung mit Kapitalverzehr bei einer Einmalanlage und einer angenommenen Verzinsung in Höhe von ... Prozent

Einmal-anlage in Euro	Entnahmezeitraum		Zinssatz (jährlich)				
			1 %	2 %	3 %	4 %	5 %
	in Jahren	in Monaten	Zinssatz (monatlich)[1]				
			0,083 %	0,165 %	0,247 %	0,327 %	0,407 %
10 000	5	60	170,92	175,20	179,51	183,84	188,20
	10	120	87,58	91,93	96,37	100,91	105,52
	15	180	59,83	64,27	68,86	73,61	78,50
	20	240	45,97	50,50	55,26	60,22	65,38
	25	300	37,67	42,30	47,21	52,39	57,81
50 000	5	60	854,59	875,99	897,54	919,21	941,02
	10	120	437,92	459,66	**481,87**	504,53	527,62
	15	180	299,15	321,34	344,32	368,05	392,51
	20	240	229,85	252,51	276,29	301,11	326,92
	25	300	188,33	211,49	236,05	261,95	289,07
100 000	5	60	1 709,18	1 751,98	1 795,07	1 838,43	1 882,04
	10	120	875,84	919,32	963,74	1 009,06	1 055,24
	15	180	598,29	642,68	688,64	736,11	785,02
	20	240	459,69	505,03	552,57	602,22	653,84
	25	300	376,67	422,97	472,11	523,90	578,14

Beispiel

Kapitalnutzung mit Kapitalverzehr

Aus einem vorhandenen Kapital von 50 000 Euro können bei einer angenommenen Verzinsung von drei Prozent pro Jahr 481,87 Euro monatlich entnommen werden, wenn das vorhandene Kapital in zehn Jahren aufgezehrt sein soll.

Trotz aller beschriebenen Aspekte bleibt jedoch als einer der Hauptbeweggründe für eine Geld- und Kapitalanlage, wieviel nach einer bestimmten Anlagedauer am Ende real, also tatsächlich, übrig bleibt. Bei Geldwertanlagen wird zunächst der Nominalzins angegeben. Das ist der genannte Zins, der sich, beispielsweise bei Anleihen, auf den Nennwert bezieht.

Bei einer Anlage spielt für den Ertrag als weiteres Kriterium die Preisänderungsrate, also Inflation oder Deflation, eine wichtige Rolle. Im April 2018 lag die Inflationsrate auf Basis des Verbraucherpreisindexes des Statistischen Bundesamtes beispielsweise bei 1,6 Prozent. Mit

1 Hier wird zur Umrechnung die mathematisch korrekte Formel eingesetzt:

$\sqrt[12]{(1 + \text{jährlicher Zinssatz})} - 1$

In manchen anderen Quellen können Sie auf Beispiele stoßen, bei denen mit

$\frac{\text{jährlicher Zinssatz}}{12}$

gerechnet wird. Diese Berechnung wird teilweise von Banken genutzt.

Umlaufrendite ist die Rendite der „umlaufenden“, also im Umlauf befindlichen, Inhaberschuldverschreibungen inländischer Emittenten gemeint. Sie lag im April 2018 bei rund 0,5 Prozent.

Durch Berücksichtigung der Preisänderungsrate erhält man den **Realzins**, der bei einer Umlaufrendite von 0,5 Prozent und einer Inflationsrate von beispielsweise 1,6 Prozent im April 2018 bei –1,1 Prozent lag.

Im Gegensatz zum Zins ist die Rendite das Gesamtergebnis aus einer Kapitalanlage im Verhältnis zum eingesetzten Kapital über einen bestimmten Zeitraum einschließlich Zinsen, Kosten, Dividenden oder Kursänderungen. Bruttorendite ist die Rendite vor Steuern, Nettorendite ist die Rendite nach Steuern.

Bei 0,2 Prozent Zinsertrag aus 100 000 € Anleihen und einer Gesamtbelastung von rund 28 Prozent (Abgeltungsteuer einschließlich Solidaritätszuschlag und neun Prozent Kirchensteuer) sowie einer im Jahr 2018 ansteigenden Inflationsrate von 1,75 Prozent im ersten Halbjahr 2018 ergibt sich folgende Rechnung:

Beispiel für die Ermittlung der Nettorendite nach Steuern

Anlagesumme 100 000 €		
	Absolute Änderung (Betrag)	**prozentuale Veränderung (Rendite)**
+ Verzinsung (0,2 % auf 100 000 €)	500 €	0,5 %
= Bruttoanlagebetrag in einem Jahr	100 500 €	Bruttorendite (nominal): 0,5 %

Bei einer Anlagesumme von 100 000 Euro hat man bei einem derzeit sehr geringen Zins eine Bruttorendite vor Steuern in Höhe von 0,5 %. Hiervon sind nun auch die **Steuern** abzuziehen, in unserem Beispiel die Abgeltungsteuer und die Kirchensteuer sowie der Solidaritätszuschlag, sofern keine NV-Bescheinigung oder ein Freistellungsauftrag mit ausreichendem Freistellungsvolumen vorliegt

– Steuern (Gerundet 28 % auf 500 €)	140 €	
= Nettoanlagebetrag in einem Jahr	100 360 €	**Nettorendite (nominal): 0,36 %**

Nach Abzug der Steuern hat man eine nominale Nettorendite in Höhe von 0,14 %.

... und unter Berücksichtigung einer Inflationsrate von 1,75 Prozent p. a.:		
(–) Inflation (0,1 % auf 100 360 €)	1756,30 €	
= Kaufkraft der Anlage nach einem Jahr	98 603,70 €	**Nettorendite (real): –1,4 %**

Eine Anlage erzielt durch einen bestimmten Zinssatz einen Zinsertrag. Wenn dieser Zinsertrag durch Steuern belastet wird und eine negative Kaufkraftveränderung durch die Inflation ebenfalls berücksichtigt wird, ist dies eine reale Nettorendite. Durch dieses Beispiel wird die Bedeutung der Veränderung der Verbraucherpreise, und damit die Bedeutung der Veränderung der Kaufkraft, deutlich.

1.1.2.5 Umlaufrendite, Preisänderungsrate und Realzins von 1900 bis Mai 2018

Das Statistische Bundesamt ermittelt monatlich die Veränderungen der Verbraucherpreise im Vergleich zum Vorjahr. In allen durch fünf teilbaren Jahren wird eine Neuberechnung des Wägungsschemas durchgeführt. Dieses Wägungsschema berücksichtigt die veränderten Ausgabenstrukturen der privaten Haushalte. Die nächste Neuberechnung steht daher im Jahr 2020 an.

Hinsichtlich einer einheitlichen Berechnungsmethodik der Mitgliedsländer besteht auf Ebene der EU immer noch Handlungsbedarf. Durch die Einführung des HVPI (Harmonisierter Verbraucherpreisindex innerhalb der EU) ist man diesem Ziel zumindest etwas näher gekommen.

Wie die Darstellung auf der folgenden Seite zeigt, gab es auch in den Jahren 2012 und 2013 schon negative Renditen beim Realzins. Im Mai 2016 lag auch die Umlaufrendite nahe Null und hat im weiteren Verlauf des Jahres 2016 die historische Nullmarke nach unten durchbrochen.

Umlaufrendite, Preisänderungsrate und Realzins von 1900 bis Mai 2018

Jahr	Umlaufrendite festverzinslicher Wertpapiere (Nominalzins) insgesamt	Preisänderungsrate	Realzins festverzinslicher Wertpapiere, Subtraktion der Preisänderungsrate von der Umlaufrendite	Realzins festverzinslicher Wertpapiere, mathematisch korrekt
1900	3,7	1,3	2,4	2,37
1905	3,6	3,8	- 0,2	- 0,19
1910	3,8	2,2	1,6	1,57
1925	9,5	8,4	1,1	1,01
1930	7,2	- 3,8	11,0	11,43
1935	5,1	1,6	3,5	3,44
1940	4,5	3,1	1,4	1,36
1955	6,1	1,6	4,5	4,43
1960	6,3	1,4	4,9	4,83
1965	6,8	3,3	3,5	3,39
1970	8,2	3,6	4,6	4,44
1974*	10,6	6,9	3,7	3,46
1975	8,7	5,9	2,8	2,64
1980	8,6	5,5	3,1	2,94
1981*	10,6	6,3	4,3	4,05
1985	6,9	2,0	4,9	4,80
1986	6,0	- 0,1	6,1	6,11
1990	8,9	2,7	6,2	6,04
1995	6,5	1,8	4,7	4,62
2000	5,4	1,4	4,0	3,94
2005	3,1	1,5	1,6	1,58
2006**	3,8	1,6	2,2	2,17
2010	2,5	1,1	1,4	1,38
2011	2,6	2,3	0,3	0,29
2012	1,4	1,9	- 0,5	- 0,49
2013	1,4	1,5	- 0,1	- 0,10
2014	1,0	0,9	0,1	0,10
2015	0,5	0,3	0,21	0,20
2016	0,1	0,4	- 0,3	0,30
2017	0,3	1,8	-1,5	-1,47
Mai 2018	0,5	1,6	- 1,1	- 1,08

* : 1974 und 1981 Höchststände der Umlaufrendite
**: Siehe folgendes Beispiel
Quelle der Daten: Deutsche Bundesbank: Monatsbericht Mai 2018, S. 53* und 70* und Statistisches Bundesamt

1 Die **Umlaufrendite** gibt die Rendite (Nominalzins) von im Umlauf befindlichen festverzinslichen Inhaberschuldverschreibungen inländischer Emittenten mit einer längsten Laufzeit gemäß Emissionsbedingungen von über vier Jahren an, soweit ihre mittlere Restlaufzeit mehr als drei Jahre beträgt (Deutsche Bundesbank).

Im Gegensatz dazu zeigt die Emissionsrendite die Rendite der neu in Umlauf gekommenen festverzinslichen Inhaberschuldverschreibungen an.

2 Die **Preisänderungsrate** ist die prozentuale Veränderung eines bestimmten Indexes. Dieser Index umfasst die Preise eines Warenkorbs an Gütern und Dienstleistungen innerhalb eines bestimmten Zeitraumes. Dieser Warenkorb bildet den durchschnittlichen Verbrauch einer Bürgerin oder eines Bürgers oder einer Familie innerhalb eines Jahres ab.

Dieser Index war bis 1913 der „Lebenshaltungskostenindex für Ernährung und Wohnung"; von 1925 bis 1940 der „Reichsindex für die Lebenshaltung eines Vier-Personen-Arbeitnehmerhaushalts mit mittlerem Einkommen". 1955 und 1960 war der Index der

„Preisindex für die Lebenshaltung eines Vier-Personen-Arbeitnehmerhaushalts mit mittlerem Einkommen". Von 1965 bis 1985 war es der „Preisindex für die Lebenshaltung aller privaten Haushalte" (Westdeutschland, Basis 1985 = 100). 1991 Deutschland West, Basis 1991 = 100. Ab 1992 Deutschland Ost und West; seit Januar 2002 auf der neuen Basis. Seit 2003 werden keine getrennten Verbraucherpreisindizes für das frühere Bundesgebiet und die Neuen Länder einschließlich Berlin-Ost mehr berechnet. Ebenfalls fallen auch alle Preisindizes für spezielle Haushaltstypen weg. Das bedeutet, dass zur Ermittlung der Veränderung der Verbraucherpreise seit 2003 nur noch der „Preisindex für die Lebensführung aller privaten Haushalte" errechnet wird. Die jährliche Index-Veränderung in Prozent ergibt sich nach der Formel:

$$\frac{\text{neuer Indexstand}}{\text{alter Indexstand}} \times 100 - 100$$

Üblicherweise ist die Preisänderungsrate positiv und bedeutet eine Inflation, also eine Geldentwertung. Eine negative Preisänderungsrate bedeutet eine Geldwertsteigerung, also eine Deflation. Die negative Preisänderungsrate ist also eine Deflationsrate.

3 Bei der Ermittlung des **Realzinses** wird häufig eine einfache Subtraktion von Nominalzins und Preissteigerungsrate vorgenommen, wie auch in dieser Tabelle. Das ist mathematisch nicht korrekt. Unterstellt man nämlich eine Preissteigerungsrate von 100 Prozent, so würde bei dieser Methode ein Vermögenswert nahezu völlig aufgezehrt werden, in Wirklichkeit verliert er ungefähr die Hälfte an Wert.

Hierzu ein einfaches Beispiel: Ein Jugendlicher hat 100 Euro und kann damit 100 Kugeln Eis zu einem Euro je Kugel kaufen. Angenommen, er legt die 100 Euro ein Jahr lang zu 2 Prozent Zinsen an, so hat er nach einem Jahr 102 Euro. Bei einer Inflation von 100 Prozent verdoppeln sich die Preise auf zwei Euro je Kugel. Die Jugendliche oder der Jugendliche kann somit noch 51 Kugeln Eis mit 102 Euro kaufen (102/2).

Nach der einfachen Subtraktion ergebe sich ein Wert von 100 + 100 x (−0,98) = 100 − 98 = 2. Mathematisch exakt wird der Realzins nach folgender Formel errechnet:

$$\frac{1 + \frac{i}{100}}{1 + \frac{p}{100}} = 1 + \frac{r}{100}$$

(r = Realzins, i = Nominalzins, p = Preisänderungsrate)

Beispiel zur Ermittlung für das Jahr 2006: (Basis 2005 = 100 Prozent). Für eine Anlage mussten im Vergleich zum Vergleichsjahr 2005 101,60 Euro eingesetzt werden. Dafür wurden 103,80 Euro erlöst. Daraus ergibt sich eine Realverzinsung von 2,2 Prozent:

$\left(\frac{103{,}80}{101{,}60}\right) - 1 \times 100 = 2{,}17$ oder gerundet 2,2.

Beispiel für das Jahr 2017: Bei einem Nominalzins von 0,3 Prozent und einer Preisänderungsrate von 1,8 Prozent ergibt sich ein Realzins von –1,47 Prozent.

1.1.3 Persönliche und anlagebezogene Kriterien bei der Auswahl der Geldanlage

Vor einer Entscheidung über bestimmte Geldanlagen, Anspar- oder Vorsorgeprodukte sollte die persönliche Zukunftsplanung ebenso wie die voraussichtliche Entwicklung der Finanzmärkte berücksichtigt werden. Dabei ist es sinnvoll, einen professionellen Vermögens- oder Finanzberater hinzuzuziehen.

Aus Anlegersicht zeichnet sich eine gute Beratung für eine Anlageentscheidung insbesondere durch folgende Kriterien aus:

- Kompetenz des Beraters
- individuelles Eingehen auf die Wünsche und Ziele des Kunden auf der Grundlage einer sorgfältigen Analyse
- Verständlichkeit seiner Ausführungen
- ausreichende Beratungszeit
- Berücksichtigung des familiären Umfelds und
- Betrachtung der steuerlichen Situation.

Die folgende Übersicht kann vom Anleger oder Berater als Checkliste für ein Beratungsgespräch eingesetzt werden. Sie ist ein wichtiger Baustein der Geldanlage unter Berücksichtigung der Besteuerung.

Checkliste für die Auswahl der Geldanlage	
Persönliche Kriterien	**Anlagebezogene Kriterien**
1. Anlagemotive und -ziele 1a: Persönliche Situation – Alter und Familienstand – berufliche Situation – Erfahrung mit Geldanlagen 1b: Einstellung gegenüber Geldanlagen – ertragbringende Vermögensanlage – Wertsteigerung – Spekulation – Rücklage für Notfälle – Familiensicherung – Zukunftssicherung – Altersvorsorge	1. Anlagedauer – Fristigkeit: kurzfristig: bis 12 Monate mittelfristig: 1 Jahr bis 2 Jahre langfristig: über 2 Jahre – Fälligkeit entsprechend Kündigungsfrist
2. Vermögen, Einkommen und erwarteter Vermögenszufluss sowie erwartete Einkommensentwicklung – Berücksichtigung des bereits vorhandenen Geld- und Sachvermögens und seiner Struktur – erwartete Einkommensentwicklung – erwartete finanzielle Belastungen	2. Anlagebetrag – Höhe des Betrages – Einmalbetrag oder laufende Ansammlung – bestimmtes Ziel, beispielsweise Ausbildungsfinanzierung oder Altersvorsorge
3. Sicherheitsbedürfnis allgemein – risikoavers (risikoscheu, risikoabgeneigt) – risikofreudig	3. Sicherheit und Wertbeständigkeit – Schutz vor Kurs- und Wertverlusten – Bonität des Emittenten/Kapitalnehmers – Seriosität und Fähigkeit des Managements – Länder- und Währungsrisiko – gesamtwirtschaftliche Entwicklung
4. Risikobereitschaft bezüglich der Anlage hinsichtlich – der zur Auswahl stehenden Produkte – der Bonität des Schuldners – der Anlagewährung	4. Liquidierbarkeit und Fungibilität 4a: Liquidierbarkeit – Verfügbarkeit der Anlage, unter Berücksichtigung der Anlageziele/Anlagemotive – Umwandlung in Bargeld ohne größere Wertverluste und Zeitverzögerung 4b: Fungibilität – Austauschbarkeit, Vertretbarkeit – Marktgängigkeit – Börsengängigkeit
5. erwartete Wertentwicklung – Wertentwicklung vor und nach Steuern – Zinsertrag/Dividende – Vermögenszuwachs nominal – Vermögenszuwachs real (nach Berücksichtigung der Inflation)	5. Rentabilität – gleichbleibende oder schwankende Rendite – kurzfristige Gewinnerzielung – marktgerechte laufende Verzinsung – Kurs- und Währungsgewinne – Gewinnbeteiligung
6. persönliche Steuersituation – bezogen auf das zu versteuernde Einkommen: Abgeltungsteuer und persönliche Steuerbelastung im Durchschnitt (Durchschnittssteuersatz) und in der Spitze (Spitzensteuersatz) – Erbschaftsteuer und Schenkungsteuer	6. Besteuerung – Art, Umfang und Zeitpunkt der Besteuerung – Anrechenbarkeit von Steuern

1.1.4 Leitlinien für eine ausgewogene Kapitalanlage

An folgenden Leitlinien für die Auswahl einer Geldanlage können sich Anleger orientieren:

Ziele

- Anlageziele setzen.
- Die gesetzten Ziele umsetzen.
- Eine Kapitalanlage ist grundsätzlich nicht richtig oder falsch, sondern nur in Bezug auf die individuellen Anlageziele sinnvoll oder nicht sinnvoll.

Strategie

- Eigene Anlagestrategie entwickeln.
- Die richtige Kapitalanlage ist eher eine Kunst denn eine Wissenschaft. Es gibt keine unumstößlichen Gesetze, sondern regelmäßig wiederkehrende, somit berechenbare Ereignisse.
- Diversifikation: „Don't put all eggs in one basket." Das bedeutet, der Anleger sollte nicht alles auf eine Karte setzen, sondern mit zunehmender Anlagesumme sein Investment breiter streuen, damit die Einzelrisiken so gering wie möglich gehalten werden. Die Streuung sollte verschiedene internationale Regionen und Märkte, Branchen, Anlageformen und unter Umständen auch Fremdwährungen beinhalten.
- Grad der Diversifikation: Allerdings sollte man nicht in zu viele verschiedene Anlagen investieren. Eine Beschränkung auf überschaubare Anlagen, von denen man etwas versteht, ist empfehlenswert.
- Eine gute Anlageentwicklung basiert auf einer kompetenten persönlichen, finanztechnischen, rechtlichen und steuerlichen Analyse und Beratung.
- Die Meinung, man könnte einzelne Aktien herausfinden, die sich mit Sicherheit künftig überdurchschnittlich entwickeln („Stock Picking"), ist meist falsch, denn, weshalb sollte ein Privatanleger über bessere Informationen verfügen als die professionellen Marktteilnehmer?
- Ein spekulativ orientierter Anleger sollte das zur Verfügung stehende Kapital nicht zu sehr streuen, da zu viele Engagements einen zu hohen Informations- und Kostenaufwand sowie einen ständigen Überwachungs- und Handlungsbedarf erfordern.

Analyse/Entscheidung

- Genaue Bestandsaufnahme des Vermögens als Entscheidungs- und Steuerungshilfe für eine gezielte Finanzplanung mit Hilfe des „persönlichen Vermögensstatus" – siehe Abschnitt 1.2.1.1.
- Eine Kapitalanlage sollte nicht nur unter dem Gesichtspunkt der Steuerersparnis gesehen werden. Es empfiehlt sich aber, alle legalen steuerlichen Gestaltungsmöglichkeiten wahrzunehmen.
- Je höher die Chance der Geldanlage, desto höher ist das Risiko.
- Je höher das Risiko der Geldanlage, desto höher sollte die Rendite sein.

Timing

- Wichtig ist Geduld. Oft bieten sich an einem Markt im Jahr nur wenige gute Gelegenheiten. Darauf muss man warten können, notfalls monatelang.
- Man muss nicht ständig engagiert sein. Oft wird durch Einnehmen einer Parkposition, beispielsweise im Tages- oder Festgeld, ein Verlust an der Börse vermieden.
- Achten Sie nicht nur auf die Kursentwicklung von Aktien, sondern verknüpfen Sie Umsätze und Trends. Besonders bei marktengen Werten und geringen Umsätzen entstehen schnell Zufallskurse; bei Standardwerten mit steigenden Kursen und hohen Umsätzen ist dies eher ein Signal für weiter steigende Kurse.

- Zum richtigen Zeitpunkt gegen den Trend handeln.
- Haben Sie die richtige Anlageentscheidung getroffen, sollten Sie Ihre Strategie längerfristig durchhalten, aber ständig beobachten, getreu dem Spruch: „Hin und Her macht Taschen leer."

Vorsicht

- Investieren Sie nur in Anlagen, die Sie verstehen.
- Eine risikofreie Anlage gibt es nicht. Spareinlagen unterliegen zwar keinem Kursrisiko, und vorausgesetzt, der Schuldner weist eine entsprechende Einlagenversicherung nach, auch keinem oder nur einem geringen Ausfallrisiko, sind aber dem Kaufkraft- und Zinsänderungsrisiko unterworfen.
- Vertrauen Sie Ihr Geld nur Institutionen an, die über eine sehr gute („erstklassige") Bonität verfügen.
- Empfehlungen gegenüber sollte man kritisch eingestellt sein; auch solchen von „Freunden" und Verwandten. Insbesondere „heiße" Anlagetipps sind genau zu prüfen. Sorgfältiges Recherchieren zahlt sich aus.
- Nicht gegen die eigenen Gefühle handeln, aber auch nicht nur von Emotionen leiten lassen.
- Der Anleger sollte sich nicht in seine Anlage „verlieben".
- Verluste durch rechtzeitigen Verkauf minimieren. Realisierte Verluste möglichst schnell vergessen.
- Misstrauen Sie allen Prognoserechnungen.
- Irrtum ist einzukalkulieren. Der Markt verläuft oft anders als man erwartet.
- Risikoverringerung wird am besten durch angemessene Diversifikation, also Risikostreuung, erreicht.

Gewinn/Verlust

- Mit Stopp-Loss-Orders Verluste begrenzen und Papiere verkaufen, wenn der Verlust noch als akzeptabel betrachtet werden kann.
- Verlustpositionen nicht zu lange „aussitzen" (siehe Stopp-Loss-Order).
- Nicht vorschnell kleine Gewinne sichern.

Liquidierbarkeit

- Anlagen sollten sicher und relativ leicht liquidierbar sein.

1.1.5 Gewichtung der Anlagen: die Anlagepyramide

Bei den meisten Anlagearten, besonders bei Sachwertanlagen, stehen sich die Zielgrößen Rendite und Risiko entgegen. Eine Chance mit hohem Gewinnpotenzial lässt sich im Allgemeinen nur realisieren, wenn ein höheres Risiko eingegangen wird.

Die nachstehende Anlagepyramide basiert auf dem Grundsatz einer sinnvollen Vermögensaufteilung. Jeder Stufe ist deshalb ein entsprechendes Gewinn- oder Verlustpotenzial zugeordnet.

Anlagepyramide: Die Anlagestufen und deren Gewinn- und Verlustpotenzial

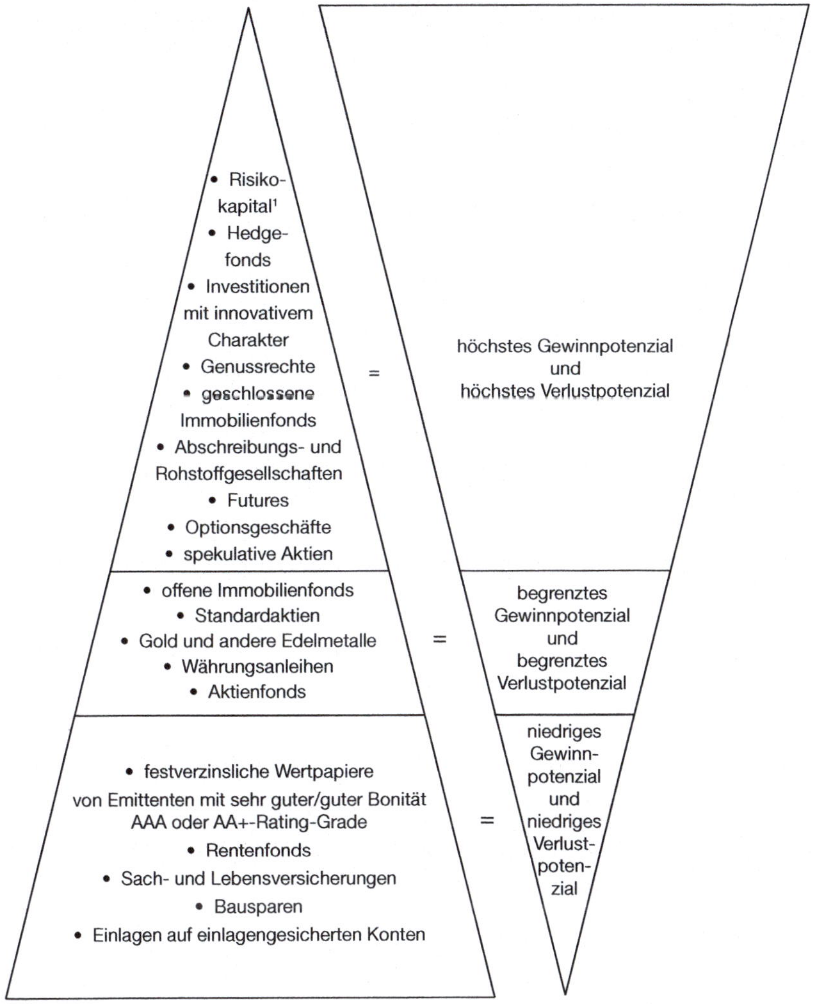

1.1.6 Vermögen ergebnisorientiert strukturieren

Nur eine ausgewogene Streuung der Vermögensanlagen führt langfristig zu einer nachhaltigen Vermögenssicherung. Häufig sind Empfehlungen bezüglich der Struktur des Gesamtvermögens zu lesen, in denen zu den einzelnen Anlagearten bestimmte Prozentzahlen empfohlen werden. Das ist nur sehr bedingt richtig. Rufen Sie sich die „Checkliste für die Auswahl der Geldanlage“ in Erinnerung: Vor der Struktur der Anlagen sind zunächst die **persönliche Situation des Anlegers**, die Höhe des Gesamtvermögens und weitere wichtige Gesichtspunkte, die nachstehend erläutert werden, zu beurteilen.

1 Beispielsweise Private Equity (direkte Unternehmensbeteiligungen).

Neben den persönlichen Kriterien sind zudem die anlagebezogenen Kriterien grundlegend. Ein wichtiges Kriterium der anlagebezogenen Kriterien ist die **Anlagedauer.** Hier ist der Aspekt der Auswirkung des Anlagehorizontes auf die Rentabilität und Sicherheit der Kapitalanlage von Bedeutung. So sollte bei langfristigen Anlagen von mehr als zehn Jahren die Struktur des Gesamtvermögens zugunsten von Sachanlagen gestaltet werden.

Das Schlagwort „Sachwert schlägt Geldwert" ist in mehrfacher Hinsicht richtig. Zunächst bieten reale Werte wie Aktien, Immobilien und auch Gold einen Schutz gegen die Geldentwertung. Außerdem spielen für eine langfristige Vermögensbildung im Hinblick auf den Risikoaspekt der Substanzwert und die Substanzwerterhaltung eine zunehmend größere Rolle.

Als wichtiges Kriterium für den Aufbau und Erhalt des Vermögens sind besonders die **Kosten** zu sehen: Erwerbskosten, Erwerbsnebenkosten, beispielsweise Provisionen beim Erwerb von Investmentfonds, einmalige und laufende Verwaltungskosten, Kontoführungsentgelte und Depotkosten sowie Verkaufskosten. So können häufige Umschichtungen oder zu hohe Depotkosten den Ertrag erheblich beeinflussen.

Ein umfassendes Vermögenskonzept muss alle wichtigen persönlichen und sachlichen Kriterien berücksichtigen, wie: vorhandenes Geld- und Sachvermögen, Mentalität des Anlegers, persönliche und berufliche Lebensziele, Risikobereitschaft, steuerliche Situation und Aufbau oder Ergänzung der Altersversorgung.

Die wichtigsten Kriterien zur Vermögensstrukturierung im Überblick

- Erstellen einer persönlichen Vermögensbilanz
- Berücksichtigen der persönlichen Mentalität, der Ziele und Wünsche des Anlegers
- Aufteilung in Geldwerte und Sachwerte
- Streuen des Vermögens zur Risikominderung
- Kosten der Kapitalanlage genau und vor der Anlageentscheidung prüfen
- Steuerliche Situation und Entwicklung berücksichtigen
- Sicherheit der Anlagekonstruktion prüfen (beispielsweise bei Fonds)
- Sicherheit der Institution und/oder des Schuldners prüfen
- Die Zinssätze in Hochzinsphasen langfristig sichern
- In Niedrigzinsphasen eher liquide Anlagen halten

Die **Vermögensplanung** sollte so angelegt sein, dass auch das zu versteuernde Einkommen so weit wie möglich verringert wird. Dabei ist die Nachsteuerrendite (Nettorendite nach Steuern) von besonderer Bedeutung. Außerdem spielen mit wachsendem Gesamtvermögen neben der Einkommensteuer auch die Erbschaftsteuer und Schenkungsteuer eine zunehmende Rolle. Je größer das Gesamtvermögen, desto mehr Möglichkeiten hat der Anleger, eine steueroptimierte Strategie aufzubauen. Bei internationalen Anlagen sind darüber hinaus auch die rechtlichen und steuerlichen Aspekte im Ausland heranzuziehen.

Grundsätzlich gilt: In Niedrigzinsphasen wie seit 2012, bei vielfältigen politischen Risiken, sowie Markt- und Währungsrisiken sollte mehr Liquidität gehalten werden. In Hochzinsphasen sollte die Liquidität zugunsten mittel- und längerfristiger Anlagen abgebaut werden.

Um die vorgesehene Vermögensstruktur mit den tatsächlichen Anlagen abzugleichen, empfiehlt es sich, jährlich eine Inventur der privaten Vermögensanlagen zu machen. Die sich daraus ergebende **Vermögensbilanz** ist eine gute Basis für die Planung und Steuerung weiterer Investments.

Diese Inventur ist besonders wichtig für Anleger mit sechsstelligem Jahreseinkommen oder siebenstelligem Vermögen. Immerhin einige Millionen Deutsche verfügen über ein solches Jahreseinkommen und Vermögen. Die Frage bleibt dabei, ob die erforderliche Beratung kostenlos ist, und damit unter Umständen auch weniger qualifiziert, oder umfassend gegen entsprechendes Honorar in Anspruch genommen wird. Die Kosten für eine Vermögensanalyse betragen zwischen 500 Euro und 15 000 Euro. Zunächst sollte sich der Anleger über seine Ziele und Wünsche im Klaren sein: Bestehen beispielsweise konkrete Anlageziele oder ein Absicherungsbedarf?

Geldanlage-Tipp für die Zusammenarbeit mit Vermögens- und Finanzberatern

Folgende Fragen können Sie bezüglich einer Zusammenarbeit mit einem Finanz- oder Vermögensberater klären:

Den **Berater** selbst betreffend:

- Wie zeichnet sich die Qualifikation des Beraters aus?
- Arbeitet der Berater selbstständig? Oder handelt er im Auftrag?
- Wer sind seine Produktgeber?
- Ist er ein Versicherungsmakler, also Handelsmakler im Sinne des HGB? Oder ein Handelsvertreter im Sinne des HGB?
- Ist er ein Finanzanlagenvermittler nach dem § 34f GewO oder ein Honorar-Finanzanlagenberater nach § 34h GewO?
- Ist der Berater ein Honorar-Anlageberater, der für ein Wertpapierdienstleistungsunternehmen arbeitet?

Ihre **Zusammenarbeit** mit dem Berater betreffend:

- Werden die Ziele und Wünsche des Kunden angemessen berücksichtigt?
- Werden das Alter, die berufliche Situation und das persönliche Umfeld des Kunden wie die Familie berücksichtigt?
- Werden zunächst das vorhandene Geld- und Sachwertvermögen des Kunden und die Vermögensstruktur analysiert?
- Werden alle Kundenfragen geklärt?
- Werden alle Beispielrechnungen mit konkreten Kundendaten gerechnet und neben den günstigen Annahmen auch ein Krisenszenario aufgezeigt?
- Werden den Chancen auch die Risiken gegenübergestellt?
- Werden alle Kosten transparent dargestellt?

Die **Dokumentation Ihrer Zusammenarbeit**:

- Wird genügend Zeit gegeben, um offene Fragen zu klären und alles gründlich zu überdenken?
- Wird ein vollständiges Gesprächsprotokoll erstellt und unterschrieben?
- Erfolgt eine nachhaltige Betreuung nach dem Abschluss?

Abschließend gilt:

Alle Unterlagen und Berechnungsbeispiele aushändigen lassen und aufbewahren.

Unter www.vermittlerregister.info findet man die Zulassung von Beratern.

Die nachstehend aufgezeigte Grundstruktur des Gesamtvermögens ist als Grobraster nach dem Wissensstand des ersten Halbjahrs 2018 zu betrachten, das aufgrund der persönlichen und jeweils aktuellen Situation gemeinsam mit dem Vermögensberater weiterentwickelt werden sollte. Dabei sind auch die steuerlichen Gesichtspunkte zu beachten.

Es folgen drei Beispiele für ein Musterdepot mit einem jeweils empfohlenen Strukturrahmen des zur Anlage vorgegebenen Vermögens in Prozent ohne Berücksichtigung der vorgesehenen Anlagedauer. Dies bedeutet, dass Sie als Anleger bereits Ihre benötigte Liquidität berücksichtigt haben. Entsprechend der jeweiligen Risikobereitschaft ergeben sich für ein liquides Vermögen von über einer Million Euro folgende Empfehlungen:

Empfohlene Anteile Musterdepot 1 „Sicherheit, Substanz“

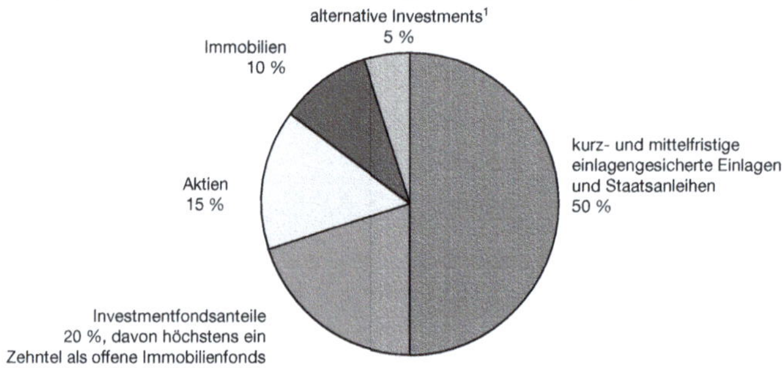

Empfohlene Anteile Musterdepot 2 „Ausgewogenheit“

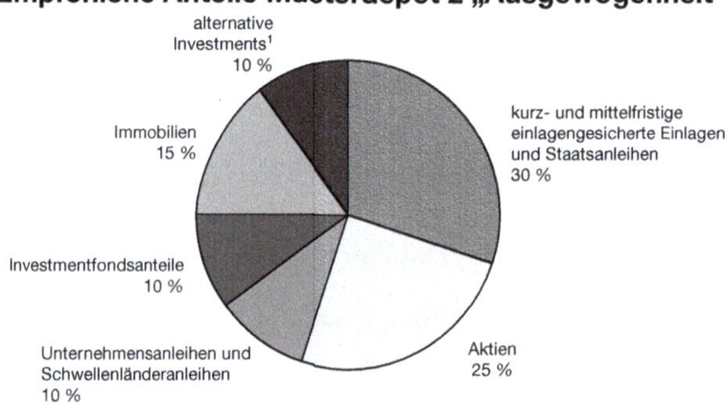

Empfohlene Anteile Musterdepot 3 „Wachstum, Dynamik“

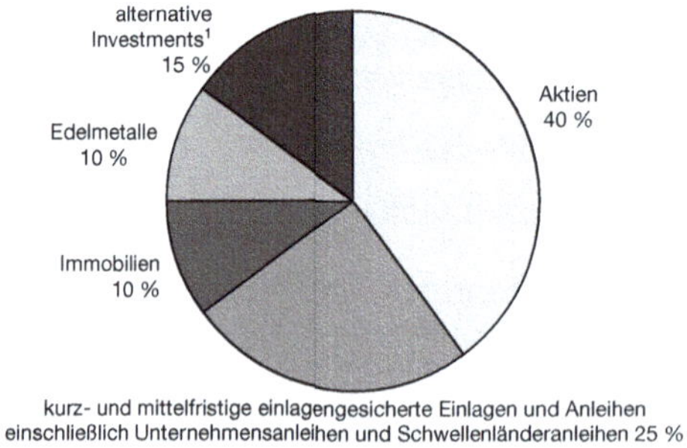

1 Alternative Investments sind Investments, die keine Investitionen in Aktien, Anleihen oder Einlagen sind. Zu Alternativen Investments zählen Investitionen in Rohstoffe, Infrastruktur, etwa in Erneuerbare Energien, Derivate, ebenso Immobilien, Hedge Fonds und Private Equity.

1.2 Die Umsetzung der Anlageentscheidungen

„Geld allein macht nicht glücklich. Es gehören auch noch Aktien, Gold und Grundstücke dazu."

David Daniel Kaminsky (1911–1987), Schauspieler und Musiker

Nachstehend geht es um die langfristige Umsetzung des Vermögensaufbaus unter Berücksichtigung der Ziele und Wünsche sowie um die Sicherung des Vermögens.

So gehen Sie am besten vor:
1. Legen Sie Ihre persönliche Vermögensbilanz zugrunde (siehe auch folgende Darstellung)! 2. Formulieren Sie Ihre persönliche Zielplanung! 3. Decken Sie mögliche Abweichungen zwischen Vermögensbilanz und Zielplanung auf! 4. Fassen Sie die Abweichungen als Impuls auf, Lücken zu schließen!

1.2.1 Strategien zum Vermögensaufbau

Die einzelnen Anlageentscheidungen ergeben sich, über mehrere Jahre hinweg betrachtet, durch aktuelle Angebote, günstige Konditionen oder steuerliche Gesichtspunkte. Dadurch entwickelt sich im Laufe der Zeit eine gewisse „gewachsene" Struktur des Vermögens, die keineswegs mit Ihren langfristigen Zielen übereinstimmen muss. Auch wenn die jeweilige Entscheidung, die zur Anlage geführt hat, im Einzelfall richtig war: Entscheidend ist auf Dauer, dass das Vermögen den langfristigen persönlichen Bedürfnissen und Erwartungen des Anlegers entspricht.

Deshalb empfiehlt es sich, eine **Anlagestrategie**, also eine grundsätzliche und langfristige Planung des Vermögens und seiner Struktur, zu entwickeln. Dabei sind sämtliche Vermögenswerte einzubeziehen. Dazu zählt sowohl das Geldvermögen auf Konten und Wertpapierdepots als auch das Sachvermögen wie Aktien, Beteiligungen oder Immobilien.

Geldentwertung kostet Rendite
Geldvermögen unterliegt grundsätzlich der Geldwertveränderung, gemessen an der Preisänderungsrate, das heißt der Inflationsrate. Im Falle einer „positiven" Preisänderungsrate, das heißt bei einem steigenden Preis für den so genannten „Warenkorb"[1], spricht man von der Inflationsrate. Bei einer „negativen" Preisänderungsrate, also bei einem sinkenden Preis für den Warenkorb, spricht man von der Deflationsrate.

Kosten mindern die Rendite
Der zweite „Renditefresser" neben der Inflation sind die Kosten. Deshalb sollten die Kosten und deren Auswirkung auf die Rendite möglichst genau berücksichtigt werden. Durch eine bessere Strukturierung der Vermögensanlage ist durchaus eine Steigerung um zwei Prozentpunkte pro Jahr möglich.

Steuerliche Optimierung führt zu besseren Erfolgen
Obwohl fast 60 Prozent der Vermögenden den Spitzensteuersatz in der Einkommensteuer in Höhe von 45 Prozent erreichen, besitzen nur etwa zehn Prozent dieser Personen, die den Spitzensteuersatz erreichen, Anteile an steuersparenden Anlagen.

1 Bezeichnung für sämtliche von privaten Haushalten in Deutschland gekauften Waren und Dienstleistungen; ermittelt vom Statistischen Bundesamt und auf Grundlage des Verbraucherpreisindexes.

Strategie zum Vermögensaufbau – den Vermögensaufbau Schritt für Schritt planen:

1.2.1.1 Der persönliche Vermögensstatus

Aufnahme der privaten Vermögensanlagen als Entscheidungs- und Steuerungshilfe für eine gezielte Finanzplanung:

Vermögensaufstellung	€	%	Liquiditätsgrad in %			geografische Streuung in %		
			kurzfristig	mittelfristig	langfristig	Deutschland	andere EU-Länder	sonstige (Nicht-EU-Länder)
1 Geldwertanlagen 1.1 Bargeld (Euro und Fremdwährungen)								
1.2 Guthaben auf den laufenden Konten								
1.3 Festgeldanlagen								
1.4 Guthaben auf Sparkonten 1.4.1 Spareinlagen mit dreimonatiger Kündigungsfrist								
1.4.2 Spareinlagen mit vereinbarter Kündigungsfrist								
1.4.3 Sonstige Spareinlagen								
1.5 börsennotierte verzinsliche Wertpapiere (Kurswert)								
1.5.1 Inhaberschuldverschreibungen (Nominal- oder Kurswert)								
1.6 Bausparguthaben – Vertrag zuteilungsreif – Vertrag nicht zuteilungsreif								
1.7 Kapitallebensversicherungen (Rückkaufswert)								
1.8 zum Betriebsvermögen gehörige Geldwertanlagen								
1.9 Rentenfonds (Rücknahmepreis)								

Vermögensaufstellung – Fortsetzung –	€	%	Liquiditätsgrad in %			geografische Streuung in %		
			kurzfristig	mittelfristig	langfristig	Deutschland	andere EU-Länder	sonstige (Nicht-EU-Länder)
1.10 sonstige Geldwertanlagen								
Summe Geldwertanlagen								
2 Sachwertanlagen 2.1 Aktien (Kurswert)								
2.2 Wertpapierfonds 2.2.1 Aktienfonds (Rücknahmepreis)								
2.2.2 gemischte Fonds (Rücknahmepreis)								
2.3 Immobilienfonds 2.3.1 offene (Rücknahmepreis)								
2.3.2 geschlossene Fonds (Verkehrswert)								
2.4 Immobilien Wert einschließlich Land- und Forstwirtschaft 2.4.1 eigengenutzt (Verkehrswert)								
2.4.2 Immobilien fremdgenutzt (Verkehrswert)								
2.4.3 Auslandsimmobilien (Verkehrswert)								
2.4.4 Grundstücke, unbebaut (Verkehrswert)								
2.5 Immobilienbeteiligungen (Erwerber-, Bauträger- und andere „Modelle“ Verkehrswert ./. Fremdmittel)								

Vermögensaufstellung – Fortsetzung –	€	%	Liquiditätsgrad in %			geografische Streuung in %		
			kurz-fristig	mittel-fristig	lang-fristig	Deutsch-land	andere EU-Länder	sonstige (Nicht-EU-Länder)
2.6 Beteiligung an Abschreibungs-objekten (Verkehrswert)								
2.7 Edelmetalle, Münzen, Schmuck, Briefmarken, Antiquitäten, Sammlungen oder Luxusgegenstände (Marktpreis)								
2.8 zum Betriebsvermögen gehörige Sachwert-anlagen								
2.9 sonstige Sachwertanlagen								
Summe Sachwertanlagen								
+ Summe Geldwertanlagen								
= Bruttovermögen								
./. Verbindlichkeiten (Lasten und Schulden)								
= Nettovermögen		100						

Nachdem die Ist-Aufnahme des Nettovermögens abgeschlossen ist, kann die Soll-Planung vorgenommen werden. Dabei empfiehlt sich eine kurz-, mittel- und langfristige Planung unter Berücksichtigung des vorhandenen Vermögens, der persönlichen Risikopräferenz und der Ziele.

1.2.1.2 Erreichen der Anlageziele: Vermögensbilanz, persönliche und anlagebezogene Kriterien der Geldanlage

Danach erfolgt die Gegenüberstellung der ermittelten Daten in der **Vermögensbilanz** mit den **persönlichen Kriterien der Geldanlage** und anschließend mit **den anlagebezogenen Kriterien**. Hierzu muss die persönliche Zielplanung präzise formuliert sein. Zur Zielplanung gehören Fragen wie Familienplanung, Immobilienerwerb, Vermögensaufbau, Absicherung des erreichten Vermögensaufbaus oder der Altersvorsorge. Nur wenn diese wichtigen Fragen beantwortet sind, können richtige Entscheidungen getroffen werden.

Anschließend sollten Sie mit Bedacht herausarbeiten, inwieweit das vorhandene Vermögen mit Ihrer persönlichen Zielplanung übereinstimmt. Die sich ergebenden Abweichungen bestimmen den Handlungsrahmen. Dabei spielen auch die anlagebezogenen Kriterien eine wichtige Rolle als Konkretisierung persönlicher Kriterien der Vermögensanlage (siehe auch Checkliste für die Auswahl der Geldanlage).

1.2.1.2.1 Persönliche Kriterien der Vermögensanlage

Entscheidend für die Vermögensstrategie sind die persönliche Situation und die künftigen Ziele und Wünsche des Anlegers.

Die Formulierung dieser Ziele sollte der Anleger sehr sorgfältig vornehmen. Dabei sind sowohl das vorhandene Vermögen, die Einkommenssituation und die Einkommensentwicklung als auch Anlagemotive und Anlageziele zugrunde zu legen. Außerdem spielen Risikobereitschaft, erwartete Wertentwicklung und steuerliche Aspekte eine wesentliche Rolle.

Die persönlichen Kriterien der Vermögensanlage im Überblick

- Anlagemotive und Anlageziele
- Vermögen, Einkommen und erwarteter Vermögenszufluss sowie erwartete Einkommensentwicklung
- Risikobereitschaft
- Sicherheitsbedürfnis
- erwartete Wertentwicklung
- persönliche Steuersituation

1.2.1.2.2 Anlagebezogene Kriterien der Vermögensanlage

Zu den anlagebezogenen oder sachlichen Kriterien der Geldanlage zählen die mit der Anlage unmittelbar zusammenhängenden Merkmale Anlagedauer, Anlagebetrag, Liquidierbarkeit, Fungibilität, Rentabilität sowie Sicherheit:

Bei der **Anlagedauer** kann es sich um einen fest vereinbarten Fälligkeitstermin handeln oder um eine zu beachtende Kündigungsfrist.

Beim **Anlagebetrag** sind die Kosten wie der Ausgabeaufschlag bei Fonds zu berücksichtigen.

Die **Liquidierbarkeit** eines angemessenen Teils des Vermögens sollte so bemessen sein, dass auch für unvorhergesehene Fälle Bargeld ohne Verluste verfügbar ist.

Unter **Fungibilität** versteht man die möglichst schnelle oder jederzeitige Verkaufsfähigkeit von Vermögensteilen, beispielsweise durch Umwandlung in Bargeld. Sie sollte angemessen beachtet werden. Beispiel: Bei geschlossenen Immobilienfonds, Immobilien im Ausland oder Kunstgegenständen kann es unter Umständen schwierig sein, einen Marktpreis zu ermitteln sowie zeitraubend und auch verlustbringend werden, wenn man diese Objekte kurzfristig veräußern will.

Die **Rentabilität** sollte unter Berücksichtigung der Verwaltungskosten, der Geldentwertung, steuerlicher Gesichtspunkte, bei ausländischen Anlagen auch der Risiken wie Währungsrisiken, ausreichen, um das Vermögen zu sichern und angemessen zu vermehren.

Doch die beste Rentabilität hilft nichts, wenn der **Sicherheit** und Wertbeständigkeit nicht entsprechende Aufmerksamkeit geschenkt wird. Seriosität und Bonität der Partner, Sinnhaftigkeit und Substanz der Anlage und eine realistische Markteinschätzung über die gesamte Anlagedauer hinweg sind dafür wichtige zu prüfende Punkte.

Die anlagebezogenen Kriterien der Vermögensanlage im Überblick

- Anlagebetrag angemessen?
- Anlagedauer sinnvoll und passend?
- Liquidierbarkeit, also Verfügbarkeit, gegeben?
- Fungibilität, also Umwandelbarkeit in Bargeld aufgrund entsprechender Kündigungsmöglichkeiten, gegeben?
- Rentabilität entsprechend Liquidität und Sicherheit der Anlage gegeben?
- Sicherheit gegeben?
- Wurden steuerliche Gesichtspunkte beachtet?

Eine ausführliche Checkliste finden Sie in Abschnitt 1.1.3 „Persönliche und anlagebezogene Kriterien bei der Auswahl der Geldanlage“.

Als Faustregeln für die Minimierung der **Besteuerung** gelten:

- Die Steuerlast kann durch eine entsprechende Aufteilung des Vermögens auf **unterschiedliche Anlageformen** gemindert werden, beispielsweise durch die steuerliche Begünstigung von Lebensversicherungen.
- Die Steuerlast kann auch durch eine **Aufteilung auf verschiedene Personen**, beispielsweise durch Nutzen von Freibeträgen bei Vermögensübertragungen auf Kinder, gemildert werden.
- In der Vergangenheit wurde vom Fiskus **Sach- und Beteiligungsvermögen** gegenüber Geldvermögen steuerlich deutlich begünstigt. Das gilt heute nur noch sehr eingeschränkt.

Die Besteuerung der künftigen Erträge ist schwer kalkulierbar. Dabei steigt das Risiko nicht vorherzusehender Besteuerungsvorschriften mit zunehmender Planungs- und Festlegungsdauer der Investments. Jederzeitige Veränderungen, insbesondere nach Regierungswechseln der Bundesregierung in Berlin, auch einschneidender belastender Art, sollten eingeplant werden.

1.2.1.3 Eigenes Vermögensmanagement oder professionelle Vermögensverwaltung?

Das persönliche Anlagemanagement der Konten, Depots und Einzelwerte erfordert Zeit und Geld; Zeit, weil man sich ständig informieren muss, und Geld, weil qualifizierte Informationen mit einem gewissen Aufwand verbunden sind. Es gibt auch die Möglichkeit, durch eine **professionelle Anlage- und Vermögensverwaltung**, beispielsweise durch ein Kreditinstitut, das solche Aufgaben wahrnimmt, das Vermögen managen zu lassen.

Je nach Anbieter wird ein liquides **Mindestvermögen** von 150 000 Euro bis 2,5 Millionen Euro erwartet; bei fondsgebundener Vermögensverwaltung sind teilweise auch schon 25 000 Euro ausreichend.

Die Vorgehensweise ist meist wie folgt:

- Kontaktgespräch
- Analyse des Vermögens
- Erstellung einer ausführlichen Vermögensanalyse und deren Besprechung (Kosten je nach Umfang und Vermögen zwischen 500 und 15 000 Euro)

- Empfehlungen
- Strategieentwicklung
- Umsetzung

Dazu wird ein **Vermögensverwaltungsvertrag** geschlossen, der im Einzelnen – basierend auf den Anlagerichtlinien des Vermögensverwalters – folgende Punkte umfassen kann:

- Art und Umfang der Vermögensverwaltung
- Regelung der Haftung
- Verwaltungskosten
- Kündigungsmöglichkeiten
- Regelungen für den Krankheits-, Pflege- und Todesfall

Als Investor sollten Sie berücksichtigen, dass ein Vermögensverwaltungsvertrag nur sinnvoll ist, wenn bei größeren Vermögen diese Aufgabe über längere Zeit delegiert wird. Eine spontane Mitwirkung des Kunden für diesen Zeitraum ist meist ausgeschlossen.

Prüfpunkte für eine professionelle Vermögensverwaltung
• Seriosität und Bonität der Gesellschaft und Gesellschafter • bisherige Erfahrungen mit solchen Geschäften • bisherige Erfolge des Verwalters • Übereinstimmung der Interessen • Erreichbarkeit und Qualifikation der Ansprechpartner • Vertragsgestaltung • einmalige und laufende Kosten

1.2.1.4 Vermögenserhaltung und -erweiterung

Entscheidend für die Vermögenserhaltung ist die konsequente **Umsetzung der Anlageentscheidungen**. Der Vermögenserhalt wird sichergestellt durch kontinuierliche Erfolgskontrolle und Überprüfung der Ausrichtung in regelmäßigen Abständen, jedoch mindestens einmal jährlich. Diese regelmäßige Erfolgskontrolle ist besonders hinsichtlich der vier Zielgrößen des „magischen Vierecks" durchzuführen:

- Rentabilität
- Sicherheit
- Liquidierbarkeit und
- Steueroptimierung

Dazu treten entsprechende Anpassungen bei veränderten Rahmenbedingungen. **Vermögenserhaltung** heißt auch Vermögenssicherung für die Erben. Dabei gilt der Grundsatz, frühzeitig die Weichen zu stellen. Beispielsweise durch regelmäßige **Vermögensübertragungen zu Lebzeiten**.

Außerdem sollte eine umfassende Auflistung über Finanzen und Steuern erstellt und an sicherer Stelle – im Safe oder beim Notar – hinterlegt werden.

Geldanlage-Tipp
Liste „Finanzpartner und Steuerunterlagen", siehe Abschnitt 10.5

Durch ein formgerechtes und eindeutiges **Testament** sollten die beabsichtigten Vermögenszuwendungen für den Fall des Todes sichergestellt werden. Dabei können auch Regelungen über das Nachlassvermögen und die **Testamentsvollstreckung** getroffen werden.

Bei größeren Vermögen ist auch zu prüfen, inwiefern die Errichtung einer **Stiftung** sinnvoll sein kann.

1.2.2 Vermögenssicherung durch Familien-Finanzplanung

Eine strategische Familien-Finanzplanung sollte auf diesen vier Säulen ruhen:

Die vier Säulen der strategischen Familien-Finanzplanung

Die erste Säule:	**Die zweite Säule:**	**Die dritte Säule:**	**Die vierte Säule:**
Liquiditätssicherung und Abbau von Verbindlichkeiten	Absicherung der Basisrisiken	Altersvorsorge aufbauen	Steuern minimieren; Geld und Sachwerte vererben

- **Die erste Säule: Liquiditätssicherung und Abbau von Verbindlichkeiten**

Es ist grundlegend, für eine stets ausreichende Liquidität zu sorgen. Für überraschende größere Reparaturen, regelmäßige größere Anschaffungen und die unvorhergesehenen Fälle des Lebens sollte ein „Polster" von einigen Tausend Euro, beispielsweise auf einem Tagesgeldkonto, bereitgehalten werden. Falls Schulden auf einem Girokonto (in diesem Fall korrekterweise Kontokorrentkonto) bestehen, ist der Schuldenabbau das oberste Gebot, da auf dem Girokonto Sollzinsen für einen Kontokorrentkredit von derzeit sechs bis zu 13 Prozent anfallen können. Falls Verfügungen erfolgen, die über das Guthaben und einen gegebenenfalls von der Bank erteilten Kontokorrentkredit hinaus gehen, liegt eine Überziehung vor. Wird das Konto über dieses vom Kreditinstitut eingeräumte Limit hinaus in Anspruch genommen, kann der Zins für ungenehmigte Überziehungen bis zu 15 Prozent betragen.

- **Die zweite Säule: Absicherung der Basisrisiken**

Ausgehend vom Absicherungsbedarf einer Familie steht zunächst die Absicherung der Berufsunfähigkeit und des Todesfalls der Hauptverdiener oder des Hauptverdieners.

Nach einer Überprüfung der möglichen Leistungen des Rentenversicherungsträgers, in den meisten Fällen ist das die Deutsche Rentenversicherung, wird sich bei vielen schnell Ernüchterung einstellen. Diese Leistungen reichen meist – besonders bei Arbeitnehmern, die nach dem 01.01.1961 geboren sind – bei weitem nicht aus. Deshalb stellt eine selbstständige **Berufsunfähigkeitsversicherung** die Basis der Absicherung existenzieller Risiken dar. Diese sollte zweckmäßigerweise unabhängig von einer Kapitallebensversicherung abgeschlossen werden, damit für den Fall, dass die Lebensversicherungsprämien nicht mehr aufgebracht werden können, der wichtige Berufsunfähigkeitsschutz nicht verloren geht.

Ist bei einer (preisgünstigen) Lebensversicherung der zusätzliche Schutz durch eine Berufsunfähigkeitszusatzversicherung (BUZ) nur unwesentlich höher, kann auch diese Variante geprüft werden, besonders unter dem Gesichtspunkt der Möglichkeit einer beitragsfreien und unter Umständen dynamischen Fortführung der Grundversicherung.

Als weiteres existenzielles Risiko ist auch der Todesfall des Hauptverdieners abzusichern. Variante eins: durch eine **Kapitallebensversicherung**, die sowohl im Todesfall als auch im Erlebensfall, beispielsweise zum 65. Lebensjahr, Zahlung leistet. Variante zwei: Für weniger Geld oder bei höherer Leistung im Todesfall bei gleicher Prämie bietet sich die reine **Risiko(lebens)versicherung** an.

Falls noch höhere Tilgungsraten für Kredite wie für die eigengenutzte Wohnimmobilie anstehen, empfiehlt sich auch die Restschuldversicherung, die relativ preisgünstig zu haben ist.

Zum dritten Risikobereich, der zur Existenzsicherung zählt, gehört die Kraftfahrt-Haftpflichtversicherung mit höchstmöglicher Versicherungssumme, beispielsweise fünfzig Millionen Euro, und die Privat- oder Familienhaftpflichtversicherung.

Das Absichern existenzieller Risiken durch Versicherungen

Berufsunfähigkeitsversicherung	Lebensversicherung	Haftpflichtversicherung
	• Kapitalversicherung • Risikoversicherung • für Darlehen: Restschuldversicherung	• neben der obligatorischen Kraftfahrt-Haftpflichtversicherung: • Privat- oder Familienhaftpflichtversicherung

- **Die dritte Säule: Aufbau einer Altersvorsorge**

Zunächst gilt es, die zwar anfangs kleinen, aber kontinuierlichen Leistungen der Riester-Rente zu nutzen. Grundsätzlich ist diese interessant für Familien, besonders mit geringem Einkommen und mehreren Kindern.

Beiträge des Arbeitgebers aus dem ersten Dienstverhältnis an einen Pensionsfonds, eine Pensionskasse oder für eine Direktversicherung zum Aufbau einer kapitalgedeckten betrieblichen Altersversorgung im Sinne von § 3 Nr. 63 EStG sind steuerfrei, die künftigen Rentenzahlungen sind steuerpflichtig.

Als Privatvorsorge sollten zunächst alle Möglichkeiten der staatlichen Förderung genutzt werden, beispielsweise nach dem Wohnungsbau-Prämiengesetz, der Riesterförderung und für Arbeitnehmer in Form der Arbeitnehmer-Sparzulage nach dem 5. Vermögensbildungsgesetz. Sind weitere Mittel vorhanden, sollten zunächst drei bis fünf Monatsgehälter liquide gehalten werden, etwa auf dem Sparbuch als Tagesgeld oder in einem Geldmarktfonds. Weitere gleiche Teile können in Form von Bundeswertpapieren, Fondsanteilen und Immobilienzertifikaten angelegt werden.

Die „drei Schichten“ der Altersvorsorge nach dem Alterseinkünftegesetz
1. Schicht: Basisversorgung – gesetzliche Rente – private Leibrente („Basisrente“) – berufsständische Versorgung
2. Schicht: kapitalgedeckte Zusatzversorgung – „Riester-Rente“ – betriebliche Altersversorgung
3. Schicht: Kapitalanlageprodukte, beispielsweise – private Rentenversicherung – Kapitallebensversicherung – Banksparpläne

- **Die Säule vier: Steuern minimieren und Vererben**

Zuerst sollten alle Steuersparmöglichkeiten genutzt werden, wie sie vielfältig in diesem Buch dargestellt sind. Beispiel: Alle Freibeträge und Freigrenzen der Einkommensteuer sollten für jedes Familienmitglied genutzt werden. Dazu kann es unter Umständen sinnvoll sein, bereits zu Lebzeiten Vermögensteile zu übertragen. Dabei könnten die Übertragungen in der Höhe so gestaffelt werden, dass beispielsweise beim Beschenkten der Grundfreibetrag in der Einkommensteuer voll ausgeschöpft und der Sparer-Pauschbetrag voll genutzt wird.

Um Erbschaftsteuer zu sparen, können durch Schenkungen zu Lebzeiten alle zehn Jahre jeweils die Freibeträge in der Erbschaft- und Schenkungsteuer genutzt werden. So beträgt beispielsweise der Freibetrag für ein Kind oder Stiefkind jeweils 400 000 Euro; das sind beispielsweise bei drei Kindern und Zuflüssen von beiden Elternteilen – getrenntes Vermögen vorausgesetzt – 2 400 000 Euro. Aber auch weitere Übertragungen sind erbschaftsteuerfrei. Wenn beispielsweise die Großmutter ihrer Enkelin Geld schenken möchte, bleiben nochmals 200 000 Euro steuerfrei. Schenkt der Großvater aus seinem eigenen (getrennten) Vermögen zusätzlich 200 000 Euro, ist auch diese Übertragung steuerfrei.

Wichtig ist es auch, rechtzeitig die Weichen für die rechtlich und steuerlich wirksame und sinnvolle Testamentsgestaltung zu stellen. So ist beispielsweise abzuwägen, welche Auswirkung die eigenen Einnahmen des Kindes auf die Sozialversicherungspflicht haben. Dazu sollte ein rechtlicher und steuerlicher Berater hinzugezogen werden.

Einkommen sichern und Vermögen vererben			
Freibeträge und Freigrenzen der Einkommensteuer nutzen	Freibeträge und Freigrenzen der Erbschaftsteuer und der Schenkungsteuer nutzen	rechtlich sinnvolle und „wasserdichte“ Testamentsgestaltung	steuerlich sinnvolle Testamentsgestaltung

Siehe dazu auch unseren Gastbeitrag „Renditesicherung durch Nachfolgeplanung bei Immobilien“ in Abschnitt 9.3.

1.3 Die private Altersvorsorge

Die frühere, traditionelle Altersvorsorge, gedacht als Grundversorgung im Alter, gründet auf zwei Säulen: der gesetzlichen Rentenversicherung einschließlich der Beamtenversorgung sowie der betrieblichen Altersversorgung.

Aufgrund der demografischen Entwicklung in Deutschland stehen immer mehr Rentner mit einer steigenden Lebenserwartung immer weniger Arbeitnehmern gegenüber. Der ausgeglichene Bundeshaushalt der Bundesrepublik Deutschland für das Jahr 2018 beträgt 343,60 Milliarden Euro. Auffallend sind dabei die hohen Ausgaben aus Steuermitteln im Bereich der Altersvorsorge:

- Das **Bundesministerium für Arbeit und Soziales** hat geplante Ausgaben in Höhe von 139,18 Milliarden Euro und damit die höchsten Ausgaben eines Ministeriums mit einem Anteil von 40,51 Prozent am Gesamtetat des Bundeshaushalts.
- Die **Ausgaben für die Rentenversicherung und Grundsicherung im Alter und bei Erwerbsminderung** im Bundeshaushalt 2018 betragen 100,14 Milliarden Euro und somit 71,95 Prozent der Ausgaben des Bundesministeriums für Arbeit und Soziales. Dieser Zuschuss des Bundes an die Rentenversicherung ist gegliedert in verschiedene Posten.[1]

Bedeutend für die private Altersvorsorge ist, dass hierbei deutlich wird, dass die als umlagefinanzierte Alterssicherung konzipierte gesetzliche Rentenversicherung bereits stark durch Steuermittel gestützt wird. Dabei ist anzumerken, dass die gesetzliche Rentenversicherung neben der Rente auch Aufgaben wie Rehabilitation und Information übernimmt. Die Grundversorgung wird daher in Zukunft in den meisten Fällen nicht mehr ausreichen. Deshalb sollten Sie selbst Vorsorge für das Alter treffen und zur Altersvorsorge konkrete Schritte einleiten! **Planen Sie als dritte Säule Ihre private Altersversorgung.** Auch bei bereits bestehenden Versorgungsansprüchen sollte überprüft werden, inwieweit diese Ihnen im Alter zur Erhaltung des gewünschten und angestrebten Lebensstandards genügen.

Auch wenn Sie bereits langfristiges Vermögen gebildet haben: Überprüfen Sie Ihre bereits getroffenen Maßnahmen und die Vermögensstruktur im Hinblick auf deren Eignung für Ihre Altersvorsorge. Machen Sie es wie gute Unternehmer: Nur langfristige Planung, klare Strategien und konsequente Umsetzung führen zum Erfolg! Und: Beginnen Sie möglichst frühzeitig.

Beispiele für Vorsorgeziele:

- Unabhängigkeit von den Finanzproblemen öffentlicher Kassen
- Reserve für unvorhergesehene Fälle wie Krankheit, Berufsunfähigkeit oder Arbeitslosigkeit
- Reserve für vorhersehbare oder geplante Aufwendungen für die Ausbildung von Kindern
- Reserve für die Erhaltung des Lebensstandards im Alter

In einer aktuellen Forsa-Studie aus dem Jahr 2017 stimmen 50 Prozent der Befragten der Aussage „voll und ganz zu“, dass sich die Altersarmut in Deutschland ausweiten werde. 35 Prozent stimmen dieser Aussage „eher zu“.

1 Die fünf größten Posten sind: Zuschuss des Bundes an die allgemeine Rentenversicherung, Zusätzlicher Zuschuss des Bundes an die allgemeine Rentenversicherung, Beitragszahlungen für Kindererziehungszeiten an die allgemeine Rentenversicherung, Zuschuss des Bundes an die allgemeine Rentenversicherung im Beitrittsgebiet und Erstattungen des Bundes für die Grundsicherung im Alter und bei Erwerbsminderung.

In einer älteren Forsa-Studie „Wie beweglich sind die Deutschen im Alter?" hatte fast jeder zweite Deutsche (in den alten Bundesländern 47 Prozent, in den neuen Bundesländern sogar 54 Prozent) Angst vor finanzieller Armut im Alter. Dennoch waren nach eigenen Angaben 72 Prozent nicht bereit, sich für eine Vorsorge für das Alter in der Gegenwart stärker einzuschränken.

Dabei müssten beispielsweise Berufsanfänger etwa sechs Prozent des Nettoeinkommens und 40-Jährige bis zu zehn Prozent allein für die Altersvorsorge zur Seite legen. Zum Vergleich: Die durchschnittliche (Gesamt-)Sparquote privater Haushalte lag in Deutschland im Jahr 2017 bei 9,9 Prozent.

1.3.1 Der erste Schritt: die Bestandsaufnahme

Am Anfang steht die nüchterne Bestandsaufnahme:

Was habe ich bereits bis heute finanziell erreicht?

- Ermitteln Sie dazu Ihren persönlichen Vermögensstatus. Nehmen Sie Ihr privates Vermögen auf. Vergessen Sie dabei die Schulden nicht, beispielsweise aus Immobilien!

Checkliste: Ihr persönlicher Vermögensstatus (vereinfacht)[1]	
Vermögen und Verbindlichkeiten	€
1. Geldwertanlagen wie Kontenguthaben, Bausparguthaben, festverzinsliche Wertpapiere oder Ansprüche aus Kapitallebensversicherungen	
2. Sachwertanlagen wie Aktien, Immobilien (auch Immobilienfonds), sonstige Wertgegenstände	
Zwischensumme 1. + 2.	=
abzüglich Verbindlichkeiten, beispielsweise Kreditverpflichtungen aus Immobilien	–
Summe Gesamtvermögen	=

- Damit Sie eine Entscheidungsgrundlage für die Zukunft haben, sollten Sie Ihr heutiges Ausgabeverhalten genau analysieren; denken Sie auch an die nur ein- oder zweimal im Jahr fälligen Zahlungen. Am besten, Sie nehmen die jährlichen Ausgaben und teilen diese durch zwölf. Dann haben Sie den derzeitigen monatlichen Bedarf für
  - Wohnen einschließlich aller Wohnnebenkosten
  - persönliche Ausgaben einschließlich Kommunikationskosten
  - Kleidung
  - Kraftfahrzeug
  - Hobby

1 Berücksichtigen Sie auch Ab- und Zuflüsse, beispielsweise durch Vermögensübertragungen, Erbschaften oder zu erwartende Leistungen aus Kapitallebensversicherungen, Betriebs- oder Privatrenten.

  - laufende Verpflichtungen, beispielsweise aus Versicherungen oder Sparverträgen
  - Sonstiges
- Überlegen Sie, wie viel Geld Sie beim angenommenen Rentenbeginn mit beispielsweise 65 Jahren monatlich brauchen werden.

Zu beachten ist die schrittweise Heraufsetzung der Altersgrenze seit 2012 für die ab 1947 Geborenen für die Regelaltersrente von 65 auf 67 Jahre. Für das Jahr 2019 heißt das für die 1954 Geborenen: Rentenbeginn ist – zunächst allgemein – acht Monate nach Vollendung des 65. Lebensjahrs. Beachten Sie aber Ihre Renteninformation und Ihre Rentenauskunft und sprechen Sie auch mit einem Berater der Deutschen Rentenversicherung.

Auch die „Rente ab 63", also mit einem Zugangsalter von 63 Jahren ohne Abschlag, gilt nur für besonders langjährig Versicherte mit Erfüllung der 45-jährigen Wartezeit. Bereits seit 2012 können besonders langjährig Versicherte abschlagsfrei in Rente gehen. Die „Rente ab 63" wird bei Personen, die ab 1953 geboren sind, schrittweise je Jahrgang um zwei Monate auf 65 Jahre erhöht. Somit können ab 1964 Geborene besonders langjährig Versicherte mit 65 Jahren abschlagsfrei in Rente gehen, während ansonsten der Regelaltersrenteneintrittszeitpunkt ab den 1964 Geborenen die Vollendung des 67. Lebensjahres ist.

Außerdem sind die Einschnitte bei der Altersrente für langjährig Versicherte und Schwerbehinderte zu berücksichtigen.

Varianten der Altersrente

- Die Regelaltersrente
- Die Rente für langjährig Versicherte mit einer Wartezeit von 35 Jahren
- Die Altersrente für schwerbehinderte Menschen
- Die Rente für besonders langjährig Versicherte mit einer Wartezeit von 45 Jahren

Die Regelaltersrente

- Die allgemeine Wartezeit von fünf Jahren muss erfüllt sein.
- Anspruch auf die Regelaltersrente besteht ab Erreichen der Regelaltersgrenze.
- Für bis 1946 Geborene lag diese bei 65 Jahren.
- Für die Jahrgänge von 1947 bis 1963 wird die Grenze des Renteneintritts schrittweise von 65 auf 67 Jahre erhöht.
- Für 1964 oder später Geborene liegt sie bei 67 Jahren.

Das Regelaltersrenteneintrittsalter wird zunächst um jeweils einen Monat und für die Jahrgänge von 1959 bis 1964 um jeweils zwei Monate erhöht. Somit kann im Jahr 2019 ein Versicherter mit 65 Jahren und acht Monaten in Rente gehen.

Die Rente für langjährig Versicherte mit 35 Beitragsjahren

- Für die Jahrgänge 1949 bis 1964 wird die Grenze des Renteneintritts schrittweise von 65 auf 67 Jahre erhöht.
- Es besteht die Möglichkeit, mit einem Abschlag mit 63 Jahren und damit bis zu vier Jahre früher als entsprechend der Altersrentengrenze für diese Rentenart in Rente zu gehen.
- Der Abschlag berechnet sich durch das Produkt aus: minus 0,3 Prozent mal der Anzahl der Monate, die man vor Erreichen der abschlagsfreien Altersgrenze in Rente geht.
- Der Abschlag wird maximal für ab 1964 Geborene 14,4 Prozent betragen.

Der Abschlag der Altersrente für langjährig Versicherte mit 35 Beitragsjahren sowie bei der Altersrente für schwerbehinderte Menschen wird sukzessive mit der Anhebung der Altersgrenze erhöht.

Die Altersrente für schwerbehinderte Menschen

- Menschen mit einem Grad der Behinderung von mindestens 50 Prozent und 35 Beitragsjahren können abschlagsfrei früher in Rente gehen.
- Hierbei wird das Alter von 63 auf 65 Jahre angehoben.
- Mit einem Abschlag können schwerbehinderte Menschen im Zuge der Anhebung des Eintrittsalters im Alter von 62, 63 oder 64 und damit ein, zwei oder drei Jahre vor dem 65. Lebensjahr in Rente gehen.
- Der Abschlag berechnet sich durch das Produkt aus: minus 0,3 Prozent mal der Anzahl der Monate, die Sie vor Erreichen der abschlagsfreien Altersgrenze in Rente gehen.
- Der Abschlag wird maximal für ab 1964 Geborene 10,8 Prozent betragen. Da bei dieser Rentenart drei Jahre früher mit Abschlag – und fünf Jahre vor der Regelaltersrente – in Rente gegangen werden kann, ist der maximale Abschlag geringer als bei der Rente für langjährig Versicherte mit 35 Beitragsjahren.

Die Rente für besonders langjährig Versicherte mit 45 Beitragsjahren

- Für die Jahrgänge 1953 bis 1964 wird die Grenze des Renteneintritts schrittweise von 63 Jahren auf 65 Jahre erhöht.

Die Altersrentenarten Altersrente für Frauen und die Altersrente wegen Arbeitslosigkeit oder nach Altersteilzeitarbeit sind auslaufend und wurden seit dem 01.01.2000 nur für Versicherte gewährt, die vor dem 01.01.1952 geboren wurden.

Überlegen Sie:

Was habe ich aus der „ersten Schicht“, der gesetzlichen Rente und der Basisrente, zu erwarten?

Prüfen Sie zunächst, ob die gespeicherten formalen Daten richtig sind. Alle Versicherten, die mindestens 27 Jahre alt sind und 60 Beitragsmonate geleistet haben, erhalten jährlich ihre individuelle **Renteninformation** der Deutschen Rentenversicherung. Diese informiert über Ihre persönlichen Rentenansprüche, die sich aus der Summe der bisher erworbenen Rentenanwartschaften berechnen. Zusätzlich enthält die Renteninformation eine Hochrechnung über die voraussichtliche Höhe der Rentenansprüche unter Berücksichtigung der durchschnittlichen Rentenbeiträge der letzten fünf Jahre.

Um zu erfahren, was Sie aus der gesetzlichen Rentenversicherung zu erwarten haben, erhalten Sie ab Vollendung des 55. Lebensjahres alle drei Jahre die aussagekräftige **Rentenauskunft** mit Angabe der zu erwartenden Rentenhöhe.

Die nächste Überlegung lautet:

Was habe ich zu Rentenbeginn aus der „zweiten Schicht“, der betrieblichen Altersversorgung und der „Riester-Rente“ zu erwarten?

Und dann:

Was habe ich zu Rentenbeginn aus der „dritten Schicht“, der privaten Altersvorsorge in Form von Kapitalanlageprodukten wie der privaten Lebens- und Rentenversicherung oder Fondssparplänen zu erwarten?

Rentenauskunft und Kontoklärung

Zutreffende Rentenauskünfte sind wichtig für Ihre persönliche Altersvorsorge-Planung. Doch sie besitzen nur aus einem möglichst vollständigen und korrekt gespeicherten Konto Aussagekraft. Eine zeitnahe Kontenklärung liegt in Ihrem eigenen Interesse und erleichtert in der Regel die Beschaffung fehlender Nachweise.

Eine sogenannte „verkürzte Auskunft" kann der Versicherte jederzeit beantragen. Zur Überprüfung der gespeicherten Daten und des Versicherungsverlaufs können Sie formlos eine sogenannte Kontenklärung anfordern.

Sofern Sie in absehbarer Zeit eine Altersrente oder eine Rehabilitationsmaßnahme beantragen werden, sollten Sie sich ebenfalls zeitnah um eine Kontenklärung kümmern.

Geldanlage-Tipp zur Sicherung Ihrer Rentenansprüche

1. Klarheit bringt ein vollständig und aktuell geklärtes Rentenversicherungskonto.
2. Vereinbaren Sie einen Beratungstermin bei der für Sie zuständigen Auskunfts- und Beratungsstelle zur „Kontoklärung" oder stellen Sie einen Kontoklärungsantrag bezüglich des Versicherungsverlaufs.
3. Prüfen Sie im Beratungsgespräch, ob alle Beiträge lückenlos gebucht sind. Vergewissern Sie sich, ob beispielsweise Kindererziehungszeiten und Ausbildungszeiten erfasst sind. Gegebenenfalls müssen Sie Nachweise beschaffen und vorlegen oder in Kopie einschicken.
4. Fordern Sie weiteres Informationsmaterial zur Rentenberechnung und zur Altersvorsorge an. Ansprechpartner der Deutschen Rentenversicherung finden Sie auf http://www.deutscherentenversicherung.de

Hier erhalten Sie

- Anschriften und Öffnungszeiten der Auskunfts- und Beratungsstellen,
- Namen und Anschriften von Versichertenberatern,
- Termine von Vorträgen und Seminaren zu den Themen Versicherung, Rente und Rehabilitation,
- auf Anforderung verschiedene Informationsbroschüren; besonders empfehlenswert, um mit den rentenrechtlichen Begriffen besser zurecht zu kommen: „Das Renten-ABC" mit über 150 Fachbegriffen.

Das kostenlose Service-Telefon der Deutschen Rentenversicherung (Bund) erreichen Sie unter 0800 10 00 48 00 (Montag bis Donnerstag, 7:30 bis 19:30 Uhr, Freitag 7:30 bis 15:30 Uhr).

1.3.2 Der zweite Schritt: die Erkenntnisse

Nach der Bestandsaufnahme können Sie nun eine Zwischenbilanz ziehen.

Ermittlung der monatlichen Unterdeckung oder Überdeckung		
zu erwartender monatlicher Betrag aus der „ersten Schicht“, der gesetzlichen Rente, der berufsständischen Versorgung und der Basisrente		___________ €
zu erwartender monatlicher Betrag aus der „zweiten Schicht“, der betrieblichen Altersversorgung und der „Riester-Rente“		___________ €
monatlicher Betrag aus der „dritten Schicht“, der privaten Altersvorsorge		___________ €
Summe		___________ €
… und das brauche ich monatlich (inklusive Rücklagen für zu zahlende Steuern):		___________ €
= Differenz: Überdeckung oder Unterdeckung	+/–	___________ €

In den meisten Fällen wird sich bereits aus heutiger Sicht eine mehr oder weniger große Unterdeckung, also eine **Versorgungslücke**, ergeben. Dabei stellt sich nüchtern und konkret die Frage: Kann oder will ich im Alter mit dieser voraussichtlichen Versorgung zurechtkommen? Und wie sieht es aus, wenn durch Krankheit, Unfall oder Berufsunfähigkeit Sie oder Ihre Angehörigen nicht oder nicht ausreichend versorgt sind?

1.3.3 Der dritte Schritt: Überprüfen Sie alle Berechnungen

Falls Sie keine Versorgungslücke erkennen sollten: Prüfen Sie noch einmal Ihre Berechnungen. Wenn Sie die Erkenntnisse aus Abschnitt 1.3.2 als neutrales Szenario ansetzen, prüfen Sie, wie sich negative und positive Szenarien auf Ihre Über- oder Unterdeckung auswirken würden. Kalkulieren Sie außerdem ein:

- Einschnitte bei der gesetzlichen Rentenversicherung in Form von Leistungskürzungen wegen der ungünstigen demografischen Entwicklung in Deutschland
- steigende Abgaben
- steigende Krankheitskosten
- steigende Energiekosten

Berücksichtigen Sie auch den Realwertverlust durch die Inflation, auch wenn diese mit 1,6 Prozent (Mai 2018) sehr niedrig ist. Wenn eine Versorgungslücke erkannt ist und die zu erwartende monatliche Unterdeckung feststeht, gehen Sie konsequent an die Umsetzung.

1.3.4 Der vierte Schritt: die Umsetzung

Auch die längste Reise beginnt mit einem einzigen Schritt, sagt ein altes chinesisches Sprichwort. Vielleicht ist es noch lange hin, bis der Rentenzeitpunkt kommt, aber auch

Kapital braucht Zeit, bis Zins und Zinseszins Früchte tragen. Doch leider zehren niedrige Zinsen und die Geldentwertung durch die Inflation sowie die Steuern am Erfolg.

Daraus ergibt sich, dass bei der privaten Altersvorsorge den substanzwertorientierten Werten ein besonderes Augenmerk zu widmen ist. Schauen wir uns deshalb die für unser Ziel sinnvollen Kapitalanlagemöglichkeiten im Hinblick auf die Altersvorsorge an:

1. **Aktien**
   Aktien, besonders Standardwerte, zählen zu den klassischen Sachwerten, sind dadurch inflationsgeschützt und bringen, historisch betrachtet, auf längere Sicht höhere Renditen als Rentenpapiere. Allerdings muss man sich darum „kümmern", das heißt gegebenenfalls Umschichtungen oder Verkäufe vornehmen. Und: Es gibt Risiken. Die kann man durch Streuung in verschiedene Werte verringern. Im Übrigen siehe Abschnitt 3.1 „Geldanlage in Aktien".

2. **Investmentfonds**
   Auf lange Sicht, also auf zehn Jahre und länger, können Fonds und Fondssparpläne überdurchschnittliche Renditen erzielen – allerdings meist ohne Garantie. Garantieprodukte mit Kapitalerhalt bringen wegen der hohen Verwaltungskosten zwar nicht so viel Rendite, bieten jedoch zumindest den Kapitalerhalt. Als langfristige Anlage eignen sich besonders europäische sowie internationale Aktienfonds und zur Risikoverringerung gemischte Fonds mit Aktien und Renten. Die Fondsgesellschaften offerieren auch verschiedene Auszahlungspläne mit und ohne Kapitalverzehr, beispielsweise ab dem Rentenzeitpunkt, die sich ebenfalls für eine Verbesserung der Altersvorsorge eignen.

   Als weitere Variante der Investmentfonds bieten sich für einen langfristigen Kapitalaufbau zwar grundsätzlich auch offene Immobilienfonds an. Hier können Sie sozusagen „scheibchenweise" Anteile an Immobilien erwerben, da der Fonds in Immobilien investiert. Wie bei Aktienfonds handelt es sich um Investitionen in Sachwerte.

   Doch für alle Fondsanlagen gilt: Die Renditen der Vergangenheit sind nur ein Anhaltspunkt, sie bieten jedoch keine Sicherheit für die künftige Entwicklung.

3. **Immobilien und Beteiligungen**
   Immobilien und Beteiligungen sind Investments, die beim langfristigen Vermögensaufbau, besonders bei mittleren und größeren Vermögen, eine zunehmende Bedeutung haben.

   Im Hinblick auf die Altersversorgung bezüglich Immobilien stellen sich vor allem folgende Fragen: Welche Immobilien sind bereits vorhanden? Inwieweit tragen diese nach Abzug von Steuern, Abgaben und Instandhaltung zu einem zusätzlichen Einkommen im Alter entweder durch Mietfreiheit (eigengenutzt) oder durch Erträge bei?

   Zu den sogenannten Rendite-Immobilien (auch Zins-Immobilien oder Zinshäuser genannt) zählen beispielsweise Wohn- und Geschäftshäuser, vermietete Eigentumswohnungen und in bestimmtem Umfang auch Immobilienfonds (siehe auch Kapitel 7).

Die Vor- und Nachteile von Rendite-Immobilien im Vergleich	
Vorteile	**Nachteile**
• Miete als Rente • langfristiger Sachwert • laufende Zinszahlungen und Investitionen bringen Steuervorteile • steuergünstiges Kapitalwachstum: In Deutschland wird der Wertzuwachs ohne einen Verkauf oder eine Vererbung oder Schenkung nicht ver- steuert, das heißt wir haben keine Wertzuwachssteuer wie in einigen Ländern, beispielsweise in Frankreich. In Spanien ist die Wertzuwachssteuer am 11.05.2017 vom spanischen Verfassungsgericht als unzulässig eingeordnet worden. • Veräußerungsgewinne sind grundsätzlich steuerfrei nach Ablauf der zehnjährigen Frist für die Besteuerung privater Veräußerungsgeschäfte • unabhängig von Geldentwertung, da Sachwert	• hoher Kapitaleinsatz • keine gesicherte Rendite, beispielsweise Mietausfälle oder sinkende Mietpreise • mögliche Wertminderung, beispielsweise, wenn sich die Nachfrage in einer bestimmten Region nach Wohnimmobilien oder gewerblichen Immobilien verschlechtert • Folgekosten, beispielsweise für altengerechtes Wohnen oder energetische Maßnahmen • Instandhaltungskosten • Verwaltungsaufwand

Steuersparende Anlagen wie geschlossene Immobilienfonds oder gewerbliche Beteiligungen können interessant sein, sollten aber im Einzelfall wegen der erhöhten Risiken sorgfältig geprüft werden.

Für die Zukunftssicherung sind weniger die aktuellen Steuervorteile, sondern die dauerhafte Substanzwerterhaltung und der beständige Ertrag von Bedeutung. Siehe auch Abschnitt 1.2 „Die Umsetzung der Anlageentscheidungen".

Geschlossene Immobilienfonds können durch Werbungskosten und Verlustzuweisungen steuerlich interessant sein. Wenn das Objekt oder die Objekte in guter Lage, in gutem Zustand und durchgehend sowie langfristig vermietet sind, können im Alter Einkünfte aus Vermietung und Verpachtung die Altersversorgung verbessern. Nachteile ergeben sich durch die eingeschränkte Entscheidungsfreiheit. Außerdem sind bei vorzeitigem Verkauf erhebliche Einbußen zu erwarten.

Sonstige Sachwerte wie Edelmetalle, Antiquitäten oder andere Wertgegenstände sollte man nur kaufen, wenn man etwas davon versteht, wenn sie einem gefallen oder wenn man sie verschenken will. Zu einer Altersabsicherung eignen sie sich grundsätzlich weniger oder gar nicht, da im Veräußerungsfall häufig nicht der erwartete Wert erzielt wird.

Außerdem unterliegen sie im Veräußerungsfall als private Veräußerungsgeschäfte bei Veräußerungsgewinnen ab 600 Euro (Freigrenze) komplett der Einkommensteuer, wenn der Zeitraum zwischen Anschaffung und Veräußerung nicht mehr als ein Jahr beträgt. Der Zeitraum zwischen Anschaffung und Veräußerung erhöht sich auf zehn Jahre, wenn aus der Nutzung des Wirtschaftsgutes zumindest in einem Kalenderjahr Einkünfte erzielt werden (§ 23 Absatz 1 Nr. 2 Satz 4 EStG). Seit dem 14.12.2010 sind davon die Veräußerung von Gegenständen des täglichen Gebrauchs, beispielsweise von Gebrauchtfahrzeugen, ausgenommen. Bei Grundstücken, grundstücksgleichen Rechten, Gebäuden und Wohnungen gilt grundsätzlich die Zehnjahresfrist (§ 23 Absatz 1 Nr. 1 EStG).

4. **Lebensversicherung**
   Geht es nur um die Risikoabsicherung des Lebens, empfiehlt sich eine **Risikolebensversicherung** zur Absicherung der Angehörigen im Todesfall. Soll neben der Risikoabsicherung auch eine Kapitalbildung für das Alter erfolgen, beispielsweise durch Auszahlung der Versicherungssumme bei Erleben eines bestimmten Endalters, kommt die **Kapitallebensversicherung** in Form der gemischten Lebensversicherung in Frage.

   Doch wie bei vielen Koppelprodukten ist eine Trennung der Zielerreichung Risikoabsicherung und Kapitalbildung zu empfehlen. Besonders über lange Zeitstrecken erreichen Sie mehr mit einer getrennten renditestarken Anlage und einer getrennten Risikoabsicherung.

   Eine weitere Möglichkeit der Lebensversicherung zur Verbesserung der Altersrendite ist die Verrentung der fälligen Ablaufleistung einer Kapitallebensversicherung in eine lebenslange Rentenzahlung (siehe auch Kapitel 6).

5. **Anleihen**
   Anleihen, auch Rentenpapiere genannt, sind festverzinsliche Geldwertpapiere und unterliegen damit der Geldentwertung. Außerdem unterliegen die Erträge der Abgeltungsteuer, sofern sie einem nicht aufgrund eines Freistellungsauftrags voll zufließen, beispielsweise im Ruhestand (siehe auch abgezinste Sparbriefe). Eine Möglichkeit der Investition in Anleihen besteht darin, regelmäßig Zerobonds mit unterschiedlichen Endfälligkeitsjahren zu kaufen, wenn man dadurch im Rahmen des Sparer-Pauschbetrags bleibt. Wichtig: Die Bonität des Schuldners sorgfältig prüfen!

Die Vorteile von Kapitallebensversicherungen und Fonds-Modellen im Vergleich	
Das spricht für die Kapitallebensversicherung	**... und das spricht für die Anlage in Investmentfonds**

• Doppelfunktion für Familienabsicherung und Altersvorsorge
• Die Kapitalzahlungen im Todesfall und bei Berufsunfähigkeit (sogenannter Schlussbonus) sind einkommensteuerfrei; bei der Erbschaftsteuer gibt es hohe Freibeträge.
• bei Verrentung der Ansprüche lebenslange Zahlung möglich, bei Fonds könnte bei Auszahlung des Anlagebetrags der Betrag aufgezehrt sein
• Für Kapitalleistungen aus **Altverträgen** mit Vertragsabschluss **vor dem 01.01.2005:** steuerliche Besitzstandswahrung für Kapitallebensversicherungen und fondsgebundene Lebensversicherungen. Das heißt Einkommensteuerfreiheit der Kapitalerträge, sofern die Mindestlaufzeit zwölf Jahre und die laufende Beitragszahlung fünf Jahre und die Todesfallleistung mindestens 60 Prozent der maßgeblichen Beitragssumme betrug.
• Für **ab 01.01.2005** abgeschlossene Kapitallebensversicherungen unterliegen die Erträge (Differenz zwischen Auszahlungsbetrag und der Summe der auf sie entrichteten Beiträge) nur zur Hälfte der Besteuerung, wenn die Kapitalleistung entsprechend der aufgeführten Kriterien erfolgt:
  • nach Vollendung des 62. Lebensjahres (Abschlüsse vor 2012: 60. Lebensjahr) und
  • nach einer Mindestvertragslaufzeit von zwölf Jahren und
  • ein Mindesttodesfallschutz von mindestens 50 Prozent der Beitragssumme (für Abschlüsse ab 01.04.2009) besteht, also im Todesfall mindestens 50 Prozent gezahlt werden und
  • eine bestimmte Rentenhöhe / ein bestimmter Rentenfaktor garantiert ist
	• mögliche höhere Erträge
	• Hohe Verkaufs- oder Tauschmöglichkeit. Diese ist bei Anteilen an offenen Immobilienfonds, die nach dem 21.07.2013 ins Depot gebucht wurden, mit einer Mindesthaltedauer von 24 Monaten und geschlossenen Fonds eingeschränkt.
	• Erträge aus Zinsen, Kurs- und Rückzahlungsgewinnen bei Fonds mit festverzinslichen Wertpapieren.
	  • Bei Anleihen mit regelmäßigen Zinsen
	  • Bei Optionsanleihen ohne Optionsschein gilt dies nur für Emissionen mit marktgerechtem Zinskupon
	  • Bei Zerobonds nur für Kursgewinne unter Berücksichtigung des Steuerkurses
	• Erträge aus Zinsen, Kurs- und Rückzahlungsgewinnen bei Fonds mit Dividenden und Kursgewinnen bei Aktien.
	• Stärkere individuelle Diversifikationsmöglichkeit nach persönlichen und anlagebezogenen Kriterien.

6. **Sparverträge: besonders Sparbriefe**
   Für kurz-, mittel- und langfristige Sparverträge gibt es verschiedene Angebote bei Kreditinstituten.

   Eine Sonderform für Sparverträge sind Sparbriefe. Bei Sparbriefen lässt sich der Zinssatz für den gesamten Zeitraum festschreiben.

   Ein weiterer Vorteil ist die Absicherung von auf den Namen lautenden Sparbriefen durch die gesetzliche Einlagensicherung.[1] Danach sind Einlagen in Sparbriefen auf gesetzlicher Basis innerhalb der EU bis zu 100 000 Euro je Anleger und Kreditinstitut abgesichert.

   In Deutschland verfügen die Verbände neben der EU-weit vorgeschriebenen Einlagensicherung jeweils über einen eigenen Einlagesicherungsfonds für die über 100 000 Euro hinausgehenden Beträge. So gibt es den Einlagensicherungsfonds des Bundesverbandes deutscher Banken (BdB), die Sicherungseinrichtung des BVR sowie die Institutssicherung der Sparkassen-Finanzgruppe und den Einlagensicherungsfonds des Bundesverbands öffentlicher Banken GmbH.

   Interessant können abgezinste Sparbriefe sein, bei denen der Zinszufluss erst bei Fälligkeit erfolgt, beispielsweise in der Rentenzeit, denn dann kann mit einem persönlichen Steuersatz von unter 25 Prozent gerechnet werden, sodass im Rahmen der Einkommensteuerveranlagung nur der niedrige persönliche Steuersatz zugrunde gelegt wird. Insofern sind abgezinste Sparbriefe mit Zerobonds vergleichbar. Hinweis: Zinserträge aus abgezinsten Sparbriefen unterliegen ebenfalls in voller Höhe zum Zeitpunkt des Zuflusses der Abgeltungsteuer.

   Der Vorteil der längerfristigen Absicherung durch einen festen Zins geht mit den Nachteilen einer meist eingeschränkten Verfügbarkeit und einer vergleichsweise niedrigen Rendite einher. Man erkauft damit Sicherheit und Planbarkeit durch eine Aufgabe der Flexibilität.

Geldanlage-Tipp zur Abgeltungsteuer seit 2009
Auch hier gilt: Durch die seit 2009 greifende pauschale Abgeltungsteuer von 25 Prozent zuzüglich Solidaritätszuschlag und gegebenenfalls Kirchensteuer wirken sich die Zinszahlungen zumindest nicht mehr negativ auf die Steuerprogression aus.

1.3.5 Der fünfte Schritt: die Sicherstellung der Ziele

Treffen Sie Vorkehrungen, besonders für eine mögliche Berufsunfähigkeit, den Krankheits- oder den Todesfall:

1 Siehe auch Kapitel 2 dieses Buches.

Checkliste für Finanzplanung und Steuern

- Über Ihre Finanzen und Steuern sollten Sie selbst, Ihre nächsten Angehörigen, Ihr Vermögens- und Finanzberater sowie Ihr steuerlicher Berater stets einen umfassenden Überblick haben.
- Besonders bei wachsendem Vermögen und längeren Zeiträumen ist es hilfreich, sich über alle wichtigen Daten von Anlagen, Vermögen und Verbindlichkeiten eine Übersicht anzulegen. Siehe dieses Kapitel und Kapitel 10 „Mit Finanzplanung die Übersicht behalten".
- Auch die wichtigsten Steuerdaten, Anschriften von wichtigen Finanzpartnern und Unterlagen zur Regelung erbrechtlicher Fragen sollten nicht fehlen.
- Treffen Sie Vorkehrungen durch Schenkung zu Lebzeiten und rechtlich und steuerlich „wasserdichte" testamentarische Verfügungen für den Erbfall.
- Versicherungen

  Versichern heißt nicht, sich um jeden Preis gegen alles zu versichern. Und: Jeden Euro, den Sie an Versicherungsprämien einsparen, können Sie für Ihre persönliche Zukunftsvorsorge einsetzen!

  Zu den wichtigsten Versicherungen gehören:

  - Kranken- und Pflegeversicherung
  - Berufsunfähigkeitsversicherung
  - Haftpflichtversicherung
  - Unfallversicherung und falls sinnvoll
  - Risikolebensversicherung.

Besondere steuerliche Vorteile durch den Altersentlastungsbetrag und bei Rentenzahlungen aus der Basisversorgung

Zusätzlich zu dem Sparer-Pauschbetrag, der jedem Steuerpflichtigen zusteht, genießen Ruheständler zwei weitere steuerliche Vorteile nach §§ 24a und 22 EStG:

1. Den **Altersentlastungsbetrag** (§ 24a EStG), der ab dem auf die Vollendung des 64. Lebensjahres folgenden Kalenderjahr gewährt wird (2019: 17,6 Prozent der Einkünfte, höchstens jedoch 912 Euro). Der Altersentlastungsbetrag wird bis zum Jahr 2040 auf 0 Prozent und somit auf 0 Euro verringert.
2. **Rentenzahlungen aus der Basisversorgung** (§ 22 Nr. 1 Satz 3 Buchstabe a, aa EStG), dazu zählen auch Rentenzahlungen aus privaten Lebensversicherungsverträgen, sind bei Rentenbeginn 2019 „nur" mit 78 Prozent als Ertragsanteil in das zu versteuernde Einkommen einzubeziehen. Dieser Prozentsatz wird für jeden neu hinzukommenden Rentnerjahrgang um zwei Prozentpunkte angehoben. Bei Rentenbeginn im Jahr 2020 beispielsweise werden dann 80 Prozent der Rente der Besteuerung unterworfen. Bis 2040 steigt dann der Besteuerungsanteil jährlich um ein Prozent, bis er schließlich bei Rentenbeginn ab dem Jahr 2040 100 Prozent beträgt. Zudem ist dann im Jahr 2040 der Altersentlastungsbetrag auf 0 Prozent und somit 0 Euro abgeschmolzen.

   Weitere Infos und Einzelheiten zur Besteuerung von Renten und Altersvorsorgeaufwendungen finden Sie in den Abschnitten 8.13 und 8.14.

   Über die für Sie individuellen Auswirkungen sollten Sie mit Ihrem steuerlichen Berater sprechen.

1.3.6 Der sechste Schritt: staatliche Förderung mitnehmen

Nutzen Sie konsequent alle Möglichkeiten der staatlichen Förderung der privaten Altersvorsorge!

- **Staatliche Förderung** nutzen: Riester-Rente, Basisrente und betriebliche Altersvorsorge über den Arbeitgeber

Kurzer Überblick über drei Angebotsformen der Altersvorsorge, die staatlich gefördert werden:

1. **Riester-Rente:** private Altersvorsorge durch Zulagen oder Steuervergünstigung besonders für kinderreiche Familien.

   Staatliche Förderung mit einer Grundzulage für Alleinstehende in Höhe von 175 Euro seit 2018, zuvor in Höhe von 154 Euro. Für Verheiratete seit 2018 eine jährliche Grundzulage in Höhe von 350 Euro (zuvor 308 Euro). Zudem eine Kinderzulage von 185 Euro je Kind für bis 31.12.2007 Geborene. Für Kinder, die ab dem 01.01.2008 geboren wurden, erhalten die Eltern 300 Euro je Kind. Zudem erhalten Berufseinsteiger unter 25 Jahren bei Abschluss eines Riestervertrags einen einmaligen Zuschuss vom Staat in Höhe von 200 Euro. Für die volle staatliche Förderung müssen mindestens vier Prozent des rentenversicherungspflichtigen Vorjahreseinkommens, höchstens jedoch 2 100 Euro als Sonderausgabenabzugsbetrag investiert werden. Kleinere Beiträge sind möglich. Als Sockelbetrag sind pro Jahr mindestens 60 Euro zu leisten. Damit bietet die Riester-Rente besonders für kinderreiche Familien eine zusätzliche staatliche Förderung. Doch je nach Anlageform sind die Verwaltungskosten der Produktgeber sehr hoch, weshalb auf einen Produktgeber mit möglichst niedrigen Verwaltungskosten geachtet werden sollte.

   Das Finanzamt prüft, ob der Sonderausgabenabzug günstiger wäre („Günstigerprüfung"). Ist dies der Fall, wird die Differenz im Rahmen der Einkommensteuererklärung ausgezahlt.

   Begünstigt werden in erster Linie in der gesetzlichen Rentenversicherung pflichtversicherte Arbeitnehmer sowie Beamte. Ein Vorteil: Die Riester-Rente ist Hartz-IV-sicher.

   Doch ein entscheidender Nachteil ist neben den Verwaltungskosten der schrittweise Übergang auf die nachgelagerte Besteuerung. So sind dann die Altersrenten, also auch Riester-Renten, ab 2040 voll zu versteuern.

Geldanlage-Tipp zur Riesterrente
Unter www.deutsche-rentenversicherung.de finden Sie einen Zulagenrechner!

2. **Basisrente:** Förderung auch für Selbstständige

   Die Basisrente wird im Gegensatz zur Riester-Rente auch für Selbstständige steuerlich gefördert. Die Beiträge werden jährlich steigend als Sonderausgaben in Form von Vorsorgeaufwendungen von der Einkommensteuer befreit. Ab 2025 können Sie die Beiträge zu 100 Prozent absetzen, das sind dann bis zu 20 000 Euro für Ledige (bis 40 000 Euro für Zusammenveranlagte) im Jahr, absetzen.

   Im Gegenzug wird auch die Auszahlung der Altersrente jedes Jahr höher besteuert als Übergang der vorgelagerten zur nachgelagerten Besteuerung entsprechend des Alterseinkünftegesetzes (AltEinkG). Bei Rentenbeginn in 2019 beträgt der Besteuerungsanteil 78 Prozent, im Jahr 2040 beträgt der Besteuerungsanteil dann 100 Prozent. Es werden also 100 Prozent der zur Anzahlung kommenden Altersrentenbeträge besteuert.

Für Vertragsabschlüsse ab 2012 gilt als frühester Rentenbeginn nicht mehr das 60., sondern das 62. Lebensjahr!

Auch die Basisrente ist Hartz-IV-sicher. Weitere Infos dazu siehe Abschnitt 8.13.

3. **Betriebliche Altersversorgung** (bAV): Förderung für Arbeitnehmer
Bei der bAV wird über den Arbeitgeber eine zusätzliche Altersversorgung aufgebaut. Die sich hierbei ergebenden Möglichkeiten zur Steuer- und Sozialabgabenersparnis sollten besonders vor dem Hintergrund des sinkenden Versorgungsniveaus aus der gesetzlichen Rentenversicherung genutzt werden. Finanz- und Versicherungsunternehmen bieten für alle fünf bAV-Durchführungswege vorteilhafte Lösungen an. Neben den klassischen Vorsorgeprodukten sind auch fondsgebundene Produktvarianten auf dem Markt.

Die fünf Durchführungswege der betrieblichen Altersversorgung (bAV)	
Unmittelbare und Mittelbare Versorgungszusagen	
Unmittelbare Versorgungszusage • Direktzusage (des Arbeitgebers an den Arbeitnehmer); auch Pensionszusage genannt	Mittelbare Versorgungszusagen • Direktversicherung[1] • Pensionsfonds[1] • Pensionskasse[1] • Unterstützungskasse

1.3.7 Zusammenfassung

Zusammenfassung: Sechs Schritte zur privaten Altersvorsorge	
Fangen Sie frühzeitig an und leiten Sie konkrete Schritte ein:	
Erster Schritt:	Führen Sie eine Bestandsaufnahme durch!
Zweiter Schritt:	Erkennen Sie Ihre Versorgungslücke!
Dritter Schritt:	Überprüfen Sie Ihre Berechnungen!
Vierter Schritt:	Setzen Sie sich langfristige Ziele, brechen Sie diese in konkrete kurzfristige Ziele herunter und setzen Sie Ihre Ziele konsequent um. Wählen Sie die für Sie passende Anlageform und Absicherung aus!
Fünfter Schritt:	Sichern Sie Ihre Ziele ab und überprüfen Sie regelmäßig den Grad Ihrer Zielerreichung!
Sechster Schritt:	Nutzen Sie alle Möglichkeiten der staatlichen Förderung der privaten Altersvorsorge!

1 Die Einnahmen aus der Direktversicherung, dem Pensionsfonds und der Pensionskasse sind steuerfreie Einnahmen unter den Voraussetzungen des § 3 Nr. 63 EStG („Beiträge des Arbeitgebers aus dem ersten Dienstverhältnis“).

1.4 Anlageberatung, Beratungshaftung und Anlegerschutz

1.4.1 Die gesetzliche Definition der Anlageberatung

§ 1 Abs. 1a Satz 2 Nr. 1a des Gesetzes über das Kreditwesen (KWG) definiert die Anlageberatung als die

> „Abgabe von persönlichen Empfehlungen an Kunden oder deren Vertreter, die sich auf Geschäfte mit bestimmten Finanzinstrumenten beziehen, sofern die Empfehlung auf eine Prüfung der persönlichen Umstände des Anlegers gestützt oder als für ihn geeignet dargestellt wird und nicht ausschließlich über Informationsverbreitungskanäle oder für die Öffentlichkeit bekannt gegeben wird (Anlageberatung)".

Um eine Anlageberatung handele es sich nach einem gemeinsamen Informationsblatt der BaFin und der Bundesbank vom Mai 2011, zuletzt geändert im November 2017, demnach, wenn

- eine persönliche Empfehlung abgegeben wird, die sich auf Geschäfte mit bestimmten Finanzinstrumenten bezieht,
- die Empfehlung gegenüber Kunden oder deren Vertretern erfolgt,
- die Empfehlung auf eine Prüfung der persönlichen Umstände des Anlegers gestützt oder als für ihn geeignet dargestellt wird, und
- die Empfehlung nicht ausschließlich über Informationsverbreitungskanäle oder für die Öffentlichkeit bekannt gegeben wird.

Weitere Informationen auf www.bafin.de
„Merkblatt – Hinweise zum Tatbestand der Anlagevermittlung", abrufbar unter www. bafin.de Eine „Unternehmensdatenbank" aller von der BaFin zugelassenen Institute finden Sie ebenfalls unter https://portal.mvp.bafin.de/database/InstInfo/

1.4.2 Beratungshaftung der Kreditinstitute gegenüber Kunden

Wenn ein Kunde sein Kreditinstitut um Rat fragt, kommt auch ohne schriftlichen Vertrag durch schlüssiges Verhalten ein Auskunfts- und Beratungsvertrag zustande. Deshalb sind die Institute verpflichtet, dem Rat suchenden Kunden alle für seine Entscheidung wesentlichen Tatsachen, die zu diesem Zeitpunkt bekannt sind und dem Institut zur Verfügung stehen, mitzuteilen. Dazu gehören auch die Wirtschaftsfachpresse und Hintergrundinformationen. Die Aufklärungspflicht des Kreditinstituts hängt von den persönlichen Umständen und der Interessenlage des Kunden ab.

Das Kreditinstitut haftet nach den Allgemeinen Geschäftsbedingungen grundsätzlich für jedes Verschulden seiner Mitarbeiter und der Personen, die es zur Erfüllung ihrer Verpflichtungen hinzuzieht, wie beispielsweise Börsenhändler oder Informationsdienste. Praktisch bedeutet diese Regelung, dass der Kunde in jedem Bereich – sei es beim Zahlungsverkehr, im Auslandsgeschäft oder bei der Vermögensanlage – fachmännisch beraten werden muss. Wer zum Beispiel Aktien einer Gesellschaft kaufen möchte, die sich in wirtschaftlichen Schwierigkeiten befindet, kann von seinem Anlageberater erwarten, vor dem Kauf über die Probleme informiert zu werden. Allerdings ist das Kreditinstitut nicht verpflichtet, den Kunden nach dem Kauf über Veränderungen bei der Gesellschaft laufend zu unterrichten. Das Gleiche gilt für andere risikoreiche Anlagen. Verliert ein Kunde durch falsche Beratung Geld, kann er sein Kreditinstitut haftbar machen, ohne dass das Kreditinstitut dies durch seine Allgemeinen Geschäftsbedingungen ausschließen kann.

Übermittlungsfehler, Missverständnisse oder Irrtümer, die bei telefonischer oder schriftlicher Auftragserteilung entstehen, gehen nicht mehr zu Lasten des Kunden.

Bei weitergeleiteten Aufträgen wie der Verwahrung und Verwaltung von Wertpapieren im Ausland beschränkt sich die Haftung des Kreditinstituts nach den AGBs der Kreditinstitute „auf die sorgfältige Auswahl und Unterweisung des Dritten".

1.4.3 Beratungshaftung nach der BGH-Rechtsprechung

Nach einem maßgeblichen Urteil des Bundesgerichtshofs vom 22.03.1979 (VII ZR 259/7) besteht eine **Beraterhaftung** für alle Personen, denen Anleger „typischerweise ihr Vertrauen schenken" sowie für Gesprächspartner, die „als in der Branche vielfältig erfahren und damit sachkundig im wirtschaftlichen Verkehr auftreten" oder die den „Eindruck persönlicher Zuverlässigkeit erwecken oder mit der Auskunft ein eigenes wirtschaftliches Interesse verfolgen".

Der BGH hat seither in mehreren weiteren Grundsatzurteilen die Anlagehaftung für Kreditinstitute verschärft und die **Haftungsgrundlagen** herausgestellt. Dabei hat er betont, dass die Anlageempfehlung der Bank **anlegergerecht** sein muss. Die empfohlene Anlage müsse der Person des Kunden und seinem Anlageziel entsprechen.

Das Leitmotiv der Rechtsprechung des BGH
Die Beratung muss anlegergerecht und objektgerecht sein!

So kann ein Kunde beispielsweise davon ausgehen, dass die Zusicherung des Kreditinstituts, dass kein „Kursrisiko" bestehe, auch das Bonitätsrisiko und nicht, wie von der Bank verstanden, nur das Kurs- und Währungsrisiko umfasst. Entscheidend ist eine umfassende und vollständige Information. Empfiehlt etwa die Bank Wertpapiere ausländischer Emittenten, darf sie nicht lediglich Informationen aus deutschen Publikationen weitergeben, sondern muss – wie der BGH festgestellt hat – auch anhand ausländischer Quellen recherchieren. Die Bank darf sich bei einer Bonitätsbeurteilung auch nicht auf Jahresabschlüsse und Börsenzulassungsprospekte verlassen, sondern muss andere Sachverhalte wie das aktuelle Rating des Emittenten heranziehen.

Rechtlich relevante Unterscheidung des Inhalts eines Anlagegesprächs	
Auskunftsvertrag	**Beratungsvertrag**
allgemeine Informationen über die Markt- und Zinsentwicklung oder über Angebote am Markt, ohne Empfehlung und ohne Beratung	konkreter Rat und konkrete Empfehlungen, orientiert an den Wünschen und Zielen des Kunden

Bezüglich des Inhalts des Anlagegesprächs wird in der Rechtsprechung unterschieden zwischen dem (allgemeinen) Auskunftsvertrag, bei dem nur Informationen über Angebote des Markts ohne Empfehlung und ohne Beratung gegeben werden, und dem Beratungsvertrag, bei dem, orientiert an den Wünschen und Zielen des Kunden, Empfehlungen und konkreter Rat gegeben werden. Die Rechtsprechung verbindet mit dem Beratungsvertrag höhere Pflichten für den Berater als beim Auskunftsvertrag.

Anspruch auf Schadenersatzpflicht eines Kreditinstituts kann bei schuldhaft fehlerhafter Beratung der Bank geltend gemacht werden. Das gilt aber beispielsweise dann nicht, wenn der Kunde seiner Bank gezielt einen Auftrag zum Kauf bestimmter Wertpapiere erteilt, die ihm von einem Dritten empfohlen wurden. In diesem Fall wird weder förmlich noch stillschweigend ein Beratungsvertrag geschlossen.

- In weiteren Urteilen verschärften die Gerichte die Haftung der Kreditinstitute in Fällen, in denen Kreditinstitute ihren Kunden zur Spekulation mit Wertpapieren rieten. So hatte der Anlageberater eines Kreditinstituts seinen Kunden zur erheblichen Aufnahme von Krediten gedrängt, um damit Wertpapierspekulationen durchzuführen. Auch wenn der Kunde den Kredit zu Wertpapierspekulationen nutzen will, ist die kreditgebende Bank nicht verpflichtet, ihrem Kunden über die Risiken der Verwendung des Kredits aufzuklären. Allerdings kann im Einzelfall ein besonderes Aufklärungs- und Schutzbedürfnis des Darlehensnehmers bestehen, wodurch nach Treu und Glauben ein Hinweis des Kreditinstituts geboten ist, beispielsweise, weil dieses selbst einen zusätzlichen Gefährdungstatbestand geschaffen hat oder über einen relevanten Wissensvorsprung verfügt.
  Im Streitfall verleitete der Anlageberater den Anleger zu einer Spekulation auf einen variabel verzinslichen Kredit, der absehbar Verluste herbeiführte und der die Leistungsfähigkeit des Kunden überstieg. Das Kreditinstitut musste den durch diese Spekulation entstandenen Schaden ersetzen.
- In einem anderen viel beachteten Fall verurteilte das Oberlandesgericht Bremen eine Sparkasse zur Zahlung von 170 000 Euro (OLG Bremen Az. 1 U 5/2004). Ein 67-jähriger Rentner hatte einer Sparkasse seine Altersreserve zur Vermögensverwaltung überlassen. Der Anlageberater der Sparkasse kaufte damit jedoch nicht nur spekulative Aktien, sondern ging auch noch weitere Risiken durch weitere Aktienkäufe auf Kreditfinanzierung ein.
  In weiteren Fällen seien Kunden nicht nur Kredite zu Aktienkäufen vermittelt worden, sondern auch noch zu waghalsigen Investments, wie die Spekulation in japanische Yen, geraten worden.
- Auch in Zeiten vor leichtfertigen Empfehlungen von Investments in Lehman-Zertifikate hatte bereits das Landgericht Frankfurt eine Bank verurteilt, einem Anleger Schadensersatz zu leisten (Az. 2–21 0 381/02). Ein Bankberater hatte zu einem Investment in Anleihen Argentiniens geraten, ohne ausreichend auf Provisionen und die erheblichen Risiken hinzuweisen.
- In einer Grundsatzentscheidung des BGH (Az. XI ZR 178/10 und XI ZR 182/10) im September 2011 zum Lehman-Brothers-Insolvenzfall wurde die Klage von zwei Privatanlegern gegen die Hamburger Sparkasse jedoch abgewiesen. Zwar müssten Bankberater ihre Kunden auf das Ausfallrisiko eines Wertpapieremittenten hinweisen. Außerdem bestehe, so der BGH, eine starke Informationspflicht seitens des Kreditinstituts, allerdings habe es im konkreten Fall im Jahr 2007 noch keine Hinweise auf ein „konkretes Risiko“ bei Lehman gegeben. Im Übrigen hätten, so der BGH, die beiden Kläger bereits Erfahrungen mit viel riskanteren Anlagen gehabt.

Neben der Frage einer Falschberatung ging es in dem Urteil auch um die Frage der Gewinnmarge der Bank. Dazu entschieden die Richter im konkreten Fall, dass die Sparkasse die Anleger nicht über ihre Gewinnmargen beim Verkauf informieren müsse.

1.4.4 Regelungen zu Anlegerschutz und Transparenz: MiFID II und MiFID I

Die **Europäische Finanzmarktrichtlinie** (Richtlinie 2014/65/EU) und die delegierte Richtlinie sind in Deutschland durch das **2. Finanzmarktnovellierungsgesetz** (FiMaNoG) umgesetzt worden. Seit 03.01.2018 ist damit die überarbeitete „Richtlinie über Märkte für Finanzinstrumente", englisch als MiFID II bezeichnet (Markets in Financial Instruments Directive II), ein Jahr später als ursprünglich geplant, anzuwenden. Sie ersetzt gemeinsam mit der Verordnung (EU) Nr. 600/2014 (MiFIR) die Richtlinie MiFID I (2004/39/EG). Das Wertpapierhandelsgesetz ist am 10.07.2018 mit Wirkung zum 14.07.2018 geändert worden.

Das Maßnahmenpaket richtet sich zum einen auf die Regulierung des Wertpapiergeschäftes. Es soll in einer transparenteren Weise gestaltet werden. Daher werden organisierte Plattformen wie Börsen und nicht organisierte Handelsarten, sogenannte Over-the-Counter-Geschäfte (OTC), erfasst.

Ein weiterer Schwerpunkt von MiFID II ist der Anlegerschutz: Es soll sichergestellt werden, dass Produkthersteller den Kundenkreis von Beginn an definieren und daran anschließend der Vertrieb dieser Definition gerecht wird und hierdurch eine Bestimmung von Zielmärkten erfolgt.

Die **Zielmarktkategorien** umfassen:

Die Kundenkategorie, Kenntnisse und Erfahrungen, die finanzielle Situation mit Fokus auf die Verlusttragfähigkeit, die Risikotoleranz sowie Ziele, Anlagehorizont und Bedürfnisse.

- Die **Kundenkategorie** differenziert: Privatkunden, professionelle Anleger und die geeignete Gegenpartei.
- **Kenntnisse und Erfahrungen** unterscheiden: Basiskenntnisse und -erfahrungen mit beispielsweise Aktienfonds, erweiterte Kenntnisse mit zum Beispiel Zertifikaten, umfangreiche Kenntnisse und Erfahrungen mit Optionsscheinen als Beispiel und spezielle Kenntnisse über beispielsweise CFDs.
- Bei der **finanziellen Verlusttragfähigkeit** wird unterschieden: Der Anleger kann keinen beziehungsweise nur geringe Verluste tragen, der Anleger kann einen Totalverlust des eingesetzten Kapitals tragen und der Anleger kann Verluste auch über das eingesetzte Kapital hinaus tragen.
- Die Risikokennziffer wird nach den PRIIPs ermittelt und eine **Risikotoleranz** abgeleitet.
- **Anlageziele:** An erster Stelle wird auch die in diesem Buch im ersten Kapitel hervorgehobene Altersvorsorge genannt. Zudem werden die allgemeine Vermögensbildung, die überproportionale Teilhabe an Kursänderungen und die Absicherung genannt.
- Beim **Anlagehorizont** wird unterschieden in kurzfristig (kürzer als drei Jahre), mittelfristig (drei bis fünf Jahre) und langfristig, also länger als fünf Jahre.
- Bei den **Bedürfnissen** können auch Anforderungen wie Sustainable Finance mit nachhaltigen Geldanlagen nach ökologischen und ethischen Kriterien genannt werden.

Geeignetheitserklärung
Im Falle einer Anlageberatung erhalten Privatkunden eine Erklärung über die Geeignetheit der Empfehlung vor Vertragsschluss.

Das zuvor im WpHG verankerte Beratungsprotokoll gibt es nicht mehr.

Schutz der Finanzinstrumente und Gelder von Kunden
Wertpapierfirmen müssen Aufzeichnungen und Konten führen, die es ihnen jederzeit ermöglichen, die für die einzelnen Kunden gehaltenen Vermögenswerte unverzüglich sowohl voneinander als auch von ihren eigenen Vermögenswerten zu unterscheiden.

Anreize: Gebühren, Provisionen und nicht-monetäre Vorteile, verankert in § 70 WpHG
Bei einer Gebühr, einer Provision oder einem nicht-monetären Vorteil wird davon ausgegangen, dass sie dazu bestimmt sind, die Qualität der jeweiligen Dienstleistung für den Kunden zu verbessern, wenn alle folgenden Bedingungen erfüllt sind.

Genauer als bisher soll zwischen unabhängiger und abhängiger Beratung auf Grundlage von Provisionen unterschieden werden. Unabhängige Berater und Vermögensverwalter dürfen nach MiFID II keine Zuwendungen wie Provisionen erhalten. Nicht unabhängige Berater dürfen nur dann eine Provision erhalten, wenn sie dadurch die Dienstleistungsqualität in der Kundenberatung erhöhen. In der folgenden Tabelle sind drei von der Europäischen Wertpapier- und Marktaufsichtsbehörde (ESMA) genannte Fälle der möglichen Verbesserung der Dienstleistungsqualität aufgeführt, um Zuwendungen zu ermöglichen.

Möglichkeiten der Dienstleistungsverbesserung[1]		
Möglichkeit 1	Nicht unabhängige Anlageberatung …	und Zugang zu einer breiten Palette an Finanzinstrumenten
Möglichkeit 2	Nicht unabhängige Anlageberatung …	und Angebot, mindestens einmal jährlich eine Beratung durchzuführen oder andere für den Kunden nützliche laufende Dienstleistungen
Möglichkeit 3	Zugang zu breiter Palette geeigneter Finanzinstrumente …	und objektive Informationsinstrumente, die dem Kunden helfen, Anlageentscheidungen zu treffen oder laufende Berichte über Wertentwicklung und Kosten der Anlageprodukte

1 Siehe auch BVI (2016): BVI 2016. Daten. Fakten. Perspektiven, S. 20. Frankfurt am Main.

Beste Orderausführung nach § 82 WpHG (Best Execution)
Bei der Orderausführung sind alle zumutbaren Schritte zu unternehmen, die Geschäfte im Namen des Kunden bestmöglich auszuführen. Hierbei ist neben den expliziten Kosten, die mit der Orderausführung verbunden sind, auch der Handelsplatz mit dem für die Ausführung bestmöglichen Preis des Wertpapiers zu berücksichtigen.

Kundenreporting und Kundeninformation
Ex-ante: Wertpapierdienstleister müssen Kunden die Gesamtkosten und die Auswirkung auf die Rendite darstellen. Auf Verlangen müssen zudem die Kosten der einzelnen Posten gegliedert ausgewiesen werden.

Ex-post: Nach Vertragsabschluss erstellen Wertpapierdienstleister einmal jährlich eine Übersicht, in der individualisiert die angefallenen Kosten ausgewiesen werden.

Aufzeichnung von Gesprächen
Telefongespräche und elektronische Kommunikation mit Bezug zu einem Wertpapierauftrag müssen aufgezeichnet werden. Das Gespräch ist auch aufzuzeichnen, wenn das Gespräch nicht zu einer Dienstleistung führt.

Vorteile für Anleger: Die Aufzeichnungen sind dauerhaft zu speichern und für fünf Jahre aufzubewahren. Hierdurch lässt sich im Streitfall der Verlauf eines Gesprächs nachweisen. Zudem kann die BaFin die Institute besser überprüfen.

MiFID I
Bereits Ende 2007 mussten die Finanzunternehmen den Vorgänger der Richtlinie, die Richtlinie **MiFID I**, umsetzen. Mit dieser Richtlinie sollten besonders die folgenden zwei Ziele verfolgt werden:

1. Erhöhung des Anlegerschutzes, der Transparenz sowie der Sicherheit
2. Stärkung des Wettbewerbs zwischen Wertpapierdienstleistungsunternehmen innerhalb der EU

Als Wertpapierdienstleistungsunternehmen werden in § 2 Abs. 10 des WpHG bestimmt:

- Kreditinstitute
- Finanzdienstleistungsinstitute und
- inländische Zweigstellen von Unternehmen mit Sitz im Ausland (§ 53 Abs. 1 Satz 1 KWG),

die Wertpapierdienstleistungen allein oder zusammen mit Wertpapiernebendienstleistungen gewerbsmäßig oder in einem Umfang erbringen, der einen in kaufmännischer Weise eingerichteten Geschäftsbetrieb erfordert.

Die wichtigsten Regelungen der MiFID I im Überblick

- Ziele der Richtlinie:
  - Harmonisierung durch einen gemeinsamen rechtlichen Rahmen für Anbieter von Finanzdienstleistungen in allen Ländern der EU
  - bessere Markttransparenz
  - effizientere Finanzsysteme

- So soll der Anleger profitieren:
  - mehr Anlegerschutz durch Steigerung der Markttransparenz
  - Information und Aufklärung für Depotkunden je nach Professionalität des Kunden
  - bestmögliche Orderausführung
  - Offenlegung der Kosten und Zuwendungen, beispielsweise Entgelte und Provisionen
  - Grundsätze zur Vermeidung von Interessenkonflikten sollen Klarheit zwischen dem Finanzinstitut und dem Kunden schaffen

Die Risikoeinstufung bei der Depoteröffnung ist entfallen. An ihre Stelle trat eine produktbezogene Einstufung nach Kenntnissen, Erfahrungen und der bisher getätigten Geschäfte im Rahmen der sogenannten Angemessenheitsprüfung. Auf dieser Basis macht sich das Finanzinstitut anhand der vom Kunden bisher getätigten Wertpapiergeschäfte ein eigenes Bild von dessen Kenntnissen und Erfahrungen.

Dazu sind beim Finanzinstitut verschiedene Produktgruppen hinterlegt, anhand derer die Angemessenheit der gewünschten Transaktion mit seinem bisherigen Anlageverhalten abgeglichen wird. Wird beispielsweise ein Produkt mit höherem Risiko als bei vorangegangenen Käufen gewünscht, erfolgt ein Warnhinweis.

Die Produktgruppen können wie folgt strukturiert werden:

Die Einteilung von Finanzprodukten nach dem Risikograd

A Anleihen und anleiheähnliche Produkte
wie Anleihen, Bundeswertpapiere, Rentenfonds und Geldmarktpapiere

B Aktien und aktienähnliche Produkte
wie Aktien, Aktienanleihen, Genussscheine und Aktienfonds

C sonstige Fonds und fondsähnliche Produkte
wie Immobilien-, Misch-, Dach- und Indexfonds

D Anlagezertifikate und ähnliche Produkte
wie Index-, Diskont-, Bonus- oder Strategiezertifikate

E Produkte mit erhöhtem Risiko
wie Optionsscheine, Hedgefonds und REITs

1.4.5 Bestimmungen und Verhaltensregeln des Wertpapierhandelsgesetzes

Das Wertpapierhandelsgesetz wurde entsprechend der Vorgaben der MiFID und MIFID II durch das erste und zweite Finanzmarktnovellierungsgesetz (FiMaNoG) angepasst und enthält wichtige Bestimmungen wie den Anwendungsbereich und Begriffsbestimmungen, Vorschriften über die BaFin, Meldepflichten und Bestimmungen zur Insiderüberwachung, zur Überwachung der Ratingagenturen, allgemeine und besondere Verhaltensregeln, Organisationspflichten, Aufzeichnungs- und Aufbewahrungspflichten, Überwachung der Verhaltensregeln, Prüfung der Meldepflichten und Verhaltensregeln und schließlich Straf- und Bußgeldvorschriften.

Grundsatz:
Die Bestimmungen können auf den Grundsatz „Kundeninteresse geht vor Unternehmens- und Mitarbeiterinteresse“ zurückgeführt werden.

Die **Wohlverhaltensregeln** (Rules of Conduct) verpflichten die Wertpapierdienstleistungsunternehmen, insbesondere die Kreditinstitute, unter anderem dazu, ihre Dienstleistungen mit der erforderlichen Sachkenntnis, Sorgfalt und Gewissenhaftigkeit im Interesse des Kunden zu erbringen. Um die Einhaltung dieser Verhaltensregeln wirksam überwachen zu können, sind die Wertpapierdienstleistungsunternehmen verpflichtet, geeignete innerbetriebliche Maßnahmen zu ergreifen.

Ad-hoc-Publizitätspflicht: Darunter versteht man die im WpHG geregelte Verpflichtung des Emittenten von Wertpapieren, eine neue Tatsache, die in seinem Tätigkeitsbereich eingetreten und nicht öffentlich bekannt ist, unverzüglich (also „ad hoc“) zu veröffentlichen, wenn die Tatsache wegen der Auswirkung auf die Vermögens- oder Finanzlage oder den Geschäftsverlauf geeignet ist, den Börsenpreis der Wertpapiere erheblich zu beeinflussen.

Die Veröffentlichung falscher Ad-hoc-Mitteilungen ist strafbar. Vorstände börsennotierter Unternehmen müssen unter bestimmten Voraussetzungen sogar getäuschte Aktionäre entschädigen.

So machte ein Urteil des BGH vom 19.07.2004 Rechtsgeschichte: Der II. Zivilsenat des BGH verurteilte die ehemaligen Vorstände der Informatec AG zu Schadenersatzleistungen im Zusammenhang mit der Veröffentlichung fehlerhafter Ad-hoc-Mitteilungen (Az. II ZR 217/03, 218/03 und 402/02). Allerdings muss, wie in diesem Fall, ein ursächlicher und zeitlicher Zusammenhang zwischen übertriebenen oder falschen Ad-hoc-Mitteilungen und der Entscheidung des Anlegers, in das Unternehmen zu investieren, gegeben sein.

Geldanlage-Tipp zum Schutz für Kapitalanleger

Die Interessen der Anleger werden beispielsweise durch folgende Einrichtungen und deren Publikationen wahrgenommen:

- DSW – Deutsche Schutzvereinigung für Wertpapierbesitz e. V., Düsseldorf Informationen finden Sie unter: www.dsw-info.de

  Peter-Müller-Str. 14
  40468 Düsseldorf
  Telefon: 0 211-6697-79
  Fax: 0211 669760
  E-Mail: idsw@dsw-info.de

- Stiftung Warentest, Berlin

  Die Zeitschrift „Finanztest“, erscheint monatlich. Herausgeber und Verlag: Stiftung Warentest. Weitere Informationen unter www.test.de

  Stiftung Warentest
  Lützowplatz 11–13, 10785 Berlin
  Postfach 30 41 41, 10724 Berlin
  Tel.: (030) 26 31–0
  Fax: (030) 26 31–27 27

1.4.6 Wertpapierprospektgesetz und Prospekthaftung

Grundsätzlich gilt für alle Fall- und Anspruchsvarianten die Haftung für in Anspruch genommenes Vertrauen.

Das **Gesetz über Wertpapier-Verkaufsprospekte** (Wertpapierprospektgesetz (WpPG)) sieht grundsätzlich vor, dass vor erstmaligen öffentlichen Verkaufsangeboten der Anbieter einen Prospekt zur eingehenden Unterrichtung der Anleger veröffentlichen muss. Damit sind die Bedingungen für die Erstellung, Billigung und Veröffentlichung von Prospekten für Wertpapiere, die öffentlich angeboten oder zum Handel an einem organisierten Markt (Börse) zugelassen werden sollen, geregelt. Verkaufsprospekte, die von der zuständigen Stelle eines anderen EU-Mitgliedstaates bereits gebilligt worden sind, sollen in den anderen Mitgliedstaaten ohne weitere Prüfung anerkannt werden. Im WpPG sind in Abschnitt 6 (§ 21 ff.) mit der Prospekthaftung bei fehlenden oder fehlerhaften Prospekten und in § 35 mit Bußgeldvorschriften für Ordnungswidrigkeiten den Verbraucher möglichst schützende Regelungen getroffen.

In der Bundesrepublik Deutschland sind Börsen in Berlin, Düsseldorf, Frankfurt am Main, Hamburg, Hannover, München sowie Stuttgart. Bei der Geschäftsführung der jeweiligen Börse muss der Emittent den Zulassungsantrag stellen. Eine Voraussetzung für die Zulassung ist, wenn keine Ausnahme besteht, ein nach den Vorschriften des WpPG gebilligter Prospekt. So haftet das Kreditinstitut beispielsweise, wenn wichtige Angaben in diesem Börsenzulassungsprospekt unrichtig sind und dies bekannt war oder ist.

Es haftet auch, wenn wesentliche Tatsachen absichtlich verschwiegen wurden oder deshalb fehlten, weil eine Nachprüfung unterblieb. Es kommt im Prospekt nicht auf die Summe der Einzelangaben an, sondern auf das Gesamtbild, welches dem Publikum von der Vermögens-, Finanz- und Ertragslage der Gesellschaft vermittelt wird. Der Kunde braucht nicht unbedingt mit den unter Eingeweihten gebräuchlichen Fachbegriffen vertraut zu sein.

Auch Werturteile und Prognosen begründen eine Prospekthaftung. Der Interessent muss darauf vertrauen dürfen, dass es sich nicht nur um bloße Mutmaßungen, sondern um Schlussfolgerungen aus nachgeprüften Tatsachen oder Wertfeststellungen nach sorgfältiger Analyse handelt. Das Kreditinstitut darf keine Erwartungen wecken, die sachlich nicht hinreichend fundiert sind. Es haftet ab Veröffentlichung des Prospekts gegenüber Ersterwerbern von Aktien.

Befreiungen von der Prospektpflicht betreffen – neben Kreditinstituten, die der laufenden Aufsicht durch die BaFin unterstehen – vor allem Euro-Wertpapiere und Verkaufsangebote, die sich schon durch die Gestaltung des Angebotes nicht an breite Anlegerkreise richten. Zudem sieht das Kleinanlegerschutzgesetz eine Befreiung von Startups bis zu einer Finanzierungssumme von 2,5 Millionen Euro vor, die sich durch Crowdinvesting über Plattformen finanzieren. Siehe hierzu Abschnitt 3.11.1.4.

1.4.7 Wesentliche Anlegerinformationen (KIID) und Basisinformationsblätter (PRIIPS-KID)

Auf Anteile an offenen Investmentvermögen im Sinne des § 1 Abs. 4 KAGB findet das WpPG keine Anwendung.

Allerdings müssen bei diesen die **wesentlichen Anlegerinformationen** bereitgestellt werden. Entsprechend der Vorgaben der europäischen Richtlinie OGAW-IV sind im KAGB für Publikumsinvestmentvermögen Inhalt, Form und Gestaltung der „wesentlichen Anlegerinformationen" in den §§ 164 und 166 KAGB seit Mitte 2011 zwingend vorgegeben. International und auch teilweise in Deutschland werden diese im KAGB verankerten wesentlichen Anlegerinformationen „Key Investor Information Document", kurz KIID bezeichnet.

Ab 01.01.2018 erhalten alle Verbraucher in der EU für alle „verpackten" Finanzprodukte wie Investmentfonds, kapitalbildende Lebensversicherungen und Zertifikate ein einheitliches **Basisinformationsblatt** (BiB, auch PRIIPS-KID) nach dem Vorbild des bereits seit Mitte 2011 für Publikumsfonds vorgeschriebenen Key Investor Information Document (KIID). Obwohl PRIIPS-KID grundsätzlich ab 01.01.2018 für Verbraucher auszuhändigen sind, besteht eine Übergangszeit durch Ausgabe von KIID bei OGAW-Fonds bis 31.12.2019. Nicht unter die Vorschriften des Basisinformationsblatts fallen staatlich anerkannte Altersvorsorgeprodukte wie Riester- und Rürup-Verträge, Aktien und Anleihen ohne strukturierte Komponenten sowie Spareinlagen und Termingelder. Siehe dazu auch Kapitel 4.

1.4.8 Kapitalanlagebetrug

Unter den § 264a Strafgesetzbuch (Kapitalanlagebetrug) fallen Handlungen, bei denen im Zusammenhang mit dem Absatz von Wertpapieren und Beteiligungsrechten gegenüber einem größeren Kreis von Anlegern in Prospekten, Darstellungen oder Übersichten unrichtig vorteilhafte Angaben gemacht oder nachteilige Tatsachen über die Anlage verschwiegen wurden.

1.4.9 Verbesserung des Anleger- und Verbraucherschutzes

Seit dem 03.07.2015 gelten das Einlagensicherungsgesetz (EinSiG), das Anlegerentschädigungsgesetz (AnlEntG) sowie das Kleinanlegerschutzgesetz.

1.4.9.1 Einlagensicherung und Anlegerentschädigung

Durch die Einführung des Einlagensicherungsgesetzes (EinSiG) zum 03.07.2015 besteht für Privatanleger eine wichtige Neuerung: der rechtliche Anspruch des Anlegers auf Entschädigung bei Insolvenz eines Kreditinstituts mit Sitz in der EU. Das deutsche Einlagensicherungssystem bietet auf Grundlage europäischer Vorschriften eine Einlagensicherung je Kunde und Kreditinstitut in Höhe von 100000 Euro für einlagengesicherte Einlagen. Darüber hinaus besteht bei den öffentlich-rechtlichen Kreditinstituten des Deutschen Sparkassen- und Giroverbandes (DSGV) und des Bundesverbandes der deutschen Volksbanken & Raiffeisenbanken (BVR) die Institutssicherung als präventive Maßnahme weiter. Bei den privaten und öffentlichen Banken des Einlagensicherungsfonds des Bundesverbandes deutscher Banken und des Einlagensicherungsfonds der öffentlichen Banken besteht eine freiwillige Einlagensicherung über die Summe von 100000 Euro hinaus.

Neuere gesetzliche Grundlagen der Einlagensicherung und der Anlegerentschädigung als Umsetzung der Europäischen Bankenunion

Einlagensicherungsgesetz (EinSiG)	**Anlegerentschädigungsgesetz (AnlEntG)**
– in Kraft getreten am 03.07.2015 – Umsetzung der EU-Richtlinie 2014/49/EU	Das bisherige Einlagensicherungs- und Anlegerentschädigungsgesetz (EAEG) ist auf die Anlegerentschädigung beschränkt und in Anlegerentschädigungsgesetz umbenannt worden.

Die Änderungen durch die Einführung des EinSiG und des AnlEntG
Die Änderungen zum Einlagenschutz werden ausführlich in Abschnitt 2.2 – „Einlagensicherung in Deutschland und der EU“ dargestellt.

1.4.9.2 Das Kleinanlegerschutzgesetz: Schutz von Kleinanlegern

Das Kleinanlegerschutzgesetz beruht nicht auf der Umsetzung von EU-Richtlinien zur Harmonisierung des Finanzbereiches. Es hat einen seiner Hauptgründe in der Insolvenz des Windkraftunternehmens „Prokon“. Teilweise wird daher auch vom „Lex Prokon“ gesprochen. Prokon hat im öffentlichen Raum, wie etwa im öffentlichen Nahverkehr in Hamburg, Werbung für eine Geldanlage in Genussrechte von Prokon gemacht. In dem Gesetz werden allgemeine Probleme für Anleger am unregulierten Kapitalmarkt („Grauer Kapitalmarkt“) angegangen und insbesondere das Vermögensanlagengesetz (VermAnlG) angepasst.

Nach § 1 Abs. 2 VermAnlG sind nicht in Wertpapieren im Sinne des Wertpapierprospektgesetzes verbriefte und nicht als Anteile an Investmentvermögen im Sinne des § 1 Absatz 1 des Kapitalanlagegesetzbuchs ausgestaltete Vermögensanlagen:

- stille Beteiligungen
- Treuhandvermögensanteile

- Genussrechte[1]
- Namensschuldverschreibungen sowie
- partiarische Darlehen nach § 488 BGB[2]
- Nachrangdarlehen und
- sämtliche wirtschaftlich vergleichbaren Anlagen

Das Kleinanlegerschutzgesetz umfasst folgende wichtige Änderungen:

- Aufsicht durch die BaFin, verbunden mit der Möglichkeit, Anordnungen zu treffen, die geeignet und erforderlich sind, um verbraucherschutzrelevante Missstände zu beseitigen und zu verhindern.
- Es muss von den Unternehmen ein Verkaufsprospekt erstellt werden, der spätestens nach zwölf Monaten angepasst werden muss. Ausnahmen von dieser Prospektpflicht bestehen für Genossenschaften sowie für gemeinnützige und soziale Projekte.
- Die Mindestlaufzeit für Vermögensanlagen, die vom Kleinanlegerschutzgesetz umfasst sind, beträgt 24 Monate. Die Mindestkündigungsfrist beträgt sechs Monate.
- Werbung im öffentlichen Raum wird untersagt. In Printmedien bleibt sie zulässig, wenn auf das Verlustrisiko hingewiesen wird.
- Auch „Crowdinvesting" unterliegt dem Kleinanlegerschutzgesetz, allerdings gelten hier Erleichterungen. Anbieter von Investitionen in Unternehmen über Crowdfunding-Plattformen müssen einen Verkaufsprospekt nur dann erstellen, wenn die angestrebte Investitionssumme des Unternehmens über 2,5 Millionen Euro liegt.

Kleinanlegerschutz und Crowdfunding
Weitere Informationen zum Kleinanlegerschutz finden Sie im Abschnitt 3.11 „Crowdfunding".

1.4.9.3 Weitere Verbesserungen des Anlegerschutzes

Kreditinstitute müssen jedes telefonische Anlageberatungsgespräch protokollieren. Anschließend ist das Dokument dem Kunden vom Berater unterschrieben zuzustellen. Ist es nicht vollständig oder richtig, hat der Kunde eine Woche lang Zeit, vom Kauf der Aktien, Anleihen oder Investmentanteile zurückzutreten.

Ebenfalls sind Finanzinstitute verpflichtet, über jedes Anlagegespräch, in dem eine Anlage in Wertpapieren angesprochen wird, ein Protokoll anzufertigen und dem Kunden auszuhändigen. Es ist dann Beweismittel im Falle von Streitigkeiten mit dem Kreditinstitut, im Ombudsverfahren oder vor Gericht.

Verbesserter Schutz bei Verbraucherkrediten
In einem Gesetz zur Umsetzung der EU-Verbraucherkreditrichtlinie (Richtlinie 2008/48/EG über Verbraucherkreditverträge) müssen auch Kreditnehmer besser über die Kreditkonditionen informiert werden. Ziel ist es, Kreditangebote besser vergleichbar zu machen, um es den Kunden zu ermöglichen, das beste Angebot zu finden.

1 Genussrecht: Beteiligung an Gewinn und Verlust nach vereinbarten Kenngrößen, prozentuale Begrenzung vereinbar, zusätzlich auch Mindestverzinsung möglich; keine Mitwirkungs- und Kontrollrechte; juristisch betrachtet Fremdkapital (keine Eigenkapitalbeteiligung).

2 Partiarisches Darlehen: variable, vom Unternehmenserfolg abhängige Verzinsung, meist lange Laufzeit; bankbürgschaftliche Absicherung (vom Unternehmen finanziert); keine Eigenkapitalbeteiligung, keine Verlustbeteiligung.

Verbessert wurden auch die Widerrufs- und Rückgaberechte bei Verbraucherkrediten und Versicherungsverträgen sowie die Kündigungsmöglichkeiten bei Darlehensverträgen. Die Vorfälligkeitsentschädigung bei befristeten Verträgen ist auf höchstens ein Prozent des vorzeitig zurückgezahlten Betrags beschränkt.

Die Neuregelungen beziehen sich auf Darlehensverträge und andere Finanzierungsgeschäfte wie Teilzahlungsgeschäfte und Leasingverträge.

Die Regelungen beziehen sich nicht auf Immobiliendarlehen. Hier besteht ein verbesserter Verbraucherschutz durch die Umsetzung der Wohnimmobilienkreditrichtlinie der EU für ab 21.03.2016 geschlossene Immobiliar-Verbraucherdarlehensverträge. Mit der Umsetzung der Richtlinie wurde eine Reihe von Vorschriften wie vorvertragliche Informationspflichten und ein Widerrufsrecht bei fehlerhafter Belehrung eingeführt.

Verbesserter Verbraucherschutz bei der Anlageberatung

Seit 2010 gilt:

- Beratungs- und Dokumentationspflicht
  Der Inhalt jeder Anlageberatung ist nachvollziehbar zu protokollieren. Eine Ausfertigung des Protokolls ist dem Kunden auszuhändigen. Dazu gehören Angaben und Wünsche des Kunden ebenso wie die Empfehlungen des Beraters samt Begründung.
- Mindeststandards zum Gläubigerschutz bei Schuldverschreibungen
  Durch verbindliche Mindeststandards wurden die Rechte und Befugnisse von Anleihegläubigern gestärkt. Außerdem wurde ein Transparenzgebot eingeführt. Dadurch soll der Anleger Risiken und Ausstattungsmerkmale von Anleihen besser erkennen und verstehen können.
- Verjährungsfrist für Schadensansprüche verlängert
  Für Schadensansprüche gilt die regelmäßige Verjährung. Die Dreijahresfrist beginnt erst zu laufen, wenn der Anleger vom Schaden erfahren hat. Unabhängig davon verjähren Ansprüche nach spätestens zehn Jahren.

1.5 Familienstiftung als Instrument der Vermögensnachfolge

Allgemein dient eine Familienstiftung dazu, die Mitglieder einer Familie materiell zu fördern. Dabei spielen steuerliche Anreize eine besondere Rolle. So liegt in steuerlicher Hinsicht eine Familienstiftung vor, wenn nach ihrer Satzung der Stifter, seine Angehörigen und deren Nachkommen zu mehr als einem Drittel bezugsberechtigt oder erbanfallsberechtigt sind. Dieser Beitrag zeigt Ihnen die Möglichkeiten sowie die rechtlichen und steuerlichen Grundlagen einer Familienstiftung.

1.5.1 Begriff der Stiftung

Der Begriff „Stiftung" wird im täglichen Sprachgebrauch in unterschiedlichem Zusammenhang verwendet. Dazu nachstehend einige Beispiele:

Der Begriff „Stiftung"

Von der Herkunft des Wortes, abgeleitet aus dem altdeutschen „stiftunga", im Sinne von Schenkung oder „gestiftete Einrichtung", wurde das Wort ursprünglich im kirchlichen Bereich im Sinne von „gründen" (ein Kloster gründen) und „stiften", (eine Kirche oder ein Stift stiften) und später im weltlichen Bereich („eine Schule oder einen Verein stiften"), verwendet.

Im übertragenen Sinn steht der Begriff auch für „einen Pokal stiften", „Frieden stiften" und im negativen Sinne „Unheil stiften, Verwirrung stiften", oder „zu einer Straftat anstiften", „Brandstiftung", bis schließlich „stiften gehen" im Sinne von unauffälligem Verschwinden.

Im Sinne der nachfolgenden Erläuterungen ist eine Stiftung eine rechtsfähige Einrichtung, auf die ein bestimmtes Vermögen grundsätzlich zeitlich unbegrenzt zu einem vom Stifter bestimm- ten Zweck übertragen wird, also eine sogenannte rechtsfähige Stiftung. Im Gegensatz hierzu gibt es aber auch hier nicht zu behandelnde nicht rechtsfähige, so genannte unselbständige Stiftungen. Diese werden auch als fiduziarische oder treuhänderische Stiftungen bezeichnet.

Die Stiftung unterscheidet sich durch ihre vielfältigen gestalterischen Möglichkeiten von allen anderen juristischen Gesellschaftsformen.

Dazu nachstehend Beispiele für die verschiedenen Gestaltungsformen der Stiftung:

- privatrechtliche Stiftung,
- öffentlich-rechtliche oder öffentliche Stiftung,
- gemeinnützige Stiftung,
- steuerbefreite Stiftung,
- steuerbegünstigte Stiftung,
- Unternehmensträgerstiftung,
- kirchliche und kommunale Stiftung.

Auch innerhalb der Gestaltungen kann es vielfältige Varianten geben, beispielsweise die Familienstiftung und die Unternehmensträgerstiftung als Sonderform der privatrechtlichen Stiftung.

Eine weitere Besonderheit besteht in vielfältigen Kombinationsmöglichkeiten, die Stiftungen mit Unternehmen anderer Rechtsform, beispielsweise mit einer GmbH, einer AG oder mit einer KG, eingehen können.

1.5.2 Allgemeine Grundlagen und steuerliche Rahmenbedingungen

Für größere Vermögensbesitzer kann es, besonders im Hinblick auf die Erbschaft- und Schenkungsteuer nützlich sein, steuerlich günstige Möglichkeiten einer Stiftung zu kennen und davon zu profitieren.

In den letzten Jahren, besonders seit 2007, wurden verschiedene steuerliche Anreize geschaffen, um die Einbringung von privaten Vermögen in gemeinnützige Stiftungen zu fördern:

- Seit dem 01.01.2007 können Spenden bis zu 20 Prozent des Gesamtbetrags der Einkünfte oder vier Promille der Summe der gesamten Umsätze und der im Kalenderjahr aufgewendeten Löhne und Gehälter bei der Ermittlung des zu versteuernden Einkommens abgezogen werden (§ 10b Abs. 1 EStG).

- Zuwendungen in den Vermögensstock einer Stiftung des öffentlichen Rechts oder einer steuerbefreiten Stiftung können zudem im Veranlagungszeitraum der Zuwendung und in den folgenden neun Veranlagungszeiträumen in Höhe von bis zu einer Million Euro (bis zu zwei Millionen Euro bei Ehegatten) steuerlich geltend gemacht werden (§ 10b Abs. 1a EStG).
- Erbschaften und Schenkungen, die gemeinnützigen Stiftungen zugutekommen, sind in besonderem Maße von der Erbschaftsteuer und der Schenkungsteuer befreit. Die Erbschaftsteuer entfällt rückwirkend, wenn innerhalb von 24 Monaten nach dem Tod des Erblassers das Nachlassvermögen auf eine steuerbegünstigte Stiftung übertragen wird (§ 29 Abs. 1 Nr. 4 ErbStG).

Die Reformen des Stiftungssteuerrechts haben entscheidend dazu beigetragen, dass die Anzahl der neu errichteten Stiftungen in den letzten Jahren deutlich gestiegen ist. Dabei hat über drei Viertel aller neu errichteten Stiftungen ein Anfangsvermögen von weniger als 500 000 Euro. Die verbesserten steuerlichen Abzugsmöglichkeiten haben demnach offenbar vor allem zur Gründung von kleinen und mittleren Stiftungen geführt.

Eine weitere Reform des Stiftungsrechts ist in absehbarer Zeit zu erwarten. Obwohl die letzte größere Reform in diesem Bereich noch gar nicht so lange her ist, wurde zwischenzeitlich weiterer Reformbedarf erkannt. Insbesondere durch die Zinspolitik der Europäischen Zentralbank und den Umstand, dass zahlreiche Stiftungen zu Lebzeiten der Stifter errichtet werden, wurden viele neuen Ideen der Stiftungspolitik entwickelt.

Folgende stiftungsrelevante Themen werden derzeit diskutiert, um auch künftig ein effizientes Stiftungswesen zu ermöglichen:

1. die Rechte von Stifterinnen und Stiftern zu deren Lebzeiten,
2. die Möglichkeit, Ressourcen allein nicht überlebensfähiger Stiftungen zu bündeln,
3. die Steigerung der Transparenz im Stiftungswesen,
4. die bundesweite Vereinheitlichung der rechtlichen Rahmenbedingungen sowie
5. die Absicherung von Stiftungen in Zeiten dauerhaft niedriger Zinserträge und
6. die Umwandlung bestehender Stiftungen in Verbrauchsstiftungen[1].

Ob und inwieweit diese Themen durch neue steuerliche Rahmenbedingungen flankiert werden, ist heute noch nicht absehbar. Zwischenzeitlich hat eine Bund-Länder-Arbeitsgruppe „Stiftungsrecht“ einen Bericht über eine Stiftungsreform vorgelegt. Wann diese Reform von den gesetzgebenden Körperschaften umgesetzt wird, war bei Redaktionsschluss nicht bekannt.

Anlässe, Vermögenswerte zu Lebzeiten oder von Todes wegen auf eine Stiftung zu übertragen, sind zum einen persönliche Motive, die zur Gründung einer Stiftung führen, zum anderen unternehmenspolitische Gründe, wie der Unternehmenserhalt.

In Deutschland gibt es 2017 laut Bundesverband Deutscher Stiftungen 21 806 rechtsfähige Stiftungen. In Zeiten historisch niedriger Zinsen und anwachsender Inflationsrate fällt es den Stiftungen schwer, den Vermögenserhalt zu sichern. Zwei Drittel der Stiftungen mit einem Vermögen von weniger als einer Million Euro hätten 2016 einen Kapitalertrag er-

1 Zulässig durch Gesetz zur Stärkung des Ehrenamts vom 28. März 2013 i.V. mit § 80 Abs. 2 BGB. Eine Verbrauchsstiftung ist eine Stiftung, die für eine bestimmte Zeit errichtet und deren Vermögen für die Zweckverfolgung verbraucht werden soll. Für die Verbrauchsstiftung gelten nicht die gleichen steuerlichen Vergünstigungen wie bei der auf Dauer angelegten Stiftung. Vielmehr können bei der Verbrauchsstiftung nur die allgemeinen spendenrechtlichen Abzugsbeträge des § 10b Abs. 1 EStG geltend gemacht werden.

zielt, der unter der Inflationsrate gelegen habe. Anmerkung: 2016 lag die Inflationsrate bei 0,4 Prozent, während die Umlaufrendite fest verzinslicher Wertpapiere am Kapitalmarkt 0,1 Prozent betrug (Quelle: Deutsche Bundesbank).

1.5.3 Stiftungsmotive

Die Stiftungsmotive können persönlichen oder familiären Ursprungs sein. Sind Familienmitglieder selbst Unternehmer, treten häufig unternehmenspolitische Überlegungen in den Vordergrund.

1.5.3.1 Persönliche und familiäre Gründe

Unter persönlichen und familiären Gesichtspunkten sind besonders die vier nachstehenden Gründe das Stiftungsmotiv:

1. Ordnen des Nachlasses zur Versorgung von Familienmitgliedern
Wird das Vermögen auf eine die Familie begünstigende Stiftung übertragen, kann dies beispielsweise auch der Förderung des Zusammenhalts der Familie und des Familienvermögens dienen. Oftmals wird dadurch auch die Entstehung oder Fortführung einer Familientradition angestrebt.

Ein anderer Aspekt ist, dass ein von den einzelnen Familienmitgliedern losgelöstes Vermögen zielgerichteter verwendet werden kann. Denkbar wäre zum Beispiel, dass durch Stifterwille die Versorgung bedürftiger Familienmitglieder, beispielsweise behinderter Kinder, als Stiftungszweck festgelegt wird.

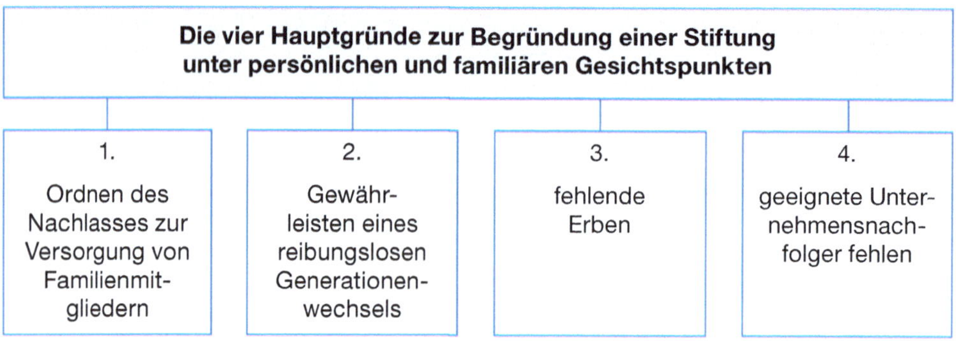

2. Gewährleisten eines reibungslosen Generationenwechsels

„Ewig kann ganz schön lange dauern."

Hans-Ulrich Dietz

Ein weiterer unternehmensbezogener Gesichtspunkt ist die von den Interessen einzelner Familienmitglieder unabhängige Entwicklung des Unternehmens über den Generationswechsel hinaus. So wird durch Übertragung des Unternehmens auf eine Stiftung dem Unternehmen eine Kontinuität unabhängig vom Generationenwechsel und zudem ein „Ewigkeitscharakter" verliehen. Gerade auch bei zerstrittenen Nachkommen wird der Fortbestand des Unternehmens nicht gefährdet.

Mögliche Pflichtteilszahlungen lassen sich dabei durch rechtzeitige Übertragung (zehn Jahre vor dem Tod des Stifters) des Unternehmens auf die Stiftung vermeiden.

3. Es sind keine Erben vorhanden
Durch die Übertragung des Vermögens auf eine Stiftung kann verhindert werden, dass das Vermögen beim Fehlen jeglicher Erben gemäß § 1936 BGB an den Staat fällt. Dies ist nicht nur interessant, wenn keine Erben vorhanden sind, sondern auch dann, wenn der Erblasser seine Erben als nicht geeignet erachtet oder sie schon so gut versorgt sind, dass eine weitere Vermögenszuwendung unnötig ist.

4. Es sind keine geeigneten Unternehmensnachfolger vorhanden
Gerade für Unternehmen ist eine qualifizierte und engagierte Unternehmensleitung zwingende Voraussetzung für den wirtschaftlichen Erfolg. Doch häufig fehlen den (Familien-) Nachfolgern unternehmerische Fähigkeiten und Kenntnisse. Darüber hinaus trägt ein verantwortungsbewusster Unternehmer Verpflichtungen gegenüber der Allgemeinheit, besonders auch gegen- über Mitarbeitern, hinsichtlich des Fortbestands des Unternehmens über seinen Tod hinaus.

Um diesen Fortbestand zu gewährleisten, wird mitunter eine Trennung von Gesellschafterstellung und Unternehmensführung, beispielsweise durch Einbringung des Unternehmens in eine Familienstiftung, sinnvoll sein.

1.5.3.2 Unternehmenspolitische Beweggründe

Wird eine Stiftung als Unternehmensträger bestimmt, verhindert dies nicht nur die Zersplitterung des Unternehmens, sondern bietet zudem die Möglichkeit, den Unternehmensbestand, die Unternehmensstruktur und Grundzüge der Geschäftspolitik zu erhalten. Insofern dient die Stiftung dem Erhalt der Unternehmenseinheit.

Da der Verkauf und die damit verbundene Veräußerung des Vermögens mit dem Stiftungszweck unvereinbar sind, bietet die Stiftung Schutz vor Übernahmeangeboten anderer Firmen oder Konzerne.

Die Merkmale der Familienstiftung auf einen Blick

- Rechtssicherheit durch professionelle zivilrechtliche Regelung
- steuerliche Vorteile durch Nutzen der steuerlichen Möglichkeiten
- Erhalt des Familienvermögens
- Sicherung der Unternehmenskontinuität
- Verhinderung der Vermögenszersplitterung bei gesetzlicher Erbfolge
- Umsetzung dessen, was „gewollt“ ist
- rechtzeitige Transparenz für alle Beteiligten

1.5.4 Rechtsquellen zur Begründung einer Stiftung

Das BGB regelt in den §§ 80 bis 89 die Entstehung einer rechtsfähigen Stiftung, das Stiftungsgeschäft (unter Lebenden und von Todes wegen), den Übergang des Stiftungsvermögens, den Vermögensanfall und die Haftung bei Beendigung sowie Insolvenz der

Stiftung. Darüber hinaus finden sich hier Regelungen zur Verfassung (Satzung) und zum Zweck einer Stiftung. Hinsichtlich der Genehmigung der Stiftung gilt das zu beachtende Landesrecht. Bezüglich des Vorstandes und der Vertretung einer Stiftung ist das Vereinsrecht anzuwenden.

Die rechtlichen Grundlagen einer Stiftung							
Entstehung einer rechtsfähigen Stiftung	Stiftungsgeschäft unter Lebenden und von Todes wegen	Übergang des Stiftungsvermögens	Vermögensanfall	Haftung bei Beendigung der Stiftung	Insolvenz der Stiftung	Stiftungssatzung	Stiftungszweck

Historisch bedingt obliegt die Genehmigung einer Stiftung dem Bundesland, in dem die Stiftung ihren Sitz haben soll. Dabei gibt es hinsichtlich der Genehmigungsvorschriften der einzelnen Länder beachtliche Unterschiede, vor allem für die Genehmigungsfähigkeit von Familien- und Unternehmensträgerstiftungen.

1.5.5 Stiftungen des bürgerlichen Rechts

Unter dem Blickwinkel „Die Stiftung als Instrument der Vermögensnachfolge" im Zusammenhang mit erbrechtlichen Regelungen ist die Form der Stiftung als Stiftung des bürgerlichen Rechts zu bevorzugen.

1.5.5.1 Entstehen der Stiftung

Nach § 80 BGB ist zur Entstehung einer rechtsfähigen Stiftung außer dem Stiftungsgeschäft auch die Genehmigung der jeweiligen Landesbehörde erforderlich.

1.5.5.2 Übertragung des Vermögens (Stiftungsgeschäft)

Durch das Stiftungsgeschäft verpflichtet sich der Stifter, das für die Stiftung bestimmte Vermögen der Stiftung zu übertragen. Die Verpflichtung zur Übertragung des Vermögens entsteht zum Zeitpunkt der Genehmigung. Das Stiftungsgeschäft kann aber bis zur Genehmigung vom Stifter widerrufen werden.

1.5.5.3 Entstehung einer Stiftung von Todes wegen

Das Ziel der Stiftung, ein bestimmtes Vermögen auf grundsätzlich unbegrenzte Dauer einem vom Stifter gesetzten Zweck zu widmen, wird besonders bei der Stiftung von Todes wegen erreicht. Dabei sind die erbrechtlichen Vorschriften eng mit den stiftungsrechtlichen Bestimmungen verflochten.

Durch das Stiftungsgeschäft von Todes wegen trifft der Stifter eine verbindliche Verfügung über seinen Nachlass. Dadurch kommen erbrechtliche Formvorschriften zur Anwendung. Bei der Auslegung des Stiftungsgeschäfts sind die besonderen Regeln des Erbrechts anzuwenden.

Rechtsgrundlage für das Stiftungsgeschäft von Todes wegen können sowohl das Testament im Sinne der §§ 2247 ff. und §§ 2265 ff. BGB als auch der Erbvertrag gemäß §§ 2274 ff. BGB sein.

1.5.5.4 Formen der Vermögenszuwendung

Das für die Erfüllung des Stiftungszwecks notwendige Vermögen kann entweder durch Erbeinsetzung, durch Vermächtnis oder durch Auflage auf die Stiftung übertragen werden. Die Begründung einer Stiftung durch Schenkungsversprechen von Todes wegen ist nach § 2301 BGB ausgeschlossen.

Übertragungsformen und Rechtsgrundlagen des Stiftungsvermögens

Erbeinsetzung	**Vermächtnis**	**Auflage**
§§ 2303 ff., 2325 ff., § 2043 Abs. 2 und §§ 2113 ff. BGB	§§ 2147 ff. BGB	§§ 2192 ff. BGB

Die Einzelheiten der jeweiligen Übertragungsform werden im Folgenden dargestellt.

Erbeinsetzung
Wird die Stiftung als Alleinerbe eingesetzt, sind die Pflichtteils- oder Pflichtteilsergänzungsansprüche entsprechend der §§ 2303 ff. und §§ 2325 ff. BGB zu beachten. Die Einsetzung der Stiftung als Miterben ist wegen des unbestimmbaren Wertes des Erbteils vor der Auseinandersetzung nicht empfehlenswert. Außerdem ist die Auseinandersetzung bis zur Entscheidung über die Genehmigung der Stiftung gemäß § 2043 Abs. 2 BGB ausgeschlossen, was zu unerwünschten Verzögerungen führen kann.

Bei der Einsetzung der Stiftung als Nacherbe ist ihre Entstehung und damit verbunden ihre Existenz und der Vermögenserwerb vom Wohlverhalten des Vorerben abhängig, dem es bis auf den in den §§ 2113 ff. BGB geregelten Fällen unbenommen ist, die Erbschaft aufzubrauchen.

Denkbar wäre auch, die Stiftung als Vorerbe einzusetzen. Dies wird jedoch grundsätzlich mit dem Argument abgelehnt, dass der auf Dauer angelegte Fortbestand der Stiftung als Voraussetzung der Genehmigung nicht gegeben ist und diese somit nicht erteilt werden kann.

Wird die Stiftung als Ersatzerbin eingesetzt, kann die Genehmigung erst im Ersatzerbschaftsfall erteilt werden.

Vermächtnis
Die Vermögenszuwendung durch Vermächtnis gemäß der §§ 2147 ff. BGB ist möglich, aber ebenfalls nicht empfehlenswert, da die Stiftung nur einen schuldrechtlichen Anspruch

gegen die Erben auf Übertragung des ihr Zugewandten und damit eine vergleichsweise schlechte Rechtsposition erhält.

Auflage
Soll das Vermögen durch eine Auflage nach den §§ 2192ff. BGB auf die Stiftung übertragen werden, erhält diese noch nicht einmal einen schuldrechtlichen Anspruch. Enthält die Auflage das Stiftungsgeschäft, so ist zumindest der Erblasser der Stifter.

Erfolgt die Auflage ohne Stiftungsgeschäft, ist nicht der Erblasser Stifter, sondern der Erbe, der dann eine „Stiftung unter Lebenden" errichtet.

1.5.5.5 Widerruf des Stiftungsgeschäfts von Todes wegen

Der Widerruf des Stiftungsgeschäfts von Todes wegen kann unter besonderen erbrechtlichen Voraussetzungen erfolgen. Diese sind beim Testament die §§ 2253 bis §§ 2258 BGB, beim gemeinschaftliches Testament die §§ 2270 bis §§ 2272 BGB und beim Erbvertrag die §§ 2290 bis 2298 BGB. Der Widerruf durch Erben ist ausgeschlossen, da § 81 Abs. 2 Satz 2 BGB nur für das Stiftungsgeschäft unter Lebenden gilt.

Die Anfechtung des Stiftungsgeschäfts wegen Willensmängeln erfolgt nach Maßgabe der §§ 2078ff. BGB.

Nicht vorgesehen ist das Ausschlagen der Erbschaft durch die Stiftung, da ja gerade die Erbschaft der Stiftung erst die Existenzgrundlage verschafft.

Durch § 84 BGB wird fingiert, dass die Stiftung für die im Stiftungsgeschäft vorgesehenen Zuwendungen des Stifters schon vor dessen Tode entstünde. Diese gesetzliche Fiktion ist notwendig, da ansonsten § 1923 Abs. 1 BGB der Übertragung des Vermögens entgegenstände. Dabei ist allerdings zu beachten, dass § 84 nicht für letztwillige Verfügung eines Dritten zugunsten einer nicht genehmigten Stiftung gilt.

1.5.5.6 Alternative zur Stiftungsgründung von Todes wegen

Soll die Stiftung als „Instrument der Vermögensnachfolge" dienen, kann folgende Variante als Alternative zur Stiftungsgründung von Todes wegen interessant sein:

Zunächst erfolgt die Stiftungsgründung durch ein Stiftungsgeschäft unter Lebenden. Die Stiftung wird mit einem relativ niedrigen Vermögen ausgestattet. Die Vermögenszuwendung erfolgt dann durch die Einsetzung der Stiftung als Erbin oder als Vermächtnis zugunsten der Stiftung. Die Vorteile dieser Variante ergeben sich aus der Möglichkeit für den Stifter, auf die Stiftungsgenehmigung Einfluss zu nehmen und eventuelle Zweifel hinsichtlich des Stifterwillens zu beseitigen.

1.5.5.7 Besondere Genehmigungs- und Formvorschriften

1. Genehmigung
Im Gegensatz zur Stiftungsgründung unter Lebenden, bei der gemäß § 81 Abs. 2 BGB ein Antrag auf Genehmigung erforderlich ist, reicht es bei der Errichtung der Stiftung von Todes wegen aus, dass die Stiftungsbehörde in irgendeiner Weise Kenntnis vom Tod des Stifters erlangt. Mitunter sieht das Landesstiftungsrecht eine gesonderte Prüfung der Verwirklichung des Stiftungszwecks durch Erbeinsetzung vor. Dies gestaltet sich besonders

problematisch bei der Einsetzung der Stiftung als Vor-, Nach- oder Ersatzerbe oder wenn sie nur mit einer Auflage bedacht wurde.

2. Formvorschriften

Wie bereits erwähnt, finden auf das Stiftungsgeschäft die erbrechtlichen Formvorschriften der §§ 2247 ff. BGB Anwendung. Dazu zählt, dass das Stiftungsgeschäft eigenhändig zu schreiben und zu unterschreiben ist und mit Zeit und Ortsangabe gemäß § 2247 BGB versehen wird. Die Errichtung kann nur persönlich erfolgen. Die Stellvertretung ist folglich ausgeschlossen (§§ 2064 f. BGB).

3. Name, Rechtsform und Sitz

Besondere formelle Anforderungen zum Stiftungsgeschäft und zur Satzung finden sich auch in den entsprechenden Landesstiftungsgesetzen. Probleme treten vor allem an den Stellen auf, an denen Rückfragen beim Stifter vorgesehen, aber tatsächlich unmöglich sind. Durch Einsetzung eines Testamentsvollstreckers kann diesen Problemen entgegengewirkt werden.

Die Stiftung ist nicht gehalten, den Begriff „Stiftung" in ihren Namen aufzunehmen. Diesbezüglich fehlen sowohl Vorschriften, die es den Stiftungen gebieten, sich durch Verwendung des Begriffs nach außen zu erklären, als auch Vorschriften, die es anderen Organisationen verwehren, diesen Begriff in ihrer Namensbezeichnung zu führen. Bei Unternehmensträgerstiftungen gilt für den Stiftungsnamen das Firmenrecht des HGB. Für die Eintragung ins Handelsregister ist besonders § 33 HGB zu beachten.

4. Stiftungszweck

Als Stiftungszweck kommen wie bei allen Stiftungen so auch bei der Stiftung von Todes wegen alle das Gemeinwohl nicht gefährdenden und nicht gegen die Rechtsordnung verstoßenden Zwecke in Betracht. Die Genehmigungsfähigkeit von Unternehmensträgerstiftungen und Familienstiftungen ist jedoch umstritten.

5. Stiftungsvermögen

Die schon bei der Vermögensübertragung erwähnte gesetzliche Funktion des § 84 BGB dient zugleich bis zur Genehmigung dem Schutz der Stiftung vor den Zugriffen durch die Erben. Einen ähnlichen Schutz bieten die §§ 2176 und 2184 BGB für Erträge zugunsten der Stiftung ab Eintritt des Erbfalls. Demgegenüber steht die Haftung der Stiftung als Erbe für Nachlassverbindlichkeiten gemäß § 1967 BGB.

6. Erbverzicht

Es empfiehlt sich, Klarheit im Hinblick auf mögliche Pflichtteilsberechtigte zu schaffen. Dies erfolgt in der Regel durch Erbverzichtsverträge, die der Satzung beigefügt werden und dadurch Aufnahme in diese finden, ohne sie durch den zusätzlichen Umfang zu verkomplizieren. Durch eine Auszahlung der Beträge entsteht zudem Klarheit über die Höhe des vorhandenen Vermögens des Erblassers, das dann beim Erbfall vollständig an die Stiftung fällt.

7. Vermögensanfall

Da es für den Stifter möglich ist, Zweckbestimmungen auch über den Bestand der Stiftung hinaus zu treffen, sollte eine Regelung für den Vermögensanfall bei einem Erlöschen der Stiftung getroffen werden. Dies verhindert beispielsweise den Vermögensanfall beim Fiskus bei Auflösung der Stiftung, wie dies mitunter im Landesrecht vorgesehen ist.

1.5.6 Gemeinnützige Stiftungen

Bei einer gemeinnützigen Stiftung gibt der Stifter sein Vermögen unwiderruflich aus der Hand, um damit gemeinnützige, mildtätige oder kirchliche Zwecke zu verfolgen. Die gemeinnützige Stiftung genießt Steuerfreiheit in nahezu allen Bereichen. Voraussetzung ist, dass eine solche Stiftung die Allgemeinheit auf materiellem, geistigem oder sittlichem Gebiet fördert sowie selbstlos, das heißt uneigennützig, ist und somit keine eigenwirtschaftlichen Interessen oder einzelnen Personen fördert und erzielte Gewinne ausschließlich so verwendet, wie dies in der Stiftungssatzung vorgeschrieben ist.

1.5.7 Rechtliche und steuerliche Beratung

Besonders bei größeren und großen Vermögen kann die Stiftung sowohl aus persönlich-familiären als auch unternehmenspolitischen Gründen vielfältige Vorteile wie Rechtssicherheit und steuerliche Ersparnisse mit sich bringen.

Um dabei die angestrebten Ziele zu erreichen und die optimale Gestaltung der Stiftung unter rechtlichen und steuerlichen Rahmenbedingungen zu nutzen, sollten sowohl ein mit dem Stiftungsrecht vertrauter Anwalt als auch ein fachkundiger steuerlicher Berater bereits zu Beginn der Planung einbezogen werden.

„Taunussparkasse muss rund 1,85 Millionen Euro an Stiftung zahlen." Unter dieser Überschrift brachte „Die Stiftung" am 03.08.2016 einen Beitrag, wonach die Sparkasse zu Schadensersatz wegen Falschberatung gegenüber einer Stiftung verurteilt wurde (OLG Frankfurt, Az. 17 U 160/16). Im Urteil wurde ausgeführt, dass die empfohlenen geschlossenen Immobilienfondsanteile nicht geeignet waren, den Stiftungszweck zu verwirklichen, zumal der Immobilienfonds nie geplant habe, erwirtschaftete Erträge an die Anleger auszuschütten.

1.6 Sonderbeitrag: Ausrichtung Ihres Portfolios in der Niedrigzinsphase

„Man kann die Zinsen nicht noch weiter in den Negativbereich drücken, es sei denn, man schafft das Bargeld ab, was eine absurde Idee wäre."

Otmar Issing, früherer Chefvolkswirt der Europäischen Zentralbank und Präsident des Center for Financial Studies in: Wirtschaftswoche vom 28. Juli 2017

1.6.1 Investieren in Immobilien

1.6.1.1 Welche Möglichkeiten bestehen am Immobilienmarkt in Deutschland?

Vor dem Hintergrund anhaltender Niedrigzinsen ist es sinnvoll, seine vorgesehenen Investitionen und sein vorhandenes Vermögen sorgfältig zu überdenken und gegebenenfalls neu zu strukturieren. Besonderes Augenmerk sollte dabei auf die Investitionen in Sachwerte gelegt werden.

Die Immobilienpreise in Deutschland entwickeln sich auseinander. Ein Teil der deutschen Privathaushalte besitzt Immobilien in Lagen, in denen die Hauspreise gesunken oder nur sehr gering gestiegen sind. Die zahlreich in Berichten angeführten „explodierenden Immobilienpreise" beziehen sich auf wenige Metropolen wie München, Hamburg und Berlin. Stark ansteigende Immobilienpreise verzeichnen auch Universitätsstädte wie Kiel, Münster, Wiesbaden, Heidelberg, Karlsruhe, Freiburg oder Leipzig oder solche mit sehr starken industriellen Netzwerken wie in Ingolstadt und Erlangen.

Deshalb ist die demografische Entwicklung bei einer Investition in Immobilien zu berücksichtigen. In zahlreichen Regionen Deutschlands findet eine negative Bevölkerungsentwicklung statt. Die ostdeutschen Bundesländer – außer Berlin und die direkt angrenzenden Landkreise in Brandenburg und Teile Sachsens, besonders Leipzig – werden in den nächsten Jahren an Bevölkerung verlieren, vor allem Mecklenburg-Vorpommern. Aber auch in westdeutschen Bundesländern wie dem Saarland, ländlichen Teilen Baden-Württembergs wie der Schwäbischen Alb und dem Schwarzwald, in Teilen Bayerns in den Landesteilen Frankens sowie in Schleswig-Holstein und Niedersachsen wird eine negative Bevölkerungsentwicklung erwartet.

Die Preise für selbstgenutztes Wohneigentum in Deutschland für das Jahr 2017 sind im Vergleich zum Vorjahr um 5,75 Prozent (im Jahr zuvor sechs Prozent) gestiegen. Der Häuserpreisindex des Statistischen Bundesamtes erhöhte sich in den ersten drei Quartalen des Jahres 2017 gegenüber dem Vorjahreszeitraum um vier Prozent, nachdem er im Jahr 2016 um sechs Prozent gestiegen ist. Laut den Ergebnissen des EPX-Hauspreisindex der Hypoport AG verteuerten sich Wohnimmobilien in Deutschland im Jahr 2017 um 6,25 Prozent und damit um 1,25 Prozentpunkte weniger als im Jahr zuvor.

Welche Faktoren können eine Immobilienblase erkennen lassen?

Die Deutsche Bundesbank kam bereits im Jahr 2013 in einer Studie zum deutschen Immobilienmarkt zu dem Schluss, dass beispielsweise Etagenwohnungen in Metropolregionen bis zu 20 Prozent überteuert seien. Auch im Jahr 2018 warnt sie erneut in ihrem Monatsbericht, dass Eigentumswohnungen und Häuser zu teuer seien. Im Mai 2017 warnte auch der IWF in einem Bericht zur volkswirtschaftlichen Situation in Deutschland vor einer Immobilienblase. Käufer von Grundstücken würden zu hohe Kreditverbindlichkeiten eingehen und sich zu stark verschulden. Dies könne zu vielen Privatinsolvenzen und zu steigenden Zinsen führen.

- Wichtig bei der Beurteilung einer Immobilienblase ist das Ausweiten von Immobilienkrediten. Hier ist derzeit in Deutschland keine Blase zu erkennen. Beobachten Sie eine mögliche deutliche Steigerung des Kreditvolumens von Immobilienkrediten.
- Ein weiterer Faktor ist auch das Verhältnis des Kaufpreises und den erzielten Mieten. Wenn bei einem höheren Preis entsprechend höhere Mieten verlangt werden können, bleibt die Rendite bezogen auf diese beiden Kennziffern gleich. Wenn die Verhältniszahl wesentlich steigen würde, also der Immobilienpreis von den Mieten entkoppelt würde, wäre dies ein Signal einer möglichen Immobilienblase.
- Die Immobilienpreisentwicklung verläuft in Zyklen.

In Deutschland hat es zumindest in der Vergangenheit keine so starken Auf- und Abschwungphasen gegeben wie die ab den Jahren 2007/2008 in den USA, Spanien und Irland. Daher liegen auch keine Indikatoren vor, die eine solche Krise in Deutschland anzeigen könnten. Allerdings wird eine umfassende Immobilienkrise wie die in diesen drei Ländern in Deutschland als unwahrscheinlich eingestuft.

Schlussfolgerung zum Immobilienmarkt

Es wird weiterhin eine Konzentration auf bestimmte Innenstadtlagen in Deutschland geben. Dort sind Übertreibungen bei den Wohnungspreisen von über 20 Prozent möglich. Nach der Bundesbank im Monatsbericht Februar 2018 ist die Preis-Miete-Relation für ausgewählte Großstädte in Deutschland auf ihrem Höchststand. Als Anleger zahlen Sie also derzeit einen hohen Preis erzielen dadurch eine relativ geringe Rendite. Allerdings kann ein Anleger, der sehr langfristig in mehreren Jahrzehnten Anlagehorizont hat, aufgrund der langfristig positiven wirtschaftlichen und demografischen Entwicklungen in den Innenstädten der Metropolen, Universitätsstädte und wirtschaftlicher Zentren mit einer positiven realen Wertentwicklung seiner Geldanlage rechnen und die derzeit günstigen Refinanzierungsmöglichkeiten nutzen.

1.6.1.2 Gründe für Investitionen in Immobilien

Aufgrund der niedrigen Zinsen am Geld- und Kapitalmarkt und den bereits hohen Aktienkursen, verstärkt durch eine Unsicherheit wegen der Euro- und Staatsschuldenkrise in Europa, haben in den Jahren seit 2007 die Immobilienpreise in zahlreichen Ballungsräumen Deutschlands stark zugenommen. Schon immer galt, dass Spitzenimmobilien in Spitzenlagen ihren Preis haben. Dieser Hinweis ist zwar nicht neu, allerdings gibt es im Hinblick auf unsere Schwerpunktthemen dennoch Gründe, sich mit Immobilien intensiver zu beschäftigen:

Nach Angaben der Deutschen Bundesbank hatten die deutschen Privathaushalte Ende 2017 2,3 Billionen Euro als Bargeld und Einlagen zur Verfügung. Auch wenn die jährliche Inflation im Mai 2018 mit 1,6 Prozent nicht hoch ist und seit 2013 nicht hoch war, bedeutet das auf mehrere Jahre und Jahrzehnte gesehen dennoch eine wesentliche Verringerung der realen Kaufkraft.

Die Bauzinsen sind nahezu auf ihrem Nachkriegs-Tief: Im Mai 2018 liegt der durchschnittliche Effektivzinssatz für Wohnungsbaukredite an private Haushalte mit einer anfänglichen Zinsbindung von über zehn Jahren bei zwei Prozent p. a. Zum Vergleich: 1982 lag der Zehn-Jahres-Zins bei 10,24 (!) Prozent, im Januar 2003 waren es noch 5,38 Prozent. Geht man bis 1980 zurück, lagen die Hypothekenzinsen im Schnitt bei sieben Prozent (Quelle: Deutsche Bundesbank).

Entwicklung des Effektivzinssatzes für Wohnungsbaukredite an private Haushalte mit einer anfänglichen Zinsbindung von über 10 Jahren[1]

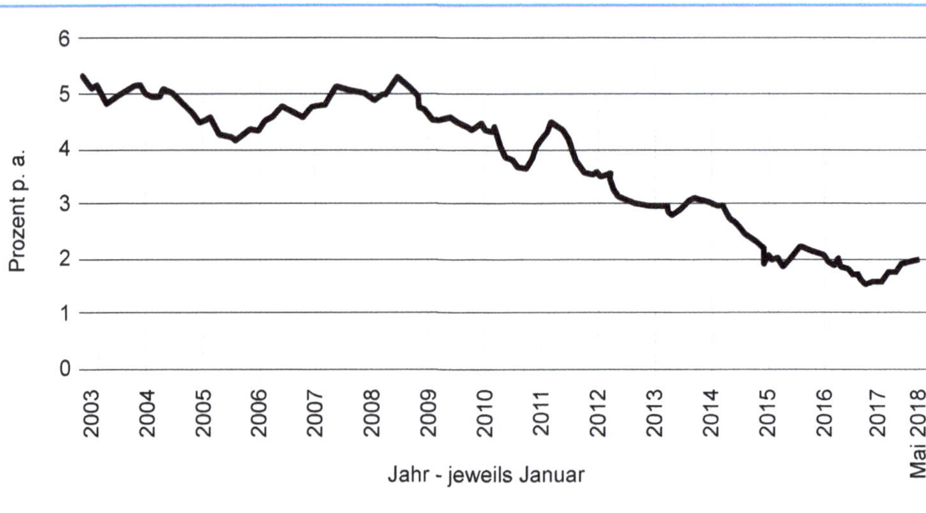

1 Makroökonomische Zeitreihen finden Sie auf der Website der Bundesbank unter der Rubrik Statistiken/Zeitreihen-Datenbanken/Geld- und Kapitalmärkte/Zinssätze und Renditen/Einlagen- und Kreditzinssätze/MFI Zinsstatistik.

Deshalb unser Tipp: Zinsen möglichst für 15 Jahre, besser für 20 Jahre festschreiben. Teilweise bekommt man diese sogar unter drei Prozent p. a. Des Weiteren sollte die Tilgungsrate statt 1 oder 1,5 Prozent eher zwei oder falls möglich, besser drei oder vier Prozent betragen. Zusätzlich sorgen Sondertilgungsmöglichkeiten für eine flexible Anpassung entsprechend sich verändernder finanzieller Möglichkeiten. Übrigens: Will man sich die Zinsen für die nähere Zukunft sichern, sollte ein Forward-Darlehen als Zinssicherungsinstrument erwogen werden.

Doch besonders bei so langfristigen Investments wie Immobilien gilt: Keine übereilten Entscheidungen! Das Objekt sollte sorgfältig und in Ruhe ausgewählt und verglichen werden. Risiken wie kostspielige Sanierungen oder Wertverluste können die ganze Kalkulation zunichtemachen.

Im Übrigen siehe auch Kapitel 7: „Immobilien".

Mit Bausparverträgen günstige Zinsen sichern und Förderung vom Arbeitgeber und Staat einstreichen

Die Einlagen von Nichtbanken bei den 20 Bausparkassen betrugen im Juni 2018 170,8 Milliarden Euro.[1]

Eines ist klar: Mit einem Bausparvertrag haben Sie je nach Tarif Planungssicherheit in zwei Richtungen: beim Einlagenzins und beim Darlehenszins. Der Zinssatz ist fest für die Gesamtlaufzeit des Darlehens. Da die Tilgungsrate mit meist zwei Prozent höher ist als die klassischen Hypothekendarlehen, ist das Darlehen auch früher getilgt und damit sind die Zinskosten niedriger. Zudem finanziert die Bausparkasse bis zu 80 Prozent des angemessenen Immobilienwerts, die Pfandbriefbanken nach § 14 PfandBG dagegen nur bis zu 60 Prozent. Ob die Rechnung aufgeht, kann allerdings erst rückwirkend beurteilt werden.

Ein weiteres Argument für das Bausparen ist das Wohn-Riestern mit den Verbesserungen der Wohn-Riester-Förderung.

Wohn-Riester, Stand 2018

Ein weiteres Argument für ein Engagement in Immobilien, besonders für Familien, kann in der Förderung durch Wohn-Riester bestehen. Durch das Betriebsrentenstärkungsgesetz, das zum 01.01.2018 in Kraft trat, wurde die jährliche Grundzulage von bisher 154 Euro auf 175 Euro erhöht. Die Kinderzulage beträgt 185 Euro für bis zum 31.12.2007 Geborene und 300 Euro Förderung für ab dem 01.01.2008 geborene Kinder.

Entnahme bis zum Beginn der Auszahlungsphase: Es ist möglich, bis zum Beginn der Auszahlungsphase Beträge ab 3000 Euro vom Guthabenkonto zu entnehmen, wenn diese für den Bau oder den Kauf eines selbst genutzten Wohneigentums oder die Tilgung eines Immobiliendarlehens genutzt werden. Es müssen allerdings mindestens 3000 Euro Bausparguthaben verbleiben.

Somit haben Sie als Eigentümer von selbstgenutztem Wohneigentum die Möglichkeit, Ihre bestehenden Baukredite unabhängig vom Anschaffungs- oder Herstellungszeitpunkt der Immobilie mit einem Wohn-Riester-Kredit umzuschulden.

Barrierereduziertes Wohnen: Zudem wird der Umbau zum Barriere reduziertem Wohnen gefördert. Hier ist die Voraussetzung, dass mindestens 50 Prozent entsprechend der DIN-Vorgaben für barrierefreies Bauen aufgewandt werden. Bei einem Besitz der Immobilie von bis zu drei Jahren müssen 6000 Euro investiert werden. Wenn die Immobilie länger als drei Jahre im Besitz ist, erhöht sich dieser Betrag auf 20000 Euro.

1 Deutsche Bundesbank (2018). Monatsbericht Juli 2018, S. 39.

Förderunschädliche Reinvestitionsfrist: Wenn Sie aus einer selbst genutzten Immobilie, die mit Wohn-Riester gefördert wurde, ausziehen, haben Sie die Möglichkeit, ab dem Ende des Auszugsjahres die geförderten Beträge in den folgenden fünf Jahren in eine selbst genutzte Immobilie zu reinvestieren.

Besteuerung während der Auszahlungsphase: Sie unterliegen mit Ihren Eigenbeiträgen und den Zulagen der nachgelagerten Besteuerung. Seit 2014 besteht die Möglichkeit, bei einer gewählten „Besteuerung bis zum 85. Lebensjahr" sich während der Auszahlungsphase für die Einmalbesteuerung von 70 Prozent der Beträge – oder anders gesehen, 30 Prozent Ermäßigung bei der Besteuerung – zu entscheiden.

Nachteilig ist neben dem Abschlussentgelt der niedrige Zins in der Ansparphase mit derzeit nur 0,5 bis 1 Prozent pro Jahr.

Fazit: Sowohl auf der Anlage- als auch der Kreditseite interessant, wenn Sie Wert auf eine klare Kalkulationsgrundlage für die gesamte Kreditlaufzeit legen und Anspruch auf staatliche Förderung in Form der Arbeitnehmersparzulage und / oder der Wohnungsbauprämie haben!

Weitere Infos siehe Abschnitt 2.4 „Bausparen".

1.6.2 Aktien als klassische Sachwertanlage

Bleibt der Euro stabil und die Konjunktur und damit das Wirtschaftswachstum, bestehen aufgrund dieser Indikatoren gute Aussichten auf stabile oder steigende Aktienkurse. Eine starke kurzfristige Umschichtung in Aktien sollte aber bezüglich des Timings genau beobachtet werden und nicht in Zeiten von historischen Höchstständen erfolgen. Zudem sollte ein Engagement auch immer kritisch auf der Grundlage Ihrer persönlichen Einschätzung entschieden werden. Bei einer langfristigen Geldanlage sollten Sie das Augenmerk bei der Portfolio Selection, neben der Kursentwicklung, auch auf die Dividendenzahlungen und Dividendenrendite richten.

Hat man sich beispielsweise für einen der deutschen Indizes entschieden, kann man den gewählten Index über einen entsprechenden Fonds erwerben; beispielsweise einen Fonds für deutsche Nebenwerte.

Doch getreu dem Motto dieses Beitrags: Ein weiterer Sicherheitspuffer ist auch bei Aktien die Streuung: Deshalb sind auch Dividendenfonds oder weitere Indexfonds als Anlagemöglichkeit in Betracht zu ziehen.

1.6.3 Umdenken bei Anleihen

Zunächst gelten grundsätzlich die in Abschnitt 3.2 – „Anlagen in Anleihen" – gemachten Aussagen.

Im Juni 2018 lag die Umlaufrendite festverzinslicher Wertpapiere inländischer Emittenten bei 0,4 Prozent p. a. Die Anleihen der öffentlichen Hand rentierten im Monatsdurchschnitt für den Monat Juni mit 0,3 Prozent, Bankschuldverschreibungen mit 0,6 Prozent und Anleihen an Unternehmen mit 2,4 Prozent. Andererseits bieten Anleihen den Vorteil, dass bei entsprechend anhaltend hoher Bonität des Schuldners der Investor die Kurse dann unbeachtet lassen kann, wenn er bis zum Fälligkeitsdatum kalkuliert. Denn grundsätzlich bekommt er, wenn es nicht zu einem Ausfall des Schuldners kommt, den Nennwert zu 100 Prozent zurück, egal wie sich der Kurs während der Laufzeit entwickelte.

Will man trotzdem höhere Renditen erzielen, sollte der Weg über die Streuung in verschiede Emittenten und Länder gehen.

Beispiele:

1. Rückbesinnung auf Pfandbriefe

Für Pfandbriefe, in Deutschland herausgegeben von den Pfandbriefbanken (frühere Bezeichnung „Hypothekenbanken"), haftet nicht nur die emittierende Bank, sondern auch das hinterlegte Pfand, also die mit der Pfandbriefmasse finanzierten Immobilien. Damit sind Pfandbriefe grundsätzlich sicherer als andere Anleihen von Kreditinstituten.

2. Unternehmensanleihen mit kurzen Laufzeiten

Unternehmensanleihen bringen, wie zuvor ausgeführt, im Juni 2018 mit durchschnittlich 2,4 Prozent p. a. eine gegenüber öffentlichen Anleihen wesentlich höhere Rendite, die auch mit einem höheren Risiko verbunden ist. Da besonders bei einem Engagement in Einzelwerte das Risiko hoch ist, empfiehlt sich auch hier ein Investment in Fonds für eine diversifizierte Anlage in Anleihen.

Die Auswahl einzelner Wertpapiere ist aufwändig. Also gilt auch hier: Die Anlage in Investmentfonds ist grundsätzlich vorzuziehen.

1.6.4 Langweilig, aber „sicher": Einlagen

In Abschnitt 2.1 werden die einzelnen Anlagearten besprochen. Vor dem Hintergrund der Sicherheit ist besonders der Abschnitt 2.4 „Einlagensicherung" lesenswert. Rund 2,3 Billionen Euro betrug Ende 2017 das Geldvermögen der privaten Haushalte in Bargeldform und in Einlagen. Trotz der historisch niedrigen, sich gelegentlich um den Nullpunkt bewegenden Renditen, ist man mit Einlagen auf der sicheren Seite. Und wenn man Angebote vergleicht und in Form von Tagesgeld anlegt, hat man zumindest einen kleinen Renditevorsprung.

Das spricht für Einlagen:

1. Die Mindestsicherung im Euroraum beträgt 100 000 Euro.
2. Darüber hinaus gibt es eine freiwillige Sicherung durch die Verbände der Kreditinstitute in Deutschland.
3. Die mit Einlagen verbundene hohe Liquidität ermöglicht es, bei einem auftretenden „Drehen" von Marktchancen schnell investieren zu können.

1.6.5 Langfristig gesehen ist die Lebensversicherung immer noch eine Alternative

Ende 2017 betrugen die Ansprüche privater Haushalte aus Rückstellungen bei Lebensversicherungen rund 979 Milliarden Euro.

Immer wieder wird von Verbraucherschützern die Lebensversicherung kritisiert. Dabei werden stets drei Sachverhalte in den Vordergrund gerückt:

1. das (hohe) Abschlussentgelt,
2. der Verlust, den Versicherte bei vorzeitiger, besonders bei frühzeitiger, Kündigung haben und
3. der in den letzten Jahren stets gesunkene Garantiezins von 0,9 Prozent ab 2017 bei Neuverträgen.

Richtig ist, dass sich die Lebensversicherung rechnet, wenn der Kunde langfristig die Prämien bezahlt und nicht vorzeitig kündigt. Dann spielt, über die Laufzeit betrachtet, die Abschlussgebühr auch keine große Rolle. Hinzu kommt, trotz des abgesenkten Garantiezinses von 0,9 Prozent für Neuverträge ab 2017 auf den Sparanteil, eine (noch) vergleichsweise attraktive Durchschnittsrendite. Was bei aller kritischen Hin- und Herrechnerei nahezu außer Betracht bleibt, ist die sofortige Absicherung, beispielsweise für die Angehörigen im Todesfall des Versicherten!

Zusammenfassendes Urteil: Eine Lebensversicherung kann sich sehr wohl lohnen! Weitere Infos, auch zur Besteuerung, siehe Kapitel 6.

Schlussfolgerung aus Abschnitt 1.6

Auf dem Pfad vom (reinen) Renditedenken zu einem Denken, das die Rendite in Bezug auf das eingegangene Risiko auffasst, gibt es zwei wichtige Grundsätze:

1. Grundsatz: Überdenken Sie die gesamte Ausrichtung Ihres Portfolios!
2. Grundsatz: Sichere und kontinuierliche Renditen sind besonders durch eine breite Streuung des Vermögens in verschiedene Anlageklassen, Finanzinstrumente und Märkte sowie Regionen zu erzielen, also durch Diversifikation.

Im Übrigen gilt das in Kapitel 1 zur langfristigen Vermögensplanung Beschriebene.

2 Kurz- und mittelfristige Geldanlage

„Zwar nahm die Suche nach Rendite in den Jahren 2014 bis 2016 allmählich zu, sie spielte aber insgesamt eine untergeordnete Rolle bei der Geldvermögensbildung privater Haushalte und nichtfinanzieller Unternehmen – vorherrschend waren vielmehr Risikoaversion und Liquiditätspräferenz."[1]

Deutsche Bundesbank im Mai 2018

In diesem Kapitel werden die klassischen kurz- und mittelfristigen Formen der Geldanlage wie die Anlage auf Konten und die Anlage in Sparbriefen, das Bausparen und die staatlichen Fördermöglichkeiten sowie die jeweiligen steuerlichen Gestaltungsmöglichkeiten dargestellt. Ein weiterer Schwerpunkt ist die Einlagensicherung.

Bezüglich der Anlagestrategie von Privathaushalten in Deutschland stellte die Deutsche Bundesbank in einer Mitteilung eine hohe Risikoaversion fest.

Bei einer Geldwertanlage steht überwiegend die Fungibilität, also die schnelle und weitgehend risikolose Umwandlungsmöglichkeit in Bargeld, im Vordergrund. Die häufigsten kurzfristigen Geldanlageformen sind Spareinlagen, Sicht- und Termineinlagen und Einlagen auf Tagesgeldkonten. Die Bedeutung des Bargelds und der Einlagen am Anteil des Bruttogeldvermögens der deutschen Haushalte wird durch den hohen Anteil in Höhe von 39 Prozent deutlich.

Einlagen bieten eine relativ hohe Sicherheit, insbesondere, wenn man die Einlagensicherung beachtet, eine hohe Verfügbarkeit, aber kaum oder überhaupt keine Zinsen.

Begriff „Geldvermögen" nach der Definition der Deutschen Bundesbank
Vermögen in Form von Bargeld und Einlagen bei Kreditinstituten, Ansprüche gegenüber Versicherern (dazu zählen auch Pensionskassen und -fonds, Sterbekassen, berufsständische Versorgungswerke und Zusatzversorgungseinrichtungen), Vermögen in Form von Wertpapieren (Rentenwerte, Aktien sowie Investmentfondsanteile), Ansprüche aus Pensionsrückstellungen und sonstige Forderungen. Gegensatz: Sachvermögen.

1 Deutsche Bundesbank (2018): Monatsbericht Mai 2018, 70(5), S. 30.

Im Folgenden ist die Struktur des Bruttogeldvermögens genauer dargestellt:

Die Struktur des Bruttogeldvermögens der privaten Haushalte in Höhe von 5,86 Billionen Euro (Ende 2017, gerundet)

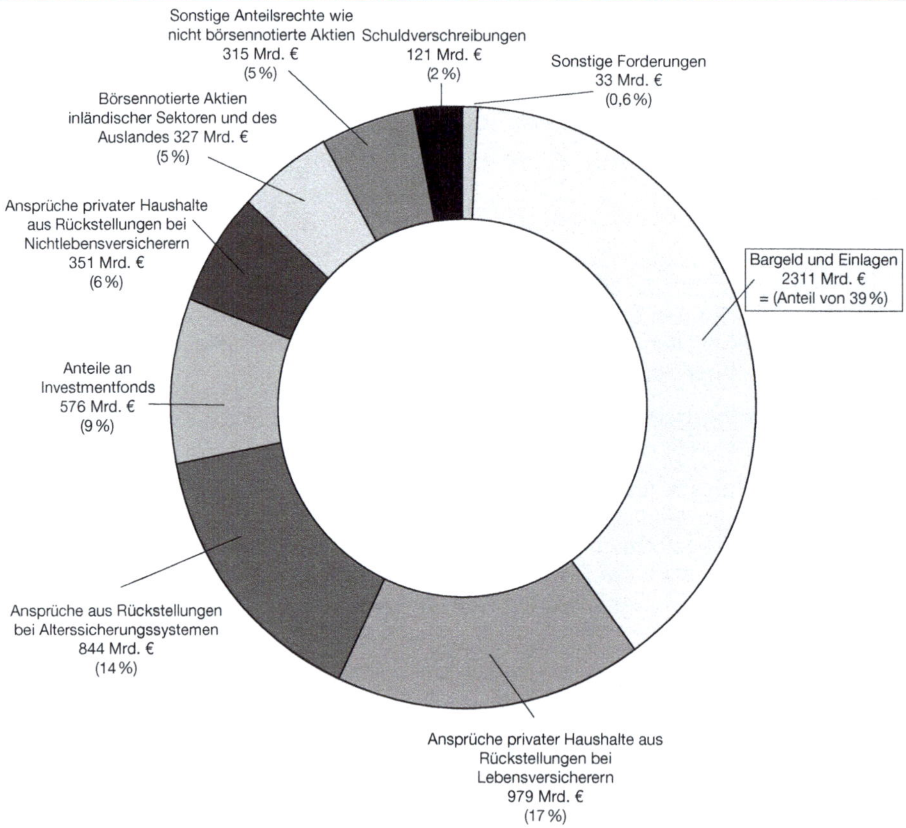

Quelle: Deutsche Bundesbank: Monatsbericht Mai 2018, Seite 57*.

Die Erträge aus Geldwertanlagen, typischerweise Zinsen, aber auch Prämien und sonstige Entgelte für die Überlassung von Kapital, unterliegen der Abgeltungsteuer.

Liegt am Ende eines Monats oder eines Jahres eine Ersparnis vor, kann eine kurz- oder mittelfristige Anlage am Geldmarkt erfolgen und sinnvoll sein.

Die **Sparquote** ist das Sparen in Prozent des verfügbaren Einkommens privater Haushalte. Sie ist seit dem Tiefststand der letzten Jahrzehnte im Jahr 2013 mit 8,9 Prozent leicht gestiegen und lag Ende 2017 bei 9,9 Prozent.

Während es die Bezieher hoher Einkommen auf eine Sparquote von 20 Prozent bringen, legen die privaten Haushalte mit unterdurchschnittlichen Einkommen fast gar nichts zurück, brauchen ihre Ersparnisse auf oder haben gar eine negative Sparquote, das heißt, sie verschulden sich. Das Bruttogeldvermögen der privaten Haushalte ist in Deutschland auch nach der Finanzkrise weiter gestiegen. Allein in den Jahren von 2015 bis 2017 ist das Bruttogeldvermögen von 5342,8 Milliarden Euro auf 5857,4 Milliarden Euro gestiegen.

Zieht man vom Bruttovermögen die Kredite und sonstigen Verbindlichkeiten ab, erhält man das Nettogeldvermögen. In der folgenden Darstellung ist die Entwicklung des Bruttogeldvermögens, der Verbindlichkeiten und des Nettogeldvermögens der privaten Haushalte in den Jahren 1999 bis Ende 2017 dargestellt.

Die Entwicklung des Bruttogeldvermögens, des Netogeldvermögens sowie der Kredite und sonstigen Verbindlichkeiten der privaten Haushalte in Deutschland von 1999 bis Ende 2017

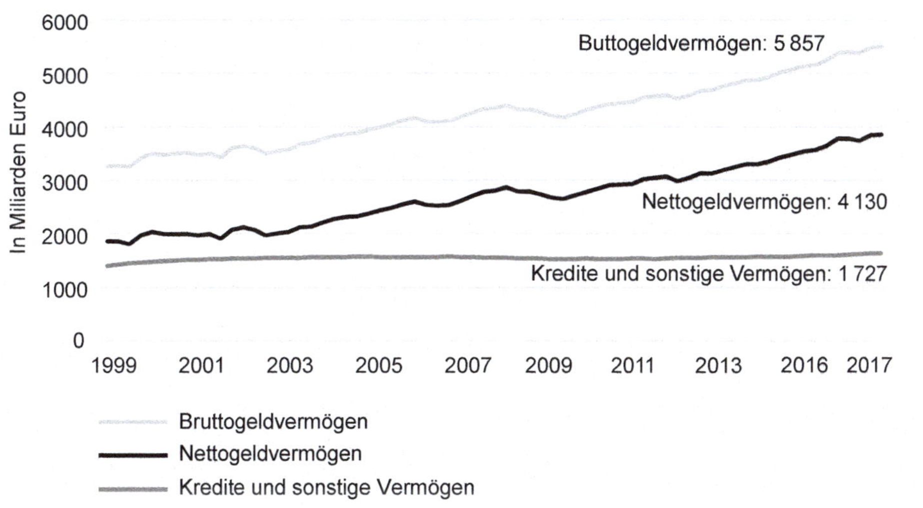

Quelle der Daten: Deutsche Bundesbank

Das Bruttovermögen der privaten Haushalte steigt und der größte Anteil in Höhe von 39 Prozent wird entweder überhaupt nicht verzinst oder nur sehr gering. Da aber die Einlagen auf Konten die beliebteste Anlageform der Deutschen ist, wird in den folgenden Abschnitten auf die verschiedenen Einlageformen und insbesondere die seit 2015 verstärkte Einlagensicherung eingegangen.

2.1 Anlage auf Konten

Anleger haben die Möglichkeit, Geldvermögen auf bei Kreditinstituten geführten Giro- und Tagesgeldkonten, Konten für Termineinlagen und Sparkonten anzulegen. Es bestehen verschiedene Angebote bis hin zu vielfältig kombinierbaren Anlageprogrammen.

Bei der Sicherung der Einlagen in der EU sind in den Jahren 2014 und 2015 zahlreiche Änderungen in Kraft getreten. Die Europäische Zentralbank (EZB) beaufsichtigt seit dem 04.11.2014 besonders systemrelevante Kreditinstitute des Euroraums. Seit dem 03.07.2015 ist das Einlagensicherungsgesetz (EinSiG) in Deutschland zur Stärkung des Einlagenschutzes in Kraft. Mit dem EinSiG ist die EU-Richtlinie 2014/49/EU vom 16.04.2014 über Einlagensicherungssysteme in deutsches Recht umgesetzt worden und damit auch die Säule „Einheitliche Einlagensicherung" der Europäischen Bankenunion.

Die Europäische Bankenunion[1]

Einheitliche Aufsicht durch die EZB	**Einheitlicher Abwicklungsmechanismus**	**Einheitliche Einlagensicherung**
• Seit dem 04.11.2014 werden signifikante[2] Kreditinstitute durch die EZB beaufsichtigt.	• Zunächst greift die Aufsicht, um eine Abwicklung zu verhindern. • Im Fall einer Abwicklung greift der europäische Abwicklungsmechanismus.	• Bereits seit 2011 beträgt die Mindestsicherung für Einlagen von natürlichen Personen 100 000 Euro je Kreditinstitut. • Die Einheitliche Einlagensicherung ist in Deutschland durch das am 03.07.2015 in Kraft getretene Einlagensicherungsgesetz (EinSiG) umgesetzt worden.

Wann wird ein Kreditinstitut als „signifikant" eingestuft?[3]

Ein Kreditinstitut wird als signifikant eingestuft, wenn es mindestens eines der folgenden Kriterien erfüllt:

- Es gehört zu den drei größten Banken in einem der teilnehmenden Staaten
- Banken mit einer Bilanzsumme von mehr als 30 Milliarden Euro
- Banken mit einer Bilanzsumme von mehr als 20 Prozent des nationalen Bruttoinlandsprodukts, mindestens aber einer Bilanzsumme von fünf Milliarden Euro
- Banken mit direkter Unterstützung der Europäischen Finanzstabilisierungsfazilität (EFSF) oder durch den Europäischen Stabilitätsmechanismus (ESM)

1 Eigene Darstellung in Anlehnung an Bundesministerium der Finanzen (Stand: September 2018): Europäische Bankenunion. http://www.bundesfinanzministerium.de/Web/DE/Themen/Europa/Stabilisierung_des_Euroraums/Bankenunion/bankenunion.html. Abgerufen am 09.08.2018. Die Einheitliche Einlagensicherung wird von der EZB als Teil des Einheitlichen Regelwerkes dargestellt, siehe zur ausführlichen Beschreibung „Einlagensicherung" in diesem Kapitel.

2 Zur Definition signifikant siehe den direkt folgenden Abschnitt: „Wann wird ein Kreditinstitut als ‚signifikant' eingestuft?"

3 Deutsche Bundesbank (2018). https://www.bundesbank.de/Redaktion/DE/FAQs/Wissenswert/Europaeische_Bankenaufsicht/03_wann_wird_ein_kreditinstitut.html. Abgerufen am 09.08.2018.

Die EZB kann darüber hinaus auch grenzüberschreitend tätige Banken, die nicht die Kriterien für Signifikanz erfüllen, im Einzelfall für signifikant erklären.

Bei Anlagen auf Konten sind folgende steuerliche Gesichtspunkte von Bedeutung:

- Alle Zinsen aus Einlagen und Guthaben bei inländischen Kreditinstituten unterliegen der Kapitalertragsteuer.
- Die Kapitalertragsteuer als Abgeltungsteuer: Mit der Kapitalertragsteuer, die bereits als Quellensteuer an der Quelle, also beim inländischen Kreditinstitut, erhoben wird, ist die Einkommensteuer beim Steuerpflichtigen selbst, der die Zinsen erhält, bereits abgegolten. Insofern bezeichnet man die Kapitalertragsteuer auch als Abgeltungsteuer.
  Der Steuersatz beträgt einheitlich 25 Prozent (§ 43a Abs. 1 Satz 1 Nr. 1 EStG). Hinzu kommt der Solidaritätszuschlag in Höhe von 5,5 Prozent des Betrags der Kapitalertragsteuer. Damit beträgt der Steuereinbehalt 26,375 Prozent. Hinzu kommt dann gegebenenfalls die Kirchensteuer. Zur Erhebung der Kirchensteuer finden Sie die Ausführungen in Kapitel 8.
  Vom Abzug der Abgeltungsteuer wird abgesehen, wenn
  - eine Nichtveranlagungsbescheinigung (NV-Bescheinigung) oder
  - ein Freistellungsauftrag mit entsprechendem Freistellungsvolumen vorliegt.
- Nach dem Erbschaftsteuer- und Schenkungsteuergesetz ist das zu Beginn des Todestages des Kontoinhabers vorhandene Guthaben – sofern es mehr als 5000 Euro beträgt – durch den Vermögensverwahrer oder -verwalter, also in der Regel das Kreditinstitut, innerhalb eines Monats dem zuständigen Finanzamt zu melden (§ 33 Abs. 1 und § 35 ErbStG, § 1 ErbStDV).

Zusammenveranlagung von Ehegatten und eingetragenen Lebenspartnerschaften
Ehegatten und Partner eingetragener Lebenspartnerschaften, die zusammen veranlagt werden, wird ein gemeinsamer Sparer-Pauschbetrag von 1602 Euro gewährt (§ 20 Abs. 9 EStG). Der gemeinsame Sparer-Pauschbetrag ist bei der Einkunftsermittlung bei jedem Ehegatten und bei eingetragenen Lebenspartnerschaften je zur Hälfte abzuziehen.

Sind die Kapitalerträge eines Ehegatten und eingetragenen Lebenspartners niedriger als 801 Euro, so ist der anteilige Sparer-Pauschbetrag insoweit, als er die Kapitalerträge dieses Ehegatten und eingetragenen Lebenspartners übersteigt, bei dem anderen Ehegatten und eingetragenen Lebenspartner abzuziehen. Der gemeinsame Sparer-Pauschbetrag darf allerdings nicht höher sein als die um eine ausländische Steuer geminderten und nach Verlustverrechnung verbleibenden Kapitalerträge.

2.1.1 Sichteinlagen

Sichteinlagen sind Einlagen in Form von Guthaben auf Zahlungsverkehrskonten bei Kreditinstituten und bestehen auf Kontokorrent- und Girokonten.[1] Sie dienen der Abwicklung des Zahlungsverkehrs und der kurzfristigen Liquiditätsreserve. Wie alle Zinsen aus Guthaben unterliegen auch Zinserträge aus Sichteinlagen grundsätzlich der Abgeltungsteuer von 25 Prozent, sofern kein entsprechender Freistellungsauftrag oder eine Nichtveranlagungs-Bescheinigung (NV-Bescheinigung) vorliegt.

1 Das Girokonto kann als eine Form eines Kontokorrentkontos gesehen werden. Auf dem Kontokorrentkonto werden im Gegensatz zum Girokonto auch Kontokorrentkredite gewährt.

Abgeltungsteuer bei Ander- und Treuhandkonten
Ander- und Treuhandkonten sind von Treuhändern wie Rechtsanwälten, Notaren oder steuerlichen Beratern geführte Konten für Geldmittel oder Vermögen Dritter. In diesen Fällen sind die Wirtschaftsgüter einschließlich sonstiger Wirtschaftsgüter, also das Kapital und die Erträge, dem Treugeber, beim Sicherungseigentum dem Sicherungsgeber und beim Eigenbesitz dem Eigenbesitzer, als wirtschaftlichem Eigentümer nach § 39 Abs. 2 Nr. 1 Satz 2 AO steuerlich zuzurechnen. Nach § 44a Abs. 6 EStG ist für die Abstandnahme vom Steuerabzug wegen des Vorliegens einer NV-Bescheinigung oder eines Freistellungsauftrags Voraussetzung, dass die Einlagen im Zeitpunkt des Zufließens der Einnahmen unter dem Namen des Gläubigers der Kapitalerträge verwahrt oder verwaltet werden.

Da Ander- und Treuhandkonten auf den Namen des Notars, Rechtsanwalts oder steuerlichen Beraters eröffnet werden und somit die Wertpapiere oder Guthaben nicht unter dem Namen des Gläubigers der Zinserträge verwahrt oder verwaltet werden, ist eine Freistellung von der Abgeltungsteuer durch Freistellungsauftrag oder einer NV-Bescheinigung nicht möglich.

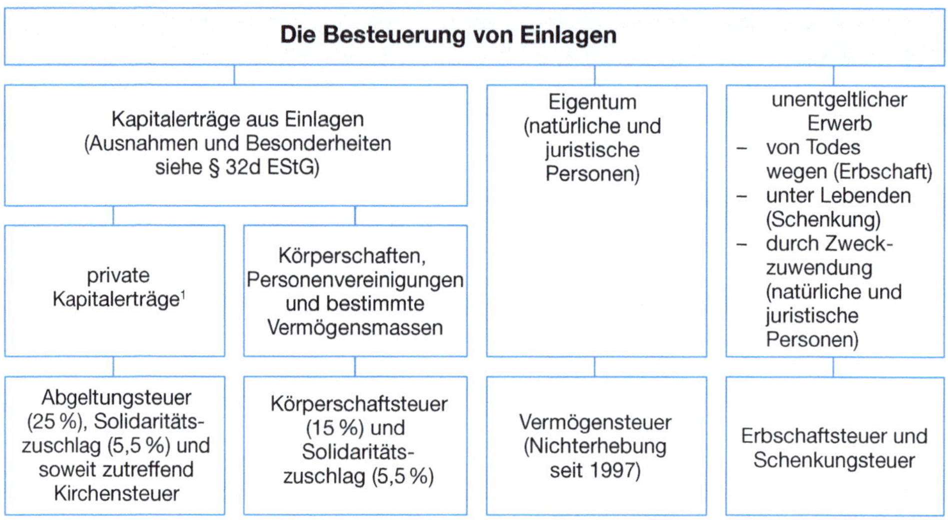

2.1.2 Tagesgeldeinlagen

Tagesgeldeinlagen sind Geldeinlagen auf Tagesgeldkonten, deren Guthaben grundsätzlich täglich fällig sind, das heißt, sie können mit einer Kündigungsfrist von einem Tag zurückgefordert werden. Daneben gibt es terminierte Tagesgelder mit festen Laufzeiten von mehr als einem Tag, aber weniger als 30 Tagen. Sie werden taggenau verzinst, das heißt im Februar mit nur 28 Tagen und in den Monaten Januar, März, Mai, Juli, August, Oktober und Dezember mit 31 Tagen.

1 Kapitalerträge, die den Betriebseinnahmen zuzuordnen sind, unterliegen ebenfalls dem Steuerabzug von 25 Prozent. Dieser hat jedoch keine Abgeltungswirkung. Die Erträge müssen in der Einkommensteuererklärung angegeben werden. Die Kapitalertragsteuer in Höhe von 15 Prozent bleibt wie zuvor anrechenbar.

Tagesgeldeinlagen bringen meist höhere Zinsen als Einlagen auf Girokonten. Oft werden bei Tagesgeldeinlagen speziell für Neukunden oder Neuanlagen höhere Konditionen angeboten. Allerdings gelten die Konditionen oft nur für einen begrenzten Zeitraum und es werden Mindestanlagesummen gefordert oder Höchstanlagesummen festgelegt. Es sollte bei Tagesgeldeinlagen zudem geprüft werden, ob und welche Einlagensicherung besteht. Besonders dann, wenn man bei einer Bank ein bestimmtes „Tagesgeldangebot" nutzen möchte.

Geldanlage-Tipp: Einlagensicherung beachten!
Besonders bei zinsattraktiven Angeboten die Mindestabsicherung beachten. Siehe Abschnitt 2.2.

Bezüglich der Besteuerung gelten die für die Sichteinlagen dargestellten Regelungen: Abgeltungsteuer (25 Prozent), soweit die Erträge über dem Sparer-Pauschbetrag von 801 Euro liegen. Mit dem Sparer-Pauschbetrag sind auch alle Werbungskosten abgegolten.

2.1.3 Termingeldeinlagen

Termingeldeinlagen sind kurzfristige Fest- oder Kündigungsgelder auf Termingeldkonten, überwiegend über einen Zeitraum von einem Monat sowie von zwei, drei, sechs oder zwölf Monaten.

Die Zinsen werden jeweils nach Ablauf der Anlagedauer gutgeschrieben. Die Zinseinnahmen aus Termineinlagen unterliegen der Abgeltungsteuer mit 25 Prozent zuzüglich Solidaritätszuschlag und gegebenenfalls zuzüglich der Kirchensteuer.

Doch wie bei Tagesgeldeinlagen gilt auch für Termingeldeinlagen: Mit den Durchschnittszinsen schlägt man nicht einmal die Inflation! Nimmt man noch die Abgeltungsteuer hinzu, ist man im Hinblick auf die Realwerterhaltung noch tiefer im Minus!

Geldanlage-Kurzinfo zur Abgeltungsteuer
Seit 2009 unterliegen alle „tatsächlichen Leistungen" der Kapitalrückzahlung oder Entgeltzahlung bis zur Endfälligkeit der Kapitalforderung auch bei „teilweiser Kapitalrückzahlung" der Abgeltungsteuer in Höhe von 25 Prozent zuzüglich Solidaritätszuschlag in Höhe von 5,5 Prozent, zusammen 26,38 Prozent, und, soweit zutreffend, Kirchensteuer in Höhe von acht oder neun Prozent. Die Steuerberechnung wird mit Abgeltungswirkung durch Abzug vom Kapitalertrag direkt vom Finanzinstitut vorgenommen, soweit kein Freistellungsauftrag vorliegt. In diesen Fällen bleiben Kapitalerträge bis zu 801 Euro (Einzelveranlagung) oder 1 602 Euro (Zusammenveranlagung) frei. Ein weiterer Abzug von tatsächlichen Aufwendungen als Werbungskosten ist grundsätzlich ausgeschlossen. Kein Abzug erfolgt bei Vorlage einer NV-Bescheinigung.

Vier Geldanlage-Tipps zur Tages- und Festgeldanlage
1. Vergleichen Sie die Konditionen verschiedener Anbieter.
2. Welche Laufzeit (Anlagedauer) bringt am meisten?
3. Welche Sicherheit ist gegeben (Einlagensicherung)?
4. Achten Sie auf mögliche zusätzlich anfallende (Neben-)Kosten.

2.1.4 Spareinlagen und Sondersparformen

Als Spareinlagen gelten Gelder, die nicht für den Zahlungsverkehr bestimmt sind und nicht nur für eine bestimmte Frist angelegt werden. Außerdem muss eine Sparurkunde ausgestellt werden.

Die wichtigsten Regelungen sind:

- Die vereinbarte Kündigungsfrist beträgt mindestens drei Monate.
- Die Zinsrechnung beginnt mit dem Einzahlungstag.
- Kreditinstitute können ihren Kunden unabhängig von der Kündigungsfrist einen vorschusszinsfreien Freibetrag von 2000 Euro je Kalendermonat einräumen. Freibetrag heißt in diesem Fall, dass je Kalendermonat über 2000 Euro frei verfügt werden kann.
- Gutgeschriebene Zinsen können innerhalb von zwei Monaten kündigungs- und vorschusszinsfrei abgehoben werden.
- Eine Vorschusszinsberechnung wird nicht vorgeschrieben. Es bleibt den einzelnen Instituten überlassen, ob sie bei vorzeitigen Verfügungen Vorschusszinsen berechnen.

Das Sparkonto bildet eine Dispositionsreserve für Kleinbeträge. Variationsmöglichkeiten sind durch vielfältige Angebote mit unterschiedlichen Zinssätzen gegeben.

Mietkautionskonto
Die Mietkaution dient der Sicherheit des Vermieters. Nach §551 Abs. 1 BGB darf sie höchstens das Dreifache der Monatsmiete ohne die als Pauschale oder als Vorauszahlung ausgewiesenen Betriebskosten betragen. Der Vermieter hat eine ihm als Sicherheit überlassene Geldsumme bei einem Kreditinstitut zu dem für Spareinlagen mit dreimonatiger Kündigungsfrist üblichen Zinssatz anzulegen. Die Vertragsparteien können eine andere Anlageform vereinbaren. In beiden Fällen muss die Anlage vom Vermögen des Vermieters getrennt erfolgen. Die Erträge stehen dem Mieter zu. Sie erhöhen die Sicherheit.

Bei Wohnraum in einem Studenten- oder Jugendwohnheim besteht nach § 551 Abs. 3 BGB keine Pflicht, die Sicherheitsleistung zu verzinsen. Für gewerbliche Mietverhältnisse gelten die Regelungen des § 551 BGB nicht.

Steuerlich betrachtet fließen die Zinsen dem Mieter in dem Zeitpunkt zu, zu dem sie von der Bank auf dem vom Vermieter für die Sicherheit eingerichteten Konto fällig werden und sind von diesem zu versteuern. Die Zinsen unterliegen grundsätzlich der Abgeltungsteuer.

Sondersparformen sind Einlagen auf Sparkonten mit besonderer Ausstattung und unterschiedlicher Art der Erträge. Zunächst gilt bezüglich der Versteuerung das zuvor Beschriebene.

Die Abgeltungsteuer erfasst nicht nur die vereinbarten laufenden Zinszahlungen, sondern auch die bei bestimmten Sondersparformen zusätzlich gezahlten Boni, Prämien oder sonstige Zuschläge, unabhängig von ihrer Bezeichnung.

Bausparen und Abgeltungsteuer
Einlagen bei Bausparkassen unterliegen mit ihren Zinsen, wie die übrigen Einlagen, der Abgeltungsteuer. Näheres finden Sie im Abschnitt „Bausparen".

Der Abgeltungsteuer unterliegen alle Einkünfte aus Kapitalvermögen wie die Zinsen, Boni, Prämien und sonstigen Zuschläge aus Einlagen und Guthaben bei inländischen Kreditinstituten.

Sparbriefe
Sparbriefe werden von Kreditinstituten mit unterschiedlichen Laufzeiten und Beträgen ausgegeben. Sie können laufende Zinsen bringen (meist jährlich) sowie auf- oder abgezinst sein (mit Zinszahlung am Ende der Laufzeit). Überwiegend beträgt die Laufzeit zwischen zwei und sechs Jahren. Sparbriefe werden nicht an der Börse gehandelt. Eine vorzeitige Rückgabe und Kapitalauszahlung ist nicht möglich. Es besteht allenfalls die Möglichkeit einer Übertragung der Forderung durch Verkauf der Sparbriefe an andere Personen. Sparbriefe sind durch die gesetzliche Einlagensicherung abgesichert.

Zinsen, Entgelte oder sonstige Vorteile wie Bonifizierung zählen zu den einkommensteuerpflichtigen Einkünften aus Kapitalvermögen und sind im Jahr der Fälligkeit zu versteuern.

Alle Erträge unterliegen der Abgeltungsteuer in Höhe von 25 Prozent zuzüglich 5,5 Prozent Solidaritätszuschlag (zusammen also 26,38 Prozent) und gegebenenfalls der Kirchensteuer, sofern keine Nichtveranlagungs-Bescheinigung oder ein Freistellungsauftrag mit entsprechendem Freistellungsvolumen beim Bundeszentralamt für Steuern vorliegt.

In der Praxis haben Sparbriefe nahezu keine Bedeutung mehr.

2.2 Einlagensicherung in Deutschland und der EU

2.2.1 Neuerungen für Einleger nach dem Einlagensicherungsgesetz

Einleger haben seit dem 03.06.2015 einen Rechtsanspruch auf eine Einlagensicherung und gegebenenfalls Entschädigung ihrer gedeckten Einlagen in Höhe von 100000 Euro. Dies gilt für Privatpersonen und Personengesellschaften sowie Kapitalgesellschaften.[1] Zudem müssten Einleger im Falle einer Entschädigung nicht mehr selbst einen Antrag auf Entschädigung stellen, sondern die jeweilige Einlagensicherung würde selbst tätig und von dieser der Entschädigungsanspruch ermittelt und gewährt. Die Auszahlung wird seit dem 01.06.2016 innerhalb von sieben Arbeitstagen erfolgen. Des Weiteren wird der Schutz der Einlagen bei Einzahlungen sechs Monate lang bis zu einer Summe von 500000 Euro bei bestimmten „Ereignissen" wie Heirat, Scheidung, Ruhestand, Renteneintritt, Kündigung oder dem Verkauf einer Privatimmobilie gewährt. Auch werden nun Konten in einer ausländischen Währung, die nicht Zahlungsmittel im Europäischen Wirtschaftsraum (EWR)[2] ist, wie beispielsweise in US-Dollar oder Schweizer Franken, gesichert.

1 Dieser Schutz gilt nicht für Einlagen von Kreditinstituten, institutionellen Anlegern und Einlagen der öffentlichen Hand. Vgl. § 6 EinSiG.

2 Zum Europäischen Wirtschaftsraum (EWR) gehören alle Mitgliedsstaaten der EU sowie Island, Liechtenstein und Norwegen.

Zudem sind die verschiedenen Informationspflichten der Kreditinstitute gegenüber Einlegern bezüglich der Einlagensicherung erweitert worden. Bei Eröffnung eines Kontos und danach regelmäßig einmal jährlich müssen Kreditinstitute ihre Einleger unter Verwendung eines einheitlich vorgegebenen Musterbogens der im „Anhang I" des Kreditwesengesetzes festgelegt ist, informieren, welchem Einlagensicherungssystem sie angehören und ihre Kunden über deren Rechte aufklären.[1] Zudem müssen auf Kontoauszügen Informationen zu der Entschädigungsfähigkeit der Einlagen angegeben werden. Die Einlagensicherungssysteme wie die Entschädigungseinrichtung deutscher Banken GmbH müssen auf ihren Internetseiten zudem über die Bedingungen der Einlagensicherung informieren.

2.2.2 Welche Einlagen sind in welcher Höhe geschützt?

Als geschützte Einlagen gelten im Wesentlichen Kontoguthaben und Forderungen aus Namensschuldverschreibungen einschließlich Sparbriefen (Bilanzposition: „Verbindlichkeiten gegenüber Kunden"). Nicht unter die Definition der geschützten Einlagen fallen Forderungen aus Inhaber- und Orderschuldverschreibungen sowie Inhaber-Einlagenzertifikate, Genussscheine und nachrangige Verbindlichkeiten.

Gesicherte Einlagen von Privatpersonen

Guthaben auf	**Guthaben auf**	**Termingelder**	**Einlagen auf Sparkonten**	**Sparbriefe**
– Girokonten – Kontokorrentkonten – Kreditkartenkonten	– Tagesgeldkonten	– Festgelder – Kündigungsgelder		

Wie hoch ist der Entschädigungsanspruch?
Als geschützte Ansprüche aus Wertpapiergeschäften gelten Ansprüche auf Verschaffung des Eigentums an Wertpapieren oder Auszahlung von Geldern im Zusammenhang mit Wertpapiergeschäften, zum Beispiel Erlöse aus der Veräußerung von Wertpapieren. Bestehen sowohl Ansprüche aus Einlagen als auch aus Wertpapierdienstleistungen, können jeweils gesonderte Ansprüche geltend gemacht werden.

Der Entschädigungsanspruch aus der Grundsicherung (Entschädigungseinrichtung) ist sowohl bei geschützten Einlagen als auch bei Ansprüchen aus Wertpapiergeschäften auf nicht erfüllte Ansprüche jeweils auf einen Gegenwert bis 100 000 Euro je Gläubiger bei Einlagen und 90 Prozent der Verbindlichkeiten aus Wertpapiergeschäften und den Gegenwert von 20 000 Euro begrenzt.

1 Der Informationsbogen ist unter http://www.gesetze-im-internet.de/kredwg/anhang_i.html abrufbar.

2.2.3 Überblick über die Einlagensicherung in Deutschland

Das deutsche Einlagensicherungssystem bietet auf Grundlage europäischer Vorschriften eine Einlagensicherung pro Kunde und pro Kreditinstitut in Höhe von 100 000 Euro für gedeckte Einlagen. Darüber hinaus besteht bei den öffentlich-rechtlichen Kreditinstituten des Deutschen Sparkassen- und Giroverbandes e.V. (DSGV) und des Bundesverbandes der Deutschen Volksbanken & Raiffeisenbanken e.V. (BVR) die Institutssicherung als präventive Maßnahme weiter. Bei den privaten Banken besteht durch den Einlagensicherungsfonds des Bundesverbandes deutscher Banken e.V. (BdB) eine freiwillige Einlagensicherung über die Summe von 100 000 Euro hinaus. Auch bei öffentlichen Banken Bundesverbands Öffentlicher Banken Deutschlands e.V. (VÖB) besteht durch den Einlagensicherungsfonds der öffentlichen Banken eine freiwillige Einlagensicherung über die Summe von 100 000 Euro hinaus.

Gesetzliche Entschädigungseinrichtungen und amtlich durch die BaFin anerkannte Einlagensicherungssysteme

Banken, die den beiden Einlagensicherungssystemen des DSGV und des BVR nicht angehören,[1] werden einer gesetzlichen Entschädigungseinrichtung zugeordnet. Neu wurde die BVR Institutssicherung GmbH (BVR-ISG) gegründet,[2] die wie auch die Sicherungseinrichtung der Sparkassen-Finanzgruppe, gemäß dem EinSiG nun als Einlagensicherungssystem durch die BaFin anerkannt ist. Weiterhin bestehen hier auch die darüber hinausgehende freiwillige Einlagensicherung und die Institutssicherung.

Folgende vier Systeme unterliegen seit dem 03.07.2015 der Aufsicht und laufenden Überwachung durch die BaFin:

1. Für Institute des **BVR** ist das institutsbezogene Sicherungssystem des Verbandes BVR das von der BaFin anerkannte Einlagensicherungssystem. Dieses ist seit dem 03.07.2015 die BVR Institutssicherung GmbH (BVR-ISG).

Weitere Informationen zum BVR-Einlagensicherungssystem

Bundesverband der Deutschen Volksbanken und Raiffeisenbanken e.V. (BVR)
Adresse: Schellingstraße 4, 10785 Berlin

Im Internet: http://www.bvr.de/Wer_wir_sind/Unsere_Sicherungseinrichtung
E-Mail: info@bvr.de
Telefon: 030 2021-0

2. Der **Bundesverband deutscher Banken e. V. (BdB)** hat die Entschädigungseinrichtung deutscher Banken GmbH als gesetzliche Entschädigungseinrichtung errichtet. Dieser Entschädigungseinrichtung werden solche Einlagenkreditinstitute privater Rechtsform zugeordnet, die gleichzeitig Mitglied im BdB sowie in dessen freiwilligem Einlagensiche-

1 Die Sicherungseinrichtungen des Bundesverbandes der Deutschen Volksbanken und Raiffeisenbanken beziehungsweise der regionalen Genossenschaftsverbände sowie des Deutschen Sparkassen- und Giroverbandes beziehungsweise der regionalen Sparkassenverbände gelten aufgrund ihrer satzungsgemäßen institutssichernden Eigenschaften als solche Systeme, die im Sinne der EU-Richtlinie geeignet sind, die Pflichtzugehörigkeit zum gesetzlichen Entschädigungssystem zu ersetzen. Dazu wurden jetzt auch die Landesbanken / Girozentralen und die Landesbausparkassen in die Institutssicherung der Sparkassen einbezogen.

2 BVR: Was hat sich mit dem Inkrafttreten des Einlagensicherungsgesetzes geändert? http://www.bvr.de/Wer_wir_sind/Unsere_Sicherungseinrichtung. Abgerufen am 08.08.2018.

rungsfonds sind. Ebenfalls zugeordnet werden die privaten Bausparkassen und solche Institute privater Rechtsform, die zuvor keiner freiwilligen Einlagensicherung angehörten.

Weitere Informationen zur Entschädigungseinrichtung des BdB
Bundesverband deutscher Banken e.V. Adresse: Burgstraße 28, 10178 Berlin Im Internet: https://bankenverband.de/service/einlagensicherung/ E-Mail: info@bdb-banken.de Telefon: 030 1663-0

3. Bei Instituten im **Deutschen Sparkassen- und Giroverband e. V. (DSGV)** besteht auch wie bei Instituten des BVR zuerst eine Institutssicherung. Ein Institut soll innerhalb des Verbandes schon frühzeitig gestützt werden. Kunden eines Instituts der Finanzgruppe Deutscher Sparkassen- und Giroverband haben seit 03.07.2015 zusätzlich zu der bisher bereits bestehenden Institutssicherung als präventive Maßnahme den Schutz der durch die BaFin anerkannten Einlagensicherung in Höhe von 100000 Euro pro Einleger und je Institut.

Informationen zum DSGV-Einlagensicherungssystem
Geschäftsstelle Sicherungssystem der Sparkassen-Finanzgruppe Adresse: Charlottenstraße 47, 10117 Berlin Im Internet: http://www.dsgv.de/de/sparkassen-finanzgruppe/sicherungssystem/ E-Mail: sicherungssystem@dsgv.de

4. Der **Bundesverband Öffentlicher Banken Deutschlands e.V. (VÖB)** hat die Entschädigungseinrichtung des Bundesverbandes Öffentlicher Banken Deutschlands GmbH errichtet.

Informationen zur Entschädigungseinrichtung des VÖB
Bundesverband Öffentlicher Banken Deutschlands e.V. Adresse: Lennéstraße 11, 10785 Berlin Im Internet: http://www.voeb.de/ Online-Kontaktformular: http://www.voeb.de/de/kontakt Telefon: 030 8192-0

Überblick über die Einlagensicherung in Deutschland		
	Gesetzliche Entschädigungseinrichtung oder amtlich durch die BaFin anerkanntes Einlagensicherungssystem garantiert: 100000 Euro je Kunde und je Kreditinstitut	**Ergänzend: Darüber hinausgehende freiwillige Einlagensicherungseinrichtung, also ohne Rechtsanspruch**
Kreditgenossenschaften und genossenschaftliche Zentralbanken (private Rechtsform)	Zuerst: Institutssicherung durch die BVR Institutssicherung GmbH (BVR-ISG) Die BVR-ISG führt bei einer Bankinsolvenz die Entschädigung der Einleger durch.	Zuerst: Institutssicherung durch den BVR[1]. Zusätzlich Sicherungseinrichtung des BVR.
andere Einlagenkreditinstitute in privater Rechtsform (also beispielsweise Groß-, Regional- oder Privatbanken) und Bausparkassen in privater Rechtsform	Träger des Einlagensicherungssystems ist die Entschädigungseinrichtung deutscher Banken GmbH (EdB).	Einlagensicherungsfonds als freiwillige Ergänzungssicherung (Anschlussdeckung); der Träger: Einlagensicherungsfonds des BdB.
öffentlich-rechtliche Sparkassen, Landesbanken, öffentlich-rechtliche Bausparkassen, DekaBank	Zuerst: Institutssicherung durch die Sicherungseinrichtung der Sparkassen-Finanzgruppe; zu diesen gehören: • alle Sparkassenstützungsfonds, (Stützungsfonds der regionalen Sparkassenverbände) • die Sicherungsreserve der Landesbanken und Girozentralen und • der Sicherungsfonds der Landesbausparkassen.[2] Die Einlagensicherungsfunktion im Entschädigungsfall übernimmt der DSGV.	Zuerst: Institutssicherung durch die Sicherungseinrichtung der Sparkassen-Finanzgruppe. In einem Entschädigungsfall stünden alle Mittel der Sicherungseinrichtungen, die die Institutssicherung gewähren, für Entschädigungszahlungen zur Verfügung.
andere öffentlich-rechtliche Einlagenkreditinstitute	Einlagensicherung durch den Träger Entschädigungseinrichtung des Bundesverbandes Öffentlicher Banken Deutschlands GmbH (EdÖ), die eine hundertprozentige Tochter des Bundesverbandes Öffentlicher Banken Deutschlands e. V. ist.	Einlagensicherungsfonds des Bundesverbandes Öffentlicher Banken Deutschlands e. V. (ESF) als freiwillige Ergänzungssicherung einer Einlage bis zur vollen Höhe.

1 Vgl. auch Bundesverband der Deutschen Volksbanken und Raiffeisenbanken e. V. (BVR) (2015): Statut der Sicherungseinrichtung. Abschnitt IV Präventivmaßnahmen gegenüber Instituten in Statut der Sicherungseinrichtung. https://www.bvr.de/p.nsf/0/9F246F0DFD10AE8FC1257CE6003E91EB/$file/SE-St_2015-05-06.pdf. Abgerufen am 09.08.2018.

2 Deutscher Sparkassen- und Giroverband (DSGV) (2018): So funktioniert das Sicherungssystem. http://www.dsgv.de/de/sparkassen-finanzgruppe/sicherungssystem/funktionsweise_sicherungssystem.html. Abgerufen am 09.08.2018.

Zusätzlicher Schutz bei Mitgliedsinstituten in einer freiwilligen Einlagensicherungseinrichtung

Soweit ein Kreditinstitut zusätzlich freiwilliges Mitglied in einer Einlagensicherungseinrichtung eines der Verbände ist, ergänzt diese Mitgliedschaft den gesetzlich vorgegebenen Schutz. Dies bedeutet, dass Sie als Einleger die Mitgliedschaft Ihres Kreditinstituts zu einer Einlagensicherungseinrichtung eines Verbands überprüfen sollten, soweit diese Ihnen nicht bekannt ist.

1) Beim BVR greift zunächst die Institutssicherung. Darüber hinausgehend besteht ein Schutz durch die Sicherungseinrichtung des BVR.

2) Bei der Ergänzungssicherung von privatrechtlichen Instituten des Bundesverbandes deutscher Banken e.V., also Großbanken oder Privatbanken, sind bis zu 20 Prozent des jeweils haftenden Eigenkapitals durch den Einlagensicherungsfonds des Bundesverbandes deutscher Banken e. V. (BdB) geschützt. Da das Mindesteigenkapital bei fünf Millionen Euro liegt, bedeutet das, dass mindestens 1 Millionen Euro je Anleger gesichert sind. Die Sicherungsgrenze soll nach dem BdB ab dem 01.01.2020 auf 15 Prozent und ab dem 01.01.2025 auf dann 8,75 Prozent reduziert werden.

Reduzierung der Sicherungsgrenze in den Jahren 2011 bis 2025

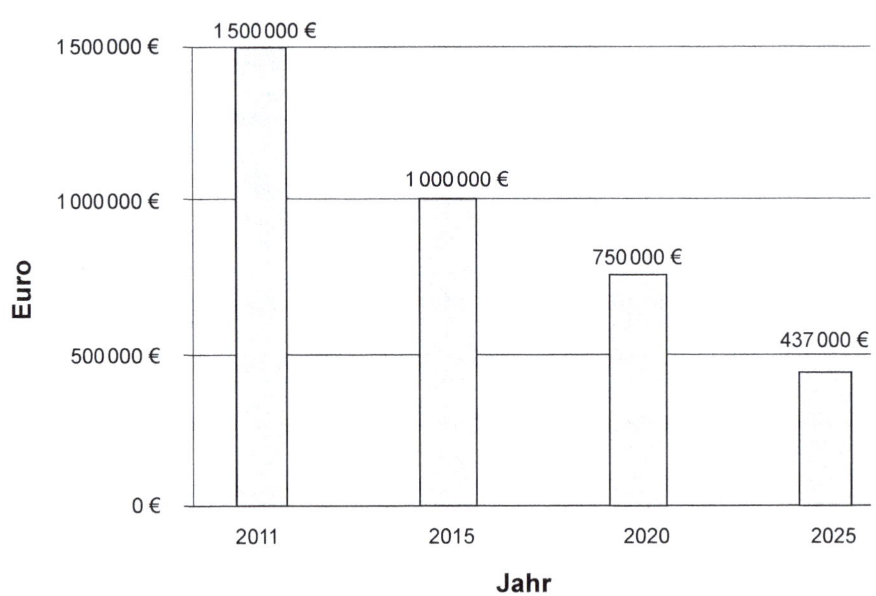

3) DSGV: In einem Entschädigungsfall stünden alle Mittel der Sicherungseinrichtungen des DSGV, die die Institutssicherung gewähren, für Entschädigungszahlungen zur Verfügung.

4) Der Einlagensicherungsfonds des Bundesverbandes Öffentlicher Banken Deutschlands e. V. gewährt entsprechend des Fondsvermögens freiwillig einen über die gesetzliche Einlagensicherung hinausgehenden Schutz.

Geldanlage-Tipp zur praktischen Bedeutung der Einlagensicherung deutscher Einlagenkreditinstitute

Die Einlagensicherung deutscher Einlagenkreditinstitute bietet ein zusätzliches Sicherheitspolster, denn:

Die genossenschaftlichen Institute sowie die Sparkassen sorgen mit ihrer Institutssicherung dafür, dass praktisch kein Mitglied in die Insolvenz gehen muss.

Auch der Einlagensicherungsfonds der öffentlich-rechtlichen Banken besitzt einen freiwilligen, über die gesetzliche Einlagensicherung hinausgehenden Schutz. Das private Bankgewerbe, also die Groß-, Regional- und Privatbanken, sorgt mit seiner freiwilligen Einlagensicherung dafür, dass die Einlagen bis zu einer Höhe von 20 Prozent des haftenden Eigenkapitals der jeweiligen Mitgliedsbank gesichert ist, was einer Mindestsicherung von 1 Million Euro je Kunde gleichkommt. Ein Rechtsanspruch auf diese Leistungen besteht jedoch nicht! Auch die Reduzierung bis auf 437 500 Euro bis zum Jahr 2025 bietet einen höheren Schutz als nach dem Einlagensicherungsgesetz vorgegeben.

2.2.4 Darauf sollten Anleger bezüglich der Einlagensicherung achten

Kreditinstitute müssen Kunden im Preisaushang informieren, ob sie einer zusätzlichen Einlagensicherungseinrichtung angehören. Ferner sind Neukunden beim Kontoeröffnungsantrag und danach regelmäßig einmal im Jahr über die für die Sicherung geltenden Bestimmungen und Einrichtungen einschließlich Höhe und Umfang der Sicherung zu informieren.

Geldanlage-Sicherheits-Tipp

1. Vertrauen Sie Ihr Geld nur Finanzinstituten an, die einer zusätzlichen Einlagensicherungseinrichtung angehören.
2. Erkundigen Sie sich bei Fremdwährungsanlagen, ob und inwieweit diese geschützt sind.
3. Erkundigen Sie sich vor einer Anlage im Ausland, ob und inwieweit die Anlage verlässlich geschützt ist.
4. Beachten Sie, dass Inhaberschuldverschreibungen – wie die Zertifikate der 2008 insolvent gewordene Lehman Brothers Holdings Inc. – nicht unter die Einlagensicherung fallen. Sie sind im Insolvenzfall also nicht geschützt.

Entschädigungseinrichtung der Wertpapierhandelsunternehmen
Die Entschädigungseinrichtung der Wertpapierhandelsunternehmen (EdW) setzt sich aus rund 800 Mitgliedern wie Wertpapierhandelsbanken, Finanzdienstleistern und Investmentgesellschaften zusammen. Stellt die BaFin einen Entschädigungsfall fest, muss die EdW den Schaden je Anleger bis zu 90 Prozent, maximal 20 000 Euro, ersetzen. Voraussetzung: Die Gelder laufen auf die Währung eines EU-Mitgliedsstaates oder auf den Euro.

2.2.5 Die rechtlichen Grundlagen in Deutschland

Seit dem 03.07.2015 gilt das neue Einlagensicherungsgesetz (EinSiG) und das Anlegerentschädigungsgesetz (AnlEntG). Aus dem bisherigen Einlagensicherungs- und Anlegerentschädigungsgesetz (EAEG) sind die die Einlagen betreffenden Sachverhalte neu im EinSiG und die die Anlegerentschädigung betreffenden im Anlegerentschädigungsgesetz (AnlEntG) zusammengefasst worden.

Neue gesetzliche Grundlagen der Einlagensicherung und der Anlegerentschädigung als Umsetzung der Europäischen Bankenunion

Einlagensicherungsgesetz (EinSiG)	**Anlegerentschädigungsgesetz (AnlEntG)**
• in Kraft getreten am 03.07.2015 • Umsetzung der EU-Richtlinie 2014/49/EU	Das bisherige Einlagensicherungs- und Anlegerentschädigungsgesetz (EAEG) ist auf die Anlegerentschädigung beschränkt und in Anlegerentschädigungsgesetz umbenannt worden.

2.2.6 Die Einbettung in die Europäische Bankenunion

Die Einlagensicherung in der EU

Seit dem 03.07.2015 ist das Einlagensicherungsgesetz (EinSiG) in Deutschland zur Stärkung des Einlagenschutzes in Kraft. Dies ist ein weiterer Schritt zur Stärkung und Harmonisierung der Einlagen von Bürgerinnen und Bürgern sowie Unternehmen in Deutschland und der EU. Mit dem EinSiG ist die EU-Richtlinie 2014/49/EU durch das Umsetzungsgesetz der „Deposit Guarantee Scheme Directive“ (DGSD-Umsetzungsgesetz) in deutsches Recht umgesetzt worden und damit auch die Säule „Einheitliche Einlagensicherung“ der Europäischen Bankenunion.

Aufbau der Einlagensicherungssysteme[1]

Es müssen 0,8 Prozent der gedeckten Einlagen der Mitgliedsinstitute eines Einlagensicherungssystems bis zum Jahr 2024 ex ante, also bevor ein Mitgliedsinstitut in Schieflage

1 Vgl. Bundesministerium der Finanzen (2015): Neue Regeln für eine bessere Einlagensicherung. In: Monatsbericht des Bundesministeriums der Finanzenn Juni 2015, S. 23–28.

gerät und die Einlagen gefährdet wurden, eingesammelt werden. Dies soll auch dem Sachverhalt Rechnung tragen, dass bei der Insolvenz eines Instituts dieses gerade nicht mehr an den Kosten einer Entschädigung beteiligt würde. 30 Prozent dieser gedeckten Einlagen dürfen aus Zahlungsverpflichtungen bestehen, wenn diese

- vollständig besichert sind,
- aus risikoarmen Schuldtiteln bestehen,
- unbelastet von den Rechten Dritter sind sowie
- jederzeit dem Einlagensicherungssystem zur Verfügung stehen.

Das deutsche Einlagensicherungssystem ist eingebettet in die Europäische Bankenunion. Die Europäische Bankenunion umfasst den „Einheitlichen Aufsichtsmechanismus", den „Einheitlichen Abwicklungsmechanismus" und das „Einheitliche Regelwerk".

Das Einheitliche Regelwerk beinhaltet die Eigenkapitalvorschriften, die Bankenrestrukturierung und -abwicklung sowie die Einlagensicherung. Bei der Einlagensicherung sind die wichtigsten Parameter vorgegeben, allerdings erfolgt kein gemeinsamer europäischer institutioneller Rahmen.[1]

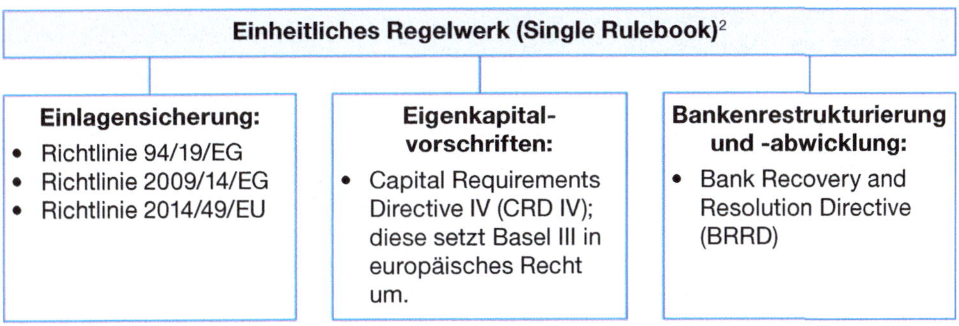

Die beiden Säulen Einheitlicher Aufsichtsmechanismus (**S**ingle **S**upervisory **M**echanism – **SSM**) und der Einheitliche Abwicklungsmechanismus (**S**ingle **R**esolution **M**echanism – **SRM**) sind errichtet. Als dritte Säule der Bankenunion brachte die Europäische Kommission im November 2015 den Vorschlag der europäischen Einlagensicherung ein.

- Der Einheitliche Aufsichtsmechanismus überträgt der EZB die Rolle der zentralen Aufsichtsbehörde der signifikanten Finanzinstitute im Euro-Raum und in den „nicht-Euro Staaten", die sich entschließen, dem SSM beizutreten.
- Der SRM erlaubt eine geordnete Abwicklung von in Not geratenen Banken. Allerdings soll eine Abwicklung schon zuvor abgewandt werden. Bei der Abwicklung ist ein so genannter „Bail-in" von Einlagegeldern ausgeschlossen.

1 Quinten, Daniel (2014): Die europäische Bankenunion gewinnt Gestalt. In: Audit Committee Institute e.V. (ACI) (Hrsg.): Audit Committee Quarterly DAS MAGAZIN FÜR CORPORATE GOVERNANCE, II 2014, 30.07.2014. http://www.audit-committee-institute.de/docs/aci_quarterly_2014_2.pdf. Abgerufen am 09.08.2018.

2 Eigene Darstellung in Anlehnung an Europäische Kommission:https://ec.europa.eu/info/business-economy-euro/banking-and-finance/banking-union_en. Abgerufen am 09.08.2018.

<table>
<tr><th colspan="2">„Die Europäische Bankenunion“</th></tr>
<tr><th>Einheitlicher Aufsichtsmechanismus/
Single Supervisory Mechanism (SSM)</th><th>Einheitlicher Abwicklungsmechanismus/
Single Resolution Mechanism (SRM)</th></tr>
<tr><td>Dieser Mechanismus übertrug der EZB zum 04.11.2014 die Rolle der (unmittelbaren oder mittelbaren) zentralen Aufsichtsbehörde der Finanzinstitute im Euroraum (rund 6 000 Banken) und in jenen Nicht-Euro Staaten, welche sich entschließen, dem SSM beizutreten.
• Bei einer Bilanzsumme größer als 30 Milliarden Euro erfolgt die Aufsicht durch die EZB.
• Bei einer Bilanzsumme kleiner als 30 Milliarden Euro verbleibt die Aufsicht grundsätzlich bei den Mitgliedsstaaten, wenn keine anderen Kriterien zutreffen. Die nationale Aufsicht steht aber unter der Aufsicht der EZB.</td><td>Zunächst soll die verstärkte Aufsicht durch den „Einheitlichen Aufsichtsmechanismus“ greifen. Eine Abwicklung soll möglichst verhindert werden. Allerdings war es politischer Wille, einen geordneten Abwicklungsmechanismus zu schaffen.
• Der „Einheitliche Abwicklungsmechanismus“ soll eine geordnete Abwicklung durch ein Einheitliches Abwicklungsboard und einen Einheitlichen Abwicklungsfonds ermöglichen.</td></tr>
</table>

Verbesserte Zusammenarbeit bei der Abwicklung
Des Weiteren wird ein Kunde einer Zweigstelle einer ausländischen Bank des EWR nun eine Entschädigung direkt von der Entschädigungseinrichtung in seinem eigenen Land erhalten. Diese Entschädigungseinrichtung würde dann ihrerseits eine Forderung gegen die Entschädigungseinrichtung im Ausland, in dem das Kreditinstitut seinen Hauptsitz hat, stellen. Hierdurch soll es zu einer einfacheren Entschädigung für Einleger kommen.

2.2.7 Ausblick und weitere Informationsquellen

2.2.7.1 Die Europäische Einlagensicherung

Der im November 2015 vorgelegte Entwurf zur europäischen Einlagensicherung (European Deposit Insurance Scheme, EDIS) sieht eine schrittweise Einführung vor. Hierbei soll im Entschädigungsfall der Anteil, der von der europäischen Einlagensicherung getragen werden muss, von 20 Prozent im Jahr 2017 auf 100 Prozent im Jahr 2024 erhöht werden. Der Anteil, der von den nationalen Sicherungssystemen getragen wird, würde entsprechend gesenkt. Die Verbände der deutschen Kreditwirtschaft, zahlreiche Wirtschaftsverbände, die Bundesbank und die Bundesregierung lehnen die bisher vorgelegten Vorschläge der EU-Kommission zur europäischen Einlagensicherung weiterhin ab.

Die europäische Einlagensicherung soll die Sicherheit im Entschädigungsfall in einzelnen Ländern verstärken, wenn in einem Mitgliedsland der EU die Einlagen nicht gedeckt wären. Auf der anderen Seite ist aber gerade schon die Deckung der Mindestsumme von 100 000 Euro innerhalb der EU vorgeschrieben.

Die Europäische Bankenaufsicht (EBA) überprüft jährlich die Umsetzung der europäischen Anforderungen in den einzelnen Mitgliedsländern und veröffentlicht diese Daten jährlich (http://www.eba.europa.eu/regulation-and-policy/recovery-and-resolution/deposit-guarantee-schemes-data).

2.2.7.2 Globales Finanzsicherheitsnetz

Das globale Finanzsicherheitsnetz soll den Internationalen Währungsfonds (IWF), die Zentralbanken, nationale Währungsreserven und die regionalen Sicherheitsnetze wie den Europäischen Stabilitätsmechanismus (ESM) umfassen.

2.3 Staatliche Förderung der Vermögensbildung und Vermögensbeteiligung

2.3.1 Förderung nach dem Fünften Vermögensbildungsgesetz – 5. VermBG

Das Fünfte Vermögensbildungsgesetz vom 04.03.1994 (BGBl. I S. 406) fördert Geldleistungen (vermögenswirksame Leistungen, kurz „vL"), die unmittelbar **vom Arbeitgeber für den Arbeitnehmer**

- entweder aufgrund einer tarifvertraglichen Vereinbarung
- oder auf Verlangen des Arbeitnehmers in Form von Teilen des Gehalts

angelegt werden. Arbeitnehmer im Sinne des 5. VermBG sind Arbeiter und Angestellte einschließlich der zu ihrer Berufsausbildung Beschäftigten sowie die in Heimarbeit Beschäftigten. Für Beamte, Richter, Berufssoldaten und Soldaten auf Zeit gelten die Vorschriften des 5. VermBG entsprechend.

Die Förderung der Vermögensbildung von Arbeitnehmern erfolgt im Wesentlichen in Form der Arbeitnehmer-Sparzulage, die nicht als steuer- und sozialversicherungspflichtige Einnahme gilt.

Vermögenswirksame Leistungen sind Geldleistungen, die der Arbeitgeber für den Arbeitnehmer in folgenden geförderten Anlageformen anlegt:

1. als **Sparbeiträge des Arbeitnehmers über Wertpapiere** oder andere Vermögensbeteiligungen nach § 4 VermBG (§ 2 Abs. 1 Nr. 1 i. V. mit § 4 VermBG)
2. als **Aufwendungen** des Arbeitnehmers **aufgrund von Wertpapier-Kaufverträgen** nach § 5 VermBG (§ 2 Abs. 1 Nr. 2 VermBG)
3. als **Aufwendungen** des Arbeitnehmers **aufgrund von Beteiligungs-Verträgen** im Sinne des § 2 Abs. 1 Nr. 3 VermBG (§ 6 VermBG) und **Beteiligungs-Kaufverträgen** im Sinne des § 2 Abs. 1 Nr. 3 VermBG (§ 7 VermBG)
4. als **Aufwendungen** des Arbeitnehmers **nach dem Wohnungsbau-Prämiengesetz,** besonders in Form von Bausparbeiträgen (§ 2 Abs. 1 Nr. 4 VermBG)
5. als **Aufwendungen des Arbeitnehmers bei unmittelbar wohnungswirtschaftlicher Verwendung,** sofern kein vorgefertigtes Konzept zu Grunde liegt (§ 2 Abs. 1 Nr. 5 VermBG)
6. als **Sparbeiträge** des Arbeitnehmers **auf Grund eines Sparvertrags** nach § 8 VermBG (§ 2 Abs. 1 Nr. 6 i. V. mit § 8 VermBG)
7. als **Kapitalversicherungsverträge** nach § 9 VermBG (§ 2 Abs. 1 Nr. 7 i. V. m. § 9 VermBG)

Die Höhe der Arbeitnehmer-Sparzulage hängt von der gewählten Anlageform ab und beträgt

- für das Beteiligungssparen (obige Anlageformen Nummer 1 bis Nummer 3) 20 Prozent und
- für Bausparbeiträge und unmittelbar wohnungswirtschaftliche Verwendung (obige Anlageformen Nummer 4 und 5) 9 Prozent.

Ebenso unterscheidet sich je nach Anlageform der begünstigte vermögenswirksame Höchstbetrag („vL-Betrag"). Er beträgt

- für das Beteiligungssparen (obige Anlageformen Nummer 1 bis 3) bis 400 Euro und
- für Bausparbeiträge und unmittelbar wohnungswirtschaftliche Verwendung (obige Anlageformen Nummer 4 und 5) zusätzlich 470 Euro und darauf Arbeitnehmer-Sparzulage in Höhe von neun Prozent

je Kalenderjahr und Arbeitnehmer.

Einen Anspruch auf Arbeitnehmer-Sparzulage haben Arbeitnehmer nur, wenn das Einkommen folgende Grenzen nicht übersteigt:

- für das Beteiligungssparen (obige Anlageformen Nummer 1 bis 3) bei Einzelveranlagung 20 000 Euro oder bei Zusammenveranlagung von Ehegatten 40 000 Euro
- für Bausparverträge und unmittelbar wohnungswirtschaftliche Verwendung (obige Anlageformen Nummer 4 und 5) bei Einzelveranlagung 17 900 Euro oder bei Zusammenveranlagung von Ehegatten 35 800 Euro

Im Hinblick auf die vertragliche Ausgestaltung sind bei den staatlich geförderten Anlageformen mit Beteiligungscharakter folgende Punkte von Bedeutung:

- Sparverträge über Wertpapiere und andere Vermögensbeteiligungen (§ 4 VermBG)
  Mit den Sparleistungen eines Kalenderjahres müssen spätestens bis zum Ende des folgenden Kalenderjahres die Wertpapiere erworben oder die Rechte begründet oder erworben werden. Die mit den Leistungen erworbenen Wertpapiere müssen unverzüglich nach ihrem Erwerb bis zum Ablauf der Sperrfrist für sieben Jahre angelegt werden. Über die Wertpapiere oder die mit den Leistungen begründeten oder erworbenen Rechte darf bis zum Ablauf der Sperrfrist nicht durch Rückzahlung, Abtretung, Beleihung oder in anderer Weise verfügt werden.

- Wertpapier-Kaufverträge (§ 5 VermBG)
  Bis zum Ende des Kalenderjahres, das auf das Jahr der Sparleistung folgt, müssen die Wertpapiere erworben werden.
  Die erworbenen Wertpapiere müssen unverzüglich nach ihrem Erwerb bis zum Ablauf einer Sperrfrist von sechs Jahren festgelegt werden; über die Wertpapiere darf bis zum Ablauf der Sperrfrist nicht verfügt werden. Die Sperrfrist beginnt am ersten Januar des Erwerbsjahres.

- Beteiligungs-Verträge und Beteiligungs-Kaufverträge (§§ 6 und 7 VermBG)
  Bis zum Ende des Kalenderjahres, das auf das Jahr der Sparleistung folgt, müssen die Rechte begründet werden.
  Über die mit den Leistungen begründeten Rechte darf bis zum Ablauf einer Sperrfrist von sechs Jahren nicht durch Rückzahlung, Abtretung, Beleihung oder in anderer Weise verfügt werden. Die Sperrfrist beginnt am ersten Januar des Jahres, in dem das Recht begründet worden ist.

2.3.2 Förderung nach dem Wohnungsbau-Prämiengesetz

Das Wohnungsbau-Prämiengesetz (WoPG) vom 30.10.1997 (BGBl. I S. 2678) sieht eine Förderung bestimmter Sparleistungen für wohnungswirtschaftliche Maßnahmen vor. Damit soll vor allem der Eigenheimbau breiter Bevölkerungsschichten gefördert werden.

Unbeschränkt einkommensteuerpflichtige natürliche Personen (das heißt mit Wohnsitz oder gewöhnlichem Aufenthalt in Deutschland), die das 16. Lebensjahr vollendet haben oder Vollwaisen sind und deren zu versteuerndes Einkommen des Einkommensteuergesetzes nach § 2a WoPG im Jahr der Sparleistung die Grenzen von

- 25 600 Euro für Alleinstehende oder
- 51 200 Euro für Ehepartner (ein oder zwei Arbeitnehmer) – ab Veranlagungszeitraum 2009 ohne Einkünfte, auf die der gesonderte Tarif nach § 32d EStG erhoben wird (Abgeltungsteuer) –

nicht übersteigt, können für den Sparhöchstbetrag nach § 3 WoPG von

- 512 Euro im Jahr bei Alleinstehenden oder
- 1 024 Euro im Jahr für Zusammenveranlagte (Höchstbetragsgemeinschaft)

eine Wohnungsbauprämie in Höhe von 8,8 Prozent der prämienbegünstigten Aufwendungen (§ 3 Abs. 1 WoPG) erhalten.

Voraussetzung ist, dass

1. die Aufwendungen nicht vermögenswirksame Leistungen darstellen, für die Anspruch auf Arbeitnehmer-Sparzulage nach § 13 des 5. VermBG besteht, und
2. das maßgebende Einkommen des Prämienberechtigten die Einkommensgrenze nach § 2a WoPG nicht überschritten hat.

Die Zinsen für Bausparguthaben sind ebenfalls prämienberechtigt. Dabei werden nur Beträge im Sparjahr von mindestens 50 Euro im Jahr je Bausparkasse mit Sitz oder Geschäftsleitung und Erlaubnis zum Geschäftsbetrieb innerhalb der EU gefördert (§ 2 Abs. 1 WoPG).

Die Gewährung der Wohnungsbauprämie hängt davon ab, ob die Bausparsumme zur Förderung des Wohnbaus im Sinne von § 2 WoPG verwendet wird.

Bausparer, die bei Vertragsabschluss das 25. Lebensjahr noch nicht vollendet haben, können nach einer Sperrfrist von sieben Jahren ohne den Nachweis der Verwendung der Mittel über den gesparten Betrag einschließlich Wohnungsbauprämie zum Wohnungsbau frei verfügen. Daraus ergibt sich, dass Personen, die bei Vertragsabschluss jünger als 25 Jahre sind, nach einer Sperrfrist von sieben Jahren die Mittel auch für andere Zwecke als den Wohnungsbau einsetzen.

Staatliche Förderung nach dem Wohnungsbau-Prämiengesetz (WoPG) für unbeschränkt einkommensteuerpflichtige Personen ab der Vollendung des 16. Lebensjahres	
Sachverhalt	**Voraussetzungen**
Alter des Prämienberechtigten	Vollendung des 16. Lebensjahres oder Vollwaise
Einkommensgrenzen bei einem zu versteuernden Einkommen für die staatliche Förderung im Sparjahr[1]	25 600 € oder bei Zusammenveranlagung 51 200 €[2]
Leistungserbringung	Einzahlungen, die Abschlussgebühr und Zinsgutschriften auf Bausparverträge; Mindestsparleistung je Bausparvertrag und Sparjahr: 50 €
prämienbegünstigte Höchstbeiträge pro Jahr	512 € oder bei Zusammenveranlagung gemeinsam höchstens 1 024 € (Höchstbetragsgemeinschaft)
Förderung in Prozent (Wohnungsbauprämie)	8,8 Prozent der maximal begünstigten Aufwendungen (Sparleistung)
Qualifizierung als prämienbegünstigte Aufwendungen	Verwendung der Aufwendungen zum Wohnungsbau im Sinne von § 2 WoPG

Prämienverfahren (nach § 4 WoPG)
Der Anspruch auf Prämie entsteht mit Ablauf des Sparjahrs. Die Prämie ist bis zum Ablauf des zweiten Kalenderjahrs, das auf das Sparjahr folgt, bei dem Unternehmen, bei dem die prämienbegünstigten Aufwendungen erbracht werden, zu beantragen.

Prämienunschädliche Verfügungen für vor dem 01.01.2009 abgeschlossene Verträge (§ 2 Abs. 3 WoPG)
Verfügt der Sparer vorzeitig über eine staatlich geförderte Anlage mit Vertragsabschluss vor dem 01.01.2009, muss er grundsätzlich mit der Zurückbelastung der Wohnungsbauprämie rechnen. Doch es gibt auch vorzeitige Verfügungen, die nicht prämienschädlich sind. So sind nach dem Wohnungsbau-Prämiengesetz folgende vorzeitige Verfügungen prämienunschädlich:

- bei unverzüglicher und unmittelbarer Verwendung ausgezahlter Mittel im Wohnungsbau
- wenn bei Abtretungen der Bausparsumme an Angehörige der Erwerber, derjenige der die Mittel erhält, diese für den Abtretenden unverzüglich und unmittelbar zum Wohnungsbau für die abtretende Person oder deren Angehörige im Sinne des § 15 AO verwendet
- bei Tod oder völliger Erwerbsunfähigkeit des Bausparers oder seines nicht dauernd getrennt lebenden Ehepartners
- bei Arbeitslosigkeit des Bausparers, sofern diese nach Vertragsabschluss eingetreten ist, mindestens ein Jahr lang ununterbrochen bestanden hat und zum Zeitpunkt der vorzeitigen Verfügung weiterhin besteht.

1 Das Bruttoeinkommen kann wesentlich höher liegen; besonders ab 2009, da seitdem die Einkünfte aus Kapitalvermögen nicht mehr zur Summe der Einkünfte zählen!
2 Ab VAZ 2009 ohne Einkünfte, auf die der gesonderte Tarif nach § 32d EStG erhoben wird (Abgeltungsteuer).

<table>
<tr><th colspan="5">Staatliche Förderung der Vermögensbildung und -beteiligung der Arbeitnehmer, Auszubildenden und Beamten durch Leistungen des Arbeitgebers nach dem Fünften Vermögensbildungsgesetz (vermögenswirksame Leistungen)</th></tr>
<tr><td>Ausgewählte Anlageformen
Förderkriterien</td><td colspan="2">1. Wertpapier- und Vermögensbeteiligungs-Sparvertrag (§ 2 Abs. 1 Nr. 1 in Verbindung mit § 4) oder
2. Wertpapier-Kaufvertrag (§ 2 Abs. 1 Nr. 2 i. V. m. § 5) oder
3. Beteiligungs-Vertrag (§ 2 Abs. 1 Nr. 3 i. V. m. § 6) oder</td><td colspan="2">4. Bausparbeiträge nach den Vorschriften des Wohnungsbau-Prämiengesetzes (§ 2 Abs. 1 Nr. 4)
5. unmittelbare wohnungswirtschaftliche Aufwendungen (§ 2 Abs. 1 Nr. 5)</td></tr>
<tr><td>Einkommensgrenzen bei einem zu versteuernden Jahreseinkommen des betreffenden Kalenderjahres nach § 2 EStG</td><td colspan="2">höchstens 20 000 € oder bei Zusammenveranlagung 40 000 €</td><td colspan="2">höchstens 17 900 € oder bei Zusammenveranlagung 35 800 €</td></tr>
<tr><td>Leistungserbringung</td><td colspan="4">vermögenswirksame Leistungen; (Geldleistungen, die der Arbeitgeber für den Arbeitnehmer anlegt)</td></tr>
<tr><td>geförderte Anlagehöchstbeträge pro Jahr</td><td>Alleinstehende und Verheiratete (ein Arbeitnehmer)
400 €</td><td>Verheiratete (zwei Arbeitnehmer)
800 €</td><td>Alleinstehende und Verheiratete (ein Arbeitnehmer)
470 €</td><td>Verheiratete (zwei Arbeitnehmer)
940 €</td></tr>
<tr><td>Art der Förderung</td><td colspan="4">Arbeitnehmer-Sparzulage</td></tr>
<tr><td>Förderung in Prozent</td><td colspan="2">20</td><td colspan="2">9</td></tr>
<tr><td>– Höchstbeträge der staatlichen Förderung pro Jahr (höchstens)
– somit</td><td>Alleinstehende und Verheiratete (ein Arbeitnehmer)
80 €</td><td>Verheiratete (zwei Arbeitnehmer)
160 €</td><td>Alleinstehende und Verheiratete (ein Arbeitnehmer)
43 €</td><td>Verheiratete (zwei Arbeitnehmer)
86 €</td></tr>
<tr><td>Ansparzeit</td><td colspan="2">6 Jahre</td><td colspan="2" rowspan="2">7 Jahre ab Vertragsabschluss</td></tr>
<tr><td>Sperrfrist (Bildungsfrist)</td><td colspan="2">7 Jahre ab 1. Januar des Jahres der ersten Einzahlung</td></tr>
</table>

Für vor dem 01.01.2009 abgeschlossene und mindestens mit einem Regelsparbeitrag besparte Verträge gilt das bis Ende 2008 geltende Prämienrecht.

Näheres siehe § 2 Abs. 3 WoPG.

Baukindergeld ab 2018
Das neue Baukindergeld ab 2018 wird in Abschnitt 7.2.1.4 beschrieben.

2.3.3 Vermögensbeteiligungen von Arbeitnehmern

Nach § 3 Nr. 39 i. V. m. § 52 Abs. 27 EStG bleibt der Vorteil aus unentgeltlicher oder verbilligter Überlassung von Vermögensbeteiligungen im Sinne des 5. VermBG, die ein Unternehmer seinen Mitarbeitern in Form von Kapitalbeteiligungen oder Darlehensforderungen einräumt, bis zu einem geldwerten Vorteil von 360 Euro pro Jahr steuer- und sozialabgabenfrei. Bei einer für den Mitarbeiter kostenlosen Beteiligung, im Wert von beispielsweise 500 Euro, sind 360 Euro steuer- und sozialabgabenfrei.

Voraussetzung ist unter anderem, dass die Beteiligung allen Arbeitnehmern offen stehen muss.

Diese Regelung gilt nach § 52 Abs. 27 i.V.m. § 19a EStG in der am 31.12.2008 geltenden Fassung weiter,

1. wenn die Vermögensbeteiligung vor dem 01.04.2009 überlassen wurde oder
2. wenn aufgrund einer seit dem 31.03.2009 bestehenden Vereinbarung ein Anspruch auf die unentgeltliche oder verbilligte Überlassung einer Vermögensbeteiligung besteht sowie die Vermögensbeteiligung vor dem 01.01.2016 überlassen wird und bei diesem Arbeitnehmer im Kalenderjahr nicht § 3 Nr. 39 EStG angewandt wurde.

Steuerbegünstigt ist unter bestimmten Voraussetzungen auch die Umwandlung von geschuldetem Barlohn in Vermögensbeteiligungen. Beteiligungen können beispielsweise Aktien des Arbeitgebers und börsennotierte Wandelschuldverschreibungen, Gewinnschuldverschreibungen, Genussscheine, Genossenschaftsguthaben, GmbH-Anteile und stille Beteiligungen sein. Einkommensgrenzen für die Gewährung der Steuervergünstigung bestehen nicht.

Für **vor** dem 01.04.2009 überlassene Vermögensbeteiligungen oder entsprechende Vereinbarungen ist § 3 Nr. 39 i. V. m. § 52 Abs. 27 EStG in der am 31.12.2008 geltenden Fassung weiter anzuwenden.

Beispiel

Der Arbeitgeber überlässt dem Arbeitnehmer Aktien mit einem Börsenkurs von 760 Euro zu einem Vorzugspreis von 400 Euro. Die Ermäßigung von 360 Euro bleibt steuer- und beitragsfrei. Der Arbeitnehmer erbringt seinen Eigenanteil mit vermögenswirksamen Leistungen und erhält hierfür vom Finanzamt eine Sparzulage von 80 Euro (20 Prozent von 400 Euro), wenn sein Einkommen die maßgebende Einkommensgrenze von 20 000 Euro (ledig) und 40 000 Euro (verheiratet) nicht übersteigt.

2.3.4 Weitere Formen von Vermögensbeteiligungen

Um Mitarbeiter am Erfolg des Unternehmens teilhaben zu lassen, kommt nicht nur die Überlassung von Vermögensbeteiligungen im Sinne des § 3 Nr. 39 EStG und des 5. VermBG in Betracht. Beispielsweise kann ein betriebliches Vermögensbildungsmodell auch so konzipiert werden, dass die Mitarbeiter aus einer Beteiligung am Gewinn des Unternehmens (Erfolgsbeteiligung) Mitarbeiterkapital im Betrieb ansparen, über das der einzelne Arbeitnehmer erst nach Ablauf eines zwischen Unternehmen und Belegschaft festgelegten Zeitraums verfügen kann. Der Vorteil besteht darin, dass bei entsprechender Vertragsgestaltung der Zeitpunkt für die Entrichtung von Steuern und Sozialversicherungsbeiträgen für Entgeltbestandteile, die zur Mitarbeiter-Kapitalbildung verwendet werden, an das Ende des vereinbarten Zeitraums verlagert wird. Voraussetzung für dieses Hinausschieben der Entstehung von Steuern und Sozialabgaben ist, dass der Mitarbeiter über die Gutschrift wirtschaftlich nicht verfügen kann.

Formen der Mitarbeiterkapitalbeteiligung
Für eine Mitarbeiterkapitalbeteiligung kommen grundsätzlich alle Formen einer Kapitalbeteiligung in Betracht. Es gelten die gleichen Regeln wie für andere Kapitalgeber. Je nach Rechtsform des Unternehmens und den Zielen von Arbeitgeber und Arbeitnehmern können die Mitarbeiter am Eigenkapital, beispielsweise in Form von GmbH-Anteilen, oder am Fremdkapital (Mitarbeiterdarlehen) oder an Mischformen (Stille Beteiligung, Genussschein) beteiligt werden. Die im Einzelfall „richtige" Beteiligungsform hängt neben der Rechtsform des Unternehmens vor allem davon ab, welche Übereinkünfte Arbeitgeber und Mitarbeiter treffen, insbesondere hinsichtlich

- der Informations- und Mitgestaltungsrechte für die Mitarbeiter,
- des Kapitalanteils und des Risikos, das die Mitarbeiter übernehmen,
- der Erfolgsbeteiligung oder Verzinsung des eingesetzten Kapitals und
- der Organisation der Mitarbeiterkapitalbeteiligung, also ob eine direkte oder indirekte (über eine zwischengeschaltete Beteiligungsgesellschaft) Mitarbeiterkapitalbeteiligung bevorzugt wird.

Vorteile der Mitarbeiterbeteiligung für Arbeitgeber und Arbeitnehmer
Dieses betriebliche Vermögensbildungsmodell kann zu erheblichen Vorteilen für Arbeitgeber und Arbeitnehmer führen. Statt des um Steuer und Sozialabgaben verminderten Nettobetrages verbleibt der Bruttobetrag im Unternehmen und erhöht damit die Liquidität; Steuern und Sozialabgaben sind für den Arbeitnehmer zunächst nur von dem zur Auszahlung gelangenden Bruttolohn einzubehalten.

Damit derartige Vermögensbildungsmodelle anerkannt werden können, müssen, entsprechend dem BFH-Urteil vom 14.05.1982, BStBl Teil II S. 469, besonders folgende Bedingungen erfüllt sein:

- Die nicht zugeflossenen investiven Erfolgsanteile dürfen nicht zu einer gesellschaftsrechtlichen Beteiligung am Unternehmen des Arbeitgebers führen. Wird zum Beispiel eine stille Beteiligung der Mitarbeiter vereinbart, kann keine Zuflussverschiebung erreicht werden. Das Gleiche gilt, wenn ein Darlehensvertrag vorliegt.
- Es darf kein Wahlrecht zwischen Barauszahlung und Investivanlage bestehen. Der Effekt der „Stundung" von Steuern und Sozialabgaben durch eine Zuflussverschiebung kann auch im Zusammenhang mit der betrieblichen Altersversorgung genutzt werden.

Ein weiterer Vorteil ist, dass eine Steuer- und Sozialabgabenbelastung des Kapitals zum Auszahlungszeitpunkt des Mitarbeiterkapitals durch Umwandlung in eine betriebliche Altersvorsorge (in Form einer Direktzusage) hinausgeschoben werden kann. Damit wird der wirtschaftliche Zufluss in das Rentenalter verlagert – mit in der Regel niedrigeren Steuer- und Sozialversicherungsbelastungen.

2.3.4.1 Direkte Beteiligungen

Im Folgenden werden zunächst die direkten Beteiligungen mit ihren Vor- und Nachteilen stichwortartig dargestellt, dann die indirekten Beteiligungen (vornehmlich bei GmbH-Anteilen). Bei direkten Beteiligungen besteht die Teilhabe der Mitarbeiter am Unternehmen ohne Zwischenschaltung einer Mitarbeiterbeteiligungsgesellschaft, die die Mitarbeiterbelange als Kapitaleigentümer zusammenfasst:

- **GmbH-Anteile**

Sie gewähren Teilhabe am Substanzwert des Unternehmens; Mitarbeiter werden vollwertige Gesellschafter mit allen Rechten und Pflichten entsprechend der Beteiligung am Eigenkapital; sie haben insbesondere Informations- und Mitwirkungsrechte; es erfolgt eine gewinnabhängige Gewinnausschüttung; das Problem des verwaltungsaufwendigen Wechsels von Mitarbeitern kann, wie erwähnt, durch eine zwischengeschaltete Mitarbeiterbeteiligungsgesellschaft umgangen werden.

- Vorteile: langfristiges Eigenkapital; hohe Motivationswirkung; im Gesellschaftervertrag frei regelbar sind Stimmrechte, Gewinnverteilung, Informations- und Kontrollrechte, Bewertung stiller Reserven
- Nachteile: Scheu der Altgesellschafter vor neuen Gesellschaftern; Einschränkung der vormals uneingeschränkten Verfügungsmacht entsprechend des Kapitalanteils der beteiligten Mitarbeiter, insbesondere bei Fragen des Kapitaleinsatzes und der Bestellung von Geschäftsführern und Prokuristen

- **Aktien**

Auch hier besteht eine Teilhabe am Substanzwert des Unternehmens; Mitarbeiterkapitalbeteiligung erfolgt meistens durch Überlassung verbilligter Aktien; sie gewähren Informations- und Stimmrecht; Aktien bei Familienunternehmen sind oft stimmlos (also ohne Stimmberechtigung, besonders Vorzugsaktien: Aktien mit Vorzugsdividende), nicht börsennotiert; beschränkter stimmberechtigter Aktionärskreis mit Mehrheit in Händen der Altgesellschafter; die Aktionärshaftung ist auf die Einlage begrenzt; ertragsabhängige Dividendenzahlung, spezielle Mitarbeiterregelungen sind unzulässig.

- **Stille Beteiligung**

Je nach Ausgestaltung Fremd- oder Eigenkapital; weder notarieller Vertrag noch Eintragung ins Handelsregister erforderlich; Recht auf Gewinnbeteiligung (kann nicht ausgeschlossen werden), zusätzlich auch Mindestverzinsung möglich; Einsicht in Bilanzen und Bücher; kein Einfluss auf Geschäftsführung (Grundlagen des Unternehmens dürfen jedoch nicht ohne Zustimmung verändert werden); frei vereinbar sind: Ausschluss einer Verlustbeteiligung, variable oder feste Verzinsung, Umfang der Widerspruchs- und Kontrollrechte (je höher das Risiko, umso mehr Kontrollmöglichkeiten), ebenso beispielsweise Laufzeit, Übergang des Kapitals bei Tod auf Erben; Mitarbeiter kann seine Beteiligung nicht zu Lasten des Stammkapitals zurückfordern.

- Vorteile: Für die Vertragsgestaltung bestehen große Freiheiten, beispielsweise für Familienbetriebe.
- Nachteile: Für Veräußerung oder Umwandlung der Rechtsform ist die Zustimmung der stillen Gesellschafter erforderlich.

- **Genussscheine**

Beteiligung an Gewinn und Verlust nach vereinbarten Kenngrößen, prozentuale Begrenzung vereinbar, zusätzlich auch Mindestverzinsung möglich; keine Mitwirkungs- und Kontrollrechte; juristisch Fremdkapital (keine Eigenkapitalbeteiligung, deshalb auch keine ausgeprägten Mitarbeiter-Kontrollrechte trotz eigenkapitalähnlicher Eigenschaft); variable Bedienung entsprechend Gewinn- oder Verlustsituation möglich; nachrangige Kapitalhaftung (nach Gläubigern) vereinbar; bei Verlustbeteiligung ist ausschließlich feste Verzinsung ausgeschlossen; bei Beteiligung am Bilanzverlust Nachzahlungsanspruch nach Verlustjahren möglich.

- Vorteile: hohe Vertragsfreiheit (beispielsweise Kombination von Gewinnbeteiligung und Mindestverzinsung); Stärkung des Eigenkapitals

- Nachteile: wegen fehlender gesetzlicher Bestimmungen hohe Eigenverantwortung bei der Gestaltung; kein Schutz vor Insolvenzrisiko für Mitarbeiterkapital (Ausnahme: Förderung nach dem Vermögensbildungsgesetz – dann Schutz vor Insolvenzrisiko während der Sperrfrist)

- **Mitarbeiterdarlehen**

Einfache und rechtsformunabhängige Beteiligung der Mitarbeiter am Unternehmen (in §§ 488 ff. BGB geregelt); das Unternehmen nimmt mittels einzelner Darlehensverträge Kapital bei den Mitarbeitern auf; konstante Verzinsung, aber auch Koppelung an Unternehmensgewinn möglich (partiarisches Darlehen: variable, vom Unternehmenserfolg, also der Gewinn oder Umsatz, abhängige Verzinsung, meist lange Laufzeit und damit eigenkapitalähnliche Mitarbeiterkapitalbeteiligung); bankbürgschaftliche Absicherung (vom Unternehmen finanziert); keine Eigenkapitalbeteiligung, deshalb auch keine ausgeprägten Mitarbeiterkontrollrechte; keine Verlustbeteiligung.

- Vorteile: unkomplizierter Einstieg in Mitarbeiterkapitalbeteiligung; hohe Gestaltungsfreiheit, deshalb beispielsweise vor allem für Klein- und Mittelbetriebe geeignet; verbesserte Unternehmensliquidität; optimale Sicherheit für Mitarbeiter; Anlage vermögenswirksamer Leistungen möglich
- Nachteile: Es können Kosten wegen einer Bankbürgschaft oder einer privatrechtlichen Versicherung gegen das Insolvenzrisiko entstehen; möglicherweise eingeschränkte Motivation für den Mitarbeiter, wenn Verzinsung vollständig gewinnunabhängig erfolgt; Verschlechterung der Bilanzstruktur aufgrund der Fremdkapitaleigenschaft der Mitarbeiterdarlehen.

2.3.4.2 Indirekte Beteiligungen

Bei indirekten Beteiligungen sind Mitarbeiter nicht direkt am Unternehmen, sondern indirekt über eine zwischengeschaltete Mitarbeiterbeteiligungsgesellschaft beteiligt. Der Hauptvorteil liegt in der Bündelung der Vertragsbeziehungen zwischen Arbeitgeber und Mitarbeitern. Ein weiterer Vorteil ergibt sich aus der Flexibilität in Form eines erheblich verminderten Verwaltungsaufwands insbesondere bei neuen und ausscheidenden Mitarbeitern. Eine indirekte Beteiligung kommt in der Praxis am häufigsten bei Unternehmen in der Rechtsform der GmbH vor. Die Mitarbeiterbeteiligungsgesellschaft selbst kann in Form einer Gesellschaft des bürgerlichen Rechts (GbR) oder als GmbH bestehen und ihrerseits als Kommanditistin oder GmbH-Gesellschafterin am Arbeitgeberunternehmen beteiligt sein.

2.4 Bausparen

2.4.1 Bausparprinzip und Bauspartarife

Bausparen ist Zwecksparen mit dem Ziel, nach Erreichen bestimmter Voraussetzungen die Zuteilung der Bausparsumme zu erhalten. Die Bausparsumme setzt sich zusammen aus dem angesparten Guthaben und einem zinsgünstigen, nachrangigen Bauspardarlehen. Deshalb spricht man auch von einem Kombinationsprodukt. Die Konditionen für das Darlehen sind beginnend mit dem Vertragsabschluss festgeschrieben und garantiert, obwohl das Darlehen meist erst in nach vielen Jahren beansprucht wird und auf dem Kapitalmarkt die Zinssituation zu diesem Zeitpunkt anders als beim Vertragsabschluss sein kann. Modern ausgedrückt könnte man diese Zinsabsicherung als „Zins-Hedge“ bezeichnen.

Merkmale des Bauspartarifs					
Kosten für Abschluss des Vertrags und der Kontoführung	Regelsparbeiträge	Effektivverzinsung von Guthaben[1] und Darlehen	Mindestsparguthaben in Prozent der Bausparsumme	Tilgungsvoraussetzungen	Tilgungsbeiträge und Dauer

Für die Zukunft erwirbt sich so der Anleger ein Anrecht auf ein zinsgünstiges Darlehen, durch das er von Hochzinsphasen nicht betroffen ist. In der Darlehensphase zahlte der Bausparer in „normalen" Zinsphasen häufig niedrigere Zinsen als der vergleichbare Zins am Kapitalmarkt. In diesem Fall hat sich der Verzicht auf einen teilweise höheren Guthabenzins (meist – je nach Tarif – 0 bis 2 Prozent) bei einer alternativen Geldanlage gelohnt. Inwieweit sich ein Bausparvertrag in einer Niedrigzinsphase rechnet, muss unter Berücksichtigung aller Faktoren beurteilt werden.

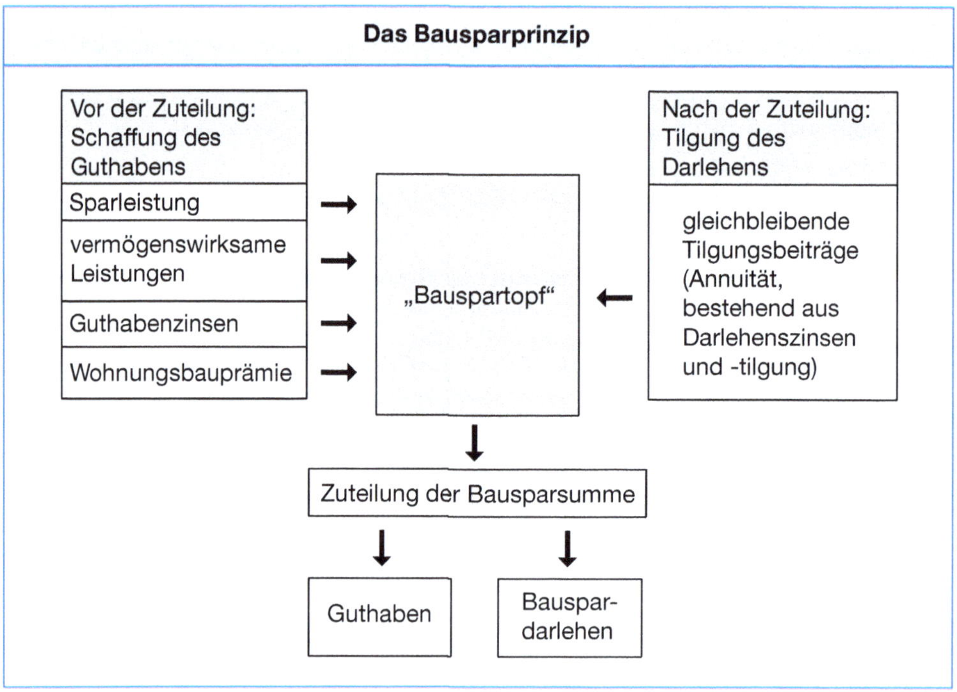

Das Bausparen ist auch ein Finanzierungsinstrument, bei dem Eigenkapital angespart wird, bevor das Darlehen gegeben wird. Dieses Vorsparen wird im Rahmen bestimmter Einkommensgrenzen durch die Wohnungsbau-Prämie und – für Arbeitnehmer – zusätzlich mit der Arbeitnehmer-Sparzulage staatlich gefördert.

1 In den meisten Fällen.

Die vier Phasen des Bausparens			
Abschluss des Vertrags	Ansparphase	Zuteilung des Bausparvertrags	Tilgungsphase des Darlehens
Vielfältige Vertrags-und Kombinationsmöglichkeiten, beispielsweise – Langzeittarif – Standardtarif – Schnellspartarif – Tarifvarianten: Optionstarif mit Tarifwechselmöglichkeit – Abschlusskosten 1 bis 1,6 Prozent der Bausparsumme	Einzahlungen bis zum Erreichen des Mindestsparguthabens	Voraussetzung: Erreichen der Mindestbewertungszahl und des Mindestsparguthabens; Entscheidung: – Annahme des Bausparguthabens oder des Bausparguthabens mit Bauspardarlehen oder – Fortsetzung des Bausparvertrags	Nach Zuteilung und Auszahlung des Bausparguthabens und des Darlehens erfolgt die Rückzahlung mit monatlichem Zins- und Tilgungsbetrag von 4–8 Promille der Bausparsumme.

Geldanlage-Tipp zur Information vor Abschluss eines Bausparvertrags

Die meisten EU-Bausparkassen und Kreditinstitute, die wohnwirtschaftliche Darlehen vergeben, haben den Europäischen Verhaltenskodex unterzeichnet. Danach ist jedem Interessenten eine Beratungsbroschüre auszuhändigen, die von allen Bausparkassen, die den Kodex unterzeichnet haben, einheitlich erarbeitet wurde.

Durch unterschiedlich aufgebaute Bauspartarife wurden die Bausparkassen in den letzten Jahren zunehmend flexibel und dem unterschiedlichen Bedarf der Bausparer gerecht. Die Wartezeit bis zur Zuteilung des Bauspardarlehens ist je nach Bausparkasse und Tarif sehr unterschiedlich. Bei allen Finanzierungsüberlegungen sollte das berücksichtigt werden. Wenn noch staatliche Sparförderung hinzu kommt, kann trotz der längeren Wartezeiten eine, je nach Zinssituation, akzeptable Rendite erreicht werden.

Bei Sofortauffüllung eines Bausparvertrags auf beispielsweise 50 Prozent beträgt die Wartezeit bei den meisten Bausparkassen etwa vier Jahre. Spezialtarife mit höherer Ansparquote und kürzerer Laufzeit führen zu einer früheren Zuteilung der Bausparsumme.

Unter **Zuteilung** versteht man den Zeitpunkt, zu dem die Bausparsumme aus der Zuteilungsmasse zugeteilt wird. Die Zuteilungsvoraussetzungen müssen erfüllt sein. Der Bausparvertrag nimmt an den Zuteilungen innerhalb einer Zuteilungsperiode teil, wenn die Mindestbewertungszahl an dem der jeweiligen Zuteilungsperiode vorausgehenden Bewertungsstichtag erreicht wurde.

Tarifvarianten (Beispiele)				
Standard- oder Normaltarif	Steuerspartarif	Langzeittarif	Schnellspartarif	variabler Tarif
– mittlerer monatlicher Sparbeitrag – mittlere Anspardauer – niedriger Guthabenzins – niedriger Darlehenszins – mittlerer Tilgungsbeitrag	Der Steuerspartarif ist darauf ausgerichtet, dass alle einkommensteuerlichen Möglichkeiten einschließlich der staatlichen Bausparförderung genutzt werden.	– geringer monatlicher Sparbeitrag – relativ lange Anspardauer – relativ hoher Guthabenzins – höherer Darlehenszins – niedriger Tilgungsbeitrag	– hoher monatlicher Sparbeitrag – kurze Ansparzeit – niedriger Guthabenzins – niedriger Darlehenszins – höherer Tilgungsbeitrag	Der Wechsel zwischen den Tarifvarianten ist in der Sparphase jederzeit unter bestimmten Voraussetzungen möglich.

Die Reihenfolge bei den Zuteilungen einer Zuteilungsperiode richtet sich nach der Höhe der erreichten Bewertungszahl zum vorausgegangenen Bewertungsstichtag. Die höhere Bewertungszahl hat den Vorrang. Beginnend mit der höchsten Bewertungszahl werden jeweils so viele Bausparverträge zugeteilt, wie es die Zuteilungsmasse erlaubt.

Voraussetzungen für die Zuteilung eines Bausparvertrags		
Mindestsparguthaben	ausreichende Höhe der Bewertungszahl	Erreichen der Zielbewertungszahl
Nach den meisten Tarifen müssen 50 Prozent der Bausparsumme als Mindestsparguthaben erreicht sein.	Die Bewertungszahl ist – je nach Tarif – das 0,4- bis 1,8-Fache der bis zum Bewertungsstichtag erzielten Guthabenzinsen im Verhältnis zu einem Tausendstel der Bausparsumme. Je nach Vertrag muss eine Mindestbewertungszahl erreicht sein.	Das ist die Bewertungszahl, die gerade noch für eine Zuteilung ausreicht. Bei knappen Zuteilungsmitteln ist die Zielbewertungszahl hoch, bei reichlichen Mitteln niedrig. Dadurch wird die Verteilung der Mittel auf die Bausparer reguliert.

2.4.2 Bausparförderung

Der Staat fördert den Ansparvorgang beim Bausparen

- durch die Wohnungsbauprämie nach dem Wohnungsbau-Prämiengesetz (WoPG) und
- durch die Arbeitnehmersparzulage für vermögenswirksame Leistungen nach dem 5. Vermögensbildungsgesetz (VermBG).

2.4.2.1 Wohnungsbauprämie nach dem WoPG

Für den Erhalt einer Wohnungsbauprämie (WoP) von 8,8 Prozent für begünstigte Sparleistungen in Form von Beiträgen an Bausparkassen gelten die Einkommensgrenzen 25600 Euro für Alleinstehende und 51200 Euro für Ehegatten/Lebenspartner. Es wird das zu versteuernde Einkommen im Jahr der Sparleistung zugrunde gelegt.

Prämienbegünstigt sind, falls die genannten Einkommensgrenzen nicht überschritten werden, Beiträge an Bausparkassen mit den Höchstgrenzen bei Alleinstehenden bis zu 512 Euro und bei Ehepartnern/Lebenspartnern bis zu 1024 Euro (Höchstbetragsgemeinschaft).

Die Förderung unterliegt unter steuerlichen Gesichtspunkten einer Zweckbindung („wohnungswirtschaftliche Verwendung"). Die Wohnungsbauprämie wird bei Zuteilung mit Nachweis einer wohnungswirtschaftlichen Verwendung beim Finanzamt angefordert und dem Vertrag gutgeschrieben.

2.4.2.2 Vermögenswirksame Leistungen nach dem 5. VermBG

Arbeitnehmer nach §1 5.VermBG, deren Jahreseinkommen 17900 Euro oder bei einer Zusammenveranlagung 35800 Euro nicht übersteigt, haben Anspruch auf Arbeitnehmersparzulage. Der Höchstbetrag der mit der neunprozentigen Arbeitnehmer-Sparzulage förderungswürdigen Aufwendungen in Form von Bausparbeiträgen und unmittelbar wohnungswirtschaftlicher Verwendung, liegen bei jährlich 470 Euro bei Alleinstehenden und 940 Euro bei Ehegatten (zwei Arbeitnehmer) pro Jahr. So können für Arbeitnehmer beide Fördermöglichkeiten genutzt werden.

Im Übrigen siehe Abschnitte 2.1.5.1 und 2.1.5.2.

2.4.2.3 Wohn-Riester

Durch das Eigenheimrentengesetz wurde als weitere Förderung ab dem Veranlagungszeitraum 2008 der sogenannte Wohn-Riester eingeführt. Das dafür gebildete Altersvorsorgevermögen darf nur für selbst genutztes Wohneigentum verwendet werden (§§ 92a und 92b, 93 - 97 EStG).

Die Förderberechtigten erhalten Zulagen (Altersvorsorgezulage nach § 79ff. EStG), wenn der Zulageberechtigte einen Mindestbeitrag von vier Prozent des Vorjahreseinkommens leistet, jedoch mindestens ein Sockelbetrag in Höhe von 60 Euro pro Jahr aufgebracht wird. Die Grundzulage beträgt bis 2017 154 Euro und ab 2018 175 Euro (für Verheiratete 350 Euro). Für jedes ab 2008 geborene kindergeldberechtigte Kind gibt es 300 Euro Kinderzulage; für bis 2007 geborene Kinder 185 Euro. Zusätzlich gibt es einen einmaligen Berufseinsteigerbonus für Personen vor Vollendung des 25. Lebensjahrs. Die Aufwendungen (Eigenbeitrag) können steuerlich als Sonderausgaben nach § 10a EStG geltend gemacht werden (mit Günstigerprüfung nach § 10a Abs. 2 EStG).

Die Zulageberechtigung nach § 79 EStG ist nicht an eine Einkommensgrenze gebunden. Lediglich der Sockelbetrag in Höhe von 60 Euro je Beitragsjahr ist als Mindesteigenbeitrag Berechtigungsvoraussetzung. Jährlich können bis zu 2100 Euro der nach § 82 EStG geförderten Altersvorsorgebeiträge, zuzüglich der zustehenden Zulage als Sonderausgaben, abgezogen werden (§ 10a Abs. 1 EStG).

Der Nachteil besteht jedoch in der nachgelagerten Besteuerung, denn die Auszahlungen im Alter werden (ab 2040 zu 100 Prozent) besteuert.

Weitere Informationen erhalten Sie in den Abschnitten 7.2.1.3 „Die Eigenheimrente" und 8.13.2.1.3 „Förderung durch das Eigenheimrentengesetz".

2.4.3 Steuerliche Besonderheiten

Zinsen und sonstige Entgelte aus Bausparguthaben unterliegen grundsätzlich der Abgeltungsteuer in Höhe von 25 Prozent. Darüber hinaus fällt der Solidaritätszuschlag in Höhe von 5,5 Prozent auf die Abgeltungsteuer und, soweit zutreffend, Kirchensteuer an.

Geldanlage-Tipp zur Abgeltungsteuer in Bezug auf das Bausparen
Die Guthabenzinsen aus Bausparverträgen unterliegen voll der Abgeltungsteuer. Da jedoch Bausparguthaben vergleichsweise sehr niedrig verzinst werden, ist der steuerliche Nachteil durch die Abgeltungsteuer in der Ansparphase gering. Zusätzlich wirkt sich der steuerfreie Zinsvorteil des niedrig verzinsten Darlehens positiv aus. Insofern wurde das Bausparen durch die Einführung der Abgeltungsteuer attraktiver.

Die Abgeltungsteuer wird in folgenden Fällen nicht vorgenommen:

- wenn der Bausparer der Bausparkasse einen **Freistellungsauftrag** im Rahmen des Sparer-Pauschbetrags (Einzelveranlagung 801 Euro, Zusammenveranlagung 1 602 Euro) in ausreichender Höhe einreicht,
- für das Jahr oder die Jahre, in dem/denen der Bausparkasse eine **Nichtveranlagungs-Bescheinigung** vorliegt.

Lohnsteuerliche Behandlung ersparter Abschlusskosten für Mitarbeiter von Bausparkassen und von anderen Kreditinstituten
Der durch den Verzicht auf die Abschlusskosten (üblicherweise ein Prozent der Bausparsumme) entstehende geldwerte Vorteil gehört zum Arbeitslohn. Bei eigenen Arbeitnehmern der Bausparkassen handelt es sich um eine Dienstleistung nach § 8 Abs. 3 EStG. Danach sind solche Leistungen steuerfrei, wenn sie aus dem Dienstverhältnis insgesamt 1 080 Euro im Kalenderjahr nicht übersteigen.

2.4.4 Vorrats-Bausparvertrag

Der Erwerb eines zuteilungsreifen Vorrats-Bausparvertrags ist nur interessant, wenn das Aufgeld (auch Agio genannt) nicht zu hoch ist. Die Höhe des Aufgelds ist Verhandlungssache.

Beispiel

zum Vorrats-Bausparvertrag

Bausparkasse XYZ
Tarif 3

Bausparsumme	160 000 €
Darlehensanspruch am ...	94 100 €
Bausparguthaben im Dezember Vorjahr	65 900 €
+ 2,5 % Zinsen der Bausparkasse	300 €
Bausparguthaben bei der Bausparkasse	65 600 €
+ Übernahmekosten	13 200 €
+ 1 % Abschlusskosten	1 600 €
Übernahmepreis Wert März laufendes Jahr	80 400 €

Zu beachten sind die hohen Annuitätenraten und die geringe Flexibilität bei den Tilgungsraten. Werden zusätzlich eine Restschuldversicherung und/oder eine Risikolebensversicherung verlangt, verteuert sich diese Form der Immobilienfinanzierung zusätzlich.

Anlaufstelle für Verbraucher bei Streitfällen mit Bausparkassen

- Ombudsmann der privaten Bausparkassen
  Postfach 30 30 79
  10730 Berlin
  Internet: www.schlichtungsstelle-bausparen.de
  E-Mail: info@schlichtungsstelle-bausparen.de
  Telefon: 030 59 00 91–500
  Fax: 030 59 00 91–501

- Die Schlichtungsstellen der (öffentlichen) Landesbausparkassen (LBS)
  Die acht zur Sparkassen-Finanzgruppe gehördenden Landesbausparkassen betreiben unterschiedliche Schlichtungsstellen. Fragen Sie bei Ihrer Landesbausparkasse nach der zuständigen Beschwerdestelle.

2.5 Distributed-Ledger-Technologie und Kryptowährungen anhand von Blockchain und Bitcoin aus Anlegersicht

„The money you own has been turned into immaterial bits and bytes long ago.“

Daniel Drescher, 2017

Silber und Gold sind in der Menschheitsgeschichte lange für die zentralen ökonomischen Funktionen von Geld als Wertaufbewahrungs- und Tauschmittel sowie Recheneinheit eingesetzt worden. Lange Zeit galt Gold als dem Papiergeld zugrundeliegende Basis. Im System von Bretton-Woods wurde 1944 eine Bandbreite der Wechselkurse zum US-Dollar vereinbart. Zudem verpflichtete sich die US-Notenbank Fed gegenüber den Zentralbanken der teilnehmenden Staaten, 35 US-Dollar gegen eine Feinunze Gold, also 31,1035 Gramm, zu tauschen. Nach der Aufgabe des Bretton-Woods-Systems wurde die Koppelung an das Gold im Währungssystem der westlichen Staaten aufgehoben.

Welchen Wert hat Papier- und Giralgeld ohne eine Parität zum Gold? Letztlich den Wert, der ihm durch die Marktteilnehmer beigemessen wird. Welchen Wert hat eine digitale Kunstwährung? Letztlich den Wert, der ihr durch Marktteilnehmer beigemessen wird, ein Bitcoin hatte am 14.09.2018 einen Wert von 5568 Euro oder 6478 US-Dollar.

Ziel in diesem Kapitel ist es, zunächst einen grundlegenden Überblick über die technischen Grundlagen der Blockchain zu geben. Im Anschluss werden Bitcoin eingeordnet. Abgerundet wird dieses Kapitel mit einer kurzen Beantwortung der Geeignetheit von Bitcoin und anderen Kryptowährungen für Anleger.

Zentrale, verteilte sowie hybride Systeme in der IT[1]
Die Musikindustrie wurde Ende der 1990er Jahre durch das Ermöglichen von Downloads von privaten Computern in einem Netzwerk erschüttert. Das Netzwerk Napster ermöglichte es durch ein hybrides System, Musikdateien von privaten Computern zu downloaden. Hierdurch wurde der Intermediär, die Musikindustrie, in zunehmendem Maße obsolet.

In der IT-Systemarchitektur wird zwischen zentralen Systemen und verteilten Systemen unterschieden. Diese beiden Systeme sind in ihren Ausprägungen Antipoden. Übertragen auf das Geldsystem sind hier ein zentrales System mit zentralen Einheiten der Verbuchung der Transaktionen und ein verteiltes System der Transaktionsverbuchung denkbar. Bei einem verteilten System ist kein Intermediär notwendig. Auch ein Finanzsystem, das verteilt organisiert ist, benötigte keine zentralen Finanzintermediäre. Dieses Wegfallen von Intermediären wird auch als Disintermediation bezeichnet. Bezogen auf den Finanzbereich würde es wahrscheinlich unter anderem wachsende Auswirkungen auf den Zahlungsverkehr, die Geldanlage und die Finanzierung haben.

Denkbar sind auch Varianten zwischen diesen beiden Antipoden, die die Eigenschaften der beiden verbinden. Varianten hybrider Systeme sind:

1. Bei einem eher zentralen System könnten neben der Verbindung der einzelnen Computer untereinander diese auch mit einer zentralen Einheit verbunden sein.
2. Bei einem eher verteilten System könnte eine große Anzahl von Computern mit einer kleinen zentralen Gruppe von Computern verbunden sein.

Grundlage der Blockchain als System ist ein Peer-to-Peer-System. Peer-to-Peer-Systeme sind verteilte Systeme. Sie können aber auch Elemente von zentralen Systemen enthalten. Ein Beispiel für ein hybrides System in der Form eines zentralisierten Peer-to-Peer-Systems ist Napster. Die Übersicht über die verfügbaren Musiktitel wurde beispielsweise in einem zentralen Netzwerkknoten gehalten.

2.5.1 Distributed-Ledger-Technologie

Bei einem Distributed Ledger handelt es sich um ein dezentral geführtes, öffentliches, digitales Kontenbuch, bei dem das globale Kontenbuch nicht nur bei einer Person oder einem Unternehmen liegt, sondern unzählige Kopien verteilt und diese nicht mehr zentral, sondern dezentral gespeichert werden. Teilweise wird auch von Transaktionsdatenbanken oder dezentralen Datenbanken gesprochen. Distributed-Ledger-Technologie-Systeme (DLT-Systeme) können öffentlich oder privat sein. Sie unterscheiden sich in der Art, wie eine Transaktion in das dezentral geführte Kontenbuch aufgenommen wird. Hierbei gibt es den Proof-of-Work und den Proof-of-Stake. Bei dem Proof-of-Work handelt es sich um den Nachweis, eine Rechenleistung zur Lösung einer Rechenaufgabe mit einer festgelegten Schwierigkeit eingesetzt zu haben. Beim Proof-of-Stake handelt es sich um den Nachweis eines Anteils. Hierbei müssen die Besitzer eines Anteils nachweisen, welchen Anteil beispielsweise einer Währung sie besitzen.

Wie aber lassen sich Transaktionen in einem verteilten System geordnet aufzeichnen? An diesem Punkt setzt die Blockchain als DLT-System an:

1 Drescher, D. (2017): Blockchain Basics. A non-technical introduction in 25 steps. New York City: Apress, Seite 19–25.

2.5.2 Blockchain: Das DLT-System für Bitcoin

Teilweise wird die Blockchain auch als Betriebssystem beschrieben. Die bekannteste Anwendung der Blockchain ist dann der Bitcoin. Die Blockchain ist ein verteiltes System in der Netzwerkstruktur eines Peer-to-Peer-Systems, bei dem die beteiligten Computer Anteile ihrer Rechenleistung und Speicherkapazität zur Verfügung stellen. Sie speichert digitale Kopien eines öffentlichen Kontenbuchs verteilt im Netzwerk und führt eine Verifizierung durch Proof-of-Work durch, die den Konsensmechanismus darstellt.

Wie die Bezeichnung „Blockchain" suggeriert, umfasst diese Datenbank Blöcke in einer Kette als aufeinander bezogene Datenblöcke, wobei der jeweils neuere Block auf den vorangehenden Block verweist. Die Blockchain-Datenstruktur ist also eine vom letzten Block beginnende Reihung von Blöcken mit Transaktionen, verknüpfend bis zum ersten Block. Dieser erste Block der Blockchain wird auch Genesis-Block genannt. Die Blockchain beginnt mit diesem ersten Block, der zur Initialisierung der Blockchain verwendet wurde.

Besondere Ausprägungen des DLT-Systems Blockchain als verteiltes System sind:

- Jeder der Blöcke hat einen Zeitstempel, die Reihung der Blöcke erfolgt in chronologischer Ordnung.
- Zudem hat ein folgender Block den Hashwert (Digitaler Fingerabdruck) des vorangegangenen Blocks im Header. Ein Hashwert ist das Ergebnis einer Hashfunktion.
- Diese Reihung der Blöcke ist im Netzwerk auf den Netzwerkknoten (Nodes) gespeichert und unveränderlich.
- Kommt ein neuer Block hinzu, wird die Blockchain auf den Nodes aktualisiert.

Die Vorteile der Blockchain

- Es ist keine zentrale Instanz wie beispielsweise eine zentrale Gegenpartei mehr nötig. Dies kann zu geringeren Kosten und einer höheren Geschwindigkeit führen.
- Skalierung: Skalierung bedeutet in der IT eine gleichmäßige Größenänderung, sodass die einzelnen Größen zueinander in einem gleichen Verhältnis bleiben. Im IT-Bereich bedeutet dies meist die Erweiterbarkeit bestehender Systeme. Hierbei sind häufig bestimmte Hürden wie die Verfügbarkeit der IT-Hardware und die Erweiterbarkeit entsprechender Backup-Lösungen zu berücksichtigen. Cloudsysteme, bei denen online auf Rechnerkapazität zugegriffen werden kann, gelten allgemein als besser skalierbar.

Die Nachteile der Blockchain

- Skalierungsprobleme: Da bei der Blockchain die Skalierbarkeit von den Teilnehmern abhängt, kann diese nicht besonders schnell erweitert werden.
- Energieverbrauch: Beim Schürfen (Mining) wird aufgrund der Komplexität der gestellten mathematisch-logischen Aufgaben eine hohe Menge an Energie verbraucht. Kritiker haben angemerkt, dass die Rechenpower statt für die Lösung komplexer mathematischer Aufgaben auch für konkrete Berechnungen zu Forschungszwecken genutzt werden könnte.
- Wenn eine Partei über 50 Prozent und einen Node der Rechenleistung verfügte, könnte diese Partei neue Blöcke dauerhaft anfügen.
- Falls es zu einem sogenannten „technologischen Sprung" kommen sollte, könnte, wenn die Blöcke rekursiv berechnet würden, eine neue längste Blockchain erzeugt werden.

2.5.3 Kryptowährungen

Basierend auf der DLT oder der Blockchain werden häufig Anteilsscheine, sogenannte Token, herausgegeben. Kryptowährungen lassen sich auf Grundlage der DLT in solche mit einer öffentlichen oder einer privaten DLT unterscheiden. Je nach Ausgestaltung werden diese Token als Zahlungsmittel eingesetzt. Wie die BaFin anführt, werden neuartige Zahlungsmittel national und international unterschiedlich bezeichnet. Verwendet werden beispielsweise die Begriffe virtuelle, digitale, alternative Währung oder Kryptowährung, Geld oder Devisen.[1] Es gibt neben Bitcoin zahlreiche weitere bekannte Kryptowährungen wie Ether, Ripple und Litecoin. Da Bitcoin die nach Kapitalisierung in US-Dollar bedeutendste Währung ist, werden diese Kryptowährungen auch als Alternativen zu Bitcoins (Altcoins) bezeichnet. Die erstmalige Ausgabe der Anteilsscheine (Token) wird bei Kryptowährungen Initial Coin Offering (ICO) genannt. Die Bezeichnung ist angelehnt an den Börsengang von Unternehmen und die Ausgabe von Aktien in einem Initial Public Offering (IPO).

Exkurs: Besondere Vorsicht bei Initial Coin Offerings (ICOs)
Anleger sollten besonders bei der Anlage in neue Kryptowährungen bei Initial Coin Offerings (ICOs) vorsichtig sein. Wie die BaFin im November 2017 in ihrer „Verbraucherwarnung: Risiken von Initial Coin Offerings (ICOs)“ anmerkt, werde der Eindruck erweckt, ICOs seien mit Aktienemissionen vergleichbar. Dies sei allerdings weder rechtlich noch technisch der Fall. Bei ICOs kann es sich auch um Angebote mit einer äußerst geringen Sicherheit der Geldanlage handeln und Anleger sollten äußerst vorsichtig sein.[2]

Stellen Sie sich folgendes Szenario vor: Es werden in einem Pre-ICO Sale „HoweyCoins“ als neuer Standard der Reisebranche angeboten. Die Website informiert über ein Team, namhafte Unterstützer und auch ein sogenanntes White Paper (Übersicht zu geplanten Leistungen) ist verfügbar, das erläutert, wie durch die Währung HoweyCoin die Reisekosten gesenkt werden. Versprochen werden hohe Gewinne und durch zeitlich begrenzte Rabatte wird Kaufdruck erzeugt. Dies ist von der US-Börsenaufsicht SEC auf einer Website zu der fiktiven Kryptowährung HoweyCoins mit dem Ziel vorgestellt worden, Anleger auf unseriöse Angebote mit neuen Kryptowährungen hinzuweisen.

Begriff der virtuellen Währung (Virtual Currency)
Die Richtlinie (EU) 2018/843 vom 30.05.2018 beschreibt den Ausdruck „virtuelle Währungen“ als „eine digitale Darstellung eines Werts, die von keiner Zentralbank oder öffentlichen Stelle emittiert wurde oder garantiert wird und nicht zwangsläufig an eine gesetzlich festgelegte Währung angebunden ist und die nicht den gesetzlichen Status einer Währung oder von Geld besitzt, aber von natürlichen oder juristischen Personen als Tauschmittel akzeptiert wird und die auf elektronischem Wege übertragen, gespeichert und gehandelt werden kann”.[3]

Kryptowährungen sind in der folgenden Darstellung als allgemein zugänglich, elektronisch, Peer-to-Peer und nicht als von der Zentralbank herausgegeben eingeordnet:

1 BaFin (2016): Virtuelle Währungen/Virtual Currency (VC). https://www.bafin.de/dok/7906360. Abgerufen am 09.07.2018.

2 BaFin (2017): Verbraucherwarnung: Risiken von Initial Coin Offerings (ICOs). https://www.bafin.de/dok/10181964. Abgerufen am 09.07.2018.

3 Richtlinie (EU) 2018/843 vom 30.05.2018 zur Änderung der Richtlinie (EU) 2015/849 zur Verhinderung der Nutzung des Finanzsystems zum Zwecke der Geldwäsche und der Terrorismusfinanzierung und zur Änderung der Richtlinien 2009/138/EG und 2013/36/EU, ABl. EU 2018 L 156/54.

Taxonomie des Geldes: Die „Flower of Money“

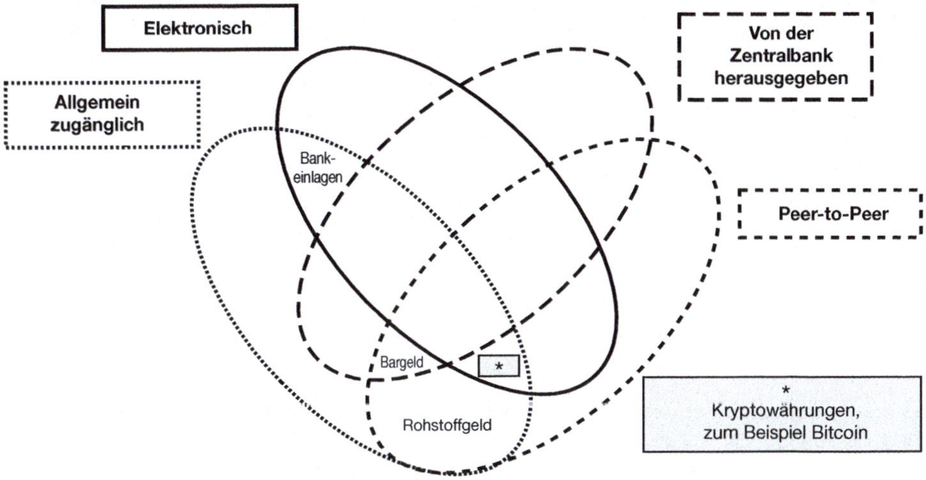

Darstellung in Anlehnung an Bech/Garrett (2017), S. 60 f.[1]

Autoren der BIZ nehmen bezüglich Geldes eine Einordnung, Taxonomie, vor. Zunächst sollen die Unterscheidungsmöglichkeiten aufgezeigt werden. Erstens kann bei Geld unterschieden werden, ob die bestimmte Form des Geldes allgemein zugänglich ist. Hierbei kann zum Beispiel zwischen einem Zugang für Privatpersonen, Unternehmen, Institutionen und Staaten unterschieden werden. Geld kann zweitens in elektronischer Form oder in nicht elektronischer Form vorliegen. Bankeinlagen zum Beispiel sind elektronisch, eine Edelmetallmünze ist dies nicht. Drittens wird unterschieden, ob Geld von der Zentralbank herausgegeben ist oder nicht. Grundsätzlich sind hier Bargeld in Münzen und Banknoten sowie Zentralbankgeld zu nennen. Zugang zu Zentralbankgeld haben allerdings zumeist nur bestimmte Institutionen und nicht Privatpersonen. Zudem wird unterschieden, ob Geld zwischen Teilnehmern im Netzwerk durch Peer-to-Peer oder über Intermediäre ausgetauscht werden kann. Rohstoffgeld kann zum Beispiel direkt zwischen Personen ausgetauscht werden.

2.5.4 Bitcoin als eine Kryptowährung

Kurzübersicht zu Bitcoin

- Bitcoin (BTC) ist die wohl mit Abstand bekannteste und populärste Kryptowährung.
- Das Konzept wurde unter dem Pseudonym Satoshi Nakamoto in dem Artikel „Bitcoin: A Peer-to-Peer Electronic Cash System“ veröffentlicht. Der Artikel ist abrufbar unter https://bitcoin.org/bitcoin.pdf.
- Neu geschaffen wurde die Bitcoin-Blockchain mit dem Genesis-Block am 03.01.2009.
- Bitcoin hat die Besonderheit, dass sie auf 21 Millionen Einheiten beschränkt ist.
- Das Mining wird im Zeitverlauf mit weniger neuen Bitcoin, aber weiterhin mit Transaktionsgebühren entlohnt.

1 Bech, M. und Garrett, R. (2017): Central bank cryptocurrencies. In: BIS Quarterly Review, September 2017, S. 55–70. https://www.bis.org/publ/qtrpdf/r_qt1709.pdf. Abgerufen am 05.09.2018.

Die Netzwerkknoten (Nodes) im Bitcoin-Netzwerk

Im Bitcoin-Netzwerk wird ein teilnehmender PC dann als Node bezeichnet, wenn eine Software installiert wurde, die das Bitcoin-Protokoll ausführt. Hierbei kann ein Node insbesondere die folgenden vier Hauptfunktionalitäten übernehmen: Wallet, Bitcoin-Miner (Schürfer), Netzwerk-Routing-Node und vollständige Node (Full Node).

Die digitale Geldbörse (Wallet) ermöglicht Transaktionen

Um Transaktionen durchführen zu können, ist zunächst eine digitale Geldbörse (Wallet) notwendig. Die digitale Geldbörse, die Bitcoin-Wallet, generiert ein Schlüsselpaar, das aus dem privaten und dem öffentlichen Schlüssel besteht. Um eine Transaktion durchzuführen, werden diese beiden Schlüssel benötigt. Somit kann die Wallet als Nutzerschnittstelle zum Ermöglichen von Transaktionen gesehen werden. Die digitale Wallet kann entweder auf einem Desktop-Computer, einem Smartphone oder einem Tablet installiert, auf einer Hardware, ähnlich einem USB-Stick, genutzt, oder im Web angelegt werden. Wie bei einer gewöhnlichen Geldbörse ist es ratsam, nicht das gesamte Geld in nur einer Geldbörse zu deponieren.

Das durch Transaktionen einer Wallet gutgeschriebene Guthaben ist durch einen persönlichen Schlüssel, der vergleichbar mit einer PIN ist, vor dem Zugriff anderer geschützt. Möchte der Inhaber des Guthabens auf dieses zugreifen, benötigt er den privaten Schlüssel und einen öffentlichen Schlüssel, der als Bankleitzahl vorstellbar ist. Durch das Schlüsselpaar aus privatem und öffentlichem Schlüssel wird er als Eigentümer des Guthabens ausgewiesen.

Einsatz von Kryptografie (I): Privater Schlüssel, öffentlicher Schlüssel und Bitcoin-Adresse

Erzeugen des öffentlichen Schlüssels und der Bitcoin-Adresse				
ein privater Schlüssel	erzeugt einen oder beliebig viele →	**öffentliche(r) Schlüssel**	werden jeweils umgewandelt in eine →	**Bitcoin-Adresse**

Der **private Schlüssel** ist eine generierte Zufallszahl und ermöglicht den Zugriff auf die in der Wallet enthaltenen Bitcoin. Er dient dem Signieren von Transaktionen und sollte daher, ähnlich einer PIN, privat bleiben. Aus dem privaten Schlüssel wird ein öffentlicher Schlüssel erzeugt. Hierbei können durch Kryptografie aus dem privaten Schlüssel beliebig häufig neue öffentliche Schlüssel erzeugt werden. Der öffentliche Schlüssel kann, wie der Name sagt, öffentlich gemacht werden. Aus dem öffentlichen Schlüssel wird wiederum die Bitcoin-Adresse erzeugt, indem aus dem öffentlichen Schlüssel durch eine mathematische Funktion, einer Hash-Funktion, ein Hashwert erzeugt wird. Dieser Hashwert wird auch als digitaler Fingerabdruck bezeichnet.

Exkurs: Der Hashwert

Für die Kryptografie werden bei Bitcoin Hashfunktionen eingesetzt. „To hash" bedeutet zerkleinern und auch zerhacken. Eine Hash-Funktion wandelt eine beliebige Summe an Zeichen in eine Summe von Zeichen mit zumeist vorgegebener fester Länge um (Hashwert). Ein Hashwert (Digitaler Fingerabdruck) ist in seiner Länge dabei unabhängig vom Datenumfang und kann daher auf Basis der Ziffer 0 oder beispielsweise auf Basis der Encyclopedia Britannica in einer gleichen festgelegten Länge ausgegeben werden. Dabei soll aus dem Ergebnis, also dem Hashwert der Funktion, nicht auf die Ausgangsinformationen geschlossen werden können. Eine Hashfunktion ist daher eine Einwegfunktion, also eine mathematische Funktion, bei der nicht in einer Umkehrfunktion auf die Eingabewerte rückgeschlossen werden kann.

An die öffentliche Adresse können andere Bitcoin senden. Der öffentliche Schlüssel kann daher auch offen benannt werden, da andere an diese Adresse allenfalls Bitcoin senden und damit den Saldo des Empfängers erhöhen können. Alle Nutzer können anhand der Transaktionshistorie überprüfen, wie viele Bitcoin dieser Adresse zuzuordnen sind. Da eine Person oder Organisation über mehrere Bitcoin-Adressen verfügen kann, ist weder klar, wem die Adressen zuzuordnen sind, noch, über welches Vermögen insgesamt jemand verfügt.

Einsatz von Kryptografie (II): Transaktionen bei Bitcoin nach dem Bitcoin-Prinzip[1]
Die Bitcoin-Münze ist definiert als eine Kette digitaler Signaturen. Kurz gesprochen ist eine Transaktion der Übergang von Bezugsrechten an einer Einheit.

Der **Transaktionsoutput** sind unteilbare Bitcoin-Einheiten. Der Transaktionsoutput wird zudem als Unspent Transaction Output (UTXO) bezeichnet. Ein Nutzer kann über die Wallet auf die Einheiten der UTXO zugreifen. Technisch ordnet die Wallet die Einheiten UTXO in der Blockchain der Wallet zu und zeigt die Summe der verfügbaren UTXO an.

Der **Transaktionsinput** gibt an, welcher UTXO eingelöst wird. Zum Einlösen eines Bitcoins (UTXO) aus der Blockchain wird die digitale Signatur benötigt. Sie hat die Funktion durch ein „Unlock" aufgrund der Berechtigung durch den privaten Schlüssel in der Wallet auf die Bitcoins zuzugreifen. In der folgenden Darstellung signiert Eigentümer 1 die Transaktion. Er ist es, der über die Bitcoins verfügen und diese an den neuen Eigentümer 2 geben kann.

Bildlich gesprochen signiert Eigentümer 1 als Zahlender in der Transaktion 2 anhand seines privaten Schlüssels die kryptografische Zusammenfassung (den Hashwert) der vorherigen Transaktion 1 und des öffentlichen Schlüssels des Zahlungsempfängers (Eigentümer 2 in der Transaktion 2). Siehe folgende Darstellung, die auf Nakamoto (2008) beruht:[2]

1 Vgl. zu Transaktionen: Antonopoulos, A. M. (2018): Bitcoin & Blockchain. Grundlagen und Programmierung, S. 119–150. Heidelberg: dpunkt.verlag.

2 Nakamoto, S. (2008): Bitcoin: A Peer-to-Peer Electronic Cash System. https://bitcoin.org/bitcoin.pdf. Abgerufen am 05.07.2017.

Transaktionen in der Bitcoin-Blockchain

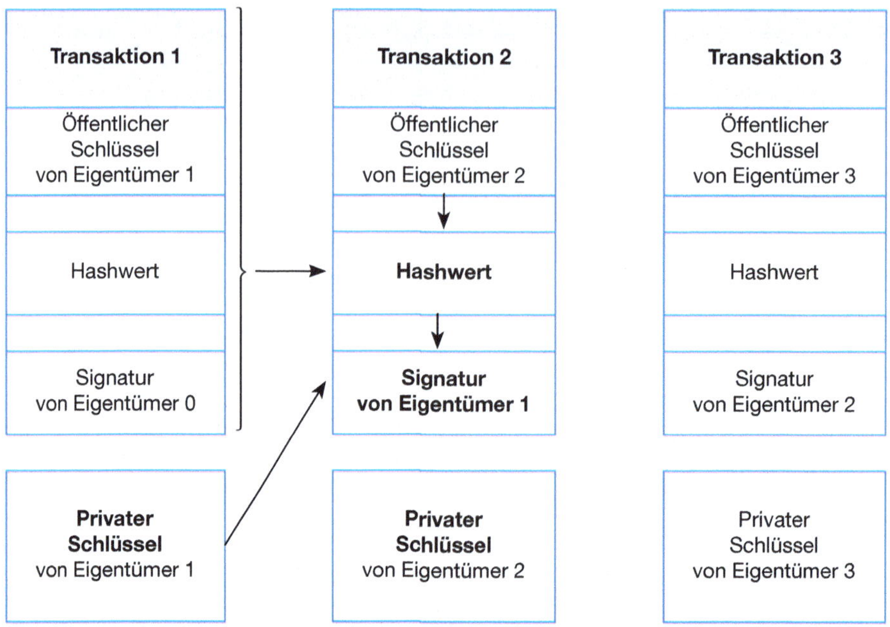

In Anlehnung an Nakamoto, S. (2008): Bitcoin: A Peer-to-Peer Electronic Cash System.

Einsatz von Kryptografie (III): Zusammenfassen von Transaktionen in einem Block
Transaktionen, die bisher nicht bestätigt sind, werden in einem Pool von Transaktionen gesammelt. Aus diesem Pool können anstehende Transaktionen von Bitcoin-Minern zur Verifizierung entnommen werden. Bitcoin-Miner verifizieren Transaktionen, indem sie die Einhaltung des Protokolls, also die Regeleinhaltung, überprüfen. Jeder der Blöcke speichert Transaktionen und Eigenschaften der Transaktionen öffentlich und nahezu unveränderbar ab. Der Aufbau des Block-Headers ist in der folgenden Darstellung aufgezeigt:

Headerinhalt	**Erläuterung**	**Zuordnung zur Metadatengruppe**
Version	Version des Protokolls der Software	-
Vorheriger Block-Hash (Previous Hash)	Verweis auf den Hash des vorangehenden Blocks	Verbindung des Blocks mit dem vorangehenden Block
Merkle Root	Datenstruktur, die alle Transaktionen im Block „gehasht" zusammenfasst	Zusammenfassung der Transaktionen im Block
Zeitstempel	Erstellungszeit in UNIX-Zeit. Diese für das Betriebssystem UNIX entwickelte Zeit wird in Sekunden seit dem 01.01.1970 angegeben.	Metadaten bezogen auf das Mining
Difficulty Target	Zu erfüllendes Schwierigkeitsziel des Proof-of-Work-Algorithmus	
Nonce	„Number only used once", ein vom Prüfalgorithmus verwendeter Zähler	

Der Header enthält die Informationen zu der Version des Protokolls und bezogen auf die Transaktionen den Hash des vorherigen Blocks sowie die Datenstruktur der Transaktionen. Zudem enthält der Header als Metadaten des Mining einen Zeitstempel nach der UNIX-Zeit, das Difficulty Target und den Nonce. Die Kette zwischen den Blöcken ist der Verweis auf den Hash retrograd vom letzten Block. Der letzte Block verweist also auf den vorletzten und dieser auf den vorvorletzten und so weiter.

Durch das Bitcoin-Mining werden die Transaktionen dezentral verifiziert. Bitcoin-Miner übernehmen Transaktionen aus dem Pool und hashen die gehashten Transaktionen mit den weiteren Informationen im Block-Header. Das Bitcoin-Minen ist mit dem Drehen eines Glücksrads oder dem bloßen Ausprobieren verschiedener Ziffern vergleichbar. Wenn beispielsweise die Ziffer 567 gefunden werden sollte, könnte man ab eins beginnend bis 567 zählen. Für diese Verifizierung erhalten Bitcoin-Miner, also Personen oder Organisationen, die Rechner betreiben zur Lösung der gestellten Verifizierungsaufgabe, erstens Transaktionsgebühren und zweitens auch neue Bitcoins. Derzeit werden Bitcoin-Miner mit 12,5 Bitcoins für die Verifizierung eines Blocks entlohnt. Somit steht beim Bitcoin-Minen das Verifizieren und nicht das Schürfen von neuen Bitcoins im Vordergrund.

Verketten aller Transaktionen: Die vollständige Blockchain

- Ziel ist es, zum einen zu verhindern, dass Zahlungen nachträglich geändert werden.
- Zum anderen soll das Problem des Double Spending gelöst werden. Double Spending beschreibt hier die doppelte Ausgabe eines Bitcoins. In einem reinen Peer-to-Peer-Netzwerk könnte ein Akteur zwei verschiedenen Akteuren ein und dieselbe Einheit überweisen. Eine zentrale Partei der Verbuchung und Kontrolle wäre nicht vorhanden. Um ein Double Spending zu verhindern, muss die Kette aller Transaktionen verfügbar sein.

- Wenn in der Blockchain ein einziger der Werte geändert wird, ändert sich der Hashwert (Digitaler Fingerabdruck) dieses Blocks. Die folgenden Blöcke haben im Header den Hashwert des vorherigen Blockes und generieren ihren Hashwert auch unter Berücksichtigung des Hashwerts des vorangegangenen Blocks. Hierdurch entsteht eine Verkettung von einem Block zum vorherigen Block.
- Bei der Änderung eines Werts in einem Block würden die auf den anderen Nodes mit der vollständigen Blockchain gespeicherten Blöcke im Hashwert abweichen.

Der jeweilige neue Block wird an die längste Kette angefügt. Falls beispielsweise drei Blöcke gleichzeitig an den letzten Block angefügt würden, entschiede sich bei den nächsten Blöcken, welche Blockchain weitergeführt würde. Das Protokoll von Satoshi Nakamoto hat sich aufgrund eines Konsenses durchgesetzt. Wenn es an einem solchen fehlen sollte, kann es zu einer Aufspaltung der Blockchain kommen. Aufbauend auf der ursprünglichen Blockchain werden so zwei weitere Stränge weitergeführt, ein Beispiel ist die Aufspaltung in Bitcoin und Bitcoin Cash.

2.5.5 Aufsichtsrechtliche Einordnung von Kryptowährungen und Bitcoin

In diesem Abschnitt soll der Fokus auf die Einordnung von Bitcoin als eine Kryptowährung (Payment-Token) als besondere Form der Krypto-Token gelegt werden. Laut der BaFin adressiere die Einordnung der Blockchain „in das bestehende Rechtssystem [...] zahlreiche Unsicherheiten.“[1]

Allgemeine Einordnung von Krypto-Token durch BaFin und Bundesbank

Unter Krypto-Token werden nach der Bundesbank Werteinheiten verstanden, die rein digital verfügbar sind und auf Verschlüsselungstechniken (Kryptografie) basieren. Zu den bekanntesten Krypto-Token zählt der Bitcoin.[2] Für die Einordnung sind unter anderem die Vorgaben des Kreditwesengesetzes (KWG), des Wertpapierhandels- und Wertpapierprospektgesetzes (WpHG und WpPG) und das Vermögensanlagengesetz (VermAnlG) zu prüfen. Zudem sind auch Vorgaben des Geldwäschegesetzes (GwG) sowie europäische Verordnungen und Richtlinien wie die Fünfte EU-Geldwäscherichtlinie (Richtlinie (EU) 2018/843 vom 30.05.2018) und MiFID II zu beachten.

Eine Einordnung durch die BaFin erfolge technologieneutral nach dem Grundsatz „gleiches Geschäft, gleiches Risiko, gleiche Regulierung.“[3] Der konkrete Einzelfall entscheide über die rechtliche Einordnung eines Tokens. Token müssten weder Mitgliedschafts- noch Informations-, Kontroll- und Stimmrechte enthalten.[4] Die BaFin erteilt auf Anfrage eine Einordnung ohne Regelungscharakter.[5]

1 BaFin (2018): Blockchain-Technologie – Gedanken zur Regulierung. https://www.bafin.de/dok/11330872. Abgerufen am 12.08.2018.
2 Deutsche Bundesbank (2018): Glossar. Krypto-Token. https://www.bundesbank.de/action/de/723820/bbksearch?firstLetter=K&contentId=724254#anchor-724254. Abgerufen am 20.07.2018.
3 BaFin (2018): Blockchain-Technologie – Gedanken zur Regulierung. https://www.bafin.de/dok/11330872. Abgerufen am 12.08.2018.
4 BaFin (2017): Initial Coin Offerings. Hohe Risiken für Verbraucher. In: BaFin Journal November 2017, S. 15f. https://www.bafin.de/dok/10202048. Abgerufen am 09.07.2018.
5 BaFin (2018): Blockchain-Technologie – Gedanken zur Regulierung. https://www.bafin.de/dok/11330872. Abgerufen am 12.08.2018.

Einordnung von Bitcoin als Finanzinstrument nach § 1 Abs. 11 Satz 1 Nr. 7 KWG

Die BaFin hat bereits 2011 in dem „Merkblatt – Hinweise zu Finanzinstrumenten", das am 26.07.2018 geändert wurde, eine Einordnung von Bitcoin vorgenommen.[1] Hierbei wird auf das Kreditwesengesetz verwiesen, in dem in § 1 Abs. 11 Satz 1 Nr. 7 KWG Finanzinstrumente bestimmt werden. § 1 Abs. 11 Satz 1 Nr. 7 KWG ordnet Devisen und Rechnungseinheiten als Finanzinstrumente ein. Rechnungseinheiten ermöglichen es, den Wert von Gütern auszudrücken, sind im Gegensatz zu Devisen allerdings keine gesetzlichen Zahlungsmittel. Bitcoin und andere Kryptowährungen werden von der BaFin als Rechnungseinheit nach § 1 Abs. 11 Satz 1 Nr. 7 KWG eingeordnet und unter die Finanzinstrumente gefasst. Damit werden Bitcoins rechtlich verbindlich als Finanzinstrumente qualifiziert.[2]

Erlaubnisvorbehalt nach § 32 KWG bei gewerbsmäßigem Umtausch von Bitcoin in Euro

Das bloße Nutzen einer virtuellen Währung als Ersatz für Bar- oder Buchgeld stellt nach der BaFin keine erlaubnispflichtige Tätigkeit dar.[3] Treten neben das Nutzen der Funktion als Zahlungsmittel oder das Mining weitere Umstände hinzu, kann eine Erlaubnispflicht ausgelöst werden. Nach § 32 KWG steht der gewerbsmäßige Umtausch von Bitcoin in Euro unter Erlaubnisvorbehalt. Hierbei ist der Umtausch als Finanzkommissionsgeschäft nach § 1 Abs. 1 Satz 2 Nr. 4 KWG einzuordnen, sofern der Dienstleister Bitcoin hernach auf Rechnung des Kunden am Markt zu veräußern beabsichtigt. Der Umtausch wird als Eigenhandel nach § 1 Abs. 1a Satz 2 Nr. 4 KWG eingeordnet, wenn ein Kaufvertrag zwischen Kunden und Dienstleister existiert.

Mögliche Einordnung von wertpapierähnlichen Token nach dem WpHG als Wertpapier

Bilden Token beispielsweise aus einem ICO Wertpapierrechte ab, kann es sich um Wertpapiere nach § 2 Abs. 1 WpHG beziehungsweise Artikel 4 Abs. 1 Nr. 44 MiFID II handeln. Hiernach sind „Wertpapiere im Sinne dieses Gesetzes [...], auch wenn keine Urkunden über sie ausgestellt sind, alle Gattungen von übertragbaren Wertpapieren mit Ausnahme von Zahlungsinstrumenten, die ihrer Art nach auf den Finanzmärkten handelbar sind". Im Hinweisschreiben der BaFin vom 20.02.2018 wird klargestellt, dass Token nach einer Einzelfallprüfung entsprechend ihrer Ausgestaltung als Wertpapier eingeordnet werden können. Ein Token wird von der BaFin auf Grundlage von § 2 Abs. 1 WpHG als Wertpapier eingestuft, wenn die folgenden Kriterien in Summe erfüllt sind:[4]

- Übertragbarkeit des Tokens
- Handelbarkeit des Tokens am Finanzmarkt
- Verkörperung von Rechten durch Gesellschafterrechte oder schuldrechtliche Ansprüche im Token und
- keine Einordnung des Tokens als reines Zahlungsinstrument

1 BaFin (2011): Hinweise zu Finanzinstrumenten nach § 1 Abs. 11 Sätze 1 bis 3 KWG (Aktien, Vermögensanlagen, Schuldtitel, sonstige Rechte, Anteile an Investmentvermögen, Geldmarktinstrumente, Devisen, Rechnungseinheiten und Emissionszertifikate). https://www.bafin.de/dok/7852552. Abgerufen am 12.08.2018.

2 BaFin (2016): Virtuelle Währungen/Virtual Currency (VC). https://www.bafin.de/dok/7906360. Abgerufen am 09.07.2018.

3 BaFin (2016): Virtuelle Währungen/Virtual Currency (VC). https://www.bafin.de/dok/7906360. Abgerufen am 09.07.2018.

4 BaFin (2018): Aufsichtsrechtliche Einordnung von sog. Initial Coin Offerings (ICOs) zugrunde liegenden Token bzw. Kryptowährungen als Finanzinstrumente im Bereich der Wertpapieraufsicht. Hinweisschreiben WA 11-QB 4100-2017/0010 vom 20.02.2018. https://www.bafin.de/dok/10506450. Abgerufen am 05.07.2018.

Zudem ist das **Wertpapierprospektgesetz** zu beachten. Die BaFin führt dazu aus,[1] dass für Wertpapiere, die in der Bundesrepublik Deutschland öffentlich angeboten werden oder zum Handel an einem organisierten Markt zugelassen werden sollen, vom Anbieter ein Wertpapierprospekt zu veröffentlichen ist. Wertpapiere im Sinne des WpPG sind Anlageinstrumente, die an einem Markt gehandelt werden können (Kapitalmarktfähigkeit) und untereinander austauschbar sind (Fungibilität).

Nach der Fünften EU-Geldwäscherichtlinie in Bezug auf virtuelle Währungen ermögliche die Anonymität virtueller Währungen ihren potenziellen Missbrauch für kriminelle Zwecke. Daher verpflichtet die Fünfte EU-Geldwäscherichtlinie erstens Dienstleistungsanbieter, die den Tausch zwischen virtuellen Währungen und staatlichen Zahlungsmitteln sowie Giralgeld ausführen und zweitens Anbieter von elektronischen Geldbörsen, verdächtige Aktivitäten zu melden.

2.5.6 Einordung von Kryptowährungen und Bitcoin für Anleger

In der Gesamtschau soll zur Betrachtung der Anlage in Bitcoin das magische Fünfeck der Geldanlage mit Sicherheit, Rendite, Liquidierbarkeit, Nachhaltigkeit und Steueroptimierung (2.5.7) angewandt werden. Kryptowährungen stellen ein Finanzinstrument entsprechend der Einordnung der BaFin nach dem „Merkblatt – Hinweise zu Finanzinstrumenten", zuletzt geändert am 26.07.2018, dar. Daher sollte ein Anleger beachten, inwiefern er mit einer Kryptowährung eine Wertaufbewahrung oder eine Tauscheinheit erwerben möchte.

Bei der Anlage in neu herausgegebene Kryptowährungen warnen Aufsichtsbehörden vor einem Totalverlust. Am 13.11.2017 hat die ESMA in einem öffentlichen Statement (ESMA50-157-829 vom 13.11.2017) vor den hohen Risiken der Initial Coin Offerings (ICOs) gewarnt.[2] ICOs seien äußerst riskante und spekulative Anlagen.

Die BaFin führt in ihrer Mitteilung bezogen auf das ESMA-Statement aus, dass Informationen, die Anlegern in sogenannten White Papers zugänglich gemacht würden, „unvollständig, unausgewogen oder sogar irreführend" sein könnten.[3] Der Anbieter könne völlig frei entschieden, welche Rechte er den Anlegern durch die Tokens einräume. Die Inhalte der White Paper sind im Unterschied zu einer Aktienemission weder gesetzlich vorgegeben noch von einer Aufsichtsbehörde geprüft.[4] Sie erreichen nicht das Informationsniveau von vorgeschriebenen Wertpapierprospekten für Wertpapiere wie Aktien.

Am 09.11.2017 hat die BaFin eine Verbraucherwarnung herausgegeben[5] und im BaFin Journal in einem begleitenden Artikel vor den hohen Risiken für Verbraucher gewarnt.[6] Für die BaFin sind ICOs demnach hochspekulative Kapitalanlagen. Hierbei sollten Anleger die hohe **Volatilität** von Kryptowährungen beachten. Zu beachten ist auch die Bid-Ask-

1 BaFin (2011): Der Wertpapierprospekt – Türöffner zum deutschen und europäischen Kapitalmarkt, S. 7. https://www.bafin.de/dok/7851792. Abgerufen am 05.08.2018.

2 ESMA (2017): ESMA alerts investors to the high risks of Initial Coin Offerings (ICOs). Statement ESMA50-157-829 vom 13.11.2017. https://www.esma.europa.eu/sites/default/files/library/esma50-157-829_ico_statement_investors.pdf. Abgerufen am 09.07.2018.

3 BaFin (2017): ESMA warnt Anleger vor den hohen Risiken der Initial Coin Offerings (ICOs). https://www.bafin.de/dok/10286974. Abgerufen am 09.07.2018.

4 BaFin (2017): Initial Coin Offerings. Hohe Risiken für Verbraucher. In: BaFin Journal November 2017, S. 15f. https://www.bafin.de/dok/10202048. Abgerufen am 09.07.2018.

5 BaFin (2017): Verbraucherwarnung: Risiken von Initial Coin Offerings (ICOs). https://www.bafin.de/dok/10181964. Abgerufen am 30.06.2108.

6 BaFin (2017): Initial Coin Offerings. Hohe Risiken für Verbraucher. In: BaFin Journal November 2017, S. 15–18. https://www.bafin.de/dok/10202048. Abgerufen am 09.07.2018.

Spread, also die Geld-Brief-Spanne und damit die Preisspanne zwischen An- und Verkaufskurs sowie die Preisspanne zwischen Börsen. Dabei gilt der Grundsatz: Hohe Preisspannen sind ein Hinweis auf ineffiziente Märkte.

Die **Rendite** ergibt sich durch Änderungen im Wert des Finanzinstruments (nach Einordnung der BaFin). Bitcoins selbst erzielen keine regelmäßige Rendite. Diese kann durch ein Verleihen gegen Entgelt, also entgeltliches Lending, erzielt werden. Das Halten einer Währung mit der Erwartung eines steigenden Wechselkurses bleibt für Anleger reine Spekulation, da der heutige Kurs bereits die Erwartungen der Gesamtheit der Marktteilnehmer über zukünftige Entwicklungen widerspiegelt.

Die **Liquidierbarkeit** ist abhängig von der Kryptowährung. Für Kryptowährungen mit einem hohen Transaktionsvolumen sollte die Liquidierbarkeit gegeben sein, insbesondere für Bitcoin. Diese allgemein gegebene Liquidierbarkeit könnte eingeschränkt werden, wenn staatliche Instanzen den Umtausch in bestimmte Währungen verbieten.

Problematisch bezüglich der **Nachhaltigkeit** ist die enorme Energieintensität, die zur Generierung von Blöcken aufgrund der vorgegebenen Schwierigkeit der Berechnungen, des damit verbundenen Rechenaufwands durch Computer und daran anknüpfend dem Betrieb einer großen Anzahl von Computern in sogenannten Serverfarmen benötigt wird.

2.5.7 Steuerliche Einordnung

Der Europäische Gerichtshof hat im **Hedqvist-Urteil vom 22.10.2015** festgestellt, dass der Umtausch und Handel von Bitcoin von der Umsatzsteuer befreit ist (EuGH-Urteil vom 22.10.2015, Hedqvist, C-264/14, EU:C:2015:718).

Da die virtuelle Währung „Bitcoin“ ein vertragliches Zahlungsmittel ist, kann sie zum einen weder als Kontokorrent noch als Einlage, Zahlung oder Überweisung angesehen werden. (EuGH-Urteil vom 22.10.2015, David Hedqvist, C-264/14, EU:C:2015:718, Rn. 42). Es stehe auch fest, dass die virtuelle Währung „Bitcoin“ weder ein Wertpapier darstellt, das ein Eigentumsrecht an juristischen Personen begründet, noch ein vergleichbares Wertpapier. (EuGH-Urteil vom 22.10.2015, David Hedqvist, C-264/14, EU:C:2015:718, Rn. 55).

Im **BMF-Schreiben vom 27.02.2018: Umsatzsteuerliche Behandlung von Bitcoin und anderen sogenannten virtuellen Währungen** wird festgestellt, dass es sich bei dem Umtausch von konventionellen Währungen in Bitcoin und umgekehrt um eine steuerbare sonstige Leistung, die im Rahmen einer richtlinienkonformen Gesetzesauslegung nach § 4 Nr. 8 Buchstabe b UStG umsatzsteuerfrei ist, handelt.

Bei den Leistungen der Miner (Mining) handele es sich laut BMF-Schreiben vom 27.02.2018 um nicht steuerbare Vorgänge. Die sogenannte Transaktionsgebühr, welche die Miner von anderen Nutzern des Systems erhalten können, wird freiwillig gezahlt und steht in keinem unmittelbaren Zusammenhang mit den Leistungen der Miner. Auch die Entlohnung in Form des Erhalts neuer Bitcoins durch das System selbst ist nicht als Entgelt für die Minerleistungen anzusehen, da die Minerleistungen nicht im Rahmen eines Leistungsaustauschverhältnisses erbracht werden. Dieses setzt neben dem Leistenden das Vorhandensein eines identifizierbaren Leistungsempfängers voraus.

Körperschaftsteuer und Gewerbesteuer
Bei einem Bitcoin-Mining kann sich bei einer gewerblichen Tätigkeit als Körperschaft eine Besteuerung nach Körperschaftsteuer und Gewerbesteuer anschließen: Nämlich dann, wenn die Tätigkeit des Bitcoin-Mining gewerblich ist und von einer Kapitalgesellschaft durchgeführt wird.

Erhebung der Einkommensteuer bei Kauf und Verkauf von Bitcoin und anderen Kryptowährungen als privates Veräußerungsgeschäft
Private Veräußerungsgeschäfte gehören als sonstige Einkünfte zu einer der sieben Einkunftsarten und hier zu den Überschusseinkünften. Die Veräußerung von Kryptowährungen unterliegt als privates Veräußerungsgeschäft nach § 23 Abs. 1 Satz 1 Nr. 2 EStG der Einkommensteuer, sofern der Zeitraum zwischen Anschaffung und Veräußerung nicht mehr als ein Jahr beträgt. Hierbei gelten zuerst gekaufte Beträge als zuerst verkaufte Beträge.

Nach § 23 Abs. 3 Satz 1 EStG ist der Veräußerungsgewinn der Unterschied zwischen Veräußerungspreis einerseits und den Anschaffungs- oder Herstellungskosten und den Werbungskosten andererseits. Veräußerungen von Gegenständen des täglichen Gebrauchs sind von der Steuer ausgenommen. Nach § 23 Abs. 3 Satz 5 EStG bleiben Gewinne steuerfrei, wenn der aus den privaten Veräußerungsgeschäften erzielte Gesamtgewinn im Kalenderjahr weniger als 600 Euro betragen hat.

Verluste aus dem Handel mit Bitcoins und anderen Kryptowährungen können mit Gewinnen aus privaten Veräußerungsgeschäften desselben Jahres verrechnet werden. Werden Bitcoin verliehen und aus deren Nutzung Einkünfte erzielt, etwa durch eine Leihe, erhöht sich die der Zeitraum auf zehn Jahre, während dem das Veräußerungsgeschäft einkommensteuerpflichtig als privates Veräußerungsgeschäft einzuordnen ist (§ 23 Abs. 1 Nummer 2 Satz 4 EStG).

2.5.8 Fazit und Ausblick für Anleger

In der Gesamtschau ist zu differenzieren zwischen dem spekulativen Charakter von Kryptowährungen und der technologischen Kraft der Blockchain. Häufig fehlen Kryptowährungen das regelmäßige Vorhandensein der drei maßgeblichen Funktionen von Geld. Über die persönliche Anlage in einzelne Kryptowährungen wie Bitcoin sollte schlussfolgernd sehr umsichtig entschieden werden. Kryptowährungen sind durch die relativ hohe Anonymität, die auch als Pseudoanonymität bezeichnet wird, nach Aussage der ESMA anfällig für Betrug und unerlaubte Tätigkeiten.[1] Die Blockchain ist ein interessantes technologisches Konzept. Sie kann auf Grundlage eines verteilten Systems mit der Anwendung Bitcoin zur Disintermediation im Finanzbereich führen. Risiken bestehen durch die Skalierbarkeit und hohe Latenzzeiten, also der Zeit zwischen Anfrage und Reaktion.

Schlussfolgernd lässt sich konstatieren, dass die Regulierungslandschaft in Deutschland nicht abgeschlossen ist. Weitere regulatorische Einordnungen und juristische Entscheidungen bezüglich Kryptowährungen werden mit Sicherheit erfolgen und sind von Anlegern zu beachten sowie fortwährend bei ihren Entscheidungen mit einzubeziehen. Die wichtigste Anforderung an eine Währung bleibt immer noch das Vertrauen der Beteiligten in die zukünftige Werthaltigkeit gleich in welcher Form, ob als Papier-, Giral- oder digitalem Geld. Bei einer Verschiebung aufgrund technologischen und gesellschaftlichen Wandels können, wie in der Geschichte häufiger, neue Formen von gegenseitig akzeptierten neuen Währungen entstehen.

Im ersten Block der Blockchain, dem Genesis Block, wird am 03.01.2009 die Titelseite der britischen Zeitung „The Times“ zitiert: „Chancellor on brink of second bailout for banks“.[2] Dies kann als ein Hinweis des Pseudonyms „Satoshi Nakamoto“ auf die intendierte Wirkung der Bitcoin-Blockchain verstanden werden, Einfluss auf die Stabilität des Finanzsystems zu nehmen. Es bleibt auch zehn Jahre später offen, inwiefern die Finanzstabilität sich durch die Blockchain und Bitcoin in der Zukunft stärken lässt.

---

1 ESMA (2017): ESMA alerts investors to the high risks of Initial Coin Offerings (ICOs). Statement ESMA50-157-829 vom 13.11.2017. https://www.esma.europa.eu/sites/default/files/library/esma50-157-829_ico_statement_investors.pdf. Abgerufen am 09.07.2018.

2 Auf Deutsch sinngemäß: Kanzler kurz vor zweitem Bankenrettungspaket.

3 Langfristige Geldanlage: Aktien, Anleihen und weitere Anlagemöglichkeiten

„Lieber eine Stunde über Geld nachdenken,
als eine Stunde für Geld arbeiten.“

John Davison Rockefeller (1839–1937)

In diesem Kapitel werden langfristige Kapitalanlagen vorgestellt, bei denen die Ermittlung des Risikos und die Dauer der Investition eine entscheidende Rolle spielen und diese in der Verzinsung widergespiegelt werden. Der Zins macht damit als Ausdruck des bewerteten Risikos und der Zeit Anlagemöglichkeiten vergleichbarer.

Zu den langfristigen Kapitalanlagen können Investments ab zwei Jahren Anlagedauer gezählt werden, besonders:

- länger bis langfristig angelegte Wertpapiere, Aktien oder Anleihen sowie
- langfristige Investitionen in Immobilien (Kapitel 7).

In Abschnitt 3.1 werden die Anlagemöglichkeiten in Aktien und deren Besteuerung dargestellt. Im Anschluss beschäftigt sich Abschnitt 3.2 mit Anleihen und Abschnitt 3.3 mit Anleihen zur Senkung Ihrer Steuerlast. Abschnitt 3.4 behandelt Bundeswertpapiere. In Abschnitt 3.5 werden verschiedene Anleihevarianten und die Optionsanleihen beschrieben. Einen Überblick über weitere Anlageformen geben die Kapitel Zertifikate (3.6) und Genussscheine (3.7). Abschnitt 3.8 behandelt als Sonderform die Verbindung von Aktie und Anleihe, die Aktienanleihe. Im Abschnitt 3.9 wird kurz die Besteuerung von Finanzinnovationen dargestellt. Der Abschnitt mit einem Sonderbeitrag zur Nachhaltigen Geldanlage (3.10) und zu Crowdfunding (3.11) sowie die „Anlage in Kunstgegenständen sowie in Edelmetallen und deren steuerliche Behandlung“ (3.12) schließen das Kapitel über langfristige Geldanlage ab.

Die Finanzmärkte werden in den Geldmarkt, den Kapitalmarkt und den Devisenmarkt unterschieden:

- Unter dem Begriff „Geldmarkt“ wird im engen Sinn der Handel mit Zentralbankgeld und kurzfristigen Geldmarktpapieren durch Banken, Geldmarktfonds und andere Marktteilnehmer verstanden. Im weiteren Sinne umfasst der Geldmarkt alle kurz- und mittelfristigen Geldanlagen – also auch die Geldanlage von Privatpersonen – von bis zu zwei Jahren.
- Der Kapitalmarkt umfasst alle langfristigen Kapitalanlagen von über zwei Jahren.
- Am Devisenmarkt werden alle ausländischen, nicht auf Euro lautenden, frei konvertiblen (also frei handelbaren) ausländischen Währungen gehandelt. Frei konvertible ausländische Währungen sind zum Beispiel der US-Dollar oder das Pfund Sterling (auch britisches Pfund genannt).

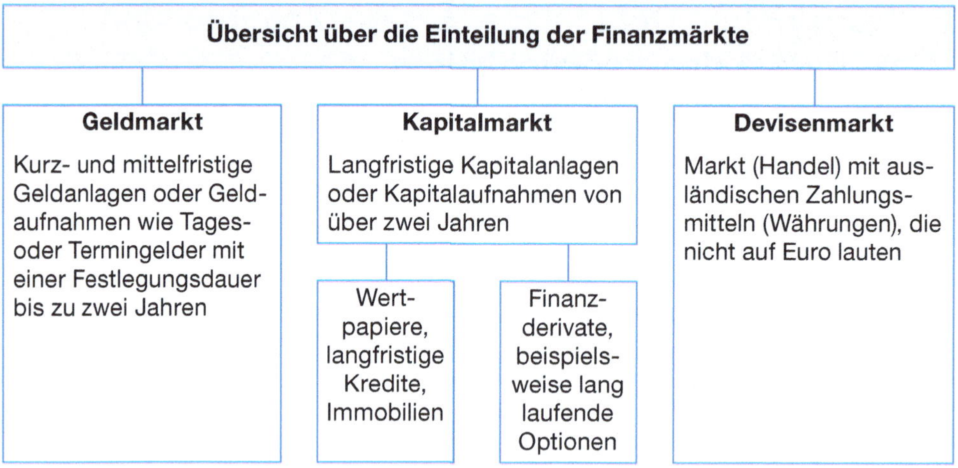

Als Geldmarkt ist der britische Geldmarkt mit dem Finanzplatz London als einem der wichtigsten Handelsplätze weltweit von großer Bedeutung. Die zukünftige Bedeutung des Finanzplatzes London ist infolge des Brexit unklar, wird aber nach Meinung der Mehrzahl der Marktteilnehmer abnehmen, die Bedeutung Frankfurts hingegen zunehmen. Der mit Abstand wichtigste Kapitalmarkt ist der US-amerikanische.

Der globale Devisenhandel wird weitgehend über US-Dollar abgewickelt. Das bedeutet, dass viele Währungen nicht direkt gewechselt werden, sondern jeweils ein Wechselkurs zum US-Dollar besteht und damit auch indirekt ein Wechselkurs zwischen zwei anderen Währungen. Neben dem Pfund Sterling sind in Europa der Euro und der Schweizer Franken als Währungen bedeutsam.

In Asien sind besonders China und dort die Handelsplätze Shanghai und Hong Kong sowie der japanische Kapitalmarkt und der Yen sowie der südkoreanische Kapitalmarkt wichtig.

Die bedeutendsten Finanzmärkte

Geldmarkt	Kapitalmarkt	Devisenmarkt (Währung)[1]
• Großbritannien • USA	• USA • Großbritannien • China mit den Handelsplätzen Hong Kong und Shanghai • Singapur • Deutschland • Schweiz • Südkorea • Australien	• USA (US-Dollar, USD) • Europäische Länder mit dem Euro (Euro, EUR) • Großbritannien (Pfund Sterling, GBP) • Japan (Japanischer Yen, YPY) • Schweiz (Schweizer Franken, SHF)

1 Abkürzungen gemäß ISO 4127 zur eindeutigen Identifizierung im internationalen Zahlungsverkehr.

Faktoren, die besonders die Finanzmärkte beeinflussen:

1. die Konjunkturlage der wichtigsten Märkte in den USA, Europa (insbesondere Deutschland und Großbritannien) sowie Asien (besonders China und dort die Handelsplätze Shanghai und Hong Kong) gemessen an der monatlichen Veränderung des BIP zum Vormonat und dem Vorjahr
2. die Inflationsentwicklung an den wichtigsten Märkten
3. die Zinsentwicklung an den wichtigsten Märkten
4. die aktuellen Arbeitsmarktdaten, insbesondere die der USA, da diese als Frühindikatoren gelten
5. der Einkaufsmanagerindex als ein früher Indikator; in Deutschland der EMI und in den USA der Purchasing Managers Index (PMI)
6. Änderungen der bank- und börsenaufsichtsrechtlichen Vorschriften
7. neue steuerliche Rahmenbedingungen
8. politische Rahmenbedingungen, insbesondere unerwartete politische Umwälzungen
9. das Konsumentenverhalten, oftmals durch monatliche Kennzahlen wie dem Konsumentenindex für Deutschland durch die Gesellschaft für Konsumforschung (GfK)
10. Veränderungen der Rohstoffpreise; ein sinkender Rohölpreis ist häufig ein Indikator für eine sich abkühlende Weltkonjunktur, kann aber auch die Wirtschaft importierender Länder unterstützen

Umgekehrt beeinflussen Anlageentscheidungen der Marktteilnehmer die Entwicklungen an den Finanzmärkten. Die Marktteilnehmer nehmen Marktinformationen auf, treffen auf der Grundlage dieser Informationen Entscheidungen und verstärken dadurch ihrerseits die Kursentwicklung.

Diese Abhängigkeit wird deutlich in Momenten, in denen es zu starken Kursbewegungen an Finanzmärkten kommt. In der breiten Öffentlichkeit werden besonders Aktienkurse am Kapitalmarkt verfolgt. Kursbewegungen von mehr als zehn Prozent an einem Tag sind nicht der Regelfall an Aktienbörsen, sondern seltene Ausnahmen, eignen sich aber als Beispiel für die vielfältigen gegenseitigen Beeinflussungen:

Der bekannteste und folgenreichste Kurssturz ereignete sich am 24.10.1929, als der Dow Jones bereits zu Handelsbeginn elf Prozent an Wert verlor. Dieser Tag wird in den USA, da es ein Donnerstag war, als „Black Thursday" bezeichnet. In Deutschland ist dieser Tag als „Schwarzer Freitag" bekannt – womöglich, da der Crash 1929 erst am Freitag in Deutschland allgemein bekannt wurde und am Freitag den Handel in Deutschland beeinflusste. Der Tag gilt als Auslöser der „Großen Depression" in den USA.

Häufig nutzen spezielle Computerprogramme kleine Kursschwankungen und lösen anhand bestimmter Kriterien Kauf- oder Verkauforder aus, ohne dass dies in bestimmten Grenzen von einer menschlichen Person bestätigt werden muss. Wenn nun in einer Vielzahl dieser Programme ein bestimmter Wert wie ein Stand des DAX bei 10 000 Punkten oder der Kurs eines bestimmten Wertpapiers bei 100 Euro oder eine Abweichung von einem Wert in Prozent hinterlegt ist, zu dem diese Programme kaufen oder verkaufen, kann es zu einer starken Marktbewegung kommen. In Einzelfällen können hierbei besonders starke Kursschwankungen ausgelöst werden, insbesondere da häufig ähnliche Werte hinterlegt werden, zu denen eine Aktion ausgeführt wird. Hierbei spricht man von „Flash Crashs".

Was bedeutet diese Möglichkeit eines plötzlichen Kurssturzes für Sie als Anleger?

Anleger sollten bei ihren Investitionen die damit verbundenen Unsicherheiten und Risiken sorgfältig abwägen und in ihre Überlegungen einbeziehen, beispielsweise:

- Geld an den Kapitalmärkten sollte langfristig investiert werden, denn zumeist steigen die Kurse der Indizes wieder – aber vielleicht erst nach mehreren Jahren.

- Das Geld nicht in einzelne wenige Wert investieren, sondern:
  - Streuen der Anlagen in Geld- und Sachwertanlagen
  - Liquide bleiben und die persönlichen und familiären Verpflichtungen der nächsten Jahre möglichst planen, um nicht innerhalb der nächsten Jahre auf das investierte Geld angewiesen zu sein und damit Verluste realisieren zu müssen.
  - Finanzpartner sorgfältig nach den Kriterien Seriosität, Rating und Einlagensicherung auswählen, siehe auch Kapitel 1.

3.1 Geldanlage in Aktien

„Sei ängstlich, wenn andere gierig sind und sei gierig, wenn andere ängstlich sind."

Warren Buffett, das „Orakel von Omaha"

Aktien zählen wie Immobilien zu den klassischen langfristigen Sachwertanlagen und bieten damit innerhalb eines strukturierten Portfolios grundsätzlich eine solide Basis für einen langfristigen Vermögensaufbau.

Hierbei zeigen viele Studien, dass bei der Geldanlage in Aktien drei Grundsätze berücksichtigt werden sollten:

- Investieren Sie langfristig! Häufig beeinflussen negative Unternehmensnachrichten einen Aktienkurs nur für kurze Zeit. Auch gesamtwirtschaftliche Krisen können über Monate oder Jahre überwunden werden. Halten Sie viele Ihrer Aktien möglichst über Jahre, investieren Sie mit einem Zeithorizont von Jahrzehnten. Im nicht empfehlenswerten Fall würden Sie somit eine Aktie kaufen, allein deren Kurs verfolgen und bei schlechten Kursnachrichten verkaufen. Zu empfehlen ist eine Anlage in eine große Anzahl an Aktien, mindestens 25 bis 30, und diese Aktien langfristig über viele Jahre zu halten und nur geringe Umschichtungen im Depot vorzunehmen. Bezüglich des zeitlichen Anlagehorizonts sollte für Aktionäre auch wegen der direkten Kosten zumindest eine längerfristige Anlage im Vordergrund stehen. Bei kurzfristigen Engagements oder spekulativen Käufen sollten die An- und Verkaufskosten sowie die Depotkosten und die Besteuerung von Kursgewinnen einkalkuliert werden.
- Investieren Sie gestreut, das heißt, in eine große Anzahl von Aktien, in verschiedene Branchen und in verschiedene Regionen.
- Investieren Sie eher in Unternehmen und Branchen, die Sie besser verstehen können.

Wertpapierrechtlich betrachtet sind Aktien Anteilscheine, die eine Aktiengesellschaft im Rahmen einer Eigenkapitalbeschaffungsmaßnahme ausgegeben hat. Die Rechtsgrundlagen in Deutschland bilden im Wesentlichen das Aktiengesetz, das Kreditwesengesetz, das Börsengesetz, das Wertpapierhandelsgesetz und das Depotgesetz.

Wie alle Sachwertanlagen bieten Aktien einen gewissen Schutz vor der Geldentwertung durch Inflation, also eine weitgehende Realwerterhaltung. Voraussetzung einer soliden Basis bei Aktien ist, dass es sich um Substanzwerte handelt. Bei Aktien bedeutet „Substanzwert", dass das Unternehmen eine nachhaltige Wertschöpfung aufweist. Diese kann sich in einem konstanten oder wachsenden Bilanzgewinn und kontinuierlichen oder steigenden Dividenden zeigen.

Der Inhaber von Aktien ist Miteigentümer entsprechend der Anzahl seiner Aktien und damit entsprechend seines Anteils Miteigentümer an der Summe aller Aktiva des Unternehmens. Der Ertrag der Aktien richtet sich, wenn diese nicht verkauft werden, nach dem Teil des Gewinns, den die Hauptversammlung der Aktiengesellschaft als Dividende an die Aktionäre auszuschütten beschließt.

Aktien stellen also eine sehr gute Möglichkeit dar, langfristig Vermögen aufzubauen. Um herauszufinden, in welche einzelnen Aktien investiert werden sollte, ist eine Bewertung des Unternehmens, in das investiert werden soll, notwendig. Die Unternehmensbewertung führt zu einer Bewertung des Eigenkapitals des Unternehmens und damit des Anteils am Eigenkapital, der gehandelt wird: der Aktie.

Die Mär von Bulle und Bär

In der New York Times war im Jahr 1886 über das Geschehen an der Wall Street zu lesen: „Die Börse war Schauplatz eines Kampfes, wie er dort nie zuvor stattgefunden hatte. Bullen und Bären standen sich voll verzweifelten Mutes gegenüber. Die Bären waren stärker."

Der Markt ist bullish, wenn die Kurse nach oben laufen, also haussieren, und bearish, wenn sie stürzen, also baissieren. Die gängigste Erklärung für das Sinnbild mit den beiden Tieren wird vom Kampfverhalten der Tiere abgeleitet: Der Stier stößt beim Angriff mit den Hörnern nach oben, der Bär schlägt mit einer Pranke nach unten.

3.1.1 Bewertungsmethoden von Aktien

Der Wert einer bestimmten Geldanlagemöglichkeit ergibt sich aus dem Vergleich zu anderen Geldanlagemöglichkeiten. Die absoluten Werte müssen dabei hinsichtlich der Zeit und des Risikos vergleichbar gemacht werden. Hierfür wird ein Vergleichszinssatz, der sich am Markt bei einem ähnlichen Risiko und einer ähnlichen Anlagedauer bildet, herangezogen. Mit diesem wird das einer Geldanlage zugeordnete Risiko widergespiegelt. Zudem erlaubt der Zins, Zahlungsströme, die zu unterschiedlichen Zeitpunkten erfolgen, intertemporal, also in der Zeit, zu verschieben und damit einen Wert in der Gegenwart zu ermitteln.

Bei der Aktienbewertung sind die Dividenden, die die Anleger als Zahlungen erhalten, als eine Bewertungsgrundlage wichtig.

Eine weitere Bewertungsmöglichkeit sind die dem Unternehmen zufließenden Zahlungsströme (Cash Flows). Hierbei wird von der Weiterführung des Unternehmens ausgegangen. Dies wird auch als „Going Concern"-These bezeichnet.

Um den Zeitwert des Geldes zu berücksichtigen („Time Value of Money"), werden die Dividenden und die Zahlungsströme abgezinst, also diskontiert. Die Dividendendiskontierung, die Diskontierung von Zahlungsströmen (Discounted Cash Flow-Verfahren) und weitere Bewertungsmethoden werden in diesem Kapitel dargestellt.

Zentrale theoretische Fundierung für die Bewertung einer Aktie ist das Barwertmodell. Bei einer Aktie erhalte der Inhaber der Aktie Dividenden in der Zukunft. Im theoretischen Modell erwarte er am Anfang eines Geschäftsjahres ($t = 0$) eine Zahlung zum Zeitpunkt $t = 1$. Um diese Zahlung in der Gegenwart bewerten zu können, wird die Zahlung mit dem Zinssatz (r) abgezinst, also diskontiert. Dies kann auch als Tauschverhältnis interpretiert werden. Auf wieviel ist der Anleger bereit, heute zu verzichten, um dafür in der Zukunft mehr zu erhalten. Da diese Zahlung manchmal unsicher ist, wird der Anleger auch einen, von der Unsicherheit der Zahlung abhängigen Zins verlangen. Somit drückt der Zins der Abzinsung r zum einen den Preis der Zeit und zum anderen den Preis der Unsicherheit aus.

Das Barwertmodell als Bewertungsgrundlage von Aktien

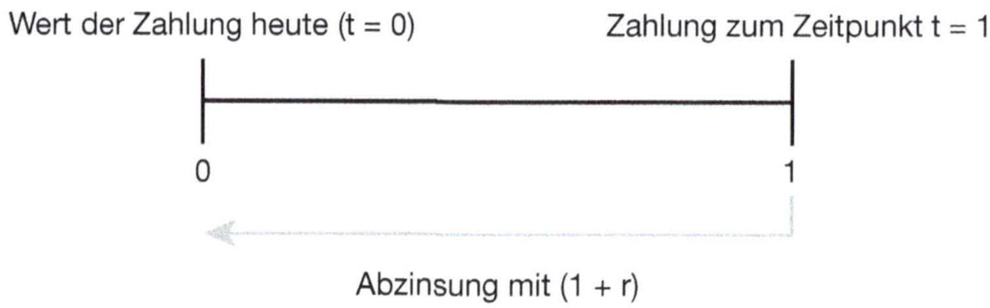

Eine Aktie als Beteiligung am Eigenkapital (EK) eines börsennotierten Unternehmens im Handel an der Börse muss theoretisch so bewertet werden, wie der dem Eigentümer erwartete zuströmende Zahlungsstrom des Unternehmens bewertet wird.

Eine andere Möglichkeit der Bewertung von Aktien stellen zum Beispiel Verhältniszahlen, die sogenannten Multiples, dar. Eine Verhältniszahl ist etwa das Kurs-Gewinn-Verhältnis (KGV).

Deshalb werden/wird an der Börse:

- Umsatzwarnungen und Gewinnprognosen aufmerksam verfolgt. Der Umsatz ist der dem Unternehmen zufließende Zahlungsstrom. Der Gewinn ist das, was an Anteilseigner ausgezahlt werden kann. Eine Gewinnwarnung eines Unternehmens, auch wenn der Gewinn von 2 Milliarden Euro auf „nur" 1,5 Milliarden fällt, führt daher am Markt zu einer geringeren Bewertung der Aktie. Die erwarteten Gewinne, damit wahrscheinlich auch die zukünftigen erwarteten Gewinne, verringern sich und damit die Bewertung des Unternehmens und die Bewertung des Anteils am Unternehmen und der Gewinne. Denn der Aktieninhaber muss mit einem geringeren ihm zufließenden Zahlungsstrom rechnen.
- Die Dividendenpolitik von Unternehmen beobachtet. Viele Anleger bevorzugen Aktien von Unternehmen mit konstanten oder steigenden Dividenden.
- Änderungen des Leitzinses beeinflussen den Wert einer Aktie. Ein höherer Leitzins reduziert den Gegenwartswert der Zahlungsströme, die unter Berücksichtigung eines risikofreien Zinssatzes (r) diskontiert, also abgezinst, werden. In den Modellen wird als risikofreier Zins häufig der Leitzins der US-Notenbank herangezogen.

Welche Bewertungsmethoden gibt es?

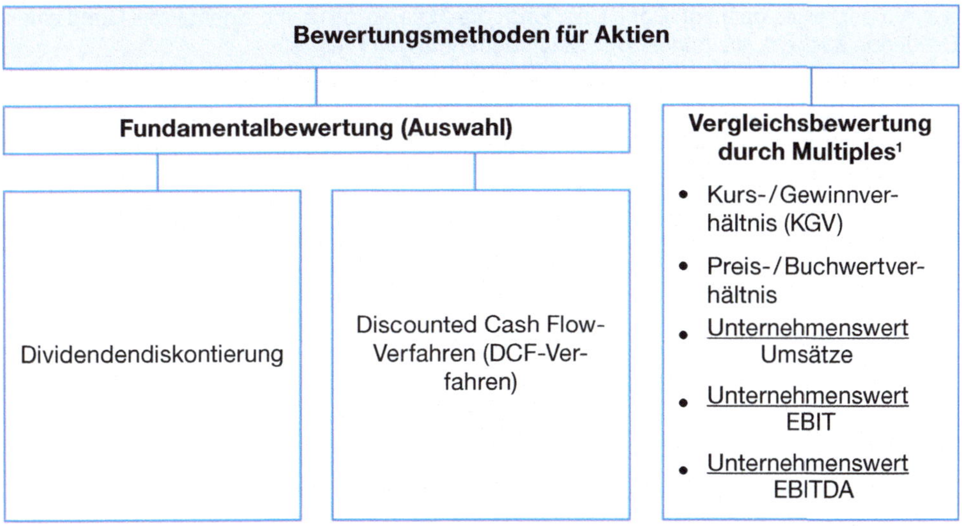

Durch die Diskontierung der Dividende und des Aktienpreises auf der Grundlage des Barwertmodells kann man zu praktischen Modellen für Aktienbewertungen gelangen. Die beiden zentralen zahlungsstrombasierten Bewertungsmodelle sind das Dividendendiskontierungsmodell und das „Free Cash Flow-Modell", welche im folgenden Abschnitt dargestellt werden sollen.

3.1.1.1 Dividendendiskontierung

Im einfachen Fall halte der Investor die Aktie ein Jahr und erhalte eine Dividende und den Verkaufspreis der Aktie am Ende des Jahres.

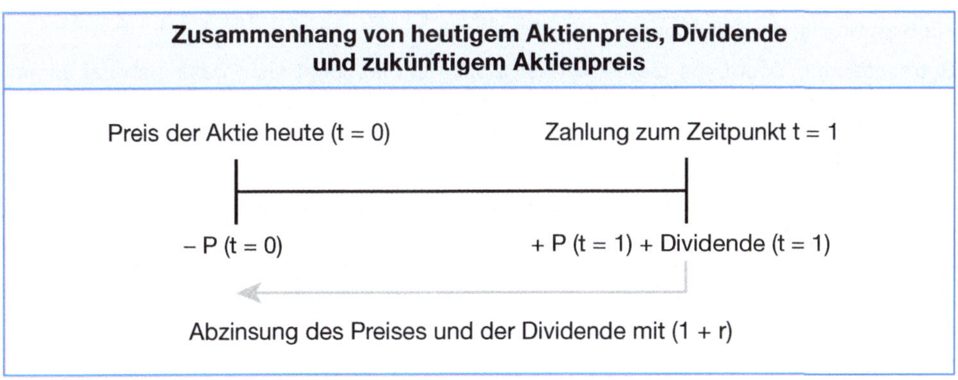

1 Verhältniszahlen werden bei der Unternehmensbewertung auch als Multiples bezeichnet. Bei Multiples wird eine Kennzahl durch eine andere Kennzahl dividiert, um durch die Verhältniszahl eine Beurteilungsgrundlage hinsichtlich der Finanzkraft und des Wertes eines Unternehmens zu erhalten.

Wenn an einer Börse eine Aktie gehandelt wird, haben sich der Verkäufer und der Käufer auf einen Preis entsprechend ihrer zukünftigen Erwartungen bezüglich der Dividenden und des Aktienpreises geeinigt. Der Käufer kauft die Aktie, wenn er von einem Preis P und einer Dividende ausgeht, die höher oder gleich dem heutigen Preis ist.

Der Verkäufer verkauft, wenn er davon ausgeht, dass die Aktie höchstens den Preis, den der Käufer bezahlt, wert ist. Der Preis, den der Käufer zahlt, ist also mindestens gleich oder höher als der Preis und die Dividendenzahlungen, die der Verkäufer erwartet.

Damit es zur Transaktion kommt, müssen der Preis, den der Käufer bezahlt und der Preis, den der Verkäufer verlangt, sich entsprechen. Durch die Möglichkeit, Zahlungsströme zu tauschen, kann der Preis einer Aktie heute festgestellt werden. Den Wechsel des Geldwertes in der Zeit macht der so genannte risikolose Zinssatz möglich. Hierfür wird in der Praxis auf den Zinssatz US-amerikanischer Staatsanleihen zurückgegriffen.

Die Dividendenrendite in Prozent ergibt sich, indem die gezahlte Dividende durch den aktuellen Preis dividiert und mit Hundert multipliziert wird:

$$\frac{\text{gezahlte Dividende}}{\text{aktueller Aktienkurs}} \times 100$$

Die Dividendenrendite der Unternehmen im DAX lag für das Geschäftsjahr 2017 bei durchschnittlich 2,7 Prozent.

Am Beispiel der Daimler AG: Auf der Hauptversammlung der Daimler AG am 05.04.2018 wurde beschlossen, die Dividende von 3,25 Euro für das Geschäftsjahr 2016 auf 3,65 Euro für das Geschäftsjahr 2017 und damit um 12 Prozent zu erhöhen. Damit hat die Daimler AG eine Dividendenrendite von 5,25 Prozent. Am Tag nach der Hauptversammlung notiert die Aktie ohne die Dividende („ex") und drei Banktage später wird die Dividende gezahlt. Die Daimler AG orientiert sich beispielsweise an 40 Prozent Ausschüttung des Ergebnisses.

In den vergangenen Jahren haben besonders die Allianz SE, die Bayerische Motoren Werke Aktiengesellschaft (kurz BMW AG), die Münchener Rückversicherungs-Gesellschaft Aktiengesellschaft in München (kurz Munich RE) und die Deutsche Telekom AG hohe Dividenden gezahlt. Da institutionelle und private Aktienanleger eine Erwartungssicherheit der Dividendenzahlungen sehr schätzen, ist es ein wichtiges Ziel der Unternehmenspolitik von Aktiengesellschaften, diese Erwartungshaltung bezüglich der Dividendenzahlungen zu erfüllen. Für Anleger ergibt sich hieraus eine gewisse Prognosesicherheit bezogen auf zukünftige Dividendenzahlungen.

Betrachtet man allerdings die Berechnung der Rendite, zeigt sich, dass sich bei einem gesunkenen Aktienkurs und einer gleichbleibenden gezahlten Dividende eine höhere Dividendenrendite ergibt.

3.1.1.2 Discounted Cash Flow-Verfahren (DCF-Verfahren) auf Grundlage des Free Cash Flow

Grundlage der Unternehmensbewertung nach dem DCF-Verfahren ist in diesem Abschnitt der Free Cash Flow, der sich durch Informationen aus der Bilanz und der Kapitalflussrechnung ermitteln lässt. Das zuvor dargestellte Dividendendiskontierungsmodell ermittelt über die zukünftig erwarteten Dividenden den Unternehmenswert. Der Free Cash Flow ist der Zahlungsstrom, der den Eigenkapitalgebern und den Fremdkapitalgebern zufließt. Oder anders ausgedrückt: die Zahlungen, die das Unternehmen generiert, die nicht im Unternehmen selbst benötigt werden. Zur Ermittlung des Free Cash Flows werden unter anderem die Umsätze und die Abschreibungen benötigt.

Zusammenhang von Earnings Before Interest, Tax, Depreciation and Amortization (EBITDA), Earnings Before Interest and Tax (EBIT) und Net Income			
	Englische Bezeichnungen		*Deutsche Bezeichnungen*
	Sales		Umsätze
–	Costs Of Goods Sold (COGS)	–	Kosten der verkauften Güter
=	**EBITDA**	=	**EBITDA**
–	Depreciation	–	Abschreibung
–	Amortization	–	Abschreibung immaterieller Vermögenswerte[1]
=	**EBIT**	=	**EBIT**
–	Interest	–	Zinsen
=	Earnings Before Taxes	=	Gewinn vor Steuern
–	Taxes	–	Steuern
=	**Net Income**	=	**Nettoergebnis**

Der Free Cash Flow wird wie folgt ermittelt: **Free Cash Flow (FCF) =**

EBIT x (1 – t)	
+ Depreciation + Amortization	
+/– Capital Expenditures (CAPEX)	+/– Capital Expenditures (CAPEX) sind die Investitionen innerhalb eines Geschäftsjahres in längerfristige Anlagegüter. Wenn das CAPEX positiv ist, also in längerfristige Anlagegüter investiert wurde, wird dieses abgezogen.
+/– Δ Working Capital	+/– Working Capital ist die Differenz von kurzfristigem Umlaufvermögen und kurzfristigen Verbindlichkeiten. Auch hier kommt es für die Ermittlung des Free Cash Flow eines Jahres auf die Veränderung des Working Capital innerhalb des Geschäftsjahres an. Wenn das Working Capital steigt, wird dieses zur Berechnung des Free Cash Flow abgezogen.

1 Vermögenswerte als International Financial Reporting Standards (IFRS)-Begriff. Handelsrechtliche Vermögensgegenstände und steuerrechtliche Wirtschaftsgüter können sich hinsichtlich Ansatz und Bewertung von den Vermögenswerten nach IFRS unterscheiden. Da der Free Cash Flow besonders bei kapitalmarktorientierten Unternehmen angewendet wird, die einen Abschluss nach den IFRS erstellen müssen, wird hier der IFRS-Begriff „Vermögenswert“ verwendet.

Bei einer Unternehmensbewertung werden die Zahlungsströme der Zukunft mit dem gewichteten Kapitalkostensatz (**W**eighted **A**verage **C**ost of **C**apital; **WACC**) diskontiert. Hierbei werden der Anteil des Fremdkapitals zum Marktwert am Gesamtkapital sowie der Anteil des Eigenkapitals zum Marktwert am Gesamtkapital gewichtet.

Die Gesamtkosten (WACC), kurz r_{WACC}, ergeben sich als:

Gesamtkosten (WACC) =	Eigenkapitalkostensatz r_{EK} x Eigenkapitalanteil (EK / GK) + Zinssatz des Fremdkapitals (r_{FK}) x Fremdkapitalanteil (FK / GK) x Tax Shield (1–t)
r_{WACC} =	r_{EK} x EK / GK + r_{FK} x FK / GK x (1–t)

Die Bestimmung der Eigenkapitalrendite
Die Eigenkapitalrendite wird im WACC durch den risikolosen Zinssatz r_f, das Eigenkapitalbeta β_{EK} und die Risikoprämie des Marktportfolios r_m über den risikolosen Zinssatz r_f bestimmt:

r_{EK} =	$r_f + \beta_{EK} \times (r_m - r_f)$

Das Eigenkapitalbeta β_{EK} drückt aus, ob sich der Wert der Aktie in dem Maße ändert, wie der Wert der Vergleichsunternehmen. Wenn ein Aktienkurs eines Nasdaq-Unternehmens sich immer wie alle Vergleichsunternehmen in diesem Index entwickelt, hätte dieses Unternehmen einen Betawert von 1. Zusätzlich ist das β_{EK} auch vom Verschuldungsgrad des Unternehmens abhängig, weshalb es noch „ge-unlevered" werden muss.

r_m	r_m ist der Erwartungswert der Rendite des Marktportfolios.
$\beta_{EK} \times (r_m - r_f)$	der Term $\beta_{EK} \times (r_m - r_f)$ ist die Risikoprämie bezogen auf den Markt.

Das Eigenkapitalbeta kann, um einen Vergleich zu ermöglichen, noch „unlevered" werden, also unabhängig von der Schuldenquote des jeweiligen Unternehmens gemacht werden. Dieses Eigenkapitalbeta wird als β_U bezeichnet und drückt das mit einer Aktie verbundene Risiko aus, das unabhängig von der Schuldenquote ist. Hierzu wird das $\beta_{Levered}$ „unlevered":

$$\frac{\beta_L}{(1 + ((1 - \text{Steuerrate}) \times (\text{Fremdkapital} / \text{Eigenkapital})))}$$

Zur Bestimmung des β-Wertes für das Unternehmen wird das β_{EK} und das β_{FK} des Fremdkapitals benötigt.

Um den gesamten Wert des Unternehmens als Entity Value zu bestimmen, werden die Zahlungsströme, die den Fremdkapitalgebern und den Eigenkapitalgebern zufließen, mit den Gesamtkosten WACC diskontiert.

Die Unternehmensbewertung, die zu einem Wert je Aktie führt und mit der somit ein „fairer Aktienwert" bestimmt werden kann, wird in einem Beispiel der direkten Methode dargestellt:

Annahmen:

- Die Umsätze stiegen jährlich um drei Prozent.
- Die Kosten der Umsätze betrügen 90 Prozent der Umsätze.
- Die CAPEX und die Differenz im Working Capital betrügen zehn Prozent des Umsatzwachstums.
- Die Steuerquote liege bei 35 Prozent.
- Die WACC ergeben sich aus den Eigenkapitalkosten in Höhe von elf Prozent bei einem Anteil von 20 Prozent Eigenkapital und aus sechs Prozent Fremdkapitalkosten bei einem Anteil von 80 Prozent Fremdkapital. Somit sei $r_{wacc} = 0{,}11 \times 0{,}2 + 0{,}06 \times 0{,}8 = 0{,}07$, ohne Berücksichtigung des Tax Shields. Damit betrügen die Gesamtkapitalkosten sieben Prozent. Dies bedeutet, dass die Investoren bei einem Unternehmen mit dieser gegebenen Finanzierung und den getroffenen Annahmen eine Verzinsung ihres Kapitals in Höhe von sieben Prozent erwarteten.

Die Umsätze werden für die nächsten Jahre mit einem Wachstum von drei Prozent prognostiziert. Von diesen werden die direkten mit dem Umsatz verbundenen Kosten subtrahiert. Das EBITDA wird um die materiellen und immateriellen Abschreibungen verringert. Vom erhaltenen EBIT werden die Steuern, die Capital Expenditures (CAPEX) und die jährlichen Differenzen des Working Capital abgezogen. Die Steuern ergeben sich aus der Steuerquote in Höhe von 35 Prozent multipliziert mit dem jährlichen EBIT. Der erhaltene Free Cash Flow (FCF) wird mit dem Gesamtkapitalkostensatz WACC diskontiert.

Hinweis: die angegebenen Werte für die Prognose sind in 100 000, Währung in Euro.

			Prognosezeitraum					
	Jahr	**2019**	**2020**	**2021**	**2022**	**2023**	**2024**	∞
	Periode	**0**	**1**	**2**	**3**	**4**	**5**	6
	Umsätze (Sales)		100,0	103,00	106,09	109,27	112,55	113,68
–	**Kosten der Umsätze (COGS)**		90,0	92,70	95,48	98,35	101,30	102,31
=	**EBITDA**		10,00	10,30	10,61	10,93	11,26	11,37
–	**Abschreibung (Depreciation)**		0,20	0,21	0,22	0,23	0,24	0,26
=	**EBIT**		9,80	10,09	10,39	10,70	11,01	11,11
–	**Steuern**		3,43	3,53	3,64	3,74	3,85	3,89
+	**Abschreibung (Depreciation)**		0,20	0,21	0,22	0,23	0,24	0,26
–	**CAPEX**		0,30	0,31	0,32	0,33	0,11	0,34
–	**Δ WC**		0,30	0,31	0,32	0,33	0,11	0,34
=	**FCF**		5,97	6,15	6,34	6,53	7,18	6,80
/	**WACC**		1,07	1,14	1,23	1,31	1,40	1,50
=	**Zeitwert der Zahlungsströme**		**5,58**	**5,37**	**5,17**	**4,98**	**5,12**	**80,76**
=	**Wert des Unternehmens**	**106,98**						
–	**Wert der Schulden**	80,00						
=	**Wert des Eigenkapitals**	26,98						
	Wert des Eigenkapitals	26,98						
x	**100 000**							
=	**Wert des Eigenkapitals**	2698099,66						
/	**Anzahl der ausstehenden Aktien**	50 000						
=	**Wert der Aktie**	**53,96**						

Der Zeitwert der Zahlungsströme in der sechsten Periode ergibt sich als unendlicher Zahlungsstrom ab Beginn der sechsten Periode. Dieser Wert wird als Endwert (Terminal Value) bezeichnet. In der unendlichen Perspektive werde nach der fünften Periode nur noch ein Umsatzwachstum von einem Prozent angenommen. Der Free Cash Flow der sechsten Periode wird dividiert durch den Zinssatz WACC minus dem prognostizierten Wachstum der Umsätze. Für den Terminal Value ergibt sich somit:

$$\text{Terminal Value} = \frac{(FCF_6)}{(r_{wacc} - g)}, \text{ also}$$

$$\text{Terminal Value} = \frac{6{,}80}{(0{,}07 - 0{,}01)} = 113{,}27$$

Zudem muss der Wert in der Periode sechs auf den heutigen Zeitpunkt diskontiert werden.

$$\text{Zeitwert des Terminal Value} = \frac{113{,}27}{(1{,}07)^5} = 80{,}76$$

Vom erhaltenen Wert des Unternehmens wird der Wert der Schulden abgezogen. Der erhaltene Wert des Eigenkapitals wird durch die Anzahl der ausstehenden Aktien dividiert, denn jede Aktie bedeutet einen Anteil am Eigenkapital.

Die praktische Schlussfolgerung des theoretischen Beispiels für Anleger:

- Die Unternehmensbewertung ist sehr stark von den prognostizierten Umsätzen abhängig, weshalb Umsatzwarnungen an der Börse aufmerksam registriert werden.
- Durch die Diskontierung wird deutlich, dass eine Anhebung des Leitzinses der EZB zu einem geringeren Unternehmenswert führen kann. Der Leitzins wirkt sich über längere Zeit auf die Gesamtkapitalkosten von Unternehmen aus.

Umfassende Erläuterungen zu Unternehmensbewertungen finden Sie zum Beispiel bei:

- Berk, Jonathan und DeMarzo, Peter (2013): Corporate Finance. Boston: Pearson.

3.1.1.3 Aktienanalyse

Die Aktienanalyse, auch Aktienbewertung genannt, ist die Erfassung und Gliederung historischer, aktueller und prognostizierter Daten.

Aufgrund der Daten wird eine Bewertung vorgenommen, um Entscheidungshilfen für die Auswahl der Einzelwerte sowie für den Kauf- oder Verkaufszeitpunkt zu erhalten.

Bevor größere Beträge in eine bestimmte Aktie investiert werden, empfiehlt es sich, die Werthaltigkeit und Wertentwicklung des Anlagepapiers näher zu untersuchen. Das Risiko falscher Entscheidungen kann verringert werden, wenn der Anleger neben der Analyse des wirtschaftspolitischen Geschehens auch das Kurspotenzial und das Kursrisiko kennt und für sich persönliche Grenzen bezüglich des Risikos von Verlusten setzt.

Dabei stehen hauptsächlich zwei wesentliche Entscheidungshilfen zur Verfügung: die Fundamentalanalyse und die technische Aktienanalyse (besonders: Chartanalyse). In der Wissenschaft ist das Verfahren der Chartanalyse allerdings umstritten. Dabei wird die Fundamentalanalyse allgemein höher eingeschätzt als die technische Analyse.

Fundamentalanalyse
Die Fundamentalanalyse soll eine Entscheidungshilfe bieten, ob es grundsätzlich sinnvoll ist, in eine Aktie zu investieren. Dabei werden Aktien nach betrieblichen, branchenbezogenen und gesamtwirtschaftlichen Daten beurteilt.

Die Fundamentalanalyse geht generell von der Auffassung aus, dass der Wert einer Aktie vor allem von den erwarteten zukünftigen Gewinnen und Dividenden sowie Bezugsrechtserlösen abhängt, das heißt von der Ertragskraft der Aktiengesellschaft. Hierzu werden Gewinneinschätzungen und -prognosen herangezogen. Dadurch ergibt sich eine grundsätzliche Aussage über die Kaufwürdigkeit einer Aktie, jedoch nicht über den Kaufzeitpunkt.

Die Fundamentalanalyse gliedert sich in quantitative und qualitative Faktoren.

• **Quantitative Faktoren**
Die quantitativen Faktoren umfassen im Wesentlichen betriebswirtschaftliche Faktoren, die sich aus der Kapitalverzinsung oder der Eigenfinanzierungskraft (Cashflow) ergeben:

- Renditekennzahlen
- Umsatzkennziffern
- Liquiditätskennziffern
- Bilanzen
- Gewinn- und Verlustrechnungen
- Kurs-Gewinn-Verhältnisse
- Auftragslage (Auftragseingang und Auftragsbestand)
- Gewinnvorausschätzungen
- Kosten
- Steuern
- Abschreibungen

• **Qualitative Faktoren**
Die Fundamentalanalyse umfasst zudem die sogenannten „internen qualitativen Faktoren“ wie

- Management
- Angebotspalette oder
- technisches Know-how

Die Fundamentalanalyse im weiteren Sinne umfasst zudem externe qualitative Faktoren, das heißt, die unabhängig vom Ergebnis der Aktie von außen einwirkenden Bestimmungsgrößen, wie

- gesamtwirtschaftliche Faktoren wie Wirtschaftswachstum, Konjunktur oder Arbeitsmarkt
- Marktlage
- Notenbankpolitik oder
- politische Ereignisse

Einzelwertanalyse und Globalanalyse
Neben der Unterscheidung nach Fundamentalanalyse und technischer Analyse kann bezüglich des Analyseziels in Global- und Einzelwertanalyse unterschieden werden.

In der **Globalanalyse** wird versucht, mit Hilfe der technischen Analyse, der Liquidität, des Zinses und der wichtigsten Konjunkturdaten einen allgemeinen Trend zu bestimmen.

Die **Einzelwertanalyse** bringt die Kaufwürdigkeit eines bestimmten Papiers zum Ausdruck.

Zur Einzelwertanalyse werden besonders folgende Faktoren herangezogen:

- Substanzwert pro Aktie
- Erträge vergangener Jahre
- Ertragserwartung für das laufende und für die kommenden Geschäftsjahre
- Wachstumsrate, also die prozentuale Gewinnsteigerung je Aktie im Vergleich zum Vorjahr
- Höhe der Dividenden und Nachhaltigkeit der Dividendenzahlung

3.1.2 Diversifikation: Einzelrisiko durch Streuung und lange Haltedauer verringern

Der optimalen Streuung der Anlage kommt eine entscheidende Bedeutung zu: „Don't put all eggs in one basket", das heißt, Streuung oder Diversifikation verringern das Einzelrisiko.

Auf ein bisher aus wenigen Einzeltiteln bestehendes Aktienportfolio angewendet, bedeutet das:

- Streuung des Aktienanteils in mehrere Titel aus unterschiedlichen Branchen und Märkten.

Senkung der Standardabweichung (σ), auch Volatilität genannt, durch Diversifikation

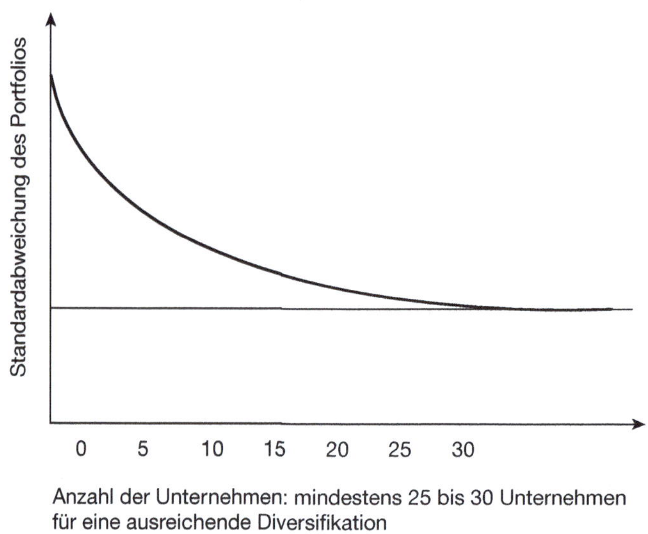

Ein Index bildet die Wertentwicklung einer Gruppe von Wertpapieren ab. Wichtig ist hierbei die Unterscheidung in **Kursindizes,** die den Kurs abbilden, und **Performanceindizes,** die auch weitere Ertragskomponenten erfassen.

Kursindizes

- bilden allein die Kurse der im Index enthaltenen Wertpapiere ab und

- berücksichtigen keine Dividenden und vergleichbare Ausschüttungen wie Bezugsrechte und vernachlässigen Aktien aus einer Kapitalerhöhung aus Eigenmitteln

Performanceindizes berücksichtigen in der Wertentwicklung des Indizes:
- die Kursentwicklung der zugrundeliegenden Wertpapiere,
- die Dividenden,
- die Bezugsrechte und
- Aktien aus einer Kapitalerhöhung aus Eigenmitteln.

Hierbei wird angenommen, dass Barausschüttungen und andere Ertragskomponenten als Wiederanlage in die Aktie reinvestiert werden. Die Dividenden und vergleichbaren Ausschüttungen machen mehr als die Hälfte der Wertentwicklung im DAX aus.

Schwierig ist insbesondere der direkte Vergleich eines Kursindex, wie dem Dow Jones, und einem Performanceindex wie dem DAX. So liegt der Kursindex des DAX zum 30.06.2018 bei 5 668,6 und der Performanceindex des DAX bei 12 306 Punkten.

Der DAX wurde am 01.07.2018 30 Jahre alt

In Deutschland besonders viel beachtet ist der Deutsche Aktienindex (DAX) als Performanceindex.

Dieser wird auch als „Stimmungsbarometer der deutschen Wirtschaft“ oder als Leitindex bezeichnet.

Der DAX bildet die Entwicklung der 30 nach Börsenkapitalisierung größten und nach Börsenumsatz stärksten deutschen Unternehmen ab, die an der Frankfurter Börse notiert sind. Der DAX ist ein Realtime-Index und wird alle 60 Sekunden berechnet.

Vor der Einführung des DAX gab es viele Indizes verschiedener Verlagshäuser, die nur einmal am Tag berechnet wurden – und zwar nach Handelsschluss. Ein einheitliches Bild zwischen den verschiedenen Indizes und über den Handelstag fehlte.

Frank Mella, seinerzeit Redakteur bei der Börsen-Zeitung, entwickelte auf Bitte des Verlegers bereits 1981 einen Index für den Finanzplatz Frankfurt (http://www.frank-mella.de/). Dies ist die Grundlage des heutigen DAX, dessen Namensgebung auf Manfred Zaß, dem langjährigen Vorstandsmitglied der Deutschen Börse AG, zurückgeht.

In all den Jahren ist der DAX Spiegel internationaler und nationaler Geschichte und Ereignisse.

Vgl. auch Stars, H. (2018): DAX: Das Gesicht der Börse wird 30. In: Zeitschrift für das gesamte Kreditwesen, 70(13), S. 12-14.

Detaillierte Informationen bietet der „Leitfaden zu den Aktienindizes der Deutsche Börse AG“ auf der Website der Deutschen Börse AG. Hier werden auch die Grundsätze dargestellt, nach denen die Aktienindizes der Deutsche Börse AG berechnet und zusammengestellt werden:

- Repräsentativ: Wertentwicklung des Zielmarktes wird durch Index bestmöglich abgebildet
- Handelbar: Indexkomponenten sind relativ zur Größe des Unternehmens und des Zielmarktes handelbar
- Nachbildbar: Wertentwicklung der Indizes durch reales Portfolio nachbildbar

- Stabil: hohe Indexkontinuität
- Regelbasiert: Indexänderungen und -berechnungen basieren auf klaren Regeln
- Planbar: Änderungen von Regeln werden mit angemessenem Vorlauf (in der Regel mindestens zwei Handelstage) kommuniziert. Keine rückwirkenden Anpassungen der Indexregeln
- Transparent: Entscheidungen basieren auf öffentlich verfügbaren Informationen

Weitere Informationen zu Indizes finden Sie in Abschnitt 5.4.

Ende 2017 lag der Anteil börsennotierter Aktien privater Haushalte mit 327,4 Milliarden Euro bei 5,6 Prozent des gesamten Geldvermögens in Höhe von rund 5,9 Billionen Euro.

In einem Anlagezeitraum von 30 Jahren brachten Aktien bisher noch nie einen Verlust für die Aktionäre. Im Durchschnitt brachten Aktien über 30 Jahre nach Berücksichtigung der Inflation eine Rendite von sieben Prozent pro Jahr, von 1985 bis 2015 waren es 6,8 Prozent. So spricht trotz der seit über zehn Jahren anhaltenden Euro- und Finanzkrise vieles dafür, den Aktienanteil im Portfolio zu erhöhen.

Internetadressen zu Börsen und Indizes

Gruppe Deutsche Börse	www.deutsche-boerse.com
EUREX	www.eurexchange.com
XETRA	www.xetra.de
STOXX-Indizes	www.stoxx.com
Dow Jones Indizes	www.djiindexes.com

Gemessen am Handelsvolumen ist der bedeutendste Handelsplatz für Aktien die Computerbörse Xetra (Exchange Electronic Trading). Daneben werden Aktien in Deutschland börslich an den Wertpapierbörsen Berlin, Düsseldorf, Frankfurt am Main, Hamburg/Hannover, München und Stuttgart gehandelt. Neben den traditionellen Handelsplätzen und der Handelsplattform Xetra gibt es den außerbörslichen Aktienhandel, beispielsweise über außerbörsliche Broker und vielfältige Online-Handelsplattformen.

426 Jahre Frankfurter Parkett sind zu Ende

Im Jahr 1585 gegründet, kam 2011 nach 426 Jahren für den Parketthandel der Frankfurter Wertpapierbörse das Aus. Seit Mai 2011 läuft der Handel ausschließlich über elektronische Handelsplattformen, überwiegend über Xetra. Daneben gibt es eine Reihe weiterer sogenannter alternativer Handelsplätze unter der Bezeichnung MTF (Multilateral Trading Facilities).

Aktien sind Risikopapiere: Reaktionen des DAX infolge einschneidender Ereignisse

- In Folge der **Dotcom-Krise** Anfang des Jahrtausends sackte der DAX in der Zeit vom 07.03.2000 bis zum 12.03.2003 von 8136 Punkten um 73 Prozent auf 2203 Punkte ab.
- Bis zum 13.07.2007 erkletterte der DAX erneut 8152 Punkte und fiel bis März 2009 wegen der globalen Finanzmarktkrise auf fast 4000 Punkte. 2011 war der DAX erneut dabei, die 8000er Marke zu knacken. Doch infolge der **Euro- und Bankenkrise** sackte er im September 2011 kurzfristig auf unter 5000 Zähler dramatisch ab und lag Anfang August 2012 bei knapp unter 7000 Punkten.

- Am 23.07.2016 stand der DAX noch bei 10 257 Zählern. Obwohl abzusehen war, dass die Abstimmung zum **Brexit** knapp ausgehen würde, ist nach Bekanntwerden des Ergebnisses der DAX zunächst eingebrochen. Die Marktteilnehmer hätten im Grunde einen solchen Ausgang der Abstimmung auch einpreisen müssen, da dessen Wahrscheinlichkeit bei ungefähr 50 Prozent lag. In den Folgetagen ist der DAX auf einen Tiefststand in Reaktion auf den Brexit von nur noch 9 268 Punkten am 27.07.2016 abgesackt, hat sich in der Folge bis Ende September 2016 auf über 10 500 Punkte erholt.
- Am 16.10.2017 durchbrach er erstmals die 13 000er Marke.

Der Trost: Renditevorteil und geringeres Risiko bei langfristigen Aktienengagements!

Ein reines Anleiheportfolio ist risikoreicher als ein Depot mit zehn Prozent Aktien als Beimischung. Bereits bei 15 Prozent Aktienanteil ist das Risiko nur minimal höher, die Aussichten auf höhere Renditen aber wachsen deutlich.

3.1.3 Kosten im Zusammenhang mit Aktien

Die Kosten für Kauf, Verkauf und die Kosten für die Depotführung und Verwaltung schmälern die Rendite. Deshalb ist es nützlich, sich vorab über diese zu informieren. So sind Wertpapierdienstleistungsunternehmen, also im Allgemeinen das depotführende Kreditinstitut, verpflichtet, Informationen zur Verfügung zu stellen hinsichtlich der Kosten und Nebenkosten einschließlich aller mit der erbrachten Leistung verbundenen Gebühren, Provisionen, Entgelte und Auslagen sowie aller vom Kreditinstitut zu entrichtenden Steuern. Außerdem ist auf die Möglichkeit hinzuweisen, dass dem Kunden aus seinen Geschäften im Zusammenhang mit dem Finanzinstrument oder der Wertpapierdienstleistung noch weitere Kosten und Steuern entstehen können, die nicht in Rechnung gestellt wurden (§ 31 Abs. 3 Satz 3 Nr. 1, 2 und 4 Wertpapierhandelsgesetz i. V. m. § 5 Abs. 2 Nr. 5 der Wertpapierdienstleistungs-Verhaltens- und Organisationsverordnung).

Für den An- und Verkauf von Aktien verlangen Kreditinstitute durchschnittlich ein Prozent vom Kurswert an Provision, häufig mindestens als Pauschalentgelt zehn bis 50 Euro. Dazu kommen 0,6 Promille Courtage des Börsenmaklers (Kurswert) und etwa zwei Euro Börsenspesen (Abrechnungskosten, Fachjargon: Schlussnote). Insgesamt müssen Anleger also zwei bis 2,5 Prozent des Kurswerts der Aktien für den An- und Verkauf einer Aktie zahlen.

Discount-Broker ohne Filialen, meist auch ohne Beratung und ohne Kundenverkehr und ohne bankübliche Öffnungs- und Beratungsleistung, bieten in Form von Internet- oder Online-Brokerage ihre Dienste häufig zu einem Bruchteil der marktüblichen Sätze an.

Die Anschaffungs- und Veräußerungskosten von Wertpapieren gehören zu den nicht abziehbaren Werbungskosten. Hinzu kommen noch Depotkosten für die Verwahrung und Verwaltung der Papiere: Die jährlichen Depotgrundkosten liegen zwischen null (Discount-Broker) und 30 Euro, zuzüglich 0,5 bis 1,5 Promille vom Kurswert. Bei einigen Instituten kommen noch Postenkosten von bis zu zwei Euro dazu. Überproportional belastet werden vor allem Kleinanleger durch Anhebung der Mindestdepotgrundkosten auf bis zu 50 Euro jährlich.

Die Depotkosten oder Kosten für die Teilnahme an der Hauptversammlung sind nicht als Werbungskosten abziehbar und sind mit dem Sparer-Pauschbetrag abgegolten.

Neben den Depotkosten für die Führung des Wertpapierkontos bei der Hausbank und des Verwahrers der Aktien (Depotbank), fallen je nach Geschäftsvorfall an: Clearingkosten der Wertpapierbörse und fremde Bankspesen wie für den Devisenumtausch bei Anlagen in fremder Währung, Auslieferungskosten beim Kauf effektiver Stücke (Tafelgeschäfte) und Telekommunikationskosten.

3.1.4 Besteuerung von Aktienerträgen

„Besser 25 Prozent von x, als 42 Prozent von nix."

Peer Steinbrück im Jahr 2012, damals Bundesfinanzminister

Der mögliche Gesamtertrag für den Anleger setzt sich im Wesentlichen aus Dividenden, Bezugsrechten und Kursgewinnen zusammen.

Bei der Gesamtrentabilität sind noch die Anschaffungs- und Veräußerungskosten sowie die Depotkosten zu berücksichtigen.

Steuerliche Behandlung von Dividenden, Bezugsrechtserlösen, Kursgewinnen und Kursverlusten

- Die Dividendenzahlungen unterliegen der Abgeltungsteuer zuzüglich Solidaritätszuschlag und, soweit zutreffend, der Kirchensteuer.
- Realisierte Kursgewinne unterliegen ebenfalls der Abgeltungsteuer, sofern die Aktien nach dem 31.12.2008 erworben wurden. Die bis Ende 2008 geltende Spekulationsfrist von einem Jahr, nach deren Ablauf Kursgewinne steuerfrei waren, ist entfallen. Für Aktien, die vor dem 01.01.2009 erworben wurden, gilt aus Bestandsschutzgründen die alte Regelung auch in 2018 weiter. Im Gegensatz dazu fiel ab 2018 der Bestandsschutz für vor 2009 gekaufte Fondsanteile weg.

Beispiel für die Besteuerung von Dividenden	
steuerpflichtiger Dividendenzufluss 2017	10 000,00 €
Kursgewinne aus Verkäufen in 2017	2 000,00 €
Einkünfte	12 000,00 €
abzüglich Sparer-Pauschbetrag (ledig); kein weiterer Werbungskostenabzug (mit Ausnahme der Transaktionskosten)	801,00 €
zu versteuernde Einkünfte aus Kapitalvermögen	11 199,00 €
daraus Abgeltungsteuer 25 Prozent zuzüglich Solidaritätszuschlag von 5,5 Prozent (= 26,375 %)[1]	2 953,74 €
Nettoertrag	8 245,26 €

- **Beschränkung der Verlustverrechnung seit 2009**

Aktienverluste von privaten Aktionären dürfen nur mit Gewinnen aus der Veräußerung von Aktien ausgeglichen werden. Rechtsgrundlagen: § 20 Abs. 6 EStG. Verluste aus Kapitalanlagen, die der Kapitalertragsteuer unterliegen, dürfen nur verrechnet werden oder mindern die Einkünfte, die der Steuerpflichtige in den folgenden Veranlagungszeiträumen aus Kapitalvermögen erzielt, wenn er eine Bescheinigung im Sinne des § 43a Abs. 3 Satz 4 EStG vorlegt. Diese Beschränkung gilt nur für die Direktanlage in Aktien, nicht für Zertifikate auf Aktien oder Aktienfonds. Die Verluste können auch vorgetragen werden. Ein Rücktrag ist seit 2009 nicht mehr möglich.

1 Ohne Berücksichtigung von Kirchensteuer.

Seit 2009 gibt es zwei Verlustverrechnungstöpfe, die bei den Finanzinstituten geführt werden: Im Verrechnungstopf 1 werden alle Kapitalerträge, die nicht aus Aktiengewinnen oder -verlusten bestehen, verrechnet. Im Verrechnungstopf 2 werden nur Gewinne und Verluste aus Aktiengeschäften verrechnet. Eine Verrechnung beider Töpfe untereinander ist nicht möglich.

Seit 2014 dürfen Altverluste nur noch mit neuen Gewinnen aus privaten Veräußerungsgeschäften verrechnet werden. Darunter fallen vor allem Gewinne aus der Veräußerung von Immobilien innerhalb der zehnjährigen Spekulationsfrist.

Die Verrechnung von Altverlusten ist weiterhin, allerdings nur im Zuge der Einkommensteuererklärung, möglich.

Geldanlage-Tipp zur Abgeltungsteuer: Behandlung der Veräußerungsgewinne

Veräußerungsgewinne unterliegen als Einkünfte aus privaten Veräußerungsgeschäften unabhängig von der Haltedauer der Abgeltungsteuer. Aktien, die vor dem 1. Januar 2009 angeschafft wurden, können weiterhin nach Ablauf der Spekulationsfrist steuerfrei veräußert werden (Bestandsschutz).

Veräußerungsverluste und Aufwendungen unterliegen einer weitgehenden Verrechnungsbeschränkung!

3.1.5 Bezugsrechtsausübung bei Kapitalerhöhung

Wird durch eine Aktiengesellschaft eine Erhöhung des Grundkapitals durchgeführt, steht dem Altaktionär ein gesetzliches Bezugsrecht auf junge Aktien im Verhältnis seiner bisherigen Beteiligung zu. Zugleich ist das Bezugsrecht ein Vermögensausgleich für den Fall, dass ein Altaktionär junge Aktien nicht beziehen möchte. Der Kurs der alten Aktien sinkt rein rechnerisch um den Wert des Bezugsrechtes, weil die jungen Aktien mit einem niedrigeren Kurs emittiert werden.

Beispiel

zur Berechnung des Bezugsrechts
Das Grundkapital soll von 18 Millionen um 9 Millionen auf 27 Millionen € erhöht werden; Kurs der alten Aktien (K_a) 160 €, Kurs der neuen Aktien (K_n) 130 €.

Veränderung des Vermögens des Altaktionärs beim Bezug von jungen Aktien:

In diesem Beispiel berechtigt der Besitz von zwei alten Aktien zum Bezug einer jungen Aktie.

zwei alte Aktien bereits im Besitz	= 2 × 160 € = 320 €	
+ eine neue Aktie noch zu erwerben	= 1 × 130 € = 130 €	
Gesamtvermögen		= 450 €
Durchschnittsvermögen	= 450 : 3	= 150 €

Wenn der Wert der derzeit gehandelten Aktie 160 € ist, die neuen Aktien mit 130 € angeboten werden, ergibt sich ein zukünftiger Wert von 150 € (2:1 => 2 x 160 € + 130 €),

Die Differenz von 160 € zu 150 € erklärt sich durch das Bezugsrecht. Der Altaktionär hat beim Bezug einer jungen Aktie keinen Vermögensverlust, obwohl der Kurs der Aktien rechnerisch von 160 € auf 150 € sinkt. Das Vermögen verteilt sich jetzt auf eine größere Anzahl von Aktien. Nimmt der Altaktionär an der Kapitalerhöhung nicht teil, kann er den Kursverlust durch den Verkauf seiner Bezugsrechte ausgleichen.

Ein potenzieller Neuaktionär benötigt zum Erwerb einer jungen Aktie zwei Bezugsrechte zum rechnerischen Wert von zehn € pro Stück. Die Bezugsrechte kann er dem Altaktionär abkaufen.

Bezugsrechtwert (B = Bezugsrecht)

$$B = \frac{K_a - K_n}{\frac{\text{Kapital alt}}{\text{Kapitalerhöhung}} + 1} = \frac{160 - 130}{\frac{2}{1} + 1} = 10$$

Das Bezugsrecht entwickelt entsprechend des Prinzips von Angebot und Nachfrage einen eigenen Börsenkurs. Dadurch kann sein Wert erheblich über dem rechnerischen Wert liegen.

3.1.6 Mit Stopp-Loss-Marken Kursverluste begrenzen und Gewinne sichern

Ein Limitierungsauftrag kann auch als **Stopp-Loss-Order** gegeben werden, also durch Verkaufsaufträge, die bestens, also ohne Limit, ausgeführt werden, sobald ein festgelegter Kurs nach unten durchbrochen wird. Sie werden sinnvoller Weise zu einem Kursniveau eingegeben, dessen Unterschreiten charttechnisch weitere Einbußen signalisiert. Solche Kursmarken können Unterstützungs- oder Widerstandslinien sein oder bestimmte psychologische Marken wie Tausender-Schritte beim DAX oder runde Zahlen bei Einzelwerten.

Vorsicht! Liegt eine Stopp-Loss-Order bei 100 und fällt der Kurs der Aktie auf 99, verkauft das Finanzinstitut die Aktien bestens, also ohne Limit. Hält die Talfahrt des Kurses an, kann es jedoch passieren, dass der Wert nur mit beispielsweise 80 verkauft werden kann!

Sinnvoll ist es auch, zusätzlich zum Stopp-Loss ein Limit einzugeben, das den niedrigsten erwarteten Verkaufspreis bestimmt, da der Stopp-Loss-Preis nicht in jedem Fall erzielt werden kann.

Allerdings: Durch die Stopp-Loss-Marke können mögliche Gewinne abgesichert oder weitere Verluste auf ein vorher festgesetztes Maß beschränkt werden.

Weiter ist es sinnvoll, bei steigenden Kursen die Stopp-Loss-Marke regelmäßig nach oben anzupassen. Dadurch werden nicht nur Verluste begrenzt, sondern auch Gewinne abgesichert.

Umgekehrt kommt eine **Stopp-Buy-Order** als Billigstorder automatisch zur Ausführung, wenn ein bestimmter, vorgegebener Kurs überschritten wird.

3.2 Anlagen in Anleihen

„Wer gut schlafen will, kauft Anleihen,
und wer gut essen will, bevorzugt Aktien."

John Davison Rockefeller (1839-1937)

Anleihen sind im Gegensatz zu Aktien „zinstragende" Papiere oder besser gesagt „verzinsliche" Wertpapiere. Oft werden sie auch Renten(-papiere) oder Obligationen genannt. Banker oder Börsianer nennen sie nach der englischsprachigen Bezeichnung meist „Bonds". Bei den Juristen heißen sie „Gläubigerpapiere". Der Erwerber ist dabei der Gläubiger, der Emittent der Schuldner. In der Bundesbankstatistik werden sie unter der Bezeichnung „Schuldverschreibungen" geführt.

Für den Anleger gehören Anleihen in jedes gut strukturierte Portfolio.

Zum Jahresende 2017 waren die privaten Haushalte in Deutschland mit 120,5 Milliarden Euro in Schuldverschreibungen investiert, das sind rund 2,1 Prozent des gesamten Geldvermögens in Höhe von 5,86 Billionen Euro.

Dem Anleger steht dabei eine zunehmende und teilweise verwirrende Vielzahl an Anleihevarianten zur Verfügung. Doch folgende Grundfragen stellen sich dem Anleger vor seiner Entscheidung für die einzelne Anleiheform:

3.2.1 Wer ist der Schuldner?

Im Wesentlichen lassen sich dabei drei Gruppen von Emittenten unterscheiden:

- Bei den Anleihen öffentlicher Schuldner sind dies besonders Staaten, beispielsweise Deutschland mit der Bundesanleihe, und andere Schuldner der öffentlichen Hand, wie Bundesländer, Kommunen oder die KfW.
- Kreditinstitute, beispielsweise bei Pfandbriefen von Immobilienfinanzierungsinstituten (Pfandbriefbanken) und
- Industrieunternehmen, beispielsweise mit Anleihen großer (Industrie-)Aktiengesellschaften.

3.2.2 Wie lange ist die Laufzeit und wie funktioniert die Rückzahlung?

Kurzfristige Anleihen, die dem Geldmarkt zuzuordnen sind, haben Laufzeiten von bis zu einem Jahr einschließlich.

Mittelfristige Anleihen haben Laufzeiten von über einem bis fünf Jahre einschließlich. Langfristige Anleihen haben vereinbarte Laufzeiten von über fünf Jahren, in Ausnahmefällen auch länger („ewige Anleihen" oder „ewig laufende Anleihen"). So sehen Anleihen einiger Länder keine Tilgung vor.

Bezüglich der Laufzeit gilt: Je länger die Laufzeit, desto wichtiger und zugleich unvorhersehbarer ist die langfristige Einschätzung der Bonität des Emittenten und das Zinsertragsrisiko!

Bei der Tilgung unterscheidet man hauptsächlich die (meistens) endfällige Gesamttilgung und die Tilgung in Raten sowie einige Sonderformen wie feste Grundlaufzeit und dem Recht des Emittenten, nach bestimmten Regeln vorzeitig zu tilgen.

Fristengliederung nach der Bundesbankstatistik

Kurzfristig
täglich fällige Gelder sowie vereinbarte Laufzeit oder Kündigungsfrist bis ein Jahr einschließlich

Mittelfristig
vereinbarte Laufzeit oder Kündigungsfrist von über einem Jahr bis fünf Jahre einschließlich

Langfristig
vereinbarte Laufzeit oder Kündigungsfrist von über fünf Jahren

3.2.3 Auf welche Währung lautet die Anleihe?

Alle nicht auf Euro lautenden Anleihen sind Fremdwährungsanleihen. Hier ist das Währungsrisiko entsprechend einzuschätzen.

Zu unterscheiden von den „echten" Euro-Anleihen sind Euro-Anleihen, die auf Fremdwährung lauten, aber auf dem europäischen Markt emittiert werden!

3.2.4 Auf was bezieht sich der Zins?

Bei den meisten Anleihen bezieht sich der Zins auf den Nennwert, also auf den Wert, der bei Laufzeitende zurückbezahlt wird.

Die wichtigsten Arten bezüglich der Zinszahlung sind

- festverzinsliche Papiere („Straight Bonds"), mit jährlich gleichbleibenden Zinsen während der gesamten Laufzeit mit meist jährlicher Zinszahlung
- Stufenzinsanleihen mit jährlich steigenden Zinsen
- Festverzinsliche Papiere ohne regelmäßige Zinszahlung, dazu zählen besonders Abzinsungspapiere, wie die unter dem Nennwert emittierten Zerobonds ohne laufende Zinszahlung – der Zins einschließende Zinseszins wird erst am Laufzeitende zusammen mit dem Kapital ausbezahlt. Im Gegensatz zu den Abzinsungspapieren wird bei Aufzinsungspapieren der Zins und Zinseszins auf den Nennwert aufgeschlagen.
- Papiere mit variabler Verzinsung („Floater"), bei denen der Zins nicht fest vereinbart wird, sondern regelmäßig an einen Referenzzins als Bezugsgröße angepasst wird, häufig an den EURIBOR, also dem Durchschnittszins im Interbankengeschäft für entsprechende Laufzeiten in der Eurozone oder seinem Pendant, dem LIBOR am Londoner Finanzmarkt.

So viel zum Thema „Auf was bezieht sich die Verzinsung?". Doch ein trauriges Kapitel ist die Höhe des Zinses und damit der Zinsertrag aus Anleihen. Denn nach der bereits schon drastisch zurückgegangenen Umlaufrendite festverzinslicher Wertpapiere inländischer Emmittenten, die im Jahr 2007 noch bei 4,3 Prozent lag, liegt sie im April 2018 bei gerade noch 0,5 Prozent. Auf der anderen Seite steigen die Kurse der bereits seit mehreren Jahren in Umlauf befindlichen Wertpapiere mit höherem Nominalzins.

3.2.5 Wie sicher ist die Anleihe? – Die Ratings –

Die letzten Jahre, besondes seit 2008 beginnend mit der Pleite der Lehman Brothers Holdings Inc. und seit 2010 mit der Einsicht, dass selbst Staatsanleihen von Ländern im Euro-Raum mit auf Euro lautenden Anleihen kein Hort der Sicherheit mehr sind, haben zu einem Umdenken geführt. Doch bei aller Kritik an den Ratingagenturen sind deren Bonitätsbeurteilungen immer noch ein wichtiger Maßstab, zumindest so lange es keine verlässlicheren Alternativen gibt.

Nach den Turbulenzen an den Finanzmärkten, in deren Rahmen auch die Ratingagenturen Fehler bei den Bewertungen einräumen, plant man seit Jahren auf der Ebene der EU, eine eigene Ratingagentur zu schaffen. Doch aus diesem Vorhaben ist bis heute nichts geworden.

Denn noch immer ist ein Ansatzpunkt zur besseren Einschätzung der Bonität der Emittenten das Rating, das heißt, die Einstufung der entsprechenden Schuldner nach ihrer Bonität unter Berücksichtigung des Kredit- und Länderrisikos.

Die bekanntesten Ratingagenturen sind die zwei US-amerikanischen Ratingagenturen Standard & Poor's (S&P) und Moody's, die Dritte ist Fitch. Nach dem System der amerikanischen Schulnoten arbeiten sie mit Bewertungsskalen, die für bestimmte Bonitätsklassen stehen. So werden Anleihen, die in das Segment „Investment Grade" fallen, nach der Bewertungsmethode von Standard & Poor's mit den Noten „AAA" bis „BBB" bewertet; Anleihen des Segments High Yield erhalten ein „BB" bis „C".

Für die Überwachung der Ratingagenturen ist in Europa die Europäische Wertpapier- und Marktaufsichtsbehörde ESMA (European Securities and Markets Authority) zuständig.

<table>
<tr><th colspan="6">Überblick über die Ratingsystematik</th></tr>
<tr><th rowspan="2"></th><th rowspan="2">Ratingagentur und Frist
Bonitätsbewertung</th><th colspan="2">langfristig</th><th colspan="2">kurzfristig
(bis zu einem Jahr)</th></tr>
<tr><th>Moody's</th><th>Standard & Poor's</th><th>Moody's</th><th>Standard & Poor's</th></tr>
<tr><td rowspan="4">Investment Grade/Investmentbereich</td><td>Sehr gut
beste Qualität, geringstes Ausfallrisiko</td><td>Aaa</td><td>AAA</td><td></td><td></td></tr>
<tr><td>Sehr gut bis gut
hohe Qualität, aber etwas größeres Risiko als die Spitzengruppe, geringes Ausfallrisiko</td><td>Aa 1
Aa 2
Aa 3</td><td>AA+
AA
AA–</td><td rowspan="3">Prime – 1
Prime – 2
Prime – 3</td><td rowspan="3">A – 1 +
A – 1
A – 2
A – 3</td></tr>
<tr><td>Gut bis befriedigend
gute Qualität, viele gute Investmenteigenschaften, aber auch Elemente, die sich bei veränderter Wirtschaftsentwicklung negativ auswirken können, geringes Insolvenzrisiko</td><td>A 1
A 2
A 3</td><td>A+
A
A–</td></tr>
<tr><td>Befriedigend
mittlere Qualität, aber mangelnder Schutz gegen die Einflüsse sich verändernder Wirtschaftsentwicklung, mittleres Insolvenzrisiko</td><td>Baa 1
Baa 2
Baa 3</td><td>BBB+
BBB
BBB–</td></tr>
<tr><td rowspan="4">Speculative Grade/Nicht-Investmentbereich</td><td>Befriedigend bis ausreichend
spekulative Anlage, nur mäßige Deckung für Zins- und Tilgungsleistungen, höheres Ausfallrisiko</td><td>Ba 1
Ba 2
Ba 3</td><td>BB+
BB
BB–</td><td rowspan="4">Not Prime</td><td>B</td></tr>
<tr><td>Ausreichend bis mangelhaft
sehr spekulativ, langfristige Zinszahlungserwartung gering, hohes Insolvenzrisiko</td><td>B 1
B 2
B 3</td><td>B+
B
B–</td><td></td></tr>
<tr><td>Ungenügend
niedrigste Qualität, geringster Anlegerschutz, in Zahlungsverzug oder in indirekter Gefahr des Verzugs</td><td>Caa
Ca</td><td>CCC
CC</td><td>C</td></tr>
<tr><td>Zahlungsunfähig
in Zahlungsverzug oder in Insolvenz</td><td>C</td><td>D</td><td>D</td></tr>
</table>

Beispiel

1. Rating Aa 3 (Moody's) bzw. AA– (S&P):
Gute Fähigkeit des Emittenten, die Anleihe zu bedienen. Zusammen mit der ersten Kategorie bilden derartige Emissionen die Gruppe qualitativ hochgradiger Titel.

„3" besagt hier, dass die erforderlichen Kriterien knapp erfüllt werden, dennoch ist eine überdurchschnittliche Bonität des Schuldners gegeben.

2. Rating A 3 (Moody's) bzw. A– (S&P):
Obligationen verfügen über hohe Bonitätsattribute, die jedoch durch äußere Einflüsse politischer oder konjunktureller Art beeinträchtigt werden können.

„3" bedeutet, dass dieses Papier die Qualitätskriterien dieser Kategorie nur knapp erfüllt. Die Ratingstufe A3 wird weder von Standard & Poor's noch von „Moody's als spekulativ eingestuft.

Vergangenheitsorientierung von Ratings
Doch die Ratings beruhen auf Daten der Vergangenheit und spiegeln Erkenntnisse der Situation der Emittenten zum Zeitpunkt des Ratings wider. Gerade in sich schnell wandelnden Märkten, Branchen oder Einzelwerten ist eine zeitnahe Beurteilung oft nicht gegeben. Ratings bieten deshalb allenfalls einen Anhaltspunkt im Hinblick auf eine bereits vorliegende Negativbewertung. Eine Sicherheit für die Zukunft kann daraus nicht abgeleitet werden.

Im Verlauf der Finanzkrise 2007/2008 hat sich die Zahl der Anleiheschuldner mit hoher Bonität erheblich reduziert. Dadurch sind deren Kurse gestiegen und entsprechend die Renditen zurückgegangen. Eine weitere Verschärfung des Renditerückgangs ergab sich durch die Ankäufe von Anleihen durch die EZB.

3.2.6 Mit welchen Kosten ist zu rechnen?

Kosten mindern die Gesamtrendite. Dabei ist ein besonderes Augenmerk auf die laufenden, wiederkehrenden Kosten zu richten. Die wichtigsten Kostenbestandteile sind:

- Maklerentgelt
- Bankprovision
- Depotentgelt des Kreditinstituts des Kunden (Depotgrundkosten)
- Depotentgelt des Verwahrers der Finanzinstrumente (Depotbank)
- Buchungsentgelte
- Entgelt für ein Verrechnungskonto
- Absicherungs- oder Transaktionskosten

Die Maklercourtage (Maklerentgelt) wird nach einer Staffel erhoben, die bei kleineren Aufträgen mit 0,75 Promille beginnt und mit zunehmender Größe der Aufträge je nach Art des Wertpapiers auf 0,075 oder 0,06 Promille vom Nennwert sinkt (bei öffentlichen Anleihen bis 0,03 Promille). Die Bankprovision bei Rentenpapieren ist deutlich niedriger als bei Aktien. Die Mindestkosten liegen im Inland je nach Bankstruktur und Beratungsform zwischen zehn und 25 Euro, die Provision macht je nach Betrag zwischen 0,05 und 0,5 Prozent vom Kurs- oder Nennwert aus.

Bei Discount-Brokern und Direktbanken können Anleger, die keine Beratung benötigen, zusätzlich von niedrigen Bankprovisionen profitieren.

Die jährlichen Depotgrundkosten für die (Depot-)Kontoführung liegen zwischen null (Discount-Broker) und 25 Euro. Die Kosten für die Verwahrung und Verwaltung betragen zwischen 0,75 Promille und 1,5 Promille vom Kurswert; die Postenkosten je Ausführung zwischen null und 5 Euro. Allerdings sind die Nebenbedingungen zu beachten (beispielsweise Mindestguthaben oder -umsätze).

Grundregeln für die Auswirkung der Kosten:

- Je kürzer der Anlagezeitraum, desto entscheidender sind die einmaligen Kosten.
- Alle Kostenbestandteile, einschließlich aller mit der erbrachten Leistung verbundenen Gebühren, Provisionen, Entgelte und Auslagen, vor dem Kauf unter die Lupe nehmen und vergleichen.
- Nach § 31 Abs. 3 Satz 3 WpHG i. V. m. § 5 Abs. 2 Nr. 5 WpDVerOV sind Wertpapierdienstleistungsunternehmen (also im Allgemeinen Kreditinstitute) verpflichtet, umfassende Angaben über alle Kosten und Nebenkosten zu machen.

3.2.7 Wie berechnet sich die Rendite?

Die Rendite einer Anleihe gibt im Gegensatz zur Nominalverzinsung den tatsächlichen jährlichen Ertrag des eingesetzten Kapitals in Prozent an. Zu ihrer Berechnung werden alle für den Ertrag einer Anleihe maßgeblichen Bestandteile herangezogen. Dazu zählen neben dem Nominalzins die Periodizität der Zinszahlungen, also wann die Zahlungen erfolgen, der Kauf- und der Rückzahlungskurs sowie die Laufzeit und der Tilgungsmodus des Schuldners (gesamtfällig oder teilfällig in Raten). Dadurch lässt sich die tatsächliche Verzinsung von Anleihen sowohl untereinander als auch mit der von anderen alternativen Anlagen wie Spareinlagen oder Festgeldanlagen vergleichen, bei denen allein der Zinssatz den Ertrag bestimmt.

Weitere Einzelheiten und Beispiele zur Renditeberechnung finden Sie in Kapitel 11.

3.2.8 Wie sieht es mit der Steuer aus?

Tatsächlich entstandene Werbungskosten können grundsätzlich nicht mehr geltend gemacht werden und sind mit dem Sparer-Pauschbetrag von 801/1 602 (ledig/verheiratet) Euro abgegolten.

Als sogenannte Transaktionskosten können nur noch Aufwendungen, die im unmittelbaren sachlichen Zusammenhang mit dem Veräußerungsgeschäft und den Anschaffungskosten stehen, geltend gemacht werden (§ 20 Abs. 4 EStG), wie beispielsweise

- Bankspesen
- Maklercourtage
- andere unmittelbar mit der Anschaffung und Veräußerung eines Wirtschaftsgutes zusammenhängende Aufwendungen

Gewinne aus der Veräußerung oder Einlösung von Anleihen unterliegen der Abgeltungsteuer. So sind Zinsen, die nach dem 31.12.2008 zugeflossen sind, abgeltungsteuerpflichtig.

Dagegen sind Stückzinsen und Gewinne aus der Veräußerung oder Einlösung von Anleihen, die bis zum 31.12.2008 erworben wurden, auch ab 2009 nicht abgeltungsteuerpflichtig.

Die Erbschaftsteuer und Schenkungsteuer beziehen sich als Besitzsteuern auf das Vermögen. Die Erträge bleiben unberührt. Der Grad der Besteuerung richtet sich nach der Höhe des Erwerbs und dem Verwandtschaftsverhältnis der Beteiligten. Bei Ehegatten und eingetragenen Lebenspartnern sind bei Erbschaft und Schenkung maximal 500 000 Euro steuerfrei, bei Kindern maximal 400 000 Euro. Weitere Informationen siehe Abschnitt 8.3 „Erbschaft- und Schenkungsteuer".

3.2.9 Ein Maßstab zur Kursentwicklung von Anleihen: der deutsche Rentenindex „REX"

Zu einer Messlatte der Entwicklung des Rentenmarkts wurde der seit 1991 errechnete **Deutsche Rentenindex „REX"** der Deutsche Börse AG. Er ist ein synthetischer Laufindex, dem als repräsentativer Ausschnitt des deutschen Rentenmarktes die Idee eines in der Laufzeit konstanten Portfolios von Euro-Anleihen zugrunde liegt. Der REX hat, im Gegensatz zu Aktienindizes, kein Basisjahr, sondern ist als ein Paket von Durchschnittskursen und -renditen auf der Basis von fiktiven Musteranleihen konzipiert.

Die Berechnung erfolgt in fünf Schritten:

1. Aus den Schlusskursen der Grundgesamtheit werden die aktuellen Renditen errechnet.
2. Aus diesen Renditen wird in Abhängigkeit von Restlaufzeit und Kupon eine Renditestruktur berechnet.
3. Daraus werden die fiktiven Renditen der 30 idealtypischen Anleihen abgelesen und in die entsprechenden Kurse umgerechnet.
4. Jeder der 30 Kurse wird mit seinem Gewicht multipliziert.
5. Die Summe der 30 gewichteten Kurse ist der REX-Gesamtindex. Weitere Rentenindizes werden im Abschnitt 5.4.1 beschrieben.

3.2.10 Welche Bedeutung haben noch Tafelgeschäfte?

Unter einem Tafelgeschäft versteht man den physischen Handel mit Wertpapieren, also ein Geschäft, bei dem Geld gegen Ware (Wertpapiere) oder Ware gegen Geld (Zug-um-Zug-Geschäft) ohne Namensnennung des Kunden über den Banktresen (Tafel) abgewickelt wird. Für Tafelgeschäfte eignen sich endfällige Anleihen ohne vorzeitiges Kündigungsrecht des Emittenten, sofern davon Stücke in gedruckter Form überhaupt vorliegen. Die Anleihebedingungen sollten aufmerksam beachtet werden. So sind beispielsweise Zinszahlungstermine gemäß Kupon ebenso zu beachten wie mögliche Verlosungstermine oder vorzeitige Kündigung durch den Emittenten bei Tilgungsanleihen. Bei Einlösung von den zinstragenden Papieren (Kupons) in Deutschland wird, wie bei depotverwahrten Papieren, Abgeltungsteuer und Solidaritätszuschlag und (soweit zutreffend) Kirchensteuer abgezogen.

Mit Einführung der Abgeltungsteuer ist das Tafelgeschäft fast gänzlich zum Erliegen gekommen.

Mögliche Vorteile der Tafelgeschäfte

- Einsparen von Depotkosten
- Unabhängigkeit von der Bankverwahrung und -verwaltung
- Besitzerstolz
- Vertraulichkeit
- direkte Übertragungsmöglichkeit an Dritte

Nachteile der Tafelgeschäfte

- Kosten für sichere Verwahrung im Kreditinstitut oder zu Hause (Safe, Stahlschrank)
- Bei Diebstahl oder Vernichtung ergibt sich das Problem der Ersatzbeschaffung. Dabei werden die „alten" Papiere durch Aufgebotsverfahren für ungültig erklärt und in eine Sperrliste aufgenommen.
- Terminüberwachung, Trennen der Kupons, Fahrt zum kuponeinlösenden/rückzahlenden Kreditinstitut
- Kosten der Kuponeinlösung
- Lästige Identifizierung des Tafelgeschäftskunden oder Kuponeinlösers ab bestimmten Beträgen oder in Verdachtsfällen nach dem Geldwäschegesetz sowie bei antragstellenden US-Personen nach dem FATCA-Abkommen zur Bekämpfung der Steuerhinterziehung durch US-Steuerbürger.

Nach dem **Geldwäschegesetz** (GwG) sind unter anderem Kreditinstitute, Finanzdienstleistungsinstitute, Finanzunternehmen, Versicherer und Kapitalanlagegesellschaften verpflichtet,

- bei der Annahme oder Abgabe von Wertpapieren und
- bei der Annahme und Abgabe von Bargeld

ab 15000 Euro zuvor die auftretende Person durch amtlichen Lichtbildausweis, Geburtsdatum, Anschrift, Ausweisnummer und ausstellende Behörde zu identifizieren und dies schriftlich festzuhalten. Außerdem sind Aufzeichnungen über die Transaktionen anzufertigen und aufzubewahren. Eine Transaktion im Sinne des GwG ist „jede Handlung, die eine Geldbewegung oder eine sonstige Vermögensverschiebung bezweckt oder bewirkt".

Zu den Bargeldtransaktionen zählen auch alle Tafelgeschäfte, unabhängig davon, ob es sich um Euro oder ausländisches Bargeld, Schecks, Wertpapiere oder Edelmetalle handelt.

In sogenannten Verdachtsfällen („Geldwäsche") ist unabhängig vom Betrag eine Identifizierungspflicht vorgesehen. Außerdem sind alle Verdachtsfälle dem Bundeskriminalamt – Zentralstelle für Verdachtsmeldungen – und der zuständigen Strafverfolgungsbehörde zu melden.

3.2.11 Mittelstandsanleihen mit großen Risiken belastet

Für viele Anleger war der Minibond-Markt für Mittelstandsanleihen ein schlechtes Investment, da in den Jahren seit 2014, besonders 2016, viele Emittenten insolvent wurden und damit die Kurse in den Keller fielen.

Was in Deutschland fehlt, sind Standards, wie international im Markt für Hochzinsanleihen üblich, Investorenschutzklauseln und wirksame Garantien. Deshalb ist Zurückhaltung angesagt und wenn überhaupt investiert wird, sorgfältig zu prüfen und nur verschmerzbare Summen anzulegen.

3.3 Anleihen zur Senkung der Steuerlast

3.3.1 Niedrigzinsanleihen

Niedrigzinsanleihen sind Anleihen, deren Marktrendite unter dem allgemeinen Zinsniveau liegt. Mit ab 2009 erworbenen Anleihen funktioniert das bisherige Steuersparmodell nicht mehr, da sie keine Steuervorteile mehr bieten und geringere Renditen bringen.

3.3.2 Nullkuponanleihen zur Verschiebung der Erträge in die Zukunft

Liegen Anleger mit ihren Zins- und Dividendenerträgen über dem Sparer-Pauschbetrag, lohnt es sich unter Umständen, Einkünfte durch den regelmäßigen, beispielsweise jährlich gestaffelten Kauf von Nullkuponanleihen in die Zukunft zu verschieben. Der Effekt: Die Zinsen laufen bis zur Rückzahlung der Anleihe auf, der Zinseszinseffekt kann sich ohne laufende Steuerbelastung entfalten und am Ende werden die Zinsen ausgezahlt. Möglich ist dies durch das sogenannte Zuflussprinzip, das heißt: Erträge sind grundsätzlich im Jahr des Zuflusses zu versteuern.

Dies ist vorteilhaft, wenn geringeres Einkommen zu erwarten ist oder wenn gar Einkünfte in Zeiten niedrigerer Steuerbelastung (mit einem Satz unterhalb des Abgeltungsteuersatzes von 25 Prozent), beispielsweise ins Rentenalter, verschoben werden können.

3.3.3 Anleihen mit fiktiver Quellensteuer

Länderanleihen von bestimmten Ländern bieten die Anrechnungsmöglichkeit sogenannter fiktiver Quellensteuern. Dadurch können Zinsen zwischen zehn und 20 Prozent der Bruttozinserträge mit der Steuerschuld direkt verrechnet werden.

3.4 Bundeswertpapiere

Neuemissionen von Bundeswertpapieren werden aufgelegt in Form von Bundesobligationen (kurz „Bobls"), Bundesanleihen, Bundesschatzanweisungen, inflationsindexierten Anleihen und inflationsindexierten Obligationen. Bundesschatzbriefe, Tagesanleihen und Finanzierungsschätze werden seit 2013 nicht mehr aufgelegt. Die unverzinslichen Schatzanweisungen („U-Schätze") zählen ebenfalls zu den Bundeswertpapieren. Sie werden wegen ihrer spezifischen Besonderheiten hier nicht behandelt.

Hinsichtlich der **Ausstattung** handelt es sich um mündelsichere Wertrechte, die einen entsprechenden Anteil an einer Sammelschuldbuchforderung oder Einzelschuldbuchforderung verbriefen. Effektive Stücke werden nicht ausgedruckt.

Bundeswertpapiere unterscheiden sich in **Laufzeit**, **Verzinsung** und **Liquidierbarkeit**.

Bundeswertpapiere im Hinblick auf ihre Laufzeit bei Emission		
Kurz- bis mittelfristig	**Mittelfristig**	**Langfristig**
• Bundesschatzanweisungen (zwei Jahre)	(bis zu fünf Jahre) • inflationsindexierte Obligationen (fünf Jahre) • Bundesobligationen (fünf Jahre)	• Bundesanleihen (zehn oder 30 Jahre) • inflationsindexierte Anleihen (zehn Jahre)

Die vom Informationsdienst für Bundeswertpapiere veröffentlichten Renditeangaben werden nach der Methode Braeß / Fangmeyer unter Berücksichtigung von Stückzinsen errechnet. Siehe auch Abschnitt 11.2.1 „Effektivverzinsung".

Auskünfte: Bundesrepublik Deutschland – Finanzagentur GmbH (kurz: Finanzagentur)
Informationsdienst für Bundeswertpapiere Lurgiallee 5, 60539 Frankfurt am Main Informationen im Internet: www.deutsche-finanzagentur.de Telefon 0 69 25 616 0 E-Mail: info@deutsche-finanzagentur.de

Der **Erwerb** ist möglich über Kreditinstitute. **Zinsen und Gewinne** aus der Veräußerung oder Einlösung von Bundeswertpapieren unterliegen unter Berücksichtigung des Sparer-Pauschbetrages (801 Euro/1602 Euro) der Abgeltungsteuer. Nachstehend ein Überblick über die **Zinsberechnungsmethode** seit 1999:

Zinsberechnungsmethoden für Bundeswertpapiere		
Titel	**Zinsberechungs-methode**[1]	**Referenzzinssatz bei Floatern**
Bundesanleihen mit festem Zins	act/act	–
Bundesanleihen mit variablem Zins	act/360	EURIBOR[2]
Bundesobligationen	act/act	–
Bundesschatzanweisungen	act/act	–

Auch für die **Stückzinsberechnung der Bundeswertpapiere** gilt: Für Bundeswertpapiere, die zwischen den Zinszahlungsterminen gekauft oder verkauft werden, wurde die Berechnung der dabei zwischen Käufer und Verkäufer zu verrechnenden Stückzinsen den europäischen Marktgebräuchen angepasst. Das heißt: Es wird mit der taggenauen actual/actual-Methode (act/act) gerechnet. Der Zinsberechnung werden damit die tatsächlichen

1 act/act bedeutet taggenau/365 und im Schaltjahr taggenau/366 und act/360 bedeutet taggenau auf das Jahr mit 360 Tagen.

2 EURIBOR: Euro Interbank Offered Rate; Referenzzins für Termineinlagen unter Banken.

Monats- beziehungsweise Jahrestage zugrunde gelegt – für den Monat März 31 Tage, für das Jahr 365 Tage (Schaltjahre 2016 und 2020: 366 Tage).

Beispiel

zur Berechnung der Stückzinsen

1 % Bundesobligationen, Zinstermin 12.11. (ganzjährig), Verkauf von 5000 € mit Valuta 09.02.2016: Es fallen Stückzinsen an für die Zeit vom 12.11.2015 bis zum 08.02.2016. Das sind bei einer tag- und jahrgenauen Berechnung exakt 89 Tage bei einem Zinsjahr von 366 Tagen (2016 war ein Schaltjahr!), also:

$$\frac{5000\,€ \times 1 \times 89}{100 \times 366} = 12{,}16\,€$$

Der Verkäufer der Bundesobligationen erhält vom Käufer neben dem Kaufpreis die anteiligen Stückzinsen von 12,16 €.

Ausnahmen:

1. Die Zinsberechnung gilt nicht für Bundesanleihen mit variablem Zins. Hier werden die Stückzinsen nach der Methode act/360 berechnet. Zugrunde gelegt werden also präzise ausgezählte Monatstage und standardisierte 360 Jahrestage. Der Grund: Diese Wertpapiere folgen der Zinsberechnung am europäischen Geldmarkt, der nach dieser Methode rechnet.
2. Obige Zinsberechnung gilt nicht für noch im Umlauf befindliche Finanzierungsschätze und Bundesschatzbriefe: Ihre Zinsen werden noch nach der alten 30/360-Methode berechnet.

Steuerliche Behandlung der Stückzinsen

- Gezahlte Stückzinsen zählen für den Erwerber von verzinslichen Anleihen zu den negativen Einnahmen aus Kapitalvermögen.
- Sie stellen weder Anschaffungskosten noch Werbungskosten dar.
- Sie mindern („verbrauchen“) nicht den Sparer-Pauschbetrag.
- Als Grundlage der Besteuerung gilt bei der Veräußerung, Abtretung oder Einlösung die sogenannte Veräußerungsgewinnbesteuerung (§ 20 Abs. 2 Nr. 4 EStG). Steuerpflichtig ist die Emissionsrendite abzüglich erhaltener Zinsen und Stückzinsen (§ 20 Abs. 2 Nr. 2 Satz 2 EStG); hilfsweise wird die sogenannte Marktrendite ermittelt.

Einkommensteuer

Die Zinserträge unterliegen der Abgeltungsteuer mit 25 Prozent, sofern kein entsprechendes Freistellungsvolumen oder eine NV-Bescheinigung vorliegt.

Bundeswertpapiere im Überblick

Bundesschatzanweisungen sind festverzinsliche Inhaberschuldverschreibungen mit Anfangslaufzeiten von zwei Jahren. Sie liegen damit unterhalb der Laufzeiten von Bundesanleihen (meist zehn Jahre), und Bundesobligationen (fünf Jahre). Die kleinste handelbare Einheit ist 0,01 Euro („Centlösung“). Für Börsenorders gilt kein Mindestauftragsvolumen.

Die Zinsen werden jährlich nachträglich ausgezahlt. Bezüglich der Zinsberechnung siehe Tabelle „Zinsberechnungsmethoden für Bundeswertpapiere“. Die Rückzahlung erfolgt zum Nennwert von 100 Prozent. Vorzeitiger Verkauf über die Börse zum aktuellen Kurs ist jederzeit möglich. Bei vorzeitigem Verkauf über die Finanzagentur gilt der Einheitspreis der Frankfurter Wertpapierbörse als Festpreis. Die jährlich anfallenden Kapitalerträge unterliegen der Abgeltungsteuer. Ansonsten siehe steuerliche Behandlung von Bundesanleihen.

Erworben werden können sie von jedermann. Gehandelt werden sie an allen deutschen Wertpapierbörsen.

Bundesobligationen, kurz „Bobls“, bieten neben den lang laufenden Bundesanleihen eine mittelfristige Anlage mit einer Laufzeit von fünf Jahren. Als Daueremission des Bundes stehen sie grundsätzlich ständig zum Verkauf. Die Stückelung beträgt 0,01 Euro. Nach Verkaufsschluss einer Serie können Bundesobligationen jederzeit an der Börse zum Tageskurs gekauft oder verkauft werden. Bei vorzeitigem Verkauf über die Finanzagentur wird eine Verkaufsgebühr von 0,4 Prozent des Einheitspreises der Frankfurter Wertpapierbörse als Festpreis berechnet. Am Ende der Laufzeit werden sie zum Nennwert von 100 Prozent zurückgezahlt. Die Zinsen werden jährlich ausgezahlt.

Die Bundesobligationen dürfen im Direkterwerb bei der Finanzagentur nur von natürlichen Personen und von gebietsansässigen Einrichtungen, die gemeinnützigen, mildtätigen oder kirchlichen Zwecken dienen, sowie bestimmten Wohnungseigentümergemeinschaften, erworben werden. Nach der Börseneinführung können Bundesobligationen von jedermann, auch von Kreditinstituten und von Unternehmen, gekauft werden.

Bundesanleihen (kurz „Bunds“) haben Anfangslaufzeiten von zehn oder 30 Jahren. Zwei- bis dreimal pro Jahr werden zehnjährige Anleihen ausgegeben, mindestens einmal im Jahr kommt eine dreißigjährige Anleihe auf den Markt. Börsennotierte Titel haben Laufzeiten von einem Monat bis zu 30 Jahren. Nennwert (Stückelung): 0,01 Euro. An der Börse eingeführte Anleihen können börsentäglich zum amtlichen Kurs gekauft und veräußert werden. Die Zinszahlung erfolgt jährlich. Die Rückzahlung erfolgt zum Nennwert.

Bei Neuemissionen seit 01.01.1999 mit festem Zinssatz erfolgt die Zinsberechnung taggenau. Bei Neuemissionen von Bundesanleihen mit variablem Zins auf der Basis des europäischen Geldmarkt-Referenzzinssatzes EURIBOR (Euro Interbank Offered Rate) erfolgt die Zinsberechnung nach der act/360-Methode (also tatsächliche Tage/Monat/Jahr zu 360 Tagen). Siehe auch Tabelle „Zinsberechnungsmethoden für neu emittierte Bundeswertpapiere seit dem 01.01.1999“.

Bundesanleihen sind besonders für eine mittel- bis langfristige Anlage geeignet. Den Kurschancen stehen bei vorzeitigem Verkauf Kursverluste gegenüber.

Bei **Bundesanleihen mit variabler Verzinsung (Floater)** gilt bezüglich des Referenzzinssatzes seit 01.01.1999: Neuemissionen beziehen sich auf den EURIBOR.

Inflationsindexierte Bundesanleihen (kurz: „Linker“ oder „Bund-Ei“)

Seit März 2006 emittiert der Bund an den Preisindex gebundene (englisch: „linked“), also inflationsindexierte Anleihen, die deshalb auch „Linker“ genannt werden. Die Laufzeit beträgt zehn Jahre. Grundlage und zugleich Referenzzins für die Zinszahlung und den Rückzahlungsbetrag ist der „unrevidierte, Harmonisierte Verbraucherpreisindex der Eurozone, Tabak ausgenommen“.

Durch die Kopplung an die Entwicklung der **E**uropäischen **I**nflation hat die Anleihe auch den Kosenamen „Bund-Ei“ erhalten.

Die Produktmerkmale des „Bund-Ei's": Der Käufer sichert sich die Realwerterhaltung des eingesetzten Kapitals. Der Inflationsschutz kostet allerdings Rendite, da die Ausgaberendite nicht einmal die Hälfte der Rendite der „normalen" Bundesanleihe beträgt. Die Rendite ist dann attraktiv, wenn die Inflationsrate entsprechend steigt.

Steuerlich betrachtet zählen die „Linker" zu den Finanzinnovationen. Das heißt, maßgebend für die Abgeltungsteuer ist die Differenz zwischen Verkaufs- und Kaufpreis.

- Stripping[1] von Bundesanleihen
  Nach einer Entscheidung des Bundesministeriums für Finanzen ist seit dem 04.07.1997 für die zehnjährigen und 30-jährigen Bundesanleihen die Möglichkeit des Stripping gegeben. Unter Stripping einer Anleihe versteht man das Trennen (oder Zerlegen) von Kapitalbetrag (Mantel) und Zinsansprüchen (Kupons). So können Anleihe und Zinskupons separat gehandelt werden. Wirtschaftlich betrachtet stellt der Mantel dadurch eine Nullkuponanleihe (Zerobond) mit unterschiedlichen (Rest-)Laufzeiten dar. Mindestbetrag: 50 000 Euro.

Die Bestandteile einer 30-jährigen Bundesanleihe nach dem Stripping:

- Kupons und Schuldurkunde (Mantel) werden zerlegt (gestrippt).
- Der Mantel wird als Nullkuponanleihe in 30 Jahren fällig (Kapital-Strip oder Anleihe ex, also ohne die Kupons) erkennbar im Kursteil der Tageszeitung durch den Kurszusatz „ex".
- Die 30 Kupons (Zins-Strips) haben als Nullkuponanleihen Laufzeiten von einem Jahr bis zu 30 Jahren.

Aus der Sicht der **Investoren** haben die durch das Strippen entstehenden Nullkuponanleihen im Vergleich zu kupontragenden Anleihen den Vorteil, dass sich nicht das Problem der Wiederanlage von Zinszahlungen zu im Voraus nicht bekannten Zinssätzen und Renditen stellt.

Bundesanleihen mit variabler Verzinsung (Floater). Die Bundesanleihen mit variabler Verzinsung, auch inflationsindexierte Anleihe genannt, haben Laufzeiten von fünf Jahren. Im Übrigen gelten die Ausführungen zu den Bundesanleihen mit variabler Verzinsung. Für **inländische Privatanleger** können Nullkuponanleihen und Nullkuponobligationen auch unter zwei steuerlichen Gesichtspunkten interessant sein:

Die im Kurs angesammelten Zinsen werden wie bisher, bei Fälligkeit oder vorzeitiger Veräußerung besteuert. Der Zinseszinseffekt kann sich also ohne steuerliche Belastung auswirken. Der Abgeltungsteuersatz von 25 Prozent gilt auch für vor 2009 angeschaffte Zerobonds. Der frühere Progressionssprung entfällt. Wird gar der Ertrag in Zeiten mit einem persönlichen Steuersatz von unter 25 Prozent verlagert, kann die Differenz vom Fiskus per Steuererklärung zurückgeholt werden.

3.5 Anleihen mit Sonderrechten

Zu den Schuldverschreibungen mit Sonderrechten zählen Wandelanleihen, Optionsanleihen und Gewinnschuldverschreibungen. Sie werden von Aktiengesellschaften ausgegeben. Neben dem Forderungsrecht des Gläubigers gegenüber dem Schuldner

1 Stripping steht für STRIPS = **S**eparate **T**rading of **R**egistered **I**nterest and **P**rincipal of **S**ecurities, also etwa eine Wertpapierform, bei der ein festverzinsliches Wertpapier und seine Bestandteile Zinszahlungen (Bogen) und Rückzahlungsbetrag (Mantel) zerlegt und getrennt gehandelt wird.

verbriefen sie zusätzliche Sonderrechte. Rechtsgrundlage ist das Aktiengesetz (§§ 192 und 221 AktG). Die Ausgabe solcher Schuldverschreibungen ist von einer Dreiviertelmehrheit bei der Beschlussfassung in der Hauptversammlung der Aktiengesellschaft abhängig.

Schuldverschreibungen mit Sonderrechten		
Wandelanleihen	**Optionsanleihen**	**Gewinnschuldverschreibungen**
verbriefen ein • Foderungsrecht aus der Schuldverschreibung und • Recht auf feste Verzinsung, verbunden mit einem Umtauschrecht der Anleihe in Aktien des Emittenten. Mit dem Umtausch erlischt die Verzinsung und das Forderungsrecht aus der Schuldverschreibung.	verbriefen ein • Foderungsrecht aus der Schuldverschreibung und einem • zusätzliches Recht (Option) auf den Bezug von Aktien oder Anleihen des Emittenten. • Das Forderungsrecht wird durch die Ausübung des Bezugsrechts nicht berührt.	verbriefen ein/einen • Foderungsrecht aus der Schuldverschreibung und einem • Anspruch auf Anteil am Gewinn der die Papiere ausgebenden Gesellschaft.

3.5.1 Wandelanleihen

Wandelanleihen im Sinne von Wandelschuldverschreibungen nach § 221 AktG, auch Wandelobligationen oder Convertible Bonds genannt, verbriefen ein Forderungsrecht aus der Schuldverschreibung, ein Zinszahlungsanrecht und ein Umtauschrecht der Anleihe in Aktien der ausgebenden Gesellschaft innerhalb einer bestimmten Frist nach Maßgabe der in den Anleihebedingungen festgelegten Konditionen. Mit dem Umtausch erlischt der Anspruch auf Rückzahlung des Nominalbetrags der Anleihen. Der Obligationär wandelt sich zum Aktionär. Die Wandelanleihe vereinigt die Sicherheit von Anleihen mit den Gewinnchancen aus Aktien. Sie besitzt alle Eigenschaften der Obligation, wie feste Verzinsung und Kapitalrückzahlung, solange der Anleger nicht gewandelt hat.

Der Reiz der Wandelanleihe liegt darin, dass der Anleger das Recht hat, die Anleihe in eine bestimmte Anzahl von Aktien umzutauschen. Dafür ist die Anleihe meist mit einem niedrigeren Zinssatz (Kupon) ausgestattet. Der Inhaber hat die Chance, von eventuellen Kurssteigerungen der Aktie zu profitieren, da er zum vereinbarten Kurs wandelt.

Der Börsenkurs wird überwiegend vom Kurs der Aktie bestimmt. Kurssteigerungen der Aktie bewirken steigende Kurse der Wandelanleihen.

Kursverluste sind durch die feste Verzinsung und durch den Rückzahlungsanspruch zum Nennwert begrenzt. Die Umwandlung in Aktien erfolgt zu einem im Voraus festgelegten Umtauschverhältnis (Wandlungsverhältnis) während einer bestimmten Umtauschfrist (Wandlungsfrist) und einer unter Umständen erforderlichen Zuzahlung.

Wandelanleihen sind eine Mischform

Wandelanleihen könnte man als Mischform zwischen Aktien und Anleihen bezeichnen. Eigentlich sind es Unternehmensanleihen, die jedoch zu den vereinbarten Bedingungen in Aktien des Emittenten getauscht (gewandelt) werden können. So betrachtet, ist eine Wandelanleihe eine Unternehmensanleihe zuzüglich einer Kaufoption auf Aktien.

Die Vorzüge einer Wandelanleihe zeigen sich besonders, wenn der Aktienkurs des Emittenten in der Nähe des Wandlungspreises notiert. Denn dann reagiert die Wandelanleihe sowohl auf Schwankungen des Aktienkurses wie auch auf Veränderungen des Anleihemarktes.

Wie sicher oder wie spekulativ eine Wandelanleihe ist, zeigt die sogenannte Wandelprämie. Diese Prämie, die dem Aufgeld bei Optionen entspricht, signalisiert dem Käufer, um wie viel Prozent der Erwerb der Aktie mittels Wandelanleihe teurer oder billiger ist als der direkte Kauf des Teilhaberpapiers. Das hört sich komplizierter an als es ist. Denn ergibt sich eine positive Prämie, weiß der Anleger, dass er für den indirekten Erwerb der Aktie über die Wandelanleihe mehr zahlt, als wenn er die Aktie direkt gekauft hätte.

Die Nominalverzinsung von Wandelanleihen ist grundsätzlich geringer als die Zinsen anderer festverzinslicher Wertpapiere.

Sonderform der Wandelanleihe: Umtauschanleihe
Bezieht sich das Wandelrecht nicht auf Aktien der ausgebenden Gesellschaft, sondern auf die eines anderen Unternehmens, handelt es sich um Umtauschanleihen.

3.5.2 Optionsanleihen

Optionsanleihen sind Schuldverschreibungen, bei denen dem Anleger eine feste Verzinsung für die Überlassung des Kapitals gewährt wird. Zusätzlich hat der Anleger nach den Anleihebedingungen das (Wahl-)Recht (Option), unter im Einzelfall festgelegten Voraussetzungen, Aktien oder Anleihen des Emittenten zu beziehen.

Mit der Ausübung der Option erlischt der Anspruch auf Rückzahlung des Nominalbetrags der Anleihe nicht. Anleihe und Optionsschein (Warrant) können voneinander getrennt werden und sind sodann gesondert handelbar. Anleihen, die nicht getrennt werden, werden „cum" (mit Optionsschein) genannt. Soweit eine Trennung erfolgt ist, werden die getrennten Anleihen „ex" (ohne Optionsschein) genannt.

Für den Anleger hat die Optionsanleihe alle Vorteile eines festverzinslichen Papiers: eine regelmäßig garantierte Zinszahlung und Rückzahlung des Kapitals am Ende der Laufzeit zum Nennwert. Das Kursrisiko ist begrenzt. Mit steigendem Aktienkurs des Unternehmens steigt auch der Kurs der Optionsanleihe. Bei fallendem Aktienkurs sinkt der Kurs der Optionsanleihe höchstens auf den Wert der Anleihe ex, das heißt also ohne Optionsschein.

Bei der Optionsanleihe unterscheidet man das Aufgeld- und das Abgeldmodell:

Optionsanleihe bezüglich der Verzinsung	
Aufgeldmodell	**Abgeldmodell**
• Verzinsung marktgerecht • Aufpreis für den Optionsschein: 30 bis 40 Prozent des Nominalwerts der Anleihe	Verzinsung unterhalb des Marktzinsniveaus, als Ausgleich für den Bezug des Optionsscheins

An der Börse werden drei Varianten von Rechten im Zusammenhang mit der Optionsanleihe gehandelt:

Börsenmäßiger Handel im Zusammenhang mit der Optionsanleihe		
Anleihen mit Optionsschein: Handel der Anleihe „cum", also volle Stücke: Rentenhandel	Anleihe ohne Optionsschein: Handel der Anleihe „ex" oder „o.O.", also ohne Optionsschein: Rentenhandel	Optionsschein ohne Anleihe: Optionsscheinhandel

Steuerliche Behandlung

Zinsen aus Optionsanleihen unterliegen der Abgeltungsteuer mit 25 Prozent. Bei niedrig verzinslichen Optionsanleihen, die ohne ein Emissionsdisagio für den Optionsschein ausgegeben worden sind, ist hinsichtlich der Abgeltungsteuer zu beachten, dass der einheitliche Zeichnungspreis zum Erwerb von folgenden zwei Wirtschaftsgütern aufgewendet wird (sogenannte Zwei-Wirtschaftsgüter-Theorie):

1. Zum Erwerb einer abgezinsten Anleihe ex-Optionsschein und
2. zum Erwerb des Optionsrechts.

Der Anleger erzielt danach, neben der laufenden niedrigen Verzinsung der Anleihe, auch ein Entgelt für die Kapitalüberlassung in Höhe des Unterschiedsbetrags zwischen dem Renditewert bei Begebung der Anleihe und ihrem Rückzahlungsbetrag. Bei Überschreiten der nach dem Disagio-Erlass (BMF-Schreiben vom 24.11.1986) steuerlich zulässigen Emissionsdisagio-Staffel ist dieser Betrag als Zinsertrag einkommensteuerpflichtig. Der Unterschiedsbetrag ist vom Anleger im Jahr der Veräußerung oder im Jahr der Einlösung der Anleihe zu versteuern.

Da das Disagio der Optionsanleihe, also der rechnerische Wert des Optionsscheins im Zeitpunkt der Emission, praktisch immer über den für die Steuerfreiheit zulässigen Werten bei Disagiopapieren liegt, gelten hier die für Nullkupon-Anleihen gemachten Ausführungen entsprechend. Somit unterliegt der Unterschiedsbetrag zwischen dem rechnerischen Emissionskurs und dem Fälligkeitskurs – meist 100 Prozent – zum Zeitpunkt der Fälligkeit der Abgeltungsteuer. Veräußerungsgewinne unterliegen der Abgeltungsteuer.

Enthalten die Verkaufsunterlagen für eine Optionsanleihe keine Angaben über den Wert des Bezugsrechts und der Schuldverschreibung, ist von der im Emissionsmonat maßgeblichen Rendite von vergleichbaren Anleihen und vergleichbaren Emittenten (mit identischem Rating und Standing) auszugehen, sofern der Steuerpflichtige im Einzelfall nicht durch geeignete Unterlagen einen für ihn günstigeren Wert nachweist. Dies gilt auch für Nullkupon-Anleihen, bei denen keine Emissionsdaten feststellbar sind.

Bei ausländischen Emissionen kommt es auf die im Emissionsmonat gegebenen Renditen für Staatsanleihen in dem Staat an, in dem die Optionsanleihen oder die Nullkupon-Anleihen ausgegeben wurden.

In den Fällen, in denen der Ausgabekurs einer Optionsanleihe ex Bezugsrecht nicht 100 Prozent beträgt, stellt die Nominalverzinsung (häufig im Rahmen zwischen 1,25 und 3,5 Prozent) nur einen Teil der Rendite dar. Der andere Teil der Rendite ergibt sich aus dem nur rechnerisch feststellbaren Emissionskurs (siehe Ausführungen). Ist die Kapitalmarktrendite oder die Emissionsrendite bekannt, ist der Emissionskurs der Schuldverschreibung nach folgender Formel zu ermitteln:

$$K_o = Z \frac{(1 + i)^n - 1}{i\,(1 + i)^n} + K_n \frac{1}{(1 + i)^n}$$

Hierbei gilt:

K_o = gesuchter Wert der Schuldverschreibung im Emissionszeitpunkt
Z = jährlicher Kapitalertrag (in Euro)
i = Kapitalmarktzins (Marktrendite im Emissionszeitpunkt)
n = Laufzeit der Optionsanleihe in Jahren
K_n = Rücknahmewert der Schuldverschreibung nach Beendigung der Gesamtlaufzeit (in der Regel zu 100 Prozent)

Beispiel

zur Ermittlung des Emissionskurses der Schuldverschreibung

Laufzeit	10 Jahre
Kapitalmarktzins (konkrete Marktrendite)	6 %
Nominalzins (= laufend gezahlter Zins) pro Jahr	2,5 €
Rückzahlungskurs (bei Endfälligkeit)	100 %

$$K_o = 2{,}50 \times \frac{(1{,}06)^{10} - 1}{0{,}06 \times (1{,}06)^{10}} + \frac{100}{1{,}06^{10}}$$

$$K_0 = 18{,}40 + 55{,}84$$
$$K_0 = \underline{\underline{74{,}24}}$$

Danach ist der einheitliche Emissionspreis von 100 € rein rechnerisch auf die Schuldverschreibung mit 74,24 € und auf das Bezugsrecht (Optionsrecht) mit 25,76 € (= 100 – 74,24) aufzuteilen.

Optionsscheine

Der Optionsschein (Warrant) ist ein eigenständiges Wertpapier, das dem Inhaber das Recht einräumt, beispielsweise eine bestimmte Anzahl Aktien im entsprechenden Bezugsverhältnis zu einem bestimmten Kurs (Bezugskurs) innerhalb einer bestimmten Frist (Bezugsfrist) zu erwerben (Aktienoptionsschein).

Der Optionsschein wird grundsätzlich losgelöst von der Anleihe an der Börse gehandelt. Optionsscheine stellen eine spekulative Anlagealternative mit großem Chancen-Risiko-Potenzial dar. Damit kann beispielsweise der Einwand nach § 762 BGB (Spiel, Wette) nicht erhoben werden. Nach § 37e WpHG stellt der Handel mit Optionsscheinen ein Finanztermingeschäft dar. Das bedeutet, dass das Kreditinstitut über die mit solchen Geschäften verbundenen Risiken Kunden förmlich aufzuklären hat und dies auch entsprechend dokumentieren und archivieren muss (§§ 31 ff. WpHG i. V. m. §§ 1–6 WpDVerOV).

Klassische Optionsscheine
Die klassischen Optionsscheine werden von Aktiengesellschaften im Rahmen von Optionsanleihen begeben. Die Optionsanleihe besteht aus einer „normalen" Anleihe mit Bogen und einem Optionsschein. Nachdem die Optionsanleihe emittiert wurde, kann der Optionsschein von der Anleihe getrennt werden. Somit ist es möglich, die Optionsanleihe mit Optionsschein (cum), ohne Optionsschein (ex) und den Optionsschein getrennt zu kaufen.

Durch die Ausgabe einer Optionsanleihe beschafft sich eine Aktiengesellschaft zunächst Fremdkapital (Anleihe). Zusätzlich hat sie die Möglichkeit zur Erhöhung des Eigenkapitals durch Emission von Aktien bei Ausübung der Optionsschein-Recht durch die Käufer.

Klassische Optionsscheine haben meist eine Laufzeit von mehreren Jahren. Bedingt durch seine ursprüngliche Bedeutung (im Zusammenhang mit der Optionsanleihe) ist er wie eine Kaufoption (Call) ausgestattet und berechtigt zum Kauf von Aktien der emittierenden Aktiengesellschaft zu einem bestimmten Basispreis. Entsprechend der Kontraktgröße bei Optionen ist bei Optionsscheinen ein bestimmtes Bezugsverhältnis festgelegt. Ein Bezugsverhältnis von 1:10 würde bedeuten, dass mit einem Optionsschein zehn Aktien bezogen werden können. Allerdings gibt es hier keine Standards wie beim traditionellen Optionsgeschäft, sondern die Bezugsverhältnisse können vom Emittenten frei definiert werden. Aus diesem Grund sollte sich ein Anleger vorher genau über die Ausstattung eines Optionsscheins erkundigen. Anders als bei Optionen muss bei allen Berechnungen, beispielsweise des inneren Werts oder des Aufgeldes, das Bezugsverhältnis mit berücksichtigt werden.

Beispiel

Ermittlung des inneren Werts bei einer Option und einem Optionsschein:

Kurs der Option:	81 €	Kurs des Optionsscheins: 1 €
Kontraktgröße Option:	100 Aktien	Bezugsverhältnis Optionsschein: 100 : 1
Basispreis:	300 €	Kurs des Basistitels: 380 €
	Optionsschein	Option
Innerer Wert	0,8	80

Berechnung: $\frac{\text{(Kurs Basistitel – Basispreis)}}{\text{Bezugsverhältnis}} = \frac{380 - 300}{100} = 0{,}8$

Ergebnis: Der innere Wert des Optionsscheins beträgt 0,80 Euro.

Um die Chancen und Risiken des Papiers zu beurteilen, sind unter anderem die Optionsbedingungen zu beachten: Dazu zählen das Optionsverhältnis, die Bezugsfrist, der Bezugspreis und die Optionsprämie. In den letzten Jahren schwappte eine Flut von Warrants über die internationalen Märkte. Aus Sicht des Emittenten liegt der Vorteil darin, dass er die Anleihe nur mit einer niedrigen Verzinsung ausstatten muss. Als Ausgleich dafür räumt er dem Käufer das Recht ein, Aktien der Gesellschaft zu einem im Voraus festgelegten Preis zu beziehen.

Was ist günstiger? Direkter Aktienkauf oder Erwerb über den Optionsschein?
Das Engagement in Optionsscheinen ist vor allem von der „fairen" Bewertung abhängig. Entscheidend sind nicht die häufig optisch niedrigen Kurse zum Zeitpunkt des Einstiegs. Ob ein Optionsschein teuer oder billig ist, richtet sich nach der Höhe des Aufgelds. Das Aufgeld (Optionsprämie) ergibt sich aus dem Vergleich zwischen einem direkten Aktienkauf an der Börse zum aktuellen Tageskurs und dem Kauf über den Optionsschein.

$$\text{Bezugspreis der Aktie laut Optionsbedingungen} + \left(\frac{\text{Kurs des Optionsscheins} - \text{Aktienkurs}}{\text{Aktienkurs}}\right) \times 100$$

Beispiel

X-Optionsschein von 03/2019

Kurs des Optionsscheins per 24.08.2019:	171,80 €
Bezugspres der Aktie laut Optionsbedingungen:	168,00 €
X-Aktienkurs per 24.08.2019	301,30 €

$$168 + \frac{171{,}80 - 301{,}30}{301{,}30} \times 100 = 12{,}77799$$

Das Aufgeld beträgt in diesem Fall 38,50 € oder 12,78 Prozent. Daraus ergibt sich, dass der Erwerb dieser Aktie über den Optionsschein um 12,78 Prozent oder 38,50 € teurer ist als der direkte Erwerb an der Börse.

Faustregeln

Je länger die Laufzeit, desto höher das Aufgeld. Je näher der Termin an die Endfälligkeit rückt, desto niedriger wird das Aufgeld: Bei Endfälligkeit wird der Optionsschein wertlos.

Ein niedriges Aufgeld ist für den Anleger zwar günstiger, es ist jedoch auch Ausdruck negativer Zukunftserwartung. Als üblich kann ein Aufgeld bis 20 Prozent gelten.

Da der Kapitaleinsatz (für den Optionsschein) wesentlich geringer ist als beim Kauf der Aktien, schlagen sich die erwarteten prozentualen Veränderungen des Aktienkurses auf den Kurs des Optionsscheins stärker nieder (Hebelwirkung oder Leverage-Effekt). Die Hebelwirkung resultiert aus einem festen Bezugspreis, zu dem die Aktie bei Ausübung der Option bezogen werden kann. Unter Annahme eines gleich bleibenden Aufgelds partizipiert der Optionsschein überproportional an den Bewegungen der Aktie. Generell gilt: Die besten Chancen versprechen Warrants mit hohem Hebel und niedrigem Aufgeld.

Berechnung der Hebelwirkung:

$$\text{Hebel} = \frac{\text{Aktienkurs}}{\text{Kurs des Optionsscheins}}$$

Beispiel

Am Beispiel X-Optionsschein von 03/2017:

$$\frac{\text{Aktienkurs}}{\text{Kurs des Optionsscheins}} = \frac{301{,}30\ €}{171{,}80\ €} = 1{,}75$$

Der Faktor gibt an, dass die Chancen des Erwerbers des Optionsscheins um das 1,75-fache höher sind als beim Erwerb der Aktie beim gleichen Kapitaleinsatz. Anders ausgedrückt: Der Optionsschein verändert sich 1,75-mal so stark wie die Aktie. Steigt die Aktie beispielsweise um 20 Prozent auf 361,56 €, klettert der Schein um 35 Prozent auf 231,93 €. Dabei ist allerdings zu beachten: die Hebelwirkung gilt auch für Kursverluste. Die Erfahrung hat gezeigt, dass steigende Aktienkurse das Aufgeld eher ermäßigen.

Die dargestellte Berechnung hat für den Anleger nur eingeschränkte Bedeutung. Er möchte wissen, wie sich der Preis des Optionsscheins wahrscheinlich ändern wird, wenn sich der Basiswert um eine Einheit ändert. Nach Abschluss des Optionsscheinkaufs lässt sich der Hebel durch Vergleich der tatsächlich zustande gekommenen Kurse ermitteln. Die Formel dazu:

$$\text{Hebel} = \frac{\left(\frac{OS_2 - OS_1}{OS_1}\right)}{\left(\frac{U_2 - U_1}{U_1}\right)}$$

OS_1 = Optionsscheinkurs vor Veränderung
OS_2 = Optionsscheinkurs nach Veränderung
U_1 = Kurs des Basiswertes vor Veränderung
U_2 = Kurs des Basiswertes nach Veränderung

Vor dem Optionsscheinkauf kann der Hebel nur geschätzt werden. Bei der einfachen Hebelbetrachtung unterstellt man, dass der Kurs des Basiswerts und der Optionsscheinkurs mit dem gleichen Betrag schwanken:

$$(OS_2 - OS_1) = (U_2 - U_1)$$

Nach Abschluss der Transaktion müsste sich dann diese Formel auf die in der Praxis angewandte, bereits aufgeführte vereinfachte Formel von U/OS (= Delta) reduzieren. Das gilt nur für Optionsscheine, die ein Delta von eins haben und „im Geld" sind. Für eine vorausschauende Berechnung des Hebels muss man das Delta einbeziehen und mit dem „einfachen" Hebel multiplizieren, um den „richtigen" Hebel zu ermitteln. Das Delta eines Optionsscheines gibt an, um wie viel Prozent sich der Optionspreis verändert, wenn sich der Preis des Basiswerts um eine Einheit ändert.

Bei der Interpretation des Hebels ist zu beachten: Ein großer Hebel ist keinesfalls in jeder Situation ein positives Beurteilungskriterium. So hat beispielsweise ein Optionsschein mit kurzer Restlaufzeit und einem aus dem Geld liegenden Basispreis, das heißt, dass der Basispreis weit entfernt ist vom Kurs oder Preis des Basiswerts, einen niedrigen Preis und somit einen hohen Hebel. Dieser Optionsschein hat einen Zeitwertverfall und ein entsprechend hohes Risiko. Geschäfte mit Optionsscheinen, die zusammen mit einer Optionsanleihe im Rahmen einer bedingten Kapitalerhöhung begeben werden, sind Kassageschäfte.

Optionsschein-Varianten

- **Gekappte Optionsscheine (Capped Warrants)**
  Als Capped Warrants werden miteinander verbundene Optionsscheine bezeichnet, die wirtschaftlich auf die Zahlung einer Differenz zwischen einem Grundwert und dem Wert eines Indizes zu einem bestimmten Zeitpunkt gerichtet sind. Capped Warrants stellen eine Kombination von Kauf- und Verkaufs-Optionsscheinen dar, die einen im Voraus bestimmten Ertrag ermöglichen. Damit sind diese Erträge abgeltungsteuerpflichtig, wenn beide Scheine gleichzeitig veräußert oder ausgeübt werden.

- **Bandbreiten-Optionsscheine (Range Warrants)**
  Als Range Warrants werden Optionsscheine bezeichnet, die auf einen bestimmten Börsenwert, beispielsweise eine bestimmte Aktie, lauten und bei denen der Anleger für den Fall, dass der betreffende Wert zu dem angegebenen Stichtag nicht in der vereinbarten Bandbreite notiert wird, das eingesetzte Kapital zurückerhält. In Fällen, in denen der

betreffende Wert in der jeweiligen Bandbreite notiert, kann der Anleger die Zahlung eines Betrages verlangen, der sich aus dem eingesetzten Kapital und einem Aufschlag zusammensetzt. Dabei ist die Höhe des Aufschlags davon abhängig, ob der Anleger ein hohes oder geringes Kursrisiko eingeht. Die jeweiligen Optionsscheine können auch so kombiniert werden, dass das Risiko, nur das eingesetzte Kapital zurückgezahlt zu bekommen, weiter verringert wird.

- **Gedeckte Optionsscheine (Covered Warrants)**
  Von den Kreditinstituten als Emittenten werden vielfältige Covered Warrants ausgegeben. Hierbei handelt es sich um verbriefte Optionsrechte, die nicht die Aktiengesellschaft selbst emittiert, sondern ein Kreditinstitut. Sie geben dem Erwerber, also Optionsberechtigen, das Recht, gegen Zahlung des Erwerbspreises (Optionsprämie) vom Optionsschuldner (Stillhalter) bestimmte Aktien zu einem im Voraus festgelegten Kurs innerhalb einer bestimmten Optionsfrist erwerben zu können.
  Der Optionsschuldner unterhält zur Deckung der gegen ihn gerichteten Optionen einen Bestand an bereits umlaufenden Aktien des im Optionsschein genannten Emittenten. Sie stehen somit dem Kapitalmarkt nicht zur Verfügung. Anstelle der Aktien können sich auch Verschaffungsrechte auf solche Aktien im Deckungsbestand befinden, von denen der Optionsschuldner Gebrauch macht, wenn der Berechtigte die Option ausübt. Dieser Deckungsbestand ist zu jeder Zeit während der Ausübungsfrist ausreichend, um eine Bedienung der jeweils umlaufenden Optionsscheine zu gewährleisten. Den Inhabern von Optionsscheinen stehen Rechte und Ansprüche am oder in Bezug auf den Deckungsbestand als solchen nicht zu, vielmehr erwerben sie lediglich erst im Zeitpunkt und im Fall der Ausübung der verbrieften Option einen schuldrechtlichen Lieferanspruch gegen den Optionsschuldner.
  Da sich während der Besitzdauer größere Kurschwankungen bei den Aktien ergeben können, erfolgt der Handel nur mit großen, marktbreiten Aktientiteln. Das emittierende Kreditinstitut erhält die Optionsprämie als Ausgleich für sein Risiko, dass die Aktien im Zeitraum stark steigen und der Anleger die Aktien zum vereinbarten niedrigeren Preis beziehen will.
  Steuerliche Behandlung von Covered Warrants: Da keine Zinsen für den Investor der Covered Warrants gezahlt werden, unterliegt nur der Veräußerungsgewinn der Abgeltungsteuer.

- **Basket Warrants**
  Als weitere Variante gibt es auch Optionsscheine auf Baskets (Basket Warrants), also einen bestimmten Korb an Aktien, oder auf bestimmte Strategien. Da es in diesen Fällen keine Einschränkung an möglichen Varianten gibt, wird von einer weiteren Beschreibung abgesehen.

Urteil des BGH zu Aktienindex-Optionsscheinen

In einer am 29.03.1994 getroffenen Entscheidung des BGH (Aktenzeichen: XI ZR 31/93) wird klargestellt, dass es sich bei Aktienindex-Optionsscheinen um Börsentermingeschäfte handelt und nicht, wie bis dahin angenommen, um ein Kassageschäft. Daraus kann gefolgert werden, dass auch andere Optionsscheinarten wie Zins- und Devisen-Optionsscheine oder gedeckte Optionsscheine (Covered Warrants) als Börsentermingeschäfte anzusehen sind. Ohne schriftliche Risikoaufklärung sind solche Geschäfte für den (privaten) Kunden unverbindlich, er kann den Differenzeinwand geltend machen und mögliche Verluste einklagen.

Steuerliche Gesichtspunkte
Grundsätzlich ist die Differenz zwischen Verkaufs- und Kaufpreis maßgebend. Stillhalterprämien fallen bei Zufluss unter den § 20 EStG und unterliegen der Abgeltungsteuer.

Geldanlage-Tipp zur Besteuerung von Optionsscheinen

1. Die Abgeltungsteuer ist beim Berechtigten (Optionsinhaber) für Gewinne aus Optionsscheinen anzuwenden, die nach dem 31.12.2008 erworben wurden.
2. Die Abgeltungsteuer gilt beim Verpflichteten (Optionsstillhalter) für erhaltene Optionsprämien abzüglich gezahlter Optionsprämien (für die Glattstellung). Bei einem Verlust liegen negative Einkünfte aus Kapitalvermögen vor, die mit anderen Einnahmen wie Zinsen oder Dividendenerträge verrechnet werden können.

3.5.3 Gewinnschuldverschreibungen

Gewinnschuldverschreibungen sind Schuldverschreibungen mit Sonderrechten. Sie verbriefen statt des Zinsanspruchs oder zusätzlich zum Zinsanspruch ein Recht auf einen Anteil am Gewinn der Gesellschaft. Die meisten Gewinnschuldverschreibungen sind mit fester Grundverzinsung und gewinnabhängiger Zusatzverzinsung ausgestattet. Erträge und Verkaufserlöse unterliegen der Abgeltungsteuer.

3.6 Zertifikate

Kein anderes Finanzprodukt wurde in der Finanzkrise im Herbst 2008 so verteufelt und gleichzeitig missverstanden. Und heute? Wir behaupten: Kaum ein Finanzprodukt wird so wenig verstanden! Das liegt einerseits an der schier unendlichen Vielfalt und den theoretisch unbegrenzten Möglichkeiten der Ausstattung der Zertifikate als auch an der Menge der täglich auf den Markt schwappenden Angebote.

Rechtlich gesehen sind Zertifikate Schuldverschreibungen. Der Käufer erwirbt einen Anteil an einer Inhaberschuldverschreibung des Emittenten. Der Emittent – also ein Kreditinstitut - haftet für die Erfüllung der zugesagten Eigenschaften. Im Falle der Insolvenz des Emittenten droht im Extremfall der Totalverlust. Insoweit ist die Sache einfach.

Doch die komplexen vielfältigen Einzelbausteine machten die Produkte oft schwer durchschaubar. Hier die wichtigsten Arten von Zertifikaten:

Am meisten verbreitet in Deutschland sind Garantie-Zertifikate, auch als Zertifikate mit Kapitalgarantie bezeichnet; gefolgt von Express-Zertifikaten und Diskont-Zertifikaten.

- **Garantie-Zertifikate**
  Garantie-Zertifikate investieren den größten Teil des Kapitals in ausgewählte Nullkuponanleihen, deren Kurs nach und nach steigt, die aber dafür keine laufenden Zinsen bringen. Durch den Kursgewinn zum Laufzeitende bleibt zumindest der nominale Einsatz erhalten. Der restliche Teil wird in Optionen, also gehebelte Produkte, investiert. Geht die Rechnung mit dem gehebelten Produkt auf, winken zusätzlich Gewinne; ansonsten gibt es, zumindest am Laufzeitende, den Einsatz zurück.

Die sogenannte Partizipationsquote gibt an, in welchem Verhältnis die möglichen Gewinne zum Anstieg des zu Grunde liegenden Basiswertes stehen. Interessenten sollten sich genau informieren, auf was sich die Garantie bezieht und unter welchen Voraussetzungen sie greift oder ob schlimmstenfalls keine oder nur eine eingeschränkte Garantie gegeben ist.

- **Express-Zertifikate**
  Express-Zertifikate liegen am Zertifikatemarkt nach den Garantiezertifikaten an der zweiten Stelle in der Gunst der Investoren. Bei Express-Zertifikaten wird zumindest das investierte Kapital zurückgezahlt. Zusätzlich wird meistens eine Prämie in Aussicht gestellt, die unter der Voraussetzung gezahlt wird, dass das Kursniveau des zugrunde liegenden Basiswerts während der Vertragslaufzeit zumindest gehalten wird.

- **Diskont-Zertifikate – Zertifikate mit eingebautem Sicherheitspuffer**
  Eine weitere Variante stellen **Diskont-Zertifikate, auch Discount- oder Rabatt-Zertifikate genannt,** dar. Dabei erwirbt der Anleger den zu Grunde liegenden Basiswert, beispielsweise eine Aktie oder einen Index, mit einem Abschlag (Rabatt) auf den aktuellen Kurs. Gleichzeitig ist eine bestimmte Obergrenze (Cap) vorgegeben, bis zu der der Anleger an der Steigerung des Basiswertes partizipiert. Sobald diese Grenze überschritten wird, treten bestimmte „Ereignisse" ein, die im Verkaufsprospekt des jeweiligen Zertifikats genau beschrieben sind; das heißt, im Allgemeinen wäre man dann mit einer Direktanlage besser gefahren.

- **Index-Zertifikate**
  Mit einem Index-Zertifikat partizipiert man zu einem bestimmten Bruchteil an der Entwicklung des zu Grunde liegenden Indexes. Dabei wird der Index, beispielsweise der DAX oder der Dow Jones, nahezu im Verhältnis eins zu eins abgebildet. In manchen Fällen existiert auch ein sogenannter „Cap", also eine Obergrenze. In diesem Fall profitiert man nur bis zu einem bestimmten Indexstand. Steigt der Index über den Cap-Wert, bleibt der Wert des Index-Zertifikats auf diesem Wert „stehen".

- **Bonus-Zertifikate**
  Durch das Schaffen eines Sicherheitspuffers reduzieren Bonus-Zertifikate das Risiko. Gleichzeitig bieten sie die Möglichkeit der Partizipierung am Kursanstieg der zugrunde liegenden Aktien. Andererseits erhält der Anleger bei unveränderten oder leicht sinkenden Kursen eine im Voraus garantierte Rendite meist in Höhe von banküblichen Zinssätzen.

Bei allen beschriebenen Anlageformen sollten auf jeden Fall vorher vielfältige Überlegungen angestellt werden. So sollte beispielsweise geklärt werden, unter welchen Voraussetzungen und ab wann man als Anleger profitiert, ob es ein Wahlrecht seitens des Emittenten gibt und worin dieses besteht. Ansonsten können mit dem Investment Erwartungen verknüpft sein, die sich nicht erfüllen.

In den vergangenen Jahren war immer wieder zu beobachten, dass in Zeiten von boomenden Börsen im Bereich der Derivate neue Anlageformen kreiert wurden. Sobald sich jedoch die Euphorie abkühlt, werden die Gelder zuerst aus diesen Märkten abgezogen. Deshalb sollte man nicht zu lange mit Verkäufen oder Glattstellungen warten. Denn allein die abwandernde Liquidität kann oft zu bösen Überraschungen und fallenden Kursen führen.

Risikoklassifizierung für Zertifikate

Die Risikoklassifizierung auf Basis des Value-at-Risk-Konzepts ist eine einfache Größe, mit der das Risiko bei normalen Marktschwankungen in Euro ausgedrückt wird.

So sagt ein Risikowert von zwölf Euro beispielsweise aus, dass bei einer Haltedauer von zehn Tagen und einer Wahrscheinlichkeit von 99 Prozent der Verlust nicht größer als zwölf Euro sein wird.

Geldanlage-Tipp zur Abgeltungsteuer seit 2009

1. **Zertifikate ohne Kapitalgarantie:** Sowohl bedingt laufende Zahlungen als auch Gewinne aus ihrer Veräußerung oder Einlösung zählen zu den abgeltungsteuerpflichtigen Kapitalerträgen. Bezüglich der zeitlichen Anwendung der Abgeltungsteuer ist zu unterscheiden:
   - Zertifikate **ohne** Kapitalgarantie, die bis zum **14.03.2007** vom Privatanleger erworben wurden, unterliegen nicht der Abgeltungsteuer.
   - Zertifikate ohne Kapitalgarantie, die **nach dem 14.03.2007 und bis zum 31.12.2008** vom Privatanleger erworben wurden oder werden, unterliegen bis zum **30.06.2009** nicht der Abgeltungsteuer. Bedingt laufende Zahlungen und Gewinne aus der Veräußerung oder Einlösung, die bis zum **30.06.2009** zufließen, können somit vom Privatanleger außerhalb der Jahresfrist steuerfrei vereinnahmt werden.
   - Zertifikate **ohne** Kapitalgarantie, die **nach dem 31.12.2008** vom Privatanleger erworben wurden, unterliegen mit allen Erträgen ab 2009 der Abgeltungsteuer.

2. **Zertifikate mit Kapitalgarantie**: Unabhängig vom Erwerbszeitpunkt unterliegen Gewinne aus der Veräußerung oder Einlösung (bei Fälligkeit) von Zertifikaten, **die nach dem 31.12.2008** zufließen, der Abgeltungsteuer.

3.7 Genussscheine

Genussscheine, im Börsenjargon kurz „Genüsse“ genannt, sind eine Mischung aus Anleihen und Aktien. Wie bei Anleihen wird das Kapital verzinst und am Ende der Laufzeit, die übrigens unendlich sein kann, zurückgezahlt. Zinsen gibt es meist nur, wenn der Emittent einen Jahresüberschuss oder Bilanzgewinn ausweist.

Rechtlich betrachtet sind Genussscheine Wertpapiere, die Genussrechte verbriefen. Darunter versteht man das Recht, dem Inhaber einen Anteil am Reingewinn der betreffenden Unternehmung zukommen zu lassen, meistens verbunden mit dem Recht auf eine Mindestverzinsung (Basisrendite). Der Inhaber hat allerdings kein Recht auf festen Ertrag und keine Stimmberechtigung bei einer Hauptversammlung.

Die Kursentwicklung eines Genussscheins entspricht, je nach Ausstattung, mehr der Aktienkursentwicklung oder mehr der Kursentwicklung der Schuldverschreibungen. Bisher waren vor allem Kreditinstitute Emittenten von Genussscheinen. Doch nach den aufsichtsrechtlichen Eigenkapitalregeln der Kreditinstitute (Basel III)[1] kann Genussrechtskapital nicht mehr auf das Ergänzungskapital erster Klasse (Tier 1) angerechnet werden.

1 Anmerkung: Basel ist der Sitz der Bank für Internationalen Zahlungsausgleich (BIZ). Sie ist eine internationale Organisation und wird als „Bank der Notenbanken“, also der Notenbanken und vergleichbaren Institutionen der Einzelstaaten, die Mitglied der BIZ sind, bezeichnet. Basel III bezeichnet die seit 1984 dritte globale Regelung zur Risikobegrenzung der Geschäftsbanken. Tier bezeichnet eine bestimmte Eigenkapitalkategorie.

Staatliche Förderung
Die Beteiligung der Mitarbeiter am eigenen Unternehmen hat durch das 5. VermBG an Bedeutung gewonnen. Bei einer Anlage in Kapitalbeteiligungen, zum Beispiel Genussscheinen, steht dem Anleger, wenn er zu dem berechtigten Personenkreis gehört, die Arbeitnehmer-Sparzulage von 20 Prozent aus einem Höchstvolumen von 400 Euro zu, das entspricht einem Höchstbetrag von 80 Euro (§ 13 Abs. 2 VermBG). Voraussetzung dafür ist, dass der Genussschein aus dem Unternehmensgewinn bedient wird.

Steuerlich betrachtet unterscheidet man zwei Genussscheintypen:

- Genussscheine mit verbrieften Genussrechten, die eine Beteiligung am Gewinn und Liquidationserlös beinhalten (§ 20 Abs. 1 Nr. 1 und § 20 Abs. 2 Satz 1 und Nr. 1 Satz 2 EStG).
- Genussscheine mit verbrieften Genussrechten, die eine feste oder variable Verzinsung ohne Beteiligung am Liquidationserlös beinhalten (§ 20 Abs. 1 Nr. 7 und § 20 Abs. 2 Satz 1 Nr. 7 EStG).

Die laufenden Kapitalerträge unterliegen seit 2009 der Abgeltungsteuer in Höhe von 25 Prozent (zuzüglich Solidaritätszuschlag und gegebenenfalls der Kirchensteuer). Die Veräußerungsgewinne unterliegen ohne Einhaltung einer Haltefrist ebenfalls der Abgeltungsteuer.

Abgrenzung zu Genussrechten
Während Zertifikate und Genussscheine als handelbare verbriefte Wertpapiere unter die strengen Vorschriften des Wertpapierhandelsgesetzes fallen, unterliegen die nicht handelbaren und nicht verbrieften Genussrechte dem Vermögensanlagengesetz, sind also im Ergebnis risikoreicher. Beispiel: Allein in Deutschland investierten 17 000 Anleger 270 Millionen Euro in die 2016 insolvent gewordene German Pellets GmbH, die Holzpellets herstellte.

Doch Genussrechte sind im Gegensatz zu verbrieften Genussscheinen keine Wertpapiere, sondern Vermögensanlagen im Sinne des Vermögensanlagengesetzes § 1 Abs. 2 und unterliegen somit nicht den strengen Vorschriften des Kapitalanlagengesetzbuchs, sind allerdings durch das Kleinanlegerschutzgesetz stärker reguliert worden.

3.8 Aktienanleihen

Aktienanleihen sind, wie auch Zertifikate, Schuldverschreibungen mit einer festen Laufzeit und zählen zu den ältesten Finanzinstrumenten. Die Prämie wird in Form einer Zinszahlung am Ende der Laufzeit in einer Summe gezahlt. Die Zinsen unterliegen der pauschalen Abgeltungsteuer in Höhe von 25 Prozent (zuzüglich Solidaritätszuschlag und gegebenenfalls Kirchensteuer).

Die Art der Rückzahlung des eingesetzten Kapitals hängt allerdings davon ab, ob der der Anleihe zu Grunde liegende Basiswert, also eine Einzelaktie oder ein Index, an einem zuvor festgelegten Stichtag einen bestimmten Kurs (Basispreis) erreicht hat. Das heißt, bei Aktienanleihen besteht neben dem Emittentenrisiko ein Aktienkursrisiko. Notiert die Aktie am Stichtag zum Basispreis oder über dem festgelegten Basispreis, wird die Anleihe zum Nennbetrag getilgt. Notiert der Basiswert unter dem Basispreis, erhält der Anleger eine bestimmte Anzahl von Aktien zum Basispreis.

Vom Landgericht Frankfurt am Main wurde in einem Urteil entschieden, dass Aktienanleihen keine Termingeschäfte sind, sondern vielmehr bezüglich ihres Risikocharakters zwischen Aktien und Anleihen anzusiedeln seien. Doch obwohl Aktienanleihen keine Termingeschäfte sind, bergen sie als sogenannte strukturierte Produkte für unerfahrene Anleger große Risiken. Geht man trotzdem das Risiko ein, sollten solide, auf Einzelaktien basierte Aktienwerte ausgesucht werden, möglichst mit einem Basispreis unterhalb des Aktienkurses, wobei der Kurs der Anleihe nicht weit über dem Nennwert von 100 liegen sollte. Die Chance: Steigen die Aktienkurse nur leicht, sind höhere Renditen eher möglich als mit der getrennten Anlage in Aktien und Anleihen.

Geldanlage-Tipp zur Kaufentscheidung
Aktienanleihen sind dann empfehlenswert, wenn Sie auf hohe, garantierte laufende Zinseinnahmen eines Emittenten mit mindestens guter Bonität abzielen und davon ausgehen, dass sich der Basiswert mittelfristig eher seitwärts bewegt oder keine stärkeren Kurssteigerungen eintreten.

In den letzten Jahren hat sich eine Vielzahl von Aktienanleihe-Varianten herausgebildet:

Bei Doppel-Aktienanleihen bilden zwei unterschiedliche Aktien den Basiswert. Eine höchstmögliche Rendite ergibt sich, wenn der Kurs beider Aktien über dem Basispreis liegt. Liegen beide Aktien unter dem Basispreis, wird die Aktie mit der schlechteren Wertentwicklung geliefert. Als Ausgleich bietet der Herausgeber entweder einen höheren Zinskupon oder niedrigere Basispreise.

Die Protect-Aktienanleihen bieten ebenfalls feste Zinszahlungen. Zusätzlich bieten sie einen Sicherheitspuffer von zumindest 50 Prozent. Liegt der Kurs des Basiswerts bei Fälligkeit über der Sicherheitsschwelle, erhält der Anleger neben den Zinsen den einbehaltenen Nennwert zurück. Liegt der Kurs am Ende der Laufzeit auf oder unter der Sicherheitsschwelle, erhält der Investor die vereinbarten Zinsen und statt Kapitaleinsatz die Aktien des Basiswerts zum aktuellen Kurs.

Geldanlage-Tipp zur Abgeltungsteuer
Gewinne aus der Veräußerung oder Einlösung von Aktienanleihen, die nach dem 31.12.2008 zufließen, unterliegen, unabhängig vom Erwerbszeitpunkt, der Abgeltungsteuer.

3.9 Die Besteuerung von Finanzinnovationen

Anlageinnovationen, auch Finanzinnovationen genannt, sind meist aus Basisinstrumenten wie beispielsweise der klassischen Anleihe, abgeleitete Produkte mit besonderen Ausstattungsmerkmalen und damit Finanzderivate. Inzwischen ziert eine Vielzahl neuartiger Varianten aus dem Anleihebereich den deutschen Kurszettel. Interessierte sollten sich über das Chancen-Risiko-Profil der in Erwägung gezogenen Investition und über die mit dem Erwerb verbundenen Kosten umfassend informieren. Außerdem ist zu berücksichtigen, dass sowohl die Produktmerkmale als auch die Märkte für börsenmäßig gehandelte Spezialwerte häufig wenig transparent sind. Darüber hinaus sind auch steuerliche Besonderheiten zu beachten.

Bereits seit 1994 wurden vom Gesetzgeber unerwünschte Steuergestaltungen nach und nach abgebaut. Bei den vom Gesetzgeber als missbräuchlich empfundenen Finanzinnovationen wie Gleitzins-, Kombizins- oder Index-Anleihen ist die Rendite ganz oder teilweise in den bisher nicht steuerbaren Bereich der Kursgewinne verlagert worden. Bis zum

31.12.2008 unterlagen nicht nur Kapitalerträge wie Zinsen, sondern auch Kursgewinne, die zuvor, mit Ausnahme von Einkünften aus privaten Veräußerungsgeschäften nicht steuerpflichtig waren, der Besteuerung (§ 20 Abs. 2 Nr. 4 EStG). Damit sind bereits vor 2009 Kursgewinne zu steuerpflichtigen Kapitalerträgen gemacht worden.

Ab dem 01.01.2009 ist die Ausgestaltung von Finanzinnovationen ohne Bedeutung, da nach § 20 Abs. 2 Satz 1 Nr. 7 EStG jede Form von Ertrag und Wertzuwachs einen steuerbaren Kapitalertrag darstellt und damit der Abgeltungsteuer unterliegt.

Die Bestandsschutzregelung für vor 2009 erworbene Finanzinstrumente gilt nicht für finanzinnovative Schuldverschreibungen des § 20 Abs. 2 Satz 1 Nr. 4 EStG alter Fassung (siehe § 52a Abs. 10 Satz 7 und 8 EStG). Im Übrigen siehe Kapitel 5: Termingeschäfte.

3.10 Schwerpunktthema: Sustainable Finance – Nachhaltige Geldanlage als Möglichkeit zur Investition und Mitgestaltung

„Nachhaltigkeit ist neben Rentabilität, Sicherheit und Liquidierbarkeit mittlerweile ein ernst zunehmendes Kriterium bei den Anlageentscheidungen."

Carmen Mausbach, 2018
in Bankmagazin (Jahrgang 67 Ausgabe 5)

Nachhaltige Geldanlagen verzeichnen in den letzten Jahren starke Mittelzuflüsse und stellen grundsätzlich eine sinnvolle Möglichkeit der Geldanlage dar.

Dabei können Sie mitentscheiden, wie Ihr Geld eingesetzt wird und somit indirekt durch Ihre Anlageentscheidungen zu gesellschaftlichen, sozialen und ökologischen Veränderungen beitragen. Der folgende Beitrag gibt einen Überblick über die nachhaltigen Anlagemöglichkeiten in Aktien, Anleihen, Aktien- und Rentenfonds, Beteiligungen und Stiftungen.

Das Forum Nachhhaltige Geldanlagen e.V. berichtet, dass in Deutschland zum Ende des Jahres 2017 170,0 Milliarden Euro in Nachhaltige Geldanlagen investiert sind.

3.10.1 Weshalb können Nachhaltige Geldanlagen für Sie als Anleger vorteilhaft sein?

Sie als Anleger können durch eine Nachhaltige Geldanlage eine langfristige Rendite erzielen und zudem ökologische und soziale Ziele unterstützen. Somit tritt neben den rein monetären Gesichtspunkt auch ein ethischer, der eine Nachhaltige Geldanlage zusätzlich sinnstiftend erscheinen lässt.

Der Kern einer nachhaltig ausgerichteten Anlage besteht darin, ökologische, soziale und zugleich wirtschaftliche Ziele langfristig zu erreichen. Eine attraktive Rendite und das Verfolgen der Kriterien Nachhaltiger Geldanlage müssen dabei keinen Widerspruch bedeuten. Auch bei Sichteinlagen kann eine Nachhaltige Geldanlage erfolgen, denn Kreditinstitute setzen das von Ihnen zur Verfügung gestellte Geld im Wesentlichen in Form von Krediten ein. Daher besteht auch bei einem Einlagenkonto die Möglichkeit einer nachhaltigen Orientierung.

Zudem soll durch eine Anlage unter Berücksichtigung nachhaltiger Kriterien das Risiko vermindert werden, dass das angelegte Vermögen durch kurzfristige unternehmerische Fehlentscheidungen gefährdet oder gar vernichtet wird. Dazu zwei Beispiele:

1. Nach ökologischen und sozialen, aber auch nach wirtschaftlichen Kriterien, war es eine fatale Fehlentscheidung der Volkswagen AG, der Daimler AG und weiterer Automobilhersteller, eine Software zur Manipulation der Abgaskontrolle in Prüfständen einzusetzen.
2. Im Finanzbereich wurden aufgrund der Zinsmanipulation der London Interbank Offered Rate (LIBOR) (des am Finanzplatz London ermittelten Interbankenzinssatzes mit globaler Bedeutung) durch mehrere Banken zahlreiche Investoren, Anleger und Kunden teilweise massiv geschädigt.

Geldanlage-Tipp

Bei einer nachhaltig orientierten Geldanlage sollten Sie zunächst das zu Beginn des Buches beschriebene „magische Viereck“ mit den Grundprinzipien der Sicherheit, Rentabilität und Liquidierbarkeit sowie des Prinzips der Steueroptimierung berücksichtigen. Weiterhin sind die Leitlinien der Geldanlage, die Checkliste für die Auswahl der Geldanlage, die Anlagepyramide sowie die Vermögensstrukturierung im ersten Kapitel eine sinnvolle Vorarbeit.

Der Kern einer nachhaltig ausgerichteten Geldanlage besteht darin, langfristig ökologische, soziale und wirtschaftliche Ziele zu erreichen. Dies bedeutet, dass Sie auch bei einer Nachhaltigen Geldanlage Ihr Geld unter Risikoaspekten diversifizieren sollten.

Hierzu ein auf den ersten Blick unwahrscheinliches, aber in der Praxis durchaus mögliches Szenario, bei dem mehrere Nachteile kumulativ zu einem Vermögensverlust führen können. Angenommen, Sie investieren Ihr Vermögen ausschließlich in eine Anleihe, mit der sich ein bisher unbekanntes, jedoch ökologisch und sozial gebendes Unternehmen finanziert, das in einer abgelegenen Region bestimmte Bäume mit einer sehr langen Wachstumszeit anbaut und diese in 40 Jahren sukzessive abholzen, verkaufen und wieder aufforsten möchte. Hierbei beschäftigt das Unternehmen sozial benachteiligte Menschen. In diesem Beispiel wären zwar die Kriterien der Langfristigkeit und der Nachhaltigkeit in der sozialen und ökologischen Dimension erfüllt, aber die Sicherheit und die Diversifikation Ihrer Geldanlage wären nicht erreicht.

Auch bei Grüner Geldanlage ist Diversifikation wichtig

Mit der German Pellets GmbH ist ein weiteres Unternehmen aus dem Bereich der erneuerbaren Energien insolvent gegangen. Zuvor stand die Insolvenz von Prokon im Fokus, was auch zur Stärkung des Anlegerschutzes durch das Kleinanlegerschutzgesetz geführt hat. Siehe auch Kapitel 1.

Deshalb sollten Sie bei Ihrer nachhaltigen Geldanlage neben der Nachhaltigkeit auch die anderen Aspekte des „magischen Vierecks“ angemessen berücksichtigen. Daher wird das zu Beginn dieses Buches eingeführte „magische Viereck“ zu einem „magischen Fünfeck“ erweitert, wie in der folgenden Abbildung dargestellt.

Das „magische Fünfeck" der Geldanlage mit Erweiterung um die Nachhaltige Geldanlage

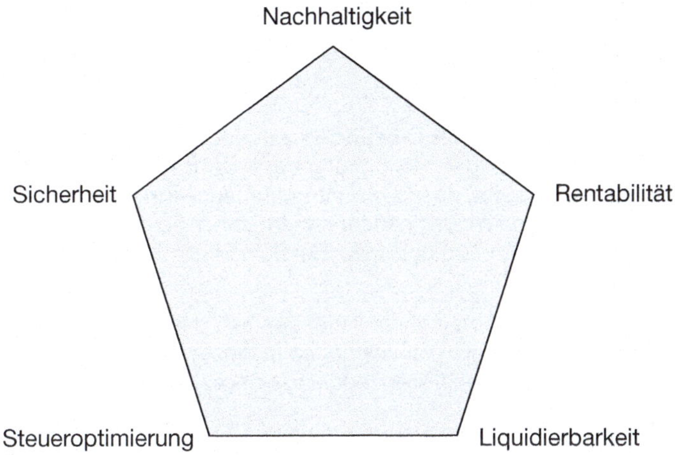

Bei der Auswahl Ihrer Geldanlage sollten Sie diese Kriterien Ihren persönlichen Werten, Zielen und Wünschen hinsichtlich nachhaltiger Geldanlage gegenüberstellen.

Eine strikte Kategorisierung von nachhaltigen und nichtnachhaltigen Anlagen gibt es zwar nicht, doch eine gute Orientierung für den Anleger sind die häufigsten Ansätze, nach denen Fondsmanager von Nachhaltigkeitsfonds ihre Anlagen auswählen. Dies sind der „Ansatz der Ausschlusskriterien", der „Ansatz der Integration von Environmental Social Governance-Kriterien" und der „Best-in-Class-Ansatz". Die Kriterien werden im Abschnitt 3.10.3 „Nachhaltige Anlagekriterien" näher erläutert.

3.10.2 Zum Verständnis von Nachhaltigkeit

Der Ursprung der heutigen Nachhaltigkeitsidee findet sich in der europäischen Geschichte im 17. und 18. Jahrhundert in Mitteleuropa. Zu dieser Zeit war Holz ein wichtiger Energieträger und in vielen Produktionsprozessen essenziell. Wegen der Rodung zahlreicher Wälder waren starke wirtschaftliche Nachteile zu erwarten. Carl von Carlowitz, der sächsische Oberbergbaumeister, formulierte im Jahr 1713 die „nachhaltige Forstwirtschaft": Es solle nur so viel Wald gerodet werden, wie auch wieder nachwachsen könne. Denn in Sachsen war zu dieser Zeit der wichtige Silberbergbau aufgrund des geringen Holzbestandes gefährdet.

Seit den späten 1980er Jahren wird der Begriff der „Nachhaltigkeit" und der „Nachhaltigen Entwicklung" in der Wissenschaft unter der englischen Bezeichnung „Sustainability" und „Sustainable Development" umfassend diskutiert.

Die bis heute grundlegende Definition Nachhaltiger Entwicklung wurde 1987 in dem Bericht „Our Common Future" der Weltkommission für Umwelt und Entwicklung der Vereinten Nationen formuliert, die von der norwegischen Ministerpräsidentin Gro Harlem Brundtland als Vorsitzende geführt wurde. In diesem, in der Folge als „Brundtland-Bericht" bezeichneten Bericht, heißt es:

„Nachhaltige Entwicklung ist eine Entwicklung, die den Bedürfnissen heutiger Generationen Rechnung trägt, ohne die Möglichkeiten zukünftiger Generationen zu gefährden, ihren eigenen Bedürfnissen nachzukommen."[1, 2]

Hierbei wird „Nachhaltige Entwicklung" als ein Prozess definiert und von einem „Idealzustand der Nachhaltigkeit" unterschieden.

Überschneidungen und Begriffsabgrenzungen zur Nachhaltigkeit

Im Zusammenhang mit Nachhaltigkeit fällt häufig der Begriff der **„Corporate Social Responsibility" (CSR)**, der bedeutet, dass sich Unternehmensvertreter auch mit der sozialen Verantwortung von Unternehmen auseinandersetzen sollten. Die Idee der Nachhaltigkeit hat ihren Ursprung hingegen im ökologischen Bereich. Hinzu kommt die soziale Verantwortung.

Die CSR-Debatte setzte sich schon in ihren Anfängen seit den 1950er Jahren in den USA vor allem mit sozialen Fragestellungen auseinander. In dieser Debatte wird der soziale Verantwortungsbegriff in Verbindung mit den Handlungsmöglichkeiten von Unternehmen diskutiert.

Dabei bestehe zum einen die Verantwortung von Unternehmen gegenüber ihren Shareholdern, Gewinne zu erzielen, zum anderen bestehe aber eine erweiterte Verantwortung gegenüber Kunden, Mitarbeitern, Lieferanten und allgemein der lokalen Gemeinschaft. Hinzu komme auch die Umwelt. Im Hinblick auf diese erweiterte Betrachtung bestehe demnach eine ökonomische, rechtliche, ethische und philanthropische Verantwortung von Unternehmen. Daher wird von Unternehmensvertretern teilweise auch der Begriff „Corporate Responsibility" bevorzugt.

Da in vielen Unternehmensberichten und Finanzproduktbeschreibungen sowohl die Begriffe „Nachhaltige Entwicklung" und „Nachhaltigkeit" sowie „CSR" fallen, werden die Begriffe in der folgenden Tabelle gegenübergestellt. In der Praxis kann man davon ausgehen, dass die Begriffe nicht immer eindeutig verwendet werden.

1 Brundtland, Gro Harlem et al. (1987): Our common future. http://www.un-documents.net/ocf-02.htm#IV. Abgerufen am 14.08.2018.

2 Im Original: *„Sustainable development is development that meets the needs of the present without compromising the ability of future generations to meet their own needs."* Ebd.

	Nachhaltige Entwicklung und Nachhaltigkeit	Corporate Social Responsibility (CSR)
Ausgangs-punkt	Klimatische Veränderungen, abnehmende Biodiversität und anhaltende soziale Herausforderungen; wichtige Impulse durch UN-Organisationen	Wahrnehmung unternehmerischer Verantwortung in industriellen Unternehmen, wie durch Robert Bosch
Fokus	Umfassender gesellschaftlicher Bezug; Beitrag von Unternehmen zur Nachhaltigkeit, aber auch Verantwortung von Individuen und politischen Akteuren; Notwendigkeit internationaler Koordination	Gesellschaftliche Erwartungen an Unternehmen; unternehmerische Verantwortung hinsichtlich ökonomischen Erfolgs, juristisch korrekten Verhaltens sowie ethischer und philanthropischer Erwartungen
Grundlagen / Quellen	„Brundtland-Bericht“ (1987); Konferenz in Rio de Janeiro und Verabschiedung der „Agenda 21“ (1992)	Howard R. Bowen (1953): „Social Responsibilities of the Businessman“; Archie B. Carroll (1979): „A three-dimensional model of corporate social performance“

Heute nähern sich die Begriffe der CSR und der unternehmerisch umgesetzten Nachhaltigkeit, im Sinne einer umfassenden Corporate Responsibility, an und der Begriff „Nachhaltigkeit“ wird in diesem Kapitel als Oberbegriff vereinfachend verwendet.

3.10.3 Nachhaltige Anlagekriterien

3.10.3.1 Ausschlusskriterien (Negativkriterien)

Bei der Anwendung des Ansatzes „Ausschlusskriterien“, auch Negativkriterien genannt, werden einzelne Unternehmen einer Grundgesamtheit ausgeschlossen. Fonds, die nach diesen Kriterien ausgerichtet sind, werden als „ethische Fonds“ bezeichnet. Dabei werden in sozialer Hinsicht beispielsweise Unternehmen der Branchen Waffen, Tabak, Rüstungsindustrie und Rüstungszulieferer, Glücksspiel, Produzenten bestimmter Chemikalien oder Brauereien und Winzer ausgeschlossen. Als weitere Negativkriterien werden häufig bestimmte Arbeitsverhältnisse und Kinderarbeit berücksichtigt.

Bezüglich der ökologischen Kriterien kann ein Ausschluss einzelner Branchen aufgrund genmanipulierten Saatguts oder wegen des Betriebs von Kernkraftwerken erfolgen.

In der folgenden Tabelle sind die zehn häufigsten Ausschlusskriterien der Fonds und Mandate in Deutschland nach dem Investitionsvolumen geordnet für Investitionen in Unternehmen aufgeführt.

Die zehn häufigsten Ausschlusskriterien in Deutschland im Jahr 2017[1] (Angaben in Milliarden Euro)		
1.	Arbeitsrechtsverletzungen	43,3
2.	Menschenrechtsverletzungen	43,3
3.	Umweltzerstörung	38,4
4.	Waffen und Rüstung	37.9
5.	Korruption und Bestechung	32,5
6.	Pornografie	23,9
7.	Tabak	21,8
8.	Alkohol	21,6
9.	Glücksspiel	21,0
10.	Kernenergie	19,3

Für Investitionen in Staaten sind die fünf häufigsten Ausschlusskriterien die Korruption, die Todesstrafe, Diktaturen, Kernenergie und die Nichtratifizierung von Umweltkonventionen. Sowohl bei Investitionen in Unternehmen als auch bei Ausschlusskriterien bezogen auf Staaten ist die Kernenergie häufiger genannt worden.

Die fünf häufigsten Ausschlusskriterien deutscher Anleger im Jahr 2017[2], bezogen auf Staaten (Angaben in Milliarden Euro)		
1.	Korruption	30,9
2.	Nichtratifizierung von Umweltkonventionen	27,1
3.	Verstöße gegen Waffensperrverträge	26,5
4.	Todesstrafe	14,6
5.	Diktaturen	14,6

1 Forum Nachhaltige Geldanlagen e. V. (Hrsg.): Marktbericht Nachhaltige Geldanlagen 2018 Deutschland, Österreich und die Schweiz, S. 26. Berlin. http://www.forum-ng.org/images/stories/Publikationen/fng_marktbericht_2017_online.pdf. Abgerufen am 10.08.2018.

2 Forum Nachhaltige Geldanlagen e. V. (Hrsg.): Marktbericht Nachhaltige Geldanlagen 2018 Deutschland, Österreich und die Schweiz, S. 26. Berlin. http://www.forum-ng.org/images/stories/Publikationen/fng_marktbericht_2017_online.pdf. Abgerufen am 10.08.2018.

Investoren können somit über diese Kriterien ausschließen, in bestimmten Wirtschaftssektoren oder Staaten investiert zu sein und an diesen finanziell zu partizipieren.

Beispielsweise hat die EthikBank auf ihrer Website sehr ausführliche Informationen, in welche Unternehmen und in welche Staaten sie nicht investiert. Diese können auf der Website ethikbank.de unter dem Reiter „Ethik-Kompass" abgerufen werden.[1] abgerufen werden.

3.10.3.2 Integration von ESG-Kriterien

Neben den Ausschlusskriterien ist ein weiterer wichtiger Ansatz die „Integration von Environmental Social Governance-Kriterien" (ESG-Kriterien). Dieser Ansatz hat in den vergangen Jahren in Deutschland an Investitionsvolumen gewonnen.

Environmental, Social and Governance (ESG)

Teilweise werden nachhaltige Anlagemöglichkeiten auch als „ESG-Anlagen" bezeichnet. Dies bedeutet, dass die Unternehmensführung hinsichtlich der ökologischen und sozialen Perspektive beurteilt wird. ESG-Anlagen können als eine Unterkategorie nachhaltiger Anlagen mit einem besonderen Fokus auf die Unternehmensführung betrachtet werden. Teilweise wird ESG aber von Fondsanbietern auch als umfassender Oberbegriff verwendet.

Bei dieser Anlagestrategie werden in eine Unternehmensbewertung neben finanziellen Kennzahlen und ökonomischen Kriterien auch soziale, ökologische und die Grundsätze der Unternehmensführung (Corporate Governance) betreffende Informationen einbezogen. Diese Informationen können beispielsweise in Nachhaltigkeitsberichten und bei Geschäftsjahren ab dem 01.01.2017 beginnend bei für die Öffentlichkeit relevanten Unternehmen in der EU im Lagebericht gefunden werden. Nach der CSR-Richtline (Richtlinie 2014/95/EU des Europäischen Parlaments und des Rates vom 22.10.2014) gilt dies für Unternehmen, Banken und Versicherungsgesellschaften mit im Jahresschnitt mehr als 500 Mitarbeitern sowie einem Gewinn von über 20 Millionen Euro oder einem Umsatz von mehr als 40 Millionen Euro. In Deutschland ist die CSR-Richtlinie am 09.03.2017 durch das Umsetzungsgesetz vom Deutschen Bundestag am 19.04.2017 in Kraft getreten und gilt für Geschäftsjahre, die nach dem 31.12.2016 begonnen haben. Durch die Einbeziehung nichtfinanzieller Kennzahlen kann zudem auch die Einschätzung des finanziellen Risikos verbessert werden.

3.10.3.3 Engagement und Stimmrechte

Sowohl bei dem Ansatz Engagement als auch Stimmrechte handelt es sich um längerfristige Interaktionsprozesse zwischen den Anlegern und den jeweiligen Unternehmensverantwortlichen.

Das Engagement als eine Anlagestrategie der Nachhaltigen Geldanlage bedeutet also einen langfristigen Austausch zwischen den Investoren und den im Unternehmen Verantwortlichen. Dieser Dialog soll zu einer positiven Entwicklung des Unternehmens hinsichtlich der ESG-Kriterien beitragen.

Investoren können eine nachhaltige Anlagestrategie auch durch Stimmrechtsausübung und Kontrolle der Unternehmen, in die investiert wurde, verfolgen.

1 EthikBank (2018). https://www.ethikbank.de/die-ethikbank.html. Abgerufen am 15.08.2018.

Diese mit der Anlage verbundenen Rechte, die auch als Pflichten betrachtet werden können, werden auch außerhalb der Nachhaltigen Geldanlage stärker genutzt und von der EU-Kommission gefördert.

3.10.3.4 Best-in-Class (Positivkriterien)

Bei dem „Best-in-Class"-Ansatz werden die Mittel in die Unternehmen investiert, die den Gedanken der Nachhaltigkeit im Vergleich zu anderen Unternehmen ihrer Branche in ihrer Unternehmensstrategie besonders erfolgreich berücksichtigen und bei denen dies durch deren Berichterstattung transparent gemacht und überprüft werden kann. Diese Unternehmen können beispielsweise durch bestimmte Nachhaltigkeitsrankings ermittelt werden. Mehrfach ausgezeichnet worden sind unter anderem BMW und Henkel. Besonders bei Unternehmen im DAX hat ein Wettbewerb stattgefunden, zu den besten ihrer Branche zu gehören.

Allerdings könnte nach diesem alleinigen Kriterium auch eine Investition in Automobilunternehmen erfolgen. Asset-Manager führen ein „Screening" durch und schließen zum Beispiel die 50 Prozent der Unternehmen, die bezogen auf Nachhaltigkeit schlecht gerankt sind, aus. Es würde in diesem Fall zwar in nachhaltig ausgerichtete Automobilunternehmen investiert werden, aber vielleicht möchte ein Anleger diese Branche durch ein Negativkriterium ausschließen.

Zudem erschwert das Kriterium „Best-in-Class" eine Investition in junge Unternehmen, die womöglich sehr nachhaltig agieren, aber noch wenig bekannt und schwer einzuschätzen sind und daher noch nicht als führende Unternehmen ihrer Branche eingestuft werden können.

3.10.3.5 Nachhaltigkeitsthemen

Bei einem Anlagekriterium nach Themen wird beispielsweise in eine Branche investiert, in der eine Transformation zu einer nachhaltigen Wirtschaftsweise erfolgt. Als ein Beispiel sei die E-Mobilität im Automobilbereich genannt. Eine solche Anlagestrategie könnte Unternehmen umfassen wie:

- Hersteller von Batterien, die in Autos eingesetzt werden können,
- führende Hersteller elektrobetriebener Autos,
- und große Automobilunternehmen, die im Anpassungsprozess führend sind.

Beachten Sie, dass bei Themenfonds ein besonderes „Klumpenrisiko" besteht. Dadurch, dass eben gerade in einen bestimmten Bereich investiert wird, kann sich eine umfassende Krise dieses Bereiches besonders auf die Kurse der Unternehmen durchschlagen. Denken Sie hierbei etwa an die deutsche Solarbranche.

3.10.3.6 Mischformen

Eine mögliche Anlagestrategie ist, zunächst durch Ausschlusskriterien bestimmte Unternehmen auszuschließen und im zweiten Schritt die besten Unternehmen der jeweiligen Branche nach dem Best-in-Class-Ansatz auszuwählen.

3.10.3.7 (Social) Impact Investing als Investmentansatz

Kriterien des Impact Investings

Vor der Investition:	Nach Tätigen der Investition (und nach einem Zeitintervall x):
Ein messbarer Einfluss wird erwartet	Messen des Einflusses

Durch das Impact Investing werden Investitionen in soziale Organisationen und Unternehmen über den Markt mit dem Ziel ermöglicht, einen messbaren nachhaltigen Erfolg zu erreichen. Dieser Erfolg kann auch als „Wirkung", also namensgebend „Impact", gesehen werden. Die finanzielle Rendite liegt dabei häufig unterhalb der marktüblichen Rendite für vergleichbare Projekte und kann an das Erreichen der sozialen Ziele geknüpft sein.

Beim Social Impact Investing können Investitionen zur sozialen Integration und Investitionen in nachhaltige Projekte, besonders in Entwicklungsländern, genannt werden. Der Begriff des Impact Investings wurde im Jahr 2007 auf einer Konferenz der Rockefeller Foundation geprägt. Im Unterschied zu Anlagekriterien in bestehende Anlagemöglichkeiten sollen durch das Impact Investing ausdrücklich neue Investitionen ermöglicht werden. Hierbei soll diese Investitionsform eine Brücke zwischen privaten Geldgebern und sozialen Projekten schlagen. Investoren sind häufig sehr vermögende Privatkunden (High Net Worth Individuals – HNWI), die frei über ihr Vermögen verfügen können.

Wichtige Institutionen im Bereich des Impact Investings – hier finden Sie weitere Informationen:

GIIN (Global Impact Investing Network)	**Rockefeller Foundation**	**Wharton Social Impact**	**Eurosif (European Sustainable Investment Forum)**
Internationales Netzwerk zu Impact Investing mit umfangreicher Forschung	Tätig unter anderem in den zwei Bereichen - Energie und - Unterstützung von Gemeinschaften, soziale und ökonomische Herausforderungen zu bewältigen (Resilienz)	Unterstützung bei Geschäftsstrategien	Europäischer Dachverband nationaler Foren wie des „Forums Nachhaltige Geldanlagen" in Deutschland; Eurosif ist unter anderem Herausgeber der European SRI Study

Aufgrund des Ansatzes, soziale Probleme zu lösen, gibt es auch zahlreiche Überschneidungen zu Kooperationen, Genossenschaften und zu rein philanthropischen Ansätzen. Zudem bestehen Überschneidungen mit nachhaltigen Kreditinstituten und Umweltbanken aufgrund des Ziels, bestimmte soziale und umweltbezogene Projekte zu finanzieren.

Auf nachhaltig ausgerichtete Kreditinstitute und Umweltbanken wird im folgenden Abschnitt eingegangen.

3.10.4 Nachhaltig ausgerichtete Kreditinstitute in Deutschland

Nachhaltig orientierte Kreditinstitute fördern mit den Kundengeldern und eigenen Mitteln häufig besonders nachhaltige Projekte und schließen die Anlage in bestimmte Branchen oder Staaten aus. Die Verbraucherzentrale Bremen hat 2017 bei vier untersuchten Kreditinstituten den Ausschluss aller untersuchten Ausschlusskriterien festgestellt.

Ein nachhaltiges Kreditinstitut ist die EthikBank eG (EthikBank). Sie ist 2002 als Zweigniederlassung der Volksbank Eisenberg eG mit Hauptsitz in Eisenberg gegründet worden. Als „gläserne Bank" informiert die EthikBank anonymisiert über ihre Kundenkredite. Hierbei werden die Kreditart – beispielsweise der ÖkoKredit, oder der ÖkoBaukredit –, das Kreditvolumen und der Ort aufgelistet.[1] Zudem werden die Anlagen am Kapitalmarkt mit der zugehörigen Wertpapierkennnummer und die Beteiligungen an Unternehmen aufgeführt. Als Beispiel für eine gläserne Bank kann man sich über die Anlagen auf der Website unter EthikBank.de / Gläserne Bank informieren.

Ein weiteres nachhaltig orientiertes Kreditinstitut ist die Genossenschaftsbank GLS Gemeinschaftsbank eG (GLS Bank) mit ihrem Hauptsitz in Bochum, die bereits 1974 gegründet wurde und sich als „erste sozial-ökologische Universalbank der Welt" bezeichnet.[2] Im Jahr 2012 ist die GLS Bank als „Deutschlands nachhaltigstes Unternehmen" mit dem „Deutschen Nachhaltigkeitspreis 2012" ausgezeichnet worden. Die Jury hob hervor, dass die GLS Bank seit der Gründung ausschließlich soziale und ökologische Projekte finanziere sowie eine große Transparenz zeige.[3]

Bei der GLS Bank besteht die Möglichkeit, Mitgliedsanteile zu erwerben. Hierfür sind fünf Anteile zu je 100 Euro zu erwerben. Bis zu einem Alter von 28 Jahren kann man auch mit einem Anteil zu 100 Euro Mitglied werden. Juristische Personen oder Personengesellschaften (§ 37 Satzung GLS Bank) sollten mit mindestens 25 Anteilen (2500 Euro) Mitglied werden. Dabei sollten Sie beachten, dass die Anteile nur mit einer Frist von fünf Jahren zum Jahresende gekündigt werden können. Zudem besteht eine begrenzte Nachschusspflicht bis zur Höhe von 100 Euro je Mitgliedschaftsanteil, begrenzt auf die ersten 50 Anteile.[4]

In Deutschland ist die Triodos Bank N.V. Deutschland (Triodos Bank) seit 2009 mit dem Hauptsitz in Frankfurt am Main vertreten. Seit 1980 verfolgt die niederländische Muttergesellschaft eine nachhaltige Bankausrichtung. Diese wird durch nachhaltige Immobilien- und Landwirtschaftsprojekte sowie Bildungs- und Pflegekonzepte gefördert und realisiert. Generationenübergreifend für das Miteinander und die Gesellschaft – darin liege das Streben der Bank und ihrer 700000 Kunden.[5]

1 EthikBank (2018). https://www.ethikbank.de/. Abgerufen am 15.08.2018.
2 GLS Gemeinschaftsbank (2011). Sozial-ökologisches Bankgeschäft hat Hochkonjunktur. https://www.gls.de/privatkunden/gls-bank/aktuelles/presse/sozial-oekologisches-bankgeschaeft-hat-hochkonjunktur/. Abgerufen am 15.08.2018.
3 Stiftung Deutscher Nachhaltigkeitspreis (2018). https://www.nachhaltigkeitspreis.de/wettbewerbe/unternehmen/preistraeger-unternehmen/2012/gls-bank/. Abgerufen am 15.08.2018.
4 GLS Gemeinschaftsbank (2018). https://www.gls.de/privatkunden/gls-anteile/. Abgerufen am 15.08.2018.
5 Triodos Bank (2018). https://www.triodos.de/ueber-uns. Abgerufen am 15.08.2018.

Die UmweltBank AG (UmweltBank) ist eine weitere Bank, die sich als Nachhaltigkeitsbank in Deutschland etabliert hat. Im Jahr 1997 wurde die Bank gegründet. Der Hauptsitz befindet sich in Nürnberg. Sie bezeichnet sich als „rein ökologische Bank". Mit den Kundeneinlagen würden möglichst viele nachhaltige Projekte finanziert, vom einzelnen Energiesparhaus bis zum Windpark. Hierdurch wird der starke Fokus der UmweltBank auf die ökologische Säule der nachhaltigen Geldanlage deutlich.[1]

Weitere Informationen finden Sie auf den Webseiten der genannten Kreditinstitute:

EthikBank:	http://www.ethikbank.de
GLS Bank:	https://www.gls.de
Triodos Bank:	http://www.triodos.de
UmweltBank:	https://www.umweltbank.de

Geldanlage-Tipp

Einen Überblick über internationale, nachhaltig ausgerichtete Kreditinstitute erhalten Sie auf der Webseite www.gabv.org. Dies ist die Seite des Zusammenschlusses „Global Alliance for Banking on Values", eines internationalen Zusammenschlusses von Kreditinstituten aus den Bereichen der Nachhaltigen Bankführung und der Mikrofinanz.

3.10.5 Beispiele für nachhaltige Anlagemöglichkeiten

Im Folgenden werden verschiedene Formen und Arten nachhaltiger Anlagemöglichkeiten vorgestellt.

3.10.5.1 Sichteinlagen

Bei einer Sichteinlage in Form von Bankeinlagen ist entscheidend, bei welchem Anbieter Sie das Giro- oder Tagesgeldkonto einrichten. Denn das Kreditinstitut setzt das von Ihnen zur Verfügung gestellte Geld im Wesentlichen in Form von Krediten ein. Daher besteht auch bei einem Einlagenkonto die Möglichkeit einer nachhaltigen Orientierung. Es gibt zahlreiche Anbieter, die Sie mitentscheiden lassen, in welchen Bereichen das von Ihnen der Bank zur Verfügung gestellte Geld eingesetzt wird. Einige Nachhaltigkeitsbanken geben auch Auskunft über neu vergebene Kredite und Eigenanlagen.

Auch für Sichteinlagen bei nachhaltigen Kreditinstituten ist unbedingt der Einlagenschutz zu beachten. Für Beträge bis 100 000 Euro je Kunde und je Kreditinstitut sind in der EU die Einlagen gedeckt. Überprüfen Sie hierzu, ob für Beträge bis zu 100000 Euro eine Institutssicherung greift oder welcher Entschädigungseinrichtung das Kreditinstitut angehört. Beachten Sie zudem für Beträge über 100000 Euro, welcher freiwilligen Sicherungseinrichtung oder welchem Einlagensicherungsfonds das Institut gegebenenfalls angehört. Siehe hierzu auch Kapitel 2.

1 UmweltBank (2018). https://www.umweltbank.de/. Abgerufen am 15.08.2018.

3.10.5.2 Anlagen in Aktien

Eine Anlage in Aktien nachhaltiger Unternehmen ist besonders interessant, da diese Unternehmen einen stärkeren Fokus auf Chancen und Risiken ökologischer und sozialer Faktoren haben und damit die Chance bieten, auch wirtschaftlich erfolgreicher zu sein.

Geldanlage-Tipp

Auch bei der Anlage in Aktien nachhaltig ausgerichteter Unternehmen sollte das Vermögen breit gestreut sein. Unter Streuung versteht man dabei, dass man – bezogen auf Aktien – ab ungefähr 25 Aktien verschiedener Unternehmen diversifiziert ist. Bezogen werden muss die Diversifikation auf Kriterien wie Sektoren (Branchen oder Regionen) oder Faktoren wie Unternehmensgröße, Value oder Growth, niedrige Volatilität oder bisherige Performance oder bestimmte „Qualitätsmerkmale" der Bilanz.

Empfehlenswert ist es, sich einen ausführlichen Einblick in die Nachhaltigkeitsaktivitäten einzelner Unternehmen zu verschaffen. Zunächst im Geschäftsbericht und, soweit vorhanden, im gesonderten Nachhaltigkeitsbericht der Unternehmen. Zahlreiche Gesellschaften veröffentlichen in zweijährigem Abstand einen Nachhaltigkeitsbericht separat vom Jahresabschluss, teilweise auch jährlich oder in größeren Intervallen.

In den letzten 20 Jahren hat sich die Anzahl der Unternehmen, die gesonderte Nachhaltigkeitsberichte veröffentlichen, weltweit stark erhöht. Die Nachhaltigkeitsberichte können Sie auf den Webseiten der Unternehmen finden und downloaden oder teilweise kostenlos in Papierform bestellen. Die Berichte tragen dabei unterschiedliche Titel wie „Sustainability Report", „Nachhaltigkeitsbericht", „Environmental Social and Governance Report" oder auch „Citizenship Report". Zudem haben sich die Nachhaltigkeitsberichte auch in ihrer Qualität substanziell verbessert und sind damit für Investoren aussagefähiger geworden.

Um einen raschen Überblick über nachhaltig agierende Unternehmen zu gewinnen, eignen sich besonders die Nachhaltigkeitsrankings. Beispielsweise erstellen RobecoSAM und auch ISS-oekom (bis 15.03.2018 oekom research AG) zahlreiche Übersichten und Rankings zu Nachhaltigkeit.

3.10.5.3 Geldanlage in Anleihen

Bei Anleihen können Sie in Unternehmensanleihen und in Anleihen von bestimmten Staaten investieren. Auch hier gilt, dass das Vermögen über verschiedene Anlageklassen gestreut und auch innerhalb der jeweiligen Klasse diversifiziert werden sollte. Dabei können Sie sowohl in neu emittierte Anleihen als auch in bereits gehandelte Anleihen zu investieren.

Bei der Anlage in Anleihen von Staaten kann neben den teils großen Unterschieden in den Renditen auch auf die Beurteilung der politischen Situation in den Staaten geachtet werden. Informationen zur politischen Freiheit einzelner Staaten können über die Nichtregierungsorganisation Freedom House unter www.freedomhouse.org gefunden werden. Die Organisation stellt die komplexen Informationen überblicksartig auf einer Weltkarte mit einer Einteilung der politischen Freiheit einzelner Länder in drei Stufen dar. Weitere Informationen lassen sich auch über Transparency International beziehen.

3.10.5.4 Geldanlage in offene Fonds

Bei offenen Fonds bündelt eine Kapitalverwaltungsgesellschaft das Vermögen der Anleger in einem Sondervermögen. Dadurch ist das angelegte Vermögen auch im Fall einer Insolvenz der Kapitalverwaltungsgesellschaft vor Ansprüchen der Gläubiger geschützt. Offene Fonds investieren beispielweise in Aktien, Anleihen, Immobilien oder am Geldmarkt.

Bereits 1928 ist mit dem Pioneer Fund der erste Fonds aufgelegt worden, der Negativkriterien berücksichtigte. Ein noch heute großer Anbieter von nachhaltig orientierten Fonds ist Pax.

Geldanlage-Tipp
Bei Aktienfonds investieren Manager von offenen Publikumsfonds in Aktien unterschiedlicher Unternehmen. Bei der Auswahl der Aktienfonds sollten Sie selbst anhand sogenannter „Wesentlicher Anlegerinformationen" auch genannt, ab 2020 PRIIPs-KID, der Fonds überprüfen, ob die Unternehmen, in die der Fonds investiert, Ihren Präferenzen entsprechen.

Als Beispiel eines nachhaltigen Aktienfonds auf dem deutschen Markt kann der zahlreich ausgezeichnete Fonds Ökoworld Ökovision Classic betrachtet werden. Dieser investiert besonders in Unternehmen, die umwelt- und sozialverträgliche Technologien entwickeln oder sozialverträgliche Produkte und Dienstleistungen anbieten. Hierzu gehören Unternehmen im Bereich der erneuerbaren Energien, Unternehmen, die regionale Wirtschaftskreisläufe fördern und soziales oder ökologisches Engagement über den eigentlichen Unternehmenszweck hinaus zeigen. Ausgeschlossen werden beispielsweise Investitionen in Kernenergie, Gentechnik und Rüstungsgüter.[1]

Ein Vorteil bei nachhaltigen Aktienfonds ist neben der größeren Diversifikation, dass die Fondsgesellschaften die Vertretungsrechte der Anleger gebündelt auf den Hauptversammlungen der Gesellschaften, in die sie investiert haben, wahrnehmen können. Dabei können die Fondsgesellschaften eine Überwachungsfunktion wahrnehmen und auf die Einhaltung der sozialen und ökologischen Ausrichtung der Unternehmen für den Anleger einwirken.

3.10.5.5 Beteiligungen durch geschlossene Fonds

Besonders in der Anfangsphase erfordern zahlreiche Projekte der Energiewende ein hohes Investitionsvolumen. Als Anleger besteht für Sie die Möglichkeit, sich durch eine Beteiligung an einem geschlossenen Fonds an einzelnen Projekten als Sachwertanlage zu beteiligen.

Geschlossene Fonds werden für ein bestimmtes Investitionsobjekt aufgelegt, ohne die Zielsetzung, in weitere Objekte zu investieren. Daher werden diese als geschlossen, also „begrenzt", bezeichnet.

Geschlossene Fonds investieren im Bereich nachhaltiger Investitionen häufig in regenerative Energien, das heißt in Windkraft, Sonnenenergie, Wasserkraft oder Biomasse. Diese Fonds bieten die Möglichkeit, die Steuerbelastung zeitlich zu verschieben, häufig um zehn bis zwanzig Jahre. Eine Verlustverrechnung ist nicht mehr möglich.

1 Ökoworld AG (2018): Ökoworld Ökovision Classic. Positiv- und Negativkriterien zu Anlagezielen, Anlagegrundsätzen und Anlagebeschränkungen. [pdf] Hilden/Düsseldorf: Ökoworld AG. https://www.oekoworld.com/fileadmin/downloads_oekoworld/classic/classic_kriterien.pdf. Abgerufen am 15.08.2018.

Die Rechtsformen der Fondsgesellschaften geschlossener Fonds sind häufig die Kommanditgesellschaft (KG), die GmbH & Co. KG oder die Gesellschaft des bürgerlichen Rechts (GbR). Durch die Beteiligung werden steuerrechtlich Einkünfte aus Gewerbebetrieb nach § 15 EStG oder Einkünfte aus Vermietung und Verpachtung nach § 21 EStG erzielt.

Nach dem Vermögensanlagengesetz gelten Anteile an geschlossenen Fonds als Finanzinstrumente im Sinne des Wertpapierhandelsgesetzes (WpHG) und des Kreditwesengesetzes (KWG). Das Vermögensanlagengesetz (VermAnlG) vom 06.12.2011 in Kraft getreten am 01.06.2012, hat das Verkaufsprospektgesetz aufgehoben. Ziel ist es, den sogenannten „grauen Kapitalmarkt“ stärker zu regulieren und zu beaufsichtigen, um Sie als Anleger stärker vor finanziellen Schäden zu schützen.

Geldanlage-Tipp

Anleger haben die Möglichkeit, von den Anbietern geschlossener Fonds aber auch bei offenen Fonds, einen von der Bundesanstalt für Finanzdienstleistungsaufsicht (BaFin) auf Vollständigkeit, Kohärenz und Widerspruchsfreiheit geprüfte wesentliche Anlegerinformation (Key Investor Information Document, KIID), künftig PRIIPs-KID, zu verlangen. Siehe auch Kapitel 4.

Zudem sind durch das Gesetz Emittenten verpflichtet, einen Jahresabschluss zu erstellen und prüfen zu lassen.

Beachten Sie hierbei:

- Bei den Beteiligungen ist ein sehr langer Anlagehorizont erforderlich, wodurch sich eine eingeschränkte Flexibilität und Fungibilität ergibt.
- Die Verlustzuweisungsmöglichkeiten durch den § 2b EStG wurden durch den § 15b EStG ersetzt und bestehen nicht mehr.
- Bei einer Beteiligung wird der Anleger zum Miteigentümer und trägt somit auch ein erhebliches Risiko.
- Weitergehende Informationen zu Steuerstundungsmodellen finden Sie in Kapitel 9 dieses Buches.

3.10.5.6 Mischfonds, die auch in Mikrofinanzfonds investieren

Mischfonds investieren beispielsweise außer in Aktien und in Anleihen auch zu einem geringeren Teil in Mikrofinanzfonds, die dazu dienen, Mikrokredite zu finanzieren.

Der FairWorldFonds als Beispiel eines nachhaltigen Mischfonds richtet sich besonders an entwicklungspolitischen Kriterien aus. Der Fonds wurde von der Bank für Kirche und Diakonie eG (KD-Bank), der GLS Bank und Union Investment nach Kriterien des Instituts SÜDWIND, der Research-Agentur imug und des Hilfswerkes „Brot für die Welt“ konzipiert.[1]

Im Jahr 2006 ist der Friedensnobelpreis an Mohammed Yunus für seine Arbeit im Mikrofinanzbereich vergeben worden. Bereits 1976 initiierte er die Mikrokreditvergabe in Bangladesch. Mikrokredite sind auch ein wichtiges Instrument zur Erreichung der Millennium-Entwicklungsziele der UN.

1 GLS Gemeinschaftsbank eG und die Bank für Kirche und Diakonie eG KD Bank (2018). http://www.fairworldfonds.de/beteiligte.php. Abgerufen am 15.08.2018.

Stichwort „Mikrokredite“

Unter Mikrokrediten versteht man Kleinstkredite an Kleingewerbetreibende, vor allem in Schwellenländern. Diese Kleingewerbetreibende sind beispielsweise Händler oder Handwerker und Produzenten, die in ihrem Haus zum Beispiel Kleidung herstellen. Der Kreditbetrag beträgt einen bis wenige Tausend Dollar. Mischfonds können eine Möglichkeit sein, um Impact Investments durchzuführen (siehe auch Abschnitt 3.10.3.6).

3.10.5.7 Nachhaltige Investments in Immobilien

Die KfW Bankengruppe bietet eine Vielzahl von Programmen zur Förderung von Maßnahmen des energieeffizienten Neubaus und der Sanierung von Bestandsimmobilien. Die Förderprogramme der KfW werden regelmäßig aktualisiert. Zudem werden auch neue Programme aufgelegt. Deshalb empfiehlt sich eine Recherche auf der Website www.kfw.de.

Informationsmöglichkeiten zur durch die KfW geförderten energetischen Sanierung

Förderungsmöglichkeiten bei Neubauten:
https://www.kfw.de/inlandsfoerderung/Privatpersonen/Neubau/

Förderungsmöglichkeiten bei Bestandsimmobilien:
https://www.kfw.de/inlandsfoerderung/Privatpersonen/Bestandsimmobilien/

Die Energieeinsparverordnungen (EnEV) setzen Maßstäbe im Bereich der Immobilien. So werden neben Bestimmungen für Energieausweise, auch energetische Mindestanforderungen an Immobilien gestellt. Danach gelten beispielsweise Effizienzklassen für Gebäude, die in Energieausweisen und Immobilienanzeigen dargelegt werden müssen.

Aus Sicht eines Investors kann durch den Erwerb energieeffizienter Gebäude oder der entsprechenden energetischen Sanierung der Wert der Immobilie gesteigert werden. Gleiches gilt sinngemäß für die Investition in einen offenen Immobilienfonds. Auch hier sollte sich der Investor zuvor beispielsweise durch die Fondsprospekte bei offenen Immobilienfonds einen Überblick über die im Fonds enthaltenen Immobilien verschaffen. Hierdurch wird nochmals die Verbindung von Ökologie und Ökonomie in Bezug auf Nachhaltigkeit deutlich. Weitere Informationen siehe Abschnitt 7.1.2.

Durch energetische Modernisierung, beispielsweise durch die Dämmung von Fenstern und Dächern oder durch Einsatz von Solaranlagen, wird Endenergie eingespart. Bei Modernisierungen erhöht sich zusätzlich die Rentabilität für den Vermieter, da der Vermieter jährlich elf Prozent der Investition auf die Jahresmiete umlegen darf.

3.10.5.8 Stiftungen: Beispiel Mission Investing

Mission Investing kann im Deutschen als „zweckbezogenes Investieren“ beschrieben werden, bei dem sowohl das Stiftungsvermögen als auch die Stiftungserträge zweckorientiert angelegt werden sollen.

Beim Mission Investing kann eine direkte Verbindung von Stiftungsvermögen, Erträgen und Stiftungszweck gesehen werden. Dies soll in der folgenden Darstellung vereinfacht skizziert werden.

Darstellung von Stiftungsvermögen und Wirkung

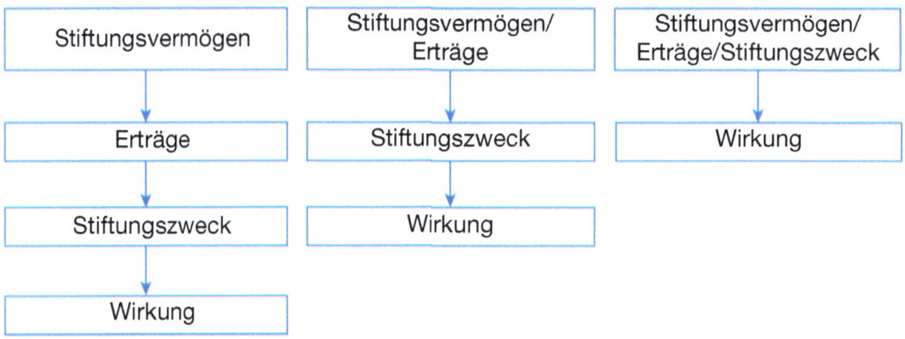

Darstellung nach Prof. Dr. Hans Fleisch und Dr. Hermann Falk[1]

Mission Investing als Verbindung von Nachhaltiger Geldanlage und Impact Investing
Mit Stiftungen ist ein bestimmter Stiftungszweck verbunden, der langfristig ausgerichtet ist und gesellschaftliche, soziale oder ökologische Ziele umfasst. Der Stiftungsgedanke bietet somit eine Schnittmenge mit dem Gedanken der Nachhaltigkeit. Dabei kann der Kapitalstock einer Stiftung unter Beachtung nachhaltiger Kriterien eingesetzt werden. Hierfür können Stiftungen die in diesem Kapitel genannten Kriterien nachhaltiger Geldanlage wie Ausschlusskriterien oder Integration von ESG-Kriterien berücksichtigen.

Die folgenden **Investitionsmöglichkeiten** für Stiftungen werden im Bereich des Mission Investing gesehen:[2] Mission Investing könne als eine Schnittfläche zwischen Nachhaltiger Geldanlage und Impact Investment gesehen werden. Hierbei sei bei Investitionen nach Kriterien Nachhaltiger Geldanlage keine Renditeeinbuße zu erwarten.

- Das wirkungsorientierte Anlageverhalten von Stiftungen könne „Nachhaltige Geldanlage als einen Durchführungsweg des Mission Investing" nutzen. Bezüglich der Anlage könnten Stiftungen weitgehend die gleichen Assetklassen auch im Bereich Nachhaltiger Geldanlage beibehalten.
- Allerdings sei die Integration Nachhaltiger Geldanlagekriterien einfacher umsetzbar als Impact Investing, da es bisher wenige standardisierte Wege für Impact Investing gebe und der Prüfaufwand hoch sei.

Als Vorgehen bei der Berücksichtigung des Mission Investing kann festgestellt werden:

1. Es sollte ein sukzessiver Übergang zum Mission Investing erfolgen,
2. Investitionen des Kapitalstocks nach Kriterien Nachhaltiger Geldanlage seien mit den treuhänderischen Pflichten von Vermögensverwaltern und Stiftungsvorständen vereinbar.

Ausführliche Informationen zu Stiftungen finden Sie unter Abschnitt 1.5 „Familienstiftung als Instrument der Vermögensnachfolge".

1 Fleisch, H. und Falk, H. Geleitwort. In: Schneeweiß, A. und Weber, M. (2012): Mission Investing im deutschen Stiftungssektor. Impulse für wirkungsvolles Stiftungsvermögen. StiftungsStudie. Bundesverband Deutscher Stiftungen (Hrsg.). Berlin.
2 Schneeweiß, A. und Weber, M. (2012): Mission Investing im deutschen Stiftungssektor. Impulse für wirkungsvolles Stiftungsvermögen. StiftungsStudie. Bundesverband Deutscher Stiftungen (Hrsg.). Berlin.

3.10.6 Einordnung der Vorschläge der EU-Kommission vom 24.05.2018 zu Sustainable Finance

Am 25.09.2015 haben die Vereinten Nationen, aufbauend auf den Millennium-Zielen, die Resolution **„Transformation unserer Welt: die Agenda 2030 für nachhaltige Entwicklung"** mit 17 Zielen zur nachhaltigen Entwicklung als Kernstück verabschiedet. Im **Pariser Klimaabkommen** ist das Ziel verankert worden, die Erderwärmung auf 2 °C, möglichst auf eine Erwärmung von 1,5 °C, im Vergleich zum vorindustriellen Zeitalter, zu begrenzen. Hierfür sind in der EU jährlich geschätzt 180 Milliarden Euro an zusätzlichen Investitionen nötig.[1]

In Anschluss an das Pariser Klimaabkommen und zur Stärkung der Kapitalmarktunion hat die EU im Dezember 2016 eine Expertengruppe, die High-Level Expert Group (HLEG) on Sustainable Finance, eingesetzt. Die HLEG on Sustainable Finance nennt in ihrem **Abschlussbericht vom 31.01.2018** die folgenden Ziele:[2]

1. Stärken der Kapitalflüsse in Kapitelanlagen zum Stärken der Nachhaltigen Entwicklung,
2. Herstellen von Vergleichbarkeit durch Standards, Labels, Produkte und Rechtsetzung und
3. Stärken des Anlegervertrauens.

In diesem Abschlussbericht hat die EU in ihrem **„Aktionsplan: Finanzierung nachhaltigen Wachstums" vom 08.03.2018** Leitlinien für ein Finanzwesen für eine nachhaltigere Welt genannt. Diese umfassen die Neuausrichtung der Kapitalflüsse hin zu einer nachhaltigeren Wirtschaft, die Einbettung der Nachhaltigkeit in das Risikomanagement und die Förderung der Transparenz und Langfristigkeit. Ziel ist es, einer Fragmentierung unterschiedlicher nationaler Normen und Vorgaben in der EU entgegenzuwirken, um die Kapitalmarktunion voranzutreiben. Diese wurde im Grünbuch der Juncker-Kommission als Vertiefung der vier Freiheiten des Binnenmarktes vorgestellt. In Anhang des Aktionsplans COM(2018) 97 final vom 08.03.2018 stellt die EU-Kommission die Bedeutung der EU-Taxonomie heraus. Diese sei notwendig für die Normen für Finanzprodukte (Abschnitt 2.2 des Aktionsplans der EU-Kommission) und für die Aufsichtsvorschriften (Abschnitt 3.3 des Aktionsplans der EU-Kommission). Ziel sei es daher, das Klassifikationssystem in Normen und Aufsichtsvorschriften aufzunehmen.

Die politischen Organe der EU haben am 24.05.2018 vorgestellt, inwiefern der Finanzbereich der EU einerseits Teil des weltweiten Prozesses der Gestaltung einer nachhaltigen Wirtschaft werden und zudem andererseits die Finanzierung nachhaltiger Investitionen ermöglichen solle. Hierbei wurden die folgenden Vorschläge eingebracht:

1. **COM(2018) 353 final vom 24.05.2018,** den Vorschlag für eine Verordnung über die Einrichtung eines Rahmens zur Erleichterung nachhaltiger Investitionen,
2. **COM(2018) 354 final vom 24.05.2018,** den Vorschlag für eine Verordnung über die Offenlegung von Informationen über nachhaltige Investitionen und Nachhaltigkeitsrisiken sowie zur Änderung der Richtlinie (EU) 2016/2341,
3. **COM(2018) 355 final vom 24.05.2018** den Vorschlag für eine Verordnung zur Änderung der Verordnung (EU) 2016/1011 in Bezug auf Referenzwerte für CO_2-arme Investitionen und Referenzwerte für Investitionen mit günstiger CO_2-Bilanz.

Zudem wurde ebenfalls am 24.05.2018 ein delegierter Rechtsakt zu Änderungen an MiFID II und der IDD vorgestellt. Die European Securities Markets Authority (ESMA) werde bis zum vierten Quartal 2018 Änderungen der Eignungsprüfung bei MiFID II anpassen.

1 EU-Kommission (2018): Nachhaltiges Finanzwesen: Hochrangige Expertengruppe legt Fahrplan für grünere und sauberere Wirtschaft vor. Pressemitteilung IP/18/542 vom 31.01.2018.

2 HLEG on Sustainable Finance (2018): Financing a sustainable European Economy. Final Report, S. 15.

Einheitliche EU-Taxonomie (COM(2018) 353 final vom 24.05.2018)
Ziel der Verordnung COM(2018) 353 final vom 24.05.2018 ist es, Investitionen als nachhaltig einordnen zu können. Eine Investition gilt als ökologisch nachhaltige Investition, wenn in eine ökologisch nachhaltige Wirtschaftstätigkeit investiert wird. Der Kern der Verordnung beinhaltet die Beschreibung, wann eine Wirtschaftsaktivität ökologisch nachhaltig ist. Dies trifft zu, wenn die Wirtschaftstätigkeit zu keiner erheblichen Beeinträchtigung im Sinne von Artikel 12 der in Artikel 5 festgelegten Umweltziele führt und die Wirtschaftstätigkeit unter Einhaltung des in Artikel 13 festgelegten Mindestschutzes ausgeübt wird.

In Artikel 5 werden die Umweltziele genannt und in den Artikeln 6 bis 11 separat dargestellt. Die Umweltziele umfassen Klimaschutz (Artikel 6), Anpassung an den Klimawandel (Artikel 7), nachhaltige Nutzung und Schutz von Wasser- und Meeresressourcen (Artikel 8), Übergang zu einer Kreislaufwirtschaft, Abfallvermeidung und Recycling (Artikel 9), Vermeidung und Verminderung der Umweltverschmutzung (Artikel 10) und Schutz gesunder Ökosysteme (Artikel 11). Für jedes der Umweltziele sind erhebliche Beeinträchtigungen in Artikel 12 genannt. Zudem sind nach Artikel 13 die acht Kernarbeitsnormen der Internationalen Organisation für Arbeit (International Labor Organisation, ILO) zu beachten.

Vorschlag für eine Verordnung über die Offenlegung von Informationen über nachhaltige Investitionen und Nachhaltigkeitsrisiken (COM(2018) 354 final vom 24.05.2018)
In Artikel 3 wird eine Transparenz der Strategien für den Umgang mit Nachhaltigkeitsrisiken genannt. Artikel 4 schließt daran inhaltlich an, dass Finanzmarktteilnehmer in vorvertraglichen Informationen Angaben zu den Verfahren der Beurteilung von Nachhaltigkeitsrisiken und des Einflusses auf die Rendite machen. Zudem ist nach Artikel 5 in den vorvertraglichen Informationen zum Beispiel der Unterschied zwischen dem nachhaltigen Index und einem breiten Marktindex zu erläutern. Nach Artikel 6 sind Angaben zu nachhaltigen Investitionszielen anzugeben. Nach Artikel 7 sind in regelmäßigen Berichten beispielsweise Angaben zur Gesamtnachhaltigkeitswirkung des Finanzprodukts zu machen.

Benchmark-Änderungsverordnung (COM(2018) 355 final vom 24.05.2018)
Um eine stärkere Unterscheidung zwischen zwei Hauptgruppen von Referenzwerten und dem Auftrag des Erreichens eines einheitlichen Binnenmarkts Rechnung zu tragen, schlägt die Kommission in dem Entwurf der Verordnung vor, dass zwischen Referenzwerten für CO_2-arme Investitionen und solchen für CO_2-günstige Investitionen unterschieden werden solle.

Ein breites Spektrum an Indizes wird derzeit unter der Bezeichnung Indizes für CO_2-arme Investitionen (Low-carbon indices) zusammengefasst. Diese Indizes für CO_2-arme Investitionen werden als Referenzwerte für Anlageportfolios und -produkte verwendet, die grenzüberschreitend vermarktet werden. Jedes Unternehmen, dessen Vermögenswerte zur Einbeziehung in einen Referenzwert für Investitionen mit günstiger CO_2-Bilanz ausgewählt werden, sollte mehr CO_2-Emissionen einsparen als es produziert und somit einen positiven Einfluss auf die Umwelt haben. Vermögens- und Portfolioverwalter, die angeben, eine mit dem Pariser Klimaschutzübereinkommen vereinbare Anlagestrategie zu verfolgen, sollten daher Referenzwerte für Investitionen mit günstiger CO_2-Bilanz verwenden

Die Kommission trifft folgende Unterscheidung von CO_2-armen und CO_2-günstigen Investitionen:

- Für CO_2-arme Investitionen (Low-carbon indices) sollten die einem Referenzwert zugrundeliegenden Vermögenswerte nach dem Kriterium ausgewählt werden, dass eine Reduzierung des CO_2-Ausstoßes im Vergleich zum Mutterindex erreicht werden könne.

- Bei CO_2-günstigen Investitionen (Positive-carbon indices) sollte ein Referenzwert für Investitionen mit günstiger CO_2-Bilanz nur Komponenten umfassen, bei denen die Emissionseinsparungen den CO_2-Ausstoß übersteigen.

Delegierte Verordnung (EU) 2017/565 der Kommission vom 25.04.2016 zur Ergänzung der Richtlinie 2014/65/EU des Europäischen Parlaments und des Rates
Bei der Geeignetheitsprüfung soll auch die Präferenz der Anleger bezüglich ökologischer und sozialer Kriterien erfragt werden. Hierzu erarbeitet die ESMA Vorschläge bis zum vierten Quartal 2018.

Die Annahme der Vorschläge solle bis zum Mai 2019, die Annahme der Delegierten Akte sollen sukzessive bis zum Jahr 2022 erfolgen. Geplant für das zweite Quartal 2019 ist ein delegierter Rechtsakt der Kommission über den Inhalt eines Prospekts für die Emission „grüner Anleihen".

3.11 Crowdfunding: Eine Art der digitalen Geldanlage?

Crowdfunding umfasst unterschiedliche Formen der Finanzierung („Funding") eines bestimmten begrenzten Projektes oder von zu gründenden oder bereits existierenden Unternehmen sowie von Privatpersonen durch eine Menge („Crowd") von Personen oder Unternehmen oder sonstigen Gesellschaften über eine Plattform im Internet. Crowdfunding wird im Deutschen häufig auch als „Schwarmfinanzierung" bezeichnet.

Im Zuge der Finanzkrise seit 2007/2008 und der Digitalisierung bietet eine wachsende Zahl von Internetplattformen die Möglichkeit, dass Privatpersonen oder juristische Personen ohne ein Finanzinstitut als Vermittler, also ohne einen Finanzintermediär, Finanzierungen durchführen können.

Im Folgenden werden die vier Arten des Crowdfunding genauer dargestellt.

3.11.1 Die vier Arten des Crowdfundings

In der Praxis haben sich vier wesentliche Formen des Crowdfundings herausgebildet, die so auch in vielen Studien zu diesem Thema und in der Presse unterschieden werden. Allerdings handelt es sich nur bei den beiden Arten des Crowdlendings und des Crowdinvestings um eine Geldanlage. Für viele steht allerdings das Reward-based Crowdfunding synonym für Crowdfunding. Daher werden alle vier Arten in diesem Abschnitt aufgenommen. Das Reward-based Crowdfunding wird zu Beginn des Abschnitts dargestellt.

Crowdfunding, Crowdlending und Crowdinvesting			
Crowdfunding: Immaterielle oder materielle Gegenleistung		**Crowdlending und Crowdinvesting: Finanzielle Gegenleistung**	
Donation-based, auch Spenden-Crowdfunding genannt	**Reward-based, auch „klassisches Crowdfunding“ genannt**	**Crowdlending, auch Lending-based Crowdfunding genannt**	**Crowdinvesting, auch Equity-based Crowdfunding genannt** Allerdings werden derzeit in Deutschland über diese Form nicht immer Eigenkapitalanteile ausgegeben.
keine direkte Gegenleistung	mit direkter Gegenleistung	• Bereitstellung von Fremdkapital • häufig sehr geringe Beträge • Darlehensverträge • kann mit sozialen Projekten verbunden werden	In Deutschland vorherrschend ist die Bereitstellung von partiarischen Darlehen. Für Anleger vorteilhafter wäre eine Beteiligung am Eigenkapital, bei der auch bei einem möglichen Verkauf profitiert werden kann.

Der Markt in Deutschland ist mit einer Größe von 145 Millionen Euro im Jahr 2016 der drittgrößte Markt in Europa. Der mit Abstand größte Markt Europas der vier Arten des Crowdfundings insgesamt ist Großbritannien mit über vier Milliarden Euro.

Crowdlending ist mit einem Marktvolumen von 76,7 Millionen Euro im Jahr 2016 der größte Markt für Crowdfunding in Deutschland.

Im Folgenden werden die vier Arten des Crowdfunding dargestellt.

3.11.1.1 Donation-based Crowdfunding

Donation bedeutet Zuwendung, Geldspende oder auch Schenkung. Hierdurch können konkrete soziale oder ökologische Projekte einer breiten Masse vorgestellt und für entsprechende Projekte gespendet werden. Eine bekannte Plattform ist beispielsweise betterplace.org. Über diese Plattform kann zum Beispiel Hilfe nach Katastrophen organisiert werden.

Die steuerliche Abzugsfähigkeit von Spenden beim Donation-based Crowdfunding
Grundsätzlich können Spenden als Zuwendungen, die einen Mitgliedsbeitrag oder eine Spende darstellen, in Deutschland von der Steuer abgezogen werden, wenn bestimmte Kriterien hinsichtlich des Spenders und des Spendenempfängers erfüllt sind.

Steuerliche Abzugsfähigkeit einer Spende

Die Abzugfähigkeit ist gegeben, wenn

keine Gegenleistung des Spendenempfängers für die Spende, das heißt	**folgende steuerbegünstige Zwecke gemäß §§ 52–55 AO bei den Organisationen, die die Spende erhalten, gegeben sind**	**Empfänger**	**Anerkennung der Organisation als gemeinnützig**
• die Spende erfolgt unentgeltlich • die Spende erfolgt freiwillig	• gemeinnützig • mildtätig • kirchlich • selbstlos	• eine juristische Person des öffentlichen Rechts oder eine öffentliche Dienststelle • Körperschaften, Personenvereinigungen und Vermögensmassen, die nach der Satzung, dem Stiftungsgeschäft oder der sonstigen Verfassung und nach der tatsächlichen Geschäftsführung ausschließlich und unmittelbar gemeinnützigen, mildtätigen oder kirchlichen Zwecken dienen (§§ 51 bis 68 AO)	• Die Organisation ist beim örtlichen Finanzamt als gemeinnützig anerkannt.

Hierbei können die Spenden aus dem Donation-based Crowdfunding und weitere Zuwendungen bis zu einer Höhe von 20 Prozent des zu versteuernden Einkommens als Sonderausgaben geltend gemacht werden.

Bei politischen Parteien und unabhängigen Wählervereinigungen können 50 Prozent der Zuwendungen direkt abgezogen werden, höchstens jedoch 825 Euro. Der Betrag, der über 1 650 Euro hinausgeht, kann direkt als Sonderausgaben geltend gemacht werden.

Ob ein konkretes Projekt im Donation-based Crowdfunding steuerabzugsfähig ist, wird bei einigen Anbietern direkt auf der Website beim Projekt angezeigt.

3.11.1.2 Reward-based Crowdfunding

Beim „klassischen“ Crowdfunding erhält man eine Gegenleistung für seine Finanzierung. Dagegen stellt reward-based Crowdfunding keine Geldanlage dar. Dieses Crowdfunding soll aber, da es die Urform der verschiedenen Arten des Crowdfundings darstellt und die Grundidee verdeutlicht, nachstehend vorgestellt werden.

Ein Ursprung des Crowdfundings ist die Finanzierung von Filmen für das Sundance Festival durch eine große Anzahl Filmbegeisterter. Der grundsätzliche Gedanke beim Reward-based Crowdfunding ist, dass auf einer Plattform, die als Marktplatz dient, eine Idee einer breiten Masse vorgestellt werden kann, mit diesen direkt kommuniziert wird und potenzielle Käufer gefunden werden können. Die Personen sollen „vorfinanzieren“ und erhalten später eine Gegenleistung. Das Projekt auf der Plattform kommt dann zustande, wenn eine bestimmte festgelegte Investitionsschwelle erreicht ist. Ansonsten erhalten die „Vorfinanzierer“ ihr Geld wieder zurück.

Auf den Plattformen im Internet sind für den Erfolg einer Kampagne entscheidend:

1. die Idee, die auch die gewünschte Anzahl an Personen anspricht,
2. die Community, also seine Gemeinschaft; am besten verfügt man schon über eine aktive Community mit vielen Followern,
3. das Video, das die Idee erklärt,
4. die angebotenen Gegenleistungen („Perks“). Ein Beispiel hierfür ist eine Band, die für die Produktion einer neuen CD verspricht, für 10 Euro eine CD zu vergeben, für 20 Euro noch ein T-Shirt dazulegt und bei 1 000 Euro den Finanzierer zum Spaghetti-Essen einlädt.

Ein Problem dieser Kampagne wäre der große Schritt von 20 Euro auf 1 000 Euro. Erfolgreiche Kampagnen haben häufig eine gute Struktur der angebotenen Gegenleistungen in kleinen Schritten.

Plattformen für Reward-based Crowdfunding

International

- Kickstarter
- Indiegogo

In Deutschland

- Startnext
- Visionbakery

Die Vielfältigkeit des Reward-based Crowdfunding

In den Jahren 2005 bis 2007 überwachte der Verlag „News International", der zum Imperium von Rupert Murdoch gehörte, zahlreiche Telefonate, insbesondere die der Zeitung „News of the World". Ein britischer Journalist, Peter Jukes, wollte sehr ausführlich über den Gerichtsprozess und direkt aus dem Gerichtssaal berichten. Um seine Arbeit zu finanzieren, startete er eine Crowdfunding-Kampagne auf der Plattform Indiegogo.it.

3.11.1.3 Crowdlending

Beim Crowdlending, auch Lending-based Crowdfunding genannt, geben private Geldgeber einer anderen Privatperson oder einem Unternehmen, meist einem Klein- oder mittleren Unternehmen (KMU), einen Kredit.[1]

Crowdlending

Von Privatpersonen an Privatpersonen
Peer-2-Peer-Lending
(kurz P2P-Lending)[2]

Mögliche Verwendungszwecke:

- Möbel und Umzug
- Autokredite
- Existenzgründungen
- Ausgleich des Girokontos
- Ausbildungsfinanzierung
- Ablösung anderer Kredite

Von Privatpersonen an Unternehmen
Peer-2-Business-Lending
(kurz P2B-Lending)

Bereits bestehende Unternehmen können

- eine Kreditablösung,
- die Refinanzierung,
- Wachstum finanzieren.

Bei Crowdlending werden keine klassischen Finanzintermediäre, wie beispielsweise Kreditinstitute, direkt einbezogen. Dabei ist es eine ureigene Aufgabe von Finanzintermediären, Geld von Anlegern zu bündeln und durch eine Risiko-, Losgrößen- und Fristentransformation an Kreditnehmer weiterzugeben. Die Plattformen benötigen keine Filialen und können damit gegenüber den Banken häufig auch Kosten einsparen.

Von den Plattformen wird versprochen, dass eine Kreditvermittlung relativ schnell durchgeführt werden kann, meist innerhalb weniger Wochen. Dies ist aber, da es auf die Anleger ankommt, die einen Kredit vergeben möchten, auch in kürzerer Zeit möglich. Zunächst wird von den meisten Plattformen aber zunächst der Kreditantrag geprüft, bevor er auf der Plattform freigegeben wird. Allerdings kommt auf der Plattform der Kreditvertrag nur zustande, wenn die geforderte Summer erreicht wird. Dies entspricht auch den „Projekten" entsprechend dem Reward-based Crowdfunding. Privatpersonen können auf manchen Plattformen auch ihre Kredite, die sie vergeben möchten, aufteilen und dadurch eine höhere Diversifikation erreichen.

1 Schneider, Kathrin (18. März 2015): AUXMONEY-GRÜNDER. Die Rendite liegt im Schnitt bei 6,7 Prozent. http://www.handelsblatt.com/finanzen/ anlagestrategie/trends/auxmoney-gruender-die-rendite-liegt-im-schnitt-bei-6-7-prozent/11510122.html. Abgerufen am 12.08.2017.

2 Auxmoney (2018). https://www.auxmoney.com/infos/statistiken. Abgerufen am 12.08.2018.

Beispiele:

- In Deutschland können über verschiedene Plattformen Kredite von Privatpersonen an Privatpersonen vergeben werden. Ein bekannter Anbieter ist smava.de. Ein anderer Anbieter ist auxmoney.de. Dieser bietet beispielsweise einen „Portfoliobuilder" an, durch den Anleger an eine größere Zahl von Kreditnehmern Kredite mit einem bestimmten Risikoprofil geben können.
- Ein möglicher Ansatzpunkt für eine Plattform ist, Kredite für Unternehmen zur Verfügung zu stellen. Ein Anbieter in diesem Bereich ist Funding Circle.
- Eine Plattform, auf der weltweit kleine Kredite gegeben werden können, ist kiva.org. Die Kredite gehen beispielsweise an Kleinbauern.

Die Grundidee, dass über digitale Plattformen Kredite günstiger gestreut werden können, hat immenses Potenzial. Abschließend gilt auch für Crowdlending der Grundsatz der Risikostreuung:

> „Je höher die mögliche Rendite ist, desto größer ist auch das Risiko. (...) Wir empfehlen jedem Anleger, sein Investment so weit wie möglich zu streuen."[1]
>
> *Philipp Kriependorf, Gründer von auxmoney*

Nach dem Crowdlending als eine Form des finanziellen Crowdfundings wird im nächsten Abschnitt das Crowdinvesting dargestellt.

3.11.1.4 Crowdinvesting

> „Kapital für Startups ist Risikokapital."
>
> *Dana Melanie Schramm und Jan Carstens*[2]

Durch die vorangegangenen Zitate wird verdeutlicht, dass Crowdlending und Crowdinvesting sehr riskante Geldanlagen sind. Nur durch eine breite Diversifikation und ein gutes Risiko-Renditeprofil können diese als empfehlenswerte Geldanlagen gesehen werden. Die meisten Privatanleger sollten zunächst abwarten und die Entwicklung dieser interessanten Investitionsmöglichkeiten beobachten.

Bei der Beurteilung von Crowdinvesting als Geldanlagemöglichkeit ist zu betrachten, in welche Unternehmen investiert werden kann und was der Anleger dafür rechtlich und monetär erhält. Durch Crowdinvesting ist es möglich, sich an jungen Unternehmen mit teilweise „tollen" Ideen zu beteiligen. Derzeit muss in Deutschland allerdings kritisch gesehen werden, dass die meisten Plattformen, über die in Unternehmen investiert werden kann, keine Beteiligung in Form von Eigenkapital an diesen Unternehmen anbieten. Vielmehr werden partiarische Darlehen, die nun vom Kleinanlegerschutzgesetz umfasst sind, Nachrangdarlehen[3] oder Genussrechte angeboten. Ein Anleger sollte darauf achten, dass er auch am Unternehmenswert und nicht nur am Unternehmenserfolg beteiligt ist, um auch bei einem großen Erfolg des Startups zu profitieren.

1 Schneider, Kathrin (18. März 2015): AUXMONEY-GRÜNDER. „Die Rendite liegt im Schnitt bei 6,7 Prozent". http://www.handelsblatt.com/finanzen/anlagestrategie/ trends/auxmoney-gruender-die-rendite-liegt-im-schnitt-bei-6-7-prozent/11510122.html. Abgerufen am 12.08.2017.

2 Schramm, Dana Melanie und Carstens, Jan (2014): Startup-Crowdfunding und Crowdinvesting: Ein Guide für Gründer. Wiesbaden: Springer Gabler, S. 54.

3 Bei Nachrangdarlehen wird die Forderung des Investors im Fall der Insolvenz des Unternehmens erst bedient, wenn die Ansprüche aller Gesellschaftsgläubiger befriedigt wurden.

Zunächst werden in einem ersten Schritt drei übliche Beteiligungsmöglichkeiten dargestellt, dann in einem weiteren Schritt der Anlegerschutz und im dritten Schritt erfolgt die Beurteilung einer Anlage durch Crowdinvesting.

Das Kleinanlegerschutzgesetz umfasst folgende Beteiligungsmöglichkeiten:

- Das **partiarische Darlehen** umfasst eine variable, vom Gewinn oder Umsatz abhängige Verzinsung und zumeist auch eine Mindestverzinsung. Beim partiarischen Darlehen überlassen die Investoren dem Anbieter Kapital für einen bestimmten Zweck und bekommen dafür einen Anteil am Gewinn. Zudem hat es eine lange Laufzeit und eine bankbürgschaftliche Absicherung. Das Darlehen stellt keine Eigenkapitalbeteiligung dar und sieht keine Verlustbeteiligung vor. Das Darlehen sieht kein Mitspracherecht vor – also auch kein Active Ownership, wie bei Nachhaltiger Geldanlage dargestellt. Da der Investor kein Unternehmensrisiko trägt, profitiert er auch nicht bei einem Verkauf des Unternehmens. Zudem muss ein qualifizierter Nachrang bestehen. Dies bedeutet, dass der Anleger bezüglich Zinsen, Gewinnbeteiligung und Tilgung hinter die Forderungen anderer Gläubiger tritt.
- **Stille Beteiligung:** Hier tritt der Anleger ebenfalls nur im Innenverhältnis auf. Es erfolgt eine Beteiligung am Gewinn. Allerdings ist eine Verlustbeteiligung bis zur Höhe der Einlage möglich. Zudem erfolgen eine gemeinsame Zweckverfolgung sowie Kontroll- und Treuepflichten.
- Bei **Genussrechten** ist eine Verlustbeteiligung möglich. Der Anleger kann sowohl am laufenden Verlust und an einem möglichen Liquidationsverlust des Unternehmens beteiligt werden, wenn dieses liquidiert werden sollte. Die Erfolgsbeteiligung richtet sich am Reingewinn des Unternehmens aus. Genussrechtskapital soll dauerhaft, zumindest aber für eine bestimmte Laufzeit, dem Emittenten zur Verfügung stehen. Inhaber von Genussrechten haben keine Stimmrechte.

Anlegerschutz durch das Kleinanlegerschutzgesetz

Das Kleinanlagerschutzgesetz umfasst Anlagen durch Crowdinvesting, macht für diese allerdings einige Ausnahmen. Das Kleinanlegerschutzgesetz beruht nicht auf der Umsetzung von EU-Richtlinien zur Harmonisierung des Finanzbereiches. Vielmehr hat es einen seiner Hauptgründe in der Insolvenz des Windkraftunternehmens „Prokon“. Teilweise wird daher auch vom „Lex Prokon“ gesprochen. Prokon hat im öffentlichen Raum, wie etwa im öffentlichen Nahverkehr in Hamburg, Werbung für eine Geldanlage in Genussrechten von Prokon gemacht. In dem Gesetz werden allgemeine Probleme für Anleger am unregulierten Kapitalmarkt („Grauer Kapitalmarkt“) angegangen.

Welche Anlageformen sind betroffen?

- stille Beteiligungen
- Treuhandvermögensanteile
- Genussrechte[1]
- Namensschuldverschreibungen sowie
- partiarische Darlehen nach § 488 BGB[2]
- Nachrangdarlehen
- und sämtliche wirtschaftlich vergleichbare Anlagen

1 Genussrecht: Beteiligung an Gewinn und Verlust nach vereinbarten Kenngrößen, prozentuale Begrenzung vereinbar, zusätzlich auch Mindestverzinsung möglich; keine Mitwirkungs- und Kontrollrechte; juristisch Fremdkapital (keine Eigenkapitalbeteiligung).

2 Partiarisches Darlehen: variable, vom Unternehmenserfolg abhängige Verzinsung, meist lange Laufzeit; bankbürgschaftliche Absicherung (vom Unternehmen finanziert); keine Eigenkapitalbeteiligung, keine Verlustbeteiligung.

Das Kleinanlegerschutzgesetz umfasst folgende wichtige Änderungen:

- Aufsicht durch die BaFin verbunden mit der Möglichkeit, potenzielle Anleger zu warnen, indem die BaFin auf ihrer Webseite Maßnahmen bekannt gibt, die sie wegen Verstößen gegen das Vermögensanlagengesetz ergriffen hat, insbesondere auch Bußgeldentscheidungen. Hat die BaFin erhebliche Bedenken, dass der Schutz der Anleger oder die Funktionsfähigkeit oder Integrität der Finanzmärkte gefährdet sein könnten, kann die BaFin den Vertrieb bestimmter Finanzprodukte beschränken oder verbieten (Produktintervention).[1]
- Es muss von den Unternehmen ein Verkaufsprospekt erstellt werden, der spätestens nach zwölf Monaten angepasst werden muss. Ausnahmen von dieser Prospektpflicht bestehen für Genossenschaften sowie für gemeinnützige und soziale Projekte.
- Die Mindestlaufzeit für diese Vermögensanlagen, die vom Kleinanlegerschutzgesetz umfasst sind, beträgt 24 Monate.

Anwendung des Kleinanlegerschutzgesetzes beim Crowdinvesting:

Durch das Kleinanlegerschutzgesetz sollen Anleger davor geschützt werden, kurz entschlossen in Unternehmen zu investieren, über die sie sich womöglich nur unzureichend informiert haben. Daher beinhaltet das Gesetz eine 14-tägige Widerrufsfrist.

Der Anbieter eines Crowdinvestings hat jedem Anleger, der mehr als 250 Euro anlegt, ein Vermögensanlagen-Informationsblatt auszuhändigen. So muss nach § 13 VermAnlG im Vermögensanlagen-Informationsblatt der Hinweis erfolgen: „Der Erwerb dieser Vermögensanlage ist mit erheblichen Risiken verbunden und kann zum vollständigen Verlust des eingesetzten Vermögens führen."

Für Anlagen in Crowdinvesting ist dann kein Verkaufsprospekt zu erstellen, wenn die folgenden Bedingungen erfüllt sind:

- Bei der Art der Anlage muss es sich um ein partiarisches Darlehen, Nachrangdarlehen oder sonstige Anlagen nach § 1 Abs. 2 Nr. 7 VermAnlG handeln.
- Nach § 2a VermAnlG gilt die Ausnahme für Vermögensanlagen, die ausschließlich im Wege der Anlageberatung oder Anlagevermittlung über eine Internet-Dienstleistungsplattform vermittelt werden, die durch Gesetz oder Verordnung verpflichtet ist, zu prüfen, ob der Gesamtbetrag der Vermögensanlagen desselben Emittenten, die von einem Anleger erworben werden können, der keine Kapitalgesellschaft ist, folgende Beträge nicht übersteigt:
  1. 1 000 Euro,
  2. 10 000 Euro, sofern der jeweilige Anleger nach einer von ihm zu erteilenden Selbstauskunft über ein frei verfügbares Vermögen in Form von Bankguthaben und Finanzinstrumenten von mindestens 100 000 Euro verfügt, oder
  3. den zweifachen Betrag des durchschnittlichen monatlichen Nettoeinkommens des jeweiligen Anlegers nach einer von ihm zu erteilenden Selbstauskunft, höchstens jedoch 10 000 Euro.
- Das Volumen der Finanzierung darf 2,5 Millionen Euro dabei nicht übersteigen.

Beurteilung des Crowdinvesting als Anlageform

Bei einem Investment in ein Startup ist es wahrscheinlicher, dass es zu einem Ausfall des Kapitals kommt, als dass man die versprochene Rendite erhält. Somit ist bei einem solchem Investment mit einem Totalverlust zu rechnen. Daher ist eine Diversifikation, also eine

1 BaFin (2015). Kleinanlegerschutzgesetz: Mehr Transparenz auf dem Grauen Kapitalmarkt. https://www.bafin.de/SharedDocs/Veroeffentlichungen/DE/Fachartikel/2015/fa_bj_1501_kleinanlegerschutzgesetz.html. Abgerufen am 16.08.2018.

Investition in mehrere oder viele Unternehmen, wichtig. Zudem muss jedes einzelne Startup mit den spezifischen Bedingungen des Investments beurteilt werden. Hinzu kommt, dass solche Investments weitgehend illiquide sind, also kein Markt besteht und daher das Investment bis zur Fälligkeit, in der Regel fünf Jahre, gehalten werden muss.

Besondere Schwierigkeiten ergeben sich, wenn das Startup eine weitere Investitionsrunde durchführt und es somit zu einer Verwässerung der eigenen Anteile am Unternehmen kommt, wenn man keine neuen Bezugsrechte erhält.[1]

Teilweise bestehen zudem Sonderkündigungsrechte. Das bedeutet für den Anleger praktisch, dass gerade dann, wenn weitere professionelle Investoren in ein Unternehmen einsteigen, die partiarischen Darlehen gekündigt werden können. Auch wenn dies in der Regel mit einer zusätzlichen Verzinsung verbunden ist, bedeutet dies, dass man nicht mehr als Investor an einer geglückten Gründung beteiligt ist.

3.11.2 Einordnung bezüglich Risiko und Rendite

Das Fazit ist, dass durch Crowdfunding zahlreiche interessante Ideen einer Vielzahl von potenziellen Investoren angeboten werden können. Als Geldanlage muss sich Crowdfunding aber noch weiter entwickeln.

Daher sollten Privatinvestoren über das Reward-based Crowdfunding eher zu einer Alternative von Monopoly oder einem alternativen Star Wars IV greifen, als eine Investition in nur ein Unternehmen mit dem Ziel einer finanziellen Rendite durchzuführen.

Einordnung der vier Arten des Crowdfundings hinsichtlich Komplexität und Risiko der Geldanlage

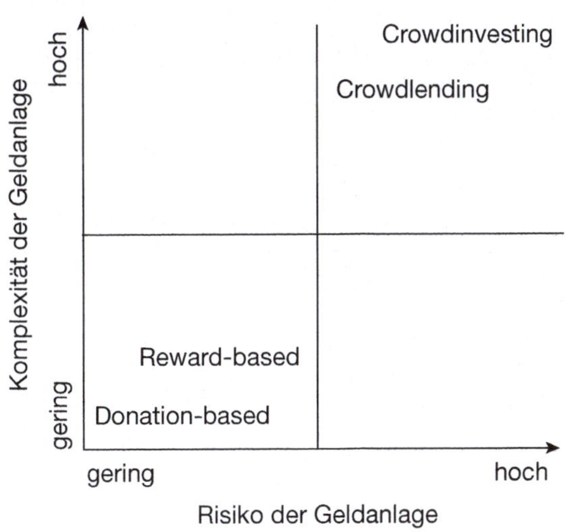

1 Als einfaches Beispiel: Wenn man 10 Prozent an 100 gehalten hat, nun aber 100 zusätzlich investiert werden, hat man mit 10 / 200 nur noch Anteile in Höhe von 5 Prozent.

Vergleich des Wissens und der Vorgehensweise von Kleinanlegern beim Crowdinvesting zu professionellen Risikokapitalgebern

Bei Crowdinvesting sollte ein Privatanleger sein Investment nicht nur in ein Unternehmen tätigen. Bei einem Vergleich des Anlageprozesses mit dem Anlageprozess von Venture Capital-Unternehmen, also Risikokapitalgebern, hat ein Privatinvestor mehrere Nachteile:

- Der Privatinvestor hat zumeist nicht die Kenntnisse eines Venture Capital-Investors bezüglich Märkten und Produkten, da die Risikokapitalgeber dies professionell machen,
- Die meisten Risikokapitalgeber investieren bezogen auf ihr gesamtes Vermögen nur einen kleinen Teil in junge Unternehmen,
- Die Risikokapitalgeber interessieren sich sehr für das Team und möchten dieses genau kennenlernen,
- Die Risikokapitalgeber sind sehr gut vernetzt und verfügen über zahlreiche Informationen, teilweise haben sie selbst zuvor in derselben Branche gegründet.

3.11.3 EU-Verordnung über Europäische Crowdfunding-Dienstleister für Unternehmen vom 08.03.2018

Die EU-Kommission hat am 08.03.2018 mit COM(2018) 113 final einen Vorschlag für eine Verordnung über europäische Crowdfunding-Dienstleister für Unternehmen gemacht. Durch die Ermöglichung eines „europäischen Passes" für Anbieter der beiden Arten „Crowdlending" und „Crowdinvesting" soll im Rahmen der vorgeschlagenen Verordnung der europäische Binnenmarkt gestärkt werden.

Dies soll erfolgen, da für Anleger der grenzüberschreitende Schutz und für Unternehmen die Aufnahme von Kapital vereinfacht werden sollen. Ein europäischer Pass soll dann ausreichen, auch in anderen Mitgliedsstaaten Crowdlending und Crowdfunding anbieten zu können (Prinzip des Passporting). Nationale Vorschriften zu Crowdfunding sollen durch die vorgeschlagene Verordnung nicht ersetzt werden. Anbieter von Plattformen von Crowdlending und Crowdfunding sollen die Wahl haben zwischen einer Erbringung ihrer Dienstleistungen auf Grundlage des jeweils geltenden nationalen Rechts sowie nationaler Vorgaben und der Beantragung einer Zulassung auf Ebene der EU nach dem EU-Verordnungsentwurf vom 08.03.2018.

Impuls des Vorschlags ist auch das im Vergleich zu den USA und China nur geringe Volumen bei Crowdfunding innerhalb der EU. Durch einen einheitlichen europäischen Pass soll die Heterogenität der Märkte als Hindernis verringert werden.

3.12 Anlage in Kunstgegenständen und deren steuerliche Behandlung

„Geld erwerben erfordert Klugheit,
Geld bewahren erfordert eine gewisse Weisheit,
und Geld schön auszugeben, ist eine Kunst."

Berthold Auerbach (1812–1882)

Häufig treffen sich nicht nur professionelle Kunstliebhaber, sondern auch private Investoren auf Kunstmessen, um sich am Kunsthandel zu betätigen.

Dabei sind Käufe in Millionenhöhe nicht selten. Doch die Höchstpreise, die auf Kunstauktionen erzielt werden, werden meist von „Liebhabern" oder von Spekulanten bezahlt.

So sind in den letzten Jahrzehnten utopische Preise erzielt worden: Im Jahre 1990 bezahlte ein japanischer Kunstsammler für van Goghs „Portrait de Dr. Gachet" 82,5 Millionen USD. 2013 ist Edvard Munchs „Der Schrei" für 120 Millionen USD und Francis Bacons Triptychon „Three Studies of Lucien Freud" von 1969 für 142,4 Millionen USD beim Auktionshaus Christie's versteigert worden. Das Gemälde, das bis Mitte 2017 den höchsten Preis erzielt hat, ist „Interchange" von Willem de Koonig mit dem Zuschlag von ungefähr 300 Millionen USD.

Die Preise auf dem Kunstmarkt steigen besonders für weltbekannte Kunst. Der mögliche Investorenkreis hat sich in den vergangenen 30 Jahren enorm erweitert.

Zahlreiche Kunstwerke, die auf Kunstmessen verkauft werden, sind

- Drucke bekannter Künstler mit einer limitierten, aber dennoch teilweise hohen Auflage oder
- Gemälde und Skulpturen (noch) unbekannter Künstler, deren Wertentwicklung ungewiss ist.

Lohnen sich für private Investoren Anlagen in Kunstgegenstände?

Kunst als Geldanlage ist riskant. Deshalb ist es überlegenswert, einen Betrag, der zur freien Verfügung steht, in Kunst zu investieren. Wir wollen uns daher die Frage stellen, welche steuerlichen Probleme auftreten und wie diese gelöst werden können. Dazu werden im Folgenden stichwortartig die Steuern und Sachverhalte angesprochen, die für einen privaten Investor bedeutend sein können. Geplante Aktivitäten rund um den Erwerb und die Veräußerung von Kunstgegenständen sollten vorab mit dem steuerlichen Berater besprochen werden.

3.12.1 Einkommensteuerliche Betrachtung

Der Kauf eines Kunstgegenstands von einer Privatperson ist in der Regel weder umsatz- noch einkommensteuerpflichtig.

Für den Veräußerer kann sich jedoch die Frage stellen, ob ein privates (steuerpflichtiges) Veräußerungsgeschäft vorliegt, wenn der Kunstgegenstand binnen Jahresfrist nach entgeltlichem Erwerb wieder verkauft wurde. Dies gilt nicht für Kunstgegenstände, die als Gegenstand des täglichen Gebrauchs zu bewerten sind. Wurden durch den Kunstgegenstand zumindest in einem Kalenderjahr Einkünfte erzielt, beispielsweise im Rahmen einer entgeltlichen Überlassung an ein Museum, erhöht sich die Einjahresfrist auf eine Zehnjahresfrist.

Für den Veräußerer stellt sich unter Umständen auch die Frage, ob sein Verkauf im Rahmen der Privatsphäre oder der gewerblichen Tätigkeit zu sehen ist. Bei Letzterem sind steuerliche Konsequenzen wie Einkommensteuer, Gewerbesteuer und Umsatzsteuer zu beachten.

Auch kann sich das steuerliche Problem der „Liebhaberei" stellen, wenn der Handel mit Kunst entweder steuerlich nicht relevant ist oder mangels Einkunftserzielungsabsicht als steuerlich unbeachtliche Liebhaberei zu bewerten ist (BFH vom 05.11.2012, Az. IX R 14/04).

3.12.2 Kunstgegenstände im Arbeitszimmer

Kunstgegenstände können das Arbeitszimmer verschönern. Nur ob sich das Finanzamt an den dafür aufzuwendenden Kosten beteiligt, ist oft strittig. Denn zu den Kosten des Arbeitszimmers gehören diese Kosten in der Regel nicht, da diese Gegenstände nicht beruflich genutzt werden. Gleichwohl sind die Finanzbehörden bei sogenannter Gebrauchskunst großzügiger, wo die Aufwendungen auf bis zu 15 Jahre steuerlich verteilt werden können. Zur Gebrauchskunst gehören Kunstwerke „nicht anerkannter Künstler". Im Gegensatz dazu sind die Kosten für Werke „anerkannter Künstler" nicht absetzbar, da der Fiskus von einer Wertsteigerung, nicht aber von einem steuerlich absetzbaren Wertverlust ausgeht. Die Grenze zwischen beiden Künstlergruppen zu ziehen, ist oft schwierig.

3.12.3 Vererben und Verschenken von Kunst

Kunst kann auch vererbt oder verschenkt werden. Ob die mit dem gemeinen Wert vorzunehmende Bewertung zu einer Besteuerung führt, kann anhand nachstehender Ausführungen geprüft werden.

Kunstgegenstände, Sammlungen oder Bibliotheken in Privatbesitz sind mit dem gemeinen Wert zu bewerten. Zusammen mit anderen vererbten Vermögensteilen können die steuerlichen Freibeträge schnell überschritten werden. Siehe dazu Abschnitt 8.3.7 „Steuerbefreiungen, Sonderbefreiungen und Verschonungsregelungen".

Hier kann unter Umständen eine Sonderregelung im Erbschaftsteuergesetz helfen, die Steuerlast zu mindern oder auch komplett zu vermeiden. Dazu müssen die Kunstgegenstände einem Museum oder einer öffentlichen Forschungseinrichtung zur Verfügung gestellt werden. Dann sind nur noch 40 Prozent des Werts zu versteuern. Dazu muss der Zeitraum der Leihgabe mindestens zehn Jahre betragen. Zudem muss die Erhaltung dieser Gegenstände wegen ihrer Bedeutung für Kunst, Geschichte oder Wissenschaft im öffentlichen Interesse liegen. Die Übertragung ist sogar völlig steuerfrei, wenn der Beschenkte oder Erbe zusätzlich bereit ist, die Gegenstände den geltenden Bestimmungen der Denkmalpflege zu unterstellen. Gleiches gilt, wenn sich die Gegenstände bereits seit mindestens 20 Jahren im Familienbesitz befinden oder im Verzeichnis national wertvoller Kulturgüter oder Archive aufgeführt sind.

3.12.4 Gewerbesteuerpflicht und Umsatzsteuerpflicht

Für den Veräußerer stellt sich die Frage, ob sein Verkauf im Rahmen der privaten Vermögensverwaltung oder einer gewerblichen Tätigkeit zu sehen ist. Bei Letzterem sind steuerliche Konsequenzen wie Einkommensteuer, Gewerbesteuer und Umsatzsteuer zu beachten.

Seit dem 1. Januar 2014 gilt für alle im Inland erworbenen Kunstgegenstände der Umsatzsteuer-Regelsteuersatz von 19 Prozent.

Werden Kunstgegenstände auf einer Auktion erworben, richtet sich die umsatzsteuerliche Bestimmung des steuerpflichtigen Entgelts nach der rechtlichen Stellung des Auktionators.

- Versteigert der Auktionator die Kunstgegenstände als Kommissionär im eigenen Namen, hat der Käufer 19 Prozent Umsatzsteuer auf den Kunstgegenstand und 19 Prozent Umsatzsteuer auf das Versteigerungsagio und die Nebenkosten zahlen.
- Tritt der Auktionator jedoch nur als Vermittler für eine Privatperson auf, ist nur die Verkaufskommission mit 19 Prozent Umsatzsteuer belastet. Der von der Privatperson in Rechnung gestellte Verkaufspreis ist nicht mit Umsatzsteuer belastet.

3.12.5 Gewerbliche Tätigkeit

Oft versuchen die Finanzämter, den Sammler als Gewerbetreibenden einzustufen. Falls dies erreicht wird, werden seine Gewinne der Gewerbe- und Einkommensteuer und seine Verkaufserlöse der Umsatzsteuer unterworfen. Das wird vor allen Dingen in den Fällen angestrebt, in denen der Sammler regelmäßig, das heißt mit Wiederholungsabsicht, An- und Verkäufe tätigt. Aber so einfach darf der Fiskus hier nicht dem Steuerzahler in die Taschen greifen. Denn der wiederholte An- und Verkauf von Kunst ist oft Ausdruck des geänderten Geschmacks des Investors. Wird dies allerdings durch regelmäßige Inserate in einschlägigen Fachzeitschriften unterstützt, können die Finanzbehörden darin eine dem (gewerblich tätigen) Kunsthändler typische Verhaltensweise sehen. Der Rat eines steuerlichen Beraters ist empfehlenswert.

3.12.6 Zahlung von Erbschaftsteuer durch Hingabe von Kunst

Grundsätzlich sind Steuern in Geld zu bezahlen (§ 3 Abs. 1 AO). Etwas anderes kann für die Erbschaftsteuer gelten. Schuldet jemand Erbschaftsteuer, kann er diese unter bestimmten Bedingungen auch durch Hingabe von Kunstgegenständen entrichten. Voraussetzung ist, dass an dem Erwerb dieser Kunstgegenstände ein öffentliches Interesse besteht.

Die oberste Finanzbehörde des Landes, dem das Steueraufkommen zusteht, hat den schriftlichen Vertrag zu schließen. Vorher hat die Finanzbehörde von dem für Kultur zuständigen Ministerium die Zustimmung zu diesem Vertrag einzuholen.

3.12.7 Steuerbegünstigung zur Erhaltung von Kunst

Eine weitere steuerliche Norm (§ 10g EStG) regelt „Steuerbegünstigung für schutzwürdige Kulturgüter, die weder zur Einkunftserzielung noch zu eigenen Wohnzwecken genutzt werden".

Hiernach kann der Steuerpflichtige Kosten für Herstellungs- und Erhaltungsaufwendungen an eigenen schutzwürdigen Kulturgütern im Inland steuerlich geltend machen, soweit sie öffentliche oder private Zuwendungen oder etwaige aus diesen Kulturgütern erzielte Einnahmen übersteigen. Die Steuerbegünstigung wird im Kalenderjahr des Abschlusses der

Maßnahme und in den neun folgenden Kalenderjahren jeweils bis zu neun Prozent durch einen Sonderausgabenabzug gewährt (§ 10g Abs. 1 EStG).

Unter die begünstigten Kulturgüter fallen unter anderem:

- Mobiliar,
- Kunstgegenstände,
- Kunstsammlungen,
- wissenschaftliche Sammlungen,
- Bibliotheken oder Archive, die sich seit mindestens 20 Jahren im Besitz der Familie des Steuerpflichtigen befinden oder als nationales Kulturgut in ein Verzeichnis national wertvollen Kulturguts nach § 7 Abs. 1 des Kulturschutzgesetzes vom 31. Juli 2016 eingetragen ist und deren Erhaltung wegen ihrer Bedeutung für Kunst, Geschichte oder Wissenschaft im öffentlichen Interesse liegt,

wenn sie in einem den Verhältnissen entsprechenden Umfang der wissenschaftlichen Forschung oder der Öffentlichkeit zugänglich gemacht werden, es sei denn, dem Zugang stehen zwingende Grunde des Denkmal- oder Archivschutzes entgegen (§ 10g Abs. 1 Satz 2 Nr. 4 EStG).

3.13 Anlagemöglichkeiten in Gold und in andere Edelmetalle

„Gold ist eine typische Krisenanlage. Und Krisen gab es auch in diesem Jahr wie Sand am Meer."

Robert Halver, Börsenkommentator

In Zeiten von Nullzinsen sind Anleger auf der Suche nach alternativen Anlagemöglichkeiten. Dazu zählen neben der Investition in Rohstoffe besonders Edelmetalle und dabei insbesondere Gold.

Im Sommer 2018 lässt sich keine klare Tendenz erkennen, wie sich der Goldpreis künftig entwickeln wird. Aufgrund der zahlreichen politischen Krisen, die es wohl immer schon gab und auch geben wird, ist Gold als Krisenwährung entsprechend der Risikoneigung im Portfolio des Anlegers zu berücksichtigen.

Immer wieder machen Begriffe wie Goldrausch, Goldgräberstimmung und Goldfieber die Runde. So lag der Goldminenindex (JGMI) an der Johannesburger Börse (Johannesburg Stock Exchange – JSE –) Anfang 2000 bei 625 Zähler und hat sich in der Zeit von August 2015 bis August 2016 um fast 370 Prozent gesteigert und näherte sich somit dem Höchststand vom November 2011 in Höhe von 3206 Zählern. Doch wie das Beispiel von Bulle und Bär zeigt, ist die Situation in der Kurzfristbetrachtung der letzten zwölf Monate eher von einem Bärenmarkt gekennzeichnet: In der Zeit von Juli 2016 mit dem Stand von 2742 Zähler, erreichte er am 15.09.2017 1392 Zähler. Doch das ändert nichts daran, dass bei einer langfristigen Betrachtung über Jahrzehnte der Goldpreis sich mit zwar größeren Schwankungen tendenziell nach oben entwickelte.

Wie in der Vergangenheit werden als Gründe die Unsicherheit in der Beurteilung des wirtschaftlichen und des politischen Umfelds genannt. Hinzu kommen:

- steigende Förderkosten des Goldes,
- politische Unsicherheiten in Südafrika und
- der Ölpreis.

Aktuell rücken zusätzlich folgende Aspekte in den Fokus:

- die Unwägbarkeiten der Ausrichtung der US-Administration und die Entwicklung des US-Dollar,
- die Unsicherheit über die Folgen der chinesisch-amerikanischen Eiszeit und der Abkühlung der russisch-amerikanischen Beziehungen,
- der Brexit und damit zusammenhängende Folgen,
- die Auswirkungen der mangelnden Stabilität der Finanzbranche und
- die anhaltende Tiefzinspolitik der EZB und der Fed.

- **Edelmetalle zur Diversifizierung**

Wie im Abschnitt 1.1.6 „Vermögen ergebnisorientiert strukturieren“ dargestellt, empfehlen wir bei Ihrem Musterdepot ein Anteil von Edelmetallen, besonders Gold, in Höhe von bis zu zehn Prozent.

- **Der Handel mit Gold**

Beim Handel mit Gold gibt es internationale Normierungen. So wird beispielsweise bei Barren ein Feingehalt von mindestens 99,5 Prozent Goldanteil (995/1000) angegeben. Bei einigen Anbietern, beispielsweis Heraeus liegt der Feingehalt bei bis zu 999/1000.

Der Goldpreis, wie er täglich beim Nachmittagsfixing von der Londoner Börse festgelegt wird, bezieht sich jeweils auf eine Feinunze[1] in US-Dollar. Das heißt, um aus deutscher Sicht vergleichen zu können, ist die Feinunze in Gramm und der US-Dollar zum Tageskurs in Euro umzurechnen.

Beispiel 16.08.2018: Der Goldpreis im Nachmittagsfixing am London Bullion[2] Market (LBM) wird für die Feinunze der Dollarpreis mit 1 186,70 angegeben, das sind 1 045,49 Euro und bezogen auf ein Gramm 33,61 Euro.

- **Transaktionskosten**

Unter Transaktionskosten versteht man besonders das Aufgeld (Agio), das ist die Differenz, die der Händler auf seinen Einkaufspreis, sozusagen als Mindermengenaufschlag, aufschlägt. Dabei ist zu beachten, dass dieses Aufgeld umso höher ist, je kleiner die Gewichtseinheit ist.

Nachstehend werden zwei Sachverhalte deutlich[3]:

1. Der Mindermengenaufschlag ist bei geringem Gewicht höher.
2. Bei dem Verkaufspreis zwischen einem Gramm und einem Kilogramm wird die Differenz der Kleinmenge von einem Gramm mit 33,00 Euro im Vergleich zum Kilopreis von 33 172,00 Euro deutlich.

Menge in Gramm	Ankauf durch den Handel in Euro	Verkauf durch den Handel in Euro	= Aufgeld (Agio) in %
1	33,00	42,50	28,79
100	3 317,00	3 406,00	2,68
1 000	33 172,00	33 830,00	1,98

1 Entspricht 31,1035 Gramm, genauer eine Unze = 1/12 troy pound = 20 pennyweight = 480 grain = 31,1034768 Gramm.

2 bullion (engl.): ungemünztes Edelmetall.

3 Die Preise entsprechen dem Kursblatt der Degussa Goldhandel GmbH vom 16.08.2018 für 1 Gramm Degussa Goldbarren, 100 Gramm Degussa Goldbarren (geprägt) und 1 000 Gramm Degussa Goldbarren historische Form. https://www.degussa-goldhandel.de/wp-content/uploads/fen/preise/Preisliste.pdf. Abgerufen am 16.08.2018.

- **Lagerungskosten**

Bei der Lagerung von physischem Edelmetall ist zu unterscheiden zwischen der Lagerung in den eigenen vier Wänden, der Lagerung bei einem Kreditinstitut im Schließfach und der Lagerung im Tresor eines professionellen Verwahrers.

Bei der Lagerung zuhause ist zu beachten, dass bei den meisten Hausratversicherungen „Entschädigungsgrenzen“ für Münzen und Medaillen sowie alle Sachen aus Gold oder Platin gelten. Zunächst gelten allgemeine Entschädigungsgrenzen, meist in Höhe von 20 Prozent der Versicherungssumme. Eine Erhöhung ist möglich. Darüber hinaus gelten weitere Entschädigungsgrenzen für Wertsachen, die sich außerhalb verschlossener, mehrwandiger Stahlschränke befinden, meist in Höhe von 25000 Euro. Das bedeutet, dass unter Umständen eine zusätzliche Wertsicherung bei der Hausratversicherung vereinbart und bezahlt werden sollte. Sofern ein entsprechender Stahlschrank vorhanden ist, ist wichtig, die Sicherheitsstufe zu beachten. Faustregel: Desto höher die Sicherheitsstufe, desto geringer die Erhöhung der Versicherungsprämie.

Bei der Verwahrung im Schließfach oder als Verwahrstück bei einem Kreditinstitut wird ein Schließfachentgelt entsprechend dem Einlagerungswert verlangt. Zu beachten ist, dass im Todesfall des Schließfachmieters dem Wohnsitzfinanzamt das Vorhandensein des Schließfachs, nicht jedoch der Inhalt des Schließfachs, anzuzeigen ist. Ist dem Kreditinstitut der Versicherungswert des Schließfachs bekannt, ist auch dieser dem Finanzamt anzuzeigen.

Für die Lagerung von Edelmetallen gibt es verschiedene Anbieter. Zu beachten ist dabei einerseits die Seriosität des Anbieters und andererseits die Kosten und die Zugangsmöglichkeiten.

- **Edelmetallerwerb in Form von Wertpapieren**

Bei Wertpapieren, die sich auf hinterlegtes Gold beziehen, werden zwei Formen unterschieden:

Einmal werden die Edelmetalle als Sondervermögen getrennt vom Vermögen des Wertpapieremittenten gelagert. In diesem Fall handelt es sich um börsengehandelte Wertpapiere, sogenannte Exchange Traded Funds (ETFs).

In der zweiten Form werden Zertifikate ausgegeben in Form von Schuldverschreibungen. Dabei handelt es sich nicht um Sondervermögen. Das bedeutet, dass die Sicherheit des Herausgebers des Zertifikats von entscheidender Bedeutung ist, da im Insolvenzfall die Schuldverschreibung Teil der Konkursmasse wird.

- **Steuerliche Aspekte**

Umsatzsteuerpflicht bei Edelmetallen

Steuerpflichtig sind Umsätze mit Edelmetallen und Münzen, deren Münzpreis über ihrem Nennwert liegt – ausgenommen die Umsätze mit Anlagegold.

Steuerbefreiungen für **Anlagegold** gelten nach § 25c UStG für:

- Gold in Barren- oder Plättchenform mit einem von den Goldmärkten akzeptierten Gewicht und einem Feingehalt von mindestens 995 Tausendstel;
- Goldmünzen, die einen Feingehalt von mindestens 900 Tausendstel aufweisen, nach dem Jahr 1800 geprägt wurden, in ihrem Ursprungsland gesetzliches Zahlungsmittel sind oder waren und üblicherweise zu einem Preis verkauft werden, der den Offenmarktwert ihres Goldgehalts um nicht mehr als 80 Prozent übersteigt.
- Goldmünzen, die die Kriterien von Anlagegold erfüllen, werden jeweils am Jahresende für das folgende Kalenderjahr im Amtsblatt der Europäischen Union veröffentlicht. Danach sind die dort aufgeführten Goldmünzen in allen Mitgliedsstaaten der EU von der Mehrwertsteuer (in Deutschland entsprechend der USt) befreit.

Ebenfalls zum Anlagegold zählen Zertifikate über sammel- oder einzelverwahrtes Gold und über Goldkonten gehandeltes Gold, insbesondere auch Golddarlehen und Goldswaps (Goldtauschgeschäfte), durch die ein Eigentumsrecht an Anlagegold oder ein schuldrechtlicher Anspruch auf Anlagegold begründet wird, sowie Terminkontrakte und im Freiverkehr getätigte Terminabschlüsse (Goldoptionen und Goldfutures) mit Anlagegold, die zur Übertragung eines Eigentumsrechts an Anlagegold oder eines schuldrechtlichen Anspruchs auf Anlagegold führen (§ 25 Abs. 1 UStG). Gleiches gilt für die Vermittlung der Lieferung von Anlagegold.

Nicht zum Anlagegold zählt **unverarbeitetes Gold (Industriegold)**, insbesondere Barren mit einem Feingoldgehalt von weniger als 995 Tausendsteln, sowie Granalien (Kugeln) und Feingoldband.

Ermäßigter Umsatzsteuersatz für die steuerpflichtigen Einfuhren von Sammlermünzen

Auf die steuerpflichtigen Einfuhren von Sammlermünzen aus Edelmetallen ist der ermäßigte Umsatzsteuersatz in Höhe von sieben Prozent anzuwenden, wenn die Bemessungsgrundlage für die Umsätze dieser Gegenstände mehr als 250 Prozent des unter Zugrundelegung des Feingewichts berechneten Metallwerts ohne Umsatzsteuer beträgt (§ 12 Absatz 2 Nummer 12 UStG i. V. mit Nummer 54 Buchstabe c Doppelbuchstabe cc der Anlage 2 zum UStG). Danach gilt für die Anwendung der Umsatzsteuerermäßigung Folgendes:

- **Goldmünzen:**

Für steuerpflichtige Einfuhren von Goldmünzen muss der Unternehmer zur Bestimmung des zutreffenden Steuersatzes den Metallwert von Goldmünzen grundsätzlich anhand der aktuellen Tagespreise für Gold ermitteln. Maßgebend ist der von der Londoner Börse festgestellte Tagespreis (Nachmittagsfixing) für die Feinunze Gold (1 Feinunze = 31,1035 Gramm). Dieser in US-Dollar festgestellte Wert muss anhand der aktuellen Umrechnungskurse in Euro umgerechnet werde. Der Unternehmer kann aus Vereinfachungsgründen jedoch auch den letzten im Monat November festgestellten Goldtagespreis für das gesamte folgende Kalenderjahr zu Grunde legen. Für das Kalenderjahr 2018 ist die Metallwertermittlung dabei nach einem Goldpreis (ohne Umsatzsteuer) von 34658 Euro je Kilogramm vorzunehmen.

Geldanlage-Tipp
Eine Liste der Goldmünzen die die Kriterien für Anlagegold erfüllen, ist auf der Webseite EUR-Lex zu finden (https://eur-lex.europa.eu/legal-content/DE/TXT/PDF/?uri=CELEX:52017XC1111(01)&qid=1539598447657&from=DE).

- **Silbermünzen:**

Bei der Ermittlung des Metallwerts von Silbermünzen kann der Unternehmer statt der jeweiligen Tagesnotierung aus Vereinfachungsgründen den letzten im Monat November festgestellten Preis je Kilogramm Feinsilber im Nachmittagsfixing der Londoner Börse für das gesamte folgende Kalenderjahr zu Grunde legen.

Allgemeiner Umsatzsteuersatz für Silbermünzen

Silbermünzen, die dem allgemeinen Umsatzsteuersatz von 19 Prozent unterliegen, sind jeweils in einer Liste der dem allgemeinen Steuersatz unterliegenden Silbermünzen im Bundessteuerblatt Teil I zu entnehmen (BMF v. 05.08.2004 – IV B 7 – S 7220 – 46/04, BStBl 2004 I S. 638).

Umsatzsteuersätze bei Edelmetallen in Deutschland			
Steuergegenstand	volle USt (19 %)	ermäßigte USt (7 %)	UStfrei
• **Anlagegold**			
– Gold in Barren- und Plättchenform mit einem von den Goldmärkten akzeptierten Gewicht und einem Feingehalt von mindestens 995 Tausendstel (Anlagegold)			X
– Goldmünzen mit einem Feingehalt von mindestens 900 Tausendstel, nach dem Jahr 1800 geprägt, in ihrem Ursprungsland gesetzliches Zahlungsmittel sind oder waren und üblicherweise zu einem Preis verkauft werden, der den Offenmarktwert ihres Goldgehalts um nicht mehr als 80 Prozent übersteigt (Anlagegold)			X
– Anlagegold in Form von Zertifikaten über verwahrtes Gold			X
– Anlagegold auf über Goldkonten verwahrtes Gold			X
– Vermittlung und Lieferung von Anlagegold			X
• **Einfuhren von Sammlermünzen**			
– Einfuhren von Sammlermünzen von münzkundlichem Wert in Form von Münzen und Medaillen[1] aus Edelmetallen, wenn die Bemessungsgrundlage für die Umsätze dieser Gegenstände mehr als 250 Prozent des unter Zugrundelegung des Feingewichts berechneten Metallwerts ohne Umsatzsteuer beträgt (Anlage 2 Nr. 54, Buchstabe c, Doppelbuchstabe cc UStG). Aus Vereinfachungsgründen kann statt der aktuellen Tagespreise bei **Goldmünzen** für 2018 der letzte im Monat November festgestellte Goldtagespreis in Höhe von 34 658 zu Grunde gelegt werden. Für **Silbermünzen** ist die Metallwertermittlung nach einem Silberpreis von 437 Euro vorzunehmen.		X	
• **Goldmünzen** mit einem Feingehalt von 900 Tausendstel oder weniger, die vor 1800 geprägt wurden und in ihrem Ursprungsland kein Zahlungsmittel sind oder waren und keine Sammlungsstücke von münzkundlichem Wert sind.	X		
• **Gold** in Barren- oder Plättchenform von weniger 995 Tausendstel Feingehalt und einem vom Goldmarkt nicht akzeptierten Gewicht	X		

1 Medaillen sind Gedenk- oder Schauprägungen, die kein gesetzliches Zahlungsmittel waren oder sind.

Anlage im Ausland (Metallkonto, effektive Stücke und Zertifikate)
Werden Platin- und Silberbarren oder in Deutschland umsatzsteuerpflichtige Gold- und Silbermünzen zur kurzfristigen Wertsteigerung und Gewinnrealisierung gekauft, sollte die Anlage im Ausland vorgezogen werden, denn bei normalen Preisbewegungen verstreicht eine beträchtliche Zeit, bis die bezahlte Mehrwertsteuer in der Bundesrepublik durch Kursgewinne ausgeglichen ist. Auch wenn beim Kauf Mehrwertsteuer bezahlt wurde, wird beim Verkauf keine Mehrwertsteuer vergütet.

Die Anlage im Ausland erfolgt über ein deutsches Kreditinstitut beispielsweise in der Schweiz, in Österreich, Luxemburg oder Liechtenstein. Die Anlage wird mehrwertsteuerfrei geführt. Erst bei der Auslieferung oder bei Grenzübertritt zur Bundesrepublik muss, soweit zutreffend, Mehrwertsteuer, und bei Einfuhr aus einem nicht der Europäischen Union angehörenden Land, zusätzlich Zoll entrichtet werden. Dabei fallen allerdings Depot- und Kontoführungsentgelte, Auslandsüberweisungskosten und Spesen an.

Im Ausland unterhaltene Metallkonten (auch Gewichtskonten) und Zertifikate, die bei deutschen Kreditinstituten erworben werden können, sind mehrwertsteuerfrei.

Bevorzugt für die Anlage im Ausland werden Luxemburg, die Schweiz und Österreich. Die genannten Länder haben die Mehrwertsteuer unterschiedlich geregelt.

Erbschaft- und Schenkungsteuer
Wer zur Anzeige über die Verwahrung oder Verwaltung von Vermögen eines Erblassers verpflichtet ist, hat die Anzeige nach § 33 Abs. 1 ErbStG innerhalb eines Monats mit einem Vordruck nach Muster 1 der ErbStDV zu erstatten. Die Anzeige ist bei dem für die Festsetzung der Erbschaftsteuer zuständigen Finanzamt einzureichen (§ 35 ErbStG).

Befinden sich am Todestag des Erblassers bei dem Anzeigepflichtigen Wirtschaftsgüter in Gewahrsam, die vom Erblasser verschlossen oder unter Mitverschluss gehalten wurden, beispielsweise in einem Schließfach, genügt die Mitteilung über das Bestehen eines derartigen Gewahrsams und, soweit er dem Anzeigepflichtigen bekannt ist, die Mitteilung des Versicherungswerts. Daraus kann das Finanzamt Rückschlüsse über die im Schließfach befindlichen Gegenstände ziehen und den Erben entsprechende Fragen stellen.

Die Anzeige darf nach § 1 ErbStDV zu § 33 ErbStG nur unterbleiben,

1. wenn es sich um Wirtschaftsgüter handelt, über die der Erblasser nur die Verfügungsmacht hatte, insbesondere als gesetzlicher Vertreter, Betreuer, Liquidator, Verwalter oder Testamentsvollstrecker, oder
2. wenn der Wert der anzuzeigenden Wirtschaftsgüter 5000 Euro nicht übersteigt.

Bei Schenkungen oder Zweckzuwendungen unter Lebenden haben Gerichte, Notare und sonstige Urkundspersonen ebenfalls der Erbschaftsteuerstelle des zuständigen Finanzamts eine beglaubigte Abschrift der Urkunde über eine Schenkung (§ 7 ErbStG) oder eine Zweckzuwendung unter Lebenden (§ 8 ErbStG) unter Angabe des der Kostenberechnung zugrunde gelegten Werts mit einem Vordruck nach Muster 6 zu § 8 ErbStDV zu übersenden. Eine elektronische Übermittlung der Anzeige ist ausgeschlossen. Enthält die Urkunde keine Angaben darüber, sind die Beteiligten über

- das persönliche Verhältnis (Verwandtschaftsverhältnis, Ehegatte oder Lebenspartner) des Erwerbers zum Schenker und
- den Wert der Zuwendung zu befragen und die Angaben in der Anzeige mitzuteilen.

Versteuerung von Gewinnen aus privaten Veräußerungsgeschäften
Gewinne aus der Veräußerung von Edelmetallen unterliegen bei einem Veräußerungsgewinn ab 600 Euro (Freigrenze nach § 23 Abs. 3 EStG) voll der Einkommensteuer, wenn Kauf und Verkauf innerhalb eines Jahres erfolgt (§ 23 Abs. 1 Nr. 2 EStG).

- **Vorschriften nach dem Geldwäschegesetz (GwG) und dem schweizerischen Geldwäschereigesetz**

Bei Umsätzen in Anlagegold gelten zusätzlich zu den Aufzeichnungspflichten nach § 22 UStG die Identifizierungs-, Aufzeichnungs- und Aufbewahrungsfristen des GwG mit Ausnahme der Identifizierungspflicht in Verdachtsfällen nach § 15 GwG („Verstärkte Sorgfaltspflichten") entsprechend. So ist nach § 10 Abs. 3 Nr. 2 Buchstabe b) GwG bei Durchführung einer „sonstigen Transaktion" ab 15 000 Euro die Identifizierung des Vertragspartners vorgeschrieben. Dies gilt auch, wenn mehrere kleinere Transaktionen durchgeführt werden, die zusammen einen Wert von 15 000 Euro oder mehr ausmachen.

Nach Artikel 8a des schweizerischen Geldwäschereigesetzes sind von Händlerinnen und Händlern bei Handelsgeschäften ab 100 000 Franken die Personalien der Vertragspartei zu identifizieren, der wirtschaftlich Berechtigte festzustellen und entsprechend Art. 7 zu dokumentieren. In der Praxis werden allerdings teilweise schon ab 5 000 Schweizer Franken die Personalien erfasst.

- **Ausblick**

Durch geopolitische Unsicherheiten und vielfältige andere Gründe dürfte der Goldpreis sich längerfristig positiv entwickeln.

Doch, wie immer in der Vergangenheit, ist die Entwicklung des Goldpreises schwer vorherzusagen, da neben den genannten Gründen auch psychologische Beweggründe wie Unsicherheit und Zukunftsängste in die Entscheidungen der Investoren einfließen.

Wenn Sie als Anleger unabhängig von der Preisentwicklung des Goldpreises sich für eine Anlage entscheiden, kann dies unter Berücksichtigung der geschilderten steuerlichen und sonstigen Sachverhalte eine sinnvolle Abrundung Ihres Portfolios darstellen.

4 Vermögensaufbau mit Investmentfonds

„Der einzige Investor, der nicht diversifizieren sollte,
ist der, der immer zu 100 Prozent richtig liegt."

John Marks Templeton (1912–2008), Manager eines der weltweit größten Investmentfonds

Im „Magischen Viereck" der Geldanlage in Kapitel 1 sind die Ziele und Kriterien Sicherheit, Rentabilität, Liquidierbarkeit und Steueroptimierung dargestellt worden.

In der Erweiterung zum „Magischen Fünfeck" wurde auch die Nachhaltige Geldanlage im Sinne von „Sustainable Finance" mit aufgenommen. Diese genannten Ziele lassen sich durch eine Geldanlage in Investmentfonds in geeigneter Weise erreichen. Investmentfonds bieten die Möglichkeit sich mit einer gezielt getätigten Investition indirekt in eine Vielzahl von Anlagemöglichkeiten zu engagieren.

Im ersten Halbjahr 2018 ist nach Angaben des Deutschen Fondsverbands BVI Bundesverband Investment und Asset Management e. V. das verwaltete Vermögen in Fonds um 4,5 Prozent auf 3,03 Billionen Euro gestiegen.

Dabei sind Anlagen in Investmentfonds nicht nur für institutionelle, sondern auch für private Anleger eine sehr beliebte Anlageform.

Als erstes sollen daher in Abschnitt 4.1 überblicksartig die Gründe, weshalb eine Anlage in Investmentfonds sinnvoll sein kann, dargestellt werden. In Abschnitt 4.2 werden die praktischen Unterscheidungsmöglichkeiten von Investmentfonds und in Abschnitt 4.3 die rechtlichen Grundlagen von Investmentfonds genannt. In Abschnitt 4.4 werden die wichtigsten Fondskategorien und in Abschnitt 4.5 offene Immobilienfonds vorgestellt. Zudem werden Anleger- und Verbraucherschutz in Abschnitt 4.6 sowie die Wertermittlung in Abschnitt 4.7 behandelt. Der Abschnitt 4.8 zu ETFs und Abschnitt 4.9 zu den steuerlichen Gesichtspunkten bei Investmentvermögen runden das Kapitel zu Investmentfonds ab.

4.1 Warum eine Anlage in Investmentfonds sinnvoll sein kann

In diesem Abschnitt wird dargestellt, weshalb eine Investition in Investmentfonds sinnvoll sein kann. Die Grundlagen werden hieran anknüpfend ab Abschnitt 4.2 geschaffen.

Vorteile einer Anlage in Investmentfonds für Sie als Anleger				
1. Diversifikation: Investmentfonds ermöglichen eine Risikostreuung in einfacher Form	2. Organisatorische und rechtliche Sicherheit für Anleger	3. Begrenzung der Risiken im Investmentvermögen	4. Flexibilität bei der Anlage in Investmentfonds	5. Anlegerschutz: Verkaufsprospekt und wesentliche Anlegerinformationen

Zu 1. Diversifikation: Investmentfonds ermöglichen eine Risikostreuung in einfacher Form

Die Streuung der Anlagegelder auf verschiedene Anlagen wird Diversifikation genannt. Dies bedeutet, dass der Investmentfonds den Fondsbedingungen entsprechend in Aktien, Anleihen oder Immobilien investiert. Dabei kann eine geographische Streuung erfolgen. Ein Fonds kann auch in verschiedene Branchen investieren.

Offene Investmentfonds, die in diesem Kapitel im Vordergrund stehen, investieren beispielsweise in einer einfachen, aber grundsätzlich empfehlenswerten Struktur in Anlageklassen wie Aktien, Anleihen und Immobilien.

Zu 2. Organisatorische und rechtliche Sicherheit für Anleger

Die organisatorische und rechtliche Sicherheit der Anlage in Investmentfonds ergibt sich aus einer Vielzahl von grundsätzlichen und im Wesentlichen anlegerfreundlichen Vorschriften und Bestimmungen wie der Trennung des Investmentvermögens der Investoren vom Vermögen der Kapitalverwaltungsgesellschaft sowie der vorgeschriebenen Übertragung der Verwahrung und Kontrolle von Investmentvermögen auf eine Verwahrstelle und deren Haftung. So sind Investmentfonds auch insolvenzgeschützt. Hinzu kommt die Aufsicht und Überwachung der Investmentgesellschaften und der Verwahrstellen durch die BaFin. Die Verwahrstellen werden zusätzlich nach den Vorschriften des Kreditwesengesetzes beaufsichtigt.

Kapitalverwaltungsgesellschaft (KVG)
Eine KVG ist ein Unternehmen mit satzungsmäßigem Sitz und Hauptverwaltung im Inland, deren Geschäftsbetrieb darauf gerichtet ist, inländische Investmentvermögen, EU-Investmentvermögen oder ausländische AIF zu verwalten (§ 17 KAGB). Dabei können von der BaFin zugelassene und lediglich von der BaFin registrierte KVGs, die ein geringeres Fondsvolumen haben, unterschieden werden. Siehe auch Abschnitt 4.3.

Durch das sogenannte Investmentdreieck wird die Beziehung zwischen Anleger, Kapitalverwaltungsgesellschaft und Verwahrstelle verdeutlicht:

Die Beziehung von Anleger, Kapitalverwaltungsgesellschaft und Verwahrstelle im Investmentdreieck

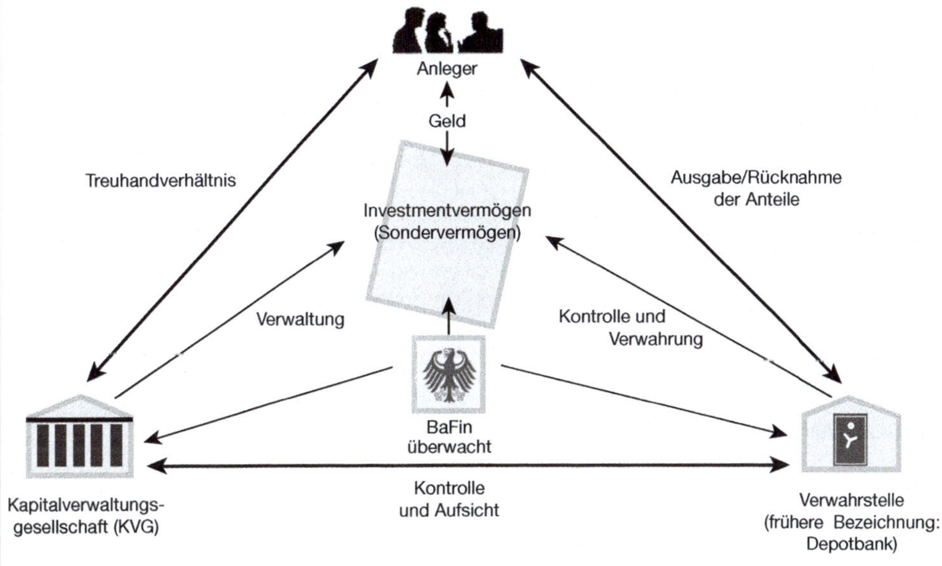

Die Verwahrstelle übernimmt sowohl eine Verwahr- als auch eine Kontrollfunktion und soll ausschließlich im Interesse der Anleger handeln. Daher darf die Verwahrstelle keine Aufgaben übernehmen, die in einem potenziellen Interessenkonflikt stehen.

Die BaFin überwacht das Investmentvermögen, die Kapitalverwaltungsgesellschaft, die das Investmentvermögen verwaltet, und die Verwahrstelle, die das Investmentvermögen verwahrt.

Im Mittelpunkt des Investmentsdreiecks steht das Investmentvermögen
„Investmentvermögen ist jeder Organismus für gemeinsame Anlagen, der von einer Anzahl von Anlegern Kapital einsammelt, um es gemäß einer festgelegten Anlagestrategie zum Nutzen dieser Anleger zu investieren [...]" (§ 1 KAGB).

Die Anteile am jeweiligen Investmentvermögen werden in Anteilscheinen, auch Investmentanteile, Investmentanteilscheine oder Investmentfondsanteile genannt, verbrieft.

Publikumsinvestmentvermögen
Dieses Investmentvermögen kann das von privaten Anlegern eingesammelte Kapital in Organismen für gemeinsame Anlagen in Wertpapieren (OGAW) und in Publikums-AIFs investieren. OGAWs und Publikums-AIFs bilden zusammen das Publikumsinvestmentvermögen.

Publikumsinvestmentvermögen

OGAW | Publikums-AIF

OGAW
Legaldefinition von Investmentvermögen gemäß § 1 Abs. 2 KAGB:

Organismen für gemeinsame Anlagen in Wertpapieren (OGAW) sind Investmentvermögen, die die Anforderungen der Richtlinie 2009/65/EG des Europäischen Parlaments und des Rates vom 13.07.2009 zur Koordinierung der Rechts- und Verwaltungsvorschriften betreffend bestimmte Organismen für gemeinsame Anlagen in Wertpapieren (OGAW) (ABl. L 302 vom 17.11.2009, S. 1) erfüllen. (Im Englischen werden diese als Undertakings for the Collective Investment of Transferable Securities bezeichnet).

Nach § 192 ff. KAGB sind Investitionen nur in die in §§ 193 bis 198 genannten Vermögensgegenstände zulässig. Im Wesentlichen sind dies:

- Wertpapiere
- Geldmarktinstrumente
- Bankguthaben
- Investmentanteile
- Derivate in beschränktem Umfang
- sonstige Anlagewerte (bis 10 Prozent)

Nicht zulässig sind Investitionen in Edelmetalle und Zertifikate.

Mit dem im März 2016 in Kraft getretenen Umsetzungsgesetz zur OGAW-V-Richtlinie wurden die Möglichkeiten für Fondsgesellschaften erweitert:

- Offene Spezialfonds dürfen unbeschränkt in unverbriefte Darlehensforderungen investieren.
- Gewährung von Darlehen an Schuldner, an denen der Fonds bereits mit Eigenkapital beteiligt ist (Gesellschafterdarlehen). Diese Möglichkeit haben nicht nur offene Spezialfonds, sondern mit Einschränkungen auch geschlossene Publikumsfonds.
- Geschlossene Spezialfonds dürfen unter bestimmten Voraussetzungen Darlehen selbst vergeben: Verbraucher kommen als Empfänger nicht infrage und der Darlehensfonds darf selbst nur im geringen Umfang kreditfinanziert sein.

Für Privatanleger sind besonders die Publikumsfonds von Interesse (Publikumssondervermögen). Im Gegensatz dazu unterscheidet das KAGB Spezialfonds als Spezial-AIFs mit der Zielgruppe institutioneller Anleger wie Versicherer.

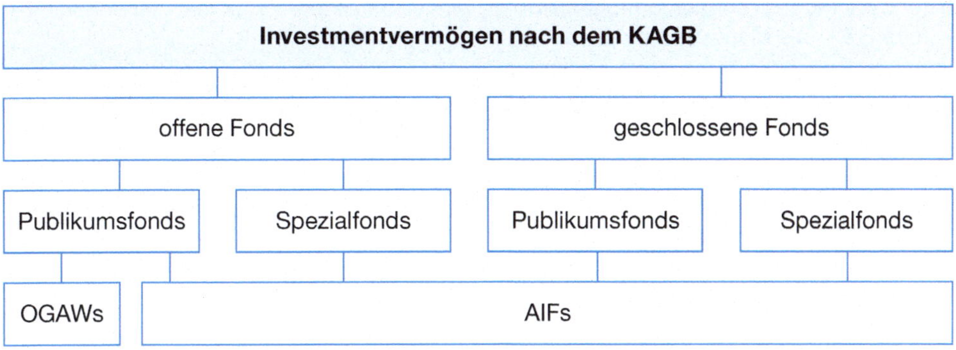

Zu 3. Begrenzung der Risiken im Investmentvermögen

Die Risikohandhabung beim Einsatz von Derivaten, Wertpapierdarlehen und Pensionsgeschäften regelt die Derivateverordnung auf Grundlage der Vorgaben von § 197 und §§ 200 bis 203 KAGB. Hierbei werden das Marktrisiko, das Kreditrisiko sowie das Liquiditätsrisiko begrenzt.

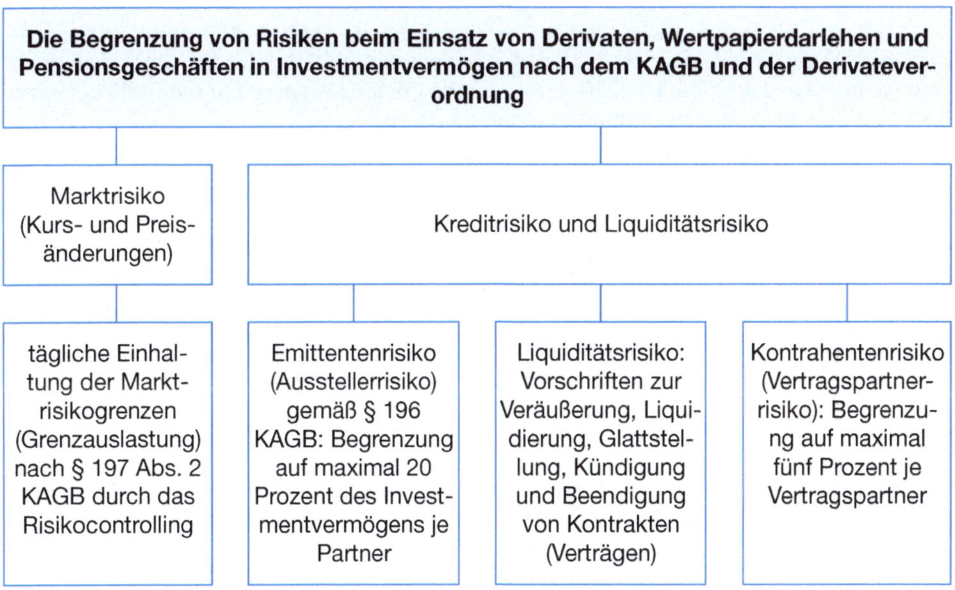

Zu 4. Flexibilität bei der Anlage in Investmentfonds

Fondshandel an der Börse möglich

An mehreren Börsenplätzen, wie auch an der Börse Frankfurt, können Anleger bestimmte Fonds ohne Ausgabeaufschlag börsentäglich durch Einschaltung von Kreditinstituten oder Brokern wie Aktien oder Anleihen erwerben und veräußern lassen.

Im Gegensatz zur Wertermittlung bei den Fondsgesellschaften, bei denen einmal täglich der (Rücknahme-)Preis für Fondsanteile entsprechend der Wertveränderung der Anlagen im Fondsvermögen (Sondervermögen) erfolgt, wird an der Börse fortlaufend der sogenannte „faire Preis“ als Marktpreis ermittelt.

Die handelbaren Fonds und die aktuellen Fondspreise finden Sie unter anderem im Internet unter www.boerse-frankfurt.com/fonds.

Bezüglich der Haltedauer zweckmäßig ist allerdings eine mindestens mittelfristige Anlagedauer von mehreren Jahren, da besonders bei der Anlage in Aktien sich über lange Zeiträume hohe Renditen erwirtschaften lassen. Neben den jährlich anfallenden Fondskosten der einmalige Ausgabeaufschlag zwischen einem und sechs Prozent die Rendite mindert. Ausgenommen hiervon sind Investmentfonds wie Geldmarktfonds oder Fonds ohne oder mit sehr geringem Ausgabeaufschlag.

Bei Discount-Brokern und Direktbanken sind Investmentfondsanteile mit geringen Aufschlägen oder ohne Aufschläge erhältlich; allerdings gibt es dann auch keine Beratung!

Ende 2017 waren die deutschen privaten Haushalte mit 576 Milliarden Euro in Investmentvermögen engagiert. Zum Vergleich: Das gesamte Geldvermögen der Deutschen betrug zum gleichen Zeitpunkt rund 5,9 Billionen Euro.

Zu 5. Anlegerschutz

Verkaufsprospekt und wesentliche Anlegerinformationen

Im KAGB sind für Publikumsinvestmentvermögen Inhalt, Form und Gestaltung der wesentlichen Anlegerinformationen in den §§ 164 und 166 KAGB seit Mitte 2011 zwingend vorgegeben. Diese werden ab 2020 durch die PRIIPS-KID ersetzt. Für die Erstellung von Verkaufsprospekten sind bindende Vorgaben gemacht.

Die Ombudsstelle des BVI Bundesverband Investment und Asset Management e. V., des Deutschen Fondsverbands, steht allen Privatanlegern kostenfrei zur Verfügung. Sie schlichtet außergerichtlich bei Streitigkeiten zur Geldanlage. Im Einzelfall können die Ombudsleute über Beschwerden bis zu einem Streitwert von 10 000 Euro verbindlich entscheiden. Nähere Informationen sowie der Tätigkeitsbericht der Ombudsstelle können unter http://www.ombudsstelle-investmentfonds.de abgerufen werden.

Der Anlegerschutz wird in Abschnitt 4.5 dargestellt.

Investmentfonds aus Anlegersicht	
Vorteile	**Nachteile**
• umfassende Anlageinformation vor Vertragsabschluss • hohe rechtliche Sicherheit bei Fondsgesellschaften nach europäischem Recht (Depotbankprinzip und staatliche Aufsicht) • Risikostreuung • hohe Liquidität durch meist börsentägliche Verfügbarkeit • umfassende Veröffentlichungspflichten und regelmäßige Preisveröffentlichungen • bequeme Anlageform • regelmäßige Informationen • unter bestimmten Voraussetzungen zur Verwendung der Arbeitnehmer-Sparzulage geeignet • Anlage auch in kleineren Beträgen • Sparpläne und Auszahlungspläne • Wiederanlagemöglichkeit der Erträge zu vergünstigten Bedingungen meist ohne Ausgabeaufschlag • erleichterter Zugang zu Auslandsmärkten • weitgehende Preistransparenz durch die Angabe der Gesamtkostenquote (Total Expense Ratio, Abkürzung TER)	• Ausgabeaufschlag bei Kauf • teilweise Spesen bei Vermittlung von Fondsanteilen, die nicht von dem Institut des Vermittlers aufgelegt werden • jährliche Gesamtkostenbelastung durch Verwaltungskosten und die Kosten des Fondsmanagements • je nach Fonds wird zusätzlich eine erfolgsabhängige Vergütung (Performance Fee) erhoben • Ausschüttung kann – auch nach unten – stark variieren • Erfolg neben Marktentwicklung von Managementleistung und Fondspolitik abhängig • eher längerfristige Anlage (Ausnahme: Geldmarktfonds) • Anteilswert kann trotz Streuung und guter Managementleistung erheblich schwanken

Die folgenden Fragen sollten Sie vor der Investition bezüglich eines Fonds klären. Auf die einzelnen Fragen wird auch in diesem Kapitel eingegangen.

Beurteilungskriterien für die Auswahl von Investmentfonds
1. Rechtliche Grundlage: Hat der Fonds eine sichere rechtliche Basis, wie das bei OGAW-Fonds und AIF-Fonds grundsätzlich der Fall ist? 2. Bonität: Wie wird die Fondsgesellschaft von Finanzanalysten eingestuft? 3. Wie wird der Fonds innerhalb seiner Vergleichsgruppe beurteilt (Fondsranking)? 4. Liegen langjährige Erfahrung und nachweisliche Erfolge der Investmentgesellschaft vor? 5. Welche Anlagestrategie wird verfolgt? Was lässt sich hierzu in den Fondsprospekten finden? 6. Wie sind die bisherigen Anlageerfolge und Wertentwicklungen (Performances) der einzelnen Fonds? 7. Sind auch mittel- und langfristige Anlageerfolge zu erwarten? 8. Stimmt die Fondsstrategie mit Ihrer Anlagestrategie überein? 9. Welche Informationen haben Sie über Erfahrung und nachgewiesene nachhaltige Erfolge des Fondsmanagements? 10. Wie hoch sind die Gesamtkosten? Der Ausgabeaufschlag ist oft verhandelbar. Auf die Gesamtkostenquote (TER) achten!

4.2 Praktische Unterscheidungsmöglichkeiten von Investmentfonds

Es gibt ein großes Angebot unterschiedlicher Arten und Formen von Investmentfonds. Aufgrund der Vielfalt der Investmentfonds soll zunächst ein Überblick über die verschiedenen Charakteristika der Investmentfonds gegeben werden.

1. Unterscheidung der Anleger
Bezüglich der Anlegerklassifizierung unterscheidet das KAGB zwischen drei Gruppen:

1. Private Anleger
Dazu zählt jeder Anleger, der nicht zur Gruppe zwei oder drei gehört. Private Anleger dürfen grundsätzlich keine Spezial-AIFs erwerben, können aber in Publikums-AIFs anlegen. Zur Unterscheidung von AIFs siehe weiter unten.

2. Semiprofessionelle Anleger
Dazu zählen Investoren, die sich verpflichten, mindestens 200 000 Euro anzulegen und bestätigen, dass ihnen die Anlagerisiken bewusst sind und sie über ausreichend Sachverstand, Erfahrungen und Kenntnisse verfügen. Oder jeder Anleger, der sich verpflichtet, mindestens zehn Millionen Euro zu investieren. Hinzu kommen noch Geschäftsführer und Mitarbeiter nach § 37 KAGB. Für diese muss ein besonderes Vergütungssystem bestehen und sie müssen einen Teil ihrer Vergütung in AIFs investieren.

3. Professionelle Anleger
Dies sind Anleger, die in einem wesentlichen Umfang Wertpapiergeschäfte betreiben, also hauptsächlich Kreditinstitute.

2. Handelbarkeit
Achten Sie bei einem Fondskauf darauf, wie die Handelbarkeit des Fonds ist. Besteht eine Mindesthaltefrist, eine Mindestkündigungsfrist, wie etwa bei offenen Immobilienfonds seit 22.07.2013? Außerdem: Sind die Fondsanteile börsentäglich handelbar? Bei Geldmarktfonds ist vorgeschrieben, dass Kunden ihre Gelder erst nach einer Kündigungsfrist abziehen dürfen, um bei Krisensituationen einen plötzlichen Mittelabfluss zu verhindern.

3. Die Vermögensgegenstände und die Art, wie der Investmentfonds investiert
Die Vermögensgegenstände, die der Investmentfonds nach den rechtlichen Vorgaben erwerben darf und / oder entsprechend der Anlagepolitik erwerben wird.

Siehe zu den rechtlichen Vorgaben auch den Abschnitt 4.3.2 „Investmentvermögen nach dem KAGB" und die Darstellung „Rechtliche Zuordnung von Investmentvermögen nach den Vorschriften des KAGB" in Abschnitt 4.3.

Die wichtigsten Fondskategorien im Überblick siehe Abschnitt 4.4

4. Ertragsverwendung: Ausschüttende und thesaurierende Fonds
- Hinsichtlich der Ertragsverwendung werden ausschüttende Fonds mit (meist) jährlicher Ertragsausschüttung und
- Wachstumsfonds mit Zurechnung und Wiederanlage des jeweiligen Ertrags zum Fondsvermögen (thesaurierende, auch akkumulierende Fonds genannt) unterschieden.

5. Anlageschwerpunkte
Anlageschwerpunkte können geographisch oder auch für Branchen gebildet werden. Ein bekannter Anlageschwerpunkt sind beispielsweise die BRICs-Staaten, Tech-Aktien oder Aktien aus dem Euro-Gebiet.

6. Ertragsziel: Wertgesicherte Fonds
Üblicherweise wird bei Garantiefonds eine Kapitalerhaltungsgarantie ausgesprochen. Und nicht übersehen: Jede Garantie kostet Geld, das heißt, sie geht zu Lasten der Rendite. Deshalb: Kosten, Art und Umfang der Garantie sorgfältig vor der Anlageentscheidung prüfen.

7. Zielvorgabefonds: Laufzeitfonds
Bei Zielvorgabefonds, meist in Form von Laufzeitfonds wird ein bestimmtes Ziel, beispielsweise ein bestimmter Fälligkeitszeitpunkt, vorgegeben. Da bei Laufzeitfonds eine bestimmte Laufzeit zu Grunde liegt, beispielsweise Laufzeitende zum Rentenbeginn, (siehe Laufzeitfonds, Lebenszyklus-Fonds).

8. Kostentransparenz und Gesamtkosten
Siehe Abschnitt 4.7.2

9. ETFs: Möglichkeit, Kapitel Investmentfonds an der Börse zu handeln
Siehe Abschnitt 4.8.

4.3 Rechtliche Grundlagen und Investmentvermögen nach dem KAGB

Im Jahr 2013 wurde im Rahmen verschiedener verbraucherrechtlicher Verhaltensvorschriften, besonders der Vorgaben für Organismen für gemeinsame Anlagen in Wertpapieren (OGAW) und der Finanzmarktrichtlinie (MiFID), das Investmentrecht auf der Basis des AIFM-Umsetzungsgesetzes völlig neu strukturiert.

Das Kapitalanlagegesetzbuch (KAGB) als Kern des AIFM-Umsetzungsgesetzes ist am 22.07.2013 in Kraft getreten. Darin sind sowohl die Organismen für gemeinsame Anlagen in Wertpapieren (OGAW) als auch die alternativen Investmentfonds (AIF) geregelt. Dabei bezieht sich das KAGB sowohl auf die Regulierung der Manager als auch auf die Regulierung der OGAWs und AIFs selbst. Die neuen Rechtsgrundlagen sind zudem im Wertpapierhandelsgesetz (WpHG) und der Wertpapierdienstleistungs-Verhaltens- und Organisationsverordnung (WpDVerOV) verankert.

Für OGAWs sind im Wesentlichen die zulässigen Vermögensgegenstände, in die ein Fonds investieren darf, geregelt. Alle anderen Fonds, die nicht den Anforderungen der OGAWs entsprechen, werden als AIFs bezeichnet.

4.3.1 Unterscheidung der Anlegerklassen nach dem KAGB

Für den Leser sind besonders die Publikumsfonds von Interesse (Publikumsinvestmentvermögen). Im Gegensatz dazu unterscheidet das KAGB Spezialfonds als Spezial-AIFs (geschlossene und offene) mit der Zielgruppe professioneller Anleger wie Versicherer. Bezüglich der Anlegerklassifizierung unterscheidet das KAGB zwischen drei Gruppen:

1. Private Anleger
Dazu zählt jeder Anleger, der nicht zur Gruppe zwei oder drei gehört. Private Anleger dürfen grundsätzlich keine Spezial-AIFs erwerben, können aber in Publikums-AIFs anlegen.

2. Semiprofessionelle Anleger
Dazu zählen Investoren, die sich verpflichten, mindestens 200 000 Euro anzulegen und bestätigen, dass ihnen die Anlagerisiken bewusst sind und sie über ausreichend Sachverstand, Erfahrungen und Kenntnisse verfügen.

3. Professionelle Anleger
Dies sind Anleger, die in einem wesentlichen Umfang Wertpapiergeschäfte betreiben, also hauptsächlich Kreditinstitute.

4.3.2 Unterscheidung der Investmentvermögen nach dem KAGB

Investmentvermögen
„Investmentvermögen ist jeder Organismus für gemeinsame Anlagen, der von einer Anzahl von Anlegern Kapital einsammelt, um es gemäß einer festgelegten Anlagestrategie zum Nutzen dieser Anleger zu investieren [...]“ (§ 1 KAGB).

Publikumsinvestmentvermögen
Dieses Investmentvermögen kann bei von privaten Anlegern eingesammeltem Kapital in OGAWs und in Publikums-AIFs investiert werden. OGAWs und Publikums-AIFs bilden zusammen das Publikumsinvestmentvermögen. Die Publikums-AIFs unterscheiden sich in offene und geschlossene Publikums-AIFs.

Spezial-AIFs
Semiprofessionelle und professionelle Anlegern können zusätzlich in Spezial-AIFs investieren. Die Spezial-AIFs lassen sich wie die Publikums-AIFs in offene und geschlossene unterscheiden.

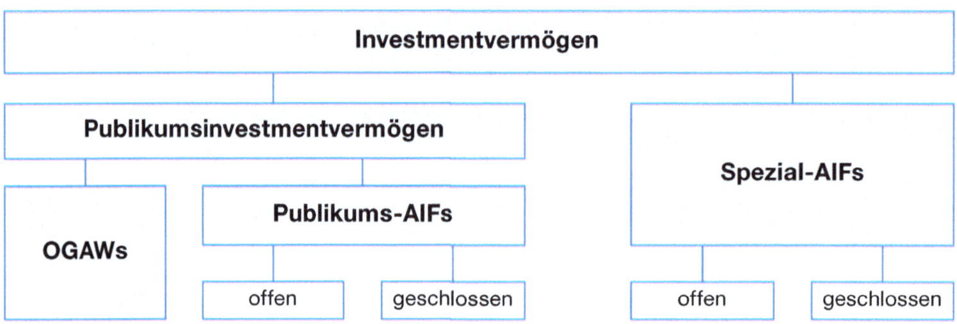

In Betracht kommen grundsätzlich alle Arten und Formen von Finanzinstrumenten, also beispielsweise Geldmarktanlagen, Wertpapiere, derivative Finanzinstrumente wie Optionen oder Futures sowie Indizes, Immobilien oder anderes Investmentvermögen.

Offene inländische Investmentvermögen bilden mit den Anlagegeldern der Kunden ein Sondervermögen (§§ 91 Abs. 3 und 92 KAGB), das getrennt vom eigenen Vermögen der Gesellschaft entsprechend dem allgemeinen Grundsatz der Risikomischung und entsprechend der in den Vertragsbedingungen genannten Anlagegrundsätze der Kapitalverwaltungsgesellschaft (bisher Investmentgesellschaft genannt) in Vermögensgegenständen im Sinne des Kapitalanlagegesetzbuchs (KAGB) angelegt ist.

Rechtliche Zuordnung von Investmentvermögen nach den Vorschriften des KAGB

Publikumsinvestmentvermögen für Privatanleger (§§ 162–272 KAGB)

- Investmentvermögen gemäß der OGAW-Richtlinie (§§ 192ff. KAGB)
  Investition besonders in:
  - Wertpapiere
  - Geldmarktinstrumente
  - Bankguthaben
  - Investmentanteile
  - Derivate in beschränktem Umfang
  - sonstige Anlagewerte (bis 10 Prozent)
    - <u>keine</u> Edelmetalle und
    - <u>keine</u> Zertifikate
  - Unverbriefte Darlehensforderungen
- Offene inländische Publikums-AIF (§§ 214ff. KAGB) dürfen aufgelegt werden als:
  - gemischte Investmentvermögen
  - sonstige Investmentvermögen
  - Dach-Hedgefonds
  - Immobilien-Sondervermögen (entspricht offenen Immobilienfonds)
- Geschlossene inländische Publikums-AIF (§§ 261 ff. KAGB)
  Investition besonders in:
  - Sachwerte
  - Anteile an Gesellschaften
  - Beteiligungen an Gesellschaften
  - Schiffe
  - Fahrzeuge

Inländische Spezial-AIF (§§ 273–292 KAGB) dürfen nur erworben werden von
- professionellen Anlegern (§ 1 Abs. 19 Nr. 32 KAGB) und
- semiprofessionellen Anlegern ab 200 00 Euro Investitionssumme (§ 1 Abs. 19 Nr. 33 KAGB)

- Offene inländische Spezial-AIF
- Hedgefonds und Spezial-Fonds mit festen Anlagebedingungen
- Geschlossene inländische Spezial-AIF

Mit der Einführung des KAGB und der Kapitalverwaltungsgesellschaften gibt es nicht mehr allein von der BaFin zugelassene, sondern auch lediglich von der BaFin registrierte AIF.[1] Im Folgenden werden die für Privatanleger wesentlichen Unterschiede der von der BaFin zugelassenen und der lediglich registrierten Publikums-AIFs dargestellt.

1 Dr. Hantschel, Ines (2015): „Kapitalverwaltungsgesellschaften. Erlaubt versus registriert – was Verbraucher über die Unterschiede wissen sollten". In: BaFin Journal Juli 2015, S. 29–32.

Bezüglich der Kapitalvorschriften der in Deutschland erlaubten Publikums-AIFs muss auch zwischen einer internen und einer externen Verwaltung unterschieden werden. Bei der externen Verwaltung unterscheiden sich die Rechtsperson des Verwalters und die Rechtsperson des Fonds. Bei der internen Verwaltung ist dies hingegen die gleiche Person. Bei der internen Verwaltung darf der Verwalter nur einen Fonds verwalten, die externe Verwaltung darf hingegen mehrere Fonds verwalten.

	Von der BaFin erlaubte Publikums-AIFs	**Von der BaFin registrierte Publikums-AIFs**
Kapitalvorschriften	• bei interner Verwaltung ein Anfangskapital von 300 000 Euro • oder 125 000 Euro bei externer Verwaltung • die BaFin kann zudem abhängig vom Volumen eine Kapitalhöhe von bis zu 10 Millionen Euro verlangen	• nur das für die Gründung der Rechtsform geforderte Kapital • dadurch eine geringere Haftungsmasse als bei erlaubten Publikums-AIFs
Verhaltens- und Organisationsvorschriften	• sollen im Interesse der Anleger und der Marktintegrität handeln • Risikomanagement-sytem • Liquiditätsmanagementsystem	• geringere Vorschriften im Risikomanagement • keine Vorschriften für das Liquiditätsmanagement
Überwachung durch die BaFin	• die Verhaltens- und Organisationsvorschriften sind laufend zu überwachen	• Überwachung bei offenen Publikums-AIFs • keine Überwachung bei geschlossenen Publikums-AIFs

Im Journal der BaFin schlussfolgert die Autorin: „Verbraucher, für die eine möglichst weitgehende Aufsicht über Produkt und Kapitalverwaltungsgesellschaft wichtig ist, sollten sich dennoch eher für Produkte erlaubter Kapitalverwaltungsgesellschaften entscheiden.“[1]

Eine Übersicht über die Kapitalverwaltungsgesellschaften finden Sie unter:
bafin.de / Publikationen & Daten / Datenbanken / Direkt zur Unternehmensdatenbank / Kategorie / Kapitalverwaltungsgesellschaften

4.4 Die wichtigsten Fondskategorien im Überblick

Um Ihnen die Ihren Zielen und Wünschen entsprechende Auswahl zu erleichtern, stellen wir die spezifischen Besonderheiten der einzelnen Fondskategorien dar. Siehe auch Abschnitt 4.5 „Offene Immobilienfonds“.

1 Dr. Hantschel, Ines (2015): Kapitalverwaltungsgesellschaften. Erlaubt versus registriert – was Verbraucher über die Unterschiede wissen sollten. In: BaFin Journal Juli 2015, S. 32.

Eine Orientierungshilfe zur Unterscheidung der angebotenen Investmentvermögen bietet die „Richtlinie zur Festlegung von Fondskategorien“ der BaFin auf der Grundlage des § 4 Abs. 2 KAGB. Darin ist vorgegeben, dass bei der Fonds-Namensgebung mindestens 51 Prozent des namensgebenden Vermögensgegenstands investiert sein müssen. Beispiel: Ein Rentenfonds muss mindestens mit 51 Prozent in verzinslichen Wertpapieren investiert sein.

Ausschüttende und thesaurierende Fonds
Hinsichtlich der Ertragsverwendung werden ausschüttende Fonds mit (meist) jährlicher Ertragsausschüttung und Wachstumsfonds mit Zurechnung und Wiederanlage des jeweiligen Ertrags zum Fondsvermögen (thesaurierende, auch akkumulierende Fonds genannt) unterschieden.

Aktienfonds
Aktienfonds sind offene Investmentfonds, die das eingelegte Kapital des Anlegers zu mindestens 51 Prozent in Aktien investieren. Die wichtigsten Anlageklassen sind Aktienfonds mit geografischen Schwerpunkten wie Deutschland, Europa, weltweit und Schwellenländer oder Aktien bestimmter Branchen oder weitere Anlagestrategien.

Rentenfonds
Rentenfonds sind offene Investmentfonds, die ihre Mittel zu mindestens 51 Prozent in Anleihen („Renten“), besonders mit den Schwerpunkten in der Währung Euro und in Anleihen von Mitgliedsstaaten der Europäischen Union, weltweit, Schwellenländer und Industrieunternehmen investieren.

Zielvorgabefonds/Laufzeitfonds
Bei Zielvorgabefonds, meist in Form von Laufzeitfonds, wird ein bestimmtes Ziel, beispielsweise ein bestimmter Fälligkeitszeitpunkt, vorgegeben. Da bei Laufzeitfonds eine bestimmte Laufzeit zu Grunde liegt, beispielsweise Laufzeitende zum Rentenbeginn, werden diese auch Zielfonds genannt. Im Wesentlichen unterscheidet man Rentenlaufzeitfonds und Aktienlaufzeitfonds. Während der Laufzeit können die Anleger, wie bei laufzeitunbegrenzten Fonds, ihre Anteile börsentäglich zurückgeben.

Die Merkmale, Chancen und Risiken von Laufzeitfonds:

- Vorgabe einer festen Laufzeit
- Vorgabe einer festen Endfälligkeit
- angestrebte Risikoverringerung zum Ende der Laufzeit, beispielsweise durch Umschichtung in wertsichere Anleihen
- Aktien-Laufzeitfonds können auch mit einer Garantie ausgestattet werden, die dem Anleger zum Laufzeitende die Rückzahlung des eingezahlten Kapitals garantiert. Das Fondsmanagement hat jedoch die Möglichkeit – je nach Fondsbedingungen – einen Teil des erzielten Kursgewinns einzubehalten.
- Die Ausgabe von neuen Fondsanteilen kann bei Gefahr der Verwässerung des Anlageziels eingestellt werden.
- Die Fondsauflösung zum im Voraus festgelegten Termin kann in eine Phase fallen, in der steigende Erträge zu erwarten wären.

Wertgesichertes Investmentvermögen
Wertgesichertes Investmentvermögen, auch Wertsicherungsfonds oder Garantiefonds genannt, sind vom Charakter her eine Sonderform der Zielvorgabefonds. Es gibt zahlreiche Varianten bezüglich des Sicherungsniveaus, beispielsweise 80, 95 oder 100 Prozent, den Laufzeiten oder in der Art und Weise, wie die Garantie erzeugt wird.

Wertgesicherte Fonds im Überblick

Wesentliche Risiken	Vorteile
• Marktrisiken • Kreditrisiken • operationelle Risiken • kein garantierter Rücknahmepreis vor Garantietermin	• Kundenversprechen und Garantieversprechen • garantierter Mindestbetrag zum Garantietermin • eindeutig bestimmter Fälligkeitstermin • kurze bis mittlere Laufzeiten

Geldmarktfonds
Geldmarktfonds legen die ihnen zufließenden Mittel vornehmlich in Anlagen mit kurzer Laufzeit an. Solche Anlagen sind beispielsweise kurzfristige Einlagen bei Kreditinstituten, Anleihen mit einer durchschnittlichen Restlaufzeit bis zu einem Jahr und einer maximalen Laufzeit der Geldmarktinstrumente von zwei Jahren, zinsvariable Anleihen („Floater"), Einlagenzertifikate und kurzfristige Schuldscheindarlehen.

Geldmarktfonds stellen eine liquide Alternative zu Festgeldern oder Spareinlagen bei Kreditinstituten dar und sind auch eine rentable Zwischenlösung für Aktieninvestoren, die eine „Parkposition" suchen oder später wieder an der Börse mit einem neuen Aufschwung rechnen. Die Rendite eines Fonds liegt meist über den für kurzfristige Einlagen erzielbaren Zinsen. Vorteilhaft bei Geldmarktfonds ist neben der hohen Liquidität, dass meist keine Ausgabeaufschläge zu zahlen sind und die internen (Fonds-)Kosten gering sind.

Geldmarktfonds unterliegen, anders als Bankeinlagen, nicht der Einlagensicherung. Angesichts der geringen Risiken durch Trennung des Sondervermögens vom Vermögen der Gesellschaft und der Aufsicht durch die BaFin ist das allerdings kein entscheidender Nachteil.

Geldmarktfonds zählen zu den OGAW-Fonds. Die BaFin unterscheidet zwischen Short-Term Money Market Funds und Money Market Funds. Short-Term Money Market Funds mit maximaler Restlaufzeit der Anlageinstrumente von 397 Tagen, deren maximale Zinsbindungsdauer nicht mehr als 60 Tage und deren durchschnittliche Restlaufzeit der Vermögensanlagen nicht mehr als 120 Tage betragen. Zur zweiten Kategorie gemäß BaFin-Richtlinie zählen Geldmarktfonds (Money Market Funds):

- Die Restlaufzeit der Anlageinstrumente darf maximal zwei Jahre betragen.
- Die gewichtete durchschnittliche Zinsbindungsdauer darf nicht mehr als sechs Monate und die gewichtete durchschnittliche Restlaufzeit der Anlagen im Sondervermögen nicht mehr als zwölf Monate betragen.

Gemischte Fonds (Mischfonds)
Mischfonds im Sinne von gemischten Sondervermögen dürfen in verschiedene Anlageformen und Investmentvermögen investieren, also die Anlageklasse im Fondsvermögen je nach Marktsituation mischen oder den Schwerpunkt wechseln. Beispielsweise kann ein gemischter Fonds zu einem Zeitpunkt über 50 Prozent Aktien halten und zu einem späteren Zeitpunkt über 50 Prozent in Anleihen investieren. Bestimmte festgelegte Anlagegrenzen sind gegebenenfalls zu beachten.

Mischfonds sind in drei Formen zulässig:

1. **Mischfonds gemäß OGAW-Richtlinie** dürfen in Aktien, Anleihen, Bankguthaben, Derivate, nicht börsennotierte Wertpapiere, Darlehen und am Geldmarkt investieren.

2. **Gemischte Investmentvermögen:** Investiert werden darf wie bei OGAW-Mischfonds (siehe 1.), zusätzlich darf auch wiederum in gemischte Investmentvermögen sowie sonstige Investmentvermögen investiert werden.
3. **Sonstige Investmentvermögen:** Zusätzlich zu den Vermögensgegenständen gemischter Investmentvermögen (siehe 2.) darf in Edelmetalle und unverbriefte Darlehensforderungen investiert werden.

Der Vorteil der Mischfonds liegt in der breiten Streuung von konservativ bis spekulativ. Nachteile: meist höhere Kosten durch aktives Management zwischen drei und fünf Prozent und größeres Chancen-/Risikopotenzial.

Dachfonds

Dachfonds arbeiten nach dem sogenannten Fonds-im-Fonds-Prinzip und legen das anzulegende Vermögen zu mindestens 51 Prozent in anderen Investmentfonds (Zielfonds) an. Das können besonders Geldmarkt-, Renten-, Aktien-, Mischfonds oder Bankguthaben sein. Dadurch werden verschiedene Investmentstile und somit Erfahrungen verschiedener Fondsmanager gebündelt. Dachfonds können als OGAW-Fonds oder als gemischtes Sondervermögen aufgelegt werden. OGAW-Dachfonds müssen folgende Anlagegrenzen berücksichtigen:

- Es dürfen nur Zielfonds erworben werden, die ihr Vermögen zu maximal zehn Prozent in andere Fonds investieren dürfen (§ 196 KAGB), das heißt, es dürfen keine anderen Dachfonds gekauft werden („Kaskadenverbot").
- Maximal 20 Prozent des Fondsvermögens dürfen in einen einzelnen Zielfonds investiert werden (§ 207 KAGB).
- Maximal 25 Prozent des Zielfondsvermögens dürfen wiederum von einem einzelnen Dachfonds verwaltet werden (§ 210 KAGB).

Dachfonds werden mit den unterschiedlichsten Konzepten angeboten. Doch wie erfolgreich sie sind, lässt sich erst nach einigen Jahren beurteilen; und der Erfolg hängt neben den wenig transparenten, mehrstufigen Kosten der verschiedenen Fondsgesellschaften von der Performance und vor allem von der Kontinuität des Fondsmanagements ab.

Riester-Fondssparpläne

Riester-Fondssparpläne werden direkt von den Fondsgesellschaften vertrieben und sind entsprechend vom Bundeszentralamt für Steuern zertifiziert und müssen eine Vielzahl von Kriterien aufweisen wie:

- Thesaurierung der Erträge
- Abschluss- und Vertriebskosten sind auf fünf Jahre zu verteilen.
- Der Anleger ist jährlich über die Beitragsverwendung, Kapitalbildung und Kosten zu informieren.
- Während der Ansparphase ist der Sparer verpflichtet, laufend freiwillige Beiträge zu leisten.
- Die Forderungen aus dem Riester-Vertrag sind weder beleihbar noch pfändbar.

Zum geförderten Personenkreis im Sinne des Altersvermögensgesetzes (AVmG) zählen besonders alle Personen, die Pflichtbeiträge zur gesetzlichen Rentenversicherung leisten. Im Übrigen, auch zu den Zulagen und zum Sonderausgabenabzug, siehe die allgemeinen Ausführungen zur Riester-Rente in Abschnitt 8.13.

Riester-Sparpläne werden nachgelagert besteuert. Die Aufwendungen in der Sparphase bis zum Erwerb des Rentenanspruchs werden durch Sonderausgabenabzug einkommensteuerlich freigestellt. Die späteren Rentenzahlungen dagegen sind in voller Höhe zu versteuern.

4.5 Offene Immobilienfonds

Im Gegensatz zu den meist wertpapierbasierten Fondsarten stellen offene Immobilienfonds (OIFs) als offene Immobilien-Sondervermögen nach §§ 230 ff. KAGB eine besondere Assetklasse dar. Auch für sie gelten sinngemäß die Vorschriften der OGAW-Fonds. Bei Investments in Immobilien-Sondervermögen ist mit dem Anlegerschutz- und Funktionsverbesserungsgesetz seit dem 21.07.2013 eine Mindestlaufzeit von 24 Monaten gesetzlich vorgeschrieben (§ 255 KAGB). Die Kündigungsfrist beträgt zwölf Monate, allerdings kann der Fonds bereits nach ein bis zwölf Monaten mit der zwölfmonatigen Kündigungsfrist gekündigt werden, so dass sich keine Mindesthaltedauer von 36 Monaten, sondern von 24 Monaten ergibt. Die Mindesthalte- und Kündigungsfristen traten mit dem Anlegerschutz- und Funktionsverbesserungsgesetz in Kraft.

Sie bieten in der Regel die Vorteile des Immobilienbesitzes als langfristige Anlage mit Inflationsschutz, allerdings mit geringer, aber grundsätzlich stetiger Rendite ohne den damit verbundenen Aufwand wie Verwaltung, Vermietung und Instandhaltung. In Immobilien-Sondervermögen dürfen zusätzlich zu den in der OGAW-Richtlinie zugelassenen Vermögenswerten auch Grundstücke und – soweit vorgesehen – auch Beteiligungen an Immobiliengesellschaften erworben werden. Zudem bestehen folgende Anlagegrenzen:

- Eine Immobilie darf zum Zeitpunkt des Erwerbs 15 Prozent des Werts des Sondervermögens nicht übersteigen.
- Der Gesamtwert aller Immobilien, deren einzelner Wert mehr als zehn Prozent des Werts des Sondervermögens beträgt, darf 50 Prozent des Werts des Sondervermögens nicht überschreiten.

Abgrenzung zu geschlossenen Immobilienfonds:
Während bei offenen Immobilienfonds die Anzahl der Objekte offen ist (offener Fonds) und der Fonds für jeden Anleger zugänglich ist (Publikumsfonds), ist der Kreis der Anleger bei geschlossenen Immobilienfonds begrenzt und die Objekte geschlossen, das heißt der Fonds beschränkt sich auf einzelne oder wenige Objekte und einen fest umgrenzten Investorenkreis.

Funktion offener Immobilienfonds

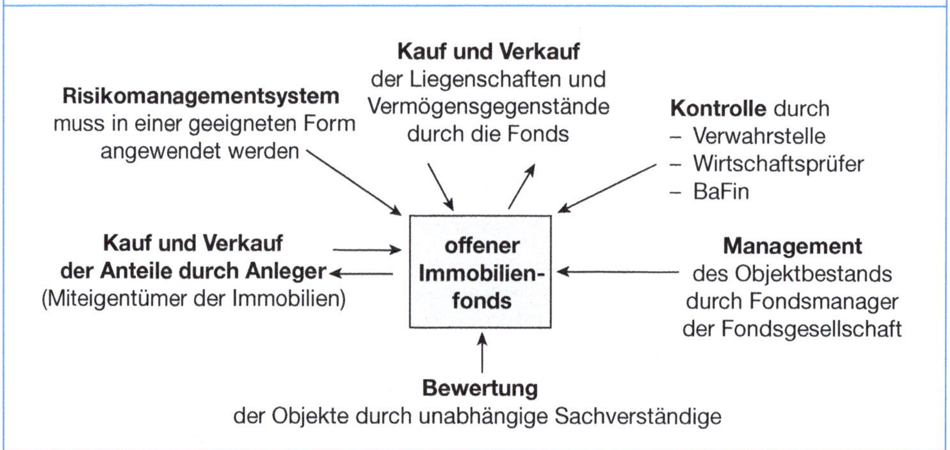

Offene Immobilienfonds sind keine liquide Tagesgeldanlage!
Durch massive Anteilrücknahmewünsche und Rücknahmen von institutionellen Investoren innerhalb kurzer Zeit kam es während der Finanzkrise im Jahr 2008 zu schwerwiegenden Problemen, sodass viele offene Fonds zunächst geschlossen, dann eingefroren, aufgelöst oder von den Verwahrstellen abgewickelt wurden.

Deshalb wurden im KAGB verschiedene Regelungen zur Liquidität, Kreditaufnahme, zum Risikomanagement, zur Bewertung sowie zur Ausgabe und Rücknahme von Anteilen verankert (besonders §§ 236 bis 260). Damit soll im Sinne des Anlegerschutzes Liquiditätsengpässen besser entgegengewirkt werden, damit den Fonds mehr Stabilität verliehen werden kann und das Vertrauen der Anleger gefestigt wird. Einige Änderungen traten bereits mit dem Anlegerschutz- und Funktionsverbesserungsgesetz im Januar 2013 in Kraft. Die wesentlichen Änderungen des KAGB gelten seit Juli 2013.

Mindesthalte- und Kündigungsfristen schützen die deutschen OIFs vor plötzlichen Rückgaben der Fondsanleger. Diese wurden mit dem Anlegerschutz- und Funktionsverbesserungsgesetz im Januar 2013 eingeführt. Außerdem konten viele OIFs aufgrund hoher Kassaquoten in ihren Fonds eine Zeit lang auch größere Fondsrückgaben bewältigen. Wer seine Immobilienquote reduzieren und offene Immobilienfonds zurückgeben möchte, muss Mindesthalte- und Kündigungsfristen beachten. Diese sind vom Kaufdatum der Anteile abhängig: Anteile, die vor dem 21.07.2013 ins Depot gebucht wurden: Bis zu 30000 Euro dieser Anteile können pro Anleger pro Kalender-Halbjahr an die Fondsgesellschaft zurückgegeben werden. Darüber hinaus gehende Beiträge müssen Anleger bei der Fondsgesellschaft zwölf Monate vor dem Verkauf unwiderruflich kündigen.

Anteile, die nach dem 21.07.2013 ins Depot gebucht wurden: Anleger müssen die Anteile mindestens 24 Monate im Depot halten. Vor der Rückgabe müssen sie jeden Betrag bei der Fondsgesellschaft zwölf Monate vor dem Verkauf unwiderruflich kündigen. Der mögliche Rückgabebetrag in Höhe von 30000 Euro pro Kalender-Halbjahr ist für diese Teile entfallen. Die Kündigung kann bereits während der Mindesthaltefrist ausgesprochen werden. Somit können Anleger spätestens nach zwei Jahren ihre Anteile an die Fondsgesellschaft zurückgeben, so sie sich innerhalb des ersten Jahres dafür entscheiden. Danach ist eine Rückgabe nach weiteren zwölf Monaten möglich.

Grunderwerbsteuer entfällt bei Übergang eines Fonds in Abwicklung auf die Verwahrstelle
Für offene Immobilienfonds in Abwicklung gilt: Wenn die Verwaltung des Fonds von KGV auf die Verwahrstelle übergeht, fällt keine Grunderwerbsteuer mehr an. Voraussetzung ist, dass die Verwahrstelle die Immobilien spätestens drei Jahre nach der Übertragung veräußert (OGAW-V-Umsetzungsgesetz).

4.6 Anleger- und Verbraucherschutz

4.6.1 Wesentliche Anlegerinformationen (KIID) seit 2011

Entsprechend der Vorgaben der europäischen OGAW-Richtlinie sind im KAGB für Publikumsinvestmentvermögen Inhalt, Form und Gestaltung der wesentlichen Anlegerinformationen in den §§ 164 und 166 KAGB zwingend vorgegeben.

Diese wesentlichen Anlegerinformationen, die auch als Key Investor Information Document (KIID) bezeichnet werden, beinhalten im Wesentlichen:

- Bezeichnung des Fonds und Angabe der Verwaltungsgesellschaft
- kurze Beschreibung der Anlageziele und der Anlagepolitik des Fonds
- Risiko- und Ertragsprofil der Anlage
- Kosten und Gebühren
- bisherige Wertentwicklung und gegebenenfalls Performance-Szenarien
- Ausweis einer Gesamtkostenquote
- praktische Informationen und Querverweise

4.6.2 Basisinformationsblätter (PRIIPs-KID)

Neue einheitliche Basisinformationsblätter sollen Finanzprodukte ab 2020 vergleichbar machen
Ab 03.01.2020 erhalten Verbraucher in der EU für alle „verpackten" Finanzprodukte wie Investmentfonds, kapitalbildende Lebensversicherungen und Zertifikate ein einheitliches Basisinformationsblatt nach dem Vorbild des bereits seit Mitte 2011 für Publikumsfonds vorgeschriebenen Key Investor Information Document (KIID). Seit 03.01.2018 erhalten Anleger in Publikums-AIFs, in Deutschland sind dies Fondspolicen, die PRIIPs-KID.

Die Informationen für Anleger umfassen die wichtigsten Merkmale der jeweiligen Produkte, insbesondere deren Risiken und Kosten.

Mit der Anwendung von PRIIPs-KID auf alle „verpackten" Finanzprodukte wird eine Lücke im Verbraucherschutz geschlossen. Nicht unter die Vorschriften der PRIIPs-KID fallen staatlich anerkannte Altersvorsorgeprodukte wie Riester- und Rürup-Verträge, Aktien und Anleihen ohne strukturierte Komponenten sowie Spareinlagen und Termingelder.

4.6.3 Die Europäische Finanzmarktrichtlinie MiFID II

Die Europäische Finanzmarktrichtlinie MiFID II (Richtlinie 2014/65/EU) und die delegierte Richtlinie sind in Deutschland durch das 2. Finanzmarktnovellierungsgesetz (FiMaNoG) umgesetzt worden. Das Wertpapierhandelsgesetz ist am 10.07.2018 mit Wirkung zum 14.07.2018 entsprechend geändert worden.

Seit 03.01.2018 ist damit die überarbeitete „Richtlinie über Märkte für Finanzinstrumente", englisch als MiFID II bezeichnet („Markets in Financial Instruments Directive II"), ein Jahr später als ursprünglich geplant, anzuwenden. Sie ersetzt gemeinsam mit der Verordnung (EU) Nr. 600/2014 („MiFIR") die Richtlinie MiFID I (2004/39/EG).

Das Maßnahmenpaket richtet sich zum einen auf die Regulierung des Wertpapiergeschäfts. Es soll in einer transparenteren Weise gestaltet werden. Daher werden organisierte Plattformen wie Börsen und nicht organisierte Handelsarten, sogenannte Over-the-Counter (OTC), umfasst.

Ein weiterer Schwerpunkt von MiFID II ist der **Anlegerschutz** durch die Bestimmung von **Zielmärkten** nach dem Grundsatz: Sicherstellung, dass Produkthersteller den Kundenkreis von Beginn an definieren und daran anschließend der Vertrieb dieser Definition gerecht wird.

Die **Zielmarktkategorien** umfassen:

Die Kundenkategorie, Kenntnisse und Erfahrungen, die finanzielle Situation mit Fokus auf die Verlusttragfähigkeit, die Risikotoleranz sowie Ziele und Bedürfnisse.

- Die **Kundenkategorie** differenziert: Privatkunden, professionelle Anleger und die geeignete Gegenpartei.
- **Kenntnisse und Erfahrungen** unterscheiden: Basiskenntnisse und -erfahrungen mit beispielsweise Aktienfonds, erweiterte Kenntnisse mit zum Beispiel Zertifikaten, umfangreiche Kenntnisse und Erfahrungen mit Optionsscheinen als Beispiel.
- Bei der **finanziellen Verlusttragfähigkeit** wird unterschieden: Der Anleger kann keinen beziehungsweise nur geringe Verluste tragen, der Anleger kann einen Totalverlust des eingesetzten Kapitals tragen und der Anleger kann Verluste auch über das eingesetzte Kapital hinaus tragen.
- Die Risikokennziffer wird nach den PRIIPs ermittelt und eine **Risikotoleranz** abgeleitet.
- **Anlageziele:** An erster Stelle wird auch die in diesem Buch im ersten Kapitel hervorgehobene Altersvorsorge genannt. Zudem werden die allgemeine Vermögensbildung, die überproportionale Teilhabe an Kursänderungen und die Absicherung genannt.
- Beim **Anlagehorizont** wird unterschieden in kurzfristig (kürzer als drei Jahre), mittelfristig (drei bis fünf Jahre) und langfristig, also länger als fünf Jahre.
- Bei den **Bedürfnissen** können auch Anforderungen wie Sustainable Finance mit nachhaltigen Geldanlagen nach ökologischen und ethischen Kriterien genannt werden.

Geeignetheitserklärung
Im Falle einer Anlageberatung erhalten Privatkunden eine Erklärung über die Geeignetheit der Empfehlung vor Vertragsschluss. Das zuvor im WpHG verankerte Beratungsprotokoll gibt es nicht mehr.

Schutz der Finanzinstrumente und Gelder von Kunden, delegierte Richtlinie der EU
Wertpapierfirmen müssen Aufzeichnungen und Konten führen, die es ihnen jederzeit ermöglichen, die für die einzelnen Kunden gehaltenen Vermögenswerte unverzüglich sowohl voneinander als auch von ihren eigenen Vermögenswerten zu unterscheiden (Delegierte Richtlinie (EU) 2017/593 der Kommission vom 07.04.2016 zur Ergänzung der MiFID II-Richtlinie 2014/65/EU vom 15.05.2014).

Anreize: Gebühren, Provisionen oder sonstige Geldleistungen und nicht-monetäre Vorteile, verankert in § 70 WpHG
Bei einer Gebühr, einer Provision oder einem nicht-monetären Vorteil wird davon ausgegangen, dass sie dazu bestimmt sind, die Qualität der jeweiligen Dienstleistung für den Kunden zu verbessern, wenn alle folgenden Bedingungen erfüllt sind.

Genauer als bisher soll zwischen unabhängiger und abhängiger Beratung auf Grundlage von Provisionen unterschieden werden. Unabhängige Berater und Vermögensverwalter dürfen nach MiFID II keine Zuwendungen wie Provisionen erhalten. Nicht unabhängige Berater dürfen nur dann eine Provision erhalten, wenn sie dadurch die Dienstleistungsqualität in der Kundenberatung erhöhen. In der folgenden Tabelle sind drei von der Europäischen Wertpapier- und Marktaufsichtsbehörde (ESMA) genannte Fälle der möglichen Verbesserung der Dienstleistungsqualität aufgeführt, um Zuwendungen zu ermöglichen.

Möglichkeiten der Dienstleistungsverbesserung		
Fall 1:	Nicht unabhängige Anlageberatung …	und Zugang zu einer breiten Palette an Finanzinstrumenten
Fall 2:	Nicht unabhängige Anlageberatung …	und Angebot, mindestens einmal jährlich eine Beratung durchzuführen oder andere für den Kunden nützliche laufende Dienstleistungen
Fall 3:	Zugang zu breiter Palette geeigneter Finanzinstrumente …	und objektive Informationsinstrumente, die dem Kunden helfen, Anlageentscheidungen zu treffen oder laufende Berichte über Wertentwicklung und Kosten der Anlageprodukte

Beste Orderausführung nach § 82 WpHG (Best Execution)
Bei der Orderausführung sind alle zumutbaren Schritte zu unternehmen, die Geschäfte im Namen des Kunden bestmöglich auszuführen. Hierbei ist neben den expliziten Kosten, die mit der Orderausführung verbunden sind, auch der Handelsplatz mit dem für die Ausführung bestmöglichen Preis des Wertpapiers zu berücksichtigen.

Kundenreporting und Kundeninformation
Ex-ante: Wertpapierdienstleister müssen Kunden die Gesamtkosten und die Auswirkung auf die Rendite darstellen. Auf Verlangen müssen zudem die Kosten der einzelnen Posten gegliedert ausgewiesen werden.

Ex-post: Nach Vertragsabschluss erstellen Wertpapierdienstleister einmal jährlich eine Übersicht, in der individualisiert die angefallenen Kosten ausgewiesen werden.

Aufzeichnung von Gesprächen
Telefongespräche und elektronische Kommunikation mit Bezug zu einem Wertpapierauftrag müssen aufgezeichnet werden. Das Gespräch ist auch aufzuzeichnen, wenn das Gespräch nicht zu einer Dienstleistung führt.

Vorteile für Anleger: Die Aufzeichnungen sind dauerhaft zu speichern und für fünf Jahre aufzubewahren. Hierdurch lässt sich im Streitfall der Verlauf eines Gesprächs nachweisen. Zudem kann die BaFin die Institute besser überprüfen.

4.6.4 Mindestangaben im Verkaufsprospekt

Nach § 165 Abs. 1 KAGB „muss der Verkaufsprospekt eines offenen Publikumsfonds die Angaben enthalten, die erforderlich sind, damit sich die Anleger über die ihnen angebotene Anlage und insbesondere über die damit verbundenen Risiken ein begründetes Urteil bilden können. Der Verkaufsprospekt muss redlich und eindeutig und darf nicht irreführend sein". In § 165 Abs. 2 KAGB werden anschließend 40 (!) Mindestangaben aufgeführt. In § 165 Abs. 3 KAGB werden die Angaben zu den Kosten einschließlich Ausgabeaufschlag und Rücknahmeabschlag geregelt. Die zusätzlichen Angaben im Verkaufsprospekt von AIF sind in § 165 Abs. 7 KAGB aufgeführt.

4.6.5 Veröffentlichungspflichten

Die Kapitalverwaltungsgesellschaft hat nach § 170 KAGB unter anderem die Pflicht

1. den Ausgabepreis,
2. den Rücknahmepreis sowie
3. den Nettoinventarwert

bei jeder Möglichkeit zur Ausgabe oder Rücknahme von Anleihen, für OGAWs mindestens zweimal im Monat, zu veröffentlichen.

4.6.6 EU-Verbraucherrechte-Richtlinie

Am 13.06.2014 trat das Gesetz zur Umsetzung der neuen EU-Richtlinie über Rechte der Verbraucher (EU-Verbraucherrechte-Richtlinie) in Kraft. Die neuen Vorschriften erweitern die Informationspflichten und regeln das Widerrufsrecht neu.

Die wichtigsten Neuregelungen:

- Bei jeder Kontoeröffnung sind dem Kunden zusätzliche Informationen in Form der „Vorvertraglichen Informationen“ auszuhändigen, welche unter anderem die Bedingungen eines 14-tägigen Widerrufsrechts beinhalten.
- Der Kunde muss den Erhalt dieser Informationen mit seiner Unterschrift bestätigen.
- Auf Wunsch des Kunden ist auch weiterhin eine sofortige Vertragsausführung möglich.

4.6.7 Ombudsstelle für Investmentfonds

Die Ombudsstelle des BVI Bundesverband Investment und Asset Management e. V., des Deutschen Fondsverbands, steht allen Privatanlegern kostenfrei zur Verfügung. Zuständig ist die Ombudsstelle für Beschwerden, die im Zusammenhang mit dem Kapitalanlagegesetzbuch stehen, wie beispielsweise produktbezogene Sachverhalte, die Depotführung bei einer Kapitalverwaltungsgesellschaft oder die Verwaltung eines Fonds.

Die Entscheidung der Ombudsstelle als neutrale Schlichtungsstelle gibt Empfehlungen zu einer möglichen gütlichen Einigung. Im Einzelfall können nach Angaben des BVI die Ombudsleute bis zu einem Streitwert von 10 000 Euro entscheiden. Ist man mit dem Schlichtungsvorschlag nicht einverstanden, steht der Klageweg offen.

Anlaufstelle für Verbraucher bei Beschwerden rund um Fonds nach dem Kapitalanlagegesetzbuch (KAGB)
Kontakt: Büro der Ombudsstelle des BVI Unter den Linden 42, 10117 Berlin Informationen im Internet: www.ombudsstelle-investmentfonds.de Telefon: +49 30 6 44 90 46–0 Telefax: +49 30 6 44 90 46–29 E-Mail: info@ombudsstelle-investmentfonds.de

Qualifikation und Unabhängigkeit der Ombudsperson nach §§ 3 und 4 der Verfahrensordnung
Eine Ombudsperson muss dabei die Befähigung zum Richteramt haben und darf in den letzten drei Jahren vor ihrer Bestellung weder beim BVI, einem verbandsangehörigen Unternehmen oder einem Unternehmen, das sich diesem Ombudsverfahren angeschlossen hat, beschäftigt gewesen sein.

Europäisches Netzwerk Schlichtungsstellen Finanzdienstleistungen (FIN-NET)
Die Ombudsstelle des BVI ist auch nationaler Ansprechpartner des Europäischen Netzwerks der Schlichtungsstellen für Finanzdienstleistungen (FIN-NET). Dieses Netzwerk unterstützt die außergerichtliche Beilegung von grenzüberschreitenden Streitfällen zwischen Verbrauchern und Finanzdienstleistern. Dazu zählen neben den Kapitalverwaltungsgesellschaften auch Banken und Versicherer. Die FIN-NET als Netz nationaler Schlichtungsstellen umfasst neben den Mitgliedstaaten der EU auch Norwegen, Island und Liechtenstein. Sie teilt ihre Expertise zu Fragen des Verbraucherschutzes in nationalen wie internationalen Gremien, wie dem BaFin-Verbraucherbeirat und dem FIN-NET Steering Committee der Europäischen Kommission.

4.7 Wertermittlung und Kostentransparenz

4.7.1 Wertermittlung des Fondsergebnisses nach der BVI-Methode

Bei der BVI-Methode wird ermittelt, wie viel aus einem Kapitalbetrag von 100 Euro innerhalb eines bestimmten Zeitraums geworden ist. Dabei wird unterstellt, dass die Ausschüttungen zum Anteilswert wieder angelegt, also thesauriert, werden.

1. Ermittlung der Wertentwicklung ohne Berücksichtigung des Ausgabeaufschlags Die Veröffentlichungen des BVI Bundesverband Investment und Asset Management e. V. zur Performanceberechnung sind fondsbezogene Wertentwicklungsdaten. Sie zeigen das Anlageergebnis und sollen damit Vergleiche ermöglichen. Sie basieren auf den jeweiligen Rücknahmepreisen zu verschiedenen Beobachtungszeiträumen. Dabei bleiben die Ausgabeaufschläge unberücksichtigt, da sie nach Aussage des BVI die Vergleichbarkeit von Fondsergebnissen behindern würden.

   Berechnungsbasis der Wertentwicklung nach der sogenannten Wiederanlagemethode:

   - Einmalanlage
   - Anlage zum Anteilwert (Rücknahmepreis)
   - Endbewertung zum Anteilwert

- Ertragswiederanlage zum Anteilwert

Entgelte, Gebühren und Steuern bleiben unberücksichtigt.

Die sich dabei ergebenden Fondserträge sind jedoch nur stimmig, wenn es sich um einen Fonds ohne Ausgabeaufschlag handelt oder der Ausgabeaufschlag bereits in früheren Betrachtungsperioden berücksichtigt wurde.

2. Ermittlung der **Wertentwicklung unter Berücksichtigung des Ausgabeaufschlags** (Nettowertentwicklung)

Um für Anleger, die einen Fonds mit Ausgabeaufgeld erworben haben und für eine Betrachtungsperiode, beispielsweise ein Jahr, die Wertentwicklung unter Berücksichtigung des individuell gezahlten Ausgabeaufschlags ermitteln zu können, kann eine Korrekturrechnung wie folgt vorgenommen werden:

$$\text{Korrekturfaktor} = \frac{\text{Ausgabeaufschlag in Prozent}}{100} + 1$$

Durch diesen Korrekturfaktor wird dann die Wertentwicklung der Betrachtungsperiode dividiert:

$$\text{Individuelles Anlageergebnis in \%} = \left(\frac{1 + \text{komulierte Wertentwicklung nach BVI-Methode in \%}}{1 + \text{Ausgabeaufschlag in \%}}\right) - 1$$

Beispiel

zur Berechnung der Nettowertentwicklung

Annahmen:
- Ausgabeaufschlag 5 %
- angenommen, der Rechenschaftsbericht weist eine Wertentwicklung ohne Berücksichtigung des Ausgabeaufschlags von 45 % aus

1. Schritt: Ermittlung des Korrekturfaktors

$$\frac{5\,[\%]}{100} + 1 = 1{,}05$$

2. Schritt: Ermittlung der Wertentwicklung unter Verwendung des Korrekturfaktors

$$\left(\frac{45 + 100}{\frac{5}{100} + 1}\right) - 100 = 38{,}1\,[\%]$$

Ergebnisse:

Wertentwicklung ohne Berücksichtigung des Ausgabeaufschlags	45,0 %,
Nettowertentwicklung unter Berücksichtigung des Ausgabeaufschlags	38,1 %

Ermittlung des Nettokapitaleinsatzes zur Ertragsermittlung

Eine informativere Methode zur Ermittlung des Anlageergebnisses von Wertpapierfonds als die BVI-Methode ist die Ermittlung des Nettokapitaleinsatzes. Das ist der Betrag, der im Gegensatz zum eingesetzten Anlagebetrag als tatsächlicher Kapitaleinsatz unter Berücksichtigung der verschiedenen Kosten zur Gewinnerwirtschaftung zur Verfügung steht.

Annahmen:

- Im Beispiel wird ein mittlerer Anlagezeitraum von fünf Jahren zugrunde gelegt.
- Für diesen Zeitraum werden alle Kosten erfasst.
- Es wird davon ausgegangen, dass ein Kauf und eine Umschichtung stattfinden.

4.7.2 Kostentransparenz und Gesamtkosten

Das Investmentrecht sieht weitreichende Transparenzregeln im Jahresbericht und den Verkaufsprospekten vor. So sind Angaben zu allen Kosten und Entgelten einschließlich beispielsweise Pauschalentgelte, die mittelbar oder unmittelbar vom Anleger zu tragen sind, vorgeschrieben. Besonders die Gesamtkostenquote (TER), mit Angaben zur Berechnung, soll dem Anleger einen Überblick über die anfallenden Kosten geben. Die TER stellt das Verhältnis aller bei der Verwaltung zu Lasten eines Sondervermögens anfallenden Kosten zum durchschnittlichen Nettoinventarwert des Sondervermögens innerhalb des vorangegangenen Geschäftsjahres dar. Näheres zu den Kosten und Nebenkosten ist in der Wertpapierdienstleistungs-Verhaltens- und Organisationsverordnung (WpDVerOV) geregelt.

Danach muss nach § 5 WpDVerOV die Kundeninformation unter anderem enthalten:

- Angaben zum Gesamtpreis einschließlich aller damit verbundenen Gebühren, Provisionen, Entgelte und Auslagen
- Angaben aller über das Kreditinstitut zu entrichtenden Steuern,
- einen Hinweis auf mögliche weitere Kosten und Steuern sowie
- Bestimmungen über die Zahlung oder sonstige Gegenleistungen.

Nach § 5a WpDVerOV sind die mit der Anlage verbundenen Kosten in einem Informationsblatt darzulegen.

Die bisher vom BVI empfohlene einheitliche TER enthält allerdings nicht alle Kosten. So bleiben die Transaktionskosten, also die Kosten für Käufe und Verkäufe von Finanzinstrumenten durch den Fonds, unberücksichtigt. Damit handelt es sich de facto um keine Gesamtkostenquote. Denn diese müsste, wie der Name sagt, alle Kosten zu Lasten des Fonds und damit des Anlegers, umfassen.

Bei fallenden Volumina des Fonds steigen die Belastungen wegen der wachsenden Fixkostenanteile. Beispiel: Bei Aktienfonds mit einem Volumen von über 250 Millionen Euro fallen durchschnittlich 1,5 Prozent an jährlichen Gesamtkosten, in Einzelfällen sogar nur 1,1 Prozent, an. Bei Fonds mit kleinem Volumen von weniger als fünf Millionen Euro liegt die TER dagegen bei über 3,5 Prozent!

Beispiel zur Berechnung des Ausgabeaufschlags

Ist der Ausgabeaufschlag in Prozent nicht bekannt, kann er wie folgt berechnet werden:

$$\text{Ausgabeaufschlag in Prozent} = \frac{\text{Ausgabepreis} - \text{Rücknahmepreis}}{\text{Rücknahmepreis}} \times 100$$

Beträgt der Ausgabepreis beispielsweise 97,04 Euro und der Rücknahmepreis 93,30 Euro, wird wie folgt gerechnet:

$$\text{Ausgabeaufschlag} = \frac{97{,}04 - 93{,}30}{97{,}04} \times 100 = 4{,}0 \text{ Prozent,}$$

das heißt, der Nettokapitaleinsatz, aus dem sich die Performance ergibt, beträgt 93,30 Euro, der zu zahlende Ausgabepreis liegt bei 97,04 Euro und der Ausgabeaufschlag in Euro beträgt 3,74 Euro, das entspricht vier Prozent.

Ernittlung des Nettokapitaleinsatzes	
Bei der Errechnung des Nettokapitaleinsatzes von Auflagen in Investmentfonds werden – wie bei der Direktanlage – entsprechende Umschichtungen vorausgesetzt. Wegen der hohen Beträge, die in Investmentfonds gewöhnlich umgeschichtet werden, liegen die Erwerbs- und Veräußerungskosten jedoch unter den Normalkosten bei der Direktanlage.	
Kostenarten	Erläuterungen
Ausgabepreis	Kaufpreis einschließlich Ausgabeaufschlag
./. Ausgabeaufschlag	einmalig anfallende Kosten, die bei der Ausgabe von Investmentfondsanteilen berechnet werden.
= Zwischensumme	Inventarwert der erworbenen Anteile
./. Fondsverwaltungskosten	Verwaltungskosten für Entlohnung des Fondsmanagements, Depotbankvergütung, Sonstige Kosten laut Rechenschaftsbericht
./. Erwerbs- und Veräußerungskosten	Kosten der Kapitalverwaltungsgesellschaft für die Umschichtung des Sondervermögens laut Rechenschaftsbericht
./. Depotkosten	Kosten der Hausbank für die Verwahrung und Verwaltung der Fondsanteile im Depot
= Nettokapitaleinsatz in €	Angenommener Anlagebetrag: 1 000 €; abgezogen werden alle Kosten, die – bezogen auf diesen Anlagebetrag – innerhalb eines Anlagezeitraums von beispielsweise fünf Jahren anfallen.

Dazu nachstehendes Rechenbeispiel:	
in € / Kostenarten	Berechnung des Nettokapitaleinsatzes in € (Anlagebetrag); abgezogen werden alle Kosten innerhalb eines Anlagezeitraums, in diesem Beispielsfall fünf Jahre.
Anlagebetrag	1 000
./. Ausgabeaufschlag	47,62 (rund 5 Prozent)[1]
= Zwischensumme	952,38
./. Fondsverwaltungskosten[2]	20,50 (0,44 Prozent x 5 Jahre)
./. Erwerbs- und Veräußerungskosten[3]	5,56 (0,3 Prozent x 2)
= Nettokapitaleinsatz[4]	926,32

1 Verwaltungskosten, Depotbankvergütung, sonstige Kosten laut Rechenschaftsbericht.
2 Der Ausgabeaufschlag entspricht fünf Prozent des Nettoinventarwerts (Zwischensumme): 952,38 x 5 % = 47,62.
3 Kosten für die Umschichtung des Sondervermögens durch die Kapitalverwaltungsgesellschaft.
4 Ohne Berücksichtigung der Depotkosten der Hausbank.

4.8 ETFs – Börsengehandelte Indexfonds

Das Angebot an ETFs wächst täglich und es gibt viele Kombinationen verschiedener Assetklassen. Grundsätzlich ist eine Anlage über ETFs in Aktien, Renten, Währungen und Rohstoffe möglich. Zudem kann zwischen verschiedenen Regionen unterschieden und es können weltweite Indizes nachgebildet werden. Im Folgenden wird ein Überblick über die grundsätzliche Funktionsweise von ETFs gegeben.

4.8.1 Grundlagen

4.8.1.1 Von Indizes und ETFs

In der Praxis und in der Theorie sind sich sehr viele Marktteilehemer der Finanzmärkte einig, dass es sehr schwer ist, „den Markt auf Dauer zu schlagen". Daher kann es für einen Investor sinnvoll sein, nicht auf ein aktives Management von Aktien zu setzen, sondern das sogenannte Marktportfolio zu halten. Das Marktportfolio ist in der Praxis das in einem Index enthaltene Portfolio der in einem Index notierten Unternehmen entsprechend deren Marktkapitalisierung.

Indexfonds replizieren einen Index, indem der Fonds die in einem Index enthaltenen Werte in gleichem Anteil abbildet. Dies wird auch als „passives Management" bezeichnet, da keine Fondsmanager aktiv das Portfolio steuern und in einzelne Werte investieren und diese über- oder untergewichten.

4.8.1.2 Eigenschaften von ETFs

Ein an der Börse gehandelter Indexfonds wird Exchange Traded Fund (ETF) genannt. An der Börse gehandelte ETFs haben für Anleger den Vorteil, dass geringere Ausgabeaufschläge und Verwaltungsgebühren zu zahlen sind. Da kein aktives Management der Vermögenswerte benötigt wird, kann eine Anlage in einen Fonds, der einen Index repliziert, niedrigere Kosten an die Kunden weitergeben. Ein Vorteil von Indexfonds ist somit der Kostenvorteil.

Zudem soll eine Handelbarkeit des einen Index replizierenden Fonds gegeben sein. Daher kam zu der Idee eines Indexfonds die des an einer Börse gehandelten Fonds, also eines börsengehandelten Indexfonds. Der zweite Vorteil ist die Liquidität durch eine Handelbarkeit an einer öffentlichen Börse.

Damit die Handelbarkeit gegeben ist, müssen auch die in dem Fonds enthaltenen Werte bekannt sein. Daher haben ETFs eine eindeutige ISIN und den Zusatz UCITS. ETFs sind somit OGAW, also UCITS, und das Vermögen der ETFs ist somit als Sondervermögen von der Kapitalverwaltungsgesellschaft gesondert und bei einer Verwahrstelle hinterlegt.

4.8.1.3 Voll replizierende und synthetische ETFs

Hierbei lassen sich ETFs in zwei Kategorien unterscheiden. Da es das Ziel eines ETFs ist, einen Index abzubilden, werden die beiden Methoden auch „Abbildungsmethoden" genannt. Die Indexfonds erwerben die Anteile entweder physisch oder bilden den Index synthetisch nach. Die dann verbleibende geringe Abweichung des Fonds vom Index wird als „Tracking Error" bezeichnet. Bei synthetischen ETFs wird über Derivate an der Wertentwicklung eines Index partizipiert. Das Kapital kann dabei tatsächlich in andere Anlagen fließen.

Die erste Kategorie sind somit physisch in Aktien investierende Fonds. Diese halten damit tatsächlich die in einem Index enthaltenen Aktien.

Die zweite Kategorie sind ETFs, die synthetisch in ein Portfolio investieren und die Wertentwicklung des Index durch Swapgeschäfte nachbilden. Ein Swapgeschäft ist das Austauschen von in der Zukunft liegenden Zahlungsströmen zweier Parteien. Dabei können beispielsweise feste gegen flexible Zahlungsströme getauscht werden. Allerdings besteht hierbei ein Risiko, dass der Geschäftspartner nicht seinen Verpflichtungen nachkommt, also ein Kontrahentenausfallrisiko.

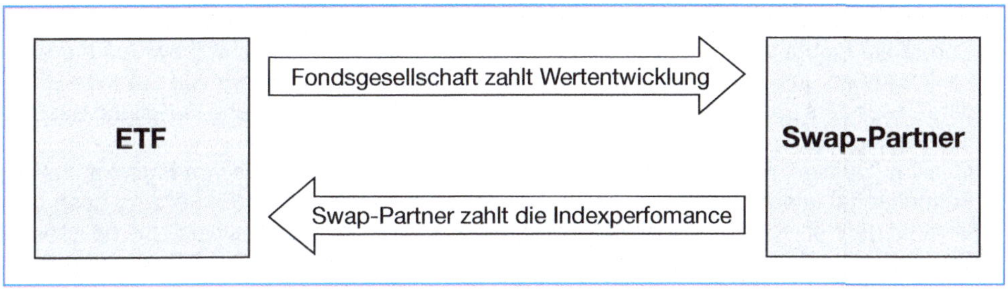

Zusammenfassend eine Übersicht der Unterscheidung der Abbildungsmethoden:

Unterscheidung der Abbildungsmethoden[1]

Physisch / Replizierend

- hohe Transparenz
- geringeres Risiko
- höherer Tracking Error
- Kassenposition notwendig
- höhere Pauschalgebühr

Synthetisch / Swap-Methode

- geringere Transparenz
- Kontrahentenausfallrisiko
- geringerer Tracking Error
- keine Kassenposition notwendig
- geringere Pauschalgebühr

4.8.2 Investitionsstrategien: Marktkapitalisierung und Smart Beta-Faktoren

Bei einer Investition in einen ETF muss der Investor mehrere Entscheidungen treffen: Soll ein Index entsprechend der Marktkapitalisierung repliziert werden? Oder sollen andere Faktoren als die Marktkapitalisierung berücksichtigt werden?

Für eine Replikation allein entsprechend der Marktkapitalisierung werden für den Kern eines ETF-Portfolios häufig die großen weltumspannenden Indizes wie der S&P 500 oder der MSCI World herangezogen. Bei der Replikation eines Index entsprechend der Marktkapitalisierung bedeutet dies, dass damit besonders viel Kapital in Unternehmen investiert wird, die gerade besonders hoch bewertet sind. Dies sind Branchen, die teilweise schon mehrere Jahre einen Boom erlebten. In den letzten Jahrzehnten war dies beispielsweise bei den IT-Unternehmen vor dem Platzen der Dotcom-Blase 2001 oder bei Kreditinstituten vor

1 Commerzbank AG (2017): ComStage. Das große 1x1 der ETFs. Frankfurt am Main.

der Finanzkrise 2007 / 2008 der Fall. Manche Investoren präferieren dagegen schon einen einfachen naiven Ansatz, bei dem das zu investierende Kapital in die im Index vertretenen Unternehmen gleich verteilt wird. Doch nur, um aufzuzeigen, dass die Marktkapitalisierung zahlreiche Probleme aufweist und dann andere Faktoren zu nennen.

In der Literatur und in der Diskussion unter Praktikern sind diese Faktoren unter anderem als Smart Beta-Faktoren bekannt und umfassen als Kriterien beispielsweise:

- Momentum: Bei dieser Strategie wird in Unternehmen investiert, die in den vergangenen zwölf Monaten eine Überperformance erzielt haben.[1]
- Größe (Size): In vielen empirischen Studien konnte nachgewiesen werden, dass in der Vergangenheit Investitionen in kleinere Unternehmen (Small Cap) erfolgreicher waren als Investitionen in große Unternehmen (Large Cap).
- Wert (Value): „Günstige Aktien", von denen eine positive Wertentwicklung erwartet wird.
- Schwankungsbreite im Zeitverlauf (Volatilität): Eine niedrige Volatilität (Low Vol) der einzelnen Aktien und eine geringe Korrelation der Aktien. Bei Anbietern von Low Vol-ETFs wird besonders auf die Korrelation geachtet und teilweise eine gleiche Verteilung bezüglich Region und Branchen wie im Index angestrebt.
- Qualität (Quality): Beurteilt an Bilanzkennzahlen wie dem Verhältnis von Eigenkapital zu Fremdkapital, einer Cash Flow-Analyse oder Gewinnen. Bei einer Bewertung nach der Qualität geht es vor allem auch um den Vergleich, so dass beispielsweise die besten 50 Prozent nach einem Kriterium ausgewählt werden. Kriterien der Qualität können auch mit einer hohen Dividende der Aktie kombiniert werden.

4.8.3 ETFs am Beispiel von Nachhaltigkeitsindizes

Indizes geben einen schnellen Überblick über die Entwicklung bestimmter Märkte wie Aktienmärkte oder die Entwicklung von Zinsen. Zudem lässt sich durch Indizes eine Wertentwicklung in einem bestimmten Zeitraum leicht nachvollziehen. Sie werden häufig auch als „Messlatte" für die Wertentwicklung bestimmter Investments eingesetzt.

Zahlreiche Unternehmen sehen einen Vorteil darin, aufgrund verstärkter Nachhaltigkeitsanstrengungen in bestimmten Nachhaltigkeitsindizes vertreten zu sein. Daher haben Nachhaltigkeitsindizes eine Signalwirkung für Unternehmen, um die Anstrengungen im Bereich der Nachhaltigkeit zu verstärken. Die Zusammensetzung nachhaltiger Aktienindizes erfolgt häufig auf der Grundlage bestehender Indizes, aus denen besonders nachhaltige Unternehmen nach dem BestinClass-Ansatz ausgewählt werden. Bei einigen Indizes werden zudem bestimmte Branchen ausgeschlossen.

Indizes, in denen nachhaltige Unternehmen vertreten sind, sind zum Beispiel der Natur-Aktien-Index (NAI), der bereits 1997 entwickelt wurde. Als einer der ersten Indizes nachhaltiger Unternehmen wurde im Mai 1990 der MSCI KLD 400 Social Index eingeführt.[2] Dieser Index umfasst Unternehmen mit einem hohen ESG-Rating und schließt Unternehmen aus verschiedenen Branchen wie Alkohol und Waffen aus. Als Basis zur Auswahl dieses Indexes dient der MSCI USA IMI ESG Index und umfasst damit nur US-amerikanische Aktien.

Die folgende Abbildung zeigt eine Auswahl großer Anbieter nachhaltiger Aktienindizes, darunter Dow Jones und Thomson Reuters, ein Unternehmen, das auf Finanzinformationen und Wirtschaftsnachrichten spezialisiert ist.

1 Eine der wichtigen theoretischen Arbeiten in diesem Feld: Carhart, Mark M. (1997): On Persistence in Mutual Fund Performance. Journal of Finance, 52(1).

2 Morgan Stanley Capital International (MSCI). https://www.msci.com/documents/10199/904492e6-527e-4d64-9904-c710bf1533c6. Abgerufen am 13.08.2018.

Auswahl von Anbietern nachhaltiger Aktienindizes

Standard & Poor's Dow Jones in Zusammenarbeit mit RobecoSam	Thomson Reuters	Morgan Stanley Capital International (MSCI)

Bei Standard & Poor's Dow Jones RobecoSAM wird die Nachhaltigkeit der Unternehmen aufbauend auf einer jährlichen Befragung der Unternehmen beurteilt. Seit dem Beurteilungsprozess im Jahr 2013 werden die Unternehmen des Standard & Poor's Global Broad Market Indexes und der regionalen Untergruppen befragt. Dieser Prozess wird als „Corporate Sustainability Assessment" bezeichnet. Entscheidend ist hierbei nach RobecoSAM: „RobecoSAM ist überzeugt, dass Finanzanalysen, die bedeutende nicht-finanzielle Faktoren unberücksichtigt lassen, zu kurz greifen."[1]

Gemeinsam mit Standard & Poor's Dow Jones werden von RobecoSAM, aufbauend auf den Ergebnissen der Beurteilung, die Dow Jones Sustainability Indizes erstellt. Diese umfassen Unternehmen nach dem Kriterium „Best-in-Class" und somit aller Branchen. Dabei werden Indizes für einzelne Länder wie Japan, bestimmte Regionen, wie der Eurozone, und der weltweite Dow Jones Sustainability Index Global erstellt.

RobecoSAM hat im Jahr 2013 zusammen mit Standard & Poor's Dow Jones eine zweite Indexfamilie eingeführt, die „Dow Jones Sustainability Diversified Indizes". Hierbei werden nachhaltige Unternehmen aus dem S&P Global LargeMidCap Index Universum ausgewählt und Unternehmen aus 26 entwickelten Märkten und 20 Schwellenländern berücksichtigt. Besonders hervorzuheben ist, dass eine „Übergewichtung einzelner Regionen, Marktkapitalisierungsklassen oder Sektoren" nach RobecoSAM vermieden wird. Hierdurch kann das Ziel erreicht werden, dass der jeweilige Index einen niedrigen Tracking Error zu dem zugrunde liegenden Index aufweist.[2] Wenn Sie als Anleger somit in einen bestimmten Index von Standard & Poor's Dow Jones investieren möchten, haben Sie zusätzlich die Möglichkeit, auch in eine „nachhaltige Variante" zu investieren. Allerdings ist dies erst in eine geringe Anzahl von Indizes möglich. Dabei handelt es sich jedoch um umfassende geografische Indizes.

Thomson Reuters hat am 23.04.2013 eine neue Familie von ESG-Indizes vorgestellt. Diese als „Thomson Reuters Corporate Responsibility Indices" (TRCRI) benannten Indizes teilen sich in ESG-Indizes von US-Unternehmen und ESG-Indizes auf, die die sogenannte EAFE-Region umfassen. Dies ist die Region „Europe Australasia and Far East", und umfasst Aktien aus insgesamt 21 Ländern: zahlreiche Länder Europas, Israel, Australien, Neuseeland und die asiatischen Staaten Hong Kong, Singapur und Japan. Zudem gibt es eine Indexgruppe, die nur Europa umfasst. Die Indizes werden jeweils in vier Varianten, umfassend als ESG, oder mit den Schwerpunkten Environmental, Social oder Governance erstellt.

Ein weiterer führender Anbieter von Indizes ist Morgan Stanley Capital International (MSCI), der aufbauend auf eigener Expertise ESG-Indizes erstellt. Auf einem Ursprungsindex aufbauend werden ESG-Indizes erstellt.

1 RobecoSAM. http://www.robecosam.com/en/sustainability-insights/about-sustainability/robecosam-corporate-sustainability-assessment.jsp. Abgerufen am 13.08.2018.

2 RobecoSAM. http://www.robecosam.com/images/130530-press-release-djsi-diversified-de-vdef.pdf. Abgerufen am 13.08.2018.

Geldanlage-Tipp
ETFs auf nachhaltige Aktienindizes stellen für Anleger eine interessante Möglichkeit dar, um die direkten Kosten bei der Fondsanlage zu verringern. Ein geeigneter Baustein der Geldanlage kann darin bestehen, den Anteil von in Aktien investierenden ETFs entsprechend Ihrer Risikoneigung am gesamten Portfolio auszurichten.

4.9 Steuerliche Gesichtspunkte bei Investmentvermögen

Am 08.07.2016 hat der Bundesrat dem Gesetz zur Reform der Investmentbesteuerung, dem sogenannten Investmentsteuerreformgesetz (InvStRefG), zugestimmt, das der Bundestag am 09.07.2016 verabschiedet hat (BGBl. I S. 1730) und am 01.01.2018 in Kraft trat. Die Kernelemente der Neuregelung finden Sie in Abschnitt 4.9.2.

Zunächst finden Sie unter 4.9.1. die alte Regelung der Investmentbesteuerung bis 2017 und unter 4.9.2. die Investmentbesteuerung ab 2018.

4.9.1 Die Investmentbesteuerung bis Ende 2017

Die Vorschriften des InvStG sind aufgrund der steuerlichen Gleichbehandlung seit 2004 sowohl auf inländische als auch auf ausländische Investmentvermögen anzuwenden. Darüber hinaus werden von den Regelungen des InvStG auch (in- und ausländische) Hedgefonds erfasst, die vom Gesetzgeber als „Sondervermögen mit zusätzlichen Risiken“ bezeichnet werden.

Das InvStG sieht in § 1 bei OGAWs oder AIFs unter anderem vor:

- Die Anleger können mindestens einmal pro Jahr das Recht zur Rückgabe oder Kündigung ihrer Anteile, Aktien oder Beteiligung ausüben.
- Die Vermögensanlage erfolgt zu mindestens 90 Prozent des Wertes des OGAW oder des AIF in die folgenden Vermögensgegenstände (§ 1 Abs. 1b Nr. 5 InvStG):
  - Wertpapiere
  - Geldmarktinstrumente
  - Derivate
  - Bankguthaben
  - Grundstücke, grundstücksgleiche Rechte und vergleichbare Rechte nach dem Recht anderer Staaten
  - Beteiligungen an Immobilien-Gesellschaften im Sinne des § 1 Absatz 19 Nummer 22 des Kapitalanlagegesetzbuchs
  - Betriebsvorrichtungen und andere Bewirtschaftungsgegenstände im Sinne des § 231 Absatz 3 des Kapitalanlagegesetzbuchs (Immobilien-Sondervermögen)
  - Anteile oder Aktien an inländischen und ausländischen Investmentfonds
  - Beteiligungen an Projektgesellschaften im Rahmen Öffentlich-Privater Partnerschaften (ÖPP) im Sinne des § 1 Absatz 19 Nummer 28 des Kapitalanlagegesetzbuchs, wenn der Verkehrswert dieser Beteiligungen ermittelt werden kann und
  - Edelmetalle, unverbriefte Darlehensforderungen und Beteiligungen an Kapitalgesellschaften, wenn der Verkehrswert dieser Beteiligungen ermittelt werden kann.

- Höchstens 20 Prozent seines Wertes werden in Beteiligungen an Kapitalgesellschaften investiert, die weder zum Handel an einer Börse zugelassen noch in einem anderen organisierten Markt zugelassen oder in diesen einbezogen sind.
- OGAWs oder AIFs, die nach ihren Anlagebedingungen das bei ihnen eingelegte Geld in Immobilien anlegen, dürfen bis zu 100 Prozent ihres Wertes in Immobilien-Gesellschaften investieren.

Transparenzprinzip

Unter dem Transparenzprinzip versteht man den Grundsatz, dass der Investmentanleger wie der Direktanleger besteuert wird; das heißt, als hätte der Steuerpflichtige die Investition direkt getätigt und die Erträge selbst erwirtschaftet.

Die Besteuerung von Erträgen deutscher Anleger, die inländische oder ausländische Investmentanteile erworben haben, regelt das InvStG. Die Kapitalverwaltungsgesellschaft hat gesetzliche Nachweis- und Veröffentlichungspflichten (= transparenter Fonds).

Die steuerlichen Grundlagen müssen

- vollständig sein,
- im elektronischen Bundesanzeiger veröffentlicht werden und
- einen Bestätigungsvermerk eines deutschen Steuerberaters oder Wirtschaftsprüfers aufweisen.

Bei ausschüttenden Investmentvermögen ist der Tag der Ausschüttung Besteuerungsgrundlage, bei thesaurierenden Fonds der Zeitpunkt der Thesaurierung am Ende des Geschäftsjahrs.

So unterliegen die ausgeschütteten laufenden Zinserträge ebenso wie die ausgeschütteten Dividendenerträge soweit der Sparer-Pauschbetrag in Höhe von 801 Euro (bei Ehegatten und Eingetragenen Lebenspartnerschaften 1 602 Euro) überschritten wird, der Abgeltungsteuer von 25 Prozent zuzüglich Solidaritätszuschlag und – soweit zutreffend – der Kirchensteuer.

Bei der Ermittlung der steuerpflichtigen Veräußerungsgewinne sind auch Immobiliengewinne zu berücksichtigen. Der übersteigende Betrag unterliegt dem Abgeltungsteuersatz von 25 Prozent (zuzüglich Solidaritätszuschlag und gegebenenfalls der Kirchensteuer).

Quellensteuerprinzip

Der Steuerabzug und die Abführung an das Finanzamt durch das depotführende Kreditinstitut ersetzen insofern die Angaben in der Steuererklärung durch den Steuerpflichtigen. Personen mit Wohnsitz oder gewöhnlichen Aufenthalt in Deutschland unterliegen der unbeschränkten Steuerpflicht. Dabei ist es unerheblich, ob die Erträge in Deutschland oder im Ausland generiert wurden. Beim Steuerpflichtigen zählen die Erträge aus Investmentfonds zu den Einkünften aus Kapitalvermögen, die seit 2009 dem „Gesonderten Steuertarif" in Höhe von 25 Prozent pauschal unterworfen werden. Dazu erstellt das depotführende Kreditinstitut eine **Steuerbescheinigung**.

Im Falle der Verwahrung der Fondsanteile bei einer inländischen depotführenden Bank oder Kapitalverwaltungsgesellschaft wird die Abgeltungsteuer im Regelfall bereits von der Bank oder der Kapitalverwaltungsgesellschaft an das Finanzamt abgeführt. In den meisten Fällen sind deshalb keine weiteren Angaben in der Einkommensteuererklärung notwendig.

Ist der persönliche Steuersatz geringer als der Abgeltungsteuersatz von 25 Prozent, kann der Anleger eine Besteuerung der Kapitalerträge mit seinem (niedrigeren) persönlichen Steuersatz im Rahmen der Einkommensteuerveranlagung vornehmen.

Bei Aktienfonds unterliegen sowohl ausgeschüttete als auch thesaurierte Dividenden der Abgeltungsteuer.

Auch die Gewinne aus der Veräußerung von Investmentanteilen unterliegen unabhängig von einer Haltefrist der Abgeltungsteuer. Das hört sich zunächst ganz einfach an, doch dann wird es komplizierter: Dabei bemisst sich die Abgeltungsteuer nach der Preisdifferenz (oder bei börsengehandelten Papieren der Kursdifferenz) zwischen den „maßgebenden Anschaffungskosten" einschließlich Ausgabeaufschlag und dem „maßgebenden Veräußerungspreis", gemindert um den Zwischengewinn bei Verkauf der Anteile und die ausschüttungsgleichen Erträge (bei Thesaurierung) erhöht um den Zwischengewinn beim Kauf. Rechtsgrundlage: § 20 Abs. 4 EStG und als „Steuerschmankerl" § 8 Abs. 5 InvStG (Gewinne aus der Rückgabe oder Veräußerung von Investmentanteilen).

Die Besteuerung von Fondserträgen auf Fondsebene

Bei der Einkünfteermittlung sind auf Fondsebene verschiedene „Einkünfte-Töpfe" zu führen, in denen die verschiedenen Einnahmen wie Dividenden, Zinserträge, Veräußerungsgewinne oder bei offenen Immobilienfonds die Mieterträge verbucht werden. Dabei werden negative Beträge in einem Einkünfte-Topf soweit zulässig mit positiven Beträgen verrechnet.

Zufluss-Abfluss-Prinzip

Auf der Ebene des Anlegers gilt das Zufluss-Abfluss-Prinzip nach den Regeln der Einnahme-Überschuss-Rechnung, das heißt, steuerpflichtige Kapitalerträge sind in dem Jahr zu versteuern, in dem sie entsprechend der Steuerbescheinigung der Kapitalverwaltungsgesellschaft dem Anleger zugeflossen sind oder als zugeflossen gelten.

Übersicht über die Besteuerung der Erträge von Investmentfondsanteilen seit 2009	
Art des Ertrags	**Abgeltungsteuerpflicht**
Grundsätzlich gelten alle Einkünfte als Kapitalerträge	Abgeltungsteuer
1. Veräußerungsgewinne von Fondsanteilen	Abgeltungsteuer
2. auf Fondsebene entstandene Veräußerungsgewinne aus Immobilien	wie vor 2009: nach zehn Jahren Haltedauer im Fonds steuerfrei
3. auf Fondsebene realisierte Kursgewinne mit Aktien, Zertifikaten oder Termingeschäften	erst bei Ausschüttung: Abgeltungsteuer
4. ausgeschüttete oder thesaurierte Dividenden	Abgeltungsteuer
5. ausgeschüttete und thesaurierte Zinsen	Abgeltungsteuer
6. inländische Mieterträge	Abgeltungsteuer
7. ausländische Mieterträge	In der Regel in Deutschland nicht zu besteuern.

Nicht der laufenden Besteuerung durch die Abgeltungsteuer unterliegen nicht ausgeschüttete Gewinne aus Veräußerungen und Termingeschäften auf der Ebene des Fonds. Allerdings laufen die steuerpflichtigen Erträge auf und sind im Veräußerungsfall, auch nach Jahren, mit der ganzen Summe abgeltungsteuerpflichtig.

Besonderheiten beim Werbungskostenabzug
Ein Abzug von Werbungskosten auf der Ebene des Anlegers ist nach § 20 Absatz 9 EStG grundsätzlich ausgeschlossen. Es wird nur der Sparer-Pauschbetrag berücksichtigt.

Die im **Sondervermögen auf Fondsebene** angefallenen Kosten, mindern die Einnahmen auf Fondsebene wie vor 2009. Negative Erträge werden nicht dem Anleger zugewiesen, sondern von der Fondsgesellschaft auf das Folgejahr vorgetragen.

Grundsätzlich gilt für Werbungskosten, dass Kosten, die in einem **unmittelbaren wirtschaftlichen Zusammenhang** mit erzielten Einnahmen stehen, als direkte Werbungskosten von den jeweiligen Einnahmen abgezogen werden müssen (§ 3 Absatz 3 Satz 1 und 2 InvStG).

Steuerprivileg für thesaurierende Investmentfonds
Sofern ein Anleger einen Anteil an einem thesaurierenden Fonds vor dem 01.01.2009 erworben hat, und er die einjährige Spekulationsfrist abwartete, bleibt es dauerhaft bei der Steuerfreiheit

- der Veräußerungsgewinne,
- der Erträge aus Termingeschäften und
- der Stillhalterprämie.

Damit genießen thesaurierende Fonds ein besonderes (legales) Steuerprivileg.

Besonderheit für ausländische thesaurierende Fonds
Bei ausländischen thesaurierenden Fonds wird die Einkommensteuer auf die einbehaltenen Erträge erst im Veranlagungswege erhoben. Dies gilt auch dann, wenn die Anteile in einem Depot bei einem inländischen Kreditinstitut liegen. Dabei wird die Abgeltungsteuer nicht nur auf den erhaltenen Zwischengewinn, sondern auch auf die besitzanteiligen akkumulierten (thesaurierten) Einträge erhoben.

Ausländische (steuerfreie) Investmenterträge **unterliegen ab 2009** nicht mehr dem Progressionsvorbehalt.

Bei offenen Immobilienfonds sind zwar Veräußerungsgewinne eines nach Einführung der Abgeltungsteuer erworbenen Fondsanteils grundsätzlich steuerpflichtig, jedoch sind darin enthaltene Veräußerungsgewinne des Fonds außerhalb der Zehn-Jahres-Frist herauszurechnen und bleiben weiterhin steuerfrei.

Konservierung des Bestandsschutzes für bestimmte Investmentanteile
Übergangsweise gibt es für

- Spezialfonds,
- inländische Spezial-Investmentvermögen sowie
- bestimmte Anteile, bei denen Sachkunde oder eine Mindestanlagesumme von 100 000 Euro erforderlich sind,

eine Sonderregelung: Als Gewinn aus der Rückgabe oder Veräußerung sind höchstens die thesaurierten Veräußerungsgewinne zu versteuern. Voraussetzungen:

- Der Anleger weist dies nach und
- die Fondsanteile wurden nach dem 09.11.2007 und vor dem 01.01.2009 erworben.

Geldanlage-Tipp zur Abgeltungsteuer seit 2009
Seit 2009 unterliegen alle ausgeschütteten Erträge und Veräußerungsgewinne oberhalb des Sparer-Pauschbetrags von 801/1602 Euro dem Abgeltungsteuersatz von 25 Prozent. Für Fondsanteile, die vor dem 01.01.2009 erworben wurden, bleiben realisierte Kursgewinne steuerfrei, wenn zwischen dem Kauf und Verkauf mehr als zwölf Monate liegen. Die Freigrenze entfällt. Die auf der Ebene des Fonds erzielten Veräußerungsgewinne und Termingeschäftserträge sind nur steuerfrei, wenn der Fonds die Rechte oder Wirtschaftsgüter vor dem 01.01.2009 erworben hat. Austausch von im Ausland erzielten Erträgen durch die Informationsverordnung, Danach werden zwischen den Vertragsstaaten Informationen über im Ausland erzielte Erträge zwischen den Finanzbehörden ausgetauscht. Siehe dazu auch Abschnitt 8.9.2.2.

4.9.2 Sonderthema: Die Investmentbesteuerung seit 2018

Mit der Reform der Investmentbesteuerung durch das Investmentsteuerreformgesetz vom 08.07.2017 soll die Besteuerung von Investmentfonds und Anlegern vereinfacht und leichter handhabbar gemacht werden. Gleichzeitig werden bekannte Steuergestaltungsmodelle ausgeschlossen und die Gefahr von neuen Gestaltungsmissbräuchen erheblich reduziert. Es werden EU-rechtliche Risiken ausgeräumt, die sich vor 2018 aus den unterschiedlichen Besteuerungsregelungen für inländische und ausländische Investmentfonds ergeben haben.

Ab 2018 gilt ein neues „intransparentes" Besteuerungssystem, bei dem zwischen der Ebene des Fonds und des Anlegers getrennt wird: Offene Publikumsfonds müssen auf bestimmte Erträge erstmals direkt Steuern aus dem Fondsvermögen zahlen. Auf der Ebene der Anleger gelten sowohl für die Besteuerung der laufenden Erträge, als auch für Gewinne aus den Fondsanteilen, neue Regeln.

Im Ergebnis wird sich für Privatanleger durch die neuen Regeln grundsätzlich keine höhere Steuerbelastung ergeben als bisher.

Geldanlage-Tipp zur BVI-Publikation „Investmentsteuerreform kompakt"
Umfangreiche Hinweise für die steuerliche Behandlung deutscher Investmentfonds ab 2018 finden Sie in der Broschüre „Investmentsteuerreform kompakt - Was sich 2018 ändert", erhältlich beim BVI Bundesverband Investment und Asset Management e.V., Bockenheimer Anlage 15, 60322 Frankfurt, Telefon 069 15 40 90–0, Telefax 069 5 97 14 06, Internet: www.bvi.de, E-Mail: info@bvi.de.

Besteuerung der Publikumsfonds auf Fondsebene
Inländische und ausländische Publikums-Investmentfonds unterliegen einer Besteuerung für Einkünfte. Dabei beschränkt sich die Steuerpflicht im Wesentlichen auf inländische Dividenden- und Immobilienerträge. Die Steuer, die Investmentfonds zu entrichten haben, beträgt 15 Prozent der Bruttodividenden oder der Immobilienerträge aus Mieten und Gewinnen aus dem Verkauf von Immobilien, falls diese Einkünfte aus Deutschland stammen.

Alle anderen Ertragsarten wie Zinsen, Gewinne aus der Veräußerung von Aktien und anderen Wertpapieren, Erträge aus Termingeschäften sind auf Fondsebene steuerfrei. Im

Ergebnis werden inländische und ausländische Publikums-Investmentfonds somit gleich besteuert.

Steuerbefreit sind ebenfalls Einkünfte von Publikums-Investmentfonds, soweit die Investmentanteile im Rahmen von zertifizierten Altersvorsorge- und Basisrentenverträgen („Riester"- und „Rürup"-Renten) gehalten werden. In diesen Fällen sind inländische Dividenden- und Immobilienerträge auf Ebene des Investmentfonds steuerfrei.

REIT-Aktiengesellschaften, REIT-Körperschaften und REIT-Personenvereinigungen fallen nicht unter die Anwendung des Investmentsteuergesetzes.

Besteuerung der Publikumsfonds auf Ebene der Anleger
Ausschüttungen eines Publikums-Investmentfonds sind beim Anleger grundsätzlich in voller Höhe steuerpflichtig. Als Ausgleich für die Besteuerung der Dividenden und der Immobilienerträge auf Ebene des Fonds wird ein Teil der Erträge, die der Anleger aus dem Investmentfonds erhält, bei der Abgeltungsteuer freigestellt.

Dies geschieht in Form einer sogenannten Teilfreistellung. Dadurch wird eine Doppelbesteuerung des gleichen Betrags sowohl auf der Fonds- als auch auf der Anlegerebene vermieden. So bleiben Teile der Ausschüttung und des Gewinns von der Abgeltungsteuer verschont. Die Teilfreistellung bestimmt nach dem Anlageschwerpunkt des Investmentfonds.

Steuerfrei sind für Privatanleger bei

- Mischfonds, wenn mindestens 25 Prozent des Vermögens aus Aktien besteht: 15 Prozent,
- Aktienfonds, wenn mindestens 51 Prozent des Vermögens aus Aktien besteht: 30 Prozent,
- Immobilienfonds, wenn der Immobilienschwerpunkt im Inland liegt: 60 Prozent und
- Immobilienfonds, wenn der Immobilienschwerpunkt im Ausland liegt: 80 Prozent

des Investmentvermögens beträgt.

Notwendige Informationen für die Besteuerung von Fonds während der Haltedauer:
Ab 2018 sind nur noch folgende fünf Informationen erforderlich:

1. Steuerliche Einstufung des Fonds als Misch-, Aktien- oder Immobilienfonds (mit Schwerpunkt im Inland oder im Ausland)
2. den Rücknahmepreis zu Beginn des Kalenderjahres
3. den Rücknahmepreis zum Ende des Kalenderjahres
4. die Höhe der Ausschüttungen in einem Kalenderjahr und
5. den Basiszins.

Beispiel für die Besteuerung laufender Erträge aus einem Aktienfonds: Ein Privatanleger hält im Jahr 2018 Anteile aus einem Aktienfonds der 100 Euro an den Anleger ausschüttet. Annahmen: 1. Freistellungsaufträge sind ausgeschöpft und 2. Eine Nichtveranlagungsbescheinigung liegt nicht vor.

Von diesen 100 Euro Ausschüttungen sind 30 Prozent (30 Euro) steuerlich freigestellt. Der Anleger zahlt somit auf 70 Euro Abgeltungsteuer in Höhe von 25 Prozent zuzüglich Solidaritätszuschlag und, soweit zutreffend, Kirchensteuer. In diesem Fall ist die Ausschüttung so hoch, dass keine Vorabpauschale anfällt.

Beispiel für die Besteuerung des Veräußerungsgewinns (Endbesteuerung): Für die Ermittlung der Veräußerungsgewinne gilt das Berechnungsschema [Veräußerungserlös – Anschaffungskosten – bereits versteuerte Vorabpauschale = steuerliche Bemessungsgrundlage].

Neu ist die Einführung einer sogenannten **Vorabpauschale.** Für den Fall, dass der Investmentfonds keine oder nur eine geringe Ausschüttung vornimmt, wird eine sogenannte Vorabpauschale beim Anleger besteuert. Diese pauschale Bemessungsgrundlage tritt im neuen System an die Stelle der bisherigen ausschüttungsgleichen Erträge.

Die Vorabpauschale ist somit eine vorweggenommene Besteuerung zukünftiger Wertsteigerungen. Die Vorabpauschale ist die Differenz zwischen dem sogenannten Basisertrag des Fonds und der Ausschüttung. Sie beträgt 70 Prozent und bestimmt sich nach dem Wert des Fondsanteils am Jahresanfang multipliziert mit einem jährlich von der Bundesbank ermittelten variablen Basiszinses im Sinne des § 203 Abs. 2 Bewertungsgesetz abzüglich eines 30-prozentigen Abschlags, nach der Formel [Basisertrag = 70 Prozent des jährlichen Basiszinses x Rücknahmepreis der Fondsanteil zum Jahresbeginn des vorangegangenen Kalenderjahres].

Die Bundesbank leitet den Basiszinssatz aus der Höhe der langfristig erzielbaren Rendite öffentlicher Anleihen ab. Bei der Berechnung der Vorabpauschale wird der Basiszins um den durchschnittlichen Kostenanteil von 30 Prozent gemindert. Deshalb erfolgt nur der Ansatz von 70 Prozent des Basiszinssatzes. Danach wird vom Basisertrag abgezogen, nach der Formel [Vorabpauschale = Basisertrag – Ausschüttung des letzten Kalenderjahres]. Anmerkung: Die Vorabpauschale kann niemals negativ werden. Falls der tatsächliche Wertzuwachs des Fonds im Kalenderjahr geringer ist, wird dieser angesetzt. Beim Verkauf der Fondsanteile verrechnen die depotführenden Stellen, das sind in den meisten Fällen die Kreditinstitute, automatisch die bereits besteuernden Vorabpauschalen mit dem Gewinn. Damit wird eine Doppelbesteuerung beim Anleger vermieden.

Die Vorabpauschale greift grundsätzlich immer dann, wenn im Veranlagungszeitraum die Ausschüttungen des Investmentfonds die Höhe einer risikolosen Marktverzinsung, den sogenannten Basisertrag, nicht erreichen.

Für thesaurierende Fonds, also Publikums-Investmentfonds die nichts ausschütten oder nur im sehr geringen Maß (teilausschüttende Fonds), ermittelt die depotführende Stelle die oben erläuterte Vorabpauschale.

Variante 1: thesaurierende Fonds
Da thesaurierende Fonds keine Erträge ausschütten, entspricht die Vorabpauschale dem Basisertrag. Beispiel: Basisertrag 3,5 – Ausschüttung 0 = Vorabpauschale 3,5. Diese Vorabpauschale gilt ab dem ersten Werktage des Folgejahres als steuerlich zugeflossen.

Variante 2: teilausschüttende Fonds
Wenn die Teilausschüttung geringer ist als der Basisertrag (Basisertrag 3,5 – Teilausschüttung 2 = Vorabpauschale 1,5). Steuerlich betrachtet fließt die Teilausschüttung dem Anleger zu, sobald er darüber verfügen kann.

Da der Basisertrag durch die gesetzliche Festlegung des Basiszinses nach oben begrenzt ist, kann die Ausschüttung auch höher sein als der Basisertrag. In diesem Fall gibt es keine Vorabpauschale

Hierzu ein Beispiel:

Besteuerung von Gewinnen aus dem Verkauf von Fondsanteilen 2018[1]

Ein Privatanleger erwirbt am 01.01.2018 Anteile aus einem thesaurierendem Aktienfonds. Am 15.01.2019 verkauft er die Anteile mit Gewinn.

Für Kauf und Verkauf gelten folgende Annahme:

Kaufpreis der Anteile am 01.01.2018 (= Rücknahme am 01.01.2018)	100 Euro
Rücknahmepreis der Anteile am 31.12.2018	105 Euro
Veräußerungspreis der Anteile am 15.01.2019	107 Euro
Basiszins nach Bewertungsgesetz für 2018	1 Prozent
Steuerpflichtige Vorabpauschale für 2018 = Rücknahmepreis der Anteile am 01.01.2018 (100 Euro) x 70 Prozent x Basiszins (1 Prozent)	0,70 Euro
Steuerliche Teilfreistellung für Aktienfonds	30 Prozent

Die steuerpflichtige Veräußerungsgewinn errechnet sich damit wie folgt:

Einnahmen aus Veräußerung/Rückgabe der Anteile am 15.01.2019	105 Euro
– Anschaffungskosten	100 Euro
= unbereinigter Veräußerungsgewinn	7 Euro
– steuerpflichtige Vorabpauschale für 2018 (in voller Höhe auch bei Anwendung der Teilfreistellung)	0,70 Euro
= Veräußerungsgewinn	6,30 Euro
– steuerbefreiter Anteil (nach Teilfreistellung) 6,30 Euro x 30 Prozent =	1,89 Euro
= steuerpflichtiger Veräußerungsgewinn	4,41 Euro

Bestandschutz für Fondsanteile, die vor 2009 erworben wurden, entfällt

Für Fondsanteile die vor 2009 erworben wurden, fällt der bisherige Bestandsschutz weg. Alle Fondsanteile gelten bis zum 31.12.2017 als verkauft und wieder angeschafft. Somit sind auch die Wertsteigerungen der Anteile, die der Privatanleger vor 2009 gekauft hat, ab 2018 steuerpflichtig. Im Gegenzug dazu wird ein Freibetrag von 100 000 Euro pro Anleger für die ab 2018 entstehenden Kursgewinne dieser Altanteile gewährt. Das heißt der Anleger kann die Veräußerungsgewinnen verrechnen. Erst wenn der Freibetrag aufgebraucht ist, entsteht eine Steuerbelastung.

Geldanlage-Tipp für die Nutzung des Freibetrags

Anleger, die Altanteile im Depot haben, sollten diese über das Jahr 2018 halten, um den Freibetrag in Höhe von 100000 Euro nicht zu verschenken.

Die bisherige 10-Jahresfrist für offene Immobilienfonds entfällt

Ab 2018 müssen für Gewinne aus dem Verkauf deutscher Immobilien Körperschaftsteuer gezahlt werden. Dies gilt auch wenn die Immobilie mindestens zehn Jahre im Portfolio gehalten wurde. Dabei gilt folgende Übergangsregelung: Hat der Fonds die Immobilie vor dem 01.01.2018 gekauft und länger als zehn Jahre im Portfolio gehalten, ist nur die Wertsteigerung ab dem 01.01.2018

1 Entnommen aus BVI „Investmentsteuerreform kompakt – Was sich 2018 ändert".

Besteuerung von Erträgen aus Spezial-Investmentfonds
Grundsätzlich bleibt das bisherige Besteuerungssystem für Spezial-Investmentfonds unverändert.

Dabei gilt für Spezialfonds-Anleger, das ab 2018 bestimmte Gewinne aus dem Verkauf von Kapitalforderungen nicht mehr zu den thesaurierten ausschüttungsgleichen Erträgen zählen, die steuerpflichtig sind und damit unabhängig von einer Ausschüttung beim Anleger erfasst werden müssen. Gleichzeitig gelten sämtliche Gewinne die bisher nicht mehr zu den ausschüttungsgleichen Erträgen zählten, mit Ablauf von 15 Jahren nach dem Geschäftsjahr die Vereinnahmung als ausschüttungsgleiche Erträge.

4.9.3 Vermögenswirksame Leistungen

Das Fünfte Vermögensbildungsgesetz (5. VermBG) vom 04.03.1994 fördert unter anderem Wertpapiersparverträge durch die Arbeitnehmer-Sparzulage in Höhe von 20 Prozent, maximal auf einen Anlagebetrag von jährlich 400 Euro (Alleinstehend, ein Arbeitnehmer), das sind 80 Euro. Der Sparhöchstbetrag für Investmentsparpläne beträgt 480 Euro pro Kalenderjahr. Die Arbeitnehmer-Sparzulage ist im Rahmen der Steuererklärung zu beantragen. Voraussetzungen:

- Der Anleger ist Arbeitnehmer im Sinne des § 1 Abs. 2 Fünftes VermBG.
- Anlage erfolgt zum Erwerb von OGAW-Sondervermögen, offenen Publikums-AIFs sowie offenen EU-Investmentvermögen und offenen ausländischen AIFs wie Aktienfonds mit mindestens 60 Prozent Aktienanteil nach § 2 Abs. 1c 5. VermBG.
- Das zu versteuernde Jahreseinkommen ohne Einkünfte, auf die der Tarif nach § 32d EStG erhoben wird, darf im Jahr der Sparleistung 20 000 Euro (Einzelveranlagung) oder 40 000 Euro (Zusammenveranlagung) nicht übersteigen.
- Ansparzeit: Sechs Jahre. Die Einzahlungen müssen sechs Jahre lang zum Teil oder insgesamt durch den Arbeitgeber erfolgen.
- Sieben-Jahres-Sperrfrist: Nach Ablauf des siebten Jahres kann über die angesparten Beträge verfügt werden.

4.9.4 Erbschaftsteuer und Schenkungsteuer

Investmentvermögen, das zu Lebzeiten verschenkt wird, unterliegt der Schenkungsteuer. Investmentvermögen, das zu einem Nachlass gehört, unterliegt der Erbschaftsteuer. Auch Anteile, die zu einem Nachlass gehören, unterliegen der Erbschaftsteuer. Bemessungsgrundlage für die Erbschaftsteuer und Schenkungsteuer ist der festgestellte Rücknahmepreis.

5 Termingeschäfte: Auch für private Investoren sinnvoll?

„Derivate sind finanzielle Massenvernichtungswaffen, welche Gefahren bergen, die momentan noch latent, aber potenziell tödlich sind.“

Warren E. Buffet, im Jahre 2003

Einerseits ein Teufelszeug für Spekulanten, andererseits ein bewährtes Instrument der Absicherung von eingegangenen Engagements aus dem Kundengeschäft oder dem Eigenhandel: Optionen, Futures und vielerlei vielfältige innovative Kombinationen, die unter dem Oberbegriff Termingeschäfte, zunehmend auch unter dem Begriff Derivate, zusammengefasst werden. So wird im Wertpapierhandelsgesetz in § 2 Abs. 2 der Begriff Derivate als Oberbegriff für alle dort aufgeführten Termingeschäfte verwendet.

Doch diese Derivate wurden häufig dazu benutzt und auch missbraucht, Risiken wie Kreditforderungen aus Hausfinanzierungen aus den Bankbilanzen auszugliedern, neu zu verpacken, bis zur Unkenntlichkeit aufzupeppen und möglichst weit weg um den Globus herum unter der ebenso unverständlichen wie unverdächtigen Bezeichnung „strukturierte Finanzprodukte“, zu verkaufen. Doch wie ein zehntausendfacher Bumerang kamen sie zurück mit einer Wucht, die erstmals im Jahr 2008 zunächst die Finanzbranche und dann ganze Volkswirtschaften erschütterte und in modifizierter, häufig unter anderem Namen in „umgepackter“ Form, sozusagen als Wolf im Schafspelz, bis heute die Märkte in Atem halten. So erscheinen die Risiken zwar nicht mehr in den Bankbilanzen, sind aber weiterhin auf dem Markt. Vereinfacht gesagt, geht das folgendermaßen vor sich: Die Banken packen ihre Risiken, beispielsweise aus Immobilienkreditforderungen, in neue innovative Finanzprodukte und verkaufen diese mit entsprechendem Preisabschlag und oft unter Laufzeitstreckung. Dass das trotzdem ihre Bilanzen verhagelt und ihre Aktienkurse in den Keller fallen lässt, scheint ihre Aktionäre nicht sonderlich zu beunruhigen.

Doch was sind eigentlich Termingeschäfte? Wo liegen die Risiken? Wo liegen die Chancen? Wozu eignen sie sich und wie sieht deren steuerliche Behandlung aus? Das und vieles mehr erfahren Sie auf den folgenden Seiten. Wenn Ihnen einer der vielfältigen verwendeten, meist aus dem Englischen abgeleiteten Begriffen, nicht geläufig ist, finden Sie unter Abschnitt 5.6 ein kleines Termingeschäft-ABC.

Doch zurück zur Begriffsklärung: Im Gegensatz zu Kassageschäften, wie beispielsweise Aktienkäufen, bei denen die Erfüllung des Geschäfts (Erfüllungsgeschäft, also die Lieferung) unmittelbar nach dem Verpflichtungsgeschäft (Abschluss, das heißt Zahlung) erfolgt, werden Termingeschäfte zu einem späteren Zeitpunkt „erfüllt“. Deshalb nennt man Termingeschäfte auch Zeitgeschäfte.

Weiter wird unterschieden zwischen bedingten Termingeschäften, den Optionen, und den unbedingten Termingeschäften wie Futures und Forwards. Wenn in der Folge Futures besprochen werden, handelt es sich ausschließlich um Financial Futures.

Grundsätzlich sind es drei Grundmotive, die einzeln oder in Kombination, die Marktteilnehmer bewegen, Termingeschäfte einzugehen:

1. Die Absicherung von Beständen, Preisen oder Kursen (Hedge)
2. Die Spekulation auf steigende oder fallende Preise oder Kurse
3. Die Arbitrage durch das Ausnutzen von Preisspannen oder Preisunterschieden an verschiedenen Märkten, beispielsweise den Unterschied zwischen den Preisenan den Kassa- und den Terminmärkten.

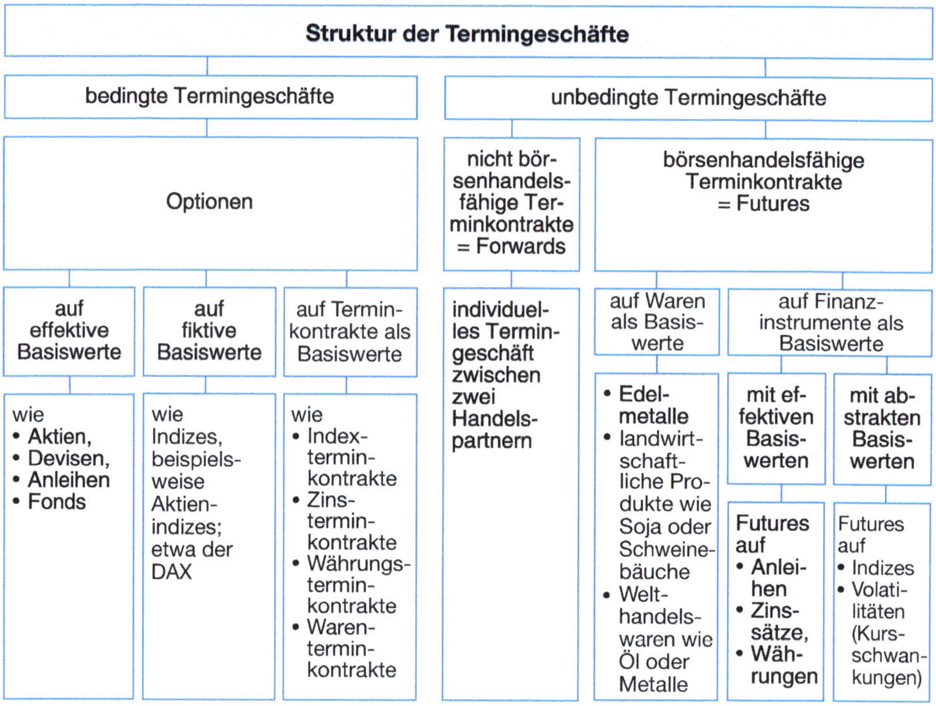

5.1 Optionen

> **Definition:**
> Grundsätzlich ist unter dem Begriff Option (lateinisch optio = Wahl, Wunsch) das Recht auf eine bestimmte Leistung zu verstehen.

Zunächst werden zwei Arten von Optionen unterschieden: Calls (Kaufoptionen) und Puts (Verkaufsoptionen). Zudem wird zwischen europäischen Optionen, die nur am letzten Handelstag ausgeübt werden können (beispielsweise die DAX-Option) und amerikanischen Optionen, die während der gesamten Laufzeit ausgeübt werden können (beispielsweise Aktienoptionen), unterschieden.

Der **Käufer eines Calls** erwirbt das Recht, aber nicht die Pflicht, eine bestimmte Menge eines bestimmten Guts, Titels oder Basiswertes innerhalb einer bestimmten Zeitspanne (amerikanische Option) oder zu einem bestimmten Termin (europäische Option) zu einem bestimmten Preis (Basispreis) abzurufen (auszuüben). Dafür bezahlt der Käufer eine Prämie (Optionspreis).

Der **Verkäufer eines Calls** hat die Pflicht, eine bestimmte Menge eines bestimmten Guts, Titels oder Basiswerts innerhalb einer bestimmten Zeitspanne oder zu einem bestimmten

Termin zu einem bestimmten Preis abzugeben, wenn dies der Käufer des Calls fordert. Dafür erhält der Verkäufer eine Prämie.

Der **Käufer eines Puts** erwirbt das Recht, aber nicht die Pflicht, eine bestimmte Menge eines bestimmten Gutes oder Titels innerhalb einer bestimmten Zeitspanne (amerikanische Option) oder zu einem bestimmten Termin (europäische Option) zu einem bestimmten Preis (Basispreis) abzugeben (auszuüben). Dafür bezahlt der Käufer eine Prämie (Optionspreis).

Der **Verkäufer eines Puts** hat die Pflicht, eine bestimmte Menge eines bestimmten Gutes oder Titels innerhalb einer bestimmten Zeitspanne oder zu einem bestimmten Termin zu einem bestimmten Preis abzunehmen, wenn dies der Käufer des Puts fordert. Dafür erhält der Verkäufer eine Prämie.

5.1.1 Preisbestimmung und Preiseinflussfaktoren

Es gibt fünf Haupteinflussfaktoren, die den Preis einer Option bestimmen. Dabei haben die einzelnen Faktoren eine unterschiedliche Einflussstärke, die sich während der Laufzeit der Option zudem verändert.

Die fünf Haupteinflussfaktoren für den Optionspreis				
1. „Innerer Wert“ (Differenz vom Kurs des Basiswerts beispielsweise einer Aktie, zum Basispreis der Option)	2. Basispreis (Vereinbarung, zu welchem Preis der Basiswert abzurechnen ist)	3. Laufzeit (der Option) Faustregel: Je länger die Restlaufzeit, desto größer ist der Zeitwert	4. Volatilität (Schwankungsintensität) Faustregel: Je größer die Volatilität des Basiswerts, desto höher ist die Wahrscheinlichkeit auf Gewinn	5. Marktzinsniveau (wegen Vergleich mit risikoloser Alternativanlage)

In diesem Zusammenhang werden zwei Begriffe verwendet: der **innere Wert** und der **Zeitwert**. Die Differenz zwischen dem Basispreis und dem Preis oder Kurs des Basiswertes bezeichnet man als inneren Wert. Der innere Wert kann grundsätzlich nicht unter Null sinken. Die Differenz zwischen dem Optionswert (Prämie) und dem inneren Wert wird als Zeitwert bezeichnet. Die Optionsprämie wird mittels mathematischer Modelle errechnet. Zu den bekanntesten zählen das Black & Scholes- und das Binomial-Modell.

1. Der „Innere Wert“

Die Differenz vom Kurs des Basiswerts zum Basispreis der Option bestimmt den inneren Wert einer Option. Bei Calls gilt: Je höher der Kurs oder Preis des Basiswertes, desto höher ist der Wert der Option. Der Call auf die XYZ-Aktie mit einem Basispreis von 100 Euro und einem Aktienkurs von 150 Euro hätte einen Wert von mindestens 50 Euro (ungeachtet des Zeitwertes). Würde der Aktienkurs auf 170 Euro steigen, so wäre die Option mindestens 70 Euro wert. Bei Puts verhält es sich gegenläufig, das heißt je niedriger der Kurs oder Preis der Aktie, desto höher ist der Wert des Puts. Der Put auf eine XYZ-Aktie mit einem

Basispreis von 100 Euro und einem Aktienkurs von 80 Euro hätte einen Wert von 20 Euro (ungeachtet des Zeitwertes). Bei der Ausübung des Puts kann die Aktie zu 100 Euro (Basispreis) angedient, also verkauft werden, obwohl der Marktwert der Aktie nur bei 80 Euro liegt. Würde der Aktienkurs um weitere 20 Punkte auf 60 Euro fallen, würde der (innere) Wert des Puts um 20 Euro auf 40 Euro steigen.

2. **Der Basispreis**

   Der Basispreis ist ein statischer Einflussfaktor. Je niedriger der Basispreis bei einem Call, desto größer ist der innere Wert und desto höher ist die Optionsprämie. So ist beispielsweise ein Call mit einem Basispreis von 100 Euro, das heißt der Basiswert kann im Fall einer Ausübung zu 100 Euro erworben werden, teurer als ein Call mit einem Basispreis von 120 Euro, bei dem im Falle einer Ausübung 20 Euro mehr bezahlt werden müssten.

   Bei Puts verhält sich dies gegenläufig. Ein Put mit einem Basispreis von 120 Euro ist teurer als ein Put mit einem Basispreis von 100 Euro, da bei einer Ausübung durch den Käufer ein um 20 Euro höherer Verkaufserlös erzielt werden würde.

3. **Die Laufzeit**

   Je länger die Restlaufzeit einer Option, desto größer ist der Zeitwert und dementsprechend höher ist die Optionsprämie.

   Der Einfluss der Restlaufzeit auf den Zeitwert steigt mit abnehmender Restlaufzeit der Option. Bei einer langen Restlaufzeit ist ein Tag im Verhältnis zu den verbleibenden Tagen bis zum Verfall wesentlich geringer als bei einer kurzen Restlaufzeit von beispielsweise fünf Tagen. Der Einfluss des Zeitwertverlustes auf die Optionsprämie ist für Calls und Puts gleich. Bei einer Long-Position, das heißt, wenn ein Plus-Bestand aufgebaut wurde, wirkt er sich negativ aus, da der Wert der gekauften Option jeden Tag abnimmt. Bei einer Short-Position, bei der der Anleger nicht im Besitz der Gegenwerte ist (Leerverkauf), wirkt er sich entsprechend positiv aus, da der Rückverkaufswert täglich sinkt.

4. **Die Volatilität**

   Die Volatilität gibt die Schwankungsintensität eines bestimmten Titels wieder. Je größer die Volatilität eines Basiswertes, desto größer ist die Wahrscheinlichkeit einer profitablen Ausübung und umso teurer muss die Option sein. Der Einfluss ist für Calls und Puts gleich. Eine hohe Volatilität bewirkt eine höhere Prämie, eine niedrigere Volatilität bewirkt eine niedrigere Prämie.

5. **Das (Markt-)Zinsniveau**

   Da die Erträge und Kosten sowohl beim Käufer als auch beim Verkäufer in die Berechnung des Optionswertes mit einbezogen werden müssen, ist auch das Zinsniveau für risikolose Anlagen von Bedeutung. Der Käufer eines Calls muss im Falle einer Ausübung das Kapital zum Bezug des Basiswertes zur Verfügung haben. Dieses Kapital kann er jedoch bis zum Zeitpunkt der (möglichen) Ausübung zinsbringend anlegen. Der Verkäufer des Calls, der in der Regel die Stücke zur Deckung der Option hält, muss dafür Kapital binden und hat dadurch einen (kalkulatorischen) Zinsverlust. Man bezeichnet diesen Verlust auch als Opportunitätskosten. Je höher das Zinsniveau ist, und damit die Opportunitätskosten für den Verkäufer oder der Zinsertrag für den Käufer, desto höher ist (zum Ausgleich) die Optionsprämie des Calls.

   Beim Put wirkt sich dies gegenläufig aus. In diesem Fall geht man davon aus, dass der Käufer des Puts den Basiswert hält und der Verkäufer des Puts das gegebenenfalls benötigte Kapital zinsbringend investieren kann. So bewirkt beispielsweise ein höheres Zinsniveau einen höheren Zinsertrag beim Verkäufer des Puts und der Verkäufer erhält somit eine geringere Optionsprämie.

Gewinn- und Verlustdiagramm einer Longposition in einem Call und einem Put mit einem Basiswert von 100 € und einer Prämie von 10 €

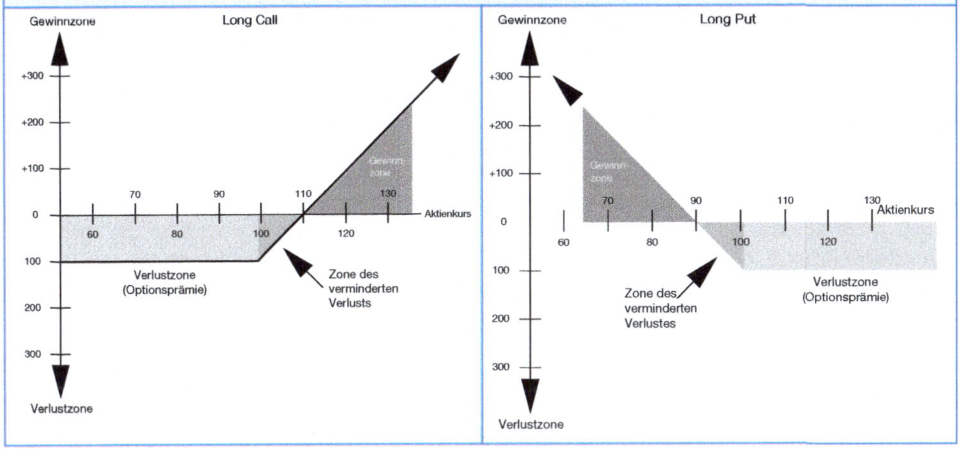

5.1.2 Chancen- und Risikoprofil

Bevor die erste Optionsposition eröffnet wird, sollten dem Investor die damit verbundenen Chancen und vor allem die Risiken bekannt sein.

Der **Käufer** einer Option hat ein **begrenztes Verlustpotenzial** und ein **unbegrenztes Gewinnpotenzial.**

Durch den Kauf der Option hat der Käufer ein Recht für eine bestimmte Zeit erworben. Falls er dieses Recht nicht in Anspruch nimmt, „verfällt“ es nach der entsprechenden Zeitspanne „wertlos“. Der maximale Verlust liegt also in der bezahlten Prämie. Dies bedeutet einen Totalverlust des eingesetzten Kapitals. Falls sich der Basiswert entsprechend der Erwartung des Optionskäufers entwickelt, ist sein Gewinnpotenzial unbegrenzt. Dabei ist zu beachten, dass die Entwicklung innerhalb der Laufzeit der Option eintreten muss. Andernfalls kann sie nur mit Verlust veräußert werden. Im schlimmsten Fall verfällt die Option wertlos.

Der **Verkäufer** einer Option hat ein **unbegrenztes Verlustpotenzial** und ein **begrenztes Gewinnpotenzial.**

Durch den Verkauf der Option ist der Käufer für eine bestimmte Zeit eine Verpflichtung eingegangen. Falls der Käufer der Option sein Recht nicht in Anspruch nimmt, verfällt es nach der entsprechenden Zeitspanne zu Gunsten des Verkäufers wertlos. Da dies der für den Verkäufer der günstigste Fall ist, liegt sein maximaler Gewinn in der Höhe der vereinnahmten Optionsprämie. Der maximale Verlust des Verkäufers ist unbegrenzt. Im Falle eines Calls bedeutet das, dass er den Basiswert zu einem bestimmten Preis (Basispreis) liefern muss. Falls er ihn zum Zeitpunkt der Ausübung noch nicht besitzt, muss er ihn zum Marktpreis kaufen, um ihn dem Käufer des Calls liefern zu können. Ist der Basispreis seit dem Verkauf der Option (theoretisch unendlich) gestiegen, ist sein Verlust (Basispreis minus Marktpreis) dementsprechend hoch. Sollte er den Basiswert bereits frühzeitig zu einem günstigeren Preis erworben haben, liegt sein Verlust (hier ein entgangener Gewinn) ebenfalls in der Höhe der Differenz vom Basispreis zum Kaufkurs. Man spricht in diesem Fall von einem gedeckten Call (Strategiebezeichnung: Covered Call Writing).

Bei einem Put muss der Basiswert zum Basispreis der Option abgenommen werden, egal wie tief der Marktwert des Titels zum Zeitpunkt der Ausübung ist. Die Höhe des (theoretischen) Verlustes errechnet sich aus der Differenz des Marktpreises minus dem Basispreis.

5.1.3 Einsatz von Optionen

Optionen können zu Spekulations- oder Absicherungszwecken eingesetzt werden. Institutionelle Anleger setzen sie auch zur Arbitrage (Ausnutzung des Ungleichgewichts der Preise in verschiedenen, jedoch zusammenhängenden Märkten) ein, was für den privaten Marktteilnehmer aus Kostengründen nicht in Frage kommt. Durch Arbitragegeschäfte wird das Ungleichgewicht zwischen abhängigen Märkten (zum Beispiel zwischen Aktien und Aktienoptionen) ausgeglichen und der sogenannte Fair Value, also der theoretische Preis, wieder hergestellt.

Long Call
Der **Käufer eines Calls** rechnet mit einem **(stark) steigenden Kurs oder Preis** seines Basiswertes innerhalb der Laufzeit seiner Option.

Entsprechend des Erwartungszeitraumes wählt er den Verfalltermin. Die Wahl des Basispreises wird von der Stärke der erwarteten Kurs- oder Preisbewegung und der Summe, die er investieren oder riskieren möchte, bestimmt.

Short Call
Der **Verkäufer eines Calls** rechnet mit **einem fallenden, einem stagnierenden oder einem nur leicht steigenden Kurs oder Preis** des Basiswertes.

In diesen Fällen kann er entweder die gesamte Optionsprämie (wertloser Verfall der Option) oder einen Teil der Optionsprämie (begünstigt durch den für ihn positiven Zeitwertverlust) vereinnahmen (= Zone des verminderten Gewinnes). Die Wahl des Basispreises und der Laufzeit wird durch die Risikofreudigkeit, das Nervenkostüm und den geplanten Ertrag (= Prämienhöhe) bestimmt. Diese Position sollte jedoch nur von finanzstarken Marktteilnehmern eröffnet werden, da sie ein unbegrenztes Verlustpotenzial beinhaltet.

Geldanlage-Tipp

Bei Aktienpositionen mit einer geringen Kursgewinnerwartung kann durch den Verkauf von Calls mit einem Basispreis über dem aktuellen Marktpreis eine Renditeverbesserung erzielt werden. Man spricht von **einer gedeckten Optionsposition.**

Long Put
Der **Käufer eines Puts** rechnet mit einem **(stark) fallenden Kurs oder Preis** seines Basiswertes.

Entsprechend dem Erwartungszeitraum wählt er eine Option mit der passenden Laufzeit. Die Wahl des Basispreises wird von der Stärke der erwarteten Kurs- oder Preisbewegung und der Summe, die er investiert oder riskieren will, bestimmt.

Geldanlage-Tipp

Ein Investor, der bereits eine Aktienposition besitzt und diese weiter halten möchte, jedoch kurzfristig mit stark fallenden Kursen rechnet, kann seine bestehende Position durch den Kauf von Puts absichern. Dabei fallen geringere Bankspesen an als bei einem Verkauf und späteren Rückkauf der Aktien.

Short Put
Der **Verkäufer eines Puts** rechnet **mit einem steigenden, stagnierenden oder mit einem nur leicht absinkenden Kurs oder Preis** des Basiswertes.

In diesen Fällen kann er entweder die gesamte Optionsprämie (wertloser Verfall der Option) oder einen Teil der Optionsprämie (begünstigt durch den für ihn positiven Zeitwertverlust) vereinnahmen (= Zone des verminderten Gewinns). Die Wahl des Basispreises und der Laufzeit wird durch die Risikofreudigkeit, das persönliche „Nervenkostüm" und den geplanten Ertrag (= Prämienhöhe) bestimmt. Diese Position sollte ebenfalls nur von finanzstarken Marktteilnehmern eröffnet werden, da sie ein sehr hohes Verlustpotenzial (Kurs oder Preis des Basiswertes gegen Null) beinhaltet. Diese Strategie kann unter den beschriebenen Vorbehalten verwendet werden, wenn ein Engagement in einem Titel geplant ist, jedoch ein günstigerer Kurs abgewartet werden soll. Bis es zur Andienung der Stücke bei fallenden Kursen kommt, kann (unter Umständen mehrmals) die Optionsprämie vereinnahmt werden. Dadurch wird der (kalkulatorische) Einstandskurs des Basiswertes gemindert.

Möglich ist auch die **Kombination** von verschiedenen Positionen. Sie dienen beispielsweise der Reduzierung des Gesamtengagementrisikos, der Ausnutzung von Volatilitätsschwankungen oder der Erhöhung der Prämieneinnahmen. Bevor jedoch Kombinationsstrategien eingegangen werden, sollte man sich über die Risiken und Nachteile einer solchen Kombinationsstrategie informieren, um vor unliebsamen und kostspieligen Überraschungen sicher zu sein.

Am Derivatemarkt werden mittlerweile sehr viele Produkte zur gezielten Absicherung oder Steuerung von Risiken angeboten. So könnte zum Beispiel bei einer befürchteten Steigerung der Marktvolatilität, also der Schwankungsbreite der Kurse oder Preise, eine Option auf einen Volatilitäts-Index eingesetzt werden, anstatt einen Bestand, bestehend aus klassischen Aktien- oder Aktienindex-Optionen, abzusichern.

Der **Hebeleffekt** (englisch: Leverage) beim Einsatz von Finanzinstrumenten wie Optionen und Futures kommt durch den meist wesentlich geringeren Kapitaleinsatz (verglichen mit dem Engagement im Basiswert) zustande. Eine Veränderung im Basiswert wird in den entsprechenden Optionen nachvollzogen. Die Wertänderung in der Option ist zwar, absolut betrachtet, geringer als in dem Basiswert, die prozentuale Veränderung dagegen ist (oftmals wesentlich) höher. Dies ist der sogenannte Hebeleffekt, auch Leverage-Effekt genannt. Dieser Effekt wirkt in beide Richtungen, also auch zu Ungunsten des Investors.

Bei allen Optionspositionen ist die Volatilität des jeweiligen Basiswerts ein wichtiger Faktor. Sie hat, neben der Restlaufzeit (kurz vor dem Verfall der Option) den stärksten Einfluss auf den Optionspreis. Falls der Basiswert einer Option oder der Gesamtmarkt aus einer lethargischen Phase heraus plötzlich stark zu schwanken beginnt, kann allein dieser Faktor für den Halter einer Short-Position nachteilig sein.

5.2 Futures

Definition:
Futures sind standardisierte Termingeschäfte auf der Basis von Terminkontrakten. Ein Terminkontrakt ist ein Vertrag über die zukünftige Lieferung eines bestimmten Basiswertes (beispielsweise Ware oder Wertpapier) zu Konditionen, die bereits heute (bei Vertragsabschluss) fixiert werden.

Einem Futures(-kontrakt) liegt eine bestimmte Menge und Beschaffenheit eines Gutes oder eines Finanzinstrumentes (Basiswert) zugrunde, welches zu einem bestimmten standardisierten Termin in der Zukunft (Liefertermin) zu einem bestimmten Preis (aktueller Preis der Futures) geliefert und bezahlt werden muss. Der Verkäufer des Futures hat den Basiswert zu liefern, der Käufer hat den ursprünglich fixierten Preis zu bezahlen. Der Preis wird bereits heute, also zum Zeitpunkt des Futureskaufs oder -verkaufs, festgelegt. Die Zahlung oder Lieferung erfolgt in der Zukunft.

Im Gegensatz zu den Optionen gehen beide Handelspartner eine feste Liefer- oder Zahlungsverpflichtung ein. Bei Warenterminkontrakten (Commodity Futures) kommt es zur effektiven Lieferung der Ware (beispielsweise Schweinebäuchen). Bei Finanzterminkontrakten findet meist nur ein Barausgleich statt (beispielsweise beim DAX-Future). Finanzterminkontrakte können sich auf Währungen oder Zinsinstrumente, also eine konkrete Basis beziehen. Sie können sich aber auch auf Aktienindizes, die Inflationsrate oder die Marktschwankung (Volatilität), also eine abstrakte Basis, beziehen. An der EUREX können auch Futures auf einzelne Aktien gehandelt werden. Dadurch kann durch einen geringen Kapitaleinsatz (Margin) ein hoher Hebel erzielt werden.

5.2.1 Preisbestimmung und Preiseinflussfaktoren

Der Preis eines Futures lässt sich auf drei Faktoren zurückführen:

1. den aktuellen Kurs oder Preis des Basiswertes (= Kassa-Preis oder Spot-Price),
2. die bis zur Fälligkeit anfallende Kosten (aus dem „Halten" des Basiswertes),
3. die bis zur Fälligkeit anfallende Erträge aus dem Basiswert.

Die Formel zur Preisbestimmung eines Futures lautet:
Futures = Spot-Price + Kosten – Ertrag

Die Differenz zwischen dem Future-Preis und dem Kurs oder Preis des Basiswertes ergibt sich aus der Summe der Kosten und den Erträgen, die durch das Halten des Basiswerts bis zur Fälligkeit des Futures entstehen. Liegen die Kosten über den Erträgen, notiert der Future über dem Basiswert. Übersteigen die Erträge die anfallenden Kosten, notiert der Future unter dem Basiswert. Den Preisunterschied zwischen Basiswert und Future nennt man Basis (nicht zu verwechseln mit der Basis einer Option!).

Beispiel

für das Ergebnis von Anlagestrategien in einem fairen Markt

In einem fairen Markt führen zwei gleiche Anlagestrategien zum selben Erfolg. Beispiel (theoretisches): Anleger A kauft die XYZ-Aktie zu 100 € und Anleger B gleichzeitig den Future auf diese Aktie mit einer 20-tägigen Restlaufzeit (in der Praxis allerdings nicht möglich). Die Dividendenzahlung der XYZ-Aktie erfolgt in 100 Tagen; das heißt es fällt kein Ertrag an. Anleger A muss den Kurswert (Spesen unberücksichtigt) sofort bezahlen, was für ihn Kosten im Sinne eines Opportunitäts- oder Zinsverlustes darstellt. Anleger B muss die Summe erst zum Zeitpunkt der Lieferung, das heißt in 20 Tagen bezahlen. Er kann sein Kapital so lange zu drei Prozent zinsbringend anlegen. Dieser Vorteil schlägt sich im Kurs des Futures nieder:

Ermittlung des Future-Preises:
Aktienkurs + Kosten (= hier Zinsverlust) – Ertrag
= 100 € + [100 € × 3 × 20 Tage / (360 × 100)] – 0
= 100 € + 0,17 €
= **100,17 €**

Der faire (rechnerische) Preis des Futures wäre 100,17 €.

5.2.2 Chancen- und Risikoprofil

Anders als beim Optionsgeschäft besteht weder beim Käufer noch beim Verkäufer eines Futures ein Wahlrecht. Beide Parteien sind feste Verbindlichkeiten eingegangen, die zu erfüllen sind. Beide Partner haben ein unbegrenztes Gewinn- aber auch Verlustpotenzial. Der maximale Verlust kann (wie bei einer Short-Options-Position) nicht eingegrenzt werden. Der Verlust kann das ursprünglich eingesetzte Kapital bei weitem übersteigen.

Den Risiken einer Futures-Position kann grundsätzlich nur durch genaue Kenntnis des Gewinn- und Verlustbereichs und des Gewinn- und Verlustpotenzials sowie durch die ständige Beobachtung des Marktes und eine rechtzeitige Auflösung einer (Verlust-) Position begegnet werden.

5.2.3 Einsatz von Futures

Ebenso wie Optionen können auch Futures zur Absicherung von Beständen, zur Spekulation und zur Arbitrage eingesetzt werden.

Allerdings: Das unbegrenzte Verlustpotenzial und der Hebeleffekt machen Futures zu sehr riskanten Finanzinstrumenten, die in vielen Fällen zu hohen Verlusten, bis zum Gesamtverlust führen können.

Hebeleffekt
Im Gegensatz zum Engagement in dem entsprechenden Basiswert muss beim Kauf oder Verkauf eines Futures nicht der gesamte Betrag (Kurswert), sondern nur eine von der jeweiligen Börse bestimmte Summe als Sicherheitsleistung (= Margin; siehe EUREX-Margin) hinterlegt werden. Die Margin stellt meist nur einen Bruchteil des eigentlichen Kontraktwertes dar. Der Kontraktwert wird von der Börse bei der Einführung des Pro-

duktes definiert und gibt den Multiplikator wieder. Der Kontraktwert von 25 Euro (beispielsweise beim EUREX-DAX-Future) bedeutet, dass der Käufer des Futures für jeden Punkt, den der Future steigt, 25 Euro Gewinn und der Verkäufer entsprechend 25 Euro Verlust macht.

Long Future
Der Käufer eines Futures rechnet mit steigenden Kursen oder Preisen des Basistitels. Bei Zins- oder Rentenfutures kann danach unterschieden werden, ob sich der Future auf den Kurs oder auf die Rendite einer Anleihe bezieht. In der Regel ist der Kurs die Bezugsgröße der Futures.

Short Future
Der Verkäufer eines Futures rechnet mit fallenden Kursen oder Preisen des Basistitels. Diese Position wird häufig zur Absicherung ganzer Aktien- oder Rentendepots verwendet. Dabei ist die exakte Berechnung des Hedge Ratios (Anzahl der zur Absicherung benötigten Kontrakte) zu beachten. Die Strategie wird oftmals von institutionellen Anlegern verwendet, um die Spesen der Depotbank im Rahmen zu halten (siehe Long Put).

Gewinn- und Verlustdiagramm einer Long- und einer Shortposition in einem Future; Kaufkurs 100 €, Kontraktwert (= Multiplikator) 10 €.

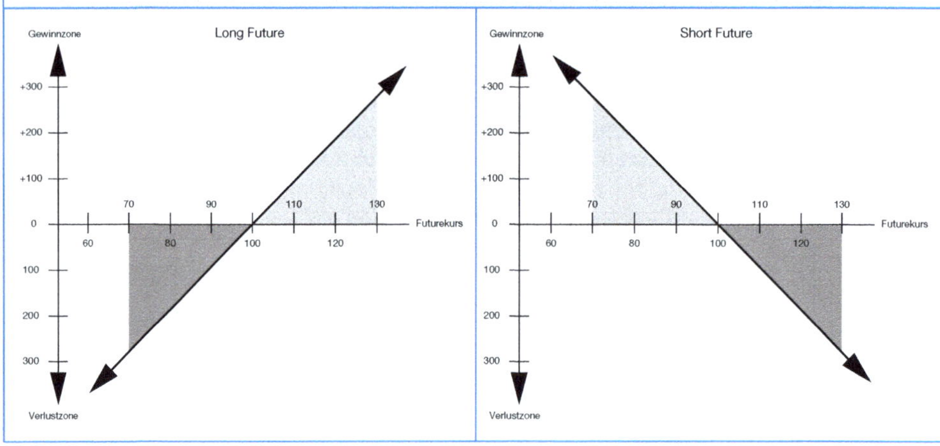

5.3 Termingeschäfte an der EUREX

Die standardisierten Terminkontrakte werden fast ausnahmslos über die als reine Computerbörse ausgelegte EUREX gehandelt. An der EUREX sind Optionen und Futures auf Aktien, die Zinsentwicklung und Indizes ebenso handelbar wie Derivate auf Exchange Traded Funds, Volatilitätsindizes, Rohstoffe (Edelmetalle, Agrarprodukte) und die Immobilienpreisentwicklungen.

Durch die schrittweise Anbindung europäischer, US-amerikanischer und asiatischer Marktteilnehmer an die EUREX-Handelsplattform können die EUREX-Produkte von allen wichtigen Finanzmetropolen der Welt aus direkt gehandelt werden. Dementsprechend viel Liquidität fließt den EUREX-Produkten zu. Um ihr Geschäftsfeld zu erweitern, hat sich die EUREX an der Energiebörse EEX (European Energy Exchange) beteiligt. Dort wurde zunächst nur Strom im „Spotmarkt“, also entsprechend dem Kassamarkt, gehandelt. Auch Terminkontrakte auf Strom und auf CO_2-Derivate sowie Gas- und Kohle-Futures können über die Handelsplattform der EUREX gehandelt werden. Marktteilnehmer sind dort hauptsächlich Energieversorger, die durch den Spot- und Terminmarkt ihre aktuellen und zukünftigen Über- oder Unterlasten in der Energieproduktion und deren Auswirkung in ihrer CO_2-Bilanz, auszugleichen versuchen.

Über die EUREX können auch direkt Optionen an der weltweit größten Aktienoptionsbörse, der International Securities Exchange (ISE) gehandelt werden.

Das vom deutschen Gesetzgeber mit Wirkung zum 27.07.2010 erlassene und auch international gültige Verbot von Leerverkäufen hat keine Auswirkung auf EUREX-Produkte.

5.3.1 Strukturelemente

Computerbörse
Die EUREX ist als reine Computerbörse eine der größten Terminbörsen weltweit. Von 700 Standorten auf der ganzen Welt sind Marktteilnehmer über EUREX miteinander verbunden. Die Kauf- und Verkaufsaufträge werden über Handelsbildschirme in den Börsenrechner eingestellt. Alle limitierten Aufträge sind den Marktteilnehmern ersichtlich. Bei der Übereinstimmung des Limits eines Kauf- und eines Verkaufsauftrages werden die beiden Orders automatisch zusammen- und ausgeführt (sogenanntes Matching). Dabei gilt das Zeitprinzip (first come – first serve), das heißt, der zuerst eingegebene Auftrag wird, wenn möglich, voll ausgeführt. Erst dann werden die anderen Orders mit dem gleichen Limit in der Reihenfolge ihrer zeitlichen Erfassung abgewickelt. Dies bedeutet, dass beim Erreichen eines Limits kein Anspruch auf eine (volle) Orderausführung besteht.

Market Maker-System
Market Maker sind Marktteilnehmer (beispielsweise Kreditinstitute oder Makler), die sich verpflichten, in einzelnen oder mehreren Basiswerten für bestimmte Mindestmengen verbindliche Geld- (= Kauf-) und Brief- (= Verkauf-) Kurse zu stellen. Dadurch wird gewährleistet, dass die Marktteilnehmer ständig kaufen und verkaufen können. In der Regel werden Market Maker nur für Optionen eingesetzt, aber auch bei nicht allzu liquiden Futures kann dies der Fall sein.

Zentrale Clearing-Stelle
Die EUREX tritt als zentraler Kontrahent zu jedem Handelsgeschäft auf. Damit ist gewährleistet, dass alle mit einem Termingeschäft zusammenhängenden Verbindlichkeiten garantiert erfüllt werden. Es erübrigt sich die Bonitätsprüfung des jeweiligen Handelspartners, die bei außerbörslichen Geschäften vorgenommen wird.

Die Sicherheit des korrekten Handelsablaufs und die Ermittlung marktgerechter Handelspreise werden durch zahlreiche Kontroll- und Aufsichtsorgane der Börse gewährleistet. Die Anzahl der gehandelten und der offenen Kontrakte sowie weitere Börsenstatistiken werden täglich von der Börse veröffentlicht.

Es sind vier verschiedene **Geschäftsarten** möglich:

1. **Buy-to-Open:** Eine Option oder ein Future wird zur Eröffnung eines Geschäfts gekauft (Plusbestandseröffnung oder -vergrößerung; Long-Position).
2. **Sell-to-Close:** Ein vormals gekaufter Kontrakt wird wieder verkauft (Plusbestandsschließung oder -minderung).

3. **Sell-to-Open:** Eine Option oder ein Future wird leerverkauft; man spricht auch vom „Schreiben" einer Option (Minusbestandseröffnung oder -vergrößerung; Short-Position).
4. **Buy-to-Close:** Ein vormals leerverkaufter Kontrakt wird wieder zurückgekauft (Minusbestandsschließung oder -minderung).

Zudem bietet die EUREX die Möglichkeit, nicht nur einzelne Produkte, sondern auch Kombinationen aus diesen Produkten in einer Order zu handeln.

5.3.2 Beispiele für EUREX-Produkte

An der EUREX werden Optionen und Futures auf fast alle westeuropäischen, asiatische und US-amerikanische Aktien, Zinsinstrumente und Indizes gehandelt.

Die Produktpalette der EUREX wird ständig den Anforderungen des Marktes angepasst. Deshalb ist die folgende Übersicht der EUREX-Produkte nur eine Beispielsbetrachtung.

Die Produkte der EUREX können unter http://www.eurexchange.com/exchange-de/produkte/produktueberblick/ abgefragt werden.

Die für Privatanleger relevanten EUREX-Kontrakte können in Rohstoff-, Geldmarkt-, Kapitalmarkt-, Aktien- und Indexprodukte untergliedert werden. Da sich die Produkte in den einzelnen Bereichen nur durch wenige Kriterien unterscheiden, werden sie zunächst allgemein beschrieben. Danach werden dann nur einige Besonderheiten herausgestellt.

EUREX-Produkte (Auswahl)						
Aktien-produkte (5.3.2.1)	ETF-Derivate (5.3.2.2)	AktienIndex-produkte (5.3.2.3)	Zinsderivate (5.3.2.4)	Volatilitäts-futures (5.3.2.5)	Dividenden-futures (5.3.2.6)	Rohstoff-derivate (5.3.2.7)

5.3.2.1 Aktienderivate

Aktienoptionen
An der EUREX werden Optionen auf deutsche Aktien und Aktien einer Vielzahl weiterer Länder gehandelt. Aktienoptionen werden für jedes Herkunftsland in eine bis drei Gruppen eingeteilt. Für die einzelnen Gruppen gelten eigene Market-Maker-Bestimmungen, und in jeder Gruppe ist eine unterschiedliche Anzahl an handelbaren Verfallmonaten verfügbar. Ansonsten besteht zwischen den Kontrakten der einzelnen Gruppen kein Unterschied.

Waren bisher fast alle Aktienoptionen sogenannte American Style Options, das heißt, sie können während der gesamten Laufzeit ausgeübt werden. So wurden in letzter Zeit vermehrt auch zusätzlich European Style Options eingeführt. Diese können nur am letzten Handelstag ausgeübt werden.

Handelswährung
Die bisherigen an der EUREX handelbaren Aktienoptionen wurden in Euro, US-Dollar oder Schweizer Franken notiert.

Laufzeiten
Je nach Herkunftsland des jeweiligen Basiswerts sind überwiegend Laufzeiten von 1, 2, 3, 6, 9, 12, 18, 24, 30, 36, 48 und 60 Monaten möglich.

Kontraktgrößen
Die Aktienoptionen werden in den Kontraktgrößen von meist 10, 50, 100, 500 oder 1 000 Aktien aufgelegt. Bei der Einführung von Optionen eines neuen Titels wird die Kontraktgröße von der EUREX definiert. Dabei ist in der Regel der Preis des Basiswertes für die Kontraktgröße der entsprechenden Optionen ausschlaggebend. Die meisten Optionen werden mit einer Kontraktgröße von 100 Aktien angeboten.

Kurswertberechnung
Der Kurswert für eine Aktienoption wird nach der folgenden Formel berechnet:

Anzahl Kontrakte × Kontraktgröße × Optionsprämie (in Währung)

Beispiel

Angenommen, ein Investor will 10 Kontrakte der XY AG (Basispreis und Verfalltermin hier unwichtig) zu einem Preis von 4,50 € kaufen. Dann berechnet sich der Kurswert wie folgt:

10 Kontrakte × 100 Aktien × 4,50 € = 4 500 €
(zuzüglich EUREX-Kontraktkosten und der Bankenprovision)

Low Exercise Price Options (LEPO)
Diese spezielle Art von Aktienoptionen wurde zunächst nur für die schweizerischen Titel eingeführt. Durch diese Optionen, die im Preis den entsprechenden Aktientiteln sehr nahe kommen (Differenz ein Euro oder ein CHF), sollten Restriktionen durch Steuern, beispielsweise Stempelsteuer oder Kantonalsteuer und Probleme bei der Lieferung der Aktien umgangen werden. Die Low Exercise Price Options sind für alle Titel verfügbar, auf die auch „normale" Optionskontrakte angeboten werden.

Alle Optionen auf deutsche und ausländischen Aktien wie italienische, niederländische, französische, US-amerikanische und nordische Titel haben einen Ausübungspreis von einem Euro, die Optionen auf schweizerische Aktien haben einen Ausübungspreis von einem CHF unter dem letztgehandelten Kurs des jeweiligen Basiswerts.

Kontraktgrößen und Laufzeiten
Die Kontraktgrößen entsprechen den Kontraktgrößen der „normalen" Aktienoptionen. Handelbar sind immer die nächsten beiden Monate aus dem Zyklus März, Juni, September und Dezember.

Futures auf Aktien an der EUREX (Single Stock Futures-SSFs)
Die Kontraktgröße der Futures umfasst meist 10, 100, 500 oder 1 000 (gleiche) Aktien, je nach Herkunftsland und Kurs der Aktie. Bei Fälligkeit werden nicht die Aktien geliefert, sondern es findet ein Barausgleich (Cash Settlement) statt. Es werden die Verfallmonate März, Juni, September und Dezember sowie die Monate April, Mai und Juli angeboten.

5.3.2.2 ETF-Derivate

Unter ETF-Derivaten versteht man Optionen und Futures auf börsengehandelte Fonds (Exchange Traded Funds-Derivate).

Grundsätzlich haben diese Optionen und Futures die gleiche Ausstattung wie die bereits bekannten Optionen und Futures an der EUREX. Sie beziehen sich jedoch nicht auf Aktien, sondern auf Fonds-Anteile. Die Optionen sowie die Futures werden effektiv durch die entsprechenden Fonds-Anteile beliefert. Bei den Optionen handelt es sich ebenfalls um American Style Options.

5.3.2.3 Aktien-Indexderivate

Um an der Bewegung von Gesamtmärkten, repräsentiert durch Indizes, zu partizipieren, bietet die EUREX sowohl Optionen als auch Futures auf Indizes, beispielsweise den EURO STOXX, den DAX, den MSCI, den KOSPI und den TAIEX an. Noch bestehende Optionen und Futures auf auslaufende Indizes werden zum Ende der Index-Feststellung aus dem Markt genommen, sobald kein Marktteilnehmer mehr eine offene Position darin hat oder die Kontrakte auslaufen.

Ausübung oder Auslosung oder Fälligkeit
Bei der Ausübung oder Auslosung einer Index-Option oder der Fälligkeit eines Index-Futures findet ein Ausgleich in bar statt. Man spricht hier von einem Cash Settlement. Da der Index nicht effektiv lieferbar ist, wird die Differenz zwischen dem Schlussabrechnungspreis und dem Basispreis (bei Optionen) oder dem Vortages-Schlusskurs (bei Futures) entsprechend der jeweiligen Kontraktgröße in bar ausgeglichen.

Beispiel zur Berechnung des Cash-Settlements

Position: Long 1 DAX Call Basis 6000 zu 25 €
Position: Long 1 DAX Future zu 6000; Vortagesschlusskurs: 6100
Am letzten Handelstag wird der Schlussabrechnungspreis für die DAX-Optionen und den DAX-Future mit 6050 festgestellt. Für beide Positionen berechnet sich das Cash-Settlement folgendermaßen:

1. DAX-Call:
   (6650 – 6000) × 5 € (Kontraktwert) × 1 (Anzahl Kontrakte)
   = 250 € Gutschrift aus Cash-Settlement
2. DAX-Future:
   (6050 – 6100) × 25 € (Kontraktwert) × 1 (Anzahl Kontrakte)
   = 1250 € Belastung aus Cash-Settlement

Bei Futures wird jeden Tag ein Gewinn- und Verlustausgleich gebucht, sodass hier die Differenz zwischen dem Vortages- und dem Schlussabrechnungskurs relevant ist und nicht die Differenz zum Kaufkurs (siehe EUREX-Margin-System).

Kurswertberechnung
Die Kurswertberechnung findet bei den Index-Optionen und Futures nach der folgenden

Formel statt:

Anzahl Kontrakte × Kontraktwert × Optionsprämie oder Futurespreis

Bei Futures wird der Kurswert nicht bei der Eröffnung einer Position gutgeschrieben oder belastet, sondern nur für die Berechnung des täglichen Gewinns oder Verlusts herangezogen.

Kontraktwert
Bewegt sich der Future oder die Option um einen Punkt, so verändert sich der Wert der Position um den Kontraktwert (× Anzahl Kontrakte).

Beispiel zur Veränderung einer DAX-Future-Position

Bestehende Position: Long 8 Kontrakte DAX-Future; Kontraktwert: 25 €; bewegt sich der DAX-Future um einen Punkt nach unten, so verändert sich der Wert der Position um 200 € (in die Verlustzone).

Neben den „normalen“ Indexoptionen mit den allgemeinen Verfallterminen gibt es sogenannte Weekly Options. Sie verfallen am erstem, zweiten, vierten und/oder fünften Freitag eines Monats. Der dritte Freitag bleibt den „normalen“ Optionen vorbehalten. Hierdurch sind Index-Optionen mit sehr kurzen Laufzeiten und demzufolge niedrigen Preisen (weil sie eine geringe Restlaufzeit aufweisen) zu handeln.

5.3.2.4 Zinsderivate

Bei den Zinsderivaten unterscheidet man zwischen Geldmarktprodukten und Kapitalmarktprodukten.

5.3.2.4.1 Geldmarktprodukte

Zur Spekulation oder zur Absicherung von Geldmarktpositionen bietet die EUREX Zinsderivate in Form von Futures und Optionen auf einen Basiszinswert an. Damit deckt sie beispielsweise die Laufzeiten von einem und drei Monaten, basierend auf dem EURIBOR (European Interbank Offered Rate) oder dem EONIA (Euro Over Night Index Average) ab. Der EURIBOR stellt den durchschnittlichen Satz beim Geldhandel europäischer Kreditinstitute dar. Er wird täglich unter anderem auf der Basis von Ein- und Dreimonatsgeldern festgestellt.

Der EONIA stellt den durchschnittlichen effektiven Zinssatz, basierend auf den Tagesgeldabschlüssen innerhalb eines Kalendermonats, dar. Er wird durch die EZB ermittelt.

Ausübung oder Auslosung bei Fälligkeit
Bei der Ausübung oder Auslosung der Option auf den Euribor- oder den EONIA-Future wird der gleichmonatige Dreimonats-Euribor-Future „geliefert“. Die beiden Futures werden analog den Index-Futures in bar ausgeglichen (Cash-Settlement).

Kurswertberechnung
Der Kurswert für die Futures und die Option wird nach der folgenden Formel berechnet:

$$\frac{\text{Anzahl Kontrakte} \times \text{Kontraktwert} \times \text{Optionsprämie oder Futurepreis}}{100 \times \text{Multiplikator}}$$

Zinsen werden in der Regel auf Jahresbasis berechnet. Die beiden Futures und die Option beziehen sich auf Einmonats- oder Dreimonatsperioden. Deshalb befindet sich im Divisor ein Multiplikator, mit dessen Hilfe die Berechnung auf Jahresbasis erfolgt. Der Multiplikator für den Einmonats-Future beträgt 12 (12 × 1 Monat = 12 Monate), der für den Dreimonats-Future beträgt 4 (4 × 3 Monate = 12 Monate).

5.3.2.4.2 Kapitalmarktprodukte (Fixed Income)

Durch den Einsatz von Kapitalmarktprodukten an der EUREX kann sowohl auf Zinsentwicklungen in den Laufzeitbereichen von 13 bis 30 Jahren spekuliert als auch ein vorhandenes Investment in diesen Bereichen abgesichert werden.

Ausübung (Auslosung)
Bei der Ausübung oder Auslosung der Future-Optionen wird der jeweils zugrunde liegende Future „geliefert". So wird zum Beispiel bei der Ausübung eines Kontrakts einer (Euro-) BUND-Option ein BUND-Future-Kontrakt geliefert.

Bei der Fälligkeit eines Future kann eine beliebige Anleihe aus dem Basket der zugrunde liegenden Anleihen (Basistitel) geliefert werden.

Kurswertberechnung
Die Kurswertberechnung findet bei Kapitalmarktprodukten wie folgt statt:

$$\frac{\text{Anzahl Kontrakte} \times \text{Kontraktwert} \times \text{Optionsprämie oder Futurepreis}}{100}$$

5.3.2.5 Volatilitätsderivate

Die Volatilität eines Marktes gibt seine Schwankungsbreite und -intensität wieder. Dabei ist die Richtung, in der sich der Basiswert bewegt, nicht von Bedeutung. Um von dem Faktor der Volatilität profitieren und/oder sich dagegen absichern zu können, werden Futures, beispielsweise auf den DAX oder den STOXX, aufgelegt. Für Privatanleger sind diese Instrumente wegen ihrer Komplexität allerdings eher wenig geeignet.

5.3.2.6 Dividendenderivate

Im Gegensatz zu den Futures auf den DivDAX, das heißt auf renditestarke Aktien, bei denen das Kursrisiko der Aktien selbst im Future beinhaltet ist, wird bei den Dividenden-Futures nur die Ausschüttung selbst bewertet. Hierbei werden nur die Brutto-Dividenden der EURO STOXX 50 Aktien aus ordentlichen Ausschüttungen einbezogen. Sonderdividenden oder sonstige außerordentliche Ausschüttungen oder Zahlungen an die Anteilseigner werden dabei nicht berücksichtigt.

5.3.2.7 Rohstoffderivate

An der EUREX werden auch Optionen und Futures, beispielsweise auf Industriemetalle, Gold, Silber und Agrarprodukte, wie Weizen und Vieh sowie Derivate auf Crude Oil (Rohöl) und auf Gas und Kohle gehandelt. Sie ermöglichen es den Handelsteilnehmern, einfach und effizient in Rohstoffe zu investieren oder auf dessen Wertentwicklung zu spekulieren, ohne sich auf das Emittentenrisiko, wie zum Beispiel bei Goldzertifikaten der Bonität von Investmenthäusern, einlassen zu müssen.

5.3.3 Handelszeiten und letzte Handelstage

Die jeweiligen Handelszeiten können unter http://www.eurexchange.com/exchange-de/handel/handelskalender/handelszeiten recherchiert werden.

Die Termine für die letzten Handelstage wurden größtenteils dem internationalen Standard angepasst. An den Verfallterminen in den Monaten März, Juni, September und Dezember laufen neben den Aktien- und DAX-Optionen auch die jeweiligen DAX-Futures aus. Da zu diesen Terminen sehr viele Glattstellungs- und Eindeckungstransaktionen in den entsprechenden Basiswerten getätigt werden, sind die Aktienkurse an diesen Tagen oftmals unerklärlichen Schwankungen unterworfen. Im Fachjargon bezeichnet man diese Termine als „Hexensabbat" oder „Triple Witching Day". Private Marktteilnehmer sollten an diesen Tagen eher keine Handelsaktivitäten betreiben. Durch die globale Vernetzung der Börsenplätze (siehe Dow Jones STOXX 50-Index-Produkte) und die damit verbundene globale Bewegung von Liquidität ist eine weitere Verstärkung dieser Schwankungen zu erwarten.

5.3.4 Abrechnungswährungen

Da die Schweiz kein Mitglied der Europäischen Währungsunion ist, werden die Optionen und Futures auf schweizerische Aktien oder Indizes nicht in Euro, sondern in Schweizer Franken abgerechnet. Dies trifft auch auf die Gutschriften und Belastungen aus Gewinnen oder Verlusten aus Futurespositionen und die zu hinterlegende Margin (Sicherheitsleistung) für schweizerische Produkte zu. Dabei sind Positionen in schweizerischen Produkten nicht nur den Kursschwankungen des jeweiligen Basistitels, sondern auch Währungskursschwankungen (Euro/Schweizer Franken) unterworfen. US-amerikanische Aktienoptionen, die nicht an der EUREX US abgerechnet werden, notieren in Euro und werden so abgerechnet. Alle anderen an der EUREX US gehandelten Produkte werden in US-Dollar abgerechnet und abgewickelt. Die Derivate auf russische Aktien sowie die Goldderivate werden ebenfalls in US-Dollar abgerechnet.

5.3.5 EUREX-Margin-System

Die EUREX ist der zentrale Handelspartner für alle im System gehandelten Geschäfte. Neben hohen grundsätzlichen Sicherheitsanforderungen an die Börsen- und Clearingteilnehmer verlangt die EUREX für jeden risikoträchtigen Bestand eines Börsenteilnehmers eine Sicherheitenhinterlegung und (bei Futures) einen täglichen Gewinn- und Verlustausgleich. Diese Sicherheiten werden als Margin bezeichnet.

Dieser als Sicherheit zu hinterlegende Betrag wird von der EUREX permanent berechnet und dem Handelsteilnehmer täglich vom Kreditinstitut in Rechnung gestellt oder vergütet. Somit kann ein Marktteilnehmer täglich den günstigen oder ungünstigen Verlauf seines Portfolios verfolgen und im Verhältnis zu seinen finanziellen Mitteln prüfen.

Marginverfahren der EUREX (PBRM)
Die EUREX verwendet als Sicherheitssystem die sogenannte **portfoliobasierte Risikomanagementmethode („Portfolio Based Risk Management").** Dabei werden nicht die Einzelpositionen, sondern die Gesamtheit aller Positionen in einem Portfolio (Depot) betrachtet. Hierzu werden Liquiditätsgruppen gebildet, in denen die enthaltenen Instrumente auf- oder gegengerechnet werden.

Das System beinhaltet zwei Komponenten: Zum einen die Betrachtung der Wertentwicklung der Positionen am letzten Handelstag, die sogenannte Mark-to-Market-Margin. Zum anderen wird die zukünftige Wertentwicklung des Portfolios betrachtet. Hierbei werden Marktrisiko-Komponenten im Hinblick auf historische Szenarien sowie auf Stresstest-Szenarien der Risikofaktoren eingerechnet. Zusätzlich werden Modellfehler bezüglich möglicher, aber nicht in die Berechnung einbezogener Abweichungen bei wichtigen Einflussfaktoren eingerechnet. Und schließlich werden auch die Risiken berücksichtigt, die sich durch große Käufe oder Verkäufe in den einzelnen Liquiditätsgruppen ergeben könnten.

Das Verfahren gewährleistet eine hohe Kapitaleffizienz (Portfoliobetrachtung), eine hohe Genauigkeit, eine große Robustheit, einheitliche Rahmenbedingungen (für börsen- und nicht börsengehandelte Produkte in einem Portfolio) sowie eine große Flexibilität bei der Integration neuer Produkte. Zudem wird in dem Verfahren auch die Möglichkeit des Ausfalls eines Clearingteilnehmers betrachtet. Gleichzeitig werden für einen solchen möglichen Ausfall bestimmte Verfahrensweisen definiert.

5.3.6 Wie Privatpersonen EUREX-Produkte nutzen können

„Wissenschaft besteht aus Fakten wie ein Haus aus Backsteinen, aber eine Anhäufung von Fakten ist genausowenig Wissenschaft wie ein Stapel Backsteine ein Haus sind.“

Henri Poincaré (1854–1912), Mathematiker und Physiker

Um als Privatperson Geschäfte an der EUREX abschließen zu können, sind mehrere Voraussetzungen zu erfüllen. Zunächst muss bei einem Kreditinstitut ein Depot eröffnet werden. Wenn ein Depot für andere Wertpapiergeschäfte bereits besteht, kann dieses verwendet werden. Allerdings sollte man sich vorher bei seinem Kreditinstitut informieren, ob es Termingeschäfte für Privatpersonen anbietet und welche Provisionen für solche Transaktionen berechnet werden. Nicht jedes Kreditinstitut, das Wertpapiergeschäfte betreibt, eröffnet auch seinen Privatkunden die Möglichkeit, an der EUREX zu handeln. Gründe sind beispielsweise, dass der Handel in Terminkontrakten einen höheren Arbeits- und Überwachungsaufwand und unter Umständen auch ein höheres Risiko als beim Handel mit traditionellen Finanzinstrumenten für das Kreditinstitut darstellt.

Ist das Depot eröffnet, muss sich das Kreditinstitut einen Eindruck über die finanzielle Situation und die Erfahrungen des Kunden im Wertpapiergeschäft verschaffen und den Kunden über die Risiken von Wertpapiergeschäften aufklären. Der Kunde wird durch das Kreditinstitut entsprechend seiner finanziellen Situation, seiner bisherigen Erfahrungen, seiner Anlageintention und seiner Risikobereitschaft bestimmten Produktgruppen zugeordnet. Nur Kunden, die im Rahmen der sogenannten Angemessenheitsprüfung der Produktgruppe mit erhöhtem Risiko zugeordnet sind, wird beispielsweise der Handel mit EUREX-Produkten ermöglicht; andernfalls erfolgt ein Warnhinweis.

Das Finanzinstitut muss den Kunden entsprechend den Verhaltenspflichten nach §§ 31 ff. WpHG auch über die Risiken von Termingeschäften aufklären. So wird von Wertpapierdienstleistungsunternehmen gefordert, Verbraucher über die besonderen Risiken von Finanztermingeschäften vor deren Abschluss zu informieren. Wird dieser Informationspflicht nicht oder nicht richtig nachgekommen, ist die Rechtsfolge nicht mehr die Unverbindlichkeit der abgeschlossenen Termingeschäfte, sondern ein Schadensersatzanspruch des Verbrauchers, welcher für den Verbraucher nach Auffassung des Gesetzgebers einen ausreichenden Schutz darstellt. Der Schadensersatzanspruch wird jedoch nunmehr als Verstoß sowohl gegen gesetzliche Nebenpflichten aus §§ 31 und 32 WpHG als auch gegen vorvertragliche Schutzpflichten aus §§ 31 und 32 WpHG geahndet und kann zu einem Schadensersatzanspruch des Kunden gegen das Wertpapierdienstleistungsunternehmen nach § 280 Abs. 1 BGB führen.

Nachdem der Kunde diese Voraussetzungen erfüllt hat, kann er seine erste Order für eine Terminbörse, beispielsweise der EUREX, aufgeben. Doch zu hohes Engagement oder die Wahl der falschen Kontrakte kann zu verheerenden finanziellen Folgen führen. In manchen Fällen ist ein Totalverlust des eingesetzten Kapitals und sogar eine Nachschusspflicht gegenüber dem Kreditinstitut nicht auszuschließen. Aus diesem Grund sollte gerade in diesem Markt zunächst Erfahrung gesammelt und vorsichtig investiert werden.

Bei Positionen in Finanzterminkontrakten ist eine kontinuierliche Beobachtung und Bewertung des Derivats sowie der darauf einflussnehmenden Markt- und Wirtschaftsfaktoren besonders wichtig. Bei Positionen in Derivaten, speziell in Futures und Options-Short-Positionen kann die früher gültige Strategie von Altmeister André Kostolany: „Kaufen Sie Aktien, nehmen Sie Schlaftabletten und schauen Sie die Papiere nicht mehr an. Nach vielen Jahren werden Sie sehen, Sie sind reich“ zu einem bösen Erwachen führen.

Informationen dazu enthält eine umfassende Broschüre „Basisinformationen über Termingeschäfte – Grundlagen, wirtschaftliche Zusammenhänge, Möglichkeiten, und Risiken“, die Sie von Ihrem Kreditinstitut kostenlos erhalten können.

Bei der Wahl der „Mittel“ ist eine klare Vorstellung der persönlichen Ziele und Wünsche des Anlegers, der gewählten Strategie sowie eine vorherige Information über die Chancen und Risiken, aber auch über die Einflussfaktoren des jeweiligen Instruments wichtig.

Die drei Marginkomponenten der zu hinterlegenden risikobasierten Einschusszahlung (RBM)		
1. Options Premium Margin	**2. Futures Spread Margin**	**3. Additional Margin**
Das Ergebnis, das sich durch die Glattstellung aller Optionsbestände eines Depots oder Kundenengagements zu den Tagesschlusskursen ergeben würde, wird ermittelt. Dazu wird in jeder Optionsserie eine Nettoposition ermittelt, die dann je Basiswert gruppiert wird. Die Glattstellungsergebnisse werden anschließend pro Basiswert ermittelt und die Einzelergebnisse auf Depot- oder Kundenebene saldiert. Diese Summe, die positiv oder negativ sein kann, stellt die Options Premium Margin dar.	Spreads (beispielsweise Long FDAX Juni und Short FDAX September) weisen ein geringeres Risiko als Einzelpositionen auf. Da beide Verfalltermine den gleichen Kursverlauf aufweisen, kompensiert der Gewinn in dem einen Kontrakt den Verlust im anderen Kontrakt. Das Risiko entsteht, wenn einer der beiden Kontrakte beispielsweise wegen vorliegender Orders von seinem theoretischen Wert abweicht und sich Gewinn und Verlust aus beiden Kontrakten nicht mehr die Waage halten. In dieser Margin-Komponente werden die Spreads in Futures auf den selben Basiswert ermittelt und mit einem gewissen Risikofaktor multipliziert. Für die in Spreads „gebundenen“ Futures-Positionen muss nur dieser geringe und nicht der wesentlich höhere Marginbetrag hinterlegt werden.	Beide vorangegangenen Module bewerten die Bestände aufgrund der jeweiligen Tagesschlusskurse. Im Rahmen der Additional Margin wird ein möglicher maximaler Verlust (Worst Case Scenario) für den Zeitraum eines Tages ermittelt. Dazu werden die Nettopositionen wieder pro Basiswert (Marginklasse) oder Basiswertegruppe (Margingruppe) zusammengefasst. Anschließend errechnet man anhand der historischen Volatilität des Basiswertes die möglichen Ausschläge in der Volatilität und im Kurs des Basiswerts nach oben und unten. Da bei Futures durch die Variation Margin ein Gewinn- oder Verlustausgleich bereits stattgefunden hat, errechnet sich hier jeden Tag der gleiche Marginbetrag (Initial Margin). Der Wert der Options- oder Futurespositionen pro Basiswert (-gruppe) wird aufgrund dieser Extremkurse errechnet. Die Summe der größten Abweichungen (Worst Case) zu den jeweiligen Options Premium Beträgen stellt die Additional Margin dar.

5.3.6.1 Differenzierung der Geschäfte

Die meisten Kreditinstitute differenzieren die Geschäftsarten und Produkte an der EUREX nach drei verschiedenen Kategorien:

1. Die erste Kategorie beinhaltet den Kauf von Optionen,
2. in der zweiten Kategorie sind zusätzlich Leerverkäufe (sogenannte Short-Positionen) in Optionen erlaubt und
3. in der dritten Kategorie sind auch Käufe und Verkäufe in Futures gestattet.

Die drei wichtigsten Geschäftsarten und Produkte für Privatkunden		
Kauf von Optionen	Leerverkauf in Optionen (Short-Positionen)	Kauf und Verkauf von (Finanz-) Futures

Die drei Kategorien unterscheiden sich im Risiko- und somit auch im Verlustpotenzial. Beim Kauf von Optionen liegt das Verlustpotenzial maximal in Höhe der bezahlten Optionsprämie. Beim Verkauf von Optionen ist das Verlustpotenzial nicht begrenzt, da sich der Kurs des Basiswertes theoretisch unbegrenzt weit vom Basispreis der Option entfernen kann. Käufe und Verkäufe von Futures beinhalten ebenfalls ein unbegrenztes Verlustrisiko, das jedoch durch deren Kontraktspezifikation einen wesentlich größeren Hebeleffekt aufweist. Aus diesem Grund sind die Geschäfte der Kategorie zwei und drei marginpflichtig, das heißt, für die offenen Positionen muss ein bestimmter Betrag hinterlegt werden. Solche Geschäfte sollten nur nach einer angemessenen Erfahrung mit Wertpapier- und Termingeschäften und mit einem entsprechenden finanziellen Polster abgeschlossen werden.

5.3.6.2 Einsatzmöglichkeiten der EUREX-Produkte

Im Allgemeinen gibt es drei Möglichkeiten EUREX-Produkte zu nutzen, um mit Hilfe der dort gehandelten Kontrakte Geld zu verdienen. Für Privatanleger entfällt jedoch eine der drei Möglichkeiten, da diese auf der Ausnutzung von Marktungleichgewichten mit sehr hohen Volumina basiert und unter anderem deshalb für private Anleger nicht empfehlenswert ist. Für den privaten Investor verbleiben somit noch zwei Möglichkeiten.

Die zwei Möglichkeiten, EUREX-Produkte zu nutzen:
1. Ausnutzen des Hebeleffekts von Optionen und Futures (Spekulation) 2. Absichern eines vorhandenen Depots gegen Kurs-, Zins-, Inflations- oder Dividendenschwankungen

Doch immer wieder gilt für alle Derivate: Je nach eingegangener Position sind nicht nur der Totalverlust, sondern auch noch Transaktionskosten, unter Umständen auch Zinskosten und Währungsrisiken, einzukalkulieren.

- **Ausnutzen des Hebeleffekts von Optionen und Futures**

Die erste der beiden Möglichkeiten besteht in der Nutzung des Hebeleffekts von Optionen und Futures. In diesem Fall spricht man von Spekulation. Da Optionen und Futures im Verhältnis zu den entsprechenden Basiswerten nur einen sehr geringen finanziellen Einsatz erfordern, die Gewinn- (und Verlustmöglichkeiten) sich analog zu den Basiswerten verhalten, ist der Kauf oder Verkauf von diesen Derivaten gut geeignet für die Spekulation auf steigende oder fallende Preise, beispielsweise von Aktien, Indizes oder Rohstoffen.

Beispiel

Kauf eines Calls auf die XYZ-Aktie

Basispreis: 500,00 €
Optionsprämie: 8,00 €
XYZ-Aktie: 500,00 €

Kurs der XYZ-Aktie in €	450,00	460,00	470,00	480,00	490,00	500,00
Kurs des XYZ-Calls in €	0,01	0,08	0,40	1,40	3,72	8,00
Ergebnis der XYZ-Aktie in €	- 50,00	- 40,00	- 30,00	- 20,00	- 10,00	0,00
Ergebnis des XYZ-Calls in €	- 7,99	- 7,92	- 7,60	- 6,60	- 4,28	0,00
Ergebnis der XYZ-Aktie in %	- 10 %	- 8 %	- 6 %	- 4 %	- 2 %	0 %
Ergebnis des XYZ-Calls in %	- 100 %	- 99 %	- 95 %	- 83 %	- 54 %	0 %

Kurs der XYZ-Aktie in €	500,00	510,00	520,00	530,00	540,00	550,00
Kurs des XYZ-Calls in €	8,00	14,37	22,47	31,65	41,37	51,28
Ergebnis der XYZ-Aktie in €	0,00	10,00	20,00	30,00	40,00	50,00
Ergebnis des XYZ-Calls in €	0,00	6,37	14,47	23,65	33,37	43,28
Ergebnis der XYZ-Aktie in %	0 %	2 %	4 %	6 %	8 %	10 %
Ergebnis des XYZ-Calls in %	0 %	80 %	181 %	296 %	417 %	541 %

Wie aus dem Beispiel ersichtlich wird, könnte bei einer Kurssteigerung des Basiswertes um zehn Prozent durch den Kauf dieses Calls unter den gleichen Bedingungen ein Gewinn von über 500 Prozent erzielt werden. Allerdings muss dabei auch berücksichtigt werden, dass bei einem Verlust von zehn Prozent in der Aktie ein 100-prozentiger Verlust des Einsatzes, also der Optionsprämie, bei der Option vorliegt. Zudem muss die begrenzte Laufzeit der Option bedacht werden. Außer dem (ertraglos) gebundenen Kapital würde für den Aktienkäufer auch nach längerer Zeit kein Verlust entstehen. Für den Käufer der Option könnte dies jedoch den Totalverlust seines Engagements bedeuten.

Geldanlage-Tipp zu Calls

Ein Anleger, der statt einem Engagement in Aktien wegen der besseren Gewinnchancen Calls kaufen will, sollte nicht den gleichen Gegenwert für den Optionskauf einsetzen, wie er ihn für den Aktienkauf einsetzen würde. Vielmehr sollte die Anzahl der Aktien errechnet werden, die für den Betrag gekauft werden könnten. In der gleichen Menge sollten dann die Optionen erworben werden. Der Restbetrag kann anderweitig, beispielsweise in festverzinslichen Papieren mit Emittenten bester Bonität oder als Tagesgeld bei Kreditinstituten mit guter Einlagensicherung angelegt oder „geparkt“ werden.

Durch Put-Optionen auf verschiedene Aktientitel oder auf unterschiedliche Indizes hat der Privatanleger die Möglichkeit, auf fallende Kurse zu spekulieren. Dazu müssen Put-Optionen mit einem den jeweiligen Erwartungen entsprechenden Basiswert und einer geeigneten Laufzeit erworben werden.

- **Absichern eines vorhandenen Aktiendepots**

Die zweite Möglichkeit für den Privatanleger, die Produkte an der EUREX zu nutzen, ist das Absichern seines Depots gegen Kurs-, Zins-, Inflations- und/oder Dividendenschwankungen. Im Fachjargon wird diese Form der Absicherung als Hedging bezeichnet.

Zum Hedgen von Aktien stehen drei Varianten zur Auswahl:

1. Die erste Variante besteht im Kauf einer Put-Option auf die einzelnen im Depot befindlichen Aktientitel, was jedoch meist aufgrund der jeweiligen Kontraktgröße und der hohen Bankspesen nicht machbar oder nicht lukrativ ist.
2. Eine zweite (bessere) Variante stellt das Absichern eines Aktiendepots mit einer Index-Option dar. Dazu würden sich an der EUREX zum Beispiel die Optionen auf den DAX, den EURO STOXX 50, den STOXX 50 oder den Swiss Market Index eignen. Entsprechend den im Depot befindlichen Wertpapieren ist der passende Index-Put zu wählen.
3. Die dritte Variante besteht im Verkauf von Futures. Diese Variante scheidet für viele Privatanleger wegen der von den Kreditinstituten geforderten Voraussetzungen und aufgrund des hohen Kontraktwerts der Futures-Kontrakte aus.

Wichtig bei allen drei Varianten ist die Berechnung der korrekten Anzahl an Options- oder Futures-Kontrakten. Werden zu wenige Kontrakte gekauft, wird der Verlust durch die Wertpapiere nicht in dem gewünschten Maß durch die Hedge-Position kompensiert. Werden zu viel Kontrakte gekauft, werden die Verluste aus den Wertpapieren durch die Terminkontrakte überkompensiert, was unter Umständen zwar einen zusätzlichen Gewinn beschert, jedoch nicht Gegenstand einer Absicherung ist. Eine zu hohe Anzahl an Absicherungskontrakten würde sich auch in den zu hohen Absicherungskosten bemerkbar machen.

Geldanlage-Tipp zur Depotabsicherung
Für die Absicherung eines Depots sollten bevorzugt Put-Optionen gekauft werden. Zum einen stellen sie, im richtigen Maß eingesetzt, einen effektiven Schutz gegen Kursverluste aus dem Depot dar und zum anderen kann die „Versicherungsprämie“ nicht über das eingesetzte Kapital für die Puts steigen. Der Verkauf von Calls sichert das Depot nur bedingt, das heißt in Höhe der erhaltenen Prämien, gegen Kursverluste ab und kann unter Umständen zu höheren Verlusten führen, wenn die erwartete Marktbewegung nicht eintritt.

Eine mit Bedacht aufgebaute Hedge-Position ist bezüglich der Spesen des Kreditinstituts auf jeden Fall preisgünstiger als Wertpapiere aus dem Depot zu verkaufen und nach dem erwarteten Kursrutsch wieder einzukaufen. Falls man jedoch das Vertrauen in die im Depot befindlichen Titel oder deren zukünftige Entwicklung verloren hat, sollte über das Auflösen der Position nachgedacht werden.

5.4 Die wichtigsten Börsenindizes der Deutsche Börse AG

Bei den von der Deutsche Börse AG veröffentlichten Indizes handelt es sich um echte Indizes. Das bedeutet, die Berechnung findet anhand statistischer Indexformeln und nicht aufgrund der Errechnung eines arithmetischen oder geometrischen Mittels statt. Die Deutsche Börse AG veröffentlicht zwei Arten von Indizes: Zum einen handelt es sich um Performance-Indizes, bei denen die Erträge aus den im Index enthaltenen Titel kalkulatorisch wieder reinvestiert werden und zum anderen um Kursindizes, bei denen keine Reinvestition der Kapitalerträge stattfindet. Findet beispielsweise bei einem Aktientitel im DAX-100 Kursindex ein Dividendenabschlag statt, macht sich dies im Index bemerkbar. Derselbe Abschlag im DAX-100 Performance-Index hat dagegen keine Auswirkung, da die Gewichtung des Titels im Verhältnis zum abgeschlagenen Dividendenbetrag angehoben wird. Die Dividende wird somit wieder rechnerisch reinvestiert.

Indizes geben einen schnellen Überblick beispielsweise über ein bestimmtes Aktienmarktniveau oder Zinsniveau. Zudem lässt sich mit ihnen die Entwicklung dieser Bereiche in einem bestimmten Zeitraum einfach nachvollziehen. So werden Indizes beispielsweise auch als Messlatte (Benchmark) für die Performance (Wertentwicklung) von Fonds oder Verwaltungsdepots herangezogen.

5.4.1 Rentenindizes

Rentenindizes geben die Entwicklung des Rentenmarktes in einem bestimmten Laufzeitbereich wieder.

Die Deutsche Börse AG hat die Rentenindizes in drei „Familien" oder Marken gegliedert:

1. Die Marke eb.rexx ist die Indexfamilie für festverzinsliche Wertpapiere. Die Basis stellen die Kassa- und Terminpreise der Handelsplattform Eurex-Bonds, die in einem zentralen Quote-Book zusammengeführt werden. Der Index wird minütlich berechnet und stellt die Grundlage für derivative Finanzinstrumente dar.
2. Der REX-Index stellt einen repräsentativen Ausschnitt des Marktes für deutsche Staatsanleihen dar. Der Index wird einmal täglich berechnet.
3. Die Familie der iBoxx-Rentenindizes konzentriert sich auf den internationalen Markt und wird minütlich berechnet. Sie basiert auf der Zusammenarbeit der Deutsche Börse AG mit einer Reihe von Investmentbanken.

Index	**Werte**
eb.rexx Government Germany	Wird aus den 25 liquidesten deutschen Staatsanleihen mit einer Restlaufzeit zwischen 1,5 und 10 Jahren berechnet.
eb.rexx Jumbo Pfandbriefe	Wird aus den 25 liquidesten deutschen Jumbo-Pfandbriefen mit einer Restlaufzeit zwischen 1 und 10 Jahren berechnet.
REX	Wird aus 30 synthetischen (fiktiven) deutschen Bundesanleihen mit im Zeitablauf unveränderlichen ganzjährigen (Rest)Laufzeiten von ein bis zehn Jahren und einem festen Kupon ermittelt.
REXP	Wird als Performanceindex aus der Wertentwicklung des REX-Portfolios gebildet, in das die Kuponzahlungen unter Beibehaltung der Portfoliostruktur reinvestiert werden.
iBoxx-€-Deutschland-Kursindex	Wird aus den börsennotierten tatsächlich am Markt umlaufenden Bundeswertpapiere des Bundes und der Treuhandanstalt gebildet.
iBoxx-€-Deutschland Performanceindex	Wird als Performanceindex aus der Wertentwicklung des iBoxx-e-Deutschland-Kursindexes unter Reinvestition der Kuponzahlungen gebildet.

5.4.2 Aktienindizes

Einen Leitfaden zu den Aktienindizes der Deutsche Börse AG finden Sie unter www.deutsche-boerse-cash-market.com mit dem Suchbegriff „Leitfaden zu den Aktienindizes".

Kursindex versus Performance-Index
Zur Berechnung eines Indexes gibt es grundsätzlich zwei Möglichkeiten: 1. den Performanceansatz und 2. den Kursansatz. Der Unterschied der methodischen Vorgehensweise besteht in der rechnerischen Behandlung von Dividenden und von Bezugsrechten. Wenn beispielsweise ein Unternehmen Dividende ausschüttet, sinkt der Aktienkurs nach Dividende (ex Dividende, also am Tag danach), entsprechend. Bei einem **Performance-Index** wird die Dividendenausschüttung rein rechnerisch wieder in die jeweilige Aktie investiert, also reinvestiert. Der **Kursindex** berücksichtigt die Reinvestition der Dividendenausschüttung nicht.

Die Folge: Auch wenn zwei Indizes denselben Markt abdecken, können sie unterschiedlich verlaufen, da sie nach unterschiedlichen Methoden ermittelt werden. Dabei verläuft die Kurve eines Performance-Indexes üblicherweise oberhalb der Kurve des Kursindexes. Alle nachstehend aufgeführten Indizes der Frankfurter Börse AG werden als Performance- und Kursindex veröffentlicht.

Seit dem 24.09.2018 wurde die Trennung nach Tech und Classic aufgehoben. Damit können auch kleine und mittlere Unternehmen des Technologie-Segments in den MDAX oder SDAX aufgenommen werden. Ebenso können DAX-Unternehmen, die den Technologie-Sektoren zugeordnet sind, auch in den TecDAX aufgenommen werden. Gleichzeitig wurde die Zahl der Werte in einigen Indizes erhöht: Die Zahl der Werte im MDAX stieg von 50 auf 60, im SDAX von 50 auf 70. Die Zahl der Werte im TecDAX blieb unverändert bei 30.

Nachstehend eine Auswahl der wichtigsten Aktienindizes der Deutsche Börse AG:

Index	Der nebenstehende Index basiert auf folgenden Werten:
DAX[1]	Wird aus den 30 größten deutschen Aktienwerten ermittelt.
MDAX[1]	Wird aus den nächstgrößten 60, dem DAX-Index folgenden Aktienwerten ermittelt.
TecDAX[1]	Wird aus den 30 größten Technologieunternehmen des Prime Standards ermittelt.
HDAX[1]	Wird aus 110 Werten des DAX, MDAX und des TecDAX ermittelt.
SDAX[1]	Wird aus den nächstgrößten 70, dem MDAX-Index folgenden Aktienwerten ermittelt.
Midcap MarketIndex[1]	Wird aus den 50 MDAX- und den 30 TecDAX-Werten ermittelt.
CDAX[1]	Wird aus inländischen Prime-Standardwerten ermittet; Anzahl variiert.
Prime AS (All Share)[1]	Wird aus in- und ausländischen Prime-Standardwerten ermittet; Anzahl variiert.

1 Composite DAX, wird als Kurs- und als Performance-Index errechnet.

Internetadressen zu Börsen und Indizes	
Gruppe Deutsche Börse	www.deutsche-boerse.com
EUREX	www.eurexchange.com
XETRA	www.xetra.de
STOXX-Indizes	www.stoxx.com
Dow Jones Indizes	www.djiindexes.com

5.5 Steuerliche Behandlung von Termingeschäften

Seit 2009 gehören nach § 20 Abs. 2 Satz 1 Nr. 3 EStG zu den Einkünften aus Kapitalvermögen auch

„Der Gewinn

a) bei **Termingeschäften**, durch die der Steuerpflichtige einen Differenzausgleich oder einen durch den Wert einer veränderlichen Bezugsgröße bestimmten Geldbetrag oder Vorteil erlangt;
b) aus der **Veräußerung eines als Termingeschäft ausgestalteten Finanzinstruments.**"

Unabhängig davon unterliegen Termingeschäfte seit 2009 der 25-prozentigen Abgeltungsteuer.

Steuerlich betrachtet, fallen unter Termingeschäfte alle als Options- und Festgeschäfte ausgestatteten Finanzinstrumente, deren Preis sich von einem Underlying oder Basiswert ableitet, wie beispielsweise Wertpapiere, Geldmarktinstrumente, Waren, Indizes oder Devisen.

Entsprechend führt der **Barausgleich als Differenzausgleich beim Optionsinhaber** unabhängig von Haltefristen zu einem Gewinn aus einem Termingeschäft nach § 20 Abs. 2 Satz 1 Nr. 3 Buchstabe a EStG, wobei die gezahlten Optionsprämien wie verfallene Optionsprämien in den allgemeinen Verlusttopf einzustellen sind.

Auch im Zusammenhang mit Termingeschäften erzielte **Währungsgewinne** sind seit 2009 Teil des Veräußerungsgewinns und unterliegen der Abgeltungsteuer. Dazu werden die Kurse bei Anschaffung und Veräußerung jeweils in Euro umgerechnet.

Stillhalterprämien zählen bei Zufluss seit 2009 nicht mehr zu den sonstigen Einkünften, sondern zu den Kapitaleinkünften nach § 20 Abs. 1 Nr. 11 EStG. Auch bei Glattstellung der Position gilt hier das Zuflussprinzip. Die gezahlte Prämie ist im Abflussjahr zu erfassen. Die sich daraus ergebenden negativen Einnahmen werden im sogenannten allgemeinen Verlustverrechnungstopf verrechnet.

Bei **Gewinnen aus Termingeschäften** gilt das Nettoprinzip wie folgt: Neben den Anschaffungskosten einschließlich Anschaffungsnebenkosten können die Veräußerungsnebenkosten abgezogen werden, sofern diese in unmittelbarem Zusammenhang mit der Transaktion stehen.

Verluste aus Termingeschäften werden im allgemeinen Verlustverrechnungstopf berücksichtigt und sind beispielsweise mit Zinserträgen verrechenbar.

5.6 Kleines Termingeschäfts-ABC

Ask	Angebot/Kurs, zu dem Verkaufsaufträge vorliegen
ATM	(At The Money/am Geld) Basispreis = Kurs oder Preis des Basiswertes, Ausübung bringt keinen Gewinn und keinen Verlust.
Auslosung	Der (Leer-)Verkäufer einer Option wird ausgelost, das heißt, der Optionskäufer übt aus.
Ausübung/Exercise	Der Inhaber einer Option übt sein Optionsrecht aus.
Basispreis/Strike	Bei Abschluss des Optionsgeschäfts vereinbarter Preis, zu dem der Basiswert bezogen oder verkauft wird.
Basiswert/ Underlying	Der Basiswert ist der Wert, der einer Option zugrunde liegt, beispielsweise eine Aktie.
Bid	Nachfrage/Kurs, zu dem Kaufaufträge vorliegen
Call	Kaufoption
Cash Settlement	Barausgleich über Konten bei nicht effektiv lieferbaren Produkten wie Index-Produkten
CCP	Central Counterparty (zentraler Kontrahent)
CHF	Schweizer Franken (nach ISO-Code)
Closing/ Glattstellung/ Positionslösung/ Position Close-out	Ausgleich einer eingegangenen (Markt-)Position durch ein Gegengeschäft Beispiel: Der Inhaber einer Kauf- oder Verkaufsoption verkauft eine Option derselben Serie, aus der er zuvor gekauft hat. Er hat sich glattgestellt, die Position ist somit geschlossen (closed); auch: Positionslösung oder Position Close-out genannt.
Commodities	börsengehandelte, hochstandardisierte homogene Handelswaren, besonders Rohstoffe wie beispielsweise Getreide, Kaffee oder Baumwolle
Derivat	Finanzinstrument, bei dem das Verpflichtungs- und Erfüllungsgeschäft zeitlich auseinanderfällt. Derivate beziehen sich auf Basiswerte wie Aktien, Anleihen, Commodities oder Indizes.
EUR	Euro (nach internationalem ISO-Code)
Finanztermin-geschäft	→ Termingeschäfte mit Finanzprodukten wie Wertpapiere oder → Derivate; Gegensatz → Kassageschäft
Fixing	Festsetzung von Preisen an Börsen, beispielsweise des Goldpreises in London
Forwards	außerbörsliche, nicht standardisierte, feste → Terminkontrakte

Futures (Financial Futures)	Standardisierte, an Börsen oder über börsliche Handelsplattformen gehandelte unbedingte (feste) → Termingeschäfte über Finanzprodukte oder Rohstoffe, mit dem Recht, zu einem späteren Zeitpunkt, aber zu den bei Vertragsabschluss festgelegten Konditionen, zu kaufen oder zu verkaufen.
FWB	Frankfurter Wertpapierbörse
Glattstellung	(Vorzeitiges) Herauslösen einer eingegangenen Verpflichtung durch Veräußerung oder durch ein Gegengeschäft
Hedging	Absicherung oder Verringerung von Zins-, Währungs-, Kurs- oder anderen Finanzrisiken, beispielsweise durch Optionen oder Futures
ISO	International Standard Organisation
ITM	(In The Money/im Geld) • bei Calls: Basispreis < Kurs oder Preis des Basiswertes • bei Puts: Basispreis > Kurs oder Preis des Basiswertes. In diesen Fällen ist die Ausübung sinnvoll.
Kassageschäft	Geschäftsabschluss über Finanzgeschäfte, bei dem Zeitpunkt des Abschlusses und der Erfüllung (nahezu) identisch sind; Gegensatz: → Termingeschäft
Kontrakt	kleinste handelbare Einheit
LEPO	Low Exercise Price Option
Long-Position	Kaufposition: Es wurde ein Plusbestand aufgebaut.
Margin	Sicherheitsleistung, Einschuss, Einschusszahlung
Market Maker	Marktteilnehmer, der verbindlich Kauf- und Verkaufskurse auf Optionen eines bestimmten Basiswertes stellt.
Opening/Eröffnung	Eröffnen (= Eingehen) einer (Markt-) Position durch Kauf
Option	Standardisierte, an Börsen oder über börsliche Handelsplattformen gehandelte bedingte (optionale) → Termingeschäfte über Finanzprodukte oder Rohstoffe, zu den bei Vertragsabschluss festgelegten Konditionen zu einem späteren Zeitpunkt oder innerhalb eines bestimmten Zeitraums anzunehmen oder abzulehnen. Gegensatz → Future
Optionsprämie	Wert (Preis) einer Option, der beim Kauf bezahlt werden muss. auch: Optionspreis
OTC	Over-the-Counter, außerbörslicher Handel der Finanzteilnehmer

OTM	(Out of Money / aus dem Geld) bei Calls: Basispreis > Kurs oder Preis des Basiswertes bei Puts: Basispreis < Kurs oder Preis des Basiswertes Ausübung nicht sinnvoll
PBRM	siehe Portfolio Based Risk Management
Portfolio Based Risk Management	Portfoliobasierte Risikomanagementmethode der EUREX (PBRM)
Put	Verkaufsoption
Quote	Angebots- oder Nachfragepreis eines Market Makers
Quote-Book	Im Quote-Book erfolgt die Zusammenführung der an verschiedenen Handelssystemen ermittelten Preise.
Short-Position	Verkaufsposition: Es wurde ein Minusbestand (durch Leerverkauf) aufgebaut.
Spotgeschäft	→ Kassageschäft
Spread	Differenz zwischen zwei Preisen, beispielsweise einem Kauf- und Verkaufskurs oder zwischen zwei Futures mit unterschiedlichen Fälligkeiten
Stillhalter	Verkäufer einer Option
Termingeschäft (Terminkontrakt)	Im Gegensatz zum → Kassageschäft, beispielsweise dem Kauf einer Aktie, wird bei einem Termingeschäft zwar in der Gegenwart Preis und Termin des Kaufs oder Verkaufs bestimmt, aber erst in der Zukunft (eben: per Termin) das Geschäft erfüllt. Unterschieden wird das bedingte Termingeschäft (Option) und das unbedingte Termingeschäft (Forwards und Futures).
Tick	kleinstmögliche Preisveränderung
Underlying	Basiswert (für Derivate): Zugrunde liegendes Finanzprodukt oder zugrunde liegender Gegenstand (Wert), meist Basiswert genannt, der dem daraus abgeleiteten Derivat als Grundlage dient.
USD	US-Dollar (nach internationalem ISO-Code)
Verfall/Expiration	Bei Verfall (Verfalltermin) erlischt die Option und damit erlöschen auch die Rechte aus der Option.
Volatilität	Schwankungsbreite der Preise oder Kurse von Finanzprodukten im Zeitverlauf
XETRA	Exchange Electronic Trading, elektronische Handelsplattform

6 Zur Absicherung und Vorsorge: Versicherungen und Steuervorteile

„Versicherungen sind Illusionen auf Raten."

Levi Jizchak ben Meir von Berditschew (1740–810), chassidischer Rabbiner und Zaddik

In diesem Kapitel werden vor allem Anlage-, Absicherungs- und Vorsorgeprodukte wie die klassische Lebensversicherung, die Direktversicherung und die fondsgebundene Lebensversicherung behandelt. Dabei stehen besonders Rendite- und Risikogesichtspunkte vor dem Hintergrund der Einkommensteuer, der Erbschaftsteuer und der Schenkungsteuer im Fokus.

In Umsetzung von Vorgaben der EU erfolgte eine vollständige **Überarbeitung des aus dem Jahr 1908 stammenden Gesetz über den Versicherungsvertrag (Versicherungsvertragsgesetz – VVG)** mit der Neufassung vom 23.11.2007 (BGBl. I S. 2631). Die neuen Vorschriften gelten seit 01.01.2008 für Neuverträge und seit 01.01.2009 für alle Versicherungsverhältnisse.

Das VVG regelt die Rechtsbeziehungen zwischen Versicherer und Versicherungsnehmer, wie das Gesetz die Versicherungspartner bezeichnet. Ziel des Gesetzgebers ist es, den Verbraucherschutz zu verbessern (Stärkung der Rechte der Verbraucher) und für mehr Klarheit und Transparenz zu sorgen. Wesentliche Änderungen beziehen sich auf Beratungs- und Belehrungspflichten, den Abschluss des Vertrags, die Laufzeit, die Folgen bei Obliegenheitsverletzungen und den Versicherungsfall, die Geltendmachung der Ansprüche sowie Vorschriften zu einzelnen Versicherungssparten.

Im Einzelnen wurden die Pflichten in der Verordnung über die Informationspflichten bei Versicherungsverträgen (VVG-Informationspflichtenverordnung – VVG-InfoV) in der Fassung vom 18.12.2007 BGBl. I S. 3004), in Kraft getreten am 01.01.2008, geregelt.

Die wichtigsten Regelungen für Versicherungskunden nach dem VVG:

- Den Versicherer treffen gesetzliche **Beratungs- und Belehrungspflichten**, die zusätzlich in einer Informationspflichtenverordnung geregelt werden. Bereits rechtzeitig vor Abgabe seiner Vertragserklärung sind dem Versicherungsnehmer die Vertragsbestimmungen, die Allgemeinen Versicherungsbedingungen, ein Produktinformationsblatt und weitere Informationen zur Verfügung zu stellen.
- Für den **Vertragsschluss (Vertragsabschluss)**
  kommen folgende drei Modelle in Betracht:
  1. Das Antragsmodell:
     Der Versicherungsnehmer hat bei Abgabe seiner Vertragserklärung bereits sämtliche gesetzlich vorgeschriebenen Informationen erhalten. Das Antragsmodell ist der gesetzliche Regelfall.

2. Das Invitationsmodell:
Der Versicherungsnehmer fordert ein Angebot an, erhält vom Versicherer sämtliche Informationen und wird „eingeladen", einen vorbereiteten Antrag zu unterschreiben.
3. Das Verzichtsmodell:
Der Versicherungsnehmer verzichtet ausnahmsweise vor Abgabe seiner Vertragserklärung durch eine gesonderte schriftliche Erklärung auf die gesetzlichen Informationen und erhält sie nach Vertragsschluss mit dem Versicherungsschein.

- Jedem privaten Versicherungsnehmer steht ein **Widerrufsrecht** für seine Vertragserklärung zu, sofern es sich nicht um kurzfristige Verträge mit einer Laufzeit von weniger als einem Monat oder um die vorläufige Deckung bei der Kraftfahrtversicherung handelt. Die **Widerrufsfrist** beträgt zwei Wochen (§ 8 VVG), in der Lebensversicherung 30 Tage (§ 152 VVG). Sie beginnt mit dem Zugang des Versicherungsscheins (Police) und der gesetzlich vorgesehenen Informationen. Über das Widerrufsrecht ist der Versicherungsnehmer durch ein vorgeschriebenes Muster zu belehren.
- Im Rahmen der **vorvertraglichen Anzeigepflicht** hat der Versicherungsnehmer die ihm bekannten Umstände anzuzeigen, nach denen der Versicherer in Textform gefragt hat. Das **Rücktrittsrecht** erlischt nach Ablauf von fünf Jahren, bei Vorsatz oder Arglist nach zehn Jahren (§ 19 ff. VVG).
- Bei Vereinbarung des Lastschriftverfahrens ersetzt der Kunde die (ansonsten vom Versicherer vorzunehmende) Zahlungshandlung. Soweit nicht das Lastschriftverfahren vereinbart wurde, ist die **Erstprämie** unverzüglich nach Ablauf von zwei Wochen nach Zugang des Versicherungsscheins zu zahlen. Bei vorzeitiger Vertragsauflösung durch Kündigung oder Rücktritt steht dem Versicherer die Prämie nur zeitanteilig zu.
- Die **Laufzeit** des Vertrages kann frei vereinbart werden. Ist der Versicherungsvertrag für die Dauer von mehr als drei Jahren geschlossen, steht dem Versicherungsnehmer zum Schluss des dritten oder jedes folgenden Jahres mit einer Frist von mindestens einem Monat und längstens drei Monaten ein **Kündigungsrecht** zu (§ 11 Abs. 3 VVG).
- Gefahrerhöhungen, Obliegenheitsverletzungen und die Herbeiführung des Versicherungsfalles führen **nur bei vorsätzlichem Verhalten** des Versicherungsnehmers zur uneingeschränkten **Leistungsfreiheit** des Versicherers. Bei grober Fahrlässigkeit ist der Versicherer berechtigt, seine **Leistung im entsprechenden Verhältnis zu** kürzen.

Produktinformationsblatt nach § 4 VVG-InfoV
Nach § 7 Abs. 1 Satz 1 des VVG i. V. m. § 4 VVG-InfoV müssen Versicherer jedem Versicherungsnehmer, sofern dieser ein Verbraucher ist, ein sogenanntes Produktinformationsblatt – das auch als solches zu bezeichnen ist – zur Verfügung stellen. Das Blatt muss anderen zu erteilenden Informationen vorangestellt sein. In „übersichtlicher und verständlicher Form sollen die Informationen, die für den Abschluss oder die Erfüllung des Versicherungsvertrags von besonderer Bedeutung sind, knapp dargestellt werden".

1. Die Informationspflichten bei allen Versicherungszweigen umfassen im Wesentlichen:
   - die Art des angebotenen Versicherungsvertrags
   - das versicherte Risiko und die ausgeschlossenen Risiken; bei Lebensversicherungen mit Überschussbeteiligung ist zusätzlich auf die Modellrechnung nach § 154 VVG hinzuweisen
   - die Höhe der Prämie in Euro, die Fälligkeit und den Zeitraum, für den die Prämie zu zahlen ist sowie die Folgen unterbliebener oder verspäteter Zahlung
   - im Vertrag enthaltene Leistungsausschlüsse
   - die Obliegenheiten (bei Vertragsabschluss, während der Laufzeit des Vertrags und bei Eintritt des Versicherungsfalls) und die Folgen der Nichtbeachtung sowie
   - Beginn und Ende des Versicherungsschutzes

2. Informationspflichten bei der Lebensversicherung, der Berufsunfähigkeitsversicherung und der Krankenversicherung
   Die in § 2 und § 3 VVG-InfoV vorgesehenen Regelungen zur Information über die Abschluss- und sonstigen Kosten bei der Lebensversicherung und der Krankenversicherung sollen die mit dem Vertrag verbundenen Kosten für den Verbraucher transparent machen.

Einheitliches Produktinformationsblatt nach der PRIIPs-Verordnung
Am 9. Dezember 2014 wurde die PRIIPs-Verordnung (Packaged Retail and Isurance-based Investment Products) im EU-Amtsblatt veröffentlicht. Damit erhalten Verbraucher in der EU für alle „verpackten" Finanzprodukte wie Investmentfonds, kapitalbildende Lebensversicherungen und Zertifikate ein einheitliches (Basis-)Informationsblatt.

Dadurch wurde ein einheitlicherer Informationsstandard für alle „verpackten" Anlageprodukte geschaffen. Als „verpackt" gelten dabei alle Produkte, „die das Geld der Kunden individuell am Kapitalmarkt anlegen oder deren Rückzahlungsanspruch in sonstiger Weise an die Wertentwicklung bestimmter Wertpapiere oder Referenzwerte gekoppelt ist."

Im Informationsblatt sollen nach dem Vorbild des Key Investor Document (KID) die wesentlichen Merkmale sowie die Chancen und Risiken eines Produkts in kurzer und verständlicher Form dargestellt werden, wie durch die OGAW-Richtlinie bereits seit Mitte 2011 vorgeschrieben.

Die Informationen müssen die jeweils wichtigsten Produktmerkmale, besonders deren Risiken und Kosten enthalten. Für zertifizierte Riester-Produkte gilt bereits seit 2013 ein einheitliches Informationsblatt. Deshalb sind Riester-Produkte von den neuen Anforderungen ausgenommen.

Verbraucherfreundliche Regelungen im reformierten Versicherungsvertragsgesetz
Nach mehr als 100 Jahren wurde im Jahr 2008 das Versicherungsvertragsgesetz (VVG) umfassend reformiert. Damit wurden für den Verbraucher wichtige Eckpunkte festgeschrieben: Die Information, die Beratung, die Dokumentation und die Mitteilung der Bedingungen hat in Schriftform zu erfolgen. Zusätzlich gelten die sich aus dem Versicherungsvertrag ergebenden Pflichten des Versicherungsvermittlers, des Versicherungsvertreters, des Versicherungsmaklers und des Versicherers.

So ist nach § 6 VVG der Versicherungsnehmer nach seinen Wünschen, Bedürfnissen und Zielen im jeweils erforderlichen Umfang zu befragen und zu beraten.

Nach § 7 VVG sind dem Versicherungsnehmer rechtzeitig vor Abgabe der Vertragserklärung des Versicherers die Vertragsbestimmungen und eine Reihe weiterer Informationen in Textform mitzuteilen.

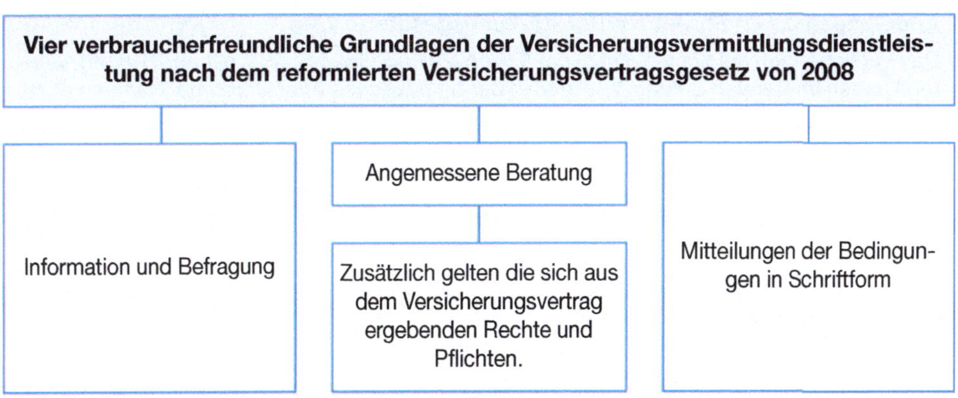

Seit dem 1.Juli 2013 gelten **neue Wohlverhaltensregeln** (Verhaltenskodex für die Versicherungswirtschaft), mit denen „eine gute faire Beratung" der Versicherungskunden gewährleistet werden soll.

Elf Punkte regeln das Verhältnis zwischen Versicherer und Versicherungsnehmer. Danach sollen verständliche Produkte angeboten werden, das Kundeninteresse im Vordergrund stehen, Compliance-Vorschriften eingehalten und Zusatzvergütungen der Vermittler ausgewiesen werden. Außerdem soll nur noch mit Vermittlern zusammengearbeitet werden, die sich nachweislich laufend fortbilden. Bestätigt werden soll die Einhaltung durch unabhängige Wirtschaftsprüfer.

Das Urteil der Vebraucherschützer dazu fällt allerdings nicht ungeteilt positiv aus: „Zu unpräzise und zu allgemein gehalten" bemängeln Verbraucherschützer, zumal auch Sanktionen fehlen.

Bei Beschwerden hilft der „Ombudsmann"

Wie seit vielen Jahren im Kreditgewerbe hat auch die Versicherungsbranche ihren Ombudsmann[1], an den sich Versicherte mit ihren Beschwerden über Versicherungsunternehmen wenden können. Führen seine Schlichtungsversuche zwischen Versichertem und Versicherer zu keinem Ergebnis, kann er bei Streitigkeiten um Beträge bis 10000

Euro eine verbindliche Entscheidung herbeiführen.

Die Adresse lautet: Verein Versicherungsombudsmann e. V. , Postfach 080632, 10006

Berlin. Die Beschwerde kann auch telefonisch erfolgen. Dazu bietet ein Call-Center unter der Nummer 0800 3696000 (Fax 0800 3699000) die Möglichkeit, die Probleme zunächst mündlich zu erörtern. Die Beschwerde kann auch per E-Mail unter beschwerde@ versicherungsombudsmann.de zugestellt werden.

Info: www.versicherungsombudsmann.de.

Anlaufstelle für die Private Kranken- und Pflegeversicherung: Ombudsmann Private Kranken- und Pflegeversicherung, Postfach 06 02 22, 10052 Berlin,
Telefon: 01802 55 04 44, Fax: 030 20 45 89 31; Info: www.pkv-ombudsmann.de

Rechtsgrundlage: Verfahrensordnung des Versicherungsombudsmanns im Sinne von § 214 Abs. 1 Nr. 2 VVG vom 08.11.2007 (Schlichtungsstelle).

Unabhängig von der Schlichtungsmöglichkeit durch den Ombudsmann kann auch die Bundesanstalt für Finanzdienstleistungsaufsicht (BaFin) angerufen werden. Dies gilt auch im Zusammenhang von Streitigkeiten beim Fernabsatz von Versicherungen im Sinne des Fernabsatzgesetzes.

Änderungen durch Betriebsrentenstärkungsgesetz ab 2018.

Das Versicherungsaufsichtsgesetz vom 1. April 2015 (BGBl. I S. 434) gilt ab 2018 mit Neuregelungen im Bereich Beitragszusagen in der betrieblichen Altersvorsorge. Näheres dazu im Abschnitt 6.4.

Beschwerdemöglichkeit bei der BaFin

Bei Verstößen gegen Gesetze oder Vereinbarungen durch den Versicherer können Sie sich auch an die BaFin wenden, die auch für die Beaufsichtigung der privaten Versicherungswirtschaft zuständig ist: www.bafin.de

1 Ombudsman (schwedisch): Schlichter, der die Rechte des Bürgers gegenüber Behörden wahrnimmt.

Geldanlage-Tipp zu Versicherungsinformationen im Internet (Auswahl)

- **www.versicherungen.de** (Präsentation von über 150 Versicherungsgesellschaften mit Tarifen und Hintergrundinformation)
- **www.aspect-online.de** (Übersicht der Krankenversicherer: Vergleiche und Abschlussmöglichkeiten)
- **www.deutsche-versicherungsboerse.de** (Beratung für Verbraucher, Vermittler und Makler, Beratung per E-Mail – auch anonym)
- **www.bundderversicherten.de** (Bund der Versicherten, Hamburg: Einholen von Vergleichsangeboten)
- **www.einsurance.de** (Prämienvergleiche)
- **www.finanzscout24.de** (Prämienvergleiche)
- Bei Nachfragen wegen Verletzung des Datenschutzes können Sie sich an den jeweiligen Landesdatenschutzbeauftragten wenden: Adressen unter **www.datenschutz-berlin.de**
- **www.bvvb.de** (Bundesverband der Versicherungsberater e.V.)

6.1 Versicherungsteuer

Rechtsgrundlage ist das Versicherungsteuergesetz (VersStG 1996) in der Fassung der Bekanntmachung vom 10. Januar 1996 (BGBl. I S. 22).

Steuerschuldner ist der Versicherungsnehmer. Für die Steuer haftet der Versicherer. Er hat die Steuer für die Rechnung des Versicherungsnehmers zu entrichten (§ 7 Versicherungsteuergesetz – VersStG –).

Die Steuer beträgt seit 01.07.2010 grundsätzlich 19 Prozent des Versicherungsentgelts (also der Prämie) ohne Versicherungsteuer (§ 6 Abs. 1 VersStG). Abweichend davon beträgt die Versicherungsteuer nach § 6 Abs. 2 VersStG beispielsweise

- bei der Feuerversicherung und der Feuer-Betriebsunterbrechungsversicherung 22 Prozent,
- bei der Unfallversicherung mit Prämienrückgewähr 3,8 Prozent und
- bei der Versicherung von Schäden gegen Hagelschlag, Sturm, Starkfrost, Starkregen oder Überschwemmungen [...] für jedes Versicherungsjahr 0,3 Promille der Versicherungssumme.

6.2 Abzugsfähigkeit von Versicherungsbeiträgen

„Es ist nicht möglich, den Tod des Steuerpflichtigen als dauernde Berufsunfähigkeit im Sinne von § 16 Abs. 1 Satz 3 EStG zu werten und demgemäß den erhöhten Freibetrag abzuziehen."

BFH-Urteil vom 29.04.1982 (IV R 116/79)

Beiträge zu folgenden Versicherungen können nach dem Einkommensteuergesetz steuerlich geltend gemacht werden, entweder als „Altersvorsorgeaufwendungen" (§ 10 Abs. 3 und 3a EStG) oder als „Sonstige Vorsorgeaufwendungen" (§ 10 Abs. 1 EStG):

- **Altersvorsorgeaufwendungen** mit den Beiträgen zur Basisversorgung (Beiträge zur gesetzlichen Rentenversicherung, zur landwirtschaftlichen Alterskasse und zur „neuen" privaten Leibrente)
  Nach § 10 Abs. 3 EStG können Altersvorsorgeaufwendungen seit 2010 zu 70 Prozent (von einem Höchstbetrag von maximal 20 000 Euro pro Jahr / bei Verheirateten und eingetragenen Lebenspartnern 40 000 Euro pro Jahr) steuerlich geltend gemacht werden. Dieser Prozentsatz steigt bis zum Jahr 2025 um jährlich zwei Prozentpunkte dann auf 100 Prozent (von maximal 20 000 Euro / 40 000 Euro pro Jahr). Der so errechnete Betrag der Vorsorgeaufwendungen vermindert sich allerdings um den vollen Arbeitgeberanteil zur gesetzlichen Rentenversicherung.
  Sonstige Vorsorgeaufwendungen: neben den Altersvorsorgeaufwendungen gibt es noch die sonstigen Vorsorgeaufwendungen. Diese belaufen sich auf höchstens 1 900 Euro pro Jahr für Personen mit Zuschuss zur Krankenversicherung (beispielsweise Arbeitnehmer), für alle anderen (meistens Selbstständige) beläuft sich dieser Betrag auf höchstens 2 800 Euro pro Jahr und Person (§ 10 Abs. 4 EStG). Für Eheleute und eingetragene Lebenspartner verdoppeln sich die Werte.

Geldanlage-Tipp
Eine Übersicht über Sonderausgaben finden Sie in Abschnitt 8.1.3.7.

- **Zu den sonstigen Vorsorgeaufwendungen zählen nach § 10 Abs. 1 Nr. 3 und 3a EStG Beiträge zu**
  - Krankenversicherungen, soweit diese zur Erlangung eines sozialhilfegleichen Versorgungsniveaus erforderlich sind und sofern auf die Leistungen ein Anspruch besteht.
  - gesetzlichen Pflegeversicherungen (soziale Pflegeversicherung und private Pflege-Pflichtversicherung)
  - Arbeitslosenversicherungen
  - Unfallversicherungen
  - Haftpflichtversicherungen
  - Erwerbsunfähigkeits- und Berufsunfähigkeitsversicherungen
  - Risikoversicherungen, die nur für den Todesfall eine Leistung vorsehen
  - Kranken- und Pflegeversicherungen, soweit nicht bei § 10 Abs. 1 Nr. 3 EStG berücksichtigt

  Darüber hinaus werden Kapitallebens- und Rentenversicherungsaltverträge mit Abschlussdatum bis zum 31.12.2004 anerkannt (§ 10 Abs. 1 Nr. 3 EStG).

- **Nicht zu den steuerbegünstigten Vorsorgeaufwendungen gehören:**
  - Hausratversicherungen
  - Rechtsschutzversicherungen
  - Wohngebäudeversicherungen
  - fondsgebundene Lebensversicherungen
  - kapitalbildende Lebensversicherungen (Neuverträge ab 01.01.2005)
  - private Rentenversicherungen mit Kapitalwahlrecht (Neuverträge ab 01.01.2005)

Seit 2010 gilt:

Seit 2010 können Beiträge für eine Kranken- und Pflegeversicherung besser als zuvor steuerfrei geltend gemacht werden. So können alle Aufwendungen für eine Kranken- und gesetzliche Pflegeversicherung auf sozialhilferechtlich gewährleistetem Leistungsniveau, das heißt, wenn das Leistungsniveau dem der gesetzlichen Kranken- und Pflegeversicherung entspricht, **vollständig als Sonderausgaben** berücksichtigt werden.

Im Einzelnen:

- Der Sonderausgabenabzug für alle sonstigen Versicherungsbeiträge mit Ausnahme der Altersvorsorgeaufwendungen wird in ein Basisabsicherungsniveau für die Kranken- und Pflegeversicherungsbeiträge umgestaltet (§ 10 Abs. 1 Nr. 3 EStG).
- Eigene Beiträge zur Krankenversicherung, die für den Ehe- oder eingetragenen Lebenspartner und für jedes Kind mit Anspruch auf Kindergeld, werden in Höhe des existenznotwendigen Versorgungsniveaus als Sonderausgeben berücksichtigt. Dabei sind Prämien des 2009 eingeführten Basistarifs der privaten Krankenversicherung in vollem Umfang Sonderausgaben (§ 10 Abs. 1 Nr. 3a EStG).
- Nicht abziehbar bleiben Beitragsanteile zur Krankenkasse, die auf einen über die medizinische Grundversorgung hinausgehenden Versicherungsschutz entfallen.
- Beiträge für eine gesetzliche und private Pflege-Pflichtversicherung sind in voller Höhe als Sonderausgaben abziehbar (§ 10 Abs. 1 Nr. 3b EStG).
- Diese neue Basisabsicherung führt allerdings im Gegenzug zu einem Abzugsverbot für alle weiteren sonstigen Vorsorgeaufwendungen.
- Die als Sonderausgaben abziehbaren Beiträge werden bereits im Lohnsteuerverfahren berücksichtigt. Im Rahmen der Veranlagung entfällt dafür der Abzug einer Vorsorgepauschale, weil hier nur noch die tatsächlich geleisteten Beiträge berücksichtigt werden (§ 10c EStG).

Ergebnis:
Schlechter als 2009 stellen sich Bürger seit 2010 durch die Günstigerprüfung nicht. Zwar sind seit 2010 Prämien für die Haftpflicht-, Arbeitslosen-, Berufsunfähigkeits- oder Unfallversicherungen nicht mehr abzugsfähig. Doch in der Praxis wirken die sich auch derzeit kaum oder nur in seltenen Fällen noch im Rahmen der ab 2010 geltenden Grenzen (Einzel-/Zusammenveranlagung) für abziehbare sonstige Vorsorgeaufwendungen aus.

Unisextarife seit 21.12.2012 für alle Versicherungssparten
Nachdem für die Riester-Rente bereits seit 2005 die Versicherungsprämien nicht mehr nach Mann und Frau differenziert werden durften, gilt dies seit 21.12.2012 für die Prämien aller Versicherungstarife. Dadurch kommt es zu erheblichen Beitragsänderungen bei Neuabschlüssen. Die Risikolebensversicherung beispielsweise wird grundsätzlich für Frauen erheblich teurer, die Pflegerentenversicherung dagegen für Männer.

6.3 Private Lebensversicherungen

Die Lebensversicherungsbranche befindet sich seit Jahren im Umbruch. Zunächst brachte die Anpassung an den europäischen Binnenmarkt rechtliche und tarifliche Veränderungen.

Die Reform der Renten wegen verminderter Erwerbsfähigkeit, die Anfang 2001 in Kraft trat, brachte zusätzlichen Bedarf an privater Absicherung. So haben diejenigen Versicherten der gesetzlichen Rentenversicherung ihren Schutz bei Berufsunfähigkeit verloren, die zum 01.01.2001 unter 40 Jahre alt waren.

Mit Jahresbeginn 2002 ist die neue kapitalgedeckte Zusatzversorgung („Riester-Rente") an den Start gegangen. Am 29.04.2004 beschloss der Bundestag das Alterseinkünftegesetz. Damit wurden ab 2005 unter anderem die Steuervorteile der Kapitallebensversicherung abgeschafft. Gleichzeitig können „Altersvorsorgeaufwendungen" zur gesetzlichen Rentenversicherung und zur neuen privaten Leibrente (Basisrente) steuerlich geltend gemacht werden. Neu geregelt wurde sowohl die steuerliche Berücksichtigung der Beiträge in der Ansparphase als auch die Besteuerung in der Auszahlungsphase.

Mit dem Versicherungsvertragsgesetz vom 23.11.2007 wurde auch der Verbraucherschutz, besonders im Hinblick auf Lebensversicherungen, umfassend verbessert.

Bei den Anteilen am gesamten Bruttogeldvermögen in Höhe von rund 5,9 Billionen Euro Ende 2017 liegen die Ansprüche aus Rückstellungen bei Lebensversicherungen und Alterssicherungssystemen nach Bargeld und Einlagen mit rund 1,8 Billionen Euro auf Platz zwei.

Chancen und Risiken der Anlage in Lebensversicherungen	
+	–
• hoher gesetzlicher Schutz durch – Versicherungsaufsichtsgesetz: breite Streuung der Anlagen, keine spekulativen Anlagen – Versicherungsvertragsgesetz mit Stärkung der Rechte der Versicherungskunden • Derivate wie Optionen oder Futures dürfen nur zur Absicherung, nicht zur Spekulation eingesetzt werden. • Überwachung durch die Aufsichtsbehörde BaFin • Lebensversicherer können die Gewinnbeteiligung durch Reserven aus guten Jahren glätten. • Lebensversicherer dürfen keine Tochterunternehmen besitzen. • Der Versicherer übernimmt das Risiko der Langlebigkeit des Versicherten, garantiert wird also eine lebenslange Rente.	• Auch Lebensversicherer blieben in der Finanzkrise nicht ungeschoren, das heißt, die Nettoverzinsung wird sinken. • Die Kosten sind relativ hoch.

Die drei Quellen der Überschussbeteiligung von Lebensversicherungsunternehmen

Risikoüberschuss (Risikogewinn oder Sterblichkeitsgewinn)	Kostenüberschuss (Kostengewinn)	Zinsgewinn
tritt ein, wenn die tatsächliche Lebenserwartung im Bestand des Versicherers höher ist als der kalkulierte (rechnungsmäßige) Sterblichkeitsverlauf.	entsteht in dem Umfang, in dem die tatsächlichen Kosten (Abschluss- und Verwaltungskosten) niedriger sind als kalkuliert.	entsteht in dem Umfang, in dem der am Kapitalmarkt erzielte Zins höher ist als der Garantiezins (für 2017 abgeschlossene Verträge 0,9 % p. a.).

Neuregelungen für Lebensversicherungen nach dem Lebensversicherungsreformgesetz und zur Absenkung des Garantiezinses
Der Kernpunkt des Gesetzes vom 01.08.2014 betrifft den Wegfall der Beteiligung der Versicherten an den Bewertungsreserven der festverzinslichen Wertpapiere mit der Folge der Absenkung des Garantiezinses auf den Sparanteil (Rechnungszins) ab 2015 auf (damals) 1,25 Prozent. Noch im Jahr 2000 lag der Garantiezins bei vier Prozent. Hauptgrund für die Maßnahme sind die anhaltend niedrigen Zinsen am Kapitalmarkt. Mit einer Umlaufrendite fest verzinslicher Wertpapiere inländischer Emittenten in der derzeitigen Niedrigzinsphase fällt es den Lebensversicherern zunehmend schwer, die Zusagen auch in Zukunft halten zu können. Zusätzlich zum Reformpaket sollen EU-Aufsichtsregeln (Solvency II) von 2009 mit Vorschriften zur Stabilität und zum Eigenkapital die europäische Versicherungswirtschaft stärken.

Die wichtigsten Neuregelungen für Versicherungskunden

- Ab 2017 beträgt der Garantiezins für Neukunden nur noch 0,9 statt zuvor 1,25 Prozent pro Jahr.
- Die Beteiligung der Versicherten an den Bewertungsreserven wird auf festverzinslicher Wertpapiere begrenzt.
- Die Abschlusskosten werden von 40 auf maximal 25 Promille gesenkt („Höchstzillmerungssatz").
- Die Risikogewinne werden, statt zuvor mit 90 Prozent, zu 75 Prozent direkt an die Kunden weitergeleitet.
- Zinsgewinne werden zu 90 Prozent ausgeschüttet.
- Durch Einführung einer Dividendensperre bleibt ein größerer Teil der Erträge dem Versicherten erhalten.
- Durch Einführung einer Rendite-Kennziffer müssen seit 2015 Lebensversicherer eine Kennzahl zur effektiven Kostenbelastung angeben.

Entwicklung der Garantiezinsen von 1960 bis 2017	
Zeitraum	Garantiezins in Prozent
1960 bis 1987	3
1987 bis 1995	3,5
1995 bis 01.07.2000	4
01.07.200 bis 31.12.2003	3,25
01.01.2004 bis 31.12.2006	2,75
01.01.2007 bis 31.12.2011	2,25
01.01.2012	1,75
ab 01.01.2017	0,9

Die Absenkung des Garantiezinses betrifft allerdings nur einen Teil der Gesamtverzinsung der klassischen Kapitallebens- und Rentenversicherung. Dazu ein Überblick über die Zusammensetzung der Rendite:

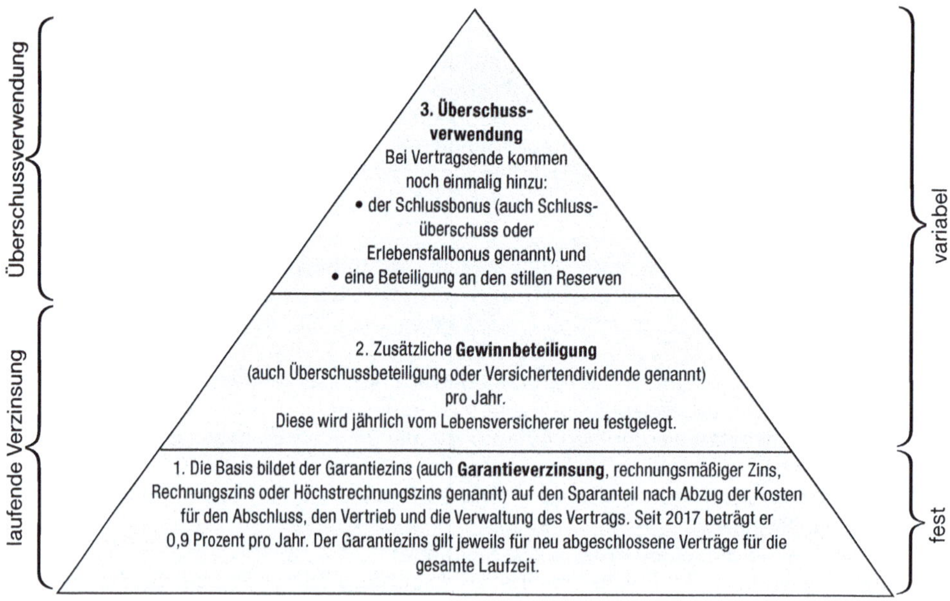

Ziele, die mit der privaten Lebensversicherung angestrebt werden:
Ziele des Abschlusses einer privaten Lebensversicherung durch einen privaten Versicherungsnehmer sind der sofortige Versicherungsschutz und die Vorsorge.

Dabei ist entscheidend, dass die Lebensversicherung(spolice) den Zielen, Wünschen und finanziellen Möglichkeiten des Kunden entspricht. So entschied der BGH in einem Urteil vom 14.06.2007 (Az. III ZR 269/06): Ein Versicherungsmakler ist zum Schadenersatz verpflichtet, wenn er eine Lebensversicherung an einen Kunden vermittelt, die „nicht seinem Bedarf und seiner finanziellen Leistungsfähigkeit entsprach“.

Die vier wichtigsten Lebensversicherungstypen
Bei den Lebensversicherungen unterscheidet man besonders zwischen der

- Todesfallversicherung (reine Risikoversicherung),
- Todes- und Erlebensfallversicherung (Kapitalversicherung, Kapitallebensversicherung oder der kapitalbildenden Lebensversicherung, auch gemischte Versicherung genannt)
- privaten Rentenversicherung mit Kapitalwahlrecht und der
- privaten Leibrente (Basisrente).

> **Geldanlage-Tipp**
>
> Wird die Lebensversicherung nicht nur zur Risikoabsicherung eingesetzt, sondern auch zur Alters- und Familienvorsorge, empfiehlt sich genaues Rechnen: Unter Umständen ist es vorteilhafter, eine preisgünstige Risikolebensversicherung zur Risikoabsicherung abzuschließen und eine renditestarke Versorgung durch geeignete Kapitalbildung, beispielsweise durch einen Sparplan, alternativ oder zusätzlich zu gestalten.

Identifizierung des Vertragspartners
Vor Abschluss eines Versicherungsvertrages besteht für die Lebensversicherer die Verpflichtung, den Vertragspartner zu identifizieren und festzustellen, auf wessen Rechnung gehandelt wird.

Grundsätzlich kann die Identifizierung auch durch einen Versicherungsvertreter erfolgen. Zu den Versicherungsvertretern werden auch die Finanzvertriebe gerechnet. Die Pflicht zur Identifizierung gilt als erfüllt, wenn der Versicherer bei Vertragsabschluss feststellt, dass die Prämienzahlung über ein Konto des Versicherungsnehmers abzuwickeln ist. Dieses für die Versicherungsunternehmen erleichterte Identifizierungsverfahren hängt damit zusammen, dass bei bestehenden Konten eine Identifizierung des Kontoinhabers seitens des Kreditinstituts bei der Eröffnung des Bankkontos stattgefunden hat.

Bei allen in den Vereinigten Staaten von Amerika steuerpflichtigen Personen, also sowohl US-Staatsbürgern als auch Antragstellern, deren Geburtsland die USA sind, ist eine Identifizierung nach dem FATCA-Abkommen erforderlich. Seit 2014 haben gemäß dem EU-FATCA-Abkommen alle in der EU ansässigen Banken die steuerlich relevanten Daten ihrer Kunden und deren steuerlichen Wohnsitz festzustellen und an das örtliche Finanzamt zu melden. Siehe dazu auch Abschnitt 8.9.2.2.

Versicherungsnehmer, Versicherter und Bezugsberechtigter
Beiträge zu Versicherungen können nur von demjenigen geltend gemacht werden, der sie als Versicherungsnehmer aufgewendet hat. Dabei können nur tatsächlich geleistete (gezahlte) Beiträge angesetzt werden (BFH-Urteil vom 8. März 1995, BStBl II 1995, S. 637).

Bei zusammenveranlagten Ehegatten und eingetragenen Lebenspartnern ist es steuerlich unerheblich, welcher der Ehegatten/Lebenspartner die Beiträge erbracht hat.

Ohne Bedeutung für die steuerliche Geltendmachung ist, wessen Leben versichert ist (**Versicherter**) oder wer bezugsberechtigt ist (**Bezugsberechtigter**) – BFH-Urteil vom 20. November 1952, BStBl III 1953, S. 36.

Beschränkung der Lebensversicherungsprivilegien seit 01.01.2005
Bereits für das Jahr 2004 durften nur noch 88 Prozent bestimmter Lebensversicherungsbeiträge im Rahmen der Höchstbeträge als Vorsorgeaufwendungen steuerlich berücksichtigt werden.

Mit Wirkung zum 01.01.2005 wurde das Steuerprivileg für Kapitallebensversicherungen abgeschafft:

- Behandlung der Beiträge in der Ansparphase
  Für ab 01.01.2005 geschlossene Verträge erfolgt keine steuerliche Berücksichtigung als Sonderausgaben. Wurde für einen vor dem 01.01.2005 geschlossenen Vertrag auch in 2004 ein Versicherungsbeitrag geleistet, sind die Beiträge als sonstige Vorsorgeaufwendungen begrenzt absetzbar. Voraussetzung: Vertragslaufzeit mindestens zwölf Jahre; auf die Voraussetzung der mindestens fünf Jahre laufenden Beitragsleistung verzichtet die Finanzverwaltung (BMF-Schreiben vom 25.11.2004, IV C 1 – S 2252 – 405/04, BStBl I 2004, S. 1096).
- Besteuerung der Erträge bei Versicherungsabschlüssen seit 01.01.2005
  Der Unterschiedsbetrag zwischen der Versicherungsleistung und den darauf gezahlten Beiträgen aus den folgenden Versicherungen, die nach dem 31.12.2004 abgeschlossen wurden, unterliegen der Besteuerung nach § 20 Abs. 1 Nr. 6 EStG:
  - kapitalbildende Lebensversicherungen
  - Rentenversicherungen mit Kapitalwahlrecht, soweit nicht die (lebenslange) Rentenzahlung gewährt wird
  - Kapitallebensversicherungen mit Sparanteil
  - Unfallversicherungen mit garantierter Beitragsrückzahlung
- Behandlung der Auszahlung
  Für bis 31.12.2004 abgeschlossene Verträge, die die oben genannten Voraussetzungen erfüllen („Altverträge"), bleibt die (Kapitalertrag-)Steuerfreiheit der Auszahlung bei Fälligkeit, aber auch in den Fällen der Kündigung oder des Verkaufs, erhalten. Ansonsten unterliegen die (außer-)rechnungsmäßigen Zinsen nicht mehr der individuellen Steuerprogression, sondern seit 2009 der Abgeltungsteuer.

  Bei Vertragsschluss seit dem 01.01.2005 sind die Erträge bei Auszahlung voll steuerpflichtig. Bei Versicherungsleistung nach Vollendung des 60. Lebensjahrs und nach Ablauf von zwölf Jahren seit Vertragsschluss unterliegen die Erträge nur zur Hälfte der Besteuerung (für Vertragsabschlüsse nach dem 31. Dezember 2011 tritt an die Stelle des 60. Lebensjahres das 62. Lebensjahr). Mindesttodesfallschutz und laufende Beitragszahlung ist nicht mehr erforderlich (BMF-Schreiben vom 25.11.2004, IV C 1 – S 2252 – 405/04, BStBl I 2004, S. 1096).
- Dynamisierung
  Soweit vereinbarte jährliche prozentuale Beitragsanpassungen zum Ausgleich der Preissteigerung 20 Prozent des vorangegangenen Beitrags nicht übersteigen, wird dadurch grundsätzlich kein neuer Versicherungsvertrag begründet (BMF vom 25.11.2004, BStBl I 2004, S. 1096).

Besitzstandswahrung für Altverträge mit Vertragsabschluss vor dem 01.01.2005
1. Einkommensteuerfreie Auszahlung
   - Kapitallebensversicherungen und fondsgebundene Lebensversicherungen mit folgenden Anforderungen:
     - Mindestlaufzeit von zwölf Jahren und
     - laufende Beitragszahlung (mindestens fünf Jahre) und

  - Todesfall-Leistung mindestens 60 Prozent der maßgeblichen Beitragssumme
- Rentenversicherungen mit Kapitalwahlrecht (und Ausübung desselben) mit folgenden Anforderungen:
  - Mindestlaufzeit von zwölf Jahren und
  - laufende Beitragszahlung (mindestens fünf Jahre)
- Risikolebensversicherungen, die nur für den Todesfall eine Leistung vorsehen

2. Ertragsanteilsbesteuerung der Rente
   - Rentenversicherungen mit Kapitalwahlrecht (ohne Ausübung desselben)
   - Rentenversicherungen ohne Kapitalwahlrecht
   - Anerkennung als sonstige Vorsorgeaufwendungen (Ausnahme: fondsgebundene Lebensversicherung und fondsgebundene Rentenversicherung)

3. Steuerliche Behandlung der Beiträge für Altverträge
   - Beiträge zu einer Lebens- und Rentenversicherung können als sonstige Vorsorgeaufwendungen das zu versteuernde Einkommen mindern.
   - Dagegen sind Beiträge zu einer fondsgebundenen Lebens- und Rentenversicherung nicht absetzbar.

4. Steuerliche Behandlung der Leistungen für Altverträge
   - Kapitalleistungen werden steuerfrei ausgezahlt.
   - Die seit 2005 reduzierten Ertragsanteilsätze gelten auch für Altverträge.

Steuerliche Neuregelungen seit 2005 durch das Alterseinkünftegesetz
Mit dem Alterseinkünftegesetz (AltEinkG) vom 05.07.2004 (BGBl I 2004, S. 1427) wurde ab 2005 zu einer einheitlichen **nachgelagerten Besteuerung** aller Alterseinkünfte übergegangen. Deshalb gibt es einen relativ langen schrittweisen Übergang bis zum Jahr 2040.

Unter anderem sind davon betroffen:

- Vorsorgeaufwendungen (Basisversorgung)
- sonstige Vorsorgeaufwendungen in Form bestimmter Versicherungsbeiträge
- die Ertragsanteilbesteuerung
- die Kapitallebensversicherung

Vorsorgeaufwendungen (Altersvorsorgeaufwendungen als Basisversorgung)
Zu den begünstigten Altersvorsorgeaufwendungen der sogenannten 1. Schicht (Basisversorgung) nach § 10 Abs. 1 Nr. 2 EStG gehören seit 2005:

- Beiträge an eine Leibrentenversicherung (sogenannte „Basisrente")
- Absicherung der Berufsunfähigkeit ist möglich. Kombiprodukte sind demzufolge begünstigt, nicht jedoch die selbständige Absicherung dieser biometrischen Risiken. Über den steuerfreien Arbeitgeberanteil hinaus werden 20 Prozent des Arbeitnehmeranteils, beziehungsweise zehn Prozent des Gesamtbeitrags, berücksichtigt.

Sonstige Vorsorgeaufwendungen
Für Verträge ab 2005 gilt:

Steuerlich begünstigt sind Lebensversicherungen dann, wenn

- die Mindestlaufzeit zwölf Jahre beträgt,
- als Auszahlungsbeginn frühestens das 62. Lebensjahr vorgesehen ist. Für Vertragsabschlüsse vor dem 01.01.2012 ab dem 60. Lebensjahr (§ 52 Abs. 24 Satz 1 EStG)

Die Rentenbesteuerung nach dem AltEinkG seit 2005

1. Abzugsfähige Altersvorsorgeaufwendungen wie Beiträge, unter anderem zur gesetzlichen Rentenversicherung, sind als Vorsorgeaufwendungen im Jahr 2018 mit 86 Prozent aus dem jeweiligen Höchstbetrag, der jährlich von der Bundesregierung im Verordnungsweg festgelegt wird, abzugsfähig.
2. Dieser Prozentsatz steigt jährlich um zwei Prozentpunkte an, also beispielsweise 88 Prozent für 2019; somit wird ab 2025 die volle Steuerpflicht erreicht.
3. Durch eine „Günstigerprüfung" soll bis 2019 eine Schlechterstellung vermieden werden.

Zusätzlicher Sonderausgabenabzug („Riester-Rente")

Der Sonderausgabenabzug für Altersvorsorgeaufwendungen und der zusätzliche Sonderausgabenabzug für die „Riester-Rente" stehen nebeneinander. Seit dem Jahr 2005 gibt es also vier verschiedene Gruppen im Rahmen des Sonderausgabenabzugs:

- Vorsorgeaufwendungen (Basisversorgung)
- sonstige Vorsorgeaufwendungen
- übrige Sonderausgaben wie Kirchensteuer
- zusätzlicher Sonderausgabenabzug („Riester-Rente")

Das änderte sich für Rentner seit 2005:

1. Seit 2005 wird die Hälfte der Rente – auch bei bereits laufenden Renten – versteuert. 2006 erhöhte sich der zu versteuernde Rentenanteil für jeden neuen Rentnerjahrgang bis 2020 um zwei Prozentpunkte und ab 2020 bis 2040 um je einen weiteren Prozentpunkt. Damit ist bis zum Jahr 2040 die 100-prozentige nachgelagerte Besteuerung erreicht.
2. Der steuerfreie Betrag wird im auf den Renteneintritt folgenden Jahr festgeschrieben und nicht mehr erhöht.

Geldanlage-Tipp
Lebensversicherer sind die heimlichen Gewinner der Abgeltungsteuer. Denn Lebensversicherungen bleiben von der neuen Steuer weitgehend verschont.

Ertragsanteilsbesteuerung

Zur ab 2005 geltenden herabgesetzten Ertragsanteilsbesteuerung siehe Abschnitt 8.14 „Die einkommensteuerrechtliche Behandlung von Altersvorsorgeaufwendungen und von Altersbezügen".

Bei **Zeitrenten** unterscheidet man bezüglich der Besteuerung nach unentgeltlich erworbenen Zeitrenten und nach entgeltlich erworbenen Zeitrenten:

- **Unentgeltlich erworbene Zeitrenten**

  sind in voller Höhe zu versteuern (BFH-Urteil vom 25.11.1980, BStBl II 1981, S. 358 f.).
- Bei **entgeltlich erworbenen Zeitrenten** ist wiederum zu unterscheiden:
  - Fließt nur das hingegebene Kapital zurück, handelt es sich lediglich um eine einkommensteuerfreie Vermögensumschichtung (Finanzgericht Hamburg, Urteil vom 29.06.1983, veröffentlicht in „Entscheidungen der Finanzgerichte" 1984, S. 120 f.).
  - fließen teilweise Zinsen zu, sind diese einkommensteuerpflichtig.

Die **Leibrente gegen Einmalbeitrag** ist eine Alternative zu anderen Anlageformen. Leibrenten werden bei der Einkommensteuer nur mit dem Ertragsanteil besteuert.

Auswirkungen der Abgeltungsteuer bei seit 2005 und bei ab 01.04.2009 abgeschlossenen Verträgen:
Als Kapitaleinnahme gilt die Differenz zwischen der Auszahlungssumme bei Kündigung oder Fälligkeit und der bis dahin geleisteten Prämien. Werden die Bedingungen Mindestlaufzeit zwölf Jahre und Auszahlung frühestens ab dem 62. Lebensjahr (für Abschlüsse vor 2012: Vollendung des 60. Lebensjahres) und bei Vertragsabschluss seit 01.04.2009 zusätzlich mit eingeschlossenem Mindesttodesfallschutz für die Kapitallebensversicherung und die fondsgebundene Lebensversicherung („62/12er-Lebensversicherungen") erfüllt, führt die Abgabe der Steuererklärung zu einer Steuerrückerstattung an den Anleger. Dadurch ist der persönliche Steuersatz nur auf den halben Ertrag zu zahlen.

Bis zur Auszahlung laufen die Erträge steuerfrei auf. Dies gilt auch für die fondsgebundene Lebensversicherung.

- Bei vorzeitiger Kündigung oder planmäßiger Fälligkeit wird grundsätzlich Abgeltungsteuer in Höhe von 25 Prozent der positiven Differenz zwischen Auszahlungsbetrag und Summe der eingezahlten Prämien einbehalten.
- Sind die Kriterien der „62/12er-Regelung" (für Abschlüsse vor 2012: 60/12er-Regelung) eingehalten, unterliegen die Einnahmen nur zur Hälfte der individuellen Progression im Rahmen der Einkommensteuerveranlagung. Die auf den vollen Betrag berechnete Abgeltungsteuer wird dann angerechnet.
- Kommt die hälftige Besteuerung nicht zum Tragen, hat der Steuereinbehalt auf den Überschuss abgeltende Wirkung. Dabei kommt es wegen des Abgeltungssatzes von „nur" 25 Prozent nicht zu einem Progressionssprung, der ansonsten auch die anderen Einkunftsarten belasten würde.
- Realisierte Verluste, beispielsweise bei vorzeitiger Kündigung, sind mit anderen Kapitaleinnahmen verrechenbar. Allerdings muss der Versicherte dies im Veranlagungsweg im Rahmen seiner Steuererklärung nachholen.
- Beim Verkauf sogenannter gebrauchter Lebensversicherungen unterliegt der Gewinn der Abgeltungsteuer in Höhe von 25 Prozent mit dem vollen Differenzbetrag (= Auszahlungsbetrag minus eingezahlte Prämien). Anmerkung: Im Gegensatz dazu käme es bei einer Kündigung nur zur hälftigen Besteuerung.
- Da im Verkaufsfall keine Abgeltungsteuer vom Versicherer einbehalten wird, erfolgt eine Mitteilung durch den Versicherer an das Wohnsitzfinanzamt und wird dann im Rahmen der Steuererklärung mit der Abgeltungsteuer erfasst. Verluste aus dem Verkauf gebrauchter Lebensversicherungen können mit anderen Kapitaleinnahmen verrechnet werden.
- Der Werbungskostenabzug ist ausgeschlossen.

Erbschaftsteuer und Schenkungsteuer
Ein steuerpflichtiger Vorgang entsteht jedoch nicht erst bei Eintritt des Todesfalls. Steht im Erlebensfall die Versicherungsleistung nicht dem Versicherungsnehmer, sondern einer anderen Person zu, ist ein steuerpflichtiger Vorgang gegeben. Deshalb sollte rechtzeitig vor Vertragsablauf das Bezugsrecht zugunsten des Versicherungsnehmers geändert werden. Dabei ist zu beachten, dass bei unwiderruflichem Bezugsrecht die Zustimmung des unwiderruflich Begünstigten erforderlich ist.

Bemessungsgrundlage für die Erbschaftsteuer und die Schenkungsteuer ist seit 2009 der Rückkaufswert.

Todesfall-Leistungen aus einer privaten Lebens-, Renten- oder Unfallversicherung unterliegen beim Begünstigten grundsätzlich der Erbschaftsteuer.

Ebenso stellt der Versicherungsnehmerwechsel einen steuerpflichtigen Vorgang dar. Ausnahme ist die betriebliche Altersversorgung.

Ausnahmen:

- Die Todesfall-Leistung wird im Rahmen einer Fremdversicherung (Versicherung einer anderen Person als die des Versicherungsnehmers) an den Versicherungsnehmer erbracht.
- Der Begünstigte erhält eine angemessene Leistung im Rahmen der betrieblichen Altersversorgung.

In einem Bezugsrecht liegt ein unmittelbarer Leistungsanspruch des Begünstigten vor. Obwohl die Versicherungsleistung somit zivilrechtlich nicht zum Nachlass gehört, unterliegt sie der Erbschaftsteuer, siehe auch §§ 328 (Vertrag zugunsten Dritter) und 330f. (Leibrenten und Todesfall-Leistungen) BGB.

Wenn kein Bezugsberechtigter benannt ist, fällt die Versicherungsleistung in den Nachlass des verstorbenen Versicherungsnehmers. Hat der Versicherungsnehmer Schulden hinterlassen, erhalten die Erben im Allgemeinen nur dann die Lebensversicherungsleistung, wenn sie auch die Schulden übernehmen.

Zahlung der Versicherungsleistung an den Versicherungsnehmer im Rahmen einer Fremdversicherung
Wird die Versicherungsleistung an den Versicherungsnehmer gezahlt, fällt keine Erbschaftsteuer an. Vor allem für nichteheliche Lebensgemeinschaften, die sich gegenseitig mit zwei eigenständigen Verträgen versichern, ist dies von Interesse. Dabei versichert jeder den jeweils Anderen (sogenannte Über-Kreuz-Verträge).

Schenkungsteuerpflicht besteht für Erlebensfall-Leistungen, die einem Dritten unentgeltlich zugewendet werden, davon ausgenommen sind Leistungen der betrieblichen Altersversorgung.

Ebenso unterliegt der Wechsel des Versicherungsnehmers der Schenkungsteuerpflicht.

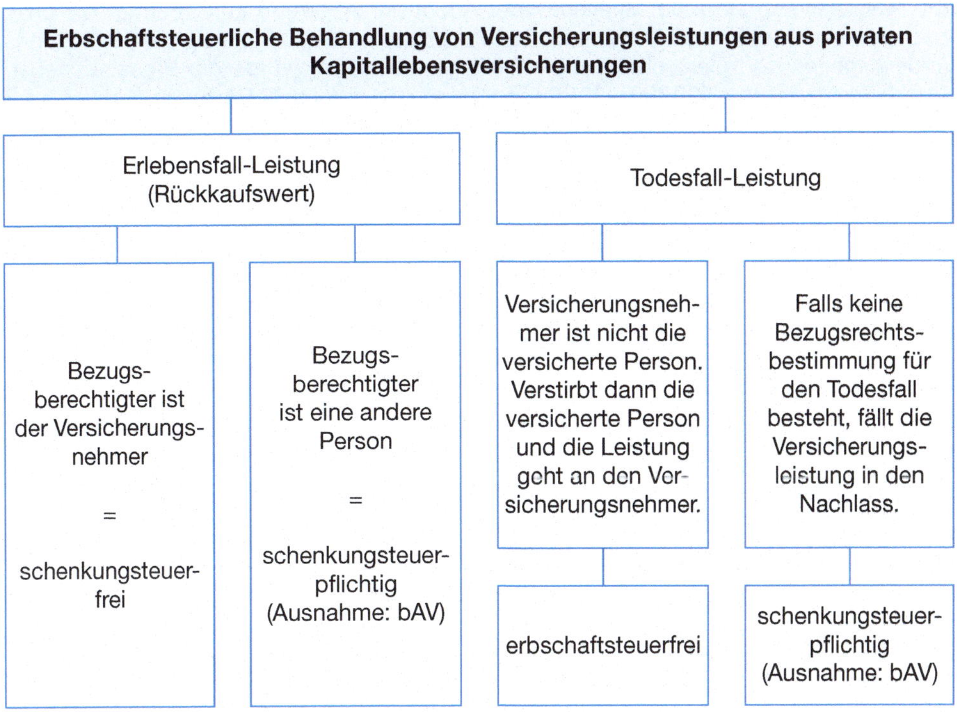

Erbschaftsteuerversicherung

- Die **„echte" Erbschaftsteuerversicherung** ist nicht erbschaftsteuerfrei.
  Echte Erbschaftsteuerversicherungen, die vom Erblasser selbst auf das eigene Leben abgeschlossen wurden und deren Versicherungsleistung nicht zum steuerpflichtigen Nachlass gehörte, wenn das Finanzamt bezugsberechtigt war, sind seit 1974 nicht mehr erbschaftsteuerfrei.
- Die **„unechte" Erbschaftsteuerversicherung** wird erbschaftsteuerfrei ausbezahlt.
  Der voraussichtliche Erbe hat die Möglichkeit, als Versicherungsnehmer und Bezugsberechtigter auf das Leben des voraussichtlichen Erblassers (= versicherte Person) eine „unechte" Erbschaftsteuerversicherung abzuschließen. Stirbt der Erblasser, fällt die Versicherungsleistung nicht in den Nachlass und kann zur Begleichung der Erbschaftsteuerschuld verwendet werden. Die Versicherungsleistung wird in diesem Fall an den Erben in seiner Eigenschaft als Versicherungsnehmer „erbschaftsteuerfrei" ausgezahlt.

Dem überlebenden Ehegatten – und seit 2009 auch dem überlebenden eingetragenen Lebenspartner – wird für Erwerbe von Todes wegen ein Freibetrag von 500000 Euro (§§ 15 und 16 ErbStG) und ein besonderer Versorgungsfreibetrag von 256000 Euro (§ 17 ErbStG) gewährt. Dieser Versorgungsfreibetrag steht den Begünstigten dann in voller Höhe zu, wenn keine sonstigen erbschaftsteuerfreien Versorgungsbezüge gewährt werden (R 8 ErbStR).

Kindern, Stiefkindern und Adoptivkindern stehen jeweils ein persönlicher Freibetrag von 400000 Euro nach § 16 ErbStG und zusätzlich ein Versorgungsfreibetrag nach § 17 Abs. 2 ErbStG je nach Alter von 10300 Euro (bei einem Alter von mehr als 20 Jahren bis zur Vollendung des 27. Lebensjahres) bis 52000 Euro (bei einem Alter bis zu fünf Jahren) zu. Außerdem profitiert ein Kind von den in der Steuerklasse I günstigeren Prozentsätzen. Diese Regelungen gelten jedoch nicht für Pflegekinder.

Erbt beispielsweise ein Kind, Stiefkind oder Adoptivkind 500 000 Euro, beträgt die Erbschaftsteuer 11 000 Euro (500 000 – 400 000 Freibetrag = 100 000 und daraus 11 Prozent). Würde dagegen den gleichen Betrag ein Pflegekind erben, würde die Erbschaftsteuer 144 000 Euro betragen (500 000 – 20 000 Freibetrag und daraus 30 Prozent).

Siehe dazu auch Abschnitt 8.3.6. – Berechnung der (Erbschaft- und Schenkung-)Steuer.

Geldanlage-Tipp zur Vorteilhaftigkeit der Lebensversicherung für „Altverträge“

Für vor dem 01.01.2005 abgeschlossene Kapitallebensversicherungen und fondsgebundene Lebensversicherungsverträge gilt unter der Voraussetzung, dass die Police mindestens zwölf Jahre läuft **und** die Versicherungsleistung frühestens nach Vollendung des 60. Lebensjahres fällig wird und die Todesfallleistung mindestens 60 Prozent der Beitragssumme beträgt:

Es bleibt unter den oben genannten Voraussetzungen bei der einkommensteuerfreien Auszahlung.

6.4 Die Durchführungswege im Rahmen der betrieblichen Altersversorgung

6.4.1 Durchführungswege und Entgeltumwandlungsanspruch

Rechtsgrundlage für die betriebliche Altersversorgung ist das Gesetz zur Verbesserung der betrieblichen Altersversorgung – BetrAVG –, meist nur kurz Betriebsrentengesetz genannt.

Zwar hat die Verbreitung der bAV durch den Rechtsanspruch für Arbeitnehmer auf Entgeltumwandlung nach § 1a BetrAVG seit dem 01.01.2002 zugenommen, jedoch haben rund 44 Prozent der sozialversicherungspflichtigen Beschäftigten keine Betriebsrente.

Insgesamt gibt es nach dem BetrAVG fünf Durchführungswege, die sich wie folgt darstellen:

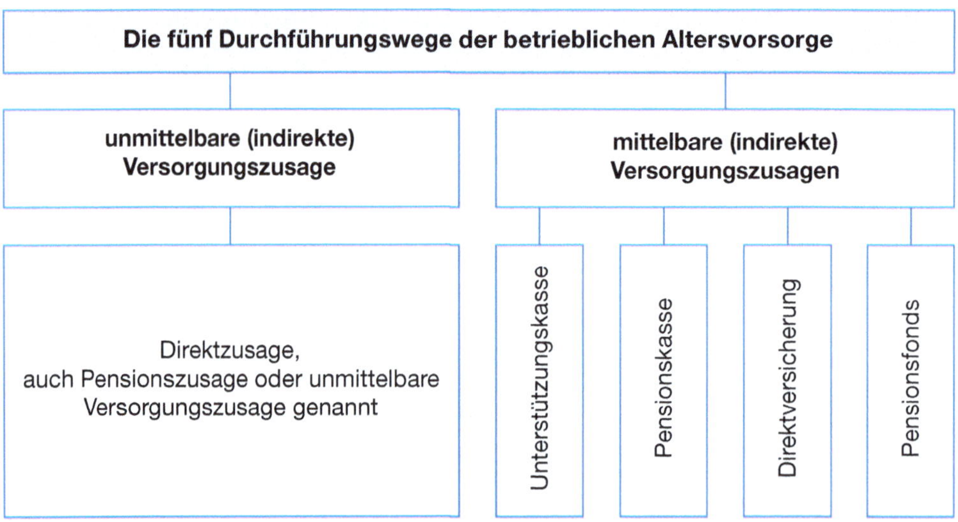

Der Arbeitgeber erfüllt den Rechtsanspruch des Arbeitnehmers nach dem BetrAVG, wenn er ein Angebot nach den drei Durchführungswegen Direktversicherung, Pensionskasse oder Pensionsfonds macht. Macht der Arbeitgeber kein Angebot, kann der Arbeitnehmer den Abschluss der Direktversicherung verlangen.

Arbeitgeber und Arbeitnehmer können sich auch auf einen der Durchführungswege Pensionszusage oder Unterstützungskasse einigen.

Auf Wunsch des Arbeitnehmers ist der Arbeitgeber auch verpflichtet, die Entgeltumwandlung so zu gestalten, dass der Arbeitnehmer alternativ die Förderung nach § 10a EStG (zusätzliche Altersvorsorge) in Anspruch nehmen kann.

Der Entgeltumwandlungsanspruch des Arbeitnehmers besteht bis zu einem Betrag in Höhe von vier Prozent der Beitragsbemessungsgrenze (West) der gesetzlichen Rentenversicherung. Eine Direktversicherung liegt vor, wenn ein Arbeitgeber bei einem Versicherungsunternehmen auf das Leben seines Arbeitnehmers eine private Rentenversicherung abschließt, aus der dieser und seine Hinterbliebenen ganz oder teilweise bezugsberechtigt sind. Diese Beiträge können wirtschaftlich sowohl vom Arbeitnehmer durch Entgeltumwandlung als auch vom Arbeitgeber gezahlt werden.

Die wichtigsten Änderungen des Betriebsrentengesetzes durch das Betriebsrentenstärkungsgesetz ab 2018.

Mit dem Betriebsrentenstärkungsgesetz sollen Anreize für Arbeitnehmer und Arbeitgeber gesetzt werden, besonders durch verbesserte steuerliche Förderung.

Eines der Ziele ist dabei die Förderung von Arbeitnehmern mit geringem Einkommen. Durch das sogenannte Tarifpartnermodell können ab 2018 auf tariflicher Grundlage reine Beitragszusagen eingeführt werden. Dabei sind Mindest- oder Garantieleistungen für Arbeitnehmer verboten. Auf der anderen Seite werden die Arbeitgeber von ihrer Haftung befreit. Der Arbeitgeber steht lediglich für die Zielrente ein, jedoch nicht für deren Rendite.

Im Falle einer Entgeltumwandlung bei reiner Beitragszusage verpflichtet sich der Arbeitgeber, mindestens 15 Prozent des umgewandelten sozialversicherungsfreien Entgelts als Zuschuss an die Versorgungseinrichtung einzuzahlen. Bei Entgeltumwandlungsvereinbarungen ab 2019 wird der Arbeitgeber verpflichtet, den von ihm ersparten Arbeitgeberanteil an den Sozialversicherungsbeiträgen in pauschalierter Form zugunsten seiner Beschäftigten an die durchführende Versorgungseinrichtung zu leisten (mit Ausnahme von Direkt- und Unterstützungskassenzusagen). Bei bestehenden Entgeltumwandlungsvereinbarungen wird der Arbeitgeberzuschuss zeitversetzt erst 2022 eingeführt.

Sozialpartner dürfen künftig Modelle der „automatischen Entgeltumwandlung" regeln, sogenanntes Opting-out. Durch die Regelung im Tarifvertrag sollen auch die bisherigen Durchführungswege Direktversicherung, Pensionskasse, Pensionsfonds, die Unterstützungskasse und die Direktzusage gestärkt werden. Die wichtigste Neuerung: Der Steuerfreibetrag der Entgeltumwandlung wird von bisher vier Prozent auf acht Prozent der Beitragsbemessungsgrenze angehoben. Der sozialversicherungsfreie Höchstbetrag bleibt bei vier Prozent.

Neu ist auch die Überwachung der Betriebsrente durch die BaFin. Eine weitere Neuerung ist, das auch nichttarifgebundene Arbeitgeber und Beschäftigte das Tarifmodell und die Versorgungskasse der Branche nutzen dürfen. Durch eine Soll-Vorschrift soll verhindert werden, dass Tarifpartner nicht überhöhtes Eintrittsgeld für nichttarifgebundene Firmen verlangen. Für Geringverdiener gilt ab 2018 die Regelung, dass Arbeitgeber für zusätzliche Altersvorsorge mindestens 240 Euro und 30 Prozent der Lohnsteuer des Arbeitnehmers behalten dürfen, die als Verrechnung mit der abzuführenden Lohnsteuer ausgezahlt wird. Für Beträge von 240 bis 480 Euro pro Jahr beträgt der Förderbetrag entsprechend 72 bis maximal 144 Euro im Kalenderjahr (30 Prozent aus 240 = 72 Euro; 30 Prozent aus 480 = 144 Euro). Für Zahlungen des Arbeitgebers an Pensionskassen, Pensionsfonds und Direktversicherungen wird die Grenze zusammengefasst und erhöht. Diese beträgt acht Prozent der Beitragsbemessungsgrenze der allgemeinen Rentenversicherung. Die bisher 20-prozentige Pauschalbesteuerungsmöglichkeit wird beibehalten.

6.4.2 Die Direktversicherung im Rahmen der bAV

Rechtsgrundlagen für die Direktversicherung sind das BetrAVG, das Alterseinkünftegesetz und das Einkommensteuergesetz (besonders §§ 40b und 82).

Die Sonderstellung, die die Direktversicherung bis Ende 2004 besonders in Form der vorgelagerten Pauschalbesteuerung und der Steuerfreiheit der Kapitalleistung hatte, wurde durch das Alterseinkünftegesetz ab 2005 aufgehoben. Damit ist die Direktversicherung steuerlich, sozialversicherungsrechtlich und arbeitsrechtlich zwei der anderen Durchführungswege der betrieblichen Altersversorgung, der Pensionskasse und dem Pensionsfonds, gleichgestellt. Das bedeutet ab 2005 **Steuerfreiheit der Beiträge** und bis zu einer bestimmten Obergrenze **Steuerpflicht der Leistungen** (Rentenzahlungen) entsprechend dem Prinzip der nachgelagerten Besteuerung. Die Höhe der tatsächlich zu entrichtenden Steuer ist abhängig von der Höhe des zu versteuernden Einkommens und dem Steuertarif im Rentenbezugsjahr.

- **Bis zum 31.12.2004 abgeschlossene Verträge („Altverträge") genießen Bestandsschutz.**
  Steuerliche Behandlung:
  - Beiträge bis zu 1 752 Euro pro Jahr werden mit einem Pauschalsteuersatz von 20 Prozent belegt (zuzüglich Solidaritätszuschlag und pauschaler Kirchensteuer).
  - Die Auszahlungen sind steuerbegünstigt: Lebensversicherungen sind grundsätzlich steuerfrei. Voraussetzung: zwölfjährige Mindestlaufzeit, fünfjährige Mindestbeitragszahlungsdauer und 60 Prozent Mindesttodesfallschutz.
    Bei Rentenversicherungen wird nur der Ertragsanteil besteuert.

- **Sozialversicherungsrechtliche Behandlung:**
  - Entgeltumwandlungsbeiträge sind nur dann sozialversicherungsfrei, wenn sie aus Sonderzahlungen wie Urlaubs- oder Weihnachtsgeld stammen.
  - Wenn der Arbeitgeber die Beiträge bezahlt, so sind diese von der Sozialversicherungspflicht befreit.
  - Auszahlungen sind sozialversicherungspflichtig in der gesetzlichen Kranken- und Pflegeversicherung.

- **Steuerliche Behandlung von Direktversicherungen ab 2005**
  Für die steuerliche Betrachtung wird unterschieden, ob die Leistungen der Direktversicherung als Rentenzahlung oder als Kapitalauszahlung erfolgen und wann die Versorgungszusage erteilt wurde.
  - Beitragsbehandlung bei Direktversicherung mit Rentenzahlung
    a) Zusage vor dem 01.01.2005:
    Versicherungsbeiträge ab 2005 sind in Höhe von vier Prozent der Beitragsbemessungsgrenze in der gesetzlichen Rentenversicherung einkommensteuerfrei. Besteuerung der Rentenleistungen: Waren die Beiträge in die Direktversicherung

steuerfrei, sind die Rentenleistungen in vollem Umfang einkommensteuerpflichtig. Unterlagen die Beiträge der Pauschalbesteuerung oder der individuellen Besteuerung des Arbeitnehmers, unterliegen die Rentenleistungen nur in Höhe des Ertragsanteils der Besteuerung.

b) Zusage nach dem 31.12.2004:
Der maximal steuerfreie Betrag wird um weitere 1 800 Euro erhöht.

- Beitragsbehandlung bei Direktversicherungen mit Kapitalauszahlung (Einmalbeitrag)
  a) Zusage vor dem 01.01.2005 erteilt:
  Der Arbeitgeber kann weiterhin die Beiträge zu 20 Prozent, bis maximal 1 752 Euro jährlich pauschal versteuern (§ 40b Abs. 1 und 2 EStG).
  b) Zusage nach dem 31.12.2004 erteilt:
  Versicherungsbeiträge sind in vollem Umfang mit dem individuellen Einkommensteuersatz des Arbeitnehmers zu versteuern. Der Ertrag bei der Kapitalauszahlung unterliegt grundsätzlich mit dem persönlichen Steuersatz voll der Einkommensteuer.

6.5 Die fondsgebundene Lebensversicherung

Die fondsgebundene Lebensversicherung, auch Sachwertpolice oder Fondspolice genannt, ist eine Lebensversicherung auf Basis eines Sondervermögens. In der Form handelt es sich um eine sachwertbasierte gemischte Kapitallebensversicherung (Todes- und Erlebensfallversicherung), die teilweise oder ganz auf Basis von Anteilen des Sondervermögens einer Investmentgesellschaft durchgeführt wird. Sie bietet im Gegensatz zur Kapitallebensversicherung die Chance des Wertzuwachses, allerdings auch das Risiko der Werteinbuße.

Während bei einer klassischen Kapitallebensversicherung der sogenannte Sparanteil zu rund 80 Prozent in sicheren Geldanlagen investiert wird, werden die Sparanteile bei fondsgebundenen Lebensversicherungen in Aktien, festverzinslichen Wertpapieren oder Immobilien angelegt.

Geldanlage-Tipp zur fondsgebundenen Lebensversicherung
Die Erlebensfall- oder Ablaufleistung ist im Voraus nicht genau bekannt. Nur für den Todesfall wird eine garantierte feste Versicherungssumme ausgezahlt.

Der Risikoanteil für den Todesfall, der Kostenanteil für die Verwaltung und die Provisionen sind bei der fondsgebundenen Lebensversicherung und bei der Kapitallebensversicherung annähernd gleich.

Bei der fondsgebundenen Lebensversicherung entscheidet der Anleger mit, wie risikoreich das Geld angelegt werden soll. Das hängt vom Versicherungspartner und vom Fondstyp ab. Bei Aktienfonds sind Gewinnchancen, aber auch Verlustgefahren am größten, während die Ausschläge bei Rentenfonds nicht so hoch und bei Immobilienfonds gering sind. Die langjährigen Jahresrenditen liegen zwischen drei und 15 Prozent, je nach Konjunktur- und Börsenlage.

Die Laufzeit der Verträge beträgt üblicherweise zwölf Jahre mit monatlichen Beiträgen ab 50 Euro. Wird die Versicherungssumme zum Zeitpunkt eines Börsentiefs fällig, ist es günstiger, sich anstelle der Geldsumme die Investmentfondsanteile übertragen zu lassen. Die Fondsanteile können dann zu einem günstigeren Zeitpunkt wieder verkauft werden.

Steuerliche Aspekte: Beiträge zu fondsgebundenen Lebensversicherungen zählen nicht zu den steuerbegünstigten Vorsorgeaufwendungen. Ansonsten gelten die Besteuerungsgrundsätze, die für Lebensversicherungen anzuwenden sind.

Geldanlage-Tipp zur Abgeltungsteuer ab 2009
Bezüglich der fondsgebundenen Lebensversicherung gilt: Auf die Wertsteigerungen fällt keine Abgeltungsteuer an. Das heißt, die gesamte Steuerpflicht wird in die Zukunft verschoben. Außerdem können Verluste weiterhin mit anderen Einkunftsarten verrechnet werden. Bei Kapitalauszahlung am Laufzeitende muss nur die Hälfte des Kapitalertrags mit dem persönlichen Steuersatz besteuert werden (Halbeinkünfteverfahren).

Die fondsgebundene Lebensversicherung kann auch zur Direktversicherung eingesetzt werden (siehe Abschnitt 6.4).

7 Investitionen in Immobilien zur Eigennutzung und zur Vermietung

Für die Mitarbeit an diesem Kapitel bedanken sich die Autoren bei Julian L. F. Lindmayer, Bankkaufmann und Bachelor of Engineering, Studiengang Immobilienmanagement.

In Immobilien als Sach- und Substanzwerte zu investieren, ist seit jeher eine der attraktivsten Möglichkeiten, Vermögen zu bilden. Angefangen mit der eigengenutzten Immobilie über Direktanlagen in vermietete Wohnungen und gewerbliche Vermietungen, Ferienwohnungen oder Auslandsimmobilien bis zu Investitionen in Immobilien zur Altersvorsorge.

7.1 Grundsätzliche Überlegungen beim Immobilienerwerb

„Langfristig betrachtet, setzt sich der Wert einer Immobilie aus folgenden drei Kriterien zusammen:
1. der Lage, 2. der Lage und 3. der Lage."

Conrad Nicholson Hilton (1887–1979), Begründer der Hilton Hotels Corporation

Im Vordergrund stehen die persönlichen Ziele und Wünsche sowie die möglichen, erwarteten und manchmal auch erträumten Vorteile und Chancen, die mit einem Immobilienerwerb verbunden sind. Dabei sollten jedoch auch die möglichen oder zu erwartenden Risiken nüchtern betrachtet und in aller Ruhe abgewogen werden.

Vor dem Hintergrund der derzeit noch anhaltenden Niedrigzinsphase sollte man sich nicht zu voreiligen oder unbedachten Entscheidungen verleiten lassen. Denn den niedrigen Zinsen stehen die hohen Immobilienpreise gegenüber.

Was bieten Immobilien einem Investor?	
Vorteile und Chancen	**Nachteile und Risiken**
• langfristige Werthaltigkeit • langfristiger Wertzuwachs • geringe Wertschwankungen • Inflationsschutz, da Sachwertanlage • in Niedrigzinsphasen vergleichsweise hohe Rendite • Mögliche Steuervorteile bei – der Einkommensteuer: Erhöhen sich bei vermieteten Immobilien nach Erhaltungsmaßnahmen weder Standard noch Nutzfläche der Immobilie, können beispielsweise jährlich anfallende Aufwendungen, wie eine Dachreparatur, entweder sofort oder auf zwei bis fünf Jahre verteilt als Erhaltungsaufwand steuerlich abgesetzt werden. – der Erbschaftsteuer – der Schenkungsteuer – vermieteten Objekten: bei den Einkünften aus privaten Veräußerungsgeschäften, wenn Haltedauer vor Veräußerung zehn Jahre • zusätzliche Altersvorsorge (durch Mieteinnahmen oder mietfreies Wohnen) • bei Fremdnutzung: Mietertrags- und Mietsteigerungschancen • Steuerersparnis und Mieterhöhungsmöglichkeit durch Modernisierungsinvestitionen • besonders bei Selbstnutzung: – keine Mieterhöhungen und kein Kündigungsrisiko – individuelle Entfaltungsmöglichkeit – Möglichkeit staatlicher Förderung und Inanspruchnahme öffentlicher Mittel • Veränderung im Bereich Infrastruktur (Anbindung öffentlicher Verkehrsmittel) • Veränderung des sozioökonomischen Umfelds (Zuzug junger Familien)	• Erwerbsnebenkosten • Verwaltungsaufwand • Erhaltungsaufwand (Reparaturen und Modernisierung) • Anpassung an neue aufsichtsrechtliche Vorschriften wie Energieeinsparverordnungen • Wertentwicklung nicht vorhersehbar • eingeschränkte Liquidität • eingeschränkte Fungibilität • latente Baumängel • bei Fremdnutzung: – Mietpreissenkungsrisiko – gesetzliche Mietpreisbremse seit 2015 in angespannten Wohnungsmärkten – in Hochzinszeiten relativ niedrige Rendite – Leerstandsrisiko – Rechtsrisiko (beispielsweise Mietstreitigkeiten) • Veränderung im Bereich Infrastruktur (zunehmender Verkehrslärm) • Veränderung des sozioökonomischen Umfelds (Überalterung)

Wohnungsbaukredite an private Haushalte mit anfänglicher Zinsbindung und Ursprungslaufzeit von 5 bis 10 Jahren (Dezember 1982 bis Juni 2018)

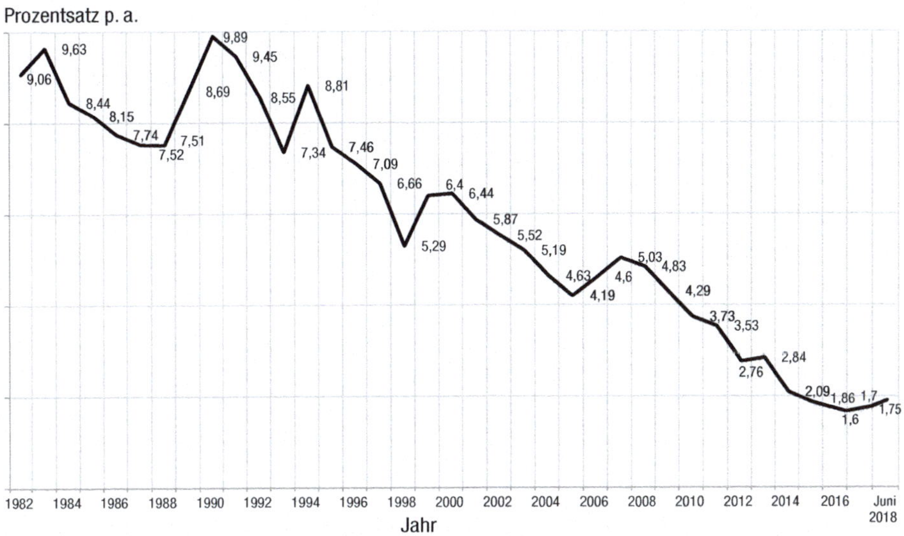

Eigene Darstellung
Quelle der Daten: Deutsche Bundesbank, Zinsstatistik, abgerufen am 06.08.2018

Geldanlage-Tipp zum Kaufvertrag

Privatpersonen, die von einem Unternehmer, also beispielsweise einem Bauträger, eine Immobilie kaufen, werden durch eine Änderung des Beurkundungsgesetzes besser geschützt. Daneben soll der Kaufvertrag dem Käufer bereits zwei Wochen vor dem Beurkundungstermin zur Verfügung stehen, damit die Inhalte sorgfältig geprüft werden können. Für die Einhaltung dieser Frist ist auch der Notar verantwortlich!

Die Frist von zwei Wochen gilt übrigens nicht, wenn Käufer und Verkäufer Privatpersonen, also Verbraucher, sind.

Da es sich bei Immobilien um eine meist langfristig nachhaltige Kapitalanlage handelt, sollten vor dem Kauf Verträge, Bauqualität und Standort intensiv und sorgfältig geprüft werden. Denn, schnelle Gewinne sind wegen der Erwerbsnebenkosten und der Besteuerung privater Veräußerungsgewinne beim Verkauf innerhalb der Zehnjahresfrist meist nicht zu erzielen. Ebenso ist auf ein solides Finanzierungskonzept zu achten. Hilfreich ist dabei, dass derzeit Baugeld so billig ist wie nie zuvor in der Nachkriegszeit. So waren im Juni 2018 Wohnungsbaukredite mit einer anfänglichen Zinsbindung von fünf bis zehn Jahren im Schnitt für 1,75 Prozent zu haben.

Ein weiteres Motiv für einen Immobilienerwerb ist die Vorsorge für das Alter.

- Beim eigengenutzten Wohnraum stehen die persönlichen Lebensinteressen im Hinblick auf Art, Größe und Lage der Immobilie im Vordergrund. Zudem ist in vielen Fällen die optimale Finanzierung und die damit verbundene monatliche Belastung ein wesentliches Entscheidungskriterium. Die im langfristigen Vergleich niedrigen Zinsen erleichtern den Erwerb selbstgenutzten Wohnraumes.
- Bei fremdgenutzten Immobilien sind primär die Erträge aus Mieteinnahmen, Steuervorteilen und ein möglicher Wertzuwachs von Bedeutung. Dieser Wertzuwachs wird sich im erhofften Umfang nur einstellen, wenn die Immobilie zu einem marktgerechten Preis in guter Lage und guter Ausstattung erworben und stets im guten Zustand gehalten und den wachsenden Ansprüchen der Mieter und den behördlichen Anforderungen gerecht wird. Eine Immobilie sollte deshalb nicht ausschließlich unter dem Blickwinkel der Steuervorteile erworben werden.

Nicht zu unterschätzen sind die Bewirtschaftungskosten bei der Immobilienbewertung und Immobilienverwaltung
Bereits beim Immobilienerwerb sollten auch die künftigen Bewirtschaftungskosten beachtet werden. Die Bewirtschaftungskosten haben einen unmittelbaren Einfluss auf den Reinertrag einer Immobilie und werden im sogenannten Ertragswertverfahren, also bei der Ermittlung des Ertragswerts einer Immobilie, berücksichtigt.

Rechtsgrundlagen dazu sind die II. **Berechnungsverordnung** (Verordnung über wohnungswirtschaftliche Berechnungen nach dem Zweiten Wohnungsbaugesetz) und bezüglich der Betriebskosten die **Betriebskostenverordnung** (Verordnung über die Aufstellung von Betriebskosten).

Nach der **Immobilienwertverordnung** (Verordnung über die Grundsätze für die Ermittlung der Verkehrswerte von Grundstücken) setzen sich die Bewirtschaftungskosten aus folgenden vier Positionen zusammen: erstens den Verwaltungskosten, zweitens den Instandhaltungskosten, drittens dem Mietausfallwagnis und viertens den Betriebskosten.

Zu 1. Verwaltungskosten:
Dazu zählen die Kosten der zur Grundstücksverwaltung erforderlichen Einrichtung und der Arbeitskräfte, die Kosten der Beaufsichtigung, der Wert der vom Eigentümer persönlich geleisteten Verwaltungsarbeit und – soweit zutreffend – die Kosten der Geschäftsführung. Nach der II. Berechnungsverordnung werden die Verwaltungskosten alle drei Jahre aktualisiert. Grundlage dazu ist der Verbraucherpreisindex des Statistischen Bundesamtes. Für das Jahr 2017 betragen die Verwaltungskosten für Haus oder Wohnung 284,63 und für eine Garage 37,12 Euro. Die nächste Bewertung wird für das Jahr 2020 vorgenommen.

Zu 2. Instandhaltungskosten:
Diese umfassen die Kosten zur Erhaltung des Ertragsniveaus aufgrund von Abnutzung oder Alterung der Immobilie. Die Kosten für Modernisierungsmaßnahmen zählen nicht dazu.

Nach der II. Berechnungsverordnung werden je Quadratmeter Wohnfläche jährlich angesetzt:

1. für Wohnungen, deren Bezugsfertigkeit am Ende des Kalenderjahrs weniger als 22 Jahre zurückliegt, höchstens 7,10 Euro
2. für Wohnungen, deren Bezugsfertigkeit am Ende des Kalenderjahrs mindestens 22 Jahre zurückliegt, höchstens 9 Euro
3. für Wohnungen, deren Bezugsfertigkeit am Ende des Kalenderjahrs mindestens 32 Jahre zurückliegt, höchstens 11,50 Euro.

Zu 3. Mietausfallwagnis:
Das Mietausfallwagnis beschreibt die Möglichkeit von Ertragsminderungen und Ertragsausfällen wie Rückstände oder Uneinbringlichkeit von Mieten, Pachten oder durch Leerstände. Die Höhe des Mietausfallwagnisses liegt:

- bei Wohngebäuden zwischen zwei und vier Prozent
- bei gewerblich genutzten Gebäuden zwischen vier und acht Prozent der Bruttomieteinnahmen.

Zu 4. Betriebskosten:
Betriebskosten sind nach § 1 Abs. 1 Satz 1 der Betriebskostenverordnung die Kosten, die durch den laufenden Gebrauch der Immobilie und seiner baulichen Anlage laufend entstehen. Was im Einzelnen als Betriebskosten gilt, ist in der II. Berechnungsverordnung in Verbindung mit der Betriebskostenverordnung geregelt. Im Wesentlichen zählen dazu folgende Kosten:

- Heizung und Warmwasser (Heizkosten, Betriebskosten, Wartung, Wärmemessung und Warmwasserversorgung)
- Wasser und Abwasser (Wasserkosten, Eichkosten, Wasseraufbereitungskosten, Abrechnungskosten, Kanal- und Entwässerungskosten)
- öffentliche Lasten (Grundsteuer)
- Müllbeseitigung (auch Bauschutt und Sperrmüll)
- Aufzugskosten (nur Wartung, Strom und Bedienung)
- Gebäudereinigung und Ungezieferbekämpfung
- Sach- und Haftpflichtversicherung
- Gartenpflege, soweit Garten allgemein den Mietern zugänglich ist (Pflege, Bepflanzung)
- Straßenreinigung (Fußwege, Straßen und Winterdienst)
- Allgemeinstrom (Außenleuchten, Beleuchtung der Wege, Treppenhaus)
- Schornsteinreinigung (Kaminkehrer und notwendige Immissionsmessungen)
- Hauswart
- sonstige Kosten wie Antennen-Kabelnetzanlagen und Kosten für Gemeinschaftseinrichtungen.

Nach dem Betriebskostenspiegel des Deutschen Mieterbundes für 2015/16 liegen die Betriebskosten pro Quadratmeter und Monat je nach Anfall der Betriebskosten knapp über 3 Euro. Über ein Drittel davon entfällt mit 1,10 Euro auf den Betrieb der Heizungsanlage.

Bei der Immobilienbewertung sind Betriebskosten nur insofern anzusetzen, soweit sie nicht umlagefähig sind.

Geldanlage-Tipp zu Registern und Listen von Sachverständigen

Ein Suchregister für Makler und Immobiliensachverständige finden Sie unter der Webseite www.ivd.net. Im Übrigen gibt es bei den Architekten- und Ingenieurkammern Listen von Sachverständigen für das Bauwesen.

18 goldene Regeln zum Immobilienkauf

1. An erster Stelle steht die Lage und nochmals die Lage: Makrolage wie Stadt oder Stadtteil; Mikrolage wie Straße, Infrastruktur (Einkaufsmöglichkeiten, Verkehrsanbindung, ärztliche Versorgung, Schulen und Kindergärten, soziales Umfeld, Image der Umgebung). Besonders bei Neubaugebieten sollte man die Bebauungspläne für das Gesamtgebiet einsehen! Trotzdem bleibt das Risiko von nachträglichen Änderungen der Bebauungspläne.
2. Kaufkosten: Entspricht der zu zahlende Preis dem Wert der Immobilie?
3. Grundbucheinsicht und aktueller Grundbuchauszug mit Aufschrift und allen drei Abteilungen
4. Einsicht in die Bauakten im zuständigen Baurechtsamt; hierzu ist eine Vollmacht des Eigentümers erforderlich. Von einem Baufachmann prüfen lassen, ob die genehmigten Pläne mit der Wirklichkeit übereinstimmen. Stimmen die aktuellen Nutzungen (zum Beispiel Wohnen, Büro, Laden) mit den Plänen überein?
5. Steht das Gebäude unter Denkmalschutz?
6. Aktuellen Lageplan im Vermessungsamt anfordern.
7. Kaufnebenkosten: Grunderwerbsteuer je nach Bundesland zwischen 3,5 (Bayern und Sachsen) und 6,5 Prozent (beispielsweise Nordrhein-Westfalen); Grundbuch- und Notarkosten etwa 1,5 Prozent, und, soweit zutreffend, Maklerkosten für den Käufer in Höhe von 3,57 bis 7,14 Prozent, einschließlich Mehrwertsteuer, vom Verkaufspreis.
8. Liegt ein Energieausweis gemäß der aktuellen EnEV vor?
9. Liegt eine Unbedenklichkeitsbescheinigung des Finanzamts des Verkäufers vor, wonach alle (Grund-)Steuern bezahlt sind?
10. Bei Altbauwohnungen: Bausubstanz sowie Dämmung, Feuchtigkeit im Keller, Schimmelbildung, Zustand der Haustechnik prüfen. Entsprechen Heizungsanlagen den Anforderungen der aktuell gültigen Energieeinsparverordnung?
11. Zahlungsmodalitäten des Kaufpreises prüfen; bei Neubauten nur entsprechend dem Baufortschritt zahlen. Hierzu empfiehlt es sich einen Fachberater (Sachverständigen oder Architekten) in Anspruch zu nehmen.
12. Preisvergleich mit ähnlichen Immobilien
13. Geplante oder zu erwartende Veränderungen mit positiven Auswirkungen, beispielsweise Verkehrsanbindung durch neue Verkehrswege. Diese sind im Bebauungsplan zu finden. Beim Stadtplanungsamt den aktuellen Bebauungsplan einsehen und nachfragen, ob ein neuer Bebauungsplan zurzeit aufgestellt wird oder geplant ist, mit geplanten oder zu erwartenden Veränderungen mit negativen Auswirkungen, beispielsweise Verkehrslärm oder Beschattung durch Nachbargebäude.
14. Bei Eigentumswohnungen: Verwalterleistung, Jahresabrechnungen, Versammlungsprotokolle und Wirtschaftspläne der letzten Jahre einsehen!
15. Anstehende Reparaturen prüfen.
16. Die Immobilie – oder bei Bauvorhaben das Grundstück – persönlich eingehend besichtigen, am besten an verschiedenen Wochentagen und zu verschiedenen Tages- und Nachtzeiten. Hierzu Fachmann einbeziehen (Sachverständigen oder Architekten).
17. Mit Bewohnern des Hauses und Grundstücksnachbarn sprechen!
18. Nachbarn und Mieter; Sozialstruktur beachten!

Checkliste zum Immobilienverkauf

1. Zehnjahres-Haltedauer eingehalten? (Entscheidend ist das Datum des notariellen Kaufvertrags, nicht das Eintragungsdatum im Grundbuch.)
2. Liegt Finanzierungsnachweis der Bank des Käufers beim Notar vor?
3. Wann ist der richtige Zeitpunkt? (Wenn Sie beispielsweise mit Terrassen, Garten oder Dachwohnung punkten wollen, sind Jahres- und Tageszeit wichtig.)
4. Wie hoch ist der höchstmögliche Verkaufspreis? (Vergleichen, vergleichen, vergleichen ...)
5. Die Immobilie „schön" machen. Käufer gehen auf „Brautschau". (Alte Türvorleger, Fahrräder im Treppenhaus, fehlende Leuchtmittel schaffen keine Kauflaune.) Erhebliche Investitionen, wie Modernisierungen oder komplette Renovierungen lohnen sich nur dann, wenn abzusehen ist, dass der Käufer das Gebäude nicht anschließend nach seinen Vorstellungen verändert.
6. Exposé professionell ausarbeiten (beispielsweise keine Schattenaufnahmen mit Gewitterwolken oder geschlossenen Rollläden).
7. Liegt ein Energieausweis vor?
8. Mängel entweder beseitigen oder nicht verschweigen. Im Notarvertrag aufnehmen, dass der Käufer das Gebäude zusammen mit einem Fachmann eingehend mehrfach in allen Einzelheiten besichtigt und geprüft hat.
9. Notar(vor)vertrag in Ruhe von einem steuerlichen Berater, beispielsweise einem Fachanwalt für Steuerrecht oder einem Fachmann für Miet- und Wohnungseigentumsrecht prüfen lassen.

7.1.1 Immobilien im Erbbaurecht

Der Traum vom Eigenheim scheitert oftmals an den Grundstückspreisen. Die kostengünstige Pacht des Grundstücks in Form der Erbbaupacht kann deshalb eine interessante Alternative zum Grundstückskauf sein. Dies gilt besonders für junge Familien mit geringem Eigenkapital. Der Nachteil der Erbbaupacht liegt auf der Hand: Das (eigene) Gebäude befindet sich auf fremdem Boden!

Geldanlage-Tipp zur Frage: Sind Immobilien in Form des Erbbaurechts eine kostengünstige Alternative?

Beim Erbbaurecht erhält der Bauherr kein Eigentum am Grundstück, sondern nur das Recht, auf diesem Grundstück ein Gebäude zu errichten und/oder zu nutzen. Dieses Recht ist zeitlich begrenzt, oftmals laufen Erbbaurechte 99 Jahre (entsprechend dem ursprünglichen Drei-Generationen-Prinzip). Als Entgelt für die Nutzung ist der Erbbauzins zu bezahlen. Die Erbbaugrundstücke werden meist von Gemeinden oder kirchlichen Institutionen zur Verfügung gestellt. Hierbei kann es für bestimmte Personengruppen, beispielsweise Familien mit Kindern, auch besondere Vorteile bei der Erbpacht geben.

Häufig sind die Erbpachtzahlungen an Preisindizes gekoppelt, womit sich der Erbpachtzins mit der allgemeinen Preisentwicklung erhöht. Das heißt, es muss während der Gesamtlaufzeit des Erbbaurechtes mit „Kapitalkosten" gerechnet werden, die im Zeitverlauf meist steigen.

Beim Volleigentum dagegen fallen solche Kosten nach der vollständigen Entschuldung nicht mehr an. Dafür ist die Höhe der Erbpacht am Anfang meist deutlich niedriger als die vergleichbaren Finanzierungskosten für das Grundstück, womit vielen der Immobilienerwerb erst ermöglicht wird. Dieser Vorteil kommt besonders in Regionen mit hohen Grundstückspreisen zur Geltung.

Am Ende der Laufzeit des Erbbaurechtes wird der Grundstückseigentümer grundsätzlich auch Eigentümer der Immobilie. Deshalb muss der Erbbaurechtsvertrag geprüft werden, ob und falls ja, in welcher Höhe eine Entschädigung für die Immobilien geleistet wird. Dann können auch die Nachfahren der Bauherren noch von der Immobilie profitieren.

Auch wenn das Erbbaurecht kein Volleigentum darstellt und mit einigen Einschränkungen verbunden ist, so kann es doch eine Alternative zum klassischen Immobilienerwerb darstellen. Für viele, oft kinderreiche Familien, ist es vielleicht sogar der einzige Weg zum „Eigenheim".

7.1.2 Novellierung der Energieeinsparverordnung

Durch das Energieeinsparungsgesetz (EnEG) in der Fassung vom 12.07.2013 (BGBl. I S. 2197) ist die „EU-Richtlinie für energieeffiziente Gebäude 2010" umgesetzt worden. Seit dem 1. Januar 2016 gilt auf der Grundlage des Gesetzes die aktualisierte Fassung der Energieeinsparverordnung (EnEV 2016).

Die EnEV enthält neben den Bestimmungen zum Energieausweis energetische Mindestanforderungen für Neubauten, für Modernisierungen, zum Umbau, Ausbau und zur Erweiterung bestehender Gebäude, für Heizungs-, Kühl- und Raumlufttechnik sowie für die Warmwasserversorgung.

Durch § 25a EnEV sind Erleichterungen für Neubauten von Flüchtlingsunterkünften wie beispielsweise Freistellungen von den Vorgaben der EnEV bei Containerunterkünften vorgesehen.

Vor dem Hintergrund, dass Immobilien etwa 35 Prozent des gesamten Energieverbrauchs Deutschlands ausmachen, sollen mit den EnEV die Möglichkeiten der Energieeinsparung konsequent genutzt werden.

Umso wichtiger ist es, im Hinblick auf die sich daraus ergebenden höheren Investitions- und Verwaltungskosten, ein entsprechend angemessenes Eigenkapital einzuplanen und alle Fördermöglichkeiten, beispielsweise der KfW, zu nutzen.

Nachstehend die wesentlichen Anforderungen der EnEV 2016 im Überblick[1]:

1. Vorgaben für das Bauen

- Angemessene und wirtschaftlich vertretbare Anhebungen der energetischen Anforderungen an Neubauten ab dem 1. Januar 2016 um durchschnittlich 25 Prozent des zulässigen Jahres-Primärenergiebedarfs und um durchschnittlich 20 Prozent bei der Wärmedämmung der Gebäudehülle – dem sogenannten zulässigen Wärmedurchgangskoeffizienten.
- Die Anhebung der Neubauanforderungen gilt als Zwischenschritt hin zum EU-Niedrigstenergiegebäudestandard, der spätestens ab 2021 vorgesehen ist.

1 Quelle: http://www.bmub.bund.de/themen/bauen/energieeffizientes-bauen-und-sanieren/energieeinsparverordnung/. Abgerufen am 14. August 2018.

- Ab dem Jahr 2021 müssen nach europäischen Vorgaben alle Neubauten im Niedrigstenergiegebäudestandard errichtet werden. Das sieht im Wege einer „Grundpflicht" das Energieeinsparungsgesetz mit konkreten Vorgaben an die energetische Mindestqualität von Niedrigstenergiegebäuden für alle Neubauten vor.

2. Vorgaben für bestehende Gebäude

- Bei der Sanierung bestehender Gebäude ist keine Verschärfung vorgesehen.
- Pflicht zum Austausch alter sogenannter Konstanttemperaturheizkessel der Jahrgänge älter als 30 Jahre. Im Falle eines Eigentümerwechsels ist die Pflicht vom neuen Eigentümer innerhalb von zwei Jahren zu erfüllen.
  Nicht betroffen sind Brennwert- oder Niedertemperaturanlagen, die einen besonders hohen Wirkungsgrad haben.

Ausnahmen für Ein- und Zweifamilienhäuser
Viele selbstgenutzte Ein- und Zweifamilienhäuser sind von der Pflicht ausgenommen. Hier gilt die bereits seit der EnEV 2002 bestehende Regelung fort, nach der Eigentümer von Ein- und Zweifamilienhäusern, die am 1. Februar 2002 in diesen Häusern mindestens eine Wohnung selbst genutzt haben, von der Austauschpflicht ausgenommen sind.

3. Vorgaben für Energieausweise

- Einführung der Pflicht zur Angabe energetischer Kennwerte und zur Angabe der Energieeffizienzklasse in Immobilienanzeigen bei Verkauf und Vermietung. Diese umfasst die Klassen A+ bis H. Die Regelung betrifft nur neue Energieausweise für Wohngebäude, die nach dem 1. Mai 2014 ausgestellt werden. Liegt für das zum Verkauf oder zur Vermietung anstehende Wohngebäude ein gültiger Energieausweis nach zuvor geltendem Recht vor, also ohne Angabe einer Energieeffizienzklasse, besteht keine Pflicht zur Angabe einer Energieeffizienzklasse in der Immobilienanzeige. Auf diese Weise können sich die Energieeffizienzklassen nach und nach am Markt etablieren.
- Präzisierung der bestehenden Pflicht zur Vorlage des Energieausweises gegenüber potenziellen Käufern und Mietern zum Zeitpunkt der Besichtigung des Kauf- oder Mietobjekts.
- Darüber hinaus muss der Energieausweis auch an den Käufer oder an den neuen Mieter ausgehändigt werden (Kopie oder Original).

4. Stärkung der Umsetzung der EnEV

- Einführung unabhängiger Stichprobenkontrollen für Energieausweise und Berichte über die Inspektion von Kilmaanlagen duch die Länder
- Bei Verstößen gegen die Vorschriften drohen Bußgelder nach § 8 Abs. 3 EnEG, beispielsweise in Höhe von bis zu 5000 Euro bei fehlender Registrierungsnummer im Energieausweis oder bis zu 50000 Euro, wenn eine neue Heizung nicht entsprechend den Anforderungen der EnEV installiert wurde (§ 27 EnEV „Ordnungswidrigkeiten").

7.1.3 Förderprodukte der KfW Privatkundenbank sowie regionale und lokale Fördermöglichkeiten

7.1.3.1 Förderung durch die KfW Privatkundenbank

Die KfW Privatkundenbank bietet Förderung in den Bereichen Bestandsimmobilien, Neubau und Erneuerbare Energien in Form von Förderdarlehen oder Zuschüsse für Bau-, Kauf- und Sanierungsmaßnahmen. Für alle Förderprodukte gilt: Die Förderung ist vor Beginn der Maßnahme über die Hausbank oder einen Finanzierungs- oder Vermögensberater zu beantragen. Eine direkte Darlehensvergabe an die Antragsteller ist nicht möglich.

Kontakt zur KfW
Für Kunden und Partner der KfW gibt es für den Bereich Wohnwirtschaft telefonische Beratung zu allen Förderprodukten.

Telefonisch: Montag bis Freitag von 8 Uhr bis 18 Uhr unter der Nummer 0800 539 9002 (kostenfreie Servicenummer für Privatpersonen)

Die Fax-Nummer lautet: 069 7431 9500. Kontakt per E-Mail: infocenter@kfw.de

Online-Beratungsanfrage
Ein Angebot der KfW ist die Online-Beratungsanfrage (https://www.kfw.de/ KfW-Konzern/Newsroom/Pressematerial/Themen-kompakt/Online-Beratungsanfrage/).

Die Online-Beratungsanfrage ist ein zusätzliches Angebot, um schnell und unkompliziert einen Beratungstermin zu KfW-Förderkrediten bei verschiedenen Finanzierungspartnern anzufragen. Sie finden den Zugang zur Beratungsanfrage auch direkt auf der jeweiligen Produktseite.

Informieren Sie sich bitte zunächst im Portal über die Förderangebote, die am besten zu Ihrem Vorhaben passen. Diese unterscheiden sich je nachdem, ob Sie planen, ein neues Wohnhaus zu bauen oder ein Haus zu sanieren oder umzubauen. Falls Sie dabei Unterstützung brauchen, hilft Ihnen das Infocenter weiter. Danach vereinbaren Sie einen Beratungstermin bei einem Finanzpartner, um die Einzelheiten der Kreditvergabe zu besprechen.

So funktioniert die Beratungsanfrage

1. Sie wählen bis zu drei Finanzierungspartner aus. Dabei hilft Ihnen die Umkreissuche mit Postleitzahl und Ortsname.
2. Sie geben Ihre Kontaktdaten ein.
3. Sie überprüfen Ihre Angaben und bestätigen Ihre Terminanfrage.
4. Sie erhalten Terminvorschläge von den angefragten Finanzierungspartnern.

Wenn Sie den „Vorab-Check" oder den „Produktfinder" genutzt haben, werden Sie gefragt, ob Sie die selektierten Informationen über Ihr Vorhaben mit der Beratungsanfrage übermitteln möchten. Ihr Finanzierungsberater kann sich in diesem Fall noch besser auf das Beratungsgespräch mit Ihnen vorbereiten.

Möglichkeit im KfW-Zuschussportal für das Programm „Energieeffizient Sanieren – Investitionszuschuss" (Produktnummer 430) den Antrag online zu stellen:

1. Sie brauchen für die Antragsstellung die „Bestätigung/Online-Antrag" oder die „Bestätigung zum Antrag" (BzA) von Ihrem Sachverständigen.
2. Stellen Sie Ihren Antrag durch das KfW-Zuschussportal (https://public.kfw.de/zuschussportal-web/).

Quelle: KfW

Baukindergeld ab 2018
Das neue staatliche Baukindergeld ist bei der KfW (ausschließlich online unter www.kfw.de/zuschussportal) zu beantragen. Näheres zum Baukindergeld siehe Abschnitt 7.2.1.4.

7.1.3.2 Regionale Förderung durch Bundesländer und Gemeinden

Es empfiehlt sich, bereits in der Planungsphase mögliche regionale und lokale Fördermöglichkeiten zu erfragen und in die Planung einzubeziehen.

Je nach Vorhaben und Region gibt es auch EU-Förderprogramme. Auch hier gilt: Anträge vor Beginn der Baumaßnahme stellen!

7.1.3.3 Förderprogramme von Kreditinstituten und Bausparkassen

Erkundigen Sie sich auch rechtzeitig vor den konkreten Planungs- und Auftragsvergabephasen, welche Fördermöglichkeiten Banken und Bausparkassen bieten oder planen.

7.1.3.4 Förderprogramme von Kirchen und religiösen Vereinigungen

Die Förderung erfolgt besonders in Form von verbilligten Darlehen (Zinssubvention) oder durch Erbbaurechte für Familien (Näheres zum Erbbaurecht finden Sie in Abschnitt 7.1.1).

7.1.3.5 Förderung durch den Arbeitgeber

Manche Arbeitgeber fördern den Immobilienerwerb ihrer Arbeitnehmer. Die Förderung erfolgt meist in Form von Arbeitnehmerdarlehen, oder in Form von Zinszuschüssen oder von Bürgschaften.

7.1.4 Kredithandel erschwert

Noch vor 2008 gab es häufig Ärger, weil finanzierende Banken Immobilienkredite an Finanzinvestoren weiterveräußerten und diese dann nicht selten mit Kündigungen oder Zwangsmaßnahmen gegen die Kreditnehmer für Unmut sorgten.

Durch das Risikobegrenzungsgesetz von 2008 (BGBl. I S. 1666), das unter anderem für mehr Transparenz beim Einstieg von Finanzinvestoren sorgen soll, werden auch die Rechte der Kreditnehmer besser gewahrt.

Nachstehend die wichtigsten Regelungen im Überblick:

1. Bei Neuverträgen über Immobiliendarlehen muss das Kreditinstitut deutlich darauf hinweisen, ob und gegebenenfalls unter welchen Voraussetzungen der Kredit verkauft und abgetreten werden kann.
2. Drei Monate vor Ablauf der Vertragslaufzeit muss dem Kunden entweder ein Folgeangebot unterbreitet oder ihm mitgeteilt werden, dass der Kredit nicht verlängert wird.
3. Wird das Darlehen weiterverkauft, muss der Kreditkunde unverzüglich informiert werden. Ein Sonderkündigungsrecht steht ihm dabei nicht zu.
4. Ein Immobiliendarlehen darf erst gekündigt werden, wenn der Schuldner mit mindestens zwei Raten hintereinander ganz oder teilweise in Verzug ist und der Zahlungsrückstand mindestens 2,5 Prozent des Nennbetrags des Darlehens beträgt. Wird ungerechtfertigt vollstreckt, entsteht ein verschuldensunabhängiger Schadensersatzanspruch gegenüber dem vollstreckenden Finanzinstitut.

5. Falls ein Grundpfandrecht, also eine Grundschuld oder Hypothek oder (selten) Rentenschuld, vollstreckt werden soll, muss dies dem Darlehensnehmer sechs Monate vorher mitgeteilt werden.

7.2 Förderung für Eigennutzer

„Für den Euro-Raum als Ganzem berichteten die im BLS[1] befragten Banken, dass die Nachfrage nach Wohnungsbaukrediten an private Haushalte zum wiederholten Mal deutlich angestiegen sei. Die befragten Bankmanager führten dies in erster Linie auf das niedrige allgemeine Zinsniveau und in geringerem Maße auch auf die Aussichten auf dem Wohnimmobilienmarkt und die voraussichtliche Preisentwicklung für Wohneigentum zurück."

Geldentwicklung und Liquiditätsbedarf; in: Deutsche Bundesbank, Monatsbericht Mai 2016, S. 32.

Obwohl in Deutschland bereits jahrzehntelang das Wohnen in den eigenen vier Wänden gefördert wird, haben nur rund 52 Prozent der Deutschen Wohneigentum.

Vergleicht man mit anderen Ländern, besitzen mit 44,5 Prozent nur noch die Schweizer weniger selbstgenutztes Wohneigentum. Dagegen liegen beispielsweise Norwegen mit 82,8, Spanien mit 78,2, Großbritannien mit 63,5, Frankreich mit 65,1, und Österreich mit 55,7 Prozent teilweise deutlich darüber (Quelle: Statista, Stand März 2017).

7.2.1 Die vier staatlichen Fördermöglichkeiten

Für die Schaffung von Eigenheimen gibt es vier Fördermöglichkeiten: die Förderung durch die Wohnungsbauprämie, durch die Arbeitnehmer-Sparzulage und die Förderung von Sparleistungen auf einen zertifizierten Altersvorsorgevertrag (Eigenheimrente) und das Baukindergeld.

7.2.1.1 Wohnungsbauprämie

Im Rahmen bestimmter Einkommensgrenzen erhalten Personen ab dem 16. Lebensjahr die Wohnungsbauprämie nach dem Wohnungsbau-Prämiengesetz (WoPG) für Aufwendungen zur Förderung des Wohnungsbaus in Form von Beiträgen an Bausparkassen zur Erlangung von Bauspardarlehen, zum Erwerb von Anteilen an Bau- und Wohnungsgenossenschaften, zum Bau oder Erwerb selbst genutzten Wohneigentums oder zum Erwerb eines eigentumsähnlichen Dauerwohnrechts.

Einschränkung und Erweiterung der Wohnungsbauprämie
Bis Ende 2008 konnte über die angesparten Bausparmittel und die Prämie nach Ablauf der siebenjährigen Bindungsfrist frei verfügt werden. Für ab 2009 geschlossene Verträge ist Voraussetzung für die Prämienbegünstigung, dass die nach Zuteilung ausgezahlte Bausparsumme oder die nach Beleihung des Bausparvertrags aus Zwischen- oder Vorausdarlehen empfangenen Mittel unverzüglich und unmittelbar zum Wohnungsbau oder -kauf

1 Bank Lending Survey; Umfrage des Eurosytems zur Vergabe von Krediten die seit Januar 2013 vierteljährlich unter ausgewählten Banken durchgeführt wird.

im Inland verwendet werden. Als Wohnungsbau gelten auch bauliche Maßnahmen des Mieters zur Modernisierung seiner Wohnung (§ 2 Abs. 2 WoPG). Das Wohnungsbau-Prämiengesetz wurde damit auf wohnungswirtschaftliche Verwendung beschränkt.

Unschädlich sind seit 2009 nur noch Verfügungen ohne Verwendung zum Wohnungsbau unter den engen Voraussetzungen des § 2 Abs. 2 Nr. 2 Satz 2 bis 5 WoPG:

Unschädlich ist eine Verfügung ohne Verwendung zum Wohnungsbau

- ... die frühestens sieben Jahre nach Vertragsabschluss erfolgt, wenn der Bausparer bei Vertragsabschluss das 25. Lebensjahr noch nicht vollendet hatte.
- ... wenn nach Vertragsabschluss der Bausparer
  - oder sein von ihm nicht dauernd getrennt lebender Ehegatte gestorben oder völlig erwerbsunfähig geworden ist.
  - arbeitslos geworden ist und die Arbeitslosigkeit mindestens ein Jahr ununterbrochen bestanden hat und bei Verfügung noch besteht.

Für **vor 2009** abgeschlossene Verträge gilt Bestandsschutz, wenn bis zum 31.12.2008 wenigstens ein Beitrag in Höhe der Regelsparrate entrichtet wurde (§ 2 Abs. 3 WoPG).

Gleichzeitig wurde der Begriff Wohnungsbau erweitert:

Als Wohnungsbau i. S. des § 2 Abs. 2 Nr. 1 und 2 gelten nach Abs. 2 Satz 8 und 9 WoPG auch:

- bauliche Maßnahmen des Mieters zur Modernisierung seiner Wohnung.
- Ersterwerb von Anteilen an Bau- und Wohnungsgenossenschaften i. S. des § 2 Abs. 1 Nr. 2 WoPG
- Erwerb von Rechten zur dauernden Selbstnutzung von Wohnraum in
  - Alten-,
  - Altenpflege- und Behinderteneinrichtungen oder -anlagen

7.2.1.2 Vermögensbildung der Arbeitnehmer durch vermögenswirksame Leistungen des Arbeitgebers

Im Rahmen bestimmter Einkommensgrenzen erhalten Arbeitnehmer Arbeitnehmer-Sparzulage aus vermögenswirksamen Leistungen (vL) des Arbeitgebers nach dem 5. VermBG beispielsweise für Bausparbeiträge und zur unmittelbar wohnungswirtschaftlichen Verwendung. Näheres siehe Abschnitt 2.1.5 „Staatliche Förderung der Vermögensbildung und Vermögensbeteiligung".

7.2.1.3 Die Eigenheimrente (Wohn-Riester)

Die selbstgenutzte Wohnimmobilie wurde 2008 in die geförderte Altersvorsorge einbezogen. Rechtsgrundlage ist das Eigenheimrentengesetz (EigRentG).

Neben der verbesserten Einbeziehung der selbstgenutzten Wohnimmobilie und selbstgenutzten Genossenschaftswohnungen in die geförderte Altersvorsorge sollen damit weitere Anreize für zusätzliche private Altersvorsorge geschaffen werden.

Die Zulagen betragen jährlich bis 2017 154 Euro und ab 2018 175 Euro pro Erwachsenem (Grundzulage), die Kinderzulage 185 Euro pro Kind (geboren vor 2008) oder 300 Euro pro Kind (geboren ab 2008) ohne Berücksichtigung von Einkommensgrenzen.

Alle Förderberechtigten, die das 25. Lebensjahr noch nicht vollendet haben, erhalten sozusagen als Einsteigerbonus, einmalig 200 Euro.

Die geleisteten Aufwendungen für einen zertifizierten Altersvorsorgevertrag können bis zu einer Höhe von 2 100 Euro (abzüglich Zulage) steuerlich geltend gemacht werden.

Nähere Ausführungen zu „Wohnriestern" siehe Abschnitt 8.13.2.1.3.

Seit dem 1. Januar 2017 informiert bei Riester-Produkten das neue Produktinformationsblatt über Chancen, Risiken und Kosten.

7.2.1.3.1 Förderansätze

Die Regelungen der Riester-Förderung gelten grundsätzlich auch für den Erwerb oder für den Bau von selbstgenutzten Wohnimmobilien. Das heißt: Die staatliche Förderung wird um den Bereich Wohneigentum ergänzt. Im Einzelnen sollen mit der Riester-Zulage gefördert werden:

1. der Kauf (die Anschaffung),
2. der Bau (Herstellung) oder
3. zu Beginn der Auszahlungsphase die Entschuldung einer selbstgenutzten Wohnimmobilie oder die Anschaffung von Geschäftsanteilen zur Selbstnutzung einer Genossenschaftswohnung.

Die Mittel zur Tilgung von Immobilienkrediten werden steuerlich als Altersvorsorgebeiträge gefördert. Die staatlichen Zulagen für Tilgungsbeiträge werden dementsprechend zu 100 Prozent für die Darlehenstilgung eingesetzt.

Wer bereits staatlich gefördert ein Altersvorsorgevermögen angespart hat, kann einen Teil oder alles für die Anschaffung oder den Bau der eigenen vier Wände verwenden. Dasselbe gilt auch für den Erwerb von Genossenschaftsanteilen zu eigenen Wohnzwecken. Eine solche „Entnahmemöglichkeit" ist auch für den Beginn der Auszahlungsphase vorgesehen, um damit eine selbst genutzte Wohnimmobilie entschulden zu können. Eine Rückzahlung des entnommenen Betrags ist im Gegensatz zum bisherigen Altersvorsorge-Eigenheimbetrag nicht mehr erforderlich.

Nachdem bereits seit dem Jahressteuergesetz 2010 Verbesserungen beim Wohn-Riester gelten, beispielsweise durch Übertragung des Eigentumsanteils und des Förderkontoanteils eines Partners im Scheidungsfall, dürften die geplanten Verbesserungen der Eigenheimrente dem Wohn-Riester Auftrieb geben:

- Streckung des anschaffungsnahen Aufwands auf drei Jahre
- Entnahme von Altersvorsorgevermögen auch für die Entschuldung
- Verzinsung des Wohnförderkontos soll entfallen

7.2.1.3.2 Steuerliche Aspekte

Bei allen Riester-Produkten gilt: In der Sparphase sind die Beiträge steuerfrei. Die Auszahlungen im Alter werden dagegen fiktiv besteuert.

Da beim Wohn-Riestern im Alter kein Geld fließt, wird das steuerlich geförderte Kapital (Tilgungsraten, Zulagen und der entnommene Altersvorsorge-Eigenheimbetrag) in einem (fiktiven) Wohnförderkonto erfasst, mit zwei Prozent pro Jahr verzinst und nachgelagert besteuert.

Bezüglich der Besteuerung bei Renteneintritt können Wohn-Riester-Sparer wählen: Begleichen sie die auf dem Wohnförderkonto aufgelaufene Steuerschuld auf einmal, dann müssen sie nur einmalig 70 Prozent (also Abschlag von 30 Prozent) des geförderten Kapitals mit ihrem dann (heute nicht bekannten) individuellen Steuersatz begleichen, wobei die Wohnung für 20 Jahre zu eigenen Wohnzwecken genutzt werden muss.

Förderberechtigte können sich auch dafür entscheiden, das geförderte Kapital über einen längeren Zeitraum von 17 bis 25 Jahre nachgelagert ratierlich zu besteuern. Ob und in welcher Höhe Steuer zu zahlen ist, hängt von der persönlichen Situation des Steuerpflichtigen ab.

Grundlage für die nachgelagerte Besteuerung ist nur der Umfang der tatsächlich in Anspruch genommenen Förderung, nicht dagegen der Nutzungswert.

Die zwei Varianten der Besteuerung der Wohn-Riester-Förderbeiträge und des entnommenen Altersvorsorge-Betrags

Variante 1	Variante 2
Sofortbesteuerung zu Beginn der Auszahlungsphase (= Besteuerungsphase) mit einem Nachlass von 30 Prozent auf den Gesamtbetrag Die Wohnung muss für 20 Jahre zu eigenen Wohnzwecken genutzt werden.	Verteilung der Steuerlast ab Beginn der Auszahlungsphase (= Besteuerungsphase), die zwischen dem 60. und 68. Lebensjahr liegen muss; bis zum 85. Lebensjahr ohne Abschlag

Bei Beendigung der Selbstnutzung erfolgt die Besteuerung; dies gilt auch bei Versterben mit der Ausnahme, dass der die Wohnung teilende überlebende Ehegatte die Wohnung innerhalb eines Jahres übernimmt und weiter bewohnt.

Geldanlage-Tipp zur Sinnhaftigkeit von Wohn-Riestern

Ob und unter welchen Voraussetzungen sich Wohn-Riestern überhaupt rechnet, ist im Hinblick auf den langen Zeitraum („20 Jahre zu eigenen Wohnzwecken genutzt") und die Verteilung der Steuerlast ab Beginn der Besteuerungsphase im Voraus schwer abzuschätzen. Deshalb sollte sorgfältig abgewogen werden.

7.2.1.3.3 Erweiterung der Angebotspalette

Darlehensverträge für die Anschaffung und den Bau von selbstgenutzten Immobilien und Anteile an inländischen Genossenschaftswohnungen zu eigenen Wohnzwecken gehören ebenfalls zu den begünstigten Anlageprodukten. Auch Bausparkassen und Wohnungsgenossenschaften können geförderte Altersvorsorgeprodukte anbieten. Hierdurch erweitert sich die Produktpalette, aus der der Zulagenberechtigte das für ihn geeignete Altersvorsorgeprodukt auswählen kann.

7.2.1.3.4 Förderfähige, zertifizierte Angebote

Kreditinstitute, einschließlich der Bausparkassen, müssen sich die vorgesehenen Tarifangebote und Verträge zertifizieren lassen (§ 14 Abs.3 AltZertG).

7.2.1.4 Das neue Baukindergeld ab 2018

Mit Stichtag 01.01.2006 schaffte die erste große Koalition unter Kanzlerin Merkel die Eigenheimzulage, mit der die Bildung von Wohneigentum für Familien gefördert wurde, ab. Die Begründung damals: Zu teuer und ineffizient.

Doch nach zwölf Jahren wird sie rückwirkend ab 2018 unter dem neuen Namen „Baukindergeld" wiederbelebt.

Danach erhalten Baukindergeld Familien und Alleinerziehende mit mindestens einem Kind unter 18 Jahren, für das dem Antragsteller Kindergeld oder ein Kinderfreibetrag zusteht, zum erstmaligen Erwerb von selbstgenutzten Wohnimmobilien oder Wohnungen in Deutschland, in dem die Eltern oder der Alleinerziehende gemeinsam mit dem Kind oder den Kindern leben werden.

Ist bereits selbstgenutztes oder vermietetes Wohneigentum in Deutschland zur Dauernutzung vorhanden, ist eine Förderung ausgeschlossen.

Die Voraussetzungen im Einzelnen:

- Berechtigte Antragsteller
  Einen Antrag kann jede natürliche Person stellen,
  - die (Mit-)Eigentümer von selbstgenutztem Wohneigentum geworden ist und
  - die selbst kindergeldberechtigt ist oder mit der kindergeldberechtigten Person in einem Haushalt lebt und
  - in deren Haushalt mindestens ein Kind gemeldet ist, das zum Zeitpunkt der Antragstellung das 18. Lebensjahr noch nicht vollendet hat und für das im Haushalt eine Kindergeldberechtigung vorliegt und
  - deren zu versteuerndes jährliches Haushaltseinkommen 90 000 € bei einem Kind unter 18 Jahren zuzüglich 15 000 € je weiterem Kind nich überschreitet.

- Berechnungsgrundlage
  Grundlage ist die Höhe des Durchschnittseinkommens des Antragstellers einschließlich des Einkommens des Ehe- oder Lebenspartners oder des Partners aus eheähnlicher Gemeinschaft der letzten beiden Kalenderjahre. Das heißt, bei den im Jahr 2018 gestelllten Anträgen dürfen die Einkommen 2016 und 2017 diese Grenze nicht überschritten haben. Für die 2019 gestellten Anträge dürfen entsprechend die Einkommen 2017 und 2018 diese Grenze nicht überschritten haben.

- Beantragungszeitraum
  Das Baukindergeld wird rückwirkend ab dem 01.01.2018 gezahlt. Der letztmögliche Tag der Antragstellung ist der 31.12.2020. Voraussetzung für die Förderung sind notariell geschlossene Kaufverträge oder Baugenehmigungen, die zwischen dem 01.01.2018 und dem 31.12.2020 neu abgeschlossen oder erteilt wurden. Im Jahr 2017 oder früher getätigte Käufe werden nicht gefördert.

- Zeitraum der Förderung
  Der Förderzeitraum beträgt zehn Jahre, das heißt
  - bei Antragstellung im Jahr 2018 bis Ende 2027
  - bei Antragstellung im Jahr 2019 bis Ende 2028
  - bei Antragstellung im Jahr 2020 bis Ende 2029

- Höhe der Förderung
  1 200 € pro Jahr für jedes im Haushalt lebende Kind unter 18 Jahren, für das zum Zeitpunkt der Antragstellung Kindergeldberechtigung vorliegt.

- Antragstellung
  Anträge können seit dem 18.09.2018 ausschließlich online gestellt werden unter: www.kfw.de/zuschussportal

- Weitere Informationen
  Merkblatt der KfW, Nummer 424 – Zuschuss –, Bestellnummer 6000 004 381

Berechnungbeispiel:

Eine vierköpfige Familie mit zwei Kindern erhält demnach eine Förderung, wenn das Haushaltseinkommen maximal bei 75 000 € + 30 000 € (= 2 x 15 000 € je Kind) = 105 000 € liegt, in Höhe von 2 400 € pro Jahr, das heißt, die Gesamtförderung nach zehn Jahren läge in diesem Fall bei 24 000 €.

- Und obendrauf ein besonderes bayrisches Schmankerl (Stand Redaktionsschluss): Mit einem Baukindergeld Plus will Bayern das Baukindergeld um zusätzliche 300 € pro berechtigtem Kind und Jahr aufstocken. Zusätzlich ist eine Grundförderung von 10 000 € geplant, die auch für Alleinstehende und Paare ohne Kinder gelten soll!

Dazu eine Vergleichsrechnung:

Ehepaar, fünf kindergeld berechtigte Kinder, die übrigen Voraussetzungen sind erfüllt, dann sähe das Ergebnis nach zehn Jahren so aus:

Summe Baukindergeld nach zehn Jahren			
in Bayern		im übrigen Deutschland	
1 200 € (p.a.) x 5 (Kinder) x 10 (Jahre)	60 000 €	1 200 € (p.a.) x 5 (Kinder) x 10 (Jahre)	60 000 €
+ Aufstockung 300 € x 5 (Kinder) x 10 (Jahre)	15 000 €		–,-
+ Grundförderung	10 000 €		–,–
Summe	85 000 €		60 000 €

7.2.2 Steuerermäßigung für Handwerker- und Schornsteinfegerleistungen

7.2.2.1 Steuerermäßigung für haushaltsnahe Handwerkerleistungen

Steuerermäßigung für die Inanspruchnahme von Handwerkerleistungen für Renovierungs-, Erhaltungs- und Modernisierungsmaßnahmen nach § 35a Abs. 3 EStG:

Handwerkerleistungen an der eigengenutzten Immobilie werden seit 2009 mit bis zu 1 200 Euro pro Jahr gefördert. Somit können 20 Prozent der Gesamtkosten aus maximal 6 000 Euro auf Antrag von der Einkommensteuerschuld (nicht vom Einkommen) abgezogen werden. Die Förderung bezieht sich nur auf die Kosten des Arbeitslohnes (einschließlich Umsatzsteuer), nicht jedoch auf die Materialkosten.

Die Förderung gilt sowohl für Arbeiten, die üblicherweise vom Eigentümer selbst ausgeführt werden können, als auch für Handwerkerleistungen im Bereich Sanierung, Renovierung und Wartung. Verlangen Sie von Ihrem Handwerker oder Dienstleistenden vor dessen Rechnungsstellung, dass er die Lohnkosten auf der Rechnung gesondert ausweist.

Geförderte Kosten sind zum Beispiel[1]:

- Reinigung der Wohnung
- Gartenpflegearbeiten
- Arbeiten an Innen- und Außenwänden, am Dach oder der Fassade
- Reparatur oder Austausch von Fenstern und Türen
- Streichen und Lackieren von Türen, Fenstern, Wandschränken und Heizkörpern
- Reparatur oder Austausch von Bodenbelägen
- Reparatur und Wartung oder Austausch von Heizungsanlagen, Elektro-, Gas- und Wasserinstallation
- Modernisierung des Badezimmers
- Reparatur und Wartung von Gegenständen im Haushalt des Steuerpflichtigen (wie beispielsweise Waschmaschine, Geschirrspüler, Herd, Fernseher oder Personalcomputer)
- Kontrollaufwendungen wie Schornsteinfegergebühren und Kontrolle von Blitzschutzanlagen

Sowohl der Eigentümer in einer Wohnungseigentümergemeinschaft als auch der Mieter einer Mietwohnung können die von der Wohnungseigentümergemeinschaft oder vom Vermieter in Auftrag gegebenen Arbeiten steuerlich geltend machen, wenn

- in der Jahresabrechnung die im Kalenderjahr bezahlten Beträge nach den begünstigten haushaltsnahen Beschäftigungsverhältnissen und Dienstleistungen jeweils gesondert aufgeführt sind,
- der Anteil der steuerbegünstigten Kosten (Arbeits- und Fahrtkosten) ausgewiesen ist und
- der Anteil des jeweiligen Wohnungseigentümers oder Mieters anhand seines Beteiligungsverhältnisses individuell errechnet wurde.

Die Steuerermäßigungen können nur in Anspruch genommen werden, soweit die Aufwendungen nicht Betriebsausgaben oder Werbungskosten darstellen und nicht als Sonderausgaben oder außergewöhnliche Belastungen berücksichtigt worden sind (§ 35a Abs. 5 EStG).

Beispiel

Ein Wohnungseigentümer lässt für Gesamtkosten von 2500 Euro das Badezimmer neu fliesen. Die enthaltenen Materialkosten belaufen sich auf 500 Euro. Es werden nur Arbeitskosten in Höhe von 2000 Euro gefördert. Somit können 400 Euro (= 20 Prozent von 2000 Euro) von der Einkommensteuer abgezogen werden.

Voraussetzung für die Steuerermäßigung ist, „dass der Steuerpflichtige für die Aufwendungen eine Rechnung erhalten hat und die Zahlung auf das Konto des Erbringers der Leistung erfolgt ist" (§ 35a Abs. 5 EStG). Bar bezahlte Rechnungen werden nicht gefördert. Zudem wurde die Steuerbegünstigung von inländischen Haushalten auf in der Europäischen Union oder dem Europäischen Wirtschaftsraum liegende Haushalte ausgeweitet (§ 35a Abs. 4 EStG).

1 Siehe BMF v. 10.01.2014, BStBl I 2014, 75 Anlage 1

7.2.2.2 Steuerermäßigung für Schornsteinfegerleistungen

Auch Aufwendungen für Schornsteinfegerleistungen und die Kontrolle von Blitzschutzanlagen werden anerkannt. Das gilt sowohl für Aufwendungen für Mess- oder Überprüfarbeiten einschließlich der Feuerstättenschau, als auch für Aufwendungen für Reinigungs- und Kehrarbeiten sowie sonstige Handwerkerleistungen. Grundlage: BMF-Schreiben vom 10.11.2015 (BStBl 15 I, S. 876).

7.2.3 Steuerliche Förderung von Baudenkmalen und Gebäuden in einem Sanierungsgebiet

Baumaßnahmen an für eigene Wohnzwecke genutzten Baudenkmalen und Gebäuden in Sanierungsgebieten und städtebaulichen Entwicklungsbereichen können nach § 10f EStG über zehn Jahre mit jeweils neun Prozent der Kosten gleichmäßig wie Sonderausgaben abgesetzt werden, wenn die Voraussetzungen des § 7h oder § 7i EStG vorliegen. Insgesamt können also bis zu 90 Prozent der Baukosten steuerlich geltend gemacht werden.

7.3 Finanzierung von eigengenutzten Immobilien

„Wenn man mit bloßem Geschrei ein Haus bauen könnte,
so hätte ein einziger Esel längst eine ganze Stadt errichtet.“

Abraham Sancta Clara (1644–1709), Geistlicher und Schriftsteller

Häufig reichen die Eigenmittel nicht aus, um den Kaufpreis der Immobilie zu bezahlen. Deshalb ist eine Finanzierung wichtig, die auf die Verhältnisse der künftigen Eigenheimbesitzer zugeschnitten ist.

Um die optimale Finanzierung zu ermitteln, empfiehlt es sich, einen detaillierten Kosten- und Finanzierungsplan zu erstellen. Dazu können Sie nachstehendes Gliederungsschema verwenden:

1. Kosten
2. Finanzierungsmittel
2.1 Eigenmittel
2.2 Fremdmittelbedarf
2.3 finanzieller Spielraum (monatlich frei verfügbares Einkommen)

Alte Bestandsimmobilie, selbst organisierter Neubau und Kauf einer neuen Immobilie unterscheiden sich in der Handhabung deutlich voneinander. Die nachstehenden Ausführungen sind deshalb beispielhaft zu betrachten.

Geldanlage-Tipp zur Abgeltungsteuer bezüglich der Besteuerung der Instandhaltungsrücklage bei selbstgenutzten Eigentumswohnungen
Zinsen aus der Instandhaltungsrücklage einer selbstgenutzten Eigentumswohnung sind Einnahmen aus Kapitalvermögen und unterliegen der Abgeltungsteuer.

- Das Grundmodell einer Eigenheimfinanzierung beinhaltet Eigenkapital und langfristige Darlehen. Die in der Grafik dargestellten Finanzierungsbausteine und Prozentsätze sind nur Richtwerte. Sie zeigen jedoch beispielhaft den Aufbau einer Eigenheimfinanzierung. Als Eigenkapital können nur Gelder eingesetzt werden, die frei zur Verfügung stehen und nicht langjährig gebunden sind.

Nach sorgfältiger Aufstellung des Kostenplans werden für den Finanzierungsplan die Eigenmittel zusammengestellt und die entsprechend erforderlichen Kredite errechnet. Auf dieser Basis kann der zukünftige monatliche Aufwand ermittelt werden. Am besten erfolgt die Aufstellung des Kostenplans und des Finanzierungsplans in Zusammenarbeit mit einem fachkundigen Finanzierungsberater.

Grundbestandteile einer Eigenheimfinanzierung	
1. Eigenmittel	etwa 20–30 %
2. langfristiges Immobiliendarlehen eines Kreditinstituts oder einer Pfandbriefbank (frühere Bezeichnung: Hypothekenbank)	etwa 50–80 %
3. Bauspardarlehen*	etwa 0–30 %

* Ein Bauspardarlehen muss nicht zwingender Bestandteil des Finanzierungskonzepts sein, da laufzeitbedingt die Tilgung und damit die monatliche Rate relativ hoch ist. Siehe dazu Kapitel „Bausparen".

7.3.1 Kosten- und Finanzierungsplan

Im Kostenplan werden alle entstehenden Ausgaben des Eigenheimerwerbs sowie Nebenkosten und Sonderwünsche aufgelistet. Hierbei darf nicht zu knapp kalkuliert werden, um Finanzierungslücken zu vermeiden.

Kosten- und Finanzierungsplan, Teil 1: Kosten	
1. Kosten	
Art	**Betrag in €**
Geldbeschaffungskosten	....
Grundstückskosten	....
Erschließungskosten und Außenanlagen	....
Maklerprovision je nach Bundesland von überwiegend 3,57 % bis 7,14 %	....
Notar- und Grundbuchkosten (meist 1 – 1,5 % der Gesamtkosten)	....
Grunderwerbsteuer (grundsätzlich 3,5 %, in mehreren Bundesländern bis zu 6,5 %)	....
Baukosten oder Erwerbskosten	....
Instandssetzungskosten	....
Umbaukosten	....
künftig zu erwartende Instandhaltungskosten	....
Sonderausstattung	....
Bauzeitzinsen	....
Umzugskosten und Möblierung	....
Renovierung der bisherigen Wohnung	....
sonstige Kosten, wie beispielsweise Kosten für Sachverständige	....
Summe	....

Kosten- und Finanzierungsplan, Teil 2: Finanzierungsmittel	
2. Finanzierungsmittel **2.1 Eigenmittel**	
Art	**Betrag in €**
Barmittel (aktuelle Höhe)	. . . .
Kontoguthaben (aktuelle Höhe)	. . . .
Bausparverträge (aktuelles Guthaben)	. . . .
Bausparsumme (nachrichtlich)	. . . .
Lebensversicherungen (aktueller Rückkaufswert)	. . . .
Versicherungssumme der Lebensversicherung (nachrichtlich)	(. . . . .)
Wertpapiere (aktueller Kurswert)	. . . .
Wertpapiere Nominalwert (nachrichtlich)	. . . .
realistisch bewertete Eigenleistungen	. . . .
Darlehen Dritter mit Eigenkapitalcharakter	. . . .
Geldmittel von Dritten, beispielsweise Verwandten, als Zuwendungen	. . . .
Finanzierungsmittel durch Beleihung von vorhandenem Haus- und Grundbesitz	. . . .
sonstige Eigenmittel	. . . .
Entnahmemöglichkeit aus einem „Riester-Vertrag“	. . . .
Summe	. . . .

Fortsetzung Kosten- und Finanzierungsplan, Teil 2: Finanzierungsmittel		
2.2 Fremdmittelbedarf		
Art	**Betrag in €**	**= daraus monatliche Rate in €**
Hypothekendarlehen	....	....
weitere Darlehen von Kreditinstituten	....	....
Bauspardarlehen	....	....
Arbeitgeberdarlehen	....	....
Verwandtendarlehen	....	....
öffentliche, zinsverbilligte Darlehen und Zuschüsse	....	....
KfW-Darlehen und Zuschüsse	....	....
sonstige	....	....
Summe	....	....

Fortsetzung Kosten- und Finanzierungsplan, Teil 2: Finanzierungsmittel	
2.3 Finanzieller Spielraum zur Ermittlung des monatlich frei verfügbaren Einkommens in €	
Art	**Betrag in €**
Einnahmen:	
Nettoeinkommen	....
sonstiges Nettoeinkommen	....
Summe	....
Ausgaben:	
Lebenshaltungskosten (Faustregel: Alleinstehende mindestens 650 €, für zwei Personen 850 €, für jede weitere Person 200 bis 250 €)[1]	....
Nebenkosten der neuen Immobilie (besonders Heizung, Strom, Müll oder Grundsteuer)	....
Sparraten	....
Kreditraten für andere Immobilien	....
Kreditraten für sonstige Kredite	....
sonstige regelmäßige Ausgaben (wie Versicherungs- oder Vereinsbeiträge oder Unterhaltszahlungen)	....
Summe	....
Summe Einnahmen	....
minus Summe Ausgaben	./. ....
= monatlich frei verfügbares Einkommen	....

1 Je nach finanzierendem Kreditinstitut gibt es unterschiedliche Pauschalen.

Geldanlage-Tipp zur Tragbarkeit der Finanzierung

Zur Überprüfung der langfristigen Tragbarkeit der Finanzierung sollte die Darlehensrate nicht nur mit dem aktuell niedrigen Zinssatz berechnet werden. Vielmehr sollte die langfristige Tragbarkeit der Finanzierung auf der Grundlage des historisch höheren Zinsniveaus überprüft werden.

Geldanlage-Tipp zur Abgrenzung von Erhaltungsaufwand und Herstellungsaufwand[1]

Von steuerlich erheblicher Bedeutung ist die Frage, ob umfangreiche Renovierungen und Modernisierungen als Erhaltungsaufwand sofort in einem Betrag (oder gleichmäßig auf zwei bis fünf Jahre verteilt) geltend gemacht werden können oder ob sie als Anschaffungsnaher Herstellungsaufwand oder als Herstellungsaufwand mit jährlich zwei Prozent über 50 Jahre verteilt abzuschreiben sind.

Um hier vor Beginn der Maßnahme eine steuerlich wasserdichte Lösung zu finden, sollten Sie mit Ihrem steuerlichen Berater und einem Immobiliensachverständigen eine optimale Gestaltung finden.

7.3.2 Berechnung des monatlichen Finanzierungsaufwands

- **Ermittlung der „tragbaren" Belastung**
  Die sorgfältige Ermittlung von Einnahmen und Ausgaben ist ein wesentlicher Bestandteil für ein tragfähiges Finanzierungskonzept. So können spätere Liquiditätsengpässe vermieden werden. Für die Ermittlung der Lebenshaltungskosten können die bisherigen Ausgaben herangezogen werden. Im Hinblick auf die neue eigengenutzte Immobilie sollten die dadurch entfallenden Kosten, ebenso wie auch die hinzukommenden Kosten, berücksichtigt werden:

Entfallende Kosten:
- bisherige Miete oder Finanzierungsrate
- bisherige Bewirtschaftungs- und Nebenkosten

Hinzukommende Kosten:
- monatlicher Finanzierungsaufwand (aus dem Finanzierungsplan zu entnehmen)
- Bewirtschaftungskosten der neuen Immobilie einschließlich Rücklage für Reparaturen
- eventuell erhöhte Fahrtkosten zum Arbeitsplatz

7.3.3 Optimierung der Eigenheimfinanzierung

Grundregeln zur Finanzierung von eigengenutzten Immobilien

- Ausreichendes Eigenkapital einsetzen und eine Reserve für Unvorhergesehenes nicht vergessen!
- Vereinbarung einer angemessenen Tilgung

1 Siehe dazu beispielhaft BFH, 22.09.2009 - IX R 21/08; 12.09.2001 - IX R 39/97; 20.08.2002 - IX R 69/00.

Wegen des derzeit niedrigen Zinsniveaus sollten mindestens zwei Prozent Tilgung vereinbart werden, da beim Annuitätendarlehen ansonsten die Laufzeit zu lange und damit die Finanzierungskosten zu hoch sind.
Ebenso kann ein Bausparvertrag bespart werden, besonders, wenn eine staatliche Sparförderung in Form der Wohnungsbauprämie und/oder vermögenswirksame Leistungen nach dem 5. VermBG in Anspruch genommen werden können. Dadurch können spätere Zinsrisiken in bevorstehenden Hochzinsphasen verringert werden. Hierzu sollte aber der Bausparvertrag spätestens im zehnten Jahr zuteilungsreif sein.

- Vereinbarung einer langfristigen, **mindestens zehnjährigen Zinsbindung**, gerade in Niedrigzinsphasen wie (noch) 2018 Selbstverständlich kann auch eine längere Zinsbindung von beispielsweise 15 Jahren vereinbart werden, die oftmals unwesentlich mehr kostet als die zehnjährige Bindung. Zudem hat der Kreditnehmer nach zehn Jahren auf der Grundlage des § 489 Abs. 1 Nr. 2 BGB unter Einhaltung einer Kündigungsfrist von sechs Monaten ein Kündigungsrecht. Auch wenn eine längere Zinsbindung meist etwas teurer ist, bietet sie eine langjährige sichere Kalkulationsbasis und schützt vor dem Risiko steigender Zinsen.
- Öffentliche zinsverbilligte Darlehen
  Um öffentliche, zinsverbilligte Darlehen zu erhalten, müssen teilweise Einkommensgrenzen und Wohnflächengrenzen eingehalten werden. Bei der Ermittlung des Gesamteinkommens werden die Werbungskosten sowie pauschale Ansätze für Steuern und Sozialversicherungen berücksichtigt. Je nach Bundesland sind die Bedingungen und Konditionen unterschiedlich, wodurch sich auch bei der Einkommensermittlung Unterschiede ergeben. In einzelnen Bundesländern werden auch verschiedene Standorte nach unterschiedlichen Bedingungen gefördert.
  Grundsätzlich müssen die Anträge für diese Darlehen vor Baubeginn gestellt werden. Informationen sollten am besten in der zuständigen Gemeinde eingeholt werden, da es oftmals auch ergänzende kommunale Programme gibt.

Geldanlage-Tipp

Informationen über die Programme der einzelnen Bundesländer und über die Vergabemodalitäten gibt es auch im Internet unter www.baufoerderer.de.

- Bei Finanzierungsangeboten mit sensationell niedrigen Zinssätzen handelt es sich häufig um Fremdwährungskredite. So verlockend der niedrige Zinssatz ist, die damit verbundenen Risiken sind beachtlich. Neben einem Kursrisiko dieser zumeist variablen Finanzierungen bestehen auch erhebliche Zinsänderungsrisiken. Zudem entstehen beim Währungstausch auch zusätzliche Kosten.
- Förderprodukte, beispielsweise der KfW, nutzen
  Die KfW Privatkundenbank fördert den Wohnungsneubau und die Wohnungssanierung, Barrierereduzierung bis hin zum Erwerb von Genossenschaftsanteilen zum Wohnen mit einer Vielzahl von Förderprodukten. Siehe dazu Abschnitt 7.1.3.1.
- Vermeintlich billiges Baugeld über das Internet
  Verschiedene Anbieter für Finanzdienstleistungen haben sich inzwischen im Internet etabliert. Die meisten von ihnen bieten auch Baufinanzierungen mit Konditionen an, die auf den ersten Blick sehr attraktiv scheinen. Doch diese Zinssätze gelten meist nur unter bestimmten Bedingungen wie Mindestdarlehenssumme oder bei einem hohen Eigenmitteleinsatz.
  Bei der Auswahl des Finanzierungspartners sollte neben den Konditionen auch die Seriosität, die Fachkompetenz, die Erreichbarkeit und eine mögliche Provisionsabhängigkeit berücksichtigt werden. Einige Internetanbieter sind auch in Ballungsräumen mit Beratungszentren vertreten, andere ausschließlich über Mail und Telefon erreichbar.

Jeder Interessent sollte für sich selbst entscheiden, wie viel zusätzliches Fachwissen er für die Umsetzung seiner Immobilienpläne benötigt.

- Zinsen für bestehende Finanzierungen per Termin mit einem Darlehen sichern
  Wer eine Anschlussfinanzierung für sein bereits laufendes Darlehen braucht, kann sich bei vielen Kreditinstituten mit einem sogenannten „Forward-Darlehen", also mit einem Darlehen „per Termin", die heute historisch günstigen Konditionen sichern. Allerdings kann diese Möglichkeit nur bei Darlehen mit höchstens drei Jahren verbleibender Zinsbindung in Anspruch genommen werden. Die Kreditinstitute verlangen für die Zinsreservierung einen Aufschlag von 0,02 bis 0,04 Prozentpunkten pro Monat bis zum Ablauf der derzeitigen Zinsbindungsfrist.
- Eine Kopplung der Eigenheimfinanzierung mit einer Lebensversicherung lohnt sich grundsätzlich nicht, da über die gesamte Laufzeit auf den vollen Darlehensbetrag die Zinsen zu zahlen sind. Wer dennoch so finanzieren will, sollte die im Teil „Steuervorteile für Vermieter" dargestellten Regeln für die Finanzierung in Verbindung mit einer Lebensversicherung beachten. Sollte das Eigenheim irgendwann später einmal vermietet oder teilweise beruflich genutzt werden, führt dies nicht zu negativen steuerlichen Folgen bezüglich des Lebensversicherungsvertrags.

Geldanlage-Tipp zur Kopplung Finanzierung und Lebensversicherung

Seit 2005 gilt für neu abgeschlossene Lebensversicherungsverträge nicht mehr die Steuerfreiheit. Damit sollte eine Eigenheimfinanzierung grundsätzlich nicht mehr mit einer Lebensversicherung gekoppelt werden.

Geldanlage-Tipp: So vergleichen Sie verschiedene Finanzierungsangebote!

Auswirkungen der Zahlungsweise auf den Effektivzins

Um verschiedene Finanzierungen miteinander vergleichen zu können, sind gleiche Vorgaben und aussagefähige Angebotsunterlagen zwingend erforderlich.

1. Allen Kreditinstituten gleiche Daten vorgeben (Kaufpreis, Eigenmittel, Zinsbindung, monatliche Einnahmen und feste Ausgaben, geplante Laufzeit der Finanzierung)
2. Angebote immer schriftlich geben lassen. Es sollte den Kreditbetrag, den Nominalzins, den Auszahlungskurs und den Effektivzins gemäß Preisangabenverordnung enthalten. Ebenso sind mögliche Nebenkosten, wie beispielsweise Schätzkosten, aufzuführen. Am besten ist eine schriftliche Bestätigung, damit keinerlei (zusätzliche) Nebenkosten anfallen.
3. Sinnvoll ist eine Finanzierungsberechnung über die gesamte Laufzeit bis zur vollständigen Rückzahlung. Die meisten Kreditinstitute haben entsprechende Computerprogramme, um diese Berechnungen zu erstellen. Daraus muss der monatliche Finanzierungsaufwand der kommenden Jahre inklusive möglicher Änderungen ersichtlich sein. Beispielsweise kann sich durch den Einsatz von Bauspardarlehen eine Änderung der Finanzierungsrate ergeben. Die Gesamtbelastung über die gesamte Finanzierungsdauer ist eines der wichtigsten Vergleichskriterien. Die Finanzierung mit dem niedrigsten Gesamtaufwand ist in jedem Fall in die engere Auswahl einzubeziehen. Gute Finanzierungsprogramme berechnen für den Gesamtaufwand den sogenannten Barwert. Damit werden alle künftigen Zahlungen auf den Beginn der Investition abgezinst (diskontiert). Diese Methode ermöglicht den Vergleich von unterschiedlich hohen Zahlungen zu unterschiedlichen Zeitpunkten.

4. Ein weiteres wichtiges Vergleichskriterium ist der Effektivzins nach § 6 PAngV. Er kann allerdings nicht als alleiniges Kriterium verwendet werden, weil beispielsweise Bereitstellungszinsen im Effektivzins nicht enthalten sind. Zudem fließen in den Effektivzins weitere Faktoren ein, die für den privaten Kreditnehmer kaum nachvollziehbar sind. Beispielsweise hat allein die Zahlungsweise der Raten Auswirkungen, wie das nachfolgende Beispiel aufzeigt:

Beispiel

zur Auswirkung der Zahlungsweise auf den Effektivzins
Annuitätendarlehen über 100 000 €, 100 % Auszahlung, 1 % Tilgung, Nominalzins mit 1,5 %

- Bei Zahlung in Monatsraten (monatlich nachschüssig) beträgt der Effektivzins 1,51 %.
- Bei Zahlung in Quartalsraten, jeweils fällig zum Ende des Quartals, beträgt der Effektivzins 1,51 %.
- Bei Zahlung in Quartalsraten, jeweils fällig am Anfang des Quartals, beträgt der Effektivzins 1,52 %.

In nachstehender Übersicht werden Darlehen mit verschieden hohen Tilgungsraten verglichen. Darlehenssumme 100 000 Euro, Sollzins 2 Prozent p. a.; Annuitätendarlehen bei monatlicher nachschüssiger Zahlungsweise (Zahlung jeweils zum Monatsende); Auszahlung: Januar 2018. Dabei wird deutlich, wie groß die Langzeitunterschiede sind: Die monatliche Tilgungsrate von nur 250 Euro klingt zunächst verlockend, doch bei einem Prozent Tilgung beträgt die Laufzeit 55 Jahre. Das heißt, das Darlehen wäre Ende 2072 getilgt. Ein im Januar 2018 dreißigjähriger Darlehensnehmer wäre dann 86 Jahre alt. Während bei vier Prozent Tilgung die Laufzeit nur 20 Jahre und 4 Monate beträgt.

Gravierend sind die Darlehens(-zins)kosten bei niedriger Tilgungsrate: Bei einem Prozent Tilgung betragen die Kosten 64 929,01 Euro, bei vier Prozent „nur" 21 740,97 Euro, das heißt, das Darlehen mit nur einem Prozent Tilgung wäre rund 43 188 Euro teurer. Und das noch vor dem Hintergrund, dass die Schuldzinsen bei eigengenutzten Immobilien nicht steuerlich abgesetzt werden können!

Die Auswirkungen der anfänglichen Tilgungsrate ist gravierend: Nahezu 35 Jahre beträgt der Unterschied. Zins- und Tilgungsplan (Annuitätendarlehen) mit unterschiedlichen Tilgungsraten

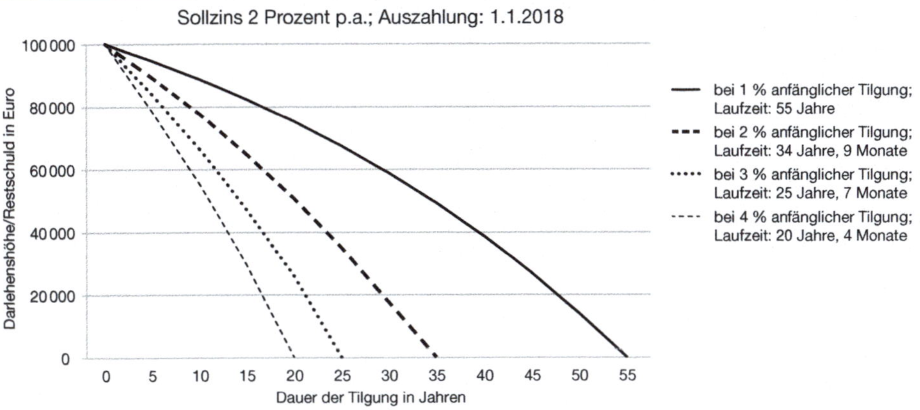

Quelle: eigene Berechnung und Darstellung

Vergleich von Monatsraten und Zinssummen von Annuitätendarlehen bei verschiedenen Tilgungsraten

Darlehenssume	100 000 €			
Zinssatz	2 % p.a.			
Tilgung	monatlich; nachschüssige Zahlungsweise			
anfängliche Tilgung in Prozent	mtl. Rate in Euro	Laufzeit		Summe Zinsen in Euro
		Jahre	Monate	
1	250,00	55	0	64 929,01
2	333,33	34	9	38 745,54
3	416,67	25	7	27 812,65
4	500,00	20	4	21 740,97

Würde der Zins statt zwei Prozent 1,5 Prozent betragen, sähe die Rechnung wie folgt aus:

Vergleich von Monatsraten und Zinssummen von Annuitätendarlehen bei verschiedenen Tilgungsraten

Darlehenssume	100 000 €			
Zinssatz	1,5 % p. a.			
Tilgung	monatlich; nachschüssige Zahlungsweise			
anfängliche Tilgung in Prozent	mtl. Rate in Euro	Laufzeit		Summe Zinsen in Euro
		Jahre	Monate	
1	208,33	61	2	52 812,25
2	291,67	37	4	30 658,08
3	375,00	27	1	21 715,42

Geldanlage-Tipp zur Vorfälligkeitsentschädigung

Urteile des BGH zur Ablösung von Hypothekenkrediten und zur Vorfälligkeitsentschädigung (Vorfälligkeitsentgelt)

- **Das Recht auf vorzeitige Kündigung eines Hypothekendarlehens** räumte der Bundesgerichtshof in zwei Grundsatzurteilen Bankkunden ein, die ihr Grundstück **veräußern** oder **es als Sicherheit für eine weitere Kreditaufnahme nutzen wollen** (Az. XI ZR 197/96 und XI ZR 267/96).
  In diesen Fällen, so die Urteilsbegründung, **wiege** das Interesse des Kreditnehmers an der freien **Verfügung über das Grundstück schwerer als das Interesse der Bank** an einer ungestörten Vertragsabwicklung. Für die vorzeitige Vertragsauflösung ist das Kreditinstitut berechtigt, eine Vorfälligkeitsentschädigung in Rechnung zu stellen.
  Früher konnten Kreditinstitute eine Ablösung von Hypothekenkrediten außerhalb der gesetzlich oder vertraglich zustehenden Möglichkeiten ohne Begründung verweigern.
  In weiteren Urteilen hat der BGH die Anforderungen an die Berechnung – insbesondere an den Ansatz des Wiederanlagezinses – konkretisiert: Zum Beispiel am 7. November 2000 (Az. XI ZR 27/00) und am 30. November 2004 (Az. XI ZR 285/03). Zuletzt führte er im Januar 2016 in einem Urteil (Az. XI ZR 388/14) aus, dass der Kreditgeber vertraglich eingeräumte Sondertilgungsrechte bei der Berechnung der Vorfälligkeitsentschädigung berücksichtigen muss.
- **Berechnung der Vorfälligkeitsentschädigung**
  Gleichzeitig wurde durch den Karlsruher Richterspruch auch zur Bemessung der Vorfälligkeitsentschädigung eine Entscheidung getroffen: Sie dürfe nur so errechnet werden, dass damit die Nachteile der Bank durch die vorzeitige Kündigung ausgeglichen werden. Das Kreditinstitut darf sowohl den entstehenden „Refinanzierungsschaden als auch den entgangenen Gewinn in Rechnung stellen. Bei der Gesamtberechnung muss es dem Kunden die ersparten Verwaltungskosten sowie die nicht mehr entstehenden Risikokosten (für einen möglichen Kreditausfall) abziehen. Für den anfallenden Verwaltungsaufwand im Zusammenhang mit der außerordentlichen Rückzahlung können Bearbeitungskosten berechnet werden.

Vereinfachtes Beispiel: Berechnung der Vorfälligkeitsentschädigung[1]

Restdarlehenssumme: 100 000 Euro
Restlaufzeit des Darlehens: 3 Jahre
Zinssatz des Darlehens: 5 Prozent
Wiederanlagezinssatz am Markt: 2 Prozent

- Zinsdifferenz (Zinssatz minus Wiederanlagezinssatz): 3 Prozent
- jährlicher Zinsverlust für die Bank (in Abhängigkeit von Zinsdifferenz und Restdarlehenssumme): 3 000 Euro
- Zinsdivisor (in Abhängigkeit vom Wiederanlagezins): 1,02
  1. Jahr: $3000 / 1{,}02 = 2941{,}18$ Euro
  2. Jahr: $3000 / 1{,}02^2 = 2883{,}51$ Euro
  3. Jahr: $3000 / 1{,}02^3 = 2826{,}97$ Euro

Gesamtschaden (Vorfälligkeitsentschädigung): 8 651,66 Euro

Transparenz bei der Immobilienfinanzierung
Nach einem einheitlichen Verhaltenskodex der Spitzenverbände der europäischen Kreditwirtschaft wurden Kundeninformationen über Kreditverträge für den Wohnungsbau vereinheitlicht.

In einer **Broschüre** wird dargestellt,

- welche Voraussetzungen der Antragsteller erfüllen sollte,
- welche Finanzierungsvarianten am Markt angeboten werden,
- welche finanziellen Verpflichtungen sich aus einem Darlehensvertrag ergeben und
- welche Kosten entstehen.

Für Interessenten, die bereits in der Phase der konkreten Planung sind, gibt es darüber hinaus ein **Merkblatt** mit

- Produktbeschreibung,
- Erläuterungen zum Nominalzins und effektiven Jahreszins,
- Informationen über die Laufzeit und die Höhe der Ratenzahlungen,
- Angaben zu weiteren anfallenden Kosten und
- einem Beispiel für einen Tilgungsplan.

- **Steuerliche Betrachtung vor dem Verkauf einer selbstgenutzten Immobilie**

Beim Verkauf des Eigenheims ist ein Gewinn normalerweise nicht zu versteuern, wenn folgende Voraussetzungen erfüllt sind:

- Die Immobilie wurde seit Anschaffung oder Fertigstellung ausschließlich eigengenutzt, oder
- die Immobilie wurde im Jahr des Verkaufs und in den beiden vorangehenden Jahren eigengenutzt.

Wer neben der eigengenutzten Immobilie auch vermietete Immobilien besitzt und veräußert, sollte die Regelungen zum „Gewerblichen Grundstückshandel" beachten. Auch eigengenutzte Immobilien können, wenn sie weniger als fünf Jahre im Eigentum waren, als Zählobjekte gelten und damit zusammen mit weiterem Verkäufen die Gewerblichkeit zur Folge haben.

1 Aus Bafin Journal, Wohnimmobilienkreditrichtlinie: Diskussion um die Vorfälligkeitsentschädigung (15.06.2016), abgerufen am 06.08.2018.

7.3.4 Verbraucherrechte nach der Umsetzung der Wohnimmobilienkreditrichtlinie und des Finanzaufsichtsrechtergänzungsgesetzes

Mit der Wohnimmobilienkreditrichtlinie und dem Finanzaufsichtsrechtergänzungsgesetz soll sichergestellt werden, dass Verbraucher im Vorfeld besser beraten werden. So müssen Kreditinstitute strengere Informations- und Prüfpflichten bei der Kreditvergabe beachten. Der Kreditgeber soll sich vor der Kreditvergabe ein umfassendes Bild über die individuelle und finanzielle und wirtschaftliche Lage des Antragsstellers sowie dessen Ziele und Wünsche machen. Dadurch sollen die Verbraucherrechte gestärkt und eine der individuellen Situation des Kunden entsprechende Empfehlung gegeben werden.

Rechtsgrundlagen: Gesetz zur „Umsetzung der Wohnimmobilienkreditrichtlinie und zur Änderung handelsrechtlicher Vorschriften“ vom 11.03.2016 (BGBl. I. S. 396), in Kraft getreten am 21.03.2016 und dem Gesetz zur „Ergänzung des Finanzdienstleistungsaufsichtsrechts im Bereich der Maßnahmen bei Gefahren für die Stabilität des Finanzsystems und zur Änderung der Umsetzung der Wohnimmobilienkreditrichtlinie“, in Kraft getreten am 01.07.2017 (BGBl. I S. 1495).

Unter Immobiliarverbraucherdarlehen fallen alle grundpfandrechtlich besicherten Darlehen, unabhängig vom Verwendungszweck oder der Werthaltigkeit des Grundstücks. Darin einbezogen werden auch Abwendungen von Eigentumsverlust, beispielsweise durch Zwangsvollstreckung, Refinanzierungsdarlehen und Darlehen zum Erwerb von Fertighäusern ohne Grundstück, beispielsweise im Erbbaurecht.

Folgende Darlehen mit Zweckbindung fallen nicht unter das neue Gesetz zur „Umsetzung der Wohnimmobilienkreditrichtlinie und zur Änderung handelsrechtlicher Vorschriften“:

Darlehen, die lediglich der Wertsteigerung einer Immobilie dienen, wie
- Renovierungsarbeiten, Verschönerungs- und Malerarbeiten, Sanierung und Modernisierung einer Immobilie und
- Darlehen zur Anschaffung von Einbauküchen und -schränken.

Kopplungsgeschäfte

Der Gesetzgeber unterscheidet unzulässige Kopplungsgeschäfte und zulässige Kopplungsgeschäfte. Zu den unzulässigen Kopplungsgeschäften nach § 492a BGB gehören solche, die in einem einheitlichen Vertrag weitere Leistungen vereinbaren und deren Wirksamkeit vom Abschluss der Verträge über weitere Leistungen abhängig sind.

Hingegen handelt es sich nach § 492b BGB um zulässige Kopplungsgeschäfte. In drei Fällen ist dies zulässig, bei denen der Abschluss davon abhängig gemacht werden darf, dass der Darlehensnehmer oder ein Familienangehöriger des Darlehensnehmers oder beide zusammen

1. ein Zahlungs- oder ein Sparkonto eröffnen, dessen einziger Zweck die Ansammlung von Kapital ist, um
   a) das Immobiliar-Verbraucherdarlehen zurückzuzahlen oder zu bedienen,
   b) die erforderlichen Mittel für die Gewährung des Darlehens bereitzustellen oder
   c) als zusätzliche Sicherheit für den Darlehensgeber für den Fall eines Zahlungsausfalls zu dienen;
2. ein Anlageprodukt oder ein privates Rentenprodukt erwerben oder behalten, das
   a) in erster Linie als Ruhestandseinkommen dient und
   b) bei Zahlungsausfall als zusätzliche Sicherheit für den Darlehensgeber dient oder das der Ansammlung von Kapital dient, um damit das Immobiliar-Verbraucherdarlehen

zurückzuzahlen oder zu bedienen oder um damit die erforderlichen Mittel für die Gewährung des Darlehens bereitzustellen;

3. einen weiteren Darlehensvertrag abschließen, bei dem das zurückzuzahlende Kapital auf einem vertraglich festgelegten Prozentsatz des Werts der Immobilie beruht, den diese zum Zeitpunkt der Rückzahlung oder Rückzahlungen des Kapitals (Darlehensvertrag mit Wertbeteiligung) hat.

Vertragliche Informationspflichten
Nach § 491a Abs. 1 BGB in Verbindung mit Art. 247 § 13b Abs. 1 des Einführungsgesetzes zum Bürgerlichen Gesetzbuch hat der Kreditgeber bereits vor der Beratung eine Reihe von Informationspflichten wie:

1. seine Identität und Anschrift,
2. in welches Register er eingetragen wurde, gegebenenfalls die Registrierungsnummer, und auf welche Weise der Registereintrag eingesehen werden kann,
3. ob er an einen oder mehrere Darlehensgeber gemäß § 655a Abs. 3 Satz 3 des Bürgerlichen Gesetzbuchs gebunden oder ausschließlich für einen oder mehrere Darlehensgeber tätig ist, und wenn ja, die Namen der Darlehensgeber,
4. ob er Beratungsleistungen anbietet,
5. die Methode, nach der seine Vergütung berechnet wird, falls die Höhe noch nicht genau benannt werden kann,
6. welche interne Verfahren für Beschwerden von Verbrauchern oder anderen interessierten Parteien über Darlehensvermittler zur Verfügung stehen sowie einen möglichen Zugang des Verbrauchers zu einem außergerichtlichen Beschwerde- und Rechtsbehelfsverfahren,
7. ob ihm für seine im Zusammenhang mit dem Darlehensvertrag stehende Dienstleistung Provisionen oder sonstige Anreize von einem Dritten gewährt werden, und wenn ja, in welcher Höhe; ist die Höhe noch nicht bekannt, so ist mitzuteilen, dass der tatsächliche Betrag zu einem späteren Zeitpunkt im ESIS-Merkblatt angegeben wird.

Außerdem besteht eine sogenannte Explorationspflicht, soweit dies für eine passende Empfehlung erforderlich ist. Dabei sind zu ermitteln: der Bedarf, die persönliche und finanzielle Situation sowie die Vorstellungen und Ziele des Antragstellers.

Nicht zu den Informationspflichten zählen beispielsweise Aussagen über die künftige Zinsentwicklung und Bewertung über das Erwerbsobjekt des Antragstellers.

Kreditwürdigkeitsprüfung
Die Kreditwürdigkeitsprüfung darf sich nicht hauptsächlich darauf stützen, dass der Wert der Wohnimmobilie den Darlehensbetrag übersteigt, oder auf die Annahme, dass der Wert der Wohnimmobilie zunimmt, es sei denn, der Darlehensvertrag dient zum Bau oder zur Renovierung der Wohnimmobilie. Die Kreditwürdigkeitsprüfung darf keine Beschränkung auf das laufende Einkommen beinhalten. Bei der Kreditwürdigkeitsprüfung ist der Kunde über den Ablauf dieser Prüfung, über Informationen und Nachweise innerhalb eines bestimmten Zeitraums zu unterrichten. Dabei muss der Verbraucher nur gestellte Fragen beantworten.

Bagatellgrenzen
Die Bagatellgrenze beträgt 200 000 Euro bei einem Beleihungswert von unter 80 Prozent und bei 400 000 Euro bei einem Beleihungswert von unter 60 Prozent.

Vorvertragliche Informationspflichten und ESIS-Merkblatt

Unverzüglich nachdem die Angaben zur Kreditwürdigkeitsprüfung beim Darlehensgeber angekommen sind und rechtzeitig vor Abgabe der Darlehenserklärung des Darlehensnehmers, sind vorvertragliche Informationspflichten zu erfüllen. Dazu ist seit dem 21.03.2016 ein entsprechend ausgefülltes Europäisches Standardisiertes Merkblatt nach dem Muster im EGBGB Anlage 6 (ESIS-Merkblatt) bei jedem Vertragsangebot oder -vorschlag in Papierform oder dauerhaftem Medium zu verwenden.

Im Wesentlichen muss das Merkblatt enthalten:

Angaben zum Kreditgeber und – soweit zutreffend – Kreditvermittler, Hauptmerkmale des Kredits, Höhe des Zinssatzes, andere Kosten, Höhe und Häufigkeit der einzelnen Raten und zusätzliche Auflagen.

Angebotsbindung

Während der siebentägigen Bedenkzeit des Verbrauchers ab Aushändigung des Vertragsangebots ist der Darlehensgeber an dieses Angebot gebunden.

Widerrufsrecht

Bei Immobiliardarlehensverträgen hat der Verbraucher ein Widerrufsrecht wegen fehlender oder fehlerhafter Belehrung. In diesen Fällen beginnt die siebentägige Bedenkzeit mit Nachholen der vorvertraglichen Information. Das Widerrufsrecht erlischt spätestens ein Jahr und vierzehn Tage nach Vertragsschluss, unabhängig von der unterlassenen oder fehlerhaften Belehrung.

Ganze oder teilweise vorzeitige Rückzahlung des Darlehens

Die ganze oder teilweise Rückzahlung des Darlehens kann grundsätzlich nach Ablauf von zehn Jahren vorgenommen werden. Vor Ablauf von zehn Jahren bei gebundenem Sollzinssatz ist die Rückzahlung bei berechtigtem Interesse des Darlehensnehmers in zwei Fällen möglich: erstens bei arbeitsplatzbedingtem Umzug und dem damit zusammenhängendem Verkauf der Immobilie und zweitens bei Ablehnung eines weiteren Immobiliendarlehens. Eine in diesem Zusammenhang fällige Vorfälligkeitsentschädigung (Vorfälligkeitsentgelt) ist auf Grundlage der vorgegebenen Berechnungsart im ESIS vorzunehmen.

Störungen im Kreditverlauf

Bei Störungen im Kreditverlauf können bei Verzug des Darlehensnehmers Verzugszinsen in Höhe von 2,5 Prozent über den jeweiligen Basiszins gemäß § 247 BGB berechnet werden. Beispiel dazu: Seit 1. Juli 2016 wurde der Basiszins der EZB auf -0,88 Prozent festgesetzt. Somit würde der Verzugszins 1,62 Prozent betragen.

In folgenden Fällen ist eine außerordentliche Kündigung des Darlehens durch den Darlehensgeber zulässig. Wenn der Darlehensnehmer

- mit mindestens zwei aufeinanderfolgenden Zahlungen teilweise im Verzug ist
- **oder** mit mindestens 2,5 Prozent des Nennbetrags im Verzug ist
- **und** er nicht innerhalb von zwei Wochen nach Anmahnung den ausstehenden Betrag gezahlt hat. In diesem Fall ist eine außerordentliche Kündigung möglich. Dabei ist dem Kreditnehmer eine Erklärung der Gesamtfälligstellung der Restschuld darzulegen (§ 498 BGB).

Das Gesetz, das eigentlich den Verbraucherschutz stärken sollte, führt jedoch in einigen Bereichen auch für den Verbraucher unter Umständen zu nachteiligen Entwicklungen. So steht der Wert der Immobilie nicht mehr im Vordergrund.

- Älteren Antragsstellern wird es schwer gemacht, ein Darlehen zu erhalten, wenn entweder die Rente nicht reicht oder die vollständige Bedienung des Kredits zum Lebensende unwahrscheinlich ist.

- Da die Bank haftet, selbst wenn der Kredit nicht mehr bedient werden kann, werden Kreditentscheidungen kritischer durchleuchtet. Die Folge: Die Bank wird bei der Kreditvergabe zurückhaltender.
- Elternzeit wird gesetzlich nicht berücksichtigt; vielmehr werden Antragsteller, die Elternzeit in Anspruch nehmen, ähnlich wie Arbeitslose behandelt.
- Da das Kreditinstitut das Risiko trägt, bei Falschberatung belangt zu werden, werden Kreditanträge deutlich kritischer geprüft.

Letztendlich bleibt abzuwarten, ob durch das neue Gesetz die eigentlich erstrebte Bildung von Wohneigentum erreicht wird.

7.3.5 Vorschriften für die Kreditvergabe entsprechend der Preisangabenverordnung

Gemäß § 6 Abs. 3 Preisangabenverordnung (PAngV) sind die Kosten bei Kreditgewährung anzugeben. In die Berechnung des anzugebenden effektiven Jahreszinses sind als Gesamtkosten die vom Verbraucher zu entrichtenden Zinsen und alle sonstigen Kosten einschließlich etwaiger Vermittlungskosten einzubeziehen, die der Verbraucher im Zusammenhang mit dem Verbraucherdarlehensvertrag zu entrichten hat und die dem Darlehensgeber bekannt sind. Dazu gehören insbesondere auch die Kosten für die Immobilienbewertung, sofern eine solche Bewertung für die Gewährung des Verbraucherdarlehens erforderlich ist.

Nicht hinzuzurechnen sind Kosten bei Nichterfüllung seiner Pflichten aus dem Vertrag (Verzugskosten), Zusatzleistungen, die nicht unbedingt erforderlich sind (Versicherung) sowie Notar- und Grundbuchkosten.

7.4 Steuervorteile für Vermieter

„Der ist reich, der da arbeitet und sammelt Geld,
und hört auf und genießt sein auch.“

Die Bibel, Jesus Sirach, Kapitel 31, Vers 3

Für die steuerliche Betrachtung bei einer geplanten Vermietung von Immobilien empfiehlt es sich, den erwarteten Überschuss bereits im Stadium der Planung von Einnahmen und Werbungskosten zu ermitteln.

Da sich durch wohlüberlegte Auslegung bestehender Gesetze bei den Werbungskosten vielfältige Gestaltungsspielräume ergeben, werden Immobilien häufig als Steuersparobjekte betrachtet. Durch verschiedene steuerliche Veränderungen in den letzten Jahren wurde zwar an der grundsätzlichen steuerlichen Behandlung von Immobilien nichts Wesentliches verändert, allerdings bestehen einige Wahlrechte nicht mehr und einige früher zulässige Gestaltungsmöglichkeiten wurden eingeschränkt.

Obgleich im Einkommensteuergesetz als auch bei der Erbschaft- und Schenkungsteuer frühere Steuersparmöglichkeiten wesentlich beschnitten wurden, verbleibt die Immobilie nach wie vor eine interessante Steuergestaltungsmöglichkeit. Doch neben der Betrachtung der Steuervorteile sollten besonders die nachhaltigen Qualitätsmerkmale der Immobilie durchleuchtet werden.

Mögliche Steuervorteile bei Fremdvermietung

Einkommensteuer

in der Investitions- und Nutzungsphase:

- geringere steuerliche Einkünfte durch Zinsaufwand bei Fremdfinanzierung
- geringere steuerliche Einkünfte während der Phase der Abschreibung (AfA)

im Veräußerungsfall:

steuerfreier Veräußerungsgewinn nach Ablauf der zehnjährigen Frist zur Besteuerung privater Veräußerungsgeschäfte nach § 23 Abs. 1 Nr. 1 i.V.m. § 22 Nr. 2 EStG

Erbschaftsteuer und Schenkungsteuer:

Vergünstigung bei zu Wohnzwecken vermieteten Grundstücken, die nicht zum Betriebsvermögen gehören; sie werden nur zu 90 Prozent ihres Wertes angesetzt (§ 13c ErbStG).

Bezüglich der Nachfolgeplanung bei Immobilien empfehlen wir Ihnen die Ausführungen unseres Gastautors Dr. M. Hosser in Abschnitt 9.3 „Renditesicherung durch Nachfolgeplanung bei Immobilien“.

Eingriff in die marktwirtschaftliche Mietpreisbildung: Mietpreisbremse

Mit dem Gesetz zur Dämpfung des Mietanstiegs auf angespannten Wohnungsmärkten und zur Stärkung des Bestellerprinzips bei der Wohnungvermittlung (Mietrechtsnovellierungsgesetz, MietNovG, BGBl. I S. 610) vom 27.04.2015, in Kraft getreten am 01.06.2015, soll in angespannten Wohnungsmärkten der Mietpreisanstieg gedämpft werden. Zusätzlich gilt das Bestellerprinzip bei der Wohnungsvermittlung.

Danach dürfen bei Neuvermietung die Mieten nicht mehr als zehn Prozent über der ortsüblichen Vergleichsmiete liegen. Ausgenommen davon sind Neubauten und umfassend modernisierte Wohnungen. Vor dem 01.06.2015 mussten Wohnungssuchende meist den Makler bezahlen. Jetzt soll das Bestellerprinzip nach dem Motto „Wer bestellt, der bezahlt“ gewährleisten, dass derjenige, der einen Makler beauftragt und für den der Makler in dessen Interesse überwiegend tätig ist, den Makler auch bezahlt.

Doch zwischenzeitlich werden vielfältige Schwachstellen genannt, wie beispielsweise:

1. Viele Vermieter, vor allem in Ballungsgebieten, halten sich nicht an die Mietpreisbremse.
2. Ebenso haben Mieter in Ballungsgebieten aufgrund des geringen Wohnungsangebots wenig Möglichkeiten, auf Einhaltung der Mietpreisbremse zu drängen.
3. Bei Nichteinhaltung der Mietpreisbremse gibt es so gut wie keine Sanktionen.
4. Mit zahlreichen Ausnahmeregelungen wird der erstrebte Zweck des Gesetzes abgeschwächt; beispielsweise gilt die Mietpreisbremse nicht bei Neubauten oder bei vorgenommenen umfassenden Modernisierungen.

Zur Mietpreisbremse im Internet: https://www.mietpreisbremse.bund.de/

7.4.1 Steuervorteile vor der Vermietung

Vor der Vermietung, also während der Bau- oder Erwerbsphase, kann der Vermieter sämtliche Kosten, die keine Anschaffungs- oder Herstellungskosten sind, als Werbungskosten bei den Einkünften aus Vermietung und Verpachtung geltend machen. Im Wesentlichen sind das:

- Geldbeschaffungskosten
  Hierzu zählen die Schätz-, Wertberechnungs-, Bearbeitungs- und Bürgschaftskosten der Kreditinstitute. Auch die Fahrten zur Finanzierungsberatung bei Kreditinstituten sind absetzbar.
- Bauzeitzinsen
- Zwischenfinanzierungszinsen
- Schuldzinsen (ohne Tilgungsbeträge)
- Darlehens- und Zwischenfinanzierungszinsen; fallen besonders bei Neubauten an, da hier meist nach Baufortschritt bezahlt wird.
- Notarkosten, soweit sie die Finanzierung betreffen
- Gebühren des Grundbuchamts
- Erhaltungsaufwand bei Gebrauchtimmobilien
  Beim Erwerb einer bereits bestehenden Immobilie besteht häufig Bedarf an Renovierungs- oder Modernisierungsarbeiten.
  Dabei ist bei der steuerlichen Behandlung dieser Kosten danach zu unterscheiden, ob diese sofort in voller Höhe oder nur im Rahmen der Abschreibung über viele Jahre angesetzt werden können.
  Innerhalb der ersten drei Jahre nach dem Erwerb sind Aufwendungen für Erhaltungsarbeiten bis zur Grenze von 15 Prozent des Gebäudewerts sofort steuerlich abzugsfähig. Zu den Herstellungskosten eines Gebäudes gehören auch Aufwendung für Instandssetzungs- und Modernisierungsmaßnahmen, die innerhalb von drei Jahren nach der Anschaffung des Gebäudes durchgeführt werden, wenn die Aufwendungen ohne die Umsatzsteuer 15 Prozent der Anschaffungskosten des Gebäudes übersteigen (anschaffungsnahe Herstellungskosten, § 6 Abs. Nr.1a EStG). Dies führt dazu, dass die Kosten nur noch im Rahmen der normalen Gebäudeabschreibung, also über 40 oder 50 Jahre, abgeschrieben werden können.

Geldanlage-Tipp zur Abgeltungsteuer

Besteuerung der Instandhaltungsrücklage bei vermieteten Eigentumswohnungen

Zinsen aus der Anlage von Instandhaltungsrücklagen gehören bei vermieteten Eigentumswohnungen nicht zu den Einkünften aus Kapitalvermögen, sondern zu den Einkünften aus Vermietung und Verpachtung. Sie unterliegen zwar dem Kapitalertragsteuerabzug von 25 Prozent, der aber keine abgeltende Wirkung hat. Diese Zinserträge sind in die Steuererklärung (Anlage V) aufzunehmen. Die Kapitalertragsteuer wird angerechnet.

7.4.2 Steuervorteile für den Vermieter ab Bezug durch den Mieter

Ab Fertigstellung oder Nutzung erhält der Investor Mieteinnahmen. Von diesen sind in der steuerlichen Berechnung die Werbungskosten abzuziehen, um die Einkünfte aus Vermietung und Verpachtung nach § 21 EStG zu ermitteln.

- **Mieteinnahmen**
  Als Mieteinnahmen sind alle Mieteingänge innerhalb eines Kalenderjahres steuerlich anzusetzen. Ebenso zählen zu den Einnahmen die Betriebskostenvorauszahlungen, wie beispielsweise für Heizung oder Müllentsorgung.
  In Einzelfällen wurde bei der Vermietung unter nahen Angehörigen eine niedrigere Miete vereinbart. Damit hatte der Mieter ermäßigte Mietzahlungen und der Vermieter geringere Einnahmen zu versteuern oder einen höheren steuerlichen Verlust. Um hier die steuerliche Gestaltung einzugrenzen, müssen gemäß der aktuellen gesetzlichen Regelung mindestens 66 Prozent der ortsüblichen Miete verlangt werden, um alle Werbungskosten in voller Höhe abziehen zu können.

Geldanlage-Tipp zu Mietverträgen (besonders mit Angehörigen)

Wer „Mietverträge mit „Gefälligkeits- oder Freundschaftsmieten“ vereinbart hat, sollte prüfen, ob diese die steuerlichen Mindestvoraussetzungen erfüllen. Im Einzelfall ist eine Mietanpassung notwendig, um weiter alle Werbungskosten, wie beispielsweise Zinsen, abziehen zu können. Grundsätzlich sollten Sie beachten, dass bei Mietverträgen zwischen Angehörigen der Vertragsinhalt und die Durchführung dem zwischen Fremden Üblichen entsprechen (sogenannter Fremdvergleich).

- **Werbungskosten**
  Auch nach der Fertigstellung oder dem Beginn der Vermietung können die während der Erwerbsphase absetzbaren Kosten wie Schuldzinsen (ohne Tilgungsbeiträge) oder Geldbeschaffungskosten geltend gemacht werden.
  Zusätzlich sind in dem Umfang, wie das Gebäude vermietet ist, als Werbungskosten absetzbar: **Abschreibung, Bewirtschaftungskosten, Versorgungsleistungen und Erhaltungsaufwand.**
  - Abschreibung, auch AfA genannt, also die Absetzung für Abnutzung nach § 7 Abs. 4 und Abs. 5 EStG und erhöhte Absetzungen:
    Durch die Abschreibung erhält der Vermieter einen Ausgleich für die Abnutzung und das „Älterwerden“ der Immobilie. Die Abschreibung berechnet sich nur aus dem Gebäudeanteil; die Kosten des Grundstücks können nicht abgeschrieben werden. Bei neuen oder neu erworbenen Immobilien sind die Kosten des Grundstücks bekannt oder aus den Verkaufsunterlagen ersichtlich. Bei „gebrauchten“ Immobilien ist der Grundstücksanteil zu schätzen.
    Die Abschreibungsmöglichkeiten sind aus der Tabelle „Abschreibungsmöglichkeiten bei fremdgenutzten Immobilien“ ersichtlich. Die Abschreibung beginnt mit Fertigstellung der Immobilie oder dem Übergang von Nutzungen und Lasten bei Gebrauchtimmobilien. Seit 2006 (Stichtag Bauantragsstellung oder Kaufvertrag) gibt es für Neubauten nicht mehr die spezielle, erhöhte Absetzung für Abnutzung. Neubauten und Altbauten werden gleich behandelt und können grundsätzlich nur noch linear abgeschrieben werden.
  - Bewirtschaftungskosten sind zwar steuerlich absetzbar, jedoch auch nahezu vollständig auf den Mieter umlagefähig. Damit erhält sie der Vermieter in voller Höhe zurück und nicht nur in Höhe des persönlichen Steuersatzes. Damit die Bewirtschaftungskosten vom Mieter getragen werden, ist ein Mietvertrag mit entsprechenden Vereinbarungen zu schließen. Verwalterentgelte, größere Reparaturen sowie Instandhaltungsrücklagen sind nicht vom Mieter einer Wohnung zu tragen.
    Als Werbungskosten können in diesem Zusammenhang folgende Positionen anfallen: Grundsteuer, Straßenreinigung, Müllabfuhr, Wasserversorgung, Entwässerung, Hausbeleuchtung, Heizung, Warmwasser, Schornsteinfegerreinigung, Hausversicherungen, Hauswart, Treppenreinigung und Fahrstuhl.

Die wichtigsten Abschreibungsmöglichkeiten bei fremdgenutzten Immobilien (Absetzung für Abnutzung oder Substanzverringerung – AfA –)

gesetzliche Grundlage / Voraussetzungen, Geltungsbereich und Abschreibungshöhe	Normalabschreibung (linear nach § 7 Abs. 4 EStG)[1]				degressive Abschreibung nach § 7 Abs. 5 Nr. 3c EStG[2]	erhöhte Absetzungen	
	für Gebäude (Mietwohnungen und Gewerbeimmobilien) nach § 7 Abs. 4 Satz 1 Nr. 2 und Abs. 5 EStG		für Gebäude im Betriebsvermögen, die nicht zu Wohnzwecken dienen; (auch bei eigenbetrieblicher Nutzung) nach § 7 Abs. 4 Satz 1 Nr. 1 EStG		für Gebäude in einem Mitgliedsstaat der EU oder einem EWR-Abkommensstaat	für Gebäude in Sanierungsgebieten und städtebaulichen Entwicklungsbereichen nach § 7h EStG	bei Baudenkmalen nach § 7i EStG
Zeitliche Voraussetzungen	Fertigstellung		Bauantragstellung oder Abschluss des Kaufvertrags		Bauantragstellung oder Abschluss des Kaufvertrags ab dem 01.01.2004 und bis zum 31.12.2005	Maßnahmen ab Veranlagungszeitraum 2004	Maßnahmen ab Veranlagungszeitraum 2004
	vor dem 1.1.1925	nach dem 31.12.1924	nach dem 31.03.1985 und vor dem 01.01.2001	nach dem 31.12.2000			
Abschreibung (Jahre und Prozentsatz)	40 Jahre je 2,5 %	50 Jahre je 2 %	25 Jahre je 4 %	33,3 Jahre je 3 %	10 Jahre je 4 %[3] 8 Jahre je 2,5 % 32 Jahre je 1,25 %	8 Jahre je 9 %[5] 4 Jahre je 7 %[6]	8 Jahre je 9 %[5] 4 Jahre je 7 %[7]
Bemessungsgrundlage für die Abschreibung (ohne Grundstück)	Herstellungskosten: gesamte Baukosten der Immobilie, also Materialkosten und bezahlte Arbeitsleistung oder Anschaffungskosten einschließlich Notar- und Grundbuch(amt)kosten, Grunderwerbsteuer und, soweit bezahlt, Maklerkosten		Herstellungskosten oder Anschaffungskosten		Herstellungskosten oder Anschaffungskosten[4]	Herstellungskosten für Modernisierungs- und Instandsetzungsmaßnahmen im Sinne des § 177 Baugesetzbuch und Anschaffungskosten für Maßnahmen, die nach dem Kaufvertragsabschluss durchgeführt wurden und die zur Erhaltung, Erneuerung und funktionsgerechten Verwendung eines geschichtlich, künstlerisch oder städtebaulich bedeutenden Gebäudes dienen (mit gemeindebehördlicher Bescheinigung).	Herstellungskosten für Baumaßnahmen und Anschaffungskosten für Baumaßnahmen, die nach dem Kaufvertragsabschluss durchgeführt wurden und die zur Erhaltung des Gebäudes als Baudenkmal oder zu seiner sinnvollen Nutzung erforderlich sind (mit landesbehördlicher Bescheinigung).
berechtigter Personenkreis	Bauherr oder Erwerber		Bauherr oder Erwerber		Bauherr oder Erwerber bis zum Ende des Jahres der Fertigstellung	Bauherr oder Erwerber mit obiger Einschränkung	Bauherr oder Erwerber mit obiger Einschränkung
Abschreibung im Jahr der Anschaffung oder Fertigstellung	zeitanteilig		zeitanteilig		voll	erhöhte Absetzungen: voll, Restwert: zeitanteilig	erhöhte Absetzungen: voll, Restwert: zeitanteilig

1 Im übrigen siehe auch die grundsätzlichen Ausführungen zur AfA (§ 7 Abs. 1 bis 3 EStG) und die gemeinsamen Vorschriften für erhöhte Absetzungen und Sonderabschreibungen (§ 7a EStG).
2 Mit „Gesetz zur Umsetzung steuerlicher EU-Vorgaben sowie zur Änderung steuerlicher Vorschriften" vom 26.03.2010 wurden mit Wirkung vom 15.04.2010 die Vorschriften für die degressive Abschreibung für Gebäude auf das EU-Ausland und den Europäischen Wirtschaftsraum ausgeweitet (§ 7 Abs. 5 Satz 1 EStG).
3 einschließlich Jahr der Fertigstellung
4 Im Fall der Anschaffungskosten siehe § 7 Abs. 5 Nr. 3c Satz 2 EStG.
5 einschließlich Jahr der Herstellung
6 Unter den Voraussetzungen des § 7h Abs. 1 Satz 3 EStG können die erhöhten Absetzungen auch im Jahr des Abschlusses der Maßnahme und in den folgenden 11 Jahren für bestimmte Anschaffungskosten in Anspruch genommen werden.
7 Unter den Voraussetzungen des § 7i Abs. 1 Satz 5 EStG können die erhöhten Absetzungen auch im Jahr des Abschlusses der Baumaßnahmen und in den folgenden 11 Jahren für bestimmte Anschaffungskosten in Anspruch genommen werden.

Berechnungsschema für die Einkünfte aus Vermietung und Verpachtung

Nettomiete
+ erhaltene Bewirtschaftungskosten
./. Abschreibung
./. Schuldzinsen
./. Bewirtschaftungskosten

= Einkünfte aus Vermietung und Verpachtung

Besonders bei Wohnimmobilien, die zu einem hohen Anteil fremdfinanziert sind, ergeben sich häufig negative steuerliche Einkünfte. Bei zusätzlichen Einkünften, wie beispielsweise aus Gewerbebetrieb oder aus nichtselbstständiger Tätigkeit, bedeutet dies eine oft erhebliche Steuerersparnis, da die positiven und negativen Einkünfte miteinander verrechnet werden können.

Für den Vermieter ergibt sich unter Berücksichtigung seiner steuerlichen Situation folgende Liquiditätsrechnung:

+ Miete
+ Steuerersparnis oder
./. Steuerzahlung
./. Schuldzinsen
./. nicht umgelegte Bewirtschaftungskosten
./. Tilgung oder Lebensversicherungsprämie bei Tilgung durch Lebensversicherungssumme bei Fälligkeit

= Nettoertrag oder Nettoaufwand der Immobilie

Geldanlage-Tipp für Arbeitnehmer

Vermieter von Immobilien können sich die Verluste aus Vermietung und Verpachtung auf der Lohnsteuerkarte eintragen lassen (§ 39a EStG). Einschränkung dabei: Der Freibetrag wird um die positiven Einkünfte aus anderen Einkunftsarten, beispielsweise aus Gewerbebetrieb, gekürzt!

Beispiel

Steuerliche und liquiditätsmäßige Berechnung einer vermieteten Wohnimmobilie (Baujahr nach 1924)

Kaufpreis einschließlich Nebenkosten	200 000 €
monatliche Kaltmiete	750 €
monatliche Nebenkostenumlage	120 €
monatliche nicht umlagefähige Bewirtschaftungskosten	30 €

Zur Finanzierung wird ein Darlehen über 150 000 € mit 2 % Zins, 1 % anfänglicher Tilgung und 100 % Auszahlung aufgenommen.

1. Ermittlung der Einkünfte aus Vermietung und Verpachtung
(Betrachtung der Jahreswerte)

Kaltmiete	9000 €
+ erhaltene Nebenkostenumlage	1440 €
./. Abschreibung (2 % aus 160000 € bei einem Grundstücksanteil von 20% aus 200000 €)	3200 €
./. Zinsen (2 % aus 150000 €)	3000 €
./. gesamte Bewirtschaftungskosten[1]	1800 €
Einkünfte aus Vermietung und Verpachtung:	+ 2440 €

Bei einem Steuersatz von beispielsweise 40 Prozent ergibt sich daraus eine Steuerersparnis von 0 Euro.

2. Berechnung des Nettoertrages oder des Nettoaufwandes

Kaltmiete	9000 €
+ erhöhte Steuerschuld	976 €
./. Schuldzinsen	3000 €
./. nicht umgelegte Bewirtschaftungskosten	360 €
./. Tilgung	1500 €
Unterdeckung	+ 3164 €

Geldanlage-Tipp zur Finanzierung: Genau rechnen lohnt sich!

Bei einer individuellen Berechnung sollte nicht mit pauschalen Steuersätzen, sondern mit dem nachhaltig erzielbarem zu versteuernden Einkommen und damit mit möglichst exakten Steuerersparnissen gerechnet werden. Da sich die Miete und die Tilgungsbeträge in den kommenden Jahren verändern, sollte eine Berechnung über mehrere Jahre, am besten über den gesamten Finanzierungszeitraum durchgeführt werden.

- Versorgungsleistungen
  Als Versorgungsleistungen im Rahmen der sonstigen Einkünfte nach § 22 EStG gelten Renten und dauernde Lasten. Leibrenten sind nur mit dem Ertragsanteil nach § 22 Nr. 1 Satz 3a bb EStG zu Grunde zu legen.
- Erhaltungsaufwand
  Die Kosten für Reparaturen und für den Ersatz bereits vorhandener Gebäudeteile können grundsätzlich in voller Höhe als Werbungskosten abgesetzt werden. Auf Antrag können die Kosten steuerlich auch auf zwei bis fünf Jahre gleichmäßig verteilt werden. Dies ist besonders bei größeren Maßnahmen empfehlenswert, um die Steuerersparnis zu optimieren.

• Verkauf einer vermieteten Immobilie
Im Rahmen des Verkaufs fremdgenutzter Immobilien ist darauf zu achten, welche steuerlichen Konsequenzen sich ergeben. Dies kann sowohl die Versteuerung eines Veräußerungsgewinns sein als auch die Möglichkeit, bei umfangreicheren Verkäufen einen sogenannten gewerblichen Grundstückshandel zu betreiben. In jedem Fall empfiehlt es sich, die steuerlichen Auswirkungen zu prüfen, bevor der notarielle Vertrag geschlossen wird!

• Private Veräußerungsgeschäfte
Die „Spekulationsfrist" für Immobilien beträgt zehn Jahre. Sofern zwischen den notariellen Verträgen für Kauf und Verkauf (das Datum von Grundbucheintragungen spielt keine

1 Dazu zählt beispielsweise auch das Mietausfallwagnis.

Rolle!) eine Frist von weniger als zehn Jahren liegt, ist zu prüfen, ob bei diesem privaten Veräußerungsgeschäft ein steuerpflichtiger Gewinn angefallen ist.

Besteuerung privater Veräußerungsgeschäfte bei Immobilien
Beträgt der Zeitraum zwischen Anschaffung und Veräußerung nicht mehr als zehn Jahre, sind Veräußerungsgewinne auch nach Einführung der Abgeltungsteuer als „Einkünfte aus privaten Veräußerungsgeschäften" zu versteuern (Grundlage: § 23 EStG).

Bei Immobilien, die nach dem 31.07.1995 angeschafft wurden, sind die ursprünglichen Anschaffungskosten um die Abschreibungen zu vermindern. Damit kann sich auch bei einem Verkauf, der anschließend mit Verlust erfolgte, ein steuerpflichtiger Gewinn ergeben.

Beispiel

zur Berechnung eines Gewinns aus privaten Veräußerungsgeschäften bei Immobilien (Erstellung nach dem 31.12.1924):

Anschaffung einer Eigentumswohnung im Jahr 2008 zu 150 000 €
(Grundstücksanteil 20 %). Verkauf im Dezember 2012 zu 140 000 €.

Einkaufspreis	150 000 €
./. Abschreibungen (5 Jahre × 2 % aus 120 000 €)	12 000 €
= „Netto-Einkaufswert"	138 000 €

Damit ergibt sich gegenüber dem Verkaufspreis ein zu versteuernder Gewinn von 2 000 € (140 000 € minus 138 000 €), obwohl der Verkaufserlös (140 000 €) unter dem Einstandspreis (150 000 €) liegt. Erst ab dem Jahr 2018 kann, bei unveränderter Gesetzeslage, wieder ohne Beachtung der Vorschriften zu privaten Veräußerungsgeschäften, steuerunschädlich verkauft werden.

Immobilienerträge und Abgeltungsteuer
Immobilienerträge bleiben von der Abgeltungsteuer ausgenommen!

Checkliste zur Prüfung der privaten Veräußerungsgeschäfte bei Immobilien

- Immobilien, die länger als zehn Jahre im Eigentum sind, können ohne Beachtung der Vorschriften für private Veräußerungsgeschäfte verkauft werden. Der Zehn-Jahres-Zeitraum bezieht sich auf den Zeitraum zwischen den Kaufverträgen.
- Wurde die Immobilie im Jahr des Verkaufs und den beiden dem Verkaufsjahr vorangegangenen Jahren oder seit dem Erwerb zu eigenen Wohnzwecken genutzt, fällt keine Versteuerung eines Veräußerungsgewinnes an. Allerdings sind beim zusätzlichen Verkauf weiterer Immobilien im Zeitraum von fünf Jahren die Regelungen zum gewerblichen Grundstückshandel zu beachten.
- Für Immobilien, die nach dem 31. Juli 1995 angeschafft wurden, gilt: Ein möglicher Veräußerungsgewinn berechnet sich aus der Differenz zwischen dem Kaufpreis, der um die Abschreibungen zu vermindern ist und dem Verkaufserlös.

- Gewerblicher Grundstückshandel
  Wenn Privatpersonen häufig Immobilien kaufen und verkaufen, kann diese Tätigkeit vom Finanzamt als gewerblicher Grundstückshandel eingestuft werden. Damit ergeben sich in der steuerlichen Behandlung gravierende Änderungen. Die vorstehenden Ausführungen

treffen in diesem Fall nur noch eingeschränkt zu: Insbesondere ist für entstehende Gewinne neben der Einkommensteuer auch Gewerbesteuer zu entrichten. Deshalb ist es für Privatpersonen grundsätzlich empfehlenswert, nicht im Bereich des gewerblichen Grundstückshandels eingestuft zu werden, um diese nachteiligen Auswirkungen zu vermeiden.

Allgemeine Grundsätze, zur Prüfung, ob gewerblicher Grundstückshandel vorliegt: Veräußern Privatpersonen Grundstücke, ist bei der Prüfung, ob ein gewerblicher Grundstückshandel vorliegt, wesentlich auf die Dauer der Nutzung vor Veräußerung und die Zahl der veräußerten Objekte abzustellen. In Fällen, in denen ein gewerblicher Grundstückshandel zu verneinen ist, bleibt jedoch zu prüfen, ob der Gewinn aus der Veräußerung nach § 23 EStG („Private Veräußerungsgeschäfte") zu besteuern ist. (Quelle: BMF Schreiben vom 26.03.2014)

Die vielfältigen Kriterien für die Merkmale eines gewerblichen Grundstückshandels wurden durch ein Schreiben des Bundesfinanzministeriums zusammenfassend dargestellt (BMF 26.03.2004 BStBl I S. 434).

Ein gewerblicher Grundstückshandel ist grundsätzlich anzunehmen, wenn innerhalb von fünf Jahren mehr als drei Objekte veräußert werden. Die Frist von fünf Jahren kann im Einzelfall jedoch auch ausgedehnt werden. Objekte von Ehegatten werden grundsätzlich nicht zusammengerechnet.

Als Objekt zählen Grundstücke aller Art. Einfamilienhäuser, einzelne Wohnungen oder ein Mehrfamilienhaus, das nicht nach dem Wohnungseigentumsgesetz aufgeteilt ist, zählen jeweils als ein Objekt. Eine Besonderheit ist beim Verkauf eines im Teileigentum stehenden Stellplatzes, für den ein eigenes Grundbuchblatt existiert, zu beachten. Wird diese Garage als Zubehör zu einer Wohnung verkauft, wird sie im Sinne der „Drei-Objekt-Grenze" nicht als eigenständiges Objekt gezählt. Die Wohnung und die Garage, die eigentlich zwei Objekte sind, werden hier nur als ein Objekt gezählt. Falls der Stellplatz aber eigenständig veräußert wird, ist er ein „Zählobjekt" im Sinne des gewerblichen Grundstückshandels.

Unter folgenden Voraussetzungen wird eine verkaufte Immobilie nicht mitgezählt:

- Die Immobilie war langfristig (mindestens zehn Jahre) vermietet.
- Die Immobilie war langfristig (mindestens fünf Jahre) zu eigenen Wohnzwecken genutzt.

Wenn beispielsweise mehr als drei Wohnungen verkauft werden, die jeweils nur sechs Jahre vermietet waren, liegt ein gewerblicher Grundstückshandel vor.

Genauso kann ein gewerblicher Grundstückshandel bereits vorliegen, wenn weniger als vier Objekte veräußert werden. Insbesondere beim Verkauf von Wohnobjekten sprechen für eine Gewerblichkeit:

- Das zu bebauende Grundstück wird bereits vor Fertigstellung der Immobilie verkauft.
- Die Immobilie wird auf Rechnung und nach den Wünschen des Erwerbers bebaut.
- Das Bauprojekt wird nur kurzfristig finanziert.
- Bereits während der Bauphase wird ein Makler mit dem Verkauf beauftragt.
- Der Verkäufer übernimmt über den bei Privatleuten üblichen Bereich hinaus Gewährleistungspflichten.

Zusammen mit der Neuregelung wurde im Bundessteuerblatt das nachfolgende vereinfachte Prüfschema zum gewerblichen Grundstückshandel veröffentlicht.

Vereinfachtes Prüfschema „Gewerblicher Grundstückshandel“[1]

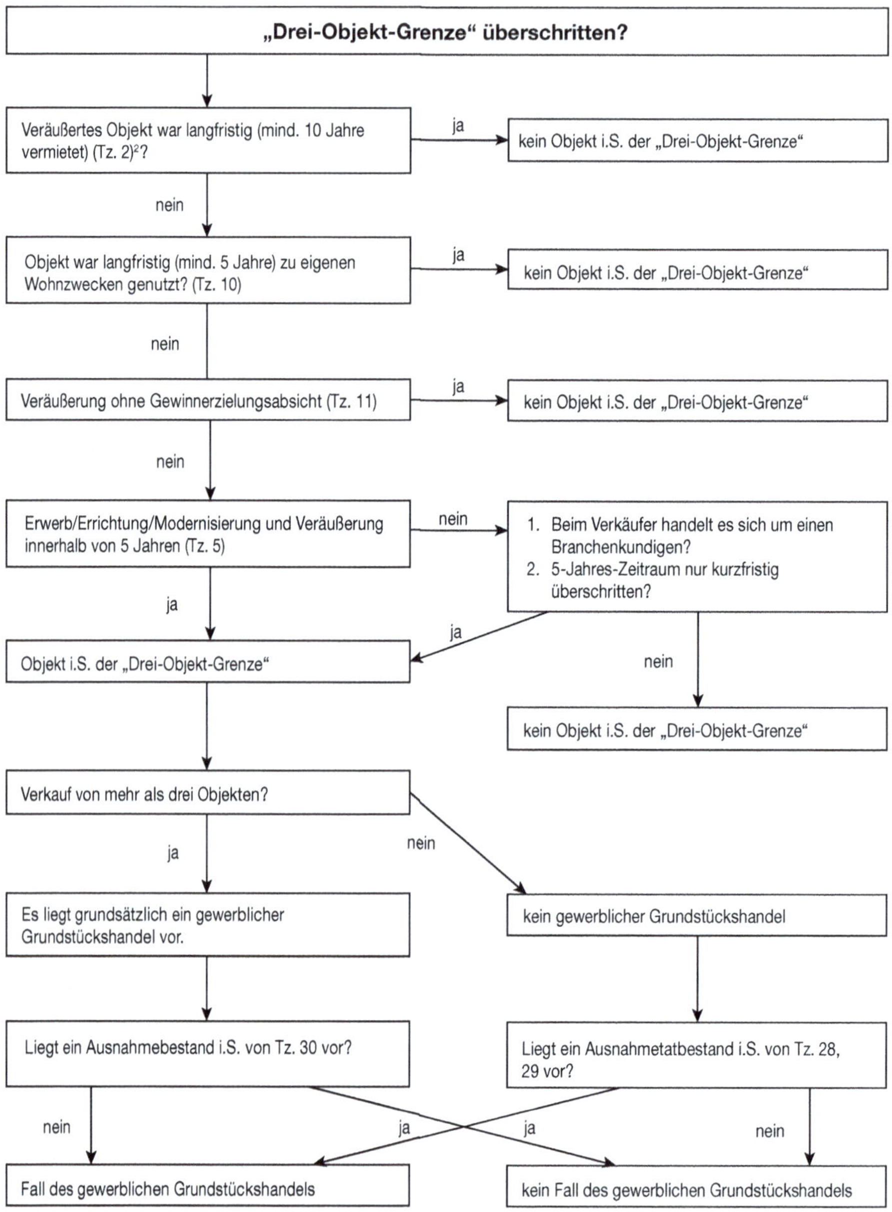

1 BMF-Schreiben vom 26.03.2004, IV A 6 - S 2240 – 46/04, Anlage

2 Die angegebenen Textziffern (Tz.) beziehen sich auf das genannte BMF-Schreiben.

Geldanlage-Tipp
Wer mehrere Immobilien im Zeitraum von wenigen Jahren veräußert, sollte vor dem Abschluss der notariellen Verträge unbedingt einen steuerlichen Berater hinzuziehen.

- Besteuerung von Gewinnen aus der Veräußerung von Immobilien
  Bei Gewinnen aus der Veräußerung von Immobilien (der Gesetzgeber spricht hier stets von Grundstücken, unabhängig davon, ob diese bebaut oder unbebaut sind) kann man drei Fallgruppen unterscheiden:

Besteuerung von Gewinnen aus der Veräußerung von Immobilien

private Veräußerungsgeschäfte		gewerblicher Grundstückshandel
Zeitraum zwischen Anschaffung und Veräußerung zehn Jahre und länger oder seit Erwerb bzw. in den letzten beiden Jahren eigengenutzt = **einkommensteuerfrei**	Zeitraum zwischen Anschaffung und Veräußerung nicht mehr als zehn Jahre: Veräußerungsgewinn abzüglich Anschaffungs- und Herstellungskosten (abzüglich AfA, erhöhte „Absetzung von Sonderabschreibungen") ab Veranlagungszeitraum 2009 600 € oder mehr = **einkommensteuerpflichtig**	Verkauf von mehr als drei Objekten innerhalb von fünf Jahren = grundsätzlich gewerblich und damit **gewerbesteuerpflichtig**

7.4.3 Steuerabzug bei Bauleistungen („Bauabzugsteuer")

Für Vermieter von Immobilien wurde im Rahmen des Gesetzes zur Eindämmung illegaler Betätigung am Baugewerbe die sogenannte Bauabzugsteuer eingeführt (§§ 48 bis 48d EStG).

Diese Regelung besagt, dass bei jeder Baurechnung vom Bruttobetrag pauschal ein Steuerabzug von 15 Prozent vorzunehmen ist. Voraussetzung ist, dass die Bauleistung an einen Unternehmer im Sinne des § 2 des UStG oder an eine juristische Person des öffentlichen Rechts erbracht wird. Dieser Steuerabzug ist direkt an das Finanzamt zu überweisen. Der Auftraggeber ist grundsätzlich auch Steuerschuldner für diesen Betrag!

Beispiel

An einem vermieteten Mehrfamilienhaus wird das Dach umfangreich saniert. Die Gesamtkosten liegen netto bei 125 000 €.

Nettoleistung	125 000 €
+ Umsatzsteuer 19 %	23 750 €
Rechnungsbetrag	148 750 €

Aus dem Rechnungsbetrag sind 85 % = 126 437,50 € direkt an den Bauunternehmer zu bezahlen. Der Rest von 15 % = 22 312,50 € ist an das Finanzamt des Leistungsempfängers (= Auftraggeber) zu überweisen.

Geldanlage-Tipp zur Bauabzugsteuer

Zum Einbeziehen von zinsgünstigen Krediten und Zuschüssen, besonders zu Energiesparmaßnahmen, sollten die aktuellen Fördermöglichkeiten der KfW-Förderbank, Infotelefon (0180) 1 33 55 77 und im Internet unter www.kfw-foerderbank.de abgerufen werden. Siehe auch 7.3.3 Optimierung der Eigenheimfinanzierung!

In folgenden Ausnahmefällen kann der volle Rechnungsbetrag an den bauleistenden Unternehmer überwiesen werden (§ 48 Abs. 2 EStG):

- Das Bauunternehmen legt eine Freistellungsbescheinigung seines Finanzamtes vor. Diese Freistellungsbescheinigung ist jedoch entweder zeitlich befristet oder auf ein bestimmtes Bauprojekt eingeschränkt. Die Bescheinigung wird auf einem amtlichen Vordruck erteilt und enthält Name, Anschrift und Steuernummer des Bauunternehmens sowie eine Sicherheitsnummer.
- Der Auftragswert für dieses Unternehmen wird im laufenden Kalenderjahr 5 000 € voraussichtlich nicht überschreiten. Bei ausschließlicher Vermietung von Wohnungen beträgt die Freigrenze 15 000 € für jedes beauftragte Unternehmen (Erbringung ausschließlich steuerfreier Umsätze aus Vermietung und Verpachtung).
- wenn nicht mehr als zwei Wohnungen vermietet werden
- bei Baumaßnahmen an der ausschließlich eigengenutzten Wohnung

Freistellungsbescheinigung vor Vertragsabschluss

Empfehlenswert ist, sich bereits vor Vertragsabschluss die „Freistellungsbescheinigung“ vorlegen zu lassen. Sollten Unternehmen keine Bescheinigung vorlegen, ist Vorsicht angebracht! Zudem sollte auch bei Aufträgen, die knapp unter den Freigrenzen von 5 000 Euro oder 15 000 Euro liegen, die Vorlage der Erklärung verlangt werden, da durch Preiserhöhungen schnell die Freigrenzen überschritten werden können.

7.4.4 Steuerliche Förderung für schutzwürdige Kulturgüter

Für schutzwürdige Kulturgüter, die weder zur Einkunftserzielung noch zu eigenen Wohnzwecken genutzt werden, können für Aufwendungen für Herstellungs- und Erhaltungsmaßnahmen an eigenen schutzwürdigen Kulturgütern im Inland, soweit sie öffentlich oder private Zuwendungen oder etwaige aus diesen Kulturgütern erzielte Einnahmen übersteigen, im Kalenderjahr des Abschlusses der Maßnahme und in den neuen folgenden Kalenderjahren jeweils bis zu neun Prozent wie Sonderausgaben abgezogen werden (§ 10g EStG).

7.4.5 Finanzierung von vermieteten Immobilien

Die Finanzierung einer Immobilie kann den Erfolg der Investition stark beeinflussen. Das Finanzierungskonzept sollte zur Immobilie passen, und es empfiehlt sich, dass die Mieteinnahmen die Finanzierungskosten möglichst abdecken. Allerdings kann auch die beste Finanzierung eine Fehlinvestition in eine schlechte oder überteuerte Immobilie meist nicht rentabel gestalten!

Geldanlage-Tipp bei Ärger mit der finanzierenden Pfandbriefbank
Verband deutscher Pfandbriefbanken vdp, Kundenbeschwerdestelle, Postfach 640136, 10047 Berlin, www.pfandbrief.de

Das Finanzierungskonzept ist ebenfalls auf die persönlichen Verhältnisse und Anlageziele des Eigentümers auszurichten. Aus den vielfältigen Finanzierungsmöglichkeiten von Annuitätendarlehen, Bausparen und Finanzierung mit Koppelung einer Kapitallebensversicherung sollte mit Hilfe einer Vergleichsrechnung die optimale Variante ermittelt werden. Meist haben Kreditinstitute oder Finanzberater entsprechende Computerprogramme, die Prognoserechnungen über die gesamte Finanzierungsdauer erstellen können.

7.4.5.1 Finanzierung über eine Kapitallebensversicherung

In diesem Fall wird bei einem Kreditinstitut oder gelegentlich auch direkt bei einer Versicherung ein Darlehen aufgenommen. Für dieses Darlehen werden nur Zinsen, aber keine Tilgung bezahlt. Damit bleibt der Kredit während der Laufzeit immer in voller Höhe bestehen. Zur späteren Tilgung wird eine Kapitallebensversicherung abgeschlossen, deren Ablaufleistung (nach Steuern) mindestens die Höhe des Kredites haben soll. Diese wird durch laufende Beiträge oder mit Einmalbeträgen bespart. Bei Fälligkeit wird mit dem Erlös aus der Versicherung der Kredit zurückgeführt.

Geldanlage-Tipp zur Finanzierung vermieteter Immobilien
Bei einer langfristigen Anlage in Immobilien und einem entsprechend hohen Steuersatz war in der Vergangenheit oftmals die Verbindung des Darlehens mit einer Lebensversicherung die günstigste Variante. Aufgrund der seit 2005 geltenden Rechtslage zur Besteuerung von Lebensversicherungen ist dies im Einzelfall zu prüfen. Bei Verwendung einer bereits bestehenden, vor 2005 abgeschlossenen Kapitallebensversicherung für die Finanzierung, können die alten Steuerprivilegien noch genutzt werden. Ein Bauspardarlehen ist für vermietete Immobilien im Gegensatz zu selbstgenutztem Wohneigentum meist keine lohnende Finanzierungsform. Die hohe Tilgung belastet die Liquidität und führt steuerlich eher zu Nachteilen.

Vorteile dieser Variante
Durch die gleich bleibenden Zinszahlungsbeträge während der jeweiligen Zinsbindungsfristen kann der Vermieter ständig hohe Werbungskosten geltend machen. Die Immobilie kann somit in Zusammenhang mit den Abschreibungen über lange Jahre als Steuersparmodell genutzt werden.

Die Zinserträge in der Kapitallebensversicherung wachsen unter bestimmten Voraussetzungen steuerfrei oder mit einem verminderten Steuersatz an.

Über die Lebensversicherung besteht zusätzlicher Todesfallschutz. Wenn der Eigentümer auch die versicherte Person ist, ist beispielsweise eine zusätzliche Absicherung für die Familie möglich. Bei einem vorzeitigen Ableben des Eigentümers kann das Darlehen zurückgeführt werden und die Familie erhält eine Zusatzrente aus der Immobilie.

Nachteile dieser Variante
Bei einer Zinsanpassung, beispielsweise nach zehn Jahren, besteht ein erhöhtes Zinsänderungsrisiko, da der Kredit in voller Höhe bestehen bleibt.

Sofern der Versicherer nicht die geplanten Kapitalerträge erwirtschaften kann, und das war die letzten Niedrigzinsjahre der Fall, reicht die Ablaufleistung höchstwahrscheinlich nicht aus, um den Kredit vollständig zurückzuführen. So wurde der garantierte Rechnungszinssatz (Garantiezins) für Neuverträge ab 2017 auf 0,9 Prozent abgesenkt. Eine weitere Absenkung des Garantiezinses ist wegen der anhaltenden Niedrigzinsphase abzusehen.

Fazit: Eine Entscheidung kann nur auf Basis einer eingehenden Betrachtung einschließlich der steuerlichen Auswirkungen vorgenommen werden. Diese Berechnung sollte sich auf den gesamten Finanzierungszeitraum erstrecken. Auch sollte bei der Zinsbindung und bei einer späteren Konditionenanpassung darauf geachtet werden, dass die Fälligkeit der Lebensversicherung und der Ablauf des Darlehens zum gleichen Termin erfolgen!

Was ist sonst noch zu beachten?

- Maximaler Darlehensnominalbetrag
  Die Darlehenshöhe darf höchstens die Anschaffungs- und Herstellungskosten zuzüglich einmaliger banküblicher Finanzierungskosten umfassen. Das sind neben dem Kaufpreis oder den Baukosten auch die Grunderwerbsteuer, die Maklergebühr sowie die Notar- und Grundbuchgebühren des Kaufvertrages. Einmalige bankübliche Finanzierungskosten sind Bearbeitungs- und Schätzgebühren sowie ein Damnum.
  Nicht mitfinanziert werden dürfen beispielsweise die Notar- und Grundbuchgebühren der Grundschuld sowie während der Bauzeit angefallene Zinsen. Ebenso ist die beim Erwerb einer gebrauchten Eigentumswohnung im Kaufpreis enthaltene Instandhaltungsrücklage nicht mitfinanzierbar. Eine Überschreitung der finanzierungsfähigen Kosten um bis zu 2536 Euro ist steuerlich unschädlich.
  Im Einzelfall sind die Kosten in Zusammenarbeit mit dem Kreditinstitut und dem steuerlichen Berater genau zu prüfen.
- Abtretungshöhe
  Das finanzierende Kreditinstitut benötigt bei diesem Finanzierungsmodell als Sicherheit die Abtretung der Ansprüche aus der Lebensversicherung. Diese muss auf die Höhe des auszuzahlenden Darlehensbetrages (nicht des Bruttodarlehens) beschränkt sein.
- Auszahlung des Darlehens
  Die Darlehensmittel müssen unmittelbar für die Immobilie verwendet werden. Die Auszahlung sollte direkt zur Begleichung der Baukosten oder des Kaufpreises eingesetzt werden. Eine zwischenzeitliche Anlage, beispielsweise als Festgeld, ist nicht zulässig. Auch ist es nicht mehr möglich, bereits vorab eingesetzte Eigenmittel später wieder durch das Darlehen zu ersetzen, da dann keine unmittelbare Verwendung mehr vorläge.

7.4.5.2 Widerruf von Kreditverträgen

Im Zuge der Sonderabschreibungen für Immobilien in den neuen Bundesländern wurde eine Vielzahl von Wohnungen ohne Besichtigung und eingehende Beratung erworben. Viele Kapitalanleger mit teilweise unrentablen Eigentumswohnungen hofften auf ein Urteil des Bundesgerichtshofes, um sich von dieser finanziellen Last befreien zu können. Diese Hoffnung erfüllte sich nur teilweise.

Mit dem Urteil des Bundesgerichtshofs vom 09.04.2002 (Az. XI ZR 91/99) wurde den Darlehensnehmern bestätigt, dass auch für Immobiliendarlehen das Haustürwiderrufgesetz gilt. Damit können Kredite, die seinerzeit in der eigenen Wohnung oder am eigenen Arbeitsplatz abgeschlossen wurden, oftmals heute noch widerrufen werden. Die damaligen Verträge enthielten meist keinen Hinweis auf ein Widerrufsrecht, womit dieses auch heute noch besteht.

Allerdings bleibt der Kaufvertrag für die Immobilie trotzdem wirksam, selbst wenn dieser zeitgleich mit der Finanzierung abgeschlossen wurde. Der Anleger bleibt also auf seiner unrentablen Immobilie „sitzen".

Geldanlage-Tipp zu „Haustürgeschäften"

Wer einen Darlehensvertrag als „Haustürgeschäft" abschloss, kann diesen auch widerrufen. Der Darlehensnehmer sollte aber nachweisen können, dass es sich um eine Haustürsituation handelte.

Der Widerruf hat zur Folge, dass das Darlehen ohne Zahlung einer Vorfälligkeitsentschädigung zurückgezahlt werden kann. Aber Vorsicht: Wer das Darlehen nicht aus Eigenmitteln ablösen kann, benötigt eine Anschlussfinanzierung. Diese ist eventuell gar nicht so einfach zu bekommen. Besonders wenn in der Finanzierung nicht nur der Kaufpreis, sondern auch noch Erwerbsnebenkosten enthalten sind, ist das Darlehen im Verhältnis zum Wert der Immobilie sehr hoch. Gleichzeitig ist die Bereitschaft vieler Kreditinstitute zur Vergabe dieser sogenannten „Vollfinanzierungen" deutlich zurückgegangen.

Noch ein Tipp: Wer sich aufgrund eines solchen Immobilienkredites in ernsthaften wirtschaftlichen Schwierigkeiten befindet, sollte in jedem Fall mit seinem Kreditgeber Kontakt aufnehmen. Oftmals können unabhängig vom nunmehr möglichen Widerruf sinnvolle Lösungen gefunden werden.

7.5 Steuerliche Behandlung von Zwei- und Mehrfamilienhäusern bei teilweiser Eigennutzung

Im Gegensatz zu früheren steuerlichen Regelungen, bei denen es vor allem für Zweifamilienhäuser besondere Vergünstigungen gab, werden gemischt genutzte Immobilien nach den gleichen Regeln behandelt wie „normale" eigengenutzte oder vermietete Objekte. Dabei werden die anfallenden Kosten grundsätzlich nach den jeweiligen Wohn- und Nutzflächenanteilen auf die einzelnen Wohnungen verteilt.

Geldanlage-Tipp

Bei einem Kaufvertrag kann durch Aufteilung der Kosten auf die eigen- und fremdgenutzten Einheiten eine Zuordnung erfolgen, die auch bei der steuerlichen Behandlung übernommen wird. Ebenso können bei der Herstellung neuer Gebäude die Kosten teilweise direkt den einzelnen Einheiten zugeordnet werden. Daher ist die Beratung durch einen steuerlichen Experten vor Abschluss der entsprechenden Verträge dringend angezeigt!

7.5.1 Förderung vor und ab Bezug

Vor Bezug oder Fertigstellung können für die später selbstgenutzte Wohnung keine Vergünstigungen in Anspruch genommen werden. Für den vermieteten Teil können die dargestellten Werbungskosten geltend gemacht werden.

Ab Bezug kann für die selbstgenutzte Wohnung bei Bauantrag oder Kaufvertrag seit dem 01.01.2006 keine Förderung mehr in Anspruch genommen werden, da die Eigenheimzulage abgeschafft wurde. Für den fremdgenutzten Teil wird der Saldo aus Mieteinnahmen und Werbungskosten ermittelt. Alle Kosten wie Zinsen und Bewirtschaftungskosten sind entsprechend den genutzten Flächen aufzuteilen. Ebenso kann nur der fremdgenutzte Teil abgeschrieben werden. Hierzu werden die Baukosten ebenfalls entsprechend der Nutzung aufgeteilt.

Beispiel

zur steuerlichen Behandlung eines neuen Zweifamilienhauses bei einer Kostenverteilung entsprechend der Flächen

eigengenutzte Wohnfläche:		120 m² (= 60 %)
vermietete Wohnfläche:		80 m² (= 40 %)
Grundstückskosten:	50 000 €	
Baukosten:	250 000 €	
Zinsen:	15 000 €	
Bewirtschaftungskosten:	3 000 €	
Mieteinnahmen:		8 €/qm je Monat

- eigengenutzte Wohnung:
  - Keine Förderung
- vermietete Wohnung:

Miete (8 x 80 (je Monat x 12 Monate)	7 680 €
– anteilige Zinsen	6 000 €
– anteilige Bewirtschaftungskosten	1 200 €
– anteilige AfA	2 000 €
= Verlust aus Vermietung und Verpachtung	**1 520 €**

Zu der Bedeutung der Bewirtschaftungskosten in der Immobilienbewertung und der Kostenverteilung siehe Abschnitt 7.1 unter „Die Bedeutung der Bewirtschaftungskosten bei der Immobilienbewertung und Immobilienverwaltung".

7.5.2 Finanzierung von Zwei- und Mehrfamilienhäusern bei teilweiser Eigennutzung

Bei der Finanzierung eines gemischt genutzten Objekts ist es grundsätzlich empfehlenswert, das Eigenkapital möglichst für den eigengenutzten Teil einzusetzen. Für diesen Teil können steuerlich keine Zinsen geltend gemacht werden. Eine Fremdfinanzierung dagegen ist möglichst dem vermieteten Teil zuzuordnen, da hierfür die Zinsen steuerlich ansetzbar sind.

Grundsätzlich sind, sofern keine besonderen Vereinbarungen getroffen werden, die anfallenden Zinsen pauschal nach dem Verhältnis der Wohn-/Nutzflächen aufzuteilen.

Eine steuerlich optimierte, direkte Zuordnung kann erfolgen, wenn

- aufgrund einer Aufteilung im Kaufvertrag der vermietete Teil mit einem Darlehen bezahlt wird,
- bei einer Aufteilung der Immobilie in Eigentumswohnungen die vermietete Wohnung mit einem Darlehen bezahlt wird,
- beim Bau die Herstellungskosten der später vermieteten Einheit direkt von einem Konto bezahlt werden, das ausschließlich mit Darlehensmitteln ausgestattet ist. Bei einem Neubau sind die Baukosten für die verschiedenen Teile über getrennte Bankkonten zu bezahlen, damit eine klare Zuordnung erfolgen kann.

Geldanlage-Tipp zur Abschreibung und Finanzierung bei gemischt genutzten Immobilien

Auch die Finanzierung von gemischt genutzten Immobilien sollte frühzeitig unter Zuziehung eines steuerlichen Beraters geplant werden, damit steuerlich mögliche Optimierungen umgesetzt werden können. Dabei ist auch zu beachten, dass das finanzierende Kreditinstitut für seine Besicherung eventuell die Vollfinanzierung einzelner Einheiten nur eingeschränkt darstellen kann.

Zum Einbeziehen von zinsgünstigen Krediten und Zuschüssen, besonders zur Schaffung von Wohneigentum, zur Erhöhung des Wohnkomforts und zu Energiesparmaßnahmen, sollten die aktuellen Fördermöglichkeiten der KfW-Privatkundenbank, Infotelefon 0800539–90 02 und im Internet unter www.kfw.de abgerufen werden. Siehe auch 7.2.2.3 Optimierung der Eigenheimfinanzierung.

7.5.3 Schuldzinsen bei den Einkünften aus Vermietung und Verpachtung nach einem Verkauf

Wenn Eigentümer von vermieteten inländischen Immobilien ihre Objekte verkaufen, kann es vorkommen, dass nach der Veräußerung noch Verbindlichkeiten bestehen bleiben, durch die weiterhin Schuldzinsen entstehen.

In diesen Fällen war es oft strittig, ob diese nach der Vermietungsphase anfallenden Schuldzinsen als nachträgliche Werbungskosten bei den Einkünften aus Vermietung und Verpachtung weiterhin abgezogen werden können oder aufgrund des Wegfalls der Einkunftsquelle dem steuerlichen Abzugsverbot unterliegen.

Das Bundesfinanzministerium hat in seinem Schreiben vom 27. Juli 2015 unter Beachtung der jüngsten Rechtsprechung des Bundesfinanzhofs hierzu Stellung genommen.

Aus dem Schaubild in Abschnitt 7.5.4 sind die wichtigsten, von der Finanzverwaltung geregelten, Vorgehensweisen ersichtlich.

7.5.4 Spezielle Gemischtnutzung: das häusliche Arbeitszimmer

Ein häusliches Arbeitszimmer wird steuerlich nur anerkannt, wenn es den Mittelpunkt der gesamten betrieblichen und beruflichen Betätigung bildet. Im Arbeitszimmer sind diejenigen Handlungen und Leistungen zu erbringen, die für die ausgeübte Tätigkeit wesentlich und prägend sind (sogenannter qualitativer Mittelpunkt). In diesen Fällen können die Kosten entsprechend der jeweils genutzten Fläche in vollem Umfang als Betriebsausgaben oder Werbungskosten abgezogen werden (§ 4 Abs. 5 Satz 1 Nr. 6b EStG).

Durch Beschluss des Bundesverfassungsgerichts vom 06.07.2010 (2 BvL 13/09) stellten die Karlsruher Richter fest, dass Aufwendungen für ein häusliches Arbeitszimmer auch dann steuerlich abziehbar sein müssen, wenn für die betriebliche oder berufliche Tätigkeit kein anderer Arbeitsplatz zur Verfügung steht. In diesen Fällen sind dann die Aufwendungen bis zu einem (objektbezogenen) Höchstbetrag von 1250 Euro pro Jahr als Betriebsausgaben oder Werbungskosten abziehbar. Keine Abzugsbeschränkung ist gegeben, wenn das Arbeitszimmer den Mittelpunkt der gesamten betrieblichen und beruflichen Betätigung bildet (§ 4 Abs. 5 Satz 1 Nr. 6b EStG).

In allen anderen Fällen ist eine Minderung als Betriebsausgabe oder Werbungskosten ausgeschlossen.

Soweit vorläufige Steuer- oder Feststellungsbescheide wegen der späteren gesetzlichen Neuregelung aufzuheben oder zu ändern sind, wird dies von Amts wegen vorgenommen werden. Ein Einspruch ist insofern nicht erforderlich. Eine Änderung endgültiger Steuerbescheide, die nicht angefochten worden waren, kommt allerdings nicht in Betracht (BMF-Schreiben vom 12.08.2010 – IV A 3 – S 0338/07/10010–03).

Wenn diese Voraussetzungen erfüllt sind, können die anteiligen Kosten für Schuldzinsen, Energiekosten, Grundsteuer, Entsorgungsgebühren steuerlich geltend gemacht werden. Aufwendungen für Einrichtungs- und Austattungsgegenstände, die gleichzeitig Arbeitsmittel sind, sind ohne Beschränkung abzugsfähig, auch wenn sie sich in einem Arbeitszimmer befinden (BFH v. 27.11.97, VII R 4/97, BStBl 98 II, S. 351). Dagegen sind Luxusgegenstände, die nur zur Ausschmückung des Zimmers dienen, nicht abzugsfähig.

Die vorstehenden Regelungen gelten für ein häusliches Arbeitszimmer, das innerhalb einer Wohnung liegt oder mit dieser direkt verbunden ist. Nicht als häusliches Arbeitszimmer gelten beispielsweise Räume im Keller oder Dach eines Mehrfamilienhauses, die keine direkte Verbindung zur Wohnung haben. Gleiches gilt für Betriebs-, Lager- und Ausstellungsräume, selbst wenn diese direkt an die Wohnung angrenzen (BMF-Schreiben vom 03.04.2007 IV B2 – S 2145 – 07/0002).

Geldanlage-Tipp zu Regelungen beim Arbeitszimmer seit März 2011

Mit einem Anwendungserlass (Az. IV C 6 – S 2145/07/10002) hat sich 2011 das BMF zur steuerlichen Behandlung von Aufwendungen für ein häusliches Arbeitszimmer geäußert. Damit wird erstmals konkret dargelegt, wie nach mehrfach geänderter Rechtslage nunmehr konkret vorzugehen ist.

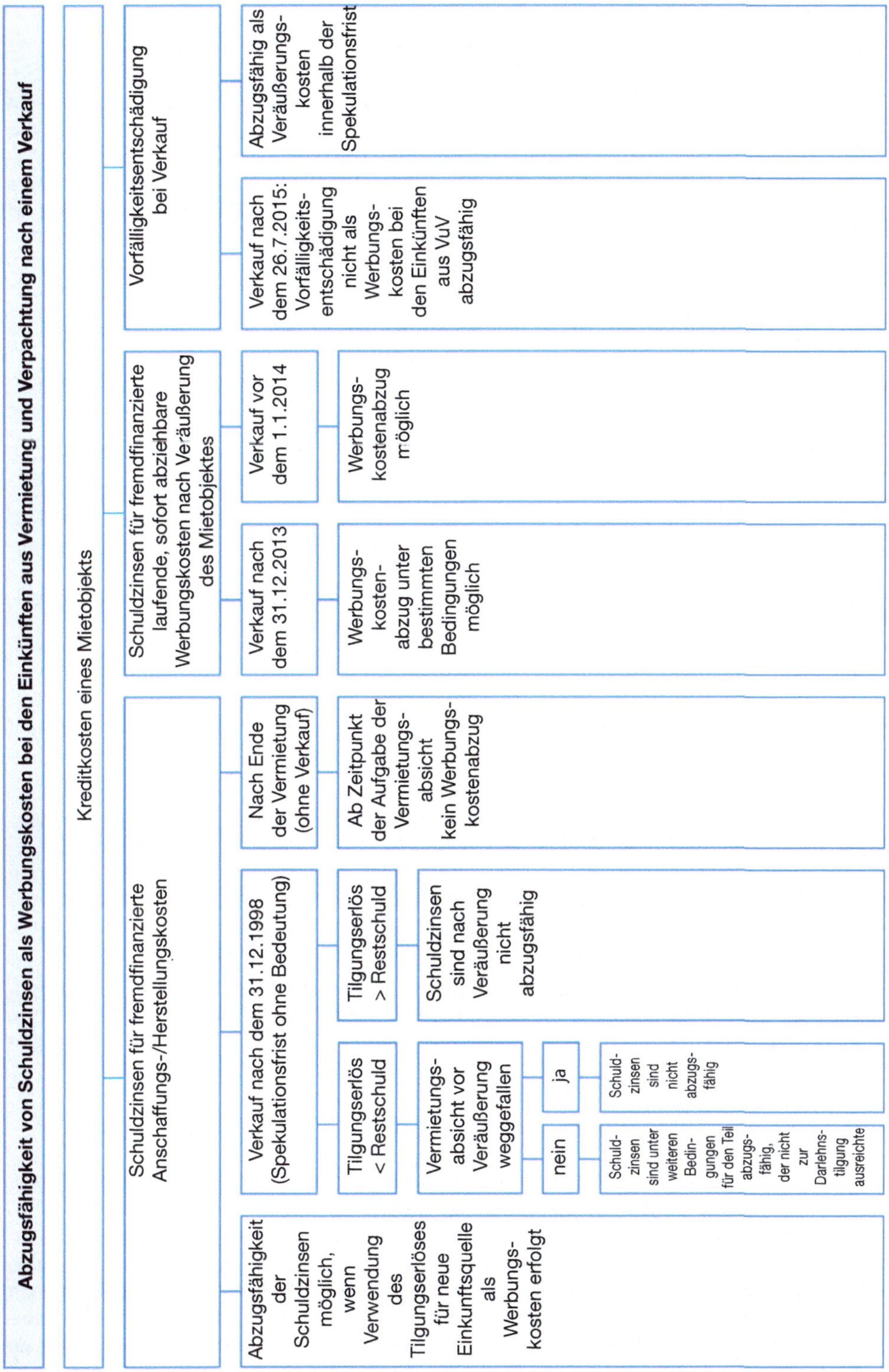
Abzugsfähigkeit von Schuldzinsen als Werbungskosten bei den Einkünften aus Vermietung und Verpachtung nach einem Verkauf
Kreditkosten eines Mietobjekts
Schuldzinsen für fremdfinanzierte Anschaffungs-/Herstellungskosten
Abzugsfähigkeit der Schuldzinsen möglich, wenn Verwendung des Tilgungserlöses für neue Einkunftsquelle als Werbungskosten erfolgt
Verkauf nach dem 31.12.1998 (Spekulationsfrist ohne Bedeutung)
Tilgungserlös < Restschuld
Vermietungsabsicht vor Veräußerung weggefallen
nein
Schuldzinsen sind unter weiteren Bedingungen für den Teil abzugsfähig, der nicht zur Darlehnstilgung ausreichte
ja
Schuldzinsen sind nicht abzugsfähig
Tilgungserlös > Restschuld
Schuldzinsen sind nach Veräußerung nicht abzugsfähig
Nach Ende der Vermietung (ohne Verkauf)
Ab Zeitpunkt der Aufgabe der Vermietungsabsicht kein Werbungskostenabzug
Schuldzinsen für fremdfinanzierte laufende, sofort abziehbare Werbungskosten nach Veräußerung des Mietobjektes
Verkauf nach dem 31.12.2013
Werbungskostenabzug unter bestimmten Bedingungen möglich
Verkauf vor dem 1.1.2014
Werbungskostenabzug möglich
Vorfälligkeitsentschädigung bei Verkauf
Verkauf nach dem 26.7.2015: Vorfälligkeitsentschädigung nicht als Werbungskosten bei den Einkünften aus VuV abzugsfähig
Abzugsfähig als Veräußerungskosten innerhalb der Spekulationsfrist

7.6 Steuerliche Behandlung von Ferienwohnungen in Deutschland und im Ausland

Der Erwerb einer Ferienwohnung kann vielfältige Gründe haben. Zum einen bietet die Ferienwohnung ein Refugium für die eigene, persönliche Erholung und zum anderen locken Mieteinnahmen sowie Steuervorteile. Das Finanzamt will aber nicht, dass aus einer „Erholungsimmobilie" gleichzeitig ein umfassendes „Steuersparmodell" wird. Auf der Grundlage einiger Regelungen in einem BMF-Schreiben (IV C 3 – S 2253 – 91/04 vom 08.10.2004) sind bei einem Erwerb oder Neuabschluss eines Mietvertrages seit 2004 die nachfolgenden Bedingungen bei der steuerlichen Behandlung dieser Immobilien zu beachten.

7.6.1 Ferienwohnungen mit ausschließlicher Vermietung

Bei einer ausschließlichen Vermietung an wechselnde Feriengäste ist grundsätzlich von einer Einkunftserzielungsabsicht auszugehen. Dies gilt unabhängig davon, ob die Wohnung in Eigenregie oder durch die Einschaltung eines fremden Dritten vermietet wird.

Grundsätzlich sprechen folgende Merkmale für eine Vermietungsabsicht:

- Die Entscheidung über die Vermietung wurde an einen nicht nahestehenden Vermittler, beispielsweise an die Kurverwaltung, übertragen. Zudem ist die Eigennutzung vertraglich für das ganze Jahr ausgeschlossen.
- Die Ferienwohnung befindet sich im ansonsten selbstgenutzten Zwei- oder Mehrfamilienhaus oder in unmittelbarer Nähe der selbstgenutzten Wohnung.
- Der Eigentümer hat am selben Ort mehrere Ferienwohnungen und nutzt nur eine davon selbst.
- Die Dauer der Vermietung liegt nicht um mehr als ein Viertel unter dem für den am Ferienort üblichen Saisondurchschnitt. Bei einer zu geringen Anzahl von Vermietungstagen muss die Vermietungsabsicht durch Werbemaßnahmen wie Anzeigen in Printmedien oder im Internet nachgewiesen werden.

Kurze Aufenthalte des Eigentümers für Wartungsarbeiten, Schlüsselübergabe, Reinigungsarbeiten bei Mieterwechsel, allgemeiner Kontrolle und Teilnahme an Eigentümerversammlungen stellen keine Selbstnutzung dar. Sofern diese Aufenthalte jedoch mehr als einen Tag dauern oder der Eigentümer von Familienangehörigen begleitet wird, sind die Gründe hierfür erläuterungsbedürftig. Gerade bei mehrtägigen Aufenthalten ist nachzuweisen, dass diese vollständig mit Arbeiten an der Wohnung ausgefüllt waren.

Unter diesen Voraussetzungen können Schuldzinsen, Wohnungsabschreibung und laufende Kosten als Werbungskosten im Zusammenhang mit dieser Immobilie in voller Höhe steuerlich angesetzt werden. Liegen diese über den Einnahmen, mindert der Mietverlust das übrige Einkommen.

7.6.2 Regelung bei zeitweiser Vermietung und zeitweiser Eigennutzung

Steuerschädlich kann es sein, wenn der Steuerpflichtige die Wohnung zumindest gelegentlich für die eigene Familie nutzt. Selbstnutzung ist gegeben, wenn der Steuerpflichtige die Wohnung selbst nutzt oder sie unentgeltlich Dritten zur Nutzung überlässt. Wird eine Ferienwohnung zeitweise vermietet und zeitweise selbst genutzt oder behält sich der Steuerpflichtige eine zeitweise Selbstnutzung vor, ist diese Art der Nutzung Beweisanzeichen für eine auch private, nicht mit der Einkunftserzielung zusammenhängende Veranlassung der Aufwendungen. In diesen Fällen ist die Überschusserzielungsabsicht stets zu prüfen. Der Steuerpflichtige muss im Rahmen der ihm obliegenden Feststellungslast für die Anerkennung dieser Absicht objektive Umstände vortragen, aufgrund derer im Beurteilungszeitraum ein Totalüberschuss erwartet werden konnte. Dies erfolgt im Einzelfall durch eine langfristige Überschussprognoserechnung. Ist diese nicht schlüssig, geht das Finanzamt von Liebhaberei aus.

7.6.2.1 Ermittlung des Totalüberschusses

Der Zeitraum für die Prognoserechnung umfasst in der Regel 30 Jahre.

Bei der Ermittlung des Totalüberschusses aus Vermietung und Verpachtung für die Ferienimmobilie ist von den Ergebnissen auszugehen, die sich nach den einkommensteuerrechtlichen Vorschriften voraussichtlich ergeben werden. In die Prognose sind deshalb als Werbungskosten nur die Aufwendungen einzubeziehen, die auf Zeiträume entfallen, in denen die Ferienwohnung an Feriengäste tatsächlich vermietet oder zur Vermietung angeboten und bereitgehalten worden ist. Der Steuerpflichtige trägt die Feststellungslast dafür, ob und in welchem Umfang die Ferienwohnung selbst genutzt oder zur Vermietung angeboten und bereitgehalten wird.

Aufwendungen, die sowohl durch die Selbstnutzung als auch durch die Vermietung veranlasst sind, beispielsweise Schuldzinsen, Grundbesitzabgaben, Gebäudeabschreibung oder Versicherungsbeiträge, sind im Verhältnis der Zeiträume der jeweiligen Nutzung zueinander aufzuteilen.

7.6.2.2 Zuordnung von Leerstandszeiten

Hat der Steuerpflichtige die Selbstnutzung zeitlich beschränkt, beispielsweise bei der Vermietung durch einen Dritten, ist nur die vorbehaltene Zeit der Selbstnutzung zuzurechnen; im Übrigen ist die Leerstandszeit der Vermietung zuzuordnen. Ist die Selbstnutzung dagegen jederzeit möglich, sind die Leerstandszeiten im Wege der Schätzung entsprechend dem Verhältnis der tatsächlichen Selbstnutzung zur tatsächlichen Vermietung aufzuteilen.

Lässt sich der Umfang der Selbstnutzung nicht aufklären, ist davon auszugehen, dass die Leerstandszeiten der Ferienwohnung zu gleichen Teilen durch das Vorhalten zur Selbstnutzung und das Bereithalten zur Vermietung entstanden sind und damit die hierauf entfallenden Aufwendungen zu je 50 Prozent der Selbstnutzung und der Vermietung zuzuordnen sind.

7.6.2.3 Schätzung der Einnahmen und Werbungskosten

Die im Prognosezeitraum von 30 Jahren voraussichtlich zu erwartenden Einnahmen und Ausgaben sind zu schätzen. Sofern der Steuerpflichtige keine ausreichenden objektiven Umstände über die zukünftige Entwicklung vorträgt, sind die zu erwartenden Einnahmen und Werbungskosten anhand des Durchschnitts der in der Vergangenheit in einem bestimmten Zeitraum, in der Regel in den letzten fünf Veranlagungszeiträumen, angefallenen Einnahmen und Werbungskosten zu schätzen. Inflationsbedingte Erhöhungen der Einnahmen und Werbungskosten sind nicht zu berücksichtigen.

Bei der Totalüberschussprognose ist für die Gebäudeabnutzung allgemein von der Abschreibung nach § 7 Abs. 4 EStG auszugehen. Die tatsächlich in Anspruch genommene Abschreibung ist regelmäßig nicht anzusetzen.

Wegen Unsicherheitsfaktoren des 30-jährigen Prognosezeitraums ist bei der Gesamtsumme der geschätzten Einnahmen ein Sicherheitszuschlag von zehn Prozent und bei der Gesamtsumme der geschätzten Ausgaben ein Sicherheitsabschlag von zehn Prozent vorzunehmen.

7.7 Immobilieninvestments im Ausland

Erwerb von Gewerbeimmobilien

Die im Ausland gegenüber Deutschland in den letzten Jahrzehnten teilweise höheren Renditen bei Gewerbeimmobilien haben zu unüberlegten, oftmals ruinösen Investments in geschlossenen Fonds mit Auslandsimmobilien geführt. Überwiegend wurden solche Immobilien in den USA, den Niederlanden und in Großbritannien angeboten, aber auch in Österreich, Ungarn oder gar Südafrika.

Bei Immobilieninvestments in Großbritannien sind zuvor mit großer Aufmerksamkeit die Auswirkungen, die der Brexit mit sich bringt, zu analysieren.

Im Gegensatz zu den geschlossenen Fonds mit deutschen Immobilien, bei denen der Anleger in früheren Jahren durch Verlustzuweisungen seine Steuerzahlungen minderte, konnte in der Vergangenheit durch Auslandsimmobilien nur eine „schonendere" Versteuerung der Erträge erreicht werden.

Andererseits kommen – rein steuerlich betrachtet – neben der Nutzung der steuerlichen Freibeträge im Investitionsland, beispielsweise in den USA oder in Großbritannien, die im Vergleich zu Deutschland meist niedrigeren Eingangssteuersätze zur Anwendung. Auch die Besteuerung von Veräußerungsgewinnen ist in diesen Ländern meist vorteilhafter als in Deutschland. Zudem sind in Deutschland die Erträge nur im Rahmen des Progressionsvorbehalts zu berücksichtigen.

Doch auch hier gilt: Was helfen steuerliche Vorteile – soweit diese am Ende überhaupt greifen –, wenn die Substanz, die Lage (und noch zweimal: die Lage), das rechtliche und politische Umfeld sowie die Rendite nicht stimmen.

Betroffen waren im vergangenen Jahrzehnt auch die südeuropäischen Länder. In Italien sanken die Immobilienpreise um 20 bis 30 Prozent. Inzwischen hat sich der Markt wieder stabilisiert. Auch der spanische Immobilienmarkt hat sich nach dramatischen Preiseinbrüchen zwischenzeitlich erholt.

Checkliste für ausländische Immobilienbeteiligungen in geschlossenen Immobilienfonds

- Wie lange hat der Fondsinitiator bereits Erfahrungen im Ausland?
- Wie kam der Investor mit Leerstandsquoten zurecht?
- Wie hoch ist der Fremdkapitaleinsatz?
- Besteht vor Ort eine Niederlassung des Fondsinitiators?
- Wurden die in der Vergangenheit zu erwartenden Ausschüttungen tatsächlich erreicht?
- Handelt es sich um „Qualitätsimmobilien“ an zukunftsträchtigen Standorten?
- Für welchen Anteil der Fläche bestehen zum Zeitpunkt der Prospekterstellung bereits Mietverträge?
- Wie ist die Qualität und Laufzeit der Mietverträge?
- Handelt es sich um solvente Mieter?
- Speziell in den USA: Welches Rating hat der Hauptmieter?
- Welche Annahmen werden für die Renditenprognose in den nächsten Jahren unterstellt?
- Welche Wechselkurschancen und -risiken bestehen?
- Wie hoch ist der Verwaltungsaufwand für die Erstellung der Steuererklärung (von Anwalts- und Notarkosten ganz zu schweigen)? Und: Sind diese Kosten im Fonds enthalten oder gesondert zu zahlen?
- Können die Freibeträge des jeweiligen Landes genutzt werden?
- Wurden neben den Auswirkungen auf die Einkommensteuer auch mögliche Zahlungen bei der Erbschaftsteuer geprüft?

Privater Immobilienerwerb im europäischen Ausland
Die meisten deutschen Anleger erwerben Auslandsimmobilien als Zweitwohnsitz oder Altersruhesitz im „sonnigen Süden“. Der beliebteste Investitionsstandort ist immer noch Spanien, gefolgt von Italien und Frankreich (Quelle: Umfrage des Kieler Instituts „Forschungsgemeinschaft Urlaub und Reisen“ (2018)).

Soweit das Immobilienengagement im Euroraum vorgenommen wird, entfällt das Währungsrisiko, die Preise sind besser vergleichbar und das Zinsniveau hat sich angenähert. Doch als Kaufinteressent sollte man nicht übersehen, dass beim Kaufvertrags-, Grundbuch- und Katasterwesen sowie im Steuerrecht große Unterschiede im Vergleich zu Deutschland bestehen.

So gibt es in vielen Ländern kein mit Deutschland vergleichbares Grundbuchrecht. Teilweise sind überhaupt keine Grundbücher vorhanden. Auch das Katasterwesen, also die genaue Grundstücksausmaßung, ist oft nicht vorhanden, unvollständig oder unpräzise.

Deshalb sollte vor Abschluss eines Vertrags eine kompetente Rechts- und Steuerberatung eingeholt werden. In keinem Fall sollten in Ferienlaune vorschnell Unterschriften geleistet werden, da ansonsten die gute Stimmung nachhaltig getrübt werden könnte!

Geldanlage-Tipp zum Erbrecht

Bei den Fragen rund um den Erwerb sollte auch die Weitergabe an die nächste Generation frühzeitig bedacht werden. Neben gravierenden Unterschieden im Erbrecht, wie besonders in Frankreich, gibt es mit vielen beliebten Ferienländern wie beispielsweise Spanien kein (steuererleichterndes) Doppelbesteuerungsabkommen hinsichtlich der Erbschaftsteuer. Aber auch Zuzugsbeschränkungen für die Erben, wie in Österreich, können erhebliche Einschränkungen für die Erben darstellen.

Zum Weiterlesen empfehlen wir Ihnen den Sonderbeitrag „Renditesicherung durch Nachfolgeplanung bei Immobilien" in Abschnitt 9.3.

Vor dem Kauf sollten auch umfassende Recherchen über die Eigentumsrechte, die Marktlage und das Preisgefüge erfolgen. Bei bestehenden Immobilien ist eine gründliche Besichtigung anzuraten. Profis raten dazu, über 24 Stunden hinweg, an verschiedenen Tagen (Arbeitstage, Wochenende) und über verschiedene Jahreszeiten die Wunschimmobilie vor dem Kauf zu besichtigen! Für den Fall eines Grundstückskaufs mit anschließender Bauabsicht sollte vorab die Genehmigungsfähigkeit geprüft werden. So gibt es für Grundstückserwerber in Spanien, Italien oder Griechenland oft ein böses Erwachen, wenn es für diese Grundstücke später nicht die vom Verkäufer versprochene Baugenehmigung gibt oder der Verkäufer gar nicht der legitime Eigentümer ist!

Da Darlehen für Auslandsimmobilien üblicherweise auf die Hälfte des Beleihungswerts beschränkt sind und dieser meist 20 Prozent unter dem Verkehrswert liegt, braucht man grob gerechnet etwa 60 Prozent des Kaufpreises als Eigenkapital. Außerdem ist seit der Bankenkrise mit erheblichen Kreditbeschränkungen bei gewünschter Kreditaufnahme im Ausland zu rechnen!

Checkliste zur Immobilienfinanzierung im Ausland

Die meisten Immobilienwünsche sind nur mithilfe einer Bankfinanzierung realisierbar. Dazu nachstehend eine Checkliste mit den wichtigsten Kriterien, die bei der Immobilienfinanzierung beachtet werden sollten.

Checkliste zur Immobilienfinanzierung im Ausland

1. Sind alle rechtlichen und steuerlichen Fragen geklärt (vor allem nachgewiesenes Eigentum und sonstige Rechte)?
2. Welches Grundstück soll zur Beleihung dienen: ein vorhandenes inländisches oder ein zu erwerbendes ausländisches Grundstück?
3. Welche Banken kommen in Frage und sind zur Finanzierung bereit?
4. Wie ist die Finanzierungsquote, also der Anteil Bankfinanzierung, im Verhältnis zum Eigenkapital?
5. Wie hoch ist die Beleihungsgrenze? Zum Vergleich: Deutsche Pfandbriefbanken beleihen 60 Prozent der angemessenen Kosten.
6. Bei festen Zinsen: Wie hoch ist der Effektivzins und wie lange ist die Zinsfestschreibung?
7. Bei variablen Zinsen: An welchen Referenzzins (Index) sind die Zinssatzveränderungen gebunden?
8. Fallen weitere Kreditnebenkosten und Kosten für Bürgschaften, Gutachten und Übersetzungen an?
9. Sind die laufenden Kosten für Steuern, Verwaltung, Objektsicherung und Versicherungen einkalkuliert?
10. Hat die finanzierende Bank dem „freiwilligen europäischen Verhaltenskodex für Hypothekengeber" zugestimmt?
11. Nutzen Sie auch die Infos bei Kreditinstituten und Bausparkassen sowie im Internet (beispielsweise mit dem Vergleich auf https://www.baufi24.de/baufinanzierung/so-finanzieren-sie-im-ausland/).

7.8 Immobilien als Altersvorsorge

Bei genauerer Betrachtung zeigt sich, dass die gesetzliche Rente bei abnehmenden Geburtenraten und zunehmender Lebenserwartung ihre eigentliche Aufgabe nur noch eingeschränkt erfüllen kann. Eine zusätzliche private Vorsorge ist deshalb grundsätzlich zu empfehlen.

Dabei hat die Diskussion um die Ausgestaltung der Riester-Rente die Immobilie als Bestandteil der Altersvorsorge wieder stärker ins Rampenlicht gerückt. Was Haus- und Grundbesitz als Altersvorsorge leisten können und was dabei beachtet werden sollte, wird nachstehend aufgezeigt.

Umfragen zeigen, dass rund 70 Prozent der Bundesbürger die Wohnimmobilie als eine gute Altersvorsorge ansehen. Dabei besitzen nur rund 45,5 Prozent der deutschen Haushalte eine eigene Immobilie. (Quelle Statista, abgerufen am 19.07.2016)

Warum Immobilien als Altersvorsorge?
An erster Stelle steht das Wohnen in einer eigenen Immobilie ohne Mietzahlung. Der Lebensabend soll nicht durch die Angst vor steigenden Mietzahlungen getrübt werden.

Die ersparte Miete wirkt wie eine „Zusatzrente", die zudem noch steuerfrei ist. Diese „Zusatzrente" kann die voraussichtlich geringer ausfallenden Zahlungen der gesetzlichen Rente aufbessern.

Geldanlage-Tipp zu Immobilien als Altersvorsorge
Die aktuellen gesetzlichen Neuregelungen bei der gesetzlichen Rente, beispielsweise durch das Alterseinkünftegesetz, bewirken weitere Einbußen für alle zukünftigen Rentenempfänger. Die Rente beginnt später, wird höher besteuert und fällt voraussichtlich auch niedriger aus als bisher angenommen. Damit wird das „mietfreie" Wohnen durch eine eigene Immobilie zu einem noch wichtigeren Baustein bei der persönlichen Altersvorsorge.

Das Wohnen ist nicht kostenlos, aber die eigene Immobilie schützt vor Kündigungen durch Vermieter. Bezüglich der Kosten sollte nicht übersehen werden, dass die Bewirtschaftungskosten wie Wasser, Heizung und Strom sowie wie die Grundsteuer und die Kosten für die Müllentsorgung immer anfallen.

Bei angenommenen Mietnebenkosten in Höhe von 2,50 Euro pro Quadratmeter wären das bei beispielsweise 80 Quadratmetern 2400 Euro pro Jahr.

An zweiter Stelle kann eine vermietete Immobilie eine zusätzliche Einnahmequelle sein. Die Lücke durch sinkende Rentenzahlungen kann beispielsweise mit Mieteinnahmen geschlossen werden.

Um aber eine echte Einnahmequelle darzustellen, sollte die Immobilie bis zum Renteneintritt entschuldet sein und keinen größeren Modernisierungsbedarf aufweisen; siehe die Ausführungen zu Förderprogrammen der KfW in Abschnitt 7.1.3.1.

Veränderungen durch das Gesetz zur Umsetzung der Wohnimmobilienkreditrichtlinie und zur Änderung handelsrechtlicher Vorschriften
Für ältere Antragssteller bringt die eigentlich für den Verbraucherschutz gedachte Gesetzesinitiative unter Umständen Nachteile, da nicht mehr der Wert der Immobilie im Vordergrund steht. Vielmehr muss gewährleistet sein, dass das Darlehen – auch aus Rentenleistungen – bis zum Lebensende abbezahlt ist. Eine gute Orientierung, zumindest des statistisch zu erreichenden Lebensalters, bieten die Sterbetafeln des Statistischen Bundesamtes.

Was ist bei einer Altersvorsorge-Immobilie besonders zu beachten?
Die nach dem Hotelmagnat Barron Hilton drei wichtigsten Kriterien „die Lage, die Lage und nochmals die Lage" sind unter dem besonderen Aspekt des Wohnens im Alter zu beurteilen. Eine geeignete Infrastruktur mit nahegelegenen Einkaufsmöglichkeiten, medizinischer Versorgung und einer guten öffentlichen Verkehrsanbindung spielen eine zunehmende Rolle. In einer guten Infrastruktur wird es auch im Alter leichter möglich sein, sich möglichst lange selbst zu versorgen sowie am gesellschaftlichen und kulturellen Leben teilzunehmen. Dagegen stellt sich bei vielen „Häuschen im Grünen" oftmals die Frage, wie tauglich diese als Alterssitz sein werden. Weit entfernte Einkaufsmöglichkeiten und eine fehlende öffentliche Verkehrsanbindung könnten sich später als Problem herausstellen.

Ebenso ist die Ausstattung der Immobilien auf ihre Tauglichkeit im Alter zu prüfen: Ist die Immobilie ebenerdig und bequem erreichbar? Passt die Wohnungsgröße und der Wohnungszuschnitt für die künftigen Bedürfnisse? Besonders bei Wohnungen in Obergeschossen sollte ein Lift vorhanden sein. Ideal ist eine Eigentumswohnung in einer komplett barrierefreien Immobilie, also zum Beispiel mit Tiefgarage, schwellenfreiem Zugang zur Wohnung mit Aufzug und einem Bad, das groß genug ist für eventuell behindertengerechten Ausbau.

Auch der Kauf in einer Anlage mit betreutem Wohnen kann sinnvoll sein.

Der beste Weg zur Immobilie als Altersvorsorge

1. Wer heute bereits weiß, dass er seinen Lebensabend am heutigen Wohnort verbringen möchte, kann diese Immobilie bereits während seiner aktiven Berufsphase erwerben. Ein Immobiliendarlehen sollte so gestaltet werden, dass es zu Beginn des Ruhestandes vollständig zurückgezahlt ist. Einen Beitrag hierzu kann auch die „Riester-Rente" leisten. Näheres dazu am Ende dieses Abschnittes.
   Sollte zu Beginn des Ruhestandes noch eine geringe Finanzierung bestehen, ist hierfür ein Bauspardarlehen aufgrund seiner Zinssicherheit geeignet.
2. Wer seinen bevorzugten Altersruhesitz bereits kennt, jedoch noch an einem anderen Ort tätig ist, kann bereits eine geeignete Immobilie erwerben. Diese kann während der Zeit bis zum Ruhestand noch vermietet werden. Durch die Vermietung können Einnahmen und eventuelle Steuervorteile erzielt werden. Neben einem Finanzierungskonzept, das auf die rechtzeitige Entschuldung ausgerichtet ist, muss hier auch auf die richtige Gestaltung des Mietvertrages geachtet werden. Mit Eintritt des Ruhestandes soll schließlich keine Auseinandersetzung mit dem bisherigen Mieter beginnen, sondern die Eigennutzung.
3. Wer sich heute örtlich noch nicht festlegen möchte, kann in seinem Vermögensaufbau dennoch eine vermietete Immobilie einbauen. Bei Eintritt ins Rentenalter kann diese veräußert werden und mit dem möglichen Verkaufserlös werden die eigenen vier Wände finanziert. Um Steuern zu sparen, sollte man die vermieteten Immobilien mindestens zehn Jahre im Eigentum halten, um bei einem Veräußerungsgewinn keine Gewinnbesteuerung auszulösen.

Geldanlage-Tipp

Unabhängig davon, ob die Immobilie zuerst eigengenutzt oder vermietet wird, sollte sie vor dem Kauf gründlich geprüft werden. Eine Ortsbesichtigung einschließlich der vorhandenen Infrastruktur ist unbedingt empfehlenswert. Darüber hinaus sollten auch Informationen eingeholt werden (beispielsweise bei Nachbarn, in der Kneipe oder bei der Gemeinde), welche Planungen für das Umfeld vorliegen. Oftmals ist der künftige Bau von Verkehrswegen bereits viele Jahre vorher ersichtlich.

7.9 Immobilienaktiengesellschaften (REITs)

Der Begriff REITs steht zunächst für Real Estate Investment Trusts US-amerikanischer oder britischer Prägung. Deutsche REITs sind börsennotierte Immobilienkapitalgesellschaften, in Form einer Aktiengesellschaft. REITs dieser Ausprägung vermieten oder verpachten ihr Immobilienvermögen, erzielen daraus Mieterlöse und schütten ihre Ergebnisse zu mindestens 90 Prozent an die Aktionäre aus. Im Gegensatz zu bereits bisher existierenden börsennotierten Immobilienkapitalgesellschaften, die hinsichtlich der Geschäftstätigkeit keinen Beschränkungen unterliegen, gilt für die deutschen REITs, dass auf der Gesellschaftsebene die Gewinne weder der Körperschaft-, noch der Gewerbesteuerpflicht unterworfen werden. Erst die Gewinnausschüttungen beim Gesellschafter werden besteuert. Deutsche REITs dürfen nur als Aktiengesellschaft betrieben werden. Rechtsgrundlage ist das REIT-Gesetz vom 28. Mai 2007 (BGBl. I S. 914), das zuletzt durch Artikel 24 Absatz 18 des Gesetzes vom 23. Juni 2017 (BGBl. I S. 1693) geändert worden ist.

Der Unternehmensgegenstand der REIT-Aktiengesellschaft (REIT-AG) ist auf sogenannte immobiliennahe Tätigkeiten beschränkt. Eine REIT-AG darf Eigentum oder dingliche Nutzungsrechte an

- inländischen Immobilien (ohne Bestandswohnimmobilien)
- ausländischen Immobilien, soweit diese im Belegenheitsstaat im Eigentum eines REITs oder einer einem REIT vergleichbarer Körperschaft, Personenvereinigung oder Vermögensmasse stehen darf,
- anderen Vermögensgegenständen im Sinne des § 3 Abs. 7 REITG erwerben, halten, vermieten und verpachten und veräußern.

Des Weiteren darf die REIT-AG

- Anteile an Immobilienpersonengesellschaften,
- Anteile an REIT-Dienstleistungsgesellschaften,
- Anteile an Auslandsobjektgesellschaften sowie
- Anteile an Kapitalgesellschaften, die ihrerseits Komplementäre einer Immobilienpersonengesellschaft sind und an dieser vermögensmäßig nicht beteiligt sind,

erwerben, halten, verwalten und veräußern.

Zum Schutz der Mieter sind alle vor dem 01.01.2007 erbauten und im Inland belegenen Mietwohnimmobilien (sogenannte Bestandsmietwohnimmobilien) aus dem Gesetz ausgeklammert. Die REIT-AG darf keinen Handel mit ihrem unbeweglichen Vermögen betreiben.

REIT-AGs unterliegen den allgemeinen für Aktiengesellschaften geltenden Vorschriften, soweit im REIT-Gesetz nichts Abweichendes bestimmt wird. Der Mindestnennbetrag des Grundkapitals beträgt 15 Millionen Euro. Sämtliche Aktien der REIT-AG müssen als stimmberechtigte Aktien gleicher Gattung begründet werden und an einem organisierten Markt zum Handel zugelassen sein. Sie dürfen nur gegen volle Leistung des Ausgabebetrags-ausgegeben werden. Die Firma einer REIT-AG muss die Bezeichnung „REIT-Aktiengesellschaft" oder „REIT-AG" enthalten.

Besteuerung auf der Ebene der Anteilseigner

Die Ausschüttungen der REIT-AGs sowie sonstige Vorteile, die neben oder anstelle der Ausschüttungen gewährt werden, gehören zu den Einkünften aus Kapitalvermögen im Sinne des § 20 Abs. 1 Nr. 1 EStG, wenn sie nicht Betriebseinnahmen des Anteilseigners sind. Bei Ausschüttungen der REITs an private und institutionelle im Inland unbeschränkt steuerpflichtige Anleger ist die Abgeltungsteuer in Höhe von 25 Prozent zuzüglich Solidaritätszuschlag und, soweit zutreffend, Kirchensteuer einzubehalten. Ab 2009 gilt für Veräußerungsgewinne § 20 Abs. 2 Satz 1 Nr. 1 EStG. Das heißt: Sowohl bezüglich der Erträge als auch der Veräußerungsgewinne werden REITs ab 2009 wie „normale" Aktienfonds behandelt. Das Halbeinkünfteverfahren und ab 2009 das Teileinkünfteverfahren oder die Steuerbefreiung nach § 86 KStG gelten nicht.

Insgesamt gehören die REITs zu den steuerlichen Gewinnern, da die Ausschüttungen für die meisten Anleger geringer besteuert werden, was insgesamt (trotz des Wegfalls der Spekulationsfrist) stärker wiegt.

Geldanlage-Tipp zur steuerlichen Behandlung ab 2018

Von den ab 2018 geltenden Neuregelungen des § 1 Abs. 3 Nr. 5 Investmentsteuergesetzes sind REIT-Aktiengesellschaften nach § 1 Absatz 1 des REIT-Gesetzes und andere REIT-Körperschaften, -Personenvereinigungen oder -Vermögensmassen nach § 19 Absatz 5 des REIT-Gesetzes ausgenommen.

8 Nichts dem Finanzamt schenken – Steuervorteile kennen und nutzen

> „Dem Steuerpflichtigen kann es grundsätzlich nicht verwehrt werden, seine Rechtsverhältnisse beliebig zu gestalten, selbst wenn dies entscheidend aus Steuerersparnisgründen geschieht."
>
> *Aus einem Urteil des BFH vom 20. Oktober 1965 (BStBl 1965 III S. 697)*

Um Geld und Kapital steueroptimal arbeiten zu lassen, um legale steuerminimierende Gestaltungen zu nutzen und um planen zu können, ist steuerliches Grundwissen bares Geld wert. Unter diesem Blickwinkel sind für den Anleger besonders Kenntnisse der Einkommensteuer sowie der Erbschaftsteuer und der Schenkungsteuer unabdingbar.

Zusätzlich werden in diesem Kapitel die Grunderwerbsteuer (Abschnitt 8.5), die Grundsteuer (Abschnitt 8.6) und die Umsatzsteuer (Abschnitt 8.6) behandelt.

In Abschnitt 8.3.13 wird die Durchbrechung des „Bankgeheimnisses" durch erbschaftsteuerliche Anzeigen an das Finanzamt und in Abschnitt 8.9 die Einschränkung des Bankgeheimnisses nach Wegfall des § 30a Abgabenordnung („Schutz von Bankkunden") behandelt.

Einnahmen[1] von Bund und Ländern[2] für 2019: Angaben über 1 Milliarde €

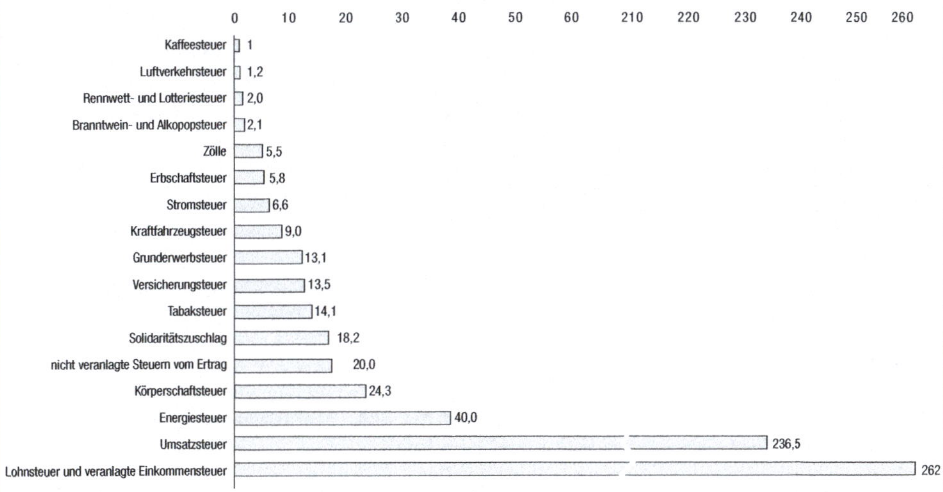

Quelle: Arbeitskreis „Steuerschätzungen", Mai 2017

1 in Milliarden Euro (gerundet)
2 ohne reine Gemeindesteuern

Aus Abschnitt 8.10 kann der Steuerpflichtige ableiten, in welchem Rahmen die legalen steuerlichen Gestaltungen sich bewegen müssen und welche Vorkehrungen getroffen werden können, um nicht in die eisernen Fallen des Ordnungswidrigkeitenrechts oder der Straf- und Bußgeldvorschriften zu geraten. Von aktuellem Interesse sind auch die Ausführungen zur Selbstanzeige und Berichtigung von Erklärungen in Abschnitt 8.10.1.

In Abschnitt 8.13 wird die Besteuerung der Altersvorsorgeaufwendungen und der Altersbezüge umfassend dargestellt. In Abschnitt 8.17 werden die Rechte der Finanzbehörden zu steuerlichen Außenprüfungen bei Privatpersonen aufgezeigt.

Nach den „Steuerschätzungen" vom Mai 2018 werden die Einnahmen von Bund und Ländern für 2018 auf über 711 Milliarden Euro (im Vorjahr 706) geschätzt. Schon in 2019 werden Steuereinnahmen von mehr als 790 Milliarden Euro, im Jahr 2020 820 Milliarden Euro und 2021 852 Milliarden Euro erwartet.

Kompakt

Arbeitskreis „Steuerschätzungen"
Die Steuerschätzung für Bund, Länder und Gemeinden wird in Deutschland durch den unabhängigen Arbeitskreis „Steuerschätzungen" erstellt. Dem seit 1955 bestehenden Gremium gehören Experten der Bundesländer, von fünf führenden Wirtschaftsforschungsinstituten (DIW, Ifo, IfW, RWI, IWH), des Sachverständigenrats, der Deutschen Bundesbank, des Statistischen Bundesamts, des Deutschen Städtetags, des Bundesministeriums für Wirtschaft und Energie und des BMF, welches den Vorsitz führt, an. In der Regel finden zwei Sitzungen im Jahr statt: im Mai und November (Quelle: Monatsbericht des BMF, Juni 2018, S. 16).

Ergebnisse der Steuerschätzungen des Arbeitskreises „Steuerschätzungen" aus der Sitzung vom 7. bis 9. Mai 2018:

- Die Steuereinnahmen steigen bis zum Jahr 2022 voraussichtlich auf 905,9 Mrd. Euro an.
- Bund, Länder und Gemeinden können in allen Schätzjahren mit Mehreinnahmen rechnen.
- Auch im Vergleich zur Steuerschätzung vom November 2017 werden in allen Jahren höhere Einnahmen erwartet.
- In der Finanzplanung des Bundes war allerdings ein erheblicher Teil der zu erwartenden Mehreinnahmen bereits berücksichtigt worden, sodass die zusätzlichen finanziellen Spielräume des Bundes erheblich niedriger sind.

(Quelle: Monatsbericht des BMF, Juni 2018, S. 16)

Geldanlage-Tipp: Gesetzestexte und Tarifänderungen online im Internet

Verlage und Datenbanken bieten gegen Entgelt Gesetzesnormen online an. Doch zunehmend können Rechtsnormen kostenlos aus dem Internet heruntergeladen werden:

Besonders das Bundesjustizministerium bietet mit über 600 Gesetzen und Verordnungen eine kostenlose Fundgrube (www.bmj-bund.de).

Bundesgesetzblätter sind über einen Bürgerzugang (www.bgbl.de) und die Gesetzblätter der Länder (www.parlamentsspiegel.de) kostenlos abrufbar.

BMF-Schreiben stehen jeweils für eine Übergangszeit auf den Internetseiten des Bundesministeriums der Finanzen (www.bundesfinanzministerium.de) zum Download bereit.

8.1 Einkommensteuer

„Das Eintreiben von Steuern ist nichts anderes als Diebstahl."

Thomas Aquinus (1225–1274), italienischer Philosoph und Dominikanerpater

Einkommensteuerpflichtig sind grundsätzlich alle natürlichen Personen von der Vollendung der Geburt bis zum Tod. Doch unabhängig von der Steuerpflicht kommt es erst zu einer Steuererklärungspflicht und zur Besteuerung, wenn der Grundfreibetrag sowie Steuerermäßigungen, Frei- und Pauschbeträge ausgeschöpft oder überschritten sind. Beispiel für einen Nichtarbeitnehmer (Einzelveranlagung nach Tarif 2018: Erst ab einem Gesamtbetrag der Einkünfte von 9 036 Euro (9 000 Euro Grundfreibetrag und 36 Euro Sonderausgaben-Pauschbetrag) ist eine Einkommensteuer-Erklärungspflicht gegeben.

Die Einkommensteuer wird auf sieben Einkunftsarten erhoben:

1. Einkünfte aus Land- und Forstwirtschaft
2. Einkünfte aus Gewerbebetrieb
3. Einkünfte aus selbständiger Arbeit
4. Einkünfte aus nichtselbständiger Arbeit
5. Einkünfte aus Kapitalvermögen
6. Einkünfte aus Vermietung und Verpachtung
7. Sonstige Einkünfte

Rechtsgrundlage ist das Einkommensteuergesetz (EStG) in der Fassung der Bekanntmachung vom 08.10.2009 (BGBl. I S. 3366, berichtigt I 2009 S. 3862), zuletzt geändert durch das Gesetz zur Stärkung der betrieblichen Altersversorgung und zur Änderung anderer Gesetze (Betriebsrentenstärkungsgesetz) vom 17.08.2017 (BGBl. I S. 3191).

Kapitalanleger betrifft die Einkommensteuer besonders im Hinblick auf die Einkünfte aus Kapitalvermögen. Hinzu kommen bei vermieteten Immobilien Einkünfte aus Vermietung und Verpachtung und bei gewerblichen Beteiligungen Einkünfte aus Gewerbebetrieb. Werden Veräußerungsgewinne aus Kapitalanlagen erzielt, zählen diese entweder zu den Einkünften aus Kapitalvermögen (§ 20 EStG) oder zu den privaten Veräußerungsgeschäften (§ 23 EStG).

Anlässe der Besteuerung können besonders sein:

- die Anschaffung und die Veräußerung von Vermögensteilen
- das Eigentum an Vermögen oder Vermögensteilen
- die Erträge aus Vermögen und Beteiligungen

Die Regelungen des Einkommensteuergesetzes zu Ehegatten und zu Ehen sind auch auf Lebenspartner und Lebenspartnerschaften gemäß Lebenspartnerschaftsgesetz anzuwenden. Dies gilt auch rückwirkend in allen nicht bestandskräftigen Steuerfällen.

1

1 Doppelter Betrag bei Zusammenveranlagung von Ehegatten und Lebenspartnern nach dem Lebenspartnerschaftsgesetz.

Höchststeuersätze der Einkommensteuer in ausgewählten Ländern 2018

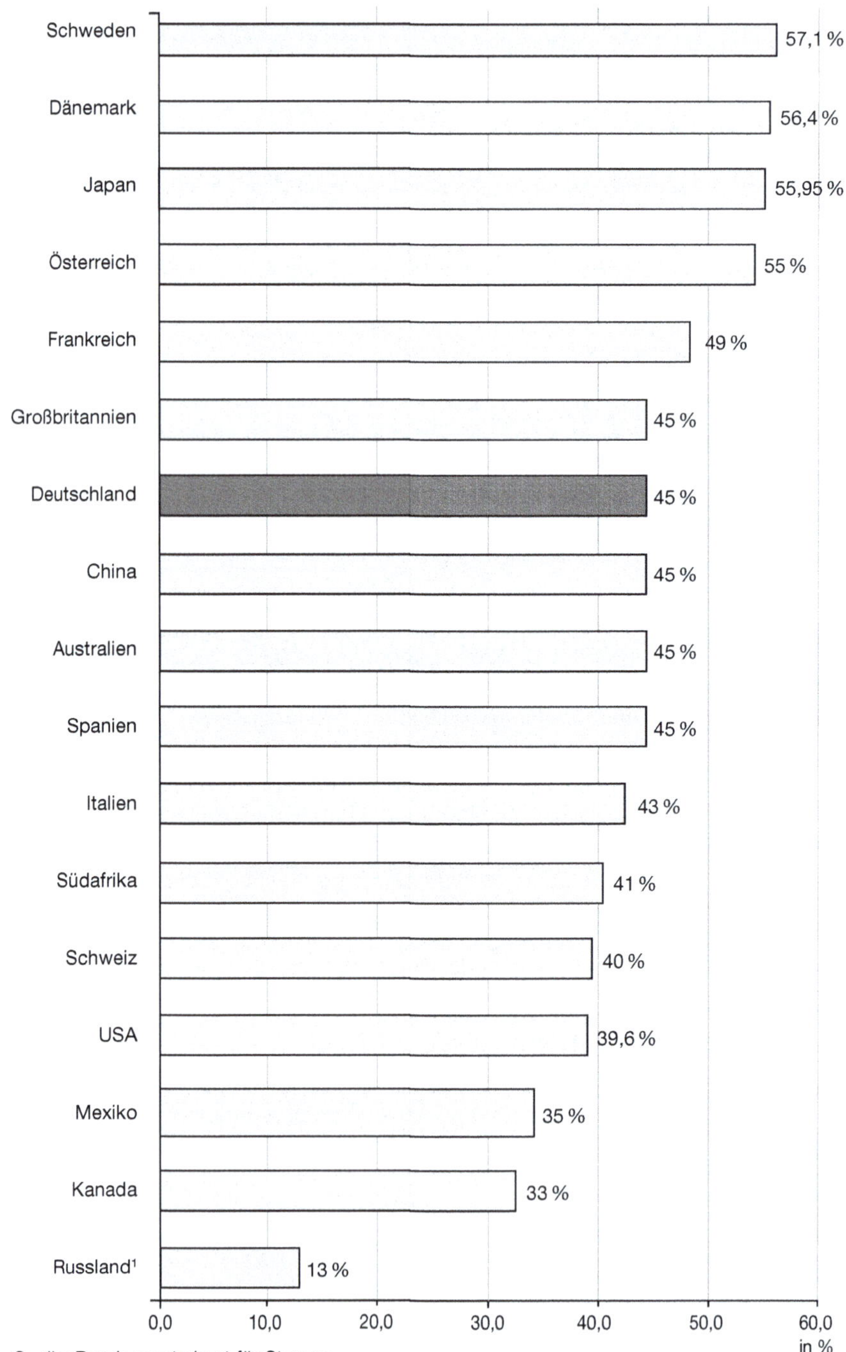

Quelle: Bundeszentralamt für Steuern

8.1.1 Auswahl der Steuervergünstigungen, Freibeträge und Pauschbeträge

Begriff / Betrag und Rechtsgrundlage 2018	Betrag und Prozentsatz	Rechtsgrundlage
• einkunftsbedingte Freibeträge – Freibeträge bei Einkünften aus nichtselbständiger Arbeit		
• Pauschbetrag für Werbungskosten (Arbeitnehmer-Pauschbetrag)	1 000 €	§ 9a Satz 1 Nr. 1a EStG
• desgleichen von den Einnahmen aus nichtselbständiger Arbeit, soweit es sich um Versorgungsbezüge nach § 19 Abs. 2 EStG handelt	102 €	§ 9a Satz 1 Nr. 1b EStG
• Versorgungsfreibetrag in Prozent der Versorgungsbezüge	jährlich stufenweiser Abbau um 1,6 % = 120 €; Beispiel für 2019: 17,6 %, Höchstbetrag 1 320 €; ab 2020 jährlicher Abbau um 0,8 % = 60 € bis auf 0 € im Jahr 2040	§ 19 Abs. 2 EStG
• Zuschlag zum Versorgungsfreibetrag in €	jährlich stufenweiser Abbau um 36 €; Beispiel für 2019: 396 €, ab 2020 jährlicher Abbau um 18 € bis 0 € im Jahr 2040	§ 19 Abs. 2 EStG
• Freibetrag als Aufwandsentschädigung bei bestimmten nebenberuflichen Tätigkeiten zur Förderung gemeinnütziger, mildtätiger und kirchlicher Zwecke (§§ 52 bis 54 AO) als Übungsleiter, Ausbilder, Erzieher sowie Betreuer oder Pfleger nach § 1835a BGB	2 400 €	§§ 3 Nr. 26 und 26b EStG
• Sparer-Pauschbetrag Der Abzug der tatsächlichen Werbungskosten ist ausgeschlossen.	801 €[1]	§ 20 Abs. 9 EStG

1 Stand: September 2018
2 doppelter Betrag bei Zusammenveranlagung

Begriff / Betrag und Rechtsgrundlage 2018	Betrag und Prozentsatz	Rechts-grundlage
– steuerfreier Anteil bei sonstigen Einkünften		
• fiktiver Kapitalanteil bei Leibrenten (Basisversorgung) Besteuerungsanteil ab 2006 stufenweise Erhöhung um jährlich 2 %, Beispiel 2019: 78 %; ab 2020 um jährlich 1 % bis 2040 auf	100 %	§ 22 Nr. 1 Satz 3a aa EStG
• Ertragsanteilsbesteuerung für Renten aus Kapitalanlageprodukten, beispielsweise Ertragsanteil in Prozent		§ 22 Nr. 1 Satz 3a bb EStG
– bei Rentenbeginn mit 60 bis 61 Jahren	22 %	
– bei Rentenbeginn mit 63 Jahren	20 %	
– bei Rentenbeginn mit 65 bis 66 Jahren	18 %	
– bei Rentenbeginn mit 67 Jahren	17 %	
• Freigrenze bei Einkünften aus Leistungen wie zum Beispiel gelegentliche Vermittlungen oder der Vermietung von beweglichen Gegenständen, wenn Einkünfte	weniger als 256 € im Kalenderjahr betragen haben.	§ 22 Nr. 3 Satz 2 EStG
• Freigrenze bei privaten Veräußerungsgeschäften im Sinne des § 23 EStG, wenn Gesamtgewinn	weniger als 600 € im Kalenderjahr; ausgenommen sind Veräußerungen von Gegenständen des täglichen Gebrauchs	§ 22 Nr. 2 i. V. m. § 23 Abs. 3 Satz 5 und § 23 Abs. 1 Nr. 2 EStG
• Tarif-Freibeträge – Grundfreibetrag (Nullzone)	2018: 9 000 € 2019: 9 168 €	§ 32a Abs. 1 EStG
– Entlastungsbetrag für Alleinerziehende für ein Kind, für das ihnen ein Freibetrag nach § 32 Abs. 6 EStG oder Kindergeld zusteht (pro Jahr)	1 908 €; für jedes weitere Kind erhöht sich der Betrag um 240 €	§ 24b i. V. m. § 39b EStG
– Freibetrag für jedes zu berücksichtigende Kind des Steuerpflichtigen für das sächliche Existenzminimum des Kindes (Kinderfreibetrag pro Jahr) je Kind und je Elternteil	2018: 2 394 €	§ 32 Abs. 6 Satz 1 EStG

1 Für 2019 auf Basis des Referentenentwurfs eines Familienentlastungsgesetzes.

Betrag und Rechtsgrundlage 2018 / Begriff	Betrag und Prozentsatz	Rechtsgrundlage
– sowie ein zusätzlicher Freibetrag für den Betreuungs- und Erziehungs- oder Ausbildungsbedarf des Kindes – Betreuungsfreibetrag (pro Jahr)	1 320 €[1]	§ 32 Abs. 6 Satz 1 EStG
– Altersentlastungsbetrag Bei Einkünften aus den auf die Vollendung des 64. Lebensjahres folgenden Kalenderjahren, ausgenommen Versorgungsbezüge und Leibrenten	Beispiel für 2019: 17,6 % der Einkünfte, jedoch höchstens 836 €;	§ 24a EStG
• Steuerermäßigungen – Steuerermäßigung bei Aufwendungen für haushaltsnahe Beschäftigungsverhältnisse (geringfügige Beschäftigung)	20 % der Aufwendungen von maximal 2 550 €, d. h., der Abzug von der Steuerschuld beträgt jährlich maximal 510 €.	§ 35a Abs. 1 EStG
– Steuerermäßigung für andere haushaltsnahe Beschäftigungsverhältnisse oder haushaltsnahe Dienstleistungen Die Steuerermäßigung kann auch in Anspruch genommen werden für die Inanspruchnahme von Pflege- und Betreuungsleistungen sowie für Aufwendungen wegen der Unterbringung in einem Heim oder zur dauernden Pflege, soweit dann Kosten für Dienstleistungen enthalten sind, die mit denen einer Hilfe im Haushalt vergleichbar sind.	20 % der Aufwendungen von maximal 20 000 €, d. h., der Abzug kann maximal 4 000 € betragen.	§ 35a Abs. 2 EStG
– Steuerermäßigung für Handwerkerleistungen für Renovierungs-, Erhaltungs- und Modernisierungsmaßnahmen ermäßigt sich die Einkommensteuer, vermindert um die sonstigen Steuerermäßgungen auf Antrag um	20 % der Aufwendungen von maximal 6 000 €, d. h., der Steuerabzug beträgt maximal 1 200 €.	§ 35a Abs. 3 EStG

1 Beim Ehegatten/Lebenspartner zusätzlicher Höchstbetrag, wenn die formalen Voraussetzungen auch hier erfüllt sind.

Betrag und Rechtsgrundlage 2018 Begriff	Betrag und Prozentsatz	Rechts-grundlage
• Höchstbeträge für – besonders begünstigte Vorsorgeaufwendungen nach § 10 Abs. 1 Nr. 2 Satz 4 EStG (Basisversorgung), das heißt Beiträge zur Grundversorgung wie Gesetzliche Rentenversicherung sowie zu Lebensversicherungs-Neuverträgen einschließlich Absicherung durch Berufsunfähigkeits-, Erwerbsminderungs- und Hinterbliebenenrente unter bestimmten Voraussetzungen – sonstige Vorsorgeaufwendungen nach § 10 Abs. 1 Nr. 3 und 3a EStG (Beiträge zu (Basis-)Kranken-, Pflege-, Unfall-, Arbeitslosen- und Haftpflichtversicherungen, Erwerbs- und Berufsunfähigkeitsversicherungen, die nicht zu den besonders begünstigen Vorsorgeaufwendungen zählen, sowie zu Risikolebensversicherungen und Lebensversicherungs-Altverträgen)	Höchstbetrag 2015: 80 % aus 22 172 € = 16 000 €[1]. 2016 bis 2025 wird der Höchstbetrag von der Bundesregierung im Verordnungsweg festgelegt. 2 800 €[1] oder 1 900 €[1] für Steuerpflichtige, die die Krankenversicherungsbeiträge ganz oder teilweise nicht allein tragen.	§ 10 Abs. 4 EStG; im Übrigen ist ab VAZ 2010 Abs. 4 EStG zu beachten (übersteigende Vorsorgeaufwendungen) § 10 Abs. 4 EStG; im Übrigen ist ab VAZ 2010 Abs. 4 EStG zu beachten (übersteigende Vorsorgeaufwendungen)
• Sonderausgabenabzug für zusätzliche Altersvorsorge im Sinne von Altersvorsorgebeiträgen und Tilgungsleistungen nach § 82 EStG soweit gem. AltZertG anerkannt – jährlich bis zu	2 100 €	§ 10a EStG, § 82 EStG, § 92a Abs. 1 Satz 1 EStG (Altersvorsorge-Eigenheimbetrag) („Wohn-Riester“)
• weitere Sonderausgaben-Höchstbeträge, wenn sie weder Betriebsausgaben noch Werbungskosten sind – Unterhaltsleistungen an den geschiedenen oder dauernd getrennt lebenden unbeschränkt einkommensteuerpflichtigen Ehegatten (Realsplitting) und wiederkehrende Versorgungsleistungen und Ausgleichszahlungen; Voraussetzung: erteilte Identifikationsnummer der unterhaltenden Person in der Steuererklärung des Unterhaltsleistenden	bis 13 805 € mit Erhöhung um bestimmte Absicherungsbeträge (Härteregelung) des geschiedenen oder dauernd getrennt lebenden Ehegatten bis 6 000 €[1]	§ 10 Abs. 1a Nr. 1 Satz 1 i.V.m. § 22 Nr. 1a EStG

1 Beim Ehegatten/Lebenspartner zusätzlicher Höchstbetrag, wenn die formalen Voraussetzungen auch hier erfüllt sind; Beispiel: Sind beide Ehepartner Arbeitnehmer kann das Ehepaar maximal 3 800 (2 x 1900) Euro abziehen.

Betrag und Rechtsgrundlage 2018 / Begriff	Betrag und Prozentsatz	Rechtsgrundlage
– Aufwendungen für die eigene Berufsausbildung einschließlich auswärtige Unterbringung		§ 10 Abs. 1 Nr. 7 EStG
• Pauschbeträge – Pauschbeträge für Werbungskosten nach § 9a EStG		
• bei Einnahmen aus nichtselbständiger Arbeit je Ehegatte/Lebenspartner (Arbeitnehmer-Pauschbetrag)	1 000 €	§ 9a Satz 1 Nr. 1a EStG
• Pauschbetrag für Versorgungsbezüge i. S. v. § 19 Abs. 2 EStG	102 €	§ 9a Satz 1 Nr. 1b EStG
• Pauschbetrag bei Einnahmen aus – Unterhaltsleistungen nach § 22 Nr. 1 und 1a, 1b, 1c und 5 sowie – Leistungen aus Altersvorsorgeverträgen, Pensionsfonds, Pensionskassen und Direktversicherungen nach § 22 Nr. 5 EStG	102 €	§ 9a Satz 1 Nr. 3 EStG
– Sonderausgaben-Pauschbetrag für Sonderausgaben nach § 10 Abs. 1 Nr. 1, 1a, 1b, 4, 5, 7, 9 und 10 EStG, wenn der Steuerpflichtige nicht höhere Aufwendungen nachweist	36 €[1]	§ 10c EStG
– Vorsorgepauschale in Form des Lohnsteuerabzugs durch den Arbeitgeber mit Begrenzung nach § 39b Abs. 4 EStG	ab VAZ 2010 nur noch im Lohnsteuerabzugsverfahren (Steuerklasse I bis V)	§ 39b Abs. 2 Satz 5 Nr. 3 und Abs. 4 EStG
– Behinderten-Pauschbetrag • je nach Grad der Behinderung	zwischen 310 € und 1 420 €	§ 33b Abs. 3 Satz 1 und 2 EStG
• Pauschbetrag für behinderte Menschen, die hilflos sind und für Blinde	3 700 €	§ 33b Abs. 3 Satz 3 EStG
– Hinterbliebenen-Pauschbetrag	370 €	§ 33b Abs. 4 Satz 1 EStG
– Pflege-Pauschbetrag anstelle Steuerermäßigung nach § 33 EStG (außergewöhnliche Belastungen)	924 €	§ 33b Abs. 6 Satz 1 EStG

1 Doppelter Betrag bei Zusammenveranlagung von Ehegatten und Lebenspartnern nach dem Lebenspartnerschaftsgesetz.

8.1.2 Ermittlung der Einkünfte aus Kapitalvermögen

Rechtsgrundlagen: §§ 2 Abs. 1 Satz 1 Nr. 5, 20, 23, 32d, 43, 43a, 44, 44a und 44b EStG.

Der Werbungskostenabzug ist mit dem Sparer-Pauschbetrag von 801 Euro je Steuerpflichtigem abgegolten. Damit ist der bis Ende 2008 mögliche Abzug der tatsächlich entstandenen Werbungskosten – auch im Veranlagungsweg – grundsätzlich ausgeschlossen. Lediglich sogenannte Transaktionskosten wie Telekommunikationskosten bei Wertpapier-Orders oder Bankspesen, Maklerentgelt und andere unmittelbar mit der Anschaffung und Veräußerung eines Wirtschaftsguts entstandene Aufwendungen nach § 20 Abs. 2 EStG, also auch die Ausgabeaufschläge beim Erwerb von Investmentfondsanteilen, sind seit 2009 noch abzugsfähig.

Grundsatz: Die Einkünfte werden aus Bruttobeträgen ermittelt. Das bis Ende 2008 geltende Halbeinkünfteverfahren (besonders Dividenden betreffend) ist entfallen.

Seit 2009 gehören alle Veräußerungsgewinne zu den steuerpflichtigen Kapitalerträgen. Für vor dem 01.01.2009 erworbene Kapitalanlagen gilt immer noch ein Bestandsschutz, das heißt, Steuerfreiheit.

Vereinfachtes Schema zur Ermittlung der Einkünfte aus Kapitalvermögen

1. als Kapitaleinnahmen zu qualifizierende Bruttoerträge
   - Dividenden
   - GmbH- und Genossenschaftsausschüttungen
   - Kapital-Lebensversicherungserträge (Abschluss ab 2005, wenn Voraussetzungen wie 12 Jahre Laufzeit und Auszahlung nicht vor dem 60. Lebensjahr)
   - Zinsanteile aus Kapitallebensversicherungen
     Abschluss vor 2002 mit weniger als 12 Jahren Laufzeit oder Einmalbeträge oder Verwendung für Kreditbesicherung (Abtretung)
   - Zinsen aus Anleihen
   - erhaltene Stückzinsen aus dem Verkauf von Anleihen
   - Zinsen aus Einlagen einschließlich Bausparguthaben
   - Zinsen aus Investmentfonds
   - Zinsen aus Genussscheinen
   - Kursgewinne aus Finanzinnovationen
   - erhaltene Zwischengewinne aus Verkäufen von Investmentfonds-Anteilen
   - Zinsen aus Tafelgeschäften

2. Ab 2009 neu qualifizierte Bruttobeträge von Kapitaleinnahmen
   - Aktien- und Genussscheingewinne in voller Höhe bei Erwerb ab 2009
   - GmbH-Anteilsgewinne bei Erwerb ab 2009, wenn Beteiligungsanteil unter einem Prozent
   - Gewinne aus anderen Wertpapieren (ohne Zertifikate und Finanzinnovationen) bei Erwerb ab 2009
   - Gewinne aus Terminmarktgeschäften bei Erwerb ab 2009
   - von Investmentfonds ausgeschüttete Gewinne aus ab 2009 erworbenen Wertpapieren
   - Fondsgewinne, bei Erwerb der Anteile ab 2009
   - Stillhalteprämien bei Zufluss ab 2009
   - Erlöse aus der Zwischenveräußerung, Abtretung, Einlösung oder verdeckte Einlage einer Kapitalforderung oder -beteiligung

	• Veräußerungserlöse aus dem Verkauf (oder Übertragung) „gebrauchter“ Lebensversicherungspolicen bei Abschluss vor 2005 • Veräußerungserlöse aus dem Verkauf (oder Übertragung) „gebrauchter“ Lebensversicherungspolicen bei Abschluss vor 2005, wenn steuerschädliche Verwendung
3.	= Zwischensumme
4.	abzüglich • Verluste aus Aktienbesitz in voller Höhe bei Erwerb vor 2009 (Verlustverrechnung mit Aktiengewinnen nur eingeschränkt möglich) • Verluste mit Zertifikaten, die ab 15.03.2007 angeschafft und die sich nach dem 30.06.2009 außerhalb der (alten) Spekulationsfristen ergeben • gezahlte Zwischengewinne • gezahlte Stückzinsen • Verluste aus dem Verkauf „gebrauchter“ Lebensversicherungspolicen, wenn Gewinn steuerpflichtig gewesen wäre • Verluste mit anderen Wertpapieren bei Erwerb ab 2009 • Verluste aus anderen Terminmarktgeschäften, wenn Erwerb ab 2009 • ab 2009 entstandene Verluste, die wegen fehlender Verrechnungsmöglichkeiten auf das Folgejahr übertragen werden.
5.	= Summe der Einnahmen aus Kapitalvermögen[1]
6.	Abzüglich Sparer-Pauschbetrag in Höhe von bis 801 Euro (Einzelveranlagung) oder 1602 Euro (Zusammenveranlagung); jedoch höchstens in Höhe der positiven Zwischensumme (Position 3)
7.	= Einkünfte aus Kapitalvermögen
8.	Abzüglich verrechenbare Altverluste, die vor dem 01.01.2009 entstanden sind (konnten bis einschließlich 2013 vorgetragen und mit positiven Erträgen aus Kapitalanlagen verrechnet werden).
9.	= Zwischensumme
10.	multipliziert mit pauschalem Abgeltungsteuersatz von 25 Prozent zuzüglich Solidaritätszuschlag von 5,5 Prozent = 26,38 Prozent und soweit zutreffend Kirchensteuer (bei acht Prozent 27,82 Prozent und bei neun Prozent 28 Prozent)
11.	+ Summe Abgeltungsteuer einschließlich Solidaritätszuschlag und soweit zutreffend Kirchensteuer
12.	abzüglich anrechenbare ausländische Quellensteuern
13.	= Endbetrag Einkünfte aus Kapitalvermögen

1 Falls negativ = Verlustvortrag auf das Folgejahr

8.1.2.1 Nichtveranlagungs-Bescheinigung und Freistellungsauftrag

Bei Vorlage einer NV-Bescheinigung kommt es auch seit 2009 nicht zu einer Besteuerung. Damit wird durch die Finanzunternehmen auch keine Abgeltungsteuer abgezogen. Im Gegensatz dazu wird bei Erteilen eines Freistellungsauftrags von dem Finanzunternehmen vom Abzug der Abgeltungsteuer nur dann abgesehen, wenn ein ausreichendes Freistellungsvolumen vorliegt.

Die Nichtveranlagung zur Einkommensteuer wird durch die Vorlage einer Nichtveranlagungs-Bescheinigung (NV-Bescheinigung) nachgewiesen.

Eine NV-Bescheinigung wird vom Wohnsitzfinanzamt des Steuerpflichtigen ausgestellt, wenn der Steuerpflichtige

- unbeschränkt einkommensteuerpflichtig ist und
- nicht zur Einkommensteuer veranlagt wird, da anzunehmen ist, dass für ihn eine Veranlagung nicht in Betracht kommt. Grundlage: § 44a (Abstandnahme vom Steuerabzug) und § 44 Abs. 1 (Schuldner der Kapitalertragsteuer) EStG.

Die NV-Bescheinigung ist mit besonderem Vordruck beim Wohnsitzfinanzamt zu beantragen („Antrag auf Ausstellung einer NV-Bescheinigung“). Der Antrag ist allerdings nur erforderlich, wenn die steuerpflichtigen Kapitalerträge 801 Euro, bei Ehegatten und Lebenspartnern 1 602 Euro jährlich übersteigen. Ansonsten reicht ein Freistellungsauftrag an das Kreditinstitut aus. Die NV-Bescheinigung wird regelmäßig für die Dauer von drei Jahren und unter Widerrufsvorbehalt ausgestellt. Das heißt: Wenn sich steuerliche Sachverhalte ergeben, wonach es innerhalb dieser Frist zu einer Besteuerung kommen wird, ist die Bescheinigung zurückzugeben.

Die Kreditinstitute haben bei Vorlage einer NV-Bescheinigung einen Steuerabzug nicht vorzunehmen; dabei gibt es keine betragsmäßige Begrenzung. Deshalb sollte eine Ausfertigung der NV-Bescheinigung beim Kreditinstitut eingereicht werden.

Beim Freistellungsauftrag erteilt der Kunde dem Kreditinstitut den Auftrag, seine Kapitalerträge und Veräußerungsgewinne aus Kapitalanlagen bis zum Sparer-Pauschbetrag von 801 Euro bei Alleinstehenden oder 1 602 Euro bei Zusammenveranlagung freizustellen. Damit können die Freibeträge bereits bei der Ertragsgutschrift oder der Gutschrift des Veräußerungsgewinns berücksichtigt werden. Deshalb sollten die Freistellungsaufträge rechtzeitig erteilt werden. Der Freistellungs-Gesamtbetrag kann auf mehrere Kreditinstitute oder Konten verteilt werden. Die Freistellungsaufträge bleiben beim Kreditinstitut und stehen der Finanzverwaltung zur lückenlosen Prüfung zur Verfügung. Jeder Auftrag gilt solange, bis er widerrufen oder geändert wird. Seit dem 01.01.2011 dürfen Freistellungsaufträge nur noch unter Angabe der (Steuer-)Identifikationsnummer des Gläubigers nach § 139b AO erteilt oder geändert werden (§ 44a Abs. 2a EStG). Damit kann das Finanzamt – besonders bei mehreren Bankverbindungen und Konten – leichter kontrollieren, ob der zulässige Höchstbetrag eingehalten wird. Seit 2016 ist ein Freistellungsauftrag unwirksam, wenn der Meldestelle keine (Steuer-)Identifikationsnummer des Gläubigers vorliegt.

Ehegatten und Lebenspartner, die beide unbeschränkt einkommensteuerpflichtig sind und nicht dauernd getrennt leben, können – unabhängig davon, ob sie sich zusammen oder getrennt zur Einkommensteuer veranlagen lassen – nur gemeinsam Freistellungsaufträge erteilen. Die Kreditinstitute müssen jedoch darauf achten, dass der Freistellungsauftrag korrekt ausgefüllt, insbesondere die Unterschriften der Ehegatten und Lebenspartner geleistet werden. Nur bei zusammenveranlagten Ehegatten und Lebenspartnern ist ein Freistellungsauftrag auf Gemeinschaftskonten und -depots zulässig.

Das Bundeszentralamt für Steuern kann von den Kreditinstituten die Mitteilung aller Erträge, die aufgrund von Freistellungsaufträgen vom Steuerabzug freigestellt wurden, verlangen, um eine mehrfache Inanspruchnahme des Sparer-Pauschbetrags, beispielsweise bei verschiedenen Kreditinstituten, auszuschließen. Zu diesem Zweck müssen die Kreditinstitute die vom Steuerabzug freigestellten Kapitalerträge aller Bankkunden nach Art und Höhe jeweils bis zum 31.5. eines Jahres melden.

Der Freistellungsauftrag enthält folgende Angaben: Name und Anschrift des Kunden und des Kreditinstituts, die Höhe des für den Kunden/die Kunden (bei Zusammenveranlagung) geltenden Sparer-Pauschbeträge, die Angabe der Betragsaufteilung auf die jeweiligen Konten, die Versicherung, dass alle Freistellungsaufträge zusammen den für Kunden geltenden Pauschbetrag nicht übersteigen, die Gültigkeitsdauer (unbefristet bis zum Widerruf durch Auftraggeber) sowie Ort und Unterschrift(en) des/der Kunden. Der Freistellungsauftrag gilt nicht für Tafelgeschäfte.

BGH-Urteil: Kein Kostenersatz für Freistellungsaufträge
Kreditinstitute dürfen für die Bearbeitung der Freistellungsaufträge keinen besonderen Kostenersatz verlangen. Entsprechende Klauseln in den Allgemeinen Geschäftsbedingungen der Kreditinstitute wurden für unwirksam erklärt (BGH XI ZR 269/96 und XI 279/96).

Voraussetzungen für die Abstandnahme vom Steuerabzug

	Nichtveranlagungs-Bescheinigung	Freistellungsauftrag
Personenkreis	unbeschränkt Einkommensteuerpflichtige, die nachweisen, dass für sie eine Veranlagung zur Einkommensteuer voraussichtlich nicht in Betracht kommen	jeder unbeschränkt einkommensteuerpflichtige Empfänger von Kapitalerträgen und Veräußerungsgewinnen
Gültigkeitsdauer	maximal drei Jahre	unbefristet bis zum Widerruf oder Änderung durch Auftraggeber
Aussteller	Wohnsitzfinanzamt	Empfänger, dem Erträge zufließen (Gläubiger/ Kunde)
Wirkung auf die Abgeltungsteuer	Freistellung von der Abgeltungsteuer und einer Steuerzahlung	Freistellung von der Abgeltungsteuer
Wirkung auf Kapitalerträge	Erstattung der Kapitalertragsteuer bei Dividenden und ähnlichen Kapitalerträgen	
Begrenzung	unbegrenzt im Rahmen des Nachweises (siehe Personenkreis)	durch Maximalbeträge der Sparer-Pauschbeträge bei Einzelveranlagung von 801 Euro und 1 602 Euro bei Zusammenveranlagung

8.1.2.2 Besteuerung innovativer Finanzprodukte

Innovative Produkte und Begriffe sind erfasst durch § 20 Abs. 1 Nr. 7 (Erträge aus sonstigen Kapitalforderungen) und Nr. 11 EStG (Stillhalterprämien aus Optionsgeschäften) i. V. m. § 20 Abs. 2 Satz 1 Nr. 3 EStG (Gewinn aus Termingeschäften und aus der Veräußerung eines Termingeschäfts). Dort ist im Gegensatz zu den traditionellen Kapitalanlagen wie Aktien oder Rentenpapieren die Besteuerung innovativer Finanzprodukte grundsätzlich geregelt. So zählen zu den Einkünften aus Kapitalvermögen auch „Erträge aus sonstigen Kapitalforderungen jeder Art", wenn die Rückzahlung des Kapitalvermögens oder ein Entgelt für die Überlassung des Kapitalvermögens zur Nutzung zugesagt oder geleistet worden ist, auch wenn die Höhe der Rückzahlung oder des Entgelts von einem ungewissen Ereignis abhängt. Dies gilt unabhängig von der Bezeichnung und der zivilrechtlichen Ausgestaltung der Kapitalanlage. Die steuerliche Behandlung von Termingeschäften wird in Abschnitt 5.5 dargestellt.

8.1.2.3 Kryptowährungen und die Einkommensteuer

Anleger, die sich mit Kryptowährungen befassen, sollten auch an die einkommensteuerlichen Folgen denken.

Während die meisten Privatanleger hinsichtlich ihrer Investitionen in Aktien, Fondsanteilen und anderen regulierten Anlageprodukten kaum noch mit dem Finanzamt in Berührung kommen, ist das bei Kryptowährungen anders. Denn die Geldbestände in virtuellen Währungen werden steuerrechtlich weder als (Fremd-)Währung noch als Kapitalanlage, sondern als sonstige Wirtschaftsgüter behandelt. Gewinne und Verluste können dann für die private Steuererklärung relevant sein.

Werden etwa Bitcoins innerhalb der Jahresfrist des § 23 EStG („Private Veräußerungsgeschäfte") mit Gewinn verkauft, handelt es sich dabei um Spekulationsgewinne, die dem individuellen Einkommensteuersatz unterliegen. Dabei spielt es keine Rolle, ob dieser Veräußerungsgewinn durch Umtausch, beim Einkaufen oder an der Börse entsteht.

Es ist daher anzuraten, den Anschaffungsvorgang zu dokumentieren. Denn um den zu versteuernden Betrag zu ermitteln, braucht man die Anschaffungskosten. Hier kann zur Vereinfachung die „First-in-first-out"-Methode (Fifo) angewendet werden: Danach wird unterstellt, dass die zuerst erworbenen Coins auch zuerst veräußert werden.

Die gute Nachricht: Gewinne können mit Verlusten aus anderen Spekulationsgeschäften im selben Jahr verrechnet werden. Kosten der Geschäfte mindern den Gewinn oder erhöhen den Verlust. Wenn trotzdem noch ein steuerlicher Gewinn entstanden ist, gilt eine Freigrenze von 600 Euro.

8.1.3 Nützliches Steuergrundwissen anhand von Übersichten

8.1.3.1 Steuern im privaten Bereich

Steuern im privaten Bereich werden hauptsächlich auf die Erzielung von Einkünften und Veräußerungsgewinnen erhoben. Insofern ist die Einkommensteuer für Anleger von wesentlicher Bedeutung. Durch entsprechende Vermögensaufteilung und -gestaltung ist eine nicht unerhebliche Steuerminderung zu erzielen.

Besteuerungsanlässe und Rechtsgrundlagen im Zusammenhang mit Privatvermögen

Anlass der Besteuerung

Anschaffung (Erwerb)	Eigentum (Besitz)	Erträge, besonders: • Einkünfte aus Kapitalvermögen (Kapitalerträge wie Zwischengewinne, Gewinnanteile Dividenden, Zinsen, Entgelte oder Vorteile) • Veräußerungsgewinne • Einkünfte aus Vermietung und Verpachtung • sonstige Einkünfte

Steuerart und gesetzliche Grundlage

• Grunderwerbsteuer (Grunderwerbsteuergesetz) • Erbschaftsteuer und Schenkungsteuer (Erbschaftsteuer- und Schenkungsteuergesetz) • Umsatzsteuer (Umsatzsteuergesetz)	• Grundsteuer (Grundsteuergesetz) • Vermögensteuer (Vermögensteuergesetz); seit 1997 nicht mehr erhoben	• Einkommensteuer (Einkommensteuergesetz) • Solidaritätszuschlag zur Einkommensteuer als Ergänzungsabgabe (Solidaritätszuschlaggesetz) • soweit zutreffend: Kirchensteuer (richtet sich nach Landesrecht)

Zusätzlich von Bedeutung: Entscheidungen der Finanzgerichte und des Bundesfinanzhofs, die Verfügungen und Erlasse des Bundesfinanzministeriums, der Finanzminister der Länder und der Oberfinanzdirektionen

8.1.3.2 Persönliche Steuerpflicht

Der Einkommensteuer unterliegen natürliche Personen nach § 1 und 1a EStG.

Begriffliche Zuordnung der Einkommensteuer und der Lohnsteuer

Die Einkommensteuer ist eine Personensteuer. Gegenstand der Besteuerung ist das Einkommen natürlicher Personen. Während bei juristischen Personen die Gewinne der Körperschaftsteuer („Einkommensteuer" juristischer Personen) unterworfen sind, werden bei der Einkommensteuer zusätzlich Familienstand, Alter, Werbungskosten und außergewöhnliche Belastungen berücksichtigt.

Die Einkommensteuer gehört zu den Aufwendungen der privaten Lebensführung und ist nicht abzugsfähig (§ 12 Nr. 3 EStG).

Bei der Einkommensteuer handelt es sich um eine Veranlagungsteuer. Sie wird von der Finanzbehörde durch Steuerbescheid festgesetzt. Der Steuerpflichtige wird nach Ablauf des Kalenderjahres nach dem Einkommen veranlagt, das er in diesem Veranlagungszeitraum erzielt hat. Die Besonderheiten des gesonderten Steuertarifs für Einkünfte aus Kapitalvermögen nach § 32d EStG sind zu beachten. Veranlagungszeitraum für die Einkommensteuer ist das Kalenderjahr.

Die Lohnsteuer ist eine besondere Erhebungsform (Quellensteuer) der Einkommensteuer.

Kapitalgesellschaften, wie die AG und die GmbH, Genossenschaften, sowie Personenvereinigungen und sogenannte Vermögensmassen unterliegen der Körperschaftsteuer nach den §§ 1 und 2 KStG. Insofern hat die Körperschaftsteuer für solche Gesellschaften dieselbe Funktion wie die Einkommensteuer für natürliche Personen.

Sowohl bei der Einkommensteuer als auch bei der Körperschaftsteuer unterscheidet man zwischen unbeschränkter und beschränkter Steuerpflicht.

Nachstehend wird die Einkommensteuerpflicht natürlicher Personen dargestellt:

Einkommensteuerpflicht natürlicher Personen	
unbeschränkte Steuerpflicht nach § 1 Abs. 1, 2 u. 3 und § 1a EStG	**beschränkte Steuerpflicht** nach § 1 Abs. 4 EStG
Steuerinländer und fiktiv unbeschränkt Steuerpflichtige von EU- und EWR-Familienangehörigen 1. natürliche Personen, die ihren Wohnsitz oder gewöhnlichen Aufenthalt im Inland (Bundesrepublik) haben, unabhängig von der Staatsangehörigkeit. (§ 1 Abs. 1, 2 und 3 EStG) Zum Inland im Sinne des EStG gehört auch der der Bundesrepublik Deutschland zustehende Anteil - an der ausschließlichen Wirtschaftszone unter den Voraussetzungen des § 1 Abs. 1 Nr. 1 Buchstabe a, b und c sowie - am Festlandsockel unter den Voraussetzungen des § 1 Abs. 1 Nr. 2 Buchstabe a und b. 2. fiktiv unbeschränkte Steuerpflicht von EU- und EWR-Familienangehörigen (§ 1a EStG)	**Steuerausländer** natürliche Personen, die im Inland weder einen Wohnsitz noch ihren gewöhnlichen Aufenthalt haben, sind beschränkt steuerpflichtig, wenn sie inländische Einkünfte im Sinne des § 49 EStG haben.
Steuerpflichtig ist das Welteinkommen (Doppelbesteuerungsabkommen und Progressionsvorbehalt nach § 32b EStG sind zu berücksichtigen). Für fiktiv unbeschränkt Einkommensteuerpflichtige von EU und EWR-Familienangehörigen gelten besonders hinsichtlich der Kinder sowie Ehegatten und eingetragenen Lebenspartner für Aufwendungen im Sinne von § 1a EStG (Versorgungsleistungen) und die Veranlagung Sonderregelungen nach §§ 10 Abs. 1a und 26 Abs. 1 Satz 1 EStG.	Steuerpflichtig sind inländische Einkünfte im Sinne von § 49 EStG mit Sondervorschriften (§ 50 EStG) und Regelungen zum Steuerabzug (§ 50a EStG). Zu Grunde gelegt wird grundsätzlich der „normale" ESt-Tarif nach § 32a Abs. 1 EStG ohne Berücksichtigung des Grundfreibetrags.
Ein **Wohnsitz** wird nach § 8 AO begründet durch das Innehaben einer Wohnung unter Umständen, die auf ihre Beibehaltung und Benutzung schließen lassen. Als **gewöhnlicher Aufenthalt** im Sinne von § 9 AO ist ein den Umständen nach nicht nur vorübergehendes Verweilen (mehr als sechs Monate oder 183 Tage beziehungsweise bei ausschließlich privaten Zwecken wie Besuch, Kur oder Erholung mehr als zwölf Monate) am Ort oder im Gebiet aufzufassen.	

Beschränkte Steuerpflicht für natürliche Personen mit Wohnsitz im Ausland
Einkünfte aus Kapitalvermögen unterliegen in der Bundesrepublik Deutschland grundsätzlich der Einkommensteuer. Wer im Inland weder einen Wohnsitz noch seinen gewöhnlichen Aufenthalt hat, ist vorbehaltlich der Vorschriften nach §§ 1 Abs. 2 und 3 sowie 1a EStG nach deutschem Recht nur mit bestimmten inländischen Einkünften nach § 49 EStG steuerpflichtig (beschränkte Einkommensteuerpflicht nach § 1 Abs. 4 EStG). Maßgeblich ist nicht die Nationalität, sondern der Wohnsitz oder der gewöhnliche Aufenthalt. Beispielsweise begründet ein nur kurzfristiger Urlaubsaufenthalt in einer angemieteten Ferienwohnung noch keinen Wohnsitz. Nach dem Urteil des BFH vom 23.11.1988 – Az. II R 139/87 – BStBl 1989 II S. 182 ist das beispielsweise auch der Fall, wenn jemand nur zweimal jährlich je vier bis sechs Wochen eine ihm gehörende Doppelhaushälfte benutzt. Danach „muss eine zum Wohnen geeignete Räumlichkeit vorhanden sein und diese muss als Bleibe dienen in der Weise, dass sie ständig oder mit gewisser Regelmäßigkeit und Gewohnheit benutzt wird."

Von der beschränkten Steuerpflicht ausgenommen sind Zinsen aus Anleihen und Forderungen, die in ein öffentliches Schuldbuch eingetragen oder über die Sammelurkunden im Sinne des Depotgesetzes (§ 9a) oder als Teilschuldverschreibungen ausgegeben worden sind (§ 49 Abs. 1 Nr. 5 Buchstabe c EStG). So sind die Zinsen aus Pfandbriefen, Kommunalobligationen und öffentlichen Anleihen ausschließlich im Wohnsitzland des Empfängers zu versteuern.

8.1.3.3 Einnahmen

Einnahmen sind alle Güter, die in Geld oder Geldeswert bestehen und dem Steuerpflichtigen im Rahmen einer der Einkunftsarten des § 2 Absatz 1 Nr. 4 bis 7 EStG (Überschusseinkünfte) zufließen. Die steuerbaren Einnahmen werden unterteilt in **steuerpflichtige** und **steuerfreie Einnahmen**.

Steuerpflichtige Einnahmen sind solche, die in einer der vier Überschusseinkunftsarten (Einkünfte aus nichtselbständiger Arbeit, Einkünfte aus Kapitalvermögen, Einkünfte aus Vermietung und Verpachtung und sonstige Einkünfte) erzielt werden und nicht steuerbefreit sind.

Steuerfreie Einnahmen sind die in § 3 EStG unter Nr. 1 bis 71 (!) aufgeführten Sachverhalte. Hierzu gehören unter anderem

- Leistungen aus einer Krankenversicherung und aus einer Pflegeversicherung
- Leistungen aus der gesetzlichen Unfallversicherung
- Sachleistungen und Kinderzuschüsse aus der gesetzlichen Rentenversicherung einschließlich der Sachleistungen aus dem Gesetz über die Alterssicherung der Landwirte
- Arbeitslosengeld und Kurzarbeitergeld
- Mutterschaftsgeld nach dem Mutterschutzgesetz

Steuerbare und nichtsteuerbare Einnahmen
Aus Kapitalvermögen zufließende Einnahmen sind bei unbeschränkt einkommensteuerpflichtigen Personen grundsätzlich steuerpflichtig. Bestimmte Erträge sind wegen besonderer gesetzlicher Vorschriften für steuerfrei erklärt. Steuerpflichtige und steuerfreie Einnahmen bezeichnet man als „steuerbare Einnahmen“.

Daneben gibt es die „nichtsteuerbaren Einnahmen“. Dies sind Einnahmen, die keiner der sieben Einkunftsarten des Einkommensteuergesetzes zugeordnet werden können und damit für die Einkommensbesteuerung ohne Bedeutung sind. Neben Erbschaften, Schenkungen, Lotterie-, Lotto-, Toto- und Spielgewinnen sind dies im Bereich des Kapitalvermögens insbesondere Kapitalrückzahlungen.

Einnahmen

Steuerbare Einnahmen, das sind steuerpflichtige und steuerfreie Einnahmen nach dem Einkommensteuergesetz
hier: nur Betrachtung der Überschusseinkünfte

Steuerpflichtige Einnahmen:
- Einnahmen aus nichtselbstständiger Arbeit
- Einnahmen aus Kapitalvermögen
- Einnahmen aus Vermietung und Verpachtung
- sonstige Einnahmen im Rahmen der Einkunftsart „Sonstige Einkünfte"

Grundsätzlich zu versteuern, Ausnahme: Steuer entfällt im Rahmen von Freibeträgen und Freigrenzen, beispielsweise
- Grundfreibetrag (2017: 8 820 € und 2018: 9 000 €)
- Arbeitnehmer-Pauschbetrag (1 000 €)
- Sonderausgaben-Pauschbetrag (36 €)
- Sparer-Pauschbetrag (801 €)

Steuerfreie Einnahmen
Steuerfreie Einnahmen nach § 3 EStG, beispielsweise Leistungen aus einer Krankenversicherung, aus einer Pflegeversicherung und aus der gesetzlichen Unfallversicherung, Mutterschaftsgeld oder Arbeitslosengeld

sind steuerfrei

Nichtsteuerbare Einnahmen,
das sind Geldzuflüsse, die keiner der sieben Einkunftsarten zugeordnet werden können, bespielsweise

- Veräußerung von Immobilien nach Ablauf der Frist für die Besteuerung privater Veräußerungsgewinne
- Kapitalanfälle aus privaten Lebensversicherungen, die bis 31.12.2004 abgeschlossen wurden und bestimmte Voraussetzungen erfüllen. Ab 1.1. 2005 abgeschossene Lebensversicherungen sind entweder voll oder hälftig steuerpflichtig. Basis: Ablaufleistung minus eingezahlte Prämien.
- andere Versicherungsleistungen wie aus Unfallversicherungen
- Kapitalabfindungen von Renten
- Preisgelder von Amateursportlern und Ehrenpreise
- Preise, die das Lebenswerk oder die Persönlichkeit der Preisträgers ehren
- Einkünfte aus Spiel und Wette (beispielsweise Lottogewinn)

Es fällt keine Steuer an

Bei bestimmten steuerfreien Einnahmen, beispielsweise Krankengeld oder Mutterschaftsgeld ist der sogenannte Progressionsvorbehalt (§ 32b EStG) zu beachten.

Steuerliche Zuordnung von Kapitalerträgen

Für die einkommensteuerliche Beurteilung der Kapitalerträge ist von Bedeutung, welcher der sieben Einkunftsarten diese zuzuordnen sind. Bei einem Privatanleger zählen diese Erträge im Regelfall zu den Einkünften aus Kapitalvermögen und unterliegen damit der Abgeltungsteuer in Höhe von 25 Prozent. Gehört das Vermögen aus dem die Erträge fließen jedoch zu den betrieblichen Einkünften, rechnen diese Einnahmen zu den Gewinneinkünften (Einkünfte aus Land- und Forstwirtschaft, aus Gewerbebetrieb oder aus selbständiger Arbeit).

In Ausnahmefällen werden Erträge aus Kapitalvermögen den Einkünften aus Vermietung und Verpachtung (beispielsweise Zinsen aus Mietkautionskonten) zugerechnet. Für die steuerliche Beurteilung ist vor allem die Unterscheidung zwischen Betriebsvermögen und Privatvermögen wichtig. Darüber hinaus können Erträge aus Kapitalvermögen aber auch als Arbeitslohn (Einkünfte aus nichtselbständiger Arbeit bei einem unüblichen über dem Marktzinsniveau liegenden (Über-)Zins) oder als Einkünfte aus Vermietung und Verpachtung (beispielsweise bei Zinsen aus Mietkautionskonten) behandelt werden.

Lohnersatzleistungen sind zwar steuerfrei, werden jedoch bei der Berechnung des Einkommensteuersatzes einbezogen (Progressionsvorbehalt gemäß § 32b EStG).

Einnahmen, die nicht unter die genannten Einkunftsarten fallen, unterliegen nicht der Einkommensteuer. Dazu zählen unter anderem: Lottogewinne oder Einnahmen aus der Veräußerung von Grundstücken und Gebäuden nach Ablauf der zehnjährigen Frist für die Besteuerung privater Veräußerungsgewinne.

Bei den sonstigen Einkünften sind beispielsweise Leibrenten und Lebensversicherungen bei Einmalabfindung ebenfalls nicht steuerpflichtig.

Bemessungsgrundlage für die Einkommensteuer sind nicht die steuerpflichtigen Einnahmen und auch nicht die Summe der steuerpflichtigen Einkünfte, sondern das „zu versteuernde Einkommen", das der Steuerpflichtige innerhalb eines Kalenderjahres bezogen hat.

8.1.3.4 Persönliche Steuerbelastung und Steuertarif

Kurzüberblick über die Einkommensteuertarife 2017 bis 2019						
Steuertarif (T) nach § 32a Abs. 1 i. V. m. § 52 Abs. 41 EStG (Grundtabelle) und Jahr / Tarifaufbau	T 2017		T 2018		T 2019	
Null-Zone (Grundfreibetrag)	bis 8820 €		bis 9000 €		bis 9168 €	
Eingangssteuersatz	14 %[1]		14 %[1]		14 %[1]	
Höchststeuersatz	42 %	45 %	42 %	45 %	42 %	45 %
– ab einem zu versteuernden Einkommen von	54058 € – 256303 €	256304 €[1]	54950 € – 260532 €	260533 €[1]	55961 € – 265326 €	265327 €[1]

Für jedes zu berücksichtigende Kind werden als Freibetrag nach § 32 Abs. 6 EStG vom Einkommen abgezogen (Einzel-/Zusammenveranlagung):

- Kinderfreibetrag für das sächliche Existenzminimum für 2018: 2394 €/4788 €; für 2019: 2490 €/4980 €[3]
- Betreuungs- und Erziehungs- oder Ausbildungsbedarf des Kindes: 1320 € /2640 €

1 gesonderter Steuertarif für Einkünfte aus Kapitalvermögen gemäß § 32d Abs. 1 EStG: 25 Prozent, sobald Sparer-Pauschbetrag überschritten

2 bei Einzelveranlagung jeweils halber Betrag

3 Auf Basis des Refentenentwurfs eines Familienentlastungsgesetzes,

Tarifaufbau und Berechnungsformeln zur Einkommensteuerbelastung nach § 32a Abs. 1 und § 52 Abs. 41 EStG
Die tarifliche Einkommensteuer bemisst sich nach dem zu versteuernden Einkommen und beträgt vorbehaltlich der §§ 32b; 32d; 34; 34a; 34b und 34c EStG:

Bereiche der tariflichen Einkommensteuer / Tarifaufbau (Grundtabelle)	Tarifüberblick über die Einkommenssteuertarife 2017 bis 2019		
	T 2017	T 2018	T 2019
Null-Zone (Grundfreibetrag)[1]	bis 8 820 €	bis 9000 €	bis 9168 €
untere (Progressions-)zone mit einem ansteigenden Steuersatz	von 8 821 € bis 13769 € (1 007,27 · y + 1 400) · y	von 9001 € bis 13996 € 997,8 · y + 1400) · y	von 9169 € bis 14254 € 980,14 · y + 1 400) · y
(obere) Progressionszone mit einem ansteigenden Steuersatz	von 13770 € bis 54057 € (223,76 · z + 2 397) * z + 939,57	von 13997 € bis 54949 € (220,13 · z + 2 397) · z + 948,49	von 14255 € bis 55960 € (216,16 · z + 2 397) · z + 965,58
Proportionalzone	von 54058 € bis 256303 €: 0,42 · x – 8475,44 von 256304 € an: 0,45 · x – 16 164,53	von 54950 € bis 260532 €: 0,42 · x – 8 621,75 von 260533 € an: 0,45 · x – 16 437,70	von 55961 € bis 265326 €: 0,42 · x – 8 780,90 von 265327 € an: 0,45 · x – 16 740,68
Erläuterung	Die Größe „y" ist ein Zehntausendstel des den Grundfreibetrag übersteigenden Teils des auf einen vollen Euro-Betrag abgerundeten zu versteuernden Einkommens. Die Größe „z" ist ein Zehntausendstel des 13769 Euro übersteigenden Teils des auf einen vollen Euro-Betrag abgerundeten zu versteuernden Einkommens. Die Größe „x" ist das auf einen vollen Euro-Betrag abgerundete zu versteuernde Einkommen. Der sich ergebende Steuerbetrag ist auf den nächsten vollen Euro-Betrag abzurunden.	Die Größe „y" ist ein Zehntausendstel des den Grundfreibetrag übersteigenden Teils des auf einen vollen Euro-Betrag abgerundeten zu versteuernden Einkommens. Die Größe „z" ist ein Zehntausendstel des 13996 Euro übersteigenden Teils des auf einen vollen Euro-Betrag abgerundeten zu versteuernden Einkommens. Die Größe „x" ist das auf einen vollen Euro-Betrag abgerundete zu versteuernde Einkommen. Der sich ergebende Steuerbetrag ist auf den nächsten vollen Euro-Betrag abzurunden.	Die Größe „y" ist ein Zehntausendstel des den Grundfreibetrag übersteigenden Teils des auf einen vollen Euro-Betrag abgerundeten zu versteuernden Einkommens. Die Größe „z" ist ein Zehntausendstel des 14254 Euro übersteigenden Teils des auf einen vollen Euro-Betrag abgerundeten zu versteuernden Einkommens. Die Größe „x" ist das auf einen vollen Euro-Betrag abgerundete zu versteuernde Einkommen. Der sich ergebende Steuerbetrag ist auf den nächsten vollen Euro-Betrag abzurunden.

1 Der Einkommensteuertarif gilt für alle Personen, für die nicht das Splitting-Verfahren anzuwenden ist; das heißt grundsätzlich für alle nicht verheirateten oder in einer eingetragenen Lebenspartnerschaft lebenden Personen, für die getrennt lebenden und für die getrennt zu veranlagenden Ehegatten.

Grenzsteuerbelastung nach Einkommensteuer – Beispiel: Grundtarif 2018

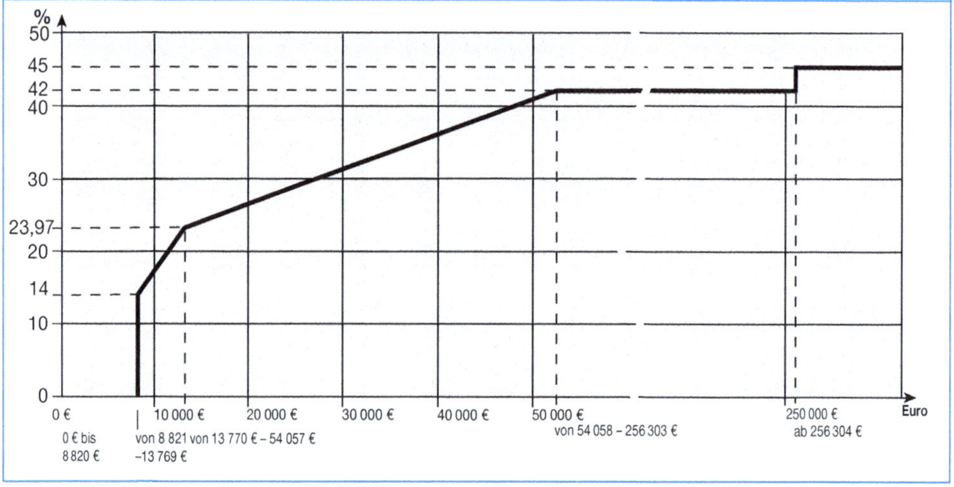

Aufgrund der Tarifstruktur steigt mit jedem zusätzlichen Euro des Einkommens zwischen der unteren Progressionszone und der oberen Progressionszone auch der prozentuale Steuersatz. Dies führte zur immer wieder kritisierten „kalten Progression", die sich auch nach einer sehr dürftigen Korrektur durch das „Gesetz zum Abbau der kalten Progression" vom 20.02.2013 besonders im unteren und mittleren Einkommensbereich nach wie vor durch relativ geringe Nettoeinkommenszuwächse auswirkte.

Als „heimliche Steuererhöhung" beziehungsweise „kalte Progression" wird der Anstieg des durchschnittlichen Steuersatzes bezeichnet, der allein auf die den Preisanstieg (Inflation) ausgleichenden Lohn- und Gehaltserhöhungen zurückzuführen ist.

Betrachtet man den Tarifverlauf, fällt nach wie vor der Knick in Form eines Eselsohrs im unteren Tarifbereich zwischen 9001 Euro und 13996 Euro (Tarif 2018) auf. Der ist wohl darauf zurückzuführen, dass es medienwirksamer ist, mit einem niedrigen Eingangssteuersatz zu beginnen. Denn die meisten (Kurz-)Berichterstatter nennen bei einer Tarifbeschreibung den Eingangssteuersatz und den Spitzensteuersatz. Würde man andererseits den Knick herausnehmen, gingen dem Fiskus Steuereinnahmen verloren.

Beim Tarif 2018 bewirkt die sogenannte Reichensteuer die Erhöhung des Spitzensteuersatzes ab einem zu versteuernden Einkommen von 260533 Euro (ledig) von 42 auf 45 Prozent.

Seit dem Veranlagungszeitraum 2009 gilt nach § 32d EStG ein gesonderter Steuertarif von 25 Prozent für Einkünfte aus Kapitalvermögen. Gleichzeitig sank ab dem Veranlagungszeitraum 2009 der Eingangssteuersatz von 15 auf 14 Prozent.

Sind die Einnahmen aus Kapitalvermögen den Einkünften aus

- Land- und Forstwirtschaft,
- Gewerbebetrieb,
- selbständiger Arbeit oder
- Vermietung und Verpachtung

zuzuordnen, sind sie diesen Einkünften zuzurechnen. Damit entfällt hier der „günstige" Abgeltungsteuersatz von 25 Prozent.

Die Einkommensteuerbelastung kann mit den Formeln in der Übersicht „Tarifaufbau und Berechnungsformeln..." errechnet werden. Die Berechnung der Einkommensteuer erfolgt nach einem stufenlosen Steuertarif. Dazu wird die Einkommensteuer exakt für den sich bei der Steuerveranlagung jeweils ergebenden Einzelwert berechnet.

Eine jeden Einzelwert berücksichtigende Einkommensteuertabelle wird aus Umfangsgründen nicht mehr erstellt. Deshalb wird die Einkommensteuer mit einem Tabellenberechnungsprogramm nach den Formeltarifen elektronisch errechnet.

Einzel- und Zusammenveranlagung von Ehegatten und eingetragenen Lebenspartnern
Für Ehegatten und eingetragene Lebenspartner, die zusammen zur Einkommensteuer veranlagt werden, kann das Splittingverfahren angewendet werden, wenn

- beide unbeschränkt einkommensteuerpflichtig sind und nicht dauernd getrennt leben
- die vorgenannten Voraussetzungen zu Beginn des Veranlagungszeitraums vorgelegen haben oder im Verlauf des Veranlagungszeitraums eingetreten sind und keiner der Ehegatten/Lebenspartner die Einzelveranlagung wählt.

Beim Splittingverfahren werden die Einkommen beider Ehegatten/Lebenspartner zusammengezählt und die Summe halbiert. Auf diese Hälfte wird dann die Einkommensteuer gemäß § 32a EStG („Grundtarif") berechnet und der ermittelte Steuerbetrag danach verdoppelt. Dadurch mildert sich bei unterschiedlich hohem Einkommen der Ehegatten/Lebenspartner die Progressionswirkung der Einkommensteuer. Je stärker die Einkommen beider Ehegatten/Lebenspartner voneinander abweichen, desto günstiger ist die Auswirkung bei Anwendung des Splittingtarifs. Siehe dazu nachfolgendes Beispiel:

Vergleich: Einzelveranlagung und Zusammenveranlagung
Beispiel nach Tarif 2017[1] (gerundet)

Einzelveranlagung von Ehegatten und eingetragenen Lebenspartnern – Grundtabelle –	Zusammenveranlagung von Ehegatten und eingetragenen Lebenspartnern – Splittingtabelle –
Ein zu versteuerndes Jahreseinkommen in Höhe von ... / ... ergibt nach der Grundtabelle Ehemann[2] 70000 € — 20925 € Ehefrau[3] 20000 € — + 2520 € insgesamt 90000 € — = 23445 €.	Ein zu versteuerndes Jahreseinkommen in Höhe von insgesamt 90 000 € wird – dem Aufbau der Splittingtabelle entsprechend – zunächst durch zwei geteilt = 45000 €. Das ergäbe nach der Grundtabelle pro Ehegatten/Lebenspartner 10608 € x 2 21216 €.
Ergebnis: Bei Einzelveranlagung nach dem Grundtarif beträgt die Einkommensteuer 23445 €.	**Ergebnis:** Bei Zusammenveranlagung nach der Splittingtabelle beträgt die Einkommensteuer. 21216 € Somit Steuervorteil bei Zusammenverlagung 2229 €.

1 Ohne Berücksichtigung des Solidaritätszuschlags und gegebenenfalls Kirchensteuer.
2 Entsprechend bei Lebenspartnern.
3 Entsprechend bei Lebenspartnern.

Berücksichtigung der Kirchensteuer

Maßgeblich für die Berechnung der Kirchensteuer ist die Einkommensteuer unter Berücksichtigung der Freibeträge für Kinder nach § 51a EStG in Verbindung mit § 32 Abs. 6 EStG je Kind (Einzelveranlagung/Zusammenveranlagung). Die Kirchensteuersätze betragen je nach Bundesland acht oder neun Prozent[1].

Gezahlte Kirchensteuer (zuzüglich eventueller Kirchgeldzahlungen) sind nach Verrechnung mit eventuellen Erstattungen als Sonderausgaben nach § 10 Abs. 1 Nr. 4 EStG unbeschränkt abzugsfähig und mindern somit die steuerliche Gesamtbelastung. Neuregelung ab VAZ 2011: Kein Sonderausgabenabzug für die Kirchensteuer aus Kapitalerträgen, die dem Kapitalertragsteuerabzug unterlegen waren oder als Zuschlag auf die nach dem gesonderten Tarif des § 32d Abs. 1 EStG ermittelte Einkommensteuer gezahlt wurde. Grundlage: § 52 Abs. 24a Satz 1 EStG.

Die Abgeltungsteuer beträgt damit

$$\frac{\text{Kapitaleinnahmen}}{4 + \text{Kirchensteuersatz in Prozent}}$$

Beispiel 1: Kirchensteuersatz 8 Prozent (Baden-Württemberg und Bayern)

$$\frac{100}{4+8\,\%} \text{ oder } \frac{100}{4+0{,}08} \text{ oder } \frac{100}{4{,}08} = 24{,}5098 \text{ oder rund } 24{,}51$$

Beispiel 2: Kirchensteuersatz 9 Prozent

$$\frac{100}{4+9\,\%} \text{ oder } \frac{100}{4+0{,}09} \text{ oder } \frac{100}{4{,}09} = 24{,}449877 \text{ oder rund } 24{,}45$$

Die beiden Beispiele zeigen, dass der Prozentsatz für die Abgeltungsteuer sinkt, wenn der Prozentsatz für die Kirchensteuer steigt.

Im folgenden Vergleich wird die steuerliche Gesamtbelastung nochmals in absoluten Zahlen dargestellt.

Vergleich der Gesamtbelastung ohne und mit Kirchensteuer; Kirchensteuersätze von 8 und 9 Prozent bei Kapitaleinnahmen von 1 000 Euro

Kapitaleinnahmen 1 000 Euro	ohne Kirchensteuer (konfessionslos)	mit Kirchensteuer	
		8 %[1]	9 %
a) Abgeltungsteuer 25 %	250,–	245,10	244,50
b) Solidaritätszuschlag 5,5 Prozent aus a)	13,75	13,48	13,45
c) Kirchensteuer (aus a)	entfällt	19,61	22,01
Gesamtbelastung	263,75[2] ≈ 26,38 %[1]	278,19[2] ≈ 27,82 %[1]	279,96[2] ≈ 28,0 %[1]

1 Baden-Württemberg und Bayern 8 Prozent, alle anderen Bundesländer 9 Prozent.
2 Gerundet.

Verfahren zum automatisierten Kirchensteuerabzug auf die Abgeltungsteuer seit 2015

Mit Wirkung zum 01.01.2015 trat ein Verfahren zum automatisierten Kirchensteuerabzug im Zusammenhang mit dem Abgeltungsteuerabzug in Kraft. Details hierzu sind § 51a Abs. 2b bis e und Abs. 6 EStG und den Kirchensteuergesetzen der Länder zu entnehmen.

Das automatisierte Verfahren gründet auf den bestehenden rechtlichen Rahmenbedingungen zur kirchensteuerrechtlichen Behandlung von Kapitalerträgen. Die Kirchensteuer für diese Einkunftsart wird wie bisher als Zuschlag zur Abgeltungsteuer erhoben. Ziel der Neuregelung ist, auch die Kirchensteuer auf Abgeltungsteuer weitestgehend an der Quelle zu erheben.

Seit dem 01.01.2015 ist es somit nicht mehr erforderlich, einen Antrag auf Einbehalt von Kirchensteuer auf abgeltend besteuerte Kapitalerträge zu stellen. Der Einbehalt für und die Weiterleitung an die steuererhebende Religionsgemeinschaft erfolgt künftig automatisch. „Automatisch“ bedeutet, dass die Mitglieder einer steuererhebenden Religionsgemeinschaft nichts weiter veranlassen müssen, um ihren kirchensteuerrechtlichen Pflichten im Zusammenhang mit der Abgeltungsteuer nachzukommen.

Die Kreditinstitute oder andere zum Steuerabzug vom Ertrag verpflichtete Stellen wie Bausparkassen, Investmentgesellschaften oder Versicherer, werden zur Vorbereitung des automatischen Abzugs der Kirchensteuer auf Abgeltungsteuer einmal jährlich beim Bundeszentralamt für Steuern die Religionszugehörigkeit ihrer Kunden, Versicherten oder Anteilseigner abfragen und erhalten daraufhin das sogenannte Kirchensteuerabzugsmerkmal (KISTAM). Denn Personen, die ihren Wohnsitz im Inland haben, könnten potenziell Schuldner von Kapitalertragsteuer sein und damit auch potenziell Schuldner von Kirchensteuer auf Kapitalertragsteuer.

Sperrvermerk verhindert automatische Abfrage beim Bundeszentralamt für Steuern

Das KISTAM gibt Auskunft über die Zugehörigkeit des Steuerpflichtigen zu einer steuererhebenden Religionsgemeinschaft und den gültigen Kirchensteuersatz (8 oder 9 Prozent). Wer verhindern will, dass sein Kreditinstitut, seine Bausparkasse, Kapitalverwaltungsgesellschaft oder Versicherungsgesellschaft, als die den Kapitalertrag auszahlende Stelle, mittels einer automatischen Anfrage die Kirchenzugehörigkeit erfährt, muss einen sogenannten Sperrvermerk beim Bundeszentralamt für Steuern beantragen. Dazu heißt es in § 51a Abs. 2e EStG: „Der Schuldner der Kapitalertragsteuer kann unter Angabe seiner (Steuer-)Identifikationsnummer nach amtlich vorgeschriebenem Vordruck schriftlich beim Bundeszentralamt für Steuern beantragen, dass der automatisierte Datenabruf seiner rechtlichen Zugehörigkeit zu einer steuererhebenden Religionsgemeinschaft bis auf schriftlichen Widerruf unterbleibt (Sperrvermerk).“ Allerdings ist in diesem Fall der Kirchensteuerpflichtige für jeden Veranlagungszeitraum, in dem Kapitalertragsteuer (Abgeltungsteuer) einbehalten worden ist, zur Abgabe einer Steuererklärung verpflichtet. Die Steuererklärungspflicht dient dann wie zuvor wieder der Nacherhebung der Kirchensteuer auf einbehaltene Abgeltungsteuer. Rechtsgrundlage: § 51a Abs. 2c, 2d und 2e EStG.

> Das Bundeszentralamt für Steuern hat den Kreditinstituten ein amtliches Informationsschreiben zum automatischen Informationsaustausch zur Kirchensteuer zur Verfügung gestellt. Dieses Schreiben und weitergehende Informationen finden Sie im Internet unter http://www.bzst.de.

Höchstbegrenzung der Kirchensteuer (Kappung)
Von einem bestimmten Einkommen an kann der Kirchensteuersatz (mit Ausnahme von Bayern) auf 2,75 bis 4 Prozent des zu versteuernden Einkommens auf Antrag „gekappt" werden („Kappungssatz"). Anträge können bei der Diözese oder Landeskirche gestellt werden.

Geldanlage-Tipp zur Kirchensteuer im Internet
Einzelheiten zur Kirchensteuerberechnung in den einzelnen Bundesländern sowie in Bremerhaven und deren Handhabung in der Einkommensteuer und Grundsteuer finden Sie unter http://www.steuer-forum-kirche.de/

8.1.3.5 Ermittlung des zu versteuernden Einkommens

Das zu versteuernde Einkommen ist Grundlage zur Berechnung der Einkommensteuer.

Der Einkommensteuer unterliegt das zu versteuernde Einkommen innerhalb des Ermittlungszeitraums (grundsätzlich Kalenderjahr). Für Gewerbetreibende kann auch ein vom Kalenderjahr abweichendes Wirtschaftsjahr in Betracht kommen. Land- und Forstwirte haben in der Regel ein vom Kalenderjahr abweichendes Wirtschaftsjahr; das Ergebnis wird zeitanteilig auf die Kalenderjahre aufgeteilt.

Für die zeitliche Zuordnung der Einkünfte aus Kapitalvermögen ist grundsätzlich der Zeitpunkt des Zuflusses maßgebend.

Übersicht über die Einkunftsarten, die Ermittlung der Einkünfte und den Ermittlungszeitraum

Einkunftsart	Aufteilung in Gewinn- und Überschusseinkünfte	Ermittlungszeitraum
1. Land- und Forstwirtschaft § 13 EStG 2. Gewerbebetrieb § 15 EStG 3. selbstständige Arbeit § 18 EStG	**Gewinneinkünfte (betriebliche Einkünfte):** Betriebseinnahmen ./. Betriebsausgaben = Gewinn oder Verlust	**Kalenderjahr oder abweichendes Wirtschaftsjahr**
4. nichtselbstständige Arbeit § 19 EStG 5. Kapitalvermögen § 20 EStG 6. Vermietung und Verpachtung § 21 EStG 7. sonstige Einkünfte, beispielsweise wiederkehrende deBezüge und Renten nach § 22 EStG und Einkünfte aus privaten Veräußerungsgeschäften bei Grundstücken und anderen Wirtschaftsgütern nach § 23 EStG	**Überschusseinkünfte (private Einkünfte):** Einnahmen abzüglich Werbungskosten, Pausch- und Freibeträge = Überschuss oder Verlust; Besonderheit bei den Einkünften aus Kapitalvermögen: der Werbungskostenabzug ist ausgeschlossen.	**Kalenderjahr**

8.1.3.6 Solidaritätszuschlag

Rechtsgrundlage ist das Solidaritätszuschlaggesetz 1995 (SolzG 1995) in der Fassung der Bekanntmachung vom 15. Oktober 2002 (BGBl. I S. 4130), das zuletzt durch Artikel 11 des Gesetzes vom 20. Dezember 2016 (BGBl. I S. 3000) geändert wurde. Auf die Festsetzung und Erhebung des Solidaritätszuschlags (SolZ) sind die Vorschriften des Einkommensteuergesetzes mit Ausnahme des § 36a EStG und des Körperschaftsteuergesetzes entsprechend anzuwenden.

Demnach sind abgabepflichtig:

- unbeschränkt einkommensteuerpflichtige natürliche Personen,
- beschränkt einkommensteuerpflichtige natürliche Personen, wenn sie inländische Einkünfte haben und
- Körperschaftsteuerpflichtige, also Kapitalgesellschaften wie beispielsweise die GmbH oder die AG.

Die Bemessungsgrundlage und die zeitliche Anwendung entsprechen der Erhebungsform der Einkommen- oder Körperschaftsteuer. Der Solidaritätszuschlag (SolZ) beträgt 5,5 Prozent der jeweiligen Bemessungsgrundlage, also beispielsweise der bei der Einkommensteuerveranlagung nach § 51a Abs. 2 EStG festgesetzten positiven Einkommensteuer oder

der nach § 51a Abs. 2a EStG berechneten Lohnsteuer. Der Solidaritätszuschlag wird auch auf die Abgeltungsteuer erhoben.

Der Solidaritätszuschlag ergibt sich aus maximal 20 Prozent des Unterschiedsbetrags zwischen der Bemessungsgrundlage und der maßgebenden Freigrenze nach § 3 Solidaritätszuschlaggesetz („Deckelung").

Die Freigrenze nach § 3 Abs. 3 SolzG beträgt

– bei Einzelveranlagung	972,00 Euro
– bei Zusammenveranlagung von Ehegatten und eingetragenen Lebenspartnern	1 944,00 Euro.

Das heißt, falls die Bemessungsgrundlage über 972/1 944 Euro liegt, ist aus dem gesamten Betrag Solidaritätszuschlag zu berechnen.

Beispiel

zur Auswirkung bei niedrigem Einkommen

Bemessungsgrundlage (beispielsweise festgesetzte Einkommensteuer)	2 320,00 €
Freigrenze bei Zusammenveranlagung	1 944,00 €
= Unterschiedsbetrag	376,00 €

Berechnung des Solidaritätszuschlags:

– 5,5% aus 2 320 € = 127,60 €	
– jedoch maximal 20 % des Unterschiedsbetrags, hier in Höhe von 376 €	= 75,20 €
Somit beträgt der Solidaritätszuschlag	75,20 €

Soweit der Solidaritätszuschlag auf die Abgeltungsteuer nach § 32d EStG erhoben wird, gilt ab VAZ 2011, dass der Zuschlag unabhängig von der Bemessungsgrenze von 972/1 944 Euro erhoben wird und 5,5 Prozent beträgt ohne Berücksichtigung der Deckelung in Höhe von 20 Prozent.

Vermeiden oder Verringern des Solidaritätszuschlags
Mit dem Solidaritätszuschlag steigen auch die persönlichen Grenzsteuersätze. Es lohnt sich also, die Weichen für wirtschaftlich sinnvolle Gestaltungen zu stellen. Beispiele:

- steuerfreie Einkünfte, beispielsweise nach dem Doppelbesteuerungsabkommen, erzielen
- Vermeiden der Veranlagung zur Einkommensteuer durch keine oder geringe Einkünfte, beispielsweise als Rentner
- Verlustabzug nach § 10d EStG
- Verlustausgleich, beispielsweise Ausgleich positiver Lohneinkünfte mit negativen Einkünften aus Vermietung und Verpachtung
- Übertragen von Vermögensteilen auf Kinder: siehe dazu Abschnitt 9.2 „Mit Kindern Steuern sparen"

8.1.3.7 Sonderausgaben, Vorsorgepauschale und Vorsorgeaufwendungen

Sonderausgaben sind persönliche Aufwendungen der privaten Lebensführung, die nach § 12 EStG nicht abziehbar sind, aber aus wirtschafts- oder sozialpolitischen Gründen als abzugsfähig anerkannt werden. Sonderausgaben sind nach § 10 EStG in den dort aufgezählten Fällen steuerlich nur dann zu berücksichtigen, wenn sie weder Betriebsausgaben noch Werbungskosten sind oder wie Betriebsausgaben oder Werbungskosten behandelt werden.

Man unterscheidet zwischen **Unbeschränkt abzugsfähigen Sonderausgaben und Beschränkt abzugsfähigen Sonderausgaben.** Bei den Beschränkt abzugsfähigen Sonderausgaben (Vorsorgeaufwendungen) unterscheidet man wiederum zwischen den Besonders begünstigten Vorsorgeaufwendungen (Basisversorgung) und den Sonstigen Vorsorgeaufwendungen.

Die zwei Voraussetzungen für den Abzug als Vorsorgeaufwendungen nach § 10 Abs. 2 Satz 1 EStG sind:

1. kein unmittelbarer wirtschaftlicher Zusammenhang mit steuerfreien Einnahmen
2. es muss sich um Leistungen oder Beiträge an folgende Einrichtungen handeln:
   - einen Sozialversicherungsträger
   - berufsständische Versorgungseinrichtungen
   - Versicherungsunternehmen, die ihren Sitz oder ihre Geschäftsleitung in einem Mitgliedsstaat der Europäischen Union oder einem Vertragsstaat des Abkommens über den Europäischen Wirtschaftsraum haben und das Versicherungsgeschäft im Inland betreiben dürfen beziehungsweise denen die Erlaubnis zum Geschäftsbetrieb im Inland erteilt ist.
   - Versicherer im Sinne einer anderweitigen Absicherung im Krankheitsfall oder eine der Beihilfe oder freien Heilfürsorge vergleichbaren Absicherung entsprechend des § 193 Abs. 3 Satz 2 Nr. 2 des VVG
   - einen Anbieter im Sinne des § 80 EStG (Altersvorsorgeverträge)

- Im Fall der Kopplung von vor dem 01.01.2005 abgeschlossenen Lebensversicherungen mit Finanzierungsgeschäften, also bei Abtretung von Versicherungsansprüchen aus Kapital- und Rentenversicherungen zur Tilgung oder Sicherung eines Darlehens im Erlebensfall, nur wenn
  - der Einsatz des Darlehens unmittelbar und ausschließlich zur Finanzierung der Anschaffungs- oder Herstellungskosten eines Wirtschaftsgutes, das dauernd zur Erzielung von Einkünften bestimmt und keine Forderung ist und die Abtretungsrechte nicht höher als die finanzierten Anschaffungs- oder Herstellungskosten sind,
  - es sich um die Beleihung einer Direktversicherung (durch den Arbeitgeber) handelt oder
  - um die Sicherung betrieblicher Darlehen von längstens drei Jahren (Sonderausgabenabzug in dieser Zeit ausgeschlossen).

Geldanlage-Tipp zur Erweiterung der Abzugsfähigkeit von Kranken- und Pflegeversicherungskosten seit 2010

Seit dem Veranlagungszeitraum 2010

- sind alle Kranken- und Pflegeversicherungsbeiträge als Sonderausgaben absetzbar, soweit sie den Beiträgen einer entsprechenden gesetzlichen Versicherung gleichstehen (Basis-Kranken- und Pflegeversicherung),
- werden gesetzlich und privat Versicherte werden gleich behandelt,
- können Beiträge für Kinder, die bei ihren Eltern privat mitversichert sind, grundsätzlich voll abgesetzt werden.

Sonderausgaben[1] sind nach § 10 Abs. 1 EStG „...folgende Aufwendungen, wenn sie weder Betriebsausgaben noch Werbungskosten sind oder wie Betriebsausgaben oder Werbungskosten behandelt werden“[2]

Unterhaltsleistungen	Versorgungsleistungen	Beschränkt abzugsfähige Sonderausgaben – Vorsorgeaufwendungen –		„Zusätzliche Altersvorsorge“	gezahlte Kirchensteuer	eigene Berufsausbildung/ Erststudium	Hausangestellte	Zuwendungen für steuerbegünstigte Zwecke	Schulgeld
		Plafonds 1: Besonders begünstige Vorsorgeaufwendungen (Altersvorsorge)	Plafonds 2: Sonstige Vorsorgeaufwendungen						
(Unterhaltszahlungen) an den geschiedenen oder dauernd getrennt lebenden Ehegatten oder Lebenspartner auf gemeinsamen Antrag – höchstens bis 13 805 € (§ 10 Abs. 1a Nr. 1 EStG)	nach § 10 Abs. 1a Nr. 2 EStG und Ausgleichsleistungen zur Vermeidung oder im Rahmen eines Versorgungsausgleichs (§ 10 Abs. 1a Nr. 3 und 4 EStG))	Beiträge zur gesetzlichen Rentenversicherung[3] und Basisversorgung; „Rürup-Rente“ und LV-Neuverträge (§ 10 Abs. 1 Nr. 2 EStG)	Beiträge zur Krankenversicherung, Pflegeversicherung, Haftpflicht-, Unfall- und Arbeitslosenversicherung, Risiko-LV, Altverträge der Berufs- und Erwerbsunfähigkeitsversicherung, soweit nicht im Plafonds 1 (§ 10 Abs. 1 Nr. 3 und 3a EStG))	pflichtversicherter Arbeitnehmer – Beiträge zur „Riester-Rente“ – (§ 10a EStG)	soweit nicht als Zuschlag zur KESt oder als Zuschlag auf den gesonderten Tarif des § 32d Abs. 1 EStG gezahlt (§ 10 Abs. 1 Nr. 4 EStG)	bis 6 000 €/ Jahr (§ 12 Nr. 5 § 10 Abs. 1 Nr. 7 EStG)	Abzug von Abzug von zwei Dritteln oder höchstens 4 000 € je Kind der Aufwendungen für Kinderbetreuung (§ 10 Abs. 1 Nr. 5 EStG)	Spenden und Mitgliedsbeiträge (§ 10b EStG)	für Besuch einer Schule in freier Trägerschaft oder überwiegend privat finanzierter Schule; 30 Prozent des Entgelts, höchstens 5 000 € (§ 10 Abs. 1 Nr. 9 EStG)

1 Die jeweils geltenden Voraussetzungen und Grenzen des §§ 10 und 10a EStG sind zu beachten.
2 Sonderausgaben-Pauschbetrag: Ohne Nachweis wird für die nachstehenden Sonderausgaben ein Pauschbetrag von 36 €/bei Zusammenveranlagung 72 € vom Gesamtbetrag der Einkünfte abgezogen (§ 10c EStG).
3 Oder zur Landwirtschaftlichen Alterskasse, berufsständische Versorgungseinrichtungen und separate Versicherungen für den Fall der Berufs- oder Erwerbsunfähigkeit oder der verminderten Erwerbsfähigkeit oder Erwerbsminderung und Hinterbliebenenabsicherung

Ermittlung noch nicht ausgeschöpfter Beträge für Vorsorgeaufwendungen: Die Berechnung sollte jeweils rechtzeitig zum Jahresende durchgeführt werden, um die Möglichkeiten der Steuerersparnis noch ausschöpfen zu können. Die Frage könnte lauten: „Wie viel Versicherungsbeiträge sind vor Ablauf des Jahres noch zu überweisen, um die Sonderausgaben voll auszuschöpfen?"

Vorsorgepauschale (für Arbeitnehmer)
Die Vorsorgepauschale für Arbeitnehmer wird im Rahmen des .Lohnsteuerabzugsverfahrens gewährt (§ 39b Abs. 2 Satz 5 und Abs. 4 EStG). Sie wird in Teilbereichen getrennt für die Renten-, Kranken- und Pflegeversicherung berechnet. Eine Günstigerprüfung findet nicht statt.

8.1.3.8 Kinder im Sinne der Einkommensteuer

Kindergeld oder Kinderfreibetrag zuzüglich Betreuungsfreibetrag seit 2009 und Entlastungsbetrag für Alleinstehende
Der Familienleistungsausgleich sieht alternativ entweder die Zahlung des Kindergeldes nach § 62 ff. EStG vor oder im Falle, dass die einkommensteuerlichen Auswirkungen größer sind als das im laufenden Kalenderjahr gezahlte Kindergeld, die Gewährung des Kinderfreibetrags in Höhe von 2394 Euro (ab VA 2018). Hinzu kommt der Betreuungsfreibetrag für den Betreuungs- und Erziehungs- oder Ausbildungsbedarf des Kindes in Höhe von 1320 Euro je Kind und je Elternteil jährlich (§ 32 Abs. 6 EStG). Dabei kommt die steuerliche Berechnung, bei der zwischen Kindergeld und Kinderfreibetrag zuzüglich des Betreuungsfreibetrags für den Betreuungs- und Erziehungs- oder Ausbildungsbedarf des Kindes entschieden wird – je nach dem, was im Einzelfall günstiger ist – erst bei der Veranlagung zur Einkommensteuer zum Tragen, denn zunächst wird erst das Kindergeld an die Antragsteller ausgezahlt.

Alleinstehende Steuerpflichtige können einen Entlastungsbetrag in Höhe von 1908 Euro im Kalenderjahr von der Summe der Einkünfte abziehen, wenn zu ihrem Haushalt mindestens ein Kind gehört, für das ihnen ein Freibetrag nach § 32 Abs. 6 EStG oder Kindergeld zusteht (§ 24b EStG).

Für 2018 beträgt das Kindergeld für das erste und zweite Kind je 194 Euro, für das dritte 200 Euro und für jedes weitere Kind je 225 Euro.

Ab 2019 soll das Kindergeld 204 Euro für das erste und zweite Kind, für dritte Kinder 210 Euro und das vierte und weitere Kinder 235 Euor betragen (Grundlage: Referentenentwurf des Familienentlastungsgesetzes).

Kindergeld gibt es grundsätzlich

- für alle Kinder bis zum vollendeten 18. Lebensjahr – also bis zum 18. Geburtstag –,
- für Kinder in Ausbildung bis zum vollendeten 25. Lebensjahr,
- für arbeitslose Kinder bis zum vollendeten 21. Lebensjahr.

Für Kinder, die wegen fehlendem Ausbildungsplatz eine Berufsausbildung nicht beginnen oder fortsetzen können, gelten die oben genannten Regelungen für Kinder in Ausbildung.

Nach Abschluss einer erstmaligen Berufsausbildung oder eines Erststudiums wird ein Kind nur berücksichtigt, wenn das Kind keiner Erwerbstätigkeit mit mehr als 20 Stunden regelmäßiger wöchentlicher Arbeitszeit nachgeht.

Das Kindergeld wird an die Person ausgezahlt, in deren Obhut sich das Kind befindet. Lebt das Kind mit beiden Eltern zusammen, können diese bestimmen, wer von ihnen das Kindergeld erhalten soll.

Eltern, die im Ausland wohnen und in Deutschland nach dem Einkommensteuergesetz nicht unbeschränkt steuerpflichtig sind, können unter bestimmten Voraussetzungen Kindergeld nach dem Bundeskindergeldgesetz erhalten. Voraussetzung dafür ist beispielsweise, dass sie in einem Versicherungspflichtverhältnis zur Bundesagentur für Arbeit stehen, als Entwicklungshelfer oder Missionar tätig sind, eine Tätigkeit nach den Vorschriften des Beamtenrechts in einer Einrichtung außerhalb Deutschlands ausüben oder Rente nach deutschen Vorschriften beziehen.

Darüber hinaus müssen die Kinder, für die Kindergeld bezogen wird, ihren Wohnsitz oder gewöhnlichen Aufenthalt in Deutschland oder einem Mitgliedstaat der Europäischen Union haben. Ausgenommen hiervon sind Kinder von Entwicklungshelfern und Missionaren.

Vollwaisen oder Kinder, die den Aufenthalt ihrer Eltern nicht kennen, können Kindergeld nach dem Bundeskindergeldgesetz für sich selbst beantragen.

Die Auszahlung des Kindergeldes erfolgt in der Regel durch die Familienkassen bei den Agenturen für Arbeit.

Als Kinder in diesem Sinne gelten (§ 32 EStG)

- im ersten Grad mit dem Steuerpflichtigen verwandte Kinder sowie
- Pflegekinder. Das sind Kinder, mit denen der Steuerpflichtige durch ein familienähnliches Band auf längere Dauer verbunden ist, sofern er sie in seinem Haushalt aufgenommen hat und das Obhut- und Pflegeverhältnis zu den Eltern nicht mehr besteht. Das Kind darf aber nicht zu Erwerbszwecken in den Haushalt der Pflegeeltern aufgenommen sein.

Einzelheiten zum Kindergeld sind im Serviceportal „Familienwegweiser“ des Bundesministerium für Familien, Senioren, Frauen und Jugend abrufbar: https://www.bmfsfj.de/bmfsfj/themen/familie/familienleistungen

8.1.3.9 Außergewöhnliche Belastungen

Erwachsen einem Steuerpflichtigen zwangsläufig größere Aufwendungen als der überwiegenden Mehrzahl der Steuerpflichtigen gleicher Einkommensverhältnisse, gleicher Vermögensverhältnisse und gleichen Familienstands, handelt es sich um außergewöhnliche Belastungen. In diesem Fall wird auf Antrag die Einkommensteuer dadurch ermäßigt, dass der Teil der Aufwendungen, der die dem Steuerpflichtigen zumutbare Belastung übersteigt, vom Gesamtbetrag der Einkünfte abgezogen wird.

Bei den außergewöhnlichen Belastungen unterscheidet man:

- außergewöhnliche Belastungen allgemeiner Art, beispielsweise Krankheitskosten oder Unfallkosten.
- außergewöhnliche Belastungen in besonderen Fällen, beispielsweise Unterhalt und Berufsausbildung einer dem Steuerpflichtigen oder seinem Ehegatten gegenüber gesetzlich unterhaltspflichtigen Person.

Außergewöhnliche Belastungen nach § 33, 33a und 33b EStG

Belastungen, die über das übliche Maß hinausgehen, werden auf Antrag bei der Einkommensteuer berücksichtigt. Voraussetzung ist, dass sich der Steuerpflichtige den Aufwendungen aus rechtlichen, tatsächlichen oder sittlichen Gründen nicht entziehen kann und diese notwendig sind und einen angemessenen Betrag nicht übersteigen.

Die zumutbare Belastung beträgt			
bei einem Gesambetrag der Einkünfte	bis 15 340 €	über 15 340 € bis 51 130 €	über 51 130 €
• bei Steuerpflichtigen ohne Kinder[1]			
a) nach der Grundtabelle	5 %	6 %	7 %
b) nach dem Splittingverfahren	4 %	5 %	6 %
• bei Steuerpflichtigen mit			
a) einem oder zwei Kindern	2 %	3 %	4 %
b) drei oder mehr Kindern	1 %	1 %	2 %
	des Gesamtbetrags der Einkünfte		

abzugsfähig in Höhe des Betrages, der die zumutbare Belastung übersteigt, jedoch jeweils nach Verrechnung (Versicherungs-) Leistungen Dritter

ohne Abzug einer zumutbaren Belastung

Außergewöhnliche Belastungen allgemeiner Art nach § 33 EStG sind abzugsfähig in Höhe des Betrags, der die zumutbare Belastung übersteigt

beispielsweise
- Unwetterschäden, Brand, Hochwasser
- Unfallkosten
- Kosten der Ehescheidung
- Krankheitskosten
- Behinderung (nicht jedoch Behinderten-Pauschbeträge (siehe rechte Spalte)
- Beerdigungskosten (falls die Kosten nicht anderweitig erstattet werden, zum Beispiel durch eine Sterbegeldversicherung oder vom Nachlass nicht gedeckt sind). Allerdings nach Aufsicht der Finanzverwaltung (LfSt Bayern v. 16.12.2016) nur die mit der Beerdigung im Zusammenhang stehenden unmittelbaren Kosten, wie Trauerfeier, Redner, Bestatter, öffentlicher Gebühren, Sarg, Blumenschmuck, erstmalige Herrichtung des Grabes und angemessenes Grabmal. Nicht dazu zählen Bewirtung, Trauerkleidung und Reisekosten.
- Anmerkung: Prozesskosten i.S. des § 33b Abs. 6 EStG wie Scheidungskosten sind ab VAZ 2013 grundsätzlich ausgeschlossen; § 33 Abs. 2 Satz 4 EStG

Außergewöhnliche Belastungen in besonderen Fällen (§ 33a EStG) für
- Aufwendungen für Unterhalt und etwaige Berufsausbildung können bei gesetzlicher Unterhaltspflicht bis zu 8 652 € (VAZ 2016), 8 820 € (VAZ 2017) und 9 000 (VAZ 2018)[2] je Kalenderjahr abgezogen werden. Dies gilt auch für Unterhaltsleistungen von Angehörigen im Ausland.[3, 4] Für Geschwister und Lebensgemeinschaften gibt es eine Härteklausel.
- zusätzliche Aufwendungen für ein in Berufsausbildung befindliches, auswärts untergebrachtes, volljähriges Kind bis zu 924 € je Kalenderjahr

Pauschbeträge (§ 33b EStG) für
- behinderte Menschen (§ 33b Abs. 3: 310 bis 1420 € und für Behinderte, die hilflos sind und Blinde 3 700 €)
- Hinterbliebene (§ 33b Abs. 4: 370 €) und
- Pflegepersonen (§ 33b Abs. 6: 924 €)

1 Als Kinder zählen die, für die der Steuerpflichtige einen Kinderfreibetrag bekommt.
2 Der Höchstbetrag erhöht sich um den Betrag, der im jeweiligen Veranlagungszeitraum nach § 10 Abs. 1 Nr. 3 EStG für die Absicherung der unterhaltungsberechtigten Person aufgewandten Beiträge.
3 Einzelheiten hierzu regelt das BMF-Schreiben vom 09.02.2006, BStBl I S. 217.
4 Wegfall der Einkünfte- und Bezügegrenze (8 004 €) für volljährige Kinder ab VAZ 2012.

Kompakt

Die Regelung des § 33 Abs. 3 Satz 1 EStG mit den gestaffelten Vom-Hundert-Sätzen ist so zu anzuwenden, dass nur der Teil des Gesamtbetrags der Einkünfte, der den im Gesetz genannten Grenzbetrag übersteigt, mit dem jeweils höheren Prozentsatz belastet wird.

Beispiel: Eheleute mit 2 Kindern und einem Gesamtbetrag der Einkünfte (GdE) von 51 835 Euro. Die Krankheitskosten betragen 4 148 Euro.

So wird bisher gerechnet			So rechnet der BFH jetzt		
GdE	Prozent	Zumutbare Belastung	GdE	Prozent	Zumutbare Belastung
51 835 €	4 %	**2 073,40 €**	bis 15 340 € bis 51 130 € Rest 705 €	2 % 3 % 4 %	306,80 € 1 073,70 € 28,70 €
			insgesamt		**1 408,70 €**
Als außergewöhnliche Belastung absetzbar (4 148,00 € ./. 2 073 €)		**2 075,00 €**	Als außergewöhnliche Belastung absetzbar (4 148,00 € ./. 1 408 €) Vorteil		**2 740,00 €** **665,00 €**

Geldanlage-Tipp

Es empfiehlt sich, wenn möglich, die Rechnungen für außergewöhnliche Belastungen in einem Kalenderjahr zu bezahlen. Damit wird wegen der zumutbaren Eigenbelastung ein höherer Abzugsbetrag erreicht als bei Verteilung der Zahlung auf zwei Kalenderjahre.

8.1.3.10 Wahlmöglichkeit für Lohnsteuerpflichtige durch das Faktorverfahren

Für Lohnsteuerzahler gibt es durch das sogenannte Faktorverfahren eine zusätzliche Wahlmöglichkeit. Damit soll unter bestimmten Voraussetzungen die steuermindernde Wirkung des Splittingverfahrens erreicht werden.

Betroffen sind davon Ehegatten und Partner eingetragener Lebenspartnerschaften mit Lohnsteuerklasse IV/IV, die in Deutschland unbeschränkt einkommensteuerpflichtig sind und beide Arbeitslohn beziehen.

1. Mögliches Lohnsteuerklassen-Wahlverfahren

Ehegatten und Partner eingetragener Lebenspartnerschaften, die beide unbeschränkt steuerpflichtig sind, nicht dauernd getrennt leben und beide Arbeitslohn beziehen, können das verfügbare Nettoeinkommen durch Wahl der geeigneten Steuerklassenkombination optimieren. So können sie bezüglich ihres Lohnsteuerabzugs wählen, ob einer von ihnen (sinnvollerweise der Höherverdienende) nach Steuerklasse III und der andere nach Steuerklasse V besteuert werden soll. Die Steuerklassenkombination III/V ist so gestaltet, dass die Summe der Steuerabzugsbeträge beider Ehegatten in etwa der zu erwartenden Jahressteuer entspricht, wenn der in Steuerklasse III eingestufte Ehegatte etwa 60 Prozent, der in Steuerklasse V eingestufte etwa 40 Prozent des gemeinsamen Arbeitseinkommens erzielt.

Geldanlage- und Steuerinfo zur Lohnsteuerklassenzuordnung nach § 38b EStG

Für die Durchführung des Lohnsteuerabzugs nach § 38b Abs. 1 Satz 2 EStG werden Arbeitnehmer in Steuerklassen eingereiht:

1. In die **Steuerklasse I** gehören
   a) unbeschränkt Einkommensteuerpflichtige, die
      aa) ledig sind
      bb) verheiratet oder Partner eingetragener Lebenspartnerschaften, verwitwet oder geschieden und bei denen die Voraussetzungen für die Steuerklasse III oder IV nicht erfüllt sind; oder
   b) beschränkt Einkommensteuerpflichtige;

2. in die **Steuerklasse II** gehören die unter Nummer 1a bezeichneten Arbeitnehmer, wenn bei Ihnen der Entlastungsbetrag für Alleinerziehende (§ 24b EStG) zu berücksichtigen ist;

3. in die **Steuerklasse III** gehören Arbeitnehmer,
   a) die verheiratet sind, wenn beide Ehegatten oder Partner eingetragener Lebenspartnerschaften unbeschränkt einkommensteuerpflichtig sind und nicht dauernd getrennt leben und
      aa) der Ehegatte oder eingetragene Lebenspartner des Arbeitnehmers keinen Arbeitslohn bezieht oder
      bb) der Ehegatte oder eingetragener Lebenspartner des Arbeitnehmers auf Antrag beider Ehegatten oder eingetragenen Lebenspartnern in die Steuerklasse V eingereiht wird,
   b) die verwitwet sind oder der eingetragene Lebenspartner verstorben ist, wenn sie und ihr verstorbener Ehegatte oder eingetragene Lebenspartner im Zeitpunkt seines Todes unbeschränkt einkommensteuerpflichtig waren und in diesem Zeitpunkt nicht dauernd getrennt gelebt haben, für das Kalenderjahr, das dem Kalenderjahr folgt, in dem der Ehegatte oder eingetragener Lebenspartner verstorben ist,
   c) deren Ehe/Lebenspartnerschaft aufgelöst worden ist, wenn
      aa) im Kalenderjahr der Auflösung der Ehe/Lebenspartnerschaft beide Ehegatten/Lebenspartner unbeschränkt einkommensteuerpflichtig waren und nicht dauernd getrennt gelebt haben und
      bb) der andere Ehegatte/Lebenspartner wieder geheiratet hat, von seinem neuen Ehegatten/Lebenspartner nicht dauernd getrennt lebt und er und sein neuer Ehegatte/Lebenspartner unbeschränkt einkommensteuerpflichtig sind,
      für das Kalenderjahr, in dem die Ehe/Lebenspartnerschaft aufgelöst worden ist;

4. In die **Steuerklasse IV** gehören Arbeitnehmer, die verheiratet sind oder eine Lebenspartnerschaft bilden, wenn beide Ehegatten/Lebenspartner unbeschränkt einkommensteuerpflichtig sind und nicht dauernd getrennt leben und der Ehegatte/Lebenspartner des Arbeitnehmers ebenfalls Arbeitslohn bezieht;

5. in die **Steuerklasse V** gehören die unter Nummer 4 bezeichneten Arbeitnehmer, wenn der Ehegatte/Lebenspartner des Arbeitnehmers auf Antrag beider Ehegatten/Lebenspartner in die Steuerklasse III eingereiht wird;

6. die **Steuerklasse VI** gilt für Arbeitnehmer, die nebeneinander von mehreren Arbeitgebern Arbeitslohn beziehen, für die Einbehaltung der Lohnsteuer vom Arbeitslohn aus dem zweiten und einem weiteren Dienstverhältnis sowie in den Fällen des § 39c EStG (Einbehaltung der Lohnsteuer ohne Lohnsteuerabzugsmerkmale).

2. Optionale Entscheidungsmöglichkeit für Ehegatten/eingetragene Lebenspartner mit Lohnsteuerklasse IV/IV statt III/V

Für Ehegatten/Lebenspartner, die sich für die Steuerklassenkombination IV/IV entscheiden, gibt es eine weitere optionale Ergänzung zu den oben genannten Wahlmöglichkeiten, das sogenannte optionale Faktorverfahren (§ 39f EStG). Dabei ermittelt sich der vom Finanzamt zu berechnende Faktor aus dem Verhältnis der gemeinsamen Einkommensteuer und der Einkommensteuer bei Steuerklasse IV und berücksichtigt damit die steuermindernde Wirkung des Splittingverfahrens.

Damit sollte die Forderung erfüllt werden, die als zu hoch empfundene Besteuerung in Steuerklasse V zu reduzieren, um bestehende Hemmnisse für eine Beschäftigungsaufnahme, wie sie überwiegend von Zweit- oder Geringverdienern darstellten, abgebaut werden.

Ein zusätzlicher Faktor, der stets kleiner als 1 ist und als Lohnsteuerabzugsmerkmal beider Ehegatten/Lebenspartner mit der Steuerklasse IV gebildet werden kann, berücksichtigt zusätzlich die steuermindernde Wirkung des Splittingverfahrens (§ 32a Abs. 5 EStG) beim Lohnsteuerabzug.

Der vom Finanzamt berechnete Faktor ist vom Arbeitgeber als Lohnsteuerabzugsmerkmal, im Rahmen des ELStAM-Verfahrens zu berücksichtigen.

3. Pflichtveranlagung bei Anwendung des Faktorverfahrens

Als Lohnsteuerabzugsverfahren ist das Faktorverfahren kein endgültig steuerlich wirkendes Verfahren. Da die genaue Einkommensteuer nur in der nachfolgenden Veranlagung zu ermitteln ist, wurde als Folgeänderung zu § 39f EStG bei Anwendung des Faktorverfahrens eine Pflichtveranlagung zur Einkommensteuer in das Einkommensteuergesetz (§ 46 Abs. 2 Nr. 3a EStG) eingeführt.

4. Zusammenfassung

Bevor sich ein steuerzahlendes Arbeitnehmerehepaar/steuerzahlende Arbeitnehmerpartner nach dem Lebenspartnerschaftsgesetz für das Faktorverfahren entscheiden, sollten alle zu berücksichtigenden Sachverhalte der Steuerermittlung berücksichtigt werden. Dabei sollte man sich von einem Angehörigen der steuerberatenden Berufe beraten lassen. Im Übrigen sind auch die Mitarbeiter in den Finanzämtern grundsätzlich zur Information und Auskunft verpflichtet.

Geldanlage-Tipp
Genaue Berechnungen können unter https://www.bmf-steuerrechner.de durchgeführt werden.

5. Steuerklassenwahl bei Lebenspartnerschaften

Damit Arbeitnehmerinnen und Arbeitnehmer, die in einer Lebenspartnerschaft leben, dieselben Steuerklassenkombinationen wie Ehegatten erhalten, musste noch die Rechtsgrundlage für die Übermittlung der benötigten Daten durch die Meldebehörden an die Finanzverwaltung geschaffen werden. Durch das am 1. November 2015 in Kraft getretene Bundesmeldegesetz (BGBl. I S. 1084) wird auch die Identifikationsnummer des Lebenspartners an die Finanzverwaltung übermittelt.

8.2 Ausländische Quellensteuern

Im Gegensatz zu Veranlagungssteuern wie der Einkommensteuer, werden Quellensteuern, auch Abzugsteuern genannt, von der auszahlenden Stelle, also sozusagen an der Quelle, in diesen Fällen im Ausland, zunächst in voller Höhe abgezogen und direkt an die Finanzbehörde im jeweiligen Land abgeführt.

Für deutsche Anleger ist die Höhe der im Ausland zu zahlenden Steuer bei Zinsen auf maximal zehn Prozent und bei Dividenden auf maximal 15 Prozent beschränkt.

Geldanlage-Tipp
Eine umfangreiche Übersicht über die ausländischen Quellensteuern finden Sie auf der Webseite des Bundeszentralamts für Steuern unter http://www.bzst.de/DE/Steuern_International/Auslaendische_Quellensteuer/auslaendische_quellensteuer_node.html

8.3 Erbschaft- und Schenkungsteuer

„Der Tod ist nicht das Ende.
Es bleibt uns immer noch der Erbenstreit.“

Ambrosius Bierce (1842-1914)

Rechtsgrundlage ist das Erbschaftsteuer- und Schenkungsteuergesetz (ErbStG) vom 27.02.1997, zuletzt geändert durch das Gesetz zum Ausschluss verfassungsfeindlicher Parteien von der Parteienfinanzierung vom 18.07.2017 (BGBl. I S. 2730).

Eingetragene Lebenspartnerschaften nach dem Lebenspartnerschaftsgesetz sind rückwirkend zum 01.08.2001 den Ehen gleichgestellt. Damit hat bisher die im Sommer 2017 vom Bundestag und Bundesrat beschlossene „Ehe für alle“ keine weitere Gesetzesänderungen bei der Erbschaft- und Schenkungsteuer nach sich gezogen.

Jährlich werden in Deutschland rund 200 bis 300 Milliarden Euro vererbt oder verschenkt[1]

- Zwischen 2015 und 2024 werden insgesamt rund 3,1 Billionen Euro vererbt oder verschenkt.
- Die durchschnittlich zu erwartende Erbschaft wird bezogen auf einen Zeitraum von 15 Jahren, bei knapp 143 000 Euro liegen.
- Das Gesamtvermögen (umgangssprachlich Bruttovermögen) der privaten Haushalte betrug, laut Volkswirtschaftlicher Gesamtrechnungen, rund 11,2 Billionen Euro. Von diesem Vermögen wird jährlich ein Teil auf die nächste Generation, entweder durch Erbschaft nach dem Tod oder durch Schenkung unter Lebenden, übertragen.

Die durchschnittliche Erbschaftssumme beträgt 363 000 Euro.

Doch die Kenntnisse der Erben sind gering: Lediglich zehn Prozent der 50- bis 59-Jährigen kennen sich in Erbschafts- und Erbschaftsteuerfragen aus (Quelle: Clerical Medical). Das ist auch nicht verwunderlich, denn das Erbschaftsteuerrecht und das Bewertungsrecht

1 Quelle: Deutsches Institut für Wirtschaftsforschung, Wochenbericht 27/2017, abgerufen am 21.07.2017

sind, besonders durch die vielfältigen Neuregelungen seit 2009 und zuletzt durch den Beschluss des BVerfG notwendig gewordenen Anpassung der Besteuerung von Betriebsvermögen, in ihrer Komplexität kaum zu übertreffen.

Deshalb haben wir die für Sie als Anleger nützlichsten Informationen verständlich aufbereitet. Entsprechend ist dieses Kapitel wie folgt gegliedert: Zunächst finden Sie unter Abschnitt 8.3.1 eine zivilrechtliche Betrachtung zum Erbrecht und zur Erbfolge. In 8.3.2 werden die Grundzüge der Steuer nach den Reformen dargestellt. In 8.3.3 werden die geplanten Neuregelungen aufgezeigt. In den weiteren Abschnitten werden die steuerrechtlichen Vorgänge, die Wertermittlung des Vermögens, die Steuerberechnung und Befreiungsmöglichkeiten aufgezeigt.

8.3.1 Nützliche Informationen zum Erbrecht und zur Erbfolge

Doch bevor die einzelnen erbschaft- und schenkungsteuerlichen Vorschriften zur Anwendung kommen, stellen sich zivilrechtliche Fragen wie zur Erbberechtigung oder zur Erbfolge.

8.3.1.1 Wem steht das Erbe zu?

Zunächst ist zu klären, wer das Vermögen eines Verstorbenen erhalten soll. Ist kein Testament vorhanden, bestimmt sich dies nach der gesetzlichen Erbfolge. Darunter versteht man die Bestimmung der Person oder der Personen, die das Vermögen eines Verstorbenen erhalten.

Mit dem Tod einer Person geht deren Vermögen als Ganzes auf den oder die Erben über. Der Erbe tritt mit dem Erbfall unmittelbar und sofort in die gesamten Rechte und Pflichten des Erblassers ein. Es bedarf keiner ausdrücklichen Annahmeerklärung, mit welcher der Erbe die Erbschaft annimmt. Eine verstorbene Person, deren Vermögen auf einen oder mehrere Erben übergeht, wird als Erblasser bezeichnet. Der Begriff „Erblasser“ bezeichnet damit grundsätzlich die verstorbene Person. Das Gesetz verwendet im Erbrecht jedoch auch für noch lebende Menschen den Begriff „Erblasser“, wenn es um eine Verfügung von Todes wegen geht, also um ein Testament oder einen Erbvertrag.

Die gesetzliche Erbfolge tritt ein, wenn kein wirksames Testament und kein gültiger Erbvertrag vorliegen, in denen der Erblasser seine Erben bestimmt hat. Die gesetzliche Erbfolge ist damit eine Art Standardlösung in Form der Zugewinngemeinschaft, die im Bürgerlichen Gesetzbuch (§§ 1363–1407) geregelt ist. Den Ehegatten steht nach § 1931 BGB grundsätzlich ein Anteil zu.

Im Übrigen werden die Verwandten des Erblassers in folgende fünf Ordnungen eingeteilt. Auch innerhalb der fünf Ordnungen sind Reihenfolge und Erbanteile festgelegt. Dabei gilt das Prinzip: Personen einer nachrangigen Ordnung haben keinen Erbanspruch, solange Personen einer vorrangigen Ordnung noch leben.

Für die Erben soll möglichst viel und für den Fiskus möglichst wenig übrig bleiben.

Wie Sie in diesem Beitrag erkennen werden, gibt es eine Vielzahl von Rechtsvorschriften und Bestimmungen. Umso wichtiger ist, alle rechtlichen Vorkehrungen so zu treffen, dass getreu dem Motto dieses Buches: „Für die Erben möglichst viel und für den Fiskus möglichst wenig übrig bleibt.“

Erblasser
Erben erster Ordnung Abkömmlinge des Erblassers: Kinder, Enkel, Urenkel und Ur-Urenkel
Erben zweiter Ordnung Eltern des Erblassers und deren Abkömmlinge, das heißt die Geschwister, Neffen und Nichten, Großneffen und Großnichten des Erblassers
Erben dritter Ordnung Großeltern des Erblassers und deren Abkömmlinge, das heißt Onkel und Tanten, Cousins und Cousinen des Erblassers
Erben vierter Ordnung Urgroßeltern des Erblassers und deren Abkömmlinge
Erben fünfter und fernerer Ordnungen Ur-Urgroßeltern und deren Abkömmlinge

Zugewinngemeinschaft, Gütergemeinschaft und Gütertrennung

- Sofern nicht durch notariellen Ehevertrag etwas anderes vereinbart ist, gilt für Ehegatten der sogenannte gesetzliche Güterstand nach dem BGB, die Zugewinngemeinschaft. Am Ende dieses Güterstands wird der Zugewinn berechnet und ausgeglichen (Zugewinnausgleich). Bei der Zugewinngemeinschaft wird der Güterstand beendet durch Tod oder Scheidung, bei der der während der Ehe erfolgte Wertzuwachs geteilt wird (§ 1363 BGB).
- Die Gütertrennung setzt einen notariellen Ehevertrag voraus und ersetzt den gesetzlichen Güterstand der Zugewinngemeinschaft. In diesem Fall behält jeder Ehegatte sein Vermögen. Im Gegensatz zur Zugewinngemeinschaft findet bei Scheidung oder anderer Beendigung des Güterstands kein Zugewinnausgleich statt (§ 1414 BGB).
- Die Gütergemeinschaft wird ebenfalls durch notariellen Ehevertrag begründet. Bei der Gütergemeinschaft wird alles, was in die Ehe eingebracht oder während der Ehe erworben wird, gemeinschaftliches Eigentum beider Ehegatten (Gesamtgut, § 1416 BGB).

8.3.1.2 Grundsätze der gesetzlichen Erbfolge

Alle Abkömmlinge eines Erblassers sind mögliche Erben der ersten Ordnung. Damit ist jedoch noch nicht gesagt, dass sie tatsächlich gesetzliche Erben sind und in welchem Umfang sie Erben werden.

- Die Beantwortung dieser Fragen ergibt sich aus folgenden, in der ersten Ordnung geltenden Prinzipien:

- Kinder erben zu gleichen Teilen.
- Ein zur Zeit des Erbfalls lebendes „Stammoberhaupt“ schließt die durch ihn mit dem Erblasser verwandten Abkömmlinge von der Erbfolge aus (sogenanntes Repräsentationsprinzip).
- Lebt beim Erbfall ein Abkömmling nicht mehr oder schlägt er die Erbschaft aus, treten an seine Stelle die durch ihn mit dem Erblasser verwandten Abkömmlinge (sogenannte Erbfolge nach Stämmen).

• Bei Erben in der zweiten und der dritten Ordnung gilt auch, dass Kinder zu gleichen Teilen erben und sich die Erbfolge innerhalb der Ordnung nach dem Repräsentationsprinzip und dem Stammprinzip bestimmt.

• Ab der vierten Ordnung gelten die dargelegten Grundsätze nur eingeschränkt. Stattdessen kommt es auf den Grad der Verwandtschaft an. Eine mit dem Erblasser näher verwandte Person schließt alle entfernter verwandten Personen von der Erbfolge aus. Gleich nahe Verwandte erben zu gleichen Teilen.

8.3.1.3 Erbrecht des Ehegatten

Die Erbquote des Ehegatten ist nicht immer gleich groß, sondern abhängig von den zum Zeitpunkt des Todes vorhandenen Verwandten des Erblassers sowie von dem ehelichen Güterstand, in welchem die Eheleute zum Zeitpunkt des Erbfalls lebten. Dazu nachstehend einige Beispielsfälle:

1. Verheiratet und kinderlos verstorben
Verheiratete Paare ohne eigene Kinder gehen häufig irrtümlicherweise davon aus, dass nach dem Tod eines Partners der andere Partner Alleinerbe wird. Doch tatsächlich muss der länger lebende Ehegatte sich die Erbschaft mit den Eltern des Verstorbenen oder deren Abkömmlingen, beispielsweise dem Schwager oder der Schwägerin, teilen. Alleinerbe wird der Ehegatte nur, wenn keine Abkömmlinge, keine Eltern oder deren Abkömmlinge und keine Großeltern mehr leben.

2. Gesetzliche Erbfolge bei einem verheirateten Erblasser mit Kind
Eine zum Zeitpunkt des Todes verheiratete Person, die mindestens ein Kind hat, wird von dem Ehegatten und dem Kind (oder den Kindern) beerbt. Wie hoch der Anteil der einzelnen Erben ist, richtet sich nach dem Güterstand, in dem die Ehepartner zum Zeitpunkt des Todes lebten, und oft auch nach der Zahl der Kinder.

Bei dem gesetzlichen Güterstand der Zugewinngemeinschaft erhält der Ehepartner die Hälfte der Erbschaft. Die Kinder teilen sich die andere Hälfte.

Lebten die Ehegatten im Güterstand der Gütertrennung, reduziert sich oft die Erbquote. Nur wenn der Ehepartner Erbe neben maximal einem Kind des Erblassers wird, wird er Erbe zur Hälfte. Sind zwei Kinder des Erblassers vorhanden, erbt der überlebende Ehepartner ein Drittel, sind drei oder mehr Kinder des Erblassers vorhanden, erbt er lediglich ein Viertel.

Lebten die Ehegatten im Güterstand der Gütergemeinschaft, erhält der überlebende Ehegatte neben Abkömmlingen des Erblassers lediglich ein Viertel des Erbes.

3. Geschiedener oder in Scheidung lebender Ehegatte
Einem geschiedenen Ehegatten steht kein Erbrecht mehr zu. Das gesetzliche Ehegattenerbrecht setzt eine bestehende Ehe voraus.

Läuft zum Zeitpunkt des Todes ein Scheidungsantrag, ist zu differenzieren:

- Hatte der verstorbene Ehegatte den Scheidungsantrag gestellt oder einem solchen Antrag des überlebenden Ehegatten zugestimmt und lagen die Voraussetzungen vor, nach welchen eine Ehe geschieden werden kann, so entfällt das Erbrecht des überlebenden Ehegatten.
- Hatte jedoch nur der überlebende Ehegatte den Scheidungsantrag gestellt, ohne dass der verstorbene Ehegatte diesem Antrag zugestimmt hatte, oder lagen die Voraussetzungen, nach welchen eine Ehe geschieden werden kann, zum Zeitpunkt des Todes (noch) nicht vor, verbleibt es bei dem Erbrecht des überlebenden Ehegatten.

8.3.1.4 Nachteile der gesetzlichen Erbfolge

Die gesetzliche Erbfolge führt oft zu unerwünschten Ergebnissen:

- Die Erbfolge kann dem Willen des Erblassers nicht entsprechen oder widersprechen.
- Es gelangen Erbunwürdige zur Erbfolge.
- Häufig entstehen Erbengemeinschaften mit einem hohen Streitpotenzial.
- Der Ehegatte oder der Lebenspartner nach dem Lebenspartnerschaftsgesetz ist oft nicht hinreichend abgesichert.
- Hilfsbedürftige Familienmitglieder sind nicht genügend geschützt.
- Die Verwaltung des Nachlasses wird durch minderjährige Miterben erheblich erschwert.
- Ein nichtehelicher Partner ohne Trauschein ist mangels gesetzlicher Erbberechtigung nach dem Tode des Partners oft in einer finanziellen Krise.
- Ein Unternehmen im Nachlass wird durch die Handlungsunfähigkeit einer Erbengemeinschaft oder einen zur Führung des Unternehmens ungeeigneten gesetzlichen Erben gefährdet.
- Die Erbschaftsteuer führt zu unvorhergesehenen Liquiditätsproblemen.
- Findet sich kein anderer Erbe, erbt der Staat.

8.3.2 Grundzüge der Erbschaft- und Schenkungsteuer nach den Erbschaftsteuerreformen

Die Erbschaftsteuer ist eine sogenannte Erbanfallsteuer, das heißt steuerpflichtig ist derjenige, bei dem das Erbe anfällt, also der Erbe oder im Falle der Schenkung der Beschenkte. Bezüglich der Entstehung der Steuer spricht man von einer Stichtagsteuer, das heißt, es sind die Verhältnisse zum Zeitpunkt der Entstehung der Steuer maßgebend.

Die Erbschaftsteuersätze liegen je nach der Höhe des steuerpflichtigen Erwerbs und der Steuerklasse zwischen sieben Prozent (Steuerklasse I) und 50 Prozent (Steuerklasse III). Daneben gibt es verschiedene Freibeträge zwischen 500 000 Euro für Ehegatten und Partner eingetragener gleichgeschlechtlicher Lebenspartnerschaften und 20 000 Euro für alle übrigen Erwerber. So wird selbst bei Übertragung von größeren Vermögensbeträgen an verschiedene Personen meist keine Steuer fällig.

Gemessen an den geschätzten Steuereinnahmen (ohne reine Gemeindesteuern) im Jahr 2018 in Höhe von rund 705 Milliarden Euro schlägt die Erbschaft- und Schenkungsteuer mit sechs Milliarden Euro nur mit 0,85 Prozent zu Buche (Ergebnis Arbeitskreis „Steuerschätzungen" vom Mai 2018).

Die Eckpunkte der bisherigen Erbschaftsteuerreformen

- Die Besteuerung des Vermögens orientiert sich seit 2009 am „gemeinen“ Wert.
- Die persönlichen Freibeträge wurden teilweise erheblich angehoben: Für Kinder mit 400000 Euro nahezu verdoppelt. Lebenspartner einer eingetragenen Lebenspartnerschaft wurden mit 500000 Euro bezüglich des Freibetrags und der Steuerklasse den Ehegatten gleichgestellt. Für Enkel wurde der Freibetrag von 51200 auf 200000 Euro angehoben und damit nahezu vervierfacht.
- Neben den Ehegatten, die bisher schon bei der Übertragung des selbst genutzten Familienheims zu Lebzeiten von der Erbschaftsteuer befreit waren, werden nun auch Witwen und Witwer sowie überlebende eingetragene Lebenspartner für Wohneigentum, das von Todes wegen erworben wird, unter bestimmten Voraussetzungen befreit.
- Die Besteuerung von Grundvermögen erfolgt mit dem Verkehrswert, jedoch gibt es Schonung bei vermieteten Wohnimmobilien durch einen Abschlag von zehn Prozent.
- Zusätzlich zur steuerfreien Übertragung von Wohneigentum (Schonung) können die teilweise erheblich angehobenen persönlichen Freibeträge in Anspruch genommen werden.
- Durch Verschonungsregelungen soll die Nachfolgeplanung im privaten wie im betrieblichen Bereich ermöglicht werden.

Erbschaft- und Schenkungsteueraufkommen
– Angaben in Milliarden € –

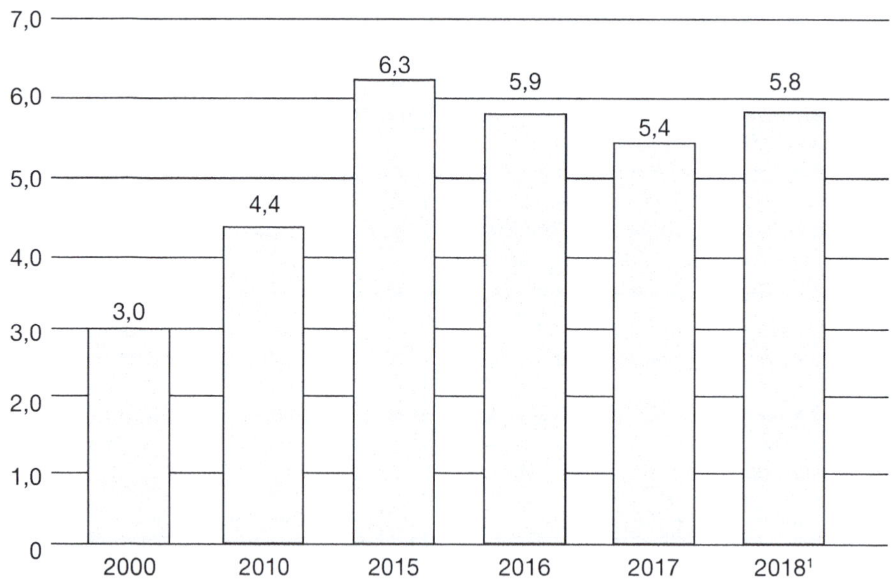

Quelle: Bundesministerium der Finanzen

1 Ergebnis Arbeitskreis „Steuerschätzungen“ vom Mai 2017

8.3.3 Neufassung des Erbschaft- und Schenkungsteuergesetzes ab 2016

Mit Urteil vom 17.12.2014 hatte das Bundesverfassungsgericht den gesetzgebenden Körperschaften aufgegeben, ein verfassungskonformes Recht zu schaffen. Politisch wurden sich Bundestag und Bundesrat nach einem langwierigen und schwierigen Verfahren letztendlich einig. Das neue Recht konnte ab 2016 angewendet werden. Zentraler Punkt ist eine spürbare Verschlechterung für die Übertragung von unternehmerischem Vermögen.

Schon in den Vorjahren hatte das Bundesverfassungsgericht Entscheidungen zur Verfassungswidrigkeit des Erbschaft- und Schenkungsteuergesetzes getroffen. Damals ging es um die Bewertung von Immobilien („Einheitswert") und die Bewertung von Unternehmen („Stuttgarter Verfahren" oder „Steuerbilanzwert"). Nun ging es nur noch um die Vorschriften zur begünstigten Übertragung von Betriebsvermögen.

Die gesetzgebenden Körperschaften waren nun um eine „minimalinvasive" Reform bemüht. Deshalb wurden auch nur die vom Bundesverfassungsgericht getadelten Regelungen neu gefasst. So wurde die grundsätzliche Aufrechterhaltung der Differenzierung zwischen nicht begünstigtem und begünstigtem Vermögen beibehalten. Diese Unterscheidung eröffnet auch weiterhin Möglichkeiten, um nicht begünstigtes Vermögen in begünstigtes Vermögen zu überführen.

Weiterhin bleiben die Voraussetzungen für eine Begünstigung von unternehmerischem Vermögen grundsätzlich erhalten. Diese sind

1. die Trennung zwischen einer 85-prozentigen Regelverschonung und – auf Antrag und unter weiteren (strengeren) Voraussetzungen – einer 100-prozentigen Optionsverschonung,
2. die Einhaltung der Behaltensfrist von fünf Jahren (Regelverschonung) oder sieben Jahren (Optionsverschonung), während derer über das ererbte oder schenkweise erworbene Vermögen in keiner Weise verfügt werden darf. Folge der Nichteinhaltung der Behaltensfrist ist ein zeitanteiliger Wegfall der Begünstigung auch für das gesamte Jahr der schädlichen Verfügung,
3. eine maximale Verwaltungsvermögensquote innerhalb des begünstigungsfähigen Vermögens, eingeschränkt jedoch durch eine Veränderung des zulässigen Umfangs des Verwaltungsvermögens und ein konzeptioneller Wechsel bei dessen Behandlung. Ist mehr Verwaltungsvermögen vorhanden als nach der gesetzlichen Regelung zulässig, entfällt die Begünstigung nicht mehr für das gesamte Vermögen, sondern nur noch für das Verwaltungsvermögens selbst,
4. die Einhaltung einer (teilweise modifizierten) Lohnsummenregelung, nach der grundsätzlich am Ende des fünften Jahres der Behaltensfrist 400 Prozent der Ausgangslohnsumme (Regelverschonung) oder am Ende des siebten Jahres 700 Prozent der Ausgangslohnsumme (Optionsverschonung) erreicht werden müssen.

Während die Verschonung von Betriebsvermögen im bisherigen Recht unabhängig von der Größe und dem Wert des Unternehmens gewährt wurde, hat der Gesetzgeber nunmehr den maximalen Umfang der Begünstigung beim Erwerb von unternehmerischem Vermögen eingeschränkt. Die 85-prozentige Regelverschonung und die 100-prozentige Optionsverschonung werden nur noch dann uneingeschränkt gewährt, wenn das auf einen einzelnen Erwerber übergegangene begünstigte Betriebsvermögen unter Beachtung weiterer Detailregelungen eine Grenze von 26 Millionen Euro nicht überschreitet.

Beträgt der Unternehmenswert mehr als 26 Millionen Euro, kann der Erwerber künftig zwischen einem Abschmelzungsmodell und einem Erlassmodell wählen.

Geringe Verbesserungen sind im neuen Recht beim Wertansatz des Unternehmenswerts zu erkennen. Neu geregelt ist die Wertermittlung durch das vereinfachte Ertragswertverfahren sowie die Einführung eines Wertabschlags für bestimmte Familienunternehmen.

Darüber hinaus wurden die Möglichkeiten zur Stundung der Erbschaft- und Schenkungsteuer verbessert, die auf begünstigtes Vermögen entfällt.

Das neue Erbschaftsteuerrecht ist – abgesehen von der Neuregelung zur Bewertung, die bereits ab dem 01.01.2016 in Kraft getreten sind – rückwirkend für alle Übertragungsvorgänge nach dem 30.06.2016 anzuwenden.

Kompakt

Urteil des BVerfG vom 10.04.2018
Das Bundesverfassungsgericht (BVerfG) hat mit Urteil vom 10.04.2018 festgestellt, dass die Regelungen des Bewertungsgesetzes zur Einheitsbewertung von Grundvermögen in den „alten“ Ländern mit dem allgemeinen Gleichheitssatz unvereinbar sind. Das Festhalten am Hauptfeststellungszeitpunkt 1964 führe zu gravierenden und umfassenden Ungleichbehandlungen, für die es keine ausreichende Rechtfertigung gebe. Der Gesetzgeber ist angehalten, bis zum 31.12.2019 eine gesetzliche Neuregelung zu treffen.

Darüber hinaus wurde ihm vom BVerfG aufgrund des zu erwartenden erheblichen Verwaltungsaufwands eine weitere Frist von fünf Jahren bis zum 31.12.2024 zur Umsetzung der Neuregelung eingeräumt (siehe Pressemitteilung des BVerfG Nr. 21/2018 vom 10.04.2018 unter http://www.bundesfinanzministerium.de/mb/20180622). Das Urteil des Ersten Senats des BVerfG vom 10.04.2018 – 1 BvL 11/14 – Rn. (1-181) ist im Internet unter http://www.bundesfinanzministerium.de/mb/20180623 zu finden.

8.3.4 Steuerpflicht

Die Steuer ist eine sogenannte Erbanfallsteuer, das heißt, steuerpflichtig ist derjenige, bei dem das Erbe anfällt, also der Erbe oder die Erben.

Grundsätzlich gilt bei der Bemessung der Erbschaftsteuer- und Schenkungsteuersätze: Je näher der Erwerber mit dem Erblasser oder Schenker verwandt ist, desto höher sind die Freibeträge und damit umso niedriger die zu zahlenden Steuern. Eine Ausnahme davon sind Ehegatten und ihnen gleichgestellte eingetragene Lebenspartner mit einem Freibetrag von je 500 000 Euro.

Damit die Erbschaftsteuer so niedrig wie möglich anfällt, sind entsprechende steuerliche Gestaltungen durch Verfügung von Todes wegen oder durch Schenkungen zu Lebzeiten vorzunehmen.

Im Vordergrund sollten stets die Ziele stehen, die man mit Vermögensübertragungen erreichen will. Daraus leitet sich dann die optimale Vorgehensweise ab.

Dabei empfiehlt es sich, besonders vor dem Hintergrund der individuellen Besonderheiten, den fachkundigen Rat eines Mitglieds der steuer- und rechtsberatenden Berufe zu suchen.

Steuerpflichtige Vorgänge

Der Erbschaftsteuer unterliegt der sogenannte steuerpflichtige Erwerb. Der steuerpflichtige Erwerb ergibt sich aus dem Rohvermögen, das dem Erwerber zufällt, nach Abzug sämtlicher mit dem Erbfall zusammenhängenden Schulden und Lasten.

Der Erbschaftsteuer, und bei Vermögensübertragungen unter Lebenden der Schenkungsteuer, unterliegen nach § 1 ErbStG vor allem:

Steuerpflichtige Vorgänge nach § 1 ErbStG				
Der Erwerb von Todes wegen (§ 3 ErbStG) – durch Erbanfall (§ 1922 BGB) – durch Vermächtnis (§§ 2147 ff. BGB) – auf Grund geltend gemachten Pflichtteilsanspruchs (§§ 2303 ff. BGB) – durch Schenkung auf den Todesfall (§ 2301 BGB)	Schenkungen unter Lebenden (§ 7 ErbStG)	Zweckzuwendungen von Todes wegen oder freigebige Zuwendungen unter Lebenden, die mit einer Auflage zugunsten eines bestimmten Zwecks verbunden sind (§ 8 ErbStG)	Vermögen einer Stiftung, sofern diese wesentlich im Interesse einer Familie oder bestimmter Familien errichtet ist (sogenannte Familienstiftung), in Zeitabständen von je 30 Jahren (§ 1 i. V. m. § 9 Abs. 1 Nr. 4 ErbStG)	Vermögen eines Vereins, dessen Zweck wesentlich im Interesse einer Familie oder bestimmter Familien auf die Bindung von Vermögen gerichtet ist, in Zeitabständen von je 30 Jahren (§ 1 i. V. m. § 9 Abs. 1 Nr. 4 ErbStG)

Erwerb von Todes wegen (§ 3 ErbStG)

Als Erwerb von Todes wegen gelten besonders:

- Erbschaften aufgrund Gesetz, Testament oder Erbvertrag
- Vermächtnisse
- Schenkungen auf den Todesfall
- Vermögensvorteile aufgrund der vom Erblasser abgeschlossenen Verträge zugunsten Dritter, beispielsweise Lebensversicherungen
- geltend gemachte Pflichtteilsansprüche
- Erbersatzansprüche
- Abfindungen, die für den Verzicht auf entstandene Pflichtteilsansprüche gewährt werden.
- Abfindungen, die für die Ausschlagung einer Erbschaft, eines Erbersatzanspruches oder eines Vermächtnisses gewährt werden.
- Abfindungen, die für die Zurückweisung eines Rechts aus einem Vertrag des Erblassers zugunsten Dritter auf den Todesfall oder anstelle eines anderen in § 3 Abs. 1 ErbStG genannten Erwerbes gewährt werden

Schenkung unter Lebenden (§ 7 ErbStG)

Als Schenkungen unter Lebenden gelten besonders:

- Jede freigebige Zuwendung, die bei dem Bedachten zu einer Bereicherung führt.
- Die Bereicherung des Ehegatten oder entsprechend bei eingetragener Lebenspartnerschaft bei Vereinbarung des ehelichen Güterstandes der Gütergemeinschaft nach § 1415 BGB.
- Abfindungen, die für einen Erbverzicht nach §§ 2346 und 2352 BGB gewährt werden.
- Erwerb aufgrund einer Auflage, die der Schenker angeordnet hat.

Gegenleistungen, die der Beschenkte für die Schenkung aufbringen muss, mindern den Wert der Schenkung, es sei denn, sie können nicht betragsmäßig festgelegt werden, beispielsweise ideelle Gegenleistungen. Im Übrigen siehe Abschnitt 8.3.5.

Zweckzuwendungen (§ 8 ErbStG)

„Zweckzuwendungen sind Zuwendungen von Todes wegen oder freigebige Zuwendungen unter Lebenden, die mit der Auflage verbunden sind, zugunsten eines bestimmten Zwecks verwendet zu werden, oder die von der Verwendung zu Gunsten eines bestimmten Zwecks abhängig sind, soweit hierdurch die Bereicherung des Erwerbers gemindert wird."

Persönliche Steuerpflicht an Inländereigenschaft geknüpft
Die Erbschaftsteuer- oder Schenkungsteuerpflicht nach § 2 Abs. 1 ErbStG tritt ein

- wenn der Erblasser zum Zeitpunkt seines Todes,
- der Schenker zum Zeitpunkt der Ausführung der Schenkung oder
- der Erwerber zum Zeitpunkt der Entstehung der Steuer ein Inländer ist.

Der Steuer unterliegt dann der gesamte Vermögensanfall.

Man unterscheidet zwischen unbeschränkter und beschränkter Steuerpflicht.

Die gesamte Zuwendung (also das Erbe oder die Schenkung) unterliegt der unbeschränkten Steuerpflicht, wenn zum Zeitpunkt des Erbfalls oder der Schenkung entweder der Erblasser (oder Schenker) oder der Erwerber Inländer ist. Das gilt auch für das im Ausland erworbene Vermögen.

Als Inländer nach § 2 Abs. 1 ErbStG gelten:

1. a) Natürliche Personen, die im Inland einen Wohnsitz oder ihren gewöhnlichen Aufenthalt haben (auf die Staatsangehörigkeit kommt es dabei nicht an).
   b) Deutsche Staatsangehörige, die sich nicht länger als fünf Jahre dauernd im Ausland aufgehalten haben, ohne im Inland einen Wohnsitz zu haben.
   c) Unabhängig von der Fünfjahresfrist nach Buchstabe b) deutsche Staatsangehörige, die
      aa) im Inland weder einen Wohnsitz noch ihren gewöhnlichen Aufenthalt haben und
      bb) zu einer inländischen juristischen Person des öffentlichen Rechts in einem Dienstverhältnis stehen und dafür Arbeitslohn aus einer inländischen öffentlichen Kasse beziehen,

sowie zu ihrem Haushalt gehörende bestimmte Angehörige, die die deutsche Staatsangehörigkeit besitzen.

d) Körperschaften, Personenvereinigungen und Vermögensmassen, die ihre Geschäftsleitung oder ihren Sitz im Inland haben.

2. Die persönliche Steuerpflicht für Stiftungen und Vereine tritt ein, wenn diese die Geschäftsleitung oder den Sitz im Inland haben.
3. Die persönliche Steuerpflicht tritt auch ein für den Vermögensanfall, der in Inlandsvermögen im Sinne des § 121 BewG besteht.

Waren weder Erblasser noch der Erwerber Inländer, gilt die beschränkte Steuerpflicht. Sie erstreckt sich nur auf das Inlandsvermögen. Soweit zwischen den beteiligten Staaten Abkommen zur Vermeidung der Doppelbesteuerung (Doppelbesteuerungsabkommen) für Zwecke der Erbschaft- und Schenkungsteuer bestehen, sind diese zu berücksichtigen.

Der Erwerber haftet für die Steuer (§ 20 ErbStG – Steuerschuldner –)

Steuerschuldner ist der Erwerber, bei einer Schenkung auch der Schenker und bei einer Zweckzuwendung der mit der Ausführung der Zuwendung Beschwerte. Der Nachlass haftet bis zur Auseinandersetzung für die Steuer der am Erbfall Beteiligten. Bei einer Vorerbschaft hat der Vorerbe die durch die Vorerbschaft veranlasste Steuer aus den Mitteln der Vorerbschaft zu entrichten. Grundsätzlich entsteht die Erbschaftsteuer mit dem Tod des Erblassers oder bei Schenkungen unter Lebenden mit dem Zeitpunkt der Ausführung der Zuwendung. Ist der Erwerb von Bedingungen, Befristungen und ähnlichen zeitlichen Voraussetzungen abhängig, entsteht die Steuer mit der Erfüllung dieser Voraussetzungen.

Versicherungsunternehmen und andere Personen, dazu zählen auch juristische Personen wie beispielsweise Kreditinstitute, die vor Entrichtung oder Sicherstellung der Steuer

- die von ihnen zu zahlende Versicherungssumme oder Leibrente in ein ausländisches Gebiet zahlen oder im Ausland wohnhaften Berechtigten zur Verfügung stellen,
- Vermögen vorsätzlich oder fahrlässig vor Entrichtung oder Sicherstellung der Steuer in ein ausländisches Gebiet oder im Ausland wohnhaften Berechtigten zur Verfügung stellen,

haften in Höhe des ausgezahlten Betrages für die Steuer. Dies gilt nicht, wenn der in einem Steuerfall ins Ausland gezahlte oder einem im Ausland wohnhaften Berechtigten zur Verfügung gestellte Betrag 600 Euro nicht übersteigt (§ 20 Abs. 7 ErbStG).

Auch für hinterzogene Steuern des Verstorbenen haften die Erben
Ein Erbe muss für alle Steuern des Erblassers gegenüber dem Fiskus aufkommen, wenn nach dessen Tod eine Steuerhinterziehung aufgedeckt wird. Der Erbe oder Miterbe des Verstorbenen ist als Rechtsnachfolger sogar auch verpflichtet, falsche Steuererklärungen des Verstorbenen dem Finanzamt zu offenbaren und richtigzustellen. (Siehe Finanzgericht Baden Württemberg, Urteil vom 06.05.2005, Az. 8 K 395/01)

Der steuerpflichtige Erwerb wird nach dem Bewertungsgesetz ermittelt
Soweit keine Steuerbefreiungen nach den §§ 13, 13a und 13c ErbStG oder Begünstigungen nach 13b ErbStG oder Freibeträge nach den §§ 16 bis 18 ErbStG oder Tarifbegrenzungen nach § 19a ErbStG zu berücksichtigen sind, ist das Rohvermögen nach den Vorschriften des Bewertungsgesetzes zu ermitteln. Bei ausländischem Vermögen können sich besondere Regelungen aus Doppelbesteuerungsabkommen ergeben.

Wird die Erbschaftsteuer nicht vom Erben selbst übernommen, sondern hat der Erblasser deren Zahlung einem anderen übertragen, gehört auch die für den Erben so ersparte Erbschaftsteuer zum steuerpflichtigen Nachlass. Das gleiche gilt, wenn bei einer Schenkung nicht der Beschenkte die Steuer trägt, sondern der Schenker selbst deren Zahlung übernimmt.

Von dem so ermittelten Rohvermögen sind zur Ermittlung des steuerpflichtigen Erwerbs die Nachlassverbindlichkeiten abzugsfähig (§ 10 Abs. 5 ErbStG), Beispiele: Schulden, Auflagen oder Bestattungskosten in Höhe von 10300 Euro ohne Nachweis. Der auf volle 100 Euro abgerundete Betrag bildet die Bemessungsgrundlage für die Berechnung der Steuer.

Die Tücken von Nachlassverbindlichkeiten
Selbst wenn der „lachende" Erbe als Alleinerbe im Testament benannt ist, kommen auf ihn eine Reihe von möglichen Verbindlichkeiten wie Steuerschulden oder Pflichtteilsansprüche zu. So muss beispielsweise ein Alleinerbe an nahe Angehörige des Verstorbenen den Pflichtteil in bar auszahlen. Das führt bei Immobilien- oder Firmenerben oft dazu, das Erbe zwangsweise veräußern zu müssen, um die Auszahlung des Pflichtteils leisten zu können.

Zu den **Nachlassverbindlichkeiten** gehören nach § 10 Abs. 5 ErbStG beispielsweise

- Alle vom Erblasser herrührenden Schulden, die der Erbe, sofern er das Erbe nicht ausschlägt, übernehmen muss (beispielsweise auch Steuerschulden aufgrund bisher nicht abgegebener Steuererklärungen des Verstorbenen), soweit sie nicht mit einem Gewerbebetrieb, Anteil an einem Gewerbebetrieb, Betrieb der Land- und Forstwirtschaft oder einem Anteil daran zusammenhängen und bereits bei der Bewertung der wirtschaftlichen Einheit berücksichtigt worden sind.
- Verbindlichkeiten aus Vermächtnissen und Auflagen
- geltend gemachte Pflichtteils- und Erbersatzansprüche anderer Erben
- Die Kosten der Bestattung des Erblassers, die Kosten für ein angemessenes Grabdenkmal, die Kosten für die übliche Grabpflege mit ihrem Kapitalwert für eine unbestimmte Dauer sowie die Kosten, die dem Erwerber unmittelbar im Zusammenhang mit der Abwicklung, Regelung oder Verteilung des Nachlasses, oder mit der Erlangung des Erwerbs entstehen. Für diese Kosten wird insgesamt ein Betrag von 10300 Euro ohne Nachweis abgezogen.
- Kosten für die Verwaltung des Nachlasses sind nicht abzugsfähig.

8.3.5 Wertermittlung des Vermögens

Nach § 10 ErbStG richtet sich die Erbschaftsteuer nach dem steuerpflichtigen Erwerb des Erben oder Beschenkten. Der Vermögenswert richtet sich nach dem Zeitpunkt, an dem der Erbfall eintritt oder das Vermögen dem Beschenkten zufließt (Stichtagprinzip; § 11 ErbStG – Bewertungsstichtag).

Wertänderungen zwischen dem Bewertungsstichtag und dem Tag, an dem beispielsweise der Erbe tatsächlich über das Vermögen verfügen kann, bleiben unberücksichtigt. Wenn sich beispielsweise die Erben streiten und sich in der uneingeschränkten Verfügung über den Nachlass gegenseitig behindern, kann der Fall eintreten, dass die ursprünglich am Stichtag werthaltigen Wertgegenstände weniger wert oder sogar wertlos sind. Beispiel dafür: Ein zwischenzeitlicher Kursverfall bei Aktien oder wenn Optionen durch Zeitablauf wertlos geworden sind.

Bewertung des Vermögens	
Art des Vermögens	Wertansatz
normal verzinsliche Kapitalforderungen, Sparguthaben oder Festgelder	Nennwert, Nennbeträge
Aktien, Anleihen – an deutschen Börsen im Regulierten Markt zugelassen	niedrigster, am Bewertungsstichtag im Regulierten Markt notierter Kurs
unverzinsliche Kapitalforderungen mit einer längeren Laufzeit	Gegenwartswert (zur Berechnung gibt es spezielle Tabellen)
Ansprüche aus noch nicht fälligen Lebens-, Kapital- oder Rentenversicherungen	Rückkaufswert
lebenslängliche Nutzungen und Leistungen (Renten, Wohn- und Nießbrauchsrechte)	Kapitalwert (zur Berechnung gibt es spezielle Tabellen)
Grundbesitz (Grundstücke, Gebäude, Erbbaurechte)	Grundbesitzwert durch verkehrswertnahe Bewertung in Abhängigkeit von der Art des Grundstücks (Vergleichswertverfahren, Ertragswertverfahren oder Sachwertverfahren)
land- und forstwirtschaftliches Vermögen	gemeiner Wert (meist im Rahmen eines Ertragswertverfahrens mit Substanzwert als Mindestwert)
gewerbliche Einzelunternehmen	gemeiner Wert (meist Ertragswert)
Beteiligungen an Personengesellschaften	gemeiner Wert (meist Ertragswert)
nicht börsennotierte Beteiligungen an Kapitalgesellschaften	gemeiner Wert (meist Ertragswert)
Hausrat, Kunstgegenstände, Kraftfahrzeuge, andere bewegliche körperliche Gegenstände	gemeiner Wert unter Berücksichtigung der Freibeträge

Erbschaftsteuerliche Bewertung von Grundvermögen

Unbebaute Grundstücke	**Bei bebauten Grundstücken erfolgt die Bewertung...**		
	nach dem Vergleichswertverfahren	**nach dem Ertragswertverfahren**	**nach dem Sachwertverfahren**
nach der Grundfläche und entsprechend den von Gutachterausschüssen ermittelten Bodenrichtwerten	– wenn vergleichbare Werte vorliegen, entsprechend des Werts am örtlichen Grundstücksmarkt	– wenn keine vergleichbaren Werte vorliegen, greift das Ertragswertverfahren, das auf nachhaltig erzielbaren Ertrag, beispielsweise der Miete, basiert.	– bei Wohnungseigentum, Ein- und Zweifamilienhäusern, sofern kein Vergleichswert vorhanden ist

8.3.6 Berechnung der Steuer

<table>
<tr><th colspan="3">Steuerklassen und persönliche Freibeträge (bei unbeschränkter Erbschaftsteuerpflicht nach § 2 Abs. 1 Nr. 1 und Abs. 3 ErbStG)</th></tr>
<tr><th>Steuerklasse (§ 15 ErbStG)</th><th>Erwerber
– entsprechend dem Verhältnis des Erwerbers zum Erblasser oder Schenker –</th><th>Freibeträge (§ 16 ErbStG) steuerfrei für den Erwerber bleibt der Erwerb in Höhe von ...</th></tr>
<tr><td rowspan="5">I</td><td>1. der Ehegatte und (ab 14.12.2010) der Lebenspartner (bei eingetragener Lebenspartnerschaft)</td><td>500000 €[1]</td></tr>
<tr><td>2. die Kinder, Stiefkinder und Adoptivkinder[2]</td><td>400000 €[1]</td></tr>
<tr><td>3. die Kinder verstorbener Kinder, verstorbener Stiefkinder und Adoptivkinder[2]</td><td>400000 €</td></tr>
<tr><td>4. die Kinder lebender Kinder (Enkel) und Stiefkinder und weitere Abkömmlinge der Kinder (Urenkel) und Stiefkinder</td><td>200000 €</td></tr>
<tr><td>5. die Eltern und Großeltern („Voreltern“), jedoch nur bei Erwerb von Todes wegen – also im Erbfall –</td><td>100000 €</td></tr>
<tr><td rowspan="9">II</td><td>1. die Eltern und Großeltern („Voreltern“), soweit sie nicht zu Steuerklasse I gehören – also im Falle der Schenkung –</td><td rowspan="9">20000 €</td></tr>
<tr><td>2. die Geschwister</td></tr>
<tr><td>3. die Abkömmlinge ersten Grades von Geschwistern (= Geschwisterkinder, also die Nichten und Neffen des Erblassers sowie Adoptivkinder[2])</td></tr>
<tr><td>4. die Stiefeltern</td></tr>
<tr><td>5. die Stiefkinder von Kindern und Geschwistern</td></tr>
<tr><td>6. die Schwiegerkinder</td></tr>
<tr><td>7. die Eltern von Stiefkindern (Stiefschwiegerkinder)</td></tr>
<tr><td>8. die Schwiegereltern</td></tr>
<tr><td>9. der geschiedene Ehegatte und ab 14.12.2010 der ehemalige Lebenspartner einer aufgelösten eingetragenen Lebenspartnerschaft</td></tr>
<tr><td rowspan="2">III</td><td>1. alle übrigen Erwerber, auch beispielsweise Verlobte, der Schwager oder die Schwägerin, Pflegekinder, Tanten, Onkel</td><td rowspan="2">20000 €</td></tr>
<tr><td>2. Zweckzuwendungen[3]</td></tr>
<tr><td colspan="3">Auch bei beschränkter Erbschaftsteuerpflicht nach § 2 Abs. 1 Nr. 3 ErbStG gelten die obigen Freibeträge, allerdings mit einer Minderung um einen Teilbetrag</td></tr>
</table>

1 Zusätzlich wird, soweit zutreffend, ein besonderer Versorgungsfreibetrag nach § 17 ErbStG gewährt.

2 Adoptivkinder gem. § 15 Abs. 1a ErbStG

3 Zuwendungen von Todes wegen oder freigebige Zuwendungen unter Lebenden, die mit der Auflage verbunden sind, zugunsten eines bestimmten Zwecks verwendet zu werden, siehe § 8 ErbStG

Durch das Jahressteuergesetz 2010 (JStG 2010) gelten für Erwerbe seit dem 14.12.2010 für Lebenspartner nach dem Lebenspartnerschaftsgesetz folgende Ergänzungen:

1. Eingetragene Lebenspartner werden wie Ehegatten der Steuerklasse I zugeordnet.
2. Wird die Lebenspartnerschaft nach § 15 Lebenspartnerschaftsgesetz aufgehoben, gilt für den ehemaligen Lebenspartner – wie für geschiedene Ehegatten – die Steuerklasse II.

Steuerklassen und persönliche Freibeträge
Rechtsgrundlagen sind die §§ 15 und 16 ErbStG. Die Freibeträge richten sich nach dem persönlichen (überwiegend Verwandtschafts-) Verhältnis des Erwerbers zum Erblasser oder Schenker und werden nach drei Steuerklassen unterschieden. Die Freibeträge werden vor der Ermittlung des steuerpflichtigen Erwerbs in Ansatz gebracht.

Besonderer Versorgungsfreibetrag (§ 17 ErbStG)
1. Neben dem Freibetrag nach § 16 Abs. 1 Nr. 1 und Nr. 6 ErbStG wird dem überlebenden Ehegatten und dem überlebenden Lebenspartner im Sinne der Steuerklasse I Nr. 1 (§ 15 Abs. 1 Nr. 1 ErbStG) im Erbfall zusätzlich ein besonderer Versorgungsfreibetrag nach § 17 Abs. 1 ErbStG in Höhe von 256 000 Euro gewährt (siehe Tabelle). Bei Ehegatten oder Lebenspartnern fällt nur der ererbte Vermögensanteil unter die Erbmasse, den ein Ehegatte oder Lebenspartner vom anderen Ehegatten oder Lebenspartner erbt. Dabei ist das gemeinsame Vermögen der Eheleute oder Lebenspartner zunächst auf den überlebenden Ehegatten oder Lebenspartner und den verstorbenen Ehegatten oder Lebenspartner aufzuteilen. Der auf den letztgenannten Ehegatten oder Lebenspartner entfallende Teil kann dann vererbt werden.

2. Neben dem Freibetrag nach § 16 Abs. 1 Nr. 2 ErbStG wird Kindern im Sinne der Steuerklasse I Nr. 2 (§ 15 Abs. 1 ErbStG) für Erwerbe von Todes wegen (also im Erbfall) ein besonderer Versorgungsfreibetrag je nach Alter in Höhe von 10 300 bis 52 000 Euro gewährt (siehe Tabelle).

<table>
<tr><th colspan="2">Zusätzliche besondere Versorgungsfreibeträge nach § 17 ErbStG
– nur beim Erwerb von Todes wegen –</th></tr>
<tr><td>für den überlebenden Ehegatten und den überlebenden Lebenspartner (§ 17 Abs. 1 ErbStG)</td><td>für Kinder (§ 17 Abs. 2 ErbStG)</td></tr>
<tr><td>Bei Erwerb von Todes wegen wird neben dem Freibetrag nach § 16 ErbStG dem überlebenden Ehegatten oder dem überlebenden eingetragenen Lebenspartner ein besonderer Versorgungsfreibetrag in Höhe von 256 000 € gewährt.

• abzüglich eventueller Kürzung:
Der Freibetrag wird bei Ehegatten oder bei Lebenspartnern, denen aus Anlass des Todes des Erblassers nicht der Erbschaftsteuer unterliegende Versorgungsbezüge zustehen, um den nach § 14 des Bewertungsgesetzes zu ermittelnden Kapitalwert dieser Versorgungsbezüge gekürzt.</td><td>Kindern und Stiefkindern sowie Adoptivkindern im Sinne der Steuerklasse I Nr. 2 (§ 15 Abs. 1 ErbStG) wird für Erwerbe von Todes wegen ein besonderer Versorgungsfreibetrag in folgender Höhe gewährt:
1. bei einem Alter bis zu 5 Jahren: 52 000 €
2. bei einem Alter von mehr als 5 bis zu 10 Jahren: 41 000 €
3. bei einem Alter von mehr als 10 bis zu 15 Jahren: 30 700 €
4. bei einem Alter von mehr als 15 bis zu 20 Jahren: 20 500 €
5. bei einem Alter von mehr als 20 Jahren bis zur Vollendung des 27. Lebensjahrs: 10 300 €
• abzüglich eventueller Kürzung:
Stehen dem Kind aus Anlass des Todes des Erblassers nicht der Erbschaftsteuer unterliegende Versorgungsbezüge zu, wird der Freibetrag um den nach § 13 Abs. 1 des Bewertungsgesetzes zu ermittelnden Kapitalwert dieser Versorgungsbezüge gekürzt. Bei der Berechnung des Kapitalwerts ist von der nach den Verhältnissen am Stichtag (§ 11 BewG) voraussichtlichen Dauer der Bezüge auszugehen (§ 17 Abs. 2 Satz 2 ErbStG).</td></tr>
</table>

Beispiel zu den Versorgungsfreibeträgen nach § 17 ErbStG i. V. mit § 14 Abs. 1 BewG[1]

Eine 55-jährige Witwe erhielt aufgrund des Todes ihres Mannes im Jahr 2016 eine lebenslängliche Betriebsrente in Höhe von 12 000 Euro jährlich. Der Kapitalwert dieser Rente beträgt nach § 14 Abs. 1 BewG (lebenslängliche Nutzungen und Leistungen) und nach dem aus dem BMF-Schreiben vom 02.12.2015 sich ergebenden Multiplikator von 14,823 (für Frauen, die das 55. Lebensjahr vollendet haben) 177 876 Euro. Der besondere Versorgungsfreibetrag reduziert sich somit auf 78 124 Euro (256 000 Euro minus 177 876 Euro).

Erbschaftsteuertarif

Je nach Höhe des steuerpflichtigen Erwerbs und der Steuerklasse wird die Erbschaft- und Schenkungsteuer mit Steuersätzen zwischen sieben und 30 Prozent in der Steuerklasse I, 15 bis 43 Prozent in der Steuerklasse II und 30 bis 50 Prozent in der Steuerklasse III festgesetzt (§19 ErbStG).

Die Höhe der Erbschaftsteuer wird durch zwei Faktoren bestimmt: nach dem Wert des steuerpflichtigen Erwerbs und nach dem jeweiligen Prozentsatz entsprechend der Steuerklasse.

1 Das Beispiel gilt entsprechend für eingetragene Lebenspartner nach dem Lebenspartnerschaftsgesetz.

Die Erbschaftsteuer wird nach folgenden Prozentsätzen erhoben:

Steuersätze nach § 19 Abs. 1 ErbStG ab 01.01.2010			
Wert des steuerpflichtigen Erwerbs nach § 10 ErbStG bis einschließlich … €	Prozentsatz in der Steuerklasse …		
	I	II	III
75 000	7	15	30
300 000	11	20	30
600 000	15	25	30
6 000 000	19	30	30
13 000 000	23	35	50
26 000 000	27	40	50
über 26 000 000	30	43	50

Da die Prozentsätze in der Steuerklasse I sich in größeren Sprüngen zwischen sieben und 30 Prozent bewegen, nachstehend zwei Beispiele:

Beispiele zur Berechnung der Erbschaftsteuer unter Berücksichtigung des Versorgungsfreibetrags

Beispiel 1
Erwerbe Steuerklasse I

Ein 25-jähriges Kind erbt von seinem Vater 475 000 Euro Bargeld. In diesem Fall stellt sich die Erbschaftbesteuerung wie folgt dar:

Vermögenszuwachs	475 000 €
Abzüglich Freibetrag nach § 16 ErbStG	400 000 €
Verbleiben	75 000 €
Abzüglich Versorgungsfreibetrag nach § 17 ErbStG	10 300 €
= Wert des steuerpflichtigen Erwerbs	64 700 €
Davon Steuersatz nach § 19 Abs. 1 ErbStG: 7 %, somit beträgt die Erbschaftsteuer	4 529 €

Beispiel 2:
Erwerbe Steuerklasse I

Ein 25-jähriges Kind erbt von seinem Vater 480 000 Euro Bargeld. In diesem Fall stellt sich die Erbschaftbesteuerung wie folgt dar:

Vermögenszuwachs	480 000 €
Abzüglich Freibetrag nach § 16 ErbStG	400 000 €
Verbleiben	80 000 €
Abzüglich Versorgungsfreibetrag nach § 17 ErbStG	10 300 €
= Wert des steuerpflichtigen Erwerbs	69 700 €
Davon Steuersatz nach § 19 Abs. 1 ErbStG: 7 %, somit beträgt die Erbschaftsteuer	7 667 €

Das heißt werden 5 000 Euro mehr vererbt, werden davon 3 138 Euro mehr an Steuern fällig. Von den 5 000 Euro verbleiben nach Abzug der Steuer noch 1 862 Euro.

Berücksichtigung früherer Erwerbe (Zehn-Jahres-Zeiträume) – § 14 ErbStG
Schenkungen zu Lebzeiten und Erwerbe von Todes wegen von derselben Person, die innerhalb von zehn Jahren erfolgen, werden jeweils zusammengefasst. Die persönlichen und sachlichen Freibeträge werden innerhalb dieses Zeitraums nur einmal gewährt. Dabei werden die früheren Erwerbe nach ihrem früheren Wert zugerechnet. Von der Steuer für den Gesamtbetrag wird die Steuer abgezogen, die für die früheren Erwerbe nach den persönlichen Verhältnissen des Erwerbers und auf der Grundlage der geltenden Vorschriften zur Zeit des letzten Erwerbs zu erheben gewesen wäre.

Dabei ist die tatsächlich für die in die Zusammenrechnung einbezogenen früheren Erwerbe zu entrichtende Steuer abzuziehen, wenn diese höher ist. Erwerbe, für die sich nach den steuerlichen Bewertungsgrundsätzen kein positiver Wert ergeben hat, bleiben unberücksichtigt. Im Übrigen gilt, dass die durch jeden weiteren Erwerb veranlasste Steuer nicht mehr als 50 Prozent dieses Erwerbs betragen darf.

Beispiel für die Zusammenrechnung früherer Erwerbe (Steuerklassen III und I)

Ein Mann hatte 2017 seiner Lebenspartnerin 120 000 Euro geschenkt. Nachdem die beiden im Jahr 2018 geheiratet hatten, schenkte der Mann ihr weitere 600 000 Euro.

Erwerb 2017	
Barvermögen	120 000 €
persönlicher Freibetrag	– 20 000 €
steuerpflichtiger Erwerb	100 000 €
Steuersatz in Steuerklasse III: 30 %	
Steuer 2017	30 000 €
Erwerb 2018	
Barvermögen 2018	600 000 €
Barvermögen 2017	120 000 €
Gesamterwerb	720 000 €
persönlicher Freibetrag	– 500 000 €
steuerpflichtiger Erwerb	220 000 €
Steuersatz in Steuerklasse I: 11 %	
Steuer auf Gesamterwerb	24 200 €
fiktive Steuer 2018 auf den Vorerwerb 2017	
Barvermögen 2017	120 000 €
persönlicher Freibetrag	– 20 000 €
steuerpflichtiger Erwerb	100 000 €
fiktive Steuer 11 %	11 000 €
Anzurechnen ist jedoch die höhere tatsächliche Steuer 2017	– 30 000 €
festzusetzende Steuer 2017	0 €
Mindeststeuer für 2018	
Barvermögen 2017	600 000 €
persönlicher Freibetrag	– 500 000 €
steuerpflichtiger Erwerb	100 000 €
Somit beträgt die Erbschaftssteuer (bei einem Steuersatz 11 Prozent nach § 19 Abs. 1 ErbStG)	11 000 €

Trotz der Zusammenrechnung mit früheren Erwerben bleibt nur der Letzterwerb Besteuerungsgegenstand. Nur für diesen Erwerb wird eine neue Steuer geschuldet, deren Höhe lediglich vom Wert des Vorerwerbs beeinflusst ist. Weil dieser Vorerwerb bereits der Besteuerung unterlag, muss von der Steuer auf den Letzterwerb der Steuerbetrag abgezogen werden, der rechnerisch auf den Vorerwerb entfällt. Hierbei handelt es sich nicht um eine Anrechnung in dem Sinne, dass die Steuer auf den Vorerwerb als eine Art „Vorauszahlung" zu behandeln wäre. War die seinerzeit auf den Vorerwerb zu entrichtende Steuer höher als die im Zeitpunkt des Letzterwerbs für den Gesamterwerb errechnete Steuer, kann es nicht zu einer Erstattung dieser „Mehrsteuer" kommen. Die Steuer für den Letzterwerb beträgt in einem solchen Fall null Euro.

Ermäßigung bei mehrfacher Vererbung desselben Vermögens nach § 27 ErbStG
Wird dasselbe Vermögen nacheinander mehrfach vererbt, beispielsweise beim Tod des Vaters zunächst auf die Ehefrau und nach deren Tod auf die Kinder, fällt grundsätzlich jedes Mal von neuem Erbschaftsteuer an. Um diese kumulative Wirkung abzumildern, regelt § 27 ErbStG eine Ermäßigung der Erbschaftsteuer, wenn zwischen Personen der Steuerklasse I innerhalb von zehn Jahren dasselbe Vermögen durch Tod mehrfach übergeht.

Ermäßigung bei mehrfacher Vererbung desselben Vermögens innerhalb der Steuerklasse I (§ 27 ErbStG)	
Der auf dieses Vermögen entfallende Erbschaftsteuerbetrag wird ermäßigt in Prozent	… wenn der Zeitraum zwischen den Erbfällen – maßgeblich ist jeweils der Zeitpunkt des Entstehens der Steuer –
50	nicht mehr als 1 Jahr
45	mehr als 1 Jahr, aber nicht mehr als 2 Jahre
40	mehr als 2 Jahre, aber nicht mehr als 3 Jahre
35	mehr als 3 Jahre, aber nicht mehr als 4 Jahre
30	mehr als 4 Jahre, aber nicht mehr als 5 Jahre
25	mehr als 5 Jahre, aber nicht mehr als 6 Jahre
20	mehr als 6 Jahre, aber nicht mehr als 8 Jahre
10	mehr als 8 Jahre, aber nicht mehr als 10 Jahre beträgt

Schenkung zu gleichen Teilen spart Schenkungsteuer

Beispiel zur Schenkung aus gemeinsamen Eigentum

Eheleute sind zu gleichen Teilen Eigentümer eines Wertpapierdepots. Sie schenken dieses Depot ihrer Tochter. Der Wert beträgt im Jahr der Schenkung 900 000 €.

Erwerb von	Mutter	Vater
Wert der Schenkung	450 000 €	450 000 €
./. persönlicher Freibetrag	400 000 €	400 000 €
steuerpflichtiger Erwerb	50 000 €	50 000 €
Erbschaftsteuer jeweils 7 %	3 500 €	3 500 €
zusammen also	7 000 €	

Wäre der Vater Alleineigentümer des Depots gewesen, hätte sich folgendes Bild ergeben:

Wert der Schenkung	900 000 €
./. Freibetrag	400 000 €
steuerpflichtiger Erwerb	500 000 €
Erbschaftsteuer nach § 19 Abs. 1 ErbStG 15 %	75 000 €

Bei Schenkung von gemeinsamen Eigentum beträgt die Steuerersparnis hier also 68 000 € (7 000 € statt 75 000 €).

Geldanlage-Tipp

Wer erhebliches Vermögen auf seine Kinder übertragen will, sollte frühzeitig und wohlüberlegt planen. Unter Nutzung der Zehnjahresfrist lassen sich erhebliche Beträge an Erbschaftsteuer einsparen. Wird den Kindern bereits zu Lebzeiten im Wege von Schenkungen Vermögen übertragen, können alle zehn Jahre wieder die vollen Freibeträge in Höhe von 400000 Euro berücksichtigt werden.

Denken Sie auch an die einkommensteuerlichen Folgen einer Schenkung (besonders den einkommensteuerlichen Grundfreibetrag des jeweiligen Veranlagungszeitraums und an die Folgen der gesetzlichen Krankenversicherungspflicht).

Muster 6
(§ 8 ErbStStDV)

....
Amtsgericht/Notariat

Schenkungsteuer

An das
Finanzamt ....
– Erbschaftsteuerstelle –

Die anliegende beglaubigte Abschrift/Ablichtung wird mit folgenden Bemerkungen übersandt:

1. **Schenker** Name, Vorname, Identifikationsnummer[1] ....
   Geburtstag ....
   Anschrift ....

2. **Beschenkter** Name, Vorname, Identifikationsnummer[1] ....
   Geburtstag ....
   Anschrift ....

3. **Vertrag** vom .... Urkundenrolle-Nr. ....

4.[2] **Ergänzende Angaben** (§ 34 ErbStG, § 8 ErbStDV)
   Persönliches Verhältnis (Verwandtschaftsverhältnis, Ehegatte oder Lebenspartner) des Erwerbers zum Schenker (z. B. Kind, Geschwisterkind. Bruder der Mutter, nicht verwandt) ....

Verkehrswert des übertragenden Vermögens	Bei Grundbesitz: letzter Einheitswert/Grundbesitzwert (Nicht zutreffendes ist zu streichen	Wert, der der Kostenberechnung zugrunde liegt
EUR	EUR	EUR

5. **Sonstige Angaben**
   Zur Verfahrensvereinfachung und Vermeidung von Rückfragen werden mit Einverständnis der Urkundsparteien folgende Angaben gemacht, soweit sie nicht bereits aus dem Vertrag ersichtlich sich

Valutastand der übernommenen Verbindlichkeiten am Tag der Schenkung	Jahreswert von Gegenleisungen wie z. B. Nießbrauch	Höhe der Notargebühren
EUR	EUR	EUR

....
Ort, Datum Unterschrift

1 Geänd. durch Verordnung v. 22.12.2014 (BGBl. I S. 2392).
2 Nr. 4 Klammerzusätze geänd. mit Wirkung vom 1.1.2011 durch Verordnung v. 17.11.2010 (BGBl. I S. 1544).

8.3.7 Steuerbefreiungen und begünstigtes Vermögen

Neben den (allgemeinen) persönlichen Freibeträgen nach § 16 und den besonderen Versorgungsfreibeträgen nach § 17 ErbStG für die überlebenden Ehegatten, Lebenspartner und Kinder gibt es eine Vielzahl sachlicher Steuerbefreiungen, Sonderbefreiungen und Verschonungsregelungen. Zunächst eine Übersicht über die sachlichen Steuerbefreiungen:

Sachliche Steuerbefreiungen nach § 13 Abs. 1 Satz 1 ErbStG		
Personenkreis / Vermögensgegenstände[1]	bei Erwerb durch Personen der jeweiligen Steuerklasse nach § 15 ErbStG	
	I	II und III
Hausrat einschließlich Wäsche, Kleidungsstücken, Möbeln und Teppichen	bis einschließlich 41 000 €	bis einschließlich 12 000 €
andere bewegliche körperliche Gegenstände, beispielsweise Kraftfahrzeuge, Schmuck und Kunstgegenstände[1]	bis einschließlich 12 000 €	

Weitere Beispiele für sachliche Steuerbefreiungen nach § 13 Abs. 1 ErbStG:

- Zuwendungen an Eltern, Adoptiveltern, Stiefeltern oder Großeltern, wenn der Erwerb zusammen mit dem übrigen Vermögen des Erwerbers 41 000 Euro nicht übersteigt und der Erwerber wegen körperlicher oder geistiger Gebrechen und unter Berücksichtigung seiner bisherigen Lebensstellung als erwerbsunfähig anzusehen ist oder durch die Führung eines gemeinsamen Hausstandes mit erwerbsunfähigen oder in der Ausbildung befindlichen Abkömmlingen an der Ausübung einer Erwerbstätigkeit gehindert ist (§ 13 Abs. 1 Nr. 6 ErbStG).
- bis zu 20 000 Euro für Personen, die den Erblasser unentgeltlich oder gegen unzureichendes Entgelt gepflegt oder unterhalten haben, soweit das Zugewendete angemessen ist (§ 13 Abs. 1 Nr. 9 ErbStG)
- Zuwendungen unter Lebenden zum Zwecke des angemessenen Unterhalts oder zur Ausbildung des Bedachten (§ 13 Abs. 1 Nr. 12 ErbStG)
- übliche Gelegenheitsgeschenke (§ 13 Abs. 1 Nr. 14 ErbStG)
- Zuwendungen zu kirchlichen, mildtätigen und gemeinnützigen Zwecken (§ 13 Abs. 1 Nr. 17 ErbStG)
- Zuwendungen an politische Parteien und kommunale Wählervereinigungen (§ 13 Abs. 1 Nr. 18 ErbStG)
- Grundbesitz, Kunstgegenstände, Kunstsammlungen, wissenschaftliche Sammlungen, Bibliotheken und Archive bleiben zu 60 Prozent steuerfrei; Grundbesitz oder Teile von Grundbesitz bleiben jedoch zu 85 Prozent ihres Wertes steuerfrei, wenn ihre Erhaltung wegen ihrer Bedeutung für Kunst, Geschichte oder Wissenschaft im öffentlichen Interesse liegt, die jährlichen Kosten in der Regel die erzielten Einnahmen übersteigen und sie Zwecken der Forschung oder Volksbildung nutzbar gemacht werden.

1 Die Befreiung gilt nicht für Gegenstände, die zum land- und forstwirtschaftlichen Vermögen, zum Grundvermögen oder zum Betriebsvermögen gehören, für Zahlungsmittel, Wertpapiere, Münzen, Edelmetalle, Edelsteine und Perlen.

Sind noch weitere Voraussetzungen erfüllt, etwa wenn die Gegenstände der Denkmalpflege unterstellt werden, ist eine volle Befreiung möglich. Werden die Gegenstände innerhalb von zehn Jahren nach dem Erwerb veräußert, fällt die Befreiung rückwirkend weg (§ 13 Abs. 1 Nr. 2 ErbStG).

Neben den beschriebenen sachlichen Steuerbefreiungen nach § 13 ErbStG gibt es vielfältige Steuerbefreiungen für Betriebsvermögen, Betriebe der Land- und Forstwirtschaft und Anteile an Kapitalgesellschaften nach § 13a ErbStG und begünstigte Vermögen nach § 13b ErbStG.

Bei **Betriebsvermögen** wird der gemeine Wert unter Berücksichtigung der Ertragsaussichten geschätzt, mindestens ist aber der Substanzwert (Summe des gemeinen Wertes der Einzelwirtschaftsgüter abzüglich Schulden) anzusetzen. Neben der Zulassung auch nicht steuerlicher Bewertungsverfahren wurde durch Rechtsverordnung ein vereinfachtes Ertragswertverfahren beschlossen.

Bei **land- und forstwirtschaftlichem Vermögen** erfolgt die Ermittlung des gemeinen Werts im Rahmen eines Ertragswertverfahrens.

Für **Anteile an börsennotierten Kapitalgesellschaften w**ird der Börsenkurs angesetzt. Ansonsten erfolgt die Bewertung wie bei den Betriebsvermögen, vorrangig aus Verkäufen innerhalb eines Jahres vor dem Besteuerungszeitpunkt; ansonsten Ermittlung des gemeinen Werts im Rahmen eines Ertragswertverfahrens.

Bei **Immobilien** erfolgt eine verkehrswertnahe Bewertung in Abhängigkeit der Art des Grundstücks. Drei Verfahren stehen zur Auswahl: das Vergleichswertverfahren, das Ertragswertverfahren oder das Sachwertverfahren.

Freistellung des selbstgenutzten Wohneigentums nach § 13 Abs. 1 Nr. 4a bis 4c ErbStG

Der Übergang des selbstgenutzten Wohneigentums an den Ehegatten oder den eingetragenen Lebenspartner beziehungsweise an Kinder und Kinder verstorbener Kinder wird durch das Erbschaft- und Schenkungsteuergesetz besonders begünstigt.

- Steuerbefreiung bei Schenkungen
  Die Übertragung des Eigentums oder Miteigentums an einer im Inland, in der Europäischen Union oder in Staaten des Europäischen Wirtschaftsraums gelegenen, zu eigenen Wohnzwecken genutzte Wohnung (Familienheim) an den Ehegatten oder den eingetragenen Lebenspartner im Weg der Schenkung ist schenkungsteuerfrei. Begünstigt sind zu eigenen Wohnzwecken genutzte Wohnungen in einem Ein- oder Zweifamilienhaus, Geschäftsgrundstücke und gemischt genutzte Grundstücke sowie selbstgenutzte Eigentumswohnungen.
  Voraussetzung für die Steuerfreiheit ist unter anderem, dass das Familienheim den Mittelpunkt des familiären Lebens beider Ehegatten oder der eingetragenen Lebenspartner bilden muss. Eine Befreiung ist nicht möglich, wenn das zugewendete Grundstück als Ferien- oder Wochenendhaus genutzt wird, was bei Grundstücken im Ausland oft der Fall sein wird.
  Die Nutzung zu eigenen Wohnzwecken umfasst auch die Mitbenutzung durch die zur Familie gehörenden Kinder, Enkelkinder oder Eltern.
  Die Befreiung ist wertmäßig nicht begrenzt. Das heißt, es erfolgt keine Angemessenheitsprüfung. Während des Bestehens der Ehe oder der eingetragenen Lebenspartnerschaft kann nacheinander mehrfach ein Familienheim zugewendet werden. Eine Behaltefrist ist auch in diesen Fällen nicht vorgesehen. Gleiches gilt beim Übergang eines Familienheims an den überlebenden Lebenspartner.

- **Steuerbefreiung beim Erwerb von Todes wegen**
  Die Steuerbefreiung im Falle von Schenkungen gilt auch beim Übergang eines Familienheims an den Ehegatten im Erbfall. Voraussetzung für die Steuerbefreiung ist, dass die Wohnung:
  - vom Erblasser bis zum Erbfall zu eigenen Wohnzwecken genutzt wurde, oder
  - aus zwingenden Gründen nicht zu Wohnzwecken genutzt werden konnte und
  - beim Erwerber unverzüglich zur Selbstnutzung zu eigenen Wohnzwecken bestimmt ist.

  Beispiel: Ein Verstorbener war Alleineigentümer einer Eigentumswohnung, die er zusammen mit seinem eingetragenen Lebenspartner bewohnt hat. Mit dem Tode des Alleinstehenden geht die Wohnung auf seinen eingetragenen Lebenspartner als Alleinerben über. Dieser nutzt die Wohnung weiterhin zu Wohnzwecken.
  Die geerbte Wohnung ist damit von der Erbschaftsteuer freigestellt.
  Die Freistellung entfällt rückwirkend, wenn das Familienheim innerhalb von zehn Jahren nach dem Erwerb nicht mehr selbst genutzt wird. Ausnahmen: Tod des Erwerbers oder der Erbe ist aus zwingenden Gründen an einer Selbstnutzung zu eigenen Wohnzwecken gehindert wie gesundheitliche Gründe (ab Pflegestufe 3) oder bei Umzug in ein Pflegeheim.

- **Steuerbefreiung bei Vererbung eines Familienheims an Kinder und Kindeskinder**[1]
  Auch die Übertragung eines Familienheims auf Kinder oder auf Kinder bereits verstorbener Kinder (Enkel) bleibt im Erbfall steuerfrei. Voraussetzung ist, dass die Wohnung
  - vom Erblasser bis zum Erbfall zu eigenen Wohnzwecken genutzt wurde oder
  - aus zwingenden Gründen nicht zu Wohnzwecken genutzt werden konnte und
  - beim Erwerber unverzüglich zur Selbstnutzung zu eigenen Wohnzwecken bestimmt ist und
  - die Wohnfläche der Wohnung nicht mehr als 200 Quadratmeter beträgt. Bei größeren Wohnungen wird die Freistellung nur für 200 Quadratmeter Wohnfläche gewährt.

  Eine Befreiungsmöglichkeit bei Schenkungen unter Lebenden ist nicht vorgesehen. Auch beim Erwerb durch Kinder oder Kindeskinder ist es unschädlich, wenn der Erblasser aus zwingenden Gründen an der Eigennutzung der Wohnung gehindert war, weil er beispielsweise im Pflegeheim untergebracht war. In einem solchen Fall ist es auch unschädlich, wenn die Wohnung während der Unterbringung des Erblassers im Pflegeheim vermietet war. Voraussetzung ist allerdings, dass der Erbe dann unverzüglich in die Wohnung einzieht.

- **Steuerbefreiung für zu Wohnzwecken vermietete Grundstücke nach § 13c ErbStG**
  Zu Wohnzwecken vermietete Wohnungen, die nicht Betriebsvermögen sind, werden mit 90 Prozent ihres gemeinen Wertes angesetzt. Das vermietete Grundstück muss im Inland, in einem Mitgliedstaat der Europäischen Union oder im Europäischen Wirtschaftsraum belegen sein.
  Zudem kann die auf vermietete Wohnungen entfallende Erbschaftsteuer auf Antrag des Steuerpflichtigen bis zu zehn Jahre zinslos gestundet werden, soweit die Steuer nur durch Veräußerung der Wohnimmobilien bezahlt werden kann. Dies gilt auch, wenn die Wohnimmobilie nach dem Erbfall zu eigenen Wohnzwecken genutzt wird.

Geschenkt ist geschenkt!
Wer beispielsweise eine Schenkung vor Vollendung des 18. Lebensjahres des Kindes wieder rückgängig machen will, zum Beispiel weil das Kind nicht den erhofften Lebenswandel

1 Die Aufgabe der eigenen Wohnnutzung innerhalb von 10 Jahren nach dem Erwerb unter den oben geschilderten Voraussetzungen führt auch hier rückwirkend zum vollständigen Verlust der Steuerbefreiung.

führt, wird den Widerstand der Finanzbehörden zu spüren bekommen. Denn: Die einst vollzogene Schenkung wird nicht anerkannt mit der Folge, dass die Erträge aus dem ehemals geschenkten Vermögen rückwirkend dem Schenker zugerechnet werden.

Bei Schenkungen (vorweggenommene Erbfolge) kann der Schenker wählen, ob der Freibetrag bei der aktuellen Schenkung zu berücksichtigen ist, bei einer späteren Schenkung abgezogen werden soll oder für einen Abzug beim Erbanfall aufgespart werden soll. Das Bestimmungsrecht hat in diesem Fall ausschließlich der Schenker, nicht etwa der Beschenkte (= Steuerschuldner). Nach Ablauf von zehn Jahren kann bei erneuten Schenkungen nochmals der Freibetrag abgezogen werden.

Geldanlage-Tipp für Unternehmer

Wer beispielsweise seine Kinder nach und nach in die Unternehmensnachfolge einbinden will, sollte unter Ausnutzung dieser Freibetragsregelung und der persönlichen Freibeträge der Kinder im Zehn-Jahres-Abstand Betriebsvermögen im Wege von Schenkungen übertragen. Auf diese Weise lassen sich bei rechtzeitiger Planung erhebliche Werte erbschaftsteuerfrei auf Kinder übertragen.

Anzeigepflicht (§ 30 ErbStG i. V. m. § 7 ErbStDV)

Der Erbe oder – bei Schenkungen – der Beschenkte und der Schenker sind verpflichtet, die Erbschaft oder die Schenkung innerhalb von drei Monaten nach erlangter Kenntnis dem Finanzamt anzuzeigen. Erfolgt der steuerpflichtige Erwerb durch ein Rechtsgeschäft unter Lebenden, ist auch der Schenker zur Anzeige verpflichtet (§ 30 Abs. 2 ErbStG).

Einer Anzeige bedarf es nach § 30 Abs. 3 ErbStG nicht,

- wenn der Erwerb auf einer von einem deutschen Gericht, einem deutschen Notar oder einem deutschen Konsul eröffneten Verfügung von Todes wegen beruht und sich aus der Verfügung das Verhältnis des Erwerbers zum Erblasser unzweifelhaft ergibt; das gilt nicht, wenn zum Erwerb Grundbesitz, Betriebsvermögen, Anteile an Kapitalgesellschaften, die nicht der Anzeigepflicht nach § 33 ErbStG unterliegen, oder Auslandsvermögen gehört.
- wenn eine Schenkung unter Lebenden oder eine Zweckzuwendung gerichtlich oder notariell beurkundet ist.

Die Anzeige soll nach § 30 Abs. 4 ErbStG mindestens folgende Angaben enthalten:

- Name, Vorname, Beruf und Wohnung des Erblassers, des Schenkers und des Erben oder Beschenkten
- Identifikationsnummer nach § 139b AO
- Todestag und Todesort des Erblassers
- Zeitpunkt der Schenkung
- Gegenstand und Wert des Erbes oder der Schenkung
- Grund der Zuwendung (beispielsweise gesetzliche Erbfolge, Vermächtnis, Testament)
- Verhältnis zum Erblasser oder Schenker (beispielsweise Verwandtschaftsverhältnis oder Dienstverhältnis)
- bereits früher erhaltene Zuwendungen des Erblassers oder Schenkers

Während die genannten **Anzeigen** zwingend zu erstatten sind, muss eine Steuererklärung nach § 31 ErbStG nur auf besondere Anforderungen des Finanzamtes abgegeben werden.

Nach § 34 ErbStG bestehen besondere Anzeigepflichten auch für Gerichte, Behörden, Beamte und Notare. So werden beispielsweise dem Finanzamt von den Standesämtern die Sterbefälle und von Gerichten oder Notaren die Erteilung von Erbscheinen und seit 17.08.2015 auch Europäische Nachlasszeugnisse, mitgeteilt.

Nach § 33 ErbStG i. V. m. §§ 1 bis 3 ErbStDV sind auch Vermögensverwahrer wie Kreditinstitute, Vermögensverwalter und Versicherungsunternehmen verpflichtet, dem Finanzamt die Höhe des bei ihnen deponierten Nachlasses und das Vorhandensein eines Schließfachs mitzuteilen. Versicherungsunternehmen haben, bevor sie Versicherungssummen oder Leibrenten einem anderen als dem Versicherungsnehmer auszahlen oder zur Verfügung stellen, hiervon dem Finanzamt Anzeige zu erstatten. Die Anzeigepflicht besteht auch dann, wenn an dem in Verwahrung oder Verwaltung befindlichen Wirtschaftsgut außer dem Erblasser auch noch andere Personen beteiligt sind.

Die Anzeige darf nur unterbleiben,

1. wenn es sich um Wirtschaftsgüter handelt, über die der Erblasser nur als Vertreter, Liquidator, Verwalter, Testamentsvollstrecker oder als Pfleger die Verfügungsmacht hatte oder
2. wenn der Wert der anzuzeigenden Wirtschaftsgüter 5000 Euro nicht übersteigt (§ 1 Abs. 4 Nr. 2 ErbStDV). Ist ein Schließfach vorhanden, ist dies, unabhängig vom Wert der im Schließfach befindlichen Wirtschaftsgüter, anzuzeigen.

Kreditinstitute sind dann ihrer Anzeigepflicht nach § 33 Abs. 1 ErbStG i. V. m. § 2 ErbStDV bestimmungsgemäß nachgekommen, wenn sie dem zuständigen Erbschaftsteuerfinanzamt die letzte Anschrift, den Todestag und ab 30.12.2014 die Identifikationsnummer, das Guthaben und Wertpapiervermögen einschließlich Wertpapier-Kennnummer anzeigen, das sich aufgrund ihres Buchungssystems für den Erblasser zu Beginn des Todestags ergibt.

Der Bundesminister der Finanzen hat mit dem Schreiben vom 02.03.1989 (Az. IV C3 – S 3844 – 206/88) entschieden, dass Anzeigenerstattungen nach den Verhältnissen zu Beginn des Todestages bedeuten, dass die Anzeigen nur dann nach dem Stand vom Buchungsschnitt des Todestages erstattet werden können, wenn dieser zu Beginn des Todestages erfolgt. Bei einem späteren Buchungsschnitt ist das Guthaben gemäß des Buchungsschnitts des Vortags anzugeben.

Kontrollmitteilungen der Finanzbehörden

Die Finanzverwaltung wertet intensiv die bei den zentralen Erbschaftsteuerstellen eingehenden Anzeigen von Kreditinstituten über Kontenstände verstorbener Kunden aus. Im Hinblick auf die besondere Bedeutung, die den Kontrollmitteilungen der Erbschaftsteuer-Finanzämter zukommt, wird nach dem zwischen den Finanzbehörden des Bundes und der Länder abgestimmten Schreiben vom 18.06.2003 (BStBl 2003, S. 392) wie folgt verfahren:

1. Kontrollmitteilungen für die Steuerakten des Erblassers: Das für die Erbschaftsteuer zuständige Finanzamt hat dem Finanzamt, das für die Besteuerung des Erblassers nach dem Einkommen zuständig ist, den ermittelten Nachlass mitzuteilen, wenn dessen Reinwert (hinterlassene Vermögenswerte abzüglich Erblasserschulden, mit Ausnahme einer Zugewinnausgleichsverpflichtung) mehr als 250000 Euro oder das zum Nachlass gehörende Kapitalvermögen (Wertpapiere und Anteile, Guthaben, Forderungen, Ansprüche auf Renten oder andere wiederkehrende Bezüge, Zahlungsmittel) mehr als 50000 Euro beträgt. Den Kontrollmitteilungen sollen Zweitschriften der Anzeigen der Geldinstitute nach § 33 ErbStG i. V. m. § 1 ErbStDV beigefügt werden. Zusätzlich anzugeben sind Erwerbe aufgrund eines Vertrags zugunsten Dritter (§ 3 Abs. 1 Nr. 4 ErbStG) mit Ausnahme von Ansprüchen aus Lebensversicherungsverträgen.

2. Kontrollmitteilungen für die Steuerakten des Erwerbers: Das für die Erbschaftsteuer zuständige Finanzamt hat dem Finanzamt, das für die Besteuerung des Erwerbers nach dem Einkommen zuständig ist, den Erwerb mitzuteilen, wenn dessen erbschaftsteuerlicher Bruttowert (Anteil an den hinterlassenen Vermögenswerten ohne Abzug der Erblasserschulden zuzüglich des Werts der sonstigen Erwerbe) mehr als 250 000 Euro oder das zum Erwerb gehörende Kapitalvermögen (Wertpapiere und Anteile, Guthaben, Forderungen, Ansprüche auf Renten oder andere wiederkehrende Bezüge, Zahlungsmittel) mehr als 50 000 Euro beträgt. Für Schenkungen von Kapitalvermögen gilt die Wertgrenze von 50 000 Euro entsprechend.

Die Kontrollmitteilungen sind unabhängig davon zu erteilen, ob es zu einer Steuerfestsetzung gekommen ist. Es bleibt den Erbschaftsteuer-Finanzämtern unbenommen, aus gegebenem Anlass, beispielsweise, wenn eine Schenkung erst im Rahmen einer Außenprüfung oder Fahndung aufgedeckt wurde, Kontrollmitteilungen zu übersenden, auch wenn die vorgenannten Beträge unterschritten sind.

Besondere Gestaltungsmöglichkeiten zur Einsparung der Erbschaft- und Schenkungsteuer sind auch in Kapitel 9 beschrieben.

Entstehung der Erbschaftsteuer (§ 9 ErbStG)
Die Steuer entsteht mit dem Tod des Erblassers; bei Schenkungen unter Lebenden zum Zeitpunkt der Ausführung der Zuwendung, bei Zweckzuwendungen mit Beginn der Verpflichtung des (mit der Steuer) Beschwerten und bei Stiftungen in Zeitabständen von je 30 Jahren.

Entrichtung der Erbschaftsteuer
Schuldet ein Steuerpflichtiger Erbschaftsteuer, kann durch Vertrag zugelassen werden, dass anstatt einer Bezahlung der Erbschaftsteuer das Eigentum an Kunstgegenständen, Kunstsammlungen, wissenschaftlichen Sammlungen, Bibliotheken, Handschriften und Archiven dem Land, dem das Steueraufkommen zusteht, übertragen wird. Voraussetzung ist unter anderem, dass an dem Erwerb wegen seiner Bedeutung für Kunst, Geschichte oder Wissenschaft ein öffentliches Interesse besteht (§ 224a AO).

Stundung der Erbschaftsteuer (§ 28 ErbStG)
Wird inländisches Betriebsvermögen oder inländisches land- und forstwirtschaftliches Vermögen vererbt oder geschenkt, ist die darauf entfallende Erbschaftsteuer auf Antrag bis zu zehn Jahre zu stunden, soweit dies zur Erhaltung des Betriebs notwendig ist. Bei Schenkungen fallen nach § 238 AO Stundungszinsen von einhalb Prozent für jeden Monat an. In Erbfällen (Erwerb von Todes wegen) ist die Stundung zinslos (§ 28 Abs. 1 ErbStG).

8.3.8 Schenkungen unter Lebenden

„Es bleibt im Leben nur das, was man verschenkt hat."

Robert Stolz (1880–1975)

Nach den Regelungen des Bürgerlichen Gesetzbuchs (§§ 516 ff. BGB) ist eine Schenkung ein einseitig verpflichtendes Vertragsverhältnis, durch das der Schenker aus seinem Vermögen einem anderen etwas unentgeltlich zuwendet. Aus dem Vertragscharakter der Schenkung folgt, dass zu einer Schenkung immer die Zustimmung des Beschenkten erforderlich ist. Von der schuldrechtlichen Verpflichtung des Schenkers ist die Erfüllung dieser

Verpflichtung durch Zuwendung des geschenkten Gegenstandes zu unterscheiden. Fallen Verpflichtung und Erfüllung insofern auseinander, dass die Erfüllung erst zu einem späteren Zeitpunkt erfolgen soll, handelt es sich um ein Schenkungsversprechen, das besonderen Formvorschriften unterliegt. Der spätere Vollzug kann jedoch ggf. vorhandene Formmängel heilen.

Zum Gegenstand der Schenkung kann jede vermögenswerte Leistung gemacht werden.

Schenkungen unterliegen der Schenkungsteuer nach den Vorschriften des Erbschaft- und Schenkungsteuergesetzes, sobald die Summe der Schenkungen zwischen Schenker und Beschenktem in den letzten zehn Jahren den im Verhältnis zwischen diesen geltenden schenkungsteuerlichen Freibetrag überschreitet.

Rechtsgrundlage für Schenkungen unter Lebenden ist § 7 Abs. 1-8 ErbStG.

Demnach zählen dazu besonders:

- freigebige Zuwendungen unter Lebenden, soweit der Bedachte durch sie auf Kosten des Zuwendenden bereichert wird;
- was infolge Vollziehung einer von dem Schenker angeordneten Auflage oder infolge Erfüllung einer einem Rechtsgeschäft unter Lebenden beigefügten Bedingung ohne entsprechende Gegenleistung erlangt wird, es sei denn, dass eine einheitliche Zweckzuwendung vorliegt;
- was jemand dadurch erlangt, dass bei Genehmigung einer Schenkung Leistungen an andere Personen angeordnet oder zur Erlangung der Genehmigung freiwillig übernommen werden;
- die Bereicherung, die ein Ehegatte oder ein Lebenspartner bei Vereinbarung der Gütergemeinschaft (§ 1415 des Bürgerlichen Gesetzbuchs) erfährt;
- was als Abfindung für einen Erbverzicht (§§ 2346 und 2352 BGB) gewährt wird;
- was ein Vorerbe dem Nacherben mit Rücksicht auf die angeordnete Nacherbschaft vor ihrem Eintritt herausgibt;
- was als Abfindung für aufschiebend bedingt, betagt oder befristet erworbene Ansprüche, soweit es sich nicht um einen Fall des § 3 Abs. 2 Nr. 5 ErbStG handelt, vor dem Zeitpunkt des Eintritts der Bedingung oder des Ereignisses gewährt wird.

Durch die nachstehend aufgeführten Möglichkeiten, Vermögen zu übertragen und bestimmte Vereinbarungen zu treffen, können sich erhebliche steuerliche Einsparungen ergeben:

Vereinbaren der Gütergemeinschaft

Der Schenkungsteuer unterliegt die Bereicherung, die einem Ehegatten oder einem eingetragenen Lebenspartner bei Vereinbarung der Gütergemeinschaft zuwächst. Vereinbaren Ehegatten/Lebenspartner mit unterschiedlich hohem Vermögen durch Ehevertrag Gütergemeinschaft, erfährt der weniger vermögende Ehegatte/Lebenspartner eine Bereicherung, da er dann zur Hälfte am Gesamtvermögen beteiligt ist.

„Güterstandsschaukel"

Die sogenannte „Güterstandsschaukel" dient der Vermeidung von Erbschaftsteuern durch eine möglichst gleichmäßige Verteilung des Vermögens zu Lebzeiten.

Die Eheleute/Lebenspartner wechseln durch Ehevertrag/Vertrag vom Güterstand der Zugewinngemeinschaft in die Gütertrennung. Dadurch entsteht ein Anspruch auf Zugewinnausgleich, der erfüllt werden kann, ohne dass hierfür Erbschaft- oder Schenkungsteuer anfällt. Anschließend können die Eheleute/Lebenspartner wieder in den Güterstand der Zugewinngemeinschaft wechseln. Diese Vorgehensweise ist von den Finanzgerichten prinzipiell anerkannt. Die Konstruktion wird auch eingesetzt, um hohe Pflichtteilsansprüche zu vermeiden.

Abfinden für einen Erbverzicht
Verwandte und der Ehegatte/Lebenspartner des Erblassers können durch Vertrag mit dem Erblasser auf ihr gesetzliches Erbe verzichten. Der künftige Erblasser gibt den Verzichtenden üblicherweise für den Erbverzicht eine Abfindung. Darin sieht der Gesetzgeber eine Schenkung zu Lebzeiten des künftigen Erblassers an den Verzichtenden.

Haftung für die Steuer
Für die Steuer haften der Schenker und der Beschenkte gemeinsam.

8.3.9 Zweckzuwendungen

Zweckzuwendungen sind Zuwendungen, die mit der Auflage verbunden sind zugunsten eines bestimmten Zwecks verwendet zu werden oder die von der Verwendung zugunsten eines bestimmten Zwecks abhängig sind, soweit hierdurch die Bereicherung des Erwerbers gemindert wird.

Dabei werden unterschieden (Zweck-)Zuwendungen von Todes wegen oder freigebige Zuwendungen unter Lebenden. Unter Berücksichtigung der zehnjährigen Zusammenrechnung kann bei frühzeitigen Übertragungen zu Lebzeiten (jeweils nach zehn Jahren) Erbschaft- und Schenkungsteuer vermieden werden. Rechtsgrundlage: § 8 ErbStG.

8.3.10 Behandlung bei Kontenumschreibung von Einzelkonten auf Gemeinschaftskonten

Grundsätzlich stellt die Umschreibung von Konten und Depots, die bisher als Einzelkonto oder als Einzeldepot des Ehemanns oder der Ehefrau geführt wurden, auf Gemeinschaftskonten der Eheleute in Höhe des hälftigen Werts der Konten oder Depots einen schenkungsteuerpflichtigen Vorgang dar. Das heißt, 50 Prozent des Guthabens ist der zu versteuernde Erwerb, die andere Hälfte gehört dem Ehegatten ohnehin schon. Dies gilt jedoch dann nicht, wenn der Nachweis geführt werden kann, dass das betreffende Kapitalvermögen bereits vorher beiden Ehegatten jeweils zur Hälfte zustand.

Im Falle der Schenkungsteuerpflicht sind dabei Zuwendungen bis zur Höhe von 500 000 Euro, jeweils bezogen auf zehn Jahre, steuerfrei (Freibetrag für Ehegatten und eingetragene Lebenspartner nach § 16 Abs. 1 Nr. 1 ErbStG).

8.3.11 Behandlung des Zugewinnausgleichs

Die meisten Eheleute oder Lebenspartner einer eingetragenen Lebenspartnerschaft leben zivilrechtlich betrachtet im gesetzlichen Güterstand der sogenannten Zugewinngemeinschaft (§ 1363 BGB oder § 6 des Lebenspartnerschaftsgesetzes). Dies bedeutet:

- Die Vermögen der Eheleute oder Lebenspartner bleiben während der Ehe oder Partnerschaft getrennt.

- Der Zugewinn zum Vermögen eines Ehegatten oder Lebenspartners (beispielsweise Sparguthaben aus Gehaltsteilen) fällt nur einem Ehegatten oder Lebenspartner und nicht den Eheleuten oder Lebenspartnern gemeinschaftlich zu.
- Ein ungleicher Zugewinn während der Ehe oder Lebenspartnerschaft wird ausgeglichen, wenn die Zugewinngemeinschaft durch Tod oder Scheidung endet.

Im **Falle der Scheidung** oder der Beendigung einer Lebenspartnerschaft bleibt der gezahlte Zugewinnausgleich, auf den sich die Ehegatten oder Lebenspartner geeinigt haben oder der vom Gericht festgelegt wurde, in voller Höhe schenkungsteuerfrei.

Im Todesfall eines Ehegatten oder eines Lebenspartners ist der Zugewinn grundsätzlich erbschaftsteuerfrei. Allerdings errechnet er sich anders als zivilrechtlich im BGB geregelt. Während das Erbrecht dem überlebenden Ehegatten zum Ausgleich des Zugewinns grundsätzlich eine pauschale Erhöhung seines Erbteils um ein Viertel gegenüber den übrigen Erben gewährt, folgt das Steuerrecht dieser pauschalen Verrechnung des Zugewinns nicht. Das Steuerrecht verlangt eine sogenannte „fiktive Ausgleichsforderung" und unterstellt dabei, dass nicht der Tod, sondern eine Scheidung die Zugewinngemeinschaft beendet hätte. Diese fiktive Ausgleichsforderung ist der Zugewinnausgleichsbetrag.

Beispiele[1]

Ein Ehepaar oder zwei Lebenspartner hatte/n keine Regelung zum Güterstand getroffen und lebt/en somit im gesetzlichen Güterzustand der Zugewinngemeinschaft. Als der Ehemann/Lebenspartner A stirbt, hinterlässt er seiner Frau/seinem Lebenspartner ein Vermögen von 1100000 Euro. Da kein Testament vorhanden ist, tritt gesetzliche Erbfolge ein. Die fiktive Zugewinnausgleichsforderung der Ehefrau/Lebenspartner B beträgt in diesem Beispiel 25000 Euro (350000 € – 300000 € = 50000 € x 1/2).

Vereinfachtes Berechnungsschema für fiktive Ausgleichsforderung:

	Ehemann/Lebenspartner A	Ehefrau/Lebenspartner B
Endvermögen im Todeszeitpunkt	1100000 €	830000 €
./. Anfangsvermögen bei Eheschließung/ Begründung der Lebenspartnerschaft	750000 €	530000 €
Zugewinn	350000 €	300000 €

Zivilrechtliches Ergebnis:
Der gesetzliche Erbteil der Ehefrau/des Lebenspartners B beträgt ein Viertel. Zum Ausgleich des Zugewinns erhöht sich der gesetzliche Erbteil um ein weiteres Viertel. Die Ehefrau/der Lebenspartner B erbt damit die Hälfte des Vermögens ihres Ehemannes/seines Lebenspartners A, also 550000 Euro.

Erbschaftsteuerliches Ergebnis:
Von den 550000 Euro bleibt die Zugewinnausgleichsforderung in Höhe von 25000 Euro steuerfrei. Nach Abzug des persönlichen Freibetrages von 500000 Euro sind von der Ehefrau/dem Lebenspartner B dann noch 25000 Euro zu versteuern.

Nach den Regelungen des Erbschaftsteuergesetzes bleibt demnach anstelle des pauschalen Ein-Viertel-Wertes jeweils der Betrag steuerfrei, den der überlebende Ehegatte/ Lebenspartner bei güterrechtlicher Abwicklung der Zugewinngemeinschaft als „fiktive Ausgleichsforderung" geltend machen könnte. **Die „fiktive Ausgleichsforderung" er-**

1 In Anlehnung an: Steuertipps, Finanzministerium Baden-Württemberg

rechnet sich durch Gegenüberstellung des Anfangs- und des Endvermögens der Eheleute/Lebenspartner. Eine entsprechende Zugewinnausgleichsforderung bleibt auch beim **eingetragenen Lebenspartner** erbschaftsteuerfrei.

8.3.12 Unbedenklichkeitsbescheinigung bei Nachlässen

Durch eine Unbedenklichkeitsbescheinigung wird vom zuständigen Erbschaftsteuerfinanzamt bescheinigt, dass eine Erbschaftsteuerpflicht nicht besteht oder die Entrichtung der Erbschaftsteuer gesichert ist.

Versicherungsunternehmen und inländische Kreditinstitute haften nach § 20 Abs. 6 ErbStG in Höhe der auf die Vermögenswerte entfallenden Steuern, wenn sie ohne die erforderliche Unbedenklichkeitsbescheinigung Nachlasswerte in das Ausland transferierten oder an einen Berechtigten mit Wohnsitz oder gewöhnlichen Aufenthalt außerhalb der Bundesrepublik Deutschland auszahlen. Eine Haftung gemäß § 20 Abs. 6 ErbStG kann auch dann in Betracht kommen, wenn dem inländischen Kreditinstitut eine Vollmacht über den Tod hinaus vorliegt (Meinke/Michel, ErbStG, 8. Auflage, § 20 RdNr. 10).

Hat der Erbe im Zeitpunkt des Todes des Erblassers seinen Wohnsitz oder gewöhnlichen Aufenthaltsort im Ausland, ist immer eine Unbedenklichkeitsbescheinigung erforderlich. Auch bei Erben, deren Wohnsitz oder gewöhnlicher Aufenthalt nicht bekannt ist, wird eine Unbedenklichkeitsbescheinigung benötigt. Bei Übertragung von Nachlasswerten auf das inländische Konto eines Erben, der seinen Wohnsitz oder gewöhnlichen Aufenthalt im Inland hat, ist keine Unbedenklichkeitsbescheinigung erforderlich.

Werden die Werte jedoch unmittelbar auf das ausländische Konto eines Erben, der seinen Wohnsitz oder gewöhnlichen Aufenthalt im Inland hat, übertragen, wird nach dem BFH-Urteil vom 12.08.1965 eine Unbedenklichkeitsbescheinigung benötigt (vergleiche BFH, BStBl 64, III, S. 649, Meinke/Michel, ErbStG, 8. Auflage § 20 Randnummer 8 und 10).

Bei der Frage, ob eine Unbedenklichkeitsbescheinigung zu verlangen ist, ist jeweils auf die Verhältnisse am Todestag des Erblassers abzustellen (§ 2 Abs. 1 und § 9 ErbStG). Deshalb muss auch in dem Fall, in dem der Erbe im Zeitpunkt des Erbfalls Steuerausländer war, eine Unbedenklichkeitsbescheinigung angefordert werden, selbst, wenn der Erbe inzwischen Steuerinländer geworden ist. Auch bei teils inländischen, teils ausländischen Erben ist eine Unbedenklichkeitsbescheinigung erforderlich.

8.3.13 Offenlegung von Kundendaten durch erbschaftsteuerliche Anzeigen an das Finanzamt

In folgendem Beitrag wird deutlich, in welchem Umfang und mit welchen Mitteln der Fiskus im Todesfall über die Vermögenswerte eines Verstorbenen detailgenau unterrichtet wird und darüber hinaus die gewonnenen Informationen in Form von Kontrollmitteilungen an verschiedene Stellen weiterleitet. Deshalb ist es sinnvoll, rechtzeitig Vorkehrungen zu treffen. Zur besseren Übersicht haben wir diesen Abschnitt wie folgt gegliedert:

1 **Unter welchen Voraussetzungen können Kundendaten nach dem Tod des Kundel weitegeleitet werden?**

2 **Wer ist anzeigepflichtig?**

3 **Wer hat Gewahrsam über das Vermögen?**

4 **In welchem Umfang besteht eine Anzeigepflicht?**

5 **Was ist in welcher Form anzuzeigen?**

   5.1 Form und Inhalt der Anzeige

   5.2 Gemeinschaftskonten, an denen der Erblasser beteiligt war

   5.3 Handhabung bei Konten einer Einzelfirma

   5.4 Vertrag zugunsten Dritter auf den Todesfall

6 **Ist ein Bankschließfach vorhanden?**

7 **Welche Kontostände sind anzuzeigen?**

8 **Welche Anzeigefristen sind zu beachten?**

9 **Wie werden die Anzeigen innerhalb der Steuerbehörden weitergeleitet?**

   9.1 Kontrollmitteilungen für die Steuerakten des Erblassers

   9.2 Kontrollmitteilungen für die Steuerakten des Erwerbers

10 **Welcher Handlungsbedarf kann sich für den Anleger ergeben?**

Zu 1: Unter welchen Voraussetzungen können Kundendaten postmortal weitergeleitet werden?

Institutionen und Personen, die sich geschäftsmäßig mit der Verwahrung und Verwaltung fremden Vermögens befassen, haben die in ihrem Gewahrsam befindlichen Gegenstände und die gegen sie gerichteten Forderungen, die beim Tod eines Kunden zu dessen Vermögen gehörten oder über die dem verstorbenen Kunden zur Zeit seines Todes die Verfügungsmacht zustand, dem für die Verwaltung der Erbschaftsteuer zuständigen Finanzamt anzuzeigen. Die Anzeige ist grundsätzlich innerhalb eines Monats zu erstatten, nachdem der Todesfall dem Vermögensverwahrer oder -verwalter, beispielsweise das Kreditinstitut, bekannt wurde.

Wer auf den Namen lautende Aktien oder Namensschuldverschreibungen ausgegeben hat, hat dem Finanzamt von dem Antrag des Kunden, solche Wertpapiere eines Verstorbenen auf den Namen eines anderen umzuschreiben, vor der Umschreibung Anzeige zu erstatten (§ 33 Abs. 2 ErbStG). Versicherungsunternehmen haben, bevor sie Versicherungssummen oder Leibrenten einem anderen als dem Versicherungsnehmer auszahlen, vor der Auszahlung dem Finanzamt Anzeige zu erstatten (§ 33 Abs. 3 ErbStG). Zuwiderhandlungen werden als Steuerordnungswidrigkeit mit Geldbuße geahndet (§ 33 Abs. 4 ErbStG).

Durch die in § 33 ErbStG i. V. m. § 1 und 2 ErbStDV geregelte Anzeigepflicht für Kreditinstitute und Versicherer wird den Steuerbehörden eine Überprüfung der Angaben in den Erbschaftsteuererklärungen der Erwerber ermöglicht. Daneben werden die durch die Anzeigen gewonnenen Erkenntnisse im Wege der sogenannten Kontrollmitteilung an die Finanzämter weitergeleitet, die für die Einkommensbesteuerung des Erblassers und der Erwerber zuständig sind.

Deshalb wird der § 33 ErbStG (Anzeigepflicht der Vermögensverwahrer, Vermögensverwalter und Versicherungsunternehmen) auch als Rechtsgrundlage für die Weiterleitung von Kundendaten bezeichnet.

Zu 2: Wer ist anzeigepflichtig?

Anzeigepflichtig sind nur die inländischen Vermögensverwahrer und -verwalter, **die sich geschäftsmäßig mit der** Verwahrung und der Verwaltung fremden Vermögens befassen. Somit fallen Privatpersonen, die nur aus Gefälligkeit für einen Verwandten oder Bekannten Erblasservermögen in Verwahrung oder Verwaltung genommen haben, nicht unter diese Vorschriften.

Besonders inländische **Kreditinstitute** – einschließlich aller inländischen Zweigstellen – gehören zu den **anzeigepflichtigen Personen.** Anzeigepflichtig sind auch unselbständige ausländische Niederlassungen inländischer Kreditinstitute und unselbständige inländische Niederlassungen ausländischer Banken. **Auch unselbständige ausländische Niederlassungen inländischer Kreditinstitute** – zählen zu den anzeigepflichtigen Personen (BFH-Urteil v. 31.05.2006, II R 66/04, DStR 2006, Seite 2299).

Anzeigepflichtig sind auch **Versicherungsunternehmen**, Sterbekassen von Berufsverbänden, Vereinen und anderen Anstalten, soweit sie die Lebens-(Sterbegeld-) oder Leibrentenversicherung betreiben.

Daneben sind auch **Steuerberater, Rechtsanwälte und Notare,** die auf ihren eigenen Namen fremdes Kapital des Verstorbenen auf Ander- oder Treuhandkonten angelegt haben, hinsichtlich dieser Vermögenswerte anzeigepflichtig. Anzeigepflichtig sind auch **Treuhänder-Kommanditisten** von Grundstücksvermögensgesellschaften beim Tod des Treugebers hinsichtlich der von ihnen verwalteten Anteile an einem geschlossenen Immobilienfonds. Ebenso sind **Bestattungsunternehmen** anzeigepflichtig, wenn sie geschäftsmäßig „Bestattungsvorsorgeverträge“ zusammen mit Treuhandkonto-Verträgen abschließen.

Übersicht der anzeigepflichtigen Institutionen

Banken über Kontoguthaben, Wertpapiere, Anteile, Genussscheine oder sonstige Wertsachen	Bausparkassen über Bausparverträge oder Guthaben des Erblassers	Steuerberater, Rechtsanwälte und Notare über Ander- oder Treuhandkonten	Versicherungsunternehmen über die auszuzahlende Versicherungssumme der Lebens-Sterbegeld- oder Leibrentenversicherungen	Standesämter über die Sterbefälle	Bestattungsunternehmen

Die Schweiz und Liechtenstein haben sich am 1. Januar 2017 vom Bankgeheimnis verabschiedet.

Zu 3: Wer hat Gewahrsam über das Vermögen?
„Gewahrsam" ist ein dem Steuerrecht eigener Begriff und setzt nach der Rechtsprechung eine unmittelbare tatsächliche Einwirkungsmöglichkeit auf das betreffende Nachlassvermögen voraus (vgl. BFH-Urteil vom 12.08.1964, BStBl 1964 III, Seite 647). Gewahrsam hat in jedem Fall die Filiale oder Zweigstelle eines Kreditinstituts, bei der das Erblasserkonto oder -depot geführt wird.

Ob daneben auch die inländische Zentrale des Kreditinstituts Gewahrsam hat, hängt davon ab, ob sie Zugriff auf das Erblasservermögen hat. Dies wiederum hängt davon ab, ob sie über Informationssysteme verfügt, die es ihr erlauben, die aktuellen Konten- und Depotstände ihrer Kunden bundes- oder sogar weltweit abzufragen. Denn für die Annahme von Gewahrsam ist jedenfalls erforderlich, dass die inländische Zentrale Kenntnis von den betreffenden Konten und Depots hat. Besteht kein solches bundes- oder weltweites Informationssystem, dann ist der Gewahrsamsinhaber lediglich die kontoführende Stelle. Diese ist sinnvollerweise dann auch zur Anzeige verpflichtet, da sie vermutlich als erste vom Ableben des Kunden erfährt. Ob dann eine eigens hierfür eingerichtete zentrale Stelle die eingehenden Meldungen der Zweigstellen oder Filialen zunächst sammelt und anschließend gebündelt an das zuständige Finanzamt weiterleitet oder ob die jeweilige kontoführende Stelle eine eigene Meldung an das Finanzamt schickt, ist eine Frage der Zweckmäßigkeit und hängt davon ab, wie das jeweilige Kreditinstitut sein Meldewesen organisiert hat.

Zu 4: In welchem Umfang besteht eine Anzeigepflicht?
Fraglich ist in diesem Zusammenhang, ob sich die Anzeigepflicht nur auf von inländischen Filialen des Kreditinstituts verwahrtes Nachlassvermögen bezieht oder auch auf Erblasservermögen, das im Ausland von ausländischen Filialen des Kreditinstituts verwahrt wird.

Die Finanzverwaltung vertritt die Auffassung, dass die Anzeigepflicht inländischer Kreditinstitute auch die Konten und Depots eines Erblassers mit Inlandsbezug umfasst, die bei einer rechtlich unselbständigen Niederlassung der Bank im Ausland geführt werden (siehe hierzu Erlass des Finanzministeriums Nordrhein-Westfalen vom 20.12.1999 und vom 13.06.2000).

Doch gegen diese Auffassung gibt es verschiedene Bedenken. Zunächst setzt die Anzeige von im Ausland unterhaltenen Erblasserkonten und -depots voraus, dass das inländische Kreditinstitut rechtlich dazu in der Lage ist.

In den meisten Ländern ist eine Offenlegung von Kundendaten wegen eines dort bestehenden Bank- oder Berufsgeheimnisses grundsätzlich nicht oder nur unter bestimmten, Voraussetzungen gestattet. Bankangestellte in diesen Ländern würden daher mit den in ihrem Land geltenden Gesetzen in Konflikt geraten und sich unter Umständen schadensersatzpflichtig machen, wenn sie ohne Einwilligung ihrer Kunden deren Daten an einen ausländischen Fiskus weiterleiten. Nach dem Territorialitätsprinzip gelten nationale Gesetze nur im Territorium und nur für Personen des Staates, der die Gesetze erlassen hat. Andernfalls würde es regelmäßig zu einer Pflichtenkollision kommen, da man grundsätzlich nicht erwarten kann, dass ausländische Staaten die Pflichten und Rechte ihrer Staatsbürger in genau der gleichen Weise regeln wie die Bundesrepublik Deutschland.

Hieran ändert auch nichts, dass die Finanzverwaltung in ihrem Schreiben vom 20.12.1999 als Anzeigepflichtigen nicht die ausländische Filiale des inländischen Kreditinstituts ansieht, sondern das inländische Stammhaus. Denn eine nach dem jeweiligen ausländischen Recht unzulässige Weitergabe von Kundendaten an Dritte liegt nicht nur dann vor, wenn die Auslandsfiliale dem deutschen Fiskus selber Meldung macht, sondern auch, wenn sie ihrem inländischen Stammhaus Daten zum Zwecke der Weiterleitung an den deutschen Fiskus zur Verfügung stellt. Das Ergebnis – Verletzung eines ausländischen Bank- oder Berufsgeheimnisses – ist in beiden Fällen das gleiche. Wenn daher die deutsche Finanzverwaltung in ihrem Schreiben vom 13.06.2000 fordert, das inländische Finanzinstitut habe durch geeignete organisatorische Maßnahmen sicherzustellen, dass es seiner Anzeigepflicht nach § 33 ErbStG auch hinsichtlich im Ausland unterhaltener Erblasserkonten und -depots nachkommen könne, verlangte sie damit in vielen Fällen, dass das Finanzinstitut gegen ausländisches Recht verstößt. Das ist unzumutbar.

Auch wenn der Anzeigeerstattung kein gesetzlich geregeltes ausländisches Bank- oder Berufsgeheimnis entgegensteht, kann die Forderung der Finanzverwaltung unverhältnismäßig und damit unbeachtlich sein. Die Anzeigeerstattung durch ein inländisches Kreditinstitut setzt voraus, dass die inländische Zentrale von den Konten und Depots eines deutschen Erblassers im Ausland und deren Höhe zum maßgeblichen Zeitpunkt Kenntnis hat oder sich diese ohne weiteres verschaffen kann.

Sind die entsprechenden Daten in der inländischen Zentrale des Kreditinstituts nicht vorhanden oder abrufbar, kann das Finanzinstitut seiner Anzeigepflicht nur dann und in dem Umfang nachkommen, wie ihm seine ausländischen Filialen die erforderlichen Daten zur Verfügung stellen. Hierzu fehlt jedoch häufig die Bereitschaft, weil die verantwortlichen Personen im Ausland vielfach den Standpunkt vertreten, sie seien zur Mitteilung der Daten nur verpflichtet, wenn die nach ausländischem Recht hierfür erforderlichen Voraussetzungen vorliegen (beispielsweise ein Auskunftsersuchen des ausländischen Fiskus'). Andererseits zeigt die Erfahrung, dass entsprechende Rundschreiben und Anweisungen der inländischen Zentrale von den ausländischen Filialen mitunter ignoriert oder nur unzulänglich beachtet werden, ohne dass die Zentrale eine Kontrollmöglichkeit hätte, da sie ja selber nicht weiß, ob und bei welcher ausländischen Filiale ein verstorbener Kunde Konten und Depots unterhielt und mit welchem Kontostand.

Es stellt sich damit die Frage, welchen Aufwand beispielsweise die inländische Zentrale einer Großbank betreiben muss, um dem inländischen Fiskus die für die Anzeige erforderlichen Daten zur Verfügung stellen zu können. Kann der deutsche Fiskus von einem inländischen Kreditinstitut verlangen, dass es eigens für Zwecke der Anzeige nach § 33 ErbStG auf seine Kosten entsprechende Informations- und Kontrollsysteme einrichtet?

Bei Beantwortung dieser Frage sollte man sich vergegenwärtigen, dass nach § 30 ErbStG in erster Linie die Erwerber des Nachlasses anzeigepflichtig sind. Diese müssen ferner nicht nur eine zutreffende Erbschaftsteuererklärung abgeben, sondern haben als Gesamtrechtsnachfolger des Erblassers unter Umständen auch Steuererklärungen für Veranlagungszeiträume und Stichtage abzugeben, zu denen der Erblasser noch lebte. So sind die Erben nach § 153 AO zur unverzüglichen Berichtigung der Steuererklärungen des Erblassers verpflichtet, wenn sie erkennen, dass diese unrichtig oder unvollständig sind und es hierdurch zu einer Steuerverkürzung gekommen ist oder dazu kommen kann. Kommen die Erben dieser Berichtigungspflicht nach § 153 AO nicht nach, so begehen sie selber eine Steuerordnungswidrigkeit oder eine Steuerhinterziehung.

Die Anzeige der Vermögensverwahrer nach § 33 ErbStG stellt somit nur eine von mehreren Erkenntnisquellen der Finanzverwaltung dar.

Für Auskünfte Dritter gilt üblicherweise das Subsidiaritätsprinzip, wie es beispielsweise in § 93 AO zum Ausdruck kommt. Danach muss ein Auskunftsverlangen an Dritte zur Aufklärung steuerlich relevanter Sachverhalte erforderlich, verhältnismäßig, erfüllbar und zumutbar sein. Der Grundsatz der Verhältnismäßigkeit besagt, dass andere Personen als der Steuerpflichtige erst dann zur Auskunft verpflichtet werden sollen, wenn die Sachverhaltsaufklärung durch die Beteiligten nicht zum Ziele führt oder keinen Erfolg verspricht. Es kann aber nicht generell unterstellt werden, dass Erben die erforderliche Anzeige nach § 30 ErbStG unterlassen und/oder die geerbten Vermögenswerte in ihrer Erbschaftsteuererklärung nicht oder nur unvollständig erklären, zumal sie ja damit Steuerhinterziehung begehen würden.

Unzumutbar ist ein Auskunftsverlangen sicherlich dann, wenn vom Auskunftspflichtigen verlangt wird, gegen ausländisches Recht zu verstoßen. Unverhältnismäßig und unzumutbar ist es jedoch auch dann, wenn der Dritte sich das hierfür erforderliche Wissen erst selber mit erheblichem Aufwand beschaffen oder eigens für diese Zwecke auf seine Kosten geeignete Informationssysteme installieren müsste, die ihn in die Lage versetzten, Auskunft hinsichtlich des Vermögens Dritter zu erteilen.

Zu 5: Was ist in welcher Form anzuzeigen?

5.1 Form und Inhalt der Anzeige über die Verwahrung oder Verwaltung fremden Vermögens

Die Anzeigepflicht ergibt sich aus § 33 Abs. 1 ErbStG i.V. mit § 1 ErbStDV. Danach ist die Anzeige auf einem amtlichen Vordruck zu erstatten:

Muster 1
(§ 1 ErbStDV)

....
Firma

Erbschaftsteuer

An das
Finanzamt ....
– Erbschaftsteuerstelle –

Anzeige
über die Verwahrung oder Verwaltung fremden Vermögens (§ 33 Abs. 1 ErbStG und § 1 ErbStDV)

1. **Erblasser** Name, Vorname,
Identifikationsnummer[1] ....
Geburtstag ....
Anschrift ....
Todestag .... Sterbeort ....
Standesamt .... Sterberegister-Nr.[1] ....

2. Guthaben und andere Forderungen, auch Gemeinschaftskonten

Konto-Nr.	Nennbetrag am Todestag ohne Zinsen für das Jahr des Todes (volle EUR)	Aufgelaufene Zinsen bis zum Todestag (volle EUR)	Hat der Kontoinhaber mit dem Kreditinstitut vereinbart, daß die Guthaben oder eines derselben mit seinem Tod auf eine bestimmte Person übergehen? Wenn ja: Name und genaue Anschrift dieser Person
1	2	3	4

Von den Angaben in Spalte 1 entfallen auf unselbstständige Zweigniederlassungen im Ausland:
Konto-Nr.: [2]

2. Wertpapiere, Anteile, Genußscheine und dergleichen, auch solche in Gemeinschaftsdepots

Bezeichnung der Wertpapiere usw. Wertpapierkenn-Nr.	Nennbetrag am Todestag (volle EUR)	Kurswert bzw. Rücknahmepreis am Todestag (volle EUR)	Stückzinsen bis zum Todestag (volle EUR)	Bemerkungen
1	2	3	4	5

Von den Angaben in Spalte 1 entfallen auf unselbständige Zweigniederlassungen im Ausland:
Bezeichnung der Wertpapiere usw., Wertpapierkenn-Nr.:

4. Der Verstorbene hatte **kein – ein Schließfach/ ... Schließfächer** Versicherungswert .... EUR

5. **Bemerkungen** (z.B. über Schulden des Erblassers beim Kreditinstitut): ....
....
....

....
Ort, Datum Unterschrift

[1] Geändert durch Verordnung v. 22.12.2014 (BGBl. I S. 2392).

Sie muss auch die Vermögenswerte umfassen, an denen der Erblasser nur mitberechtigt war. Im Hinblick auf den Inhalt von Schließfächern genügt die Angabe, dass ein entsprechendes Schließfach vorhanden ist. Bei entsprechender Kenntnis ist der Versicherungswert anzugeben. Die Anzeige von Wirtschaftsgütern, die dem Erblasser nur als Treuhänder zustanden, kann unterbleiben.

Bei Auszahlung oder Zurverfügungstellung von Versicherungssummen oder Leibrenten an einen anderen als den Versicherungsnehmer ist das amtliche Muster 2 zu § 3 ErbStDV (Anzeigepflicht der Versicherungsunternehmer) zu verwenden.

Die Meldegrenze für die Anzeige über die Verwahrung oder Verwaltung fremden Vermögens nach § 1 Abs. 4 Nr. 2 ErbStDV beträgt 5 000 Euro. Dies bedeutet, dass erst bei Vermögenswerten über 5 000 Euro eine Anzeige an das zuständige Finanzamt vorgenommen werden muss.

Ist ein Schließfach oder Verwahrstück vorhanden, ist die Anzeige wie bisher unabhängig von der Höhe der Vermögenswerte am Todestag vorzunehmen.

Bestehende Sollsalden dürfen bei der Berechnung der unterhaltenen Werte nicht verrechnet werden.

Soweit der Erblasser Mitglied einer Genossenschaftsbank ist, sind die Geschäftsguthaben nicht anzeigepflichtig. Schließlich handelt es sich nicht um eine Forderung gegen die Genossenschaft, sondern um Eigenkapital.

Geldanlage-Tipp
Soweit der Erblasser Mitglied einer Genossenschaftsbank ist, sind die Geschäftsguthaben nicht anzeigepflichtig. Schließlich handelt es sich nicht um eine Forderung gegen die Genossenschaft, sondern um Eigenkapital.

5.2 Gemeinschaftskonten, an denen der Erblasser beteiligt war

Meldepflichtig sind nach § 1 Abs. 2 ErbStDV nicht nur die dem Erblasser allein gehörenden Konten und Depots, sondern auch solche, an denen er lediglich mitberechtigt war. Dazu zählen besonders Gemeinschaftskonten oder Konten einer BGB-Gesellschaft, an welcher der Erblasser mitbeteiligt war. Anzeigepflicht besteht in diesen Fällen hinsichtlich des Gesamtguthabens. Es ist dann Sache des Erbschaftsteuerfinanzamts, zu ermitteln, in welcher Höhe der Erblasser an dem Gemeinschaftskonto beteiligt war.

Entsprechendes soll hinsichtlich des Kontos einer oHG oder KG beim Tod eines ihrer Gesellschafter gelten. Hiergegen spricht, dass im Gläubigerverzeichnis der Kreditinstitute nur die oHG oder KG als solche eingetragen sind, nicht aber die einzelnen Gesellschafter. Die Kreditinstitute sind auch nicht verpflichtet, die Gesellschafter einer oHG oder KG in das Gläubigerverzeichnis aufzunehmen, weil nur die Kontengläubiger eintragungspflichtig sind. Das sind aber nach § 124 und 161 HGB nur die oHG oder KG, nicht die einzelnen Gesellschafter. Dem Kreditinstitut ist daher beim Tod eines Kunden regelmäßig nicht bekannt, dass dieser auch Gesellschafter einer KG oder oHG war, die bei dem gleichen Kreditinstitut ein Konto unterhält.

5.3 Handhabung bei Konten einer Einzelfirma

Stirbt der Alleininhaber einer Einzelfirma, hat das Kreditinstitut außer den Vermögenswerten auf den persönlichen Konten des Verstorbenen auch die Vermögenswerte anzuzeigen, die sich auf dem Konto der Einzelfirma befinden.

5.4 Vertrag zugunsten Dritter auf den Todesfall
Eine Anzeigepflicht besteht auch dann, wenn der Erblasser mit dem Kreditinstitut durch Vertrag zugunsten Dritter auf den Todesfall vereinbart hatte, dass bestimmte, für ihn verwahrte Vermögensgegenstände oder Guthaben mit seinem Tod unmittelbar auf einen Dritten übergehen sollen. In diesem Fall sind der Name und die Anschrift des Begünstigten mit anzugeben.

Zu 6: Ist ein Bankschließfach vorhanden?
Hatte der Verstorbene ein Bankschließfach, so braucht das Kreditinstitut lediglich das Vorhandensein eines Bankschließfaches anzuzeigen (§ 1 Abs.1 ErbStDV), da Kreditinstitute vom Inhalt der Schließfächer keine Kenntnis haben.

Die Anzeige ist auf einem Formular nach amtlichen Muster an das für die Verwaltung der Erbschaftsteuer zuständige Finanzamt zu richten.

Das amtliche Muster enthält in Ziffer 5 (Bemerkungen) einen Klammerzusatz, in dem die Finanzverwaltung vorschlägt, dass die Kreditinstitute hier beispielsweise Angaben über die Schulden des Erblassers machen könnten. Dies ist allerdings durch den Gesetzeswortlaut nicht gedeckt, da sich die Anzeigepflicht der Banken nur auf das (Aktiv-)vermögen des Erblassers erstreckt. Wenn allerdings die Erben zustimmen, dass das Kreditinstitut auch die Verbindlichkeiten des Erblassers dem Finanzamt meldet – diese mindern ja die Bemessungsgrundlage der Erbschaftsteuer –, kann das Kreditinstitut diese mit aufführen.

Zu 7: Welche Kontostände sind anzuzeigen?
Da Angaben zu den Guthaben auf den jeweiligen Todeszeitpunkt von den Kreditinstituten aus technischen Gründen allgemein nicht gemacht werden können, entspricht es dem Sinn und Zweck des § 33 ErbStG, die Kontenstände vom Vortodestag zu melden (so auch das Schreiben betreffend der Erbschaftsteuer; hier: Anzeigepflicht der Vermögensverwahrer und Vermögensverwalter gemäß § 33 ErbStG vom 2. März 1989 (StEK ErbStG 1974 § 33 Nr. 13). Denn im Regelfall besteht eine im Einzelfall widerlegbare Vermutung dafür, dass dieses Guthaben und der Depotstand auch im Zeitpunkt des Todes des Erblassers bestanden habe.

Bei der Meldung dürfen Überweisungsaufträge und Lastschriften, die wegen der banktechnischen Abwicklung erst nach dem Todestag ausgeführt werden, nicht berücksichtigt werden.

Zu 8: Welche Anzeigefristen sind zu beachten?

Die Anzeige ist nach § 33 ErbStG innerhalb eines Monats, seitdem der Tod des Kunden dem Kreditinstitut bekannt geworden ist, auf einem Formular nach amtlichem Muster an das für die Verwaltung der Erbschaftsteuer zuständige Finanzamt – Erbschaftsteuerstelle – zu richten. Zuständig ist grundsätzlich das Finanzamt, in dessen Bezirk der Erblasser seinen Wohnsitz hatte. Hatte der Erblasser keinen Wohnsitz oder gewöhnlichen Aufenthalt im Inland, so ist das deutsche Finanzamt in dem Finanzamtsbezirk zuständig, in dem die Erben ihren Wohnsitz haben oder in dessen Bezirk sich Vermögenswerte befanden.

Die Anzeigepflicht der Kreditinstitute besteht auch dann, wenn der Erblasser Steuerausländer war. Denn wenn in einem solchen Fall ein oder mehrere Erben Steuerinländer sind oder es sich bei den Erbgegenständen um Inlandsvermögen im Sinne des § 121 BewG handelt, kann deutsche Erbschaftsteuer ebenfalls anfallen. Zu solchem Inlandsvermögen kann beispielsweise inländisches Grundvermögen, inländisches Betriebsvermögen oder wesentliche Beteiligung an inländischen Kapitalgesellschaften zählen.

Mitunter kommt es vor, dass Kreditinstitute erst nach Jahren von dem Tod eines Kunden erfahren. Kann in diesen Fällen der Guthabenstand und Depotwert vom Vortag des

Todestages nicht oder nur mit unverhältnismäßigem Aufwand ermittelt werden, weil die Kontounterlagen nach Ablauf der gesetzlichen Aufbewahrungsfrist vernichtet wurden, ist in der Anzeige der Guthabenstand und Depotwert anzugeben, der dem Todeszeitpunkt am nächsten liegt. Dieser abweichende Zeitpunkt ist in der Anzeige zu vermerken.

Eine Anzeige nach § 33 ErbStG kann jedoch unterbleiben, wenn der Todesfall mehr als 15 Jahre zurückliegt (Erlass des Finanzministeriums Brandenburg vom 29.09.1993).

Zu 9: Wie werden Anzeigen innerhalb der Steuerbehörden weitergeleitet?
Innerhalb der Finanzverwaltung herrscht ein reger Informationsaustausch. Das Erbschaftsteuer-Finanzamt informiert die Finanzämter, denen die Einkommensbesteuerung des Erblassers und des Erwerbers obliegt. Die Finanzämter, die Prüfungsdienste und die Steuerfahndung informieren wiederum das Erbschaftsteuer-Finanzamt über alle Sachverhalte, die erbschaft- oder schenkungsteuerverdächtig sind.

9.1 Kontrollmitteilungen für die Steuerakten des Erblassers
Nach dem gleichlautenden Ländererlass betreffend die Kontrollmitteilungen für die Steuerakten des Erblassers und des Erwerbers vom 18.06.2003 sind im Hinblick auf die besondere Bedeutung, die den Kontrollmitteilungen der Erbschaftsteuer-Finanzämter zukommt, nachstehende Ausführungen bedeutsam:

Das für die Erbschaftsteuer zuständige Finanzamt hat dem Finanzamt, das für die Besteuerung des Erblassers nach dem Einkommen zuständig ist, den ermittelten Nachlass mitzuteilen, wenn dessen Reinwert (das sind hinterlassene Vermögenswerte abzüglich Erblasserschulden mit Ausnahme einer Zugewinnausgleichsverpflichtung) mehr als 250 000 Euro oder das zum Nachlass gehörende Kapitalvermögen (Wertpapiere und Anteile, Guthaben, Forderungen, Ansprüche auf Renten oder andere wiederkehrende Bezüge sowie Zahlungsmittel) mehr als 50 000 Euro beträgt. Den Kontrollmitteilungen sollen Zweitschriften der Anzeigen der Geldinstitute nach § 33 ErbStG i. V. m. § 1 ErbStDV beigefügt werden. Zusätzlich anzugeben sind Erwerbe wegen eines Vertrages zugunsten Dritter (§ 3 Abs. 1 Nr. 4 ErbStG) mit Ausnahme von Ansprüchen aus Lebensversicherungsverträgen.

9.2 Kontrollmitteilungen für die Steuerakten des Erwerbers
Das für die Erbschaftsteuer zuständige Finanzamt hat dem Finanzamt, das für die Besteuerung des Erwerbers nach dem Einkommen zuständig ist, den Erwerb mitzuteilen,

- wenn dessen erbschaftsteuerlicher Bruttowert (Anteil an den hinterlassenen Vermögenswerten ohne Abzug der Erblasserschulden zuzüglich Wert der sonstigen Erwerbe) mehr als 250 000 Euro
- oder das zum Erwerb gehörende Kapitalvermögen (Wertpapiere und Anteile, Guthaben, Forderungen, Ansprüche auf Renten oder andere wiederkehrende Bezüge, Zahlungsmittel) mehr als 50 000 Euro

beträgt. Für Schenkungen von Kapitalvermögen gilt die Wertgrenze von 50 000 Euro entsprechend.

Die Kontrollmitteilungen sind unabhängig davon zu erteilen, ob es zu einer Steuerfestsetzung gekommen ist.

Zu 10: Welcher Handlungsbedarf kann sich für den Anleger ergeben?
Wie bereits zu Beginn dieses Beitrags ausgeführt, gibt es eine Vielzahl von Fallstricken in Form von Rechtsvorschriften und Bestimmungen. Umso wichtiger ist, frühzeitig alle rechtlichen und steuerlichen Regelungen so zu treffen, dass, getreu dem Motto dieses Buches, für die Erben möglichst viel und für den Fiskus möglichst wenig übrig bleibt!

8.3.14 Offenlegung von Kundendaten durch die Europäische Erbrechtsverordnung

Bei Todesfällen ab dem 17. August 2015 ist nach der neuen Europäischen Erbrechtsverordnung[1] zu bestimmen, welches Erbrecht auf einen internationalen Erbfall anzuwenden ist.

Gerichte und andere Organe der Rechtspflege in den Staaten der EU (außer im Vereinigten Königreich, Irland und Dänemark) – somit auch in Deutschland – müssen dann nach der EU-Erbrechtsverordnung beurteilen, welches nationale Recht zur Anwendung kommt, wenn bei einem Erbfall ein Auslandsbezug gegeben ist.

Bisher unterlag nach deutschem Recht (Art. 25 EGBGB) die „Rechtsnachfolge von Todes wegen" dem Recht des Staates, dem der Erblasser zum Zeitpunkt seines Todes angehörte. War der Erblasser Deutscher, galt also deutsches Erbrecht.

Dies änderte sich durch die EU-Erbrechtsverordnung.

Seit dem 17. August 2015 unterliegt die gesamte Rechtsnachfolge dem Recht des Staates, in dem der Erblasser zum Zeitpunkt seines Todes seinen letzten gewöhnlichen Aufenthalt hatte. Dies ist zum Beispiel bei einem Deutschen, der seinen gewöhnlichen Aufenthalt in Spanien hatte, spanisches Erbrecht. Ausländische Regelungen zur gesetzlichen Erbfolge können erheblich von den deutschen erbrechtlichen Regelungen abweichen. Beispielsweise weicht das spanische Erbrecht hinsichtlich des Ehegattenerbrechts zum Nachteil des Ehegatten vom deutschen Erbrecht ab.

Wer seinen gewöhnlichen Aufenthalt im Ausland hat, aber will, dass sich im Fall seines Todes das Erbrecht des Landes anwendbar ist, dessen Staatsangehörigkeit er besitzt, muss künftig eine entsprechende Rechtswahl treffen. Wer also beispielsweise als Deutscher, der in Spanien lebt, will, dass auf seinen Erbfall deutsches Erbrecht anwendbar sein soll und nicht spanisches, sollte dies rechtzeitig regeln.

Erbrecht bei einem internationalen Erbfall

Alte Rechtslage

Die „Rechtsnachfolge von Todes wegen" unterlag bis zum 17. August 2015 (betreffend den Todestag) dem Recht des Staates, dem der Erblasser zum Zeitpunkt seines Todes angehörte („Staatsangehörigkeitsprinzip"). War der Erblasser Deutscher, galt also deutsches Erbrecht.

Neue Rechtslage

Seit dem 17. August 2015 (betreffend den Todestag) unterliegt die gesamte „Rechtsnachfolge von Todes wegen" grundsätzlich dem Recht des Staates, in dem der Erblasser zum Zeitpunkt seines Todes seinen letzten gewöhnlichen Aufenthalt hatte.

Durch ausdrückliche Erklärung

Die Rechtswahl ergibt sich ausdrücklich in einer Erklärung in Form einer Verfügung von Todes wegen, meist Testament.

Durch eine entsprechende Auslegung der Verfügung von Todes wegen

Die Rechtswahl ergibt sich aus dem Inhalt einer Verfügung von Todes wegen, meist Testament.

1 Rechtsgrundlage: Gesetz zum Internationalen Erbrecht und zur Änderung von Vorschriften zum Erbschein sowie zur Änderung sonstiger Vorschriften (IntErbRVGEG; BGBl. I S. 1042)

8.4 Vermögensteuer

„Ein König richtet das Land auf durch Recht.
Wer aber viele Steuern erhebt, richtet es zugrunde.“

König Salomo, Herrscher des Königsreichs Israel
(etwa 965–926 vor Christus)

Aufgrund des Beschlusses des Bundesverfassungsgerichts vom 22.06.1995 kann die Vermögensteuer wegen ihrer teilweisen Verfassungswidrigkeit ab 1997 nicht mehr erhoben werden. Bemängelt wurde besonders, dass die Vorschriften nicht einer fairen Bewertung aller Vermögensarten entsprächen und es somit an der „Gleichmäßigkeit der Besteuerung“ mangele. Allerdings: Die Tatbestände des Vermögensteuergesetzes sollen nach dem Urteil des Bundesfinanzhofs vom 25.05.2000 (Az. II R 25/99) weiterhin bei bestimmten Straftatbeständen vor 1997 gelten!

Obwohl die Wiederanwendung der Vermögensteuer regelmäßig, meist vor Wahlen, politisch und auch in der breiten Öffentlichkeit diskutiert wird, ist in absehbarer Zeit nicht von einer Wiedereinführung der Vermögensteuer auszugehen, es sei denn, veränderte politische Rahmenbedingungen lassen hierzu eine neue Diskussion aufkommen.

Die Vermögensteuer soll besonders der Umverteilung des Vermögens von wohlhabenden auf sozial schwächere Personen dienen. Steuerpflichtige mit hohem Vermögen sollen einen größeren Beitrag zu den Steuereinnahmen leisten, unabhängig von den geringen erwirtschafteten Erträgen aus der Vermögensteuer in der Vergangenheit.

8.5 Grunderwerbsteuer

Die Grunderwerbsteuer (GrESt) zählt wie die Versicherungsteuer und die Kraftfahrzeugsteuer zu den Sonstigen Verkehrsteuern. Sie wird von den Ländern erhoben, denen auch das Aufkommen zusteht.

Die Grunderwerbsteuer erfasst alle Rechtsvorgänge an inländischen Grundstücken, die einen Wechsel des Grundstückseigentümers oder des Verwertungsberechtigten zum Gegenstand haben. Unter Grundstücken sind bebaute und unbebaute Grundstücke, Erbbaurechte und Gebäude auf fremdem Grund und Boden zu verstehen. Näheres siehe § 2 GrEStG. Die Rechtsgrundlage ist das Grunderwerbsteuergesetz (GrEStG) in der Fassung vom 26.02.1997 (BGBl. I S. 418, berichtigt S. 1804), zuletzt geändert durch das Artikel 18-Gesetz zur Modernisierung des Besteuerungsverfahrens vom 18.07.2016 (BGBl. I S. 1679).

Steuersatz: Die Steuer beträgt nach § 11 GrEStG 3,5 Prozent. Im Rahmen ihrer Steuergesetzgebungskompetenz für die Bestimmung der Steuersätze bei der GrESt nach Art. 105 Abs. 2a Satz 2 GG können seit 2006 die Länder davon Gebrauch machen.

Die Grunderwerbsteuer in den einzelnen Bundesländern

Bundesland	Grunderwerbsteuer-Satz in %	gilt seit/ab
Baden-Württemberg	5,0	05.11.2011
Bayern	3,5	1998
Berlin	6,0	01.01.2014
	5,0	01.04.2012
	4,5	01.01.2007
Brandenburg	5,0	01.01.2011
	6.5	01.07.2015
Bremen	5,0	01.01.2014
	4,5	01.01.2011
Hamburg	4,5	01.01.2009
Hessen	6,0	01.08.2014
	5,0	01.01.2013
Mecklenburg-Vorpommern	5,0	01.07.2012
Niedersachsen	5,0	01.01.2014
	4,5	01.01.2011
Nordrhein-Westfalen	6,5	01.01.2015
	5,0	01.10.2011
Rheinland-Pfalz	5,0	01.03.2012
Saarland	6,5	01.01.2015
	5,5	01.01.2013
	4,5	01.01.2012
	4,0	01.01.2011
Sachsen	3,5	1998
Sachsen-Anhalt	5,0	01.03.2012
	4,5	01.03.2010
Schleswig-Holstein	6,5	01.01.2014
	5,0	01.01.2012
Thüringen	5,0	07.04.2011
	6,5	01.01.2017

Steuerpflichtiger Grunderwerb nach § 1 Abs. 1 GrEStG unterliegen der Besteuerung im Wesentlichen die nachfolgenden Rechtsgeschäfte, die sich auf inländische Grundstücke beziehen

- durch Kauf (Kaufpreis),
- durch Tausch und
- durch Erwerb im Rahmen der Zwangsversteigerung (Meistgebot). Näheres siehe § 1 GrEStG.

Steuerbefreiungen und -vergünstigungen nach den §§ 3 bis 7 GrEStG
Von der Besteuerung ausgenommen ist zunächst der Erwerb durch Erbschaft, durch Schenkung und bei einem Verkauf zwischen Eltern oder eingetragenen Lebenspartnern und ihren Kindern, zwischen Großeltern und Enkeln, zwischen Ehegatten oder Lebenspartnern. Im Einzelnen:

- der Erwerb eines Grundstücks bei einer Gegenleistung von bis zu einschließlich 2500 Euro
- der Grundstückserwerb von Todes wegen
- der Grundstückserwerb bei Grundstücksschenkung unter Lebenden ohne Auflagen
- der Erwerb eines zum Nachlass gehörigen Grundstücks durch Miterben oder deren Ehegatten, ab 14.12.2010 auch eingetragene Lebenspartner, zum Zwecke der Teilung des Nachlasses; diesen Personen steht der überlebende Ehegatte, ab 14.12.2010 auch der eingetragene Lebenspartner, in besonderen Fällen gleich
- der Grundstückserwerb durch den Ehegatten, ab 14.12.2010 auch der eingetragene Lebenspartner des Veräußerers
- der Grundstückserwerb durch den früheren Ehegatten des Veräußerers im Rahmen der Vermögensauseinandersetzung nach der Scheidung
- der Grundstückserwerb durch Personen, die mit dem Veräußerer in gerader Linie verwandt sind, durch deren Ehegatten (ab 14.12.2010 auch deren eingetragener Lebenspartner) oder durch Stiefkinder
- der Rückerwerb eines Grundstücks durch den Treugeber bei Auflösung des Treuhandverhältnisses
- der Übergang eines Grundstücks auf eine Gesamthand oder von einer Gesamthand auf einen Alleineigentümer oder mehrere Miteigentümer in Höhe des gleichen Beteiligungsverhältnisses (§ 5 und 6 GrEStG): gleiches gilt bei Umwandlung von gemeinschaftlichem Eigentum mehrerer Miteigentümer in Flächeneigentum (§ 7 GrEStG)
- Grundstückserwerbe durch juristische Personen des öffentlichen Rechts sowie Erwerbe durch ausländische Staaten, beispielsweise für Botschaften oder für kulturelle Zwecke
- Einrichtungsgegenstände
- die Instandhaltungsrücklage

Bemessungsgrundlage und Gegenleistung
Die Steuer bemisst sich nach dem Wert der Gegenleistung. Als Gegenleistung gelten beispielsweise bei einem Kauf der Kaufpreis einschließlich der vom Käufer übernommenen sonstigen Leistungen und der dem Verkäufer vorbehaltenen Nutzungen (§§ 8 und 9 GrEStG).

Geldanlage-Tipp zur Grunderwerbsteuer beim Erwerb von Gebrauchtimmobilien

Beim Kauf einer Gebrauchtimmobilie wird gelegentlich auch im Haus befindliches Mobiliar oder die Einbauküche mit erworben. Sofern diese Gegenstände im notariellen Kaufvertrag genau bezeichnet, bewertet und besonders ausgewiesen sind, fällt auf diesen Betrag keine Grunderwerbsteuer an. Jedoch empfiehlt es sich, nur realistische Werte für die miterworbenen Gegenstände aufzuführen. Beispiel: Bei einem Mobiliarwert von 50000 Euro und einem Grunderwerbsteuersatz von 5 Prozent ergibt sich eine Ersparnis von 2500 Euro.

Steuerschuldner sind in der Regel die an einem Erwerbsvorgang vertraglich beteiligten Personen. In der Praxis wird die Zahlungspflicht im notariellen Kaufvertrag meist auf den Käufer übertragen. Zahlt jedoch der Käufer nicht, hält sich das Finanzamt an den bisherigen Eigentümer. Beim Erwerb kraft Gesetzes sind dies der bisherige Eigentümer und der Erwerber; beim Meistgebot in der Zwangsversteigerung der Meistbietende (§ 13 GrEStG).

Fälligkeit der Steuer
Die Steuer wird einen Monat nach der Bekanntgabe des Steuerbescheids fällig. Das Finanzamt darf eine längere Zahlungsfrist setzen (§ 15 GrEStG).

Anzeigepflicht
Gerichte, Behörden und Notare haben ebenso wie der Steuerschuldner nach den §§ 18 und 19 GrEStG innerhalb von zwei Wochen nach Kenntnisnahme dem zuständigen Finanzamt alle Rechtsvorgänge anzuzeigen, die das Grundstück betreffen. Das gilt auch, wenn der Vorgang von der Besteuerung ausgenommen ist.

Diese Anzeigen werden von den Finanzämtern auch zur Kontrolle der ordnungsgemäßen Versteuerung der Kapitaleinkünfte verwendet. Beim Erwerber eines Grundstücks wird in der Regel nachgefragt, mit welchen Mitteln er den Kauf finanziert hat. Dadurch sollen bislang nicht angegebene Vermögenswerte aufgedeckt und die daraus erzielten Erträge nachträglich der Einkommensteuer unterworfen werden. Ebenso wird beim Veräußerer eines Grundstücks nach der Verwendung des Verkaufserlöses geforscht.

8.6 Grundsteuer

Die Grundsteuer ist eine bundeseinheitlich geregelte Gemeindesteuer auf das Eigentum an Grundstücken und deren Bebauung. Sie zählt, wie die Gewerbesteuer, zu den sogenannten Realsteuern. Das bedeutet, die persönlichen Verhältnisse des Steuerschuldners bleiben unberücksichtigt.

Die Rechtsgrundlage bildet das Grundsteuergesetz (GrStG) vom 07.08.1973 (BGBl. I S. 965), zuletzt geändert durch das Jahressteuergesetz 2009 vom 19.12.2008 (BGBl. I S. 2794).

- **Steuergegenstand** nach § 2 GrStG ist der im Inland liegende Grundbesitz im Sinne des Bewertungsgesetzes einschließlich Betriebe der Land- und Forstwirtschaft, Betriebsgrundstücke und unbebaute Grundstücke.
- **Steuerschuldner** nach § 10 GrStG ist im Allgemeinen der Eigentümer oder im Falle eines Erbbaurechts der Erbbauberechtigte. Werden Grundstücke im Laufe des Kalenderjahrs (Steuerjahr) verkauft, so ist der bisherige Eigentümer bis zum Ablauf des Steuerjahrs zur Zahlung der Grundsteuer verpflichtet.
  Die wenigen Steuerbefreiungs- und Erlassvorschriften enthalten Befreiungen von der Grundsteuer besonders zugunsten des Grundbesitzes der öffentlichen Hand, der Kirchen und gemeinnütziger Körperschaften (§§ 3 ff. GrStG) sowie der Erlass der Grundsteuer für Kulturgüter und Grünanlagen (§ 32 GrStG). Außerdem gelten besondere Erlassvorschriften bei wesentlicher Ertragsminderung (§ 33 GrStG).
- **Bemessung der Grundsteuer**
  Besteuerungsgrundlagen sind der durch das Finanzamt festgestellte Einheitswert und die Steuermesszal. In den alten Bundesländern wird der Einheitswert nach den Wert-

verhältnissen von 1964 ermittelt. Dabei werden die Beschaffenheit und der Wert des Grundstücks zugrunde gelegt.

- **Einheitswert (§ 76 BewG)**
  Die Grundsteuer richtet sich nach dem Einheitswert. Der Einheitswert wird vom Finanzamt festgesetzt. Die Berechnung des Einheitswerts ergibt sich aus dem im Bewertungsgesetz vorgeschriebenen Ermittlungsverfahren. Grundlage für die Bewertung ist im Allgemeinen die Jahresrohmiete.
- **Steuermessbetrag**
  Der (Grundsteuer)Messbetrag wird nach bundeseinheitlichen Kriterien bestimmt. Bei der Berechnung der Grundsteuer ist von einem Steuermessbetrag auszugehen (§ GrStG). Der Steuermessbetrag ist durch Anwendung eines Tausendstel (=Steuermesszahl) auf den von der Finanzbehörde festgesetzten Einheitswert zu ermitteln, der nach dem Bewertungsgesetz im Veranlagungszeitpunkt für den Steuergegenstand maßgebend ist. Der Jahresbetrag der Grundsteuer ergibt sich durch Anwendung des Hebesatzes (der Gemeinde) auf den Steuermessbetrag.
- **Steuermesszahlen**
  - für Betriebe der Land- und Forstwirtschaft nach §§ 33, 48a und 51a BewG (Grundsteuer A, § 14 GrStG) — 6 vom Tausend
  - für bebaute und unbebaute Grundstücke nach §§ 68 und 70 BewG sowie Eigentumswohnungen (Grundsteuer B, § 15 GrStG) — 3,5 vom Tausend
    - abweichend hiervon beträgt die Steuermesszahl für
      1. Einfamilienhäuser (§ 75 Abs. 5 BewG)[1]
         a) für die ersten 38 346,89 Euro des Einheitswerts — 2,6 vom Tausend
         b) für den Rest des Einheitswerts — 3,5 vom Tausend
      2. Zweifamilienhäuser (§ 75 Abs. 6 BewG)[2] — 3,1 vom Tausend
- **Hebesatz (§§ 25ff. GrStG)**
  Der Hebesatz ist ein Prozentsatz des Steuermessbetrags und wird (wie bei der Gewerbesteuer) von der Stadt oder Gemeinde festgesetzt (Heberecht). Die Spreizung der Hebesätze ist groß: Während Ingelheim am Rhein einen Hebesatz von 80 Prozent festgesetzt hat, ist er in Bergneustadt mit 959 Prozent fast zwölfmal so hoch und damit bundesweit an der Spitze!

1 Wohngrundstücke, die nur eine Wohnung enthalten
2 Wohngrundstücke, die nur zwei Wohnungen enthalten

Übersicht über die Hebesätze der Grundsteuer B (Stand: 01.09.2018) in ausgewählten Gemeinden in Prozent			
Bergneustadt	959	Karlsruhe	470
Berlin	810	Kiel	500
Büsingen am Hochrhein	0	Köln	515
Düsseldorf	440	Leipzig	650
Eschborn	140	München	535
Frankfurt/Main	500	Potsdam	545
Glattbach	310	Selm	825
Glattbach	310	Wiesbaden	492
Ingelheim	80		

Üblicherweise wird die bezahlte Grundsteuer auf die Betriebskosten umgelegt und betrifft bei selbstgenutzten Wohneigentum die Eigentümer und bei vermietetem Wohneigentum die Mieter.

Rechenbeispiel

zur Grundsteuerberechnung eines Einfamilienhauses (Grundsteuer B) geht man in folgenden Schritten vor:

1. Schritt: Einheitswert x 2,6 ‰ (Steuermesszahl) = Steuermessbetrag
2. Schritt: Steuermessbetrag x Hebesatz (der Gemeinde) in Prozent = Jahressteuer in Euro

Dazu nachstehendes Rechenbeispiel:

$$\text{Grundsteuer} = \text{Steuermessbetrag} \times \frac{\text{Hebesatz}}{100}$$

Angenommener Einheitswert des Einfamilienhauses (§ 76 BewG)	30 000 €
Steuermesszahl (§ 15 GrStG)	2,6 ‰
Angenommener Hebesatz der Gemeinde	370 %

$$30\,000 \times \frac{2{,}6}{1\,000} \times \frac{370}{100} = 288{,}60$$

In diesem Beispiel beträgt die Jahresgrundsteuer 288,60 €

- **Fälligkeit der Grundsteuer**
  Die Grundsteuer ist eine Jahressteuer. Sie ist zu je einem Viertel des Jahresbetrags jeweils am 15. der Monate Februar, Mai, August und November zu entrichten (§ 28 GrStG).

- **Einwendungen**
  Einwendungen, die sich gegen die Feststellungen im Einheitswertbescheid oder Grundsteuermessbescheid richten, sind ausschließlich im Rechtsbehelfsverfahren gegen diese Bescheide beim zuständigen Finanzamt geltend zu machen.

- **Rechtsbehelf gegen einen Grundsteuerbescheid (Widerspruch)**
  Gegen einen Grundsteuerbescheid kann Widerspruch erhoben werden. Der Widerspruch ist bei der Gemeindebehörde, die den Grundsteuerbescheid erlassen hat, schriftlich einzureichen oder zur Niederschrift zu erklären. Die Widerspruchsfrist beträgt einen Monat. Sie beginnt mit dem Ablauf des Tages, an dem der Bescheid dem Steuerschuldner bekannt gegeben worden ist. Der Widerspruch hat keine aufschiebende Wirkung, das heißt, die Erhebung – und damit die Zahlungsverpflichtung der angeforderten Steuer – wird dadurch nicht aufgehalten.

- **Weiterleitung von Besteuerungsgrundlagen**
  Nach § 31 Abs. 3 AO dürfen die für die Verwaltung der Grundsteuer zuständigen Behörden die nach § 30 AO dem Steuergeheimnis unterliegenden Namen und Anschriften von Grundstückseigentümern zur Verwaltung anderer Abgaben sowie zur Erfüllung sonstiger Aufgaben verwenden und den hierfür zuständigen Gerichten, Behörden oder juristischen Personen des öffentlichen Rechts auf deren Ersuchen grundsätzlich weiterleiten.

- **Erlass oder Teilerlass der Grundsteuer (§§ 32 bis 34 GrStG)**
  Neben dem Erlass der Steuer für Kulturgut und Grünanlagen nach § 32 GrStG sind für Hauseigentümer besonders die Erlassvorschriften wegen Ertragsminderung nach § 33 GrStG von Bedeutung. Da durch die stetige Rechtsprechung des Bundesfinanzhofs bis 2007 ein Erlass bereits bei einem Ertragsausfall von 20 Prozent gewährt wurde, erfolgte 2008 eine Verschärfung dahingehend, dass ein Teilerlass in Höhe von 25 Prozent nur noch gewährt wird, wenn die Ertragsminderung wegen unverschuldeten Leerstands mehr als 50 Prozent beträgt. Beträgt die Minderung 100 Prozent, ist die Grundsteuer um 50 Prozent zu erlassen.

Geldanlage-Tipp zur Grundsteuersenkung bei Mietausfall

Immobilieneigentümer können bei fehlenden Mieterträgen einen Antrag auf Senkung der Grundsteuer stellen. Der Anspruch auf Senkung besteht, wenn sich die Miete um mehr als 20 Prozent gegenüber der ursprünglichen Miete ermäßigt hat, was besonders bei marktbedingten Mietpreisrückgängen der Fall ist. Den Vermieter darf an den Mietausfällen allerdings kein eigenes Verschulden treffen. Geringere Mieterträge aufgrund von Renovierungsarbeiten, die der Eigentümer in Auftrag gegeben hat, zählen nicht als Minderungsgrund (BFH vom 13.09.2006 – Az. II R 5/05).

- **Grundsteuer in den neuen Bundesländern seit 1991 (Abschnitt VI, §§ 40–46 GrStG)**

  Seit dem 01.01.1991 gelten in den neuen Bundesländern die Vorschriften zur Bemessung und Erhebung der Grundsteuer für bebaute Grundstücke:
  Bemessung der Grundsteuer für Grundstücke nach dem Einheitswert (§ 41 GrStG)
  Ist ein Einheitswert aus dem Jahr 1935 festgestellt oder festzustellen, gelten abweichend von § 15 GrStG die Steuermesszahlen der Grundsteuer-Durchführungsverordnung vom 01.07.1937 weiter. Die ermäßigten Steuermesszahlen für Einfamilienhäuser gelten nicht für das Wohnungseigentum und das Wohnungserbbaurecht einschließlich des damit belasteten Grundstücks. Ist kein Einheitswert festgestellt oder feststellbar, wird die Einheitswertfeststellung nur dann nachgeholt, wenn der Einheitswert für die Vermögen- oder Erbschaftsteuer benötigt wird.

  Bemessung der Grundsteuer für Mietwohngrundstücke und Einfamilienhäuser nach der

Ersatzbemessungsgrundlage (§ 42 GrStG)
Ist der für die Grundsteuer maßgebliche Einheitswert von 1935 nicht festgestellt oder festzustellen, bemisst sich der Jahresbetrag der Grundsteuer nach der Wohnfläche oder bei anderweitiger Nutzung nach der Nutzfläche (Ersatzbemessungsgrundlage).
Bei einem Hebesatz von beispielsweise 300 Prozent für Grundstücke beträgt der Jahresbetrag der Grundsteuer für das Grundstück:

- für Wohnungen, die mit Bad, Innen-WC und Sammelheizung ausgestattet sind: ein Euro je Quadratmeter Wohnfläche,
- für andere Wohnungen: 75 Cent je Quadratmeter Wohnfläche,
- je Abstellplatz für Personenkraftwagen in einer Garage: fünf Euro,
- für Räume, die nicht Wohnzwecken dienen, ist der Jahresbetrag je Quadratmeter Nutzfläche anzusetzen, der für die jeweiligen Wohnungen maßgebend ist.

Steuerfreiheit für neugeschaffene Wohnungen (§ 43 GrStG)
Neugeschaffene Wohnungen, die nach dem 31.12.1980 und vor dem 01.01.1992 bezugsfertig wurden, bleiben grundsteuerfrei bei Bezugsfertigkeit.

- vor dem 01.01.1990 für den noch nicht abgelaufenen Teil eines zehnjährigen Befreiungszeitraums,
- in 1990 bis zum 31.12.2000,
- in 1991 bis zum 31.12.2001.

Deutschland muss seine Grundsteuer reformieren

Das fordert das Bundesverfassungsgericht. Denn bis Ende 2019 muss eine verfassungskonforme Lösung verabschiedet sein.

Das Bundesverfassungsgericht hat am 10.04.2018 seine Entscheidung zur Einheitsbewertung für die Bemessung der Grundsteuer verkündet. Nach Auffassung der Richter sind die Regelungen des BewG zur Einheitsbewertung von Grundvermögen in den alten Bundesländern jedenfalls seit dem Beginn des Jahres 2002 mit dem allgemeinen Gleichheitssatz nicht vereinbar. Das Gericht hat dem Gesetzgeber somit aufgegeben, bis Ende 2019 eine Neuregelung zu treffen.

Gleichwohl gelten die beanstandeten Bewertungsregeln noch für weitere fünf Jahre, jedoch nicht länger als bis zum 31.12.2024 fort (Aktenzeichen 1 BvL 11/14, 1 BvL 12/14, 1 BvL 1/15, 1 BvR 639/11, 1 BvR 889/12).

Seitdem diskutieren Politiker, Ministerien und Verbände über mögliche Reformoptionen. Die Palette reicht von einer Besteuerung auf Grundlage einer Bewertung aller Immobilien zu Verkehrswerten (Marktwerten) bis hin zu einer Besteuerung ausschließlich auf Basis der jeweiligen Fläche von Grund, Boden und Gebäude ohne Wertdifferenzierung.

Welches dieser Modelle sich durchsetzen wird, ist heute noch nicht absehbar.

- **Kirchensteuer vom Grundbesitz („Kirchgrundsteuer")**
  Die Kirchensteuer vom Grundbesitz wird regional unterschiedlich erhoben, in Rheinland-Pfalz zum Beispiel im Bereich der römisch-katholischen Diözesen Limburg und Speyer, der Evangelischen Kirche der Pfalz und der Evangelischen Kirche im Rheinland. Die Kirchensteuer vom Grundbesitz wird von den Kommunen zusammen mit der Grundsteuer eingezogen. Die Kirchensteuer vom Grundbesitz bemisst sich nach einem festen Prozentsatz des Grundsteuermessbetrags. Beispiel: Im Bereich der Diözese Speyer beträgt sie zehn Prozent des Grundsteuermessbetrags.

8.7 Umsatzsteuer

Die Umsatzsteuer (USt) in Form der Mehrwertsteuer ist eine indirekte Steuer sowie eine Verkehrsteuer. In ihrer wirtschaftlichen Wirkung ist sie eine allgemeine Verbrauchsteuer. Damit wird grundsätzlich der gesamte private und öffentliche Verbrauch belastet, das sind die vom Endverbraucher erworbenen Güter und in Anspruch genommenen Dienstleistungen. Somit trifft sie alle Verbraucher entsprechend ihres „Verbrauchs".

Rechtsgrundlage ist das Umsatzsteuergesetz (UStG) vom 21.02.2005 (BGBl. I S. 386), zuletzt geändert durch Art. 11 Abs. 35 Gesetz zur Durchführung der Verordnung (EU) Nr. 910/2014 des Europäischen Parlaments und des Europäischen Rates vom 23.07.2014 über elektronische Identifizierung und Vertrauensdienste für elektronische Transaktionen im Binnenmarkt und zur Aufhebung der Richtlinie 1999/93/EG (eIDAS-Durchführungsgesetz) vom 18.07.2017 (BGBl. I S. 2743).

Die Umsatzsteuer ist neben der Lohnsteuer die wichtigste Einnahmequelle für den Bundeshaushalt und die Länderhaushalte.

Der Umsatzsteuersatz beträgt seit 01.01.2007 19 Prozent. Der ermäßigte Steuersatz beträgt unverändert sieben Prozent, beispielsweise für die meisten Lebensmittel – ohne alkoholische Getränke – sowie für Personenbeförderung und für bestimmte Leistungen gemeinnütziger Körperschaften. Näheres siehe § 12 Abs. 2 UStG.

Die Umsatzsteuerfreigrenze für Kleinunternehmer nach § 19 UStG liegt bei einem Gesamtumsatz im vorangegangenen Kalenderjahr bei 17 500 Euro und bei einem voraussichtlichen Gesamtumsatz im laufenden Kalenderjahr von nicht über 50 000 Euro. Sind diese Voraussetzungen gegeben, besteht keine Pflicht zur Entrichtung der Umsatzsteuer, aber auch keine Berechtigung zum Vorsteuerabzug, zum gesonderten Ausweis der Steuer und zum Verzicht auf Steuerbefreiungen.

Multiplikatoren zum Herausrechnen der Vorsteuer

Zur Ermittlung der Vorsteuer (VorSt) gilt folgende Formel:

VorSt = Bruttorechnungspreis x Multiplikator (M)

$$M = \frac{\text{Steuersatz}}{100 + \text{Steuersatz}}$$

Beispiel

Steuersatz 19 %:	M = 19 : 119 = 0,1596
Steuersatz 7 %:	M = 7 : 107 = 0,0654

Um bei großen Rechnungsbeträgen Ungenauigkeiten wegen der Dezimalschreibweise zu vermeiden, ist in diesen Fällen mit einem Bruch zu rechnen.

Um aus dem Bruttorechnungspreis den Nettopreis zu ermitteln, wird der Bruttorechnungspreis durch 1,19 geteilt:

Beispiel

Bruttorechnungspreis 1 250 €

1 250 : 1,19 = 1 050,42	Nettorechnungspreis	1 050,42 €
+ Umsatzsteuer: 1 050,42 x 19 : 100 = 199,58	Umsatzsteuer	199,58 €
= 1 250,00	Bruttorechnungspreis	1 250,00 €

Umsatzsteuerberechnung in Kreditinstituten
Steuerpflichtig sind alle Umsätze, die nicht ausdrücklich steuerfrei sind. Steuerpflichtig sind insbesondere die Verwahrung und Verwaltung von Wertpapieren (Depotkosten), die Vermögensverwaltungen (Treuhandgebühren), die Vermietung von Schließfächern, die Vermittlung von Reisen oder der Verkauf von Sicherungsgut.

ABC der umsatzsteuerpflichtigen und umsatzsteuerfreien Umsätze der Bankdienstleistungen von Kreditinstituten	
steuerpflichtige Umsätze (= umsatzsteuerpflichtig)	steuerfreie Umsätze nach § 4 Nr. 8a bis h UStG (= umsatzsteuerfrei)
– Anlageberatung – Depotgeschäfte – bei Sicherungsübereignung: Lieferung durch den Sicherungsnehmer an den Erwerber – Verwahrung und Verwaltung von Wertpapieren – Vermietung von Schrankfächern – Vermögensverwaltung – Treuhandgeschäfte	– Bürgschafts- und Garantiegeschäfte – E-Geld-Geschäfte (Geldkartengeschäfte) – Einlagengeschäfte • Leistung des Einlegers • Leistung des Kreditinstituts – Geldanlagegeschäfte – Kapitalanlagegeschäfte • Kauf von Finanzinstrumenten • Beteiligungserwerb – Kreditgeschäfte • Kapitalhingabe und -rückzahlung (= nicht steuerbar) • Geldleihgeschäfte • Kreditvermittlung (ohne Berücksichtigung der Untervermittlung) • Kreditverwaltung (sowohl durch den Kreditgeber als auch für den Treugeber) • Sicherungsübereignung (Lieferung des Sicherungsgebers an den Sicherungsnehmer) • Kreditleihgeschäfte – Umsätze aus der Tätigkeit als Bausparkassenvertreter, Versicherungsvertreter oder Versicherungsmakler – Verwaltung von Investmentfonds im Sinne des Investmentsteuergesetzes – Verwaltung von Versorgungseinrichtungen im Sinne des Versicherungsaufsichtsgesetzes – weitere Vermittlungsgeschäfte Vermittlung der nach § 4 Nr. 8 Buchst. a bis h UStG steuerfreien Bank- und Finanzumsätze, einschließlich Untervermittlung. Auch die Untervermittlung von Finanzprodukten (Versicherungen ausgenommen) sind umsatzsteuerfrei (EuGH, Urteil vom 21.06.2007, Az. C-453/05). – Wertpapiergeschäfte (Umsätze im Geschäft mit Wertpapieren und die Vermittlung dieser Umsätze, ausgenommen die Verwahrung und Verwaltung von Wertpapieren): • Handelsgeschäfte (Kommissions- und Eigengeschäfte) • Emissionsgeschäfte – Zahlungsverkehr • inländischer Zahlungsverkehr – Barzahlungsverkehr – bargeldloser Zahlungsverkehr • internationaler Zahlungsverkehr – Barzahlungsverkehr (Sortengeschäfte) – bargeldloser Zahlungsverkehr – Reisezahlungsverkehr (Traveller-Scheck)

Ebenfalls umsatzsteuerbefreit sind die Umsätze aus der Tätigkeit als Bausparkassenvertreter, Versicherungsvertreter und Versicherungsmakler (§ 4 Nr. 11 UStG).

Im Ausland unterhaltene Metallkonten (auch Gewichtskonten) und Zertifikate, die bei deutschen Kreditinstituten erworben werden können, sind mehrwertsteuerfrei. Bevorzugt für die Anlage im Ausland werden Luxemburg, die Schweiz und Österreich. Die genannten Länder haben die Mehrwertsteuer unterschiedlich geregelt.

Zur Bestimmung des betreffenden Steuersatzes muss der Unternehmer den Metallwert der Münzen grundsätzlich anhand der aktuellen Tagespreise ermitteln. Aus Vereinfachungsgründen kann der Unternehmer jedoch auch den letzten im Monat November festgestellten Tagespreis für das gesamte folgende Kalenderjahr zugrunde legen. Die ermittelten Metallwerte sind jeweils ohne Umsatzsteuer anzusetzen.

8.8 Verdacht der Geldwäsche vermeiden

Im Bereich der Großkriminalität, besonders beim Rauschgifthandel, fallen weltweit Gewinne in unvorstellbarer Größenordnung an. Das Hauptproblem der Rauschgifthändler besteht darin, diese riesigen Gewinne, die überwiegend in Form von Bargeld anfallen, in den legalen Wirtschaftskreislauf einzuschleusen, also zu „waschen".

Rechtsgrundlagen: Gesetz über das Aufspüren von Gewinnen aus schweren Straftaten (Geldwäschegesetz – GwG) vom 23.06.2017 (BGBl. I S. 1822), zuletzt geändert durch Art. 10 G zur Ausübung von Optionen der EU-ProspektVO und zur Anpassung weiterer Finanzmarktgesetze vom 10.07.2018 (BGBl. I S. 1102). Weitere Rechtsvorschriften finden sich in der Abgabenordnung, im Strafgesetzbuch und in der Zivilprozessordnung.

Straftatbestand Geldwäsche
Im Zusammenhang mit Finanzgeschäften ist dabei vor allem der Straftatbestand „Geldwäsche" von Bedeutung, geregelt in § 261 Strafgesetzbuch. Dabei soll durch verbesserten Zugriff auf die Tatgewinne den Tätern das Investitionskapital für weitere Straftaten entzogen werden. Ein Verdacht auf Geldwäsche liegt auch dann vor, wenn neben der rechtswidrigen Vortat nach § 261 StGB (Geldwäsche, Verschleierung unrechtmäßig erlangter Vermögenswerte) auch die Finanzierung einer terroristischen Vereinigung nach § 129a in Verbindung mit § 129b StGB erkennbar ist.

Identifizierungsverpflichtete
Mit dem GwG werden Identifizierungsverpflichtete nach § 2 GwG, wie Kreditinstitute, Finanzdienstleistungsinstitute (beispielsweise Anlageberater, Vermögensberater, Kreditkartenunternehmen und Wechselstuben), Finanzunternehmen (beispielsweise Leasing-Objektgesellschaften) Lebensversicherungsunternehmen und andere Institute verpflichtet, Vorkehrungen dagegen zu treffen, dass sie zur Geldwäsche missbraucht werden können.

Zum Adressatenkreis der Identifizierungsverpflichteten nach § 2 Abs. 1 in Verbindung mit § 3 Geldwäschegesetz (Wirtschaftlich Berechtigter) gehören unter anderem auch Versicherungsunternehmen und Versicherungsvermittler, Investmentaktiengesellschaften, Rechtsanwälte, Rechtsbeistände, Patentanwälte, Notare, Wirtschaftsprüfer, vereidigte Buchprüfer, Steuerberater, Steuerbevollmächtigte, Treuhänder, Immobilienmakler und Spielbanken.

Weitere internationale Standards gegen Geldwäsche
Darüber hinaus wurden mit dem In-Kraft-Treten des Vierten Finanzmarktförderungsgesetzes am 01.07.2002 weitere internationale Standards gegen Geldwäsche umgesetzt. Bei-

spiel: die Führung eines automatisierten Abrufsystems von Kontoinformationen nach § 24c KWG, das der BaFin den Abruf von Kontostammdaten bei Kreditinstituten im automatisierten Verfahren ermöglicht (online-Abrufsystem).

Die vier Verpflichtungen nach dem GwG
Das Geldwäschegesetz schreibt eine Reihe von Identifizierungs-, Aufzeichnungs-, Aufbewahrungs- und Anzeigepflichten vor. Sie lassen sich in vier Kategorien einteilen:

- Pflicht zur Identifizierung des Geschäftspartners bei Kontoeröffnung
- Feststellen des wirtschaftlich Berechtigten
- Pflicht zur Anzeige verdächtiger Vorgänge
- Pflicht zur institutsinternen Aufzeichnung und Aufbewahrung sowie zu Sicherungs-, Kontroll- und Ausbildungsmaßnahen

Gemäß § 1 des Geldwäschegesetzes hat ein Verpflichteter nach § 2 GwG bei Abschluss eines „Vertrages zur Begründung einer auf Dauer angelegten Geschäftsbeziehung" den **Vertragspartner** zu **identifizieren**. Eine auf gewisse Dauer angelegte Geschäftsbeziehung besteht insbesondere bei der Führung eines Kontos nach § 154 Abs. 1 und bei den sonstigen im § 154 Abs. 2 Satz 1 der Abgabenordnung genannten Geschäften. Somit ist die Identifizierung bei Begründung einer neuen Geschäftsbeziehung Bestandteil des Geldwäschegesetzes. Damit die neuen – seit dem 26.06.2017 geltenden – gesetzlichen Vorgaben eingehalten werden, wurde der Bußgeldrahmen nach § 56 GwG bei geldwäscherechtlichen Verstößen deutlich angehoben. Bisher konnte ein Bußgeld von maximal 100 000 Euro verhängt werden. Künftig kann es das Zweifache des durch den Verstoß erlangten wirtschaftlichen Vorteils oder maximal eine Million Euro betragen.

Die Identifizierung einer natürlichen Person gemäß § 11 GwG ist das Feststellen des Namens durch einen gültigen Personalausweis oder Reisepass sowie des Geburtsdatums, des Geburtsortes, der Staatsangehörigkeit und der Anschrift, soweit sie darin enthalten sind, unter Feststellen von Art, Nummer und ausstellender Behörde des amtlichen Ausweises.

Von einer Identifizierung kann abgesehen werden, wenn der Verpflichtete die zu identifizierende Person bereits bei früherer Gelegenheit im Rahmen der Erfüllung seiner Sorgfaltspflichten identifiziert hat und die dabei erhobenen Angaben aufgezeichnet hat. Muss der Verpflichtete aufgrund der äußeren Umstände Zweifel hegen, ob die bei der früheren Identifizierung erhobenen Angaben weiterhin zutreffend sind, hat er eine erneute Identifizierung durchzuführen.

Die Feststellungen bei der Identifizierung im Zusammenhang mit einer Kontoeröffnung sind durch Aufzeichnungen der dort genannten Angaben oder durch Anfertigung einer Kopie der Seiten des zur Feststellung der Identität vorgelegten Ausweises, die diese Angaben enthalten, vorzunehmen und fünf Jahre aufzubewahren (§ 8 GwG) und danach unverzüglich zu vernichten. Andere gesetzliche Bestimmungen über Aufzeichnungs- und Aufbewahrungspflichten bleiben hiervon unberührt.

Bezüglich der **Feststellung des wirtschaftlich Berechtigten** gilt: Wenn im Rahmen einer bestehenden Geschäftsbeziehung oder bei der Durchführung einer Transaktion wegen der äußeren Umstände Zweifel daran gehegt werden, dass der Kunde für eigene Rechnung handelt, sind angemessene Maßnahmen zur Feststellung der Identität desjenigen vorzunehmen, für dessen Rechnung der Kunde handelt.

Die Identifizierungspflicht besteht für außerhalb einer Geschäftsbeziehung anfallende Transaktionen wie Geldbewegungen oder sonstige Vermögensverschiebungen wie bei der Annahme von Bargeld, Wertpapieren oder Edelmetallen in Werten von 10 000 Euro oder mehr. Dies gilt auch, wenn mehrere Finanztransaktionen durchgeführt werden, die zusammen einen Betrag im Wert von 10 000 Euro oder mehr ausmachen, sofern tatsächlich Anhaltspunkte dafür vorliegen, dass zwischen ihnen eine Verbindung besteht.

Der Zentralstelle für Finanztransaktionsuntersuchungen bei der Generalzolldirektion (§ 27 ff. GwG) sind nach Maßgabe des § 43 GwG alle relevanten Sachverhalte anzuzeigen. Sie analysiert geldwäscherechtliche Meldungen und leitet bei einem Verdacht auf Geldwäsche oder Terrorismusfinanzierung diese an die zuständigen Stellen weiter.

Darüber hinaus sollen nach § 18 GwG alle wirtschaftlich Berechtigten künftig in einem zentralen elektronischen Transparenzregister erfasst werden. Es soll Informationen etwa über Beteiligungen an Unternehmen und Vereinigungen sowie zu anderen firmenähnlichen Konstruktionen enthalten. Abrufen können diese Informationen vor allem Strafverfolgungs- und Steuerbehörden sowie die nach dem Gesetz Verpflichteten (§ 2 GwG).

8.9 Einschränkung des Bankgeheimnisses nach Wegfall des § 30a AO

Mit Wirkung ab dem 25.06.2017 wurde das sogenannte Bankgeheimnis (§30a AO) zu Grabe getragen.

Bis zum 24.06.2017 mussten die Finanzbehörden bei der Ermittlung von steuerrelevanten Sachverhalten auf das Vertrauensverhältnis zwischen den Kreditinstituten und deren Kunden besonders Rücksicht nehmen (§ 30a AO). Dazu galt, dass die Finanzbehörden von Banken zum Zweck der allgemeinen Überwachung die einmalige oder periodische Mitteilung von Konten bestimmter Art oder bestimmter Höhe nicht verlangen durften. Ergänzend war gesetzlich vorgeschrieben, dass Guthabenkonten oder Depots, bei deren Errichtung eine Legitimationsprüfung vorgenommen wurde, bei Außenprüfungen bei einem Kreditinstitut nicht zwecks Nachprüfung der ordnungsmäßigen Versteuerung festgestellt oder abgeschrieben werden durften. Die Ausschreibung von Kontrollmitteilungen sollte insoweit unterbleiben.

Somit beschränkte die Norm des § 30a AO die Ermittlungsbefugnisse der Finanzbehörden. Gleichwohl gab es aber auch schon bisher vielfältige Normen, nach denen die Steuerbehörden Informationen anfordern konnten (zum Beispiel § 93 AO) oder diese unaufgefordert erhielten (Todesfallmeldungen nach § 33 ErbStG).

Jedoch war die Vereinbarkeit der Norm des § 30a AO mit dem Grundgesetz von Anfang an umstritten. § 30a AO war jedenfalls verfassungskonform in der Weise einschränkend auszulegen, dass er der von Art. 3 Abs. 1 GG gebotenen gleichmäßigen Erhebung der Steuer auf Zinseinkünfte nicht entgegensteht.

Mit der nun erfolgten Aufhebung des § 30a AO gilt, dass Kreditinstitute bei der Aufklärung des steuerlichen Sachverhalts gegenüber den Finanzämtern dieselben Pflichten haben wie andere auskunftspflichtige Personen.

> Gesetzliche Verschwiegenheitspflichten, auf die sich beispielsweise Rechtsanwälte oder Steuerberater berufen können, gelten für Banken nicht.

Jedoch werden Bankkunden nicht automatisch zum „gläsernen Bürger“. Denn Ermittlungen ins Blaue hinein oder anlasslose Rasterfahndungen sollen wie bisher unzulässig bleiben.

Künftig sind jedoch unter den Voraussetzungen des neuen Abs. 1a des § 93 AO Sammelauskunftsersuchen und die Ausfertigung von Kontrollmitteilungen bei Außenprüfungen zulässig. Jedoch dürfen Kreditinstitute künftig nicht allein deswegen geprüft werden, um Kontrollmitteilungen über Kundendaten erstellen zu können.

Nicht zu vergessen sind die schon bisher von den Steuerbehörden vielfältig genutzten Möglichkeiten des Kontoabrufverfahrens. Im Kampf gegen Steuerbetrug und Sozialmissbrauch wurden in den ersten sechs Monaten diesen Jahres bereits 340.265 Abfragen durchgeführt.

Verbunden mit den Regularien über international ausgetauschte Informationen über Finanzkonten zeigt sich, dass der im Steuerumgehungsbekämpfungsgesetz (Bundesgesetzblatt 2017, Teil I, Seite 1682) geregelte Wegfall des § 30a AO einen vorläufigen Höhepunkt steuerlich motivierter Informationsbeschaffung darstellt.

8.9.1 „Bankgeheimnis" und Bankauskunft

Weiterhin wird jedoch das sogenannte Bankgeheimnis gelten. Befürchtungen, durch Streichung des § 30a AO würden alle Finanzdaten auch gegenüber allen anderen Steuerzahlern offengelegt, sind (derzeit) nicht zu befürchten. Das „Bankgeheimnis" ist die Verpflichtung des Kreditinstituts und seiner Mitarbeiter, Dritten gegenüber keine Auskünfte über seine Kunden und deren persönliche, wirtschaftliche und finanzielle Verhältnisse zu geben. Der Verpflichtung des Kreditinstituts entspricht das Recht, Auskünfte zu verweigern, um die Interessen des Kunden zu wahren. Das Verweigerungsrecht erstreckt sich auf die Geschäftsverbindung und alle dem Kreditinstitut daraus bekannt werdenden Tatsachen.

Das „Bankgeheimnis" gehört zu den wesentlichen Grundlagen für die Funktionsfähigkeit des Kreditwesens. Das Vertrauensverhältnis zwischen Kreditinstitut und Kunde ist Grundlage der Geschäftsbeziehung zwischen Kreditinstitut und Kunde und wird in den Allgemeinen Geschäftsbedingungen besonders hervorgehoben.

Das „Bankgeheimnis" beinhaltet	
die **Pflicht** des Kreditinstituts, keine Auskunft über seine Kunden und deren persönliche, wirtschaftliche und finanzielle Verhältnisse an Dritte zu geben.	das **Recht** des Kreditinstituts, Auskünfte über seine Kunden und deren persönliche, wirtschaftliche und finanzielle Verhältnisse zu verweigern.

Die am Besteuerungsverfahren Beteiligten sind zunächst der Steuerpflichtige und andere Personen. Sie sind zur Auskunft im Besteuerungsverfahren verpflichtet. Zu den anderen Personen können auch Kreditinstitute gehören. Andere Personen sollen erst dann zur Auskunft angehalten werden, wenn die Sachverhaltsaufklärung durch die Beteiligten nicht zum Ziel führt oder keinen Erfolg verspricht (§ 93 Abs. 1 Satz 3 AO). Das Vorliegen dieser Voraussetzung ist von der Finanzbehörde gegenüber dem Kreditinstitut schriftlich nachzuweisen.

Ab dem 25.06.2017 darf die Finanzbehörde an andere Personen als die Beteiligten Auskunftsersuchen über eine ihr noch unbekannte Anzahl von Sachverhalten mit dem Grunde nach bestimmbaren, ihr noch nicht bekannten Personen stellen (Sammelauskunftsersuchen). Voraussetzung dafür ist, dass ein hinreichender Anlass für die Ermittlungen besteht und andere zumutbare Maßnahmen zur Sachverhaltsaufklärung keinen Erfolg versprechen.

Nach § 97 AO sind die am Besteuerungsverfahren Beteiligten, also zunächst der Steuerpflichtige und andere Personen, zur Vorlage von Urkunden wie Büchern, Aufzeichnungen, Geschäftspapieren verpflichtet. Zu den anderen Personen können auch Kreditinstitute gehören. Andere Personen sollen erst dann zur Vorlage angehalten werden, wenn der Vorlagepflichtige eine Auskunft nicht erteilt hat, die Auskunft unzureichend ist oder Bedenken gegen ihre Richtigkeit bestehen. Das Vorliegen dieser Voraussetzung ist von der Finanzbehörde gegenüber den anderen Personen (hier: den Kreditinstituten) nachzuweisen.

Auskünfte im Zivilprozess und in der Zwangsvollstreckung: Zeugen haben im Zivilprozess das Recht der Aussageverweigerung bei solchen Tatsachen, zu deren Geheimhaltung sie verpflichtet sind. Das gilt nach § 383 Abs. 1 Nr. 6 Zivilprozessordnung (ZPO) auch für Informationen, die durch das Bankgeheimnis geschützt sind. Aus der Verpflichtung zur Wahrung des Bankgeheimnisses ergibt sich für das Kreditinstitut die Pflicht, die Interessen des Kunden im Zivilprozess zu wahren. Es ist zur Zeugnisverweigerung berechtigt und aus den AGB insoweit verpflichtet, als der Kunde die Bank nicht von ihrer Verschwiegenheitspflicht entbindet.

Dagegen muss die Bank **im Zwangsvollstreckungsverfahren**, beispielsweise bei einer Kontenpfändung, nach § 840 ZPO dem Gläubiger mitteilen, ob sie die Pfändung anerkennt, welche Ansprüche andere Gläubiger geltend machen und ob bereits Vorpfändungen vorliegen.

Auskünfte im Zusammenhang mit Ordnungswidrigkeiten und Straftaten: Sowohl die Staatsanwaltschaft als auch der Richter haben das Recht, Auskünfte zu verlangen. Insofern hat das Kreditinstitut kein Auskunftsverweigerungsrecht.

Gegenüber der Polizei besteht ein solches Auskunftsverweigerungsrecht, soweit diese von sich aus aktiv wird und nicht beispielsweise auf Anordnung der Staatsanwaltschaft handelt.

Nach § 208 Abs. 1 Satz 1 AO hat ein Kreditinstitut erst um Auskunft und Vorlage von Urkunden zu bitten, wenn ein Auskunftsersuchen an den Steuerpflichtigen nicht zum Ziel führt oder keinen Erfolg verspricht.

CpD-Konten[1] sind selbst keine legitimierten Konten, das heißt eine Legitimationsprüfung nach § 154 Abs. 2 AO findet hier nicht statt.

Bei **strafrechtlichen Ermittlungen** darf in Grundrechte eingegriffen werden. So hat das Bundesverfassungsgericht mit Beschluss vom 23.03.1994 – Az. 2 BvR 396/94 – (NJW 1994 S. 2079) die Verfassungsbeschwerde einer deutschen Großbank gegen eine Durchsuchungsaktion der Steuerfahndung in ihren Geschäftsräumen zurückgewiesen: Diese Aktion sei erforderlich gewesen, um Beweismittel zu sichern. Der Vorwurf der Bank, es sei „ins Blaue hinein" ermittelt worden und es habe eine unzulässige Flächenfahndung stattgefunden, sei unbegründet. Der nach den Ermittlungen bestehende Verdacht, bei der Bank sei „systematisch Beihilfe zur Steuerhinterziehung geleistet worden, ist keinesfalls willkürlich, sondern ohne weiteres nachvollziehbar, wenn nicht sogar naheliegend". Die Ermittlungsbehörden und das Gericht stützen „ihren Verdacht systematischer Verschleierung von Geldüberweisungen auf Luxemburger Konten über CpD-Konten auf eine Reihe konkreter Anhaltspunkte".

1 CpD, Abkürzung für Conto pro diverse, Sammelkonten der Kreditinstitute über bestimmte Geschäftsvorfälle

Besonderes ergibt sich im **Todesfall eines Kunden** nach dem Erbschaftsteuerrecht. So ist in § 33 Absatz 1 Erbschaftsteuergesetz und § 1 der Erbschaftsteuer-Durchführungsverordnung geregelt: Beim Tod eines Kunden haben alle, die sich geschäftsmäßig mit der Verwahrung und Verwaltung fremden Vermögens befassen, also Vermögensverwalter und Vermögensverwahrer wie unter anderem Kreditinstitute, wozu auch Bausparkassen zählen, innerhalb eines Monats nach Kenntnis des Todesfalls die Werte, die zum Vermögen des Verstorbenen gehörten oder über die ihnen zum Zeitpunkt seines Todes die Verfügungsmacht zustand (auch Gemeinschaftskonten), bei dem Erbschaftsteuer-Finanzamt anzuzeigen, in dessen Bezirk der Erblasser seinen Wohnsitz hatte. Ebenso haben Versicherungsunternehmen, bevor sie Versicherungssummen oder Leibrenten einem anderen als dem Versicherungsnehmer auszahlen oder zur Verfügung stellen, dem Finanzamt Anzeige zu erstatten (§ 33 Abs. 3 ErbStG).

§ 154 Abgabenordnung: Kontenwahrheit

(1) Niemand darf auf einen falschen oder erdichteten Namen für sich oder einen Dritten ein Konto errichten oder Buchungen vornehmen lassen, Wertsachen (Geld, Wertpapiere, Kostbarkeiten) in Verwahrung geben oder verpfänden oder sich ein Schließfach geben lassen.

(2) Wer ein Konto führt, Wertsachen verwahrt oder als Pfand nimmt oder ein Schließfach überlässt (Verpflichteter), hat

1. sich zuvor Gewissheit über die Person und Anschrift jedes Verfügungsberechtigten und jedes wirtschaftlich Berechtigten im Sinne des Geldwäschegesetzes zu verschaffen und
2. Die entsprechenden Angaben in geeigneter Form, bei Konten auf dem Konto, festzuhalten.

   Ist der Verfügungsberechtigte eine natürliche Person, ist § 11 Absatz 4 Nummer 1 des Geldwäschegesetzes entsprechend anzuwenden. Der Verpflichtete hat sicherzustellen, dass er den Finanzbehörden jederzeit Auskunft darüber geben kann, über welche Konten oder Schließfächer eine Person verfügungsberechtigt ist oder welche Wertsachen eine Person zur Verwahrung gegeben oder als Pfand überlassen hat. Die Geschäftsbeziehung ist kontinuierlich zu überwachen und die nach Satz 1 zu erhebenden Daten sind in angemessenem zeitlichen Abstand zu aktualisieren.

   (2a) Kreditinstitute haben für jeden Kontoinhaber, jeden anderen Verfügungsberechtigten und jeden wirtschaftlich Berechtigten im Sinne des Geldwäschegesetzes außerdem folgende Daten zu erheben und aufzuzeichnen:

   1. die Identifikationsnummer nach § 139b und
   2. die Wirtschafts-Identifikationsnummer nach § 139c oder, wenn noch keine Wirtschafts-Identifikationsnummer vergeben wurde und es sich nicht um eine natürliche Person handelt, die für die Besteuerung nach dem Einkommen geltende Steuernummer.

      Der Vertragspartner sowie gegebenenfalls für ihn handelnde Personen haben dem Kreditinstitut die nach Satz 1 zu erhebenden Daten mitzuteilen und sich im Laufe der Geschäftsbeziehung ergebende Änderungen unverzüglich anzuzeigen. Die Sätze 1 und 2 sind nicht anzuwenden bei Kreditkonten, wenn der Kredit ausschließlich der Finanzierung privater Konsumgüter dient und der Kreditrahmen einen Betrag von 12 000 Euro nicht übersteigt.

(2b) Teilen der Vertragspartner oder gegebenenfalls für ihn handelnde Personen dem Kreditinstitut die nach Absatz 2a Satz 1 Nummer 1 zu erfassende Identifikationsnummer einer betroffenen Person bis zur Begründung der Geschäftsbeziehung nicht mit und hat das Kreditinstitut die Identifikationsnummer dieser Person auch nicht aus anderem Anlass rechtmäßig erfasst, hat es sie bis zum Ablauf des dritten Monats nach Begründung der Geschäftsbeziehung in einem maschinellen Verfahren beim Bundeszentralamt für Steuern zu erfragen. In der Anfrage dürfen nur die in § 139b Absatz 3 genannten Daten der betroffenen Person angegeben werden. Das Bundeszentralamt für Steuern teilt dem Kreditinstitut die Identifikationsnummer der betroffenen Person mit, sofern die übermittelten Daten mit den bei ihm nach § 139b Absatz 3 gespeicherten Daten übereinstimmen.

(2c) Soweit das Kreditinstitut die nach Absatz 2a Satz 1 zu erhebenden Daten auf Grund unzureichender Mitwirkung des Vertragspartners und gegebenenfalls für ihn handelnder Personen nicht ermitteln kann, hat es dies auf dem Konto festzuhalten. In diesem Fall hat das Kreditinstitut dem Bundeszentralamt für Steuern die betroffenen Konten sowie die hierzu nach Absatz 2 erhobenen Daten mitzuteilen; diese Daten sind für alle in einem Kalenderjahr eröffneten Konten bis Ende Februar des Folgejahrs zu übermitteln.

(2d) Die Finanzbehörden können für einzelne Fälle oder für bestimmte Fallgruppen Erleichterungen zulassen, wenn die Einhaltung der Pflichten nach den Absätzen 2 bis 2c unverhältnismäßige Härten mit sich bringt und die Besteuerung durch die Erleichterung nicht beeinträchtigt wird.

(3) Ist gegen Absatz 1 verstoßen worden, so dürfen Guthaben, Wertsachen und der Inhalt eines Schließfachs nur mit Zustimmung des für die Einkommen- und Körperschaftsteuer des Verfügungsberechtigten zuständigen Finanzamts herausgegeben werden.

War der Verstorbene kein Inländer, ist diese Anzeige trotzdem zu erstatten. Dabei haben die deutschen Finanzbehörden zu prüfen, ob eine deutsche Steuerpflicht eintritt oder ob (zusätzlich) die ausländischen Steuerbehörden über die Vermögenswerte unterrichtet werden. Anhaltspunkte hierzu können sich unter anderem aus den Abkommen zur Vermeidung der Doppelbesteuerung auf dem Gebiet der Erbschaft- und Schenkungsteuer ergeben.

Abkommen zur Vermeidung der Doppelbesteuerung auf dem Gebiet der Erbschaftsteuer bestehen mit folgenden Ländern:	
Dänemark	Schweden
Griechenland	Schweiz
Frankreich	Vereinigte Staaten von Amerika

Nach dem BMF-Schreiben vom 02.03.1989 (BMF IV C 3-S 3844–1206/88) sind Kreditinstitute verpflichtet, dem Finanzamt den Stand von Guthaben und Wertpapiervermögen „zu Beginn“ des Todestages des Erblassers zu melden. Bei einer späteren Feststellung von Kontoständen und Wertpapiervermögen sei vom Stand des Vortages auszugehen.

Darunter fallen besonders Konto- und Depotguthaben, wenn deren Wert zusammengerechnet 5 000 Euro übersteigt (§ 1 Abs. 4 ErbStDV). Kredite bleiben dabei unberücksichtigt. Das Vorhandensein von Schließfächern oder Verwahrstücken ist in jedem Fall anzuzeigen. Lebensversicherungsunternehmen haben vor Auszahlung von Leistungen Anzeige zu erstatten, wenn der Betrag 5 000 Euro übersteigt (§ 3 Abs. 3 Satz 2 ErbStDV). Bei Zuwiderhandlungen werden Verwahrer und Verwalter solchen Vermögens mit Geldbußen belegt.

Die **Meldevorschriften** gelten nur für Vermögensgegenstände, die sich zum Todeszeitpunkt im Gewahrsam des Kreditinstituts befinden. Werden Konten und Depots vor dem Tod (das heißt vor dem Buchungsschnitt des Vortags) aufgelöst, ist das Kreditinstitut von der Meldepflicht befreit. Die Meldepflicht gilt auch für Konten und Depots, für die ein Vertrag zugunsten Dritter auf den Todesfall abgeschlossen wurde.

Die Erbschaftsteuer-Finanzämter teilen ihre Erkenntnisse dem für die Ertragsbesteuerung von Erblasser und Erben zuständigen Finanzamt mit. Diese kontrollieren, ob das Vermögen und daraus resultierende Kapitalerträge ordnungsgemäß versteuert wurden.

Wenn ein Steuerpflichtiger Zinseinkünfte zu Lebzeiten nicht angegeben hat, muss damit gerechnet werden, dass auf diese Einkünfte nach dem Tod durch die Erben als Gesamtrechtsnachfolger neben den Steuern auch noch die Hinterziehungszinsen nach § 235 Absatz 1 AO zu entrichten sind. Dabei wird auch überprüft, ob die Einkunftsquellen, aus denen die Zinsen resultieren, aus ordnungsgemäß versteuerten Geldern stammen. Diese Handhabung wurde auch durch ein Urteil des BFH vom 27.08.1991, BStBl 1992 II S. 9 bestätigt.

Nachzahlungszinsen gemäß § 233a AO (Verzinsung von Steuernachforderungen und Steuererstattungen) sind nicht zusätzlich zu entrichten. Bereits festgesetzte Nachzahlungszinsen sind auf die Hinterziehungszinsen anzurechnen (§ 235 Absatz 4 AO).

Kontrollmitteilungen zu Erbfällen werden ab einer bestimmten Größenordnung ausgeschrieben. Die „Allgemeine Verwaltungsanweisung für die Erbschaftsteuer“ (ErbStVA, veröffentlicht als Schreiben des Bayerischen Finanzministeriums vom 21.10.2010 – S 3715-001-42 699/10 –) sieht vor, dass das für die Erbschaftsteuer zuständige Finanzamt dem für die Besteuerung des Erblassers nach dem Einkommen zuständigen Finanzamt den ermittelten Nachlass mitzuteilen hat, wenn der Reinwert mehr als 250 000 Euro oder das zum Nachlass gehörende Kapitalvermögen mehr als 50 000 Euro beträgt.

Das für die Erbschaftsteuer zuständige Finanzamt hat dem für die Besteuerung des Erben nach dem Einkommen zuständigen Finanzamt den Erwerb mitzuteilen, wenn dessen erbschaftsteuerlicher Bruttowert mehr als 250 000 Euro oder das zum Nachlass gehörende Kapitalvermögen mehr als 50 000 Euro beträgt.

Auch bestandskräftige Einkommensteuerveranlagungen – sowohl des Erblassers als auch des Erben – können durch eine Kontrollmitteilung geändert werden, wenn dem Finanzamt „neue Tatsachen“ bekannt werden. Dann können Bescheide auch zum Nachteil des Erblassers beziehungsweise des Erben geändert werden. Die Änderungsmöglichkeit entfällt zwar grundsätzlich mit Ablauf der Festsetzungsfrist von vier Jahren. Wurden Steuern vom Erblasser oder Erben leichtfertig verkürzt, beträgt die Festsetzungsfrist fünf Jahre, bei Steuerhinterziehung zehn Jahre. Wann die Festsetzungsfrist beginnt, richtet sich nach den ausführlichen Regelungen der Abgabenordnung. Eine Verzögerung sowohl beim Beginn als auch beim Ablauf der Festsetzungsfrist (der sogenannten Anlauf- und Ablaufhemmung nach den §§ 170 und 171 AO) kann dazu führen, dass mehr als vier, fünf oder zehn Besteuerungszeiträume (= Jahre) neu „aufgerollt“ werden.

Das Kreditinstitut ist zur Verschwiegenheit über alle kundenbezogenen Tatsachen und Wertungen verpflichtet, von denen es Kenntnis erlangt („Bankgeheimnis“). Informationen über den Kunden darf das Kreditinstitut nur weitergeben, wenn gesetzliche Bestimmungen dies gebieten oder der Kunde eingewilligt hat oder das Kreditinstitut zur Erteilung einer Bankauskunft befugt ist.

Eine **Bankauskunft** enthält allgemein gehaltene Feststellungen und Bemerkungen über die wirtschaftlichen Verhältnisse des Kunden, seine Kreditwürdigkeit und Zahlungsfähigkeit. Betragsmäßige Angaben über Kontostände, Sparguthaben, Depot- oder sonstige dem Kreditinstitut anvertraute Vermögenswerte sowie Angaben über die Höhe von Kreditinanspruchnahmen werden nicht gemacht.

Die Voraussetzungen für die Erteilung einer Bankauskunft sind in den AGB der Kreditinstitute niedergelegt. Demnach wird eine Bankauskunft nur dann erteilt, wenn der Anfragende ein berechtigtes Interesse an der gewünschten Auskunft glaubhaft dargelegt hat und wenn kein Grund zu der Annahme besteht, dass schutzwürdige Belange der Auskunftserteilung entgegenstehen. Die Banken erteilen Auskunft über juristische Personen und über im Handelsregister eingetragene Kaufleute, wenn sich die Anfrage auf die geschäftliche Tätigkeit bezieht. Die Voraussetzung ist, dass keine anders lautende Weisung des Kunden vorliegt.

Bankauskünfte über andere Personen, insbesondere über Privatkunden, werden nur dann erteilt, wenn die Kunden entweder generell oder im Einzelfall ausdrücklich zugestimmt haben.

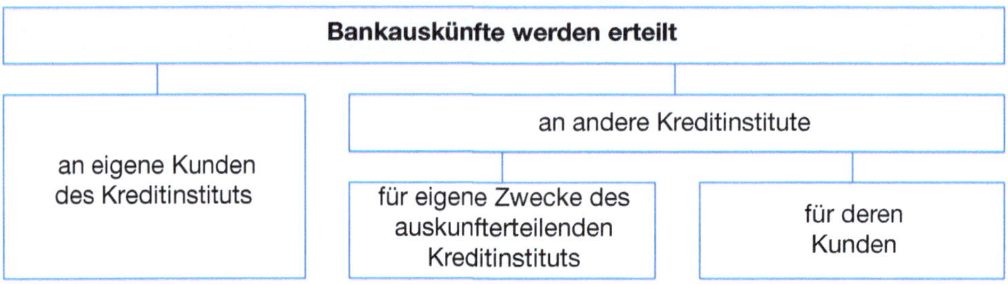

Kontenabrufverfahren
Finanzbehörden können nach § 93 Abs. 7 AO (automatisierter Abruf von Kontoinformationen nach § 93b AO für steuerliche Zwecke) und andere Behörden und Gerichte nach § 93 Abs. 8 AO (Kontenabruf für außersteuerliche Zwecke) von der Kontenabfrage Gebrauch machen. So wurden in der ersten Jahreshälfte 2017 bundesweit 340 265 Abfragen durchgeführt. In beiden Jahreshälften 2013 waren es noch insgesamt 100 000 Abfragen.

Die rechtlichen Vorgaben hierfür sind in § 92 AO (Beweismittel) geregelt. Nach dieser Vorschrift sind die Finanzbehörden verpflichtet, die Steuern nach Maßgabe der Gesetze gleichmäßig festzusetzen und zu erheben (§ 85 AO). Sie müssen dazu den steuererheblichen Sachverhalt von Amts wegen aufklären (§ 88 AO). Hierbei sind sie auf die gesetzlich vorgeschriebenen Mitwirkungspflichten der Beteiligten angewiesen (§ 90 AO).

Da die Finanzbehörde Art und Umfang der Ermittlungen bestimmt, ist sie nicht verpflichtet, in jedem Fall alle Angaben des Beteiligten auf Vollständigkeit und Richtigkeit zu prüfen. Soweit sie im Einzelfall jedoch Anlass dazu sieht, hat sie die Angaben des Beteiligten zu überprüfen. Andernfalls ergäbe sich eine Steuerbelastung, die nahezu allein auf der Erklärungsbereitschaft und der Ehrlichkeit des einzelnen Beteiligten beruhe (BVerfG-Urteil vom 27.06.1991, BStBl II S. 654).

Die Finanzbehörde handelt bei der Ermittlung des steuerrelevanten Sachverhalts nach pflichtgemäßem Ermessen. Hierbei hat sie die Erforderlichkeit der Beweiserhebung nach den Umständen des jeweiligen Einzelfalls im Wege einer Prognoseentscheidung zu beurteilen (BFH in BStBl 2000 II S. 366).

Auskunftsersuchen zu Ermittlungszwecken nach § 93 Abs. 1 AO im Besteuerungsverfahren sind in folgenden Fällen möglich:

- im Veranlagungsverfahren
- im Rechtsbehelfsverfahren
- im Vollstreckungsverfahren
- im Rahmen der Außenprüfung
- bei der Steuerfahndung

Zunächst gibt es zu Ermittlungszwecken – wie bisher schon – das Auskunftsersuchen nach § 93 Abs. 1 AO. Auskunftsersuchen sind möglich im gesamten Besteuerungsverfahren, also im Veranlagungsverfahren, Rechtsbehelfsverfahren und im Vollstreckungsverfahren, der Außenprüfung und bei der Steuerfahndung. Im Steuerstraf- und Steuerbußgeldverfahren gelten neben den Vorschriften der AO auch weitere Vorschriften, besonders der StPO und des OWiG.

Die Finanzämter können Auskunftsersuchen an die Beteiligten nach § 78 AO oder auch an andere Personen richten. In jedem Fall muss das Ersuchen zur Feststellung eines für die Besteuerung erheblichen Sachverhaltes erforderlich sein. Durch die Aufhebung des § 30a AO können die Finanzbehörden künftig ohne die bislang geltenden Einschränkungen bei hinreichendem Anlass nach Maßgabe des § 93 AO Auskunftsersuchen – auch Sammelauskunftsersuchen nach dem neuen § 93 Abs. 1a AO – an inländische Kreditinstitute richten. Diese dienen dazu, Informationen über Bankkunden und deren Geschäftsbeziehungen zu Dritten zu erhalten.

Ein hinreichender Anlass für ein Sammelauskunftsersuchen ist dann gegeben, wenn aufgrund konkreter Anhaltspunkte oder aufgrund allgemeiner Erfahrung (der Finanzbehörden) die Möglichkeit einer Steuerverkürzung in Betracht kommt und daher eine Anordnung bestimmter Art angezeigt ist.

Ermittlungen „ins Blaue hinein“, Rasterfahndungen, Ausforschungsdurchsuchungen oder ähnliche Ermittlungsmaßnahmen sind weiterhin unzulässig. Das Sammelauskunftsersuchen muss darüber hinaus auch verhältnismäßig und zumutbar sein.

An andere Personen (Dritte) soll ein Auskunftsersuchen erst gerichtet werden, wenn die Sachverhaltsaufklärung durch die Beteiligten selbst nicht zum Ziel führt oder keinen Erfolg verspricht (§ 93 Abs. 1 Satz 3 AO). Die Sachverhaltsaufklärung durch die Beteiligten hat dann nicht zum Ziel geführt, wenn sie zwar versucht wurde, aber letztlich nicht gelang, beispielsweise wenn die Beteiligten keine eigenen Kenntnisse über den relevanten Sachverhalt besitzen oder wenn aufgrund konkreter Umstände eine Auskunft des Beteiligten von vornherein als unwahr zu werten wäre.

Vor Befragung eines Dritten soll der Beteiligte über die Möglichkeit eines Auskunftsersuchens informiert werden, falls der Ermittlungszweck nicht gefährdet wird.

Den Finanzbehörden (§ 93 Abs. 7 AO), aber auch anderen Behörden und Gerichten (§ 93 Abs. 8 AO) wird ermöglicht, festzustellen, bei welchem Kreditinstitut der Beteiligte ein Konto oder Depot unterhält. Somit kann anschließend dieses Institut und die entsprechende Verwaltung um Auskunft ersucht werden.

Ausgeschlossen bleibt eine nachträgliche Information des Kreditinstituts nach § 93b Abs. 4 AO in Verbindung mit § 24c Abs. 1 Satz 2 bis 6 und Abs. 4 bis 8 KWG.

Die Rechtmäßigkeit eines Kontenabrufs kann überprüft werden mit Hilfe des Finanzgerichts (Fall des § 93 Abs. 7 AO) oder des Verwaltungs- oder Sozialgerichts (Fall des § 93 Abs. 8 AO) oder in beiden Fällen isoliert im Wege der Leistungs- oder (Fortsetzungs-) Feststellungsklage; vergleiche Beschluss des BVerfG vom 04.05.2005 – Az. 2 BvR 308/04, unter Abs. 19.

Übersicht über die beiden Kontenabrufverfahren nach § 93b AO („automatisierter Abruf von Kontoinformationen“)

Kontenabruf nach § 93 Abs. 7 AO (Finanzbehörden)	Kontenabruf nach § 93 Abs. 8 AO (andere Behörden und Gerichte)

Abruf folgender Bestandsdaten (Stammdaten) zu Konten- und Depotverbindungen, für die Kreditinstitute nach § 24c Abs. 1 des Kreditwesengesetzes eine Datei zu führen haben:

- die Nummer eines Kontos, das der Verpflichtung zur Legitimationsprüfung im Sinne des § 154 Abs. 2 Satz 1 der AO unterliegt, oder eines Depots
- den Tag der Errichtung und den Tag der Auflösung des Kontos oder Depots
- der Namen, sowie bei natürlichen Personen der Tag der Geburt des Inhabers und eines Verfügungsberechtigten
- der Name und die Anschrift eines abweichend wirtschaftlich Berechtigten nach § 8 Abs. 1 des Geldwäschegesetzes

Wichtig: Sowohl Kontenbewegungen als auch Kontenstände können auf diesem Weg nicht ermittelt werden!

Kontenabruf nach § 93 Abs. 7 AO (Finanzbehörden):

Verwendung im Rahmen des gesamten Besteuerungsverfahren, wenn ein Auskunftsersuchen an den Steuerpflichtigen nicht zum Ziel geführt hat oder keinen Erfolg verspricht. Ein Kontenabruf ist grundsätzlich auch im Besteuerungsverfahren eines sogenannten Berufsgeheimnisträgers im Sinne von § 102 AO, beispielsweise eines Arztes oder Rechtsanwalts, zulässig. In diesem Fall ist zusätzlich eine Güterabwägung zwischen der besonderen Bedeutung der Verschwiegenheitspflicht des Berufsgeheimnisträgers und der Bedeutung der Gleichmäßigkeit der Besteuerung unter Berücksichtigung der Verhältnismäßigkeit vorzunehmen. Über hierbei festgestellte Anderkonten dürfen keine Kontrollmitteilungen gefertigt werden. Vorabinformationen bereits in dem an den Steuerpflichtigen gerichteten Auskunftsersuchen (§ 93 Abs. 1 AO), wenn dadurch der Ermittlungszweck nicht gefährdet wird, wie beispielsweise bei Kontenabrufen für Vollstreckungszwecke.

Darüber hinaus ist ein automatisierter Abruf von Kontoinformationen nach § 93b AO nur zulässig, soweit der Steuerpfichtige eine Steuerfestsetzung nach § 32d Abs. 6 EStG beantragt und der Abruf in diesen Fällen zur Festsetzung der ESt oder zur Feststellung von Einkünften aus Kapitalvermögen bis VAZ 2008 oder zur Erhebung von bundesgesetzlich geregelten Steuern erforderlich ist … oder der Steuerpflichtige zustimmt.

Nach Durchführung eines Kontoabrufs ist der Betroffene über das Ergebnis des Kontenabrufs zu benachrichtigen, beispielsweise in Form der Erläuterung im Steuerbescheid.

Kontenabruf nach § 93 Abs. 8 AO (andere Behörden und Gerichte):

Verwendung zur Ausführung anderer Gesetze, die an Begriffe des EStG anknüpfen und ausdrücklich auf darin enthaltene Regelungen Bezug nehmen, wenn in dem Ersuchen versichert wurde, dass eigene Ermittlungen nicht zum Ziel geführt haben oder keinen Erfolg versprechen. Vorabinformation über die Möglichkeit eines Kontenabrufs sowie nachträgliche Auskunftsanprüche des Betroffenen nach Maßgabe besonderer Vorschriften, beispielsweise für Fälle, in denen Daten nicht beim Betroffenen selbst erhoben werden (vergleiche beispielsweise § 67a Abs, 5 S SGB). Abschließende Aufzählung der fünf Fälle, in denen ein Kontenabruf in Betracht kommt:

Die für die Verwaltung

1. der Grundsicherung für Arbeitssuchende nach dem Zweiten Buch Sozialgesetzbuch
2. der Sozialhilfe nach dem Zwölften Buch Sozialgesetzbuch
3. der Ausbildungsförderung nach dem Bundesausbildungsförderungsgesetz
4. der Aufstiegsfortbildungsförderung nach dem Aufstiegsfortbildungsförderungsgesetz
5. des Wohngeldes nach dem Wohngeldgesetz

zuständigen Behörden dürfen die Daten abrufen.

Die andere Behörde oder ein Gericht richtet das Kontenabrufverfahren an das nach § 19 AO für den Betroffenen zuständige Wohnsitzfinanzamt mit amtlichem Vordruck. Nach Prüfung und Zeichnung – ebenfalls durch den Hauptsachgebietsleiter AO – erfolgt die Weiterleitung an das Bundeszentralamt für Steuern. Die Antwort von dort leitet das Wohnsitzfinanzamt im Original an die ersuchende Behörde oder an das ersuchende Gericht.

Erweiterung des Kontenabrufverfahrens

Der Gesetzgeber hat die Möglichkeiten des gut genutzten Kontenabrufs der Finanzämter (erste Jahreshälfte 2018 391 442 Fälle) nach § 93 Abs. 7 AO erweitert. Nach der neuen Nummer 4a darf nun ermittelt werden, in welchen Fällen ein inländischer Steuerpflichtiger Verfügungsberechtigter oder abweichend wirtschaftlich Berechtigter eines Kontos oder Depots einer Person / Gesellschaft mit Wohnsitz / Sitz im Ausland ist. Für entsprechende Inlandssachverhalte bedarf es nach der Gesetzesbegründung keiner Kontenabrufmöglichkeit, da die maßgeblichen Informationen weitestgehend über das nach der 4. Geldwäsche-Richtlinie einzuführende Transparenzregister ermittelbar sind. Zusätzlich wird mit einer neuen Nummer 4b in § 93 Abs. 7 AO eine zusätzliche Kontenabrufbefugnis zur Ermittlung der Besteuerungsgrundlagen nach Aufdeckung unbekannter Steuerfälle durch die Steuerfahndung geschaffen. Kreditinstitute müssen die bisher bereits nach § 24c Abs. 1 KWG zu führende Datei künftig auch für steuerliche Zwecke als Kontenabruf- Datei bereithalten.

Einzelheiten des Kontenabrufverfahrens regelt der AO-Anwendungserlass (AEAO) zu § 93 AO. Siehe dazu „Übersicht über Kontoabrufverfahren".

8.9.2 Maßnahmen gegen internationale Steuerhinterziehung

Steuerhinterziehung ist ein international verbreiteter Problemsachverhalt. Sowohl im unternehmerischen als auch im privaten Bereich scheint das Unrechtsempfinden von vielen Steuerzahlern mangelhaft ausgeprägt zu sein. Die Regierungen vieler Staaten (beispielsweise Deutschland, Frankreich, Großbritannien, Italien, Spanien und die USA) wollten dem nicht tatenlos zusehen. Hierzu vereinbarten sie am 08.02.2012 in einer gemeinsamen Erklärung, die zwischenstaatliche Zusammenarbeit zur Bekämpfung der Steuerhinterziehung durch geeignete Kontrollinstrumente auszubauen. Hierzu wurde ein Musterabkommen erarbeitet.

8.9.2.1 Musterabkommen gegen Steuerhinterziehung (FATCA)

Vorbild für die künftig zu beschließenden Maßnahmen sind die Vereinbarungen mit den USA. Unter dem Namen „Foreign Account Tax Compliance Act (FATCA)" wurden die von den USA angestrebten Ziele zwischenstaatlich geregelt. Im Gegensatz dazu verpflichten sich die USA, den Partnerstaaten steuerlich relevante Informationen zur Verfügung zu stellen.

Die Bundesrepublik Deutschland und die Vereinigten Staaten von Amerika haben am 31.05.2013 das „Abkommen zur Förderung der Steuerehrlichkeit bei internationalen Sachverhalten und hinsichtlich der als Gesetz über die Steuerehrlichkeit bezüglich Auslandskonten bekannten US-amerikanischen Informations- und Meldebestimmungen", das sogenannte FATCA-Abkommen, unterzeichnet. Mit dem deutschen Zustimmungsgesetz ist es am 16.10.2013 in Kraft getreten und wurde am 11.12.2013 wirksam.

Die FATCA-Regelungen wurden vor dem Hintergrund getroffen, dass das US-amerikanische Steuerrecht für die Annahme einer unbeschränkten Steuerpflicht in den USA neben der Ansässigkeit in den USA auch die Staatsangehörigkeit heranzieht.

Die FATCA-Regelungen gelten für in Deutschland lebende US-Staatsangehörige sowie für in den USA ansässige Deutsche, also insbesondere für die Inhaber einer sogenannten Green Card.

Mit den FATCA-Regelungen wird der steuerliche Informationsaustausch der Steuerbehörden beider Vertragsstaaten verbessert. Deutschland muss hierzu von den hier geschäftsansässigen Finanzinstituten Informationen, wie beispielsweise Finanzkontodaten über in den USA ansässige Personen oder US-Staatsangehörige, beschaffen und der US-Steuerbehörde zur Verfügung stellen.

Nach dem FATCA-Abkommen sind seit 2013 einmal jährlich Informationen wie Namen, Anschrift, Kontostand sowie die Tax Identification Number (TIN) für jeden Kontoinhaber / wirtschaftlich Berechtigten und die Konto- und Depotnummern über die bei einem deutschen Finanzinstitut geführten Konten zu melden.

Dabei müssen deutsche Finanzinstitute aufgrund des „Know-your-customer-Prinzips" anhand von Indizien den steuerlichen Status ihrer Kunden ermitten.

Indizien können sein: die US-Staatsangehörigkeit, die Ansässigkeit des Kontoinhabers in den USA, die eindeutige Angabe eines Geburtsorts in den USA, eine aktuelle Post- oder Hausanschrift in den USA, eine aktuelle Telefonnummer in den USA, ein Dauerauftrag für Überweisungen auf ein in den USA geführtes Konto, eine aktuell gültige, an eine Person mit Anschrift in den USA erteilte Vollmacht oder Zeichnungsberechtigung oder eine c/o- oder postlagernde Anschrift als einzige Anschrift des Kontoinhabers in den Unterlagen.

8.9.2.2 Internationaler automatischer Informationsaustausch über Finanzkontodaten

Nachdem die FATCA-Regelungen größtenteils in der Praxis umgesetzt wurden, haben auch andere Staaten die Notwendigkeit des internationalen automatischen Informationsaustauschs erkannt. So haben sich viele Staaten bereiterklärt, untereinander steuerlich bedeutende Informationen über Kontostände und andere Finanzinformationen von allen Steuerzahlern (natürliche und juristische Personen) auszutauschen.

> Eine Liste der Staaten ist zu finden unter:
> http://www.oecd.org/ctp/exchange-of-tax-information/MCAA-Signatories.pdf

2014 haben sich die Finanzminister von 51 OECD-Partnerstaaten (zwischenzeitlich mehr als 90 Staaten und Gebiete) in Berlin über ein multilaterales Abkommen über den automatischen Informationsaustausch in Steuersachen verständigt. Dieses zwischenstaatliche Abkommen legt erstmals einen globalen Standard für den automatischen Informationsaustausch über Finanzkonten (Common Reporting Standard, CRS) fest. Seit dem Meldezeitraum 2016, beginnend im September 2017, werden Informationen über Finanzkonten zwischen den OECD-Partnern ausgetauscht.

Während der Common Reporting Standard auf EU-Ebene im Rahmen einer Revision der EU-Amtshilferichtlinie umgesetzt wurde, erfolgte die nationale Umsetzung durch das Gesetz zum automatischen Austausch von Informationen über Finanzkonten in Steuersachen (Finanzkonten-Informationsaustauschgesetz – FKAustG – vom 21.12.2015, BGBl 2015 Teil I Seite 2531 ff.).

Danach sind meldende deutsche Finanzinstitute verpflichtet, mit Beginn des Kalenderjahres 2016 für jedes meldepflichtige Konto die im FKAustG aufgeführten Daten zu erheben und bis zum 31.07. des jeweiligen folgenden Kalenderjahres nach amtlich vorgeschriebenem Datensatz an das Bundeszentralamt für Steuern zu übermitteln.

Zu melden sind Name, Anschrift und Steueridentifikationsnummer(n), Geburtsdatum und Geburtsort, Steuerlicher Wohnsitz, Kontonummer, Name und Identifikationsnummer des meldenden deutschen Finanzinstituts und der Kontosaldo oder -wert zum Ende des betreffenden Kalenderjahres, oder – bei Auflösung eines Kontos im Laufe des Kalenderjahres – zum Zeitpunkt der Kontoauflösung.

Bei Verwahrkonten wird jeweils der Gesamtbruttoertrag der Zinsen, der Dividenden und anderer Einkünfte, die mittels der Vermögenswerte dieses Kontos erzielt und diesem gutgeschrieben wurden, gemeldet. Bei Einlagekonten ist der Gesamtbruttoertrag der Zinsen, die auf das Konto eingezahlt oder diesem gutgeschrieben wurden, zu melden.

Bei allen anderen Konten ist der Gesamtbruttobetrag, der in Bezug auf das Konto an den Kontoinhaber gezahlt oder diesem gutgeschrieben wurde und für den das meldende deutsche Finanzinstitut Schuldner ist, in die Meldung einzubeziehen. Die Gesamthöhe aller im Meldezeitraum geleisteten Einlösungsbeträge ist dabei einzuschließen. Bei Verwahrkonten sind die Gesamtbruttoerlöse aus der Veräußerung oder dem Rückkauf von Vermögensgegenständen, die auf das Konto eingezahlt oder diesem gutgeschrieben wurden und für die das Finanzinstitut als Verwahrstelle, Makler, Bevollmächtigter oder anderweitig als Vertreter für den Kontoinhaber tätig war, zu melden.

Die von den Finanzinstituten an das BZSt gemeldeten und übermittelten Daten werden jeweils bis zum 30.09. des Kalenderjahres, das auf das Kalenderjahr folgt, auf das sich die Daten beziehen, an die CRS-Partnerstaaten weitergeleitet.

Das BZSt erhält die Daten der CRS-Partnerstaaten zu ausländischen meldepflichtigen Konten, deren Inhaber in Deutschland ansässige Personen sind. Die Informationen werden an die zuständigen Landesfinanzbehörden (das heißt im Endergebnis an die zuständigen Finanzämter) zur Durchführung des Besteuerungsverfahrens weitergeleitet.

8.9.3 Auswirkungen einer möglichen Finanztransaktionssteuer auf deutsche Anleger

Im Sommer 2018 scheint es so, dass eine europaweite Finanztransaktionssteuer (FTT) erst nach Durchführung des Brexits weiter beraten werden wird.

8.9.3.1 Ziele der Einführung einer FTT

Verzicht auf auslösende Transaktionen
Eine weitere Vermeidungsstrategie ist der Verzicht auf steuerauslösende Transaktionen, da diese nach Einführung der FTT unprofitabel werden.

Überwälzung auf die Endkunden
Aus heutiger Sicht ist damit zu rechnen, dass die FTT zunächst von den Finanzinstituten zu entrichten sein wird. Aber letztendlich belastet werden aller Voraussicht nach die Kunden, die Handelsgeschäfte beauftragt haben.

In welchem Umfang eine Überwälzung auf den Endverbraucher erfolgen wird, hängt von der Marktsituation ab.

8.9.3.2 Aussichten

Seit 2015 wurden die Verhandlungen unter den elf Staaten in einer sogenannten verstärkten Zusammenarbeit an einer FTT intensiviert. Bei Redaktionsschluss war noch kein Ergebnis abzusehen.

8.10 Straf- und Bußgeldvorschriften

Es gibt keinen Katalog, aus dem im Einzelnen zu ersehen ist, ab welcher Größenordnung bei Steuervergehen ein Straf- oder Bußgeldverfahren eingeleitet wird. Es soll wohl nicht berechenbar sein, bis zu welcher Grenze Straffreiheit gegeben ist.

Als Kriterien gelten jedoch:

- die Höhe der Steuerverkürzung
- Handelt es sich um einen Einzel- oder Wiederholungsfall?
- Inwiefern liegt Eigennutz vor und falls ja, in welchem Ausmaß?
- das Umfeld der steuerlichen Verhältnisse, auch in zurückliegenden Zeiträumen
- das Verhalten gegenüber den Vertretern des Finanzamts oder der Betriebsprüfung; ein „schlechtes Verhältnis" kann beispielsweise den Ausschlag für ein Straf- oder Bußgeldverfahren geben (zwar nicht de jure, aber de facto)
- der subjektive Tatbestand (Vorsatz oder Leichtfertigkeit) sowie das Verhalten und Auftreten des Steuerpflichtigen („einsichtig oder uneinsichtig") haben Einfluss auf das Strafmaß

Für die Finanzbehörden sind die „Anweisungen für das Straf- und Bußgeldverfahren (Steuer)" – AStBV (St) 2014 – vom 01. Dezember 2017 (BStBl. I S. 1338) verbindlich. Alle Steuerzahler, die sich mit dem steuerlichen Straf- und Bußgeldrecht beschäftigen, sollten diese Verwaltungsanweisung kennen.

8.10.1 Selbstanzeige und Berichtigung von Erklärungen

Das „Grundgesetz" des deutschen Steuerrechts ist die Abgabenordnung (AO). Sie bildet sozusagen als Mantelgesetz den Rahmen für alle grundsätzlichen Steuerregelungen. Sie droht beispielsweise in § 370 an, dass mit einer Freiheitsstrafe bis zu fünf Jahren oder mit einer Geldbuße derjenige unehrliche Steuerbürger bestraft wird, der

- dem Finanzamt gegenüber über steuerlich erhebliche Tatsachen unrichtige oder unvollständige Angaben macht,
- über steuerlich erhebliche Tatsachen in Unkenntnis lässt und dadurch Steuern hinterzieht oder für sich oder einen anderen nicht gerechtfertigte Steuervorteile erlangt.

Bereits der Versuch ist strafbar.

Dieser Strafe kann jeder einsichtige Steuerbürger durch die rechtzeitige Abgabe einer Selbstanzeige entgehen.

Die Selbstanzeige ist in § 371 Abgabenordnung geregelt. Dem Steuerbürger wird nach § 371 in Verbindung mit § 370 AO dann Straffreiheit zugesichert, wenn er gegenüber der Finanzbehörde zu allen unverjährten Steuerstraftaten in vollem Umfang

- die unrichtigen Angaben berichtigt,
- die unvollständigen Angaben ergänzt oder
- die unterlassenen Angaben nachholt.

Durch das Schwarzgeldbekämpfungsgesetz wurde der Gesetzeswortlaut des § 371 AO erheblich verschärft. Die Nacherklärung muss in Bezug auf eine Steuerart vollständig sein und muss alle noch nicht verjährten Veranlagungszeiträume umfassen. Diese Neuregelung ist auf die Verhinderung von taktischen Selbstanzeigen gerichtet. Weitere Voraussetzung für die Straffreiheit ist, dass die hinterzogenen Steuern innerhalb einer vom Finanzamt gesetzten Frist nachgezahlt werden. Diese Frist beträgt im Allgemeinen einen Monat ab der Abgabe der berichtigten Steuererklärungen.

Die Straffreiheit tritt nach § 371 Abs. 2 AO unter anderem nicht ein, wenn

- vor Abgabe der berichtigten Steuererklärungen ein Betriebsprüfer oder ein Steuerfahnder beim Steuerpflichtigen erschienen ist oder
- bereits ein Straf- oder Bußgeldverfahren eingeleitet worden ist oder
- die Steuerhinterziehung zum Zeitpunkt der Berichtigung von den Finanzbehörden bereits entdeckt war und der Hinterzieher dies wusste oder nach der Sachlage damit rechnen musste oder
- die nach § 370 Absatz 1 AO verkürzte Steuer oder der für sich oder einen anderen erlangte nicht gerechtfertigte Steuervorteil einen Betrag von 25000 Euro je Tat übersteigt
- ein besonders schwerer Fall vorliegt

Hat ein Steuerpflichtiger, beispielsweise ein Anleger, nachträglich vor Ablauf der Festsetzungsfrist festgestellt, dass eine gutgläubig abgegebene Erklärung unvollständig oder unrichtig ist, ist er verpflichtet, dies anzuzeigen und richtig zu stellen (§ 153 AO: „Berichtigung von Erklärungen"). Nach eingehender Erörterung der Sach- und Rechtslage mit dem steuerlichen Berater empfiehlt es sich, diese Berichtigung als solche zu kennzeichnen und an das Finanzamt zu schicken.

Eine Selbstanzeige dagegen setzt voraus, dass wissentlich unvollständige Angaben gemacht wurden. Im Gegensatz zur Berichtigung wird die Selbstanzeige von der Straf- und Bußgeldstelle bearbeitet; der Steuerpflichtige bleibt mindestens zehn Jahre in der „Verbrecherkartei" der Straf- und Bußgeldstelle gespeichert.

Ob im Einzelfall eine Anzeige nach § 153 AO genügt oder eine Selbstanzeige erforderlich ist, versucht das Bundesfinanzministerium mit seinem Schreiben vom 23.05.2016 (- IV A 3 - S 0324/15/10001 IV A 4 - S 0324/14/10001, BStBl 2016 I S. 490) zu beantworten. Dieser Erlass ist für alle Steuerpflichtigen von erheblicher Bedeutung, die sich bei Gefahr einer Steuerverkürzung gesetzeskonform verhalten wollen. Im Rahmen dieses Erlasses werden folgende Problemfelder behandelt:

- Welche Erklärungen sind betroffen?
- Wer ist zur Berichtigung verpflichtet?
- Wann muss die Berichtigung erfolgen?
- Wie sind Berichtigungen (§ 153 AO) von Selbstanzeigen (§ 371 AO) abzugrenzen?

8.10.2 Rahmenbedingungen für Selbstanzeigen

Grundsätzlich soll die Möglichkeit einer strafbefreienden Selbstanzeige erhalten bleiben. Allerdings wird die Selbstanzeige in vielen Fällen deutlich teurer werden als bisher. So wurde die Grenze, bis zu der eine Steuerhinterziehung ohne Zuschlag straffrei bleibt, seit 2015 von 50000 Euro auf 25000 Euro halbiert. Ein Strafzuschlag von zehn Prozent wird bei „besonders schweren Fällen" der Steuerhinterziehung zur Zahlung fällig, das heißt bei Hinterziehungsbeträgen von mehr als 25000 Euro.

8.10.3 Verfahren wegen Steuerhinterziehung

Rechtsgrundlage sind die §§ 369 bis 378 AO. Wenn die hinterzogene Steuer einen Betrag von 500 Euro übersteigt (sogenannte Aufgriffsgrenze), wird das Finanzamt im Allgemeinen ein Verfahren wegen Steuerhinterziehung gegen den Steuerpflichtigen einleiten (§ 370 AO). Dabei wird das Finanzamt auch berücksichtigen, ob nicht erklärte Einkünfte nur in einem Jahr oder in mehreren Jahren vorliegen. Die Verjährungsfrist bei Steuerhinterziehung nach § 370 AO beträgt zehn Jahre (§ 376 AO).

Das Steuerstrafrecht unterscheidet zwei Arten von Steuerhinterziehungen:

- leichtfertige Steuerverkürzung (= Steuerordnungswidrigkeit nach §§ 377 f. AO)
- vorsätzliche Steuerverkürzung (= Steuerstraftaten nach §§ 369 f. AO – Steuerhinterziehung)

Bei einer **leichtfertigen Steuerverkürzung** (§ 378 Abs.1 AO) wird ein Vorsatz nicht unterstellt. Sie kann als Ordnungswidrigkeit mit einem Bußgeld bis zu 50 000 Euro (§ 378 Abs. 2 AO) geahndet werden.

Eine v**orsätzliche Verkürzung** liegt beispielsweise dann vor, wenn der Steuerbürger in Kenntnis der Sach- und Rechtslage unvollständige oder falsche Angaben macht. In besonders schweren Fällen, beispielsweise wenn aus grobem Eigennutz in großem Ausmaß Steuern verkürzt werden oder als Mitglied einer Bande Umsatz- oder Verbrauchsteuern verkürzt oder nicht gerechtfertigte Umsatz- oder Verbrauchssteuervorteile erlangt, kann die Strafe von sechs Monaten bis zu zehn Jahren Freiheitsstrafe betragen (§ 370 Abs. 3 AO).

Eine verschärfte Neuregelung der bisherigen Vorschriften gibt es seit 01.01.1999 bezüglich der steuerlichen Abzugsfähigkeit von „Schmiergeldzahlungen“ (§ 4 Abs. 5 Satz 1 Nr. 10 EStG). Das Abzugsverbot greift bereits dann, wenn mit der Zahlung objektiv gegen eine Vorschrift verstoßen wurde, die die Ahndung mit einer Strafe oder Geldbuße vorsieht. Auf die tatsächliche Ahndung kommt es nicht an. Wenn der Steuerpflichtige nun diese Aufwendungen trotzdem steuerlich geltend macht, verkürzt er Steuern. Deswegen kann ein Strafverfahren gegen ihn eingeleitet werden.

Checkliste zur Verteidigung in Strafverfahren wegen Steuerhinterziehung

In der Verteidigung in einem Strafverfahren wegen Steuerhinterziehung muss der Beschuldigte beziehungsweise sein Rechtsvertreter viele Maßnahmen gegeneinander abwägen. Dazu gehören unter anderem:

1. Ordnungsmäßigkeit der Bekanntgabe des Schuldvorwurfs prüfen
2. Akteneinsicht beantragen
3. Strafverfolgungsverjährung prüfen
4. Verfahren hinziehen, beispielsweise durch umfangreiche, die Sach- und Rechtslage problematisierende Schriftsätze
5. Nachweis des Vorwurfs, besonders der Höhe der Steuerverkürzung prüfen
6. Verhalten der Beteiligten einschätzen
7. Selbstanzeige wegen leichtfertiger Steuerverkürzung (§ 378 AO) prüfen
8. möglichen Ausgang der Hauptverhandlung abwägen
9. Rechtsweg ausschöpfen
10. steuerliche Abzugsfähigkeit oder Erstattung von Verteidigerkosten beachten

8.10.4 Haftung bei Steuerhinterziehung des Erblassers

Innerhalb der zehnjährigen Verjährungsfrist kann nach dem rechtskräftigen Urteil des Finanzgerichts Köln vom 07.06.1990 – Az. 2K 2513/88 der Gesamtrechtsnachfolger nur dann für vom Erblasser hinterzogene Steuern in Anspruch genommen werden, wenn auch der subjektive Tatbestand einer Steuerhinterziehung seitens des Erblassers festgestellt werden kann. Das bedeutet, dass der Erblasser wissentlich Steuern hinterzogen haben muss. Hierbei gehen etwaige Zweifel zu Lasten der Finanzbehörden.

Die Erben schulden dem Finanzamt nicht nur die Erbschaftsteuer, sondern auch etwaige Steuerschulden des Erblassers. Falls die Finanzverwaltung eine Hinterziehung nachweist, wonach zu wenig Steuern abgeführt wurden und der Steuerpflichtige dies bewusst und vorsätzlich getan hat, sind von den Erben auch Hinterziehungszinsen zu zahlen – rückwirkend für bis zu zehn Jahre. Allerdings können Hinterziehungszinsen nach einem Urteil des Bundesfinanzhofs nur dann gefordert werden, wenn – und soweit – die Steuerhinterziehung zweifelsfrei feststeht (BFH X R 86/88). Grundsätzlich können die Erben wegen einer Steuerhinterziehung des Erblassers nicht bestraft werden, wenn sie nicht mitverantwortlich waren.

8.10.5 Steuerfahndung

Die Steuerfahndung greift nach § 208 AO in Fällen ein, die bedeutende steuerliche Auswirkungen haben und bei denen Ermittlungen durch das Finanzamt oder die Betriebsprüfung nicht möglich oder nicht erfolgversprechend sind:

- bei Hinweisen durch die Veranlagungsstellen der Finanzämter
- auf Ersuchen der Betriebsprüfung oder durch Kontrollmitteilungen auf Grund von Außenprüfungen bei Hausbanken oder Geschäftsfreunden
- bei Anzeigen durch Dritte, beispielsweise Nachbarn, Geschäftskollegen, Familienmitgliedern und Verwandten nach Streitigkeiten, Freunden oder Angestellten (vor allem nach Entlassungen)
- Spontanauskünfte ausländischer Stellen an die deutschen Finanzbehörden über im Ausland festgestellter steuerlich relevanter Sachverhalte (beispielsweise Kauf von Villen oder Eigentumswohnungen auf Mallorca)
- Mitteilungen von Kreditinstituten an die Erbschaftsteuerstellen
- Mitteilung von Notaren über beurkundete Vorgänge mit steuerlichen Auswirkungen

Grundsätzlich lösen alle Anzeigen durch Dritte zunächst Vorermittlungen aus. Dabei ist es unerheblich, ob eine Anzeige offen, vertraulich oder anonym erfolgt. Allgemeine pauschale Behauptungen oder Anschuldigungen, wie „Herr Weiß hat Schwarzgeld" reichen im Allgemeinen, sowohl bei anonymen als auch bei namentlichen Anzeigen, für ein Tätigwerden der Steuerfahndung nicht aus. Enthalten Anzeigen gewisse konkrete Anhaltspunkte, wird grundsätzlich vorermittelt.

Ob eine Anzeige danach weiterverfolgt wird, richtet sich nach dem Einzelfall. Dabei gilt grundsätzlich das Legalitätsprinzip, das heißt, Straftaten müssen von Amts wegen verfolgt werden. Bei namentlichen Anzeigen kann die Steuerfahndung beim Steuerpflichtigen rückfragen. Dadurch können weitere Erkenntnisse gewonnen werden, die zur Weiterverfolgung führen können.

Anzeigen können auch „vertraulich" erfolgen. Auch dann wird vorermittelt. Der Informant bleibt zunächst anonym. Der Staatsanwaltschaft gegenüber ist die Identität des Informanten durch die Steuerfahndung allerdings offen zu legen.

Verfahren bei Steuerhinterziehung und Steuerfahndung

- **Verfahren wegen Steuerhinterziehung**
  - leichtfertige Steuerverkürzung = Steuerordnungswidrigkeit
  - vorsätzliche Steuerverkürzung = Steuerstraftat
- **Steuerfahndung** in Fällen, die bedeutsame steuerliche Auswirkungen haben **und** bei denen Ermittlungen durch das Finanzamt oder die Betriebsprüfung nicht möglich oder nicht Erfolg versprechend sind

8.10.6 Legitimationsprüfung nach § 154 AO

Bisher war es für Mitarbeiter in Kreditinstituten und Finanzunternehmen nach § 154 Abs. 1 AO obligatorisch, sich vor Aufnahme der Geschäftsbeziehung Gewissheit über die Person und Anschrift jedes Verfügungsberechtigten zu verschaffen. Das galt für das eigene Konto, das Konto, das für einen Dritten geführt wird, sowie die Verwahrung von Wertsachen oder die Schließfachvermietung.

Diese Verpflichtungen werden sich künftig auch auf Informationen über abweichend wirtschaftlich Berechtigte erstrecken.

Nach dem „neuen" § 154 Abs. 2 Satz 4 AO sind die Geschäftsbeziehungen kontinuierlich zu überwachen und die Daten in angemessenem zeitlichen Abstand zu aktualisieren. Man kennt diese Verpflichtung aus § 3 Abs. 1 Nr. 4 Geldwäschegesetz (GwG).

Kreditinstitute müssen künftig im Rahmen der Legitimationsprüfung nach § 154 AO auch das steuerliche Identifikationsmerkmal sowie die Wirtschafts-Identifikationsnummer des Kontoinhabers und auch das jedes anderen Verfügungsberechtigten und jedes anderen wirtschaftlich Berechtigten nachfragen und aufzeichnen. Diese Verpflichtung orientiert sich an § 4 Abs. 6 GwG.

Diese Merkmale können Finanzbehörden künftig im Rahmen des Kontenabrufverfahrens nutzen (§ 154 Abs. 2 bis Abs. 2d AO).

Das neue Recht ist bei Geschäftsbeziehungen anzuwenden, die nach dem 31.12.2017 begründet werden. Für Bestandskonten bestehen Übergangsregelungen (vergleiche im Einzelnen § 26 Abs. 5 Einführungsgesetz zur AO).

8.11 Die wichtigsten steuerlichen Fachbegriffe

Nachstehend die wichtigsten steuerlichen Fachbegriffe, kurz erläutert und alphabetisch geordnet:

- Abgabenquote
  Darunter versteht man die Belastung von Steuern und Sozialabgaben im Verhältnis zum Bruttoinlandsprodukt.

- Abgeld – siehe Disagio –

- Abgeltungsteuer
  Steuertechnischer Begriff für den ab VAZ 2009 geltenden „Gesonderten Steuertarif für Einkünfte aus Kapitalvermögen“ in Form eines einheitlichen Kapitalertragsteuerabzugs auf Erträge wie Zinsen, Dividenden oder Erträge aus Investmentfondsanteilen sowie alle Veräußerungsgewinne mit einem einheitlichen (abgeltenden) Steuersatz von 25 Prozent zuzüglich Solidaritätszuschlag und soweit zutreffend Kirchensteuer (§ 32d EStG).

- Agio
  Auch Aufgeld genannt. Ein Agio, das ein Anleihegläubiger bei der Rückzahlung erhält, gehört zu den Einkünften aus Kapitalvermögen und unterliegt bei privaten Anlegern der Abgeltungsteuer bei Zufluss.

- Altersentlastungsbetrag
  Wird dem Steuerpflichtigen ab dem Kalenderjahr gewährt, das auf die Vollendung des 64. Lebensjahres folgt. Der Altersentlastungsbetrag bemisst sich nach einem Prozentsatz aus der Summe des Arbeitslohns und der nicht aus nichtselbständiger Arbeit erzielten positiven Einkünfte. Nicht in die Berechnung des Altersentlastungsbetrags einzubeziehen sind beispielsweise Versorgungsbezüge nach § 19 Ab. 2 EStG, Einkünfte aus Leibrenten nach § 22 Nr. 1 Satz 3 Buchstabe a EStG, sowie Einkünfte im Sinne des § 22 Nr. 5 Sätze 1 (soweit § 22 Nr. 5 Satz 11 anzuwenden ist) und 2 Buchstabe a EStG. Der Altersentlastungsbetrag wird seit 2005, als er noch 40 Prozent der Einkünfte betrug, sowohl prozentual als auch in seiner absoluten Höhe bis zum Jahr 2040 stufenweise bis 0 abgebaut. Angenommen, ein Steuerpflichtiger wird im Jahr 2018 64 Jahre alt. Dann erhält er ab 2019 einen Altersentlastungsbetrag in Höhe von 17,6 Prozent, jedoch höchstens 836 Euro (§ 24a EStG).

- Arbeitnehmer-Pauschbetrag
  Pauschbetrag in Höhe von 1 000 Euro (§ 9a Satz 1 Nr. 1a EStG) bei der Ermittlung der Einkünfte aus nichtselbständiger Arbeit. Soweit es sich um Versorgungsbezüge nach § 19 Abs. 2 EStG handelt, werden 102 Euro (§ 9a Satz 1 Nr. 1b EStG) abgezogen. Höhere nachgewiesene Werbungskosten können gesondert, ohne Einreichung der Rechnung, geltend gemacht werden.

- Aufgeld – siehe Agio –

- Außergewöhnliche Belastungen
  Erwachsen einem Steuerpflichtigen zwangsweise größere Aufwendungen als der überwiegenden Mehrzahl der Steuerpflichtigen gleicher Einkommensverhältnisse, gleicher Vermögensverhältnisse und gleichen Familienstands, können diese in dem Umfang, in dem die Aufwendungen die zumutbare Belastung übersteigen, auf Antrag vom Gesamtbetrag der Einkünfte abgezogen werden, beispielsweise Krankheitskosten, Unfallkosten, Scheidungskosten mit dem Gesamtbetrag nach Abzug einer zumutbaren Belastung. Die zumutbare Belastung ergibt sich aus § 33 Abs. 3 EStG und beträgt beispielsweise bei einem alleinstehenden Steuerpflichtigen mit einem Gesamtbetrag der Einkünfte von über 51 130 Euro sieben Prozent und reduziert sich bei drei oder mehr Kindern auf zwei Prozent. Die Aufwendungen für die Führung eines Rechtsstreits (Prozesskosten) sind ab VAZ 2013 vom Abzug ausgeschlossen, es sei denn, es handelt sich um Aufwendungen, ohne die der Steuerpflichtige Gefahr liefe, seine Existenzgrundlage zu verlieren und seine lebensnotwendigen Bedürfnisse in dem üblichen Rahmen nicht mehr befriedigen zu können.

- Außergewöhnliche Belastung in besonderen Fällen
  In besonderen Fällen, wie bei Aufwendung für den Unterhalt und eine etwaige Berufsausbildung einer dem Steuerpflichtigen oder seinem Ehegatten/Lebenspartner gegenüber gesetzlich unterhaltsberechtigten Person, können auf Antrag bis zum Höchstbetrag des jeweiligen Veranlagungszeitraums vom Gesamtbetrag der Einkünfte durch Berücksichtigung einer zumutbaren Eigenbelastung abgezogen werden. Der Höchstbetrag erhöhte sich um den Betrag, der im jeweiligen VAZ für die Absicherung der unterhaltsberechtigten Personen aufgewandten Beiträge (§ 33a i. V. m. § 10 Abs. 1 Nr. 3 EStG). Weitere Voraussetzungen sind zu beachten.
  Dazu heißt es in § 33a Abs. 2 EStG: Zur Abgeltung des Sonderbedarfs eines sich in Berufsausbildung befindenden, auswärtig untergebrachten, volljährigen Kindes, für das Anspruch auf einen Freibetrag nach § 32 Absatz 6 oder Kindergeld besteht, kann der Steuerpflichtige einen Freibetrag in Höhe von 924 Euro je Kalenderjahr vom Gesamtbetrag der Einkünfte abziehen. Für ein nicht unbeschränkt einkommensteuerpflichtiges Kind mindert sich der vorstehende Betrag nach Maßgabe des Absatzes 1 Satz 6. Erfüllen mehrere Steuerpflichtige für dasselbe Kind die Voraussetzungen nach Satz 1, so kann der Freibetrag insgesamt nur einmal abgezogen werden. Jedem Elternteil steht grundsätzlich die Hälfte des Abzugsbetrags nach den Sätzen 1 und 2 zu. Auf gemeinsamen Antrag der Eltern ist eine andere Aufteilung möglich.

- Basisversorgung
  Unter der Basisversorgung versteht man die besonders begünstigten Vorsorgeaufwendungen, wie Beiträge zu den gesetzlichen Rentenversicherungen oder zur landwirtschaftlichen Alterskasse sowie zu berufsständischen Versorgungseinrichtungen, die den gesetzlichen Rentenversicherungen vergleichbare Leistungen erbringen und der Basisrente (§ 10 Abs. 1 Nr. 2 EStG).

- besonders begünstigte Vorsorgeaufwendungen – siehe Basisversorgung –

- Baukindergeld
  Rückwirkend ab 2018 erhalten kindergeldberechtigte Familen zum erstmaligen Erwerb von selbstgenutztem Wohneigentum über einen Zeitraum von zehn Jahren Baukindergeld in Höhe von 1 200 Euro pro Kind unter 18 Jahren.
  Voraussetzung: Das zu versteuernde Haushaltsjahreseinkommen der kindergeldberechtigten Familie mit einem Kind unter 18 Jahren übersteigt nicht 90 000 Euro. Pro weiterem Kind erhöht sich dieser Betrag um 15 000 Euro. Der letztmögliche Tag der Antragstellung ist der 31.12.2020.

- Betreuungsfreibetrag – siehe Kinderfreibetrag –

- Damnum – siehe Disagio –

- Disagio
  Besonders bei Krediten oder Darlehen auch Darlehensabgeld, Abgeld oder Damnum genannt. Bei einem Darlehen ist das Disagio der Unterschied zwischen dem Darlehensnennbetrag und dem niedrigeren Darlehensauszahlungsbetrag. Wenn sich das Disagio im marktüblichen Rahmen hält, ist es im Jahr der Zahlung in voller Höhe steuerlich als Werbungskosten abzugsfähig.

- Doppelbesteuerung – siehe Doppelbesteuerungsabkommen –

- Doppelbesteuerungsabkommen (DBA)
  Um die Doppelbesteuerung desselben Steuergegenstands in zwei oder mehreren Staaten zu vermeiden oder zu mindern, haben die verschiedenen Staaten Vereinbarungen über die Berechtigung der Steuererhebung besonders vom Einkommen und vom Vermögen getroffen. Dabei steht die Besteuerung **entweder dem Staat zu, in dem sich das Vermögen befindet** oder aus dem das Einkommen stammt, **oder dem Staat, in dem der Steuerzahler ansässig ist.**
  Abkommen bestehen unter anderem auf dem Gebiet der Steuern vom Einkommen (§ 2a EStG, Negative Einkünfte mit Bezug zu Drittstaten) bezüglich der Einkunftsarten nach den §§ 15, 17, 46 und 50 EStG auf dem Gebiet der Erbschaftsteuer und Schenkungsteuer (§§ 19 Abs. 2 und 21 ErbStG) sowie Sonderabkommen betreffend Einkünfte und Vermögen von Schifffahrt(S)- und Luftfahrt(L)-Unternehmen und Abkommen auf dem Gebiet der Rechts- und Amtshilfe und des Informationsaustauschs. Doppelbesteuerungsabkommen auf dem Gebiet der Steuern vom Einkommen und Vermögen bestehen zwischen Deutschland und fast allen westeuropäischen Staaten und einer Vielzahl weiterer Staaten der übrigen Welt. Weitere Abkommen bestehen nur mit wenigen Ländern.

- Durchschnittssteuersatz
  Durchschnittliche einkommensteuerliche Belastung (ohne Solidaritätszuschlag) in Prozent des zu versteuernden Einkommens

- Eingangssteuersatz (Eingangssatz)
  Steuersatz, mit dem der Einkommensteuertarif nach Berücksichtigung des Grundfreibetrags beginnt

- Einkommen
  Gesamtbetrag der Einkünfte, vermindert um den Verlustabzug, die Sonderausgaben und die außergewöhnlichen Belastungen

- Einkommensteuerpflicht
  Das Einkommensteuergesetz unterscheidet in § 1 und § 1a zwischen der unbeschränkten und der beschränkten Einkommensteuerpflicht.
  - Unbeschränkt einkommensteuerpflichtig sind in der Regel natürliche Personen, die im Inland einen Wohnsitz oder ihren gewöhnlichen Aufenthalt haben (§ 1 Abs. 1 EStG) sowie weitere Personen nach § 1 Abs. 2 EStG.
  - Darüber hinaus gibt es eine fiktive unbeschränkte Einkommensteuerpflicht für EU- und EWR-Familienangehörige nach § 1a EStG. Für natürliche Personen mit Wohnsitzwechsel in niedrig besteuerte Gebiete gilt bis zum Ablauf von zehn Jahren eine unbeschränkte Einkommensteuerpflicht nach § 2 AStG.
  - Beschränkt einkommensteuerpflichtig nach § 1 Abs. 4 EStG sind natürliche Personen, die im Inland weder einen Wohnsitz noch ihren gewöhnlichen Aufenthalt haben, wenn sie inländische Einkünfte im Sinne des § 49 EStG haben.

- Einkommensteuerprogression – siehe Progression –

- Einkünfte im Sinne des EStG
  Nach dem EStG werden die Einkünfte in die zwei Bereiche Gewinneinkünfte und Überschusseinkünfte aufgeteilt.
  - Bei den Gewinneinkünften, dazu zählen Einkünfte aus Land- und Forstwirtschaft, Gewerbebetrieb und selbständiger Arbeit, wird der Gewinn durch Betriebsvermögensvergleich oder als Überschuss der Betriebseinnahmen über die Betriebsausgaben ermittelt.

- Bei den Überschusseinkünften, dazu zählen Einkünfte aus Kapitalvermögen, soweit sie nicht durch den gesonderten Tarif (Abgeltungsteuer) abgegolten sind, aus nicht selbständiger Tätigkeit, aus Vermietung und Verpachtung sowie bei sonstigen Einkünften, wird der Überschuss der Einnahmen über die Werbungskosten ermittelt.

• Einkunftsarten im Sinne des EStG
Das EStG unterscheidet sieben Einkunftsarten:
1. Einkünfte aus Land- und Forstwirtschaft
2. Einkünfte aus Gewerbebetrieb
3. Einkünfte aus selbständiger Arbeit
4. Einkünfte aus nichtselbständiger Arbeit
5. Einkünfte aus Kapitalvermögen
6. Einkünfte aus Vermietung und Verpachtung
7. sonstige Einkünfte

• Einkunftserzielungsabsicht
Die Einkunftserzielungsabsicht, also die Absicht des Steuerpflichtigen, Einkünfte zu erzielen, ist Voraussetzung dafür, dass für eine Einkunftsart Werbungskosten oder Betriebsausgaben geltend gemacht werden können. Je nach Einkunftsart spricht man von Gewinnerzielungsabsicht (Gewinneinkunftsarten) oder Überschusserzielungsabsicht (Überschusseinkünfte).
Liegt keine Einkunftserzielungsabsicht vor, handelt es sich um sogenannte Liebhaberei. Die Aufwendungen dafür zählen dann zu den Kosten der privaten Lebensführung, die nicht absetzbar sind. Die damit zusammenhängenden Einnahmen sind dann steuerlich ebenfalls nicht anzusetzen.

Einkunftserzielungsabsicht

Gewinnerzielungsabsicht

Einkünfte aus
- Land - und Forstwirtschaft
- Gewerbebetrieb
- selbstständiger Arbeit

(= Gewinneinkünfte)

Überschusserzielungsabsicht

Einkünfte aus
- nichtselbstständiger Arbeit
- Kapitalvermögen
- Vermietung und Verpachtung sowie
- sonstige Einkünfte nach § 22 EStG wie Einkünfte aus wiederkehrenden Bezügen, Leibrenten und andere Leistungen aus der Basisversorgung mit ihrem Besteuerungsanteil, Leistungen aus Altersversorgungsverträgen, Unterhaltungsleistungen sowie Einkünfte aus privaten Veräußerungsgeschäften bei Grundstücken und anderen Wirtschaftsgütern, ausgenommen Veräußerung von Gegenständen des täglichen Gebrauchs, nach § 23 EStG

(= Überschusseinkünfte)

- Einnahmen
  Zuflüsse in Geld oder Geldeswert aus den vier Überschusseinkunftsarten (nichtselbständige Arbeit, Kapitalvermögen, Vermietung und Verpachtung und sonstige Einkünfte).

- Einzelveranlagung
  Die Einzelveranlagung ist zunächst die Veranlagungsform für Ledige/Alleinstehende. Darüber hinaus können Ehegatten/Lebenspartner, die beide unbeschränkt einkommensteuerpflichtig i. S. v. § 1 Abs. 1 oder 2 oder § 1a EStG sind und nicht dauernd getrennt leben, zwischen der Einzelveranlagung (bis 2012 „Getrennte Veranlagung") nach § 26a EStG und der Zusammenveranlagung nach § 26b EStG wählen. Die Wahl der Veranlagungsart ist mit Abgabe der Steuererklärung zu treffen. Sonderausgaben, haushaltsnahe Dienstleistungen und außergewöhnliche Belastungen wie Krankheitskosten sind bei Einzelveranlagung grundsätzlich nur bei demjenigen zu berücksichtigen, der sie auch wirtschaftlich getragen hat.

- Einzelveranlagung von Ehegatten und von eingetragenen Lebenspartnern
  Wenn einer der Ehegatten/Lebenspartner die Einzelveranlagung wählt, werden Ehegatten/Lebenspartner einzeln veranlagt (§ 26 Abs. 2 EStG). Bei der Einzelveranlagung von Ehegatten/Lebenspartnern sind jedem Ehegatten/Lebenspartner die von ihm bezogenen Einkünfte zuzurechnen (§ 26a EStG).

- Entlastungsbetrag für Alleinerziehende mit Kindern
  Alleinstehende Steuerpflichtige mit Kindern können einen Entlastungsbetrag in Höhe von 1308 Euro im Kalenderjahr von der Summe der Einkünfte abziehen, wenn zu ihrem Haushalt mindestens ein Kind gehört, dem nach § 32 Abs. 6 EStG ein Betreuungsfreibetrag von 2304 Euro (VAZ 2016) für das sächliche Existenzminimum des Kindes (Kinderfreibetrag) sowie ein Freibetrag von 1320 Euro für den Betreuungs- und Erziehungs- oder Ausbildungsbedarf des Kindes zusteht. Allein stehend in diesem Sinne sind Steuerpflichtige, die nicht die Voraussetzungen für die Anwendung des Splitting-Verfahrens nach § 26 Abs. 1 EStG erfüllen oder verwitwet sind. Rechtsgrundlage: § 24b EStG. Weitere Voraussetzungen siehe § 24b Abs. 2 EStG.

- Ertragsanteil (aus Erträgen des Rentenrechts)
  Wird eine lebenslängliche Privatrente, beispielsweise aus einer privaten Kapitallebensversicherung, gezahlt, ist nur der Ertragsanteil zu versteuern (§ 22 Nr. 1 Satz 3 Buchstabe a, Unterbuchstabe bb EStG). Beispiel: Bei Rentenbeginn mit Vollendung des 65. Lebensjahrs des Rentenberechtigten sind nur 18 Prozent der Rente zu versteuern.

- Fälligkeitsprinzip (Vereinnahmung)
  Grundsätzlich sind Einnahmen innerhalb des Kalenderjahres bezogen, in dem sie dem Steuerpflichtigen zugeflossen sind (§ 11 Abs. 1 Satz 1 EStG). Regelmäßig wiederkehrende Einnahmen, beispielsweise Zinsen, die dem Steuerpflichtigen kurze Zeit vor Beginn oder kurze Zeit nach Beendigung des Kalenderjahrs, zu dem sie wirtschaftlich gehören, zugeflossen sind, gelten als in diesem Kalenderjahr bezogen (§ 11 Abs. 1 Satz 2 EStG). Die wirtschaftliche Zugehörigkeit bestimmt sich nach dem Jahr, in dem die Zinsen fällig (zahlbar) sind.

- Familienleistungsausgleich
  Der Familienleistungsausgleich stellt durch den Kinderfreibetrag und den Betreuungsfreibetrag oder durch das Kindergeld einen Betrag in Höhe des Existenzminimums eines

Kindes zu dessen Betreuung, Erziehung und/oder Ausbildung frei; siehe auch „Kindergeld".

- Freibetrag
  Steuerfreier Betrag bei einer Einkommensart. Bis zur Höhe des Freibetrags sind Beträge steuerfrei. Wird der Freibetrag überschritten, wird nur der Teil des Betrags besteuert, der den Freibetrag übersteigt. Beispiele: Altersentlastungsbetrag, Kinderfreibetrag oder Sparer-Pauschbetrag

- Freigrenze
  Betrag, unterhalb dem Steuerfreiheit besteht. Bis zum Erreichen der Freigrenze bleibt der Betrag steuerfrei. Bei Erreichen des Grenzbetrags muss der Gesamtbetrag versteuert werden. Beispiel: Bei privaten Veräußerungsgeschäften erzielte Gewinne aus dem Verkauf von sonstigen Wirtschaftsgütern wie Münzsammlungen, Gemälde oder Schmuck beträgt die Freigrenze 600 Euro (§ 23 Abs. 3 EStG). Angenommen, der Verkaufserlös eines Schmuckstücks betrüge 1 100 Euro, wären 1 100 Euro zu versteuern.
  Bei geringfügiger Überschreitung von Freigrenzen gibt es teilweise einen Härteausgleich, zum Beispiel bei Einkünften, von denen der Steuerabzug vom Arbeitslohn nicht vorgenommen worden ist (§ 46 Abs. 3 EStG, § 70 EStDV).

- Freistellungsauftrag
  Bei den in § 44a Abs.1 EStG aufgeführten Kapitalerträgen ist der Steuerabzug unter anderem nicht vorzunehmen, wenn dem Gläubiger (besonders dem Kreditinstitut oder der Investmentgesellschaft) ein Freistellungsauftrag oder eine Nichtveranlagungs-Bescheinigung des für den Gläubiger zuständigen Wohnsitzfinanzamts vorliegt. Bis zu dem im Freistellungsauftrag genannten Betrag ist vom Steuerabzug Abstand zu nehmen („Abstandnahme vom Steuerabzug"). Bei Ledigen und bei Einzelveranlagung von Ehegatten/Lebenspartnern 801 Euro, bei Zusammenveranlagung von Ehegatten/Lebenspartnern 1 602 Euro (jeweils Sparer-Pauschbetrag von 801 Euro bei Einzelveranlagung) (§ 20 Abs. 9 EStG). Seit 2010 dürfen Freistellungsaufträge nur noch unter Angabe der Steuer-Identifikationsnummer neu erteilt oder geändert werden. Dadurch kann das Finanzamt leichter kontrollieren, ob die Höchstbeträge nicht überschritten werden.

- Gesamtbetrag der Einkünfte
  Die Summe der Einkünfte, vermindert um den Altersentlastungsbetrag nach § 24a EStG, den Entlastungsbetrag für Alleinerziehende (§ 24b EStG) und den Freibetrag für Land- und Forstwirte nach § 13 Abs. 3 EStG (ab VAZ 2015 900 Euro) zuzüglich dem Hinzurechnungsbetrag nach § 52 Abs. 3 Satz 5 EStG (negative Einkünfte) sowie § 8 Abs. 5 Satz 2 Arbeitslosengesetz. Da seit 2009 ein gesonderter Tarif für Einkünfte aus Kapitalvermögen gilt (§ 32d EStG), erfolgt eine getrennte Ermittlung der Einkünfte aus Kapitalvermögen und der übrigen sechs Einkunftsarten.

- Gewinneinkünfte
  Gewinneinkünfte sind Einkünfte aus Land- und Forstwirtschaft, Einkünfte aus Gewerbebetrieb und Einkünfte aus selbständiger Tätigkeit. Grundlage der Besteuerung ist der Gewinn. Gegensatz: Überschusseinkünfte.

- Gewinnerzielungsabsicht – siehe Einkunftserzielungsabsicht –

- Gewöhnlicher Aufenthalt
  Der gewöhnliche Aufenthalt erweitert als weiteres und alternatives Merkmal zum Wohnsitzbegriff den jeweiligen gesetzlichen Tatbestand, sodass die vorgesehene Rechtsfolge

auch dann eintritt, wenn ein Wohnsitz nicht vorhanden ist. Bedeutung erlangt der gewöhnliche Aufenthalt insbesondere für die Begründung der persönlichen Einkommen- sowie Erbschaft- und Schenkungsteuerpflicht. Den gewöhnlichen Aufenthalt hat jemand dort, wo er sich unter Umständen aufhält, die erkennen lassen, dass er an diesem Ort oder in diesem Gebiet nicht nur vorübergehend verweilt. Als gewöhnlicher Aufenthalt im Inland ist stets und von Beginn an ein zeitlich zusammenhängender Aufenthalt von mehr als sechs Monaten Dauer anzusehen; kurzfristige Unterbrechungen bleiben unberücksichtigt. Dies gilt nicht, wenn der Aufenthalt ausschließlich zu Besuchs-, Erholungs-, Kur- oder ähnlichen privaten Zwecken genommen wird und nicht länger als ein Jahr dauert.

- Grenzsteuersatz
  Der Grenzsteuersatz ist eine wichtige Größe, um die tatsächliche Nettoeinkommensveränderung zu erkennen. Rechnerisch betrachtet, handelt es sich um den Prozentsatz, mit dem (theoretisch beliebig kleine) Einkommenszuwächse oder Einkommensverringerungen des jeweiligen Steuerpflichtigen in der Progressionsspitze steuerlich be- oder entlastet werden.

- Grundfreibetrag (Null-Zone)
  Der Grundfreibetrag stellt den Teil des Eimmens steuerfrei, der für den notwendigen Lebensunterhalt benötigt wird (Existenzminimum). Diese Freistellung beruht auf Vorgaben des Bundesverfassungsgerichts in Karlsruhe. Bis zur Höhe des Grundfreibetrags braucht keine Einkommensteuer entrichtet zu werden (§ 32a Abs. 1 Satz 2 Nr. 1 EStG).

- Grundtarif/Grundtabelle
  Der Grundtarif/die Grundtabelle wird angewandt bei Einzelveranlagung für Alleinstehende oder bei Einzelveranlagung von Ehegatten und Partnern von Lebenspartnerschaften.

- Höchstsatz/Höchststeuersatz
  Der Satz, mit dem ein Steuertarif endet. Im Falle der Einkommensteuer 45 Prozent, bei der Abgeltungsteuer für Kapitaleinkünfte 25 Prozent.

- Kapitalertragsteuer In Form der Abgeltungsteuer
  Erhebung der Einkommensteuer für Einkünfte aus Kapitalvermögen, also auf in- und ausländische Kapitalerträge und Veräußerungsgewinne nach § 20 EStG durch Abzug vom Kapitalertrag (Kapitalertragsteuer) in Höhe von 25 Prozent zuzüglich Solidaritätszuschlag und – soweit zutreffend – Kirchensteuer mit Abgeltungswirkung. Deshalb steuertechnisch auch Abgeltungsteuer genannt. Rechtsgrundlagen: §§ 32d und 43 bis 45e EStG.

- Kinderfreibetrag und Betreuungsfreibetrag für den Betreuungs- und Erziehungs- oder Ausbildungsbedarf (Familienleistungsausgleich) – ohne Altersgrenze –.
  Ab VAZ 2012 Wegfall der persönlichen Anspruchsvoraussetzungen der Eltern und Wegfall der Einkünfte- und Bezügegrenze bei volljährigen Kindern.
  Betrag, der das sächliche Existenzminimum des Kindes berückschtigt. Je berücksichtigungsfähigem Kind und Elternteil im VAZ 2018 jährlich 2394 Euro und im VAZ 2019 2490 Euro. Hinzu kommt noch der Betreuungsfreibetrag von ab dem Veranlagungszeitraum 2010 1320 Euro je Elternteil für den Betreuungs- und Erziehungs- oder Ausbildungsbedarf des Kindes (§ 32 Abs. 6 Satz 1 EStG).
  Der Kinderfreibetrag und der Betreuungsfreibetrag werden bei der ESt nur dann berücksichtigt, wenn deren einkommensteuerliche Auswirkungen größer sind als das im lau-

fenden Jahr erhaltene Kindergeld (Günstigerprüfung). In diesem Fall ist das Kindergeld zur Berechnung der festzusetzenden ESt hinzuzurechnen.

- Kindergeld
  Eltern, die im Inland wohnen und unbeschränkt einkommensteuerpflichtig sind, erhalten Kindergeld (§§ 62 ff. EStG).
  Kindergeld gibt es grundsätzlich
  - für alle Kinder bis vor Vollendung des 18. Lebensjahrs (also der 18. Geburtstag),
  - für Kinder, die nicht in einem Beschäftigungsverhältnis stehen und bei einer Agentur für Arbeit im Inland als Arbeitssuchende gemeldet sind, bis vor Vollendung des 21. Lebensjahrs,
  - für Kinder in Berufsausbildung bis vor Vollendung des 25. Lebensjahrs.

  Das Kindergeld wird einkommensunabhängig gezahlt und beträgt
  - für das erste und zweite Kind monatlich bis VAZ 2016 190 €, ab 2017 192 € und ab 2018 194 €
  - für das dritte Kind monatlich bis VAZ 2016 196 €, ab 2017 198 € und ab 2018 200 €
  - für das vierte und jedes weitere Kind monatlich bis VAZ 2016 221 €, ab 2017 223 € und ab 2018 225 €

- Körperschaftsteuer
  Die Körperschaftsteuer ist vergleichbar mit der „Einkommensteuer" und gilt für Körperschaften, Personenvereinigungen und Vermögensmassen, meist in Form von Kapitalgesellschaften wie Aktiengesellschaften oder Gesellschaften mit beschränkter Haftung. Der Steuersatz beträgt 15 Prozent des zu versteuernden Einkommens (§ 10 Abs. 1 Nr. 5 EStG).

- Linear-progressiver Tarif
  Steuertarif, bei dem in der Progressionszone die Steuersätze gleichmäßig (geradlinig) ansteigen.

- Mitarbeiterkapitalbeteiligung
  Freibetrag für die Überlassung von Vermögensbeteiligungen im Sinne des 5. Vermögensbildungsgesetzes bis zu 360 Euro im Kalenderjahr (§ 3 Nr. 39 EStG)

- Nichtveranlagungs-Bescheinigung (NV-Bescheinigung)
  Anleger, deren Kapitalerträge zusammen mit den Kapitalerträgen, für die Kapitalertragsteuer nach § 44b EStG zu erstatten ist oder nach § 44a Absatz 10 EStG kein Steuerabzug vorzunehmen ist, im Kalenderjahr den Sparer-Pauschbetrag nach § 20 Abs. 9 EStG je Person nicht übersteigt und wenn anzunehmen ist, dass auch für die Fälle der Günstigerprüfung nach § 32d Abs. 6 EStG keine Steuer entsteht, werden grundsätzlich nicht zur Einkommensteuer veranlagt und haben damit Anspruch auf Ausstellung einer NV-Bescheinigung. Sie wird regelmäßig für die Dauer von drei Jahren ausgestellt (§ 44a EStG).

- Null-Zone (Grundfreibetrag)
  Grundfreibetrag für zu versteuernde Einkommen

- Pauschbeträge
  Pauschbeträge vereinfachen die Besteuerung. Bis zum Erreichen des Pauschbetrags wird der jeweilige Betrag pauschal abgezogen. Bei Erreichen oder Überschreiten des Pauschbetrags werden bei entsprechendem Nachweis die tatsächlichen Beträge berücksichtigt; Ausnahme: Sparer-Pauschbetrag.

- Persönliche Steuerpflicht auf Einkommen – siehe Einkommensteuerpflicht –

- Private Veräußerungsgeschäfte
Zu den sonstigen Einkünften gehören auch Einkünfte aus privaten Veräußerungsgeschäften. Grundlage: § 23 EStG. Dabei kommt es nicht darauf an, ob der Steuerpflichtige in Spekulationsabsicht gehandelt hat (BFH vom 8. März 1967 – Az. VI R 24/66 – BStBl III S. 317).
Der Gewinn oder Verlust aus privaten Veräußerungsgeschäften ist der Unterschied zwischen dem Veräußerungspreis einerseits und den Anschaffungs- oder Herstellungskosten einschließlich Werbungskosten andererseits. Die Anschaffungs- oder Herstellungskosten mindern sich um Absetzungen für Abnutzung, erhöhte Absetzungen und Sonderabschreibungen, soweit sie bei der Ermittlung der Einkünfte abgezogen worden sind.
  - **Einkünfte aus privaten Veräußerungsgeschäften bei Grundstücken** und grundstücksgleichen Rechten, beispielsweise Erbbaurechten nach § 23 Abs. 1 Nr. 1 EStG: Erwirbt jemand ein Grundstück im Privatvermögen und veräußert dieses Grundstück innerhalb von zehn Jahren mit Gewinn, liegen steuerpflichtige Einkünfte vor. Beispiel: Bei einem Kauf am 5. Juli 1995 ist ein steuerfreier Verkauf frühestens am 6. Juli 2005 möglich; Finanzgericht Köln (12K 356/84). Für die Frist gelten die jeweiligen schuldrechtlichen Verträge („Notarvertrag"), nicht die Auflassung oder Eintragung der Rechtsänderung im Grundbuch. Der steuerpflichtige Gewinn aus privaten Veräußerungsgeschäften für Immobilien, die innerhalb der zehnjährigen Frist verkauft werden, erhöhte sich seit 1996 um die in Anspruch genommenen Abschreibungen. Ausgenommen vom Besteuerungstatbestand „private Veräußerungsgeschäfte" sind Immobilien, die im Zeitraum zwischen Anschaffung oder Fertigstellung und Veräußerung ausschließlich zu eigenen Wohnzwecken oder im Jahr der Veräußerung und in den beiden vorangegangenen Jahren zu eigenen Wohnzwecken genutzt wurden.
Verbleibende Gewinne aus privaten Veräußerungsgeschäften sowohl mit Grundstücken als auch anderen Wirtschaftsgütern ab 600 Euro pro Person sind einkommensteuerpflichtig.
Die 600 Euro-Grenze ist eine Freigrenze, das heißt:
    - Bei Unterschreiten von 600 Euro bleibt alles steuerfrei.
    - Bei Überschreiten von 599,99 Euro wird alles steuerpflichtig.

    Bei zusammenveranlagten Ehegatten kann die Freigrenze von jedem Ehegatten in Anspruch genommen werden. Voraussetzung ist, dass jeder Ehepartner Einkünfte aus privaten Veräußerungsgeschäften erzielt.
  - **Einkünfte aus privaten Veräußerungsgeschäften bei anderen Wirtschaftsgütern** nach § 23 Abs. 1 Nr. 2 EStG. Dazu zählen beispielsweise Antiquitäten, Bilder, Schmuck, aber auch Edelmetalle; unabhängig davon, ob sie in physischer Form, auf einem Edelmetallkonto oder im In- oder Ausland gehalten werden:
Einkünfte aus diesen privaten Veräußerungsgeschäften sind zu versteuern, wenn der Zeitraum zwischen Anschaffung und Veräußerung nicht mehr als ein Jahr beträgt. Gewinne bleiben steuerfrei, wenn der aus diesen privaten Veräußerungsgeschäften erzielte Gesamtgewinn im Kalenderjahr weniger als 600 Euro betragen hat. Ausgenommen sind Veräußerungen von Gegenständen des täglichen Gebrauchs (§ 23 Abs. 1 Satz 1 Nr. 2 Satz 2 EStG), die nach dem 08.12.2010 angeschafft worden sind. Verluste aus der Einkunftsart Kapitalvermögen" werden im Rahmen eines Verrechnungskreises behandelt. Sie sind nicht mehr mit Gewinnen aus anderen, progressiv besteuerten Einkunftsarten verrechenbar. Der neue Verrechnungskreis unterteilt sich in einen **Verrechnungskreis 1** für allgemeine Gewinne und Verluste aus der Veräußerung von Kapitalanlagen und in einen **Verrechnungskreis 2** für die Gewinne und Verluste aus der Veräußerung von

Aktien. Die Verrechnung von positiven und negativen Kapitalerträgen in beiden Verrechnungskreisen findet während des laufenden Jahres in den jeweiligen Verrechnungstöpfen bei Steuerabzug durch die Kreditinstitute oder Investmentgesellschaften statt.

Checkliste zur Prüfung der privaten Veräußerungsgeschäfte bei Immobilien

- Immobilien, die länger als zehn Jahre im Eigentum sind, können ohne Beachtung der steuerlichen Vorschriften für private Veräußerungsgeschäfte verkauft werden.
- Wurde die Immobilie im Jahr des Verkaufs und den beiden dem Verkaufsjahr vorangegangenen Jahren oder seit dem Erwerb selbst genutzt, fällt keine Versteuerung eines Veräußerungsgewinns an.
- Für Immobilien, die vor dem 01.08.1995 angeschafft wurden, gilt: Ein möglicher Veräußerungsgewinn berechnet sich aus der Differenz zwischen Kaufpreis und Verkaufserlös.
- Immobilien, die nach dem 31.07.1995 angeschafft wurden: Ein möglicher Veräußerungsgewinn berechnet sich aus der Differenz vom Kaufpreis, der um die Abschreibungen zu vermindern ist, und dem Verkaufserlös.
- Bei einem Verkauf von mehr als drei Immobilien innerhalb eines Zeitraums von fünf Jahren ist darüber hinaus zu prüfen, ob diese Aktivitäten eventuell insgesamt zur Gewerblichkeit, das heißt zu einem gewerblichen Grundstückshandel führen. Näheres hierzu regelt das BMF-Schreiben vom 26.03.2004 - IV A 6 - S 2240 - 46/04 in BStBl 2004 I S. 434.

- Progression
  Oberhalb des Grundfreibetrags nimmt bei zunehmendem zu versteuerndem Einkommen die prozentuale Belastung durch die Einkommensteuer bis zum Erreichen der (oberen) Proportionalstufe zu.

- Progressionsvorbehalt
  Für die Ermittlung der Steuer werden bestimmte steuerfreie Einnahmen zu dem zu versteuernden Einkommen fiktiv hinzugerechnet (§ 32b EStG). Der daraus ermittelte Steuersatz wird auf das zu versteuernde Einkommen angewendet („positiver Progressionsvorbehalt"). Das betrifft unter anderem ausländische Einkünfte, die nach einem Doppelbesteuerungsabkommen steuerfrei sind, sowie steuerfreie Lohnersatzleistungen der Bundesagentur für Arbeit (wie Arbeitslosengeld oder Kurzarbeitergeld), der Krankenkasse oder der Berufsgenossenschaft. Neben diesem „positiven" Progressionsvorbehalt führen bestimmte Rückzahlungen von Lohnersatzleistungen und bestimmte negative ausländische Einkünfte zu einer Verringerung des sonst anzuwendenden Steuersatzes („negativer Progressionsvorbehalt").

- Progressionszone
  Bereich des Einkommensteuertarifs mit linear ansteigenden Grenzsteuersätzen bis zum Erreichen der (ersten oberen) Proportionalzone. Dadurch werden höhere Einkommen absolut und prozentual höher besteuert als niedrige.

- Proportionalzone (Proportionalstufe)
  Alle Einkommen innerhalb dieser Zone (Stufe) werden proportional mit einem konstanten Grenzsteuersatz besteuert. Sie beginnt ab einem bestimmten zu versteuernden Jahreseinkommen. Der Steuersatz bleibt dann konstant.

- Solidaritätszuschlag („Soli")
Der Solidaritätszuschlag ist ein Zuschlag auf die festgesetzte Einkommen- beziehungsweise Körperschaftsteuer und deren Vorauszahlungen sowie Abzugssteuern (Lohn- und Kapitalertragsteuer). Der Zuschlag beläuft sich seit 1998 auf 5,5 Prozent der Bemessungsgrundlage. Er beträgt nicht mehr als 20 Prozent des Unterschiedsbetrags zwischen der Bemessungsgrundlage, vermindert um die ESt nach § 32d Abs. 3 und 4 EStG und der nach § 3 Abs. 3 bis 5 EStG jeweils maßgebenden Freigrenze.

- Sonderausgaben
Sonderausgaben sind bestimmte Aufwendungen, wenn sie weder Betriebsausgaben noch Werbungskosten sind oder wie Betriebsausgaben oder wie Werbungskosten behandelt werden. Ihrer Art nach handelt es sich um Ausgaben der privaten Lebensführung, die aus besonderen sozial- und wirtschaftspolitischen Gründen zum Abzug zugelassen sind. Sie werden vom Gesamtbetrag der Einkünfte abgezogen.
Zu den Sonderausgaben zählen:
  - Unterhalts- und Versorgungsleistungen
  - Vorsorgeaufwendungen
  - Zusätzliche Altersvorsorge pflichtversicherter Arbeitnehmer
  - Kirchensteuer
  - Kosten für die Berufsausbildung/Erststudium
  - Aufwendungen für die Kinderbetreuung (2/3)
  - Schulgeld
  - Spenden und Mitgliedsbeiträge

  Unterschieden wird zwischen unbeschränkt abzugsfähigen Sonderausgaben und beschränkt abzugsfähigen Sonderausgaben. Unbeschränkt abzugsfähig sind beispielsweise Kirchensteuer und Versorgungsleistungen wie Renten und dauernde Lasten.
Bei den beschränkt abzugsfähigen Sonderausgaben wird unterschieden zwischen besonders begünstigten und sonstigen Vorsorgeaufwendungen. Zu den begünstigten Vorsorgeaufwendungen zählt die sogenannte Basisversorgung wie Beiträge zu Rentenversicherungen und zur Basisrente. Zu den sonstigen Vorsorgeaufwendungen zählen unter anderem Beiträge zur Kranken- und Pflegeversicherung, Haftpflicht-, Unfall-, Arbeitslosen- und Pflegeversicherung, zu Risikolebensversicherungen und zu bestimmten Kapitallebensversicherungen mit Abschluss vor 2005.

- Sonderausgaben in besonderen Fällen
Als Sonderausgaben können geltend gemacht werden: zwei Drittel der Aufwendungen, höchstens 4000 Euro je Kind, für Dienstleistungen zur Betreuung eines zum Haushalt des Steuerpflichtigen gehörenden Kindes nach § 32 Abs. 1 EStG, welches das 14. Lebensjahr noch nicht vollendet hat oder wegen einer vor Vollendung des 25. Lebensjahrs eingetretenen körperlichen, geistigen oder seelischen Behinderung außerstande ist, sich selbst zu unterhalten. Dies gilt nicht für Aufwendungen für Unterricht, die Vermittlung besonderer Fähigkeiten und ebenso nicht für sportliche und andere Freizeitbeschäftigungen (§ 10 Abs. 1 Nr. 5 EStG).

- Sonderausgaben-Pauschbetrag
Pauschalabzug bei der Ermittlung des Einkommens für gezahlte Kirchensteuer, Spenden und andere unbeschränkt abzugsfähige Sonderausgaben in Höhe von 36 Euro (§ 10c Abs. 1 EStG) und 72 Euro bei Zusammenveranlagung von Ehegatten/Lebenspartnern. Der Sonderausgaben-Pauschbetrag von 36 Euro gilt seit dem VAZ 2010 auch für die Lohnsteuerklasse V. Im Gegenzug kommt es zu einem gleichzeitigen Wegfall der Verdoppelung in der Steuerklasse III. In der Steuerklasse VI ist, wie bisher, kein Sonderausgaben-Pauschbetrag vorgesehen.

- Sonstige Einkünfte (§ 22 EStG)
  Im Rahmen der insgesamt sieben Einkunftsarten des Einkommensteuergesetzes umfassen die sonstigen Einkünfte wiederkehrende Bezüge wie Rentenzahlungen, Leibrenten, Unterhaltsleistungen („Realsplitting"), Einkünfte aus privaten Veräußerungsgeschäften im Sinne von § 23 EStG und Leistungen aus der betrieblichen Altersversorgung nach § 22 Nr. 5 EStG.

- Sonstige Vorsorgeaufwendungen
  Dazu zählen besonders Versicherungsbeiträge zu Kranken- und Pflegeversicherungen, zu Arbeitslosen-, Erwerbs- und zur Berufsunfähigkeitsversicherung, zu Unfall- und Haftpflichtversicherungen, zu Risikoversicherungen, die nur für den Todesfall eine Leistung vorsehen, sowie zu Lebensversicherungs-Altverträge-Beiträgen (§ 10 Abs. 1 Nr. 3 und 3a EStG).

- Sparer-Pauschbetrag (§ 20 Abs. 9 EStG)
  Seit dem VAZ 2009 gilt ein einheitlicher Sparer-Pauschbetrag von 801 Euro (1 602 Euro bei Zusammenveranlagung von Ehegatten/Lebenspartnern) unter Wegfall des Ansatzes der tatsächlichen Werbungskosten.

- Spitzensteuersatz
  Höchststeuersatz im jeweiligen Veranlagungszeitraum

- Splittingverfahren
  wird angewandt bei Zusammenveranlagung von Ehegatten/Lebenspartnern sowie bei einem Verwitweten im Jahr nach dem Todesjahr, wenn die Eheleute im Todesjahr nicht dauernd getrennt lebten und bei Steuerpflichtigen im Jahr der Eheauflösung/Auflösung der Lebenspartnerschaft unter bestimmten Voraussetzungen.

- Steuerprogression – siehe Progression –

- Stückzinsen
  Beim Verkauf festverzinslicher Wertpapiere sind vereinnahmte Stückzinsen einkommensteuerpflichtig. Beim Erwerb von Wertpapieren gezahlte Stückzinsen sind im Jahr der Zahlung abzugsfähig. Die im Kalenderjahr gutgeschriebenen Zinsen und Stückzinsen werden mit den im ganzen Kalenderjahr gezahlten Stückzinsen verrechnet („modifiziertes Nettoprinzip").
  Gezahlte Stückzinsen sind beim Kauf von Wertpapieren stets vom Käufer zu zahlen. Sie sind weder Werbungskosten noch Anschaffungskosten. Steuerlich sind sie beim Käufer nur dann als negative Einnahmen zu berücksichtigen, wenn er die Absicht hat, aus den Wertpapieren Einkünfte zu erzielen. Bei einem Dritten, auf den die vom Käufer erworbenen Wertpapiere übertragen und für den sie verwahrt und verwaltet werden, sind insoweit keine Stückzinsen zu berücksichtigen (BMF-Schreiben vom 15. März 1994 – Az. IV B 4 – S. 2252–173/94 – BStBl I S. 230).

- Summe der Einkünfte
  Saldo der positiven und negativen Einkünfte bei Addition der verschiedenen Einkunftsarten für einen Veranlagungszeitraum

- Tarif-Freibeträge
  Dazu zählen im Rahmen der Einkommensteuer (des Einkommensteuertarifs) der Kinderfreibetrag, der Betreuungsfreibetrag, der Entlastungsbetrag für Alleinerziehende, der Al-

tersentlastungsbetrag sowie die Steuerermäßigung für haushaltsnahe Beschäftigungsverhältnisse, Dienst- und Handwerkerleistungen.

- Tarifliche Einkommensteuer/Tarifbesteuerung
  Steuerbetrag nach Grund- oder Splittingtabelle, unter Umständen sind auch der Progressionsvorbehalt und die Regelungen über außerordentliche und bestimmte ausländische Einkünfte zu berücksichtigen.

- Überschusseinkünfte
  Dazu zählen die vier Einkunftsarten Einkünfte aus nichtselbständiger Arbeit, aus Kapitalvermögen, aus Vermietung und Verpachtung sowie die sonstigen Einkünfte. Nach ständiger Rechtsprechung des Bundesfinanzhofs setzt eine einkommensteuerrechtliche Betätigung oder Vermögensnutzung im Bereich der Überschusseinkünfte die Absicht voraus, auf Dauer gesehen nachhaltig Überschüsse zu erzielen. Dabei ist nicht auf das Ergebnis der Vermögensnutzung eines oder weniger Jahre, sondern auf das positive Gesamtergebnis der voraussichtlichen Vermögensnutzung durch den Steuerpflichtigen und seinen Gesamtrechtsnachfolger oder seinen voll unentgeltlichen Einzelrechtsnachfolger abzustellen. Steuerfreie Veräußerungsgewinne sind in diese Betrachtung nicht einzubeziehen. Gegensatz: Gewinneinkünfte

- Überschusserzielungsabsicht – siehe Einkunftserzielungsabsicht –

- Veranlagung
  Besondere Art der Steuerfestsetzung; Merkmale: eingehende Sachprüfung, schriftliche Steuerbescheide; Zahlungspflicht erst auf Grund des Steuerbescheids; die Veranlagung wird bei den sogenannten Veranlagungsteuern durchgeführt (besonders ESt, KSt und USt).

- Veranlagung von Ehegatten und eingetragenen Lebenspartnern
  Ehegatten und eingetragene Lebenspartner können zwischen der Einzelveranlagung (§ 26a EStG) und der Zusammenveranlagung (§ 26b EStG) wählen, wenn 1. beide unbeschränkt einkommensteuerpflichtig im Sinne des § 1 Abs. 1 oder 2 oder des § 1a EStG sind, 2. sie nicht dauernd getrennt leben und 3. bei ihnen die Voraussetzungen aus den Nummern 1 und 2 zu Beginn des Veranlagungszeitraums vorgelegen haben oder im Laufe des Veranlagungszeitraums eingetreten sind.

- Veranlagungszeitraum (VAZ)
  Der Veranlagungszeitraum ist das Kalenderjahr, in dem das Einkommen bezogen wurde und für das der Einkommensteuerpflichtige zur Einkommensteuer veranlagt wird.

- Verausgabung
  Ausgaben sind für das Kalenderjahr abzusetzen, in dem sie geleistet worden sind (§ 11 Abs. 2 EStG).

- Vereinnahmung
  Einnahmen gelten als innerhalb des Kalenderjahres bezogen, in dem sie dem Steuerflichtigen zugeflossen sind (§ 11 Abs. 1 EStG).

- Verlustausgleichsverbot
  Verluste aus Kapitalvermögen dürfen nicht mit Einkünften aus anderen Einkunftsarten ausgeglichen werden; sie dürfen auch nicht nach § 10d EStG (Verlustabzug) abgezogen

werden. Verbleibende positive Kapitalerträge aus laufenden Einnahmen können nicht mit Verlusten aus Aktiengeschäften des gleichen Veranlagungsjahres verrechnet werden (§§ 20 Abs. 6 und 52a Abs. 10 Satz 10 EStG).

- Verlustverrechnungstopf
  Beim Verlustverrechnungstopf verrechnen die für die Abgeltungsteuer zuständigen Finanzinstitute alle positiven und negativen Kapitalerträge unterjährig miteinander. Verrechnungstopf 1: Verrechnung der Kapitalerträge ohne Aktiengewinne oder -verluste; Verrechnungstopf 2: Verrechnung von Gewinnen und Verlusten aus Aktiengeschäften. Eine Querverrechnung der beiden Töpfe ist nicht zulässig.

- Vermögensverwaltung
  Werden Wertpapiergeschäfte unter besonderen Umständen betrieben, so gehen die Finanzbehörden in Einzelfällen von einer **gewerblichen Tätigkeit** des Investors aus. In diesen Fällen sind Zinsen und Dividendeneinkommensteuerpflichtig. Außerdem wird der Investor dann (oberhalb der Freibeträge nach dem Gewerbesteuergesetz) auch zur Gewerbesteuerzahlung aufgefordert.
  Besondere, gleichzeitig vorhandene Merkmale, die für eine gewerbliche Tätigkeit des Investors sprechen, sind beispielsweise folgende:
  - Für den Investor steht nicht die Fruchtziehung des eingesetzten Vermögens im Vordergrund, sondern die intensive Umschichtung des Vermögens und die Verwertung von Vermögenssubstanz.
  - Der Investor entfaltet Aktivitäten, die für einen Gewerbetreibenden üblich, für eine private Vermögensverwaltung aber wesensfremd sind.
  - Eine Organisationsstruktur, die die Betätigung des Investors als bank- oder händlerüblich erkennen lässt.
  - Das Vorhandensein besonderer branchennotwendiger Kenntnisse

  Vorstehende Punkte können nur grobe Anhaltspunkte sein. Nach der ständigen Rechtsprechung der Finanzgerichte und des BFH müssen die Verhältnisse eines jeden Einzelfalls geprüft werden. Im Übrigen siehe auch „Werbungskosten“.

- Versorgungsfreibetrag
  Seit 2005 erhöhte sich die Besteuerung der Versorgungsbezüge. Der Versorgungsfreibetrag nimmt seitdem sowohl hinsichtlich des Prozentsatzes als auch bezüglich des absoluten Betrags ab. Zum Versorgungsfreibetrag kommt noch ein Zuschlag zum Versorgungsfreibetrag dazu, der jedoch ebenfalls im Zeitablauf abnimmt: In 2019 liegt der Versorgungsfreibetrag bei 17,6 Prozent der Versorgungsbezüge (Höchstbetrag 1 320 Euro und Zuschlag 396 Euro). Bis 2040 werden sowohl der Versorgungsfreibetrag als auch der Zuschlag kontinuierlich auf 0 zurückgeführt (§ 19 Abs. 2 EStG).

- Vorsorgeaufwendungen
  werden unterschieden nach den Beiträgen für besonders begünstigte Vorsorgeaufwendungen, also den Beiträgen zur gesetzlichen Rentenversicherung und der Basisrente (Basisversorgung nach § 10 Abs. 1 Nr. 2 EStG – siehe dort) und den sonstigen Vorsorgeaufwendungen (bestimmte Versicherungsbeiträge nach § 10 Abs. 1 Nr. 3 und 3a EStG – siehe dort).

- Werbungskosten
  Werbungskosten sind Aufwendungen zur Erwerbung, zur Sicherung und Erhaltung der Einnahmen aus den Überschuss-Einkunftsarten nichtselbständige Arbeit, Kapitalvermögen, Vermietung und Verpachtung und aus den sonstigen Einkünften (§ 9 EStG). Sie

sind bei der Einkunftsart abzuziehen, bei der sie erwachsen sind. Ein wirtschaftlicher Zusammenhang muss gegeben sein. Seit 2009 ist der Abzug der tatsächlich im Zusammenhang mit dem Erwerb, der Verwaltung und dem Verkauf von Kapitalanlagen anfallenden Werbungskosten grundsätzlich ausgeschlossen. Es kommt nur der Sparer-Pauschbetrag von 801/1 602 Euro, maximal in Höhe der um eine abzuziehende ausländische Steuer geminderten und nach § 20 Abs. 6 EStG verrechneten Kapitalerträge, in Betracht.
Zu den Werbungskosten zählen nach § 9 EStG beispielsweise Aufwendungen für Arbeitsmittel, etwa Werkzeuge und typische Berufskleidung, Aufwendungen des Arbeitnehmers für die Wege zwischen Wohnung und erster Tätigkeitsstätte, Aufwendungen für seine Berufsausbildung oder für sein Studium, wenn der Steuerpflichtige zuvor bereits eine Erstausbildung (Berufsausbildung oder Studium) abgeschlossen hat oder wenn die Berufsausbildung oder das Studium im Rahmen eines Dienstverhältnisses stattfindet.
Bei der Ermittlung der Einkünfte sind folgende Pauschbeträge für Werbungskosten abzuziehen, wenn nicht höhere Werbungskosten nachgewiesen werden: von den Einnahmen aus nichtselbständiger Arbeit ein Arbeitnehmer-Pauschbetrag in Höhe von 1 000 Euro; und von den Einnahmen aus nichtselbständiger Arbeit, soweit es sich um Versorgungsbezüge im Sinne des § 19 Abs. 2 EStG handelt: Pauschbetrag in Höhe von 102 Euro. Von den Einnahmen nach § 22 Nr. 1, 1a und 5 EStG (Versorgungsbezüge) wird ein Pauschbetrag von insgesamt 102 Euro abgezogen.
Keine Werbungskosten sind beispielsweise Aufwendungen für die erstmalige Berufsausbildung oder das Erststudium, das zugleich eine Erstausbildung vermittelt.

- Wohnsitz
  „Einen Wohnsitz hat jemand dort, wo er eine Wohnung unter Umständen innehat, die darauf schließen lassen, dass er die Wohnung beibehalten und benutzen wird" (§ 8 Abgabenordnung).

- Wohnungsbauprämie (WoP)
  Für Einzahlungen und Zinsgutschriften aus Bausparverträgen besteht bis zu einem zu versteuernden Einkommen von 25 600 Euro bei Ledigen/51 200 Euro bei Ehegatten/Lebenspartnern nach § 3 Abs. 3 WoPG ein Anspruch auf WoP nach dem WoPG in Höhe von 8,8 Prozent bis zu einer Jahreshöchstsparleistung von 512 Euro, bei zusammen veranlagten Ehegatten/Lebenspartnern bis zu 1 024 Euro.

- Zuflussprinzip
  Einnahmen und Ausgaben werden grundsätzlich dem Kalenderjahr zugerechnet, in dem sie beim Steuerpflichtigen zu- oder abgeflossen sind (§ 11 EStG).

- Zusammenveranlagung von Ehegatten/Lebenspartnern
  Entscheiden sich Ehegatten/Lebenspartner, die beide im Sinne des § 1 Abs. 1 oder 2 oder des § 1a EStG unbeschränkt einkommensteuerpflichtig sind und nicht dauernd getrennt leben für die Zusammenveranlagung, werden die Ehegatten/Lebenspartner gemeinsam als Steuerpflichtige behandelt (§§ 26, 26a und 26b EStG); die Folge: Anwendung des vorteilhaften Splittingtarifs; Gegensatz: Einzelveranlagung.

- Zu versteuerndes Einkommen
  Das zu versteuernde Einkommen nach § 2 Abs. 5 EStG ist das Einkommen nach § 2 Abs. 4 EStG, vermindert um die Freibeträge für Kinder (§§ 31, 32 Abs. 6 EStG und dem Härteausgleich nach § 46 Abs. 3 EStG und § 70 EStDV). Das zu versteuernde Einkommen ist Bemessungsgrundlage für die tarifliche Einkommensteuer.

8.12 Rechtsbehelf und Auskünfte bei Steuerfragen

Gegen Verwaltungsakte der Finanzbehörden kann unter bestimmten Voraussetzungen Einspruch nach §§ 347 f. AO eingelegt werden. Ein Verwaltungsakt ist gemäß § 118 AO jede Verfügung, Entscheidung oder andere hoheitliche Maßnahme einer Behörde zur Regelung eines Einzelfalls.

Einsprüche können nur eingelegt werden, wenn der Steuerpflichtige geltend macht, durch einen Verwaltungsakt oder dessen Unterlassung „beschwert" zu sein (§ 350 AO – Beschwer), beispielsweise durch Festsetzung einer zu hohen Steuer. Die vorgeschriebene Frist von einem Monat (§ 355 AO) seit Bekanntgabe des angefochtenen Verwaltungsaktes darf nicht überschritten sein. Außerdem muss der Einspruch schriftlich oder elektronisch eingereicht oder zur Niederschrift erklärt werden (§ 357 AO). Durch Rechtsbehelf wird die Vollziehung des betreffenden Verwaltungsaktes grundsätzlich nicht verhindert, es sei denn, der Steuerpflichtige hat einen Antrag auf Aussetzung der Vollziehung gestellt (§ 361 AO), dem das Finanzamt stattgegeben hat. Steuernachzahlungen sind trotz Einspruch bis zu der vom Finanzamt gesetzten Frist zu leisten, wenn die Vollziehung nicht ausgesetzt ist.

Der Einspruch führt zur Wiederaufrollung des Verfahrens. Dabei ist auch eine Änderung zum Nachteil des Steuerpflichtigen möglich (sogenannte Verböserung). Rechtsbehelfe können auch wieder zurückgenommen werden, solange die Finanzbehörde noch nicht entschieden hat (§ 367 AO). Der Einspruch ist kostenfrei. Jeder der Beteiligten – der Steuerpflichtige und die Finanzverwaltung – hat die ihm entstandenen Aufwendungen selbst zu tragen.

Geldanlage-Tipp zur Einlegung eines Einspruchs

1. Der Einspruch muss schriftlich oder elektronisch eingereicht oder zur Niederschrift innerhalb eines Monats nach Bekanntgabe des Verwaltungsaktes erfolgen.
2. Der Steuerbescheid (Verwaltungsakt), die Steuernummer und die Begründung des Einspruchs müssen angegeben werden. Der Einspruch ist bei der Behörde anzubringen, deren Verwaltungsakt angefochten wird oder bei der ein Antrag auf Erlass eines Verwaltungsakts gestellt worden ist.
3. Belege und schriftliche Aufstellungen, die die falsche Berechnung beweisen, sollten dem Einspruch beigelegt werden.
4. Überlegenswert wäre der rechtzeitige Abschluss einer Rechtsschutzversicherung für mögliche Gerichtsverhandlungen in erster Instanz vor dem Finanzgericht; die oft erheblichen Verfahrenskosten vor dem Bundesfinanzhof (zweite Instanz) werden von der Rechtsschutzversicherung nicht übernommen.

Bei Erfolglosigkeit des Einspruchs kann **Klage vor dem zuständigen Finanzgericht** erhoben werden. In bestimmten Fällen kann beim Bundesfinanzhof als höchste Steuerinstanz Revision gegen ein Finanzgerichtsurteil eingelegt werden.

Selten genutzt wird das Instrument der Sprungklage. Diese ist nach § 45 der Finanzgerichtsordnung (FGO) ohne Vorverfahren beim Finanzamt zulässig, wenn diese Behörde (die über den außergerichtlichen Rechtsbehelf zu entscheiden hat) innerhalb eines Monats nach Zustellung der Klageschrift dem Gericht gegenüber zustimmt.

Allerdings: Während der Steuerpflichtige bei den Vorinstanzen selbst auftreten oder sich wahlweise vertreten lassen kann, besteht im Revisionsverfahren ein Vertretungszwang, wobei sich der Steuerpflichtige durch einen Rechtsanwalt, Steuerberater oder Wirtschaftsprüfer als Bevollmächtigten vertreten lassen muss (§ 62 Abs. 4 FGO). Bei Steuerbescheiden besteht unter bestimmten Umständen die Möglichkeit der **Aufhebung oder Änderung**, beispielsweise wenn nachträglich neue Tatsachen oder Beweismittel bekannt werden, die zu einer höheren oder niedrigeren Steuer führen. Im letzteren Fall aber nur, wenn den Steuerpflichtigen kein grobes Verschulden trifft.

Der Einspruch als außergerichtliches Rechtsbehelfsverfahren gegen Verwaltungsakte

Statthaft nach § 347 AO:	Ausschluss des Einspruchs nach § 348 AO:
• in Angelegenheiten der Abgabenverordnung • in Vollstreckungsverfahren • in Angelegenheiten des Steuerberatungsgesetzes • in anderen Angelegenheiten der Finanzbehörden	• gegen Einspruchsentscheidungen nach § 367 AO • bei Nichtentscheidung über Einspruch • gegen bestimmte Verwaltungsakte der obersten Finanzbehörden • gegen Entscheidungen der Oberfinanzdirektion und der Steuerberaterkammer in bestimmten Angelegenheiten des Steuerberatungsgesetzes

Verbindliche Auskünfte und verbindliche Zusagen auf Grund einer Außenprüfung sollen Rechtssicherheit für Entscheidungen geben und Rechtsstreitigkeiten vermeiden. Das Finanzamt ist zwar zu solchen Auskünften grundsätzlich nicht verpflichtet, drei Ausnahmen sind allerdings von Bedeutung:

1. **Anrufungsauskunft nach § 42e EStG**
   Das lohnsteuerliche Betriebsstättenfinanzamt (§ 41 Abs. 2 EStG) hat auf Anfrage eines Beteiligten (Arbeitnehmer oder Arbeitgeber) darüber Auskunft zu geben, ob und inwieweit im einzelnen Fall die Vorschriften über die Lohnsteuer anzuwenden sind.

   Die Anrufungsauskunft entfaltet eine Bindungswirkung nur zu Gunsten desjenigen, der um die Auskunft gebeten hat. So kann ein Arbeitgeber im Rahmen des Lohnsteuerabzugsverfahrens ohne Risiko einer späteren Inanspruchnahme (Haftung nach § 42d EStG) disponieren. Das Finanzamt kann selbst dann vom Arbeitgeber die Lohnsteuer nicht mehr nacherheben, wenn der Arbeitgeber eine Anrufungsauskunft eingeholt hat und danach verfahren hat.

   Hat das Finanzamt einem Arbeitgeber eine Auskunft erteilt, so kann es dennoch gegenüber dem betroffenen Arbeitnehmer eine für diesen ungünstigere Rechtsauffassung vertreten. Eine einem Arbeitgeber erteilte Anrufungsauskunft bindet dagegen das Wohnsitzfinanzamt des Arbeitnehmers bei einer Einkommensteuerveranlagung nicht. Das Wohnsitzfinanzamt kann also gegenüber dem Arbeitnehmer einen anderen, ungünstigeren Rechtsstandpunkt als im Auskunftsverfahren vertreten.

2. Verbindliche Zusage aufgrund einer Außenprüfung nach §§ 204 bis 207 AO

Im Anschluss an eine Außenprüfung soll die Finanzbehörde dem Steuerpflichtigen auf Antrag verbindlich zusagen, wie ein für die Vergangenheit geprüfter und im Prüfungsbericht dargestellter Sachverhalt in Zukunft steuerrechtlich behandelt wird, wenn die Kenntnis der künftigen steuerrechtlichen Behandlung für die geschäftlichen Maßnahmen des Steuerpflichtigen von Bedeutung ist.

Die verbindliche Zusage wird schriftlich erteilt und als verbindlich gekennzeichnet. Sie ist für die Besteuerung bindend, wenn sich der später verwirklichte Sachverhalt mit dem der verbindlichen Zusage zugrunde gelegten Sachverhalt deckt. Das gilt jedoch nicht, wenn die verbindliche Zusage zum Nachteil des Antragstellers dem geltenden Recht widerspricht.

Die verbindliche Zusage enthält auch Angaben darüber, für welchen Zeitraum sie gilt. Sie tritt außer Kraft, wenn die Rechtsvorschriften, auf denen die Entscheidung beruht, geändert werden. Die Finanzbehörde kann die verbindliche Zusage mit Wirkung für die Zukunft aufheben oder ändern. Eine rückwirkende Aufhebung oder Änderung der verbindlichen Zusage ist jedoch nur zulässig, wenn der Steuerpflichtige zustimmt oder wenn bestimmte Voraussetzungen nach der Abgabenordnung hierfür vorliegen.

3. Verbindliche Auskunft nach § 89 Abs. 2 AO

Nach dieser Vorschrift können Finanzbehörden verbindliche Auskünfte über die steuerliche Beurteilung von genau bestimmten, noch nicht verwirklichten Sachverhalten erteilen, wenn daran im Hinblick auf die erheblichen steuerlichen Auswirkungen ein besonderes Interesse besteht und der Steuerpflichtige aufgrund dieses Vertrauenstatbestandes wirtschaftliche Dispositionen vornehmen will.

Die Vorschrift des § 89 Abs. 2 AO hat folgenden Wortlaut:

„Die Finanzämter und das Bundeszentralamt für Steuern können auf Antrag verbindliche Auskünfte über die steuerliche Beurteilung von genau bestimmten, noch nicht verwirklichten Sachverhalten erteilen, wenn daran im Hinblick auf die erheblichen steuerlichen Auswirkungen ein besonderes Interesse besteht. Zuständig für die Erteilung einer verbindlichen Auskunft ist die Finanzbehörde, die bei Verwirklichung des dem Antrag zugrunde liegenden Sachverhalts örtlich zuständig sein würde. Bei Antragstellern, für die im Zeitpunkt der Antragstellung nach den §§ 18 bis 21 AO keine Finanzbehörde zuständig ist, ist auf dem Gebiet der Steuern, die von den Landesfinanzbehörden im Auftrag des Bundes verwaltet werden, abweichend von Satz 2 das Bundeszentralamt für Steuern zuständig; in diesem Fall bindet die verbindliche Auskunft auch die Finanzbehörde, die bei der Verwirklichung des der Auskunft zugrunde liegenden Sachverhalts zuständig ist. Das Bundesministerium der Finanzen wird ermächtigt, mit Zustimmung des Bundesrates durch Rechtsverordnung nähere Bestimmungen zu Form, Inhalt und Voraussetzungen des Antrages auf Erteilung einer verbindlichen Auskunft und zur Reichweite der Bindungswirkung zu treffen. In der Rechtsverordnung kann auch bestimmt werden unter welchen Voraussetzungen eine verbindliche Auskunft gegenüber mehreren Beteiligten einheitlich zu erteilen ist und welche Finanzbehörde in diesem Fall für die Erteilung der verbindlichen Auskunft zuständig ist. Die Rechtsverordnung bedarf nicht der Zustimmung des Bundesrates, soweit sie die Versicherungsteuer betrifft."

Diese Verordnung (Steuer-Auskunftsverordnung, StAuskV) ist am 30.11.2007 ergangen (BStBl 2007 I S. 820). Sie gilt für alle verbindlichen Auskünfte, die ab Inkrafttreten des § 89 Abs. 2 AO (12.09.2006) erteilt worden sind. Nähere Ausführungsbestimmungen hier-über findet man im Anwendungserlass zur Abgabenordnung (AEAO) in der Fassung vom 31.01.2014 (BStBl I 2014, S. 290).

Vorrangig ist die Regelung in § 89 Abs. 2 Satz 3 AO, wonach für die Erteilung einer verbindlichen Auskunft das Bundeszentralamt für Steuern zuständig ist in den Fällen, in denen im Zeitpunkt der Antragstellung noch kein Finanzamt zuständig ist, also der Antragsteller noch nicht steuerlich geführt wird, weil von ihm noch keine steuerrelevanten Sachverhalte im Inland verwirklicht wurden. Diese Regelung ist aber beschränkt auf das Gebiet der Steuern, die von den Landesfinanzbehörden im Auftrag des Bundes verwaltet werden. Es handelt sich hierbei um die Einkommen- und Körperschaftsteuer einschließlich Solidaritätszuschlag, die Umsatzsteuer und die Versicherungsteuer. Nicht darunter fallen andere von den Finanzämtern verwalteten Steuern sowie die Festsetzung des Gewerbesteuermessbetrags.

Einen Antrag auf Erteilung einer verbindlichen Zusage können der Steuerpflichtige oder dessen Bevollmächtigter, beispielsweise der steuerliche Berater, stellen.

Vielfach wird die Erteilung der Zusage unter Hinweis auf Formfehler abgelehnt. Deshalb sollten bestimmte Anforderungen beachtet werden. Die Vorlage verschiedener Gestaltungsmöglichkeiten ist unzulässig. Verbindliche Zusagen werden nicht erteilt, wenn die Erzielung eines Steuervorteils im Vordergrund steht, beispielsweise die Prüfung von Steuersparmodellen oder die Feststellung der Grenzen für einen Gestaltungsmissbrauch.

Die Finanzbehörde wird durch eine erteilte Zusage nicht gebunden, wenn der Steuerpflichtige den entscheidungserheblichen Sachverhalt nicht in allen wesentlichen Punkten vollständig und richtig unterbreitet hat. Auch ist das Finanzamt nicht verpflichtet, eigens für die zu erteilende Auskunft Ermittlungen durchzuführen.

Die verbindliche Auskunft hat zu enthalten:

- den ihr zugrunde gelegten Sachverhalt; dabei kann auf den im Antrag dargestellten Sachverhalt Bezug genommen werden,
- die Entscheidung über den Antrag, die zugrunde gelegten Rechtsvorschriften und die dafür maßgebenden Gründe; dabei kann auf die im Antrag dargelegten Rechtsvorschriften und Gründe Bezug genommen werden,
- eine Angabe darüber, für welche Steuern und für welchen Zeitraum die verbindliche Auskunft gilt.

Bindungswirkung einer verbindlichen Auskunft
Die von der nach § 89 Abs. 2 Satz 2 und 3 AO zuständigen Finanzbehörde erteilte verbindliche Auskunft ist für die Besteuerung des Antragstellers nur dann bindend, wenn

- der später verwirklichte Sachverhalt von dem der Auskunft zugrunde gelegten Sachverhalt nicht oder nur unwesentlich abweicht (§ 2 Abs. 1 Satz 1 StAuskV),
- die Auskunft nicht zu Ungunsten des Steuerpflichtigen rechtswidrig ist (§ 2 Abs. 1 Satz 2 StAuskV),
- die Rechtsvorschriften, auf denen die Auskunft beruht, nicht aufgehoben oder geändert wurden (§ 2 Abs. 2 StAuskV),
- die Auskunft nicht durch unlautere Mittel wie arglistige Täuschung, Drohung oder Bestechung erwirkt worden ist,
- eine etwaige Rechtswidrigkeit der Auskunft dem Begünstigten nicht bekannt war und
- die Auskunft nicht von einer sachlich oder örtlich unzuständigen Behörde erlassen worden ist.

Daneben kann eine verbindliche Auskunft nach § 2 Abs. 3 StAuskV auch mit Wirkung für die Zukunft aufgehoben oder geändert werden, wenn sich herausstellt, dass die erteilte Auskunft unrichtig war.

Dies ist der Fall, wenn sie ohne Rechtsgrundlage oder unter Verstoß gegen materielle Rechtsnormen erlassen wurde oder ermessensfehlerhaft ist.

Die Aufhebung oder Änderung nach § 2 Abs. 3 StAuskV steht im Ermessen der Finanzbehörde. Dies ist zum Beispiel dann der Fall, wenn sich die Rechtsprechung oder eine Verwaltungsanweisung nachträglich zum Nachteil des Steuerpflichtigen geändert hat. Dem Vertrauensschutz wird dadurch Rechnung getragen, dass die Aufhebung oder Änderung nur mit Wirkung für die Zukunft erfolgen darf. War der Sachverhalt im Zeitpunkt der Bekanntgabe der Aufhebung oder Änderung bereits im Wesentlichen verwirklicht, bleibt die Bindungswirkung bestehen, dies aber wiederum nur, wenn der später verwirklichte Sachverhalt von dem der Auskunft zugrunde gelegten Sachverhalt nicht oder nur unwesentlich abweicht.

Im Einzelfall kann es sogar aus Billigkeitsgründen gerechtfertigt sein, von einem Widerruf abzusehen oder die Wirkung eines Widerrufs zu einem Zeitpunkt eintreten zu lassen, wenn sich der Steuerpflichtige nicht mehr ohne erheblichen Aufwand bzw. nur unter beträchtlichen Schwierigkeiten von den im Vertrauen auf die Auskunft getroffenen Dispositionen oder eingegangenen vertraglichen Verpflichtungen zu lösen vermag.

Anders als die frühere Auskunft mit Bindungswirkung nach dem Grundsatz von Treu und Glauben ist die verbindliche Auskunft nach § 89 Abs. 2 AO ein Verwaltungsakt. Sie wird schriftlich erteilt und mit einer Rechtsbehelfsbelehrung versehen. Gegen die erteilte verbindliche Auskunft, wie auch deren Ablehnung, ist die Möglichkeit des Einspruchs gegeben (§ 347 AO).

Regelungen über die Gebührenpflicht

Die Gebührenpflicht ist in § 89 Abs. 3 bis 7 AO geregelt. Hiernach wird grundsätzlich für die Bearbeitung von Anträgen auf Erteilung einer Auskunft eine Gebühr erhoben. Die Höhe der Gebühr richtet sich nach dem Gegenstandswert, den der Antragsteller in seinem Antrag darlegen soll. Maßgebend hierfür ist die steuerliche Auswirkung des vom Antragsteller dargelegten Sachverhaltes. Ist der angegebene Gegenstandswert offensichtlich unzutreffend und auch nicht durch Schätzung bestimmbar, wird eine Zeitgebühr berechnet. Diese beträgt 50 Euro je angefangene halbe Stunde Bearbeitungszeit und mindestens 100 Euro. Wenn sich die Gebühr nach dem Gegenstandswert richtet, bestimmt sich die Gebühr in entsprechender Anwendung des § 34 des Gerichtskostengesetzes (GKG). Beträgt der Gegenstandswert weniger als 10 000 Euro, wird keine Gebühr erhoben.

Unter Zugrundelegung dieser Größen beträgt dann die Gebühr mindestens 241 Euro und höchstens 109 736 Euro. Wird ein Antrag auf Erteilung einer verbindlichen Auskunft vor Bekanntgabe der Entscheidung einer Finanzbehörde zurückgenommen, kann die Gebühr ermäßigt werden.

Auf die Gebühr kann ganz oder teilweise verzichtet werden, wenn ihre Erhebung nach Lage des einzelnen Falls unbillig wäre (§ 89 Abs. 7 AO).

Die Gebühr wird durch schriftlichen Bescheid gegenüber dem Antragsteller festgesetzt. Dieser hat die Gebühr innerhalb eines Monats nach Bekanntgabe dieses Bescheids zu entrichten. Gegen die Gebührenfestsetzung kann Einspruch erhoben werden. Von der Gebührenpflicht nicht betroffen sind die Anrufungsauskünfte nach § 42e EStG (lohnsteuerliche Fragen), Anträge auf verbindliche Zusagen aufgrund einer Außenprüfung nach den §§ 204 ff. AO (vgl. vorstehende Ziffern 1 und 2) sowie Anfragen, die keine verbindliche Auskunft der Finanzbehörde zum Ziel haben.

Antragsvoraussetzungen für die verbindliche Auskunft

- Schriftlicher Antrag – je nach Zuständigkeit – beim Finanzamt oder beim Bundeszentralamt für Steuern unter Angabe von Name, Wohnsitz/Sitz der Geschäftsleitung und Steuernummer
- Vollständige Darlegung des konkreten Sachverhalts
  - Darlegung des besonderen steuerlichen Interesses an der Zusage
  - Entscheidende Passagen von Verträgen wörtlich darlegen.
  - Die Verwirklichung des Sachverhalts muss in der Zukunft liegen. (Auskunft für die ernsthaft geplante Umgestaltung eines bereits verwirklichten Sachverhalts, beispielsweise von Dauersachverhalten, kann erteilt werden, wenn die gleichen Voraussetzungen vorliegen wie bei „neuen“ Sachverhalten). Die Erteilung einer verbindlichen Auskunft ist ausgeschlossen, wenn der Sachverhalt im Wesentlichen bereits vor Auskunftserteilung verwirklicht ist.
  - Die Zusage muss für wirtschaftliche Dispositionen entscheidend sein.
  - Auf Anlagen nur als Beleg verweisen.
- Das Projekt darf sich erst in der Planung befinden.
- Formulierung konkreter Rechtsfragen
  Darlegung des Rechtsproblems mit eingehender Begründung des eigenen Rechtsstandpunkts, das heißt eingehende Schilderung, worin die Zweifel bestehen, die Anlass für den Antrag auf Erteilung der verbindlichen Auskunft sind. Die Antwort soll von der Finanzbehörde möglichst positiv oder negativ beantwortet werden können.
- Erklärung darüber, dass
  - alle für die Erteilung der Auskunft und die Beurteilung erforderlichen Angaben gemacht wurden und der Wahrheit entsprechen,
  - über den jeweiligen zur Beurteilung gestellten Sachverhalt bei keiner anderen Finanzbehörde eine verbindliche Auskunft beantragt wurde.

8.13 Die Besteuerung von Altersvorsorgeaufwendungen und Altersbezügen

Mit dem Alterseinkünftegesetz (AltEinkG) vom 05.07.2004 (BGBl. 2004 I S. 1427) wurde die steuerliche Behandlung der Altersvorsorge und Besteuerung der Alterseinkünfte umfassend geregelt. Die Vorschriften traten überwiegend zum 01.01.2005 in Kraft.

Zuvor leisteten die Arbeitnehmer während der Erwerbsphase ihre Beiträge zur Alterssicherung aus steuerpflichtigen Einkommen. Im Rentenalter war im Gegenzug nur der Ertragsanteil aus der Rente zu versteuern. Insofern sprach man von der vorgelagerten Besteuerung.

Mit dem AltEinkG wurde mit Wirkung ab dem 01.01.2005 zu einer einheitlichen **nachgelagerten Besteuerung** aller Alterseinkünfte übergegangen. Damit wird einerseits eine angemessene Altersvorsorge steuerlich freigestellt, andererseits werden Alterseinkünfte einer regulären Besteuerung unterworfen. Deshalb ist ein relativ langer schrittweiser Übergang zum System der nachgelagerten Besteuerung bis zum Jahr 2040 vorgesehen.

Mit dem Eigenheimrentengesetz (EigRentG) vom 29.07.2008 wurde der Katalog zulässiger Altersvorsorgeverträge um die Finanzierung, Ansparung und Darlehenstilgung selbst genutzten Wohneigentums ab 2008 erweitert und in die Förderung nach § 10a und Abschnitte XI EStG, das heißt §§ 79–99 EStG aufgenommen (umgangssprachliche Bezeichnung: Wohn-Riester).

Mit dem AltEinkG wurde auch Abs. 1a in § 1 des Altersvorsorgeverträge-Zertifizierungsgesetzes (AltZertG) eingefügt. Entsprechend wurden die §§ 92a und b EStG neu (Verwendung für eine selbst genutzte Wohnung) gefasst (Altersvorsorge-Eigenheimbetrag und Verwendung des Kapitals). Mit Wirkung ab VAZ 2014 wurde schließlich durch das Altersvorsorge-Verbesserungsgesetz (AltvVerbG) der § 92a EStG (Verwendung für eine selbstgenutzte Wohnung) überarbeitet und erweitert.

Nach Zustimmung des Bundesrats am 07.07.2017 trat das Betriebsrentenstärkungsgesetz (BRSG) am 01.01.2018 in Kraft. Nachstehend die wichtigsten Änderungen.

Informationen über die betriebliche Altersversorgung
Mit einem kostenlosen Servicetelefon bietet die Deutsche Rentenversicherung unter der Rufnummer 0800 1000 4800 Informationen an.

Im Rahmen des AltEinkG werden die Altersvorsorgeprodukte in drei „Schichten“ mit den jeweiligen steuerlichen Möglichkeiten unterteilt:

Das „3-Schichten-Modell“ nach dem AltEinkG	
1. Schicht:	**Basisversorgung** – gesetzliche Rentenversicherung – berufsständische Versorgungswerke – Altersversorgung der Landwirte – Basis-Rente
2. Schicht:	**Kapitalgedeckte Zusatzversorgung** – „Riester-Rente“ – betriebliche Altersversorgung
3. Schicht:	**Kapitalanlageprodukte** – Kapitallebensversicherung – private Rentenversicherung – Investmentfonds

8.13.1 Die 1. Schicht: Basisversorgung

Vorsorgeaufwendungen (Altersvorsorgeaufwendungen als Basisversorgung)

Zu den besonders begünstigten Altersvorsorgeaufwendungen der sogenannten Basisversorgung (1. Schicht) nach § 10 Abs. 1 Nr. 2a EStG gehören

- Beiträge zu den gesetzlichen Rentenversicherungen,
- Beiträge zur landwirtschaftlichen Alterskasse sowie
- Beiträge zu berufsständischen Versorgungseinrichtungen, die den gesetzlichen Rentenversicherungen vergleichbare Leistungen erbringen, und

- Beiträge an eine private Leibrentenversicherung ohne Kapitalwahlrecht (sogenannte „Basisrente“)
- Beiträge zur Absicherung durch Berufs- und Erwerbsunfähigkeits-, Erwerbsminderungs- und Hinterbliebenenrente (an Ehegatten/Lebenspartner und Kinder, welchen Kindergeld oder der Kinderfreibetrag zusteht); alternativ dazu: Absicherung gegen Berufs- und Erwerbsunfähigkeit, wenn der Vertrag die Zahlung einer lebenslangen monatlichen Leibrente für den Versicherungsfall vor Vollendung des 67. Lebensjahrs vorsieht.

Voraussetzung der Begünstigung ist jedoch, dass die jeweilige Versicherung nur die Zahlung einer monatlichen lebenslangen Leibrente vorsieht und die Leistungen nicht vor Vollendung des 62. Lebensjahrs erbracht werden. Die erworbenen Anwartschaften dürfen nicht beleihbar, nicht vererblich, nicht veräußerbar, nicht übertragbar und nicht kapitalisierbar sein. Auch eine **ergänzende Absicherung** der Berufsunfähigkeit, der verminderten Erwerbsfähigkeit oder von Hinterbliebenen ist möglich. **Kombiprodukte** sind demzufolge **begünstigt**, nicht jedoch die selbständige Absicherung dieser sogenannten biometrischen Risiken.

Die abzugsfähigen Vorsorgeaufwendungen der Basisversorgung betragen im Jahr 2019 88 Prozent. Die jeweiligen Höchstbeträge werden von der Bundesregierung im Verordnungswege festgelegt, siehe Tabelle auf der Folgeseite. Der Höchstbetrag wird künftig dynamisch an den auf volle Euro aufgerundeten Höchstbetrag zur Knappschaftlichen Rentenversicherung gekoppelt.

Bezüglich der Steuerwirksamkeit der Vorsorgeaufwendungen wird der Höchstbetrag bei Beamten jedoch um einen fiktiven Gesamtbeitrag zur gesetzlichen Rentenversicherung gekürzt. Die ermittelten, dem Grunde nach abzugsfähigen Aufwendungen sind um den steuerfreien Arbeitgeberanteil zu mindern. Über den steuerfreien Arbeitgeberanteil hinaus werden somit im Jahr 2019 78 Prozent des Arbeitnehmeranteils berücksichtigt (§ 22 EStG).

Die Förderung seit 2005 im Überblick

Nachdem zuvor die Altersvorsorge durch die betriebliche Altersversorgung (bAV) und die „Riester-Rente“ gefördert wurde, kam 2005 als dritte Form die Förderung der Altersversorgung auf Basis der Altersvorsorgeaufwendungen hinzu. 2018 wurde durch das Betriebsrentenstärkungsgesetz (BRSG) besonders für Mitarbeiter kleinerer und mittlerer Unternehmen sowie bei Beschäftigten mit niedrigem Einkommen die Möglichkeit einer Altersversorgung erweitert. Näheres zum BRSG siehe Abschnitt 8.13.2.1.

So steigt der abzugsfähige Teil der Rentenbeiträge

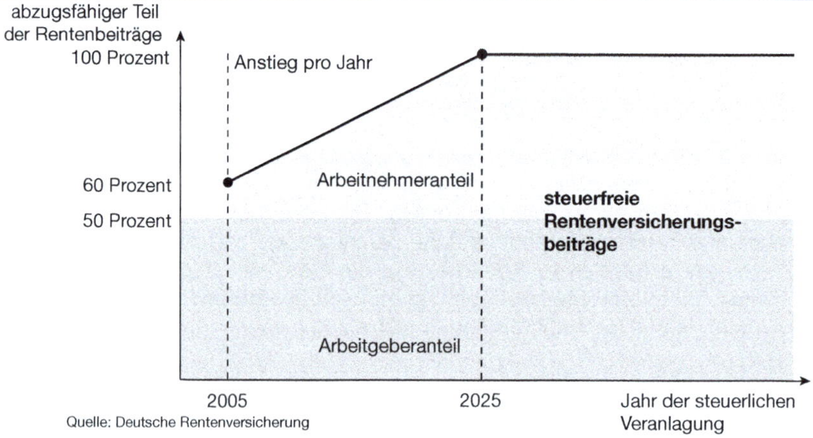

Quelle: Deutsche Rentenversicherung

Die prozentuale Höhe der abzugsfähigen Altersvorsorgeaufwendungen sowie die jeweiligen Höchstbeträge sind der nachfolgenden Tabelle zu entnehmen.

Steuerwirksamkeit der Vorsorgeaufwendungen nach § 10 Abs. 1 Nr. 2 Satz 4 sind nach § 10 Abs. 3 EStG wie folgt zu berücksichtigen:

Jahr	Prozentuale Höhe der abzugsfähigen Altersvorsorgeaufwendungen[1]	Höchstbetrag in €
2005	60 %	12 000
2006	62 %	12 400
2007	64 %	12 800
2008	66 %	13 200
2009	68 %	13 600
2010	70 %	14 000
2011	72 %	14 400
2012	74 %	14 800
2013	76 %	15 200
2014	78 %	aus maximal 20 000 = 15 600
2015	80 %	aus maximal 22 172 = 16 000
2016	82 %	Die jeweiligen Höchstbeträge werden künftig jährlich von der Bundesregierung im Verordnungsweg festgelegt.
2017	84 %	
2018	86 %	
2019	88 %	
2020	90 %	
2021	92 %	
2022	94 %	
2023	96 %	
2024	98 %	
ab 2025	100 %	

1 Prozentsatz von 2005 bis 2015 aus dem ursprünglichen Höchstbetrag von 20 000 €

8.13.1.1 Sonstige Vorsorgeaufwendungen

Nicht zu den begünstigten Vorsorgeaufwendungen der Basisversorgung, sondern zu den sonstigen Vorsorgeaufwendungen nach § 10 Abs. 1 Nr. 3 und 3a EStG gehören

- Beiträge zur Arbeitslosenversicherung
- Beiträge zur Krankenversicherung
- Beiträge zur gesetzlichen Pflegeversicherung und privaten Pflege-Pflichtversicherung
- Beiträge zur Unfallversicherung
- Beiträge zur Haftpflichtversicherung
- Beiträge zur Risikolebensversicherung mit Leistung nur im Todesfall
- Beiträge zu eigenständigen Berufsunfähigkeits- und Erwerbsunfähigkeitsversicherungen.

Hierzu gehören auch Beiträge zu einer Kapitallebensversicherung oder privaten Rentenversicherung (Altverträge), wenn der Vertrag vor dem 01.01.2005 abgeschlossen und bereits ein entsprechender Versicherungsbeitrag geleistet worden ist. Die Beiträge werden aber nur zu 88 Prozent berücksichtigt (§ 10 Abs. 1 Nr. 2 Satz 2 EStG 2004).

Die wichtigsten Änderungen für Lebensversicherungen ab 2005
– Das bisherige Steuerprivileg lief zum Jahresende 2004 aus. – Bei Abschlüssen vor 2005 gilt noch die alte Fassung. – Für Verträge ab 2005 gilt: Steuerlich begünstigt sind Lebensversicherungen dann, wenn • die Mindestlaufzeit zwölf Jahre beträgt und • der Auszahlungsbeginn frühestens ab 60. Lebensjahr ist (für Vertragsabschlüsse ab 2012 gilt das vollendete 62. Lebensjahr). Der Ertrag ist in diesem Fall zur Hälfte zu versteuern.

Diese sonstigen Vorsorgeaufwendungen können bei Steuerpflichtigen, die Aufwendungen zu einer Krankenversicherung in vollem Umfang allein tragen müssen, bis zu einem Höchstbetrag von 2800 Euro bei anderen Steuerpflichtigen (beispielsweise wegen der Beihilfeberechtigung bei Beamten oder steuerfreiem Arbeitgeberanteil zur Krankenversicherung) bis zu einem Höchstbetrag von 1900 Euro abgezogen werden. Bei Ehegatten und eingetragenen Lebenspartnern ist der maßgebende Höchstbetrag für jeden Ehegatten oder Lebenspartner gesondert zu ermitteln. Je nach Zuordnung sind hier demzufolge Höchstbeträge ab 2010 von 3800 Euro, 4700 Euro oder 5600 Euro denkbar.

8.13.1.2 Günstigerprüfung

Zur Vermeidung von Schlechterstellungen ist der Abzug von Vorsorgeaufwendungen (Basisversorgung und sonstige Vorsorgeaufwendungen) vor 2005 für einen Übergangszeitraum bis 2019 mittels einer Günstigerprüfung gewährleistet: „altes Recht vor neuem Recht". Der Vorwegabzug wird beginnend ab dem Jahr 2011 in zehn Schritten bis 2020 abgebaut. Für die Jahre 2017 bis 2019 beträgt der Grundhöchstbetrag 1334 Euro, der hälftige Grundhöchstbetrag 667 Euro. Der Vorwegabzug beträgt in 2018 600 Euro und in 2019 300 Euro (bei Zusammenveranlagung jeweils doppelter Betrag).

Für wen lohnt sich die Basisrente?
Die Basisrente soll in erster Linie Selbständigen den Aufbau einer ausreichenden Alterssicherung erleichtern. Diese haben grundsätzlich keine andere Möglichkeit, staatlich ge-

fördert für ihr Alter vorzusorgen. Die Kriterien sind weitgehend der gesetzlichen Rentenversicherung nachgebildet. **Die Basisrente ist somit eine private Leibrentenversicherung (ohne Kapitalwahlrecht), bei der die erworbenen Anwartschaften nicht beleihbar, nicht vererblich, nicht übertragbar, nicht veräußerbar und nicht kapitalisierbar sind.** Eine derartige Versicherung darf nur als monatliche lebenslange Leibrente und nicht vor Vollendung des 60. Lebensjahres (für Vertragsabschlüsse ab 2012 gilt Vollendung des 62. Lebensjahres) ausgezahlt werden.

Basisrenten können von allen Anbietern angeboten werden, die bereits Riester-Renten anbieten können.

Die Basisrente steht grundsätzlich allen Steuerpflichtigen offen. Die Förderung besteht allerdings im Gegensatz zur Riester-Rente nicht aus einer Kombination von Zulagenförderung und möglichen, zusätzlichen Steuervorteilen, sondern ausschließlich aus der bereits dargestellten reinen Steuerförderung. Zusätzlich gibt es einen entscheidenden Unterschied zur Riester-Rente: Eine Kapitalgarantie in Form einer Zusicherung der eingezahlten Beiträge zu Beginn der Auszahlungsphase ist nicht gesetzlich vorgeschrieben.

Der Abschluss einer Basisrente kann durch die verbesserte Günstigerprüfung besonders für Selbständige sehr interessant sein. Denn so unflexibel die Kriterien für die Auszahlung auch erscheinen, so flexibel sind sie in der Ansparphase, da keine festen Mindestbeiträge vorgegeben sind. Gerade Selbständige mit oftmals stark schwankenden Einkünften können so die Beiträge flexibel auf die jeweilige Einkommenssituation abstimmen. So sind beispielsweise je nach Vertragsgestaltung auch Sonderzahlungen erst zum Jahresende möglich, da oftmals erst im Dezember abgeschätzt werden kann, wie hoch die tatsächlichen Einkünfte im laufenden Jahr waren.

Unabhängig hiervon ist auch die Basisrente „Hartz-IV-sicher“ (siehe auch Abschnitt 8.15, „Schutz des Altersvorsorgevermögens“).

Die Basisrente kann auch mit einem Invaliditäts- und/oder Hinterbliebenenschutz kombiniert werden, allerdings dann zu Lasten der Altersrente.

8.13.1.3 Zusätzlicher Sonderausgabenabzug

Der Sonderausgabenabzug für Altersvorsorgeaufwendungen und der zusätzliche Sonderausgabenabzug für die „Riester-Rente“ stehen nebeneinander. Seit dem Jahr 2005 gibt es also vier verschiedene Gruppen im Rahmen des Sonderausgabenabzugs:

- Altersvorsorgeaufwendungen (Basisversorgung)
- sonstige Vorsorgeaufwendungen
- übrige Sonderausgaben wie Kirchensteuer
- zusätzlicher Sonderausgabenabzug („Riester-Rente“) nach § 10a EStG

Mit dem Bürgerentlastungsgesetz Krankenversicherung wurde mit Wirkung vom 01.01.2010 auch die Förderung auf separate Versicherungen für den Fall der Berufs- oder Erwerbsunfähigkeit ausgedehnt.

8.13.1.4 Besteuerung der Renten aus der Basisversorgung

Leibrenten, die auf Altersvorsorgebeiträgen (Basisversorgung) beruhen, unterliegen einheitlich – auch bei Selbständigen – zu 50 Prozent der Besteuerung. Dies gilt für alle Bestandsrenten und die in diesem Jahr erstmals gezahlten Renten. Der steuerbare Anteil der Rente wird für jeden neu hinzukommenden Rentnerjahrgang (sogenannte Kohorte) bis zum

Jahre 2020 in Schritten von zwei Prozent auf 80 Prozent und anschließend in Schritten von einem Prozent bis zum Jahre 2040 auf 100 Prozent angehoben. Der sich nach Maßgabe dieser Prozentsätze ergebende steuerfrei bleibende Teil der Jahresbruttorente wird für jeden Rentnerjahrgang auf Dauer festgeschrieben.

Die Festschreibung des steuerfrei bleibenden Teils der Rente gilt erst ab dem Jahr, das auf das Jahr des ersten Rentenbezugs folgt. Durch diese Regelung wird vermieden, dass der steuerfrei bleibende Teil in Abhängigkeit vom Renteneintrittsmonat oder von einer Rentenanpassung unterschiedlich ausfällt.

So steigt der steuerpflichtige Teil der Renten

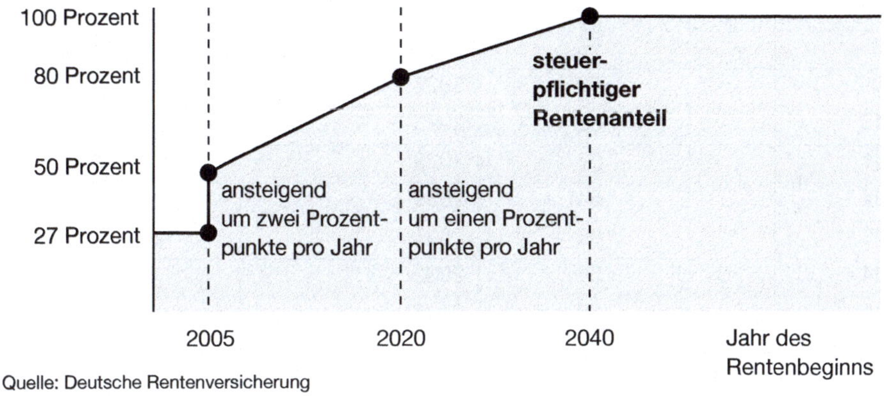

Quelle: Deutsche Rentenversicherung

Die Besteuerungsanteile der jeweiligen Renteneintrittsjahrgänge sind der nachfolgenden Tabelle zu entnehmen:

Besteuerung des Ertragsanteils von Leibrenten und anderen Leistungen nach § 22 Nummer 1 Satz 3 Buchstabe a, aa EStG (Basisversorgung)			
Renteneintritts-jahrgang (= Jahr des Rentenbeginns)	**Besteuerungs-anteil in Prozent**	**Renteneintritts-jahrgang (= Jahr des Rentenbeginns)**	**Besteuerungsanteil in Prozent**
bis 2005	50	2023	83
2006	52	2024	84
2007	54	2025	85
2008	56	2026	86
2009	58	2027	87
2010	60	2028	88
2011	62	2029	89
2012	64	2030	90
2013	66	2031	91
2014	68	2032	92
2015	70	2033	93
2016	72	2034	94
2017	74	2035	95
2018	76	2036	96
2019	78	2037	97
2020	80	2038	98
2021	81	2039	99
2022	82	2040	100

Gilt für die 1. Schicht (beispielsweise Renten aus der gesetzlichen Rentenversicherung und Basis-/Rürup-Renten).

Geldanlage-Tipp

Zur Besteuerung von Alterseinkünften nachstehend zwei nützliche Informationsquellen:

http://www.bundesfinanzministerium.de/Content/DE/Downloads/Broschueren_Bestell-service/2014-08-08-Besteuerung_von_Alterseinkuenften.html

und

http://www.deutsche-rentenversicherung.de/Allgemein/de/Navigation/2_Rente_Reha/01_Rente/04_in_der_rente/01_rentenbesteuerung/00_01_rentenbesteuerung_wie_besteuert_wird_node.html

Unangemessene Steuernachteile können besonders bei Selbständigen vermieden werden, wenn nachgewiesen wird, dass die Rente aus Beiträgen entstanden ist, die vor dem 31.12.2004 mindestens zehn Jahre oberhalb des Höchstbetrags zur gesetzlichen Rentenversicherung gelegen haben. In diesen Fällen ist für die Renteneinnahmen aufgrund von Beiträgen oberhalb des Höchstbetrags weiterhin eine Besteuerung mit dem Ertragsanteil möglich (sogenannte Öffnungsklausel nach § 22 Nr. 1 Satz 3a, bb EStG).

Das änderte sich für Rentner seit 2005

1. 2005 wurde die Hälfte der Rente versteuert. Ab 2006 erhöht sich der zu versteuernde Rentenanteil für jeden neuen Rentnerjahrgang bis 2020 um zwei Prozent und ab 2020 bis 2040 weiter um je ein Prozent. Damit ist bis zum Jahr 2040 die 100-prozentige nachgelagerte Besteuerung erreicht.
2. Dieser steuerfreie Betrag wird im auf den Renteneintritt folgenden Jahr festgeschrieben und nicht mehr erhöht.

8.13.1.5 Besteuerung von Beamtenpensionen und Betriebsrenten

Beamtenpensionen und Betriebsrenten (sogenannte Werkspensionen) werden nach Ablauf der Übergangsphase für die Besteuerung (2040) steuerrechtlich gleich behandelt. Aus diesem Grund werden der Versorgungsfreibetrag für Beamten- und Werkspensionen sowie der Altersentlastungsbetrag für übrige Einkünfte schrittweise für jeden seit 2006 neu in Ruhestand tretenden Jahrgang in dem Maße verringert, in dem die Besteuerungsanteile der Leibrenten erhöht werden. Diese Beträge werden für jeden Jahrgang festgeschrieben.

Außerdem wurde bei Beziehern von Beamten- und Werkspensionen der Arbeitnehmer-Pauschbetrag in Höhe von 1 000 Euro an den Werbungskosten-Pauschbetrag in Höhe von 102 Euro angepasst, der den Empfängern anderer Altersbezüge zusteht. Bezieher von Beamten- und Werkspensionen erhalten demzufolge nur noch den allgemeinen Werbungskosten-Pauschbetrag.

Zum Ausgleich dieser stufenweisen Absenkung wird ein entsprechender Zuschlag gewährt, der ebenfalls bis zum Jahr 2040 stufenweise abgeschmolzen wird.

8.13.1.6 Rentenbezugsmitteilungen über die Zentrale Stelle an das Finanzamt

Die Besteuerung der Leibrenten wird durch Rentenbezugsmitteilungen nach § 22a EStG der Rentenversicherungsträger und der Lebensversicherungsunternehmen an die Deutsche Rentenversicherung Bund, wo bereits entsprechende Aufgaben für die Riester-Rente wahrgenommen werden, sichergestellt. Die Datenübermittlung erfolgt jährlich auf elektronischem Weg. Der Deutsche Rentenversicherung Bund führt die Daten zusammen und übermittelt sie an die jeweils zuständige Landesfinanzbehörde. Diese übermittelt die Daten an das zuständige Wohnsitz-Finanzamt.

Seit dem 01.01.2017 wird ein gesondertes Merkmal für Verträge, auf denen gefördertes Altersvorsorgevermögen gebildet wurde, geschaffen. Die Zentrale Stelle ist in diesen Fällen berechtigt, die Daten dieser Rentenbezugsmitteilung im Zulagekonto zu speichern und zu verarbeiten (§ 22a Absatz 1 Nr. 7 EStG).

8.13.1.7 Ertragsanteilsbesteuerung seit 2005

Wird eine Rente gezahlt, ist nur der Ertragsanteil nach § 22 Nr. 1 Satz 3a bb EStG zu versteuern:

Zu versteuernder Ertragsanteil nach § 22 Nr. 1 Satz 3 a Doppelbuchstabe bb EStG für eine lebenslängliche Rente[1]			
bei Beginn der Rente vollendetes Lebensjahr des Rentenberechtigten	Ertragsanteil in Prozent	bei Beginn der Rente vollendetes Lebensjahr des Rentenberechtigten	Ertragsanteil in Prozent
0 bis 1	59	51 bis 52	29
2 bis 3	58	53	28
4 bis 5	57	54	27
6 bis 8	56	55 bis 56	26
9 bis 10	55	57	25
11 bis 12	54	58	24
13 bis 14	53	59	23
15 bis 16	52	60 bis 61	22
17 bis 18	51	62	21
19 bis 20	50	63	20
21 bis 22	49	64	19
23 bis 24	48	**65** bis **66**	18
25 bis 26	47	67	17
27	46	68	16
28 bis 29	45	69 bis 70	15
30 bis 31	44	71	14
32	43	72 bis 73	13
33 bis 34	42	74	12
35	41	75	11
36 bis 37	40	76 bis 77	10
38	39	78 bis 79	9
39 bis 40	38	80	8
41	37	81 bis 82	7
42	36	83 bis 84	6
43 bis 44	35	85 bis 87	5
45	34	88 bis 91	4
46 bis 47	33	92 bis 93	3
48	32	94 bis 96	2
49	31	ab 97	1
50	30		

Für die Besteuerung der Renten aus Kapitalanlageprodukten gilt: In den Fällen, in denen Ansparleistungen aus versteuertem Einkommen erbracht worden sind, ist weiterhin eine Ertragsanteilsbesteuerung nach § 22 EStG erforderlich. Aufgrund der veränderten Rahmenbedingungen wurden die Ertragsanteile herabgesetzt. Von dieser Herabsetzung waren besonders die herkömmliche private Rentenversicherung und neu abgeschlossene Kapitallebensversicherungen betroffen. War bisher bei der monatlichen Rente aus einer privaten Rentenversicherung ein Ertragsanteil in Höhe von 27 Prozent (bei Rentenbeginn mit 65) zu versteuern, so ist für diese Rente künftig ein Ertragsanteil von 18 Prozent anzusetzen. Dies gilt nicht nur für Neuverträge seit dem 01.01.2005, sondern auch für alle Altfälle.

1 Gilt für 3. Schicht (beispielsweise Renten aus privaten Rentenversicherungen).

Die Ertragsanteilsbesteuerung ab 2005 ist der Tabelle **„Zu versteuernder Ertragsanteil nach § 22 Nr. 1 Satz 3a Doppelbuchstabe bb EStG für eine lebenslängliche Rente“** zu entnehmen.

Deutsche Rentenversicherung informiert
Durch das Betriebsrentenstärkungsgesetz (tritt in Kraft am 1. Januar 2018) wird die Deutsche Rentenversicherung als neutrale Stelle über die Möglichkeiten bei der betrieblichen Altersvorsorge informieren. Die kostenlose Service-Nummer lautet 0800 1000 4800.

Auch die Ertragsanteile in § 55 Abs. 2 EStDV, die in aller Regel auf zeitlich befristete Renten (= abgekürzte Leibrenten oder Zeitrenten) anzuwenden sind, wurden ab 2005 erheblich abgesenkt.

8.13.1.8 Rentenbezug im Ausland

Im Ausland lebende Rentner, die Renten aus einer Basisversorgung beziehen, haben künftig eine Einkommensteuererklärung zur beschränkten Einkommensteuerpflicht abzugeben. Dazu enthält § 49 Abs. 1 Nr. 7 EStG (sonstige Einkünfte beschränkt Steuerpflichtiger) die entsprechende Besteuerungsnorm.

8.13.2 Die 2. Schicht: kapitalgedeckte Zusatzversorgung

Bei den Versicherungsverträgen sind die Vertragsabgänge (wie seit Anfang 2009 üblich) bereits berücksichtigt; die Zahlen stellen also bereits den Nettozuwachs dar. Der Anteil der ruhend gestellten Riester-Verträge (aktuell keine Beitragsleistungen in der Ansparphase) wird auf knapp ein Fünftel geschätzt.

> Informationen und Beratung rund um die zusätzliche Altersvorsorge gibt es im Internet unter:
> www.bmas.de
> www.deutsche-rentenversicherung.de
> www.stiftung-warentest.de

8.13.2.1 Die Förderung im Einzelnen

Der Staat fördert unter bestimmten Voraussetzungen den freiwilligen Aufbau einer zusätzlichen privaten Altersrente entweder durch die Altersvorsorgezulage oder durch steuerliche Begünstigung in Form eines Sonderausgabenabzugs für Altersvorsorgebeiträge. Im Zusammenhang mit der Einführung der nachgelagerten Besteuerung zählt die Altersvorsorge mit der „Riester-Rente“ zur 2. Schicht, der sogenannten kapitalgedeckten Zusatzversorgung. Ebenfalls zur 2. Schicht zählt die betriebliche Altersvorsorge.

Neuregelungen der betrieblichen Altersversorgung durch das Betriebsrentenstärkungsgesetz ab 2018

- Durch das sogenannte Tarifpartnermodell sollen auf tariflicher Grundlage Beitragszahlungen eingeführt werden können. Mindest- oder Garantieleistungen für Arbeitnehmer sind verboten. Auf der anderen Seite werden die Arbeitgeber von ihrer Haftung befreit („zahlen und vergessen“). Der Arbeitgeber steht lediglich für die Zielrente ein, darunter

versteht man eine definierte Betriebsrente entsprechend der Beiträge. Für die Rendite gibt es keine Garantie.
- Im Rahmen einer Entgeltumwandlung werden mindestens 15 Prozent des umgewandelten sozialversicherungsfreien Entgelts als Zuschuss an die Versorgungseinrichtung geleistet. Bei neuen Entgeltumwandlungsvereinbarungen ab 2019 ist der vom Arbeitgeber ersparte Arbeitgeberanteil an den Sozialversicherungsbeiträgen pauschal zugunsten seiner Beschäftigten an die durchführende Versorgungseinrichtung, mit Ausnahme der Direktzusagen und Unterstützungskassenzusagen, zu leisten. Für bestehende Entgeltumwandlungsvereinbarungen wird der Arbeitgeberzuschuss erst 2022 eingeführt.
- Der steuerfreie Höchstbetrag der Entgeltumwandlung wird von vier auf acht Prozent der Beitragsbemessungsgrenze der Rentenversicherung (West) angehoben. Der Sozialversicherungshöchstbetrag bleibt bei vier Prozent.
- Für Geringverdiener bis 2200 Euro Bruttoeinkommen gilt ab 2018 folgende Regelung: Zahlt der Arbeitgeber für eine zusätzliche Altersvorsorge mindestens 240 Euro, kann er 30 Prozent von der Lohnsteuer des Arbeitnehmers behalten. Für Beiträge von 240 bis 480 Euro beträgt der Förderbetrag somit 72 bis maximal 144 Euro im Kalenderjahr.
- Mit einer steuerrechtlicher Änderung werden die Zahlungen des Arbeitgebers an Pensionskassen, Pensionsfonds und Direktversicherungen zu einer einheitlichen Prozentgrenze von acht Prozent der Beitragsbemessungsgrenze der Allgemeinen Rentenversicherung zusammengefasst und erhöht. Die schon bisher geltende 20-prozentige Pauschalbesteuerungsmöglichkeit wird beibehalten.

Geförderter Personenkreis nach § 10a Abs. 1 EStG
Grundsätzlich gefördert werden Pflichtmitglieder in der inländischen gesetzlichen Rentenversicherung und deren Ehepartner/Lebenspartner sowie Beamte und Beschäftigte im öffentlichen Dienst mit Gesamtversorgungszusage.

Zusätzlich gilt die Förderung für

- Arbeitnehmer als Pflichtmitglieder der inländischen gesetzlichen Rentenversicherung
- geringfügig Beschäftigte, die auf die Sozialversicherungsfreiheit verzichtet haben
- Studenten
- Auszubildende
- Berufssoldaten, Soldaten auf Zeit und Zivildienstleistende sowie Helfer in einem freiwilligen sozialen oder ökologischen Jahr
- bestimmte Selbständige, beispielsweise Handwerker, die in eine Handwerksrolle eingetragen sind
- Künstler und Publizisten, die nach dem Künstlersozialversicherungsgesetz pflichtversichert sind
- Bezieher von Arbeitslosengeld II, wenn sie unmittelbar vor der Arbeitslosigkeit begünstigt waren.
- Kindererziehende ohne Einkommen für Kindererziehungszeiten (drei Jahre)
- Versicherungspflichtige nach dem Gesetz über die Alterssicherung der Landwirte
- Bezieher einer Rente wegen vollständiger Erwerbsminderung, Erwerbsunfähigkeit oder Dienstunfähigkeit

Förderung der kapitalgedeckten Zusatzvorsorge
Grundsätzlich kommen alle Anlageprodukte mit Altersvorsorgebeiträgen in Betracht, die zum Rentenbeginn die eingezahlten Beträge garantieren (Nominalwerterhaltung) und die lebenslang eine monatliche Rente sicherstellen.

Mindesteigenbeitrag
Der volle Zulagenbetrag nach § 84 EStG (Grundzulage) und nach § 85 EStG (Kinderzulage) wird allerdings nur gewährt, wenn der Zulageberechtigte den Mindesteigenbeitrag (§ 86 EStG) leistet. Wird der Mindesteigenbeitrag nicht erbracht, wird die höchstmögliche Zulage in entsprechendem Umfang gekürzt. Beispiel: Wer nur den halben Eigenbetrag aufbringt, erhält auch nur die Hälfte der Zulage.

Der Mindesteigenbeitrag beträgt seit 2008	
nach § 86 EStG relativ zum Vorjahres-Brutto-Arbeitslohn	... und wird beschränkt auf die in § 10a Abs. 1 Satz 1 EStG genannten Höchstgrenzen
4 % jährlich	auf maximal 2 100 € pro Jahr[1]

Sockelbetrag
Bei geringem beitragspflichtigem Einkommen würde die Sparleistung vollständig vom Staat erbracht werden müssen. Um dies zu verhindern, muss der Zulageberechtigte einen sogenannten Sockelbetrag als Eigenleistung (§ 86 EStG) erbringen. Der Sockelbetrag beträgt 60 Euro jährlich.

Ist der Sockelbetrag höher als der Mindesteigenbeitrag, ist der Sockelbetrag als Mindesteigenbeitrag zu leisten. Die Kürzung der Zulage ermittelt sich nach dem Verhältnis der Altersvorsorgebeiträge zum Mindesteigenbeitrag (§ 86 Abs. 1 Satz 5 und 6 EStG).

Sonderausgabenabzug nach § 10a Abs. 1 EStG
Jeder Berechtigte kann Altersvorsorgebeiträge, zuzüglich der ihm zustehenden Zulage, als Sonderausgaben abziehen. Dieser wird als Sonderausgabenabzugsbetrag seit 2002 gewährt. Dabei handelt es sich um keinen zusätzlichen Freibetrag, sondern um eine Freigrenze (Höchstgrenze).

1 Abzüglich der Altersvorsorgezulage

Das Förderpaket im Überblick:

<table>
<tr><th colspan="6">Wie die private zusätzliche Altersvorsorge gefördert wird</th></tr>
<tr><td rowspan="3">Sonderausgabenabzugsbetrag (Höchstgrenze) pro Jahr[1] (§ 10 Abs. 1 Satz 1 EStG) in €</td><td colspan="5">Altersvorsorgezulage (§ 79 ff. EStG)</td></tr>
<tr><td rowspan="2">höchstmögliche Grundzulage pro Jahr[2] (§ 84 EStG) in €</td><td rowspan="2">Kinderzulage pro Jahr (§ 85 EStG) in €</td><td colspan="2">Voraussetzung: Mindesteigenbeitrag (§ 86 EStG) für Steuerpflichtige pro Jahr[3]</td><td rowspan="2">maximal gefördert (Beschränkung nach § 10a Abs. 1 Satz 1 EStG) in €</td></tr>
<tr><td>mindestens in Prozent des Vorjahreseinkommens (§ 86 Abs. 1 Satz 1 EStG)</td><td>als Sockelbetrag[4] sind pro Jahr mindestens zu leisten (§ 86 Abs. 1 Satz 4 EStG) in €</td></tr>
<tr><td>2100</td><td>154/175[5] + 200[6]</td><td>185/300[7]</td><td>4</td><td>60</td><td>2100</td></tr>
</table>

- **„Günstigerprüfung"**
Das Finanzamt prüft im Rahmen der Einkommensteuerveranlagung, ob der Steuervorteil durch den zusätzlichen Sonderausgabenabzug der Riester-Beiträge günstiger ist als die Zulage. Hierbei wird allerdings der Anspruch auf Zulage gegengerechnet, nicht jedoch die tatsächlich ausgezahlte Zulage. Das bedeutet: Die Zulage ist in jedem Fall zu beantragen, da sie ansonsten verloren wäre. Mit dem Dauerzulagenantrag dürfte es aber kein Problem mehr sein. Der etwaige zusätzliche Steuervorteil wird entweder mit der Steuernachzahlung verrechnet oder er erhöht die Steuererstattung. Er wird nicht – wie die Zulage – auf dem Riester-Vertrag gut geschrieben.

- **Entstehen des Anspruchs auf Zulage**
Der Anspruch auf die Zulage entsteht mit Ablauf des Kalenderjahrs, in dem die Altersvorsorgebeiträge geleistet worden sind (Beitragsjahr).

- **Antragsverfahren für Zulagen**
Für die Förderung genügt eine einmalige schriftliche Bevollmächtigung des Zulageberechtigten (Dauerzulagenantrag) gegenüber dem Anbieter des Altersvorsorgevertrags (§ 89 Abs. 1a EStG).

- **Förderkriterien**
Ein Altersvorsorgevertrag liegt vor, wenn eine Vereinbarung geschlossen wird, die bestimmte Merkmale erfüllt, die in § 1 des AltZertG einzeln aufgeführt sind. Die dort genannten Voraussetzungen müssen alle erfüllt sein.

1 Eigenbeiträge und Zulage; Grundlage: Bruttolohn des Vorjahres. Die sogenannte Günstigerprüfung nimmt das Finanzamt automatisch vor.
2 Werden Ehepaare/eingetragene Lebenspartner zur Einkommensteuer veranlagt, steht jedem der Partner die Grundzulage zu.
3 Bei voller Ausschöpfung der Förderung, ansonsten Kürzung
4 Ist der Sockelbetrag höher als der Mindesteigenbeitrag in Prozent, so ist der Sockelbetrag als Mindesteigenbeitrag zu leisten (§ 86 Abs. 1 Satz 5 EStG).
5 Bis 2017 154 Euro, ab 2018 165 Euro
6 Berufseinsteiger-Bonus in Höhe von einmalig 200 Euro für alle unmittelbar Förderberechtigten , die zu Beginn des Beitragsjahrs das 25. Lebensjahr noch nicht vollendet haben
7 Für alle 2008 geborenen Kinder 185 Euro; für alle ab 2008 geborenen Kinder 300 Euro

Die wichtigsten Förderkriterien sind:

- dass zu Beginn der Auszahlungsphase mindestens der eingezahlte Betrag (eigene Beiträge + Zulage) garantiert wird (Sie haben demzufolge in jedem Fall ein positives Ergebnis in Höhe der Zulagen – selbst bei Investmentfondssparplänen),
- dass eine lebenslange Rente gezahlt wird, beispielsweise durch eine Rentenversicherung oder andere Sparpläne,
- dass frühestens ab Vollendung des 62. Lebensjahrs (Abschlüsse vor 2012: 60. Lebensjahr) monatliche gleich bleibende oder ansteigende Raten ausgezahlt werden.

- **Voraussetzung für die Förderung**

ist eine Zertifizierung nach § 1 Abs. 2 AltZertG.

Zugelassen sind nur bestimmte Anbieter von Altersvorsorgeverträgen.

Gefördert werden nur Beiträge zu zertifizierten Altersvorsorgeverträgen. Durch diese Zertifizierung wird gewährleistet, dass die Bedingungen eines Vertrags über Leistungen zur Altersversorgung den Anforderungen des Altersvorsorgeverträge-Zertifizierungsgesetzes (AltZertG) entsprechen.

Geldanlage-Tipp

Prüfen Sie vor Abschluss eines Altersvorsorgevertrags, ob der Vertrag den Zertifizierungsanforderungen entspricht und damit gefördert wird. Außerdem informiert seit dem 1. Januar 2017 bei Riester-Renten das neue Produktinformationsblatt über Chancen, Risiken und Kosten.

- **Geprüft werden nur formale Kriterien.**

Das Prüfsiegel ist kein Qualitätsurteil! Das Prüfsiegel sagt nichts aus über

- Wirtschaftlichkeit und Rentabilität des Produkts,
- Erfüllbarkeit der Zusagen des Anbieters,
- zivilrechtliche Wirksamkeit der Vertragsbedingungen,
- finanzielle Leistungsfähigkeit des Anbieters.

Wie bei jedem Kapitalmarktprodukt, lohnt sich auch bei Riester-Produkten ein Blick auf die Kosten. Abschluss- und Vertriebskosten, Verwaltungskosten und Wechselkosten können den Ertrag erheblich mindern. Die alleinige Betrachtung der Kosten ist jedoch genauso wenig zielführend, wie der alleinige Blick auf die Rendite. Wichtig ist vielmehr der Blick auf die Rendite nach Kosten und nach Steuern. Lässt man dann noch das Risiko und die Liquidität mit einfließen, wird die Betrachtung zwar rund, aber zunehmend schwieriger!

Altersvorsorgekapital kann auch für die Anschaffung oder Herstellung von selbstgenutztem Wohneigentum eingesetzt werden.

Auch für die zu eigenen Wohnzwecken dienende Eigentumswohnung (jeweils im Inland) oder zum Erwerb von Pflicht-Geschäftsanteilen an einer Genossenschaft für die Selbstnutzung einer Genossenschaftswohnung kann das durch einen Altersvorsorgevertrag gebildete und geförderte Kapital entnommen und verwendet werden („Entnahmemodell"). Grundlage: § 92a und 92b EStG. Voraussetzung, das Restkapital beträgt mindestens 3 000 Euro (bei Umbau einer Wohnung siehe § 92a Abs. 1 Satz 3 EStG).

Der entnommene sogenannte Altersvorsorge-Eigenheimbetrag ist dann bis zum Beginn der Auszahlungsphase zwischen dem 60. und 68. Lebenjahr des Berechtigten zurückzuzahlen.

> Beim Entnahmemodell gibt sich der Sparer sozusagen selbst ein Darlehen ohne Zinsen und ohne Steuern. Das Geld ist aber nur geliehen, denn es muss bis zum 65. Lebensjahr zurückgezahlt sein.

Förderung durch das Eigenheimrentengesetz
Mit Wirkung vom 01.01.2008 wurde durch das Eigenheimrentengesetz eine bessere Integration des selbstgenutzten Wohneigentums in die geförderte Altersvorsorge gewährleistet.

1. Erweiterung der Riester-Produktpalette

1.1 Erwerb weiterer Genossenschaftsanteile

Verträge, die die Anschaffung weiterer Geschäftsanteile an einer in das Genossenschaftsregister eingetragenen Genossenschaft für eine vom Förderberechtigten selbst genutzten Genossenschaftswohnung vorsehen, können künftig auch als zertifizierte und damit begünstigte Altersvorsorgeverträge angeboten werden.

Voraussetzungen sind beispielsweise:

- Die „Auszahlung" der weiteren Genossenschaftsanteile darf frühestens mit Beginn des 62. Lebensjahres (für Verträge, die vor 2012 abgeschlossen wurden, gilt das 60. Lebensjahr) vorgesehen sein. Sie erfolgt entweder in Form einer lebenslangen Verminderung des monatlichen Nutzungsentgelts für die selbstgenutzte Genossenschaftswohnung oder in Form einer zeitlich befristeten Verminderung des monatlichen Nutzungsentgelts mit einer anschließenden Teilkapitalverrentung spätestens ab Vollendung des 85. Lebensjahres. Diese „Auszahlungen" müssen während der gesamten Auszahlungsphase gleich bleiben oder steigen.
- Die auf die weiteren Genossenschaftsanteile entfallenden Erträge dürfen vor Beginn der Auszahlungsphase nicht an den Berechtigten ausgezahlt werden, sondern müssen in den Erwerb weiterer Anteile investiert werden.
- Die Übertragung der erworbenen Ansprüche auf einen anderen zertifizierten Altersvorsorgevertrag muss möglich sein.
- Kündigungen sind mit einer Frist von drei Monaten zum Ende des Geschäftsjahres zuzulassen.
- Wie bei allen zertifizierten Altersvorsorgeverträgen sind auch hier die Abschluss- und Vertriebskosten über einen Zeitraum von mindestens fünf Jahren in gleichmäßigen Jahresbeträgen vorzusehen.

Mit der Ergänzung der Produktbeschreibung wurde auch der Anbieterbegriff bezüglich der Wohnungsgenossenschaften entsprechend erweitert.

So können auch Wohnungsgenossenschaften ohne Erlaubnis zum Betreiben des Einlagengeschäfts Altersvorsorgeverträge anbieten, deren Leistungen aus einer Nutzungsentgeltreduzierung bestehen. Allerdings nur, wenn

- sie in das Genossenschaftsregister eingetragen sind,
- eine gutachterliche Äußerung des zuständigen Prüfungsverbandes vorliegt, dass sie die sich aus dem AltZertG ergebenden Voraussetzungen voraussichtlich erfüllen werden,
- eine entsprechende Anpassung der Satzung erfolgt ist und
- sie einen Nachweis über die Sicherung der gewährten Beitragszusage beibringen.

1.2 Darlehensverträge

Auch Darlehensverträge zählen zum Kreis der Altersvorsorgeverträge. Dies lässt folgende zertifizierte Vertragsgestaltungen zu:

a) reiner Darlehensvertrag:
   Der Vertrag wird unmittelbar bei Darlehensaufnahme abgeschlossen, ein vorhergehender Sparvorgang ist nicht erforderlich.
b) Kombination Sparvertrag mit Darlehensoption („normaler" Bausparvertrag):
   Nach dem Ansparvorgang ist die Entnahme des Angesparten und eine Darlehensaufnahme möglich.
c) Vorfinanzierungsdarlehen: (Kombination Vorfinanzierungsdarlehen/Bausparvertrag)
   Ein zertifizierungsfähiges Vorfinanzierungsdarlehen besteht aus einem tilgungsfreien Darlehen in Kombination mit einem Sparvertrag, durch den bei Vertragsabschluss unwiderruflich vereinbart wird, dass das Sparkapital zur Darlehenstilgung eingesetzt wird. Es muss in einem einheitlichen Vertragsmuster geregelt werden.

Bedingungen für die Zertifizierbarkeit der Altersvorsorgeverträge mit Darlehenskomponente sind

- ein Rechtsanspruch auf die Gewährung eines Darlehens bei wohnungswirtschaftlicher Verwendung,
- die Verteilung der Abschluss- und Vertriebskosten auf fünf Jahre und
- eine Darlehenstilgung bis spätestens zur Vollendung des 68. Lebensjahres.

Auch im Hinblick auf diese Vertragsgestaltung wurde der Kreis der potenziellen Anbieter erweitert.

Auch **Bausparkassen** bieten zertifizierte Altersvorsorgeverträge an. Dies bedeutet jedoch nicht, dass die Darlehenskomponente nur den von Bausparkassen angebotenen Altersvorsorgeverträgen vorbehalten ist. Jeder der bereits zuvor begünstigten Anbieter kann entsprechende Verträge anbieten, wenn ihm dies aufsichtsrechtlich zugelassen ist.

2. Tilgungsleistungen

Neben den Sparbeiträgen gehören zu den Altersvorsorgebeiträgen auch die bis zu Beginn der Auszahlungsphase erbrachten Tilgungsleistungen, die der Zulageberechtigte zur Tilgung eines Darlehens im Rahmen eines auf seinen Namen lautenden zertifizierten Altersvorsorgevertrags leistet. Als Tilgungsleistungen gelten auch Sparbeiträge, die der Zulageberechtigte aufbringt und bei denen bereits bei Vertragsabschluss unwiderruflich vereinbart wurde, dass diese zur Tilgung eines entsprechenden Darlehens eingesetzt werden (beispielsweise Bausparbeiträge). Spar- und Darlehensvertrag werden nach dem Altersvorsorgeverträge-Zertifizierungsgesetz einheitlich als ein Altersvorsorgevertrag behandelt.

Dieses Darlehen muss allerdings für eine wohnungswirtschaftliche Verwendung eingesetzt worden sein. Die geleisteten Beiträge werden damit von Anfang an als Leistungen zur Darlehenstilgung behandelt. Sie werden jedoch erst im Zeitpunkt der tatsächlichen Darlehenstilgung ins Wohnförderkonto eingestellt und wie andere Tilgungsleistungen behandelt. In das Wohnförderkonto werden dann auch die für die Tilgung eingesetzten Zulagen, Erträge und Wertsteigerungen eingestellt.

Tilgungsleistungen werden allerdings nur dann den Altersvorsorgebeiträgen gleichgestellt, wenn das Darlehen unmittelbar für eine nach dem 31.12.2007 erfolgte wohnungswirtschaftliche Verwendung eingesetzt wird. Dies gilt auch, wenn das für eine entsprechende Verwendung aufgenommene Darlehen später umgeschuldet wird. Nicht den Altersvorsorgebeiträgen gleichgestellt sind somit Tilgungsleistungen für ein Darlehen, welches beispielsweise

- zur Finanzierung einer vor dem 01.01.2008 angeschafften oder hergestellten Wohnimmobilie eingesetzt wurde;
- nicht mehr für eine selbstgenutzte Wohnimmobilie eingesetzt wird.

Zahlungen, die der Zulageberechtigte erbringt, um die Höhe des Wohnförderkontos zu mindern, dürfen nicht erneut als Altersvorsorgebeitrag berücksichtigt werden. Eine mehrfache steuerliche Begünstigung der gleichen Beiträge wird vermieden (Ausschluss einer Doppelförderung).

Für ab 2008 angeschaffte oder hergestellte selbst genutzte Objekte werden Darlehenstilgungen wie die bisherigen Sparbeiträge steuerlich gefördert. Wer vier Prozent der maßgebenden Einnahmen (maximal 2 100 Euro abzüglich Zulage) in den Altersvorsorgevertrag mit Darlehenskomponente eingezahlt hat, erhält die vollen Zulagen. Die Altersvorsorgezulage wird von der Zulagenstelle zugunsten des betreffenden Darlehensvertrags ausgezahlt. Die Altersvorsorgezulage fungiert insofern als Sondertilgung und reduziert damit die Darlehensschuld. Eine Förderung der Darlehenszinsen erfolgt nicht. Im Rahmen seiner Einkommensteuerveranlagung wird auf Antrag geprüft, ob der zusätzliche Sonderausgabenabzug (maximal 2 100 Euro) günstiger ist als der Zulagenanspruch.

3. Besteuerung

Für die nachgelagerte Besteuerung stehen dem Steuerpflichtigen grundsätzlich **zwei verschiedene Alternativen** zur Verfügung:

1. Der sogenannte Verminderungsbetrag wird **nachgelagert besteuert.** Es handelt sich hierbei um einen jährlichen Wert, um den das Wohnförderkonto vermindert wird, der sich ergibt, wenn der Betrag des Wohnförderkontos zu Beginn der Auszahlungszahlungsphase auf die Jahre bis zur Vollendung des 85. Lebensjahres verteilt wird.
2. Der Förderberechtigte hat außerdem noch zu Beginn der Auszahlungsphase ein einmaliges Wahlrecht zwischen der jährlich nachgelagerten Besteuerung und einer **privilegierten Einmalbesteuerung** des gesamten in der Immobilie gebundenen geförderten Kapitals.

Wählt der Förderberechtigte die Einmalbesteuerung, so werden nur 70 Prozent des in der Wohnimmobilie gebundenen steuerlich geförderten Kapitals mit dem individuellen Steuersatz besteuert. Die dem Berechtigten für die Bildung der selbstgenutzten Immobilie gewährte Förderung soll einen Beitrag zum vergünstigten Wohnen im Alter darstellen. Daher soll die Immobilie auch – selbst wenn die Einmalbesteuerung gewählt wurde – im Alter genutzt werden. Vor diesem Hintergrund ist die Einmalbesteuerung kein der schädlichen Verwendung bei anderen Anlageprodukten vergleichbarer Vorgang. Verkauft der Berechtigte die Immobilie im Alter, dann ist das geförderte Kapital für ein Folgeobjekt oder eine lebenslange Geldzahlung einzusetzen. Wird das geförderte Kapital innerhalb eines Zeitraums von 20 Jahren der Altersversorgung entzogen, handelt es sich um eine schädliche Verwendung.

Wird die Haltefrist von 20 Jahren nicht eingehalten (Aufgabe der Selbstnutzung ohne Reinvestition in ein Folgeobjekt oder Einzahlung des noch nicht besteuerten Betrages in einen Riester-Vertrag), ist der bisher noch nicht besteuerte Betrag (30 Prozent) gestaffelt nach der Haltedauer im Zeitpunkt der Aufgabe der Selbstnutzung:

- eineinhalbfach (bis zum zehnten Jahr nach dem Beginn der Auszahlungsphase) oder
- einfach (vom elften bis zum 20. Jahr nach dem Beginn der Auszahlungsphase)

mit dem individuellen Steuersatz zu versteuern.

Wählt der Förderberechtigte die jährliche nachgelagerte Besteuerung, so hat er den Betrag des Wohnförderkontos sukzessive bis zur Vollendung des 85. Lebensjahres mit seinem individuellen Steuersatz zu versteuern. Der Zeitraum ist abhängig von dem „Beginn der Auszahlungsphase“, die der Anleger mit seinem Anbieter vereinbart hat.

Die nachgelagerte Besteuerung (einmalig oder jährlich) führt zu einer Gleichbehandlung der Immobilie mit anderen Anlageprodukten.

4. Berufseinsteiger-Bonus

Für alle unmittelbar Zulageberechtigte, die zu Beginn des Kalenderjahrs das 25. Lebensjahr noch nicht vollendet haben, wird einmalig eine um 200 Euro erhöhte Grundzulage gewährt. Durch diesen sogenannten Berufseinsteiger-Bonus soll insbesondere für junge Menschen ein Anreiz geschaffen werden, frühzeitig mit dem Altersvorsorgesparen zu beginnen.

5. Kreis der Förderberechtigten

Im Rahmen des Eigenheimrentengesetzes wird der Kreis der Förderberechtigten um alle Personen erweitert, die eine Rente oder Versorgung wegen vollständiger Erwerbsminderung oder Dienstunfähigkeit aus einem der von der Niveauabsenkung durch die Renten- oder Versorgungsreform 2001 betroffenen Alterssicherungssysteme beziehen (Beispiele: gesetzliche Rentenversicherung oder Beamtenversorgung). Diese Personen sind nunmehr förderberechtigt, weil sie gehindert sind, weitere Anwartschaften auf Altersversorgung in dem betreffenden Alterssicherungssystem aufzubauen. Außerdem fließen die Zeiten des Bezugs der entsprechenden Rente oder Versorgung auch in die Ermittlung der Höhe der späteren Altersrente oder Versorgung mit ein. Die Aufnahme dieser Personen in den geförderten Personenkreis ist aus sozialpolitischen Gründen ausdrücklich zu begrüßen.

Da diese Personen gehindert sind, weitere Anwartschaften auf Altersversorgung in dem betreffenden Alterssicherungssystem aufzubauen, aber auch sie von der Niveauabsenkung durch die Renten- oder Versorgungsreform 2001 betroffenen sind, wird ihnen ab 2008 die unmittelbare Förderberechtigung ermöglicht, wenn die insoweit Begünstigten unmittelbar vor dem Bezug der Rente wegen Erwerbsminderung in dem betreffenden Alterssicherungssystem pflichtversichert gewesen sind oder unmittelbar vor dem Bezug der Versorgung wegen Dienstunfähigkeit Anwartschaften in dem betreffenden Alterssicherungssystem erworben haben.

Bezieher einer Versorgung wegen Dienstunfähigkeit müssen – wie Besoldungsempfänger auch – gegenüber ihrer zuständigen Stelle eine Einwilligung zur Datenübermittlung abgeben, um zum Kreis der Förderberechtigten zu gehören. Diese sogenannte Einverständniserklärung ist zwingende Fördervoraussetzung.

Bemessungsgrundlage für die Ermittlung des Mindesteigenbeitrags ist die die Zulageberechtigung begründende (Brutto-) Rente wegen voller Erwerbsminderung oder Erwerbsunfähigkeit oder die Versorgung wegen Dienstunfähigkeit.

6. Volle nachgelagerte Besteuerung von Leistungen aus begünstigten Altersvorsorgeverträgen in der Auszahlungsphase

Versorgungsleistungen aus begünstigten Altersvorsorgeverträgen unterliegen in voller Höhe der Besteuerung, wenn für die Altersvorsorgebeiträge Sonderausgabenabzug oder Altersvorsorgezulage gewährt wurde.

Setzen sich die Leistungen aus geförderten und nicht geförderten Beitragsleistungen zusammen, sind die Versorgungsleistungen entsprechend aufzuteilen in:

a) einen steuerpflichtigen Anteil und
b) einen nur mit dem (günstigeren) Ertragsanteil zu besteuernden Anteil.

Die Aufteilung wird durch die auszahlende Stelle, also beispielsweise eine Lebensversicherungsgesellschaft, vorgenommen.

8.13.2.2 Vererbbarkeit der Riester-Rente und Riester-Rentenbezug im Ausland

Nachstehend werden zwei Besonderheiten bei der Riester-Rente dargestellt, deren Unkenntnis hierüber zu dem voreiligen Schluss führen können, die Riester-Rente lohne sich nicht. Es handelt sich hierbei um die Themen „Vererbung" und „Ausland".

Grundsätzliches zur Riester-Rente und Vererbung
Der Tod des Riester-Sparers hat gesetzestechnisch grundsätzlich eine sogenannte „schädliche Verwendung" zur Folge. Das bedeutet, dass die gewährte Förderung (Zulagen und gegebenenfalls Steuervorteil durch den zusätzlichen Sonderausgabenabzug) zurückgezahlt werden müssen. Denn die Riester-Rente dient in erster Linie der lebenslangen Versorgung des Riester-Sparers mit einer Geldleistung und nicht der Vermögensansammlung durch Vererbung. Diese lebenslange Leistung hat zum Zeitpunkt des Todes ihren eigentlichen Zweck erfüllt.

Diese Grundregel darf aber nicht zu dem falschen Schluss führen, die Riester-Rente sei nicht vererbbar. Denn erstens gibt es eine Ausnahme von der schädlichen Verwendung für den überlebenden Ehegatten/Lebenspartner und zweitens hängt eine etwaige Vererbbarkeit vom gewählten Riester-Produkt ab.

Weitere Infos zur Riester-Rente und Vererbung
Die Riester-Rente ist grundsätzlich vererbbar. Sie ist unter bestimmten Voraussetzungen sogar förderunschädlich auf den überlebenden Ehepartner/Lebenspartner vererbbar.

Im Todesfall ist jedoch zwischen den verschiedenen Riester-Produkten zu unterscheiden.

Das in **Banksparplänen** und **Fondssparplänen** angesparte Kapital kann bis zum Beginn der sogenannten Restverrentungsphase (ab Vollendung des 85. Lebensjahres) vererbt werden. Allerdings muss die staatliche Förderung grundsätzlich zurückgezahlt werden (Ausnahme bei Ehegatten/Lebenspartnern). Der Erbe des Riester-Sparers steht somit nicht schlechter da, als wenn ungefördert gespart worden wäre. Die Restverrentungsphase ist auch bei Bank- und Fondssparplänen zwingend in Form einer Rentenversicherung vorgesehen. Eine Vererbung ist deshalb in dieser Phase nicht mehr möglich.

Bei der privaten **Rentenversicherung** hängt die Situation im Todesfall von der Vertragsgestaltung ab:

- Es kann eine Rentengarantiezeit vereinbart werden, in der die Rente mindestens zu bezahlen ist. Stirbt der Versicherte vorher, erhält der Berechtigte, beispielsweise der Ehegatte, die Rente bis zum Ende der Garantiezeit weiterbezahlt. Ist keine Garantiezeit vereinbart oder stirbt der Versicherte nach deren Ablauf, erhalten die Erben keine Leistung.
- Es kann auch vereinbart werden, dass im Fall eines Versterbens in der Ansparphase die gezahlten Beiträge und Überschüsse an die Erben gehen.
- Für Ehegatten/eingetragene Lebenspartner und Kinder kann eine Hinterbliebenenrente vereinbart werden.

Bei Tod des Riester-Sparers ohne zusätzliche Vereinbarung oder nach Ablauf einer etwaigen Rentengarantiezeit gehen die Erben leer aus: Das Vermögen fällt in diesen Fällen der sogenannten Versichertengemeinschaft zu. Um diesen Nachteil auszugleichen, bieten nun einige Versicherer Rentengarantiezeiten von 20 Jahren an. Wählt der Riester-Sparer in solchen Fällen einen Beginn der Auszahlungsphase mit 65, so reicht die Garantiezeit bis 85 und gleicht auf den ersten Blick den diesbezüglichen Nachteil gegenüber Bank- und Fondssparplänen aus. Allerdings geht die lange Garantiezeit zu Lasten der monatlichen Rente, denn je länger die Garantiezeit vereinbart wird, umso niedriger fällt die zugesagte Rente aus.

Letztendlich kann und soll jeder Riester-Sparer die Vertragsgestaltungen wählen, die seinen individuellen Bedürfnissen entsprechen und gezielt das für ihn und seine Familie beste Produkt aussuchen.

Bei **Ehegatten/Lebenspartnern** bleibt die **Förderung erhalten,** wenn das ererbte Altersvermögen auf einen zertifizierten Altersvorsorgevertrag, der auf den Namen des Ehegatten/Lebenspartners lautet, übertragen wird. Der Vertrag kann auch erst zum Zweck der Übertragung abgeschlossen werden. Wenn ein Anbieter einen solchen Vertrag nicht anbietet, steht es dem Ehegatten/Lebenspartner frei, auf andere zertifizierte Produkte zurückzugreifen. Das Problem lässt sich aber dadurch vermeiden, dass beide Ehegatten/ Lebenspartner rechtzeitig eigene Verträge abschließen.

Bei **anderen Erben** wird die Steuerbefreiung auf die eingezahlten Einlagen rückgängig gemacht. Im Falle des Todes fließt der um die steuerlichen Vergünstigungen (ganz oder teilweise) verminderte Kapitalbetrag den Erben zu. Fällt der Tod in die Auszahlungsphase, so sind die Förderbeträge, die auf die bis zum Tod ausgezahlten Beträge entfallen, nicht zurückzuzahlen. Für den danach verbleibenden (Rest-)Betrag gelten die allgemeinen üblichen steuerlichen Regelungen.

Das nachfolgende Schaubild gibt einen Überblick über die Regelungen bei Vererbung:

Vererbung von Riester-Renten

Banksparplan und Fondssparplan	**Private Rentenversicherung**
– Vererbung möglich (Eigenkapital und Erträge) – aber ab 85. Lebensjahr (Beginn der Restverrentungsphase) keine Vererbung mehr möglich, da dann private Rentenversicherung	– Vererbung nicht möglich – aber • Hinterbliebenenabsicherung kann vereinbart werden • Rentengarantiezeit kann vereinbart weren

Sinn und Zweck der Riester-Förderung ist eine lebenslange Altersversorgung, die mit dem Tod abgeschlossen ist.

→ Vererbung bedeutet schädliche Verwendung; Ausnahme: Der Erbe ist der überlebende Ehegatte.
→ Übertragung auf dessen eigenen Riester-Vertrag förderunschädlich möglich

Rechtsfolge bei schädlicher Verwendung:
Das Eigenkapital wird ausgezahlt.
Die Förderung (Zulagen + Steuervorteil) ist zurückzuzahlen.
Die Erträge werden ausbezahlt.

8.13.2.3 Und so gehen Sie vor: die Prüfpunkte

Damit die Altersvorsorgebeiträge als Altersvorsorgezulage nach dem EStG gefördert werden, sollten Sie so vorgehen:

1. **Prüfen Sie Ihren Anspruch**
   Prüfen Sie, wer Anspruch auf Förderung der Eigenvorsorge hat. Bei Ehepaaren reicht es aus, wenn ein Partner die Anforderung erfüllt.
2. **Machen Sie einen Kassensturz**
   Schauen Sie in Ihren Unterlagen nach, wie viel Sie jeden Monat in Vorsorgeprodukte wie Sparverträge oder Lebensversicherungen einzahlen und prüfen Sie, ob Sie einen Teil davon für die neue Eigenvorsorge anlegen wollen.
3. **Als Arbeitnehmer: Schauen Sie auf Ihre elektronische Lohnsteuerkarte**
   Um die optimale Förderung zu bekommen, müssen Sie Ihr Einkommen im Vorjahr kennen. Genaue Auskunft darüber gibt die Jahresmeldung Ihres Arbeitgebers zur Sozialversicherung (ELStAM-Verfahren). Wenn sich Ihr Einkommen seit letztem Jahr nicht wesentlich geändert hat, kann der Bruttolohn des Vorjahres als Anhaltspunkt dienen.
4. **Lassen Sie sich beraten**
   Mit diesen Unterlagen haben Sie die notwendigen Informationen, um sich über die Angebote der Finanzdienstleister zu informieren. Jeder Berater bei den Anlageinstituten ist verpflichtet, Sie auf folgende Bedingungen hinzuweisen:
   - Höhe und Verteilung der Abschluss- und Vertriebskosten
   - Kosten für die Verwaltung Ihrer Geldanlage
   - Kosten beim Wechsel zu einer anderen Anlageform oder einem neuen Anbieter
5. **Wählen Sie Ihre Geldanlage**
   Ob Banksparplan, Investmentfonds oder private Rentenversicherung – Sie entscheiden, was das Beste für Sie ist. Allerdings erhalten nicht alle Verträge die Förderung. Einen förderfähigen Vertrag erkennen Sie an folgendem Zusatz: „Der Altersvorsorgevertrag ist (nach dem AltZertG) zertifiziert worden und damit im Rahmen von § 10a EStG förderfähig."
6. **Überprüfen Sie bestehende Verträge**
   Es muss nicht immer eine neue Geldanlage sein. Auch laufende Verträge und Policen können förderfähig sein, wenn sie auf die neuen Bedingungen umgestellt werden. Fragen Sie Ihren Anlageberater oder die Verbraucherberatung in einer Verbraucherzentrale.
7. **Legen Sie Ihre Sparraten fest**
   Anhand Ihres letztjährigen Einkommens errechnet Ihr Anlageinstitut, wie viel Sie monatlich mindestens sparen müssen, um die volle staatliche Zulage zu erhalten. Wenn Sie mehr zurücklegen, können Sie über die Zulage hinaus auch noch steuerliche Vorteile haben. So können Altersvorsorgebeiträge jährlich bis zu 2 100 Euro im Rahmen der Einkommensteuererklärung als Sonderausgaben geltend gemacht werden.
8. **Beantragen Sie die Förderung**
   Der Zulageberechtigte kann den Anbieter des Altersvorsorgevertrags bevollmächtigen, die Zulage automatisch für ihn für jedes Beitragsjahr zu beantragen.

Quelle: Bundesministerium für Arbeit und Soziales, eigene Recherche

8.13.2.4 Betriebliche Altersversorgung

Im Bereich der kapitalgedeckten betrieblichen Altersversorgung wird langfristig in allen fünf Durchführungswegen zur nachgelagerten Besteuerung übergegangen. Dadurch wird die Besteuerung für alle Durchführungswege vereinheitlicht und somit auch vereinfacht. Für Leistungen aus einer Direktversicherung, einer Pensionskasse oder einem Pensionsfonds folgt die nachgelagerte Besteuerung aus § 22 Nr. 5 EStG. Leistungen aus einer Direktzusage oder einer Unterstützungskasse werden wie schon bisher nach § 19 EStG besteuert.

Durch das Betriebsrentenstärkungsgesetz wurde mit Wirkung vom 01.01.2018 das EStG um einen neuen Paragrafen mit der Bezeichnung „Förderbetrag zur betrieblichen Altersversorgung", den § 100, ergänzt. Er lautet in den Absätzen eins bis vier und Absatz fünf wie folgt:

„(1) Arbeitgeber im Sinne des § 38 Absatz 1 dürfen vom Gesamtbetrag der einzubehaltenden Lohnsteuer für jeden Arbeitnehmer mit einem ersten Dienstverhältnis einen Teilbetrag des Arbeitgeberbeitrags zur kapitalgedeckten betrieblichen Altersversorgung (Förderbetrag) entnehmen und bei der nächsten Lohnsteuer-Anmeldung gesondert absetzen. Übersteigt der insgesamt zu gewährende Förderbetrag den Betrag, der insgesamt an Lohnsteuer abzuführen ist, so wird der übersteigende Betrag dem Arbeitgeber auf Antrag von dem Finanzamt, an das die Lohnsteuer abzuführen ist, aus den Einnahmen der Lohnsteuer ersetzt.

(2) Der Förderbetrag beträgt im Kalenderjahr 30 Prozent des zusätzlichen Arbeitgeberbeitrags nach Absatz 3, höchstens 144 Euro. In Fällen, in denen der Arbeitgeber bereits im Jahr 2017 einen zusätzlichen Arbeitgeberbeitrag an einen Pensionsfonds, eine Pensionskasse oder für eine Direktversicherung leistet, ist der jeweilige Förderbetrag auf den Betrag beschränkt, den der Arbeitgeber darüber hinaus leistet.

(3) Voraussetzung für die Inanspruchnahme des Förderbetrags nach den Absätzen 1 und 2 ist, dass

1. der Arbeitslohn des Arbeitnehmers im Lohnzahlungszeitraum, für den der Förderbetrag geltend gemacht wird, im Inland dem Lohnsteuerabzug unterliegt,
2. der Arbeitgeber für den Arbeitnehmer zusätzlich zum ohnehin geschuldeten Arbeitslohn im Kalenderjahr mindestens einen Betrag in Höhe von 240 Euro an einen Pensionsfonds, eine Pensionskasse oder für eine Direktversicherung zahlt,
3. im Zeitpunkt der Beitragsleistung der laufende Arbeitslohn (§ 39b Absatz 2 Satz 1 und 2), der pauschal besteuerte Arbeitslohn (§ 40a Absatz 1 und 3) oder das pauschal besteuerte Arbeitsentgelt (§ 40a Absatz 2 und 2a) nicht mehr beträgt als
   a) 66,67 Euro bei einem täglichen Lohnzahlungszeitraum,
   b) 466,67 Euro bei einem wöchentlichen Lohnzahlungszeitraum,
   c) 2 000 Euro bei einem monatlichen Lohnzahlungszeitraum oder
   d) 24 000 Euro bei einem jährlichen Lohnzahlungszeitraum, 4. sichergestellt ist, dass von den Beiträgen jeweils derselbe prozentuale Anteil zur Deckung der Vertriebskosten herangezogen wird; der Prozentsatz kann angepasst werden, wenn die Kalkulationsgrundlagen geändert werden, darf die ursprüngliche Höhe aber nicht überschreiten.

Für die Inanspruchnahme des Förderbetrags sind die Verhältnisse im Zeitpunkt der Beitragsleistung maßgeblich; spätere Änderungen der Verhältnisse sind unbeachtlich. [...]

(5) Der Arbeitgeberbeitrag im Sinne des Absatzes 3 Satz 1 Nummer 2 ist steuerfrei, soweit er im Kalenderjahr 480 Euro nicht übersteigt. Die Steuerfreistellung des § 3 Nummer 63 bleibt hiervon unberührt."

8.13.2.4.1 Steuerfreiheit nach § 3 Nr. 63 EStG

Zu den steuerfreien Beträgen des Arbeitgebers zu den mittelbaren (externen) Durchführungswegen nach § 3 Nr. 63 S. 1 EStG zählen Pensionsfond, eine Pensionskasse oder für eine Direktversicherung zum Aufbau einer kapitalgedeckten betrieblichen Altersversorgung, bei der eine Auszahlung der zugesagten Alters-, Invaliditäts- oder Hinterbliebenenversorgungsleistung in Form einer Rente oder Auszahlplans, soweit die Beiträge im Kalenderjahr vier Prozent bis 2017 und acht Prozent ab 2018 der Beitragbemessungsgrenze in der Allgemeinen Rentenversicherung nicht übersteigen.

§ 3 Nr. 63 Satz 4 EStG lautet bis Ende 2017 wie folgt: „Aus Anlass der Beendigung des Dienstverhältnisses geleistete Beiträge im Sinne des Satzes 1 sind steuerfrei, soweit sie vier Prozent der Beitragsmessungsgrenze in de allgemeinen Rentenversicherung, vervielfältigt mit der Anzahl der Kalenderjahre, in denen das Dienstverhältnis des Arbeitnehmers zu dem Arbeitgeber bestanden hat, höchstens jedoch zehn Kalenderjahre, nicht übersteigen.“

§ 3 Nr. 63 Satz 4 EStG lautet ab 2018 wie folgt: „Beiträge im Sinne des Satzes 1, die für Kalenderjahre nachgezahlt werden, in denen das erste Dienstverhältnis ruhte und vom Arbeitgeber im Inland kein steuerpflichtiger Arbeitslohn bezogen wurde, sind steuerfrei, soweit sie acht Prozent der Beitragsbemessungsgrenze in der allgemeinen Rentenversicherung, vervielfältigt mit der Anzahl dieser Kalenderjahre, höchstens aber zehn Kalenderjahre, nicht übersteigen.“

Die Einbeziehung der **Direktversicherung** in die Förderung des § 3 Nr. 63 EStG kommt besonders Beschäftigten in kleinen und mittleren Betrieben zugute, für die es keine kollektiven betrieblichen Versorgungsangebote gibt. Gerade bei Kleinbetrieben unter zehn Mitarbeitern fehlen häufig Angebote zur betrieblichen Altersvorsorge. Damit wird sich die betriebliche Altersvorsorge künftig auch in Kleinbetrieben leichter ausbreiten können.

Fortsetzung der Sozialversicherungsfreiheit der Entgeltumwandlung über 2008 hinaus beschlossen

Mit dem Gesetz zur Förderung der betrieblichen Altersversorgung wurde die Sozialversicherungsfreiheit der Entgeltumwandlung in selber Form und Höhe wie bisher unbefristet fortgesetzt.

Gleichzeitig wird das Lebensalter für die Unverfallbarkeit von arbeitgeberfinanzierten Betriebsrentenanwartschaften vom 30. auf das 25. Lebensjahr abgesenkt. Damit sind neue Betriebsrentenanwartschaften bereits ab Vollendung des 25. Lebensjahres unverfallbar.

8.13.2.4.2 Steuerfreiheit nach § 3 Nr. 56 EStG

Für den Bereich der umlagefinanzierten betrieblichen Altersversorgung verblieb es zunächst aus finanziellen Gründen bei der vorgelagerten Besteuerung und der Möglichkeit der Pauschalbesteuerung nach § 40b EStG. Im Rahmen des Jahressteuergesetzes 2007 wurde ein bis 2025 gestreckter stufenweiser Übergang zur nachgelagerten Besteuerung in § 3 Nr. 56 EStG normiert. Die Regelung entspricht im Grundsatz dem § 3 Nr. 63 EStG. Allerdings beträgt die Steuerfreiheit hier zunächst ab 2018 maximal zwei Prozent der Beitragsbemessungsgrenze in der allgemeinen Rentenversicherung Der genannte Höchstbetrag erhöht ab 1. Januar 2020 auf drei Prozent und ab 1. Januar 2025 auf vier Prozent der Beitragsbemessungsgrenze in der allgemeinen Rentenversicherung. Sofern eine Versorgungseinrichtung sowohl kapitalgedeckt als auch umlagefinanziert ist, sind die an sie nach § 3 Nr. 63 EStG steuerfrei gezahlten Beiträge anzurechnen.

8.13.2.4.3 Pauschalbesteuerung

Im Gegenzug zur Einbeziehung in die Steuerfreiheit des § 3 Nr. 63 EStG wurde die Möglichkeit einer Pauschalbesteuerung bei der Direktversicherung und der Pensionskasse mit Kapitaldeckungsverfahren aufgehoben. Aus Vertrauensschutzgründen gilt dies nicht für vor dem 01.01.2005 erteilte Versorgungszusagen (Altverträge).

8.13.2.4.4 Mitnahmemöglichkeit (Portabilität)

Falls zwischen den Beteiligten Einvernehmen besteht, ist eine Mitnahme der Betriebsrentenanwartschaften problemlos möglich. Darüber hinaus haben Beschäftigte ein Recht, das von ihnen beim ehemaligen Arbeitgeber oder bei dessen Versorgungseinrichtung aufgebaute Betriebsrentenkapital zum neuen Arbeitgeber oder dessen Versorgungseinrichtung mitzunehmen. Der Arbeitnehmer kann seine Anwartschaft auch „stehen lassen“.

Bei **Beendigung des Arbeitsverhältnisses** (nicht etwa bei Betriebsübergang oder Wechsel des Durchführungsweges) kann im Einvernehmen der Beteiligten die Betriebsrentenanwartschaft des Arbeitnehmers **weitgehend problemlos** auf den neuen Arbeitgeber übertragen werden oder wenn alle – alter und neuer Arbeitgeber sowie Arbeitnehmer – sich einig sind, kann das für den Arbeitnehmer gebildete Kapital auf den neuen Arbeitgeber übertragen werden. Insbesondere entstehen dem Arbeitnehmer sowohl beim **Wechsel** innerhalb der internen als auch innerhalb der externen Durchführungswege **keine steuerrechtlichen Nachteile**.

Für die Mitnahme unverfallbarer Anwartschaften stehen grundsätzlich zwei Wege zur Verfügung: die Übernahme der Zusage und die Übertragung des Wertes der Anwartschaft.

Die **Übernahme der Zusage** durch den neuen Arbeitgeber führt zu einem Schuldnerwechsel. Diese Übernahme ist nur im Einvernehmen aller Beteiligten möglich. Hierauf hat der Arbeitnehmer **keinen Rechtsanspruch**.

Bei der neuen **Mitnahmemöglichkeit** wird die Anwartschaft beim alten Arbeitgeber in einen bezifferbaren Betrag umgerechnet. Dieser Betrag wird dann in das Versorgungssystem des neuen Arbeitgebers eingestellt. Der Vorteil der neuen **Kapitalübertragungsmöglichkeit** liegt darin, dass der neue Arbeitgeber nicht an die Ausgestaltung der alten Zusage gebunden ist, sondern nur der mitgebrachte Einmalbetrag maßgeblich ist. Durch die Übertragung erlischt die Zusage des alten Arbeitgebers. Die wertgleiche Zusage des neuen Arbeitgebers ist sofort unverfallbar und insolvenzgeschützt.

Die Übertragung ist der Höhe nach unbegrenzt zulässig, wenn die Beteiligten einvernehmlich von dieser Möglichkeit Gebrauch machen wollen.

Bei den **internen Versorgungswegen** entspricht der Übertragungswert dem **Barwert** nach § 2 BetrAVG. Für die Berechnung dieses Barwerts sind die Rechnungsgrundlagen und die anerkannten Regeln der Versicherungsmathematik maßgebend. Der Übertragungswert entspricht bei den **externen Durchführungswegen** dem **„gebildeten Kapital“**.

Bei fondsgebundenen Verträgen ist maßgebend der anteilige Wert der erworbenen Anteile im Zeitpunkt der Übertragung, bei versicherungsförmig durchgeführten Verträgen der Zeitwert der Versicherung ohne Abzüge für beispielsweise Storno-, Übertragungs- und noch nicht getilgte Abschlusskosten. Hier bleiben die Ausführungsbestimmungen abzuwarten, die Einzelheiten über die Ermittlung des Übertragungswertes enthalten werden.

Das **Recht auf Mitnahme** ist aus Vertrauensschutzgründen, aber auch aus Gründen der praktischen Durchführbarkeit auf **Neuzusagen, die seit dem 01.01.2005** erteilt wurden oder werden, begrenzt.

Die betriebsrentenrechtlichen Regelungen werden **steuerlich flankiert.** § 3 Nr. 55 EStG stellt sicher, dass **keine steuerlichen Folgerungen** (keine Lohnsteuer, da kein steuerpflichtiger Zufluss beim Arbeitnehmer) aus der Übertragung gezogen werden, wenn der Arbeitnehmer einen Rechtsanspruch auf Mitnahme der Betriebsrentenanwartschaften hat. Gleiches gilt in den Fällen der einvernehmlichen Übertragung des Betriebsrentenkapitals von einem externen Durchführungsweg auf einen externen Durchführungsweg **sowie** von einem internen Durchführungsweg auf einen anderen internen Durchführungsweg. Die auf dem Übertragungsbetrag beruhenden Versorgungsleistungen gehören zu den Einkünften, zu denen die Leistungen gehören würden, wenn eine Übertragung nicht stattgefunden hätte.

8.13.2.4.5 Schließung von Versorgungslücken

Neben den Neuregelungen zur Portabilität wurde eine weitere bestehende Lücke in der betrieblichen Altersversorgung geschlossen.

Die betriebliche Altersversorgung durch Entgeltumwandlung setzt voraus, dass auch tatsächlich Entgelt gezahlt wird. Während der Elternzeit oder des Krankengeldbezugs ist das jedoch nicht der Fall. Die Regelung stellt sicher, dass hierdurch nicht zwangsläufig Versorgungslücken auftreten müssen. Die Beschäftigten haben in den externen (= mittelbaren) Durchführungswegen das Recht, während dieser Zeiten eigene Beiträge zum Aufbau ihrer Betriebsrentenansprüche zu leisten. Da die Elternzeit immer noch überwiegend von Frauen in Anspruch genommen wird, trägt diese Regelung speziell zur **Verbesserung der Betriebsrentenansprüche** von Frauen bei.

Voraussetzung für die Fortführung mit eigenen Zahlungen ist der Fortbestand des Arbeitsverhältnisses, die Durchführung der betrieblichen Altersversorgung über einen externen Durchführungsweg und das Vorliegen einer Entgeltumwandlungszusage. Die eigenen Zahlungen werden von der Versorgungszusage des Arbeitgebers umfasst.

8.13.2.4.6 Auskunftsanspruch

Als Folgeregelung zur Portabilität und im Vorgriff auf die Umsetzung der Pensionsfonds-Richtlinie ist der Auskunftsanspruch in § 4a BetrAVG anzusehen. Der Anspruch der Beschäftigten auf Mitteilung der voraussichtlichen Altersrente war bereits bisher in § 2 Abs. 6 BetrAVG a. F. enthalten. Neu sind der Auskunftsanspruch bezüglich der Höhe des Übertragungswertes und der daraus resultierenden Altersversorgung. Der Anspruch gilt auch für bestehende Arbeitsverhältnisse. Er besteht jedoch nur bei berechtigtem Interesse und bei ausdrücklichem Auskunftsverlangen. Es besteht also keine laufende Mitteilungspflicht seitens der Arbeitgeber oder der Versorgungsträger.

8.13.2.4.7 Abfindung

Die Abfindung einer Anwartschaft bedarf ab 01.01.2018 der Zustimmung des Arbeitnehmers, wenn dieser nach Beendigung des Arbeitsverhältnisses ein neues Arbeitsverhältnis in einem anderen Mitgliedsstaat der EU begründet und dies innerhalb von drei Monaten nach Beendigung des Arbeitsverhältnisses seinem ehemaligen Arbeitgeber mitteilt. Die Abfindung ist unzulässig, wenn der Arbeitnehmer von seinem Recht auf Übertragung der Anwartschaft Gebrauch macht. Die Anwartschaft ist auf Verlangen des Arbeitnehmers abzufinden, wenn die Beiträge zur gesetzlichen Rentenversicherung erstattet worden sind.

8.13.2.4.8 Rentenanpassung

Der Arbeitgeber ist nach § 16 BetrAVG verpflichtet, alle drei Jahre die Frage einer Anpassung der Betriebsrente – unabhängig vom Durchführungsweg – zu prüfen und darüber nach billigem Ermessen zu entscheiden. Der Begriff des billigen Ermessens gibt dem Arbeitgeber einen gewissen Entscheidungsspielraum. Die Anpassungsprüfverpflichtung entfällt, wenn der Arbeitgeber sich verpflichtet, die laufenden Leistungen jährlich um wenigstens ein Prozent anzupassen.

Bei der Anpassungsentscheidung darf der Arbeitgeber seine eigene wirtschaftliche Lage berücksichtigen und kann die Entscheidung über eine vorzunehmende Anpassung einseitig treffen, ohne mit dem Betriebsrat oder den Pensionären zu verhandeln. Seine Entscheidung und die dafür maßgeblichen Gründe hat er den Pensionären mitzuteilen, die diese gegebenenfalls gerichtlich überprüfen lassen können. Häufig finden sich in Versorgungsordnungen Hinweise über die Ausgestaltung der Anpassung oder der Anpassungsprüfung.

8.13.3 Die 3. Schicht: Kapitalanlageprodukte

8.13.3.1 Kapitallebensversicherung

Das Steuerprivileg für Kapitallebensversicherungen in Form von Sonderausgabenabzug und der Steuerfreiheit der Erträge bei längerer Laufzeit wurde für Verträge abgeschafft, die seit dem Inkrafttreten der Regelung ab 01.01.2005 abgeschlossen wurden. Hierdurch stellt sich die Problematik einer Rückwirkung nicht, da in bestehende Verträge nicht eingegriffen wurde. Die Regelung gilt auch für die fondsgebundene Lebensversicherung.

Die Neuregelung sieht eine Besteuerung des Unterschiedsbetrags zwischen Versicherungsleistung und der Summe der auf sie entrichteten Beiträge (Erträge) vor. Der Anteil des Gesamtbeitrags, der auf die Risikoabsicherung entfällt (beispielsweise für Berufsunfähigkeit), bleibt dabei unberücksichtigt.

Ermittlung des Unterschiedsbetrags:

Versicherungsleistung

./. Beiträge (Gesamtbeiträge abzüglich Beitragsanteil Risikoabsicherung)

= Ertrag, der der Besteuerung unterworfen wird

Für Verträge, die nach dem 62. Lebensjahr (für Vertragsabschlüsse vor 2012 = nach dem 60. Lebensjahr) ausgezahlt werden und deren Laufzeit mindestens zwölf Jahre betragen hat, wird dieser Unterschiedsbetrag zur Hälfte besteuert (vergleichbar dem Halbeinkünfteverfahren). Hierdurch wird eine Gleichbehandlung mit Dividendeneinkünften erreicht.

Für die Besteuerung ist nicht Voraussetzung, dass mindestens ein Beitrag vor dem 01.01.2005 geleistet sein muss. Ebenfalls nicht mehr Voraussetzung ist, dass die Beitragszahlungen mindestens fünf Jahre erfolgt sein müssen und dass der Todesfallschutz mindestens 60 Prozent der Beitragssumme betragen muss. Da laufende Beitragsleistungen nicht mehr erforderlich sind, hat das sogenannte Beitragsdepot oder die Fünf-Plus-Sieben-Police ausgedient.

Der Mindesttodesfallschutz ist für Verträge, die nach dem 31.03.2009 abgeschlossen wurden Voraussetzung für die Steuerbegünstigung. Hiernach sind entsprechende Verträge nur noch begünstigt, wenn sie – neben den bisherigen Voraussetzungen – über die gesamte Laufzeit einen Mindesttodesfallschutz von 50 Prozent vorsehen.

Beispiel

Der Versicherungsnehmer ist verheiratet, das zu versteuernde Einkommen (zvE) beträgt 30 000 €

Auszahlung aus einer Kapitallebensversicherung (KLV) in Höhe von 100 000 €, davon eigene Beiträge (nach Abzug des Risikoanteils) 54 000 €,
= zu versteuernde Erträge daraus somit 46 000 €

Splittingtarif seit 2005

Hätte im Beispielsfall (siehe auch untenstehende Tabelle) der Vertrag eine Laufzeit von mindestens zwölf Jahren und würde die Versicherungsleistung erst nach Vollendung des 60. Lebensjahres (für Vertragsabschlüsse ab 2012 = nach dem 62. Lebensjahr) ausgezahlt, wären 23 000 Euro als Ertrag aus der Lebensversicherung zu versteuern. Würde eine der beiden Voraussetzungen nicht vorliegen, dann wäre der volle Betrag in Höhe von 46 000 Euro zu versteuern.

Wegen der Besteuerung des Unterschiedsbetrags am Laufzeitende werden die während der Laufzeit anfallenden Erträge auch weiterhin nicht besteuert.

Vergleich volle Versteuerung/hälftige Versteuerung			
volle Versteuerung		**hälftige Versteuerung**	
zvE ohne KLV-Erträge	30 000 €	zvE ohne KLV-Erträge	30 000 €
+ Erträge KLV	46 000 €	+ Erträge KLV	23 000 €
zvE	76 000 €	zvE	53 000 €
ESt darauf	17 006 €	ESt darauf	9 440 €
ESt auf 30 000 €	3 084 €	ESt auf 30 000 €	3 084 €
Differenz = ESt auf KLV-Erträge	**13 922 €**	**Differenz = ESt auf KLV-Erträge**	**6 355 €**
Ergebnis		**Einkommensteuervorteil gegenüber voller Versteuerung**	**7 566 €**

Hinzu kommen noch Solidaritätszuschlag und gegebenenfalls Kirchensteuer.
Versicherungsleistungen im Todesfall unterliegen weiterhin nicht der Einkommensteuer. Der Gesetzeswortlaut umfasst die Versicherungsleistung im Erlebensfall und den Rückkauf des Vertrags.

8.13.3.2 Fondsgebundene Lebensversicherung

Die Neuregelung gilt auch für fondsgebundene Lebensversicherungen.

Auch bezüglich der fondsgebundenen Lebensversicherungen gilt für Verträge mit durchgängiger Beitragszahlungsdauer, die nach dem 31.03.2009 abgeschlossen wurden, ein Mindesttodesfallschutz während der gesamten Laufzeit in Höhe von 50 Prozent der Beitragssumme (siehe Kapitallebensversicherung).

8.13.4 Nützliche Informationsquellen

Da für den Vermögensaufbau auch im Rahmen der Altersvorsorge die Nachsteuerrendite entscheidend ist, ist es vorteilhaft, sich mit den Neuregelungen zu beschäftigen.

Geldanlage-Tipp für weitere Infos:

- Homepage des Bundesfinanzministeriums: www.bundesfinanzministerium.de oder www.bmf.bund.de (Fragen und Antworten)
- Homepage des Bundesministeriums für Arbeit und Soziales: www.bms.bund.de
- www.altersvorsorge-macht-schule.de

Außerdem gibt es mehrere Anwendungs- und Einführungsschreiben vom BMF (17.11.2004, 30.01.2008 und 05.02.2008). Sie finden diese als pdf-Datei auf der Homepage des BMF unter „Inhaltsübersicht“ – „Steuern“ – „Steuerarten“, unter „Die aktuellsten Veröffentlichungen zu steuerlichen Themen“.

8.14 Abgeltungsteuer und Altersvorsorge

1. Überblick

Für jeden, der für sein Alter vorsorgen will, ist die steuerliche Behandlung der in Frage kommenden Produkte nützlich. Zwar sollte eine etwaige günstige steuerliche Behandlung niemals im Vordergrund stehen; aber wichtig ist, was am Ende herauskommt, nämlich die Rendite nach Steuern. Dass dies nicht einfach ist und sowohl vom Altersvorsorgesparer als auch vom Altersvorsorgeberater Flexibilität verlangt, zeigen in diesem Bereich die Steueränderungen in den letzten Jahren .

Mit dem Altersvermögensgesetz wurde zum 01.01.2002 mit der Riester-Rente ein staatlich gefördertes Altersvorsorgeprodukt eingeführt, das nachgelagert zu besteuern ist. Das Alterseinkünftegesetz brachte dann zum 01.01.2005 das steuerliche 3-Schichten-Modell und führte bei den Renten aus der gesetzlichen Rentenversicherung zum schrittweisen Übergang zur nachgelagerten Besteuerung, mit einer sogenannten Kohortenbesteuerung unter Berücksichtigung eines Rentenfreibetrags in der Übergangsphase bis 2040. Außerdem wurde mit der Basisrente ein weiteres, steuerlich gefördertes Altersvorsorgeprodukt eingeführt.

Gleichzeitig wurde das langjährige Steuerprivileg der Lebensversicherungen abgeschafft. Seit 2009 änderte sich die „Altersvorsorgelandschaft“ grundlegend – mit Ausnahme der geförderten Altersvorsorgeprodukte. Und diesmal geht es nicht um staatliche Förderung sondern um Einschnitte, beispielsweise durch eine höhere Besteuerung von Dividenden und die grundsätzliche Besteuerung von Veräußerungsgewinnen, unabhängig von der Haltedauer.

Die Änderungen allgemeiner Art und bei ausgewählten Altersvorsorgeprodukten nachfolgend im Überblick:

- Grundsätzlich einheitliche Besteuerung von Erträgen (insbesondere Zinsen und Dividenden), und von Gewinnen aus der Veräußerung privater Kapitalanlagen mit einem einheitlichen Steuersatz von 25 Prozent seit 01.01.2009 (Abgeltungsteuer; zuzüglich Solidaritätszuschlag und soweit zutreffend Kirchensteuer)
- Steuerabzug an der Quelle (inländische Schuldner/Zahlstellen) Mit dem Steuerabzug ist die Einkommensteuer des Gläubigers zukünftig grundsätzlich abgegolten. Der Steuerabzug umfasst auch den Solidaritätszuschlag und die Kirchensteuer. Durch die Abgeltungsteuer ist ein Kontenabruf zur Überprüfung der Kapitaleinkünfte grundsätzlich nicht mehr erforderlich.
  Veranlagungsoption: Steuerpflichtige können zur Veranlagung ihrer Einkünfte aus Kapitalanlagen optieren (beispielsweise, wenn der persönliche Steuersatz unter 25 Prozent liegt). Günstigerprüfung erfolgt durch das Finanzamt!
- Abschaffung des Halbeinkünfteverfahrens für natürliche Personen bei Einkünften im Privatvermögen (§ 3 Nr. 40 EStG)
- Wegfall der sogenannten „Veräußerungsfrist“, das heißt Besteuerung von Gewinnen aus privaten Veräußerungsgeschäften unabhängig von der Haltedauer beim Anleger. Anwendung der Neuregelung grundsätzlich nur für nach dem 31.12.2008 erworbene Kapitalanlagen (Neufälle).
  Ausnahmeregelung bei Zertifikaten: Gewinne aus nach dem 14.03.2007 erworbenen und nach dem 30.06.2009 verkauften Zertifikaten fallen auch unter die neuen Regelungen zur Besteuerung von Veräußerungsgewinnen im Rahmen der Abgeltungsteuer. Besonderheit: Garantiezertifikate gelten steuerlich als Finanzinnovationen. Es gilt das Zuflussprinzip, das heißt, bei Verkauf ab 01.01.2009 = Abgeltungsteuer 25 Prozent.
  Neuregelung gilt nicht für Immobilien. Hier gilt weiterhin die Zehnjahresfrist. (Anhebung der Freigrenze auf 600 Euro) Bei Immobilienfonds sind zwar Veräußerungsgewinne eines nach Einführung der Abgeltungsteuer erworbenen Fondsanteils grundsätzlich steuerpflichtig, jedoch sind darin enthaltene Veräußerungsgewinne des Fonds außerhalb der Zehn-Jahresfrist herauszurechnen und bleiben weiterhin steuerfrei.
- Die Einführung der Abgeltungsteuer führt nicht zu Änderungen bei der:
  - Riester-Rente
  - Basisrente und der
  - betrieblichen Altersversorgung
- Bei der LV (Kapitallebensversicherung, fondsgebundene Lebensversicherung, Kapitalauszahlung bei privater Rentenversicherung mit Kapitalwahlrecht, Kapitalauszahlung bei fondsgebundener Rentenversicherung mit Kapitalwahlrecht) wird zunächst immer die Abgeltungsteuer auf den vollen Unterschiedsbetrag einbehalten. Der hälftige Unterschiedsbetrag (bei mindestens zwölf Jahren Laufzeit und Auszahlung nach Vollendung des 60. Lebensjahres (für Vertragsabschlüsse ab 2012 = nach dem 62. Lebensjahr) kann nur im Rahmen der Veranlagung geltend gemacht werden. Die Steuerbelastung beträgt somit dann effektiv die Hälfte des persönlichen Steuersatzes.

Beispiel:

Vertragsabschluss nach dem 31.12.2004; bei Auszahlung 60. Lebensjahr vollendet; Vertragsdauer = 30 Jahre; monatlicher Beitrag 200 Euro; Kapital am Laufzeitende = 120 000 Euro; persönlicher Steuersatz = 42 Prozent

Kapital am Laufzeitende	120 000 €
eingezahlte Beiträge (30 x 12 x 200 €)	72 000 €
Unterschiedsbetrag	48 000 €
1. Schritt: Steuerabzug an der Quelle:	
Abgeltungsteuer 25 % vom Unterschiedsbetrag, (aus Vereinfachungsgründen ohne Solidaritätszuschlag und ohne Kirchensteuer)	12 000 €
2. Schritt: Einkommensteuerveranlagung:	
hälftiger Unterschiedsbetrag (Auszahlung nach Vollendung des 60.Lebensjahres und Mindestlaufzeit 12 Jahre)	24 000 €
Einkommensteuersatz 42 %	10 080 €
Anrechnung der Abgeltungsteuer	12 000 €
Einkommensteuererstattung (ausschließlich auf diese Einkünfte bezogen) somit	1 920 €

- keine Sonderregelung (Altvertragsregelung vergleichbar Lebensversicherungsregelung bei Vertragsabschluss vor 01.01.2005) für Sparraten ab 2009 bei Fondssparplänen, die vor dem 01.01.2009 begonnen wurden und keine Sonderregelung für Fondssparpläne, deren Laufzeit mindestens 12 Jahre beträgt und nicht vor dem 60 Lebensjahr enden. Bei nicht geförderten Fondssparplänen können die Fondsanteile jederzeit ge- und wieder verkauft werden. Eine tatsächliche Verwendung für die Altersvorsorge ist dabei genauso wenig sichergestellt wie bei einem Sparbuch. Es besteht daher nach Auffassung des BMF keine Rechtfertigung, diese Produkte steuerlich besser zu stellen als andere Kapitalanlageprodukte, bei denen die Altersvorsorge ein Motiv sein kann, aber nicht zwingend sein muss. Diese Begründung gilt allerdings genauso gut für die Lebensversicherung. Auch bei der Lebensversicherung ist die tatsächliche Verwendung für die Altersvorsorge nicht sichergestellt. Dort ergibt sich aber eine steuerliche Besserstellung durch die Besteuerung des hälftigen Unterschiedsbetrags mit dem persönlichen Steuersatz. Selbst beim Spitzensteuersatz liegt die Besteuerung unter der Abgeltungsteuer in Höhe von 25 Prozent. Bei einem Durchschnittsverdiener mit einem Steuersatz von beispielsweise 30 Prozent führt die Besteuerung des hälftigen Unterschiedsbetrags faktisch zu einer Besteuerung mit 15 Prozent; also zehn Prozentpunkte unter dem Abgeltungsteuersatz.
- Bemessungsgrundlage: Bruttoerträge, unter Berücksichtigung des Sparer-Pauschbetrags (zusammengefasster Sparer-Freibetrag und Werbungskosten-Pauschbetrag = 801/1602 Euro). Ein darüber hinausgehender Werbungskostenabzug ist nicht möglich. Freistellungsauftrag und NV-Bescheinigung sind wie bisher möglich.
- Die Verlustverrechnung wird auf die Einkünfte aus Kapitalanlagen (Erträge und Veräußerungsgeschäfte) begrenzt.

Ausnahme: Verluste aus Aktienverkäufen nur mit Gewinnen aus Aktienverkäufen möglich. Beispiel: Verluste aus Aktienfonds sind mit Zinseinkünften verrechenbar; Aktienverluste sind jedoch nicht mit Zinseinkünften verrechenbar, sondern ausschließlich mit Aktiengewinnen.

2. Ausblick

Von der Neuregelung profitieren vor allem Produkte mit Zinseinkünften, so werden beispielsweise Anleiherenditen durch den geringeren Steuerabzug steigen.

Probleme haben thesaurierende Fonds. Hier ist zur Verhinderung einer Doppelbesteuerung beim Verkauf der Anteile ein hoher Verwaltungsaufwand erforderlich.

Auch fondsbasierte Riester- und Basisrente-Produkte profitieren.

Erträge aus Riester-Fondssparplänen, die aus ungeförderten Beiträgen resultieren, werden wie Lebensversicherungen behandelt, das heißt bei Vorliegen der Voraussetzungen (60. Lebensjahr vollendet – für Vertragsabschlüsse ab 2012 = 62. Lebensjahr vollendet –, Mindestlaufzeit 12 Jahre, Vereinbarung eines Mindesttodesfallschutzes bei Vertragsabschlüssen einer Kapitallebensversicherung und einer fondsgebundenen Lebensversicherung seit dem 01.04.2009 in Höhe von mindestens 50 Prozent der Beitragssumme während der gesamten Vertragslaufzeit).

Bei Rentenversicherungen mit Abschluss seit 2005 muss eine bestimmte Rentenhöhe/ ein bestimmter Rentenfaktor garantiert sein. In diesen Fällen erfolgt die Besteuerung mit dem hälftigen Unterschiedsbetrag. Das gilt auch, wenn ausschließlich ungeförderte Beiträge enthalten sind. Daraus ergibt sich ein steuerlicher Vorteil gegenüber einem nicht geförderten Fondssparplan. Riester-Fondssparpläne können so auch für nicht begünstigte Personen attraktiv sein. Nachteil: höhere Kosten und unter Umständen eingeschränkte Fondspalette.

Lebens- und Rentenversicherung (besonders fondsgebundene Policen) profitieren. Der Versicherungsmantel führt seit 2009 wieder (wie vor 2005) zu einer günstigeren Besteuerung gegenüber reinen Fondssparplänen. Nachteile: höhere Kosten durch den Versicherungsmantel und durch Absenkung der Garantiezinsen für Neuverträge ab 2017 auf 0,9 Prozent.

8.15 Schutz des Altersvorsorgevermögens

8.15.1 Allgemeine Schutzvorschriften

Anspruch auf Arbeitslosengeld II hat nur, wer seinen Lebensunterhalt nicht auf andere Weise als durch Arbeitslosengeld II bestreiten kann, das heißt bedürftig ist. Im Rahmen der Bedürftigkeitsprüfung ist das gesamte nach dem Sozialgesetzbuch II (§ 12 Abs. 1 SGB II) verwertbare Vermögen des Arbeitslosen sowie das Vermögen des Partners in der Bedarfsgemeinschaft zu berücksichtigen. Nicht zum verwertbaren Vermögen gehören die Anwartschaften auf eine Betriebsrente sowie die private Riester-Rente und die Basisrente. Bedingung ist jedoch, dass der Inhaber das Altersvorsorgevermögen nicht vorzeitig verwertet. Damit ist auch eine geleistete Einmalzahlung in eine Basisrenten-Versicherung grundsätzlich nach der Einzahlung nicht mehr verwertbar. Allerdings darf eine solche Einmalzahlung keinesfalls zu dem Zweck erfolgen, die Anspruchsvoraussetzung der Hilfebedürftigkeit herbeizuführen.

Es ist derjenige zum Ersatz der deswegen gezahlten Leistungen verpflichtet, der vorsätzlich oder grob fahrlässig und ohne wichtigen Grund die Voraussetzungen für seine Hilfebedürftigkeit herbeigeführt hat (§ 34 Abs. 1 Satz 1 Nr. 1 SGB II). Damit sind zwar bei Vorliegen von Hilfebedürftigkeit unter Umständen Leistungen zu erbringen, die gleichzeitig als Ersatzanspruch geltend gemacht und später zurückgefordert werden können.

Zudem tritt in solchen Fällen nach § 31 Abs. 4 Nr. 1 SGB II eine dreimonatige Absenkung des Arbeitslosengeldes II ein, wenn ein erwerbsfähiger Hilfebedürftiger ohne wichtigen Grund sein Vermögen in der Absicht vermindert hat, die Voraussetzungen für die Gewährung von Arbeitslosengeld II herbeizuführen.

In einem zweiten Schritt sind davon verschiedene Vermögensfreibeträge (§ 12 Abs. 2 SGB II) abzusetzen. Hierfür können neben dem Grundfreibetrag die besonderen Freibeträge in Betracht kommen:

a) Für Barvermögen wird ein Grundfreibetrag bis zu einem Betrag von 150 Euro je Lebensjahr eingeräumt. Er beträgt – für jeden erwerbsfähigen Hilfebedürftigen und seinen Partner – mindestens 3100 Euro und höchstens jeweils 9750 Euro; für jedes minderjährige hilfebedürftige Kind 3100 Euro. Eine weitere Unterscheidung wird für Personen, die vor dem 1. Januar 1958 geboren sind, getroffen (§ 12 Abs. 2 Nr. 1 SGB II).
b) Für notwendige Anschaffungen steht jedem in der Bedarfsgemeinschaft mit dem Hilfebedürftigen Lebenden ein besonderer Freibetrag von insgesamt 750 Euro zu.

Weiterhin kann eine Berücksichtigung als Vermögen ausgeschlossen sein, soweit die Verwertung offensichtlich unwirtschaftlich ist. Dies ist bei einer kapitalbildenden Lebensversicherung dann der Fall, wenn der Rückkaufswert geringer ist als 90 Prozent der eingezahlten Beiträge. Außerdem kann auch hier in Ausnahmefällen die Verwertung ausgeschlossen sein, soweit sie im Einzelfall für den Betroffenen eine besondere Härte darstellen würde.

Ist eine Abfindung gesetzlich ausnahmsweise zulässig und der Arbeitgeber macht hiervon Gebrauch, liegt in dem Zeitpunkt, in welchem dem Bedürftigen das Kapital tatsächlich zufließt, verwertbares Vermögen vor.

Macht der Arbeitnehmer nach seinem Ausscheiden aus dem Betrieb von der Möglichkeit Gebrauch, die Versicherung oder Versorgung mit eigenen Beiträgen fortzuführen, unterliegen die auf diesen Beiträgen beruhenden Anwartschaften nicht mehr der Maßgabe des Betriebsrentengesetzes. Rechtliche Hindernisse, den auf diesen Beiträgen beruhenden Rückkaufswert in Anspruch zu nehmen, bestehen daher nicht.

8.15.2 Pfändungsschutz für Selbständige

Das Gesetz zum Pfändungsschutz der Altersvorsorge ist am 31.03.2007 in Kraft getreten. Damit ist der Weg frei für eine abgesicherte Altersvorsorge Selbständiger. Der Pfändungsschutz für Altersvorsorgeverträge ist deutlich verbessert worden. Künftig sind diese Formen der Altersvorsorge vor dem Vollstreckungszugriff der Gläubiger genauso geschützt wie etwa die Rente oder Pensionen bei abhängig Beschäftigten.

Im Vergleich zu Arbeitseinkommen genossen die Einkünfte Selbständiger zuvor keinen Pfändungsschutz.

Mit § 851c der Zivilprozessordnung (ZPO) dürfen Ansprüche auf Leistungen aus Altersvorsorgeverträgen, die bestimmte Kriterien erfüllen, nur wie Arbeitseinkommen gepfändet werden.

1. Die Leistung darf nur in regelmäßigen Zeitabständen lebenslang und nicht vor Vollendung des 60. Lebensjahrs oder nur bei Eintritt der Berufsunfähigkeit gewährt werden.
2. Über die Ansprüche aus dem Vertrag darf nicht verfügt werden.
3. Die Bestimmung von Dritten als Berechtigte aus dem Vertrag muss ausgeschlossen sein (Ausnahme: Hinterbliebene).
4. Die Zahlung einer Kapitalleistung darf nicht vereinbart werden (Ausnahme: Todesfall). Bei Vorliegen dieser Kriterien steigt die Höhe des pfändungsgeschützten Altersvorsorgevermögens mit dem Alter und beginnt mit Vollendung des 18. Lebensjahrs.

In § 851c Abs. 2 Satz 2 ZPO finden Sie die Rechtsgrundlage über den pfändungsgeschützten Gesamtbetrag.

Werden diese Beträge überschritten, so sind weitere drei Zehntel des übersteigenden Betrags unpfändbar (§ 851c Abs. 2 Satz 3 ZPO). Absolute Obergrenze ist allerdings der dreifache Wert der Beträge in der Tabelle. Beträge, die diesen Wert übersteigen, sind in voller Höhe pfändbar (§ 851c Abs. 2 Satz 4 ZPO).

Beispiel des Schutzvolumens

Altersvorsorgevermögen eines 55-Jährigen Selbstständigen	300000 Euro
Unpfändbarer Betrag	152000 Euro
Übersteigender Betrag	148000 Euro
Grenzwert (3 x 152000 Euro = 456000 Euro) unterschritten[1]	
Zusätzlich geschützt 30 % x 148000 Euro	44400 Euro
Gesamtschutz somit	196400 Euro

8.16 Steuerermäßigung bei Aufwendungen für haushaltsnahe Beschäftigungsverhältnisse, Dienstleistungen und Handwerkerleistungen

Für haushaltsnahe Beschäftigungsverhältnisse („Haushaltshilfen") bis zu 450 Euro im Monat (sogenannte Mini-Jobs) beträgt die Obergrenze der steuerlichen Absetzung 510 Euro jährlich; das sind 20 Prozent der Aufwendungen (Bruttoarbeitslohn) von bis zu 2550 Euro.

Steuerermäßigung bei Aufwendungen für haushaltsnahe Beschäftigungsverhältnisse, Dienstleistungen und Handwerkerleistungen

Art der Leistungserbringung	Rechtsgrundlage	geförderter Aufwand höchstens in Euro pro Jahr	somit Steuerabzug höchstens in Euro pro Jahr
haushaltsnahe Beschäftigungsverhältnisse („Haushaltshilfen") bei geringfügiger Beschäftigung mit bis 450 Euro monatlich (Mini-Jobs)	§ 35a Abs. 1 EStG	20 Prozent von 2550	510
andere haushaltsnahe Beschäftigungsverhältnisse, die keine geringfügige Beschäftigung sind oder haushaltsnahe Dienstleistungen („Haushalts-, Pflege- und Betreuungshilfen") – gilt sinngemäß auch bei Heimunterbringung – (nur Arbeitskosten)	§ 35a Abs. 2 EStG	20 Prozent von 20000	4000
Handwerkerleistungen für Renovierungs-, Erhaltungs- und Modernisierungsmaßnahmen (nur Arbeitskosten)	§ 35a Abs. 3 EStG	20 Prozent von 6000	1200
Summe pro Jahr		**28550**	**5710**

1 Maximaler Schutzbetrag 243200 Euro als 55-Jähriger.

Bei Aufwendungen für andere haushaltsnahe Beschäftigungsverhältnisse oder für Dienstleistungen können bis zu 4 000 Euro pro Jahr direkt von der Steuerschuld abgezogen werden (20 Prozent der Aufwendungen bis 20 000 Euro). Damit werden monatliche Ausgaben in Höhe von bis zu 1 666,67 Euro gefördert.

Die haushaltsnahen Beschäftigungsverhältnisse und Dienstleistungen können in der Europäischen Union oder dem Europäischen Wirtschaftsraum ausgeübt werden.

Die steuerliche Berücksichtigung von Handwerkerleistungen beträgt 1 200 Euro im Jahr, das sind 20 Prozent der Arbeitskosten für Renovierungs-, Erhaltungs- und Modernisierungsmaßnahmen (nur Arbeitskosten) von bis zu 6 000 Euro pro Jahr.

Voraussetzung für die Steuerermäßigung ist, dass der Steuerpflichtige für die Aufwendungen nach § 35a Abs. 2 und 3 EStG eine Rechnung erhalten hat und die Zahlung auf das Konto des Erbringers der haushaltsnahen Dienstleistung, der Handwerkerleistung, der Pflege- oder Betreuungsleistung erfolgt ist (§ 35a Abs. 5 Satz 3 EStG).

Insgesamt lassen sich durch die Teilrückerstattung der Ausgaben für haushaltsnahe Dienstleistungen in Haus und Garten bei einem Auftragsvolumen von 28 550 Euro pro Jahr bis zu 5 710 Euro an Steuern sparen!

8.17 Steuerliche Außenprüfung bei Privatpersonen

In den folgenden Ausführungen wird deutlich, dass es im Interesse von Steuerpflichtigen mit positiven Überschusseinkünften von mehr als 500 000 Euro pro Jahr ist, Steuerunterlagen und Belege in der entsprechenden Form aufzubewahren.

1 Erweiterte Außenprüfungsbefugnisse bei „Spitzenverdienern“
2 Wie wird die Einkunftsgrenze ermittelt?
3 Durchführung der Außenprüfung
- 3.1 Was ist die Begründung der Außenprüfung?
- 3.2 Wie erfährt der Steuerpflichtige Umfang und Beginn der Prüfung?
- 3.3 Ab wann greift die Neuregelung?
- 3.4 Was ist Gegenstand der Außenprüfung?
- 3.5 In welchen Räumen wird die Außenprüfung durchgeführt?

4 Erweiterte Aufbewahrungspflichten
5 Aufbewahrung privater Belege
- 5.1 Aufbewahrung von privaten Belegen durch den Steuerpflichtigen nach Durchführung der Steuerveranlagung
- 5.2 Nachweis von Ausgaben durch ausgedruckte pdf-Dateien

6 Empfehlung für die betroffenen Steuerpflichtigen

1. Erweiterte Außenprüfungsbefugnisse bei „Spitzenverdienern“
Im Steuerhinterziehungsbekämpfungsgesetz vom 29.07.2009 hat der Gesetzgeber neben erweiterten Außenprüfungsbefugnissen bei Spitzenverdienern mit positiven Überschusseinkünften von mehr als 500 000 Euro pro Kalenderjahr korrespondierende Aufbewahrungspflichten für Belege über Einnahmen und Werbungskosten eingeführt (§§ 193 i. V. mit 147a AO).

Mit Wirkung ab dem 25.06.2017 wurde ein neuer Absatz 2 in § 147a AO aufgenommen. Dadurch wurde eine neue Aufbewahrungsverpflichtung für Steuerpflichtige geschaffen, die allein oder zusammen mit nahestehenden Personen im Sinne des § 1 Abs. 2 AStG unmittelbar oder mittelbar einen beherrschenden oder bestimmenden Einfluss auf gesellschaftsrechtliche, finanzielle oder geschäftliche Angelegenheiten einer Drittstaat-Gesellschaft ausüben können. Bei diesen Steuerpflichtgen ist dann auch ohne besondere Begründung eine Außenprüfung möglich.

Neben Einkünften aus nichtselbständiger Arbeit gehören zu den Überschusseinkünften auch Einkünfte aus Kapitalvermögen, aus Vermietung und Verpachtung sowie die sonstigen Einkünfte nach § 22 EStG. Unterhalb des Schwellenwerts von 500 000 Euro ist eine private Außenprüfung nach der unverändert fortgeltenden Rechtslage nur zulässig, wenn eine Prüfung der steuerlich relevanten Verhältnisse im Rahmen des Veranlagungsverfahrens nach Art und Umfang des zu prüfenden Sachverhalts nicht zweckmäßig erscheint.

Ob eine Außenprüfung bei Steuerpflichtigen mit Überschusseinkünften ohne weitere Begründung durchgeführt werden kann, geht – wie bereits angedeutet – einher mit Aufbewahrungspflichten, die ebenso mit Wirkung ab dem Veranlagungszeitraum 2010 eingeführt wurden. Bestanden bislang nur dann steuerliche Aufbewahrungspflichten, wenn für steuerliche Zwecke Bücher zu führen sind, haben nun auch Steuerpflichtige mit Überschusseinkünften von über 500 000 Euro Aufzeichnungen und Unterlagen sechs Jahre aufzubewahren.

Übersicht über die Überschusseinkunftsarten			
Einkünfte aus nichtselbstständiger Arbeit	Einkünfte aus Kapitalvermögen	Einkünfte aus Vermietung und Verpachtung	Sonstige Einkünfte im Sinne des § 22 EStG, wie beispielsweise Rentenzahlungen

In welchen Fällen eine Außenprüfung bei Steuerpflichtigen mit Überschusseinkünften vorgenommen werden kann und welche Pflichten die betroffenen Steuerpflichtigen treffen und wie diese gegebenenfalls vermieden werden können, wird nachstehend behandelt.

2. Wie wird die Einkunftsgrenze ermittelt?
Voraussetzung sowohl für das Bestehen einer Prüfungsbefugnis der Finanzverwaltung als auch für Aufbewahrungspflichten des Steuerpflichtigen ist, dass die Einkunftsgrenze von 500 000 Euro im Kalenderjahr überschritten wird. In einem ersten Schritt sind dazu die Einkünfte der jeweiligen Überschusseinkunftsarten getrennt zu ermitteln, indem die Einnahmen mit den Werbungskosten saldiert werden. In einem zweiten Schritt sind die ermittelten positiven Einkünfte der einzelnen Überschusseinkunftsarten zu addieren. Sofern sich für einzelne Überschusseinkunftsarten negative Einkünfte ergeben – beispielsweise bei den Einkünften aus Vermietung und Verpachtung –, bleiben diese bei der Prüfung des Überschreitens der Einkunftsgrenze von 500 000 Euro außer Betracht.

Beispiel zur Ermittlung der Einkunftsgrenze:

Angenommen, ein Steuerpflichtiger erzielte in 2017 folgende Einkünfte:

- Einkünfte aus nichtselbständiger Arbeit 400 000 Euro
- Einkünfte aus Kapitalvermögen 70 000 Euro
- Einkünfte aus Vermietung und Verpachtung (Immobilie in Aschaffenburg) minus 20 000 Euro
- Einkünfte aus Vermietung und Verpachtung (Immobilie auf Sylt) 31 000 Euro

Lösung:
Obwohl der Steuerpflichtige insgesamt Einkünfte von 481 000 Euro erzielt, ist in 2017 die Einkunftsgrenze von 500 000 Euro überschritten, weil die negativen Einkünfte aus Vermietung und Verpachtung (Immobilie in Aschaffenburg) unberücksichtigt bleiben und lediglich die Summe der positiven Einkünfte relevant ist.

Stichpunkte zur steuerlichen Außenprüfung bei Privatpersonen
Rechtsgrundlage: Steuerhinterziehungsbekämpfungsgesetz vom 29.07.2009
Einkunftsgrenze: Mehr als 500 000 Euro Überschusseinkünfte pro Jahr
Erstmalige Anwendung: Für den Veranlagungszeitraum 2009, beziehungsweise ab dem Veranlagungszeitraum, der dem Jahr folgt, in dem die Einkunftsgrenze von 500 000 Euro erstmals überschritten wurde
Aufbewahrungspflicht für Belege von Einnahmen und Werbungskosten bei positiven Überschusseinkünften von mehr als 500 000 Euro pro Jahr.

Dabei sind die im Veranlagungsverfahren nicht mehr relevanten Einkünfte aus Kapitalvermögen (Abgeltungsteuer) mit in die vorgenannte Einkunftsgrenze einzubeziehen. Wie die Finanzverwaltung diese Einkünfte ermitteln will, ist schwer nachzuvollziehen.

Das Überschreiten der Einkunftsgrenze kann weder durch Saldierung positiver Überschusseinkünfte mit negativen Überschusseinkünften aus derselben Einkunftsart noch aus anderen Überschusseinkunftsarten vermieden werden. Auch kann im Rahmen der Prüfung des Überschreitens der Einkunftsgrenze ein Verlustrücktrag oder ein Verlustvortrag hierfür nicht geltend gemacht werden.

Wird die Grenze von 500 000 Euro voraussichtlich nur geringfügig überschritten (Prognoseentscheidung), kann durch eine zeitliche Verschiebung von Werbungskosten das Überschreiten der Einkunftsgrenze in einem Kalenderjahr unter Umständen verhindert werden.

3. Durchführung der Außenprüfung

3.1 Was ist die Begründung der Außenprüfung?

Zur Durchführung einer Außenprüfung nach § 193 AO ist das Überschreiten der Einkunftsgrenze der einzige Anlass. Einer weiteren Begründung bedarf es bei Privatpersonen nicht. Auch ist es nicht erforderlich, dass beispielsweise ein Anfangsverdacht auf eine leichtfertige Steuerverkürzung oder gar auf eine Steuerhinterziehung vorliegt. Das Bundesministerium der Finanzen hat sich aber dahingehend geäußert, dass eine Außenprüfung nicht ohne jeglichen Anhaltspunkt oder Anlass angeordnet und durchgeführt werden soll. Maßstab für eine Prüfung soll das bestehende Steuerausfallrisiko bleiben, das einzelfallbezogen zu prüfen ist.

3.2 Wie erfährt der Steuerpflichtige Umfang und Beginn der Prüfung?

Nach § 196 AO bestimmt die Finanzbehörde den Umfang der Außenprüfung in einer schriftlich zu erteilenden Prüfungsanordnung mit Rechtsbehelfsbelehrung.

Die Prüfungsanordnung sowie der voraussichtliche Prüfungsbeginn und die Namen der Prüfer sind dem Steuerpflichtigen, bei dem die Außenprüfung durchgeführt werden soll, angemessene Zeit vor Beginn der Prüfung bekannt zu geben, wenn der Prüfungszweck dadurch nicht gefährdet wird (§ 197 AO). Der Steuerpflichtige kann auf die Einhaltung der Frist verzichten. Darüber hinaus soll der Beginn der Außenprüfung auf Antrag des Steuerpflichtigen auf einen anderen Zeitpunkt verlegt werden, wenn dafür wichtige Gründe glaubhaft gemacht werden.

3.3 Ab wann greift die Neuregelung?

Eine Außenprüfung kann erstmals für den Veranlagungszeitraum angeordnet werden, welcher dem Jahr folgt, in dem die Einkunftsgrenze von 500 000 Euro erstmals überschritten wurde. Für den Veranlagungszeitraum 2013 ist eine Außenprüfung demnach zulässig, wenn die Einkunftsgrenze in 2012 überschritten wurde.

Ist die Einkunftsgrenze in einem Kalenderjahr ab 2009 einmal überschritten, bleibt die Befugnis der Finanzverwaltung zur Durchführung einer Außenprüfung solange bestehen, bis in fünf aufeinanderfolgenden Kalenderjahren die positiven Überschusseinkünfte nicht mehr als 500 000 Euro betragen.

3.4 Was ist Gegenstand der Außenprüfung?

Ist die Summe der positiven Überschusseinkünfte eines Steuerpflichtigen mehr als 500 000 Euro, kann die Außenprüfung seiner Überschusseinkünfte vom Finanzamt angeordnet werden. Gegenstand der Außenprüfung sind nur die Überschusseinkünfte (Einnahmen und Werbungskosten). Sonderausgaben und außergewöhnliche Belastungen können hingegen nicht geprüft werden. Übersteigen nur die Überschusseinkünfte eines Ehepartners die Einkunftsgrenze von 500 000 Euro, darf nur eine auf die Einkünfte dieses Ehegatten begrenzte steuerliche Außenprüfung vorgenommen werden.

3.5 In welchen Räumen wird die Außenprüfung durchgeführt?

Hinsichtlich der Durchführung der Außenprüfung gilt, dass die private Wohnung des zu prüfenden Steuerpflichtigen nur mit seiner ausdrücklichen Zustimmung von den Prüfern betreten werden darf. Andernfalls findet die Prüfung in den Räumen des Finanzamts oder bei dem von dem Steuerpflichtigen hinzugezogenen steuerlichen Berater statt.

4. Erweiterte Aufbewahrungspflichten

Zusätzlich zur Ausweitung der Prüfungsbefugnisse der Finanzverwaltung ergeben sich für die in § 147a AO genannten Personen erhöhte Dokumentations- und Mitwirkungspflichten. Übersteigt die Summe der positiven Überschusseinkünfte eines Steuerpflichtigen in einem Kalenderjahr die Grenze von 500 000 Euro, ist der Steuerpflichtige verpflichtet, die den Einnahmen und Werbungskosten zugrunde liegenden Aufzeichnungen und Unterlagen für einen Zeitraum von sechs Jahren aufzubewahren. Aufzeichnungen und Unterlagen, die ausschließlich die private Vermögenssphäre betreffen, sind steuerlich unbeachtlich und werden von den erweiterten Aufbewahrungspflichten nicht betroffen.

Gleiches sollte für im Rahmen der Einkommensteuererklärung nicht erklärte Einnahmen gelten, beispielsweise Einnahmen aus Kapitalvermögen unterhalb des Sparerfreibetrags oder der Werbungskosten, die wegen gesetzlicher Pauschbeträge nicht gesondert berücksichtigt worden sind. Lassen sich die steuerlich relevante und die steuerlich unbeachtliche Vermögenssphäre nicht eindeutig voneinander trennen, beispielsweise weil Bank- oder Kreditkartenkonten eines Steuerpflichtigen für Zahlungen beider Sphären genutzt werden, sind Abgrenzungsschwierigkeiten in Bezug auf den Umfang der Aufbewahrungspflichten nicht auszuschließen. Werden Ehegatten zusammen veranlagt, gilt für die erweiterten Aufbewahrungspflichten – ebenso wie für die Außenprüfung – eine strikte Trennung zwischen den Ehegatten. Lediglich die Aufzeichnungen und Unterlagen des Ehegatten, der die Überschusseinkunftsgrenze von 500 000 Euro überschreitet, sind für einen Zeitraum von sechs Jahren aufzubewahren.

Die Aufbewahrungspflichten sind ab dem Kalenderjahr zu beachten, das auf dasjenige folgt, in dem erstmals positive Überschusseinkünfte von insgesamt mehr als 500 000 Euro erzielt werden. Sobald die Aufbewahrungspflichten für einen Steuerpflichtigen zum Tragen kommen, endet die Verpflichtung erst, wenn in fünf aufeinanderfolgenden Kalenderjahren die Einkunftsgrenze von jährlich 500 000 Euro nicht mehr überschritten wird. Somit sind die Aufbewahrungspflichten mindestens für einen Zeitraum von insgesamt fünf Kalenderjahren zu erfüllen.

5. Aufbewahrung privater Belege

Zur Frage der Aufbewahrung von privaten Belegen durch den Steuerpflichtigen nach Durchführung der Steuerveranlagung hat das Bayerische Landesamt für Steuern in seinem Erlass vom 10.12.2010 – S 0240.1.1–3/3 St 42 – Stellung genommen.

5.1 Aufbewahrung von privaten Belegen durch den Steuerpflichtigen nach Durchführung der Steuerveranlagung

Gemäß § 147 AO sind Unterlagen und Belege aufzubewahren, die Bestandteile einer Buchführungs- oder Aufzeichnungspflicht sind. Zusätzlich besteht nach § 147a AO für Steuerpflichtige mit einer Summe der positiven Einkünfte nach § 2 Absatz 1 Nr. 4 bis 7 EStG (Überschusseinkünfte) von mehr als 500 000 Euro die Verpflichtung zur Aufbewahrung von Aufzeichnungen und Unterlagen, soweit sie diese Einkünfte betreffen. Für Unterlagen über Sachverhalte außerhalb dieser Bereiche, beispielsweise Werbungskosten bei Überschusseinkünften, die nicht unter § 147a AO fallen, Sonderausgaben und außergewöhnliche Belastungen besteht keine entsprechende gesetzliche Verpflichtung.

Darüber hinaus sind auch von Nicht-Unternehmern Rechnungen über umsatzsteuerpflichtige Werklieferungen oder sonstige Leistungen in Zusammenhang mit einem Grundstück für die Dauer von zwei Jahren aufzubewahren. Die Zwei-Jahres-Frist beginnt mit Ablauf des Jahres, in dem die Rechnung ausgestellt worden ist (§ 14b Abs. Absatz 1 Sätze 3 und 5 i. V. m. § 14 Absatz 2 Satz 1 Nr. 1 UStG).

Aus § 90 AO lässt sich nur ableiten, dass der Steuerpflichtige zur Mitwirkung bei der Ermittlung des Sachverhalts verpflichtet ist. Entspricht der Steuerpflichtige der vom Finanzamt erbetenen Belegvorlage (§ 97 AO), ist er im Hinblick auf seiner erfüllte Vorlagepflicht nicht gehalten, die Belege nach ihrer Rückgabe durch das Finanzamt, mit Ausnahme der Belege gemäß § 14b Abs. 1 Satz 5 UStG, weiterhin bereit zu halten. Dies gilt auch, wenn die Steuerfestsetzung unter dem Vorbehalt der Nachprüfung (§ 164 AO) ergeht und der Steuerpflichtige von einer ausreichenden Erfüllung seiner Mitwirkungspflicht ausgehen konnte. In diesem Zusammenhang wird nochmals darauf hingewiesen, dass ein belegmäßiger Nachweis von Aufwendungen vom Steuerpflichtigen nur dann verlangt werden soll, wenn die Angaben und gegebenenfalls Aufstellungen nicht schlüssig und glaubhaft sind.

Die von den Steuerpflichtigen eingereichten Belege aus dem Privatbereich sollen bereits bei der Veranlagung so eingehend geprüft und gewürdigt werden, dass später, beispielsweise bei der abschließenden Prüfung vor Aufhebung des Vorbehalts der Nachprüfung, eine erneute Beleganforderung entbehrlich ist.

In den Fällen, in denen bereits bei einer Vorbehaltsveranlagung eine Belegrückgabe angezeigt ist, jedoch nicht auszuschließen ist, dass in einem späteren Stadium des Verfahrens die Unterlagen benötigt werden (beispielsweise bei der abschließenden Überprüfung, einer betriebsnahen Veranlagung oder Außenprüfung), ist wie folgt zu verfahren: Der Steuerpflichtige ist bei der Belegrückgabe darauf hinzuweisen, dass es im Hinblick auf die weiterhin bestehende Mitwirkungspflicht und Beweislast für ein späteres Verfahren in seinem Interesse ist, die Belege aufzubewahren.

Belege, von denen das Finanzamt annimmt, dass sie später ausnahmsweise noch einmal benötigt werden könnten, sollten entweder zurückbehalten werden oder – wenn der Steuerpflichtige die Belege erkennbar zurückerwartet – in Ablichtung zu den Akten zu nehmen. Bei der Zurückbehaltung von Originalbelegen ist der Steuerpflichtige hiervon zu verständigen.

5.2 Nachweis von Ausgaben durch ausgedruckte pdf-Dateien
Die Anerkennung von Werbungskosten, Sonderausgaben oder außergewöhnlichen Belastungen kann grundsätzlich auch auf der Basis der Glaubhaftmachung durch Vorlage eines

Ausdrucks einer pdf-Datei erfolgen, da hier weder § 147 AO noch § 14 Absatz 3 UStG gelten. Sollten im Einzelfall Zweifel an der Authentizität oder Integrität des Beleges bestehen, bleibt es dem Finanzamt unbenommen, andere Nachweise, beispielsweise eine Bestätigung des Rechnungsabschlusses, zu fordern.

6. Empfehlung für die betroffenen Steuerpflichtigen
Für Steuerpflichtige, die die Einkunftsgrenzen des § 147a AO überschreiten, gelten erhöhte Aufbewahrungs- und Mitwirkungspflichten. Dazu sind Belege aufzubewahren und Dokumentationen zu erstellen. Alle Höhen und Tiefen einer steuerlichen Außenprüfung sind durchzumachen!

Nur im Einzelfall können steuerliche Gestaltungsspielräume genutzt werden, um ein Eingreifen der neuen Regelungen zu verhindern. Wenn das Risiko besteht, dass die auf Privatpersonen ausgeweiteten Aufbewahrungspflichten zu beachten sind, sollte bereits im Vorfeld eine strikte Trennung zwischen steuerlich relevanten Aufzeichnungen und Unterlagen, die der privaten Vermögenssphäre zuzurechnen sind, vorgenommen werden.

Auch sind idealerweise die Unterlagen der Ehegatten getrennt zu führen, indem beispielsweise Bank- und Kreditkartenkonten der Ehegatten auf getrennten Konten gebucht werden. Diese Maßnahme schützt die Privatsphäre der Steuerpflichtigen und stellt sicher, dass Aufzeichnungen und Unterlagen, die nach den gesetzlichen Vorgaben nicht zwingend offenzulegen sind, nicht in eine Außenprüfung einbezogen werden.

9 Steuerstundungsmodelle und vorteilhafte Gestaltungen zur Senkung Ihrer Steuerschuld

„Die Untertanen jagen nach keiner Freiheit als der Steuerfreiheit.“

Jean Paul (1763-1825), deutscher Publizist

In diesem Kapitel werden unter 9.1 steuersparende Kapitalanlagen in Form von sogenannten Steuerstundungsmodellen und Investments nach der Definition des § 15b in Verbindung mit § 52 Abs. 25 EStG dargestellt. Dabei werden beispielsweise Erwerbermodelle und geschlossene Fonds (neu: **Alternative Investmentfonds**), wie Schiffsfonds, besprochen.

Unter Abschnitt 9.2 werden Steuersparmöglichkeiten im Zusammenhang mit Kindern dargestellt. Besonders empfehlen wir unseren Leserinnen und Lesern den Gastbeitrag in Abschnitt 9.3 „Renditesicherung durch Nachfolgeplanung bei Immobilien“.

9.1 Grundüberlegungen für den Investor

Grundsätzlich ist es stets Ziel der Autoren, komplexe Sachverhalte, die meist steuerrechtlich begründet sind, einfach darzustellen. Die Vereinfachung findet allerdings dort ihre Grenzen, wo sie zu Missverständnissen oder gar zu Unklarheit oder Verfälschung führen kann. Wir bitten deshalb um Verständnis, wenn, wo notwendig, das „Fachchinesisch“ durchscheint.

Die Grundüberlegung sogenannter steuersparender Kapitalanlagen basierte ursprünglich auf einer möglichst großen Steuerersparnis. Dabei konnten Verlustzuweisungen problemlos mit positiven Einkünften verrechnet werden (Verlustzuweisungsmodelle). Doch inzwischen wurde sowohl durch Gesetzesänderungen als auch durch geänderte Rechtsprechung die steuerliche Berücksichtigung solcher Verluste schrittweise zunehmend eingeschränkt.

Doch bevor eine Entscheidung (nur) unter steuerlichen Gesichtspunkten getroffen wird, sollte die wirtschaftlich nachhaltige Sinnhaftigkeit geprüft werden, denn es handelt sich grundsätzlich um längerfristige und meist größervolumige Investments, deren Risiken im Voraus schwer abzuschätzen sind. Ein großer Teil der in diesem Abschnitt beschriebenen Modelle werden in Form von geschlossenen Fonds (neu: Alternative Investmentfonds) platziert.

Vor dem Hintergrund der vielfältigen Skandale des zuvor nur eingeschränkt regulierten Grauen Kapitalmarkts, wie Wölbern Invest, Infinius, S&K und und vor allem des Betreibers von erneuerbaren Energien und Windkraftanlagen, Prokon, und zuletzt German Pellets, um nur einige zu nennen, hat der Gesetzgeber die Vorschriften das Kleinanlegerschutzgesetz vom 3. Juli 2015 verschärft (BGBl. I 2015, S. 1114), zuletzt geändert durch Art. 23 des Zweiten Gesetzes zur Novellierung von Finanzmarktvorschriften auf Grund europäischer Rechtsakte vom 23.06.2017 (BGBl. I S. 1693, 1817). Deswegen wird das Gesetz auch gelegentlich als „Lex Prokon“ bezeichnet.

Seit 1. Januar 2016 sind durch Artikel 13 Abs. 1 Kleinanlegerschutzgesetz Neuregelungen zu den Angebotsbedingungen eingeführt worden.

Nach Artikel 13 des Kleinanlegerschutzgesetzes müssen die Anbieter in ihren Verkaufsprospekt und das Vermögensanlagen-Informationsblatt Informationen darüber aufnehmen, für welche Anleger und für welchen Zielmarkt die angebotene Anlage geeignet ist.

Kernpunkte des „Aktionsplans für mehr Verbraucherschutz im Finanzmarkt“
Die Finanzaufsicht BaFin wurde mit weiteren Kompetenzen ausgestattet: So wurde die BaFin ermächtigt, Vertriebsverbote auszusprechen. Werden Anordnungen der BaFin nicht befolgt, darf die BaFin Warnungen herausgeben. Anbieter von Produkten des grauen Kapitalmarkts sollen die Fälligkeit von bereits begebenen, noch laufenden Vermögensanlagen mitteilen, um dem Anschein einer nicht vorhandenen wirtschaftlichen Betätigung und einem (unzulässigen) Schneeballsystem vorzubeugen.

Geschlossene Fonds (neu: Alternative Investmentfonds) unterlagen in der Vergangenheit keiner spezififschen Investmentaufsicht. Ihre Struktur war daher im Wesentlichen steuer- und gesellschaftsrechtlich geprägt.

Deshalb bietet das Vermögensanlagengesetz (VermAnlG) eine wichtige und längst fällige Verbesserung des Investorenschutzes, zumindest was öffentliche Angebote betrifft.

Nachstehend die wichtigsten Änderungen durch das Kleinanlegerschutzgesetz im VermAnlG:

1. Transparenz der Vermögensanlage muss gegeben sein.
2. bessere Einschätzbarkeit der Erfolgsaussichten von Vermögensanlagen
3. umfangreiche Regelungen für die Anlageformen partiarische Darlehen, Nachrangdarlehen, Direktinvestments in Sachgüter wie Containererwerb, Rohstoffe mit Verzinsung und Rückkauf
4. Regulierung von Vermögensanlagen die über ein öffentliches Angebot eine unbegrenzte Anzahl Investoren ansprechen
5. Ausschluss von Aktien, Anleihen und offenen Investmentfonds im VermAnlG
6. Mindestlaufzeit 24 Monate
7. Kündigungsfrist 6 Monate
8. Erweiterte Pflichtinhalte des Verkaufsprospekts
9. Anlagegrenze 10000 Euro für Privatinvestoren
10. Nachweis über frei verfügbares Vermögen von mindestens 100000 Euro ab 1000 Euro Anlagebetrag
11. Vertriebsregulierung und Vertriebserlaubnisse
12. Legitimierung nach dem Geldwäschegesetz
13. Bereichsausnahmen bei nicht mehr als 20 Investoren

Verschärfte Schutzvorschriften durch das Vermögensanlagengesetz nach seiner Novellierung durch das Kleinanlegerschutzgesetz

Durch das Vermögensanlagengesetz sollen Verbraucherrechte auch gegenüber Anbietern und Vertreibern sogenannter Graumarktprodukte gestärkt werden. Vermögensanlagen nach § 1 VermAnlG sind nicht in Wertpapieren verbriefte und nicht in Anteile an Investmentvermögen ausgestaltete Anteile, die eine Beteiligung am Ergebnis eines Unternehmens oder an Treuhandvermögen gewähren, partiarische (gewinnabhängige) Darlehen, Nachrangdarlehen, Genussrechte und Namensschuldverschreibungen. Die Kategorie Graumarktprodukte umfasst bislang kaum beaufsichtigte Vermögensanlagen wie Beteiligungen in geschlossenen Immobilienfonds, Schiffsfonds oder Medienfonds, oftmals in Rechtsform einer Kommanditgesellschaft. Anleger können von den Anbietern nunmehr einen von der Bundesanstalt für Finanzdienstleistungsaufsicht (BaFin) auf Vollständigkeit, Kohärenz und Widerspruchsfreiheit geprüften Verkaufsprospekt verlangen. Der Verkaufsprospekt muss alle Angaben enthalten, die für eine Beurteilung des Emittenten und der Vermögensanlage erforderlich sind. Dazu gehören auch Informationen zur Zuverlässigkeit des Emittenten. Pflicht ist ebenfalls ein Vermögensanlagen-Informationsblatt (VIB), das auf bis zu drei DIN-A4-Seiten kompakt Chancen und Risiken einer Vermögensanlage erläutert und einen Warnhinweis enthalten muss, den der Anleger durch seine Unterschrift bestätigen muss. Eine vergleichbare Regelung gibt es bei den schon regulierten offenen Investmentvermögen. Unabhängig von ihrer Größe sind Emittenten von Vermögensanlagen zukünftig auch verpflichtet, einen Jahresabschluss zu erstellen und prüfen zu lassen.

Künftig gilt hier eine einheitliche Verjährungsfrist bei der Prospekthaftung von drei Jahren. Außerdem werden die Voraussetzungen für eine Haftung für fehlerhafte oder fehlende Verkaufsprospekte für Vermögensanlagen erleichtert.

Die in dem Gesetz geregelten Anforderungen für Finanzanlagenvermittler umfassen Zulassungserfordernis, Sachkundeprüfung, Pflicht zur Berufshaftpflichtversicherung und die Registrierung in einem öffentlichen Register.

Weitere Informationen zum KlAnSG finden Sie im Abschnitt 3.11.1.4.

Im Abschnitt zwei des VermAnlG (§§ 6–22) werden detailliert die erforderlichen Inhalte der Verkaufsprospekte, wie sachliche und rechtliche Verhältnisse, die für die Beurteilung der Angebote notwendig sind, sowie Angaben über Personen und Gesellschaften, die für den Verkaufsprospekt Verantwortung übernehmen, dargestellt.

Vier wichtige Vorschriften verbessern den Verbraucherschutz:

1. Pflicht zur Veröffentlichung eines Verkaufsprospekts
2. Pflicht zur Erstellung eines Vermögensanlagen-Informationsblatts
3. Befugnisse der BaFin
4. Haftungsvorschriften

Der Verkaufsprospekt muss nach § 7 VermAnlG besonders beinhalten:

- Angaben zu den Prospekt-Verantwortlichen
- Beschreibung der Vermögensanlagen, die Anlageziele und die Anlagepolitik
- Angaben über die Gesellschaft
- Angaben zum Emittenten
- Angaben zu den Geschäftsaussichten des Emittenten der Vermögensanlagen und seine Geschäftsführungs- und Aufsichtsorgane und
- die beizufügenden Unterlagen.

... und zusätzlich nach dem Kleinanlegerschutzgesetz:

- den Zielmarkt
- erweiterte Pflichtangaben zur Vermögens-, Finanz- und Ertragslage des Emittenten
- die Anleger-Zielgruppe
- den Anlagehorizont
- mögliche Verluste.

Der Verkaufsprospekt ist vor seiner Veröffentlichung bei der BaFin zu hinterlegen. Die- se prüft den Prospekt auf Vollständigkeit. Doch es obliegt dem Investor, den Prospekt sorgfältig zu lesen. So entschied der BGH im Jahr 2014 im Fall einer Beteiligung an einem geschlossenen Immobilienfonds, dass ein Anleger – zumal es sich in diesem Fall um einen Investitionsbetrag in Höhe von 40 000 D-Mark handelte und die zur Prüfung anstehenden Punkte nicht zu beanstanden waren – den Prospekt aufmerksam zu lesen und zu analysieren hat. Die Klage gegen den Anlageberater wurde vom BGH höchstrichterlich abgewiesen (Az. III ZR 293/12).

Das Vermögensanlagen-Informationsblatt muss nach § 13 VermAnlG insbesondere folgende Informationen enthalten:

- Art der Vermögensanlagen, Anlagestrategie, Anlagepolitik, Anlageobjekte
- Risiken
- Aussichten für Rückzahlung und Erträge
- Kosten und Provisionen
- zusätzliche Angaben wie Hinweis auf den Verkaufsprospekt und Identität des Anbieters

Aus nachstehender Übersicht wird deutlich, dass es sich bei geschlossenen Fonds (neu: Alternative Investmentfonds) ebenso wie bei Spezialfonds im Sinne des stets um Alternative Investmentfonds handelt. Die Anforderungen des KAGB gelten sowohl für Verwalter offener als auch geschlossener Fonds. So müssen die Verwalter geschlossener Fonds jetzt auch gesetzlichen Vorgaben folgen, die bisher nur für offene Fonds galten.

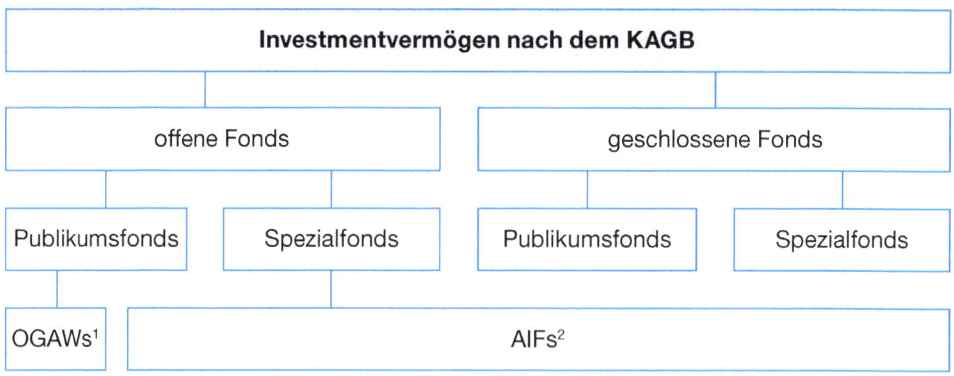

1 Organismen für gemeinsame Anlagen in Wertpapieren gemäß EU-Richtlinien 1985 und 2009 (Investmentvermögen/offene Publikumsfonds betreffend)

2 Alternative Investmentfonds (die keine OGAWs sind)

9.1.1 Steuerstundungsmodelle und Investments im Sinne von § 15b EStG

Mit der Einführung des § 15b EStG in Verbindung mit § 52 Abs. 25 EStG hat der Gesetzgeber bereits mit Wirkung vom 11.11.2005 die steuerliche Behandlung negativer Einkünfte aus Steuerstundungsmodellen grundsätzlich neu geregelt. Dazu nachstehende Anwendungs- und Übergangsregelungen:

Voraussetzung für das Vorliegen einer Einkunftserzielungsabsicht
Generell setzt die Anwendung des § 15b EStG eine einkommensteuerlich relevante Tätigkeit voraus. Vom Finanzamt wird daher vorab geprüft, ob eine Einkunftserzielungsabsicht vorliegt. Nach der Grundsatzentscheidung des BFH vom 12.12.1995 in BStBl 1996 II S. 219 sowie dem BMF-Schreiben vom 08.10.2004 in BStBl I S. 933 (zu den Einkünften aus Vermietung und Verpachtung) ist die Gewinn- bzw. Überschusserzielungsabsicht Voraussetzung für die Absetzbarkeit von Verlusten. Das bedeutet, dass zumindest auf längere Sicht, beispielsweise aus der Vermietung einer Immobilie, ein Überschuss erzielbar sein muss.

Folgende **Rechtsgrundsätze** sind dabei von Bedeutung: Bei einer Dauervermietung von Gebäuden wird die Einkunftserzielungsabsicht von der Finanzverwaltung in der Form unterstellt, dass über einen Prognosezeitraum von 30 Jahren ein Totalüberschuss (Überschussprognose) glaubhaft gemacht werden muss (Prognoserechnung). Dies gilt auch für vermietete Ferienwohnungen (BFH vom 21.11.2000 in BStBl 2001 II S. 705 sowie vom 05.11.2002 in BStBl 2003 II S. 914).

Für die **Prognose** ist nicht auf die Dauer der Nutzungsmöglichkeit des Gebäudes, beispielsweise eines Bürogebäudes, sondern auf die voraussichtliche Dauer der Nutzung durch den Nutzenden und soweit zutreffend, seiner Nachfolger abzustellen (BFH vom 09.07.2003 in BStBl II S. 940). Hierbei ist von den Ergebnissen auszugehen, die sich nach einkommensteuerlichen Vorschriften voraussichtlich ergeben werden. Die Einkunftserzielungsabsicht ist für jede Einkunftsart gesondert zu ermitteln.

Gewinne aus **privaten Veräußerungsgeschäften** sind nicht in die auf eine Vermietungstätigkeit bezogene Prognose einzubeziehen, unabhängig davon, ob und gegebenenfalls in welcher Höhe sie nach § 23 Abs. 1 Satz 1 Nr. 1 EStG (zehnjährige Haltefrist) der Besteuerung unterliegen.

Keine Anwendung des § 15b EStG auf Existenz- und Firmengründer
Auf Anlaufverluste von Existenz- und Firmengründern ist der § 15b EStG nicht anzuwenden.

Für geschlossene Fonds (nun: Alternative Investmentfonds) und Anleger im Rahmen von Gesamtobjekten sind die BMF-Schreiben vom 20.10.2003 (BStBl I S. 546, sogenannter Fondserlass), vom 23.02.2001 (BStBl I S. 175), geändert durch BMF-Schreiben vom 05.08.2003 (BStBl I S. 406, sogenannter Medienerlass) und vom 13.07.1992 (BStBl I S. 404) unter Berücksichtigung der Änderungen durch das BMF-Schreiben vom 28.06.1994 (BStBl I S. 420, sogenannter Verfahrenserlass) weiterhin anzuwenden.

Nach § 15b Abs. 1 EStG dürfen Verluste im Zusammenhang mit Steuerstundungsmodellen weder mit Einkünften aus Gewerbebetrieb noch mit den übrigen Einkünften im Jahr der Verlustentstehung, sondern lediglich mit Gewinnen aus späteren Veranlagungszeiträumen aus derselben Einkunftsquelle verrechnet werden, wenn die prognostizierten Verluste mehr als zehn Prozent des gezeichneten und aufzubringenden oder eingesetzten Kapitals betragen. § 15a EStG (Verluste bei beschränkter Haftung) ist insoweit nicht anwendbar. Ein Verlustabzug nach 10d EStG ist ausgeschlossen. Näheres steht im BMF-Anwendungsschreiben vom 17.07.2007 in BStBl I S. 542.

§ 15b EStG findet Anwendung bei den Einkünften aus Gewerbebetrieb (§ 15 EStG), Land- und Forstwirtschaft (§ 13 EStG), selbstständiger Arbeit (§ 18 EStG), Kapitalvermögen (§ 20 EStG), Vermietung und Verpachtung (§ 21 EStG) und bei den sonstigen Einkünften im Sinne von § 22 Nr. 1 Satz 1 EStG. Bei den Einkünften aus Kapitalvermögen hat diese Regelung aufgrund der Abgeltungsteuer grundsätzlich keine Bedeutung mehr.

Definition des Steuerstundungsmodells:

Ein Steuerstundungsmodell liegt vor, wenn aufgrund einer modellhaften Gestaltung steuerliche Vorteile in Form negativer Einkünfte erzielt werden sollen. (§ 15b Abs. 2 Satz 1 EStG). Dies soll erreicht werden durch:

Beteiligung an einer Gesellschaft oder Gemeinschaft, typischerweise an einem geschlossenen Fonds (nun: Alternative Investmentfonds) in der Rechtsform einer Personengesellschaft (auch wenn eine Einflussnahme auf die Vertragsgestaltung möglich ist).

Hierzu gehören besonders:

- Medienfonds
- Gamefonds
- New Energy Fonds
- Lebensversicherungs-Zweitmarktfonds
- geschlossene Immobilienfonds

Beteiligung an einem Gesamtobjekt im Sinne des BMF-Schreibens vom 13.07.1992, sofern in der Anfangsphase einkommensteuerlich relevante Verluste erzielt werden:

Hierzu gehören besonders:

- Bauherrenmodelle
- Erwerbermodelle
- Bauträgermodelle
- Sanierungsmodelle

modellhafte Anlage- und Investitionstätigkeiten einzelner Steuerpflichtiger außerhalb einer Gesellschaft oder Gemeinschaft, beispielsweise die mit einem Darlehen gekoppelte Lebens- und Rentenversicherung gegen Einmalbetrag

Was ist eine modellhafte Gestaltung im Sinne des § 15b Abs. 2 Satz 1 und 2 EStG?
Eine modellhafte Gestaltung im Sinne dieser Vorschrift liegt vor, wenn folgende Kriterien gegeben sind:

- ein vorgefertigtes Konzept
- gleichgerichtete Leistungsbeziehungen, die im Wesentlichen identisch sind
- steuerliche Vorteile in Form negativer Einkünfte.

Für die Modellhaftigkeit typisch ist die Bereitstellung eines **Bündels an Haupt-, Zusatz- und Nebenleistungen.** Diese führen dann zur Modellhaftigkeit eines Vertragswerkes, wenn sie es nach dem zugrunde liegenden Konzept ermöglichen, den sofort abziehbaren Aufwand zu erhöhen. In Betracht kommen dafür alle in dem oben genannten BMF-Schreiben vom 20.10.2003 (BStBl I S. 546) beschriebenen Aufwendungen.

Das Vorhandensein eines **vorgefertigten Konzepts** soll hierbei steuerliche Vorteile aufgrund negativer Einkünfte ermöglichen. Typischerweise wird das Konzept mittels eines Anlegerprospektes oder in vergleichbarer Form wie Katalog, Verkaufsunterlagen oder Beratungsbögen vermarktet. Auch sogenannte Blindpools haben typischerweise ein solches vorgefertigtes Konzept. Hierbei handelt es sich um Gesellschaften oder Gemeinschaften, bei denen zum Zeitpunkt des Beitritts der Anleger das konkrete Investitionsobjekt noch nicht bestimmt ist. Nur wenn der Anleger die einzelnen Leistungen und Zusatzleistungen sowie deren Ausgestaltung vorgibt, ist kein vorgefertigtes Konzept gegeben.

Gleichgerichtete Leistungsbeziehungen liegen vor, wenn gleichartige Verträge mit mehreren identischen Vertragsparteien abgeschlossen werden, beispielsweise mit demselben Treuhänder, demselben Vermittler/und/oder derselben Finanzierungsbank. Werden Zusatz- und Nebenleistungen, die den Steuerstundungseffekt ermöglichen sollen, unmittelbar vom Modellinitiator angeboten, kann dies ebenfalls zur Anwendung des § 15b EStG führen.

§ 15b EStG ist nur anzuwenden, wenn **steuerliche Vorteile** in Form von negativen Einkünften erzielt werden sollen. So findet diese Vorschrift bei vermögensverwaltenden Venture-Capital- und Private-Equity-Fonds regelmäßig keine Anwendung, weil bei diesen die Erzielung nicht steuerbarer Veräußerungsgewinne im Vordergrund steht und die Erzielung negativer Einkünfte grundsätzlich nicht Gegenstand des Fondskonzepts ist.

Begriff der Einkunftsquelle sowie Bestimmung der prognostizierten Verluste für die Berechnung der Zehn-Prozent-Grenze
Unter Einkunftsquelle ist die Beteiligung am jeweiligen Steuerstundungsmodell zu verstehen.

Die drei möglichen Formen der Beteiligung an einem Steuerstundungsmodell

modellhafte Einzelinvestition einschließlich in stille Beteiligungen: **Jede Investition stellt eine Einkunftsquelle dar.**	Investition in eine Gesellschaft oder Gemeinschaft: **Einkunftsquelle ist der Mitunternehmeranteil.**	Investition in vermögensverwaltende Personengesellschaften: **Einkunftsquelle stellt neben der Beteiligung** an der Gesellschaft **Sondereinnahmen und Sonderwerbungskosten dar.**

Hand**elt es sich bei dem** Steuerstundungsmodell um eine modellhafte Einzelinvestition, stellt die Einzelinvestition die Einkunftsquelle dar. Tätigt der Steuerpflichtige mehrere gleichartige Einzelinvestitionen, stellt, jede für sich betrachtet, eine Einkunftsquelle dar. Dies gilt grundsätzlich auch für stille Beteiligungen.

Handelt es sich bei dem **Steuerstundungsmodell um eine Gesellschaft oder Gemeinschaft in der Rechtsform einer gewerblich tätigen oder gewerblich geprägten Personengesellschaft (GmbH & Co. KG), bildet der Mitunternehmeranteil (Gesamthands- und Sonderbetriebsvermögen) die Einkunftsquelle.**

Bei vermögensverwaltenden (also nicht gewerblichen) Personengesellschaften sind für die Bestimmung der Einkunftsquelle, neben der Beteiligung an der Personengesellschaft, die Sondereinnahmen und Sonderwerbungskosten der einzelnen Gesellschafter einzubeziehen. Erzielt der Anleger aus einer solchen Gesellschaft oder Gemeinschaft nebeneinander Einkünfte aus verschiedenen Einkunftsarten (beispielsweise Einkünfte aus Kapitalvermögen nach § 20 EStG und Einkünfte aus Vermietung und Verpachtung nach § 21 EStG), handelt es sich für Zwecke des § 15b EStG dennoch nur um eine Einkunftsquelle.

Die **Verlustverrechnung** ist nur zu beschränken, wenn bei Gesellschaften oder Gemeinschaften innerhalb der Anfangsphase die Summe der prognostizierten Verluste zehn Prozent des gezeichneten und nach dem Konzept auch aufzubringenden Kapitals übersteigen. Bei Einzelinvestoren führen konzeptbedingte Verluste von mehr als zehn Prozent des eingesetzten Eigenkapitals zur Anwendung des § 15b EStG. Unter Anfangsphase ist hierbei der Zeitraum zu verstehen, in dem nach dem zugrunde liegenden Konzept nicht nachhaltig positive Einkünfte erzielt werden. Dieser Zeitraum ist im Regelfall identisch mit der Verlustphase. Die Anfangsphase endet, wenn nach der Prognoserechnung des Konzepts ab einem bestimmten Veranlagungszeitraum dauerhaft und nachhaltig positive Einkünfte erzielt werden.

Maßgeblich für die **Berechnung der Zehn-Prozent-Grenze** sind wie gesagt die prognostizierten Verluste, nicht jedoch die letztlich tatsächlich erzielten Verluste. Dies bedeutet, dass Aufwendungen wie zum Beispiel für die Erhaltung des Gebäudes, die im Zeitpunkt der Prognose nicht vorhersehbar sind, nicht in die Berechnung einzubeziehen sind.

Bei einer Beteiligung an einer Gesellschaft ist das sogenannte gezeichnete Eigenkapital, welches die Beteiligungssumme am Gesellschaftskapital darstellt, zugleich auch das aufzubringende Kapital. Als Ausschüttungen gestaltete planmäßige Eigenkapitalrückzahlungen sind für Zwecke der Berechnung der Zehn-Prozent-Grenze vom gezeichneten Eigenkapital abzuziehen, soweit sie die aus dem normalen Geschäftsbetrieb planmäßig erwirtschafteten Liquiditätsüberschüsse übersteigen.

Soweit ein solches aufzubringendes Kapital in Teilbeträgen zu leisten ist (beispielsweise bei Zahlungen nach dem Baufortschritt eines Gebäudes oder dem Fortschritt der Dreharbeiten eines Films), ist die Summe der geleisteten Teilbeträge zugrunde zu legen, soweit diese in der Anfangsphase zu leisten sind. Gleiches gilt für Nachschüsse, wenn diese bereits bei Begründung der Einkunftsquelle feststehen und in der Anfangsphase zu leisten sind.

Wird ein Teil des aufzubringenden Kapitals modellhaft fremdfinanziert, ist das maßgebende Kapital um die Fremdfinanzierung zu kürzen. Dabei ist es unerheblich, ob die Fremdfinanzierung auf der Ebene der Gesellschaft vorgenommen wird oder der Gesellschafter seine Einlage modellhaft finanziert.

Behandlung von Sonderbetriebsvermögen und Sondervermögen sowie Umfang der Verlustverrechnungsbeschränkung

Sind modellhaft Sonderbetriebsausgaben oder Sonderwerbungskosten (zum Beispiel bei modellhafter Finanzierung der Einlage) vorgesehen, so ist das Sonderbetriebsvermögen oder Sondervermögen Bestandteil des Steuerstundungsmodells. Sonderbetriebsausgaben oder Sonderwerbungskosten hieraus sind demnach auch Bestandteil der prognostizierten Verluste und sind bei der Berechnung der Verlustgrenze einzubeziehen.

Beispiel

Anleger A beteiligt sich an einem Windkraftfonds mit 100 000 €.

Das Konzept sieht eine 20-prozentige Finanzierung der Einlage vor.

Die restlichen 80 000 € erbringt A aus seinem Privatvermögen.

Die Verluste aus dem Gesamthandsvermögen betragen in der Anfangsphase 7 500 €, die modellhaften Zinsen für die Fremdfinanzierung (Sonderbetriebsausgaben) 1 500 €.

Der steuerliche Verlust des A beträgt insgesamt 9 000 € und liegt damit oberhalb von zehn Prozent der aufzubringenden Einlage (80 000 €).

Ergebnis: Die Verlustverrechnungsbeschränkung des § 15b EStG ist anzuwenden.

Findet § 15b EStG dem Grunde nach Anwendung, erstreckt sich die Verlustverrechnungsbeschränkung auf sämtliche Verluste aus diesem Steuerstundungsmodell (Gesamthands- und Sondervermögen). Auch nicht modellhafte Sonderbetriebsausgaben oder Sonderwerbungskosten und nicht prognostizierte Aufwendungen, beispielsweise bei unerwartetem Erhaltungsaufwand, unterliegen demnach der Verlustverrechnungsbeschränkung. Dies wäre im obigen Beispiel der Fall, wenn A die restlichen 80 000 Euro individuell über seine „Hausbank" finanziert hätte.

Beispiel

A beteiligt sich modellhaft an einem solchen Fonds mit einer Einlage von 100 000 €, die er zu 80 Prozent bei seiner „Hausbank" fremdfinanziert (keine modellhafte Fremdfinanzierung). Die prognostizierten Verluste betragen 100 000 €. Aufgrund unvorhersehbarer Ereignisse steigen die Produktionskosten für den Film um 20 Prozent, so dass A einen Verlust aus dem Gesamthandsvermögen von 120 000 € erzielt. Daneben hat A in der Verlustphase für die Finanzierung Zinsen in Höhe von 15 000 € zu bezahlen.

Ergebnis: Der Gesamtverlust aus der Beteiligung beträgt 135 000 €. Dieser unterliegt in voller Höhe der Verlustverrechnungsbeschränkung.

Trotz der gravierenden Einschnitte bei der steuerlichen Behandlung und unabhängig von der wirtschaftlichen Sinnhaftigkeit werden im Folgenden auch im Hinblick auf die zivilrechtliche Ausgestaltung die einzelnen Anlageformen dargestellt. Zunächst der Überblick:

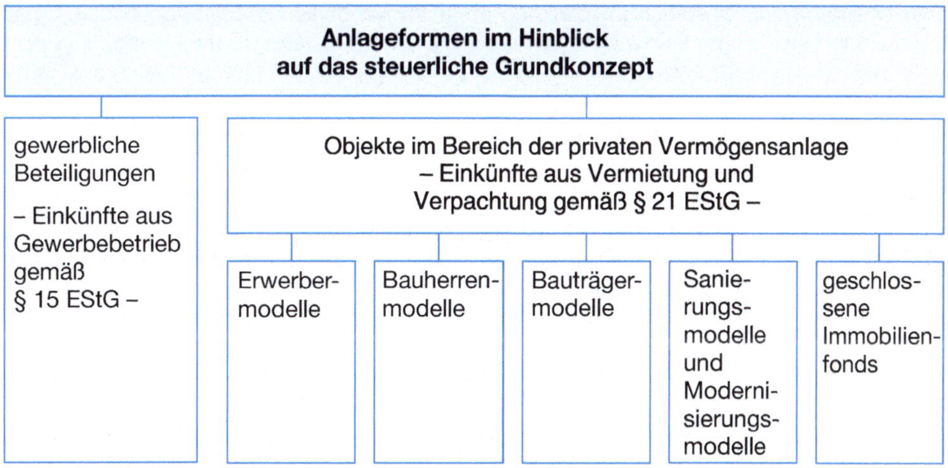

9.1.2 Objekte im Bereich der privaten Vermögensanlage

Bei den sogenannten Objekten im Bereich der privaten Vermögensanlage erwirbt der Anleger direkt, also unmittelbar, oder über einen Treuhänder (mittelbar) Immobilieneigentum, das er anschließend vermietet.

Steuervorteile entstehen grundsätzlich zunächst sowohl durch lineare als auch durch degressive und erhöhte Abschreibungen. Für neue Mietwohngebäude ist die degressive Abschreibung zum 01.01.2006 entfallen.

Seitens der Anbieter wurde immer wieder damit geworben, dass ein Teil des Gesamtaufwands für solche Objekte in Form von separat berechneten Funktionsträgergebühren (sogenannte „weiche Kosten", auch „Nebenkosten" oder „Handling-Kosten" genannt) den im Jahr der Zahlung abzugsfähigen Werbungskosten zugeordnet werden könnten.

Wegen der Bestimmungen des V. Bauherren- und Fondserlasses vom 20.10.2003, BStBl I S. 546 wurde dies stark eingeschränkt. Ein sofortiger Werbungskostenabzug kommt nur noch für Funktionsträgergebühren im Bereich der Finanzierung, der Vermietung und der sich hierauf beziehenden Steuer- und Rechtsberatungskosten in Betracht. Voraussetzung ist, dass diese Kosten nicht aufgrund vorformulierter Vertragswerke (modellhafte Gestaltung im Sinne von § 15b Abs. 2 EStG) zu tragen sind.

Durch das AIFM-Steuer-Anpassungsgesetz vom 18.12.2013 (BGBl. I S. 4318) wurde § 15b Abs. 3a EStG eingeführt. Danach liegt „unabhängig von den Voraussetzungen nach den Absätzen 2 und 3 [...] ein Steuerstundungsmodell im Sinne des Absatzes 1 insbesondere vor, wenn ein Verlust aus Gewerbebetrieb entsteht oder sich erhöht, indem ein Steuerpflichtiger, der nicht auf Grund gesetzlicher Vorschriften verpflichtet ist, Bücher zu führen und regelmäßig Abschlüsse zu machen, auf Grund des Erwerbs von Wirtschaftsgütern des Umlaufvermögens sofort abziehbare Betriebsausgaben tätigt, wenn deren Übereignung ohne körperliche Übergabe durch Besitzkonstitut nach § 930 des Bürgerlichen Gesetzbuchs oder durch Abtretung des Herausgabeanspruchs nach § 931 des Bürgerlichen Gesetzbuchs erfolgt."

9.1.2.1 Erwerbermodelle

Bei Erwerbermodellen werden durch Wohnungsbauunternehmen oder Bauträgergesellschaften erworbene bestehende oder neu erstellte Immobilien in Eigentumswohnungen aufgeteilt und an Anleger („Erwerber") veräußert. Die Immobilien sind meist langfristig vermietet. Vor dem Erwerb sollte neben steuerlichen und rechtlichen Beratern auch ein Fachmann für Immobilienbewertung hinzugezogen werden.

> Dabei sind bei der Immobilienbewertung folgende Bewirtschaftungskosten zu berücksichtigen: 1. Verwaltungskosten, 2. Instandhaltungskosten, 3. Mietausfallwagnis und 4. Betriebskosten. Nähere Informationen zu den genannte Positionen findet man in der II. Berechnungsverordnung. Betriebskosten sind in der Betriebskostenverordnung geregelt.

9.1.2.2 Bauherrenmodelle

Bei Bauherrenmodellen tritt der Anleger einer Bauherrengemeinschaft bei, die sich zum Ziel gesetzt hat, ein Gebäude im eigenen Namen und für eigene Rechnung zu erstellen. Die Bauherrengemeinschaft erteilt also selbst den Auftrag für die Bauleistungen an einen Generalunternehmer.

9.1.2.3 Bauträgermodelle

Das Bauträgermodell ist von der Konzeption her zwischen dem Bauherrenmodell und dem Erwerbermodell angesiedelt. In Anlehnung an das Bauherrenmodell ist die Immobilie im Zeitpunkt des Kaufs noch zu errichten oder zumindest noch fertig zu stellen.

Das Gebäude wird im Namen und meist auch auf Rechnung eines Bauträgers auf dessen Risiko erstellt. Der spätere Anleger ist als Erwerber anzusehen. Er zahlt den Kaufpreis nach Baufortschritt und wird nach vollständiger Kaufpreiszahlung grundbuchrechtlicher Eigentümer der Immobilie.

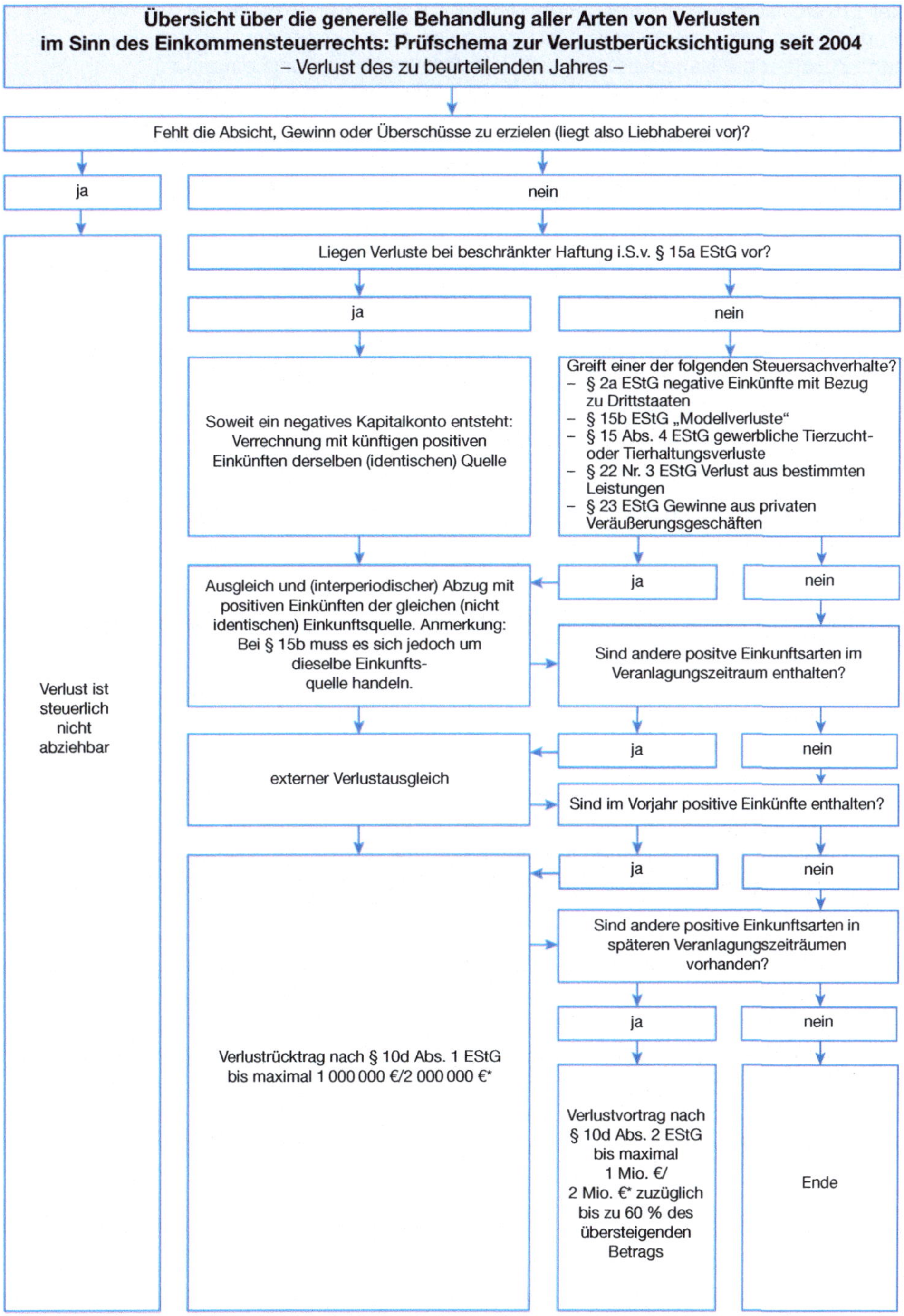

* Einzel-/Zusammenveranlagung

Quelle: Hans-Ulrich Dietz

Der Erwerb einer Eigentumswohnung vom Bauträger zum Zwecke der Vermietung stellt grundsätzlich keine modellhafte Gestaltung dar, es sei denn, der Anleger nimmt modellhafte Zusatz- oder Nebenleistungen (beispielsweise Vermietungsgarantien)

- vom Bauträger selbst
- von dem Bauträger nahe stehenden Personen sowie von Gesellschaften, an denen der Bauträger selbst oder diesem nahe stehende Personen beteiligt sind oder
- auf Vermittlung des Bauträgers von Dritten

in Anspruch, die den Steuerstundungseffekt ermöglichen sollen.

Zur Annahme einer Modellhaftigkeit genügt bereits die Inanspruchnahme einer einzigen Nebenleistung wie zum Beispiel einer Mietgarantie oder einer Bürgschaft für die Endfinanzierung. Unschädlich sind jedoch die Vereinbarungen über Gegenleistungen, welche die Bewirtschaftung und Verwaltung des Objektes betreffen. Beispiele dafür können sein: Aufwendungen für die Hausverwaltung, Vereinbarungen über den Abschluss eines Mietpools oder eine Tätigkeit als Verwalter einer Wohnungseigentümergemeinschaft, soweit es sich nicht um Vorauszahlungen für mehr als zwölf Monate handelt.

9.1.2.4 Sanierungs- und Modernisierungsmodelle

Grundsätzlich handelt es sich dabei ebenfalls um Erwerbermodelle. Zusätzlich sind diese Objekte in unterschiedlichem Umfang sanierungsbedürftig.

Deshalb können unter bestimmten Voraussetzungen folgende **erhöhte Absetzungen** in Anspruch genommen werden:

- AfA bei Gebäuden in Sanierungsgebieten und städtebaulichen Entwicklungsbereichen im Jahr der Herstellung und in den folgenden sieben Jahren jeweils bis zu neun Prozent und in den folgenden vier Jahren jeweils bis zu sieben Prozent der Herstellungskosten
  - für Modernisierungs- und Instandsetzungsmaßnahmen im Sinne des § 177 Baugesetzbuch nach § 7h EStG)
  - für Herstellungskosten im Sinne des § 177 Baugesetzbuch für Maßnahmen, die der Erhaltung, Erneuerung und funktionsgerechten Verwendung eines Gebäudes dienen, das wegen seiner geschichtlichen, künstlerischen oder städtebaulichen Bedeutung erhalten bleiben soll.
- AfA bei Baudenkmalen im Jahr der Herstellung und den folgenden sieben Jahren jeweils bis zu neun Prozent und in den folgenden vier Jahren bis zu sieben Prozent der Herstellungskosten für Baumaßnahmen, die nach Art und Umfang zur Erhaltung des Gebäudes als Baudenkmal und seiner sinnvollen Nutzung erforderlich sind nach § 7i EStG

Hierbei liegt dann keine modellhafte Gestaltung vor, wenn der Bauträger mit dem Erwerber zugleich die Modernisierung des Objekts ohne weitere modellhafte Zusatz- oder Nebenleistungen vereinbart und das Objekt vor Beginn der Sanierung an den Erwerber außerhalb einer Fondskonstruktion veräußert.

Ombudsstelle für Sachwerte und Investmentvermögen

Kommt es zu Schwierigkeiten mit einer Beteiligung an geschlossenen Investmentvermögen und geschlossenen Fonds, steht Anlegern die vom Verein Ombudsstelle für Sachwerte und Investmentvermögen e.V. (ehemals Ombudsstelle für geschlossene Fonds e.V.) getragene Verbraucherschlichtungsstelle zur Verfügung.

Ombudsstelle für Sachwerte und Investmentvermögen e.V.
Postfach 64 02 22
10048 Berlin
Telefon: 030 257 616 90
Telefax: 030 257 616 91
info@ombudsstelle.com

www.ombudsstelle.com

9.1.2.5 Geschlossene Immobilienfonds

Neuregelungen aufgrund des Kapitalanlagegesetzbuchs

Als AIFs – Alternative Investmentfonds – werden im Kapitalanlagegesetzbuch alle geschlossenen Fonds eingestuft. Darüber hinaus zählen zu den AIFs auch die investmentrechtlich regulierten offenen Investmentfonds, die nicht als OGAW gelten. Das sind insbesondere offene Spezialfonds und offene Immobilienfonds.

Bei geschlossenen Immobilienfonds (im Sinne von Alternativen Investmentfonds – AIFs –) handelt es sich um eine langfristige Anlage in Sachwerten. Dabei werden entweder Einkünfte aus Vermietung (private Vermögensanlage) oder Einkünfte aus Gewerbebetrieb (Beteiligungsgesellschaft, gewerblich geprägt in der Rechtsform einer KG) erzielt. Die finanzielle „Abwicklung" erfolgt durch Veräußerung der Immobilie nach Ablauf von etwa 15 bis 20 Jahren. Da dies im Gegensatz zu offenen Immobilienfonds nicht auf den Erwerb weiterer Immobilien ausgelegt ist, ist die Anzahl der Fondsanteile „geschlossen", also begrenzt.

Der Fonds verschafft sich das notwendige Eigenkapital zur Finanzierung des Objekts durch die Beteiligung mehrerer Anleger.

Eine solche Beteiligung ist mit dem Direkterwerb einer Immobilie vergleichbar. So kann eine Beteiligung schon mit wesentlich geringeren Beträgen, etwa ab 5 000 Euro zuzüglich Aufgeld, erworben werden.

Oftmals wird der Erwerb auch durch einen Treuhänder in Form der sogenannten Kauftreuhandschaft angeboten. Der Anleger wird dann Treugeber bezüglich des Kaufpreises für den gezeichneten Anteil. Es versteht sich von selbst, dass zur Wahrung der vollen Interessen des Treugebers ein solches Treuhandverhältnis von einer absoluten Vertrauensbasis getragen sein muss.

Im Gegensatz zum offenen Immobilienfonds unterlag der geschlossene Fonds nicht den einschränkenden Vorschriften des Investmentgesetzes. Das bedeutete, dass die Rechtsform der Aktiengesellschaft oder der Gesellschaft mit beschränkter Haftung nicht erforderlich war. Auch entfielen die dort streng formulierten Bestimmungen, beispielsweise über Gesellschaftsformen, die Offenlegungspflichten oder die Prospekthaftung.

Wegen genereller Fragen zur Haftung siehe auch Abschnitt 1.4 „Anlageberatung und Beratungshaftung“.

Bei dieser Anlageform ist ein Unterschreiten der Zehn-Prozent-Grenze des § 15b Abs. 3 EStG denkbar, wenn die Refinanzierung der Immobilie nicht Gegenstand der modellhaften Gestaltung ist.

Bei der Auswahl von Objekten ist besonders auf die Lage und das Umfeld zu achten. Oft können die ursprünglich kalkulierten oder in Aussicht gestellten Mieten nicht erzielt werden. Das führt neben Mietverlusten auch zu Wertverlusten der Immobilie.

Und wenn, wie vielfach geschehen, der Geber der Mietgarantie nicht mehr zahlungsfähig ist, sind auch die (teuer bezahlten) Mietgarantien wertlos. Ein sicherlich richtiger Schritt in die richtige Richtung sind dabei Standards, welche die Branche verpflichten und hoffentlich den Investoren nützen werden.

So hat der Bundesverband Sachwerte und Investmentvermögen e. V. (bsi) (früher: Verband geschlossene Fonds e. V.), www.sachwerteverband.de, Prospekt-Mindeststandards entwickelt, die den Vergleich von Angeboten erleichtern sollen.

Branchenstandards des bsi e. V.

Nach eigener Darstellung steht der bsi für Qualität und Transparenz. Deshalb entwickelt er einheitliche Standards und Muster wie:

- die Vergleichbarkeit mit anderen Kapitalanlagen
- die wichtigsten Informationen auf einen Blick
- Standardisierung von Mindestangaben in Dokumenten
- Verwendung einheitlicher Begrifflichkeiten
- Garantie für die Einhaltung von Informationspflichten
- mehr Rechtssicherheit für die Beteiligten durch Vereinheitlichung von Dokumenten und Prozessen
- Verbessern der Transparenz

Weitere Standards und Muster sind für Mitglieder im Mitgliederbereich des bsi vorhanden (Quelle: bsi).

- Gesellschaftsform
  Als Gesellschaftsform wird meistens die Kommanditgesellschaft oder die Gesellschaft des bürgerlichen Rechts gewählt. Bei der Kommanditgesellschaft bilden die Anleger die Kommanditisten. Ein wesentlicher Nachteil ist jedoch die unbeschränkte Haftung des Investors, beispielsweise für Steuerschulden oder kommunale Abgaben, möglicherweise als Gesamtschuldner.
- Auf Seiten der Anleger unterscheidet man im Wesentlichen folgende Zielorientierungen:
  - den steuerorientierten Anleger,
  - den steuer- und ertragsorientierten Anleger,
  - den ertragsorientierten Anleger.
- Steuerliche Behandlung

Geldanlage-Tipp

Die Vorschriften der Abgeltungsteuer seit 2009 gelten nicht für Einkünfte aus Vermietung und Verpachtung sowie die Ausschüttungen geschlossener Immobilienfonds!

- Grundlegende Voraussetzung für die steuerliche Anerkennung eines geschlossenen Immobilienfonds in der Rechtsform einer Kommanditgesellschaft oder der Gesellschaft des bürgerlichen Rechts ist die Einkunftserzielungsabsicht im Rahmen der gesellschaftlichen Verbundenheit.
- Auf der Ebene der Gesellschaft ist zu entscheiden, ob Aufwendungen, die von der Gesellschaft getragen werden, als Herstellungskosten, als Anschaffungskosten oder als Werbungskosten einzuordnen sind. Der auf der Ebene der Gesellschaft ermittelte Überschuss der Einnahmen über die Werbungskosten ist den einzelnen Gesellschaftern zuzurechnen.
- Sofort abzugsfähige Werbungskosten und Abschreibungen führen zu Verlusten aus Vermietung und Verpachtung und senken damit das zu versteuernde Einkommen des Anlegers, soweit dies im Rahmen des § 15b EStG zulässig ist. Der Umfang der Anerkennung von Aufwendungen als Werbungskosten durch die Finanzämter richtet sich auch danach, ob die Fondsgesellschaft als Bauherr oder lediglich als Erwerber anzusehen ist. Das gilt besonders hinsichtlich der Abschreibungsarten.
  Zusätzliche Regelungen gibt es für den geschlossenen Immobilienfonds beispielsweise hinsichtlich der steuerlichen Behandlung von Geschäftsführungsentgelten und Eigenkapitalvermittlungsprovisionen. Hinsichtlich der Eigenkapitalvermittlungsprovision kam es zu einer weiteren Verschärfung in der Rechtsentwicklung. Gemäß Urteil vom 04.02.1992 Az. IX R 39/91 BStBl 1992 Teil II S. 883, lehnt der BFH den Abzug als Werbungskosten grundsätzlich ab, wenn die bezahlte Provision Teil des Gesamtaufwandes für den Erwerb des Grundstücks und dessen Modernisierung ist. Liegen von der Gestaltung her Werbungskosten vor, ist deren Abzug auf sechs Prozent begrenzt. Dies gilt nach dem V. Bauherren- und Fondserlass für sämtliche Fondsgestaltungen und unabhängig davon, ob der Fonds Einkünfte aus Vermietung und Verpachtung oder Einkünfte aus Gewerbebetrieb erzielt.
- Keine Abgeltungsteuer auf Ausschüttungen
  Die Ausschüttungen geschlossener Immobilienfonds unterliegen nicht der Abgeltungsteuer.
- Die Einkünfte der Gesellschafter bestehen aus den auf der Gesellschaftsebene anfallenden anteiligen Überschüssen der Einnahmen über die Werbungskosten und den auf der Gesellschafterebene möglicherweise anfallenden Sondereinnahmen und Sonderwerbungskosten.
- **Die Vorschriften des V. Bauherren- und Fondserlasses sind im Prinzip auch anwendbar auf Immobilienfonds in der Rechtsform der GmbH & Co. KG.** In diesem Fall wird jedoch unterstellt, dass eine Fondsgesellschaft stets Einkünfte aus Gewerbebetrieb erzielt. Damit sind verschiedene Aufwendungen nicht mehr in voller Höhe im Jahr der Zahlung abzugsfähig, sondern nach den geltenden Bilanzierungsgrundsätzen auf die Jahre der wirtschaftlichen Zuordnung zu verteilen. Erzielte Gewinne aus der Veräußerung von Fondsanteilen würden unter Umständen der Einkommensteuerpflicht unterliegen.
- Bei einer **Kommanditgesellschaft** (KG) ist der einem Kommanditisten zuzurechnende **Anteil im Verlust** der KG nach § 15a EStG auf 100 Prozent des positiven Kapitalkontos beschränkt. Bei Verlusten im Zusammenhang mit einem Steuerstundungsmodell sind die Bestimmungen des § 15b EStG vorrangig.

- **Die Kursgewinne beim Verkauf von im Privatvermögen gehaltenen Anteilen** an einem Immobilienfonds unterliegen nicht der Einkommensteuer, wenn sie später als zehn Jahre nach der Anschaffung realisiert werden. Hier gilt die gleiche Frist wie für private Veräußerungsgeschäfte bei Grundstücken.

Geldanlage-Tipp
Vorsicht ist geboten, wenn mit steuerfreien Ausschüttungen geworben wird. Diese beruhen nicht auf Steuerbefreiungstatbeständen, sondern darauf, dass das liquide Ergebnis eines Fonds nicht identisch ist mit dem steuerlichen Ergebnis!

- Weiterverkauf von Anteilen
  Der Anleger sollte auch die Veräußerbarkeit des Objektes berücksichtigen (Fungibilität). Der Veräußerungspreis richtet sich nach Angebot und Nachfrage und wird unter anderem von folgenden Faktoren beeinflusst:
  - der gesamtwirtschaftlichen Entwicklung,
  - der Situation am Immobilienmarkt,
  - der Qualität der Fondsobjekte,
  - dem Zinsniveau auf dem Kapitalmarkt,
  - der Lage (Standort) der Immobilie einschließlich Infrastruktur

Erforderlich ist eine analytische Bewertung durch unabhängige Dritte, wie zum Beispiel Ratingagenturen, unter Berücksichtigung der Restlaufzeit und des Wertzuwachspotenzials.

Letztlich kommen Zweitmarktgeschäfte nur zum Tragen, wenn die Vertriebspartner Verkaufswünsche durch entsprechende Kaufgesuche ausgleichen können, mit anderen Worten, wenn sowohl Verkäufer als auch Käufer ihre Preis- und Renditeerwartungen verwirklicht sehen.

Die meisten Fondsgesellschaften sind bei einem Verkauf der Anteile vermittelnd tätig; dafür wird ein entsprechendes Vermittlungsentgelt einbehalten.

Checkliste für die Beurteilung Alternativer Investmentfonds, besonders Immobilienfonds

- Seriosität, Fachkompetenz sowie Erfahrung der Vertragspartner
- Seriosität und Unabhängigkeit des Treuhänders
- Vorlage einer langjährigen positiven Leistungsbilanz des Initiators anhand der in der Vergangenheit angebotenen Produkte und durchgeführte Projekte
- Richtigkeit und Vollständigkeit des Prospektmaterials
- Prospekthaftung durch den Initiator
- übersichtliches und vom Anleger nachvollziehbares Prospektmaterial mit fundierten Angaben über tatsächliche Investitionspläne und langfristige Prognoseberechnungen unter Berücksichtigung tatsächlich nachhaltig erzielbarer Mietverträge (ortsübliche Miete), Darstellung der erzielbaren Rendite unter unterschiedlichen Annahmen wie verschiedenen Inflationsraten, Wiederverkaufswerten, Steuersätzen sowie Kalkulationen des Zinsrisikos nach Ablauf der Festschreibungsfrist
- ausführliche Baubeschreibungen, gerade auch bei Sanierungsobjekten, sowie Nachweis der Einhaltung von Qualitätsstandards
- rechtlich einwandfreie Konzeption

- unabhängiges Wirtschaftsprüfungs- und Steuergutachten über die Prospektangaben (muss auf Anfrage auch erhältlich sein)
- Prüfung durch einen selbstgewählten rechtlichen und steuerlichen Berater
- Sicherstellen der termingerechten Fertigstellung des Objekts (Vermeiden von überhöhten Bauzeitzinsen und Mietausfällen)
- marktgerechter Abgabepreis
- angemessenes, marktgerechtes Aufgeld
- Die durch die Fondskonzeption bedingten Zusatzkosten müssen dem Grunde und der Höhe nach vertretbar sein (Auswirkungen auf § 15b EStG).
- Der Eigenkapitalanteil des Fonds sollte mindestens 50 Prozent betragen.
- Der Gesamtaufwand, einschließlich Aufgeld, sollte im Idealfall maximal das 14-fache der erzielbaren Jahresmiete; bei gewerblichen Objekten das Elf- bis Zwölffache betragen. In Großstädten und Ballungszentren ist allerdings mit weit höherem Gesamtaufwand zu rechnen.
- langfristige Mietverträge (mindestens 15 Jahre), möglichst durch Indexvereinbarung an die Inflationsentwicklung gekoppelt, feste Mietpreisstaffelung und Bankgarantie abgesichert
- geeigneter Standort (Nachfrage, Infrastruktur) als Indiz für langfristige Ertragsaussichten
- Objektbesichtigung durch Investor gemeinsam mit vom Initiator unabhängigen Fachmann, beispielsweise einem vereidigten Immobiliensachverständigen
- Preis- und Qualitätsvergleich mit anderen Objekten am Markt, möglichst auch von anderen Anbietern (Referenzobjekte)
- solide, funktionsgerechte und vielseitig vermietbare Bauqualität
- erstklassige Bonität der Mieter
- bei der Stellung von Mietgarantien: Bonität des Garantiegebers gegeben?
- Objekt soll so konzipiert sein, dass ein Mieterwechsel problemlos möglich ist.
- Bildung von Instandsetzungsrücklagen bereits in den ersten Jahren
- Abwälzung der Nebenkosten auf den Mieter
- hohe Steuerprogression des Anlegers (möglichst über 40 Prozent)
- Wie hoch ist das Haftungsrisiko für den Investor?
- Der Fremdfinanzierungsanteil sollte von Beginn an getilgt werden, um spätere Zinsänderungsrisiken zu reduzieren.
- Das aufzunehmende Kapital sollte wegen des derzeit noch niedrigen Zinsniveaus eine lange Zinsbindungsfrist haben.
- Hinsichtlich des Liquiditätsverlaufs müssen die Prospekte klare und zutreffende Aussagen enthalten.
- Die Fremdfinanzierung sollte in Euro erfolgen (= kein zusätzliches Währungsrisiko).
- Kann der Initiator die Fondsbeteiligung langfristig, das heißt, mindestens 20 Jahre oder länger betreuen?
- Schriftliche Bestätigung, dass der Fonds nicht unter die Einschränkungen des § 15b EStG fällt.

In diesem Zusammenhang sind verschiedene **Entscheidungen des BGH** bedeutsam. Beispiele:

- im Jahr 2000: Provisionen sind generell offenzulegen. Das gilt auch für Bonifikationen, die ein Vermögensverwalter erhält (Az. XI ZR 349/99).
- im Jahr 2006: Kreditinstitute müssen detailliert ausweisen, welche Provisionen und Rückvergütungen (Kick-Backs) sie bekommen (Az. XI ZR 56/06).

- im Jahr 2007: Ein Anlageberater ist grundsätzlich dazu verpflichtet, seine Kunden darüber aufzuklären, dass die Veräußerung von Anteilen an einem geschlossenen Immobilienfonds in Ermangelung eines funktionierenden entsprechenden Marktes (Zweitmarkt) nur eingeschränkt möglich ist. Ein solcher Hinweis gehöre mit zu einer fundierten, auf die Belange des einzelnen Interessenten zugeschnittenen Beratung (Az. III ZR 44/06).
- im Jahr 2009: Die Offenlegungspflicht gilt ausdrücklich auch für geschlossene Beteiligungen (Az. XI ZR 510/07).
- Im Jahr 2015: Anlageberater müssen ihre Kunden klar und deutlich auf das Totalverlustrisiko von geschlossenen Fonds hinweisen. Nach dem Urteil des BGH muss der Berater auch haften, wenn er das Verlustrisiko verharmlost und sagt, dass die Wahrscheinlichkeit sehr gering sei (Az. III ZR 90/14).

Zweitmarkt für Alternative Investmentfonds

In den letzten Jahren ist, besonders bei Schiffsfonds, ein erheblicher Angebotsüberhang entstanden. Dieser drückte die Preise. Die initiatorenunabhängige Handelsplattform www.zweitmarkt.de ist Marktführer im Zweitmarkthandel für geschlossene Fonds. Betrieben wird sie von der „Fondsbörse Deutschland Beteiligungsmakler AG“ in Hamburg in Kooperation mit mehr als 280 Kreditinstituten.

Gehandelt werden Tausende alternative Investements in Form von geschlossenen Immobilien-, Schiffs-, Lebensversicherungs-, Private Equity- und anderen Spezialfonds.

Anders als bei Wertpapieren gibt es keinen liquiden Börsenhandel. So bleibt die Frage: Findet sich ein Käufer? Und wenn ja: Was ist dieser bereit zu zahlen?

Bei einem geschlossenen Immobilienfonds (neu: Alternative Fonds) sind die zugrunde liegenden rechtlichen und steuerlichen Gegebenheiten sorgfältig zu prüfen. Rechtsanwalt und steuerlichen Berater einschalten!

Wegen der steuerlichen Restriktionen im Inland werden verstärkt Anteile an Fonds mit Grundbesitz im Ausland, vornehmlich in den USA, in den Niederlanden und in Österreich, angeboten. Doch hier haben die letzten Jahre gezeigt, wie über Jahre, ja Jahrzehnte begehrte Märkte, auch in den USA oder Großbritannien, sozusagen über Nacht zusammenbrechen können!

Nach den Regelungen der geltenden Doppelbesteuerungsabkommen (DBA) mit diesen Staaten hat der jeweilige Vertragsstaat das Besteuerungsrecht der Mieteinkünfte, in dem sich das Grundvermögen befindet. In diesen Staaten ist die Besteuerung von Mieteinkünften niedriger als in Deutschland aufgrund von Freibeträgen und niedrigeren Steuersätzen. Auch der Progressionsvorbehalt ist zu beachten. Schließlich stellt sich bei solchen Auslandsfonds nicht die in Deutschland steuerlich brisante Frage der Einkunftserzielungsabsicht („Liebhaberei“).

9.1.3 Gewerbliche Beteiligungen

„Statt Gewinne bescherten Beteiligungen an Immobilien-, Schiffs-, Umwelt- und Medienfonds Anlegern Milliardenverluste. Das ist das enttäuschende Ergebnis einer Finanztest-Untersuchung von 1 139 geschlossenen Fonds, die seit 1972 bis heute aufgelegt wurden. Nur mit großem Glück konnten Anleger einen Fonds erwischen, der seine Prognosen einhielt. Im Schnitt haben nur sechs Prozent der Fonds ihre Gewinnprognose erfüllt – gemessen am investierten Anlegergeld."

„Geschlossene Fonds: Die schlimme Bilanz einer Branche" in: Stiftung Finanztest am 14.09.2015

Gewerbliche Beteiligungen sind Beteiligungen an einem Gewerbebetrieb. Sie sind in verschiedenen Branchen möglich: beispielsweise an Explorationsgesellschaften (Erdöl, Erdgas, Metalle, Uran), an risikobehafteten Unternehmen oder an der Filmbranche. Die Beteiligten sind wirtschaftlich, steuerlich und haftungsrechtlich Mitunternehmer, meist als Kommanditist einer GmbH & Co. KG und die Gewinnanteile der Gesellschafter zählen als Einkünfte aus Gewerbebetrieb im Sinne des § 15 Abs. 1 Ziff. 2 EStG.

Kein Schutz für Investoren bei Investitionen in operativ tätige Unternehmen
Soweit Anlagen in gewerbliche Beteiligungen von operativ tätigen Unternehmen außerhalb des Finanzsektors getätigt werden, fallen diese nach § 1 Abs. 1 Satz 1 Kapitalanlagegesetzbuch nicht unter die Schutzvorschriften des KAGB. Deshalb sollten Investoren vor einer Investition anhand des Verkaufsprospekts prüfen, in welcher Form der Anbieter tätig ist.

Mögliche Formen von gewerblichen Beteiligungen

- Beteiligung als Kommanditist an einer GmbH & Co KG nach §§ 161 ff. HGB; Kontrollrechte gemäß § 166 HGB i.V.m. § 118 Abs. 1 HGB oder
- atypisch stille Beteiligung nach den §§ 230 ff. HGB; Kontrollrecht der Gesellschafter gemäß § 233 HGB i.V.m. § 716 Abs. 1 BGB

Beteiligung an geschlossenen Schiffsfonds (Handelsschiffe und Seefischereischiffe)	Beteiligung an geschlossenen Flugzeugfonds (Passagier- und Frachtflugzeuge)	Beteiligung an geschlossenen Private-Equity-Fonds (Wagniskapitalbeteiligung)	Beteiligung an geschlossenen Medienfonds sowie Gamefonds	Beteiligung an geschlossenen New Energy Fonds, die beispielsweise in Solarstromanlagen investieren	Beteiligung an geschlossenen Leasingfonds: Immobilien-Leasingfonds; Mobilien-Leasingfonds

Aus Gründen der Haftungsbeschränkung wird als Beteiligungsform meist der Kommanditist an einer Kommanditgesellschaft oder der atypisch stille Gesellschafter gewählt.

In dem Umfang, in dem ein negatives Kapitalkonto entsteht oder sich erhöht, darf aufgrund des § 15a EStG der einem Kommanditisten oder atypisch stillen Gesellschafter zuzurechnende Anteil am Verlust weder mit anderen Einkünften aus Gewerbebetrieb noch mit Einkünften aus anderen Einkunftsarten ausgeglichen werden.

Liegen Verluste im Zusammenhang mit Steuerstundungsmodellen im Sinne von § 15b EStG vor, ist § 15a EStG insoweit nicht anzuwenden.

Scheidet der Gesellschafter aus oder wird die Gesellschaft aufgelöst, ist ein nicht auszugleichender Verlustanteil als Veräußerungsgewinn zu versteuern.

Aus gewerblichen Beteiligungen erzielte Einkünfte sind Einkünfte aus Gewerbebetrieb und unterliegen nicht dem Zinsabschlag.

Die Beteiligung als Kommanditist an einer GmbH & Co. KG
Die Vorschriften für die KG sind in den §§ 161 bis 177a HGB geregelt. Darüber hinaus finden die für die offene Handelsgesellschaft geltenden Vorschriften Anwendung. Der Kommanditist ist nach § 164 HGB von der Geschäftsführung ausgeschlossen. Gewisse Kontrollrechte bestehen nach § 166 Abs. 1 HGB. Der Kommanditist nimmt sowohl am Gewinn als auch am Verlust der KG teil.

Die von der Konzeption her häufiger vorkommende Beteiligungsform ist die **atypisch stille Beteiligung.**

Die atypisch stille Beteiligung mit einer Vermögenseinlage nach den §§ 230 ff., besonders 233 HGB an einem Handelsgewerbe, das ein anderer betreibt, ist eine Sonderform der stillen Gesellschaft. Zur Erzielung steuerlicher Wirkungen sind bestimmte zivil- und vermögensrechtliche Voraussetzungen zu erfüllen. Dazu zählt besonders das Kontrollrecht der Gesellschafter nach § 716 Abs. 1 BGB. Anders als bei der typisch stillen Gesellschaft muss der atypisch stille Gesellschafter einen Anspruch auf Beteiligung am tatsächlichen Zuwachs des Gesellschaftsvermögens unter Einschluss der stillen Reserven und eines Geschäftswerts haben (BFH vom 27.05.1993, in BStBl 1994 II S. 700), um als Mitunternehmer angesehen werden zu können. Wenn zum Beispiel bei der Abschreibung von Gebäuden oder bei Wertzuwächsen von Unternehmensbeteiligungen hohe Reserven gebildet werden, wirkt sich das auf den Gewinnanteil des „atypisch Stillen“ ebenso aus wie auf den Gewinnanteil des Geschäftsinhabers oder auf die Gewinnanteile der Hauptgesellschaft: Die Gewinnrealisierung wird auf einen späteren Zeitpunkt verlagert, spätestens auf den Zeitpunkt der Auflösung der Gesellschaft.

Ohne eine Beteiligung an den stillen Reserven kann ein stiller Gesellschafter dann Mitunternehmer sein, wenn ihm abweichend von der handelsrechtlichen Regelung ermöglicht wird, wie ein Unternehmer auf das Schicksal des Unternehmens Einfluss zu nehmen. Diese Gestaltungsform kommt konzeptionsbedingt in der Praxis bei Steuersparmodellen im Sinne von § 15b EStG (Verluste im Zusammenhang mit Steuerstundungsmodellen) selten vor.

Das Kapital des „atypisch Stillen“ muss gegebenenfalls zum Verlustausgleich verwendet werden.

Die Chance, aber auch das Hauptrisiko der atypisch stillen Beteiligung, liegt in der Qualität der wirtschaftlichen Entwicklung des Unternehmens.

Anders als etwa eine Anlage bei einem deutschen Investmentfonds nach dem Investmentgesetz unterliegt sie keiner staatlichen Kontrolle. Man spricht deshalb auch von Produkten des „grauen Kapitalmarkts“. Der Anleger wird mit seiner Einlage Mitunternehmer, hat jedoch häufig keinerlei Mitspracherechte am Unternehmen. So hat er keinen Einfluss darauf, welche Wirtschaftsgüter konkret angeschafft und damit der Kapitalanlage dienen sollen.

Bei einem wirtschaftlichen Totalverlust gehen sämtliche geleisteten Einzahlungen verloren. Im Konkursfall besteht womöglich eine Nachschusspflicht für den Anleger.

Sowohl für die Beteiligung als Kommanditist als auch für die atypisch stille Beteiligung gelten besondere steuerliche Regelungen:

- § 15 Abs. 1 Nr. 2 EStG
  Begründung der Zuordnung der Einkünfte als Einkünfte aus Gewerbebetrieb

- §§ 179 Abs. 1 und 180 Abs. 2 AO
  gesondertes Feststellungsverfahren zur Gewinn- oder Verlustzuweisung durch das Betriebsstättenfinanzamt des Unternehmens

- § 10d EStG
  Begründung der Verlustvorträge und Verlustrückträge unter Beachtung der Beschränkungen durch die §§ 15a und 15b EStG

- § 16 Abs. 1 Nr. 2 EStG (Veräußerung) und § 34 Abs. 1 sowie Abs. 2 Nr. 1 EStG (außerordentliche Einkünfte) = Regelungen der Besteuerung bei Veräußerung der „unternehmerischen Beteiligung"

Geldanlage-Tipp zur Abgeltungsteuer ab 2009
Die Einkünfte aus Gewerbebetrieb fallen nicht unter die Abgeltungsteuer!

9.1.3.1 Beteiligungen an geschlossenen Schiffsfonds

„Wer an der See keinen Anteil hat, der ist ausgeschlossen von den guten Dingen der Welt und unseres Herrgotts Stiefkind."

Friedrich List (1789-1846), Ökonom, Unternehmer und Diplomat

Bei solchen Anlagen handelt es sich um Beteiligungen an geschlossenen Schiffsfonds, die in Handelsschiffe, Seefischereischiffe und, seit den 1990er Jahren, zunehmend in Containerschiffe und Massengutfrachter (Bulker) investieren.

Doch die Boomzeiten sind längst vorbei. Zunächst brachte die Einführung der Tonnagebesteuerung einen Einbruch. Seit 2008 haben sich die Schiffspreise halbiert. Gleichzeitig werden immer größere Schiffe, vor allem Containerschiffe, gebaut. Häufig liegt der Verschrottungswert auf der Höhe des Wiederverkaufspreises. Viele Schiffsfonds, aber auch viele Ein-Schiff-Gesellschaften und kleinere Reeder, wurden insolvent oder stehen vor der Insolvenz. Kleinere Emissionshäuser stehen vor dem Aus. Auch für die Schiffsfinanzierer hat sich die Lage besonders seit dem letzten Stresstest der EZB, der Europäischen Bankenaufsichtsbehörde (EBA) und der Deutschen Bundesbank in 2014 noch verschlechtert. So ist beispielsweise die Bremer Landesbank wegen ihrer Schiffskredite in erhebliche Schwierigkeiten geraten und musste vor dem Untergang gerettet werden. Auch die NordLB musste Schiffskredite im Nominalwert von etwa 1,3 Milliarden Euro abstoßen, was ihr im Jahre 2016 einen Verlust 1,96 Milliarden Euro einbrachte. Hinzu kommt, dass die größten Schiffsfinanzierer das Geschäft zurückgefahren haben oder einstellen.

Häufig haben Fonds Schiffe überteuert gekauft. Kommt es zu einem Abflachen der Konjunktur in wichtigen Märkten, ist mit sinkenden, teils zusammenbrechenden Frachtraten zu rechnen. Die meisten Schiffsfonds werfen keine Gewinne ab. Auch aus Sicht Mitte 2018 ist keine Verbesserung der Marktlage in Sicht.

Die Rendite ist besonders abhängig von drei Faktoren:

1. von Steuervorteilen in der Investitionsphase: Beschränkungen beim Verlustabzug aufgrund der §§ 15a EStG (Verluste aus beschränkter Haftung) und 15b (Verluste im Zusammenhang mit Steuerstundungsmodellen)
2. von laufenden steuerbegünstigten Ausschüttungen
3. von Verkaufsgewinnen: Die Höhe des späteren Verkaufserlöses kann im Voraus nicht verbindlich kalkuliert werden.

Wie bei einem geschlossenen Immobilienfonds bieten sich in der Art der Beteiligung folgende Möglichkeiten an:

- Beteiligung als Direktkommanditist
- Beteiligung über einen Treuhandkommanditisten als Treugeber

Darauf sollten Investoren vor einer Zeichnung achten:

- Liegt ein mehrjähriger Chartervertrag mit einer langjährig erfahrenen namhaften Reederei vor?
- Über die Geschäftsabschlüsse, und damit auf die wirtschaftliche Entwicklung des Fonds im Folgejahr, informiert jeweils im 4. Quartal die Leistungsbilanz.
- Im Einnahmepool werden die Einnahmen abzüglich Schiffsbetriebskosten sowie Zins- und Tilgungsraten verbucht. Deshalb sorgfältig prüfen: Was bleibt übrig für das Betreiben des Schiffs und für Ausschüttungen?
- Die Haftung der Kommanditisten ist zwar auf die Einlage beschränkt, im Sanierungsfall können jedoch die Ausschüttungen als Nachschuss zurückgefordert werden.

- Kleinanlegerschutz nach dem Kapitalanlagegesetzbuch
  Nach § 1 Abs. 1 Satz 1 KAGB fallen in den Anwendungsbereich des Kapitalanlagegesetzbuchs geschlossene und offene Fonds sowie Immobilienfonds. Da jedoch Schiffsfonds operativ tätige Unternehmen außerhalb des Finanzsektors sind, gehören sie zu dem nicht geschützten Investmentvermögen nach dem KAGB. Dies hat auch die BaFin in ihrem Schreiben vom 24. Juni 2013 ausdrücklich bestätigt.
- Steuerliche Behandlung
  Steuervorteile ergeben sich auch hier nur dann, wenn der Anleger als Mitunternehmer im Sinne des § 15 Abs. 1 Ziffer 2 EStG anzusehen ist, und wenn das Erreichen eines Totalgewinns angestrebt wird.
  Steuervergünstigungen gibt es bei Schiffen, die für bestimmte Einsätze vorgesehen sind. Voraussetzung ist, dass sie unter deutscher Flagge geführt werden und in ein inländisches Seeschiffsregister eingetragen sind. Es handelt sich um die sogenannte „Tonnagebesteuerung" nach § 5a EStG (Gewinnermittlung bei Handelsschiffen im internationalen Verkehr), wonach der im Wirtschaftsjahr erzielte Gewinn pauschal nach der Anzahl von Nettotonnen ermittelt wird. Dies bewirkt, dass die Einnahmen des Fonds und damit auch die Ausschüttungen an die Anleger nahezu steuerfrei gestellt werden.
- Währungsrisiko
  Weil die Schiffe fast ausschließlich das Geld in US-Dollar verdienen, ergibt sich ein Währungsrisiko.

Der Markt für Schiffsbeteiligungen war bisher zweigeteilt: Einerseits wurden noch die teilweise steuerorientierten Kombimodelle angeboten, andererseits sind auch zahlreiche Tonnage-Steuerfonds auf dem Markt.

Die sogenannten Kombimodelle verbanden Steuervorteile in der Investitionsphase mit faktisch steuerfreien Ausschüttungen in der Betriebsphase, wenn zur Tonnagebesteuerung übergewechselt wurde. Dies war letztmals für Schiffe möglich, die wegen eines vor dem 01.01.2006 rechtswirksam abgeschlossenen schuldrechtlichen Vertrags angeschafft wurden oder mit deren Bau vor dem 01.01.2006 begonnen wurde.

Kombimodelle bergen aber auf Grund der Pflicht zur Nachversteuerung der stillen Reserven steuerliche Risiken. Nach dem Wechsel zur Tonnagebesteuerung ist bei folgenden Ereignissen eine Nachversteuerung vorzunehmen:

- bei der Veräußerung des Schiffs,
- bei Ausscheiden des Gesellschafters hinsichtlich des auf ihn entfallenden Anteils an den stillen Reserven,
- wenn das Schiff nicht mehr unmittelbar dem Betrieb von Handelsschiffen im internationalen Verkehr dient oder
- wenn von der Tonnagenbesteuerung wieder zur allgemeinen Besteuerung übergegangen wird.

Aufgrund des § 5a Abs. 3 EStG in der am 31.03.2003 geltenden Fassung mussten sich alle Schiffsfonds bis spätestens 31.12.2007 für die Tonnagebesteuerung entscheiden. Die Kombimodelle verloren dadurch immer mehr an Attraktivität, weil der Zeitraum, für den Verlustzuweisungen überhaupt noch möglich waren, immer kürzer wurde. Auch ist zu beachten, dass in diesem Zeitraum entstandene Verluste im Sinne von § 15b EStG nicht mit Gewinnen aus der Zeit der nachfolgenden Tonnagebesteuerung verrechnet werden können. Aus diesem Grund wurden mehr ertragsorientierte Renditefonds, besonders durch Kreditinstitute, angeboten.

Aufgrund von § 5a Abs. 3 EStG in der Fassung des Haushaltsbegleitgesetzes 2004 gilt für Wirtschaftsjahre, die nach dem 31.12.2005 enden, folgendes: Der Antrag auf Anwendung der Gewinnermittlung nach § 5a Abs. 1 EStG („Tonnagenbesteuerung") ist im Wirtschaftsjahr der Anschaffung oder Herstellung des Handelsschiffes (Indienststellung) mit Wirkung ab Beginn dieses Wirtschaftsjahres zu stellen. Gewinne, die vor der Indienststellung des Handelsschiffs durch den Betrieb im internationalen Verkehr erwirtschaftet wurden, sind nicht der allgemeinen Besteuerung zu unterwerfen. Andererseits sind in diesem Zeitraum erlittene Verluste weder ausgleichsfähig noch verrechenbar.

Wurde obige Antragsfrist versäumt, kann ein Antrag erstmals in dem Wirtschaftsjahr gestellt werden, das nach Ablauf eines Zeitraums von zehn Jahren, vom Beginn des Jahres der Indienststellung gerechnet, endet. In diesem Fall sind die Gewinne, die auf die Zeit vor der Wirksamkeit des Antrages entfallen, zu versteuern.

Die Fondsgesellschaft ist an die Tonnagebesteuerung zehn Jahre gebunden. Nach Ablauf dieses Zeitraums kann der Antrag mit Wirkung für den Beginn jedes folgenden Wirtschaftsjahres zurückgenommen werden. An die Gewinnermittlung nach den allgemeinen Vorschriften ist die Fondsgesellschaft dann ebenfalls wieder zehn Jahre gebunden. In Fällen, in denen die Schiffe zwar nach dem 31.12.2005 angeschafft oder hergestellt wurden, aber der Antrag auf Anwendung der Tonnagenbesteuerung nicht bereits im Jahr der Inbetriebnahme gestellt wurde, besteht ebenfalls das Risiko, dass die stillen Reserven aus den gleichen Gründen wie oben geschildert, nachversteuert werden müssen.

AfA-Zeitraum für hochseetaugliche Tanker beträgt 17 Jahre

Mit seiner Entscheidung vom 14.04.2011 (Az. IV R 46/09) hat der BFH die Nutzungsdauer von hochseetauglichen Tankerschiffen auf 17 Jahre veranschlagt. In den früheren AfA-Tabellen der Finanzverwaltung betrug der Abschreibungszeitraum zwölf Jahre. Dadurch verlängert sich die finanzielle Beteiligungs-(und damit Bindungs-)dauer der Investoren. Ob dies im Einzelfall lukrativ ist, sollte sorgfältig zusammen mit dem steuerlichen Berater geprüft werden!

9.1.3.2 Beteiligungen an geschlossenen Flugzeugfonds

Geschlossene Flugzeugfonds erwerben meist nur ein Flugzeug, selten auch mehrere Flugzeuge. Dabei kann es sich um Passagier-, Fracht- oder (selten) Spezialflugzeuge handeln, die meist bereits fertiggestellt sind, oder sich kurz vor der Auslieferung befinden.

Investoren erwerben Flugzeuge ebenso wie Schiffe meistens in Form von geschlossenen Leasingfonds. Siehe dazu auch Abschnitt 9.1.3.6.2 Geschlossene Mobilien-Leasing-Fonds.

Das wirtschaftliche Ergebnis hängt von den nachhaltig erzielbaren Charter- oder Leasingraten ab. Aus Sicht Mitte 2018 wird sich der Flugzeugmarkt wegen der zwischenzeitlichen steigenden Nachfrage grundsätzlich positiv entwickeln.

Die Informationen des Verkaufsprospekts sollten bezüglich der Herstellungskosten, des Kaufpreises, der laufenden Kosten und dem prognostizierten Veräußerungspreis sorgfältig geprüft werden.

Meist sind jährliche Ausschüttungen vorgesehen. Im Veräußerungsfall sind grundsätzlich Abschlusszahlungen prognostiziert.

9.1.3.3 Beteiligungen an geschlossenen Private-Equity-Fonds

Bei diesen Finanzierungsmodellen stellt der Investor Eigenkapital zur Beteiligung an einem Unternehmen zur Verfügung. „Private" bedeutet dabei außerbörslich und „Equity" steht für Eigenkapital. Dabei handelt es sich um eine Kapitalüberlassung auf Zeit.

Private-Equity-Fonds erwerben somit direkt oder indirekt Beteiligungen an Unternehmen, die insofern als „Zielgesellschaften" bezeichnet werden.

Die gesetzlichen Anforderungen an Private-Equity-Fonds haben sich mit der Einführung des KAGB verschärft. Damit wurde die AIFM-Richtlinie umgesetzt. Danach sollen die Private-Equity-Aktivitäten transparenter gemacht werden. Im Vordergrund steht dabei der besondere Schutz der beteiligten Interessengruppen wie Anteilseigner und Arbeitnehmer.

Am meisten verbreitet sind sogenannte Buy-outs, das sind unternehmerische Mehrheitsbeteiligungen an meist schon längere Zeit bestehenden Unternehmen.

Eine Sonderform von Private Equity ist der Venture Capital Fonds. „Venture Capital" steht dabei für Risiko- oder Wagniskapital. Damit investiert der Investor nicht selbst direkt in eine Zielgesellschaft, sondern indirekt in einen geschlossenen Fonds.

Eine solche Beteiligung zielt grundsätzlich auf junge Unternehmen in einem frühen Entwicklungsstadium ab. Die Ertragsaussichten sind abhängig von der in einem solchen frühen Stadium schwer kalkulierbaren Zukunftsentwicklung. Das Chancen- und Risikopotenzial ist entsprechend hoch.

9.1.3.4 Beteiligungen an geschlossenen Medienfonds sowie Gamefonds

Medienfonds investieren in Film- und Fernsehproduktionen.

Gamefonds investieren sowohl in die Produktion wie auch den Vertrieb und die Vermarktung von Video- und Computerspielen. Besonders Gamefonds haben einen international stark wachsenden Markt.

Zur ertragsteuerlichen Behandlung von Film- und Fernsehfonds gibt es Sonderregelungen des BMF mit Schreiben vom 23.02.2001 in BStBl I S. 175, geändert durch BMF-Schreiben vom 05.08.2003 in BStBl I S. 406 (sogenannter Medienerlass). Geregelt wird, unter welchen Voraussetzungen Herstellungskosten für einen Film sofort abziehbare Betriebsausgaben darstellen, also ein nach § 5 Abs. 2 EStG selbst geschaffenes und damit nicht aktivierungspflichtiges Wirtschaftsgut des Anlagevermögens vorliegt.

Hierzu ist erforderlich, dass die Fondsgesellschaft das **gesamte Risiko der Filmherstellung** trägt. Das gilt sowohl bei der Einschaltung von Dienstleistern als auch im Falle der Koproduktion.

Der Fonds wird steuerlich nur dann als Hersteller anerkannt, wenn er das Gesamtbudget und die Verträge mit den Mitwirkenden tatsächlich mitgestaltet. Auch muss er die Möglichkeit haben, organisatorische Änderungen durchzusetzen.

Wegen der besonderen Konzeption der geschlossenen Fonds ist es erforderlich, dass die Mitwirkungsrechte der Gesellschafter über die zur Anerkennung der Mitunternehmereigenschaft nach § 15 Abs. 1 Satz 1 Nr. 2 EStG geforderte Initiative hinausgehen. Wesentliche Einflussnahmemöglichkeiten entstehen nicht bereits dadurch, dass der Initiator als Gesellschafter oder Geschäftsführer für den Fonds gehandelt hat oder handelt. Die Einflussnahmemöglichkeiten müssen den Gesellschaftern selbst gegeben sein, die sie innerhalb des Fonds im Rahmen der gesellschaftsrechtlichen Verbundenheit ausüben.

Ein beitretender Kommanditist und der Fonds gelten aus Vereinfachungsgründen auch dann noch als Hersteller, wenn mit den Dreharbeiten noch nicht begonnen wurde. Ab diesem Zeitpunkt ist die Produzentenstellung dadurch nachzuweisen, dass dem Fonds die wesentlichen Entscheidungen verblieben sind.

Da Filmgeschäfte grundsätzlich in US-Dollar abgerechnet werden, ist zusätzlich das Währungsrisiko zu berücksichtigen.

Für in den Jahren 1998 bis 2005 als beliebte, sogenannte Steuersparmodelle aufgelegte leasingähnliche Filmfonds mit Schuldübernahmestruktur ergab sich durch eine Neubeurteilung der Bayerischen Finanzverwaltung die Gefahr des Verlustes der Steuervorteile. Anleger hatten mit Nachzahlungen in Milliardenhöhe zu rechnen.

Inzwischen ist entschieden: Mit Urteil des Finanzgerichts München vom 08.04.2011 (Az. 1 K 3669/09) verzichtet der Fiskus auf Rechtsmittel. Das heißt, den Anlegern bleibt zumindest ein Teil der Steuervorteile erhalten. Nach Angaben des bayerischen Finanzministeriums soll die Entscheidung im gesamten Bundesgebiet in „gleichgestellten Fällen" gelten. Doch einige Anbieter ziehen ihre Klagen nicht zurück. Sie wollen die vollen Steuervorteile für ihre Investoren erreichen.

9.1.3.5 Beteiligungen an geschlossenen Neue-Energien-Fonds und an Windparks

Neue-Energien-Fonds investieren in die unterschiedlichsten Arten und Formen von neuen Energien. Dabei muss es sich nicht nur um erneuerbare Energien im streng ökologischen

Sinne handeln. Deshalb sollte der Investor darauf achten, in was der Fonds investiert. Denn es kann sich sowohl um Investitionen in erneuerbare Energien im ökologischen Sinne handeln als auch um Investitionen in Atomkraft.

Windparkfonds, häufig auch Windkraftfonds genannt, investieren in Windkraftanlagen auf meist fremden Grundstücken mit hoher Windausbeutewahrscheinlichkeit. Durch Gutachten wird zuvor die voraussichtliche und mögliche Ausbeute an Windenergie ermittelt. Ziel dabei ist, eine Vorausschau im Sinne einer Kapitalrentabilität zu erhalten.

Bisher versprachen Anbieter nahezu sichere Erträge bei der Beteiligung an solchen Fonds. Doch oftmals ging diese Rechnung nicht auf, weil beispielsweise wegen schlechter Steuerungsanlagen und falscher Standortwahl (Windstille) die Kapazitäten nicht ausgenutzt wurden. So hat letztendlich die Insolvenz des Erzeugers von erneuerbaren Energien Prokon mehrere 10 000 Kleinanleger um den Großteil ihrer Einlagen gebracht und zur Verbesserung vielfältiger Schutzvorschriften für Kleininvestoren im Kleinanlegerschutzgesetz, in Kraft getreten am 10.07.2015, geführt. Lediglich auf dem Meer liefern Offshore-Windanlagen reichlich Strom. Doch inzwischen haben die Hersteller und Betreiber der Anlagen vieles dazugelernt, so dass die Anlagen rentabler betrieben werden können.

Die Beteiligungen werden überwiegend in Form von Kommanditanteilen angeboten.

Checkliste für die Beurteilung eines Windkraftfonds

Um das Risiko gering zu halten, sollten folgende Punkte beachtet werden:

- Wie sieht die politische „Großwetterlage“ bezüglich Stromeinspeisung und Durchleitungsrechten aus?
- Gibt es von Seiten der Genehmigungsbehörden „grünes Licht“?
- Liegt ein Nachweis über die Erfahrungen des Initiators in Errichtung, Finanzierung und Betrieb von Windkraftanlagen vor?
- Liegt ein unabhängiges Wirtschaftsprüfungs- und Steuergutachten über die Prospektanlagen vor?
- Liegen zwei unabhängige Windgutachten zu den Windverhältnissen am Standort vor?
- Verfügt die Windkraftanlage über eine sogenannte vermessene Leistungskennlinie, an der sich die Ertragschancen abschätzen lassen?
- Handelt es sich um marktreife Anlagen oder um Prototypen?
- Fließt der überwiegende Teil der Investitionssumme in die Windkraftanlage?
- Wurde die gesetzlich vorgeschriebene Absenkung der Stromeinspeisevergütung berücksichtigt?
- Werden von Beginn an ausreichende Rückstellungen für Reparaturen und den späteren Rückbau der Anlagen gebildet?
- Werden die laufenden Kosten für die Betriebsführung und die Verwaltung korrekt und in ausreichender Höhe ausgewiesen?
- Wird bei der Prognoseberechnung ein Sicherheitsabschlag von mindestens zehn Prozent berücksichtigt, um windarme Zeiten zu überbrücken?
- Ist die Anlage auch noch rentabel, wenn mögliche Subventionen herausgerechnet werden?

In seinem Urteil vom 14.04.2011 (Az. IV R 46/09) hat der BFH zur Abschreibung von Windparks entschieden, dass sich ein Windpark aus mehreren selbstständigen Wirtschaftsgütern zusammensetzt. Diese sind:

- Turm, Rotor und Generatorgondel einschließlich aller mechanischen und elektrischen Bauteile mit dem dazu gehörenden Transformator und der beide verbindenden Niederspannungsverkabelung,
- die mehrere Windkraftanlagen verbindende Mittelspannungsverkabelung einschließlich der Übergabestation zum Hochspannungsnetz und
- die Zuwegung.

Zuvor hatten diese Wirtschaftsgüter eine jeweils unterschiedliche Nutzungsdauer.

Der BFH bestimmte in seinem Urteil, dass sich die Nutzungsdauer des Windparks nach der Nutzungsdauer der den Windpark prägenden Windkraftanlagen richte. Diese haben in den entschiedenen Fällen, abhängig vom Jahr der Errichtung, in einem Fall zwölf, in einem anderen Fall 16 Jahre betragen.

9.1.3.6 Beteiligungen an geschlossenen Leasingfonds

Bei geschlossenen Leasingfonds beteiligt sich der Anleger an einer Gesellschaft, der Leasing-Fondsgesellschaft. Die Leasinggegenstände, das sind sowohl Immobilien als auch Mobilien, werden von der Leasing-Fondsgesellschaft für einen bestimmten Zeitraum vermietet und anschließend veräußert. Die Finanzierung der Leasinggegenstände erfolgt durch die Investoren.

Grundidee aller Leasingmodelle war, die in den ersten Jahren anfallenden Anfangsverluste mit den positiven Einkünften der Investoren zu verrechnen.

Hier sind bei modellhafter Gestaltung die Beschränkungen aufgrund § 15b EStG zu beachten. Auch muss das Wirtschaftsgut dem Leasinggeber zuzuordnen sein.

Vorteile etwa im Vergleich zum geschlossenen Immobilienfonds:

- Eine genaue Kalkulation der Nachsteuerrenditen ist bereits zum Investitionszeitpunkt möglich.
- Durch den Leasingvertrag gibt es feste Konditionen und kein Vermietungs- oder Verwertungsrisiko.

Nachteile: Keine Teilnahme am eventuellen Wertzuwachs des Mietobjektes, da der genaue Verkaufspreis erst am Ende der Mietzeit festgelegt wird.

9.1.3.6.1 Beteiligung an geschlossenen Immobilien-Leasing-Fonds

Bei Immobilien-Leasing-Fonds können sich Anleger als Gesellschafter an (Leasing-) Objektgesellschaften beteiligen und je nach Konzeption Einkünfte aus Gewerbebetrieb oder aus Vermietung und Verpachtung erzielen. Die Objektgesellschaft wird zivilrechtlich Eigentümerin der Immobilie.

Über einen Immobilien-Leasing-Vertrag wird ein Objekt langfristig und unkündbar vermietet. Die Leasingraten („Mieten") bilden die Erträge der Gesellschaft.

Die Anleger sind als Gesellschafter an Gewinn und Verlust und den stillen Reserven der Objektgesellschaft beteiligt. Die Objektgesellschaft ist überwiegend eine gewerblich geprägte Personengesellschaft in Form einer GmbH & Co. KG mit Einkünften aus Gewerbebetrieb. Die Objektgesellschaft muss für eine steuerliche Anerkennung die Gewinnerzielungsabsicht darlegen.

Dafür muss ein **steuerlicher Totalgewinn** erzielt werden. Ein steuerlicher Totalgewinn ergibt sich, wenn die Summe aller steuerlichen Jahresergebnisse während des Bestehens positiv ist. Ist dies nicht der Fall, liegt eine steuerlich nicht anerkannte „Liebhaberei“ vor.

Bei den Objektgesellschaften und den Leasingnehmern („Mietern“) sollte es sich um bonitätsmäßig einwandfreie Partner handeln.

Nachteilig ist, dass es für die Veräußerung der Gesellschaftsanteile keinen geregelten Markt gibt. Eine vorzeitige Veräußerung könnte auch steuerschädlich sein. Damit ist auch die ursprüngliche Renditeerwartung gefährdet. Die Rendite hängt entscheidend von der Bonität des Mieters und der Gestaltung des Mietvertrages ab. Ohne Mietgleitklausel (Indexierung) ist kein Inflationsausgleich gegeben.

Der Anleger beteiligt sich als Kommanditist an einer Kommanditgesellschaft, die nach Ende der Mietzeit wieder aufgelöst wird. Er haftet für die Schulden der Gesellschaft bis zur Höhe seiner Einlage. Bis zu dieser Höhe kann er steuerlich auch Verluste geltend machen. Die Mindestanlage beträgt meist 50 000 Euro.

Um das Risiko für den Anleger abzusichern, sollte eine Verkaufsgarantie für das Ende der Laufzeit bestehen. Schäden der Mobilien müssen durch entsprechende Versicherungen abgedeckt werden. Was bleibt, ist das Risiko der steuerlichen Rahmenbedingungen.

- Prüfkriterien und Risiken für eine Beteiligung
  - Höchstkostengarantie durch Initiator
  - Kostenrisiken entstehen durch verspätete Fertigstellung, verspäteten Mietbeginn, höhere Zwischen- und Endfinanzierungskosten.
  - Eigentumsverhältnisse bei Grundstücken müssen geklärt sein.
  - Eine Platzierungs- und Rückkaufsgarantie durch eine namhafte Fondsgesellschaft muss vorausgesetzt werden.
  - Negative Auswirkungen durch Steuerrechtsänderungen sind möglich.
  - Ein Mitunternehmerrisiko ist Voraussetzung für Steuervorteile. Je mehr sich der Leasingfonds an hohen Sicherheitsstandards orientiert, umso größer ist das Risiko einer steuerlichen Nichtanerkennung.
  - Der Anleger ist bei allen Leasingmodellen nur Kreditgeber und am Wertzuwachs des Objekts nicht beteiligt.
  - Die Fonds sind als eine Alternative zu einer Festzinsanlage bei einer Renditebetrachtung nach Steuern zu betrachten. Durch Fehlen des Wertzuwachses können diese Fonds eine Sachwertanlage, wie beispielsweise Immobilien oder geschlossene Immobilienfonds, nicht ersetzen.

9.1.3.6.2 Beteiligung an geschlossenen Mobilien-Leasing-Fonds

Mobilien-Leasing-Fonds, etwa mit Flugzeugen, Schiffen oder Schnellzügen, haben wegen der hohen steuerlichen Abschreibungsmöglichkeiten eine relativ kurze Laufzeit. Die Leasingobjekte sind nach Ablauf der Leasingdauer verwertbar. Entscheidend für eine Beteiligung ist eine ausgezeichnete Bonität der Leasingnehmer.

Bei **Finanzierung von Flugzeugen** beispielsweise sieht das wie folgt aus:

Eine Leasinggesellschaft legt einen geschlossenen Fonds zur Finanzierung eines Flugzeugs für eine Fluggesellschaft auf. Dabei unterscheidet man zwischen Finance-Leasing und Operate-Leasing.

Vergleich Finance-Leasing und Operate-Leasing	
Finance-Leasing (Finanzierungs-Leasing)	Operate-Leasing
• das Leasing-Objekt wird nach individuellen Wünschen des Leasing-nehmers angeschafft • Vermietung über die gesamte Leasingdauer • Übernahme des Objekts nach Beendigung der Vertragslaufzeit zum Festpreis	• das Leasing-Objekt ist ein Standardprodukt • Vermietung jeweils nur für wenige Jahre • Vertragsverhältnis ist kurzfristig kündbar • Leasing-Objekt während der Laufzeit meist mehrfach vermietet
Das Investitions- und Wertentwicklungsrisiko trägt der Leasing-Nehmer, also die Reederei oder die Fluggesellschaft.	Das Investitions- und Wertentwicklungsrisiko trägt der Leasing-Geber, also die Fondsgesellschaft.

Die Leasinggesellschaft vermietet das Flugzeug für einen festen Zeitraum, beispielsweise für zwölf Jahre. Falls sich der Zeitraum über die gesamte Leasingdauer erstreckt, spricht man von einem Finance-Leasing. In diesem Fall übernimmt der Mieter nach Vertragsablauf das Flugzeug zu einem festen Preis. Beim Operate-Leasing besteht der Mietvertrag nur für wenige Jahre, während der Leasingfonds eine längere Laufzeit hat. Dadurch können je nach Anschlussmietvertrag die Erträge variieren. Risiko und Chance sind hier also höher als beim Finanzierungs-Leasing-Fonds.

Die Leasingraten werden so festgesetzt, dass sämtliche Kosten, wie Betriebskosten, Instandhaltungskosten, Verwaltungsaufwendungen, Zinsen und Tilgung sowie die Ausschüttungen an den Anleger, gedeckt sind.

Wenn die Kapitaleinlagen der Anleger konzeptionsbedingt fremdfinanziert werden, muss damit gerechnet werden, dass über Jahre hinaus Verluste erzielt werden. Dann besteht die Gefahr, dass die Beteiligung an dem Fonds als Steuerstundungsmodell nach § 15b EStG behandelt wird.

9.2 Mit Kindern Steuern sparen

„Allzu viel Geld für die Kinder aufzuhäufen ist ein Vorwand der Habsucht, die dadurch den ihr eigenen Charakter verrät."

Demokrit (460–371 vor Christus), griechischer Philosoph

Die Steuerpflicht natürlicher Personen beginnt mit Vollendung der Geburt und endet mit dem Tod. Doch werden Personen, deren zu versteuerndes Einkommen unter bestimmten Grenzen liegt, von der Einkommensteuer nicht erfasst, weil die Einkommensbesteuerung erst oberhalb des Grundfreibetrags beginnt. Fallen zum Beispiel nur Einkünfte aus Vermietung und Verpachtung an, wird durch den Grundfreibetrag die Einkommensteuer erst wirksam, wenn diese Einkünfte eine bestimmte Grenze überschreiten. Wird eine solche Einkommensquelle (beispielsweise aus einer vermieteten Eigentumswohnung) aus außersteuerlichen Gründen, beispielsweise aus familiären Gründen, steuerwirksam auf Kinder übertragen, ergibt sich die Einkommensteuerersparnis pro Jahr und je Kind.

Dabei stehen jedem Kind, soweit es ausschließlich Einnahmen aus Kapitalvermögen hat, der Grundfreibetrag, der Sonderausgaben-Pauschbetrag und der Sparer-Pauschbetrag zu.

Werden Einkunftsquellen auf Kinder übertragen, die den Einkünften aus Kapitalvermögen zuzurechnen sind, kannn jedes Kind für diese Einkunftsquelle auch noch den Sparer-Pauschbetrag von 801 Euro je Kalenderjahr nutzen.

Ist das Kind bisher über die Eltern beitragsfrei in der gesetzlichen Krankenversicherung mitversichert, kann sich für das Kind aufgrund der nun zufließenden Einnahmen unter Umständen eine individuelle Beitragspflicht ergeben, die die steuerlichen Vorteile konterkariert.

Die steuerliche Behandlung von Kindern

Eine Steuerersparnis ergibt sich im Wesentlichen aus der Übertragung von Kapitalvermögen auf Kinder bei der Erbschaftsteuer und Schenkungsteuer. So ist die Schenkung von Kapitalvermögen an Kinder, Stiefkinder und Kinder verstorbener Kinder bis zu 400 000 Euro schenkungsteuerfrei. Der Freibetrag von 400 000 Euro gilt auch für Adoptivkinder nach § 15 Abs. 1a ErbStG. Bis zu diesem Betrag können jeweils innerhalb von zehn Jahren Vermögensteile übertragen werden. Zu weiteren steuerlichen Freibeträgen für Kinder finden Sie im Abschnitt 8.1.3.8 weiterführende Informationen; zu Kinderbetreuungskosten unter 8.11.

Grundregeln für die steuerliche Anerkennung von Vermögensübertragungen auf Kinder

- Einkünfte müssen den Kindern eindeutig zugeordnet werden.
- Die Ernsthaftigkeit der Vereinbarung muss gewährleistet sein.
- Verträge müssen wie zwischen Fremden üblich abgefasst sein und durchgeführt werden.
- Vermögenswerte müssen den Kindern tatsächlich zugewendet werden.
- Für die Kinder müssen wirtschaftliche Vorteile entstehen.
- Es darf nicht der Eindruck entstehen, dass die Vereinbarungen nur der missbräuchlichen Steuerersparnis dienen (siehe § 42 AO). Ein Missbrauch von rechtlichen Gestaltungsmöglichkeiten nach § 42 Abs. 1 und 2 Satz 1 AO liegt nicht vor, **wenn der Steuerpflichtige für die gewählte Gestaltung außersteuerliche Gründe nachweist, die nach dem Gesamtbild der Verhältnisse beachtlich sind.**
- An die Kinder übertragenes Vermögen darf den Eltern nicht wieder als Darlehen dienen.

Richten die Eltern zugunsten ihres minderjährigen Kindes ein Sparkonto ein, dann werden die Zinsen dem Kind zugerechnet, wenn die Eltern bei Einrichtung des Kontos und Einzahlung der Einlage den Willen haben, den Gesamtbetrag dem Kind zuzuwenden, und dies für das Kreditinstitut erkennbar ist.

Eine Verwendung der Erträge durch Eltern, die sich auf gehobenen Lebensunterhalt des Kindes und nicht gesetzliche Unterhaltsansprüche bezieht, wird nach Abstimmung mit der Finanzverwaltung anerkannt. Es genügt also nicht, lediglich ein Konto auf den Namen des

Kindes einzurichten und darauf die Beträge aus eigenen Mitteln zu stellen, mit denen dann beispielsweise gesetzliche Unterhaltsansprüche bedient werden.

Grundsätzlich gilt, wenn Eltern auf Kinder steuerwirksam, also unter Entlastung der eigenen Steuerpflicht, Guthaben und damit Einkunftsquellen übertragen, dass auch der Form nach jeder Zweifel, es könne ein Scheingeschäft sein, ausgeschlossen ist. Die Zuwendung muss den Willen erkennen lassen, auf Dauer ernsthaft gewollt zu sein.

Geldanlage-Tipp für Vermögensübertragungen auf Kinder

- Vermögensübertragungen innerhalb der Familie werden steuerlich nur anerkannt, wenn sie neben den steuerrechtlichen Vorschriften auch den zivilrechtlichen Vorschriften (also besonders des BGB) entsprechen!
- Der Eindruck von „Missbrauch rechtlicher Gestaltungsmöglichkeiten" nach § 42 AO sollte nicht erweckt werden. Deshalb ist eine Lösung nach § 42 Abs. 2 Satz 2 AO anzustreben, wonach dann kein Missbrauch vorliegt, „wenn der Steuerpflichtige für die gewählte Gestaltung außersteuerliche Gründe nachweist, die nach dem Gesamtbild der Verhältnisse beachtlich sind".
- Eine „Rückschenkung" ist nur in eng gezogenen Grenzen möglich.

Eltern können minderjährige Kinder unter Umständen nicht selbst rechtsgeschäftlich vertreten, beispielsweise wenn im Rahmen ihrer Zuwendung an dem rechtlichen Vorteil für das Kind Zweifel bestehen.

Deshalb empfiehlt es sich, einen schriftlichen Schenkungsvertrag zu schließen, bei dem das Kind durch einen sogenannten Ergänzungspfleger nach § 1909 BGB vertreten wird. Dabei kann es sich auch um einen Angehörigen handeln, der allerdings für das Kind nicht gesetzlich vertretungsbefugt sein darf. Einen solchen Pfleger bestellt das Betreuungsgericht beim Amtsgericht auf Antrag der gesetzlichen Vertreter unter Darlegung der Gründe ihrer Verhinderung zur rechtsgeschäftlichen Vertretung. Es genügt die formlose Darstellung der beabsichtigten Schenkung ohne rechtliche Ausführungen. Erachtet das Gericht die Bestellung eines Pflegers als nicht notwendig, sollte dies dem Finanzamt im Zweifel belegt werden.

Eine so gestaltete Vermögensübertragung wäre beispielsweise durch die Einrichtung eines Sparkontos mit vierjähriger Kündigungsfrist möglich. Besteht eine Ergänzungspflegschaft, sollte der Pfleger Besitzer des Sparbuchs sein. Die jährlich anfallenden Zinsen dürften dann für die Schenker steuerneutral zu nachgewiesenen Unterhaltskosten verwendet werden.

Eine Anlage mit kürzerer Fälligkeit erfüllt im Zweifel nicht die Kriterien der Ernsthaftigkeit der gewollten Schenkung, weil dann der Verdacht nahe liegt, die Eltern wollten in absehbarer Zeit wieder Zugriff auf die Vermögensquelle nehmen und sie nicht dem Kind belassen.

Solange die Eltern noch ein Verfügungsrecht für sich in Anspruch nehmen können, ist der steuerlich erstrebte Zweck gefährdet. Willkürlich abgehobene Beträge oder Verwendung der Darlehenszinsen für den Lebensunterhalt der Kinder oder gar den eigenen Lebensunterhalt stellen die ganze Konstruktion in Frage mit der Folge, dass die Steuervorteile sogar rückwirkend verloren gehen.

Dazu wird in einem Urteil des BFH vom 23.06.1976 Az. I R 140/75 BStBl 1977 II S. 78 sinngemäß ausgeführt: Schenkt der Vater seinem durch beide Elternteile vertretenen geschäftsunfähigen Kind (das also das siebte Lebensjahr noch nicht vollendet hat) einen Geldbetrag und verpflichtet sich das Kind gleichzeitig, den Betrag dem Vater darlehensweise zur Verfügung zu stellen, ist diese Vereinbarung bürgerlich-rechtlich nicht wirksam. Sie verstößt gegen die §§ 181 (Insichgeschäft, das heißt das Verbot, mit sich selbst einen Vertrag zu schließen) und 1629 Absatz 2 i. V. m. 1795 Absatz 1 Nr. 1 BGB (Ausschluss der Vertretungsmacht; das betrifft Geschäfte unter bestimmten Personen, besonders Verwandten). Deshalb ist diese Vereinbarung in der Folge auch steuerrechtlich nicht wirksam. Wenn derartige Vereinbarungen geplant werden, sollte ein steuerlicher Berater eingeschaltet werden.

Notarielle Beurkundung bei Schenkung von Kapitalvermögen des Vaters oder der Mutter an die Kinder empfehlenswert
Bei beweglichen Gegenständen wird die Zuwendung ausgeführt durch Einigung und Übergabe des Gegenstands. Bei einer Kapitalzuwendung genügt grundsätzlich die Übergabe des Geldbetrages. Die Übertragung muss für jeden Dritten deutlich erkennbar sein, sodass sie eine einwandfreie Beurteilung ihrer Rechtsbeständigkeit gestattet. Dies gilt vor allem bei Zuwendung innerhalb der Familie. Bestimmte Formvorschriften für die Schenkung gibt es grundsätzlich nicht. Auch einer notariellen Beurkundung bedarf die Schenkung nicht.

Richtet beispielsweise der Vater für seine Kinder Sparkonten ein, so liegt eine wirksame Schenkung an die Kinder nur dann vor, wenn der Vater nach außen erkennbar die Verfügungsmacht über das Geld aufgegeben und in einer jeden Zweifel ausschließenden Weise den Kindern das Eigentum an dem Geld verschafft hat.

Nach herrschender Meinung wird eine Schenkung durch den gesetzlichen Vertreter, meist Vater und Mutter, von minderjährigen Kindern steuerlich anerkannt, wenn das „Geschäft“ zwischen gesetzlichem Vertreter und Kind in äußerlich erkennbarer Weise getätigt worden ist und am rechtlichen Tatbestand der Zuwendung keine Zweifel mehr bestehen. Steuerliche Berater empfehlen, bei Schenkungsversprechen die notarielle Form nach § 518 BGB zu beachten, auch wenn der Formmangel durch Bewirkung der versprochenen Leistung „geheilt“ wird (§ 518 Abs. 2 BGB).

9.2.1 Übertragung von Wertpapieren

Für die Wirksamkeit dieser Vermögensübertragung dürfen die Eltern bei Überlassung der Wertpapiere das Vermögen verwalten, nicht jedoch darüber verfügen. Die Papiere oder das Depotkonto werden auf den Namen des Kindes angelegt. Zusätzlich muss ein Konto auf den Namen des Kindes errichtet werden, auf dem die Erträge gutgeschrieben werden können. Zusätzlich wird das Finanzamt prüfen, ob sich der Geldwert der Zuwendung im Rahmen des Üblichen hält.

Beispiel

Wenn das Kind keine weiteren Einkünfte hat, die den Grundfreibetrag und andere Freibeträge übersteigen, bleiben die Zinseinnahmen steuerfrei. Voraussetzung: NV-Bescheinigung durch das Veranlagungsfinanzamt oder Freistellungsauftrag bis maximal 801 Euro (Sparer-Pauschbetrag) liegt vor. Darüber hinaus ist die Erstattung der Abgeltungsteuer im Wege der Antragsveranlagung möglich.

9.2.2 Zinslose Darlehen an Kinder

Eine denkbare Möglichkeit der Steuerersparnis besteht darin, dass der Vater oder die Mutter dem Sohn oder der Tochter ohne steuerliche Gründe ein zinsloses Darlehen gewähren. Mit diesem Geld werden für das Kind Wertpapiere gekauft. Die Erträge fließen ebenfalls dem Kind zu, um beispielsweise während des Studiums zusätzlich auftretende persönliche Wünsche zu erfüllen. Nach dem Studium kann dann das Kind das Darlehen wieder zurückzahlen.

Als Nebeneffekt ergibt sich, dass die Zinseinkünfte, die ohne diese Gestaltung bei den Eltern verbleiben und dort mit der Abgeltungsteuer belegt gewesen wären, dem Kind entweder steuerfrei zufließen oder im Falle der Wahrnehmung des Veranlagungswahlrechts, da der individuelle Steuersatz unter 25 Prozent liegen wird, mit einem niedrigeren Steuersatz belegt werden. Dazu heißt es im § 42 Abs. 1 Satz 1 AO: durch Missbrauch von Gestaltungsmöglichkeiten des Rechts kann das Steuergesetz nicht umgangen werden. Im Absatz 2 Satz 1 heißt es: „Ein Missbrauch liegt vor, wenn eine unangemessene rechtliche Gestaltung gewählt wird, die beim Steuerpflichtigem oder einem Dritten im Vergleich zu einer angemessenen Gestaltung zu einem gesetzlich nicht vorgesehenen Steuervorteil führt“. Interessant ist in diesem Zusammenhang § 42 Abs. 2 Satz 2: „Dies gilt nicht, wenn der Steuerpflichtige für die gewählte Gestaltung außersteuerliche Gründe nachweist, die nach dem Gesamtbild der Verhältnisse beachtlich sind“.

9.2.3 Steuern sparen durch Nießbrauch

Kompakt

- Nießbrauch ist, einfach gesagt, ein Nutzungsrecht an einer Sache. Der Nießbraucher, also der Nießbrauchberechtigte, ist sozusagen „Nutznießer“ der Sache.
- In der Praxis wird Nießbrauch häufig an einem Grundstück, beispielsweise einem den Eltern gehörenden Mehrfamilienhaus zu Gunsten von Kindern bestellt.
- Neben den verschiedenen Formen des Nießbrauchs sind steuerrechlich zwei Arten zu unterscheiden:
- Der **Zuwendungsnießbrauch** und der **Vorbehaltsnießbrauch**.

  Dazu je ein Beispiel:
- Beim Zuwendungsnießbrauch bleibt das Eigentum des Hauses bei den Eltern, die Vermietungseinkünfte werden auf ein Kind übertragen.
- Beim Vorbehaltsnießbrauch wird das Mehrfamilienhaus auf ein Kind übertragen. Das Nutzungsrecht, also die Einkünfte aus der Vermietung, bleiben bei den bisherigen Eigentümern, den Eltern, die somit Nießbraucher ihrer bisherigen Immobilie werden.
  Wichtig:
  Bei allen Gestaltungen im Zusammenhang mit dem Nießbrauch sollten rechtliche und steuerlich Berater eingeschaltet werden!

Die steuerlichen Vor- und Nachteile der Einräumung eines Nießbrauchs nach § 20 EStG sowie die Anforderungen an die rechtliche Gestaltung (§§ 1030 bis 1089 BGB) werden nachstehend dargestellt:

- Bürgerlich-rechtliche Grundvoraussetzungen des Nießbrauchs
  - Beim Grundstücksnießbrauch ist eine notarielle Beurkundung erforderlich. Dieser Formzwang besteht nach § 518 BGB auch bei dem „schenkweisen" Versprechen des Nießbrauchs.
  - Bei anderen Nießbrauchsbestellungen ist zwar die notarielle Form nicht erforderlich, jedoch zum Nachweis der tatsächlichen Durchführung des Rechtsgeschäftes empfehlenswert.
  - Die Mitwirkung eines Ergänzungspflegers für ein minderjähriges Kind ist beim Grundstücksnießbrauch erforderlich; es sei denn, das Vormundschaftsgericht hat dessen Mitwirkung für entbehrlich gehalten (Schreiben des BMF vom 09.02.2001 Az. IV C 3 S 2253-18/1 BStBl I S. 171).
  - Bei anderen Nießbrauchsbestellungen ist die Mitwirkung eines Ergänzungspflegers nur dann erforderlich, wenn durch die Nießbrauchsbestellung neben den Rechten auch Pflichten des Kindes begründet werden.
  - Der Nießbrauch ist nicht übertragbar und nicht erblich.
  - Der Nießbraucher ist zum Besitz der ihm überlassenen Sache berechtigt.
  - Der Nießbraucher hat bei der Ausübung des Nutzungsrechtes die bisherige wirtschaftliche Bestimmung der Sache aufrechtzuerhalten und nach den Regeln einer ordnungsgemäßen Wirtschaft zu verfahren.
  - Der Nießbraucher ist nicht berechtigt, die Sache umzugestalten oder wesentlich zu verändern.
  - Der Nießbraucher hat für die Erhaltung der wirtschaftlichen Sache zu sorgen.
  - Der Nießbraucher hat auch die auf der Sache ruhenden öffentlichen Lasten sowie diejenigen privatrechtlichen Lasten zu tragen, welche schon zur Zeit der Bestellung des Nießbrauchs auf der Sache ruhten, besonders die Zinsen der Forderungen aus Hypotheken und Grundschulden sowie die auf Grund einer Rentenschuld zu entrichtenden Leistungen.
- Steuerliche Behandlung
  Grundvoraussetzung für die steuerliche Anerkennung des Nießbrauchs ist, dass der Nießbraucher in seiner Person die gesetzlichen Voraussetzungen der jeweiligen Einkunftsart erfüllt. Auch muss die Nießbrauchbestellung bürgerlich-rechtlich in vollem Umfang rechtsgültig sein. So muss beispielsweise der Nießbraucher an einem Grundstück die volle Besitz- und Verwaltungsbefugnis über das Grundstück innehaben und auch ausüben, tatsächlich die Nutzungen ziehen, also die Mieten vereinnahmen. Mietzahlungen müssen auf das Konto des Nießbrauchers erfolgen. Der Nießbraucher hat den Mietern anzuzeigen, dass er in ihre Verträge eintritt. Nur er ist berechtigt, neue Mietverträge abschließen.

Steuern vom Ertrag, besonders Einkommensteuer

Einkommensteuerlich ist hierbei der sogenannte Nießbraucherlass (BMF vom 30.09.2013, BStBl I 2013, S. 1184) von Bedeutung. Ob dabei eine Gestaltung mit dem sogenannten Vorbehaltsnießbrauch oder dem Zuwendungsnießbrauch ertragsteuerlich optimal ist, sollte im Einzelfall entschieden werden.

Schenkungsteuer

Zuwendungsnießbrauch: Schenkungsteuerlich ist der kapitalisierte Wert des Nießbrauchs beim Empfänger zu versteuern.

Vorbehaltsnießbrauch: Die Nießbrauchsbelastung kann für Zwecke der Schenkungsbesteuerung nicht von der Bemessungsgrundlage abgezogen werden; die Schenkungsteuer ist jedoch insoweit zu stunden.

Erbschaftsteuer
Erbschaftsteuerlich von Nachteil ist es, wenn der Vater an seinem Kapitalvermögen einen Nießbrauch zugunsten seiner Kinder bestellt, weil er das Vermögen noch nicht übertragen will. Hier muss nämlich zunächst der Nießbrauchserwerb (Schenkungsteuer aus dem Kapitalwert) und später, wenn die Kinder erben, nochmals der Erwerb des Vermögens als Erbanfall (Erbschaftsteuer) versteuert werden.

Grunderwerbsteuer
Grunderwerbsteuer einerseits und Schenkung oder Erbschaftsteuer andererseits schließen sich gegenseitig aus. Zu beachten ist jedoch die unter „Schenkungsteuer" erwähnte Ausnahme.

Umsatzsteuer
Umsatzsteuerrechtlich fällt die Nießbrauchbestellung an Grundstücken unter die Steuerbefreiung des § 4 Nr. 12 Buchstabe c UStG, betreffend die Bestellung, Übertragung und Überlassung der Ausübung von dinglichen Nutzungsrechten an Grundstücken. Nicht befreit sind im Wesentlichen kurzfristige Vermietungen nach § 4 Nr. 12 Buchstabe c Satz 2 UStG.

> **Beispiel**
>
> **für die Problematik der steuerlichen Anerkennung**
> Wird zugunsten eines Kindes von den Eltern unentgeltlich ein zeitlich bis zum 25. Lebensjahr befristeter Nießbrauch an einem Grundstück bestellt und das Grundstück anschließend wieder von dem Kind an die Eltern zurückvermietet, stellt eine solche Gestaltung regelmäßig eine Steuerumgehung dar (bereits im BFH vom 18.10.1990 – Az. IV R 36/90 – BStBl 1991 II S. 205; zuletzt bestätigt von FG München vom 12.12.2015 – 1 K 3645/08).

9.2.4 Wertpapierpensionsgeschäft

Der Pensionsnehmer, in unserem Fall ein Kind, erwirbt für eine bestimmte Dauer das uneingeschränkte Eigentum an den Wertpapieren. Zu einem im Voraus bestimmten Zeitpunkt sind die Wertpapiere gegen Entrichtung des erhaltenen oder eines vereinbarten Betrags zurück zu übertragen. Grundsätzlich erkennt die Finanzverwaltung an, dass in diesen Fällen die Einkünfte dem Pensionsnehmer (Kind) zufließen. Voraussetzung ist, dass die Beträge tatsächlich so fließen wie vereinbart und keine Beträge beispielsweise gestundet werden.

Der Effekt liegt darin, dass die Eltern für eine bestimmte Zeit aus „außersteuerlichen Gründen" die Erträge von Wertpapieren den Kindern zufließen lassen (siehe § 42 Abs. 2 Satz 2 AO).

9.2.5 Aufbau einer eigenen kapitalgedeckten Altersversorgung

- Konstruktion
  Unter der Voraussetzung, dass das Kind bereits Vermögen besitzt und ihm daraus höhere Einkünfte zufließen (beispielsweise aus Vermietung und Verpachtung oder aus Kapitalvermögen), kann es steuerlich vorteilhaft sein, eine Lebensversicherung wie folgt abzuschließen: Das Kind schließt eine Lebensversicherung ab (wird Versicherungsnehmer) und die versicherte Person ist die Mutter oder der Vater.

- Steuervorteil
  Die Versicherungsbeiträge können vom Kind als Vorsorgeaufwendungen (Basisversorgung) geltend gemacht werden, wenn sie bestimmte Voraussetzungen nach § 10 Abs. 1 Nr. 2 EStG erfüllen. Dadurch kann das Kind die Vorsorgeaufwendungen ausschöpfen.

9.2.6 Übertragung eines Wertpapierdepots

Die erbschaft- und schenkungsteuerlichen Auswirkungen der Übertragung eines Wertpapierdepots durch Vertrag zugunsten Dritter werden aus nachstehendem Beispiel deutlich:

- Sachverhalt:
  Ein Großvater (Treugeber) überträgt sein Wertpapierdepot treuhänderisch auf ein inländisches Kreditinstitut mit der Maßgabe, dass dieses verpflichtet sein soll, im Falle seines Todes die im Depot befindlichen Wertpapiere auf seinen Enkel zu übertragen.
- Steuerliche Betrachtung:
  Nach § 3 Abs. 1 Nr. 4 ErbStG gilt als Erwerb von Todes wegen jeder Vermögensvorteil, der aufgrund eines vom Erblasser geschlossenen Vertrages bei dessen Tod von einem Dritten unmittelbar erworben wird. Hier erwirbt der Enkel den Anspruch, die Wertpapiere mit dem Ableben seines Großvaters von dem inländischen Kreditinstitut übertragen zu bekommen. Für ihn entsteht daher Erbschaftsteuerpflicht erst mit dem Tode seines Großvaters.
  Bemessungsgrundlage für die Erbschaftsteuer ist der niedrigste am Stichtag im regulierten Markt notierte Kurs der Wertpapiere nach § 11 Abs. 1 BewG am Todestag des Erblassers. Der bedachte Enkel fällt in die Steuerklasse I. Sind seine Eltern im Zeitpunkt des Todes des Erblassers bereits verstorben, gilt ein Freibetrag von 400 000 Euro; andernfalls ist ein Freibetrag von 200 000 Euro zu berücksichtigen.
  Der Anspruch des Enkels auf Übertragung der Wertpapiere gehört nicht zum Nachlass. Somit können Pflichtteilsberechtigte ihre Rechte nur über den Pflichtteilsergänzungsanspruch nach § 2325 BGB geltend machen.

9.2.7 Übertragung eines Grundstücks in Form eines Verschaffungsvermächtnisses

Bei dieser Gestaltungsform können sich in mehrfacher Hinsicht steuerliche Vorteile ergeben:

- Sachverhalt:
  Der Großvater A verfügt durch Testament, dass sein Erbe, beispielsweise der Sohn B, dem Vermächtnisnehmer, dem Enkel C, ein zum Zeitpunkt des Erbfalls im Nachlass noch nicht befindliches unbebautes Grundstück zu beschaffen hat.
- Steuerliche Betrachtung:
  Bei C fällt Erbschaftsteuer aus dem Wert des unbebauten Grundstücks, der sich aus der Fläche und den Bodenrichtwerten nach § 179 BewG ergibt, an. Wird von den Gutachterauschüssen kein Bodenrichtwert ermittelt, ist der Bodenwert aus den Werten vergleichbarer Flächen abzuleiten. Andererseits sind die bei B für die Beschaffung des Grundstücks anfallenden Aufwendungen bei ihm als abzugsfähige Nachlassverbindlichkeiten zu berücksichtigen. B und C kommen bei dieser Gestaltung nicht nur in den Genuss der persönlichen Freibeträge (bei B sind es 400 000 Euro und bei C 200 000 Euro), sondern können so auch von dem für sie gültigen Steuersatz profitieren.

Bei der Grunderwerbsteuer bleibt der Erwerb durch C (Verschaffungsvermächtnis) steuerfrei. Der Erwerb durch den Verpflichteten B (Verschaffungsverpflichtung) unterliegt jedoch der Grunderwerbsteuer.

9.3 Gastbeitrag: Renditesicherung durch Nachfolgeplanung bei Immobilien

„Auf Rat hören ist die Wurzel allen Wohlstandes."

Persisches Sprichwort

Der Autor dieses Gastbeitrags ist Dr. Marcus A. Hosser, Rechtsanwalt, Fachanwalt für Erbrecht sowie Fachanwalt für Steuerrecht und Trust and Estate Practitioner. Er ist Inhaber einer auf die Rechtsgebiete Erbrecht und Gesellschaftsrecht spezialisierten Kanzlei mit Büros in Karlsruhe und in Frankfurt am Main. Dr. Hosser berät zur Gestaltung letztwilliger Verfügungen, zur Nachlassabwicklung, in Erbstreitigkeiten und in Erbprozessen.

In Zeiten von Minuszinsen und Turbulenzen an den Kapitalmärkten bietet sich Ihnen als Anleger ein attraktives alternatives Investment in eine Nachfolgeplanung für Ihre Immobilien an. Nach der Studie „Erben in Deutschland, 2015–2024: Volumen, Verteilung und Verwendung"[1], werden in diesen Jahren Immobilien im Wert von 1,3 Billionen Euro vererbt. Bei einem geschätzten Erbschaftsvolumen von 3 067 Milliarden Euro insgesamt für diesen Zeitraum machen Immobilien, die vererbt werden, einen beachtlichen Anteil aus.

Der folgende Beitrag behandelt die Frage, ob sich mit einer rechtzeitigen Nachfolgeplanung für Immobilien die Renditen des Immobilienvermögens sichern lassen. Die Antwort dazu: Das ist möglich.

9.3.1 Professionelle Beratung zur Übergabe von Immobilien als Investition?

Kann man bei einer professionellen Nachfolgeplanung zur Übergabe von Immobilien von einer Investition sprechen? Trotz Minuszinsen lassen sich mit den entsprechenden Ausgaben in aller Regel attraktive Renditen erwirtschaften. Dabei ist im Vergleich zu Aktien die Geldanlage in die Rechts- und Steuerplanung für Immobilien ein vergleichsweise sicheres Investment.

> Die Investition in eine professionelle Rechts- und Steuerplanung ist eine sichere Anlageform.

1 Studie von Dr. Reiner Braun von der Empirica AG, im Auftrag des Deutschen Instituts für Altersvorsorge, Seite 5, Tabelle 4. Quelle: www.die-vorsorge.de

Grundsätzlich versteht man unter einer Investition die Verwendung finanzieller Mittel, um damit das Privatvermögen durch Erträge zu vermehren.[1] Nach dem allgemeinen Sprachgebrauch investiert man unter anderem in Aktien, Währungen, Rohstoffe oder in Immobilien. Die Aufwendungen eines Immobilienbesitzers für Rechts- und Steuerberatung zur Übergabe seiner Immobilien von Todes wegen ist daher keine klassische Investition. Gleichwohl können Sie mit diesen Ausgaben gute Renditen erzielen oder die Gesamtrendite Ihrer Immobilien absichern.

Eine professionelle Rechts- und Steuerberatung zur Übergabe von Immobilien vermeidet Risiken und damit Verluste, die beim Ableben des Immobilieneigentümers auftreten. Sie ist ein Instrument zur Absicherung der Erträge aus Immobilien gegen Verluste. Erstens kann sich der durch die Immobilie verkörperte Vermögenwert stark verringern, wenn eine rechtzeitige Absicherung versäumt wird. Zweitens reduziert eine rechtzeitige Beratung durch Angehörige der rechts- und steuerberatenden Berufe hohe Folgekosten nach dem Erbfall für die Nachfolger in die Immobilie. Ohne Nachfolgeplanung fallen diese Kosten regelmäßig an. Drittens hat diese Beratung den erfreulichen Nebeneffekt, dass Sie professionell bei der Errichtung Ihrer letztwilligen Verfügungen unterstützt werden.

Diese Risiken sind bei Immobilien unter anderem deshalb hoch, weil es sich um illiquides Vermögen handelt. Das Kapital ist in der Immobilie gebunden und nicht frei verfügbar. Damit steht es den Erwerbern nicht zur Verfügung, um beispielsweise Pflichtteilsansprüche oder Erbschaftsteuerforderungen zu erfüllen. Problematisch ist auch eine Verteilung von Immobilien.

Eine Rechts- und Steuerplanung verringert das Risiko von Rechtsstreitigkeiten und hoher Folgekosten für die Nachfolger erheblich. Sie vermeidet somit Verluste und sichert die Rendite.

Das Kostenrisiko für die Nachfolger der Immobilie bei einer fehlenden Nachfolgeregelung veranschaulicht das nachfolgende Fallbeispiel zur gesetzlichen Erbfolge:

Fallbeispiel zur gesetzlichen Erbfolge

Erblasser E ist der Eigentümer eines fremdvermieteten Wohn- und Geschäftshauses ohne Instandhaltungsrückstau, das gute Erträge in Form von laufenden Mieteinnahmen erzielt. Der Erblasser hinterlässt seine Ehefrau F, mit der er im gesetzlichen Güterstand lebte, einen Sohn S und eine Tochter T.

Zu seinen Lebzeiten hatte E Dritten wiederholt erklärt, wie froh er über das gute deutsche Erbrecht sei. Dessen Regelungen zur gesetzlichen Erbfolge würden genau zu seiner eigenen Familiensituation passen. Dabei war er bis zu seinem Tod geblieben, obwohl er häufiger von Meinungsverschiedenheiten seiner beiden volljährigen und verheirateten Kinder S und T erfahren hatte. Von den Eheproblemen seines Sohnes S, die in ein Scheidungsverfahren nach dem Ableben des E münden, wusste E nichts. Das Geld für eine professionelle Beratung zu einem Testament (in Höhe von ungefähr 6000 Euro brutto[2]) hatte der sparsame E lieber in Aktien investiert. Er verstarb ohne ein Testament errichtet zu haben.

1 Definition in Anlehnung an diejenige für „Investition“ bei www.wikipedia.de
2 Es handelt sich um einen unterstellten und gerundeten Betrag. Die Beratungskosten können im Einzelfall höher oder niedriger ausfallen. Die Kosten notarieller Testamente richten sich nach dem Gerichts- und Notarkostengesetz (GNotKG). Bemessungsgrundlage der Notargebühren ist das Gesamtvermögen.

Nach dem Erblasser E greift die gesetzliche Erbfolge ein. Mit dem Ableben des E entsteht kraft Gesetzes eine Erbengemeinschaft, bestehend aus seiner Ehefrau F (gesetzliche Erbquote bei Zugewinngemeinschaft 50 Prozent[1]) und den Kindern S und T (gesetzliche Erbquote jeweils 25 Prozent). Der Nachlass und das fremdvermietete Wohn- und Geschäftshaus werden kraft Gesetzes zum Vermögen der Erbengemeinschaft. Das Wohn- und Geschäftshaus können nur sämtliche Miterben gemeinschaftlich veräußern.[2] Nach dem Tod des E eskaliert der Streit zwischen S und T. Gemeinsame Absprachen über die Verwaltung der Immobilie sind in der Folgezeit nicht mehr möglich. S ist, anders als seine Mutter und seine Schwester, für einen kurzfristigen Verkauf. Die aktuelle Lage am Immobilienmarkt sei gut. Er benötigt außerdem dringend Geld aufgrund seiner Scheidung. S verlangt die Auseinandersetzung der Erbengemeinschaft und betreibt die Zwangsversteigerung der Immobilie.

S kann als Mitglied der Erbengemeinschaft nach dem Erblasser E jederzeit die Aufhebung dieser Gemeinschaft verlangen[3]. Das Ziel der Auseinandersetzung ist die Teilung des Nachlasses. Eine Immobilie lässt sich nicht in natura zwischen den Miterben teilen, wie es das Gesetz vorsieht. Sie muss daher zwangsversteigert werden. Der Erlös wäre dann unter den Miterben zu verteilen. Eine Einigung über einen angemessenen Verkaufspreis und über einen freihändigen Verkauf des Wohn- und Geschäftshauses am Immobilienmarkt kommt nicht zu Stande. S will so schnell wie möglich aus der Erbengemeinschaft „raus", und zwar um jeden Preis. Wertverluste nimmt S in Kauf und betreibt die Zwangsversteigerung der Immobilie in Form der Teilungsversteigerung[4]. F und T versuchen trotz anwaltlicher Hilfe letztlich erfolglos[5], die Versteigerung zu verhindern. Der erzielte Versteigerungserlös liegt bei 60 Prozent des Verkehrswerts.

Die Rechtsstreitigkeiten im Kontext der Versteigerung verursachen insgesamt Kosten von mehr als 25000 Euro.[6] In der Folgezeit sprechen weder S und T miteinander noch S mit seiner von ihrem Sohn zutiefst enttäuschten Mutter F.

Der Beispielsfall veranschaulicht die Verlust- und Kostenrisiken wegen des fehlenden Testaments. Die unterstellten Kosten für das professionelle Testament von 6000 Euro hätten die Folgekosten für die Erben des E (Gerichts- und Rechtsberatungskosten) im fünfstelligen Bereich vermieden. Dem teilweisen Verlust des durch die Immobilie verkörperten Werts aufgrund der Zwangsversteigerung hätte man vorbeugen können. Die Probleme nach dem Erbfall des E waren schon zu Lebzeiten des E absehbar und damit ein Anlass zur Vorsorge. E hatte die Augen vor diesen Risiken verschlossen. Den Preis zahlen seine Erben. Der Wert des zerstörten Familienfriedens ist nicht in Geld zu beziffern.

1 Diese gesetzliche Erbquote der Ehefrau setzt sich zusammen aus 25 Prozent gesetzlichem Erbteil und weiteren 25 Prozent pauschalem erbrechtlichem Zugewinnausgleich (bei Zugewinngemeinschaft), §§ 1931 Abs. 3 in Verbindung mit 1371 Abs. 1 BGB.

2 Nach § 2040 BGB können die Erben nur gemeinschaftlich über einen Nachlassgegenstand verfügen.

3 Nach § 2042 Abs. 1 BGB kann jeder Miterbe jederzeit die Auseinandersetzung verlangen, soweit nicht aus den §§ 2043 bis 2045 BGB etwas anderes folgt.

4 Deren Zweck ist unbewegliches Nachlassvermögen (Immobilien) in bewegliches und teilbares Vermögen umzuwandeln. Der Versteigerungserlös kann an die Miterben verteilt werden.

5 Wegen § 2042 BGB kann jeder Miterbe die Versteigerung ohne oder gegen den Willen der weiteren Miterben (im Beispielsfall sind das F und T) einleiten, um die Auseinandersetzung vorzubereiten.

6 Es handelt sich um einen unterstellten geschätzten Betrag für Gerichts- und Rechtsanwaltskosten.

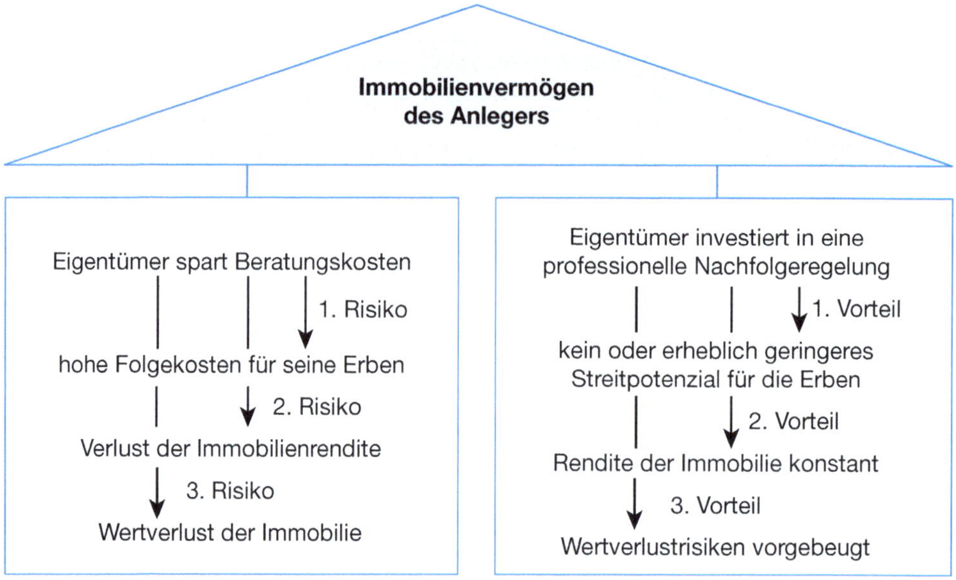

> Bei der Entscheidung für oder gegen die Investition in eine Rechts- und Steuerplanung sollten Sie als Anleger neben den wirtschaftlichen Risiken wie Folgekosten für die Nachfolger und die damit verbundenen Verluste, den nicht mit Gold aufzuwiegenden Wert des „Familienfriedens" mitberücksichtigen.

Eine Investition in die Absicherung gegen vergleichbare Risiken macht besonders in Zeiten von Minuszinsen Sinn. Die im Beispielsfall regulär guten Renditen der Immobilie (Mieteinnahmen) werden durch die hohen Folgekosten für die Erben aufgezehrt oder es verbleiben gar Verluste. Sie als Anleger können durch Ausgaben für Rechtsberatungskosten indirekt in den Werterhalt der Immobilien investieren und deren Renditen absichern.

9.3.2 Mehrwert einer professionellen Nachfolgeplanung

Die These, die Kosten für die Nachfolgeplanung sind eine gute Investition, wirft die Frage nach dem wirtschaftlichen Mehrwert einer professionellen Beratung rund um die Vererbung oder lebzeitige Übergabe von Immobilien auf. Die Kosten einer letztwilligen Verfügung und von einer Beratung zu Rechts- und Steuerthemen sind vom Einzelfall abhängig und bewegen sich innerhalb einer großen Bandbreite: Am unteren Ende der Skala findet man die Variante der „selbstgebastelten Testamente", einschließlich solcher, die mit Vorlagen „aus dem Internet" aufgesetzt worden sind. Von einer derartigen Vorgehensweise raten wir Ihnen als Anleger grundsätzlich selbst dann ab, wenn Sie ein gut informierter juristischer Laie sind.

Das deutsche Erbrecht und die dazu ergangene Rechtsprechung sind zu komplex, als dass sich sogar ein gut informierter juristischer Laie sicher sein könnte, alle rechtlichen Konsequenzen des von ihm selbstgestalteten Testaments mit Sicherheit überblicken zu können.

Einige Fallstricke von Testamenten der Marke „Eigenbau“ zeigt neuer Beispielsfall:

Die Eheleute M und F sind wohlhabend aber sparsam. Sie haben zwei Immobilien sowie Geld- und Wertpapiervermögen. Sie errichten ein privatschriftliches Ehegattentestament mit dem sie sich gegenseitig zum Alleinerben des Erstversterbenden von ihnen einsetzen. Erben des länger lebenden Ehegatten sollen die beiden Kinder S und T zu gleichen Teilen sein. Das Immobilienvermögen soll nach dem Testament „verteilt“ werden: Der Sohn S soll nach dem Testament die höherwertige Immobilie in Frankfurt am Main bekommen, mit einem Wert im Zeitpunkt des zweiten Erbfalls von 700 000 Euro. Die Tochter T soll die Ferienimmobilie im Schwarzwald erhalten mit einem Wert von 200 000 Euro. Die Größenordnung der Wertdifferenz war bei der Testamentserrichtung bekannt. Der Grund für die absichtliche Ungleichbehandlung der Kinder, Streitigkeiten mit T und ihrem Ehemann, wird im Testament nicht genannt. Im Übrigen wird das Geld- und Wertpapiervermögen durch Vermächtnisse gleichmäßig an die Kinder und die Enkelkinder der Erblasser verteilt. Als sparsame Menschen hatten M und F vor der Testamentserrichtung keinen Rechtsanwalt oder Notar aufgesucht. Sie hatten ihr Testament aus Textbausteinen eines Buches „Erbrecht leicht erklärt – zum Testament in wenigen Schritten“[1] zusammengestellt. Als Naturwissenschaftler hatte der Ehemann M darauf bestanden, nur dessen Bausteine aufzunehmen, ohne weitere Erläuterungen. Ehemann M verstirbt als erster Ehegatte.

Nach dem Ableben der länger lebenden Ehefrau F verlangt T von S den Ausgleich des Wertes der Immobilie, der den Wert von S Erbteil von 50 Prozent übersteigt. Bei der Wertdifferenz von 500 000 Euro, wäre das immerhin ein Ausgleich von 250 000 Euro gewesen, den S an T hätte zahlen müssen. Die Eltern hätten beide Kinder gleich behandeln wollen, behauptet T. S verteidigt sich gegen den Anspruch, unter anderem mit der zutreffenden Behauptung, die Eltern hätten ihn bevorzugen wollen wegen der Streitigkeiten mit T. S kann diesen Wunsch der Eltern nicht beweisen. Zeugen, welche den Willen der Erblasser, ihn zu bevorzugen, bezeugen könnten, fehlen. T weiß zwar, dass S mit seiner Behauptung Recht hat, kennt aber sein Beweisproblem. Sie erwidert, die Eltern hätten stets eine Gleichbehandlung der Kinder gewollt. Bei der Zuweisung der Immobilie handele es sich um eine bloße Anweisung zur Aufteilung.[2] Daher sei S zum Ausgleich verpflichtet. Der Wortlaut des Testaments zeige, dass eine Aufteilung des Gesamtnachlasses in zwei gleiche Teile beabsichtigt war. S schulde der T daher einen Ausgleich in der oben genannten Höhe. S versteht das Testament ganz anders.

Die Grundsätze der Testamentsauslegung sind einem juristischen Laien regelmäßig unbekannt. Die fehlende Kenntnis bedingt häufig Unklarheiten in letztwilligen Verfügungen.

1 Es handelt sich um einen fiktiven Buchtitel. Ähnlichkeiten mit existierenden Ratgebern sind rein zufällig.

2 Bei einer echten Teilungsanordnung handelt es sich um eine reine Anordnung zur Auseinandersetzung des Nachlasses, das heißt wie der Nachlass aufgeteilt werden soll – ohne wertmäßige Besserstellung eines Erben.

Beispiel zur gesetzlichen Erbfolge

Nach langwierigen Verhandlungen und einem kostspieligen Gerichtsprozess über mehrere Jahre hinweg, vergleichen[1] sich die Geschwister. Sohn S zahlt 150 000 Euro als Vergleichsbetrag an die Tochter T. Diese erhält zusätzlich die Ferienimmobilie im Schwarzwald und das Geld- und Wertpapiervermächtnis. Die Gerichtskosten werden geteilt. Für seine Rechtsanwaltskosten muss jeder selbst aufkommen. Diejenigen des S waren deutlich höher, weil er – anders als T – einen Spezialisten im Erbrecht einschalten musste, um seine Chancen zu verbessern. S und T werden bis an ihr Lebensende nicht mehr miteinander reden und auch deren Kinder nicht.

Das war nicht der Wille der Testierenden. Die hohen Folgekosten für S und T nach dem Ableben von M, wären durch ein professionelles Testament mit einmaligen Kosten von circa 6 000 Euro[2] vermieden worden. Die professionelle Unterstützung hätte den Erblassern die Testamentserrichtung erheblich vereinfacht und hätte ihren letzten Willen richtig umgesetzt. Das endgültige Zerwürfnis zwischen den Kindern und den Familien wäre vermieden worden.

Vergleich zwischen dem Ergebnis bei professioneller Beratung und dem Ergebnis im Beispielfall

Ergebnis bei professioneller Beratung	Testamentsfolgen im Beispielsfall
• Nachlass ist um die lebzeitigen Ausgaben für Beratung reduziert.	• Zu Lebzeiten keine Beratungskosten. Der Nachlass ist etwas größer.
• S bekommt Immobilie im Wert von 700 000 Euro und zusätzlich das Vermächtnis (Geld und Wertpapiere).	• S bekommt die Immobilie im Wert von 700 000 Euro nur, wenn er T 150 000 Euro als Vergleichsbetrag zahlt (ohne Vergleich: Risiko 250 000 Euro und Kosten).
• T erhält (wegen Streit mit Erblasser) nur Ferienimmobilie im Schwarzwald in Höhe von 200 000 Euro und Vermächtnis.	• T bekommt bei einem Vergleich 150 000 Euro mehr als sie erhalten sollte; ohne Vergleich möglicherweise sogar 250 000 Euro.
• S und T sparen beide Rechtsanwaltskosten in fünfstelliger Höhe und die Gerichtskosten, zusätzlich ersparen sie sich viel Ärger.	• Die Erwerbe von S und T werden durch hohe Gerichts- und Rechtsanwaltskosten erheblich reduziert.

Es gibt zahlreiche weitere Beispiele zum Beleg der Risiken selbstgebastelter Testamente. Gut informierten Anlegern, welche durch die beiden Beispielsfälle noch nicht davon überzeugt sind, dass eine Rechts- und Steuerberatung Sinn macht, dürfen wir folgende Frage stellen: Kennen Sie die erbrechtlichen Vermutungsregeln zum Ausgleich von Vorempfängen der Abkömmlinge[3]? Sind ihnen die Folgen dieser Vorschriften in Ihrer Situation bekannt?

1 Durch einen Prozessvergleich wird ein Rechtsstreit in aller Regel beendet, mindestens teilweise. Ein Vergleich ist ein Vertrag, durch den ein Streit oder die Ungewissheit der Parteien über ein Rechtsverhältnis im Wege gegenseitigen Nachgebens beseitigt wird (§ 779 Abs. 1, 1. Halbsatz BGB).

2 Es handelt sich lediglich um einen unterstellten Betrag, den eine Beratung hätte kosten können.

3 § 2050 BGB regelt die Ausgleichungspflicht für Abkömmlinge als gesetzliche Erben. § 2052 BGB zur Ausgleichungspflicht für Abkömmlinge als gewillkürte Erben, verweist für bestimmte Konstellationen auf die §§ 2050, 2051 BGB zur Ausgleichung von Vorempfängen und regelt entsprechende Verpflichtungen.

Bitte ziehen Sie aus der Antwort Ihre eigenen Schlüsse. Anlegern, die ohne Inanspruchnahme rechtlicher Beratung beide Fragen mit „ja" beantworten, kann man gratulieren. Diese Antwort stellt die Warnung vor selbstgebastelten Testamenten allerdings nicht grundsätzlich in Frage. Es gibt eine Vielzahl weiterer erbrechtlicher Spezialregelungen, die einem juristisch nicht vorgebildeten Laien trotz Eigenstudiums in der Regel nicht geläufig sind oder sein können.

Aufgrund der hohen Komplexität des Erbrechts ist juristisch nicht vorgebildeten Anlegern von sogenannten Laien-Testamenten abzuraten.

Die Vorbereitung auf eine professionelle Rechts- und Steuerberatung mit Ratgebern und Fachliteratur macht trotzdem Sinn. Sie erleichtert in aller Regel die Abstimmung mit einem Angehörigen der rechts- und steuerberatenden Berufe zum Thema „letztwillige Verfügung". Ein Überblick zu den erbrechtlichen Möglichkeiten ist sehr hilfreich. Sie kann aber eine qualifizierte rechtliche und steuerliche Beratung nicht ersetzen oder entbehrlich machen.

9.3.3 Anlass für die Investition in erbrechtliche und steuerrechtliche Beratung

In vielen Fällen ist der wirtschaftliche Schaden, den eine unzureichende oder fehlende Beratung zur Testamentsgestaltung in der Regel auslöst, sogar größer als im zweiten Beispiel.

In den folgenden Konstellationen raten wir Ihnen als Anleger zu einer erbrechtlichen und steuerlichen Beratung:

- Patchwork-Ehen, mit Kindern der Ehepartner aus früheren Ehen,
- unternehmerisches Vermögen im Nachlass, das heißt der Erblasser war Unternehmer oder Inhaber von Gesellschaftsanteilen (beispielsweise eines GmbH-Geschäftsanteils),
- Streitigkeiten zwischen den designierten Erben zu Lebzeiten,
- Vermögen des Erblassers im Ausland, beispielsweise Auslandsimmobilien oder -konten,
- Pflichtteilsansprüche, die voraussichtlich gegen die Erben geltend gemacht werden,
- Zugewinnausgleichsansprüche, die dem überlebenden Ehegatten zustehen können,
- das Risiko eines ganz oder teilweise illiquiden Nachlasses sowie
- erhebliche Erbschaftsteuerlasten.

Diese Auflistung ist nicht abschließend. Als Faustregel lässt sich sagen: Ein Anleger, der für die Zeit nach seinem Ableben oder spätestens für die Zeit nach dem späteren Ableben seines Ehegatten, Probleme für den Nachlass erkennt, für die er keine sichere Lösung findet, sollte sich dazu beraten lassen, wie er den Risiken begegnen und rechtzeitig Vorsorge treffen kann.

In Situationen, in denen ein Anleger mögliche Probleme nach seinem Ableben oder Streit zwischen seinen Erben vorhersieht, ist die professionelle Beratung in aller Regel besonders lohnend.

In den aufgelisteten Konstellationen ist zusätzlich eine qualifizierte Beratung erforderlich.

Bei einer komplexen Ausgangslage, in aller Regel bei einem Unternehmen im Nachlass oder bei Vermögen im Ausland, zahlt sich die Hinzuziehung eines erbrechtlichen Spezialisten, der sich im Bereich Unternehmensnachfolge auskennt, für die Nachfolger aus. Ideal für die Planung einer Unternehmensnachfolge sind Berater mit der Fähigkeit, sowohl im Erbrecht als auch im Gesellschafts- und Steuerrecht qualifiziert zu beraten. Diese in aller Regel höheren Beratungskosten vermeiden sonst anfallende deutlich höhere Folgekosten der Erben. Ihnen als Anleger raten wir deshalb, rechtzeitig einen auf das Erbrecht spezialisierten Angehörigen der rechts- und steuerberatenden Berufe aufzusuchen, der Sie fachkundig unterstützen kann.

> Risikohinweis: Die Inanspruchnahme irgendeiner rechtlichen Beratung allein reicht oft nicht. Ebenso wie eine Investition am Kapitalmarkt muss der Angehörige der rechts- und steuerberatenden Berufe sorgsam ausgewählt werden und sollte die erbrechtliche Gestaltung beherrschen.

Versäumnisse bei Anlegern, die ein Unternehmen oder Auslandsvermögen zu vererben haben, wiegen schwer und bedingen in der Regel gravierende Belastungen für die Nachfolger.

Umgekehrt kann man Anlegern, die zu ihren Lebzeiten in ihre Nachfolgeregelung investiert und ihren Nachfolgern damit hohe Beratungskosten und Verluste erspart haben attestieren, eine gute Investition getätigt zu haben: Entweder weil die beispielhaften Kosten von 6000 Euro für Beratung, Ausgaben in Höhe von 30000 für Rechtsstreitigkeiten nach dem Erbfall vermieden haben, oder weil Wertverluste des vererbten Vermögens in mutmaßlich deutlich größerem Ausmaß verhindert werden. Die Folgen hängen von jedem Einzelfall ab.

Die meisten Notare beraten nicht zum Steuerrecht und weisen in Ihren Urkunden besonders darauf hin. In aller Regel enthalten notarielle Urkunden die ausdrückliche Empfehlung, sich zusätzlich steuerlich beraten zu lassen. Der Hinweis allein löst aber das Problem nicht. Wir raten Anlegern, den steuerlichen Beratungsbedarf von einem Angehörigen der rechts- und steuerberatenden Berufe vor einem Notarbesuch und in den meisten Fällen zusätzlich zu einem Notarbesuch klären zu lassen.

> Über die Gestaltungsberatung zu einer letztwilligen Verfügung hinaus, sollten Anleger sich bereits vor dem Notartermin zur Vorbesprechung des Testaments zu den steuerlichen Folgen beraten lassen. Diese können eine vom Regelfall abweichende Gestaltung gebieten. Dann handelt es sich um Vorfragen.

Ist die letztwillige Verfügung beurkundet und stellen sich im Nachhinein unerwünschte Steuerfolgen heraus, müsste die letztwillige Verfügung nochmals geändert werden, um die ungewollten Steuerfolgen auszuschließen. Das verursacht unnötige Kosten.

9.3.4 Schlussfolgerung zur Renditesicherung durch Nachfolgeplanung für Immobilien

In der Regel handelt es sich bei Immobilien um die wertvollsten Vermögenswerte eines Nachlasses. Diese große wirtschaftliche Bedeutung von Immobilien, in denen das Vermögen gebunden ist, erfordert rechtzeitige Vorkehrungen für das Ableben des Eigentümers und die Zeit nach dem Eintritt des Erbfalles. In aller Regel gibt es passende Lösungen für Probleme.

Fehlt die Nachfolgeplanung, drohen im Einzelfall gravierende Wertverluste und die Einbuße von erzielten Renditen. Eine professionelle Nachfolgeplanung verringert diese Risiken. Bestenfalls können Folgekosten und Verluste nach dem Erbfall, die das Fünf- bis Zehnfache dieser Rechts- und Steuerberatungskosten erreichen können, vollständig vermieden werden.

Das deutsche Erbrecht und die dazu ergangene Rechtsprechung sind zu komplex für selbstgestaltete Testamente. Lassen Sie sich bei der Errichtung ihrer letztwilligen Verfügung unterstützen. In bestimmten Fällen ist Anlegern uneingeschränkt zu raten, sich durch ausgewiesene Spezialisten im Erb- und Steuerrecht beraten zu lassen. Ein Unternehmen im Nachlass, Vermögen im Ausland oder hohe (Steuer-)Forderungen, die einem weitgehend nicht liquiden Nachlass drohen, sind nur einige sehr praxisrelevante Beispiele.

> Fazit: Die Ausgaben für eine professionelle Nachfolgeregelung für Anleger mit Immobilienvermögen können ein attraktives alternatives Investment sein.

10 Mit Finanzplanung die Übersicht behalten

„Pläne machen und Vorsätze fassen bringt
viele gute Empfindungen mit sich.“

Friedrich Wilhelm Nietzsche (1844–1900), Philosoph

10.1 Fälligkeiten festverzinslicher Wertpapiere und Zinsvorschau

Die Laufzeiten der Papiere und der anfallenden Zinszahlungen sollten unter steuerlichen Gesichtspunkten möglichst so terminiert werden, dass sich etwa gleichmäßige Erträge je Kalenderjahr ergeben. Damit wird eine progressionsbedingte höhere persönliche Steuerbelastung vermieden.

10.2 Wichtige Steuertermine

Die regelmäßig wiederkehrenden Steuertermine (Abgabe- und Zahlungstermine):

Steuerart/ Zahlungsart	Datum €	Termine[1]											
		Jan.	Febr.	März	April	Mai	Juni	Juli	Aug.	Sept.	Okt.	Nov.	Dez.
Einkommensteuer-, Körperschaftsteuer- und Kirchensteuer-Vorauszahlung	Datum			10.			10.			10.			10.
	€												
Gewerbesteuer und Grundsteuer2 – Vorauszahlung	Datum		15.			15.			15.			15.	
	€												
– Halbjahreszahler	Datum					15.						15.	
	€												
– Jahreszahler	Datum								15.				
	€												
Umsatzsteuer[3] – Voranmeldung und Zahlung	Datum	10.	10.	10.	10.	10.	10.	10.	10.	10.	10.	10.	10.
	€												
– Vierteljahreszahler	Datum	10.			10.			10.			10.		
	€												
Kraftfahrzeugsteuer		Datum (eintragen)											
	€												

1 Wenn die Steuertermine auf einen Sonn- oder Feiertag oder auf einen Samstag fallen, ist der Fälligkeitstag der nächstfolgende Werktag.
2 Nur Grundsteuer betreffend: Abweichende Termine für Kleinbeträge nach Bestimmung der Gemeinde
3 Dauerfristverlängerung auf Antrag um einen Monat möglich (§ 46 UStDV)

Wird eine Steuer nicht bis zum Ablauf des Fälligkeitstags entrichtet, so ist ein Säumniszuschlag von einem Prozent des abgerundeten rückständigen Steuerbetrags je angefangenen Monat zu zahlen (§ 240 AO). Eine Fristverlängerung ist nach § 109 AO möglich. Bei verspäteter Abgabe von Steuererklärungen oder Voranmeldungen wird ein Verspätungszuschlag erhoben.

Für Steuererklärungen, die nach dem 31. Dezember 2018 - in diesen Fällen ist eine Verlängerung der Steuererklärungsfrist nicht berücksichtigen - einzureichen sind, gilt Folgendes:

Der Verspätungszuschlag beträgt im Regelfall für jeden angefangenen Monat der eingetretenen Verspätung 0,25 Prozent der festgesetzten Steuer, mindestens jedoch zehn Euro für jeden angefangenen Monat der eingetretenen Verspätung. Für Steuererklärungen, die sich auf ein Kalenderjahr oder auf einen gesetzlich bestimmten Zeitpunkt beziehen, beträgt der Verspätungszuschlag für jeden angefangenen Monat der eingetretenen Verspätung 0,25 Prozent der um die festgesetzten Vorauszahlungen und die anzurechnenden Steuerabzugsbeträge verminderten festgesetzten Steuer, mindestens jedoch 25 Euro für jeden angefangenen Monat der eingetretenen Verspätung.

Wurde ein Erklärungspflichtiger von der Finanzbehörde erstmals nach Ablauf der gesetzlichen Erklärungsfrist zur Abgabe einer Steuererklärung innerhalb einer dort bezeichneten Frist aufgefordert und konnte er bis zum Zugang dieser Aufforderung davon ausgehen, keine Steuererklärung abgeben zu müssen, so ist der Verspätungszuschlag nur für die Monate zu berechnen, die nach dem Ablauf der in der Aufforderung bezeichneten Erklärungsfrist begonnen haben.

Der Verspätungszuschlag darf höchstens 25 000 Euro betragen (§ 152 Abs. 10 AO).

Schonfristen
Es ist zu unterscheiden zwischen der Abgabeschonfrist für Anmeldesteuern (Umsatzsteuer und Lohnsteuer) und der allgemeinen Zahlungsschonfrist.

Zahlungsschonfrist beträgt drei Tage
Die Zahlungsschonfrist gilt nicht für Bar- oder Scheckzahlungen.

Besonders zu beachten ist, dass diese neue Frist wie bisher nur für Überweisungen und Zahlungen durch das Lastschriftverfahren per Einzugsermächtigung gilt. Bei Teilnahme am Einzugsermächtigungsverfahren gilt die Steuerschuld als am Fälligkeitstag entrichtet. Voraussetzung: Die Lastschrift wird eingelöst. Bucht das Finanzamt später als zum Fälligkeitszeitpunkt ab, geht das nicht zu Lasten des Steuerpflichtigen.

Scheckzahlungen gelten erst drei Tage nach Eingang geleistet.
Zahlungen per Scheck gelten erst drei Tage nach Eingang beim Finanzamt als wirksam geleistet (§ 224 Abs. 2 Nr. 1 AO). Das bedeutet praktisch, dass Schecks spätestens drei Tage vor dem Fälligkeitstag dem Finanzamt vorliegen müssen, um Säumniszuschläge zu vermeiden.

Künftig wird es bei der Abgabe von Steuererklärungen viele Änderungen geben, die unter anderem durch die neuen elektronischen Medien begründet sind.

Der steuerliche Berater muss dem Mandanten die Daten der elektronischen Steuererklärung in leicht nachprüfbarer Form zur Zustimmung zur Verfügung stellen. Es besteht ein Wahlrecht, ob er die Einwilligung vor oder die Genehmigung nach der Datenübermittlung einholt. Diese Neuregelung ist erstmals anzuwenden, wenn Daten nach dem 31.12.2016 an Finanzbehörden zu übermitteln sind oder freiwillig übermittelt werden.

- Steuerpflichtige ohne steuerlichen Berater, die zur Abgabe einer Steuererklärung verpflichtet sind, müssen ihre Erklärung bis zum 31.07. des Folgejahres einreichen. Steuerpflichtige mit einem steuerlichen Berater müssen die Erklärungen bis zum letzten Tag des Februars des zweiten auf den Besteuerungszeitraum folgenden Kalenderjahres einreichen. Dies gilt für Besteuerungszeiträume und Zeitpunkte, die nach dem 31.12.2017 liegen.
- Die Finanzverwaltung kann Steuererklärungen von beratenen Steuerpflichtigen vor der gesetzlichen Abgabefrist anfordern. Die gegenwärtig in den gleichlautenden Erlassen der obersten Finanzbehörden der Länder geregelten Gründe werden im Gesetz festgeschrieben und präzisiert. Zudem wurden neue Anforderungsgründe eingeführt. Somit kann die Abgabe der Einkommensteuererklärung 2018 eines Beratenen vor dem 02.03.2020 angefordert werden.
- Die Finanzverwaltung darf künftig eine Fristverlängerung für die Abgabe von Steuererklärungen von beratenen Steuerpflichtigen nur noch dann aussprechen, wenn kein Verschulden des Steuerpflichtigen für die Säumnis vorliegt. Das gilt auch für vorabangeforderte Steuererklärungen. Es gilt der Verschuldensmaßstab wie bei einem Antrag auf Wiedereinsetzung in den vorigen Stand (§ 110 AO). Eine hohe Arbeitsüberlastung eines Beraters wird daher in der Regel für die Begründung einer Fristverlängerung nicht ausreichen.

10.3 Steuererklärungen, Steueranmeldungen und Steuervoranmeldungen per Fax

Nach einem Urteil des BFH können Einkommensteuererklärungen auch per Fax an das Finanzamt übermittelt werden (BFH vom 08.10.2014, Az. VI R 82/13).
Die Grundsätze dieses Urteils zur Telefax-Übermittlung sind nach dem Schreiben des BMF vom 20.01.2003 (IV D 2 – S 0321 – 4/03) auf sämtliche Steuererklärungen anzuwenden, für die das Gesetz keine eigenhändige Unterschrift des Steuerpflichtigen vorschreibt. Somit können beispielsweise Kapitalertragsteuer-Anmeldungen und Umsatzsteuer-Voranmeldungen per Telefax wirksam übermittelt werden.

10.4 Elektronische Steuererklärung mit dem ElsterOnline-Portal

Seit September 2005 bietet das ElsterOnline-Portal Steuerbürgern und steuerlichen Beratern die Möglichkeit, komfortabel nahezu alle steuerrelevanten Bereiche papierlos über das Internet auszufüllen und abzugeben. Beispiele: die Umsatzsteuer-Voranmeldung, die Dauerfristverlängerung, die Lohnsteuer-Anmeldung, die Lohnsteuerbescheinigung, die Einkommensteuererklärung oder die Kapitalertragsteuer-Anmeldung.

> Weitere Informationen für Arbeitnehmer finden Sie auf der Seite des ElsterOnline-Portals: https://www.elster.de/eon_home.php

10.5 Finanzpartner und Steuerunterlagen

Über Finanzen und Steuern sollte man stets einen umfassenden Überblick haben. Besonders bei zunehmendem Vermögen und längeren Zeiträumen ist es hilfreich, sich über alle wichtigen Daten von Anlagen, Vermögen und Verbindlichkeiten, ergänzend zum persönlichen Vermögensstatus (siehe Abschnitt 1.2.1.1), eine Liste anzulegen und an passendem Ort aufzubewahren.

Auch die wichtigsten Steuerdaten, Anschriften von wichtigen Finanzpartnern und Unterlagen zur Regelung erbrechtlicher Fragen (siehe Abschnitt 8.3.1) sollten nicht fehlen.

Damit ist auch Vorkehrung getroffen für unvorhergesehene Lebenssituationen wie Krankheit, Unfall oder dem Todesfall.

Außerdem sollte durch ein ordnungsgemäßes Testament sichergestellt werden, dass die angestrebten Ziele auch erreicht werden (siehe dazu Abschnitt 9.3).

Finanzpartner und Steuerunterlagen			
Partner, Quelle / Gegenstand	Ort/ Gesellschaft	Konto- nummer	Ansprech- partner
• Geldanlagen und Vermögen – Barvermögen – Kontoguthaben – Sparbriefe und Sparpläne – Wertpapiere/Depotguthaben – Bauspareinlagen – Immobilienbesitz – Sonstige Vermögens- und Kunstgegenstände – Geschäftsvermögen/Praxis – Vollmachten – sonstige Anlagen und Vermögensteile			
• Verbindlichkeiten – Kontokorrentkredite – Mittel- und langfristige Bankkredite – Bausparkassen-Kredite – langfristige Kredite, gesichert durch Grundschulden und Hypotheken – Bürgschaften – sonstige Kredite – sonstige Verbindlichkeiten			

11 Zum genauen (Nach-)Rechnen: Zinsformeln und Effektivverzinsung

„Der Zins kennt keine Pause. Er arbeitet auch nachts und am Sonntag. Sogar an Regentagen."

Josh Billings (1818–1885)

In diesem Abschnitt erhalten Sie zunächst einen Überblick über die im Privatkundengeschäft der Kreditinstitute in Europa allgemein angewandten Zinsberechnungsmethoden.

Zinsberechnung im Privatkundengeschäft in Europa				
Zinsberechnungsmethoden bei Einlagen, Hypothekarkrediten, Darlehen und Kreditkartenabrechnungen				
Land	**30/360** (= Monat zu 30 Tagen, Jahr zu 360 Tagen)	**actual/365** (= Monat tatsächliche Tage, Jahr zu 365 Tagen)	**actual/360** (= Monat tatsächliche Tage, Jahr zu 360 Tagen)	**keine Einheitlichkeit**
Belgien			(x)	x
Dänemark	(x)	x[2]		
Deuschland	x[1]			
Finnland				x
Frankreich	x[2]		(x)	
Griechenland				
Großbritannien		x		x
Italien			x	
Luxemburg	x (Kundeneinlagen)		x (andere)[3]	
Niederlande	x (Hypotheken)	x (Sichteinlagen)	x (Kontokorrentkredite)	x (Spareinlagen)
Norwegen	x	(x)		
Östereich	x			
Portugal			x (Geldmarkt)	
Schweden	x (bis 1 Mio. CHF)			
Schweiz			(x)	x

1 Die deutschen Bundeswertpapiere werden nach der taggenauen Methode act./act., also actual/actual abgerechnet.
2 bei der Mehrzahl der Banken
3 zum Teil auch Kundeneinlagen

11.1 Die wichtigsten allgemeinen Zinsformeln

Nachstehend die in der Praxis am häufigsten gebrauchten Formeln zur:

1. Berechnung der Zinsen
2. Berechnung des Zinssatzes
3. Berechnung des Kapitals und
4. Berechnung der Zeit

Bei den Berechnungen wird grundsätzlich die allgemeine Zinsformel nach der allgemeinen Zinsberechnungsmethode zugrunde gelegt:

$$\text{Kapital} \times \frac{\text{Zinssatz} \times \text{Tage}}{100 \times 360}$$

Lfd. Nr.	Variable	Formel	Formeln mit Text versehen
1.	Allgemeine Zinsformel zur Berechnung der Jahres-, Monats- und Tageszinsen – bekannt: Kapital (k), Zinssatz in Prozent (p), Zeit (t) – gesucht: Zinsen (z) als Betrag 1.1 Jahreszinsen	$z = \frac{k \cdot p \cdot t}{100}$	$\text{Zinsen} = \text{Kapital} \times \frac{\text{Zinssatz}}{100} \times \text{Zeit in Jahren}$
	1.2 Monatszinsen	$z = \frac{k \cdot p \cdot t}{100 \cdot 12}$	$\text{Zinsen} = \text{Kapital} \times \frac{\text{Zinssatz}}{100} \times \frac{\text{Zeit in Monaten}}{12}$
	1.3 Tageszinsen (= Jahr mit 360 Tagen, Monat mit 30 Tagen)	$z = \frac{k \cdot p \cdot t}{100 \cdot 360}$	$\text{Zinsen} = \text{Kapital} \times \frac{\text{Zinssatz}}{100} \times \frac{\text{Zeit in Tagen}}{360}$
2.	Berechnung des Zinssatzes (p) – bekannt: Kapital (k), Zinsen (z), Zeit (t) – gesucht: Zinssatz (p)	$p = \frac{z \cdot 100 \cdot 360}{k \cdot t}$	$\text{Zinssatz} = \frac{\text{Zinsen} \times 100 \times 360}{\text{Kapital} \times \text{Zeit in Tagen}}$
3.	Berechnung des Kapitals (k) – bekannt: Zinsen (z), Zinssatz (p), Zeit (t) – gesucht: Kapital (k)	$k = \frac{z \cdot 100 \cdot 360}{p \cdot t}$	$\text{Kapital} = \frac{\text{Zinsen} \times 100 \times 360}{\text{Zinssatz} \times \text{Zeit in Tagen}}$
4.	Berechnung der Zeit (t) – bekannt: Kapital (k), Zinsen (z), Zinssatz (p), – gesucht: Zeit (t) = Auflösung nach Tagen	$t = \frac{z \cdot 100 \cdot 360}{k \cdot p}$	$\text{Zeit} = \frac{\text{Zinsen} \times 100 \times 360}{\text{Kapital} \times \text{Zinssatz}}$

11.2 Effektivverzinsung von festverzinslichen Wertpapieren

Dargestellt werden die verschiedenen Ansätze und Verfahren zur Ermittlung der Effektivverzinsung und die Renditeermittlung unter Berücksichtigung von Steuern. Eine Sammlung der wichtigsten Formeln und Rechenbeispiele runden diesen Teil ab.

11.2.1 Effektivverzinsung

Bei der Ermittlung der Effektivverzinsung (Rendite) einer Anleihe stellen sich für den Anleger zwei Probleme: Zum einen ist der Begriff der Effektivverzinsung in Deutschland nicht einheitlich definiert. So konkurrieren hier drei alternative Ansätze, die dazu führen, dass bei derselben Anleihe verschiedene Anbieter unterschiedliche Renditen nennen. Zum anderen lässt sich die Effektivverzinsung, von einigen Ausnahmen abgesehen, nur näherungsweise bestimmen. Doch eines ist sicher: Der Effektivzins ist ihr kostenloser und unermüdlicher Mitarbeiter: Je länger die Laufzeit, desto emsiger ist er von Periode zur Periode damit beschäftigt, dass nicht nur Ihr eingesetztes Kapital, sondern auch der Zins und der Zins aus dem Zins sich verzinst!

Die drei unterschiedlichen Ansätze zur Ermittlung der Effektivverzinsung
Die drei alternativen Ansätze zur Ermittlung der Effektivverzinsung einer Anleihe basieren auf der unterschiedlichen Behandlung der unterjährig gezahlten Zinsen (beispielsweise bei Halbjahreskupons, also halbjährig gezahlten Zinsen) und der Zinsverrechnung bei gebrochenen Laufzeiten (die Anleihe wird zwischen den Zinsterminen gekauft). Die drei verschiedenen Ansätze liefern nur in bestimmten Fällen die gleichen Renditeergebnisse; Beispiel dafür: die Formeln 5.1, 5.2.2 und 6.1.1 (siehe Formelsammlung 11.2.3).

Bei der Renditemethode nach **Braeß/Fangmeyer** erfolgt eine einfache Verzinsung für den gebrochenen Laufzeitanteil bis zum Jahresende. Sie wird heute noch vorwiegend im Sparkassensektor eingesetzt. Allerdings kann man davon ausgehen, dass die Renditemethode nach Braeß/Fangmeyer nach und nach verschwinden wird.

Die Renditemethode nach **Moosmüller** arbeitet mit dem konformen Periodenzins. Die Zinsverrechnung erfolgt im Gegensatz zu Braeß/Fangmeyer nicht jährlich, sondern zum jeweiligen Zinstermin. Das bedeutet zinseszinsliche Behandlung unterjähriger Zinszahlungen. Bei gebrochenen Laufzeiten erfolgt die einfache Verzinsung nur bis zum nächsten Zinstermin. Die Rendite-Methode nach Moosmüller wird vorwiegend im institutionellen Rentenhandel eingesetzt.

Bei der Renditemethode nach **ISMA** (International Securities Market Association), früher AIBD (Association of International Bond Dealers), setzt die Zinseszinsrechnung mit dem Kaufdatum ein. Wie bei der Renditemethode nach Moosmüller arbeitet das ISMA-Verfahren mit dem konformen Periodenzins. Einsatz findet ISMA auf dem Euromarkt, in den Monatsberichten und statistischen Beiheften der Deutschen Bundesbank sowie in der Börsenzeitung und dem Kursblatt der Frankfurter Börse. Eine europaeinheitliche Effektivzinsberechnung, voraussichtlich auf der Grundlage der ISMA-Formel, ist vorgesehen.

Näherungsverfahren zur Ermittlung der Effektivverzinsung
Die **lineare Interpolation** stellt ein einfaches Näherungsverfahren dar, um die Effektivverzinsung einer Anleihe innerhalb einer geforderten Genauigkeit zu ermitteln. Anhand eines Beispieles soll im Folgenden das Grundschema der linearen Interpolation erläutert werden.

Beispiel

Angenommen, Sie wollen die Effektivverzinsung nach Moosmüller der folgenden Anleihe ermitteln: gesamtfällig, Halbjahreskupon, Zinstermin 1. Februar und 1. August, Rückzahlung am 1. Februar 2014, Nominalzinssatz 8 Prozent, Kauf am 1. November 2009 zu 97 Prozent.

1. Schritt:

Mit Hilfe der Bankenformel (Formel 8) ermitteln Sie grob die Effektivverzinsung der Anleihe.

In die Formel 8 setzen Sie ein: p = 8, RK = 100, C = 97, c = 4,25 (Restlaufzeit 4 Jahre 3 Monate). Als Rendite ergibt sich 8,9751 Prozent.

2. Schritt:

Sie suchen für die Anleihe, deren Rendite Sie ermitteln wollen, die entsprechende Kursformel.

Kauf zu einem beliebigen Zeitpunkt, Halbjahreskupon, Moosmüller → die gesuchte Kursformel ist die Formel 6.2.2 in Abschnitt 11.2.3.

3. Schritt:

Ausgehend von der im 1. Schritt ermittelten Rendite bestimmen Sie nun einen unteren und oberen Näherungswert für die Rendite, indem Sie zur Rendite aus Schritt 1 eine beliebige Spanne addieren (oberer Näherungswert) und von der Rendite eine beliebige Spanne subtrahieren (unterer Näherungswert).

Wir wählen für unseren Fall die Spanne von einem Prozentpunkt. So erhält man als unteren Näherungswert p_u 7,9751 Prozent und als oberen Näherungswert p_o 9,9751 Prozent.

4. Schritt:

Mit der in Schritt 2 bestimmten Kursformel errechnen Sie den Kurs C_o, indem Sie den oberen Näherungswert der Rendite in die Kursformel einsetzen. Der so ermittelte Kurs C_o liegt unterhalb des tatsächlichen Kurses. Auch den unteren Näherungswert setzen Sie in die Kursformel und ermitteln so den Kurs C_u , der über dem tatsächlichen Kurs liegt.

Nach Formel 2 wird der periodenkonforme Aufzinsungsfaktor bestimmt. Setzt man für m 2 (2 Zinsperioden pro Jahr), so erhält man für den oberen Näherungswert 1,0486901 und für den unteren Näherungswert 1,0391107 als jeweiligen periodenkonformen Aufzinsungsfaktor. Setzt man diese Werte in die Formel 4 ein, so erhält man den jeweiligen nachschüssigen Rentenbarwertfaktor. Für d ist dabei 8 einzusetzen (= 8 komplette Zinsperioden vom 01.02.2010 bis zum 01.02.2014). Der nachschüssige Rentenbarwertfaktor beträgt so für den oberen Näherungswert 6,497574 und 6,7575382 für den unteren Näherungswert. Setzt man nun die in diesem Schritt ermittelten Werte in die Kursformel 6.2.2 ein, wobei f 0,25 (1.11.2009 bis 01.02.2010) und t 90 (1.8.2009 bis 01.11.2009) beträgt, so erhält man 94,016004 als C_o und 100,59469 als C_u.

5. Schritt:

Im 5. Schritt verringern Sie die Spanne, in der sich die tatsächliche Effektivverzinsung befindet, indem Sie den in Schritt 4 benutzten oberen und unteren Näherungswert und die dazu ermittelten Kurse in die folgende Gleichung einsetzen:

$$p' = p_u - \frac{(C_u - C) \cdot (p_u - p_o)}{C_u - C_o}$$

In unserem Fall ergibt sich für p´ 9,0679292.

6. Schritt:

Den in Schritt 5 ermittelten neuen Näherungswert setzen Sie in die aus Schritt 2 bekannte Kursformel und berechnen den entsprechenden Kurs. Liegt dieser unter dem tatsächlichen Kurs, so ersetzen Sie den bisherigen oberen Näherungswert durch den im 5. Schritt ermittelten neuen Näherungswert. Ist der ermittelte Kurs größer als der tatsächliche Kurs, ist der bisherige untere Näherungswert durch den neuen Näherungswert zu ersetzen.

Zuerst berechnen wir in unserem Fall den periodenkonformen Aufzinsungsfaktor. Dieser beträgt 1,0443559. Für den nachschüssigen Rentenbarwertfaktor ergibt sich 6,6132773. Alle Werte in die Kursformel 6.2.2 eingesetzt, führen zu einem Kurs von 96,925358. Damit liegt der Kurs unter dem tatsächlichen Kurs, das heißt, der bisherige obere Näherungswert $p_o = 9{,}9751$ wird durch den neuen oberen Näherungswert $p_o = 9{,}0679292$ ersetzt.

7. Schritt:

Der im 6. Schritt ermittelte obere und untere Näherungswert wird wieder in die Kursformel aus Schritt 5 eingesetzt. In der Folge wird der 5. und 6. Schritt so lange durchlaufen, bis zwei aufeinanderfolgend ermittelte Näherungswerte p' innerhalb einer von Ihnen bestimmten Spanne liegen. Beispielsweise werden Schritt 5 und 6 so lange durchlaufen, bis sich bei den in Schritt 5 ermittelten Näherungswerten p' die ersten drei Ziffern nicht mehr ändern. Im Fallbeispiel führt dieses Kriterium zum Abbruch nach dem dritten Durchlauf.

P_u	P_o	C_u	C_o	p'	C
7,9751	9,9751	100,59469	94,016004	9,0679292	96,925358
7,9751	9,0679292	100,59469	96,925358	9,0456987	96,998165
7,9751	9,0456987	100,59469	96,998165	9,0451525	96,999955
7,9751	9,0451525	100,59469	96,999955	9,0451391	96,999999
7,9751	9,0451391	100,59469	96,999999	9,0451388	97,000000
7,9751	9,0451388	100,59469	97,000000	9,0451388	97,000000
9,0451388	9,0451388	97,00000	97,000000	9,0451388	97,000000

Damit beträgt bei unserer Anleihe im Fallbeispiel die Effektivverzinsung nach Moosmüller 9,0451388 Prozent.

11.2.2 Rendite unter Berücksichtigung von Steuern

Bruttorendite

Die Bruttorendite stellt eine Vergleichsrendite dar, bei der eine Wertpapieranlage mit steuerfreien Kursgewinnen und steuerpflichtigen Zinseinnahmen einer Anlage, die nur steuerpflichtige Einnahmen erbringt, gegenübergestellt wird. Die Bruttorendite einer Anleihe gibt beispielsweise an, welche Verzinsung ein Anleger bei der Alternativanlage in Festgeld erhalten müsste, um nach Steuern die gleiche Rendite zu erreichen wie bei der Anlage in festverzinslichen Wertpapieren.

Nettorendite – Rendite nach Steuern

Die Nettorendite stellt eine Vergleichsrendite dar, die der Wertpapieranlage mit steuerfreien Kursgewinnen und steuerpflichtigen Zinseinnahmen eine Anlage mit ausschließlich steuerfreien Einnahmen gegenüberstellt.

11.2.3 Formelsammlung

Nachstehend eine Zusammenstellung der wichtigsten Formeln zur Ermittlung der Rendite – auch unter Berücksichtigung der Stückzinsen und der Steuer –

	Bezeichnungen und mathematische Formeln
1.	Stückzinsen $K = \frac{t}{360} \cdot p$
2.	periodenkonformer Aufzinsungsfaktor $q'_e = q'^{\frac{1}{m}}$
3.	nachschüssiger Rentenbarwertfaktor unter Berücksichtigung der Jahresrendite $a_n = \frac{1}{q'^d} \cdot \frac{q'^n - 1}{q' - 1}$
4.	nachschüssiger Rentenbarwertfaktor unter Berücksichtigung der periodenkonformen Rendite $a_e = \frac{1}{q_e'^d} \cdot \frac{q_e'^d - 1}{q_e' - 1}$
5.	Kursformeln – Kauf zum Zinstermin
5.1	Jahreskupon
	Braeß/Fangmeyer Moosmüller ISMA $C = p \cdot a_n + RK \cdot \frac{1}{q'^n}$

5.2	Halbjahreskupon
5.2.1	Braeß/Fangmeyer $C = \left(p \cdot a_n + RK \cdot \frac{1}{q'^n} + \frac{p}{2} \cdot (p' - 1) \cdot a_n + \frac{p}{2}\right) \cdot \frac{1}{1 + b \cdot (q' - 1)}$
5.2.2	Moosmüller – ISMA $C = \frac{p}{2} \cdot a_e + RK \cdot \frac{1}{q_e'^d}$
6.	Kursformeln – für einen beliebigen Zeitpunkt
6.1	Jahreskupon
6.1.1	Braeß/Fangmeyer – Moosmüller $C = \left(p \cdot a_n + RK \cdot \frac{1}{q'^n} + p\right) \cdot \frac{1}{1 + b \cdot (q' - 1)} - \frac{t}{360} \cdot p$
6.1.2	ISMA $C = \left(p \cdot a_n + RK \cdot \frac{1}{q'^n} + p\right) \cdot \frac{1}{q'^b} - \frac{t}{360} \cdot p$
6.2	Halbjahreskupon
6.2.1	Braeß/Fangmeyer
	gebrochener Kaufzeitanteil unter 6 Monate $C = \left(p \cdot a_n + RK \cdot \frac{1}{q'^n} + \frac{p}{4} \cdot (p' - 1) \cdot a_n + \frac{p}{2}\right) \cdot \frac{1}{1 + b \cdot (q' - 1)} - \frac{t}{360} \cdot p$ gebrochener Laufzeitanteil über 6 Monate $C = \left(p \cdot a_n + RK \cdot \frac{1}{q'^n} + \frac{p}{4} \cdot (p' - 1) \cdot a_n + \frac{p}{2}\right) \cdot \frac{1}{1 + b \cdot (q' - 1)} + \frac{p}{2} \cdot \frac{1 + 0.5 \cdot (q' - 1)}{1 + b \cdot (q' - 1)} - \frac{t}{360} \cdot p$
6.2.2	Moosmüller $C = \left(\frac{p}{2} \cdot a_e + RK \cdot \frac{1}{q_e'^d} + \frac{p}{2}\right) \cdot \frac{1}{1 + 2 \cdot f \cdot (q_e' - 1)} - \frac{t}{360} \cdot p$
6.2.3	ISMA $C = \left(\frac{p}{2} \cdot a_e + RK \cdot \frac{1}{q_e'^d} + \frac{p}{2}\right) \cdot \frac{1}{q_e'^{2 \cdot f}} - \frac{t}{360} \cdot p$

7.	Zerobond
7.1	Kurs $C = RK \cdot \frac{1}{p'^{c}}$
7.2	Rendite $p' = \left(\left(\frac{RK}{C}\right)^{\frac{1}{c}} - 1\right) \cdot 100$
8.	Effektivverzinsung – „Bankenformel" $p' = \left(p + \frac{RK - C}{c}\right) \cdot \frac{100}{C}$
9.	Bruttorendite $p_{vs}' = \left(\left(q' - 1 - \frac{p}{C}\right) \cdot \frac{1}{1 - s} + \frac{p}{C}\right) \cdot 100$
10.	Nettorendite $p_{ns}' = \left(q' - 1 - \frac{p}{C} \cdot s\right) \cdot 100$

Legende:

a_e: nachschüssiger Rentenbarwertfaktor unter Berücksichtigung der periodenkonformen Rendite

a_n: nachschüssiger Rentenbarwertfaktor unter Berücksichtigung der Jahresrendite

b: gebrochener Teil der Restlaufzeit in Jahren (z.B. Restlaufzeit 3 Jahre 9 Monate ⇒ gebrochener Teil = 9 Monate ⇒ b = 9/12 = 0,75); es gilt: c = n + b

c: Restlaufzeit in Jahren (beispielsweise Anleihe, Kauf 01.05.2010, Rückzahlung 01.02.2014⇒ Restlaufzeit 3 Jahre 9 Monate ⇒ c = 3,75).

C: Kurs der Anleihe zum momentanen Zeitpunkt (Barwert)

C_o: Kurs der Anleihe, der sich beim oberen Näherungswert der Rendite ergibt

C_u: Kurs der Anleihe, der sich beim unteren Näherungswert der Rendite ergibt

d: Anzahl der ganzen Zinsperioden bis zur Rückzahlung der Anleihe (beispielsweise Anleihe, Zinstermin 1.1. und 1.7., Kauf 01.05.2010, Rückzahlung 01.01.2013 ⇒ d = 5 : 5 komplette Zinsperioden vom 01.07.2010 bis zum 01.01.2013, eine gebrochene Zinsperiode vom 01.05.2010 bis 01.07.2010)

f: Zeitraum in Jahren zwischen Kauftermin und nächstem Zinszahlungstermin (beispielsweise Anleihe, Zinstermin 1.1. und 1.7., Kauf 01.05.2010 ⇒ f = 60/360 = 1/6)

m: Anzahl der Zinsperioden pro Jahr (z.B. Anleihe mit halbjährlicher Zinszahlung ⇒ m = 2)

n: ganzzahliger Teil der Restlaufzeit (z.B. Restlaufzeit 3 Jahre 9 Monate ⇒ n = 3)

p: Nominalzinssatz der Anleihe

p': Effektivverzinsung (Rendite) in Prozent

P_o: oberer Näherungswert der Rendite in Prozent

P_u: unterer Näherungswert der Rendite in Prozent

p_{ns}': Nettorendite (Rendite nach Steuern) in Prozent

p_{vs}': Bruttorendite in Prozent

q′: Aufzinsungsfaktor unter Berücksichtigung der jährlichen Effektivverzinsung (z.B. Effektivverzinsung 8 % p.a. ⇒ q′ = 1,08)

q_e': Aufzinsungsfaktor unter Berücksichtigung der periodenkonformen Effektivverzinsung (z.B. Effektivverzinsung 8 % p.a., 2 Zinszahlungen pro Jahr ⇒ $q_e' = (1{,}08)^{1/2}$ = 1,0392305)

RK: Rückzahlungskurs

s: Gesamtbelastung durch Abgeltungsteuer einschließlich Solidaritätszuschlag 26,375 % (und zusätzllich, sofern zutreffend, Kirchensteuer)

t: Anzahl der Tage von letzter Zinszahlung bis zum Kauftermin (beispielsweise Anleihe, Zinstermin 1.1. und 1.7., Kauf 01.05.2010 ⇒ letzte Zinszahlung war am 01.01.2010 ⇒ t = 120)

11.2.4 Rechenbeispiele anhand einer „Musteranleihe"

Angenommen, ein Anleger hat eine achtprozentige Anleihe, rückzahlbar am 01.08.2017 zu 100 Prozent, Zinstermin 1.2. und 1.8., Kauf am 01.11.2010 zu 97,65 Prozent.

Welche Rendite ergibt sich für den Anleger nach Braeß/Fangmeyer, Moosmüller und ISMA?

11.2.4.1 Rendite nach Braeß/Fangmeyer

Restlaufzeit: 6 Jahre 9 Monate ⇒ Kursformel (6.2.1), gebrochener Laufzeitanteil über 6 Monate.
p = 8; n = 6; C = 97,65; RK = 100; b = 9/12; t = 90 ⇒ q‘ = ?

Rendite nach Bankenformel: p‘ = 8,5490508 %
⇒ oberer Näherungswert p_o = 9,5490508 %
⇒ unterer Näherungswert p_u = 7,5490508 %

p_u	p_o	C_u	C_o	p′	C
7,5490508	9,5490508	103,02578	93,367243	8,6622173	97,493713
7,5490508	8,6622173	103,02578	97,493713	8,6307691	97,644487
7,5490508	8,6307691	103,02578	97,644487	8,6296610	97,649806
7,5490508	8,6296610	103,02578	97,649806	8,6296220	97,649993
7,5490508	8,6296220	103,02578	97,649993	8,6296206	97,650000

Die Rendite der Anleihe beträgt nach Braeß/Fangmeyer 8,6296206 Prozent.

11.2.4.2 Rendite nach Moosmüller

Restlaufzeit: 6 Jahre 9 Monate ⇒ Kursformel (6.2.2)
p = 8; d = 13 (1.11.2010–1.8.2017); C = 97,65; RK = 100; f = 0,25; t = 90 ⇒ q’ = ?

Rendite nach Bankenformel: p’ = 8,5490508 %
⇒ oberer Näherungswert p_o = 9,5490508 %
⇒ unterer Näherungswert p_u = 7,5490508 %

p_u	p_o	C_u	C_o	p'	C
7,5490508	9,5490508	103,04513	93,393694	8,6670461	97,493943
7,5490508	8,6670461	103,04513	97,493943	8,6356165	97,644469
7,5490508	8,6356165	103,04513	97,644469	8,6345036	97,649804
7,5490508	8,6345036	103,04513	97,649804	8,6344642	97,649993
7,5490508	8,6344642	103,04513	97,649993	8,6344628	97,650000

Die Rendite der Anleihe beträgt nach Moosmüller 8,6344628 Prozent.

11.2.4.3 Rendite nach ISMA

Restlaufzeit: 6 Jahre 9 Monate ß Kursformel (6.2.3)
p = 8; d = 13 (1.11.2008–1.8.2015); C = 97,65; RK = 100; f = 0,25; t = 90 ⇒ q' = ?

Rendite nach Bankenformel: p' = 8,5490508 %
⇒ oberer Näherungswert p_o = 9,5490508 %
⇒ unterer Näherungswert p_u = 7,5490508 %

p_u	p_o	C_u	C_o	p'	C
7,5490508	9,5490508	103,06251	93,418491	8,6715103	97,494085
7,5490508	8,6715103	103,06251	97,494085	8,6400817	97,644445
7,5490508	8,6400817	103,06251	97,644445	8,6389631	97,649802
7,5490508	8,6389631	103,06251	97,649802	8,6389233	97,649993
7,5490508	8,6389233	103,06251	97,649993	8,6389219	97,650000

Die Rendite der Anleihe beträgt nach ISMA 8,6389219 Prozent.

11.2.4.4 Maximale Abweichung im Rechenbeispiel

In dem Rechenbeispiel einer Anleihe mit sechs Jahren und neun Monaten Restlaufzeit beträgt die maximale Abweichung nach den drei unterschiedlichen Rechenansätzen 0,0093013.

Stichwortverzeichnis

A

B

C

D

E

L

M

S

Printed by Printforce, the Netherlands